[内部资料　注意保密]

CHINA CONSTRUCTION BANK ALMANAC

中国建设银行年鉴

2012

中国金融出版社

责任编辑：肖丽敏
责任校对：张志文
责任印制：裴　刚

图书在版编目（CIP）数据

中国建设银行年鉴 2012（Zhongguo Jianshe Yinhang Nianjian 2012）/中国建设银行年鉴编辑委员会编. —北京：中国金融出版社，2013. 2

ISBN 978 - 7 - 5049 - 6776 - 3

Ⅰ. ①中…　Ⅱ. ①中…　Ⅲ. ①建设银行—中国—2012—年鉴　Ⅳ. ①F832. 33 - 54

中国版本图书馆 CIP 数据核字（2013）第 027250 号

出版发行 中国金融出版社
社址　北京市丰台区益泽路 2 号
市场开发部　（010）63266347，63805472，63439533（传真）
网上书店　http：//www. chinafph. com
（010）63286832，63365686（传真）
读者服务部　（010）66070833，62568380
邮编　100071
经销　新华书店
印刷　天津银博印刷技术发展有限公司
尺寸　205 毫米 ×280 毫米
印张　45. 5
插页　20
字数　1884 千
版次　2013 年 2 月第 1 版
印次　2013 年 2 月第 1 次印刷
定价　139. 80 元
ISBN 978 - 7 - 5049 - 6776 - 3/F. 6336

《中国建设银行年鉴2012》编委会

《中国建设银行年鉴2012》编辑部

本年鉴数据使用责任说明

卷首语

2011年，面对国际国内经济波动和错综复杂的经营环境，建设银行认真贯彻落实国家宏观政策和监管要求，坚定不移地推进结构调整和经营转型，着力提升客户服务和产品创新能力，加强风险管理与内控建设，实现了业务平稳较快发展，经营业绩表现良好，资产质量保持稳定，综合实力和品牌价值不断提升。

——各项业务稳健增长，经营效益保持良好。截至2011年年底，全行（集团口径，下同）总资产突破12万亿元。客户贷款和垫款余额6.49万亿元，较上年增长14.59%；存款余额9.99万亿元，增长10.05%。实现净利润1 694.39亿元，较上年增长25.48%。平均资产回报率（ROA）和加权平均净资产收益率（ROE）分别达到1.47%和22.51%，净利息收益率达2.70%，成本收入比为36.19%，主要财务指标继续保持同业领先水平。

——信贷结构持续优化，重点领域快速增长。全行坚定贯彻中央宏观调控政策、监管要求和信贷政策，合理把握信贷投放总量和节奏，着力推进信贷结构调整。进一步发挥传统优势，基础设施贷款新增1 943.62亿元，占公司类贷款新增的41.42%，主要支持重点在建续建项目。个人住房贷款余额、新增同业第一，资产质量同业最优；新增住房贷款中"一人一贷"占比约99%。同时做到有保有压，严控"6+1"、房地产等限制性领域信贷投放。钢铁、水泥等产能过剩行业信贷余额减少284亿元；房地产开发贷款仅新增6.5亿元，为近五年最低；政府融资平台客户数、贷款余额双降，分别较年初减少158户、1 121.60亿元，现金流全覆盖类贷款占比较年初提高20个百分点达86%，无覆盖类降低至3.8%。进一步加大了重点领域信贷政策倾斜和市场拓展力度，小企业贷款增幅达24.60%，贷款余额、增长额及客户数量均为四行第二；涉农贷款突破1万亿元，增长27.71%；新农村建设、保障房贷款分别新增248亿元、202亿元，增幅达375%和365%。

——客户基础逐步强化，收入结构不断改善。客户营销取得新进展，账户数量显著增加。有资产个人客户2.2亿个，较年初增加1 817万个，增量创历史新高；高端客户较年初增加2.5万个，增长20%。单位结算账户新增37.54万个，增量四行第三，增速第二，其中小额无贷户比年初增长25.72万户，增幅12.5%。推进收入结构转型，实现中间业务毛收入902亿元，同比增长32.7%，收入总量居四行第二。中间业务净收入占收入构成比重达22.5%，较上年提升1.6个百分点。个人结算、财务顾问、单位结算、理财产品收入超过或接近百亿元。

重点推进产品增势迅猛，贵金属收入翻番，国内保理、信用卡等4个产品增速超过50%。投资托管业务位居同业第二。

——综合化经营提速，海外布局稳步推进。建信人寿保险有限公司正式挂牌成立，成为国内银行投资保险业首批试点单位之一。投资银行、基金、信托、租赁及住房储蓄等子公司业务实现稳健增长，集团和子公司协同能力，多功能、综合化服务能力进一步提升。海外机构加快"落地经营"，台北代表处、莫斯科代表处相继开业，多伦多分行、迪拜、巴西子银行申设以及莫斯科、台北代表处升格工作正稳步推进。截至2011年年底，全行海外机构总资产规模达4 431.88亿元。

——风险内控不断强化，资产质量保持平稳。全行以实施巴塞尔新资本协议、内部控制指引为契机，强化全面风险管理和内部控制，重点加大对表外、海外、理财业务和并表管理等领域的风险管控，取得良好成效。截至2011年年底，全行不良贷款率1.09%，较上年下降0.05个百分点，拨备覆盖率、拨贷比分别为241.44%和2.64%，风险抵补不断增强，相关指标均显著优于监管标准。

——积极履行社会责任，树立良好企业形象。持续推进"贫困高中生成长计划"、"贫困英模母亲资助计划"、"少数民族地区大学生成才计划"、建行希望小学等长期公益项目，积极支持教育、医疗卫生、政策研究、抗灾救灾、环境保护等社会公益事业。2011年，先后荣获中国银行业协会"年度最佳社会责任机构奖"、《中国新闻周刊》"最具责任感企业"、人民网"人民社会责任奖"、中国《银行家》杂志"最佳企业社会责任奖"等多个奖项，在《财富》杂志发布的"中国企业社会责任100排行榜"上位居银行业第一名。

2011年，建设银行以稳健的发展、良好的业绩，得到广大客户、投资人以及监管部门的高度评价，并获得国内外50多个专业机构授予的重要奖项，国际形象和品牌价值进一步提升。这些成绩来之不易，得益于广大客户、投资人以及社会各界的鼎力支持，得益于监管机构、上级部门以及相关方面的指导帮助，得益于全行上下全体员工勤勉工作、开拓进取。在此谨致谢忱！

同时也要看到，虽然2011年的工作取得了进展，但是全行面临的形势和任务还很艰巨：从外部形势看，随着宏观经济下行压力增大，部分区域、产品和客户群体潜在风险上升，贷款分类下迁、不良暴露的隐患增加；利率市场化进程加速、新的资本监管办法推出，对银行经营带来新的挑战。从我行自身情况看，全行客户基础、渠道基础、IT基础、风险内控基础仍显薄弱，综合化服务能力、集约化管理能力、产品创新能力、定价能力还有待提升，一些区域、业务的同业排名靠后，市场竞争力不强，等等。要正视这些差距和不足，着力改进和完善，提升市场表现。

当前，中国经济发展仍处于可以大有作为的战略机遇期。全行上下要善于抓住机遇，把握"稳中求进"的总基调，全面落实建行"十二五"规划，按照综合性、多功能、集约化的要求，加快改革发展，推动业务转型，进一步提升市场表现，再接再厉，再上台阶。重点抓好以下方面：

一是落实发展战略。要全面深入地落实全行"十二五"规划，加快综合性、多功能、集约化的发展步伐。综合化是现代金融发展大势所趋，要立足商业银行主业，加快发展保险、信托、投行、基金、租赁、证券等业务，通过综合发展，实现市场互为依托、服务互为补充、业务互为促进，收益多元、风险分散的综合化经营构架；要统筹发展国际与国内市场，加快设置海内外分支机构和海外并购重组，拓展跨境业务。

多功能是满足客户需求、做好客户服务的内在要求。既要稳固发展大客户、中型客户，也要不断拓展机构客户、小企业客户，既要服务好个人中高端客户，也要服务好大众客户，为客户提供结算、信贷、交易、投资、顾问等各种金融服务。努力实现以客户需求为导向的功能选择，以及以业务创新、产品创新、服务创新为驱动的多功能建设形式。

集约化是提升经营层次、降低经营成本、提高经济效益的关键。总分行要加快由管理型向经营管理型转变，总行要加大金融市场、贵金属、投行、托管、票据、信用卡、私人银行、大客户等直接经营力度，提高产品研发和管控能力，实现标准统一、流程一致、管控有力。要积极推进前后台分离，实现后台集约化，解放生产力，提高经营一线的客户服务和营销能力。

二是抓住发展重点。要坚持以客户为中心、以市场为导向，围绕“三大一高”这一重点，努力扩大客户基础、提升客户体验。重点抓好了大行业、大系统、大城市和高端客户，可以“纲举目张”，带动各项业务全面发展。要为“三大一高”客户提供综合、高效、优质的服务，提高客户黏性和综合贡献度；要以“三大一高”为中心，延伸拓展产业链、供应链上下游客户和业务。

三是打好业务基础。要巩固和提升建设银行的传统优势，保持基础设施、住房贷款等领域的市场优势地位；大力发展零售业务、小微企业和“三农”服务；要加快海外机构建设，实现“本土化”和“落地”经营；要加快渠道建设，“十二五”规划的网点建设任务力争2~3年内完成，东部沿海地区和金融资源丰富的县域乡镇要加快布点；积极探索推进网点“三综合”，丰富网点服务功能，加快综合性网点改造；要提升IT基础，以新一代核心系统建设为契机，要按照国际一流国内领先的标准，打造适合未来发展创新的IT基础平台。

四是严格管控风险。积极主动地应对经济波动带来的风险，做到密切跟踪、提前预判、抓住重点、精确打击。要关注重点区域，包括民间借贷、非法集资猖獗的地区，银行信贷风险集中暴露的地区，房地产泡沫集中显现的地区，不良率冒升、部分客户信贷风险突出、群发性风险集中的地区；要排查重点行业，包括低端加工制造业、船舶、钢贸、光伏等景气下行的行业，以及其他“两高一剩”行业；要盯住重点客户，包括经营不稳定、开工不足、流动性紧张的企业，以及主业不突出、短期内迅速膨胀、靠借贷支撑扩张的私人控股企业。尤其要对涉及民间借贷、循环互保、有“跑路”风险的企业进行重点盯防。要通过持续监控和实地走访，实时掌握企业动态，进行风险动态排序，重检授信方案。要加强案件防控。对案件和违规违纪要实行“零容忍”，出了问题要严格问责，决不姑息。

五是强化激励约束。要按照“全面考核、压力均等、鼓励先进、惩罚后进”的原则，强化督促和考核。从总行到分行，从各级机构一把手到一线员工，都要有责任、有考核、有压力。要加大业绩突出单位的奖励，加重业绩落后单位的责任，业绩分配上不封顶，下不保底。要认真落实领导班子综合竞争力考核制度。在考核取向上除了考核系统内排名，还要考核同业竞争效果，从考核中评比出领导班子的战斗力和竞争力，突出经营效果和市场表现。

风物长宜放眼量。面对新的机遇与挑战，只要我们坚定信心、凝心聚力、勇于创新、扎实工作，一定能够实现全行改革发展的战略目标，把建设银行打造成“国内最佳、国际一流”的现代化大银行。

王洪章

2012 年 12 月

王洪章

郭树清

张建国

张福荣

2011年12月2日，党委书记、董事长王洪章出席中国建设银行与国务院台湾事务办公室服务台商、台资企业合作备忘录签约仪式。

2011年12月9日，党委书记、董事长王洪章在北京会见德国施豪银行行长马蒂亚斯·麦茨（Dr. Matthias Metz）先生一行。

2011年12月23日，党委书记、董事长王洪章到北京市分行兴融支行调研并慰问员工。

2011年12月27日，党委书记、董事长王洪章拜会中石油集团董事长蒋洁敏、总经理周吉平，并举行会谈。

2011年12月31日，党委书记、董事长王洪章慰问总行金融市场部员工。

2011年1月24日，董事长郭树清到河北省分行调研并看望慰问一线员工。

2011年5月11日，董事长郭树清出席建设银行台北代表处开业仪式。

2011年8月29日，董事长郭树清到北京数据中心指导检查工作。

2011年9月9日，董事长郭树清在昆明与“成长计划”和“成才计划”受助学生代表见面。

2011年10月3日，董事长郭树清在东京分行庆祝OCBS及周边系统推广项目上线成功。

2011年5月30日，行长张建国出席中国建设银行莫斯科代表处开业仪式。

2011年7月21日，行长张建国出席中国建设银行与宁波市政府全面金融解决方案（FITS）合作框架协议签约仪式。

2011年7月22日，行长张建国和上海市副市长艾宝俊出席建信人寿公司揭牌仪式。

2011年8月31日，行长张建国和光明日报社总编辑胡占凡出席中国建设银行与光明日报社战略合作框架协议签约仪式。

2011年11月25日，行长张建国在中国建设银行“母亲健康快车资助计划”启动仪式上，向全国人大常委会副委员长、全国妇联主席陈至立递交捐赠支票。

2011年3月9日，监事长张福荣到常州培训中心调研。

2011年5月13日，监事长张福荣视察新疆维吾尔自治区分行营业部网点。

2011年7月27日，监事长张福荣在贵州省分行营业网点调研。

2011年12月23日，监事长张福荣视察北京数据中心。

2011年12月28日，监事长张福荣在安徽省分行调研。

2011年2月21日，纪委书记辛树森在北京鸿坤大酒店出席2011年中国建设银行纪检监察工作会议。

2011年6月16日，纪委书记辛树森在北京建银饭店出席中国监察学会建设银行分会成立大会暨第一届理事会第一次会议。

2011年10月10日，纪委书记辛树森到宁波市分行调研并慰问员工。

2011年1月23日，副行长陈佐夫在信用卡中心指导工作，看望和慰问一线员工。

2011年5月13日，副行长陈佐夫与新疆生产建设兵团副司令员刘建新在乌鲁木齐出席中国建设银行与新疆生产建设兵团战略合作协议签字仪式。

2011年5月25日，副行长陈佐夫到浙江省分行调研，听取2011年前4个月经营业绩和业务运行特点的汇报。

2011年6月28日，副行长朱小黄出席中国建设银行与中国银联移动支付合作协议签署仪式。

2011年8月25日，副行长朱小黄到新疆维吾尔自治区区分行调研，了解个贷业务、高端客户维护业务的办理流程。

2011年12月2日，副行长朱小黄在中国建设银行与国务院台湾事务办公室服务台商、台资企业合作备忘录签字仪式后接受媒体采访。

2011年8月24日，副行长胡哲一出席中国建设银行总行在广州召开的珠三角地区重要客户推介会。

2011年10月26日，副行长胡哲一在北京会见花旗集团副主席Hamid Biglari先生一行。

2011年12月30日，副行长胡哲一到北京市分行国际业务部慰问员工。

2011年4月13日，副行长庞秀生在北京会见惠普公司全球高级副总裁、亚太及日本区总裁符标榜先生一行。

2011年11月25日，副行长庞秀生到山西省分行调研，期间拜会山西省副省长李小鹏。

2011年12月31日，副行长庞秀生视察浙江省分行年终决算工作，慰问一线员工。

2011年6月8日，副行长赵欢到苏州调研城乡一体化建设，实地考察了苏州吴中区灵峰社区新农村建设情况。

2011年10月26日，副行长赵欢到青海省分行调研。

2011年10月29日，副行长赵欢与甘肃省常务副省长刘永富座谈。

2011年8月30日，党委委员章更生出席金融青年创先争优先进事迹交流会暨青年文明号颁奖仪式。

2011年12月13日，党委委员章更生出席在云南举行的中国建设银行一线青年员工成长帮助计划（EAP）项目全面启动仪式。

2011年12月26日，党委委员章更生在上海出席中国建设银行新春媒体联谊会。

目 录

商业银行商品期货市场业务突破与创新

（总行研究部专题组）

铁路行业发展研究

（总行公司业务部）

我行公路行业信贷分析报告

（总行公司业务部）

铁路行业经营指导意见

（总行集团客户部　张雪峰　马　龙）

对辽宁省有线电视数字化平移前景分析及扩大营销建议

（辽宁省分行信贷审批部　李辛夫）

中国房地产周期与经济周期的关系研究

（重庆市分行风险管理部）

磷肥制造行业分析及授信建议

（贵州省分行信贷审批部　倪素莉　彭　红）

四、工作研究（此部分内容见光盘）

发挥好党委的政治领导核心作用　建设有中国特色的现代银行制度

（总行党委委员会）

建设“新一代”核心系统需要考虑的几个问题

（总行财务会计部　应承康）

2010 年小企业业务贡献度及特征分析

（总行财务会计部）

农业银行何以成为 NIM 最高的大型银行

——2010 年建设银行与农业银行 NIM 比较分析报告

（总行财务会计部）

对公小额无贷户经营模式与经营策略研究

（总行资金结算部）

关注加快可再生能源发展背景下的煤炭行业

（总行研究部　李　钢）

城乡统筹和新农村建设与银行的业务拓展

（总行公司业务部）

资本市场发展与商业银行机遇研究

（总行机构业务部　王新兰）

建设银行发展个人客户投资顾问服务的思考

（总行个人存款与投资部　王光宇）

信用卡消费金融现状及加快发展的建议

（总行信用卡中心　费小平）

关注地方政府自行发债

（总行金融市场部　魏雪梅）

顺应社会投融资结构变化积极调整商业银行资产负债考核方式

（总行投资银行部）

企业破产重整中债权人利益保护研究

（总行资产保险部　贾　纯）

突出重点　统筹兼顾　建立电子银行发展的科学体系

（总行电子银行部　寇　冠）

五、行长论坛（此部分内容见光盘）

六、产品服务品牌（此部分内容见光盘）

CHINA 中国建设银行年鉴
CONSTRUCTION BANK ALMANAC
2012

CHINA 中国建设银行年鉴 2012
CONSTRUCTION BANK ALMANAC

第一部分　战略决策与战略管理

董事会的改革与成就

2011年，建设银行董事会面对复杂多变的经营环境，严格遵循国家法律法规和监管要求，持续推进全行结构调整和经营转型，加强风险管理与内控建设，推动全行各项业务平稳快速发展。截至年末，总资产规模突破12万亿元，净利润比上年增长25.48%，平均资产回报率、平均股东权益回报率分别达到1.47%和22.51%，资产质量保持稳定，拨备覆盖率与贷款拨备比率均好于监管标准。

一、公司治理有效运行

一年来，董事会依法发挥公司重大决策作用，加强与公司治理各方联系与沟通，认真总结公司治理改革的成绩与不足，进一步完善董事会运行机制。

（一）有效发挥董事会决策作用

2011年，董事会依法履职尽职，在关系全局的战略发展、聘任考核和制度建设等方面发挥了重要的决策作用。一年来，董事会共召集股东大会2次，先后审议通过了董事会与监事会报告、利润分配方案、购置总行业务处理中心、发行次级债与选举股东代表监事等议案。召开董事会会议8次，审议议题52项，内容涵盖业务发展规划、定期报告、利润分配、重大投资和新设机构等方面。战略发展委员会等五个专门委员会召开会议20次，审议、讨论各项议题100余个，为董事会决策提供专业支持。

（二）董事认真履职尽责

2011年以来，董事会成员加强政策法规研究，积极开展外部市场和内部经营管理调研，认真参加专业培训，不断提高履职专业能力。各位董事均是来自各领域的专家，凭借各自专业特长与经验，在董事会及专门委员会议以及各类与管理层的沟通会议上，坚持独立发表意见和建议。董事们就综合化经营、海外业务发展、政府融资平台贷款、中间业务发展等问题，先后赴欧洲、南非、香港、台湾等地区以及北京、陕西、福建、厦门、广东、深圳、海南、吉林等十多个省市进行调研。董事们还通过研讨会、与主要业务部门访谈等方式，主动了解和掌握银行经营管理信息。此外，董事们积极参加监管机构、国际机构、银行外聘律师举办的各类培训，不断更新相关信息与知识储备。

（三）进一步理顺公司治理各方关系

近年来，董事会持续推动制度建设，在股东的支持下理顺相关授权体系，完善股东大会对董事会以及董事会对管理层的授权。同时，董事会注重在公司治理实践中发挥协调与沟通作用，引导公司治理各方切实有效履行职责。我行股东大会严格履行作为公司最高权力机构的各项职责，董事会及时制定公司经营决策，管理层积极组织各项经营管理活动，监事会认真加强内部监督约束。同时，我行积极处理好“新三会”、“老三会”的关系，有效发挥职工民主管理的作用，使其成为公司治理中新的资源和优势。

（四）积极配合监管机构检查

2011年，银监会先后对我行董事会委员会履职情况、信贷合规情况、并表管理情况、巴塞尔新资本协议实施情况等多项工作进行了现场检查。董事会高度重视，积极配合，组织相关董事和高管接受访谈和参加讨论，确保检查组充分掌握情况。对于检查中发现的问题，积极组织全面梳理，研究整改措施并尽快落实。全面排查业务管理中的漏洞，进一步完善制度、健全机构，提升风险管理水平和内部控制能力。

（五）不断完善董事会运行机制

2011年，董事会专门成立公司治理与组织架构改革专题研究小组，总结近年来公司治理改革已取得的进步，分析目前公司治理存在的不足，提出未来进一步改革的目标，并在优化股权结构、加强董事会建设、完善授权体系等方面提出了具体措施。同时，董事会以银监会专项检查为契机，全面梳理近年来董事会及专门委员会制度建设及实际运行情况，总结经验，查找问题，进一步完善自身工作机制。董事会持续加强与监管机构、股东、监事会、管理层等各方的沟通和协调，推动完善监督制衡机制；董事会会议增加委员会主席汇报委员会讨论情况的环节，促进董事会及时、全面了解委员会工作情况；风险委员会和审计委员会尝试在内控建设等领域协同工作，充分利用各位董事的专业经验；强化专门委员会决策事项跟踪落实，确保委员会意见和要求的落实。

（六）顺利完成相关选聘与薪酬清算工作

2011年，我行董事、高级管理层人员先后变动。郭树清、王淑敏、伊琳·若诗、杨舒等4位董事离职，董事会严格依照法律法规要求，及时发布相关公告；在与各方充分沟通的基础上，组织召开董事会会议、筹备股东大会，选举王洪章、董轼为董事，选聘赵欢为副行长，及时充实了董事会和管理层成员，保障了董事会和经营管理的运行。此外，董事会及时了解国家薪酬监管政策最新变化，组织完成董事和高管人员2010年度考核工作以及董事、监事和高管人员2010年度薪酬分配清算工作。

二、进一步加强战略管理

一年来，董事会积极研究内外部经营形势，加强战略研究与规划，根据稳中求进的原则，持续推进全行业务结构调整和发展方式转变，不断提升银行综合竞争力。

（一）加强战略规划

2011年，董事会继续注重加强战略规划。董事会在认真总结实践经验的基础上，结合国家“十二五”规划要求，研究制定《中国建设银行2011—2015年发展规划》，提出“到2015年基本建成机制完善、服务卓越、内控严密、业绩优异的世界一流银行，树立让客户、投资者和员工深感信赖和温暖的企业形象”。同时就我行组织架构、信息技术、人力资源等领域的改革提出了新的要求。为有效发挥IT在客户服务、渠道建设和精细化管理方面作用，董事会还专门研究制定了《中国建设银行IT基本架构规划》，确立我行未来IT体系发展目标与指导方针。

年内，董事会积极督促全行贯彻落实新的五年发展规划，并根据外部经济金融形势、政策和环境的变化，立足于提升全行核心竞争力，指导编制了全行2012年经营计划和固定资产投资预算，进一步明确了下一阶段发展目标、发展重点与主要措施。

（二）推进信贷结构调整

2011年，董事会合理把控信贷总量，继续推进信贷结构调整。年末各项贷款余额6.50万亿元，较年初增加8 272.83亿元，总量、进度及投向符合监管要求。传统优势继续巩固，基础设施贷款余额新增1 943.62亿元，占公司类贷款新增的41.42%，贷款主要支持在建续建项目；个人住房贷款余额、新增均为同业第一，资产质量同业最优。小企业、涉农、保障房等重点民生领域贷款快速增长。钢铁、水泥等产能过剩行业贷款余额连续7个季度下降，房地产贷款余额新增历史最低，政府融资平台客户与贷款余额双降。

（三）推动综合化经营与海外业务发展

董事会大力支持综合化经营与海外业务的发展，致力于在更广阔的领域为客户提供优质的金融服务。先后决定向中德住房储蓄银行、建信人寿保险公司增资，批准与桑坦德银行建立合资公司的计划，批准设立巴西子银行、俄罗斯子银行以及将台北代表处升格为分行。一年来，我行投资银行业务保持良好发展势头，新型财务顾问收入、理财业务收入与收益率四行第一；保险、基金、信托、租赁及住房储蓄等子公司业务也保持稳健增长。海外业务快速发展，截至2011年年末，海外资产规模达4 431.88亿元，不良贷款继续保持“双降”。台北代表处、莫斯科代表处于5月相继开业，多伦多分行、迪拜子银行和巴西、莫斯科子银行的境外申设工作正稳步推进。

（四）关注资本补充与多渠道融资

董事会持续关注我行资本充足状况。2011年第一季度，受银监会调高政府平台贷款风险权重等因素影响，我行资本充足率有所下降。为及时补充资本，满足未来业务发展需要，董事会决定提请股东大会授权管理层发行不超过800亿元人民币次级债券。我行于2011年11月顺利完成400亿元次级债券发行计划，剩余400亿元次级债额度将在2013年8月底前，根据我行内部管理需要择机发行。此外，为支持我行在港机构人民币业务拓展，利用境内外市场利差实现低成本融资，董事会及股东大会批准同意未来择机在香港发行部分人民币普通金融债券。

（五）促进新兴业务发展

2011年，董事会战略发展委员会召开专门会议，对电子银行、个人消费金融、小企业、现金管理等十项新兴业务进行专题研究，全面分析新兴业务发展趋势和市场前景，对各项业务发展现状及优劣势进行深入分析，并提出未来发展目标和具体发展策略。同时，在董事会积极推动与指导下，我行制定并通过了《建设银行私人银行业务未来发展定位及基本战略》，明确私人银行业务发展目标，即用五年左右的时间，把我行私人银行打造成为“国内领先、国际一流的客户首要财富管理银行”，使私人银行业务成为零售业务的重要盈利来源。

三、不断提升风险管理与内控能力

2011年，董事会积极推动新资本协议实施工作，加强全面风险管理，推进内控体系建设，不断完善关联交易与集团并表等基础管理，确保全行资产质量持续向好。

（一）推进全面风险管理

董事会继续注重全行风险管理工作，积极推动全行风险偏好陈述书的重检与修订，加强全面风险管理。定期评估我行整体信用风险，强化对政府融资平台贷款、落实信贷新规、大额风险集中度和房地产等重点领域的风险管控。加强市场风险管理，深入研究利率市场化及我行影响，督促对市场风险管理审计发现问题整改。强化操作风险管理，大力推进信息科技风险管理，加强案件防控。着重强化表外、海外、理财业务等领域的风险管理工作。2011年以来，我行资产质量持续向好。截至年末，不良贷款率1.09%，较年初下降0.05个百分点，拨备覆盖率、贷款拨备比率分别为241.44%、2.64%，均好于监管标准。全行合规意识不断增强，案件防控长效机制持续推进，年内全行案件呈现总体下降趋势。

（二）推动新资本协议实施工作

董事会定期听取新资本协议实施工作进展情况汇报，指导全行根据银监会预评估意见完成信用风险、市场风险、操作风险的整改工作，做好巴塞尔Ⅱ与巴塞尔Ⅲ的衔接工作，推动项目成果在业务发展中的深化应用。积极配合银监会现场检查评估工作，督促落实发现问题的整改。在董事会持续推动下，2011年我行新资本协议实施工作取得多项重要成果，三大支柱体系基本形成，预评估整改工作基本完成，为2012年成为首批实施巴塞尔新资本协议的银行奠定基础；各项实施成果广泛应用于全行各业务领域，有效提升了银行稳健发展的内生动力。

（三）加快内部控制体系建设

根据监管要求，我行2011年开始实施内控规范，按照相关要求做好财务报告内部控制的建设、自我评价和审计工作。董事会及风险管理委员会、审计委员会召开多次沟通会和正式会议，研究内控规范的启动、推进和部署工作以及内控审计方案等问题，定期听取内控规范实施进展情况的报告。在董事会及相关委员会积极推动与指导下，我行初步完成了梳理、整合、评价和完善全行内部控制体系的阶段性建设工作，内控体系建设基本满足监管要求。

（四）完善集团并表管理

2011年，董事会持续关注子公司风险管理和合规经营，推动集团并表管理工作。督促落实银监会并表监管指引要求，进一步健全集团并表风险管理制度体系。就加强并表管理提出具体意见和要求，包括要求分解并表监管指标，按月实施监控；明确子公司规模和财务回报目标，建立有效的子公司绩效考核体系；在银行与附属子公司之间采取审慎的风险隔离措施，加强内部交易风险管理等。此外，董事会还对派驻附属公司人员的选聘、考核制度等工作给予指导。

（五）梳理关联交易管理

2011年，董事会及关联交易控制委员会密切关注监管动向变化，严格落实监管新规要求，指导业务合规发展。定期听取关联交易及相关管理情况汇报，研究主要关联方及关联交易变化情况，提前预警合规风险。推动关联交易管理系统优化升级，计划在业务系统中嵌入关联交易控制，以实现在业务流程中解决关联交易识别和控制问题。聘请专业机构提供关联交易管理专项咨询，成立由相关部门和律师、会计师组成的专门项目组，全面梳理关联交易管理制度和流程，研究完善相关信息系统建设，进一步提升关联交易管理水平。

四、持续做好信息披露与投资者关系工作

2011 年，我行共发布定期公告 4 次、临时公告 40 次，真实、准确、完整、及时地对外披露了包括定期业绩、美国银行减持、汇金公司增持、次级债发行、董事变动等重要信息。董事会成员、管理层及相关部门通过定期业绩发布会与路演，大型投资者论坛、公司来访会谈等不同方式，向市场及时诠释我行发展战略和经营业绩，合理管理市场预期。

同时，董事会积极指导并参与重大危机管理，维护市场稳定和我行良好声誉。2011 年，美国银行先后两次、淡马锡 1 次减持我行股份，国家各级主管部门与境内外市场都十分关注。董事会与管理层多次召开专题会议研究应对策略，保持与美国银行、汇金公司及潜在接盘机构的密切联系与沟通，及时向国务院与监管部门报告进展情况，加强市场引导与舆论宣传，有效维护了市场稳定。

我行的信息披露与投资者关系工作获得了外部市场的认可，先后获得香港《财资》杂志授予的“投资者关系金奖”，《亚洲公司治理》杂志授予的“最佳投资者关系公司”与“最佳投资者关系网站与推荐”，美国通讯公关职业联盟 LACP 颁发的“2010 年度报告综合类评比铜奖”等多个奖项。

五、积极履行企业社会责任

董事会积极履行社会责任，努力将我行建设成为服务大众、促进民生、低碳环保、持续发展的银行。一方面，董事会在银行内部积极推行企业价值准则，要求全行学习和自觉践行“诚实、公正、稳健、创造”的核心价值观，使其成为凝聚、引导、激励、约束全行员工的道德精神纽带，以及企业市场竞争、实现可持续发展的精神支柱。另一方面，董事会继续支持对外公益项目，先后实施“贫困高中生成长计划”、建设银行希望小学、盲童孤儿救治等 34 个公益项目；全力支持抗灾救灾，累计向云南盈江地震灾区、浙江省“6·16”洪涝灾害地区以及云南、贵州的严重旱灾地区捐款 700 多万元；积极参加环境保护和节能减排，支持文化艺术、体育、医疗卫生、学术交流等公益事业。我行积极开展参与各项公益事业活动，不仅提升了我行社会形象，也密切了我行与学校、教育部门及各类组织团体的关系，对相关业务拓展起到了很好的促进作用。

2011 年，我行先后荣获中国银行业协会“年度最佳社会责任机构奖”、人民网“人民社会责任奖”、《银行家》杂志“最佳企业社会责任奖”等多个奖项，在《财富》杂志发布的“中国企业社会责任 100 排行榜”上排行第九，荣登金融企业榜首。

执笔：于宝亮

监事会的改革与成就

2011年，作为公司治理架构中的组成部分，监事会认真履行职责，创造性地开展工作，着力加强风险内控、财务和履职尽职监督，积极支持董事会、高级管理层依法行使职权，为我行健康发展作出了积极努力。

一、依法召开会议，认真研究审议重要事项

作为公司内部履行监督职责的机构，监事会严格依据章程规定组织召开会议，全年共召开会议7次，审议通过了监事会报告、工作计划、银行财务报告等15项议案，对年度监督主要工作作了认真研究和部署，专题讨论了落实银监会《商业银行董事履职评价办法（试行）》等重要事项。履职尽职监督委员会召开会议4次，审议审核议案4项，财务与内部控制监督委员会召开会议5次，审议审核议案10项，并多次听取审计发现情况和内控规范实施情况等专题汇报。监事会及委员会会议运作规范、议事重点突出、工作任务明确，重点关注建设银行依法合规运作、重要事项决策与执行、定期报告编制与披露等事项。依据监管要求，监事会对建设银行年度依法运作、财务报告、募集资金使用、重大资产收购与出售、关联交易、内部控制以及履行社会责任等事项均发表了意见，相关内容纳入建设银行年度报告并进行了公开披露。

二、积极关注战略性、全局性事项，促进银行科学稳健发展

监事会坚持服务于建设银行改革发展的大局，积极关注涉及建设银行全局性的重大事项，在战略规划的制订与实施、推进综合化经营、提升发展能力、提高内控和风险管理水平、提高执行力等关系全行发展的重大问题上，积极提供意见，提出要求，有力地推动了相关工作的开展。在全行性的重要会议上，监事会负责人多次强调要提高风险防范的主动性、前瞻性和有效性，提示加强研究解决重点业务领域发展中存在的风险隐患。在建设银行制定并开始实施新的五年发展规划期间，建议明确主要业务的发展指标以及配套的措施、方法和实现途径，并注意根据外部经营环境的变化和规划实施情况，对一些任务指标适时适度进行预调、微调。建议把培育发展能力作为建设银行最重要的战略安排，增强拓展和维护客户能力，提高产品创新和供给能力，重视渠道竞争能力；加强服务管理、创新服务模式、提升服务品质、整合服务资源、建立服务标准和考核体系、提高服务能力；提升重点行发展能力，扭转市场份额下降、效率不高的局面。这些意见，引起了全行对能力建设问题的广泛思考。针对全行尤其是管理机构执行力不够强、作风不够踏实等一些现象，提出从总行做起，解决效率意识淡薄、办事拖拉扯皮、规章制度重复叠加、操作流程过长等问题。监事会以促进建设银行持续健康发展和维护股东利益为目标，对经营发展中出现的一些苗头性、倾向性问题，中肯地提出意见和看法，得到管理层重视，对改进和加强全行的经营管理工作切实发挥了促进作用。

监事会还主动听取基层声音，通过召开不同层面人员参加的座谈会，深入了解分支机构的经营发展现状及存在的困难和问题，并认真督促有关方面落实基层反映的工作意见。2011年，组织了两次部分分行行长参加的座谈会，两次分支机构负责人和一线员工代表参加的调研座谈会。会

后，对分支机构提出的工作意见和建议及时进行分类整理，送达分行和总行相关部门研究，提出解决方案。监事会还专门召集总行职能部门进行逐条研究，听取对反映事项和建议的解决落实意见。相关分行和总行部门均以书面或口头方式反馈了落实监事会调研座谈会的情况。通过这种工作方式，监事会帮助分支机构解决了一些业务发展过程中的困难和问题，提供了实实在在的支持和帮助。

（一）加强重点业务领域的监督，有针对性地提出意见和建议

近年来，全球经济金融形势和市场环境复杂多变，商业银行的经营发展受到深刻影响，面临的潜在风险增多。为加强对银行经营发展的新动向和重点业务领域风险管控情况的了解与监督，监事会先后组织听取了政府融资平台贷款管理、表外业务、上半年财务与经营、案件防控、海外业务发展、前9个月风险管理情况、村镇银行经营发展7项专题汇报，加强了与经营管理层的互动，适时提示风险，提出意见和建议。对今后的风险管理工作，提示要关注新的风险苗头，对小企业信贷业务风险要加以特别关注；针对操作风险暴露有反弹的趋势，建议总分行把操作风险的防范和管理作为当前和今后一段时期的工作重点，抓住重点部位、重点环节、重点业务，关注重点人员，加大违规查处力度，解决处理偏轻、整改不到位等问题；建议进一步完善风险管理机制，强化管理成效，着力解决风险管理的问责机制；对海外业务的发展，建议进一步细化一行一策，对机构设置作出科学有效的安排，实行科学管理。对一些分行出现的经营问题，要求认真剖析和总结，深刻吸取教训；关于村镇银行的发展，建议进一步明晰其市场定位，坚持稳健发展，强化风险管控，总行职能部门应研究提出适合这类新机构的办法、对策和要求。

（二）深入开展调查研究，提升监事会监督服务效能

2011年，监事会进一步创新方式，扩大调研范围，先后组织了对基层营业机构经营管理、内控规范实施、海外分支机构经营、土地抵押贷款风险、公司业务贷后管理5个专题调研，提出了有建设性的意见和建议。

监事会从基层机构管理机制、风险管控、系统支持、营销服务能力等方面作了调研了解，形成了《关于我行基层营业机构经营管理有关情况的调研报告》，提出要关注基层机构在管理机制、员工状况、信息系统、风险管控、营销能力建设等方面的新情况，以及要加强对基层机构的管理指导、整合管理机制、强化人才队伍建设等意见。调研报告转董事会、管理层参阅，董事长、行长均作了重要批示。土地抵押是银行一项重要的信用风险缓释工具，对信贷资产安全具有重要意义。为了解土地抵押贷款风险情况，监事会选择有代表性的二级行的平台贷款项目进行了实地检查，详细剖析了项目的风险点，形成了《土地抵押贷款风险情况分析》调研报告。董事长、行长、分管行领导均对报告作了批示，责成相关部门进行研究，提出改进的具体措施办法。监事会还安排办公室工作人员参与了伦敦子银行和法兰克福、约堡和悉尼分行4家海外机构的年度审计，现场了解海外机构经营管理及风险管控情况，形成了《关于参加部分海外机构年度审计工作的报告》。

（三）重视内控建设，积极推动银行贯彻实施内部控制基本规范

监事会高度关注内控建设工作，一方面，通过列席董事会和管理层的会议、调阅资料、分析内外审计检查报告等方式，对董事会开展内部控制评价工作和银行建立健全内部控制制度，贯彻落实相关监管规定，加强风险防范等进行监督，提出具体意见和建议；另一方面，专门组织了内控规范实施情况的调研，在分析资料、听取总行部门专题汇报的基础上，部分监事分赴贵州、广东、陕西等分行进行了现场了解，与分行负责人及分支机构、部门进行了各种座谈，形成了《内控规范实施情况调研报告》。

（四）认真做好对董事会、高管层及其成员履职尽职监督

对董事会、高管层及其成员履职尽职进行监督与评价是监事会的重要职责之一。为做实这项工作，监事会注重日常监督，列席了建设银行年度的各种重要会议，其中列席股东大会2次，董事会会议8次，董事会各专门委员会会议24次，分行行长座谈会3次，行长办公会12次，经营形势分析会4次，派人列席了风险、房贷、审计等业务条线会议。还组织办公室工作人员定期分析股东大会、董事会决议的执行情况，有重点地调阅执行董事、高级管理人员签批的文件签报，加强经营管理信息资料和审计检查报告的分析研究，及时记录董事、高管人员出席会议、参与董事会及其他重要工作的情况，为年度监督评价提供依据。银监会颁布《商业银行董事履职评价办法（试行）》后，监事会两次召开专题会议，认真研究贯彻落实具体事宜，并对原《监事会对董事会、高级管理层及其成员的监督办法》进行了修订，按照修订后的办法组织年度履职评价工作。年中和年末，监事会对部分董事、高级管理人员及部分分行行长、总行部门主要负责人进行了单独或集体访谈；审阅了董事会、高管层及其成员根据监事会要求提交的年度履职报告；在董事、监事和高级管理人员范围内组织了无记名测评及互评。经过集中评议、会议审议，监事会提出了对董事会及其专门委员会、高级管理层和董事、高级管理人员个人履职情况的意见。监督工作总体情况，以工作报告方式在2011年6月股东大会上进行了报告，董事会、高级管理层履职总体评价及相关监督建议，在2011年3月年度业绩董事会会议上进行了书面通报。个人履职的评价意见，以适当方式作了反馈，董事、高管履职情况的意见也按照有关规定报送了监管部门。董事会、高管层对监事会的工作给予了重视和大力支持，监事会提出的相关监督意见及整改建议得到了相关机构和部门的及时回复和落实。

三、认真履行职责，扎实有效开展监督工作

（五）以定期报告的编制、审核、披露为重点，继续做好财务监督

2011年，监事会继续加强财务报告依法合规性的监督，关注有可能影响财务报告真实性、准确性、完整性的重大事项，提出应统一募集资金披露金额和口径、继续跟进银监会政府融资平台贷款风险管理有关规定的落实推进、利润分配要依法合规等意见建议。监事会财务与内控监督委员会与外部审计师进行了4次工作沟通，及时了解审计情况，提出审计关注重点等工作要求。除定期报告外，监事会还关注了银行资本充足率、理财业务等事项，主动开展分析研究，提供看法和建议。

（六）加强审计指导，进一步推进审计价值创造力的提升

在内部审计工作方面，监事会加强指导，注重提升审计服务工作的质量和水平，注重引导职能部门按照风险导向原则，通过审计检查、审计评价来发现问题、揭示矛盾、改进工作，使内部审计成为全行促规范、防风险、增效益的有力手段。2011年，建设银行内部审计系统有针对性地组织实施了25个（类）系统性审计项目和1 500多个自选审计项目，撰写了190余份审计调查或专题分析报告，向行领导呈报综合性或专题性报告27份。全行发现重大问题及隐患220个，提出审计建议6 200余条，在促进全行加强基础管理和风险内控，各项业务合规经营、稳健发展等方面发挥了重要作用，内部审计的价值创造力进一步增强。

四、加强自身建设，提升整体运作效率与水平

（一）充分发挥监事及监事会办事机构的积极作用

2011年6月，建设银行增补了纪检监察部门主要负责人为监事会成员，至此，监事会人数达到9名，其中4名股权监事，3名职工监事，2名外部监事，人员结构更趋合理。全体监事勤勉尽职，按照规定要求参加监事会会议，会议出席率达到100%，认真参与议案议题的研究讨论和审议，独立、客观地发表意见，行使表决权；积极列席董事会、管理层的会议，并根据专业特长有重点地承担任务，参与监事会的调研检查、工作访谈、专题研讨等活动。在监督工作中，在客观了解情况的基础上，监事们注重分析研判，主动提出个人看法和专业意见，为监督工作开展和银行公司治理完善作出了努力。

（二）继续探索创新工作方法，健全完善制度办法

监事会在以往工作方法的基础上，继续探索实践，增加了案例分析、与基层分支机构座谈调研的工作方式，并进一步扩大调研范围，增进对全行重要事项的了解与监督，取得了良好的效果。

监事会还积极学习借鉴同业好的做法，分别参加了银监会和中投公司举办的大型商业银行监事会工作座谈会，与兄弟行做了工作交流，吸取借鉴了一些好的工作做法。在制度建设方面，银监会颁布《商业银行董事履职评价办法（试行）》后，监事会对原有的监督办法进行了修订，形成了《监事会对董事会、高级管理层及其成员履职监督与评价办法》。根据行里的统一安排，监事会还分析梳理了公司章程中涉及监事会的具体内容和条款，在广泛听取监事的意见并充分与律师沟通的基础上，对公司治理文件监事会部分提出了修订意见，拟提交下一阶段的董事会和股东大会审议。

（三）加强履职信息的传递与交流，保障内部工作高效有序运转

除列席会议获得的信息资料，监事会还指导办公室加强对建设银行经营管理各类信息的收集、整理、分析，编发《监督工作参考》发送监事参阅。2011 年编发了 14 期，包括建设银行经营发展的新动向、定期报告的关注重点、风险与内控的重大事项、监管规则的新要求及新变化等内容。为便于监事以及办公室工作人员全面了解监事会监督工作的重点内容，明确监事履职的法定要求，年内组织办公室编制《监事会工作手册》。此外，办公室还及时整理监事会及监事的主要活动情况，通过《监事会工作动态》的形式定期呈送监事，加强成员之间的互动和交流。

（四）积极组织业务培训，注重履职知识的更新与积累

2011 年，全体监事参加了证券监管部门举办的上市公司董事、监事业务培训班，参加了建设银行组织的各类学习讲座。近年监管部门对商业银行公司治理运作的监管日益加强，制定了一系列的新规定、新要求，监事会及时组织对银监会《商业银行公司治理指引》、《大型银行监事会工作指引》（征求意见稿）等制度办法进行研究，还通过以会代训的方式，集中全体监事对董事、高管履职评价的主要内容及工作安排进行专题研讨。为提高监事会办公室辅助监督的能力和素质，年内组织工作人员参加了建设银行主要业务条线和部门举办的各类业务培训班 10 余次。通过培训学习，全体人员及时了解了监管新规，增强了对建设银行业务发展新趋势、新特点的认识和了解，监事会整体监督能力得到了提升。

执笔：王洪信、陈亚楠

第二部分　战略部署暨文献资料

在总行机关深入学习贯彻党的十七届六中全会精神党支部（总支）书记会上的讲话

王洪章

（2011 年 12 月 1 日）

同志们：

总行党委前天专门听取了机关党委关于按照中央国家机关工委要求，在总行机关开展学习贯彻中央六中全会的情况汇报。根据中央国家机关工委的部署和总行党委的工作安排，我们今天召开总行机关党支部（总支）书记会议，就进一步深入学习贯彻六中全会精神作出部署，我讲三个方面的意见。

一、深刻领会党的十七届六中全会的重大意义和思想内涵

党的十七届六中全会的重大意义，刚才辛书记在传达工委的文件中已经讲得非常清楚了，应该说在我们党的历史上作为全会来专门研究文化的改革和发展以及繁荣问题，大概是绝无仅有的，我想主要有这么几个原因。

一是出于形势的需要。现在的世界正处于大发展、大变革和大调整的时期，随着经济全球化的深入发展，各种思想和文化“交流”、“交融”、“交锋”更加频繁，文化安全应该说越来越重要。文化产品的密集繁衍、网络的高速传播、意识形态的深刻穿透力，应该说使我们党的意识形态和文化思想，特别是中央讲的“三个代表”的重要思想，其中关于代表先进文化的前进方向面临着重大挑战。如何增加民族的凝聚力和中华传统文化的竞争力和影响力，使我们社会主义先进文化思想能够真正根植于群众的思想当中，特别是使我们中华民族五千年的优秀文化和胡锦涛总书记提出来的关于构建和谐社会的重要思想能够推广出去，为全世界所接受，应该说这些意识形态和文化发展的内部问题、外部问题是我们党和国家面临的一个重要课题。

二是增强综合国力的需要。文化的软实力作为国家实力的象征，越来越为大家所接受。软实力的概念是 20 世纪 80 年代末期美国的哈佛大学提出来的。实质上，软实力是指影响力，包括文化的影响力、意识形态的影响力、制度的影响力，甚至包括国际事务的参与能力。现在软实力发展到不仅仅是概念问题，而且可以精细到用数量和指标来衡量、来评价。美国之所以能够把各种的文化产品连同它的价值观，包括它的生活方式通过各种有偿的、无偿的方式行销全世界，我觉得这就是软实力。有些东西世界各国都接受，这就是软实力的象征，也是软实力竞争的结果。我们党把文化软实力的概念写进了党代会报告，并专门召开全会进行布置，明确提出要提高国家文化的软实力，说明我们党作为执政党，在推进社会发展中越来越重视文化的作用，也说明我们党有能力代表先进的文化发展方向，促进文化的繁荣和发展，促进民族的复兴，使中国的优秀文化屹立于世界民族之林。

三是文化建设和意识形态发展的需要。为什么中央作出加快文化发展的决定，说明我们在文化建设上、意识形态的发展上还存在一些问题。大家已经学习了中央全会的报告，全会报告在关于文化建设当中讲了八个方面的问题。这八个方面的问题不仅仅影响到了我们的文化建设，甚至影响到了我们的政治建设、经济建设和社会建设，这不是个小问题。这些问题包括道德失范问题，诚信缺失问题，人生观、价值观的扭曲问题，甚

至包括一些年轻同志的精神空虚、追求目标偏颇问题，等等。小平同志讲，贫穷不是社会主义。我想，精神空虚也不是社会主义。要解决这些问题，确实需要思想的解放、观念的转变和素质的提高。那么如何解决这些问题？中央全会明确提出，社会主义的先进文化是马克思主义政党思想上、精神上的旗帜，这是一种很高的定义，这既是中国特色社会主义事业总体布局的重要组成部分，也是执政党第一要务的重要内容。而且提出来，到2020年，以社会主义核心价值体系为核心，包括良好的社会道德、公民素质、文化产品、文化体制，要实现大繁荣、大发展。为此，中央提出了五个坚持：即坚持马克思主义的主导地位，坚持社会主义文化前进的发展方向，坚持以人为本，坚持把社会效益放在首位，坚持改革开放，这是中央的精神和指导方针，我们各个支部一定要认真学习，深刻领会。

二、抓好建设银行的政治、思想、企业和廉政文化建设

建设银行作为现代化的大银行，总市值已居全球上市银行第二位，有着良好的社会形象。建设银行的经营和发展也始终坚持为社会主义建设服务，为党和国家的改革、发展这个大局服务。建设银行在思想文化建设上，始终秉承着“为客户提供更好的服务，为股东创造更大价值，为员工搭建广阔平台，为社会承担全面的企业公民责任”的理念，努力践行“诚实，公正，稳健和创造”的核心价值观，这些文化建设的理念已经被全行员工和社会所认同和接受，建设银行文化的传承还需要大家亲身实践好。

一是要抓好建设银行的政治文化建设。建设银行要加强全行员工的政治理论学习，坚定政治取向，进一步提高建设银行作为上市的大型股份制银行的影响力和竞争力。同时，建设银行在政治文化建设上一定要有鲜明的政治态度、高尚的政治信仰、深厚的政治感情，坚持为社会主义建设服务、为改革和发展服务、为广大人民群众服务。

二是要抓好建设银行思想文化建设。全行员工要牢牢把握社会主义核心价值体系的总体方向，坚持好社会主义文化的价值取向。我们各项工作当中，一定要注意牢牢把握员工队伍的思想追求、价值取向、行为观念和人生态度。要注意坚持以人为本，鼓励和支持员工努力展现其本质力量和正确追求，把思想和行动统一到干事业上来，在全行倡导和谐理念，培养敬业精神，形成团结、诚信、追求高尚的良好风气，建立起与建设银行发展目标相统一，与建设银行的使命、作风和理念相适应的文化建设体系和思想道德体系。

三是要注意抓好建设银行的企业文化建设。有人的地方就有文化，有企业的地方就有企业文化。企业无论大小，经营无论好坏，在它成长发展过程当中都会自动地、自发地形成自己的文化。随着建设银行的成长和发展，自身的文化已经形成、发展并逐步走向成熟，要进一步完善和发展好建设银行特有的文化理念和作风建设，注意把我们在经营管理和员工队伍教育过程中创造的、具有建设银行特色的精神财富集中起来，推广开去，通过企业文化建设把全体员工的兴趣、目的、需求以及由此产生的行为集中到建设银行的发展目标上来。同时，企业文化建设要注意以员工为重点、以基层为基础、以社会评价为标准，通过宣传、教育、培训和文化娱乐、交心联谊，最大限度地统一全体员工的意志、规范员工商银行为、凝聚员工力量，为建设银行发展贡献力量。

四是要抓好建设银行的廉政文化建设。廉洁从政、廉洁自律是中央的一贯要求，中央纪委也多次强调，作为公司、企业要加强廉政文化建设。建设银行的廉政建设要抓好三个方面：第一，要坚持廉洁从业的思想追求。第二，要注意营造以廉为荣、以贪为耻的良好氛围。第三，建设好恪守职业道德、爱岗敬业、奉公守法的职业文化基础。

以上“四个建设”抓好了，可以进一步奠定好建设银行良好的文化基础，能够把建设银行进一步管理好、发展好。

三、认真落实中央国家机关工委关于学习贯彻六中全会精神的安排部署

关于按照工委要求学习贯彻好中央六中全会精神，辛书记刚刚已经作了部署。这里，我再提几点要求。

一是认真学习，把员工的思想更好地统一到

全会精神上来。要注意抓好重点内容、重点章节、重点要求的落实，按照要求学习好，注意分批次、分专题抓好学习。党员领导干部一定要带头学、主动学，同时做好各项组织工作。

二是要做好相互之间的配合。要形成党委统一领导、党支部负总责、各部门齐抓共管的良好学习局面，让大家做到真学、真懂、真会、真用。六中全会精神对于我们建设银行的文化、政治、思想和廉政文化建设具有现实的指导意义，大家要结合实际去把它学习好、研究好、落实好。通过学习，进一步树立正气，把思想集中到干事业上来，这是检验学习效果的一个重要标准。如果学习完了，这个部门还是面貌不改、风气不正，那就说明没有认真学习。希望主管部门、主抓部门做好学习效果的评价工作，关键看落实得怎么样，贯彻得怎么样，执行得怎么样，一些坏的风气纠正没有，好的风气树立起来没有。

三是要在学习过程中加强思想政治工作。念文件讲话很容易，但有一些问题、有一些不足，还是需要通过思想政治工作去把它做好，通过交心、谈心，查摆问题，提出纠正措施，利用思想政治工作方式把它处理好，这样才能够形成一个强大的精神力量和良好的氛围。加强思想政治工作是我们党的老传统，如何把大量的错综复杂的思想问题、文化建设当中的疑难问题、职工当中一些不正常的思想动态问题，通过思想工作化解了、解决了，是考验我们支部书记、主要负责人工作能力的重要标尺。现在，批评人的少，表扬人的多，或者不敢批评，缘于批评工作很难做。但越是这个情况，越要敢于批评。做思想工作的难度很大，但是做得恰当会有很好的效果。如果不批评、光表扬，不做思想工作，这个单位可能好不了。如果敢于批评，又善于做思想工作，这个单位肯定错不了。好的表扬，差的批评。对于犯错误的职工、不良的行为，不端正的思想认识，要首先通过思想工作把它做好。

总行机关是建设银行的“司令部”，总行机关学习抓好了，会带动全行系统学习风气的形成、正气的上升，也会带动全行把各项工作做好。学习六中全会精神，学好了会形成正力，不学习或学习不认真、不结合实际问题，就可能形成反力。可能有的人会觉得学习占用了业务时间，是不是影响到年底工作了？我认为，学习贯彻六中全会精神只会对年底工作有好处，不会对年底工作造成影响。年底工作非常紧张，要注意合理安排、科学统筹，以学习贯彻六中全会精神作为完成今年工作的动力和正力，把学习和各项工作做得更好。

在传达学习中央经济工作会议精神总行党委会上的讲话

王洪章

（2011 年 12 月 14 日）

胡锦涛总书记的重要讲话，全面分析了当前国际国内经济形势，深刻阐述了明年和今后一个时期经济工作必须把握好的重大问题，明确提出了明年经济工作的总体要求、大政方针、主要任务。温家宝总理在讲话中全面总结今年经济工作，对明年经济工作的主要目标、任务和有关重大问题作出具体部署。这对于做好明年经济工作、保持经济社会发展良好势头、推动银行又好又快发展具有十分重要的意义。尤其是会议中提出的“稳中求进”的经济工作总基调和牢牢把握发展实体经济这个重点，对我行做好明年工作具有重要意义。在金融工作中，明年继续实施积极的财政政策和稳健的货币政策，保持宏观经济政策的连续性和稳定性，增强调控的针对性、灵活性、前瞻性，继续处理好保持经济平稳较快发展、调整经济结构、管理通胀预期的关系，加快推进经济发展方式转变和经济结构调整，着力扩大国内需求，着力加强自主创新和节能减排，着力深化改革开放，着力保障和改善民生，稳中求进，保持经济平稳较快发展，物价总水平基本稳定和社会和谐稳定，对大型国有控股商业银行改革发展有着重要的指导意义。

当前和今后一段时间我们要做好以下方面的工作。

一是要认真学习，科学把握中央经济工作会议精神，把思想和行动统一到会议确定的部署要求上来。按照胡锦涛总书记强调的“稳中求进”的要求，认真分析研究当前银行经营发展形势，密切关注国际国内经济金融形势，坚持注重效率，坚持稳定增长，坚持合规管理，进一步发挥优势，准确把握经济增长节奏，确保健康持续发展。

二是要认真研究明年经营计划，加大信贷结构调整力度。继续坚持“控制总量，把握节奏，调整结构，确保质量，改善利差”的信贷经营原则。加大信贷结构调整力度，继续执行好“进、保、控、压、退”措施，深入优化客户结构、产品结构和行业结构，坚决控制住对“两高一资”和产能过剩行业的信贷投放。积极支持小企业、民生领域、新农村建设、公租房建设和个人首套自住房需求，把握新兴产业机遇。总行将进一步加大考核力度，促进各项业务又好又快发展。

三是要增强风险意识和忧患意识，强化全面风险管理。全行既要看到这些年来风险管理和案件防控工作取得的成绩，也要对当前形势的严峻性和复杂性保持清醒头脑，并切实采取措施，扎实做好年底和明年的防控工作。在风险管理方面，全行要坚持从重点抓不良贷款“双降”转向重点抓资产质量基础管理，把工作做深做细。实事求是地进行风险分类，客观反映风险状况。全行的业务经营、风险管理和资产质量要经得起外部审计的考验。同时，认清当前纷繁复杂的形势，做好市场风险、操作风险、道德风险等管控工作，特别是要对重点部位、重点环节、重要岗位加强管理，采取有效措施，常抓不懈。

四是要扎实抓好岁末年初各项工作，确保年度工作收好官、明年工作起好步。要抓住“两节”期间业务发展的大好时机，加大旺季营销的力度，要以为民服务创先争优活动为契机，切实改进服务质量，提高客户满意度，促进各项业务特别是存款业务的发展。同时，要加强安全生产意识，加强安全教育，做好应对重大事件和突发事件的预案，抓好风险防控，确保安全运营，为完成全年工作任务和实现明年工作开门红奠定基础。

加强班子建设　强化风险管理
重点抓好大行业大系统大城市
和高端客户营销

——在北京市分行调研时的讲话

王洪章

（2011 年 12 月 23 日）

作为重要的大型商业银行，建设银行在社会上树立了“效益最好、素质最高、管理先进”的形象，北京市分行近几年的表现起到了很好的表率作用。分行新一届领导班子是一个讲政治、顾大局、工作勤奋、勇于争先、奋发有为的班子，不仅班子建设得好，而且员工士气高，机构整合科学合理。对于在改革和发展、服务中面临的一些问题，必须加以重视。只要积极开动脑筋，认真研究问题，办法总比困难多。

当前面临的形势依然比较严峻，大家要有忧患意识，要着力解决好三个方面的问题。首先，要进一步提振士气。士气很重要，士气和业绩相辅相成，士气上不去，业绩就上不去，反过来，业绩上不来，士气自然低落。其次，业务要实现更快、更有效的发展。目前，存款业务开始下滑，甚至落在同业的后边，须引起全行高度重视。假如我们规模上不去，存款上不去，利润也就上不去，三者紧密相关，密不可分。业务发展必须进一步加大力度。再次，要进一步研究做好功能整合工作。无论是总行还是分行，业务功能整合工作一定要科学合理，功能整合不到位，职责界线不清晰，业务发展就形不成合力，甚至相互制约。在功能整合方面，职责界定、利益分配、人力资源摆布等要进一步完善，要使全行成为一台完整、合理、有序运转的机器。

全行还需要加强几项重点工作。

第一，进一步加强班子建设。班子建设是队伍建设的根本。班子建设得好坏，取决于建设银行能否在同业竞争中获胜，取决于能否带好建设银行这支队伍，取决于全行能否很好地贯彻执行中央的方针政策和总行的战略决策。班子建设的关键在“一把手”。加强班子建设，就要加强政治建设、思想建设、组织建设、党风廉政建设，这些一个都不能少。同时，要坚持民主决策和集体决策，特别是对重大问题的研究分析和决策，要防止一言堂，这样才能建成一个团结向上、干劲十足的班子。

第二，要进一步加强内部管理。在当今复杂多变的大环境中，我们更有责任把队伍带好。一方面，要加强对员工队伍的教育和管理。在很多情况下完成工作的主体是个人，都是展现个人能力。如果教育不好，就很容易出问题。具体到案件防控上，要多想办法，既要加强员工教育，还要靠机制来控制，确保操作环节不出问题。另一方面，要培养员工的敬业精神和廉洁意识。对一些不正常的现象、不正常的行为要及时地批评和纠正。这不仅要求我们管好员工 8 小时以内，还要管好员工 8 小时以外。要做到“零容忍”。

第三，要认真研究我行的业务主攻方向。作为综合性、功能全的银行，建设银行必须为国民经济服务，既要支持实体经济发展，也要适应人民币国际化的趋势，发展好海外业务。基础业务、优势业务必须狠抓不放，一定要做好。还要重点抓好“大行业、大系统、大城市和高端客户”这“三大一高”的营销服务工作。大系统是一丢一条线，而大城市是一丢一大片，必须引起全行的高度关注与重视。建设银行 70% 左右的业务集中在全国七八个大城市，如果哪个大城市业务做不好，影响就特别大。高端客户动辄就是几百万、上千万的存款，对业务影响大。“三大一高”应成为全行当前和今后一个时期的重点工作，要大抓狠抓。对于房地产金融、造价咨询等优势业务我们还要继续巩固优势地位。对于市场定位，我们的目标是，争取要和第一名拉近距离，和后面的拉开差距。同时，还要加强存款管理、利益分配、成本核算等精细化管理工作。

在听取总行公司部等14个部门工作汇报时的谈话摘要

王洪章

(2011年11月29日至12月26日)

一、规模和质量并不矛盾，业务发展要形成合力

当前形势和往年不同，挑战大、压力大。目前建设银行排名第二，前面与第一名距离大，后面的紧追不舍。要有紧迫感。要好好研究战略问题，研究外部形势，研究市场发展变化中的问题、下一步如何布局等。要集中精力抓发展。争论要份额还是要质量没有意义。规模和质量并不矛盾，规模大或者份额高，也可以做到质量好。

抓业务发展，要非常重视产品和服务，要通过优质的产品和服务满足客户的需求。产品要做到同业没有的我们有；同业有的，我们做得更优、更大。要发挥建设银行的集团优势、整体优势，做好客户服务，业务发展要形成合力。

二、营销要挖掘潜力，有贷户和无贷户都要重视

客户经理要走出去，拼市场、抓营销、找客户，无论对公还是零售业务都要如此。目前人手短缺是制约因素，要解决这个问题，一是要挖潜，人员配置要向前台倾斜，要进一步提高网点对公、对私的综合化服务能力。要重视充实前台人员，完善网点综合服务功能，这比新设网点成本要低得多。二是要加大电子渠道投入，提高电子渠道对柜面人工操作的替代率。

客户营销和服务既要重视有贷户，也要重视无贷户，要增强对不同客户的服务能力。现在有不少客户特别是一些大客户，资金集约化管理、集中运用的趋势明显，客户需求可能更多是资金归集、资金结算等方面。这些客户资金较富裕、沉淀量大，有的不要多少贷款，但非常需要银行提供综合化的服务。我们对于这类大型客户、大型无贷户的营销和服务，感觉还有差距，一是系统支撑不够，二是专业的营销队伍还没有建立起来。大额无贷户应该怎么管好，其他银行也有一些科学、实践证明有效的做法，可以研究借鉴一下。要做到无论是有贷户还是无贷户，都能服务好，不断巩固和扩大客户基础。

三、做好网点建设布局，完善服务功能

我们网点基础还不够扎实。现在的网点布局，在城市尤其是特大型城市不及工商银行，在县域等新兴市场不及农业银行。要抓好网点建设布局，两头都要兼顾。网点应该是一个对客户综合性服务的平台，而不是哪个部门的网点。网点功能要丰富，对公和零售各种业务都能够办理。

网点客户排队的问题有改善，但实际感觉不只5~7分钟（注：部门汇报的调查统计数）。要进一步加强IT建设，推进前、后台分离，提高服务效率。同时，可以到一些做得比较好的同业网点走走，微服私访，办理一些业务，看看在程序设计上我们是不是有些地方没有其他行快捷、方便。排队问题不仅仅是服务问题，影响到客户愿不愿意到我们行办业务，愿不愿意来开户，是个大问题。要在网点功能的设计、业务流程的优化、服务效率提升等方面，多花点心思，查找差距，解决问题。有些问题和流程环节，可能稍作些改动优化，客户的满意度就会提高很多。

四、加大自助设备投放力度，要把点铺开

全行自助设备在2009年的时候四行排名第一，现在是四行第三。要加大自主设备的投放力度，在全国各地铺开。其他大型银行的网点资源要比我们丰富，我们要多增加自助设备，延伸客户服务渠道。不要等，我们稍一含糊，机会就错过了。

五、电子银行可以大有作为，是银行竞争的一个制高点

电子银行是商业银行竞争的一个制高点，必须高度重视。电子银行业务不仅要有所作为，而且要抓住机遇，未来是可以大有作为。

电子银行新产品开发后，要发动全行的人力、物力、财力资源，迅速把新产品覆盖到全行网点，推送到我们的目标客户，不能给同业模仿的时间。如果在观念、技术和市场营销行为上没跟上，可能前功尽弃。

六、提升城市行竞争力，探索优化城市行经营管理模式

要加快省会城市行及其他中心城市行、地市级分行的发展，体现出建设银行的特色。我们已经有了一套较完整的中心城市行考核管理指标，包括内转价格、风险定价等，效果不错。要继续加强管理，进一步提高城市行竞争力。要一个条线一个条线地研究，如对公和零售业务市场表现、客户账户拓展等。各地情况不一样，要一个分行一个分行地研究。要明确方向、突出重点，还要打出我们的特色。城市行尤其是中心城市行，要发展得更快一点、更好一点。

省会城市行的经营管理目前模式不尽相同，有营业部形式的、有分行内设管理部门形式，也有省行直管多个支行的模式。总体经营管理情况差别较大，有的做得很好，但也有的不尽理想。要认真研究做得好的省会城市行，总结其经验和做法，分类指导，好的可通用的做法要进一步推广，提高在当地的竞争力和市场表现。

七、完善议价机制，尽快提高定价能力

全行业务持续发展、盈利能力不断提升，关键是要完善议价机制。今后利率过高的协议存款、同业存款等，可能就不能要了。全行要统一算账、统一研究。资金吸收进来后，怎么用，到底赚不赚钱，要算算账。要细化管理，否则既可能丢掉一些业务，也可能花了很多精力但做了赔本的生意。要把议价机制完善起来，保证和促进业务的高质量发展。

要尽快提高定价能力，打好基础，关键是要提高分析研究能力、IT支持能力、风险评估和管理能力。要通过提高定价能力，适应未来利率市场化的挑战。

八、金融市场业务的目标可以再积极一些，并着力打好基础

现在金融市场业务经营着2.5万亿元资产，给全行创造20%的价值贡献，成本收入比较低，是很重要的利润增长点。但也存在一些问题，例如有些业务跟着别人走，缺乏自己的核心技术、产品支持以及自主知识产权等，这些问题将来有可能制约我们的发展，要尽快研究解决。具体到业务经营和风险管理方面，金融市场业务虽然比信贷业务风险损失的要小，但不能不重视风险，还是要继续加强风险管控。

金融市场业务发展战略方面，定的目标可以再积极一些。现在我国金融市场正是发展的好时候，国内各大银行都已经意识到这个问题，谁抓得早、抓得准、抓得好，就可以占到市场先机。市场千姿百态、瞬息万变，要抓住机遇。金融市场业务要争取一年左右时间，赶上先进同业，尤其是在主要指标、基础管理方面，全行要从更高战略角度予以支持。

要打好基础，像金融市场分析研究能力、IT技术支持、定价能力、风险控制能力等方面，要重点强化。金融市场专业人员的储备，要比其他业务条线人员储备更有紧迫性，市场交易、分析研究、定价方面的专业才人培养，需要多年时间，要提前着手。同时要强调风险内控，国外一些先进银行在市场交易方面出现的问题甚至丑闻，酿成资金和声誉上的巨大损失，要引以为鉴。做好风险内控，不仅是管好业务方面，也包括廉政建设。要有一个好的工作作风，有一支过得硬的干部员工队伍，金融市场业务才能有坚实的发展基

础，才能适应下一步发展的需要。

九、表外业务应该和表内业务一样，要实现无死角管理

我行目前的表外业务、表外项目类型多、涉及面广、系统分散，结构还不尽合理，要尽快建立严格的核算和管理制度。相对表内的信贷业务而言，不少表外业务的风险并不小，金融危机中也有很多例子。表外业务（风险敞口计量等）不是仅仅算给监管部门看的，关键是要真正控制住风险。在目前经济环境、市场环境下，尤其要防范表外业务的风险向表内转移。

表外业务应该跟表内业务一样，要做到“无死角”的管理。建设银行经营的任何一项业务，不论是在表内还是在表外核算，都需要规范管理，不能出现管理空白甚至管理失控的现象。按照这个原则，表外业务管理的方式方法要规范下来，包括如何纳入信息系统、如果进行合理授权、如何实现风险统一管控等，都要认真梳理和研究。

十、海外机构要加快布局，并购和申设并重

海外业务拓展，现在是一个大好时机。国际金融危机不见得是坏事，从我们海外发展战略的角度看，可能是好事，遇到的障碍要少一些。像一些新兴市场国家，与我们贸易往来非常稳定，其中的机会很多。要趁着好时机，抓住市场亮点，加快布局，填补空白点。现在不动手，再过几年等大家回过味来，就晚了。国内正逢人民币升值，企业经营也遇到困难，银行增长不可能像以前那样好。可以到海外市场好好抓一抓，增长空间很大。

海外机构布局，并购和自己申设分支机构要更好地搭配，两者同等重要，哪个来得快做哪个。我们设立海外机构，不仅仅是跟随国内企业走出，还要按照海外银行模式发展，要落地经营，那才是真正的海外机构。如果仅仅是跟随客户，那只能是国内银行的延伸。新设一个点，暂时有可能是不赚钱的，但现在不占领市场，等过两年就抢不到市场了。这就跟打仗一样，冲上山头再说，回头再打扫战场。不是一定要一切都准备好了再出去，产品流程设计、IT 建设、风险管控等，都可以同步推进。

要加强海外人才储备。海外人才培训完成以后，直接就上战场。现在外派管理人员比较缺乏，仅仅在副处（七职等）范围内选是比较困难的，可以扩大到正科级，从中选一批素质高、有潜力的年轻人。像 20 多岁的年轻人，培养后就送出去，这个年龄的同志有激情，学习快、适应快，很快就能成长起来。要按照处级、科级、一般工作人员体制结构，大面积培训、交流替换。

十一、发挥全行整体优势，抓住金融 IC 卡新增长点

发展金融 IC 卡是大趋势，也意味下一步市场的重新洗牌。中央银行规划在“十二五”期间发行 8 亿张金融 IC 卡，而且社保卡将与金融 IC 卡结合在一起，具备支付的功能。这个市场要抓住，关系到长远发展。

金融 IC 卡业务要加快推进，包括信用卡也都要关联起来。在第一轮社保卡竞争中，我行基本没拿到，后面一定要加大力度。要将其作为一个新的增长点，发挥全行优势，集中力量攻下来，这对长远发展大有好处的。8 亿金融 IC 卡的大单，不是个小数，抓得好，将是未来个人业务的一个增长亮点。凡是涉及全行长远发展的事，都要高度重视，要集中力量加大投入，上下联动加强营销。

十二、业务组合要符合建设银行改革发展要求，资本管理要进一步加强

我行的资产负债科学化管理比较先进。要坚持好的做法，加强管理科学。业务发展、资产负债组合结构安排一定要服从建设银行改革发展要求，要符合转型的需要。总体发展要快一点，制订计划时尽量往前赶，不能比其他银行落后，拼个两三年后再看看，市场表现会更好。

要强化资本管理，这不仅是监管要求，更是现代银行稳健发展、审慎经营的内在需要。现在我们的资本充足率指标还可以，但是要考虑未来的发展，考虑可能面临市场变化和潜在风险，一定要有清醒的头脑，要统筹考虑资本要素，考虑资产负债表的健康，考虑经营效益、资本回报的目标能否实现。

十三、财务会计部门要发挥好核算中心和效益管理中心职能

现在银行财务会计的职能，与原来相比已经发生很大变化。原来主要是核算、统计，现在则涵盖银行管理、经营考核方方面面，更加深化、更为科学。财会部是我们全行经营计划的综合部门，也是核算中心、效益管理中心，非常重要。要根据现代银行的要求，充分发挥好作用核算中心和效益管理中心的作用。首先，财务会计管理要统一，数据、核算、制度等都要统一，提升经营管理水平，提高效益。其次，要准确、精细。全行经营目标的实现，很大程度上取决于核算是否准确、核算是否科学。要把应该纳入的都纳入进来，不要有跑冒滴漏。最后，提高系统管控能力。系统管理要细一点，核算要集中到总行来，经费审批权限等尽量集中到上面。

十四、信息系统要集中，建设要超前，要考虑长远发展的需要

IT 系统要做到统一、安全、高效。我们是国际化大银行，要有国际化大银行的水平。全行 IT 系统要集中，有的系统还留在分行，下决心尽可能都上收到总行来开发管理。很多先进银行的实践都表明，要坚持 IT 集中。集中不起来，水平就上不去，管理也管不好。

IT 是支持银行发展的基础，要高水平、高标准建设。像“两地三中心”建设等，不能只考虑满足未来三五年的需要，要着眼长远的发展需要，占领制高点，力求能够保持 10 年同业领先。要定位于“国内最佳，国际一流”的目标。这里的“最佳”，包括技术最佳、系统整合最佳、持续开发能力最佳、效率最佳。IT 建设的目标要定得高一些，不能有顾虑，要有信心。

系统间要做到信息共享、互联互通。例如，在集团客户的电子服务渠道上，其他行是一个系统上有 64 项功能，我行是 3 套系统共 60 多项功能，但一个客户通常只上一套系统，享受不到所有项服务。这说明我行在系统间的共享能力、互联互通能力等方面还有待加强。新一代核心系统建设正在推进之中，尤其要重视客户整体服务能力、产品集成能力和组合能力的提升。

十五、要全面考核、压力均等，根据市场表现兑现奖惩

现在分行和基层机构考核压力大，部门相对来说压力小，甚至没有压力。要做到全面考核、压力均等。“全面考核”，即不仅要考核分行和基层机构，总行部门也要考核；“压力均等”就是董事长、经营班子、部门老总、各分行，自上而下都要有承担压力。考核要站在全行的角度，导向上要有利于全行业务发展，有利于调动全行上下积极性，在这个基础上，合理设定考核方式方法，逐步量化，先易后难，进一步调整完善。

要根据市场表现兑现奖惩。今年考核中，对于排名靠后、完不成计划的、在当地与建设银行地位不相匹配的分行，年底要兑现奖惩。建设银行的基础很好，人员、队伍、干部素质高，要把士气激发出来。怕就怕不敢想，怕就怕想不到，怕就怕干部的风气坏了。要通过考核和激励，督促分支机构提升市场表现：业务落后的，要和前面拉近距离；业务领先的，要和后面拉开差距。

十六、风险防控要抓住重点，精确打击

建设银行已经建立了一套风险管控、案件防范的制度，取得较好的成效。但还要做到科学化，要抓住重点，精确打击，否则风险管理会离实际越来越远。目前风险管理是第二道防线，要做到覆盖全行各层面。风险管理不是哪几个部门的事情，风险管理人人有责。

当前案件防范的形势很严峻。目前社会资金面紧张，像挪用客户资金、参与非法集资、民间借贷等，都跟大环境有关联。出个别案件不可怕，可怕的是换个形式、换个地方还出同样的案件。关键是要完善制度、落实制度，加强对员工的教育。尤其是员工的基本素质、执业操守教育非常重要。没有一个好的工作作风、过得硬的人员队伍、严肃负责的工作精神，这么大的机构很难管好。发现不良的苗头要批评教育，必要时要调离。员工管理和教育方面，要进一步研究强化。

十七、进一步优化授信管理，发挥信贷风险第一道防线的作用

信贷风险管理的重点应该放在授信和评估上。

对客户总体核定一个额度，把握住风险敞口的总量，一旦发现企业出现问题，就降低其授信额度。授信和审批的关系，可以再研究，但总的来看是各有侧重。基层行主要承担两个任务，一是客户营销，二是做好客户资质调查、数据收集与真实性核查。在这个基础上，我们有自己的评估技术工具和模型，还有专家根据宏观政策、区域经济状况、行业发展规划、企业财务状况和现金流、经营管理能力等综合考量，确定一个科学的授信额度，这个风险就可以把控住。

授信环节要重点强化，要发挥好信贷风险第一道防线的作用。授信方案不清楚、评估准确性不高，风险就很容易失控。这方面专业化的要求很高，要进行集约化管理，才能把我们传统的优势发挥出来，也才能真正培养锻炼出一批人才。授信环节强化了，再加上现有的专职审批人机制，那么授信风险的管控就没太大问题，信贷流程效率、市场相应速度也会有明显的提升。

（参加汇报的部门：公司业务部、集团客户部、信息技术部、电子银行部、个人存款与投资部、国际业务部、董事会办公室、股权投资部、金融市场部、资金结算部、资产负债部、财务会计部、风险管理部、授信管理部）

（根据录音整理）

以更大决心推动银行改革发展为经济社会转型作出新的贡献

——在中国建设银行工作会议上的讲话

郭树清

（2011 年 2 月 21 日）

同志们：

2011 年已经过去 50 天，在此期间全行上下认真学习贯彻十七届五中全会和中央经济工作会议精神，按照总行的要求和部署，在业务拓展方面，创造了一个良好的开端。在此谨向大家表示热烈的祝贺！

这次会议，要在科学发展观和中央“十二五”建议的指导下，认真总结全行三年发展战略纲要的执行情况，分析国内外经济金融形势，研究今后五年加快银行发展方式转变的指导方针，安排部署今年的工作任务。张行长将就全行经营作报告，我先讲几点意见，供大家参考。

一、三年业务发展规划确定的战略目标已经实现

建设银行股改后高度重视战略管理。2005 年制定下发了第一个业务发展战略纲要，初步确定了转变发展方式、调整业务结构的基本方向。2007 年在深入学习科学发展观，认真总结实践经验的基础上，重新修订了战略纲要，出台实施了 2008—2010 年三年规划。到去年底，我们比较圆满地结束了规划的执行期，不仅创造了良好的经营业绩，而且强化了核心竞争力和价值创造力，为实现世界一流银行的战略愿景打下了坚实基础。

2010 年全行平均资产回报率 1.31%，平均股本回报率 21.35%，实现规划 1.4% 左右和 20% 的目标要求。成本收入比 37.1%，超额完成目标 2.9 个百分点。税前利润年均增长 19.5%，高出目标值 1.5 个百分点。不良贷款率 1.14%，低于目标值 0.86 个百分点。拨备覆盖率 221%，大大超出规划要求。累计退出各类高风险贷款 2 457 亿元，是目标值的 2.4 倍。不仅主要经营指标顺利完成，而且资本创利能力全球领先，股票市值和净利润稳居前列。

“五个转变”是三年规划规定的主要任务。

第一，业务结构调整取得很大进展。到去年

底，全行按老口径计算条线业务贡献度，批发、零售、投资分别为50.6%、29.2%和17.3%，如果将小企业信贷纳入零售业务统计，贡献度分别为46.2%、33.6%和17.3%，与当初制定的48%、34%和16%的目标非常契合。2008年和2009年因集中投放公司类贷款支持国家扩大基础设施建设和应对金融危机，个贷的确受到一些影响，个贷新增在全部贷款新增的比重分别为19%、28%，去年重新恢复到36%。

第二，非利差收入持续高速增长。中间业务净收入占比20.7%，超出目标0.7个百分点，其中批发条线中间业务收入占比17%，超出目标2个百分点，零售条线中间业务收入增长3倍，远超年均增速20%的目标。财务顾问、理财产品等业务的年收入超过60亿元，超额完成目标。

第三，新兴业务发展取得长足进步。建成222家小企业“信贷工厂”，近三年累计投放小企业贷款超过1万亿元，贷款余额达到目标值的1.9倍。涉农贷款年均增速35%，高出公司类贷款增速近1倍。“民本通达”贷款达到2 100多亿元。AUM300万元以上客户12万人，高出目标71%。电子银行交易量达到柜面1.4倍，超额完成计划。ATM交易量超过柜面1倍以上，交易笔数和跨行交易量国内领先。

第四，向多功能银行转变取得新突破。投资银行业务在内地和香港中资银行中排名均居前列，财富管理和私人银行快速发展，中德住房储蓄银行取得亮丽业绩，基金、信托、租赁等专业平台进一步加强，基本完成保险公司的收购，综合化经营体系日益完善。村镇银行已开业的达到8家，获得批准正在筹建的10家，另有14家已上报银监会审批。

第五，建设国际化银行迈出实质性步伐。与美国银行、淡马锡公司、桑坦德银行等国际著名金融机构的战略合作取得丰硕成果，从海外引进产品、技术和经验的工作在国内同业中保持领先，圆满达成了国际战略的基本目标。截至2010年年末，在海外拥有12家分行和全资子公司，设立台北代表处和多伦多分行的申请已获银监会批准。

规划中涉及的支持保障方面的改革也取得明显进展。缩减行政管理、后勤保障人员，前台人员占比达到61%，完成目标要求。加强专业化人才队伍建设，完善业务条线人力资源垂直管理和团队派驻制。批发、零售条线分开核算管理，资源配置向战略性业务倾斜。城市行基本实现两级或两级半的扁平化管理，城区综合型支行职能转型加快。加强信息技术统一规划和垂直管理，初步形成支持各业务条线应用的服务体系。深化前、后台业务分离，营运体系的集中度不断提高。新建中、后台管理中心77个，信用卡、电话银行后台作业实现跨区域整合。全面推进网点一代、二代转型，销售能力提高85%，是目标值的2.8倍。开展流程优化项目1 270个，劳动生产率达到欧美大银行平均水平65%。

个别指标没有实现规划目标。一是海外资产占比2.6%，低于5%的目标值，主要原因是金融危机后海外投资放慢步伐和人民币升值。二是中心城市行核心业务收入四行占比27.4%，略低于28%的目标值，主要原因是基础设施投资向中西部转移，内地工业化、城镇化步伐加快。

总体来看，三年的业务发展明显超出预期，取得了辉煌的业绩，得到了社会各界和国内外市场广泛认可。我行的综合品牌价值列全球银行业第十位，并跻身“全球商业银行品牌十强”第三位，被英国《银行家》评为“2011大赢家”。这是全行35万名员工聪明才智的结晶和辛勤劳动的结果，确实来之不易。我代表总行党委、董事会、高管层、监事会，向大家致以崇高的敬意和衷心的感谢!

二、未来五年银行发展面临着良好条件和严峻挑战

国际上，主要发达经济体开始复苏，但势头不强。美国经济结构调整压力较大，在向更高水平的服务业为主导的经济转型中遇到严重的失业问题，1月就业情况略有好转，但是失业率仍高达9%。日本陷入严峻的债务危机，国际货币基金组织统计，2009年日本债务与GDP的比例达217%，超过二战时水平。欧洲主权债务危机使自身经济更脆弱，金融系统也面临不少不确定性。但是，“瘦死的骆驼比马大”，不能把西方国家经济问题看得过于严重，它们的综合竞争力依然最强，科技教育水平在未来相当长时间内还会处于领先地位，它们的企业拥有世界级品牌、具有高

新技术和文化创意优势，产业升级能力很强。去年，美国申请的国际专利有4.49万件、日本3.22万件、德国1.72万件，而中国仅1.23万件。总之，尽管西方国家面临较大的压力和困难，但仍有很强的实力和优势，不至于对世界经济增长造成较长时间的拖累。

与之形成鲜明对比的是，新兴市场国家的经济反弹迅速，从“金砖四国”到“灵猫五国”，最近还有更多新说法，都预测未来将有一大批发展中国家进入经济快速发展时期，成为拉动世界经济增长的生力军。从纯粹经济角度来看，似乎前景颇为乐观，亚非拉国家劳动力资源丰富，又有闲置的土地和矿藏，东亚和石油输出国拥有巨额资本需要投资，这些因素如果结合起来，那么全球经济将会进入一个史无前例的繁荣时代。现在，许多过去长期落后的发展中国家，到处都在兴建港口、公路、电站和水库，工厂、住房、办公大楼更如雨后春笋，在沉睡了不知有多少年的土地上冒了出来，其中仅只是由中国出资的项目就成倍增长，有的国家和地区甚至是一年翻了好几番。从长远来看，世界面临的最大挑战来自环境、资源、人口方面；近期来看，大宗商品供应紧缺，价格大幅上涨，通货膨胀在多数地区已成为现实威胁。

就国内而言，如无特殊意外，国民经济仍能在较长时期内保持较高发展速度。主要依据如下。

——工业化仍处在高峰期。和欧美工业化进程相比，我国的制造业在地区之间转移得太慢，整个经济的产业升级也不够明显。产业增加值分布呈“微笑曲线”，前面的研发、设计、品牌、融资和后面的分销、配送、售后服务环节都是高附加值，中间加工环节是低附加值。由于我国的非农产业仍然过度集中在东南沿海地区，而且高度依赖制造业，因此拉长产业链的余地非常大。

——城镇化潜力巨大。去年我国城镇化率统计数据估计约为48%。这个数据受到两个方面的批评和怀疑。一方面，许多在农村的非农就业人员、进城务工人员并没有包括进来，如果把从事工业、建筑、商业等非农产业的农村地区人口都统计在内，最终数据估计不低于65%。如果按实际的劳动时间折算，农业人口早就低于10%了。但是，另一方面，进城农民工中已被纳入城镇居民统计的人群，大部分还没有城市户口，享受不到平等的就业、医疗、教育、社会保障等公共服务。互相矛盾的这两个方面共同说明一个事实，那就是城市化的可能性和紧迫性非常突出。

——信息化进步更快。信息技术可以替代很多东西，可以改变生产方式和生活方式，改变经济形态和产业形态。英国《经济学家》杂志上周报道，一种称为3D印刷技术的新发明，有可能带来像蒸汽机、晶体管一样的革命性影响。数字化的潜能看来还远没有被认识。必须充分看到，信息化不仅是形式上的变化，更重要的是内容上的变化，企业管理、社会管理以及经济文化政治法律制度都将受到深刻影响。

——市场化前景广阔。国内商品市场将进一步完善，行政性垄断行业和自然垄断行业的特殊地位都将逐步改变。国内外大宗商品期货市场势必会真正实现接轨，金融市场尤其是货币市场、外汇市场、资本市场都将获得巨大进步。城乡劳动就业、土地转让将快速趋于统一。国内生产要素市场，如资本、土地、技术、管理、人才等，跨省市流动会更加顺畅。这将为整个经济带来难以估量的机会和活力。

——国际化继续加快。我国将进一步扩大实体经济包括金融、物流等服务业的对外开放，并稳步开放教育、医疗、体育等领域，提高利用外资水平，优化对外贸易结构，加快实施“走出去”战略，逐步推进资本项目可兑换和人民币国际化，积极参与全球经济治理和区域合作。银行将迎来更加广阔的国际化发展空间。

——机遇与挑战并存。未来5年，我国经济金融面临诸多挑战，除了各种外生变量及其影响外，内生性的风险主要有四类：（1）资源环境矛盾进一步积累可能引发局部性危机，能源、交通、水的供应、环境污染、食品安全等领域都存在极大压力。按国际标准，目前我们的生态占用已相当于容纳能力的两倍。（2）城乡分割导致的收入分配不公平和发展机会不平等是造成中国经济不平衡、不协调和不可持续的主要体制根源，既妨碍了生产要素的自由流动和平等交换，也妨碍了公共资源的均衡配置。（3）地方追求GDP增长的强大动能与国际收支顺差导致的持久的流动性过剩相结合，使得国民经济始终存在着趋于过热、通货膨胀和资产泡沫的风险。（4）以美元和欧元为主要结构的巨额外汇储备承担着极大的国际货币、金融风险。目前我国外汇储备近3万亿美元，未来5年如果体制机制没有较大变化，很可能再增加1.5万亿美元。长期看美元还会贬值，欧元先天不足。我国在国际市场上持有的资产过度集中于金融和储备领域，迫切需要进行调整。

从银行角度看，主要挑战是：同业竞争将更加激烈；利率和汇率的市场化改革给银行经营提出更高要求；过去两年银行货币信贷超速扩张，不良资产反弹压力会逐渐增强；有些部门、行业改革滞后，负债率过高，给金融体系带来隐患；一些扩张快、管理能力差的金融机构积累的问题可能爆发，产生区域性和系统性风险。

三、制定新的中期规划需要明确的指导思想和主要目标

推动未来5年健康持续发展，要把科学发展观作为总的指导思想，以人为本，统筹兼顾，以转变银行发展方式为主线，争取在2015年基本建成世界一流银行。具体来讲应当遵循以下几个原则。

一是立足实体经济。坚持以服务经济社会发展为根本，为工业化、城市化、信息化和国际化提供金融支持，以自身发展方式的转变促进国民经济发展方式的转变。不知大家是否注意到，地区之间、城乡之间的经济社会发展差别已经出现了不同程度的缩减趋势，这很可能具有转折性意义。

二是积极审慎经营。既要抓住发展机会，又要保持头脑冷静；既要争市场、重份额，又要正当竞争、依法合规；既要鼓励开拓进取，又要有效控制风险。实现成长、效率和风险的统筹平衡。

三是引领市场发展。坚持以客户为中心、以市场为导向的经营理念，大力加强产品创新、服务创新、流程创新和管理创新，主动满足和开发客户需求，引领市场发展，提升核心竞争力和价值创造力。

四是夯实科技支撑。高度重视现代信息技术发展对银行业务模式的革命性影响，积极利用先进的科技手段提供简捷便利的金融产品，超前谋划信息技术架构，建设领先的业务系统和管理平台，不断改善客户体验和风险内控。

五是强化人力资本。落实人才政策，加强员工培训，提升队伍素质，完善员工职业生涯规划，充分调动全体员工的积极性、主动性、创造性，增强全行凝聚力、战斗力，以人的全面发展带动建设银行业务发展。

六是坚持改革推动。进一步深化内部各项改革，为全局工作提供动力。坚持对外开放，引进国内国际一切先进经验、理念和方法，促进银行科学发展。

制订中期规划，根本目的在于找准市场定位，提升战略管理水平，增强核心竞争力。未来5年需要认真解决银行发展中存在的不适应、不协调、不稳定和不可持续问题，注意做到批发业务与零售业务并重、传统产品与创新产品并重、物理渠道与电子渠道并重、商业银行和综合经营并重、国内向县域延伸与海外向重点市场扩展并重。

（一）发挥既有优势，打造新的优势

一方面，继续发挥在基础设施融资、住房金融、工程造价咨询等领域的传统优势。未来5年这些领域还有很大增长空间，也面临同业竞争的严峻挑战，要进一步扩大品牌影响，巩固市场地位。另一方面，许多领域有巨大的潜力，如小企业、“三农”、消费金融和高端客户服务等，要抓住机遇，创新产品、流程和服务模式，打造新的优势业务。

继续优先发展小企业金融服务。中国的中小企业总共约有4 200万户，其中99%是小型和微小型企业。尽管我行的小企业贷款市场占比第一，但服务的客户仅6.7万户，加上无贷户大概也只有170万户。规模庞大的小企业市场，就像巨大的海洋，我们可以取之不尽、用之不竭。过去基层行不愿意做小企业业务，往往是因为没有作出规模效益来，后来通过“信贷工厂”提高营销、作业和审批效率，不仅吸引来大批客户，而且带动其他资产、负债和中间业务迅猛发展，一些分行已经尝到甜头。最近总行高管层调整分工，将小企业服务与个人业务归由一位副行长分管，就是为了使之更好地相互借鉴，更好地进行统一管理。小企业业务的内部管理、分析统计和对外披露也要逐步体现在零售条线。同时，小企业的退出机制必须确立和保留，因为当其规模变大后，

风险特征就完全不同了。对于中型企业，我们一直在研究探索能否建立专门的机构和条线，为此与美国银行也进行过交流。此外，还有大企业和特大型企业，可能都要再进行细分，都要做到由专业团队进行专注经营。

进一步做好“三农”金融服务。未来持久的城镇化以及国家实施的民生工程将给广大农村和县域带来前所未有的发展机遇，拓展金融市场机会大大增加。在城市化、城镇化较快的地区，“三农”金融发展条件更加有利。发达的乡镇实行城镇化管理后，消费结构会随之变化，汽车、住房、教育、文化等方面需求会大幅增加。新农村建设也会带来新的发展机遇，应认真总结先行先试地区的经验，进一步做好这方面的业务。

积极开拓消费金融市场。扩大内需既是国家长期政策的立足点，也是经济自身发展的必然归宿点，个人消费金融潜力巨大。目前，我行消费类个贷四行排名居末位，市场份额大幅落后于他行，需要引起高度注意。我行有资产的个人客户2.1亿人，客户群体庞大，要充分利用，加强交叉营销，提高产品覆盖率。丰富信用卡产品，挖掘客户需求，大力发展分期付款和收单业务。对教育消费、保健消费、旅游消费等市场变化也要认真关注，把握住新的商机。

大力提升高端客户服务能力。随着中国经济和居民财富快速增长，富裕人群数量也在快速扩大，财富管理与私人银行具有非常大的发展空间。目前，我行中高端客户群体老龄化趋势明显，年龄在25～44岁的中青年客户只占45%，远低于国际先进银行。在一些分行调研时也发现，个人高端客户有走向低端化的趋势，如果不尽快从根本上扭转，可能流失掉的客户资源，恐怕将来增加几百个网点也难以弥补。

（二）分析市场变化，推进各项业务自身转型

我们既要开疆辟土，不断拓展新的领域，更要强调内涵发展，对现有业务精耕细作，不断挖掘潜力。无论是新业务还是老业务，都有转型和升级问题。以下几点尤其要引起重视。一是过去批发条线主要围绕着贷款来经营，今后要加紧扩大债券融资、投资银行、财务顾问等新型服务，减少资本的高额占用，争取多渠道、多形式地满足客户筹资需要。二是零售条线要从抓储蓄存款为主，逐步过渡到以理财业务为主。目前我行个人理财产品与同业的差距主要体现在产品供应不足、预期收益低于市场平均水平等方面，这里深层次原因在于新业务、新产品的发展动力和压力不足，造成靠“大路货”和“吃大户”过日子的问题。我们做业务，一定要比客户了解得更多，把市场研究透，而不是简单地去营销贷款或者存款。三是利率市场化很可能会从公司现金管理和个人理财打开缺口，迅速形成汹涌洪流。我们不能为了拉资金而不计代价，必须冷静、理性、全面地分析竞争态势，找出正确的应对方法。管理通胀是今年国家宏观调控的重点，利率已进入上升通道，准备金率还有可能上调，存款竞争有可能更加激烈。四是人民币国际化的步伐有可能比大家预期的要快得多。各相关部门和分支机构，实际是全行上下，都要认真学习董事会的相关会议纪要，联系自身实际，举一反三，做好应对。

（三）加大科技投入，提升市场竞争力

我行目前的盈利水平很高，应从长远发展考虑，多安排一切必要的资本性支出，用于改善信息技术等基础设施，保障长期可持续发展。

进一步加强网点建设。我行网点数量在同业中并不占优势，截至2010年年底，我行营业机构数量13 415个，比年初增加31个。2010年中国银行网点增加85个，工商银行和农业银行的网点虽然减少，但总量远多于我行。未来增设基层机构网点要以中心城市和经济相对发达的县域、乡镇为重点。具体要结合当地实际情况，对市场环境、发展潜力及购租选址方案等进行全面分析。对如何配备人员、是否实行综合柜员制等问题，要抓紧研究，尽快落实。

加紧完善电子渠道。网上银行、电话银行、手机银行和自助银行有巨大的业务处理能力，而且因为其便利性越来越受市场和客户的欢迎，未来必将成为交易类服务的主要平台，现在一些网点还存在排队问题，要适当多采购和配备存取款一体机，为客户提供更多方便。美国银行的网银客户占全美网银客户40%，电子支付总额占全美支付账单总额的60%以上，电子银行与柜面交易量之比在2008年就达到237%。渣打银行的电子

银行已发展成为重要的盈利中心，交易量是柜面的6.7倍。相比之下，我们的差距还很大，现有电子渠道仍有不足，比如，全行的服务流程设计主要以柜面为主，部分重要产品未在电子渠道同步部署，电子银行客户渗透率有待进一步提升，等等。全行各条线、部门要一起下大力气，实现电子渠道开发利用水平全面提升。

加快信息化步伐。提高我行信息化水平还有大量的基础工作要做。尤其是对新一代核心系统的建设，要充分论证研究，对未来的轮廓、功能、实现的路径都要认真考虑，要有足够的前瞻性和导向性。不能仅满足于简单的电子化或系统相叠加，要充分发挥科技在业务流程优化中的作用，使信息技术在更深层次直接参与银行价值创造。围绕业务开展，切实加强信息流管控和信息技术资源的内部整合。比如网络银行，现在产品和在线服务还比较单一，一旦我们能使电子商务与小企业、零售金融进一步融合，形成全新的业务平台，功能和成效可能会扩大十倍、数十倍。总之，信息技术在未来的银行业务升级换代中将发挥无可替代的作用。

（四）稳步推进金融服务综合化、国际化

我行的资产、负债、中间业务和信托、基金、保险、租赁、投行等非商业银行金融服务间相互渗透性很强，村镇银行、中德住房储蓄银行等子公司的发展与集团业务互补性也很强。要着眼于集团整体价值和股东回报，加强总分行与子公司、各子公司之间的战略协同和联动创新，增强交叉销售能力，不断提升全面解决方案的水平。抓住机会推进网络银行、汽车金融等消费金融机构的设立，在政策允许的条件下，设立或并购证券公司，为客户提供全能型金融服务。与此同时，要研究风险规避。要在银行业务与非银行金融业务间、母子公司间，建立起有效的风险隔离机制和“防火墙”，保证一旦某一方面出问题不会影响到全系统，避免引发系统性风险。

推进国际化战略，核心是利用国外信息、知识、人才优势，不断提升我行专业化精细化水平，使我行在硬实力和软实力两个方面都能在2015年赶上国际先进银行。海外业务发展首先应满足中资企业“走出去”的配套金融服务需求，为跨境客户提供国际一流的金融解决方案，逐步扩展全球化服务网络的覆盖水平，培育全球授信和全球资金结算能力。要抓住新兴市场发展机遇，如东南亚、非洲、拉美等，加强市场研究论证、人才储备和管理储备。由于海外市场成长性一般不如国内好，问题和环境却存在许多不确定性，所以我们走出去还是要加强研究论证，不能太快太急。新设或并购机构时，重点要考虑几个方面的问题：一是投资回报、机会成本和成长性；二是能否分散收入结构风险；三是汇率风险问题如何解决；四是文化和法律环境差异带来的挑战。

四、转变银行发展方式必须加快改革步伐

总的来说，过去3年全行改革进展较快，成果明显。但各分行和条线改革进展仍不平衡，还有很多工作需要进一步加强和深化。今年要着重推动以下方面。

一是继续完善公司治理。建设银行公司治理水平与欧美银行相比，互有长短。在股东约束、内部制衡、财务稳健、信息披露和团队合作、社会责任等方面，我们不比任何国际大银行差。仅就市场和外部约束来看，不仅有年报、内外审计、国家审计、对管理层的党政监督考核，还有监管机构的多种约束。制约因素多，可以避免出现大的问题，但公司决策离“既民主、科学、审慎，又及时、果断、高效”确实还有差距，在处理制衡和效率的关系方面还有较大改进空间。要把公司治理理念、要求深化到全行系统，落实党政分开，健全责任体系。加强对子公司的指导与管理，加紧完善其公司治理。

二是大力推进专业化组织机构改革。与国际先进银行相比，我们经营管理的专业化程度不高，内部组织架构有待优化。总行之所以没有制定统一的公司业务组织机构改革方案，主要是考虑各分行实际情况差异太大，不宜“一刀切”，但有明确的指导原则和要求。像上海市分行将大客户上收到分行统一营销管理，中小客户集中到综合型支行经营，深圳市分行撤销了管理型支行，设立了一批公司和机构客户服务团队，对所有网点实施扁平化管理，这些做法都收到很好效果。公司业务不能再有吃“大锅饭”的现象，要按照客户大小分开经营，大客户由城市行直接经营，中

型客户也由专门的机构经营，小客户和零售业务由普通支行网点经营。今年要重点加快公司业务组织机构改革，总行将逐个分行进行检查指导和督促。

其他专业化机构建设也要进一步加强。个贷中心要进一步规范，必须统一验收，达到制度要求。小企业中心关键要达到“信贷工厂”标准。票据中心要进一步集中。养老金业务中心、机构客户中心等新机构建设要加快。理财中心要配备足够的理财师，改变“空心化”现象，切实解决好统一品牌问题。

三是深化人力资源管理改革。第一，完善人力资源集中统一管理。加强对一级分行人力资源部的双重领导，研究加强对二级分行领导班子的垂直管理。加强干部统一调配，加大总分行之间、区域之间干部交流力度。建立内部劳动力市场，促进员工跨区域、跨层级、跨岗位流动，提高人力资源配置和使用效率。优化完善全行统一的绩效管理政策，逐步在各级分支机构引入新的绩效管理流程。第二，按照“民主、公开、竞争、择优”原则，进一步深化干部人事制度改革。十七届四中全会决定提出“扩大选人用人民主，建立健全主体清晰、程序科学、责任明确的干部选拔任用提名制度”，“鼓励多种渠道推荐干部，广开举贤荐能之路，拓宽党政干部选拔来源”。各地有很多积极探索，比如深圳市有的区尝试干部选拔实行党委集体提名、人大政协提名等。我们是金融企业，不能简单照搬党政机关的做法，但是必须引进公开透明的竞争机制。选人用人程序要公开，既要充分发扬民主，认真评议，又不能简单地以票取人。有些领导岗位，可以考虑进行公开竞聘试点。第三，加大人才引进。引进人才可以采取多种渠道，不能依靠一种方式，一种来源。最近总行面向全球招聘首席经济学家、风险管理专家、资深交易员、高级信息技术工程师等25名特殊人才，就是新的尝试。第四，改革人才培养机制。培训投入还要继续加大，关键是要开门办学，多采取跟岗实习、互动交流等方式。最后，还要再次强调，各级党委一定要按照中央要求和党章规定，“重视培养、选拔女干部和少数民族干部”，要为他们多创造工作和学习机会，选拔使用时要贯彻同等优先原则。

四是优化业务流程和岗位设置。股改后，我行业务发展速度远远超过人员数量增长速度，而且现在对客户服务质量和效率的要求又比过去高得多，人手不足的情况越来越严重。但是，我们不能再按照过去简单增人的做法。近些年里，我们一直坚持人员总量零增长政策。不能忘记我们过去花了巨大代价所要达到的目标，是形成“干部能上能下，员工能进能出，工资能升能降”的机制。解决人手紧张问题的出路就是深化各项改革，优化业务流程，加大信息技术运用，提高劳动生产率。要加大实施前、后台业务分离力度，中台业务向同城集中，后台业务向全省和区域集中，有条件的向总行集中。尤其是公司类结算要简化前台操作。有些分行反映，部分岗位设置有规定，人员减不下来。这需要大家一起来研究，流程发生变化后，岗位设置也要作相应调整，既保证制衡又精减人员才行。

五是探索建立符合银行发展需要的研究、分析、信息收集处理的组织架构和协同机制。这方面一直是我们的薄弱环节，尽管这些年来各部门各条线都进行了卓有成效的尝试，但是总体上与国外先进银行相比，仍然处于明显落后的状态。今年需要下决心迈出较大步伐。

深化改革对于推进银行发展方式转变具有决定性意义。过去20多年来，建设银行之所以在业务发展和经营业绩上居于国内领先，很大程度上是由于改革走在前列。未来5年发展规划中，必须把改革作为重点内容，作出充分的安排和部署。要坚持解放思想，实事求是，既要大胆探索，敢闯新路，又要尊重规律，精密设计。这两个方面同时做到是不容易的，需要全行上下共同努力，下苦工夫。古人说，“不为物先”，同样也要“不为物后”，就是说既不能超越客观世界的发展，又不能落后于时代。要做到与时俱进，开拓创新。

五、把防范风险放在更加突出的位置

几年来，全行风险管理工作取得很大成绩，不良贷款率历史性地下降到接近1%的水平。但要看到，过去几年为支持国民经济快速发展，各家银行贷款普遍增长较为迅猛，我们虽然与同业相比稳健保守一些，3年下来贷款余额也增长了2.2万多亿元，比2007年年底增长70%。对部分

行业和客户授信集中度较高、行业分布不够合理等问题，要引起高度重视。尤其是在未来经济金融不确定性增大、货币政策趋紧、产业结构调整加快、客户分化加剧的背景下，资产质量容易出现起伏，我们决不能掉以轻心。

第一，要加强市场研究和基础管理。面对中国经济社会转型，银行的风险管理要及时跟进形势变化，并提前作出安排。从整体上讲，我们对客户的了解还停留在比较肤浅的层次，对市场的研究很欠缺，其中对金融市场、零售业务、理财业务、投行业务等研究尤其不够深入。这方面要大力加强，研究成果要及时转化为审批标准和工作指引。一些传统业务的制度和流程一直未进行过系统的梳理，不仅影响业务效率和客户体验，而且也不利于风险管控。一些新兴业务领域，例如“三农”贷款、民生领域、网络银行、理财业务等，亟须建立一套有别于传统业务的风险管理制度和流程。要通过实施巴塞尔新资本协议，不断健全全面风险管理体系，把基础管理工作做扎实。

第二，要完善差别化的风险管理政策。我们提出的客户综合服务方案，事实上也包含风险解决方案，完全可以基于不同客户的特点、需求、风险来设计，而不是简单地拿一个方案适用于所有的客户。对客户的了解研究要经常、全面、主动、提前，要和客户一起讨论制定其业务发展策略或投资组合方案，从一开始就介入到其可能的金融服务需求。这既是精细化、专业化的管理要求，也是“以客户为中心”的具体体现。信贷政策要更强调精细化、差别化，完善风险偏好选择、名单制管理、行业限额等措施。各行要增强积极性、主动性，把政策要求落到实处。

第三，要持之以恒推进信贷结构调整。我国正处在经济发展方式转变和结构调整的关键期，产业的升级改造、企业的优胜劣汰进程将明显加快。在此背景下，信贷结构调整应该成为银行常态化工作。截至2010年年末，制造业贷款占全部贷款的比重为17.76%，仅比2006年下降0.74个百分点，占比仍偏高。个人类贷款占全部贷款的比重24.1%，比2006年上升3.74个百分点，但与我们的目标仍有差距。今年对重点行业和产品的调整力度还需加大，不能有丝毫放松。制造业、批发零售业的比重一定要降下来，继续坚定不移地发展个人和小企业信贷业务。尽管中央银行多次加息，但大企业议价能力仍很强，银行综合收益并不高，当前应该把更多的信贷资源配置到小企业、个人助业贷款、小额农户贷款、住房贷款、信用卡等收益较高领域。目前，东部地区基础设施投资开始下降，但民营经济比较发达，小企业、个人金融应作为发展重点。

第四，要重点研究和防范几类风险。一是系统性风险。除宏观方面的问题之外，微观领域有些金融企业经营比较激进，而且多数内部管控能力比较差，如果这些机构出问题可能会引起银行业系统性风险。二是区域性风险。尤其要关注地方突发性事件和重大事件，做好风险防范工作。三是高负债行业。如交通、能源、地产等，这些行业负债率高，对重复建设问题和财务可持续问题关注不够，如果管理再跟不上，很容易出问题。四是高新技术企业。这类企业不确定因素较多，商业银行不是风险投资公司，要做好风险收益平衡。五是政府融资平台。继续按照相关规定要求，做好清理整顿和风险控制。六是固定利率贷款。根据银监会的通报和要求，有些固定利率贷款的期限很长，未来几年利率走势也很难判断。要尽量与客户协商，争取调整为浮动利率。

六、进一步加强党的建设和企业文化建设

中央和国家部委的多个检查组、调研组和巡视组一致认为，建设银行上下凝聚力强，士气高，干劲大。我们要再接再厉，继续加强党的建设和企业文化建设，深入开展创先争优活动，进一步激发员工的工作热情，把建设和谐企业落到实处。

不断加强班子建设、作风建设和廉政建设。各级领导班子要成为学习型组织的模范，带头学习中央路线方针政策，学习现代商业银行经营管理，把客户服务、产品创新、流程优化等具体事项纳入领导班子日常工作。要深入基层调查分析，解决实际问题。遇到困难，不能畏缩，要勇于负责，敢于担当。抓好基层党组织建设，定期召开组织生活会，提高基层党组织生活会和领导班子民主生活会质量，会议和活动都要有记录和纪要，做好存档保管。按照胡锦涛总书记、贺国强同志

在十七届中纪委六次全会上的讲话要求，进一步加强党风廉政建设和反腐败工作。我们将在套开的纪检监察工作会上作具体的部署。

搞好思想政治工作，关心基层员工。各级党组织和领导同志要密切联系群众，经常到基层座谈、慰问，从心底里关爱基层干部和员工。2010年，公关部、人力部和机关党委共同在15个分行和总行本部组织开展了一线青年员工调查，形成了很好的报告。调查反映青年员工思想心理状况总体较好，但营业网点员工、95533员工、一类行员工、劳务用工、26～30岁和入行3～5年的员工，表示压力较大，满意度和忠诚度相对较低。我们要针对青年员工的特点和需求，制定相应的措施，关心他们的思想、工作和生活。

深入开展企业文化建设。富有特色的企业文化是我们核心竞争力的决定性因素。各级党委同志和中高管人员必须带头学习和践行建设银行的战略愿景与使命，在行动中贯彻和落实公司的核心价值观。我们确定的战略愿景是始终走在中国经济现代化的最前列，成为世界一流银行；战略使命是为客户提供更好地服务，为股东创造更大价值，为员工搭建广阔的发展平台，为社会承担全面的企业公民责任；核心价值观是诚实、公正、稳健、创造。这些年来，总行在企业文化建设方面做了大量工作，也见到了实实在在的成效，但是和形势发展要求相比，和35万员工的愿望相比，还是存在明显差距。由于经营管理任务繁重，全行上下客观上存在着“硬实力”挤压“软实力”的现象，这应引起我们高度警觉。

不久前，《建设银行报》开辟了专栏，组织员工对核心价值观进行了讨论。有的同志总结得很好，“诚实”是金融从业人员的基本操守，“公正”是为人处世的根本准则，“稳健”是一流银行的必备作风，“创造”是实现员工价值和保持银行生机活力的必然要求。前次在与总行党校班学员座谈时，我们也交流了看法，曾经谈道：“诚实”是现代企业制度确立和运转的基石，对商业银行更是至关重要，“小胜靠智、大胜靠德”，坚持诚实，才能使我们树立良好的品牌形象，在社会上、市场上赢得信任，获得尊重，取得成功；“公正”就是待人处事要公平正直，合法合情合理，一名优秀的领导者、管理者，要力求全面、历史、客观地看问题、待同事，处理好上下关系、左右关系、内外关系，秉公办事；“稳健”就是要讲究风险与收益平衡，几大国有商业银行改制后，逐渐开始采取不同的业务发展战略，这是一个历史性的进步，我们要从自己银行的实际出发坚持好的做法，坚持可持续发展；“创造”是一个金融机构持续发展、永远保持蓬勃生机的动力源泉，在新的形势与环境下，我们更要有紧迫感、危机感，开拓创新，奋发有为。全行上下要进一步开展讨论交流，学习宣讲，使之成为共同的信念，体现于每一项工作之中。

同志们，这次会议对于我们在新时期更好地贯彻落实科学发展观、加快转变发展方式、实现银行持续健康发展有十分重要的意义。希望大家团结一心，再接再厉，为建设银行事业作出新的更大的贡献，并以此促进国家“十二五”规划的顺利实施和各项经济社会事业的全面进步。

立党为公　以人为本
坚决遏制腐败现象对银行队伍的侵蚀

——在中国建设银行纪检监察工作会议上的讲话

郭树清

（2011 年 2 月 22 日）

同志们：

上月中旬，总行党委召开扩大会议，传达了十七届中央纪委六次全会精神。这次纪检监察工作会议，主要任务是深入学习贯彻胡锦涛同志、贺国强同志在中央纪委六次全会上的讲话，研究部署我行全年的纪检监察工作。昨天，树森同志已作了很好很全面的工作报告，我再讲几点略微宽泛些的意见，与大家一起讨论。

一、“教育每一个同志热爱人民群众”对于反腐倡廉建设具有根本意义

腐败现象具有深刻的社会历史根源，存在着复杂的经济政治体制等原因。但是，就主观方面来看，主要原因是当事人严重脱离群众，思想感情发生了异化，或者从来就没有理解和贴近过普通百姓，更谈不上与人民同呼吸、共命运、心连心。可以想一想，那些贪污受贿、以权谋私的腐败分子，但凡他们对人民群众有一点同情和关爱，他们能那么无耻和贪婪吗？

胡锦涛同志在中央纪委六次全会上指出：“历史经验深刻说明，一个政党、一个政权，其前途命运最终取决于人心向背。不能代表最广大人民根本利益，不能赢得人民群众拥护和支持，迟早都要垮台。”他还在讲话中引述了毛泽东同志 1945 年七大报告中的两段话：“全心全意地为人民服务，一刻也不脱离群众；一切从人民的利益出发，而不是从个人或小集团的利益出发；向人民负责和向党的领导机关负责的一致性；这些就是我们的出发点。”“共产党人的一切言论行动，必须以合乎最广大人民群众的最大利益，为最广大人民群众所拥护为最高标准。”在同一篇文章里，毛泽东同志还谈道：“我们的代表大会应该号召全党提起警觉，注意每一个环节上的每一个同志，不要让他脱离群众。教育每一个同志热爱人民群众，细心地倾听群众的呼声。”这些话读来就像是专门为我们今天而写的。

去年我在纪检监察工作会议上，首先讲的是增强大局意识，这个大局归根结底就是人民的根本利益。作为一家商业银行，我们的工作和事业是一个很小的局部，但是我们必须胸怀全局。“不谋万世者，不足谋一时；不谋全局者，不足谋一域。”我们要自觉地把自己的工作与党和国家工作的大局联系起来，服从服务于这个大局，做到全心全意为人民服务。这不是口号，而是我们实实在在的使命和责任。

我们的国家是共产党领导的、工农联盟为基础的社会主义国家。为了建设这个人民共和国，数以千万计的先辈们抛头颅洒热血，奉献了自己的青春和生命。新中国成立 60 多年来，全国人民含辛茹苦、顽强拼搏，终于使一个落后的农业国转变为一个中等的新兴工业国。今天的中国经济，总规模世界第二，出口贸易世界第一，外汇储备将近 3 万亿美元，净资本流出一年就达 4 000 亿美元。但是，就综合平均的发展水平来看，我们仍然处于相对落后的位置，全球排在第 80 名左右。地区之间经济文化发展还很不平衡，还有几千万贫困人口，他们的温饱问题尚没有解决。就全国而言，占人口大多数的农村居民，人均纯收入还不到 6 000 元，普遍享受不到城镇居民所能享受的公共服务，农村医疗保障水平还很低，基本养

老保险只覆盖了1/4的人口。有些时候，有些地方，“富家一餐饭，穷人半年粮”，还是活生生的现实。

我们有没有想过，许多银行员工一个月的收入就能超过农民平均的年收入？有没有想过，这种收入的城乡差别、地区差别和行业差别，并不是完全由劳动贡献差别的原因造成的？有没有想过，由于城乡二元分割体制，出生在农村的人先天地就不能拥有城镇居民的公民权利？有没有想过，这个国家的财富很大部分就是由这些没有过上小康或刚刚过上小康生活的人们创造的？中国的农民，新中国成立以来通过农产品计划、统配、价格、税收，改革以来通过进城打工、出让土地、保障城市和承接污染，作出的贡献是无法计算的。因此，我们没有任何理由不尊重他们，没有任何理由不关心他们，更没有任何理由去背叛他们，再去额外损害他们的利益。

热爱人民群众，首先是一个做人的基本素质问题。人是社会动物，在现代工业化的条件下，仅只是为了生存，也需要“我为人人，人人为我”。由于经济社会变迁等多种原因，我们的很多员工对农村生活越来越生疏了，甚至对城市里普通居民的情况也知之甚少。不少年轻人把自己定位为知识精英、白领阶层，不觉得有任何必要去接触、了解蓝领工人、进城农民和做小生意的个体户，更谈不上与他们结交朋友，甚至还有一些人感到耻于与低收入者来往。也有一些年轻人出于好奇想去与所谓的底层有点交往，但是却不知道如何与老百姓聊天，沟通起来十分困难。全行每一个员工同志都要扪心自问，你有没有留意和在意那些你在日常生活中已不可能须臾离开的清洁工、保安员、小商贩、建筑队和维修队，你是不是真正尊敬和关爱我们勤劳、朴实、伟大而平凡的人民？

热爱人民群众，是一个继承中华民族传统文化精髓的问题。我们的祖先，世世代代都倡导“仁者爱人”，“老吾老以及人之老，幼吾幼以及人之幼”，“穷则独善其身，达则兼济天下”。实际上，世界上其他优秀文化都有着相同或近似的伦理思想。但是，唯独我们的中华文明有着更强烈的“大同世界”的价值取向，而且将其视为此岸的而不是彼岸的理想境界。为什么共产主义思想能够在中国扎下如此深厚的根基，可能与之不无一定关系。我们是现实主义者，宏伟目标的实现也许需要几十代人甚至几百代人的奋斗，但是这种精神每日每时都在转变为现实的物质力量。中国崛起为一个世界大国，靠的就是这种力量。

热爱人民群众，是一个坚持马克思主义基本立场的问题。马克思主义是人类历史上最具有人民性的学说，唯物史观区别于其他历史观的根本之处，就是承认人民群众是推动历史进步的动力。中国的革命时期、建设时期、改革时期都是如此。说实践是检验真理的唯一标准，就是尊重人民群众在改造自然和社会中的首创精神。1926年，鲁迅先生在厦门集美学校发表演讲，他的话题很别致，“世界是属于傻子的”。他说世上的聪明人很多，可是不能做事，因为他们想来想去，终于什么也做不成，他们过于考虑个人的利害，过于计较个人的得失。马克思主义创始者从来也不否认英雄人物的作用，但是坚决反对将他们提高到超过人民的地位，而且在工人阶级革命初起之时，就不断提出警告，夺取政权后一定要防止“人民的公仆”变成“人民的主人”。毛泽东等老一辈领导人，把进京当做“赶考”，反复告诫全党，任何人都不能以功臣自居，骑在人民的头上作威作福。邓小平同志是伟大的政治家，是公认的中国改革的总设计师，但是，他对自己的定位和评价仅仅是：我是中国人民的儿子。

热爱人民群众，是一个能不能真正践行科学发展观的问题。江泽民同志为核心的党中央第三代领导集体，继承发展邓小平理论，提出了“三个代表”重要思想，“三个代表”归根结底是代表最广大人民的根本利益。科学发展观是马克思主义中国化的新发展，其核心是以人为本，而以人为本就是要把完全彻底为人民服务具体化。我国封建社会就有“以民为本”的思想，这与“以人为本”有接近的地方，但本质上还不是一回事。因为即使说“民为贵、君为轻”，其实质也是“水能载舟亦能覆舟”的翻版，它对人民群众的尊重、爱戴是抽象的，是实用主义的，归根结底是服务于维护皇家天下需要的。而今天我们要求的密切联系群众，是水乳交融，血肉相连，心心相印。我们奋斗的目标是，要把国家和社会对人民的关怀，落实到每一个家庭，把每一个人的健康、幸福和自由发展当做其他一切人健康、幸福和自由发展的前提条件，真正做到建设和谐社会"一个都不能少"。

热爱人民群众，是做好一切工作的基础。我们个人、集体、党和国家所要成就的任何事业，最终都属于人民的事业，都需要得到群众的支持和帮助。"党除了工人阶级和最广大人民群众的利益，没有自己特殊的利益"，这是党章非常明确的规定。不了解人民群众，就是不了解社会现实，就是不了解最重要的客观条件，就找不到解决问题的方法，就做不成任何事情。比如我们办银行，如果我们对社会的发展不甚了了，对人民群众的生活知之甚少，我们怎么能有好的产品、好的流程和好的方案？客户满意不满意，员工愉快不愉快，股东高兴不高兴，社区和国家受益不受益，都要统筹兼顾，否则怎么能办好银行呢？

我们提出要热爱人民群众，是对每个同志作为党员、公民，作为国家控股企业员工的基本要求。就是说，全心全意为人民服务，一切言行要有利于维护和发展人民群众的根本利益，是我们每个人的义务。要做到热爱人民群众，必须首先要做到理解人民群众。建议全行各级机构部门，都要从自身实际出发，结合业务发展需要或者党团组织、工会组织的活动，深入农村、街道、工厂、矿山、兵营，去学习社会，调查社会，研究社会，使我们对社情、民情、国情的了解不断深化，使我们对各种民生问题的理解更加全面，使我们对人民群众的感情普遍增强，使我们银行的工作更贴近人民群众的需要。我们还提倡每一位同志，在自己的业余生活中，在旅行和度假的时候，利用一切可能的机会，向各民族各行业各地方的群众学习。现在的交通、通信、休闲、运动等各方面的条件已经非常便利，只要自己愿意，你可以很容易地上山下乡，去草原，去边疆。当然，这肯定需要吃点苦、流点汗，需要有健康生活的理念和心态。顺便说一句，前些时候有的分行出案件，像甘肃省分行发生的冒名的水电站项目，之所以隐藏了四五年时间，就与深入基层能力不强有很大关系，分管同志、客户团队如果能住简易工棚和活动板房，可能早就看到破绽了。

要全心全意为人民服务，维护人民群众的根本利益，最终要落实到做好本职工作。这里，需要特别提到的是，我们各级领导班子和领导干部要从心底里关爱基层干部和员工，发扬上下融合、团结心齐、不见外不生分的优良传统，从身边事做起，践行以人为本、热爱人民群众的宗旨。把我们的银行办好了，对我们自身而言，是增强了整体实力，发展和维护了全行35万员工的利益；对国家而言，是促进了国有金融资产的保值增值，为壮大国家金融实力、提升金融业发展水平作出了贡献；对社会而言，是保障了广大投资者的利益，提升了对客户的服务水平。总之，从各方面而言，都有利于从根本上发展和实现人民群众的利益。

二、各级党组织和党员干部都要努力加强党性修养

我们全行现有党员15.3万人，党组织9 000多个，其中各级党委500多个，党总支500多个，党员干部数量也非常可观。改革开放以来，特别是党的十七大以来，中央坚持以中国特色社会主义理论为指导，与时俱进，开拓创新，不断丰富和发展党的建设的理论和实践。各级党组织及其活动也日益公开透明。但是，作为一个社会主义大国的执政党，作为富有战斗精神的先锋队，党必须保持突出的先进性、紧密的组织性、严明的纪律性。党员干部，特别是各级党委中的领导干部，一定要能够始终坚持党性原则，不断提高自己的党性修养。

第一，坚持把维护党的政治纪律摆在首位，坚决维护党的集中统一。根据贺国强同志在中纪委六次全会上提出的原则要求，我们各级党组织都要加强政治纪律教育，引导党员特别是领导同志增强组织意识、宗旨意识、大局意识、责任意识，提高政治觉悟，坚定政治立场。各级领导人员要自觉遵守党的政治纪律，毫不动摇地坚持党的领导，毫不动摇地坚持中国特色社会主义道路，毫不动摇地坚持党的基本路线，在思想上、行动上自觉同党中央保持一致。不论是一级分行、二级分行，还是总行自身，包括总行各部门，都有一个党的集中统一问题，绝不允许任何人，包括党委书记和党委成员，以任何理由违反纪律，破坏党的团结统一，削弱党组织的战斗力和凝聚力。全行各级党组织，对于总行确定的关系全局的战

略方针、工作计划、人事任免、纪律要求，必须坚决地无条件地执行，这与研究讨论时畅所欲言并不矛盾。

第二，坚持和完善民主集中制，一定要解决好权力制衡和透明运行问题。股改上市后，我们初步建立起现代银行制度，党委的组织形式和工作方式也进行了相应的调整和改进。统一法人制度和若干条线垂直体制的实施，对整个银行系统的人、财、物管理，特别是信贷资源配置，发生了很大的影响，过去那种权力过度集中的局面已经发生根本性改变。我们这些年建立现代银行制度的努力没有白费，风险条线和审计条线的垂直管理功不可没，上世纪末开始实施的独立审批人制度发挥了巨大作用。但是，由于种种特殊原因，部分机构部分人员拥有的权力仍然过大，而且缺乏制度保障的有效制约和监督。这个问题务必引起各级党委领导班子的注意，要尽快研究改进措施。当事人，特别是主要负责同志，首先要自觉认识，有意识地限制自己的权力，主动说明情况，“自知之地，一定要慎之又慎”。从这些年揭露出来的腐败案件来看，许多以权谋私的人，都存在着侥幸心理，总以为自己很聪明，总想“与天地争巧”，这怎么可能呢？

第三，党内民主必须扎实推进，坚决反对形式主义和极端民主化。胡锦涛同志在十七大报告中指出：“党内民主是增强党的创新活力、巩固党的团结统一的重要保证。要以扩大党内民主带动人民民主，以增进党内和谐促进社会和谐。尊重党员主体地位，保障党员民主权利，推进党务公开，营造党内民主讨论环境。”但是，从我行系统来看，党内民主的制度化和程序化还很不健全，现有的一些机制安排，特别是相关会议，真正讨论的空气并不浓厚。强调个别酝酿沟通是必要的，但是在集体研究时充分发表意见更加重要，否则，集体领导就有可能落空。然而，一些地方、一些同志认为，会议上有不同意见不好看、不正常，久而久之，党委会变成走形式。党内没有思想交锋，没有意见交流，表面上都是一团和气，实际上又不可能消灭差异、消除矛盾，结果正气下降，歪风上升，党组织的肌体就进入了不健康状态，生机和活力也会消失。另一种越来越需要引起警惕的倾向是极端民主化，动不动就把事情扩散到很大范围，不做专题全面的调查研究，不做深入细致的思想工作，遇事就要开会，开会就简单表决，把民主推荐当成直接选举，领导不敢决策，逐渐变成一盘散沙。这种倾向同样是不健康的、危险的。

第四，主要负责同志，一定要胸怀宽广，理性包容，既要勇于坚持原则，又要善于听取他人意见。“一把手”的政治思想素质必须过硬，必须有较强的民主意识和集体领导意识。应当是“讲学习、讲政治、讲正气”的模范，不贪财、不好色、不怕事，能经常地做到推功揽过。同时，还必须在心理性格方面磨炼自己，敢于正视缺点不足，善于与同事交心，不怕自己的意见被否定，不太在意自己的面子，能够受得了委屈，不怕个人吃亏。要做到这些，确实很难，有点像《红楼梦》里的“世事洞明皆学问，人情练达即文章”所描绘的那种境界。这样要求也许有点过高，但是值得去磨炼。还有一点需要特别强调，党章规定：任何党员不论职务高低，都不能个人决定重大问题。这对于我们这些“一把手”更有针对性。既然是工作问题、党的事业、银行的事情，我看不论大小，都要主动让该知道的人知道，做到无事不可说与人。为了落实集体领导，即使你的意见是正确的，你自己也有十分把握，但是如果党委同志还有不同看法，特别是多数同志还有顾虑，那你也要放一放，等待党委思想的统一，只有在特别紧急的事情上才可以例外。

第五，每一个党员干部，特别是党委成员，都要襟怀坦白、敢于担当。不管你为建设银行付出了多少努力，不管你遇到过多少困难，作为一家世界级大银行的中高级管理人员，你必须无条件地承担起你应当承担的责任。我们经常说要坚持公道正派，有意见就要拿到桌面上来，可有的同志总喜欢背后嘀咕，把简单的问题复杂化，而实际上需要的正好是相反。有些表面看上去非常复杂的关系，最好的处理办法就是一视同仁，公开透明。我们反复强调集体领导，强调要科学决策、民主决策，需要你发表意见的时候你却心存顾虑；需要你坚持党性原则时，你却左顾右盼；需要你挺身而出时，你却退避三舍。这是什么党员干部？这是什么党委成员？你带的队伍可能是几百人，也可能是几千人，甚至是几万人，你能对得起他们吗？你能让大家信服吗？你可能怕上级打击报复，在人事干部制度日益深化改革的条件下，你不会受太大的委屈；你可能怕同事或下级不支持你工作，在绝大多数时候，绝大多数人不会这么狭隘；你还可能害怕有人写诬告信，给你泼污水，制造耸人听闻的流言蜚语，这更不必害怕，清者自清、浊者自浊，你就权且当做笑话罢了，学习马克思当年对待恶毒人身攻击的态度，把它当成蛛丝一样轻轻地抹去。当然，有的情况下及时给以说明和澄清，也许效果更好一些。例如，有的分行领导同志购买贵重物品时坚持使用自己的信用卡付费；有的同志将度假的食宿交通费发票留存一段时间；有的同志带家属到食堂吃饭完全按规定交费并索要收据，这可能都是有利无害的，留下记录，易于解释。

第六，每一个党员都要自觉遵守党的组织制度，既要按规定实行党务公开，又要严格区分党内党外的差别，不能擅自披露党内信息。处于和平建设时期且拥有执政党地位，党内秘密实际上越来越少。从我们银行的情况来看，除公司的商业机密之外，主要也就是某些人事问题和纪检问题，而且绝大多数情况下需要保密的时间都非常有限。按照党章规定，各级党委实行集体领导和个人分工负责相结合的制度，重要问题都要按照集体领导、民主集中、个别酝酿、会议决定的原则，进行讨论决定。“党组织讨论决定问题，必须执行少数服从多数的原则。决定重要问题，要进行表决。”在执行这些事项的过程中，我们发现总行和分行都不同程度地存在将研究酝酿的事项、过程提前扩散出去的现象，给工作增加了困难，同时也产生了其他不好的影响。这个问题的解决，要靠综合治理。一是深化改革，不断提高党内民主参与程度和扩大党务公开范围；二是从严要求党员，特别是党委成员等领导干部，不应该在外面议论的事，一律不提，不该去打听的事，一律不问；三是发现违纪事实，一定要严肃处理。总行党委和组织部正在研究细化的办法。希望也能得到分行同志的关注、支持和建议。

第七，要以经常的多样的意见交流，开展有效的批评和讨论，健全党内生活的正常秩序。毛泽东同志说，有无认真的自我批评，也是我们和其他政党互相区别的显著标志之一。共产党之所以先进，就是经常地开展批评与自我批评，为了人民的利益，随时准备坚持真理、修正错误。目前，按照规定，我们每年召开一次民主生活会，各级党组织都很重视。但是，就批评和自我批评来说，深度、广度和成效似乎都比较有限。实际需要解决的大量问题，其实是观点认识差别、工作思路或管理办法的不同。因此，经常的、及时的讨论和交流，深入的、有效的批评和自我批评，对于弄清思想、交换看法、对比利弊、增进团结大有助益。总行许多高管人员之间这种交流（有时也有争论）就非常频繁，效果也很好。各分行之间的情况可能差别很大，希望大家一起来改进。另外，党章规定，党的上级组织要经常听取下级组织和党员群众的意见，上下级组织之间要互通情报、互相支持和互相监督。各级党委都要检查一下这方面的执行情况。

第八，全体党员，各级党组织，都要做学习、研究、执行宪法和法律的模范。我国的宪法和法律，是全国人民意志的体现，代表着人民的根本利益，是共产党领导、人民群众当家做主的手段和保障。我理解，自觉学习贯彻法律，宣传依法治国，坚持合法经营，本身就是党性强的表现。诚然，法律不可能完全消除现实生活的矛盾，我国的法律体系还不尽完善，还需要在实践中不断改进和健全。可以研究、探讨，甚至提出建议，但是对我们来说，最重要的是贯彻执行。以宪法规定的公民的权利和义务来看，我们需要作出的努力就非常多。例如，公民在法律面前一律平等；公民有劳动的权利和义务；劳动者有休息的权利；公民有维护国家统一和全国各民族团结的义务；公民有维护祖国安全、荣誉和利益的义务；公民的人身自由、人格尊严不受侵犯；公民在年老、疾病或丧失劳动能力的情况下，有从国家和社会获得物质帮助的权利；等等。这些都包含着十分具体、广泛且深刻的内容。此外，我们还必须熟悉《公司法》、《商业银行法》、《合同法》、《劳动法》和《劳动合同法》，要认真研读《土地管理法》、《社会保障法》。更重要的是，要在企业经营管理的实践中，处处注意依法办事。许多问题，过去都是采取单位决定、领导指示等行政式办法来处理，但是其实有些是不符合法律规定的，有些是并不能让人服气的，有些是表面上一时能够解决，但实质上并没有解决。因此，对于那种涉及法律的矛盾、纠纷、争议，宁可多花费一些时间和资源，也要依法处置。这样做，符合长远和全局利益。

三、所有岗位上的领导人员都要作执行反腐倡廉制度的表率

近年来，中央出台了一系列与反腐倡廉有关的法规制度，我行也制定了不少的规章。提高反腐倡廉制度执行力，是与中央保持一致的重要表现，也是银行内部规范履职的要求。全行各级领导人员都要成为反腐倡廉制度的坚定执行者。

第一，把执行廉洁自律制度，作为修身立德的基础。如何做到廉洁自律？关键是要执行好已有的制度。一是切实遵守好廉政准则和国有企业领导人员廉洁从业若干规定。中央重新修订的这两个反腐倡廉的基础性法规，有很强的针对性。各级领导人员一定要认真学习，自觉执行。只有学规定，才能知行止。二是自觉执行好总行党委有关廉洁自律的一系列规定。这方面，总体上执行得比较好，但是，个别单位个别人员认识还不到位，落实得不够自觉一贯。这里要再次强调，总行党委关于廉洁自律的系列规定，每一条都要落到实处，违反者必须付出代价。三是认真落实好领导干部报告个人有关事项的规定。根据中央下发的文件，我行中层以上领导人员都应向组织报告本人婚姻、配偶子女移居国外及从业、本人收入、房产、投资等情况。在规定范围内的领导人员，都要主动如实报告。

第二，把落实“三重一大”决策制度，作为规范权力运行、提高决策质量的根本性举措。2010年，中央下发了进一步推进国有企业贯彻落实“三重一大”决策制度的意见。全行要按照中央要求，结合实际，制定实施办法，进一步明确决策范围，完善决策流程，落实决策责任。决策前，开展必要的调查研究、评估论证等工作，注意听取有关方面的意见。决策时，要按规定的形式和要求，集体研究，充分发表意见，做好会议记录。决策后，要分工负责，抓好落实。“三重一大”决策制度的核心是集体决策、民主决策、科学决策。各级领导人员，特别是主要负责人，要充分发扬民主，广开言路，使重大决策能够切实代表和保障银行、股东、员工、社会等各方面的利益。

“三重一大”决策制度是党的民主集中制的具体体现，也与企业的公司治理结构息息相关。近年来，总行将执行“三重一大”决策制度与完善公司治理相结合，形成了良好的体制机制。总行党委抓大事，议大事。重要事项，党委研究后，按法律法规提交董事会审议。按照公司法以及公司章程的要求，适时召开股东大会，就重要事项、重大决策进行报告和审议。监事会认真履职，加强对重大决策事项的监督。涉及员工切身利益的，还注意听取职工意见，通过职工代表大会进行审议。重大体制机制改革决策前，注意听取专家意见，聘请外部专业咨询机构进行策划、评审。分行没有总行这么复杂的公司治理结构，但是要自觉执行总行的方针政策，从全局考虑局部，也要充分发挥党委和行政两个集体的作用，发挥职代会和职工民主管理的作用。

第三，把贯彻干部选拔任用工作监督制度，作为提高选人用人公信度的重要保障。2010年3月中央下发了《党政领导干部选拔任用工作责任追究办法（试行）》，中央组织部同步印发了三个配套的操作性文件。为落实这四个文件，总行组织了各一级分行党委成员、组织部门负责人开展测试，并制定了领导人员选拔任用工作全程纪实办法。2010年8月，中组部会同中央纪委、监察部就严厉整治干部选拔任用工作中的行贿受贿行为下发通知，在全国开展了专项治理活动。继后，中央纪委、中组部又通报了12起违规违纪用人的典型案例，集中反映了造假骗官、带病提拔、买官卖官、突击调整提拔干部、拉票贿选等突出问题。类似问题在我行也有所表现。尽管我们反复强调“德才兼备、以德为先”，强调“民主、公开、竞争、择优”，但是总有一些同志以为要靠跑门子、找关系、拉选票，说到底，既不相信组织，又不相信群众。建设银行核心价值观的第一个要素就是“诚实”，这也是我们对领导人员素质的基本要求。诚实，就是要光明磊落、持正守诚。第二个要素是“公正”。大家都有自己的职业生涯规划，存在竞争关系是正常的，但是竞争的起点和条件应当相等，绝不能人为地去改变竞争规则和环境。各级党委研究决定干部的调动、

提拔、解聘、免职等事项，必须严肃认真对待，要以对党、对建设银行和对干部负责的态度，做好具体工作。同时要严肃组织人事工作纪律，知情人员，包括参与研究、考察、整理保管材料的人员，都要严格保密。对泄密造成不良影响的，要严肃追究责任。

第四，把推进基层党务公开制度，作为加强和改进党的建设的重要途径。2010 年 10 月，中央下发了党的基层组织实行党务公开的意见，明确了党务公开的内容、程序和方式。各级党组织要结合银行工作实际，积极稳妥地推进这项工作。要按照中央的要求，认真研究党务公开的内容，把党组织决议及其执行情况、党的思想建设、组织建设、领导班子建设、选人用人情况、党风廉政建设等纳入党务公开范围。循序渐进，从小处着手，从易事起步，把党员普遍关心的问题作为重点加以研究。与此同时，还要注意把落实党务公开与推进基层民主结合起来。党务公开不仅是向党内公开，必要时也需要向党外公开，使全体员工都了解情况。各级党组织对事关本辖改革发展、员工切身利益等重大事项，要按规定向全体员工公开。必要时，可以开展员工评议，提请职工代表大会进行审议。党务公开可以与行务公开、职工代表大会有效结合起来，共同构成民主管理的基石。

第五，把贯彻落实党风廉政建设责任制作为推进反腐倡廉建设的根本保证。2010 年 12 月，中央修订了党风廉政建设责任制规定。长期以来，我行高度重视建立健全党风廉政建设责任制，认真贯彻党中央、国务院关于党风廉政建设的部署和要求，逐步建立起了逐级负责、工作联动的责任机制。但是，一些分支机构负责人总认为业务发展是硬任务，相对忽视反腐倡廉建设。这是不行的，必须贯彻“一岗双责”，做到“两手抓、两手都要硬”。越是在业务快速发展、市场竞争激烈的时候，越要高度重视反腐倡廉建设，切实抓好风险防范和内控管理。

要把党风廉政建设责任制的要求落实到业务工作中去。上市以来，我们的经营管理取得了很大成绩，但是，值得改进的地方仍然很多。从去年的案件和经营情况看，重点领域的风险防范任务仍然十分繁重。近年来，工程建设招投标和集中采购项目较多，必须不断重申，严禁领导人员以任何形式干预这方面的工作。信贷业务和其他融资业务，都要做到清清楚楚，明明白白。无论什么工作，都要留下记录，这是根本性的制度，希望大家要高度重视。同时，各分行都要继续探索从制度、流程方面对业务工作进行规范的办法。总行的每个业务主管部门都要认真思考，研究加强管理、防范风险的措施。业务条线和各级机构都行动起来，主要负责人履行好“第一责任人”的职责，其他负责人在职责范围内切实担当起“主要领导责任”，全行做到齐抓共管，党风廉政建设责任制也就落到了实处。

四、认真解决好反腐倡廉建设中的突出问题

什么是突出问题？就是案件和违规事件暴露的、群众反映强烈的问题。需要指出的是，这里所说的问题涉及全行员工，包括非领导人员，都有反腐败任务。根据纪检监察部门收集分析的情况，这里提出八项要求。

（一）严明营销纪律

现在，我们的营销任务很重，在营销上投入的资源也很多。各级领导人员、客户经理在加强营销力度、提升营销质量的同时，决不能忽视营销纪律。一是要注意公私分开，不得假借营销之名办理私事。这里说一下打高尔夫球的问题。有些分行、部门为了营销高端客户，举办高尔夫球赛，提升了营销的品质，收到了好的效果。但是，不能用公款组织与工作无关的高档娱乐活动，要坚决制止上下级机构之间、兄弟分行之间纯粹为了娱乐相互邀请打高尔夫球。个人参加或邀请私人朋友打高尔夫球，不能拿到行内报销。二是要把握商务宴请、馈赠的政策界限。在商务活动中收到客户、活动举办方馈赠的礼金礼品，要严格按照总行制定的上交礼金礼品管理规定处理。宴请客户时，要注意把握规格标准，不追求奢华，不搞铺张浪费。向客户赠送礼品时，要注意礼品金额，防止形成商业贿赂。三是绝不组织和参与不文明、不健康活动，营销公关不能以任何理由涉黄、涉赌、涉毒。

（二）抵制商业贿赂

我们银行每天都从事着大量的商业活动，这

些活动的每一个环节都有可能产生商业贿赂问题。去年，全行查处8起贿赂案件，其中6起涉及省分行部门负责人和二级分行负责人。这远不是实际发生的行贿受贿活动的全部。现在的商业贿赂正在向隐蔽化和普遍化发展，利益输送的形式五花八门，多种多样。这里要特别提请注意的是，我们网点代理销售的产品，尤其是保险产品，存在着外部保险公司及其人员直接向我行员工发奖金的问题，今年要作为一个重点进行整治。

（三）防止内幕交易

银行为客户办理业务，相关人员会知道客户的很多内幕信息。特别是现在广泛开展的投资银行业务，要与上市公司、券商、投行、信托公司等多方面进行接触、合作，会知悉很多方面的信息，有的信息能带来很大的潜在利益。如果没有完善的流程、严格的制度和很好的职业道德，就容易产生内幕交易问题。为防止内幕交易，对员工购买本行理财产品，亟须进行制度规范。对于建设银行发售的理财产品，员工能不能买；如果能买，要具备什么条件；买了以后，在履职时要注意什么等等，内部制度要予以明确。第一，要防止员工购买本行或客户理财产品与自己的角色冲突，显失市场公平；第二，要防止员工因为购买理财产品而对客户评级和业务审批不再客观中立。

（四）严禁“小金库”

经过连续多年的持续治理，“小金库”问题得到了很大程度的遏制，但是，仍然没有根绝。去年我们开展专项治理活动中，共清理出“小金库”140个，涉及金额2 500多万元，隐匿收入、虚列支出和截留员工费用约各占1/3。一些分支机构到年底营销费还没花完，就与一些经常合作的宾馆、饭店商议，将营销费先套支出来，或者干脆通过别的途径弄一堆发票，将营销费报销出来。搞“小金库”的做法，可能会带来很大的腐败问题，与我们世界级大银行的形象实在是相去甚远。因此，今后发现，一定要依规从重惩处。

（五）克服奢侈浪费

各级机构和有关部门要从小事上一点一滴做起。比如，接待上级的时候，是不是可以实事求是一点，不追求过于铺张？住房、用餐都有很大的节约空间。还有公务用车问题，今年，中央纪委将开展专项治理，国家有关部门将推出公务用车改革新措施。中办国办的新规定虽然对企业没有硬性要求，但是我们也要自觉约束。总的原则是，要公平、透明、节约，尽可能推进货币化，确实需要保留车队的，所配车辆要既满足工作需要，又环保节能、经济安全。我们还要按照中央纪委要求，治理庆典、研讨会、论坛过多、过滥问题。筹办会议、境外学习考察、购置办公用品等，都要精打细算。

（六）禁止内部营销

上下级机构之间、兄弟行之间基于工作而进行的正常来往、沟通是必要的，相关人员在一起吃顿工作餐也无可厚非。但是，我们反对为了多获取资源、多分得份额、多得到机会，请上级机构人员吃喝玩乐，搞内部营销。有困难、有特殊情况，可以通过正常工作渠道反映，但不能“走后门”。还有一种现象影响很不好，就是相互吃请，相互送礼。同乡、同学、朋友之间联络感情、交流信息，这是正常的事。但是，我们反对借此搞江湖义气，破坏银行正常的组织关系和人际关系。

（七）远离不健康场所

作为拥有体面职业的银行员工，应当保持良好的职业形象，注意洁身自好，远离不健康场所。现在，社会上娱乐业很发达，各种门店良莠不齐，有些场所明显存在不健康活动。我们不限制员工正常的休闲娱乐，但是也明确要求不能占用工作时间，更反对参与伤风败俗的活动。这方面，我行有过教训，大家一定要引以为戒。业余时间要休闲放松，可以搞一些健康的文体活动，员工个人、家庭、朋友一起活动很好，工会、党团部门也可以组织。党委要重视这方面工作，注意培养员工健康的情趣。

（八）不为朋友违背原则

我们不反对大家有正常的丰富的社会交往，但是不赞成随波逐流，做个人之间的交易，反对形成暧昧关系，更坚决禁止所谓“傍大款”。我们可以与犯过错误，甚至犯过罪而改过自新的人交朋友，但不能与天长日久、情深义重的朋友一起做坏事。如果有知心朋友求我们帮忙，说得合情合理，但不合规合法，这时，我们必须慎重对待、委婉拒绝。对同事、对上司、对家里人违背原则的要求，都要同样处理。去年以来，社会上不法分子利用各家银行拉存款拉业务心切的形势，有的打着中央领导子女的旗号，有的冒充国家部委和监管机构官员，以能够介绍几十亿甚至几百亿资金的谎言诱骗我行员工，有的分行很高级别的管理人员都被欺骗签了协议，实在是令人难以置信。这说明我们的管理和教育都存在漏洞，一些同志的观念和意识也很成问题。

五、进一步加强纪检监察干部队伍建设

多年以来，根据中央要求和我行反腐倡廉任务需要，全行积极推进纪检监察组织建设，为促进工作提供了保障。在有些方面，还进行了探索创新，取得了较好成效，得到了中纪委的肯定。例如，向基层机构派驻纪检监察特派员，近距离监督基层负责人和重要业务岗位员工从业行为，开展经常性的遵法守规教育，加强案件和风险点检查，推动了防控关口向一线前移。总行党委设立常设性巡视机构，对一级分行领导班子及其成员执行党的路线方针政策、履行工作职责、遵法守规、廉洁从业等方面的情况开展监督检查。巡视有很强的权威性和实效性，对促进分行领导班子建设和依法合规经营起到了很好的作用。

去年，中纪委等部委就中央企业和中央金融机构纪检监察组织建设印发了专门文件，召开了专题会议。总行党委认真贯彻落实，结合实际，制定了一系列具体措施。通过总、分行共同努力，各级纪委进一步健全组织机构，配精配强了纪检监察部门人员。当前，要继续加强纪检监察干部队伍建设。做得好的分行要继续巩固，存在不足的分行要加大工作力度。全行要努力建立一支与反腐倡廉建设任务相适应的、有银行特色的纪检监察组织队伍。我和树森同志讨论过多次，同级纪委对同级党委应有监督之责，纪委书记对党委书记也负有监督之责，下级都要监督上级，为什么同级不能监督呢？纪检监察干部要严格要求自己，正人必先正己，不正己无以正人。要适应新的形势，融入业务，认真履职，扎实工作，在反腐倡廉、防查案件等方面发挥好组织协调和督促检查作用，推动工作进一步上水平，为全行实现一流银行的内控管理作出应有的贡献。

2011年，将迎来中国共产党的90周年纪念。我们党不断发展壮大的历史，伴随着坚定不移反腐败的决心和行动。我们要继承这一优良传统，按照党中央、国务院和中央纪委的部署，坚决遏制腐败现象对我们的侵蚀，建设起一支风清气正、昂扬向上的银行家队伍。

在2011年海外工作座谈会上的讲话

郭树清

（2011年2月25日）

同志们：

这个会议很及时，也很重要。哲一同志的讲话中提到的观点我都同意，大家要做好贯彻落实工作。全行工作会上对海外发展战略、我行建设成为国际化银行的目标等问题也都作了一些描述和讨论。去年开始，海外分行部分同志参加了总行组织的培训，这是个很好的开端。今后各海外机构还要进一步加强与国内分行和总行各部门的沟通和联系，在全行工作会上，海外分行的同志也应主动发言，增强相互学习和交流。今天借此机会，我想进一步明确一下我行的海外发展战略问题。关于海外发展战略，我认为可以分为五个层次。

第一，建设国际化银行是实现全行战略愿景的内在要求。我们的战略愿景是，始终走在中国经济现代化的最前列，建设成为世界一流银行。

“世界一流银行”必须是国际化的银行。首先，我们的客户、市场、股东包括我们银行所在的社区和政府都是跨越多个国家和地区的，所以国际化是必然要求。其次，“世界一流”银行的公司治理是国际化的，我们将来也必须实现国际化。现在我行的公司治理可以说已在很大程度上达到了国际化的要求：我们的股东约束是国际化的、实实在在的；对外投资和财务的审慎程度具有国际化水平；信息披露和透明度也是国际一流的；我们的团队精神、员工的民主管理，这些也都是全球通用的，是公司治理的一部分；还有我们的社会责任、品牌、市场和部分产品，例如贸易融资等，也都获得了国外权威杂志的认可。再次，我们的员工队伍也必须是国际化的。这个标准不是指员工数量，也不是指内派与海外员工的比例，而是说员工的整体素质，在这方面我们与国际一流银行相比还有一定差距。今后在总行部门工作的员工，特别是高管，应当要求具有国际视野，能进行国际交流。最后，我们必须在基本产品、技术方面具有国际一流水平，但不追求过度复杂的产品。

第二，国际化银行必须能够为客户提供一流的跨国金融服务。5 年后，我们要成为国际化的银行，必须在基本产品、服务上实现国际一流。这不是说所有的产品和服务完全依靠我们自身机构提供，还要靠合作伙伴和代理行，更包括各种新的网络和渠道，如电子银行等。这方面的创新潜力非常大，如果做得好，很多电子、网络产品都可以取代物理网点和机构。可以说，综合化、国际化是今后银行服务的发展趋势，我们一定要实事求是，从实际出发，提高创新能力。

第三，国际化银行要能够为自身提供强大的软实力支持。我们要从国际金融市场不断汲取营养、汲取经验，要参与并熟悉国际市场，及时了解并引进先进技术和经验，还要培养和选拔优秀人才，实现“走出去”和“请进来”相结合。此外，还要发展和巩固战略合作伙伴，因为我们的进步离不开与战略伙伴的合作，今后我们要做到“朋友遍天下”。

第四，国际化银行必须能够在全球范围内分散各种风险。首先是分散资金市场的各种风险，包括利率、汇率、商品期货等。其次是分散收入来源、条线产品结构上的风险，分散不同地区监管和法律差异带来的风险。再次是分散收入来源的地区风险，实现收入来源多元化。逐步使我们从国际金融中心、国际金融市场上获取收益；从新兴市场经济体的经济增长上获取收益，如巴西、俄罗斯、印度、印度尼西亚、南非等；从资源富裕的国家和地区获取收益，如澳大利亚、新西兰、加拿大，以及非洲、拉丁美洲其他国家如阿根廷、智利等；还有一些中等发达国家，也有一定发展潜力，比如波兰、捷克等，这些中东欧国家近年来的经济增长和转轨都比较顺利。

第五，国际化银行必须积极、稳健、分步、有序地推进，不可能一步达到，必须做好中长期规划。我行海外机构经过近二十年发展，已经取得了一定的成绩，奠定了一定的基础，今后的步伐还要进一步加快。但不管如何加快，我们还是要分步、有序地推进，设立形式可以有多种选择，要因时因地制宜；要从自身实际出发，不要简单攀比同业；要有自己独立的分析思考，不要一哄而起，随波逐流；要做到积极、稳妥、谨慎地发展。

谢谢大家！

在纪念中国共产党成立90周年暨先进基层党组织、优秀共产党员和优秀党务工作者表彰大会上的讲话

郭树清

（2011年6月30日）

同志们：

今天，我们召开全系统的视频会议，庆祝建党90周年，表彰在全行改革发展中作出突出贡献的先进基层党组织、优秀共产党员和优秀党务工作者。我代表总行党委，向全行各级党组织和广大共产党员致以节日的问候和崇高的敬意！向受到表彰的先进基层党组织、优秀共产党员和优秀党务工作者表示热烈的祝贺！

中国共产党成立90年来，把马克思主义普遍真理与中国实际相结合，创造性地发展了马克思主义，形成了毛泽东思想、邓小平理论、“三个代表”重要思想和科学发展观，带领全党全国人民，克服各种艰难险阻，取得了革命、建设和改革的巨大成就。党的十六大以来，以胡锦涛同志为总书记的新一届中央领导集体，部署实施一系列重大举措，推进全面建设小康社会进程，经济社会快速发展，综合国力明显增强，国际地位大幅提升，人民生活更加殷实。中国特色社会主义的经济、政治、文化和社会各项事业蓬勃发展，日益兴旺。

在党中央国务院的正确领导下，建设银行改革发展也取得了历史性成就。我行顺利完成了股份制改造这一复杂而艰巨的改革任务，面对复杂多变的国际国内环境，建设银行展现出强大的市场竞争力和价值创造力，一跃进入世界先进银行行列。我行取得的历史性成就主要有以下六个方面。第一，经营状况极大改善。股改后，我行发展步伐明显加快，规模和效益大幅提升。2010年资产规模超过10万亿元，相当于股改前2004年年底的2.6倍；实现税后净利润1350.31亿元，相当于2004年的2.8倍；资产回报率、股本回报率处于世界大银行前列。在全球市值最大的前10家银行中，我行已连续数年名列第二。第二，服务意识全面增强。改变了过去等客上门的“官商”作风，“以客户为中心”的经营理念不断深入员工之心，客户体验大幅改善。第三，风险内控显著加强。风险管理得到普遍重视，风险管理文化日趋成熟，由被动规避、事后处理，向积极经营、主动管控转变。全面风险管理体系基本形成，风险防控能力显著增强。第四，创新能力大幅提升。观念转变带动了服务创新，主动了解市场需求的热情被激发出来后，释放出惊人的市场活力和产品创新能力。目前，已有一些外国银行包括欧美银行来观摩考察我行网点，这在过去是无法想象的。第五，市场化步伐加快。在中间业务综合化经营和进入国际市场等方面，发展步伐不断加快。第六，劳动生产率迅速提高。我行与《财富》500强中的美国大银行比较，上市前建设银行人均资产、人均盈利仅相当于其平均水平的28%、33%，到去年则上升至60%和140%。建设银行改革发展取得的辉煌成就，充分证明以胡锦涛同志为总书记的党中央关于金融改革的决策是正确的，充分证明国家多年来为强健银行体系、化解金融风险所采取的措施是必要的，充分证明由中国共产党领导实行社会主义市场经济的中国也完全有能力培育出国际先进银行。

近年来，全行各级党组织以邓小平理论和“三个代表”重要思想为指导，深入贯彻落实科学发展观，团结带领广大党员群众，解放思想，开拓创新，发挥了坚强的领导核心作用和战斗堡

垒作用。广大共产党员积极响应党组织号召，充分发挥了先锋模范作用，平常时期争当模范，关键时刻勇挑重担，危难关头冲锋在前，用自己的模范行动展示了我们党与时俱进的先进性，展现了新时期共产党员的精神风貌。今天受到表彰的先进集体和优秀个人，是全行各级党组织和广大共产党员的突出代表。全行各级党组织和广大共产党员要向这些先进集体和优秀个人学习，学习他们时刻牢记党的宗旨、心系群众、服务群众、乐于奉献的崇高精神；学习他们爱岗敬业、恪尽职守、严于律己、清正廉洁的优良作风；学习他们开拓创新、忘我工作、无私奉献的先进事迹，使党的组织和党员队伍更加充满生机和活力。

今年是全面实施“十二五”规划的开局之年。站在新的起点，总行提出了五年发展的战略构想。要完成“十二五”规划的目标任务，必须高度重视党的建设，充分发挥我们的政治优势，为加快全行改革发展提供坚强的政治保证和组织保障。从上半年的情况来看，我行改革发展的总体情况不错，基础设施、小企业、住房贷款、信用卡、网络银行、投资银行、公司类中间业务都创造了新的佳绩，但是存在的问题也不容忽视。围绕转变发展方式、实现科学发展这个中心，近期党的工作要重点抓好以下五个方面。

一、深入开展创先争优活动，不断增强建设银行科学发展的推动力

按照胡锦涛同志的讲话要求，我们要把开展创先争优活动作为巩固和拓展学习实践科学发展观活动成果的重要举措，作为在新形势下加强党的先进性建设的有效载体和有力抓手。前几天，中央政治局也召开会议，研究如何进一步加强党的先进性建设。按照“推动科学发展、构建和谐银行、服务客户群众、加强基层组织”的总体要求，健全创先争优长效机制，推动基层党组织履职尽责创先进，促使广大党员立足岗位争优秀，为基层党建工作注入新的动力和活力。一要围绕中心工作创先争优。紧紧围绕转变发展方式、调整业务结构，找准和抓住本单位创先争优活动的切入点和着力点，引导广大党员在完成本单位的中心任务、做好本职工作中创先争优。二要围绕服务客户创先争优。各级党委要引导基层党组织和党员带头“亮身份”、“亮承诺”、“亮职责”，带头争创优质服务品牌、客户满意窗口、优秀服务标兵。始终把客户满意作为工作的出发点和落脚点，努力为客户提供先进便利的金融服务，让客户群众切实感受到创先争优活动带来的变化和实惠。三要围绕改进作风创先争优。建立健全领导干部联系制度，主动深入服务一线，解决客户普遍关心的金融服务问题。发挥党员干部带头作用，带动员工进一步改进服务态度，树立服务新风，开展服务评议活动和网点服务满意度测评活动，切实转变工作作风。

今年以来，市场竞争更加激烈，要不要坚持把质量和效益放在首位，遇到了严峻挑战；要不要坚定不移地推动增长方式转变，面临着现实的考验。在这种形势下，我们首先要保持冷静，要站稳脚跟，要把做强做大客户基础、巩固资产质量放在优先位置，继续贯彻落实“以客户为中心，以市场为导向”的经营理念。个人业务要重视高中端客户的理财需要，公司业务除大项目和小企业外，要注意中型客户，要有更具体的政策。营销要更多依靠数字和信息支撑，做到精准营销，多种手段和渠道交叉并用。近期通过调研发现，一些分支机构的服务质量出现下滑的苗头，不良贷款出现反弹的迹象，还有一些分支机构贯彻总行战略部署不够坚决，例如有些分行对小企业信贷、电子银行推广、新增网点建设等，落实得不够好。这里，我还想特别强调一下对基层的支持和关心。总行党委一直以来都非常重视抓基层、打基础工作，我们今天表彰的先进模范也主要来自基层。这个方面还需要进一步加强。既要倡导创先争优，学习模范，争做标兵，倡导艰苦奋斗，真抓实干，又要关心模范，关心标兵，爱护先进，从多方面改善他们的工作生活和学习条件。

最近，总行党委同志到一些分行调研，看到基层网点的员工，精神饱满，工作努力，非常敬业，但是大家工作和生活的条件还有差异。有些网点二代转型以后，营业面积扩大，工作环境有了根本性改善，但还有一些网点，再拓展很有限，门面很小，员工没有吃午饭的地方，对这类问题要抓紧进行调查了解，想出多种办法加以解决。

二、按照科学发展观的要求，进一步加强领导班子建设和干部队伍建设

建设世界一流银行的目标能不能实现，我们能不能在激烈的竞争中始终立于不败之地，关键要发挥好党管干部的优势，要把各级领导班子和干部队伍建设好。一要加强领导班子思想政治建设。要以高举旗帜、坚定信念、践行宗旨为根本，加强领导班子思想政治建设，不断增强班子成员顾全大局、团结协作的自觉性。要加强理论武装工作，注意充分发挥中心组的示范引领作用，组织领导干部深入学习中央路线方针政策，学习现代商业银行经营管理，把各级领导班子建设成为学习型领导班子。二要着力深化干部人事制度改革。根据民主、公开、竞争、择优的原则，总行今年拿出了若干部门正总经理和副总经理的岗位进行竞聘，受到广大党员干部的热烈欢迎。目前笔试阶段已经结束，下一步将根据竞聘情况确定面试人选，继续做好后续竞聘工作。希望全行的党员干部要积极参与和支持。三要加强骨干人才队伍建设。要围绕建设银行发展战略，着力抓好后备人才队伍、专业技术人才队伍、海外人才队伍建设。要广开举贤荐能之路，加大竞争性选拔干部力度。要加大干部交流和人才引进力度，积极推进总行与各分行之间、区域之间的干部交流，在交流中考察和锻炼干部。通过多种方式广揽人才，充分运用市场，向全球招聘业务发展急需的高层次的专门人才。四要坚持民主集中制原则。按照“集体领导、民主集中、个别酝酿、会议决定”的方针，进一步完善领导班子的决策制度和议事规则，提高贯彻民主集中制原则的水平。五要进一步加大教育培训力度。着力完善支撑建设银行发展的教育培训体系，进一步加大对各级领导干部的培训力度，不断增强教育培训的针对性、有效性和前瞻性，不断提高领导干部的综合能力。今年以来，我们采取很多措施，从加强领导班子建设出发，有分行行长级的，有总行部门总经理级的，已经在国内外举办了多个培训项目，有井冈山班、延安班、牛津班、外语班、多个党校班，各有侧重，富有特色，非常活跃。最近正在进行的中央党校建设银行分校班，共有70多人、2个支部，总行党委和高管人员非常重视，先后有10多人前往授课和座谈，可以说是创了纪录。这说明总行党委和高管层对领导班子建设和领导干部教育培训高度重视，这些做法还将继续坚持下去。希望各级分行也能够参照总行的做法，做好培训工作。

三、坚持从严治党、从严治行的方针，深入推进反腐倡廉建设和风险内控建设

胡锦涛同志在十七届中央纪委六次全会上强调指出，要始终坚持党要管党、从严治党的方针，继续加大惩治腐败的工作力度，以党风廉政建设和反腐败斗争的实际成效取信于民。我们要认真贯彻中纪委六次全会精神，切实将“以人为本、执政为民”的要求贯彻落实到反腐倡廉建设各项工作中，深入推进惩防体系建设，牢牢抓住教育这一基础环节，深入开展理想信念和党性党风党纪教育，不断增强廉洁自律的意识和拒腐防变的能力。要进一步健全和落实监督制度，坚持用制度管权、管事、管人，综合运用各种手段加强对“权、钱、人”等关键部位的监督制约。要以“规范制度流程、推广创新成果、拓展巡视覆盖、加强巡视力量”为主线，继续推进巡视工作常态化和规范化。要加强事实较为清楚的信访举报的核查和管理工作，把信访工作作为联系群众的桥梁和纽带、了解下情民意的重要渠道、发现案件线索的重要来源。

我们在反腐倡廉建设方面，一直做得很不错，受到党中央领导、中央纪委领导充分肯定和赞扬。在建设银行的报告上，贺国强同志先后有几次批示，何勇同志也有几次批示，对我们纪检监察工作非常肯定。但是我们不能掉以轻心，还要高度重视这项工作。最近，不论是内审还是外审都发现了一些问题，多数仍然属于管理松懈、经营粗放、思想要求不严造成的。例如贷后管理不扎实，有的问题稍微认真一点就能及早发现，可是竟然拖了三四年；还有的是明显违规，采购工作人员与参与投标的公司有利益关系往来，这是三令五申不允许的；还有的项目评估报告，不深入实际，不进行认真分析，全靠在网上东摘西抄，胡乱拼凑，这些东西万万要不得。在座的同志大都在银行工作了多年，我们应该不会忘记过去我们吃了多少亏，受了多少害；不会忘记不良资产和案件发生以后，给我们造成了多么严重的损失；不会忘记我们的老领导们，曾经为了摆脱困境，付出了多少辛勤的劳动和汗水。我们决不能回到股改前的状态！我们的老行长和老领导都十分关心我行的资产质量，特别是在这些年银行资产规模高速扩张的情况下，对建设银行保持比较稳健的经营做法是非常肯定的，但是也担心资产质量如果发生系统性风险，会不会影响到我们银行。这些方面，我们一定要认真回顾我们的历史，千万不能重复以前犯的错误。

目前，我行不良贷款率已下降到很低水平，不良贷款额也很小。但是值得注意的是，截至今年6月20日，全行关注类贷款余额1 661亿元，非不良拖欠贷款达到1 087亿元，这些都是比较重要的警示信号，一定要高度重视风险内控。要切实做到廉洁自律，尤其要防范内外勾结、商业贿赂、利益输送这类问题。

四、推进基层党建工作创新，努力提高全行党的建设科学化水平

最近，中央再次强调要加强党的先进性建设，这是对全党的要求，对全体党员队伍的要求，特别重要的是对党的所有基层组织的要求。基层强，则队伍强，则全党强。目前，全国有389万个党组织，我们建设银行有9 000多个，占比达到了1/500；全国党员总数有8 026万人，建设银行党员有16万人，也几乎达到了这个比例。这些不是个小数字，所以加强基层党组织建设非常重要。

第一，加强基层党建工作研究。要紧密联系工作实际，广泛深入开展调查研究，了解掌握真实情况，深化对基层党建重大问题的思考，探索回答好党建工作如何促进业务发展、如何建设学习型党组织、如何发挥基层党组织作用等现实问题，不断形成规律性认识，更好地指导工作实践。

第二，健全基层党建工作机制。按照全面落实党建工作责任制的要求，进一步建立健全基层党建工作长效机制，完善党委认真抓党建、书记带头抓党建，各有关部门齐抓共管，一级抓一级、层层抓落实的党建工作格局。

第三，创新基层党建工作方式。积极探索更好体现时代要求和党员需求的党建工作方式，进一步完善基层党建载体，丰富活动内容，找准开展活动、发挥作用的着力点。改进和创新基层党组织工作思路、工作内容、工作方式，把基层党建工作做实、做深、做细，把基层党建工作成效落实和体现到推动科学发展、构建和谐银行、服务客户群众上来。

第四，建立健全基层党组织。坚持有利于加强领导、活跃基层、发挥作用的原则，因地制宜、灵活多样地设置党组织，切实做到哪里有党员，哪里就有党的组织和有效的管理。要加强科学规划、分类指导，创新党组织设置方式，加大组建力度。要加强海外机构和子公司党组织建设，充分发挥党组织的作用。

第五，抓好党员队伍建设这一基础工程。全行系统有16万名党员，我们的发展，必须紧紧依靠这批骨干力量。因此，我们要扎实抓好党员队伍建设。要抓好党员学习，提高党员立足本职岗位发挥先锋模范作用的能力。要构建党员联系和服务群众工作体系，搭建发挥党员作用、密切党群关系的工作平台。要引导广大党员带头讲党性、重品行、作表率，把党的政治优势切实转化为市场竞争优势。要关心、爱护老党员和生活困难党员工作，增强党组织的亲和力。要切实加强入党积极分子队伍建设，进一步提高发展党员质量。要继续重点做好在基层一线、青年骨干和女员工中发展党员工作。

第六，加强基层党务工作者队伍建设。建设一支高素质党务工作者队伍，选好配强基层党组织书记，提高党务工作者抓党建、带队伍、促发展的能力，是加强和改进新形势下党的建设的重要保证。希望各单位加强对党务工作者的培训，为加强基层党建工作创造必要的条件。也希望广大专兼职党务工作者进一步增强做好基层党建工作的责任感和使命感，爱岗敬业、乐于奉献，以改革创新精神和求真务实作风不断开创基层党建工作新局面。

五、继续深化公司治理方面的改革，建设和谐企业，维护社会稳定

建设银行近年来荣获国内外多项公司治理方面奖项，特别是近日香港《亚洲企业管治》杂志发布了由该刊主办的“2011年亚洲最佳公司治理”评选结果，我行连续3年荣获“亚洲最佳公

司治理奖”。我们的实践受到了党中央、国务院领导的高度重视和充分肯定。上个月，在银监会由中央国家机关组织的“辉煌十一五”系列报告会上，指定建设银行作了关于建立现代银行治理结构的经验介绍，我去作了演讲，也受到了方方面面的欢迎。但我们要清楚，在公司治理方面还有很多需要完善的地方，在“十二五”的五年规划里面，还要作为一个专题深入研究。在公司治理领域里，还有一个重要部分是职工民主管理，非常重要，也富有特色，要坚持探索。

我们在企业文化建设方面成效卓著，这是生动的思想政治工作实践，对增强核心竞争力和凝聚力是非常重要的。最近，我陪同王岐山同志出差，他几次回忆起在建设银行工作的情景，建设银行在抓思想政治建设、履行社会责任方面做了很多工作，包括赞助希望工程、参与很多社会文化活动等。我们这样的大银行无论是内部救济还是承担社会责任方面，都是非常重要的，要多参与这种社会活动。目前各大银行由于种种原因利润是非常高的，这里面有我们改善经营管理、提高劳动生产率的因素，同时也有社会大众的因素，因此回馈社会是非常重要的。给国家上缴税收是另一方面，去年我们建设银行上缴税收600多亿元。在承担社会责任方面的工作，包括已经做的一些工作，要认真总结，特别像救助贫困英模母亲、贫困大学生、贫困高中生等，希望公共关系与企业文化部及各级分行都要进行总结，研究如何进一步改善和提高这方面的工作。

在维护社会稳定方面，现在出现了新情况和新问题，中央也非常关心。今年3月份，在中央党校举办了省部级干部的培训班，题目就是社会管理和创新，胡锦涛总书记等中央领导同志作了重要讲话。从我们自身情况看，下岗分流人员特别是协解人员总体上参与上访的人数是减少了，但是有新的苗头和迹象，有的还相当激烈，有的到北京监管部门上访，有的到分行上访。这些新情况、新问题都值得我们高度重视，要落实好周永康同志批示要求，中央维稳工作把银行协解人员问题放在突出位置上。我们各级党组织要高度重视这项工作，要从为国分忧、为党分忧的角度来做好这项工作，不要回避，要正面应对，采取措施，把矛盾化解在基层，消灭在萌芽状态，为增强企业和谐、维护社会稳定作出新的贡献。

同志们，我们要以纪念中国共产党成立90周年为契机，以这次表彰的先进基层党组织、优秀共产党员和优秀党务工作者为榜样，进一步认清形势，振奋精神，开拓创新，锐意进取，建功立业，把建设银行的各项工作提高到一个新的水平，为建设世界一流银行提供坚强有力的组织保证。

谢谢大家！

冷静分析当前形势　认真做好下半年工作

——在中国建设银行夏季工作座谈会上的讲话

郭树清

（2011年8月15日）

同志们：

刚才，张行长对今年以来的全行经营情况做了分析，对下一阶段的工作做了部署，我完全赞同。我讲四个方面的意见，供大家讨论参考。

一、关于宏观经济金融形势

今年以来，国际形势纷繁复杂，美欧债务危机深化，国际金融市场动荡加剧，大宗商品价格高位震荡，通胀压力卷土重来。

欧洲债务危机呈现扩大趋势，希腊政府债务警报尚未解除，意大利、西班牙借债成本大幅飙升，引起市场担忧。美国政府经过漫长的政党之间的讨价还价，最终在设定期限之前提高了债务上限，暂时度过了危机。标普将美国长期主权信用评级由“AAA级”降至“AA+级”，这是美国国债近百年来首次失去3A评级，在国际市场引起轩然大波，全球股市应声大幅下挫。我国经济与美国经济的实质关系本来没有那么密切，但是市场心理影响很大，香港、上海、深圳股市受到重创。

欧美债务危机有着深刻的经济原因，同时存在着不同的政治原因。美国债务总量的确很庞大，国债规模与GDP的比例接近100%，但日本目前已超过200%。美国是世界上少数几个通过立法来限制政府借债的国家。据美国财政部统计，从1960年至今，国会对国债上限总共进行了78次修改（不包括这次修改）。美国的这次危机，与其说由于经济原因，不如说是由于政治原因，是选举政治中最无聊的扯皮闹剧。如果单就经济和财政而言，美国国债违约可能性很小。当然这并不意味着我们作为其最大的国外债权人没有风险，也不意味着我们的外汇储备不会发生损失。

美国仍然是世界上最强大的经济体，而且经济转型步伐很快。过去几十年里，美国将很多生产环节都转移到了发展中国家，自身则集中于研究、设计、销售、品牌、标准、服务等高附加值环节。比如，iPad和iPhone在中国内地加工装配，只有微不足道的附加值留给中国。至今年6月末，美国失业率9.2%，失业的行业分布很不均衡，地区之间、城市之间和族群之间差别也很大，不少城镇的失业人口以黑人和拉美裔为主。尽管也存在不少问题，例如住房市场、医疗保险、预算平衡、贸易赤字、中小学教育等领域都有不少难题，但美国经济凭借强大的创新能力仍稳居全球之首。一个非常有说服力的事例是，苹果公司的股票市值8月10日逆市而上，占据世界第一，达到3 371亿美元。这次国债降级后，国债收益率并未如预期的那样上升，因为其价格反倒走高了，这意味着市场依然高度认可美元和美国政府债券。

欧洲的情况很不相同。英国、法国、瑞士、荷兰、瑞典等国服务业发达，德国制造业处于高端。欧洲整体经济发展仍然保持在很高水平上，新兴市场经济体无法与之相比。但是，欧元和欧盟作为政治关系的产物，存在着先天的缺点和不足，未来的不确定性仍然很大，有些矛盾很难在既有框架内解决。各国观察家最担心的是，一旦德国、法国国内政治导致其不再认可所承担的其他欧元区国家的巨大包袱，就有可能使欧元区收缩。日本经济受到地震的沉重打击，仍保持着第三大经济体地位，但从人口、教育、文化等长期性因素来看，其前景不很乐观。

新兴市场仍然是全球经济复苏的主要拉动力量，但面临很大的通胀压力。今年6月份，中国、巴西CPI超过了6%，俄罗斯、印度为9%左右，越南高达20%。造成这一状况的原因，首先是新兴经济体发展程度较低，以制造业和加工业为主，受大宗商品等原材料价格上涨的影响更大。其次是工资、租金、环保费等要素类成本一直在以较高的速度增长。再次是供给方面的结构性不平衡。当然，最具根本性影响的还是货币总量。2000年至今，印度M_3同比增速中值为16.57%，经济增速中值为7.8%；中国同时期M_2、GDP增速中值为17.1%和9.6%；巴西为15.26%和4.23%。而美国过去10年为6%和2.1%；日本为2%和1.7%。新兴经济体的货币增速超过经济增长的幅度，要远高于成熟市场，这必然导致其流动性过多，价格水平上涨。

我国经济发展，正按照中央提出的转变方式、优化结构的目标向前推进，出现了一些结构性改善的好迹象。一是地区差别出现缩小的趋势，中西部投资和产出增速明显超过东部，东部制造业向中西部转移的速度加快；二是城市化加快，预计今年的城镇人口比例会超过50%；三是出口产品产业链拉长，有些机电设备已有国际定价权，今年上半年的设备出口价格上涨10%以上。

但是高速增长之中存在隐忧，其中有短期问题，也有中长期问题。短期来看，对通胀必须保持高度警惕，稳定价格水平是宏观调控的首要任务。中长期来看，有五个方面的问题值得关注。一是农村发展严重滞后于城市。二是服务业落后于制造业。三是制造业长期集中于低附加值行业。

四是国际收支不平衡。今年上半年，外汇收支顺差高达 3 500 亿美元，虽然同期贸易顺差不足 450 亿美元，但是贸易项下的结售汇量巨大，非贸易项下的结汇也很多。五是安全生产与生态环境问题日益突出。能源、交通、水的供应、环保、食品安全等领域都存在很大压力，发生了一系列重大恶性事故，给国家和人民生命财产造成了严重损失。转变发展方式不仅要树立科学的理念，而且要改革落后的体制。胡锦涛总书记在“七一”讲话中指出，“制约科学发展的体制机制障碍躲不开，绕不过，必须通过深化改革加以解决”，抓住了问题的实质。

就金融市场来说，今年央行连续 6 次上调准备金率，与往年相比，市场资金较为紧张。6 月末，M_2 余额 78.08 万亿元，同比增长 15.9%，低于上年同期的 18.15%；M_1 余额 27.47 万亿元，同比增长 13.1%，显著低于上年的 24.6%。但从总体上看，目前的货币供应并没有想象的那么紧张。中国 M_2 供应量接近 GDP 的 200%，而美国不足 70%。虽然两个市场很不相同，不能简单进行比较，但是我们总的货币供应量大，资金利用效率低，是不争的事实。股票市场继续处于低迷状态，但是债券市场十分红火，信托理财市场也空前活跃。今年上半年社会融资规模 7.76 万亿元，人民币贷款占比 53.7%，同比下降 3.2 个百分点，而企业债券和股票融资的比重均上升了 0.5 个百分点。利率、汇率和其他金融产品价格的市场化也在加速发展，有些方面的变化超出了我们的预期。

二、正确看待我们的成绩和面临的挑战

今年上半年，全行各项业务发展保持良好势头，盈利水平再创新高，但是市场竞争和内部管理的压力也很突出。怎样看待取得的成绩和面临的挑战，保持清醒的头脑，坚持正确的经营方针，十分重要，也十分迫切。有三个方面的关系必须高度重视，妥善处理。

一是创造优异业绩与防范风险累积的关系。股改以来，我们净利润年复合增长 28% 以上，今年上半年同比增长超过 30%。列《财富》全球 500 强排名第 108 位，较去年上升 8 位；列《银行家》世界大银行排名第 8 位，大幅提升 7 位；股票市值稳居全球银行业第 2 位。但俗话说，人无千日好，花无百日红。我们必须认识到，业绩的高速增长是很难长期持续的，前进中的波动起伏几乎是不可避免的。我们会面临越来越多的困难和挑战，对于潜在的风险隐患，大家要有足够的思想准备，从各个方面查找不足，增强应对系统性风险、应对可能出现的各种危机的能力。

二是保持市场地位与坚持质量效益的关系。近两年我们的存款贷款增幅在同业处于中间偏后的位置，长期领先的一些指标，有的已经被超过。很多人对此非常关切，担心我行市场地位不保，竞争力下降。我们认为，份额、速度、规模的确都很重要，但能否保持长期竞争优势，能否经得起重大危机的考验，更为重要。全行应坚持积极审慎的方针不动摇，始终把质量效益放在第一位，不与同业盲目攀比，不去追求数量上的第一。花旗集团、美国银行、苏格兰皇家银行，等等，这样的国际大银行都曾四处兼并，风光一时，但前些年的快速扩张种下了苦果，现在困难重重。我们要吸取教训。

三是主动服务实体经济与支持地方经济转型的关系。从银行角度说，支持国民经济发展关键是服务好实体经济，尤其是“三农”、小企业等薄弱环节。但是现在有些部门和地方盲目投资冲动依然很强，我们不能被动地跟随，要增强服务的主动性，进行独立的分析判断。一方面，要以自身结构调整促进国民经济结构调整，以自身发展方式转变促进国民经济发展方式转变；另一方面，主动研究各类产业、项目的可行性和局限性，全面比较其利弊得失，拿出合理的方案，帮助部门地方科学规划和决策。

具体到当前经营管理工作，我想强调四个问题。

（一）客户基础不够坚固

股改以来，经过全行的共同努力，我们已经建立起比较完善的专业化、差别化服务营销体系。零售网点全部完成向营销服务转型，其中 30% 已完成二代转型，建成个人理财中心 4 200 多个，配备专业理财师 4 万人。新建各类专业化经营机构 2 000 多个，包括个贷中心、小企业中心、工程造价咨询中心，等等。我们要进一步发挥出机制优势，积极主动营销，提供优质服务，促进业

务持续发展。

全行在抓存款上花了很多工夫，但是增长仍不太理想，原因很多，尤其是理财市场的迅速兴起影响很大，但更主要的原因可能还是我们的客户基础薄弱。我行与工商银行的存款差距主要是在京、津、沪、穗等几个特大城市拉开的，占到80%的份额。从公司客户看，上半年我行单位人民币结算收入47.17亿元，超过工商银行5.6亿元，但是结算账户只有工商银行的61%，农业银行的72%。从个人客户看，我行有资产的个人客户总量2.14亿人，工商银行、农业银行则分别达到2.6亿人和3.5亿人。

我们的营销服务还有很大的改进余地。调查表明，35岁以下的年轻个人客户对我行服务评价相对较低。一些内部规定和业务流程仍显烦琐。比如对办理新业务的老客户，也要对身份证进行再复印。开户手续相对烦琐，对客户销户却没有专门的挽留措施。对存量客户的维护也很不够，尤其是大量的小额账户长期无人管理。

我们需要经常观察和思考一些根本性的问题。例如，我们的市场定位、目标客户究竟如何明确；大众客户和大众富裕客户的服务如何保障，或者说保障到什么程度；靠电子银行和自助设备能使我行的市场占有率和渗透率达到什么水平；如何优化物理网点配置，如何使各种渠道工具形成最佳组合；等等。

在数据分析的基础上，要大力加强整体营销和交叉销售，迅速扩大客户基础，缩小与同业的差距。要改进营销方式，从产业链着手，抓好上下游客户。高度关注各种投资基金、公益类基金会、第三方支付平台、网商客户等新兴客户群体。

（二）产品研发相对滞后

总行一直非常重视产品创新，在同业中率先建立了产品创新试验室，与美国银行也有项目合作，取得了很不错的成绩。比如在小企业金融服务方面，仅最近几年就推出了30多项新产品。但市场变化越来越快，我们很多创新还得继续加强。否则业务发展就会受到影响，这也是基层行普遍反映的一个问题。

高度重视理财业务创新。理财需求日益高涨，这是长期趋势。理财产品逐步替代存款，而且价格是浮动的，也符合利率市场化趋势。与同业比，我行理财产品总量还是不多，发行不够密集，推出的时间间隔较长，产品到期后缺乏合适的接续安排，我们的理财系统也不够灵活，这些都需要加紧改进。

充实完善产品功能。比如，针对个体工商户群体，我们推出了个人结算通卡，仅温州一个二级分行就发行了21.5万张，占全行的21%，但与当地同业相比，还有较大差距，主要原因就在产品设计上面。我行的卡不具备一户通功能，客户有理财需求还要转账到借记卡，而农业银行的卡可以自动转存。工商银行的卡是预制好的，客户可以当场领取，而我们的卡要先登记，客户至少要跑两趟。

我们要高度重视基层行反映的突出问题，及时了解客户新的需求变化。广大一线员工最了解市场和客户，要开辟更加便捷的多种渠道，充分发挥他们参与创新的积极性、主动性。

（三）贷后管理依然薄弱

近年来，党委和高管层反复强调贷后管理工作。仅2005年以来，总行就出台了20多项相关规定。去年还在全行开展了“贷后管理年”活动，取得了较好成效。比如，完善了主要产品贷后管理制度，加强了押品管理，推动了贷后管理岗位分离等。

但贷后管理需要加强的地方还很多。从近期外部审计、监管检查发现的问题看，贷后管理不到位的占到五成以上。比如，有的贷后管理记录空白，有的贷款用途不符合规定。有些问题性质和情节很严重，山东省分行的一个案件，项目就在济南，客户拿到贷款后，挖了个坑、打了几个桩后几年都没有动静，我们的贷后管理形同虚设。

不少分行“一把手”对贷后管理的认识不够。但是有些分行工作很扎实。比如，广东省分行业务量很大，人手非常紧张，但在全部二级分行设有专职贷后管理团队，共配备500余人，信贷管理基础得到明显加强。福建、贵州分行贷后管理岗位分离进展也较快，配备了专职贷后管理人员。四川省分行制定了覆盖贷后管理全流程的操作手册。

一定要把贷后管理重视起来。分行“一把手”、分管业务的副行长都要负起责任来，风险总监也必须对贷后管理负责，分工可以各有侧重，但责任不能推卸。光有制度流程、靠增加人手还不够，还得认真强化薄弱环节。必要的形式和程序不可缺少，否则就不会有内容，不会有实质。在此前提下，再谈差别化。比如对信誉良好的大型优质客户，走访频率可以相对少些，但要求不能放松，该填写的记录不能少；对信誉稍差、管理不强的客户，就要多去看看，而且观察了解和工作记录要更加仔细。贷款出现高风险不能简单归因于市场变化等外部因素，该追究责任的必须追究。

现阶段贷后管理的一项重要任务，是按照银监会要求清理、规范政府融资平台贷款。党中央、国务院已经明确这项工作的总体原则，存量债务要按照协议约定偿还，不得单方面改变原有债权债务关系，不得转嫁偿债责任和逃废债务。各分行必须主动向政府相关部门汇报，客观诚恳地说明存在的问题及潜在的风险，与借款机构一道找出依法合规、切实可行的解决方案。总行部门要加强指导和协调。

（四）内控建设有待进一步加强

上市以来，我们持续加强内控建设，取得了显著成效。建立完善了现代银行公司治理架构，成功实施风险和审计条线垂直管理，积极培育合规文化，不断健全内控机制和流程。特别是连续几年开展以“防风险、降案件”为主要目标的专项治理活动，全行经营不断规范，案件数量和涉案金额连年下降。

财政部等五部委制定的《企业内部控制基本规范》和配套指引颁布后，我行高度重视，积极落实。但比照规定，我们还有较大改进空间。风险、运营、纪检、审计等条线各有自己的要求，单独来看都是合理的，但集中到一起就有交叉重叠，甚至相互矛盾。一些新业务内控管理没有及时跟上，比如，对黄金、外汇等做市业务没有严格细分自营与代客交易，外包业务没有统一的管理办法等。很多业务涉及商业秘密，相关人员可以提前知道不少信息。如果利用这些消息为自己或他人牟取利益，就是犯罪，这和偷盗抢劫没有什么两样。我们反复强调防止内幕交易和利益输送性质的腐败，起了很大作用，但是有些单位、少数同志这方面的意识仍然比较薄弱，出了一些案件。

进一步重视产品销售说明和风险提示工作。对代销的产品，包括子公司的产品，要全面向客户揭示风险。最近美国银行输了一场官司，被判向投资者赔偿85亿美元，就是因为没有充分履行产品销售承诺和风险提示义务，这一赔款超过了它2008年以来的盈利总和。这是一个警示我们履职尽责的典型案例。

三、下半年需要重点加强的几项工作

下半年的重点工作，张行长在刚才的报告中做了明确要求，大家要认真落实，我再强调几点内容。

（一）提高资本管理水平，推进业务结构调整

此次国际金融危机后，各国一致认为要构建宏观审慎和微观审慎并重的管理制度。我国“十二五”规划也明确提出构建逆周期的金融监管框架。现在资本充足率要求越来越高，补充资本的成本不断增加，资本已成为银行发展的刚性约束。向资本集约化经营转型，提高资本利用效率和回报水平，是实现高质量发展的内在要求。

我行在资本管理方面一直走在同业前列。近年来，我们合理安排再融资，主动优化信贷结构，为实施新资本协议打下了很好的基础。但是，按照最新监管口径来测算，我们的资本充足率情况并不乐观。加紧建立完善资本约束的理念和机制，协调处理好速度与质量、效益的关系，不仅是过好眼前日子的需要，也是事关未来发展的战略抉择。

过去的资本约束主要体现在总行，对分行主要是发挥指导作用，更多体现在事后考核和“算账”上，因此分行暂时还没有太强烈的直接感受，资本低效或无效占用的现象还大量存在。这一状况必须改变，要使资本约束成为全行上下的共同意识、共同责任，传递到每一级机构、每一项业务。

信贷政策要体现资本回报导向，规模控制要逐步过渡到资本占用控制，用清晰可比的回报要求鼓励战略业务发展，抑制高资本占用、低回报业务的增长。根据风险管理部的数据，截至6月末，全行信贷业务方面的经济资本为4 170亿元，其中，公司类占用比例为 7.21%，个人类 2.53%，公司类中的基建贷款为 7.25%，技改贷款为 10.39%。各分行的风险回报情况差别很大，最高 41.59%，最低 10.9%，平均 35.87%。尽管目前模型的参数设定可能还需要继续改进，整个方法也需要不断完善，但是总体上已很有说服力，各条线、部门、分行要认真对照检查自己的情况，切实进行调整改进。

（二）进一步加强研究工作

银行业务要跟上形势变化，实现突破，持续增长，离不开扎实缜密的研究工作。我们的研究力量一直在加强，也确实拿出了不少有分量的成果。今年以来对城乡统筹和新农村建设、保障房资金筹措、铁路投融资体制等专题的研究，已经对业务发展产生作用。在新的五年发展规划编制过程中，总行组织了 18 个重点课题研究，对充实完善规划内容起到了很好的促进作用。

研究重点既要针对新兴业务，也要关注传统业务。从整体上讲，我们对金融市场、投行业务、理财业务还不太熟悉。比如，人民币国际化不仅带来新的结算业务，还带来了新的客户资源和相关产品；期货市场的发展，开拓了大宗商品套期保值业务机会；场外衍生交易服务机会也很多。这些当然也意味着有更大的风险，都需要加强研究，否则很难做好相关业务。

即便对于我们熟知的基础设施建设项目，也要加强分析论证，不能盲目跟风。一些领域、一些地区投资效率不高，甚至是低水平的重复建设。比如，并行的高速公路、高速铁路，好几条线同时开工，车流量能不能达到设计预期，需要认真分析。国家已经明确对核电、高铁项目进行审慎核查和重新评估，其他类似领域都可能进行计划调整，我们要密切关注政策动向，及时跟进，加强研究，为客户营销服务提供坚实支撑。

（三）继续推进专业化改革

总体看，各项改革进展不错，尤其是城市行扁平化管理，理财中心、私人银行、小企业信贷工厂等专业化机构建设，都在深入推进。但是，专业化、精细化的程度需要进一步提高。有些城市，二级分行还保留着三层架构，这怎么能做到扁平化、专业化呢？如果不搞扁平化和专业化，那么多人员坐在机关，怎么能搞好客户服务、贷后管理和市场营销呢？

加强客户细分，完善专业化经营。公司类客户要按照特大型、大型、中型、小型和微型等进行分类，由专门的机构团队负责针对性的营销服务。尤其是中型客户相对特殊，各地都必须研究提出相应的管理办法和服务模式。机构客户的营销服务也要做到专业化。小型和微型客户的统计管理口径，要与四部委新出台的标准相衔接，进一步做到专业、专注。个人客户也要进行多维度的细分，提供差异化的服务。

内部管理要继续加快改革。我们现在还主要靠红头文件来贯彻政策意图。许多基层行反映文件太多，看都看不过来，而且有的文件还前后抵触，相互矛盾。机关作风和管理方式要适应市场变化，满足基层需要。一方面，要加大规章清理力度，杜绝滥发文件。涉及业务操作的制度办法，下发前要深入研究，广泛征求基层意见。另一方面，要尽快向手册化管理转变，并建立维护更新的机制，不能总让具体操作的同志去找文件来执行。

（四）持续加大战略性投入

银行业务发展既要有内涵式增长，也要有外延式增长。保持市场竞争力，持续投入非常重要。五年规划对基础性投入作了相关安排。五年计划新增营业网点 2 000 个左右，自助设备净增加 4 万台，员工人数净增加 2.4 万人左右。这些安排符不符合实际，能不能满足发展需要，相互之间是否匹配，大家还可以提出意见。

结构和布局也非常重要。我们在江苏、浙江、深圳等地的网点数量与工商银行基本差不多，但在广东、北京、上海、天津等地相差非常大。新增网点要重点保障金融资源丰富的特大城市、新兴城市，以及经济发达的县域、富裕乡镇。网点选址要认真论证，提高自有占比。新增自助设备主要投向商务中心、大型住宅区、专业市场等人群密集、交易需求旺盛的区域，提高存取款一体机的比例。

过去几年我们一直坚持人员总量零增长，但业务发展非常快，不少员工都是超负荷工作，人员政策需要适当调整。未来 5 年，考虑内退人员约有 2 万人，实际在岗人员可以增加 4 万～5 万人，加上一些自然流失，今后 5 年要新进 6 万～7

万人。今年的计划要及早落实。注重多渠道补充人才，这几年我们招聘了不少优秀的应届硕士生、本科生，而实际上很多基层网点可能并不需要这么多的高学历人才，应该考虑引进能够扎根基层的大专生。继续加大力度从社会上引进人才，尤其是急需的高层次专业人才。

（五）加强人才队伍建设

加大干部培养选拔力度。最近，一些总行部门总经理、副总经理、总经理助理职位进行了公开选拔，这是一个有益的尝试。要继续深化干部体制改革，增强人力资源管理活力，加快培养各类专业技术人才。客户经理、风险经理、产品经理、资金交易员、研究分析师、IT 工程师都要进一步充实，法律、会计、外语等专业人才也要加强培养。

继续加大培训力度。除了正常的业务培训、能力提升培训，还要进一步加强外语培训。中高级管理人员和专业技术人员，都要成为国际化人才，必须能够熟练地掌握和运用一门外语。赴香港和海外的培训要继续加强，培训名额要向基层骨干倾斜。可以考虑与院校合作，加强员工在职学历教育，例如选拔优秀人才攻读稀缺专业的研究生等。对员工自己选读学位，总行也拟采取支持和鼓励政策，具体办法正在研究起草之中。

四、深入开展创先争优活动

胡锦涛总书记“七一”讲话总结了 90 年来党领导革命、建设和改革的宝贵经验，有针对性地回答了关于改革发展的一系列重大问题，提出了新时期提高党建科学化水平的目标任务，是继续推进中国特色社会主义事业的纲领性文献。讲话有许多新思想、新论断，对搞好银行工作具有重要指导意义。我们要认真学习，深刻领会讲话的精神实质，贯彻到各项工作中去。

第一，坚持不懈抓好党建。党委会在银行现代公司治理中扮演了十分重要的角色，我们还要研究怎样进一步加强，怎样更好地处理好治理各方的关系，使之相互支持、相互制衡，更好地发挥积极作用。最近温家宝总理、王岐山副总理对我行上报的有关建立现代银行制度的报告作出重要批示，总行党委正在认真学习，准备在下一步的改革发展中提出更完整更深入的措施。分行党委要全面落实民主决策、集体决策、科学决策的要求，认真贯彻“三重一大”制度。继续全面加强党员教育培训，引导广大党员带头讲党性、重品行、作表率，充分发挥基层党组织的战斗堡垒作用。子公司党建要进一步加强，全面贯彻总行党委决策，推进集团一体化经营，努力提升市场竞争力和综合盈利能力。海外机构也要健全党组织，增强凝聚力，推动业务健康发展。

第二，结合完善流程，切实改进客户服务。中央最近提出要在窗口单位和服务行业开展“为民服务创先争优”活动，中央政治局委员、中组部部长李源潮专门召开了座谈会并发表了重要讲话。我们要加强组织领导，抓好贯彻落实。银行支持经济社会发展，最根本的一条，就是做好客户服务。对客户关切的问题、投诉及建议，我们要积极响应处理，尽快解决。最近国内外媒体对银行业的服务有一些批评性报道，我们一定要正确对待，不抱怨，不气馁，以更高要求、更高标准做好服务工作，同时也要加强正面的宣传报道。

第三，进一步做好关爱员工的各项工作。各级领导干部要深入基层，设身处地为员工着想，解决他们的实际困难。尤其在弹性排班、就近上班、保证用餐时间、满足学习培训需求等方面，要进一步加强。更加注重关心青年员工，组织开展多种形式的沟通交流，倾听他们的意见建议，落实好“成长帮助计划”，充分调动他们的积极性、创造性。继续完善职工民主管理，保证员工对各项重大决策的参与权、知情权和监督权。

第四，大力宣传建设银行核心价值观。去年下半年以来，各级分行普遍开展了学习、讨论、交流核心价值观活动，取得了很好的效果。我们要继续大力宣传“诚实、公正、稳健、创造”的核心价值观，倡导“勤奋严谨、求真务实”的工作作风，在全行营造积极进取、和谐向上的氛围。引导员工树立坚定的理想信念，自觉抵制各种不良风气，养成良好的职业操守和工作习惯。

第五，加强防范商业贿赂和利益输送。牢记总书记讲话中警醒全党的“四大考验”、“四大危险”。事实证明，尽管已经制定了一些规章制度，但是还有相当一部分同志对廉洁从业的严肃性认识不足，可能的利益输送和变相的商业贿赂还时有发生。各分行要举一反三，严格执纪，严肃问责。特别是要细化落实亲友回避制度，对员工及其亲属购买本行或客户的理财产品，要有严密的制度规范，切实保证交易过程公平、公正。

第六，更加自觉地履行社会责任，耐心细致做好维稳工作。开展学习实践科学发展观活动以来，各分行、每位员工都自觉参与了很多社会公益活动。比如，我们发起的“贫困英模母亲资助计划”，项目运作很规范，社会反响非常好。要鼓励员工更多地关心社会、回馈社会，根据自己的能力，积极参与各种公益活动，进一步巩固与人民群众的血肉联系。维稳工作任务还很艰巨，不时还有人进京上访，特别是少数民族地区问题多，比较敏感，我们更要认真对待，早做调研，多想办法，妥善处理。

这次会议之后，各分行各部门要抓紧传达和部署，努力把规划和计划落到实处，在纷繁复杂的市场环境下，把我们的各项工作做得更加出色。

中国是世界货币经济中富有建设性的力量

郭树清

（《投资研究》2001 年第 7 期）

如今，很多人认为中国在世界经济金融重建中可以发挥重要作用，但是中国何以能担当此任，究竟需要发挥什么样的作用，确实需要探讨。这里，谈谈个人的不成熟想法。

一、全球经济不平衡的实质

很多人认为，此次金融危机产生的根源是全球经济不平衡。那么，不平衡指的是哪些方面？是贸易盈余和赤字，还是经常项目的差别呢？表面看，这些都有道理，但这些都不是根本原因。为什么呢？

第一，在经济全球化的背景下，有国家出现盈余或赤字是很正常的。总体上这其实是平衡的表现，因为这反映了国际的合理分工。

第二，贸易盈余国并不一定是最具竞争力的国家。很多情况下，恰好相反。可以把贸易盈余国分为四组：第一组包括以中东国家为主的石油出口国；第二组是新兴工业化国家，例如东亚的一些国家，包括中国，这些国家出口大量的工业制成品；第三组是日本和德国这些经济重心在制造业工业化国家，其服务业和其他新兴产业不够发达，因而算不上最具竞争力的国家；第四组包括瑞士、荷兰、瑞典等日耳曼国家，其服务业十分发达，并且贸易盈余也很高。以上四组国家综合竞争力参差不齐，因此，贸易顺差虽然反映了单个方面的优势，但是并不意味着综合竞争力更强。

第三，也是最重要的一点，经常项目赤字国并不一定缺乏资金；相反，最大的经常项目赤字国多年以来一直面临着资本过剩的问题，美国就是典型的例子。美国经常项目赤字严重，曾经占到了国内生产总值的 6%—7%，现在是 3.3%。但是，美国不缺少资本，而是流动性过剩。

因此，当今的世界经济出现了一些有意思的特点：

一是世界经济体中划分出了两个类型，即储蓄供应国和资金消费国。

二是大的债权国总体上并没有最强竞争力，而大的债务国竞争力很强，例如美国、英国和法国就是典型的综合竞争力很强的债务国。日本、德国和中国是债权国，但却不如美国、英国、法国那么有竞争力。

三是债务国很有优势，哪怕是在这次由其国内问题引发的金融危机中，因为贸易盈余国最终不得不将资金输送到美元和欧元占主导地位的国际金融市场。例如，美元在过去25年中贬值了约40%。同时房地产市场和资本市场也出现了泡沫。

因此，全球经济不平衡根本原因在于少数最发达国家拥有过多的金融资源，另外，绝大多数的发展中国家事实上缺乏资本。也就是说，一些最发达的国家资本过剩，而大多数发展中国家却受困于资本短缺。

少数国家凭借知识、创意、发达的服务业和硬通货牢牢占领了制高点，这植根于现代经济，也就是后工业化时代或者说后资本主义经济。总的来说，世界生产方式已经发生了改变，新时代已经到来。从全球来看，以物质生产为主导的经济转变成了以非物质生产为主导的经济。制造业是中国、日本等贸易盈余国的重心，但在美国、英国、法国等国家，研究、设计、创意、品牌等高端服务业已占主导。

因此，资本的平衡问题是新时代的特点，是大势所趋、无可抵挡，从某种意义上说，也无须改变，因为这是劳动分工的结果。唯一的问题是美国等最发达国家消费过度，甚至到了严重浪费的程度。因此我们现在不得不共同面临着金融危机、能源危机、气候变化、环境恶化等严重挑战。

二、中国的特殊地位

在过去的5年中，中国一直扮演着最大的净储蓄供应国这一角色，同时也是世界上国内生产总值第二大的经济体（以目前的汇率计算）。如果按购买力平价换算，中国国内生产总值将翻倍。中国贸易总量占全球的10%。2010年中国对外直接投资总量已经达到了565亿美元，在全球排名第五，在发展中国家中排名第一，对外投资存量排在全球第十五位。尽管中国在投资和贸易中扮演着重要角色，但中国仍然是一个发展中国家。

在货币经济领域，中国也是重要的参与者。我在前面提到过，中国是最大的净储蓄供应国或者资本输出国，在过去5年里中国向国际市场输出的资本总量达到了2万亿美元。中国国际投资头寸现在已经达到了4万亿美元，尽管还不到美国的一半，但增长迅速。

这一现象在历史上是罕见的。曾经的资本输出国通常是当时最发达的国家，例如19世纪的英国、20世纪的美国。但从1985年起状况发生了改变，美国成为了最大的债务国，而日本、德国和“亚洲四小龙”成了主要的资本输出者。

中国很特殊，人均国内生产总值仅有4 000美元，按购买力平价计算人均8 000美元，但中国却是最大的资本输出国，这是个非常奇怪的现象。中国经济、储蓄和投资无论从规模还是总量上看都很大。中国在一些领域的技术也发展很快。

谈到储蓄和投资，在未来的5年中，中国经常项目的盈余很可能会降低，或许会降至每年2 000亿—3 000亿美元，总量降至1万亿美元或1.5万美元。即便这样，中国很可能仍然是世界上最大的资本输出国。

这是非常大的挑战，也给了中国很大的压力。因为我们现在竭尽全力思考如何投资，这么多的钱怎么投资。人们常说，钱越多，你越睡不好觉。在市场不稳定、投资渠道很有限的条件下，风险就更大了。对全世界来说，如此巨大的资本输出既是机遇也是挑战。

三、国际金融体系改革的基本目标

国际金融体系改革的基本目标是为实体经济而不是货币经济提供更多服务，是要尽可能地减少虚拟的金融交易。

也就是说，应鼓励低杠杆率、简单透明的产品和贴近客户的活动，而不是结构复杂、自我循环的金融业务。这也意味着促进自由贸易和对外直接投资。

美国不久前提出的解决经常项目不平衡的方案，就是通过为主要经济体设定一个固定的数值，一律不超过4%，限制经常项目的不平衡，我并不赞成这种做法。因为事实上，将国家划分为赤字国或者盈余国没有多少实质意义，各个经济体的结构不同，在全球化时代，这样的多样性可以起到互补的作用。

中国过去12个月的经常项目盈余大约有3 000亿美元，占其国内生产总值的4.9%。如果用购买力平价计算，这个数字就会是2.5%左右，远低于4%。而这一比例在德国、挪威、瑞士、马来西亚和新加坡分别占到了5.2%、14.3%、11%、14.7%和18.4%。真的需要硬性去改变吗？美国、英国现在是负的3.3%，比过去也要小很多。如果给出口设限的话，就不利于全球经济合理分工。

中国在海外投资方面潜力巨大，因为中国的国际投资头寸已超过4万亿美元，其中有70%，相当于2.7万亿美元是中央银行储备。对外直接投资仅占6%或7%，净资产约为2 500亿美元。因此，中国还有很大的空间增加对外直接投资。

中国企业也非常愿意去其他国家投资。

但令人不解的是，中国企业对外直接投资总是面临着各种有形和无形的束缚。中国公司去美国和欧洲国家进行投资非常困难，而在发展中国家的投资又被指控为新殖民主义，这非常奇怪。中国现在资金充裕，因此必须进行组合投资，中国会继续购买政府债券或者外国国债，同时我认为中国应该加强对外直接投资，特别是绿地投资。但令人惊讶的是，中国企业对外直接投资困难重重，但却常常被鼓励参与高风险、高杠杆率的金融活动。这就是现实。

各国在对外直接投资方面都可以开展合作，尤其是发达国家，因为它们有技术、资本和成熟的金融服务业，可以做得更多。昨天，我看到报道说，一家法国的银行开始为去非洲投资的中国公司提供融资服务，这是个好现象。

同时世界银行和一些区域性发展银行也开始在南美洲、非洲、亚洲的发展中国家进行投资。中国可以在融资方面发挥更加积极的作用，并提高其在世界银行和其他区域性银行的份额。

四、加强国际金融监督和监管

谈到全球范围的金融改革，加强国际金融监督和监管十分重要，20国集团已经就此达成了多项共识。

可以预计，中国将在国际金融体系的改革中发挥更加重要的作用。

第一，中国支持一切稳定金融系统的努力和措施。中国的银行资本充足率已经足够高了，很可能将以更快的速度执行巴塞尔Ⅲ协议。中国的银行会按照监管机构要求，更严格要求自己。中国所有的大银行都将进行再融资，一级资本充足率将从9%提升至11%以上。核心资本主要由普通股组成，质量比其他国家的银行好很多。

第二，中国将在世界金融市场中扮演更加负责任的角色。在外汇市场和债券市场中，中国已经是一个最主要的交易参与者，而且一直都是一个非常负责任的参与者。近些年来，国际上不少人担心中国会把自身的金融力量用于政治和军事的目的。我认为这绝不可能，中国是个热爱和平的国家，始终将发展放在首要位置，十分关心全球稳定。同时，破坏全球金融市场也会使中国自己损失惨重。

第三，中国愿意在监控短期资本流动方面同其他任何一个国家展开合作。

第四，更经常更充分地交流监管信息。

第五，促进国际货币基金组织建立和完善全球最后贷款人制度。

五、推动人民币国际化

中国未来在世界金融领域的地位和作用，很大程度上取决于如何推动人民币成为国际货币。

（一）人民币国际化具有非常重要的意义

1. 对于国际贸易和投资十分有利。目前已有很多周边国家和地区在贸易中将本币作为支付手段，这显然为双方增加了便利。

2. 如果人民币成为国际货币，也会给汇率改革提供便利。如今，出口商担心汇率升值风险，但如果能在贸易中直接使用人民币，这些问题就缓解了。

3. 增加一种国际货币有利于稳定国际货币体系。美元和欧元是目前使用最多的国际货币，我认为还应该增加一两种，通过多样化使全球货币体系形成稳固的三角形系统或多边形系统。

4. 这也会使各国中央银行外汇储既加安全。工具和产品选择少了，风险就大了，在这方面东亚和中东的需要更加迫切。

（二）中国应该采取哪些措施

1. 允许在贸易支付和结算中使用人民币。其实今年我们已经在近20个省开始在外贸结算中使用人民币。这方面的交易量增长迅猛。

2. 鼓励在对外投资中使用人民币。

3. 在对外援助中使用人民币。

4. 除谨慎控制跨境衍生品交易外，为其他资本败户解除管制。

5. 支持香港的人民币业务发展，这一业务今年成倍增长，所有的香港银行都能开办人民币的

各类商

6. 鼓励合格境外公司和机构来华融资。因为中国是储蓄供应和资本输出大国，这样的融资应当大力倡导。

7. 允许外国中央银行自愿购买和储备人民币。

8. 分担汇率风险。因为人民币目前还不能自由兑换，其价值未来可能发生很大变动。中国应该从20世纪80年代日本的例子中总结教训，当时日元可以在对外援助和贷款中使用，但日元大幅升值后，日元债务的偿还就变得非常困难。我们应当从一开始就考虑到这个因素，在双边合作，特别是政府间合作中，采取相府的风除其相措施，这样就会使推动人民币国际化的过程更加顺利和平稳，这符合我们的根本利益。

（三）国际社会的其他成员能做些什么

1. 国际货币基金组织应该立即将人民币纳入特别提款权货币篮子。这其实并没有法律和政策障碍。

2. 世界银行可以发行人民币债券，因为世界银行可以在中国和其他使用人民币交易的亚洲国家开展业务，也可以为从中国进口的地区发行人民币债券。

3. 美联储、欧洲中央银行、英格兰银行和日本银行可以按协议购买一些人民币作为储备货币。因为中国已经持有大量这些国家的货币，同时这些国家也认为人民币价值被低估了。相互信任和支持很有必要。

4. 主要商品出口国应该接受人民币，尤其是中东的石油出口国。

5. 国际组织应该接受人民币缴费。如有需要，中国可以部分或全部承诺随时兑换成外汇。

6. 继续改革国际货币基金组织和世界银行。此次改革后，中国在国际货币基金组织的份额已经从3.9%升至6.3%，在世界银行的份额超过了4%。但是同中国的经济规模、贸易量相比，尤其是考虑中国在世界经济增长中发挥的作用，这些数字还是明显太低。现在，一些大国不断说中国应该发挥更积极的作用，承担更多责任，但一说到增加中国在国际组织的份额，他们就只字不提了，有些国家甚至还持反对意见。我认为，如果国际社会期望中国承担更多责任的话，就应该给予中国更多的权利，就是说，给中国一个恰当的国际定位。

切实落实转变发展方式要求 进一步提升经营管理水平

——在中国建设银行工作会议上的讲话

张建国

（2011年2月21日）

同志们：

刚才董事长作了重要讲话，我完全赞同。会上，监事长、辛书记等领导还将作重要讲话，对全年各项工作进行部署，希望大家深入学习领会，认真贯彻执行。现在，我向大家报告去年全行的经营管理情况，并就今年所面临的形势及经营工作安排谈几点意见。

一、经营状况良好，竞争实力增强

去年，面对复杂多变的经营环境，全行坚决贯彻落实国家宏观调控政策和监管要求，坚定不移地推进结构调整和战略转型，整体经营又取得良好成绩。

（一）坚持稳健发展，盈利水平好于预期

全行资产总额突破10万亿元，达到10.7万亿元，比年初增加1.1万亿元。

负债总额超过10万亿元，而且全行坚守底线，控制了存款成本，没虚增存款；不违规揽存，没撞“高压线”。一般性存款新增1.08万亿元，余额8.9万亿元，保持四行第二地位。其中个人存款余额首次突破4万亿元，增加4 378亿元。

盈利能力继续增强。全年实现净利润1 327亿元，增幅超过26%。平均资产回报率、平均股东权益回报率分别为1.31%和21.35%。成本收入比37.04%。NIM为2.48%，上升7BPS。

实现净利息收入2 489亿元，比上年增加385.3亿元，而且呈现明显的“量价齐升”特征，扭转了2009年“以量补价”的状况。

（二）信贷投放总量适度投向合理，信贷资产结构继续改善

全行坚持“控制总量、把握节奏、调整结构、确保质量、改善利差”的信贷原则，总量控制有力，投放均衡稳健，4个季度按“3:3:2:2”节奏投放。年末各项贷款余额5.56万亿元，增加8 100亿元。其中人民币贷款增加7 690亿元，增长17%，准确达到了监管要求。

深入落实中央宏观调控要求，扎实推进结构调整。

——传统优势和重点领域贷款得到重视。个人贷款增幅再创近年新高，其中个人住房贷款新增2 445亿元，增量同业第一。基础设施贷款新增2 080亿元，增长15.4%，高于公司类贷款平均增速。新兴领域、国家重点扶持领域贷款投放力度明显加大。小企业贷款增速达到60%，高于公司类贷款平均增速46个百分点；涉农贷款新增2 295亿元，占公司贷款新增的47%；中部、西部地区贷款保持大幅增长。

——产能严重过剩行业贷款余额大幅下降，比年初净减少199亿元。政府融资平台贷款清理整改工作有序推进，客户数和贷款余额由年初的1 801户、6 463亿元下降到1 082户、5 419亿元，65.36%为现金流全覆盖类贷款。房地产贷款仅增加373亿元，在大银行中增加最少，增速远远低于各项贷款平均水平。

（三）大力推进经营转型，收入和客户结构持续改善

——中间业务收入快速增长。全年实现中间业务毛收入679亿元，同比增长34.7%。四行占比28.5%，提高0.51个百分点。收入总量、增量、增速均为四行第二。分行竞争力提升，各地市场排名前两位的分行达到35个，增加4个。

17个重点产品收入超过10亿元，其中9个产品超过30亿元，比上年增加5个。个人结算、财务顾问、单位结算和理财产品四项成为收入60亿元以上的超级重点产品。国内保理收入增加2.3倍，理财产品增加1.5倍，单位结算、贷记卡、电子银行等增速均超过50%。投行业务实现收入139亿元，增长42%；投资托管业务规模增长31%，全年累计实现托管费收入17.16亿元。

——客户结构持续优化。公司及机构基本存款账户新增9.83万户，占新增账户的83.84%。从账户构成看，基本账户数量占比比年初提高1.52个百分点，基本账户存款余额占比提高5.11个百分点。个人客户新增177万个，其中AUM300万元以上高端客户新增12万人。高端客户在全量个人客户中占比提高，价值贡献凸显。

（四）战略性业务长足发展，特点优势不断巩固

全行以转变发展方式为契机，进一步推进经营转型，核心竞争力持续增强。

——“民本通达”品牌获社会各界认同，推广以来累计新增客户5 457户。“八一工程”市场占比达到22.01%，增加了1.51个百分点。共开立援疆账户60个，累计入账资金21.7亿元，居同业领先地位。

——企业年金中的账户管理业务新增签约个人账户73.5万个，受托业务新增签约资产45亿元。创新的“万户工程”产品推进顺利，面向中小企业的集合计划新增签约3 280户，完成全年计划的328%。

——信用卡业务客户数、消费交易额、资产质量等多项指标保持同业领先。

——电子银行业务比年初增加7 160万个新客户，交易额达到127万亿元。电子交易与柜面交易量之比达142%。

——金融市场业务运营稳健。总行直接经营的本外币资产组合余额2.8万亿元，占全行总资产的25.9%；实现收入845亿元，完成计划的104%。

——国际业务成绩突出，一举走出几年低谷。一是境内业务打了翻身仗。外汇全口径存款增量、国际结算增速均为四行第一。二是海外机构申设顺利，经营向好。胡志明市分行、悉尼分行相继开业。有效应对了重大风险事件，迪拜世界贷款已从次级向上迁徙为关注，风险得到控制。

（五）风险管理继续完善，资产质量稳步提高

——贷后管理、抵质押物管理、区域信贷政策管理收到实效；表外业务、海外业务风险管理已开始受到重视；子公司风险管控、集团并表管理制度体系初步建立；新资本协议实施顺利，总体规划提出的50个项目基本完成，大量成果已逐步运用于经营管理实践。

——资产质量持续向好。集团口径不良贷款余额644.4亿元，比年初减少77.16亿元，不良率1.14%，比年初下降0.35个百分点。拨备覆盖率达到221.47%，远超监管要求；贷款拨备率2.52%，达到监管标准。

——共处置不良贷款360亿元，其中核销95亿元。处置非信贷不良资产56亿元，较上年增加22亿元。

（六）基础建设明显加强，服务质量进一步提升

前后台业务分离项目试点取得阶段性成果。深圳、河北两个分行上线后，系统运行平稳，效率大大提高，操作流程更趋合理，合规控制得到强化。

持续推进产品创新机制、流程优化和标准化建设，全行共完成产品创新316项、流程优化项目559个。

不断加强制度建设。过去4年多时间，建章建制908项，涵盖基础建设、业务管理、服务创新等各个方面。

深入开展“服务质量年”活动。世博会、亚运会期间，全行系统运行稳定，金融服务深获好评。上海市浦东分行党委还被中央组织部、中央创先争优活动领导小组授予“上海世博会创先争优先进基层党组织”称号，是获奖单位中仅有的两个金融机构之一。

（七）坚持从严治行，问责整改力度不断加强

建立健全案件防控工作责任制。全行层层签署案件防控工作责任状，全行员工人人签订廉洁合规从业承诺书。总行多个部门牵头组织开展“六大”专项整治活动。

在全行开展“小金库”专项治理活动，共清理问题140个，涉及29家分行、金额2 500多万元。

开展专项风险排查，内外部审计整改工作落实到位。

全行共查处操作案件4起，比上年减少2起，金额504万元，比上年减少3 000多万元。

在过去的一年里，全行员工齐心协力，经受住了来自各方考验，创造了优良业绩，使我行在市场上的品牌形象越来越好，投资人对我们的信心越来越大，在同业当中的竞争力越来越高，全行员工的自信心和自豪感越来越强。在此，我谨代表总行高管层向大家表示衷心的感谢！

二、应对复杂形势，把握新的变化

今年，我们面临的经营环境将更具挑战：宏观形势更趋复杂，货币政策已经调整，监管手段不断创新，同业竞争极为激烈。

1. 在复杂多变的形势面前，保持清醒头脑，把握不同经济周期中的发展机遇

当前，世界经济复苏的基础尚不稳固，尽管向好的趋势明朗，但普遍的高失业率、美国有毒资产和房地产市场问题、欧元区成员国主权债务危机、日本通货紧缩、新兴市场经济体面临的通胀压力加大等都使得经济复苏充满了波折与变数。

我国“十二五”规划开局之年，党中央国务院深入推动科学发展，部署的节能减排任务更加紧迫、目标更加具体，“新国八条”发布，限购、限贷、房产税等措施影响叠加，房地产市场调控力度空前。今年GDP增长计划8%左右，“十二五”目标为7%，但许多地方政府在发展经济上雄心勃勃。各分行都会遇到来自各方的压力，要保持冷静，抑制规模冲动。

2. 执行好稳健的货币政策，适应其对银行经营管理能力更新更高要求

货币政策由适度宽松转向稳健，要求保持合理的社会融资规模和节奏。中央银行综合运用利率、汇率、存款准备金率和公开市场操作等政策工具，迅速收紧流动性，商业银行面临的市场风

险和流动性风险加大。对商业银行实施差别准备金动态管理，核心是将差别化准备金率与贷款增速、资本充足率挂钩，引导货币信贷回归常态，资本凸显成为制约发展的重要因素。这些对我行的信贷管理、资本管理、流动性管理能力提出新的更高要求。

周末，中央银行再次宣布上调存款准备金率；自2月9日起上调存贷款基准利率；一个时期以来人民币对美元汇率中间价不断创下汇改以来的新高。商业银行整体经营管理水平面临新的考验。

3. 研究把握监管新导向，认真落实监管新要求

刘明康主席在今年第一次经济金融形势通报会上作了重要讲话，就当前银行业主要风险和需要关注的问题逐一作了剖析，并提出具体明确的监管要求，代表了监管方向，对银行经营管理影响深远。

——严格执行“三个办法、一个指引”，强化对贷款支付环节的管理，今年按贷款新规放款比重要达到80%以上，这将使我行基本账户偏少的弊端进一步显现，给稳健发展带来新的难度。

——规范中长期贷款管理。明确新发放非基础设施类的固定资产和项目贷款还本期限不得超过15年，自项目建成投产起每年至少两次偿还本金。将部分重组类中长期贷款调整分类为不良贷款。我行中长期贷款中“整借整还”占比32.65%，任务艰巨压力很大，要从存量、增量同时入手，抓好落实。

——加强授信集中度风险管理。不仅计量贷款情况，更将所持有的债券、发放的贷款以及表外担保、贷款承诺统一纳入授信集中度限额管理。按照新的口径要求，单一客户授信集中度已高达20%，超出监管目标值。必须严控新增授信，适度压缩存量。

——规范“影子银行”业务。年内要将全部银信合作业务表外资产转入表内，原则上按照每季至少25%的比例压缩。严禁用理财资金直接购买信贷资产。去年年末，我行此类业务余额为1 831.42亿元，压缩退出的任务很重。

——严格控制融资平台贷款。平台贷款本息到期不得展期、不得借新还旧。从第一季度起，根据现金流覆盖比例分别计算贷款风险权重。如果严格按照监管要求调整贷款分类，我行不良贷款可能增加100亿~200亿元，加权风险资产将增加2 300多亿元。按11.5%的资本充足率监管目标值计算，需要增加监管资本占用266亿元，对资本形成很大压力。不仅如此，5 000多亿元平台贷款余额涉及1 000多个对象，而且有的是多个银行贷款，要谨防一笔贷款不能偿还就会引发的“多米诺骨牌”效应。

——审慎制定跨业发展战略，强化并表管理。附属机构的资本回报率和资产回报率在宽限期（5~7年）后应高于或至少达到商业银行的良好经营水平，并高于其所在行业良好经营的平均水平，否则要主动退出。我行投资控股的附属机构，多数达不到这个水平，需要高度关注。

总行将近期监管新要求梳理为27项，已印发各分行、各部门。全行一定要研究透，落实好。

4. 在激烈的同业竞争面前，要查不足、找差距

当前，各家银行都在积极推进全面发展、结构调整和经营转型，发展进步超过预期。稍有松懈，我行在资产规模、贷款质量、存款总量、利差和中间业务上的既有地位将得不到保证。

——存贷款地位受到冲击。2010年我行贷款新增和新增占比均居同业第二，但仅分别比农业银行多出100多亿元和0.3个百分点。一般性存款领先农业银行优势由2009年的3 514亿元缩小至上年的564亿元。截至今年2月18日，我行人民币存款新增900亿元，低于贷款新增额，12家分行存款总额减少。存款结构问题突出，1月中旬以来储蓄存款与企业存款增减形势逆转，储蓄存款增加2 500多亿元，企业存款大幅下滑1 600多亿元，31家分行负增长。形势不容乐观，亟待扭转。

——中间业务竞争激烈。去年我行中间业务收入总量领先农业银行、中国银行各200多亿元；增速达34.7%，领先工商银行2.9个百分点。但要看到，农业银行上市后增长势头强劲，收入增速四行第一，收入总量反超中国银行，尽管我行增速高于工商银行，但总量增量仍稍逊。竞争格局正在悄然发生变化。

——理财产品缺乏品牌吸引力。在四大银行占比36.83%，而工商银行占比50.19%，差距较

大。基层同志经常反映理财产品太少，产品品种、金额、期数、收益不能满足优质客户需要。这主要是由于对理财产品认识不同，多头研发、创新能力不足造成的。必须下大力气研究解决。

——今年以来贷款投向和节奏异常。中央银行要求我行1月份新增贷款880亿元，2月份新增480亿元。到1月中旬贷款增量就超过千亿元，春节后第一天贷款就增加了500多亿元。在资源紧张的情况下，增量投向却主要集中在房地产开发、钢铁等调控领域。

——合规水平依然亟待提高。内外审计检查暴露出来的问题依然严重。从审计署2010年对我行审计检查的征询意见书看到，尽管我们整体不合规情况好于其他几家接受审计检查的大银行，但是违规金额依然巨大，超过50亿元，而且问题集中在两个领域：一个是房地产开发贷款；一个是政策风险，执行政策不合规。去年外汇管理局在合规检查中对10个分行进行了处罚，透过检查发现出来的问题，有些让我们触目惊心。要从中总结教训，及时整改。

三、明确目标任务，促进科学发展

（一）切实转变经营理念，以信贷投放带动整体业务和重点产品的发展

1. 深入领会宏观政策和监管要求，提高认识转变观念

中央强调加快转变发展方式，切实推进结构调整。我国的能耗资源、环境状况不支持经济超高速增长，银行也不可能像前几年那样超常规跨越式发展。实施稳健的货币政策，贷款投放会少于去年，而信贷类理财产品由表外转入表内又要占用有限的信贷资源，信贷供需矛盾格外尖锐。今年年初以来，人民银行连续两次上调存款准备金率后，几大银行流动性短期紧缺，被迫向人民银行借再贷款。为降低贷存比率，商业银行会下更大力气抓存款，有的甚至不惜高息揽存。

过去几年，我行经营管理竞争实力连年跃上新水平，其中一条成功经验就是“三长”和各位高管成员经常沟通，认识一致，共同推动全行发展。在新的形势下，全行各级管理人员要进一步统一思想，提高认识，转变以往过于依靠贷款、一味满足地方政府快速发展需要的思维习惯。越是在信贷资金紧张的情况下，就越是调整信贷结构、提高定价能力、带动各项业务全面发展的好时机，也就越应该把稀缺资源用好。

2. 严格执行信贷计划，合理配置资源，明确支持和管理的重点

今年我行人民币贷款新增也要随银行业整体回归常态，增量和增速都低于去年，增量暂定7 500亿元，增速13.8%。其中，公司类4 000亿元、个人及信用卡3 000亿元左右。中央银行明确了商业银行年度、各季度甚至各月的贷款新增规模。我行这样的安排是与中央银行差别准备金率动态管理要求以及窗口指导相吻合的，同时也可保证一定的增长。

坚持信贷原则。信贷经营坚持行之有效的“控制总量、把握节奏、调整结构、确保质量、改善利差”的原则。发挥贷款投放对存款、中间业务及各项业务的带动作用，配置资源时主要考虑因素：一是依据贷存比率；二是改善利差，提高收益；三是确保优势，保持对优势区域的支持力度；四是支持国家重大战略规划，保障我行重点战略业务的需要。

明确投放重点。维护个人按揭和公积金贷款业务在市场上的地位；公司业务要巩固既有优势，支持在建、续建重点项目建设，支持西部大开发战略、小企业（包括网络信贷）发展、三农需要、保障房建设等民生领域，支持优势分行优势业务巩固市场地位，也要支持抗灾救灾和灾后重建。

严控信贷风险。切实落实信贷结构调整和风险管理要求，形成更加清晰、便于操作的“进、保、控、压、退”管理措施；坚决严控“两高一资”和“6+3”等产能严重过剩行业投入，坚持行之有效的限额管理、名单制管理等做法；不断完善抵质押物管理和贷后管理，努力处置好不良资产；个人按揭贷款要严格执行好国务院和各地陆续出台的政策及监管要求。

提高贷款议价能力。总行明确贷款利率不得低于基准利率，将制定分产品大类、重点产品和企业类型的贷款利率浮动比例指导性目标。严格控制甚至杜绝新增中长期固定利率贷款，争取把原来的固定利率贷款重新定价。

（二）重视存款业务，切实维护市场地位

1. 存款是商业银行经营之本，是服务客户、稳健发展、提升竞争实力的基础

今年要扭转被动局面，实现全口径存款和一般性存款四行市场占比不降低。全年人民币全口径存款计划新增1.2万亿元，增速12.6%。

2. 采取有效措施，努力实现预期目标

——抓住春节后资金流活跃充裕的市场时机，切实抓好稳存增存工作，防止存款“一季度落后、全年被动”的情况出现。

——加强贷存联动，促进存款业务稳定增长。20%存款准备金率、2.15%的日均备付率，再加上现金库存，贷存比达到77%的分行理论上就得拆借资金。对一些贷存比过高的分行，不能一味鼓励。资源配置逐步从增量贷存比细化到存量贷存比。

——完善定价机制以适应市场变化。实施主动负债管理策略，适度提高一般性存款，尤其是中长期存款的内部转移价格，扩大同业存款综合付息率管理的范围。依然严格控制长期限、大金额、高成本定期存款及协议存款的增长。

3. 通过切实抓好客户、服务、产品、渠道等基础能力建设，保证存款持续稳定增长

——继续强化无贷户管理。去年辽宁省分行通过“工商验资通”，开辟了从源头掌握客户信息、批量发展客户的新途径，而且已将这种做法从沈阳市向各地市推广。这种好的做法值得各分行学习借鉴。

——以加强公私联动、加大存款与理财业务联动为抓手，高度重视代发工资业务的发展，加强产品创新和优化升级，增加市场吸引力，实现客户资金行内循环。

——加强考核。存款考核指标调整为包括同业存款在内全口径日均存款。四大行协商一致，并向中央银行和银监会建议使用日均口径。

——合理布局，完善网络，提高存款营销功能。加大负债类客户经理配置力度；提高电子银行存款产品销售占比；根据业务发展需要，细化自助设备配置，适应市场需求和客户流量，加强投放管理。

4. 严格遵守制度流程，严肃执行监管要求，坚决杜绝违规揽存

（三）保持特点发挥优势鼓励创新，延续中间业务良好发展态势

1. 合理确定增长目标

全行中间业务目标增速15%，确保总量同业第二，巩固现有市场份额，巩固并壮大同业排名第一和第二的分行队伍。

2. 加强产品创新，抓好重点产品，提升客户覆盖率和收益贡献

——做大做好重点产品，特别要把有限的信贷资金用好，带动中间业务整体发展。着力推动国内保理、现金管理、造价咨询等新兴产品全行均衡发展，重点提高部分落后分行的市场份额。中票、短期融资券、超级短期融资券今年的机会依然不少。据了解，国资委与中央银行同意13家央企集团只要有需求就可以发行超级短期融资券。搞好这些产品，对于减少大客户的流动资金贷款，用于支持其他客户，尤其是小企业，改善优化产品结构、带动整体业务发展是非常有利的。

——研究市场，抓住商机。许多地方涌现了新经济新技术现象，应抓住这些平台，深入拓展服务。如大连市分行根据煤炭物流企业的商业模式特点，创新推出“四方贴现”产品，深受产业链上下游企业的欢迎，获得了可观的中间业务收入和综合收益，并在“泰德煤网”12家合作银行中占据了绝对主导地位。再如，全国有九大网络运营商，我行已经和其中六个签订了战略合作协议，在银行业一直处在前列地位。各分行要在当地努力捕捉机遇，紧贴客户需求大胆创新，形成自己的优势产品，塑造品牌。

——加大产品交叉销售考核力度，创造条件共享客户信息，提高产品覆盖度和综合回报水平。

3. 完善理财业务经营管理体制，促进业务健康发展

——正确认识理财业务对全行经营的重要作用。

——理顺管理机制。总行现已明确投行部为理财业务牵头部门，统一调度全行信贷、股权、债券、票据等各类理财产品基础资产，统一协调理财产品发行、销售及后续管理工作。相关部门和分行要协调配合好。

——在全行系统内统一资产池管理。抓紧对资产池理财产品进行整合，为低端客户和高端客户提供适销对路的差异化产品。适当考虑将票据资产、好的债券放入资产池。也要研究在不同的区域市场投放不同的产品。

（四）打牢基础，加强全面风险管理

1. 落实国务院领导的重要指示，把风险防范放在突出位置，尤其要警惕系统性风险和区域性风险

资产质量管理工作重心从抓不良“双降”转向抓基础管理。继续推进贷后管理和抵质押物管理。优化授信业务全流程风险管控机制，将所有承担信用风险敞口的业务统一纳入授信管理体系。

明确金融市场业务风险管理要求，完善债券投资信用风险管理机制，加强衍生产品交易对手风险管理。

2. 扎实开展“表外业务管理年”和“海外业务风险管理年”活动

全面风险管理的内涵要求对表内表外、本币外币、境内海外、信贷非信贷各项业务都要加强管理，但表外和海外管理一直是我行的薄弱环节。表外业务是商业银行的重要业务，不可或缺。我行表外业务总量巨大，发展很快，不良和垫款较低，风险可控。但也存在管理粗放、个别品种发展盲目、潜在风险积聚、占用资本很高、回报过低等问题，必须加强管理。总行已经成立“表外业务管理年”活动领导小组，我和朱行长、庞行长一起来全力推动这件事情，资债部作为工作小组牵头部门，相关部门和分行要紧密配合。

海外机构的整体风险管理水平与境内和当地同业相比还有待加强，暴露出一些跨区域不良贷款，风险不可小视。总行已把海外机构纳入全行统一的风险管理体系，要完善海外风险管理组织架构，提高对海外机构的非现场监控能力。严格限定经营区域，组织海外机构对表内外风险进行全面排查，强化贷后管理，打牢稳步推进海外发展战略的基础。

3. 抓好重点项目

总行决定并已启动两个重点项目：一是编制未来五年业务发展规划；二是重新建设全行核心业务系统。这两项工程将为未来五年甚至更长远发展打下更坚实基础，事关全行大局。两个重大工程起步不错，希望大家高度重视、积极参与。

（五）提高案件防控能力，保障全行安全运营

1. 明确领导责任，建立真正的案件防控长效机制

年度签署的责任状条款要明确，发生重大案件分行领导个人绩效和考核要受到影响。严格执行报告制度，案件信息必须在案发后的 24 小时内报送到总行。发生重大案件的一级分行，行领导要亲自到总行汇报查处情况。

2. 应对好自然灾害

过去几年，许多地方灾害频发，今年冬天我国气候呈南冻北旱的特点，我行经营、员工生活和客户利益受到一定影响。要关心员工工作生活，做好抗灾救灾及相关金融服务。作为国有控股大型金融企业应该有这样的社会责任感，也会为全行整体发展创造更加好的环境。

3. 确保“两会”期间各项工作平稳运行

3 月上旬要召开“两会”，总行将根据国务院部署，对维护稳定、安全运营、优质服务提出工作要求，各行要认真贯彻执行。

（六）以大局为重，做好前后衔接

最近，一批同志走上新的领导岗位交流任职，还有部分人员将陆续到岗。特别强调几点要求。

1. 新官要理好旧账

要本着对建设银行事业、对建设银行历史负责任的精神，正确看待不尽如人意之处，合理解决遗留问题。去年西藏分行认真负责地彻底化解了遗留 10 年的历史问题，这个态度非常好，结果也非常好，值得学习。

2. 防范突发事件

今年 1 月广东省分行和总行发生了两起事故，应对及时，措施得力，没有引起太大损失。但是痛定思痛，这两起事故看似偶然，隐存着必然，暴露了有些同志思想不稳、分支机构经营不稳、队伍不稳的隐患。全行要认真剖析，汲取教训，弥补漏洞，认真整改，确保系统运行稳定和全行整体运营的安全。

3. 抢抓春季有利的市场时机

这次年度工作会议开的确实比较晚，但是许多部门、许多分行抓住了春节前后极为有利的市场时机，不等不靠，抓紧部署，工作开展得有声有色。新的领导到了新的岗位，对原有的工作部署可以做一些完善优化，但要保持良好的局面。要抢前抓早，为全行全年整体发展打下关键的基础。

同志们，2011 年是“十二五”开局之年，也是我行五年规划实施的第一年。全行已经站在了

新的起点，面临新的机遇和挑战，大家一定要以高度负责的精神，把握良机，全力以赴，抓实经营管理，抓好风险防控，确保圆满完成全年各项目标，交出一张令各方都满意的答卷！

在2011年海外工作座谈会上的讲话

张建国

（2011年2月25日）

同志们：

今年的海外工作座谈会开了两天，郭树清董事长到会并作了重要讲话，胡哲一副行长全程参与。在全行工作会议期间套开海外工作座谈会，充分表明总行对海外发展整体工作高度重视。经过十多年发展，我行海外业务有自己的优势，但与同业相比仍存在一定差距。未来应如何进一步提高海外机构的经营管理水平，才能和全行整体发展保持同步，缩小与其他商业银行海外业务的差距，是摆在全行面前的重要课题。下面，我讲几点意见。

一、当前国际环境复杂多变，市场跌宕起伏，海外业务发展挑战与机遇并存

近期，全球局势动荡不定。韩国多家银行由于遭到挤兑而歇业，有的甚至已经倒闭或被接管；中东地区的颜色革命先从苏丹、突尼斯开始，逐渐蔓延至多个国家。这些都会对我行海外业务发展产生重大影响，需要从全球角度统一考虑。受国际局势影响，全球经济金融形势更为多变。当前我国经济运行面临着通货膨胀的巨大压力，同时，世界经济正在逐步走出危机影响，整体复苏前景明朗，但仍存在区域发展不平衡、结构性失调和金融市场动荡等问题，这些都将对我行的海外经营构成挑战。

目前我行加拿大营业机构已获得银监会批准，今年将全力推进境外申设工作；台北代表处将于近期获得台湾金管会批准，莫斯科代表处各项开业筹备工作正在积极推进中，预计可在上半年内正式开业，两家代表处升格为经营性机构的相关工作也应立即启动。此外，我行在南美并购和设立机构的课题又重新提出；2008年银监会批准我行在迪拜设立营业机构，考虑到迪拜经济正在逐步复苏，总行已决定今年正式启动境外申设工作。未来海外如何布局、战略怎样推进，现有海外机构怎样才能抓住机会、规避风险、提高经营水平，充分打造特点、优势和品牌，是这次会议应该重点解决的问题。例如，目前建设银行亚洲在澳门有十几个网点，但澳门和香港是完全独立的两个经济体，监管机构也完全独立，我行在该地区应有更为清晰明确的市场定位和发展策略。

二、海外发展任重道远，全行应完善战略、坚定信心、稳步发展

首先，中国的外向型经济要求我行必须坚持海外发展方向。邓小平同志曾说过，金融是现代经济的核心。当中国的经济结构发生巨大变化时，作为银行，应及时跟进并发挥重要作用。2010年，建设银行税后净利润1 326亿元人民币，较上年增长26%；建设银行集团净利润超过1 350亿，同比增长26%。全行上下积极开展结构调整和经营转型，努力提高产品和服务质量，为效益水平的提升作出了巨大贡献。尽管目前海外对全行的利润贡献并不大，但随着我国外向型经济日益深化，我们的客户和战略合作伙伴都在不断走向国际市场，参与国际竞争，我行如果不能提供配套服务，不仅影响海外机构自身发展，还会影响到建设银行整体和境内分行未来的发展。

其次，我们要着眼长远、谋划未来，为建设银行未来的发展打下更为坚实的基础。近年来，

我行不断加大固定资产投资和网络建设力度，网点的自有率从2006年初的28%提高至去年年初的53%，在港机构也有了自己的大楼，使建设银行的资产极大地获得了保值增值。我们现在若不考虑建设银行的百年大计，不考虑长远，就会贻害建设银行的未来。目前我行的海外发展已经落后，这种局面若不尽快改变，势必影响建设银行的整体和未来。

最后，未来我行海外业务必须合理布局，打好基础，保持稳健发展。中国改革开放32年来，整体经济、金融，包括银行自身都在高速成长，去年底，我国的GDP总量已跃居全球第二位。而目前很多海外市场都比较成熟，加上全球经济金融危机的影响，利差收窄，银行发展空间严重受限，各项业务经营，尤其是资产业务经营难度加大，获利能力必然受到影响。但20年后，中国经济的增长速度未必会高于现有海外机构所在的经济体。因此，从持续、长远和未来发展的角度看，目前我们在海外必须布好局、打好基础。经过多年发展，我行海外业务在客户、人员、经营、管理、制度以及IT系统等方面都有了一定基础，我们要坚定信心，扎实推进海外发展战略。刚才胡行长将海外发展战略概括为“服务、跟随、稳健”六字战略，我完全赞同。2006年我行制定的海外发展战略有两个核心目标：一个是做强亚洲，巩固欧非，突破美澳；另一个是立足自身发展，适时并购其他，不断做大做强。随着去年11月30日悉尼分行正式对外营业，上述目标已经实现。未来我行海外发展战略的内涵应更加广泛丰富，目标应更加切实有效，真正做到抓住机遇、稳健发展。

三、吸取过往教训，发挥既有优势，切实提高我行海外整体管理水平

我行纽约分行虽然开业不到两年时间，但日均办理全行美元清算近三千笔，确立了自己的经营特色，真正体现了内外联动；新加坡分行一直以来经营不错；东京、法兰克福分行现已日趋稳定；首尔分行尽管在2007年发生过较大亏损，但这两年盈利情况不错；约堡分行开业初期曾出现过问题，但这些年来经营状况良好。可以说，各家海外机构所处环境不同，各有特点、优势和经验，但也都出现过问题，走过艰难曲折的道路。对于经验我们要及时总结推广，对于存在问题也一定要深刻反思，认真吸取教训，尽快扭转不利局面，保持良性、健康发展。总的来看，海外发生的问题既有总行指导思想层面的原因，也有海外机构自身因素；有总分行管理基础、管理能力的问题，也有其他问题。未来海外业务地位和作用更加重要，我们必须打好基础，统筹安排。各海外机构也要审时度势，认清环境，确保稳健经营，切忌一哄而上。

四、心系全行大局，构建海外品牌

第一，要切实维护建设银行形象和总行威信。在座各位身为建设银行员工和海外机构负责人，一定要对建设银行有信心，对总行、所在机构和海外当地的同事负责，要让海外员工心系建设银行，为建设银行的整体品牌形象付出自己的聪明才智和辛勤努力。

第二，“工欲善其事，必先利其器”，要一步加强海外基础建设。近年我行每年都要搞一项活动，旨在消除业务发展和风险管理中的薄弱环节。去年是贷后管理年，今年是表外业务和海外业务风险管理年，明年是金融市场业务管理年。海外机构要通过风险管理年活动，切实建立并完善各项制度、流程、IT基础和风险管理整体构架。

第三，总行要切实承担起海外业务管理责任。海外能否发展好，不仅在于海外机构自身，也在于总行各个部门。这里我再次强调国际业务部的牵头地位，总行相关部门也要全力配合，明确职责。对于各家机构在“一行一策”讨论中提出的课题，总的原则是，基本的海外管理问题由总行和各机构一起解决，个性问题单一解决。

第四，加大力度，多渠道拓展外汇资金来源。在2008年金融危机期间，总行就提醒过各机构要吸取10年前亚洲金融危机来临时进口信用证垫款、离岸业务风险等教训，但今天这些问题依然存在。通过代理行办理海外代付业务是我行在外汇资金紧张时期的临时性安排，这两年资金营运情况有所好转，不应再把海外代付的机会交给其他代理行，因为代理行在保护进口商和受托行自

身利益时不会考虑我行。这些策略措施要随着全行包括海外分行整体营运情况的变化、市场及宏观形势的变化及时调整、不断完善。同时，我行还可积极利用其他资金渠道，如有重大客户走向海外时考虑借用国家外汇储备等。随着我行海外发展战略的不断推进，全行外汇资金的营运任务也越来越艰巨，希望大家认真考虑。

谢谢各位!

在2011年全行审计工作会议上的讲话

张建国

（2011年3月31日）

同志们：

一年一度的内部审计工作会议非常必要，本次会议主要内容是：贯彻落实2011年全行工作会议精神，全面回顾总结2010年内部审计工作情况，分析研判当前面临的内外部形势，特别是我行内部经营管理、风险内控整体情况，研究新形势下审计工作的新思路、新举措，部署安排今年审计工作的各项任务，推动全行改革发展上新台阶，推动全行经营管理取得新成就。

在此，我讲几点意见，供大家参考。

一、全行经营取得了良好业绩，内部审计作出了积极贡献

近日，我行2010年经营业绩已在京港两地披露，两地的媒体、投资人、分析师都作出了积极评价。透过股价可以看出我行在竞争实力、品牌形象和经营业绩等方面的优势。从去年到今年年初，全行共同努力取得的成绩可以从六个方面概括。

第一是坚持稳健发展，盈利水平好于预期。去年底，全行资产规模达到10.81万亿元。今年3月底，全行资产规模突破了11万亿元大关。在效益上，净利润1 350亿元，增长幅度26.4%；五年净利润复合增长率接近20%，其中战略性业务——中间业务收入复合增长率超过了50%。

第二是很好地把握了信贷投放节奏，投向合理，总量适度。去年，我行严格执行监管机构提出的商业银行贷款增量总量控制要求，全年新增加贷款7 690多亿元，增长幅度17%，准确达到监管标准。

第三是收入结构、客户结构、信贷资产结构继续向好。全行的客户总量在增加，高端客户、优质客户在增加，基本账户、财富中心的高端客户、存款账户明显增加，信贷客户，A级及A级以上的客户占比在稳步提高，整体收入结构也不断改善。

第四是大力推进经营转型。转型已经深入全行，理念深入人心，大家主动地、积极地推动结构调整，努力实施经营转型，资产结构、负债结构等各项结构不断向好。

第五是战略性业务长足发展，特点优势不断巩固。从2009年起我们主动进行自我调控，提出要控制总量，把握节奏，调整结构，确保质量，改善利差，同时提出把计划增量向民生等重点领域、重点企业倾斜。目前，社保事业、环境保护、医疗卫生、军队武警、文化产业领域等业务发展顺利。“民本通达”做出了品牌，客户数量、业务规模都稳步增加。企业年金业务2010年也有了长足的进步。国际业务去年也一举走出了低谷。

第六是坚持从严治行，内控水平显著增强。近几年，经过全行同志的共同努力，外部审计师检查发现的内控方面的问题数量急剧减少，反映出全行顺应宏观形势变化、执行中央和国务院要求、落实中央银行及银监会等监管机构方针政策的水平和意识都在不断提高。

这些成绩的取得，归功于全行同志上下一心的共同努力，其中也包含了我们2 000多名审计

人员兢兢业业的辛勤付出。在此，我代表总行经营班子和全行同志，对审计条线的辛勤努力和付出表示衷心的感谢！同时，也请大家转达我们全行同志、特别是经营班子对两位老领导——渡扬监事长、永顺首席审计官的深深感谢，感谢他们为全行审计工作、为建设银行经营管理及各项工作所作出的历史性贡献！

一是推进合规文化建设。内部审计 2 000 多名同志都是培训师、都是宣传员。在日常工作中，不断地宣讲、提示，提出要求，对促进全行坚持合规经营起到了非常重要的作用。内部审计对各专业、各分支机构、各项产品开展不定期、分时段的适时检查，及时发现问题，提示全行。多年来，审计部门一直坚持对操作风险、信贷风险持续加强检查并跟踪关注整改，对全行各分支机构的制度建设、基础建设，提出意见和建议，促进了全行管理水平、合规经营理念以及政策执行能力的提升。

二是很好地发挥了监督作用。当前，我国经济、金融体系，包括我们银行自身，都处在急剧转型之中，不可避免地在基础建设、各项经营、员工素质上存在不尽如人意之处。透过审计检查，及时揭示了违规、违纪、违法的问题，发现了管理上缺憾、漏洞，近三年，审计的重点项目数量虽有所减少，但审计的深度、审计的重点内容、审计的质量都在提升，审计发挥的作用也越来越大。同时，透过审计检查，形成了很好的问题整改机制，对于审计检查出的问题，能够及时提示，立即纠正。

三是促进了内控管理。对于每份审计检查报告，高管层都非常重视，我们注意到，其中不仅描述了问题现象，更是分析了问题形成的原因，并主动找出规律，对改善经营、完善制度、提升执行能力提出了要求，不断地促使全行内部控制管理水平有效提升。

四是坚持加强自身建设。审计系统结合工作实际，立足基础管理，充分发挥垂直管理模式的优势，持续完善审计机构人员和财务管理，稳步推进审计专业化建设，自主创新流程规范和技术方法，将制度、技术、方法作为开展工作的基石，高度重视相关研究、完善和更新工作，持续发挥非现场审计、内部控制审计、任期经济责任审计等特色优势。总之，审计整个条线队伍的素质，越来越好，审计能力越来越高。审计检查的重点越来越合理，越来越科学。

二、积极应对复杂形势，提升全行竞争能力

2011 年全行面临复杂多变的形势，发达经济体增长乏力，高失业率以及在次贷危机中暴露出来的有毒资产，至今还没有彻底解决。一些国家主权债务危机隐患仍未消除，主要发达经济体进一步推行宽松货币政策，全球流动性大量增加；国际大宗商品价格和主要货币汇率加剧波动，新兴市场资产泡沫和通胀压力加大；贸易保护主义继续升温。一些事件也会对未来商业银行的整体经营产生一定影响。如日本的地震海啸；中东、阿拉伯、北非地区的持续动荡，很多中资企业都被迫放弃资产。上述情况可能会对我们 2011 年的经营带来新的困难，因为我们的客户越来越深度地参与国际交流和国际竞争，客户情况的恶化，会对我们商业银行的经营，特别是产品的经营、信贷资产的安全构成较大威胁。

国内来看，我国虽然继续保持经济平稳较快增长，但面临的矛盾也不少，复杂的成分也越来越多。国家经济运行中一些长期问题和短期问题相互交织，体制性矛盾和结构性问题叠加在一起，难度空前增大。中央希望全国在“十二五”期间的经济增长为 7%，但有些地方政府，希望在此期间实现经济总量翻番，这其中，蕴涵着风险或泡沫。对此，我们必须保持冷静，决不能跟风。

在财政金融领域，货币政策发生变化以后，中央银行不间断地推出对商业银行窗口指导这些新的理念、模型、工具，这些技术手段和行政命令，共同发挥作用，对商业银行经营产生重大影响。与此同时，国家对银行的结构调整和风险管理能力提出了更高的要求和期望。银行产品同质化现象更加突出，竞争加剧，对优质客户的争夺更加激烈，少数金融机构逾越底线吸收存款。这些都对银行经营产生了较大的影响。

2011 年以来，监管部门对大型商业银行监管的政策和标准变化较大，监管手段不断创新，监管的广度和深度大大提升。2 月，银监会专门召开了大型银行监管会议，提出要实施腕骨监管措施，监管指标涉及七大类十三项，内容非常具体，要求特别严格，要执行好这七大类十三项具体监

管要求，还有大量工作要做。总体来看，与以往相比，监管机构的措施更为密集，要求更加具体，管理更为审慎，问责更趋严格。

全行经营在取得优异成绩的同时，也还存在的许多缺点、不足、差距和管理上的隐患，面临诸多困难和挑战。

——存款方面。自从执行了银监会“三个办法，一个指引”以后，我行客户基础薄弱的问题逐渐暴露出来，与同业比，竞争实力明显下降。与自身比，与前年大前年相比，我行存款增量急剧收缩，今年我们定出要保持在同业当中的竞争地位不下降，保持与同业相当的平均增长水平的目标，任务艰巨。因此，在新的一年，审计条线要配合全行所有部门把这项重点工作搞好，通过增加存款，来不断地增加我们的合作伙伴，增加我们的基本客户。

——贷款方面。一是内保外贷，在审贷流程、决策机制上存在着缺陷，部分内保外贷客户为房地产开发商。二是少数小企业贷款未能严格把关，未能严格执行行业管理，投向不符合国家和监管机构的大政方针的产业。三是贷款定价不够合理，许多分行没有真正执行总行的要求部署，在全部贷款中，利率下浮的占比超过百分之五十。

——风险管理方面，总体控制情况良好，但案件数量有所抬头，操作风险和案件防控形势依然严峻，表外业务管理也还有待加强。值得注意的是，近几个月，有的分行风险防控压力明显增强。此外，国际形势的变化，对我们的海外业务，尤其是跨境业务提出了新的考验，海外机构的风险控制也需要加强。

以上这些问题提醒我们，我行在基础建设、风险管理、合规经营等方面，任务艰巨，任重道远。审计条线作为全行风险管理的第三道防线，发挥的职责作用不可替代。审计要及时地了解，更好地把握，要能够看到全行的风险所在，重点所在，把审计的重点向这方面转移。

三、内部审计职责重大，要为全行改革发展作出新的更大贡献

审计条线责任重大，作为风险管理的第三个关口，也是最后一道关口，能否守得住、把得牢，能否及时发现问题，发现了问题能否迅速纠正，对于具有普遍性的问题在发现了以后，能不能彻底整改，意义重大。这不仅关乎全行的管理水平、企业形象，而且关乎个别员工的身家性命。

第一，要做好配合监管机构和国家审计机关审计工作。

对外部监管检查和审计工作，我们必须高度重视、态度端正，认真配合、及时沟通，发现情况、立即整改，举一反三、全面改进。每次外部检查和审计，都发现和提出了我们经营管理中存在的很多问题和不足，对我们提高经营管理水平确实有很大的促进作用。接受监管部门的审计、检查，是我们必须履行的责任和义务。因此，我们不仅要欢迎，而且要虚心接受。审计部门在代表行里接待时，一定要配合好，要和监管机构和审计机构搞好协作，及时做好沟通交流，这是非常重要的。

第二，帮助全行做好重点工作。

一要关注基础建设工作。这是建设银行的重中之重，基础是否牢固将直接影响业务发展的速度和质量。虽然我们近几年一直在强调，与以前相比，也确实有了很大的进步，但是我们还应该看到，基础建设在某些方面仍不是十分牢固。一些业务的管理机制和制度尚不健全，一些规章制度也还互相矛盾，需要不断完善，制度基础建设还需要进一步的加强。在制度建设的同时，我行的内设机构，组织形式，IT 建设等也还需要不断完善。这些都需要审计部门积极关注，加强研究分析，从总体上促进全行基础管理水平的提升。

二要促进加强内部控制建设。内部控制建设也是一项非常基础的建设工作，值得特别关注。去年，财政部、银监会、审计署、证监会、保监会五部委发出了联合通知，制定了企业内部控制基本规范，今年，要全力推进这项工作。前不久，总行内部做了几次安排部署，近期将会把各个分行、总行各部门具体负责的各项内容，以及时间要求安排确定下来。在内控建设上，任务非常迫切。

三要配合全行的风险管理。对于从经营角度配合全行的风险管理，我们已经从 2010 年开始确定了连续三年的重点工作内容。2010 年初，我们提出两项任务，一是加强质押物管理，二是加强贷后管理。2011 年的工作重点还是两项：一是表

外业务管理，二是海外风险管理。希望大家把审计的重点向这两方面倾斜。

除上述三项重点工作外，对于银行经营的传统业务领域，如存款业务等，审计部门也要再接再厉，持续地加以关注，继续做好做优，做成品牌。

第三，审计条线也要进一步加强自身建设。

首先，审计人员要珍惜自己的机会和岗位。当前，董事会、监事会、高管层对内部审计非常重视，也尽可能地为内部审计创造和提供了体制、环境、资源等条件，给予了强有力的支持和保障。与一线员工相比，审计人员在工作压力、福利待遇等方面是有一定优势的，因此，希望大家珍惜自己的岗位。关心全行整体，关心周围同志。

其次，要认真履责。如果我们的各项检查，包括审计检查，都能够真正发挥检查应有的作用，可能很多身边的案件、问题就会杜绝。我们曾经强调过，今天再次与审计条线的同志们说，在经营管理上，要严格，平时对问题要批评严肃，甚至于要处罚严厉。在审计检查的时候，要不留情面，这样才能够使所有的员工，不违规、不违纪、不违反政策，不违反法律，不至于出了问题后，痛哭流涕，被绳之以法。

最后，要进一步提高审计水平。在审计工作上，我们有一个水平不断提高，检查不断规范的问题。有些问题，如果审计的水平能够再高一些，工作再细致一些，是可以及时发现和揭示的。比如，我们在继续推进跨国发展战略的过程中，必须采取严厉措施，审计也要具有更高的敏感性，要更认真、更严格、更严肃，更有效地配合海外风险管理年的各项举措。

总之，2011 年尽管面临巨大的压力和挑战，我们还是有信心保持全行良好的发展态势，保持全行改革的不断深化、经营管理水平的不断提高。我们要按照党中央、国务院的要求，按照监管机构的要求，按照总行董事会、党委会以及全行员工的期盼和要求，认真履责，提升业绩。希望审计条线的全体领导和同志们，一如既往地发挥作用。预祝审计工作会议圆满成功！

（根据录音整理）

在风险总监研究班上的讲话

张建国

（2011 年 7 月 28 日）

各位总监、各位同事：

大家下午好！这次研究班办得很好，内容丰富，正当其时。在学习研讨之余，认真回顾总结全行风险管理取得的成绩，研究当前面临的形势，分析存在的差距和不足，探讨进一步加强风险内控的措施，非常有意义。今后还要以多种形式、在多个地点开展这类培训，而且覆盖面要不断扩大，让风险主管、风险经理、风险条线重要岗位，乃至广大一线员工都能够得到这样的学习培训机会。

过去几年，总行提出全面风险管理的理念。要保持我行长远发展、基业长青，必须着力强化风险管理基础建设。风险管理要为全行的改革发展、经营能力的提升、价值创造能力的增强，作出更大的贡献。借这个机会，谈几点看法。

一、股改以来风险管理体制机制不断完善，经营水平持续提升，改革成果得到巩固

我行股改上市以来，取得令人瞩目的成就，这是党中央国务院正确领导的结果，是监管部门关心指导的结果，是全体同志共同努力的结果。其中，风险条线的广大员工作出了突出的贡献，我代表高管层向大家表示衷心的感谢！

（一）风险管理体制日趋健全

作为改革的重要成果，我们的风险管理体制

必须充分肯定。昨天，G30 组织到访我行，我们就全行公司治理情况作了介绍。在我行现行治理架构中，董事会下设的专业委员会中有两个委员会——风险管理委员会、审计委员会，还包括关联交易委员会，都与银行风险管理密切相关，代表董事会就风险管理重大事项作决策。高管层设首席风险官，并向各分行派出风险总监。在全球商业银行中，我国大致是唯一既设董事会又设监事会的国家（德国的“监事会”实际上履行董事会的职责）。现在，中国特色的公司治理越来越为西方研究公司治理的专家所认同。我们曾作过这样的概括：董事会战略决策、监事会依法监督、高管层全权经营、党委会核心保障。可以说，这是一套完整、严密、符合我们国情的治理架构。

随着公司治理日趋完善，风险管理体制不断健全，全行在打好基础的同时，逐步将先进的管理模式向外延展。今年总行向香港分行派驻了风险总监，后续还要扩大范围，向海外分行、子行等派驻风险总监。未来我们成立其他子公司，也都要按照现代公司治理和全面风险管理的要求，建立科学的管理体制机制，提升建设银行集团整体的风险内控水平。

（二）全面风险管理框架基本确立

第一，风险管理得到了全行各级领导、各个岗位员工的高度重视，风险理念已深入人心。当前，金融危机的影响仍在发酵之中。原来大家都觉得已走出危机的阴影，现在来看还是过于乐观。危机爆发前，我行在金融市场业务方面的思路是追求高收益、承担高风险。但是由于这方面基础不够坚实、风险管理薄弱，在危机中遭受了损失。因此，总行痛定思痛，调整经营理念和策略，坚持稳健发展，着力强化风险管理。应该看到，风险理念对银行整体经营影响重大。过去，很少人知道什么叫做风险偏好。但是这几年，不仅这个名词大家耳熟能详，而且风险偏好的内涵、模型、载体等得到不断地丰富和提升。我行新任独立董事、风险管理委员会主席任志刚先生，原先是香港金融管理局总裁，非常专业、内行，他特别关注我行日常的风险管理，在多次会议上对全行风险偏好的传导和落实表示赞赏。

第二，总分行同志在过去几年中共同探索，创造性地开展工作，取得诸多成果，积累了宝贵的实践经验。例如，控制总量、把握节奏、调整结构、改善利差、确保质量等政策指引，行业细分、限额管控、名单制等管理措施，风险报告、监控预警、压力测试等管理机制，都是非常行之有效的做法，很多在业内都是领先的。与5年前相比，建设银行进步非常大。2006年的时候，总行甚至做不到按日向高管层提供存贷款头寸、客户“黑名单”等，但是到了2007年，很快就将相关制度和IT系统建立起来了。在风险管理基础建设方面，这几年成果很多，成效显著。

第三，在推进实施巴塞尔协议方面，从BaselⅡ到BaselⅢ，我们都做得比较扎实。我行做法是坚持自主研发，建立契合自身实际情况的技术模型和工具，培养自己的专业队伍。现在，已经有一批领导同志、业务骨干成长为这方面的专家。与国内同业乃至国际先进银行相比，我行并不落后。昨天下午，我们向银监会监管一部的领导提出，希望能成为中资银行中第二个申请实施新资本协议的银行。监管一部相关领导说，现在第一个还没有批准，建设银行正式提出申请后，不排除会成为第一家获准实施新协议的银行。监管部门对我们已取得的进展是非常肯定的。后续还有很多具体工作，需要抓紧推进，尤其是要将新资本协议项目的技术成果，充分运用到业务经营管理中，尽快转化为生产力。

第四，在风险管理重点领域、重点项目方面，每年都有一些创新和突破。去年全行重点抓了贷后管理、押品管理，成效很好。押品系统上线后，统计出全行的押品数据，总行各位领导、相关部门负责同志都很满意。大家都觉得不抓不知道，一抓吓一跳。押品是保护银行债权的重要措施，但是过去究竟全行有多少抵质押物，没人说得清楚；押品的市场价值在不断发生变化，但过去根本做不到及时、准确的价值重估。经过努力，现在基本把底数搞清楚了，将押品管理的基础制度、IT系统建立起来，这是很大的进步。今年，重点抓表外业务和海外业务风险管理，现在正在组织推进之中。明年计划再抓一项，即金融市场资金交易的管理。上述五个方面都是国内银行经营管理的薄弱环节，我们已经或者正在采取切实有效的管理措施。

第五，风险内控的激励约束机制不断完善。过去几年，风险内控逐步融入全行激励约束机制中，发挥了积极作用。风险管理对分行等级行评定、差别化授权等影响越来越大，重大案件对分行绩效考核尤其是对分行领导班子的考核基本是“一票否决”。应该讲，我们在经营管理、绩效考核中引入经济资本、经济增加值（EVA）等核心指标，成效非常好，这在业内也是领先的，得到了银监会和银行同业的高度评价。

（三）风险管理成绩突出，贡献巨大

一是风险管理队伍建设不断加强。总行的各项政策措施、先进的理念和工具等，都需要高素质的人员队伍来贯彻落实。队伍建设的好坏，决定了政策执行力的强弱，决定了风险管理能力的高低。过去几年，我行全面风险管理建设取得的成绩，与国内任何一家银行相比都毫不逊色。说到底，这与全行专业化风险管理队伍的打造是密不可分的。

二是面对复杂的市场形势，做到守牢底线、不撞红线。去年以来，各家银行在存贷款、中间业务等方面的竞争日趋白热化。我们在竞争中不放松风险管理，始终坚持合规经营。银监会两次对违规揽存、参与利率无序竞争的银行进行通报，并在中央电视台、新闻联播节目里进行披露。有不少银行员工由于违反规定，没守住底线，甚至撞了“高压线”，被监管部门处罚，有的甚至丢掉饭碗，非常令人痛心。而我们在这方面做得比较规范，得到了监管部门的充分肯定。

三是不折不扣地执行中央政策和监管要求。中央巡视组在我行工作将近半年，广泛深入地了解情况，认为我行政治坚定、团结务实，很好地执行中央决策。例如，我行在落实国家政策和监管要求、支持西部大开发等重大战略方面，措施得力，工作抓得早、抓得实。此外，上半年全行小企业、三农贷款增速远远超过贷款平均增速。在民生领域也是一枝独秀。2009 年，在很多银行热衷于与各地方融资平台签约时，我们回归常态，主动调整结构，将民生领域确立为新的支持服务重点，在文化、医疗、社保、教育、环保等五个领域发力。目前来看成效很好，而且将来还将受益无穷。与此同时，对于宏观调控涉及的行业，全行加大压缩退出力度。“6+1”行业去年贷款余额实现净下降，而且客户结构得到优化，资产质量不断提高；今年上半年仍保持这个趋势。与同业相比，我们是非常审慎的。再如政府融资平台、房地产贷款，今年上半年我行融资平台贷款新增四行最少。通过增量控制、限额管理，资产质量和客户结构持续优化。2006 年年末全行房地产行业贷款不良率为 7.9%，今年 6 月末是 1.5%；当时贷款余额有 2 200 多亿元，房地产开发企业客户数有 6 000 多个，而现在贷款余额 4 400 多亿元，客户数量不到 4 000 个。这说明客户结构明显改善，贷款越来越向有实力的企业集中。因此，当媒体、监管机构开始预警房地产风险时，我们心里比较踏实。虽然不排除个别项目可能出些问题，但总体风险是可控的。

四是风险管理在保障业务健康发展、促进经营业绩持续提升方面作出突出贡献。得益于全行上下共同努力，我行经营管理基础不断强化，竞争实力和经营业绩逐年提高。今年上半年的情况，可以用这几个词来归纳：规模巨大、结构改善、质量良好、获利能力不断增强。规模方面，这几年我行发展很快、势头良好，在大型银行当中居于前列。6 月末全行资产规模达到 11.8 万亿元，5 年前是 5 万亿元左右。结构方面，无论是资产负债整体结构，还是收入结构等都是持续向好。上半年全行中间业务收入占比达到 25%，几年前只占 5%，有天壤之别。资产质量方面，这几年持续稳定向好，变化曲线非常平滑。6 月末，全行境内机构贷款不良率为 1.06%，集团口径为 1.03%，比年初下降 0.11 个百分点。虽然在五大银行中有个别银行不良贷款率略低于我们，但是在不良率达到较低水平的情况下，关键是看基础是否扎实，能否保持平稳可持续。对此我们是有信心的。获利能力方面，今年上半年拨备前利润、税前利润、税后净利润增长水平都在 31% ~ 32%。净利润接近 930 亿元，是 2005 年全年 2 倍。这些亮丽的数据，体现的是我行竞争力的提升、风险管理能力的提升。

二、风险管理没有最好，只有更好，未来工作还任重道远

（一）部分领域风险内控基础薄弱，必须引起全行高度重视

在每次的内部检查和审计，以及外部的人民银行、银监会、审计署及其特派办、外汇管理局等部门检查中，都会发现不少问题，有些性质还

很严重。

例如小金库问题。总行在2007年、2008年均组织开展了检查。2009年3月份国务院发出通知要求全国清理清查小金库，虽然银监会没有要求，但是我行自己又组织了一次检查。去年春天，按照银监会要求全行又开展了一次自查。虽然检查活动连续不断，但是去年还是查出69个小金库问题。是不是这次检查、整改以后，就可以确保高枕无忧了？大家都觉得不能掉以轻心。今年在处理山东案件的时候，发现日照市分行有小金库，前不久总行派出工作组到山东，在枣庄市分行又发现1个小金库。总行三令五申，但时至今日还杜绝不了。

再举个例子，去年总行利用非现场审计系统进行了一次排查，发现很多违规点，有的性质很严重。比方说，有个别员工拿着行里的工资，在外面当“资金掮客”，涉及金额很大；还有个别审批人给客户批完贷款后，写个条子找人家借钱；等等。针对发现的问题，分行都进行了查处和整改。但是如果今年再排查一遍，谁也不敢保证说不会再有。这些问题从不同侧面表明，全行风险管理还存在不少短板，内控基础还比较薄弱。

（二）风险管理能力不平衡，条线之间、分行之间差异较大

有的分行在风险内控方面抓得很紧，但是也有的分行相对落后。例如山东省分行，近年来就发生了多起案件。从总行的检查、调研和内控诊断情况来看，这些案件的作案手段实际上并不高明，问题出在我们内部多部门、多岗位、多环节的内部控制全部失效。而且出了问题以后，相关分行、支行领导没有真正重视起来，不从中吸取教训，甚至有的还文过饰非，自欺欺人。这种工作作风、精神状态令人担忧。再如云南省分行，公路行业贷款集中度非常高，高速公路投资公司贷款110多亿元，省交通厅还有80多亿元，此外还有二级公路贷款。这些不能都归咎于地方政府，我们自己是怎么管理的？客户和项目是怎么选择的？二级分行和支行一共20多家机构向1个政府平台贷款，哪有这样管理的？在清理融资平台时，分行对高速公路投资公司贷款定性是“基本覆盖”。公司全年收入50多亿元，支出135亿元，怎么会是“基本覆盖”？

再如贷后管理，这几年总行一直在强调，但是一些分支机构还是没有真正重视起来。例如给客户发放消费贷款，有的分支机构根本就不做必要的贷后检查。审计署、银监局检查发现，有的客户的住房装修贷款根本就没用在装修上面。还有山东省分行的例子，客户拿到房地产开发贷款后，挖了个大坑、打了几个桩后工程就毫无动静，好几年我们信贷管理人员、经办人员居然都没有发现问题。这些都是活生生的案例，非常令人担忧。

尽管这几年全行风险内控取得了很大成绩，但是与先进银行相比，与高标准相比，与我们期望达到的愿景和目标相比，甚至与监管要求相比，部分分支机构还有相当大的差距。在全行范围内，还有很多内控薄弱环节。因此，无论是什么时候，我们都要眼睛向内，不断发现问题、解决问题，补强短板，促进整体风险内控水平的提升。这是大家的职责所在。

三、经营环境复杂多变，银行风险管理面临新的挑战

当前，我们面临着复杂多变、充满不确定性的宏观经济环境、市场环境，这对银行风险管理提出很多新的课题、新的挑战。

一是从宏观面看既有远虑也有近忧。今年年初开始货币政策发生重大变化，从过去“适度宽松”转为现在的“稳健”，而很多业内人士感觉则是“从紧”的。中央要求加强宏观调控、防范通货膨胀，但是许多地方政府的想法与中央未必完全相同，有的地方还是想大干快上，相互攀比。年初有些地方确定了“十二五”期间的发展目标，计划经济总量翻一番。有的地方领导明确对商业银行提出要求，今年贷款要增长30%。新一轮的地方政府换届已经开始，是不是会带来新一轮的投资冲动，非常值得警惕。大家在分行工作，往往会遇到来自地方政府方面的压力。要早作考虑，风险标准一定不能放松。

二是对地方政府融资平台贷款风险不能掉以轻心。上半年通过清理整改，补正贷款合同还本付息条款，补充合法有效抵质押物，化解存量贷款风险，取得很大进展。但是形势仍然很严峻，还要继续强化管理，不能仅仅是形式上的整改、

表面上的“全覆盖”。对于存量贷款，特别是那些投向集中、现金流覆盖不足、抵押担保不落实的贷款，要抓紧采取措施，借助目前监管部门、地方政府、客户等各方面都非常重视的有利时机，争取达到现金流覆盖。确实无法做到全覆盖的，要尽可能做实第二还款来源。同时，要严控平台客户新增授信，严把准入标准。现在监管政策很明确，保障性住房融资平台可以新增贷款，但是在每个省、自治区、直辖市，以及省会城市以外的计划单列市，仅可以支持一家保障性住房融资平台，其他的不能做。项目评估和选择，要严格把握风险可控、商业可持续的原则。一定不能出现老的平台贷款问题还没解决、新的贷款又不断审批投放的现象。此外，要关注土地手续的合规性问题。国土资源部检查发现，全国有 747 亿元的土地违规抵押贷款。这其中究竟是否涉及我行的贷款，需要密切跟踪关注，及时采取措施。

三是要关注公路、铁路等交通行业的风险变化趋势。例如公路项目，最近不少地方公路等交通行业的贷款集中度过高，未来偿债能力存在很大不确定性。总行相关部门要抓紧重检政策，尽快出台新的公路行业信贷政策。对于铁道部贷款的集中度和风险变化趋势，要密切跟踪，加强管理。目前全行对铁道部授信集中度已超过监管规定，保在建项目压力都很大，新项目一定要从严把关，按照名单制严格管控。总行明确要求退出的贷款，尤其是那些非铁路主营业务的三产公司、投资控股的子公司等，要抓紧压缩退出。

四是淘汰落后产能力度加大，信贷结构调整不能放松。前不久工信部下发了名单，对 18 个行业 2 255 个企业的生产线明令淘汰。初步排查显示，这些企业涉及我行贷款约 80 亿元左右。后续国家对落后产能的调控力度还要加大。例如电解铝行业，上月末发展改革委专门派出 6 个检查组赴全国各地检查电解铝项目。现在全国电解铝产能明显过剩，设备利用率只有 70%，过剩产能 700 多万吨。目前我行还有铝冶炼行业客户 40 多户，信贷余额（含表外）约 200 亿元。其中部分企业连续亏损，经营净现金流为负，贷款风险很大。总行一再强调，对于“6 +1”、“6 +3” 等行业要严格控制，抓紧采取措施，各分行一定要高度重视。除了这些明确要求退出的行业外，总行相关部门、各分行还要对细分的行业小类进行具体分析，对于那些夕阳产业中竞争力不足的客户，要提前采取措施。例如，辽宁葫芦岛有一家生产氯碱的化工企业，前些年总行就明确要求压缩退出，因为整个氯碱行业也是景气下行。但是分行退出不坚决，结果企业破产了，涉及我行贷款本息约 10 个亿。抵押给我们的化工专用设备，瓶瓶罐罐、管道管件等，基本是废铜烂铁，根本值不了什么钱。教训非常深刻！再如汽车及其相关行业。从今年上半年情况看，汽车销售虽然有小幅增长，但是增长水平是逐月趋缓的，按照这个趋势，下半年可能就是负增长。汽车行业景气度下行，跟汽车相关的很多上下游行业、企业也都会受到影响。如果从局部、静态地来看可能还不错，但是从整体、从趋势上看问题不少，需要警惕，一定要有敏感性和前瞻性。总之，下一步全行仍要毫不放松地抓信贷结构调整，严禁支持落后产能、重复建设项目，不折不扣地执行好行业限额、名单制管理和信贷退出计划。结构调整是防范系统性风险的关键。

五是关注过度授信的风险。现在很多企业多头开户，只要企业经营和财务状况不错，往往各家银行都会给予贷款，结果就出现过度授信。无论是“宽授信严支用” 还是 “严授信严支用”，从单个银行角度来看似乎都有风险管控措施，但是多家银行加在一起，往往数倍地放大授信。有的企业本来主业经营得还不错，但是各家银行都发放贷款，企业将富余资金用于盲目铺摊子、扩张非主营业务等，甚至转手借给他人牟取利差，不仅违背“三个办法，一个指引”，而且企业一旦投资或投机失败，最终可能导致银行贷款损失。

六是要防范地下金融的风险。最近中央电视台以及各种媒体有很多报道，民间高息借贷的现象在一些地方非常严重，需要引起大家警觉。地下钱庄、私人借贷不仅推高了利率，而且导致整体信贷市场、信用环境秩序混乱。像内蒙古自焚的那位老板，据说就涉及民间高息借贷。中央电视台最近报道，有些小额贷款公司、典当商行、担保公司等，平时基本不做主业，而是通过各种渠道向银行套取资金，转手发放高利贷。银监会已经提出明确要求，全行必须高度警惕，严密防范。对于参与地下金融、高息民间借贷的小额贷款公司、典当商行、担保公司等，不得给予任何形式的授信支持。

此外，部分产品的风险也要密切关注。例如部分用途不易控制的消费贷款、汽车贷款等，要从严管控，不得搞上有政策下有对策。对于鼓励发展的产品如信用卡等，要注意防范恶意透支、非法套现等风险。

四、增强忧患意识，进一步提升全面风险管理能力

面对来自内外部的种种压力和挑战，大家一定要增强忧患意识，做到胸怀全局、把握整体、科学预判，更加积极主动地开展工作。风险管理没有最好，只有更好。在座的各位风险总监有大量工作要做。借这个机会，向大家提几点要求：

第一，要善于履职，敢于担当。股改后我们经过多年的探索建立起了具有独特价值的风险管理体制机制，要更好地发挥其作用。风险管理体制机制赋予了风险总监非常关键的职责。之所以要建立垂直管理的体制，就是让大家在履行职责、行使权力的同时，保持独立性，提高专业性。各位风险总监要注重提升自己的履职能力，全面准确地传导总行的政策和风险偏好。要保持饱满的精神状态，勇于承担重任，敢于开拓创新，以更加积极主动的风险管理工作推动本辖业务全面发展。

第二，要加强沟通、正确引导。风险总监要和分行主要领导、分管领导保持密切沟通，要组织推动风险审批条线和前台营销条线的沟通和协同，要告诉前台经营人员优先选择什么样的客户和项目，重点关注哪些领域。有时候前台人员辛辛苦苦去营销，项目申报后被告知不符合信贷准入要求、不符合信贷政策原则，前面工作都白费了，这是资源浪费。要通过加强沟通联动，减少类似现象。同时，要引导全辖树立风险、收益、资本的理念，改变部分分支机构仍然存在的粗放经营观念。例如在信贷业务方面，通过信贷资源的优化配置，引导全辖致力于改善经营结构，努力在扩大客户基础、提高产品覆盖、增加中间业务收入、带动业务全面发展等方面发挥更大的作用。

第三，要提升技能，着眼全局。各位总监要加强对现代银行理论和专业知识、新的金融业务和产品创新、新的法律法规和监管政策等方面的学习，努力提升自身专业素养和综合技能。例如银监会提出的“腕骨”监管指标（7 大类 13 项）中，像杠杆率、流动性覆盖率、净稳定资金比率等，都是新的要求。大家既要了解，还要逐个弄清楚。不能只局限于自己分管的具体事情，所谓“不谋全局者，不足以谋一域”，要培养对宏观经济、市场变化、政策动向、竞争格局等方面的洞察力，提高专业水平和把握全局的能力，真正成为风险管理的行家里手。

第四，要配合班子，带好队伍。在政策执行、风险偏好传导、重大事项决策等方面，各位总监要与分行党委班子，与主要领导、其他分管领导密切沟通，相互支持。要在本辖培育风险文化和责任文化，守牢底线、严肃纪律。风险总监要把相当部分精力放在抓队伍建设上面，对员工要严格管理，避免出现违法、违规、违纪等现象。严格管理实际上也是对员工的爱护。作为分行风险条线的负责人，在座各位风险总监责任重大，希望大家以身作则，以严格的管理带出一支业务过硬、作风过硬的队伍。

谢谢大家！

坚持转变发展方式
不断提升经营管理水平

——在中国建设银行夏季工作座谈会上的工作报告

张建国

（2011 年 8 月 15 日）

同志们：

这次会议的任务是，回顾总结全行经营管理情况，分析研判宏观经济金融形势，研究部署下一阶段的工作任务。会议期间，树清董事长、福荣监事长和几位行领导都要作重要讲话，大家要认真贯彻落实。我先代表管理层向大家报告今年以来全行的经营管理情况，并且对后一段时间的工作提些想法，供参考。

一、经营状况继续向好，盈利能力不断增强

今年以来，全行坚决贯彻落实国家宏观调控政策和监管要求，坚定不移地推进结构调整和战略转型，不遗余力地解决经营管理中的矛盾问题，整体经营业绩非常突出。

（一）坚持稳健发展，盈利能力进一步增强

截至今年 6 月末，全行资产总额 11.75 万亿元，比年初增加 9 444.5 亿元。

负债总额 11.02 万亿元，比年初增加 9 066.8 亿元。一般性存款余额 10.2 万亿元。其中，企业存款余额突破 5 万亿元，达到 52 717 亿元；个人存款新增 3 997 亿元。

净利息收益率（NIM）保持回升态势，同比增加 25BPS 至 2.66%。实现净利息收入 1 457.1 亿元，同比增加 279.1 亿元，增长 23.69%，呈现明显的“量价齐升”特征。

盈利能力进一步增强。上半年实现税前利润 1207.9 亿元，净利润 929.5 亿元，税前利润与净利润增幅均超过 30%。平均资产回报率、平均股东权益回报率分别为 1.65% 和 24.98%，成本收入比 31.7%。

（二）坚持结构调整，信贷投向合理

全行严格执行党中央国务院和监管机构提出的政策要求。6 月末各项贷款余额 6.01 万亿元，比年初增加 4 514 亿元，其中，人民币贷款增加 3 709亿元，新增居四行第二，总量及进度符合监管要求。

——传统优势和重点领域贷款得到重视。基础设施贷款主要支持在建续建项目，新增 993 亿元，占公司类贷款的 36.54%。个人住房贷款余额、新增额、资产质量均为同业第一。住房公积金存款、贷款四行占比分别为 60.02%、56.07%，继续保持房改金融市场一枝独秀的局面。

大力支持民生领域各项业务发展。全行涉农贷款增长 11.7%，高于对公非贴贷款平均增速 5 个百分点，向 156 个新农村建设项目发放贷款 198 亿元，投放个人农户贷款 56.91 亿元；为包括棚户区改造在内的保障房建设项目融资 311.43 亿元，保障房项目开发贷款增幅达 66.17%；“民本通达”品牌内涵不断丰富，深受社会各界好评，新增客户 7 005 户，相关存款余额 7 355 亿元；“八一工程”市场占比达 22.23%，提高了 0.22 个百分点。

积极支持小企业发展。小企业贷款比年初新增 779.9 亿元，占各项贷款新增的 21%，比上年同期提高 1.8 个百分点。其中，网络银行贷款新增 96.7 亿元，累计服务客户过万户，我行已与 9 家全国性的网络运营商结成了战略合作关系，走在银行业前列。小企业客户数量、非贴贷款余额新增均列四行第二。被《亚洲银行家》杂志授予

“中国最佳中小企业银行服务”大奖。

——限制性领域贷款控制有力。“6+1”行业贷款余额比年初减少60.5亿元，已连续5个季度呈下降趋势；房地产贷款新增165亿元，为近几年同期最低；政府融资平台贷款较年初增加额四行最低。

（三）坚持推进经营转型，收入和客户结构改善

——上半年实现中间业务毛收入495亿元，占全行主营业务收入比例升至25.7%，比去年提高了4.1个百分点。收入总量、增量稳居同业第二，整体产品竞争力提升。28个分行中间业务净收入居市场前两名地位。21个同业可比产品中有17个排名第一或第二，单位结算和代销基金收入由行业第二升至第一，国内保理和贷记卡收入增长超过100%。

——账户数量稳增，客户结构优化。新增单位人民币结算账户16.15万户。其中，基本存款账户比年初净增9.66万户，占新增账户的61.69%。个人客户数比年初增加816万个，达2.15亿个，增长3.9%。高端客户增长最快，比年初增加20 697人，增速达16.9%。

——综合化经营平台创建取得新进展。建信人寿保险公司正式挂牌，丰富了我行已有的机构种类。

（四）坚持推进战略性业务，特点优势不断巩固

——国际业务发展势头良好，海外机构创建顺利。外汇存款新增同业第一，外汇存贷比率四行最低，跨境人民币结算业务实现跨越式增长。随着台北代表处、莫斯科代表处的开业，我行已在13个国家和地区设立了机构。

——投行业务持续快速发展，产品不断丰富。收入达106.77亿元，同比增长48%。收入结构明显改善，理财收入、新型财务顾问收入、债券承销收入已占投行收入总量的80%。率先在同业中推出全面金融解决方案。建银国际上市保荐项目居中资投行首位。

——养老金业务规模持续增长。受托和账户管理业务规模均居同业第二。“万户工程”累计签约户数已达6 624户。针对中小企事业单位的“养颐四方”产品受到客户欢迎，签约客户数较年初增长92%。成功中标中国兵器工业集团公司、中国化学工程集团公司账管业务。

——信用卡累计发卡量、客户数、消费交易额、资产质量等主要业务指标增势良好。卡均消费8 654元、卡均贷款2 415元，大银行排名第一。

——电子银行业务继续快速增长。网上银行、手机银行、短信服务客户分别达到7 022万、2 983万、10 734万户，其中网银个人交易额同比增长了125%。电子渠道应用水平明显提升，电子银行与柜面交易量之比达到194%。

（五）坚持完善风险内控，资产质量继续优化

——表外业务管理年、海外风险管理年活动推进顺利。表外资产风险权重稳中有降，垫款和不良总体控制良好。对海外机构深化了“一行一策”管理措施，内控建设进一步加强。

——资产保全工作继续加强。全行共处置不良贷款192.29亿元，其中，现金回收83.98亿元。

——资产质量持续向好。集团口径不良贷款余额634.17亿元，较年初减少13亿元；不良贷款率1.03%，比年初减少0.11个百分点。拨备覆盖率、贷款拨备比率分别为224.68%、2.53%，均好于监管标准。

（六）坚持提升服务水平，客户满意程度进一步提高

——全力推进流程优化。“前后台业务分离项目”在首批分行推广，全行共启动实施了397个流程优化项目，上半年已完成105项，中后台作业效率和前台客户营销服务能力大幅提高。

——机构建设开始得到重视。上半年新增加网点72家，网点复业完成10家，购置项目完成41个。

——努力在极端天气情况下提供可靠的金融服务。今年极端天气频发，受自然灾害影响的29个分行及时启动应急方案，经受住了考验。客户总体满意度自2007年以来持续增长，达到66.4%，在大银行中保持领先。

中央第一企业金融巡视组对我们的工作和整改方案给予充分肯定。中央巡视组在正式反馈意见中总结道，“建设银行党委是一个政治坚定、团结务实、干事创业、比较有凝聚力和战斗力的班子”。对我们制定的整改方案，中央巡视工作领导小组办公室认为，“整改方案内容全面，措施具体，针对性和可操作性强”。这对全行是巨大的鼓舞，也明确了我们努力奋斗的目标。

上半年，集全体员工的聪明智慧和勤奋努力，全行很好地巩固维护了改革成果和领先地位，忠实地履行了国有控股商业银行的社会职责；成功地经受住了复杂形势和激烈竞争的挑战考验，尤为可贵的是在困难压力面前，坚持合规经营，守牢了合规底线，没撞政策红线。

在此，我谨代表总行高管层向大家表示衷心的感谢！

二、密切关注形势变化，沉着应对复杂局面

当前，我们面临的经营环境极不平凡。市场形势非常复杂，货币政策、监管要求变化很大，同业竞争空前激烈，银行业面临的风险明显增加。

（一）宏观形势复杂多变，要增强忧患意识和风险意识

一个时期以来，世界经济复苏异常艰辛。欧债危机频繁预警，许多国际化大银行交叉持债风险增加，法国兴业银行被传处于破产边缘。日本灾后重建困难重重，内需疲软。新兴经济体持续高通胀，疲于保增长。尤其前不久，美国经济本已初显滞胀苗头，又由于提高债务上限在最后一刻才获通过而雪上加霜，随即被标普降级，导致投资者恐慌，引发国际金融市场连锁反应剧烈动荡。全球股市连续遭遇黑色星期五、黑色星期一，更使市场信心遭受打击，对未来经济复苏充满悲观。

国内经济金融形势依然复杂，虽然整体向好，但既有远虑也有近忧。中央政治局会议指出，下半年，宏观调控的基本取向不会改变，首要任务仍是稳定物价总水平，但在调控力度、节奏和重点上会有所调整。7月份通胀率高达6.5%，PMI跌至50.7，创28个月以来新低，经济潜存下滑隐忧。平衡防通胀与稳增长、调结构三者关系，地方政府换届，处理宏观调控与地方投资高涨二者矛盾，要达成这些目标任务很艰巨。此外，自然灾害频发，重大安全事故不断，经济运行充满不稳定性和不确定性。

不同经济周期有不同的发展机遇，即使在跌宕起伏的环境里，也有新的发展机会。“十二五”期间，全国将建设3 600万套保障住房，投资达4万亿元；城镇化率要提高4个百分点，进程明显加快。中央水利工作会议又作出了10年、4万亿元的水利建设工作部署。10月份即将召开的十七届六中全会将重点研究文化产业大发展、大繁荣问题，民生领域越来越受到重视，新的发展机遇来临。

（二）货币政策监管要求变化，要坚决贯彻落实

货币政策从适度宽松回归稳健，感受更多的是“从紧”。今年以来连续3次加息，连续6次上调存款准备金率至21.5%的历史高位。银监会七大类十三项腕骨指标，以及正在着手制定的杠杆率等四大监管工具，已经并将长期对银行资本管理和资产负债组合产生重大影响。

银监会第三次经济金融形势通报会对落实贷款新规，防控平台风险等提出新的监管要求，要求商业银行做好贯彻落实。

一是严格执行“三个办法，一个指引”等贷款新规。做实流程改造，全部启用新版合同文本，进一步提高受托支付比例。

二是严格防控平台贷款风险。逐户逐笔进行现金流分析，补正贷款合同还本付息条款，补充合法有效抵质押物。

三是加强风险管控和合规经营。稳健开展理财业务和其他金融创新，完善日均存款考核，杜绝冲时点和恶性竞争。警惕民间借贷和有些非银行金融机构风险。

（三）市场竞争空前激烈，要正确对待保持优势

当前，大型银行都已完成重组上市改革任务，正下大力气推进结构调整、经营转型。农业银行的策略目标是扩大规模，争取最大；另有两家大银行，贷存比率居高不下，流动性压力巨大；中小金融机构争相做大。银行业在以下几个领域竞争空前激烈。

——主要业务竞争加剧。许多银行为了获取信贷空间，不惜变换手法高息揽存。我行自2009

年人民币存款市场份额连续下降，今年第二季度虽然扭转了第一季度下滑颓势，但形势依然严峻。我行中间业务经营形势很好，但有些银行更好。工商银行增量更大，农业银行增长更快，在部分我行优势市场上竞争力更强。

——小企业业务竞争加剧。银行对小企业客户可包办公私业务，定价收费占据主导地位。此外，从中央到地方到媒体等各方都大力倡导，支持小企业既有商业利益，更能树立正面形象。因此竞争越来越剧烈，甚至我行创新的网络银行等一些服务方式，其他银行比我们投入更大。

——非银行金融机构异常活跃。民间借贷、小贷公司、担保公司、典当商行以及信托、证券等机构抓住机会逐利，缺乏监管，各种金融产品和工具异常活跃，推高利率，搅乱市场秩序。

（四）经营管理存在差距不足，要高度重视加强整改

1. 经营基础不够坚实，竞争能力有所减弱

——客户基础薄弱。我行客户偏少，尤其基本账户、结算账户与工商银行、农业银行相比差距明显，这是历史形成的局面。近几年，我行采取考核倾斜、创新服务、重点示范、全行推动等措施拓展，局面仍难改观。至今，结算账户总量仍仅为工商银行的61%、农业银行的72%。甚至出现我行账户增长幅度最高，但增量客户仍少于工商银行、农业银行的情况。

——IT系统不够先进，难以支撑日益精细化的经营管理。年初我行发生三起事故，其中两起跟核心业务系统有关，所幸应对及时，没有造成严重影响。信息管理与银行业先进水平、与大家的要求还有明显差距，不良贷款余额、不良贷款比率等经营数据质量参差不齐。对比分析公路行业、抵质押物、担保等业务经营状况时，还要依靠手工统计数据，耗时过长，也不准确。这说明我们的经营管理缺乏强大的信息管理工作支撑，而且更难以满足转型发展的要求，在服务产品和管理创新中，比如在为期货市场、贵金属交易市场、跨国性或全国性大集团提供现金管理等服务方案时，更容易暴露出IT系统的弱点。

——网点偏少造成竞争实力有所减弱。2008年，我行经营规模从行业第四跃升为第二，客户数量、每日业务量急剧增加。但时至今日，仍有许多客户抱怨我行网络不够完善，基层行同志也不断反映，在许多经济活跃的县域和新经济发展潜力非常大的地方网络太少，甚至是空白。目前，我行有13 500个网点机构，比工商银行少3 000多个，比农业银行少10 000多个，这种局面巩固不了行业第二的地位。我行有的业务增量开始从第二降到第三，有的业务总量和余额也开始从第二向第三滑落。

——经营不稳，时点现象回潮。今年6月末，人民币一般性存款比年初增加近8 000亿元，但半个月后就减少了近4 000亿元，反映出全行发展的不稳健，难以持续。而且在增量和变化之中，各分行间发展极不平衡，在业务种类上、在服务客户上也缺乏协调。

2. 信贷管理能力仍有缺失，贷时审查贷后管理亟待加强

股改以来，我行在信贷管理体制机制上取得了很大进步，信贷经营水平和风险管理能力逐步增强。但是，银行业长期以来形成的薄弱环节不可能因为股改一蹴而就，还没有达到令人满意的水平，我行情况也是如此。

——授信机制有待完善。我行一直实行的是“严授信、宽支用”的方法，授信管理严格，但贷款支用审查往往形同虚设，遗患很多。去年开展的“贷后管理年”活动，旨在引起全行重视，虽然达到了目的，但在职责确定、良性机制建立、联动管理、信息平台建设等方面的不足仍未根本解决。比如，平台、公路等领域贷款暴露出来的问题；比如，制造业不良贷款处置最多、不良率最高，同时贷款新增又最多的现象；再如，有些分行贷款行业集中度过高、结构严重不合理、期限太长，侵占了全行资源。对这些问题不能一味强调政策变化，埋怨地方政府，要看到自身信贷管理方面存在不足，甚至有个别人不懂政策、不负责任、弄虚作假、自欺欺人。

两年多来全行一直按照监管要求和总行部署，清理解决地方融资平台贷款问题，但始终不够严肃认真，在一定程度上得过且过走了过场，致使平台贷款余额大幅波动。去年年末，全行平台贷款余额5 400亿元，今年3月末降至2 780亿元，6月末又反弹到5 890亿元。被媒体揭示的云南省

高速公路开发投资有限责任公司问题，其对外债务超过千亿元，涉及我行贷款110.6亿元，分行的20多家分支机构同时都对其有贷款，另外还和其他金融机构签署回购协议，建信租赁也有部分债权。但该平台公司年收入仅59亿元，年支出高达135亿元，这样的平台在内部分类中竟然被定为现金流基本覆盖。问题暴露后，我们对去年末所有存量平台贷款采取一户一策办法，重新核实还原，平台贷款余额大幅增加。

公路行业贷款情况也很复杂，总行近几个月一直在详细分析，研究完善管理。全行公路贷款余额4 100亿元，其中二级公路307亿元。国家高速公路骨干网基本建设完成后，部分分行仍有不少高速公路的投资和建设项目，对此，应该把我行一些行之有效的管理方法，如行业限额等，运用到公路行业。鉴于国家取消二级公路收费，总行在2006年就出台政策不再增加二级公路贷款，并多次重申，但这项贷款却年年增加，其中有不少是地市一级甚至县级政府投资的项目，虽然二级公路贷款在统计上反映不良率为9.5%，但风险还远未完全暴露。

——执行“三个办法，一个指引”中存在较多不合规问题。银监会经过两个多月的检查，指出我行执行新规比率不高；经银监部门现场检查核实，个贷中部分用于房屋装修的消费贷款用途不实，房屋根本没有装修，说明我们相关的层层检查和贷后管理流于形式。刘明康主席在银监会第三次经济金融形势通报会上批评我行有的机构仍使用过时的合同和凭证。

——风险隐患不容掉以轻心。国家部委检查出来的问题和政策调整涉及我行部分客户。国土资源部在对18个省市的土地使用情况检查中，清查出747亿元贷款存有违规土地抵押行为，银监会明令相应的贷款必须向下迁徙为不良。工信部等9部委联合对10个省区的23个拟建电解铝项目进行了实地检查。目前，全国电解铝行业开工率仅70%，过剩产能700多万吨，但在建项目近23个，产能774万吨。国家总的政策基调是，严格控制拟建电解铝项目，加大执法力度形成政策合力，取消地方出台的各项优惠政策，严禁以各种方式扩大产能。发展改革委宣布调整2 255个企业的落后生产线，基本上都属于钢铁、水泥、化纤、平板玻璃、焦炭等我行明确“控压退”的行业，各种规模企业都有。其中，涉及我行贷款客户58家，信贷余额117亿元，其中48亿元为信用方式。而违规土地抵押、在建电解铝项目涉及我行多少贷款目前还不清楚，需要尽快彻查，采取相应对策。

3. 违规违纪经常发生，案件依然时有暴露

当前，内外部各方面的审计检查力度不断加大。国家审计署、外汇管理局正对我行作年度检查。通过各种检查每次都会查出大量不合规问题，仅今年上半年即发现481笔操作风险损失。确保合规经营的任务艰巨。

经过多年治理，我行案件发案数量、涉案金额逐年下降，案件防控长效机制不断完善健全。但个别分行年年发生案件，小金库仍然存在，且分行领导班子认识模糊，应对不力。这种局面非常令人担忧。

三、抓好重点工作，保证全行持续发展安全稳定

（一）加强基础建设，提高竞争能力

1. 健全经营机制

我行要实现国内最优、国际一流的既定目标，就必须达到监管标准、满足监管要求，通过资源配置、绩效考核、内部定价引导全行向更新更高的标准靠拢，全行各级管理人员要学习好、把握住监管新标准新动向。对银监会发布的7大类13项腕骨指标、正在制订的新监管标准规划实施方案，以及财政部对金融企业绩效评价办法都要知其然，更要知其所以然，了解监管机构的目的，研究监管政策的内容要求和对银行经营的影响，以便更好地执行。

进一步完善绩效考核和内部定价办法。从对四大银行绩效考核体系比较分析看，我行在考核内容、层级、权重、重点等方面都是最优的，而且为适应形势变化，今年以来已连续6次调整内部定价。但在资源配置、内部定价、绩效考核上仍要与时俱进，不断完善。

我行贷款新增同业第二的计划安排是合适的。大家都很关注贷款规模问题，当前在同业中我行贷款余额第二，今年上半年贷款增量第二，全年计划贷款增量依然第二，这个水平和我行现行的

经营管理基础是相匹配的。

2. 重视基础建设

——完善机构网络。网点是银行业赖以竞争的基础，是我行持续发展的保证。上半年网点建设进度没有完成计划，要加快推进。总行将在资源配置上加大支持力度，各分行要积极争取银监局的支持，寻求突破。歇业的尽快复业，闲置牌照要充分运用起来。

——拓展客户账户。这是保证持续发展、巩固我行市场地位的根本。各级领导要高度重视，带头营销优质客户。利用授信带动基本账户、结算账户的增加。要从源头抓起，用新产品、新服务实现新突破，内部也要建立良性激励机制。

——再造核心业务系统。去年秋天，总行党委决定用3~5年时间，分1~2期工程，发挥后发优势，重新建设我行核心业务系统。新系统将整合现在全行近60个子系统；为创新、为满足战略合作伙伴和基层服务要求创造条件；将考虑市场化、国际化、综合化经营和监管要求，搭建强大的信息平台。这项工作已开展10个月，完成尚需时日，还需大家支持。现有系统要确保安全运营，保障发展。

3. 把握发展机遇

——进一步推进结构调整和经营转型，巩固负债业务、中间业务地位。

——进一步推进养老金、资产托管等具有基础性、战略性、方向性重要意义业务的发展。

——进一步推动跨境人民币业务。当前，香港市场人民币资金急剧增加，银行跨境人民币业务机遇前所未有，仍处于市场瓜分初期，方兴未艾。全行各级领导必须高度重视，要通过全面营销、继续培训、加强总分行及境内外联动、研发新产品、加强考核激励等措施，实现客户数量2 300户、市场占比13%的年度努力目标。

——进一步加强流动性管理。在预判利率上行后，总行自年初起调整投资久期。但准备金率连续提高而且依然有上调可能，存款市场混乱，我行存款不稳，流动性管理难度加大。加之国务院大力推进保障房建设，未来会采取发债来筹集资金，作为国有控股银行必然要投资一定的保障房债券。完善流动性管理的要求非常迫切，必须确保无虞。

（二）完善贷时审查贷后管理，提高信贷管理能力

1. 转变授信管理理念，完善体制机制

为严格贷时审查，搞好贷后管理，总行已专题讨论过几次，还将继续集思广益，深入调研后出台实施方案。

几年来，我行在实践中积累了丰富的信贷管理经验。行业产业细分、信贷政策调整、深化授信管理等做法行之有效，行业限额、名单制管理、风险提示、压力测试、实时监控等手段发挥了很好的作用，应用范围要进一步扩大。当前要格外重视汽车、化工、家电等行业的研究和管理。

2. 重点解决好几个重要领域问题

——对于平台贷款要本着内外有别、抓住时机的原则落实好相关工作。对外部的投资人和媒体展示质量良好、抵押充足、拨备充分、风险可控的一面，与地方政府、监管部门、借款人相关方面要沟通协商。在内部绝不可掉以轻心，对于存量贷款要实事求是，一户一策，科学补正贷款合同，切实落实还款资金来源和抵质押物，并准确分类。加强与银监局的沟通，争取监管部门认可，在贷款到期之前偿还部分减量重批。新发放贷款只能支持省级、计划单列市政府设立一家保障性住房融资平台，且要满足国务院的六条标准、银监会的五项要求。

——铁路授信已严重超出单一客户集中度监管要求，要加快对列入名单的项目和公司的退出进度；对重点支持的项目总行已与监管机构、铁道部共同确定了名单，会后通知全行执行。

——公路项目要严格执行新的公路行业信贷政策，不失时机地加大二级公路信贷回收力度。

——严防新的授信风险。对小额贷款公司授信要严控，不得超过其资本金的1/3；警惕民间借贷、担保公司、典当商行风险。对不能偿还租赁、理财债务的不能承诺贷款。谨防贷款被借款人挪用搞高利贷。

（三）严格内控防范案件，确保全行安全

对检查发现的不合规问题要坚决整改，对屡禁不止的私设小金库等行为必须从重处置。要加强教育培训，加强检查排查，纠正员工不规范行为，保持对案件的高压态势，防控骗贷、受贿等当前比较典型的案件发生，维护我行整体形象。

主动预防、妥善应对各种自然灾害和突发事件，增强工作的敏感性、主动性，确保我行员工、资产、声誉、客户的安全。

同志们，今年后几个月我们将面临非常复杂的市场环境，面对更加激烈的竞争挑战。让我们团结一心，带领广大员工，克服困难，迎接挑战，不断提升全行的经营管理水平！

谢谢大家。

贯彻落实六中全会精神 不断增强科学发展能力

——在第三届职工代表大会第一次会议暨秋季工作座谈会上的讲话

张建国

（2011年11月15日）

一、经营管理取得优异成绩

（一）业务稳健发展，盈利能力持续增强

自去年第二届职代会第三次会议以来，全行认真贯彻执行总行党委和董事会的各项决策部署以及年初工作会、夏季工作座谈会精神，整体经营取得新的成绩。继去年全行资产规模突破10万亿元之后，截至今年第二季度，资产规模又一举突破11万亿元，截至9月末，达到11.8万亿元，比年初增加9 600多亿元。

负债总额11万亿元，比年初增加8 839亿元。企业存款日均新增占比29%，居四行第一。全行坚决执行监管要求，存款波动显著低于同业。10月下旬，工商银行、农业银行、中国银行三行存款分别减少2 500亿~3 300亿元，我行只减少300亿元。

NIM稳中有升，同比增加23BPS至2.68%。实现净利息收入2 230亿元，同比增加405亿元，生息资产规模稳步增长，带动净利息收入同比增长22.41%。

盈利水平继续增强。前三个季度实现净利润1 392亿元，同比增长25.82%。净手续费及佣金收入674亿元，同比增长41.2%，净手续费对经营收入比率提升至22.92%。平均资产回报率、平均股东权益回报率分别为1.64%和25.33%，成本收入比32.02%。上个星期，我行又成功发行400亿元次级债，资本得到进一步充实。

（二）严格执行宏观调控要求，扎实推进信贷结构调整

今年以来，全行努力落实国家宏观调控政策和各项监管要求，扎实推进结构调整。9月末各项贷款余额6.34万亿元，比年初增加6 725亿元，其中，人民币贷款增加5 371亿元，新增居四行第二，总量及进度符合监管要求，信贷结构进一步优化。

1. 传统优势业务得到巩固，重点支持领域加大投放

——基础设施贷款主要支持在建续建项目，新增1 776亿元，增速高于公司类贷款平均增速3.9个百分点。个人住房贷款余额、新增、资产质量均为同业第一，增速高于各项贷款平均增幅5.3个百分点，新发放贷款中一人一贷占比约98%。

——小企业贷款余额5 171亿元，新增1 184亿元，占各项贷款新增比重达22%，增速29.7%，高于各项贷款19.6个百分点。小企业客户数量、贷款余额、新增均列四行第二，贷款定价水平四行最高。

——涉农贷款余额突破1万亿元，新增1 478

亿元，增速17%，高于对公非贴贷款平均增速7.4个百分点。保障房贷款余额209亿元，新增96亿元。受托发放公积金项目贷款138.42亿元，占全国公积金项目贷款的75.13%。

2. 限制性领域贷款投放令行禁止

——钢铁、水泥等产能过剩行业贷款余额2 453亿元，比年初减少64亿元，余额连续6个季度下降。

——房地产贷款余额新增57亿元，同比少增315亿元，增幅历史最低；不良贷款率首次降至1%以下，贷款质量历史最佳。

——政府融资平台贷款客户数比6月末减少188户，贷款余额比6月末减少814亿元。全覆盖类贷款占比较年初提高19.29个百分点，达84.65%，无覆盖类较年初降低7.38个百分点，至4.8%。与年初相比，政府融资平台贷款客户数增加24户，贷款余额减少了342亿元。整体情况还是继续向好。

（三）经营转型成效显著，收入结构持续改善

——实现中间业务毛收入716亿元，已超去年全年水平，同比增长43.24%。中间业务收入总量、增量和市场占比稳居四行第二，增速超越工商银行升至四行第二。29个分行中间业务净收入居市场前两名地位。产品保持较强竞争力，21个同业可比产品中有17个排名第一或第二。单位结算、国际结算同比增速分别达54.1%、60%；新兴类产品同比增速65%，高于全行平均增速21个百分点。"破零增收"活动取得较大进展，8项重点产品的开办率都在80%以上。

——账户数量稳增，客户结构优化。新增单位人民币结算账户26.21万户。其中，基本存款账户比年初净增15.18万户，占新增账户的63.08%。新开账户数量增长，销户数量同比减少。第三季度我行账户净新增超过工商银行。个人高端客户比年初增长2.32万人，增幅18.72%，客户金融资产比年初增长1 091.7亿元，增幅20.27%。

——综合化经营有序开展。境内子公司及建行亚洲经营稳健，业务走势平稳，资产质量良好，净利润增幅和计划完成率创新高。前9个月，累计实现净利润11.56亿元，同比增长43.16%，预算完成率高达93.68%。

（四）战略业务有力推进，财务效益逐步显现

——"民本通达"品牌内涵不断丰富，客户群体继续扩大。新增客户1万户，相关存款余额7 541亿元。"文化悦民"子品牌推出以来，累计新增文化领域客户2 780家。与总后勤部签署账户和资金监管管理协议，标志着我行正式成为军队资金的一个重要保障渠道，是"八一工程"业务发展的又一里程碑。

——金融市场业务发展稳健，收入稳步提升。9月末，全行金融市场业务实现收入714亿元。本外币债券投资利息收益率3.27%，较年初上升38BPS。久期稳步上升，高收益品种占比提高。

——国际业务发展势头良好，海外机构创建顺利。外汇全口径存款、企业存款、同业存款新增均为同业第一，企业存款增长优势明显，占到四行新增总量的四成以上；外汇存贷比仍保持四行最低。银监会已批复我行在俄罗斯设立子银行；多伦多分行、迪拜子银行和巴西子银行的各项境外申设工作积极推进。

——投资银行业务快速增长，资金投向更趋合理。前9个月投行业务收入达146亿元，同比增长47%。理财产品资产规模超过6 000亿元，收益率排名同业第一。新型财务顾问收入在财务顾问收入中占比超过50%。短期融资券承销量市场排名第一。

——养老金业务规模持续增长，央企营销屡获突破。累计签约客户数达8 405户，较年初新增3 923户，增幅87%，计划完成率156.92%。第三季度，又取得中国航天科工集团受托业务资格，以及中国核工业集团、中国水电工程顾问集团的账户管理业务资格。

——信用卡主要业务指标增势良好，产品竞争力进一步增强。前9个月实现业务收入74亿元，同比增长66%。百货卡、财政公务卡、汽车卡发卡规模超过260万张，白金系列卡及以上等级发卡130万张，市场竞争优势明显。

——电子银行业务继续快速增长。网上银行、手机银行实现交易额分别达到60万亿元、5 385亿元，同比分别增长52%、61%。电子渠道应用水平明显提升，电子银行与柜面交易量之比达到

198%，较上年年末提高56个百分点。

（五）完善风险内控管理，资产质量持续优化

——表外业务管理年、海外风险管理年活动推进顺利。表外业务风险加权资产比年初下降235亿元，表外平均风险权重整体下降。海外机构资产质量大幅提升。海外不良贷款余额11.2亿美元，比上年年末减少13.74亿美元，不良贷款率仅为0.61%。

——不良资产处置力度加大。全行共处置不良贷款228.6亿元，完成全年计划的95.25%。实现不良资产现金回收147.45亿元，不良资产回收效率持续提高 。

——资产质量持续向好。集团口径不良贷款余额646.42亿元，较年初减少0.7亿元；不良贷款率1.02%，比年初下降0.12个百分点。拨备覆盖率、贷款拨备比率分别为248.65%、2.53%，均高于监管标准。

（六）加强渠道建设，服务水平进一步提高

——零售网点二代转型覆盖广、成效明显。全行已有7 957家网点完成转型或推广验收，占符合条件网点总量的94%。

——投入运行自助设备4.1万台，交易功能100多种，每台日均交易209笔，比上年增加33笔，多项管理指标居国内第一位。

——实行弹性排班，优化劳动组合，努力改善服务。客户平均等候时间下降40%。我行个人客户经理满意度得分83.4分，客户总体满意度达到了66.4%，超越招行，在五大行及招行中名列首位。

自去年职代会以来，面对复杂环境和激烈竞争，全行员工团结一心、勤奋敬业、锐意进取，取得优异的经营业绩。成绩和荣誉的取得，得益于党中央、国务院的正确领导，得益于监管部门的鼎力支持，也凝结着一代又一代建行人的辛勤努力。借此机会，我代表总行向全行员工及员工家属表示真诚的感谢！

二、认真贯彻落实五年规划

9月初，总行印发了《2011—2015年发展规划》。这部规划历经领导访谈、封闭撰写、分支行座谈、广泛征求意见等过程，耗时10个月。郭主席和总行各位领导对新的五年发展规划非常重视，多次主持各种会议研究，广泛听取部门、分行的意见和建议，亲自修改完善，并要求我在会上专门讲讲。总行党委、高管层、董事会、监事会高度重视，各部门密切配合，分支行积极参与，凝聚了全行的集体智慧，是指导全行经营发展的重要纲领性文件。这次会议也专门安排了五年规划的分析讲解，庞行长还会安排其他方式继续讲解，全行要认真学习，抓好落实。

（一）战略规划意义重大

当前，我国银行仍正处于快速发展阶段，近3年我行资产平均增速达18%以上，4年时间就再造了一个建设银行。处于成长和转型环境中的企业，充满了选择和不确定性，战略规划尤为重要。这方面成功和失败的案例很多。

战略规划是指导日常工作、解决决策问题的有力工具。一是激烈的市场竞争中，企业备受同质化的困扰，常常是从这种同质化竞争跳出来，又陷入到另一种同质化竞争。在这种情况下，企业必须从战略上进行发展方向、思路的研究和调整。二是经营决策中，企业时常要面对两难的选择，既要作现实的利弊比较，又要放在未来不确定条件下进行选择，思考这种选择带来的风险。这种思考就具有战略性，就要从战略主动权方面进行研究。三是日益复杂的管理中，常常出现要解决某一个问题，就必须先解决掉一些前提问题，盘根错节，难以取得预期的管理成效。这时，就要从战略控制上理顺思路，作出抉择。

（二）五年规划主要特点

——突出一条主线。新的五年规划明确提出，“始终坚持以客户为中心、以市场为导向，将银行发展方式全面转型作为工作主线，立足于服务实体经济，以改革创新为驱动，以提升客户体验为重点”，将“树立让客户、投资者和员工深感信赖和温暖的企业形象”作为重要发展目标，业务战略、能力建设、管理改革都始终贯穿着客户这条主线，抓住了我行的薄弱环节，也抓住了商业银行经营发展的核心。

——坚持稳健经营作风。规模、效益和效率长期来看内在统一，一定时期内也会相互矛盾。规模关系到市场地位、影响士气，这是五年规划面临的首要问题，不容回避。对此，五年规划将

"资产负债和中间业务市场份额保持稳定"作为目标，既明确把集约化、高效率发展、推动经营转型和培育可持续发展能力放在更为重要的位置，同时寻求合理、可期的市场份额，坚持审慎经营的风险偏好，体现了我们对未来市场的基本判断，也符合我行的一贯作风。

——努力实现五大转变。在2005年《业务战略纲要》提出的近中期五大转型的基础上，五年规划审时度势，进一步提出"五个转变"，即发展模式从规模驱动、经营产品为主向价值创造、经营客户为主转变；客户服务从传统存贷汇业务为主向融资融智并重、综合金融解决方案转变；营销模式从单点、分散营销为主向统分结合、整合联动方式转变；服务渠道从物理网点为主向物理网点与电子渠道并重、多渠道功能互补、协调联动转变；业务流程从部门银行、着眼内部管理需要为主向流程银行、快速响应客户需求转变。五大转变是五大转型的继承和深化，概括了新时期我行经营管理的主要任务和工作重点。

——突破难点问题。在深入研究的基础上，五年规划对长期困扰经营管理和业务发展的难点问题，提出了明确的答案或说法。如人员总量突破零增长，在岗员工年均增长2.1%；计划管理向资本预算管理过渡，以资本管理驱动业务结构调整和资本回报提升；加大基础性战略投入，营业网点增加2 000家、自助设备增加4万台，推进新一代核心系统建设，成本收入比由37%提高到40%左右；组织架构在坚持层级管理的基础上分层次推进条线经营体制改革，明确了电子银行、无贷户职能定位和管理体制，明确了省会城市行管理模式等。没有含含糊糊、拖泥带水，这些问题的明确解决，将明显改善我行的管理效率和服务水平，更好地调动各级机构的经营活力。

（三）加强战略管理能力建设

一是抓好战略规划的学习宣传。这次会议特意安排了五年规划的深度解读，下一步全行还要加强规划的学习和培训。今明两年总行各部门、各分行举办的培训班都要安排规划课程，各级行要将五年规划作为近期学习的主要内容。

二是加强战略规划的执行督导。五年规划要分解落实到部门、分行、子公司年度工作计划，并纳入年度考核体系，强化规划执行情况的考核。要建立规划的评估和调整机制，及时反映在规划执行过程中遇到的新情况、新问题以及调整建议，董事会批准后即可作为规划调整、后续执行的依据，从而实现五年规划的"滚动修订"。

三是加强规划研究。五年规划还存在一些有待改进的地方，有的问题还仅仅是点了题，有的问题研究得还不够深入、措施也不够具体。需要大家结合实际，进一步研究。

三、充分发挥员工积极性和创造性

职工代表大会是企业实行民主管理的基本形式，也是基层民主政治建设的基本制度。我行2005年在金融系统中率先召开职工代表大会，六年来一共召开了两届共六次大会、三次联席会议，不仅审议行务工作报告，还审议通过了企业年金办法、股权激励方案、员工之声项目、表彰突出贡献员工等关系职工切身利益的重要事项。共征集职工代表提案1 640件，其中经过审查立案的1 113件，总行有关部门经过认真研究都进行了回复。各级工会组织以服务大局、推动发展、维护权益、构建和谐为己任，在深化民主管理、协调劳动关系，关心关爱员工身心健康，深入开展劳动竞赛、职工之家建设和帮扶救助等方面，做了大量卓有成效的工作。

实践证明，职代会制度的建立和工会制度的完善，进一步优化了我行的公司治理结构，有效维护了职工合法权益，实现了让员工更高层面的民主参与、民主决策和民主监督，对稳定职工队伍、凝聚人心、构建和谐环境、促进我行各项事业的发展发挥了重要作用。我们在推动职工民主管理方面的努力得到了中央领导的重视和肯定，中华全国总工会专门到我行进行调研。

胡锦涛总书记在庆祝中国共产党成立90周年大会上的重要讲话中指出，要"坚持国家一切权利属于人民，健全民主制度，丰富民主形式，拓宽民主渠道，保证人民依法实行民主选举、民主决策、民主管理、民主监督"。我们要结合新形势的特点和要求，进一步探索创新员工工作，把职代会作为进一步完善公司治理结构的重要组成部分，使各项工作进一步规范化、制度化。

一是切实做好提案的征集、立案和督办工作。真正畅通言路，给职工代表充分的时间，深入基层了解员工诉求，在广泛征求意见的基础上提出职代会的提案。各级行必须认真对待职工代表的提案，对符合职代会制度要求和我行发展方向的应及时立案。工会作为职代会的办事机构，要有人专门负责此项工作；各部门要把承办的提案作为一项重要工作，做到件件有回复、有结果。

二是要为中心工作创造良好环境，增强全行凝聚力。工会要努力推动和帮助解决基层员工群众最关心、最直接、最现实的利益问题。要关注基层网点的劳动环境，了解和掌握职工思想状况，开展身体检查和心理健康教育，注重人文关怀和心理疏导，倡导积极向上、健康文明的生活方式，培育阳光心态。持续做好重大节日送温暖和特困员工帮扶救助工作，努力为广大员工办实事、做好事、解难事。

三是加强员工培训，提升队伍素质。银行业竞争越来越激烈，客户要求不断提高，新产品、新技术、新市场层出不穷，只有不断学习、不断创新才能满足业务发展和个人发展的要求。加强员工培训，增强培训实用性，努力培养一批高素质、高技能的专业人才，不断提高员工的实际能力和工作业绩。

四是搞好企业文化，增强责任意识。责任意识就是工作态度，是敬业精神。建设银行的发展与每一位员工息息相关，要把个人的职业生涯与建设银行的整体发展紧密结合起来，增强责任感、事业心。工会在企业文化建设方面大有可为，要用优秀的企业文化教育和引导员工，激发员工积极性、创造性。

四、进一步深入开展为民服务创先争优活动

我行前一阶段的创先争优活动得到了中组部、中央创先争优活动领导小组办公室的充分肯定。9月16日，中共中央政治局委员、中央书记处书记、中组部部长李源潮同志到我行调研，给予了很好的评价，并对深入开展活动提出了殷切希望和更高要求。《中央深入开展创先争优活动简报》先后6次刊登我行创先争优活动情况。中组部将我行作为国有银行的代表，推荐为创先争优活动重点宣传单位。《人民日报》、《经济日报》、《光明日报》等主流媒体专门报道了我行开展创先争优活动的有关情况。

下一阶段，全行要以贯彻落实李源潮同志重要讲话精神为契机，按照中央的统一部署和总行制定下发的《深入开展“为民服务创先争优”活动指导意见》，加强组织领导，发挥国有大银行统一法人、垂直管理、集中运营的优势，深入推进为民服务创先争优，将活动融入银行改革发展的各项工作中去，为客户提供更加优质高效的金融服务，树立我行良好的社会形象。重点抓好以下六个方面。

第一，继续查找问题，加强整改落实。认真查找流程设置、产品创新、基础设施、内部管理等方面存在的问题，进一步加大整改力度，着力解决客户体验一致性的问题，着力解决产品研发相对滞后的问题，着力解决流程持续优化的问题，着力解决服务能力提升的问题，着力解决基层一线员工的实际问题。各部门各分行要深入听取客户意见，让客户切实感受到创先争优带来的新变化。

第二，丰富活动内容，组织检查评比。各分行要深入开展“三亮、三比、三评”活动，采取佩戴党徽、工作牌和设立公示栏、党员责任区、党员示范岗等形式，亮出党员身份，亮明岗位责任。继续在公司业务、小企业、个人客户、住房金融、信用卡等业务条线开展劳动竞赛，开展“夺旗争星”评比活动。11月份，全行要开展检查评比。

第三，立足服务大局，坚持结构调整。积极创新信贷和融资服务，加强内控建设和贷后管理，清理整顿融资平台贷款，防范风险累积。主动协助部门地方完善发展规划和投资计划，支持地方经济转型。积极服务实体经济，大力支持小企业、“三农”和住房保障等民生建设。努力以自身业务结构调整促进国民经济结构调整，以自身发展方式转变促进国民经济发展方式转变。

第四，持续推进改革，努力提升能力。要把“发展”和“为民”很好地结合起来，既要通过热情服务赢得客户满意，又要通过改进管理、创新产品、提升服务来解决群众反映比较多的问题。进一步细分客户、细分市场、细分产品，提高专业化、精细化经营管理水平。加大人才引进和岗位竞聘的工作力度，不断加强全行的服务能力和

价值创造能力。

第五，加强宣传引导，推广先进典型。要开阔视野，广泛收集传播同业和系统中好的经验。坚持典型示范，及时发现、精心培育为民服务的好典型，使“为民服务创先争优”成为党员群众的自觉行动，用先进典型带动全行创新、创业、创优，加快活动成果应用，使之转化为现实生产力，推动全行业务发展。

第六，继续提供坚强有力的组织保障。各级行要加强组织领导，形成党委统一领导，有关职能部门各司其职、密切配合的工作格局。各级党员领导干部要进一步深入基层，坚持求真务实，善于查找要害，抓住实现工作目标不放松、落实政策措施不放松、解决现实问题不放松，努力使我行的各项服务工作实现新的突破。

各位代表，国家“十二五”规划已经实施启动，我们面临新的机遇与挑战，全行员工要上下一心，奋力拼搏，共同谱写建设银行新篇章！

在中国建设银行工作会议上的讲话

张福荣

（2011 年 2 月 22 日）

同志们：

2010 年，全行认真贯彻党中央、国务院的决策部署，深入落实科学发展观，进一步克服国际金融危机的影响，在复杂多变的环境下保持了持续健康发展，经营业绩良好，结构调整加快，风险和内控管理加强，竞争发展能力显著提升。昨天，树清董事长、建国行长分别作了重要讲话，深入分析了内外部经营形势，对新一年的工作作了全面部署，希望大家认真学习领会，全面贯彻落实。下面我讲几点意见，供大家研究工作时参考。

一、明确发展目标，凝聚全行力量

今年是“十二五”起步之年，也是建设银行发展的重要阶段。如何认清形势、抓住机遇，做到又好又快发展，统一全行思想，凝聚全行力量，明确发展目标，谋划好未来的发展规划非常重要。当前，我行正在编制五年发展规划。规划是未来一个时期全行发展的总体目标、方向和蓝图，也是行动的纲领。总行党委对此高度重视，进行了认真的研究部署。总行各部门、各分行要充分认识到这项工作的重要意义，积极参与规划编制工作。要认真贯彻十七届五中全会和中央经济工作会议精神，关注世界经济结构进入调整期、经济治理机制进入变革期的新情况，关注国际金融组织体系改革和金融监管的新动向、面临的新的监管环境，主动适应外部环境与市场的变化，适应货币导向的变化，适应经济结构的变化，及时跟进监管政策的要求，充分认识银行业发展格局不断变化的必然，实事求是地分析同业竞争的态势，制定切实可行的发展战略和发展目标。

制订规划，一定要客观地认识我们现在所处的环境和位置，要看到我们的优势和劣势，重视解决发展中的不协调、不可持续的问题，充分了解和评估加快发展的良好基础和巨大潜力。按照建设世界一流银行的目标，要具体明确主要业务的发展指标，如市值、盈利、客户数量、品牌价值和服务等要达到什么水平。当前市场竞争日益激烈，经营压力越来越大，要立足于打造建设银行可持续发展的能力，立足于不断巩固和加强建设银行的市场地位，制定具有前瞻性和挑战性的发展规划，同时，也要明确配套的措施、方法和实现途径。

各分行、机构也要从当地环境和实际情况出发，根据总体规划的思路和要求，对当前和未来的工作作出具体谋划。只有各个分行、机构的规划是可行的、先进的，才能保证全行发展战略的实现。因此各分行、各机构都要重视这项工作。规划一旦形成，就要坚定不移、有步骤地实施，不宜轻易草率地改变。全行上下要进一步树立责任意识、使命意识，共同努力把这项工作做好。通过总行、分行发展战略的谋划，明确方向，形成共识，凝聚力量，提振士气，促进建设银行各项事业不断取得新的进步。

二、转变发展方式，加快结构调整

转变发展方式、调整经营结构是建设银行在新的经济金融环境下生存和发展的客观需要，是我们面临的历史性任务，也是建设银行发展进步的必由之路。近年来，全行坚持“以市场为导向、以客户为中心”的理念；改变追求规模速度的经营思想，树立数量、质量和效益相统一的理念；改变过分注重短期效果的倾向，树立长期可持续发展的理念；改变单纯重视利润的评价标准，树立统筹发展的理念。在实际工作中，对转变发展方式进行了多方面的探索。这些经验需要不断总结，这些探索需要持续推进下去。在当前，转变发展方式，就是要从高资本占用型业务向低资本占用型业务转变，从传统融资中介向多功能金融服务中介转变，以期形成多元化的盈利格局，就是从传统意义银行向综合化的金融集团的转变，就是进一步由粗放经营向精细化经营转变，按照市场和金融企业发展的客观规律推进改革和发展。

要加快结构调整，包括调整业务结构、客户结构、收入结构和产品结构，通过结构调整促进业务转型，促进全行更好更快发展。业务结构调整就是在重视资产、负债等传统业务的同时，要加快发展理财服务、金融市场、电子银行、投资银行、资产管理等新兴业务。在客户结构调整上，要坚持注重增加数量，明确客户发展目标，做大总量，强化业务发展基础，要优化结构，重点发展培育一批优质公司客户和个人客户，做大中高端客户规模；在收入结构上，要看到我行中间业务收入等非利息收入占经营收入的比重还有很大的提升潜力和空间，因此要按业务种类、按产品确定收入计划，加强考核评价，力争每年的非利息收入都有明显提高；产品结构方面，要通过加快产品创新，丰富产品类型，沟通客户需求，要强化产品研发，加大新产品的推广力度，健全产品研发管理机制；要重视营业机构优化和建设工作，要研究经济金融资源分布格局的变化，合理规划营业机构布局，讲求投入产出效率，注重服务辐射能力，增加服务功能，优化运营模式，发挥好营销和服务的主渠道作用。总行有关部门要摸清营业机构歇业情况，采取措施恢复营业，没有开足的窗口、柜台也要统筹研究，尽早形成服务能力。在当前环境下，有两项工作要重点进行：一是加快信贷结构调整。一定要认识到，调整信贷结构是落实国家的宏观政策，也是自身发展的需要。我们在此之前做了大量卓有成效的工作，要巩固下去。要科学测算当期和一个时期内，在资本约束下通过资本优化和结构优化所能达到的信贷增长边界；要看到去年我们在资本市场融资后，资本充足率达到了监管的标准，但并不十分理想。在不太长的时间内，再融资的压力还是存在的，要从现在开始采取措施，降低无效资本的占用，加强资本管理。要下力气拓展新的信贷市场，完善准入和退出机制，提升信贷业务的质量和效益。要着力优化信贷客户结构、行业机构、产品结构和期限结构。二是金融市场业务是转变发展方式、结构调整的重要内容。到 2010 年年末，金融市场业务的资产规模占总资产规模的比重、金融市场业务收入占总收入的比重都在 26% 左右。金融市场业务是一项核心业务，是多元化收益的重要渠道，要从加强基础管理入手，健全业务组织架构，完善运行机制，充实力量，优化结构，改变部分业务手工操作的落后局面。加强信用风险、市场风险的分析研判，进一步完善规章制度和市场风险管理体系，制定科学投资策略，提高交易能力和交易水平，可以考虑首先在金融市场部门引入市场化的人力资源薪酬机制，要加快代客业务的发展，增加业务收入。经过一两年努力，资产规模是完全可以达到 3 万亿元以上的，资产规模和收入占比超过 30%，为建设银行的持续发展作出实实在在的贡献。

三、重视人才培养，打造人才优势

建设银行重视人才工作，几年来大力加强人才培养力度，明确目标，创新机制，持续营造良好环境，初步形成了人才兴行、人才强行的良好局面，为改革发展提供了有力的组织保障和人才支持。但与战略转型、业务发展的需求相比还有一些亟待改进和攻克的难题，人才结构有待进一步完善，员工素质尚待提高。新业务人才、国际化人才不足的矛盾比较突出，人才流失问题不同程度存在，人才培养力度有待加大，人才工作机制尚需进一步完善。总之，人才工作对建设银行的发展是一个很大的挑战。

人力资源是第一资源，全行要进一步重视人才工作，做好人才规划。要认真落实中央关于开展新一轮大规模培训工作的要求，从培养提高入手，坚持不懈地抓好全员培训和人才培养工作。要总分行两级负责，发挥党校和各类培训机构作用，整合培训资源，拓展培训渠道，创新培训方法，坚持分级分层培训。规划好、组织好业务骨干、高级管理人员的培训，组织好境外培训。加强教育培训管理，提高培训效率和质量。

要重视人才的引进，加大面向社会、面向海外、面向校园的人才引进力度，储备一批适应未来发展需要的人才，为建设银行的发展注入生机和活力。要重视人才的使用，充分发挥现有人才的作用，做到人尽其才。要适时引导推动各类人才在建设银行内部合理流动，拓宽成长发展路径和晋升渠道，使他们能够在更大范围内，有更多机会施展才华。要采取措施减少人才流失，应逐步健全人才激励保障机制，完善考核评价体系，形成科学合理、激励有效的薪酬激励，稳步提高各类人才和员工的薪酬福利待遇。条件具备时在更大范围尝试市场化的薪酬机制，体现人才价值，实现人才和建设银行事业共同成长。

要重视构建有利于各类优秀人才脱颖而出、充分施展才华的选人用人机制。要按照公开、竞争、择优的原则，坚持任人唯贤，选贤任能，坚持选聘结合，创造条件实行公开选聘，启用一批德才兼备、有事业心、有能力、群众拥护的优秀人才。

最近一行三会下发了2010—2020年金融人才发展中长期规划，提出了突出培养造就高层次金融人才，大力开发金融业急需紧缺人才，统筹推进包括金融管理人才、经营管理人才、未来技术人才和高科技人才队伍建设的任务，要结合实际，认真地贯彻执行。

四、加强风险管理，提高内控水平

去年以来，监管标准不断细化并愈来愈趋于严格，监管机构正在构建逆周期的全新宏观审慎管理制度框架，资本充足率、流动性比率、杠杆率、动态拨备率等监管新标准都要严于《巴塞尔协议Ⅲ》，愈来愈严格的监管对于全面加强风险管理提出了更高的要求，任务更加艰巨。

根据监管新动向、新要求，结合建设银行的实际，要研究制定有利于风险管理的架构及配套制度，健全风险管理机制，着力优化风险政策体系，从基础工作入手，提升风险管理效率。制定和完善并表管理制度，构建并表管理组织体系，健全表外风险管理体制机制，强化对融资平台、房地产、过剩行业、金融市场业务、银信业务的风险防范。要进一步重视海外机构风险管理，对子公司的风险管理工作加强指导。关注运营风险管理，提高操作风险的防范能力，要进一步完善操作流程，通过流程优化来控制操作风险，控制各类风险损失和声誉风险。

要切实重视内控工作，提高内控水平，要从明确主管部门、协管部门、主办部门和协办部门的职责入手，健全和完善内控管理的体制机制。要自上而下地增加内控管理的力量，提升内控管理的能力。要制定和完善分级分类的内控管理制度和操作规则，要教育和引导员工养成良好的职业操守和行为习惯，培养具有建设银行特色的风险管理文化。

去年，审计机关、监管机构和总行都组织了针对内控管理的审计检查，发现了问题，提出了整改的要求。主管部门要组织推动督导整改，各分行各机构要高度负责地抓好整改。要建立整改工作的报告制度，要坚决实行问责制度，切实抓好内控责任制的落实。

从去年11月份以来，总行充实调整了20个境内分行和直属机构主要负责人，总行一些部门的主要负责人也作了充实调整，目前有的在候任，有的已经履新。在一年起始的重要阶段，已经到任和候任的同志都要高度负起责任，抓好经营，抓好发展，更要集中注意力抓好稳定，抓好管理，控制和减少经济案件和风险事件的发生。

五、科学安排，强化审计工作

审计工作担负着全行经营业务审计的繁重任务，在去年的审计工作中，按照风险导向原则，结合监管要求，重点关注了高风险的行业、客户、产品和机构，加大了对业务薄弱环节的审计力度，跟进业务发展，探索拓展新的审计领域。开展内部控制审计、任期责任审计，结合实际组织了大量自选审计项目，较好地发挥了职能作用。

在新的一年里，要根据新形势、新任务的要求，坚持围绕中心，坚持跟进业务发展，突出审计重点，统筹做好各类项目的审计，有效地履行审计监督、评价、建设三项职能，全面提升审计水平。要以合规审计为基础，组织开展好管理效益审计，持续关注经营管理的薄弱环节，进一步关注新产品新业务中的风险，跟进新资本协议的实施进展，适时开展相关审计。

要重视审计质量的提高，要从审计项目的提出开始，全过程地加强审计质量管理。审计工作一定要做到事实清楚，数字准确，客观真实，负责任地反映、揭示矛盾和问题，审计报告要避免千篇一面，要少原则，多具体，少概括，多量化。要重视审计结果的运用，持续跟踪审计问题的整改落实情况，在总行和分行建立跟踪整改的报告制度。要加强对审计工作的领导和审计队伍建设，主管部门在业务上要指导到位，在保持审计工作相对独立性的前提下，要优化资源配置，整合和利用各类审计资源，实行规范化、精细化管理。在审计队伍建设上，一是要充实加强各审计机构的领导力量，要选好配齐。二是要充实审计队伍数量，在今年内力争恢复到2005年审计体制改革时的水平。要保持审计队伍的相对稳定。要关注、切实解决审计队伍中异地交流人员的实际困难。各分行要为审计工作的顺利进行提供支持和保障。三是要提高审计队伍的整体素质，提高审计能力。有的放矢地组织好培训，学习和交流，打造一支素质过硬、业务娴熟、结构合理、精干高效的审计队伍。

六、坚持做好监事会工作

2010年，监事会顺利完成了换届工作，组建了新一届监事会。作为公司治理结构的重要组成部分，监事会始终坚持围绕全行中心任务、服务发展大局来谋划监督工作，履行财务与内部控制监督、履职尽职监督职责，积极支持董事会、管理层依法行使职权，努力推动公司治理的完善和全行持续健康发展。目前，年度监督的各项工作正有序进行，最终形成的年度监督意见将通过适当方式向董事会和管理层通报，并向董事、高管人员个人进行反馈。

新的一年，监事会要继续依据法律、法规和银行章程的规定，加强履职尽职监督和对财务与内部控制的监督，推动商业银行董事履职评价办法的试行工作，加大非现场分析和现场调研监督力度，进一步加强自身建设，不断总结工作经验，继续探索完善监事会工作的路径和方法，落实监督措施，提高监督成效。希望大家一如既往地协助和配合监事会的工作。

谢谢大家！

在2011年全行审计工作会议上的讲话

张福荣

（2011年4月1日）

同志们：

这是一次很重要的会议。昨天上午，建国行

长到会，看望了各位与会代表，并发表了重要讲话。建国行长向大家通报了去年以及今年以来的经营管理基本情况，充分肯定了我们建设银行审计工作所取得的成绩，指出了审计工作中存在的一些突出问题，对做好今年工作作了具体的部署，提出了明确的要求。静波同志昨天作了一个很好的工作报告，对去年的工作进行了系统回顾，提出了今后一段时期审计工作的思路和基本要求，明确了今年审计工作的主要任务。同志们围绕建国行长的讲话、静波同志的报告进行了深入的讨论。提出了很多好的建议和意见，这是大家深入思考的结果。这些建议和意见总行会认真地研究，有一些我们可以很快地给大家回复，有一些还需要讨论、沟通，取得共识。

总体来看，这次会议达到了预期目的。下面我根据会议的安排谈几点意见，作为这次会议的总结。

一、建设银行审计工作在加强管理、加快发展中发挥了重要作用

建设银行的审计体制是有特色的，运作是良好的。几年来，在建立和完善现代公司治理的过程中，建设银行的内部审计作为全行公司治理和风险内控的重要组成部分，审计活动覆盖了全部的风险管理、内部控制和公司治理等领域。我注意到，这几年审计的范围在不断地扩大，审计的质量在不断地提高，审计的层次在不断地提升，审计的视野进一步拓宽。这些工作充分体现了审计的战略性、建设性和前瞻性，在推动全行加强内部控制、防范风险、改善管理、提高经营效益等各个方面都发挥了增值的作用。“增值”其实是我们的一个理念，按照这个理念，应该说审计工作是到位的。我们的审计工作、审计专业已经成为全行一支不可或缺的、重要的监督检查力量，一支不可替代的力量。之所以有这么一个局面，我认为主要得益于三个方面的因素。

一是有一个健康、健全的审计体系。建设银行的审计工作在公司治理中能够发挥重要作用，这个体系是非常重要的，从2005年到现在五年多的时间里，越来越成熟、越来越健全、越来越完善。这个体系的搭建是在渡扬监事长和永顺首席审计官的组织推动下实现的，是在同志们的共同努力下，摸索实践，建立起来的。到目前为止，我们的同业还没有一个有这样完整的、健全的、有权威性的审计体系。实践证明，这个体制是成功的，当初的设计是合理的、是必要的。

二是有一支好的队伍。这是我第一次和审计专业的同志们一起开会。通过和各位的接触，讨论问题，我感觉审计专业的同志们精神状态很好，很有斗志，使命感很强，为建设银行的改革发展建功立业的劲头很足。从各位的身上，可以看到我们审计队伍是有素质、有能力的，是有战斗力的。2 000多人的审计队伍承担起了总行交给的非常艰巨的任务，完成得很好，大家是尽心尽力的。正因为如此，我们建设银行的改革发展、内控管理才达到了一个新的水平，实现了新的进步。

三是有一个好的环境。我来建设银行工作8个多月的时间，我的感受是，对于审计工作总行党委是高度重视的，董事会、高管层是重视的，树清董事长、建国行长是非常重视的，各个分行、各个机构对审计工作是支持、配合的。在我们开展审计工作的过程中，大家的支持是到位的。正是由于有了这样一个好的环境，我们的审计工作才能够顺利地开展、有序地进行。尽管在这个过程中，我们遇到一些困难，遇到一些挫折，但是，从全行看，支持的力度是很到位的，为审计工作创造的环境、条件应该说是比较好的，这也是我们顺利开展工作、保证审计工作健康有序进行的一个非常重要的因素。

二、树立科学的审计理念，提高审计工作水平

今年是我国“十二五”规划的开局之年，也是建设银行转变发展方式、调整经营结构的关键的一年。在这个年度里，我们面临着许许多多、各式各样、复杂多变的经济、经营形势。因此，我们要清醒地认识到，建设银行所面临的形势是复杂的，未来发展变化的格局是不确定的；要清醒地认识到，我们面临的监管新要求越来越严格，内部管理的挑战越来越严峻。我们应该不断地总结经验，坚持与时俱进，树立科学的审计理念，坚持开拓创新，履行好我们应尽的职责。

一要增强战略的前瞻性，在建设银行的改革发展中发挥作用。审计部门要利用职能定位的优

势，即第三道防线的特殊优势，对全行经营发展的环境和特征进行分析、预判。要针对新的情况、新的问题来拓展审计工作的新思路，研究新办法，发挥新的、应有的作用。要特别研究随着综合化经营的不断推进、国际化战略的逐步实施、新的业务领域的不断拓宽，可能出现的潜在风险。所以，前瞻性主要是指针对这些新的东西、变化的东西，要增强前瞻性的判断、预判和分析，这是做好我们审计工作的一个非常重要的问题。

二要增强敏感性和工作的主动性。审计要关注全行业务发展和经营转型状况下的技术含量比较高、监管要求比较高的创新业务。这需要有较强的敏感性，既要做好传统业务的审计，也要注重做好全行新业务的审计。我们不仅要关注现实的风险，更要关注潜在的风险，应该在基础数据比较翔实的前提下，认真地梳理风险管理关系和控制环节，及时地发现、揭示复杂风险的表现，以及在其表现下的制度和流程的缺陷。现在很多时候，业务推出来了，产品研发出来了，但是制度和流程相对是滞后的，或者是相对有缺失的，这本身就是一个风险点。我们要加强研究和预判，要注意揭示这些风险隐患，及时地提出建设性的建议和意见。这些工作如果做到位的话，是可以推动全行增长方式转变和经营转型工作的深入进行的。这种敏感性和主动性的前提，我想主要还是责任意识、使命意识的问题。

三要创新审计方法，提高审计能力和水平。内部审计作为全行风险内控的重要组成部分，要实现对全行经营管理的有效监督和检查，一定要有先进的方法和技术。因为只有这样，才能保证履职水平的提高。在当前，我认为主要是发展和完善非现场检查和审计的模式，因为这种模式被实践证明是有效的。过去几年，建设银行在非现场审计领域进行了大量的审计实践，取得了很好的效果，希望能够坚持下去，进一步发展和完善。在审计检查方法创新方面，要充分地利用模型这类工具。模型运用得好，可以起到“一网打尽”的作用，关键在于模型设计是否合理，是否能够涵盖业务的各环节，是否能够准确地掌握各个风险点。我们应增强这方面的力量，提高这方面的能力。同时，在流程方面要注意改进，兼顾质量和效率，优化流程，减少环节，缩短报告路线，使审计信息、审计结果的利用更及时、有效。这些方法的运用，会对审计效果和审计效率的提高起到重要的作用。

三、需要强调的几个问题

关于今年的工作，昨天建国行长和静波首席审计官都讲了，我再强调几个问题。

一是审计工作一定要围绕中心、服务大局、支持发展。这其实是一个职能定位的问题。我们的审计工作一定要牢固地树立以风险为导向，以创造价值、促进发展为目标，按照公司章程和公司治理的要求，扎实地开展工作。通过审计检查、审计评价等这些有效的方式来发现问题、揭示矛盾。只有清晰地界定审计部门的职能定位，才能富有成效地做好审计工作。审计工作是不能包打天下的，也不能做到面面俱到，我们要做好该做的事情，做好能够做好的事情，目标要明确，职能要清楚。所以审计工作的出发点，就是一定要从有利于建设银行的改革、有利于建设银行的健康发展、有利于内部控制的加强、有利于风险文化的培育角度来进行安排和部署，最后归结点就是要有利于我们发展战略的实施和实现。我希望审计的定位，经过同志们不断地研究和实践，能够更清晰。

二是要坚决地实行审计工作责任制。审计工作是一项对事业负责、对员工负责的责任性极强的工作。对审计工作最核心的要求就是负责。审计工作，应该有一个非常严谨的态度，就是一丝不苟。每一项检查、每项审计工作都应该经得起检验，这就要求每一位从事审计工作的员工要具备良好的职业道德和职业责任，这是工作性质所决定的。在昨天下午和今天上午的讨论当中，很多同志都谈到了责任心的问题。为什么谈到这个问题呢？是因为在这个事情上，我们有些地方做得不够，有的员工做得不够。做得不够，我们审计工作的质量、效果就会大打折扣，就会受到质疑。因此，有必要建立和完善审计工作责任制。责任制的建立，从部门、机构的负责人，到项目的负责人，再到具体的经办人员，都应有明确的、应该承担的责任和义务。责任制应该设定责任追究的具体条款。对于履职人员不作为或者严重失职的，一定要有严格的追究条款。审计工作一定要讲原则，要做到客观、公正、务实。所有审计过的事项，一定要是负责任的，不迁就、不护短、不夸大，也不缩小的，不敷衍，更是不能隐瞒的，一定要有人负责任。

我在以前讲过，有的审计报告千篇一面，整改意见当中有的是几行字，碍于情面写得很原则，很笼统，有一点很客气的味道。在报告中关键是要把问题找准，要把意见讲得清楚，提出的整改要求一定是要切实可行的，目前我们缺少这一点。我讲的“千篇一面”不是讲报告的格式有什么问题，而是指在最后指出问题的环节上和整改意见上，过于雷同。这是不符合实际情况的。每个人、每个机构不可能都犯同样的错误，不可能都有同样的问题，这里面就有一个负责任的问题。所以，要搞责任制，就是针对现在的问题提出来的，是必要的。希望这个责任制建立以后，审计工作的水平能够得以提高，审计工作对董事会、对管理层负责任的能力能够提高。

三是要切实重视审计质量的提高。建设银行的审计工作每年都有新的进步，主要是反映在审计质量上。但是，随着综合化经营、国际化战略的实施，新的业务、新的领域不断扩大，这对我们审计工作提出了更高的要求。大家都知道，审计的质量决定审计的地位，审计质量的高低对全行发展能力的提升、管理水平的提高，都将产生很重要的作用。所以，我们要更加重视审计质量的提高。能不能提高审计的质量，决定于我们的能力。这里有两点，一是能不能承担起这个责任，二是有没有能力完成这项工作。我想，建设银行审计队伍的能力是很强的，我们是能够有所作为的。

在提高审计质量方面，首先是要从检查入手。审计工作要注意细微之处，坚持精细化的管理，做精、做细，很多问题都会迎刃而解。在检查过程当中，从部门的负责人到经办人员，都应该细致地查阅有关资料，不要凭想当然或者凭经验。要善于发现问题，要及时地进行归纳和整理。不知道同志们有没有审计日记或审计日志，我是非常赞成有这个东西的。它会把每一天你做了什么、你发现的问题，无一遗漏地记录下来，你在整理归纳的时候，就有了大量的素材，不用再反过来去查资料，虽然现在电脑比较方便，但是它代替不了人脑，应当养成一个很好的工作习惯。

要对照有关规章、制度、流程，在归纳整理的基础上准确定性。先确定问题的性质，划定责任的范围，有理有据地提出处理意见和整改建议。我们形成的审计报告一定要翔实、真实，这是最重要的。审计报告要有针对性，要保持审计工作的相对独立性。为什么说相对独立性呢？这是因为在形成审计报告的过程中，可能有来自各方面的建议、提示等等，如国家审计署的检查，它的独立性应该说是很强的，但也还是要听取被审计对象的意见和建议。建设银行这么大的一个机构，很多情况是比较复杂的，很多因素是需要我们考虑的，但是相对独立性不能丢掉。形成的审计报告一是不能模棱两可，说一些模糊的话、含糊的话；二是不能似是而非，让领导去判断、让领导去作结论。在重视审计质量的工作上，我还是希望大家再加把劲，再加把油！

在提高审计质量方面，有一件事情要和大家商榷，昨天我和静波同志谈了这件事情，能不能在今年内尝试对我们的审计机构，包括审计分部和总审计室开展内评估的工作，自查审计质量，其实这也是对我们自身的诊断。这种内评估和检查，就是要瞄准审计能力和质量，看看存在什么问题。这项工作，我想总行可以先作一个初步的调研，然后制定一个方案，列出内评估的内容，确定评价标准，选几个单位进行试点。在总结经验的基础上，再对全行所有的内审机构进行一次全面的内部评估。这项工作的目的就是要真实地了解我们内审的能力和水平，进而采取措施来提高审计的能力和质量。内评估后向董事会、高管层作出一份报告，也有助于董事会、高管层重视、关注我们审计需要解决的问题，给予支持，更好地承担起在全行改革发展过程当中所赋予的历史使命。

四是要关注跟踪整改工作。在现有体制下，审计部门是有责任承担起跟踪整改工作的。当前跟踪整改的主要矛盾，是力度不够的问题，是主动性不够强的问题，或者说是一个缺位的问题。其实大家没有什么私心，就是工作怎么做，可能还需要进一步的探讨。我们都要想一想，作为审计部门，不抓整改，审计工作还有什么意义呢？不抓整改，审计工作还有什么作用呢？不抓整改，审计还有什么地位呢？要按照职能定位去抓整改，这是责无旁贷的。

怎么抓整改？首先是要进一步明确落实跟踪整改的工作流程和工作要求。要把流程设计出来，从总行到分部、到总审计室、到我们的各级分行、到营业机构，要有具体的工作要求，要拟订整改意见书，要明确整改的承办机构和承办负责人，要明确整改的内容、完成整改的时间和报告的时间。不能按时完成整改或者达不到整改要求的，要按照整改的有关规定，追究相应的责任。跟踪整改也是现代公司治理的客观的要求，一定要做到位。

整改结束以后，要有报告，总行可以制定一个报告格式，不要太烦琐，列明是什么问题，是怎么整改的，怎么处理的。审计部门负有整改工作再检查的责任，对于整改不力的，各级审计部门可以采取现场督导的方式来推动整改，并对相关机构进行通报，不能不了了之。至于在什么范围内通报，可以视情况而定。

此外，要关注各个分行整改落实的情况。现在有的分行上报的材料，整改率都是百分之九十几，不是不相信，有时候很难让人相信。如果整改率这么高的话，屡查屡犯的问题就不会这么多。昨天有一个审计机构的同志讲，他们全年发现了多少个违规问题，最后处理了多少个人，是怎么处理的，讲得很具体，我认为这是真实的。对于分行报来的整改率，大家眼睛要瞪得大一点，到底怎么样，要心中有数。

五是要重视员工素质的提高和能力的提升。今后的工作中，一定要以素质能力建设为中心，加强审计队伍的建设。这是大家非常关心的一个问题，也是讨论中提出比较多的问题。

在这项工作中，要注意做到以下几点。第一，要保证今年增人计划的落实。在增人计划的实施过程中，要把好准入关。我们新进的大学生，要力争多一些专业对口的学生，我们审计专业的少，适当招一些经济、金融、法律专业的也可以，同志们要好好把关，也请人力部的同志帮着把好关。从实际工作当中选拔的人员，比例应该还是比较大的，在选拔时，一定要注重素质和能力，在年龄上，是否可以考虑适当地放宽。我认为，一个人在四十岁左右，也是金子般的年龄，经验很丰富，能力很强，做审计工作是很合适的。我们交流的人员要更多地从审计机构所在地的营业机构中选拔、选聘，减少从外地调入的人员，特殊的除外。我想这样做，也是以人为本。从外地调入的成本比较高、代价比较大，从外地调入的同志两地生活，有很多不方便，还是尽可能从当地选才比较好。第二，要重视解决各个审计分部和总审计室主要负责人缺员的问题，我希望按照一定的职数，坚持标准，在今年内，能够把这些机构的负责人选好配齐。在此基础上，根据业务发展的实际需要，对各个分部和总审计室内设机构管理人员的职数，进行适当地调整和核定，逐步选好配齐。第三，要加强人员的培训，提高所有从业人员的履职能力，提高他们把握风险、归纳总结、掌握现代技术方法的能力。培训工作要由总行的审计部门提出需求计划，人力资源部门统筹安排，要保证每一个审计人员每年至少培训一次。对于分部和总审计室的负责人和内设处室的负责人的培训，更要妥善安排好。对于审计分部主任和总审计师的培训，要重在提高组织能力、推动能力。第四，要深化审计人员的选拔任用和交流晋升，进一步拓展审计人员的职业发展渠道。充分调动审计人员的积极性。昨天会议上建国行长的讲话中，特别提到了审计人员的薪酬问题，我希望有关部门能够认真地研究和解决。第五，要加强审计机构的管理和人员的管理，要加强员工的思想工作，关心员工的职业生涯。各个分行要为审计机构开展工作创造条件、提供支持。对于一些遗留的人员交流问题，各行要在可承受的情况下逐步地帮助解决。这项工作希望总行人力资源部门给予具体的指导。

六是关于贯彻落实银监会《加强大型银行内审监管 充分发挥内审作用意见》的问题。近期，银监会下发了这个意见，具体有六条内容，目的是进一步加强对大型银行内审的监督和指导。我希望各个审计机构要认真学习这个文件。关于如何落实，总行要尽早地进行研究和安排。最近，有一些地方的监管机构向我们审计部门索要相关的资料和信息。我想，这说明监管机构对建设银行的审计工作是重视的、是关心的。各个分行、各个审计分部、总审计室要根据有关规定来掌握，涉及全行性的有关事项要向总行报告。

同志们，过去一年审计工作已经取得了很大的成绩，相信在总行党委的领导下，在同志们的努力下，在新的一年里，审计工作一定会对全行的改革发展作出新的贡献。祝同志们工作进步，创造新的佳绩。

（根据录音整理）

在一级分行行长及总行部门总经理井冈山培训班结业式上的讲话

张福荣

（2011 年 5 月 10 日）

尊敬的李院长、同志们：

大家下午好。我是第三次来到革命的摇篮井冈山，和同志们一起接受革命传统教育，感受井冈山精神的博大精深，沐浴井冈山精神的阳光雨露，心情格外得激动。同志们在这里接受培训、接受教育，在精神上得到洗礼，意义十分重大，这是一生中极其宝贵的财富。

我们这次培训班得到了中国井冈山干部学院的大力支持，今天李院长又莅临结业式，我代表建设银行党委表示衷心的感谢！总行人力资源部和江西省分行精心组织，同志们认真地参加培训，圆满地完成了培训任务，我代表党委向大家致以敬意！

在培训期间，同志们到了井冈山革命烈士陵园、黄洋界哨口、朱毛挑粮小道等历史地点，我们每个人对井冈山精神、对井冈山斗争史、对中国革命发展的历史、对我们在新的历史时期肩负的历史使命都有了新的认识和理解。

八十多年前，毛主席在湘赣边界领导发动了伟大的秋收起义，率领工农革命军挺进井冈山，创建了井冈山革命根据地，随后又与朱德、陈毅同志率领的南昌起义队伍胜利会师，进行了艰苦卓绝、波澜壮阔的井冈山革命斗争。

井冈山革命根据地的创建对于中国革命和中国发展进步的意义是十分重大的。它点燃了中国革命的星星之火，开辟了一条农村包围城市、武装夺取政权的中国革命的正确道路，创建了中国革命的第一个红色政权，锻造了一支体现无产阶级性质的新型的人民军队，确立了我们党依靠群众、宣传群众、组织群众、武装群众的群众路线，培育了以坚定信念、艰苦奋斗、实事求是、敢创新路、依靠群众、勇于胜利为主要内容的井冈山精神。井冈山革命斗争开启了马克思主义基本原理同中国具体实践相结合的伟大进程，成为中国革命不断走向胜利的光辉的起点。

此时此刻我们更加深切地怀念伟大领袖毛主席和老一辈无产阶级革命家，怀念在井冈山斗争中英勇牺牲的革命先烈。我们有责任继承和发扬井冈山的光荣的革命传统，在新的历史起点上，结合党的历史任务的新变化，结合改革开放和发展中国特色社会主义的新实践，不断地赋予井冈山革命传统以新的时代内涵，用做好本职工作的实际行动来开创建设银行各项事业的新局面。我想以下几点与大家共勉。

第一，继承和发扬井冈山精神，就是要高举中国特色社会主义伟大旗帜，坚定不移地走中国特色社会主义道路，胸怀理想，坚定信念。井冈山革命斗争最重要的历史贡献就是坚持马克思主义基本原理同中国具体实践相结合，为中国革命找到了正确的道路，这也是八十多年来中国革命和建设不断取得胜利的根本所在。大家作为亲历者，可以清楚地看到，改革开放以来，我们党既坚持科学社会主义的基本原则，又根据我国实际和时代特征赋予其鲜明的中国特色，开辟了中国特色的社会主义道路，这是当代中国发展进步唯一的正确的道路。我们作为建设银行的高级管理人员，就是要坚定理想信念，坚持这条正确道路，坚持与时俱进，勇于变革，勇于创新，通过自己的不懈努力，为建设银行的发展，为党的金融事业作出贡献，为国家的繁荣富强作出贡献。

第二，继承和发扬井冈山精神，就是要更加深刻地领会科学发展观的科学内涵和精神实质，进一步增强贯彻落实科学发展观的自觉性和坚定性。科学发展观是马克思主义关于发展的世界观和方法论，是我国经济社会发展的重要指导方针，是发展中国特色社会主义必须坚持和贯彻的重大战略思想。我们一定要全面地把握科学发展观的科学内涵和精神实质，增强贯彻落实科学发展观的自觉性和坚定性，着力转变不适应、不符合科学发展观的思想观念，着力解决影响和制约科学发展的突出问题。结合建设银行的实际，就是要转变经营思想，转变发展方式，下力气、下决心来推进经营转型，重在推动战略业务加快发展，重在深化各项改革，加快改革步伐，在科学发展观的引领下，坚持一心一意办银行，实现建设银行的又好又快发展。

第三，继承和发扬井冈山精神，就是要发扬艰苦奋斗、敢于胜利的精神。毛主席在 1965 年重上井冈山的时候，教导我们，日子好过了，艰苦奋斗不要丢了，井冈山的革命精神不要丢了。老人家的话是非常的语重心长。我们作为共产党人，就要永远铭记毛主席的教导，在任何情况下，都要坚持艰苦奋斗、敢于胜利的精神。实践证明，艰苦奋斗、敢于胜利是井冈山精神的基石，也是中国革命取得胜利的重要法宝。我们党是靠艰苦奋斗起家的，也是靠艰苦奋斗发展壮大成就伟业的。在经济发展了、生活富裕了、工作环境越来越好的情况下，我们仍然要保持艰苦奋斗的精神，保持奋斗的本色，增强忧患意识，这样才能使我们立于不败之地。

第四，继承和发扬井冈山精神，就是要不断加强党的执政能力建设和先进性建设，加强党风廉政建设。在井冈山斗争时期，毛主席坚决做到从思想上建党，始终保持党的先进性，充分发挥党员的先锋模范作用，这是井冈山斗争取得胜利的根本保证。在新的历史阶段，我们党要站在时代前列，带领人民不断地开创中国特色社会主义事业的新局面，关键还是要抓好党的建设，加强党风廉政建设，把党的建设特别是把党的执政能力建设和先进性建设始终作为主线，做到从严治党，清正廉洁，使党始终成为立党为公、执政为民的马克思主义政党和中国特色社会主义事业的坚强领导核心。在当前，我们作为党员领导干部，就是要坚持党性原则，不断提高自己的党性修养，增强组织意识、宗旨意识、大局意识，提高政治觉悟，坚定政治立场，保持先进性，在思想上、行动上自觉与党中央保持一致，维护党的集中统一，认真遵守、执行反腐倡廉的各项规定，成为反腐倡廉制度的坚定的执行者。

同志们，让我们在井冈山精神的鼓舞下，为了党的事业，为了国家的富强，为了人民的幸福，为了建设银行的发展进步，一起去努力、奋斗吧！

（根据录音整理）

在中国建设银行教育培训工作座谈会上的讲话

张福荣

（2011 年 5 月 26 日）

同志们，大家好！

这次座谈会是一次总结部署全行教育培训工作的专题座谈会，也是一次动员全行全力组织开展大规模教育培训工作，大幅度提高员工素质，为更好地实施建设银行的发展战略，提供人才支持的一次工作会议。昨天卫平同志代表总行，对几年来的教育培训工作作了全面的总结，归纳了五个方面的经验和体会，我完全赞成。经验和体会充分地说明了建设银行几年来的教育培训工作是卓有成效的，同志们的努力是有成果的。昨天上午、下午到今天上午，分行和总行部门的四十几位同志作了发言。这个过程也是一次经验交流，大家准备得很充分，讲出了一些思路，也提了很多好的建议和意见。通过大家的发言，我能感受到很多分行和培训中心的状态是好的，对教育培训工作也是很重视的。透过这种状态，可以感受到同志们的工作非常地努力。有了这种状态，全行的教育培训工作就一定会搞好，建设银行的其他各项工作也一定会搞好。

几年来，建设银行的教育培训工作在总行党委的领导下，特别是在渡扬监事长的组织领导下，在人力资源部门的推动和具体组织下，取得了很大成绩，培训规模越来越大，培训范围和覆盖面也越来越大，也收到了良好的效果。我在去年就讲，建设银行的一种良好的教育培训文化正在形成，这个结论应该是正确的，这是一个非常可喜的局面。通过这次会议，应该把这种良好的局面继续保持下去、巩固下去，并使教育培训工作不断取得新的进步。

根据会议安排，我讲几点意见，供各分行、各部门、培训中心在研究工作时参考。

一、适应建设银行改革发展需要，做好大规模员工教育培训工作

大规模地开展教育培训工作，是适应建设银行改革发展新形势、做到又好又快发展的需要。全行一定要根据中央的要求，根据建设银行发展战略的要求，按照教育培训自身的发展规律，正确地理解、深刻地认识教育培训工作的重大意义，在大家的共同努力和参与下，扎扎实实地做好教育培训工作。

党的“十七”大、国家“十二五”规划都把人才工作提升到战略层面来进行思考和谋划，这两年中央先后颁发文件、召开会议，都强调开展教育培训的重要性，提出了很多新的要求，强调干部教育培训是建设高素质干部队伍的先导性、基础性和战略性工程，是加强党的执政能力建设和先进性建设的重要途径，是推动科学发展、促进社会和谐的重要保证，在建设和发展中国特色社会主义事业中具有不可替代的地位和作用。同时，中央的文件和会议精神从办学体制、运行机制、内容方式、实施管理等若干个方面都明确了教育培训改革的主要任务。这些既是中央对于全党、全社会开展教育培训工作的总体要求，也是建设银行开展教育培训工作重要的指导方针，一定要深刻地理解。在今年年初的全行工作会议上，总行党委提出了通过五年的努力建设成世界一流商业银行的战略远景和目标，这就需要有一支高素质、高水平的人才队伍来支撑，因此必须把教育培训作为一项基础性、战略性工程来总体筹划和全面部署。

在市场经济环境下，企业、银行的竞争说到底就是人才的竞争。人力资源是第一资源。在建设银行，最重要的资源是我们的员工。因此，员工的素质决定了建设银行的价值创造能力和水平，也决定了建设银行未来的竞争发展能力。同志们在发言中讲到的人员流失问题，经过数年培养、数次培训，很多人已经成才了，走掉确实是很可惜的。流失掉的人员，绝大多数是我们的中坚力量和骨干，他们年纪轻、状态好、能力强，是干事业的最好的阶段。他们走掉说明什么呢？说明人才的竞争形势是严峻的。我们不能因为有一些同志走掉了，就对教育培训工作放松或者放弃。人员的流动是正常现象，人才的流失确实可惜，但因此而忽视或者放弃培训工作，对我们竞争发展能力的危害将是严重的。只有持续不断地坚持教育培训工作，不断提高员工队伍的素质，才能从根本上保证我们的队伍始终有过硬的素质和能力来应对市场的变化和竞争的态势，才能从根本上提升建设银行核心竞争发展能力、价值创造能力和员工的个人价值。这既是对建设银行负责任，也是对员工负责任。从长远看，是为实现战略远景和发展目标提供人才保障和支持。作为建设银行的领导者和管理者，一定要负起这个责任。

建设银行自从2005年股改到现在已有六年时间，这几年在加强教育培训、提高员工素质方面下了很大工夫，投入了大量的人力、物力、财力，采取了很多措施，应该说效果很好。但是同时也

要看到，现在员工，包括在座的每一个人，包括我在内，其素质与建设现代商业银行的要求应该说还是有差距的，教育培训工作提升的空间还很大，全行上下对教育培训工作的认识还要进一步提高。

我们的教育培训体制、机制也需要进一步完善，培训的针对性和培训质量亟须进一步提高，这是同志们在发言中谈得最多的一个问题。通过发言可以看到，各分行教育培训工作的发展是不平衡的，党委重视不重视，领导重视不重视，分工负责的人抓得到位不到位，教育培训的主管部门在培训上用心不用心、得力不得力，教育培训机构作用发挥得好不好，培训工作的效果是大不一样的。在新的形势下，全行要站在战略高度来深刻理解教育培训对建设银行事业发展、对员工健康成长的重大意义，增强做好教育培训工作的责任感和使命感。

去年11月份，总行根据中央《2010—2020年干部教育培训改革纲要》和全国干部教育培训改革工作会议有关精神，结合建设银行业务发展战略和人才发展规划的实际，制定下发了《关于贯彻落实〈2010—2020年干部教育培训改革纲要〉的实施意见》（以下简称《意见》）。这个《意见》对全行的教育培训工作已经作了一个基本的规划，我希望大家把《意见》贯彻好、执行好。

根据中央的要求结合建设银行的实际，要进一步明确全行教育培训工作的指导思想和培训目标。教育培训工作的指导思想是：以体制机制改革为重点，以建立和完善岗位培训课程体系为基础，以提高培训质量和实效为主线，构建适应现代商业银行发展需要的教育培训体系，全面实施大规模培训员工的战略任务，大幅度提升员工的综合素质和履职能力，为实现建设银行的发展提供人才保证和支持。我们的培训工作要紧紧围绕建设国际一流现代金融企业的目标，营造全员参训的学习型银行的教育培训文化。争取用三年左右时间使一线员工持证上岗，专业人员通过专业资格培训认证，管理人员的国际视野、战略思维、专业知识和领导能力全面提升。培养一批能够覆盖各个层级、各个专业的经营管理人才；培养一批不同管理岗位的优秀管理人员；培养一批能够发挥重要作用的中坚力量和专业人员队伍。这个目标实现了，建设银行会更大有希望。当前不管是高级管理人员、专业骨干层面，还是员工层面，都需要关注断档、断层的问题。全行要按照新形势、新任务的要求，认真地落实总行教育培训工作的部署，按照指导思想、总体目标的要求，明确任务，加强组织与管理，坚定不移地推进教育培训工作，进一步完善办学体系、健全机制、强化考核，加快基础建设，认真落实各项工作目标，不断提升培训工作质量，开创全行教育培训工作的新局面。

二、要着力建设支撑建设银行发展的教育培训体系

教育培训工作要适应提高队伍素质、实现全行员工与建设银行事业共同成长的需要，必须建立完备的教育培训体系，把教育培训机构布局、渠道拓展、资源整合等有机结合起来。要有针对性地进行改进和完善，形成总分行、行内外、现场与远程互为补充的教育培训体系。

第一是要重点建设好“一校四中心”。“一校四中心”就是总行党校、哈尔滨培训中心、常州培训中心、井冈山培训中心和香港培训中心。“一校四中心”由总行管理，井冈山培训中心由江西省分行来代管，香港培训中心的体制还需要进一步明确，但是由总行主管这一点是确定的。“一校四中心”的主要职能：总行党校及其两所分校主要是对党员领导干部，包括总行部门负责人、分行领导班子成员、二级分行的主要负责人以及后备干部和党群工作者进行教育培训。这是党员领导干部集中教育培训的阵地，同时也可以承担专业业务培训任务。行属哈尔滨和常州培训中心主要是围绕全行业务发展和中心工作，负责二级分行负责人、营业机构负责人和专业部门业务骨干、二级分行后备干部以及基层骨干的业务培训和履职能力培训，参与全行教材、课件的开发和承担兼职教师的培训；井冈山培训中心主要是利用革命传统教育基地的资源，对各级管理人员和业务骨干开展理想信念教育，除了总行安排的以外，各分行组织的相关培训也可以适当安排，充分利用井冈山资源开展好教育培训工作；香港培训中心主要是利用国际金融市场的地位，以培

训专业骨干力量和技术人员为主，也可以适当安排部分营业机构负责人和部门负责人，学习国际金融业的先进理念、经验、新知识、新业务，开阔视野，更新观念。为了更好地发挥“一校四中心”作用，这次会议之后，有两个问题需要进一步研究：一是就“一校四中心”如何在大规模培训干部员工过程中更好地发挥作用进行专题研究；二是就总、分行各相关业务部门或业务条线如何参与教育培训工作、更好地发挥作用进行专题研究。

第二是要明确分行培训中心的任务。分行的培训中心是全行教育培训的重要的力量，一定要将作用发挥出来。各一级分行的培训中心主要是承担各个分行营业机构负责人、二级分行以下机构专业部门负责人、营业网点负责人、客户经理、产品经理等人员，以及新入行员工上岗前或任职前培训。目前，分行培训中心的情况参差不齐，大部分比较好，一部分比较差，需要进一步完善，逐步解决功能不全、设施陈旧、设备短缺、师资短缺、培训能力弱等问题。有些分行的培训中心，条件具备时可以发挥区域培训中心的作用。

第三是要委托社会资源开展教育培训。社会上的优质教育培训资源是教育培训工作的重要补充，要坚持以我为主、委托为辅、境内为主、境外为辅的原则，有条件的发挥社会教育培训资源的作用。要引入竞争机制，充分利用好这些资源。像延安、井冈山这两个地方，可以充分利用当地培训资源开展党性和革命传统教育；清华、北大、北外等院校，可以组织新理论、新知识、新技能的培训；在海外委托像牛津、南洋理工这些著名的高校以及专业培训机构，安排合适人员，组织若干批次去接受培训，拓宽国际视野，学习借鉴国际先进商业银行的经验，同时获取前沿知识，包括新技术、新理论。这种委托培训一般要以高级管理人员为主、以后备干部为主。当然现在的培训如果专业的负责同志、分行部门的同志参加，也是可以的，就是说要根据培训资源的状况来合理地确定培训的对象。在当前资源比较有限的情况下，还要适当地多安排西部地区的同志们来参加培训，这是支持西部开发的需要，同时也是我们自身发展的需要。我们的境外培训学习要进一步组织好。

第四是要实施组织好远程培训，加快远程学习系统的建设，充分发挥网络学习的平台作用。网络学习是一种非常便捷、使用广泛的学习手段，也是一个渠道，在国内外已广泛推广使用。据我了解，像常培，还有一些分行用得很好。利用远程教育培训系统将有效地缓解我行目前存在的现场培训能力不足的问题，可以比较好地解决基层员工工学矛盾，更有助于培训质量的提高。从去年开始，人力资源部门和信息科技部门研究，开始启动远程学习系统建设。其实这个系统在2009年就开始做了，但是因为很多原因没有如期搞成。我们从去年开始又谈这个问题，如果顺利的话，可以在今年秋季的时候建设完成投入使用。不足之处在于这个系统是购置的而不是由我们自主开发的。从长远看，还是要解决自主开发的问题，因为银行的产品不断地推陈出新，需要让我们的员工及时了解产品，了解这个产品如何使用，有怎样的流程来销售和管理，还要熟知必要的操作流程和规章制度，因此系统需要不断地更新。这是效率的需要，市场的需要，也是发展的需要。我们要下决心把系统搞起来，一个企业、一个银行，它的系统应该是从上到下贯通的，不应该是分散的，所以需要加快步伐，把这个系统先搞起来，再实现自主开发。各分行要承担起组织网络培训学习的任务，要发挥它的作用，提高它的利用率，同时要建立起使用和管理制度。

总的来讲，我们的教育培训体系就是要求总行领导、总行规划、总行组织，一级分行、二级分行分级负责、做好组织推动和管理。作为基层营业机构、网点，任务是要参与培训、促进培训、组织安排好培训，完成培训任务。在这样的教育培训体系下，搭建好培训架构，全行的教育培训工作就有了保证。

三、坚持以人为本、因需施教，增强教育培训的针对性、有效性和前瞻性

听了同志们的发言很有感触，培训的针对性、有效性和前瞻性是非常重要的。教育培训要与人才培养使用紧密结合，要有的放矢，要着眼于提高管理人员、专业技术人员和业务人员的综合素质和履岗履职能力，这是教育培训工作的出发点。

教育培训一定要从我们的队伍状况、发展的

需要，来统一考虑教育培训的总体安排，切实做到教育培训有针对性、有实效性、有前瞻性。在培训计划制订的过程中，要树立因需培训的理念，把需求调研作为培训计划生成的必经环节。要深入研究建设银行面临的挑战与机遇对全行人才队伍建设的新要求；准确把握建设银行科学发展和战略转型对不同类型、不同层面岗位员工履职能力的新标准；要全面了解员工对自身职业发展和健康成长的个性化、差异化要求的新趋势。据此来制订员工的教育培训规划，包括中长期的、年度的，进而有的放矢地设计安排具体的培训项目，所以从调研开始就要考虑它的针对性、有效性、实效性。规划和计划一定要体现教育培训的针对性和实效性。教育培训规划要坚持自上而下地制定和下达，由总行制定，分行和培训机构负责落实。在执行落实好总行计划、规划的前提下，分行和培训机构可以结合各自的教学能力、培训能力，适当地细化教学培训计划，增加教育培训内容。培训计划一经制定，就要在有关部门的督导下执行好、落实好。在培训项目实施过程中，要根据参训对象和教育培训内容来确定相应的培训方式和手段。不同的层级、不同的人员、不同的培训内容，培训的方式和手段也是不一样的，要科学安排，分层分类地组织培训。要不断改进教学方式，推广案例教学、专题教学、体验式教学，使之更加体现出针对性，培训效果也会更加明显。在培训的过程中，总行相关业务部门、分行和培训中心要加强沟通配合，形成良性的互动，力争培训效果最大化。

要按照主要经营管理人员重点培训、后备管理人员强化培训、急需专业技术人员抓紧培训、基层员工加强培训的规划要求，既注重全面、整体推进，又突出重点、分层分类、覆盖全员，逐步形成富有建设银行特色的培训格局，这里还要强调把教育培训普遍性要求与不同类别、不同层级、不同岗位员工的特殊需要结合好。对经营管理人员，主要围绕领导力素质模型，以领导力发展为主要内容来开展教育培训，重点提高经营管理人员的综合能力和管理水平；对于专业技术人员，要立足于专业化人才队伍建设，着眼于建设银行未来业务发展的需要，按不同业务条线开展专业能力提升培训，加强新知识、新业务、新技术的培训，重点提高专业技术水平；对于基层一线员工，按照岗位要求，依据岗位培训教材，抓好履职履岗能力的培训。检验教育培训的标准，主要是看被培训者的思想素质、业务素质和履职能力是否真正得到提高。为了适应建设银行发展战略的需要，教育培训工作一定要有前瞻性。要明确培训的对象，科学地选定培训的内容，采取“请进来、送出去”的方法，培养一批能够适应未来发展的、在新型业务领域能够发挥重要作用的骨干力量，境外培训送出去的数量不会太多，但请进来就可以把门开得大一点，对 AFP、CFP、投资管理师等，这类人员的培训自己很难做好，如果拿不到有关机构和组织认可的资格，就很难形成人才优势。所以还是要委托权威的认证机构去组织培训，付学费也值得。在这个基础上，还要研究用人、留人的机制，有的同志拿到了资格认证以后，就跑掉了，确实很可惜。要研究留人、用人机制，在干部工作上，要感情留人、事业留人，在员工、在业务骨干问题上，也要感情留人、事业留人，还有一个薪酬留人的问题，也有一个职位留人的问题，要逐步解决好。要给这些同志提供发展的空间、上升的渠道。比如，员工在拿到相关认证资格以后，业绩做得也好就应该拿高于同岗位人员的薪酬。薪酬要有竞争力，薪酬没有竞争力是人员流失的一个重要因素。要在培养人才、使用人才、留住人才的问题上想出更多的办法。

在教育培训工作中，还要注意避免有的员工和管理人员一年不止一次的重复培训、多次培训、多头培训，而有的员工和管理人员多年得不到培训的问题，这是不公平也是不合理的。还有就是对高级管理人员安排的培训相对多一点，对基层机构的负责人和专业人员安排的少，有的同志多年没有得到培训的机会。这个问题要逐步地解决，各分行、各机构要根据培训规划合理地组织安排人员来参加培训。培训内容与需求不是很一致的问题、理论与实际脱离的问题也要认真地研究解决。有的教材太陈旧，有些教材太空洞，有的教材太简单，都要解决好。还要解决好工学矛盾。在讨论中很多分行谈到了工学矛盾的问题，工和学的矛盾，是长期存在的，不可能完全解决，我们的责任是要把矛盾处理好，处理好工与学的关系。处理好这个关系主要的责任要落实到二级分行和基层机构网点。要尽可能地创造条件安排员工来参加培训。培训时间安排上要科学一点，要针对不同人群来设置课程。我们的培训方法、培训内容、课程设置上都有很大的优化空间。最好不影响工作，但是一点不影响工作也很难。尽量少占用个人时间，一点不占也不可能，要安排得科学一些，力争做到培训、工作两不误。在讨论中有的同志提到他所在的分行有16%的基层员工不能参加培训，这个问题是否就一个分行存在呢？其他分行是不是也有这么大的比重呢？全行35万员工没有参加过培训的数量有多少？肯定不会有16%那么多，但是会有一些同志没有参加过培训。长期得不到培训，让这些同志在一线能把工作做好，能把建设银行的产品推销出去，做好营销工作，把制度执行好太难了。要下决心改变这种局面，处理好工学矛盾。关于人均培训时间，人力资源部提出来一个建议，我是基本赞成的，就是高级管理人员每年不少于10天的培训，专业技术人员每年不少于5天的培训，一线员工每年不少于3天的培训。这些经过努力应该可以达到。

四、健全教育培训考核体系，保证教育培训的效果

这几年全行大规模推进教育培训工作，培训数量有了明显的增加，培训质量有了提高，但教育培训质量评估考核机制还需要进一步建立和完善。要研究制定全行统一的员工教育培训质量评估办法和指标体系，以提高学员的学习效果为核心、以提高培训机构的培训质量和管理水平为重点，建成一个有效、有用的评估考核体系。

要强化培训工作考评。开展培训评估是检验培训成果、促进培训质量不断提升的重要手段。各培训机构要高度重视培训评估的重要作用，建议对所有的培训项目都开展质量效果的评估。各培训机构要以提高培训质量和效率为目标，开展好评估和考核工作，不断改进教育培训工作。对委托的行外培训机构和外聘师资也要进行质量评估，择优选择和聘用。总行、分行和培训中心，都要制定相应的办法。对各级培训机构工作的考评，可以考虑采取“指标考核，量化评估”的办法。同时要不断加强教学管理和学员管理，保障各项培训工作高效、有序开展。

要坚持学习效果的评价。所有参训的员工都应该进行考核，着重考评员工培训时的遵纪情况、学习效果等内容，尽可能要量化。要根据各类员工的培训任务和要求，设置不同的考核指标，指标可以由少到多、由简到繁、由粗到细。同志们在讨论中提出来建立培训档案，我认为可以进一步探讨和尝试。尝试对所有参训员工都建立档案，归入人事档案统一管理。对于各类培训项目，特别是境外培训项目，一定要提交学习报告。对于重点的培训项目，还要对参训学员进行跟踪评估，检验培训后的效果。在学习效果评价方法上，可以考虑将考核与考试相结合。对于学员的参训学习情况，各培训机构要按照总行和分行的要求及时反馈给人力资源部门。

要注重考评结果的运用。全行都应该把教育培训工作情况作为绩效考评的内容。要对培训机构的培训组织、培训管理、培训质量和效率进行具体的考核。要把教育培训考核情况作为员工评优、任职、晋升的重要依据。要探索和建立与教育培训工作相关联的选人、用人、留人机制，把员工教育培训作为培养发现人才、考察识别干部的重要平台。要把教育培训规划与员工个人的学习成长计划紧密结合起来，充分发挥教育培训在员工职业生涯发展中的积极作用。

五、加强基础建设，为教育培训工作提供支持和保障

开展大规模的员工教育培训，需要有布局合理的培训机构、相应的培训场地、完善的教学设备、专业的师资队伍以及完备的课程体系。这些基本条件是教育培训工作有序进行的根本保障。

要完善基础设施建设。总行要进一步加大对总行党校及哈尔滨、常州、井冈山、香港培训中心的投入，提高培训能力。总行党校要增加必要的服务设施，满足党校教学的需要。哈尔滨和常州培训中心要在总行有关部门的支持下，进一步改善办学条件，适当地扩大教学规模。井冈山培训中心要尽早启动改善教学环境和教学条件的工作。香港培训中心的购建工作要争取在一年左右的时间基本有个眉目。新的培训中心不求规模很大，有教室、有阅览室、有多媒体教室，能住宿、

能用餐，具备培训的基本条件就可以了。拜托香港地产的同志，用点心思把它搞起来，这是总行党委的一致意见。各一级分行现有二十几个培训中心，要完善功能，保证教学需要，要具备食宿等基本条件。要对现有的基础设施要进行“体检”，作必要的加固和修缮，请有关的部门来鉴定，保证设施和设备、校舍能够安全使用，不能出现安全问题。要适当增加多媒体教室、阅览室等教学必需的场所和设备，有条件也可以搞一两间模拟教室。要保证培训中心的功能要全，不要名不副实。对现在没有培训中心的分行，在目前情况下，要充分利用当地现有的可利用的资源组织培训，但是从长远看，如果确实需要，规模比较大的分行还是要建一个培训中心的，但培训中心规模不宜过大。一个直属分行，有 2 000 ~ 3 000名员工，有了培训中心以后可以很好地组织员工培训，同时这个场合也可以发挥市场营销的作用。这需要进一步地统一思想认识，也需要有投入。目前，大部分直属分行没有培训中心，其培训任务要由所在辖区的一级分行承担起来。当然，也可以委托其他临近的培训中心承担这些分行的培训任务。

要加强师资队伍建设。这些年在师资队伍建设上采取了很多措施，经过共同努力，全行师资队伍的授课能力和水平在不断提高。要进一步在师资队伍的选聘、培养、考核、激励等方面继续探索，充分发挥师资队伍的作用，促进培训质量和效率不断提升。师资队伍建设总的要求是要形成一个专职师资为骨干、行内兼职师资为主体、外聘师资为补充，规模适当、结构合理的师资队伍。总行要着手修订和制订专兼职师资管理办法，对师资的准入标准、聘用、评价、管理包括管理部门的责任都要加以明确和规范。师资队伍建议由总行统一管理，分级负责，建立师资库，实行名单制。对于兼职教师，除了聘用行内的同志外，视野要再放开一点，面稍微宽一点，可以请外面高等院校的老师、教授，可以请政府有关部门有专业知识的官员，也可以请监管机构“一行三会”的专家来授课。各培训中心包括分行，要按照总行制订的专职师资管理办法，重视专职教师的培养，为他们提供深入业务一线实践提高的机会，通过安排参与项目开发、市场调研，包括跟班工作等，在实践中学习。也可以委托有关机构、院校分期组织培训，不断提高专职教师的教学水平。专职教师每年至少有一次能够参加调研培训的机会。对专职教师队伍要坚持优胜劣汰，不能胜任的，可以改任其他工作。专职教师的薪酬问题要进一步提上日程，应该和建设银行其他员工薪酬一样有同步增长，使他们能够享受建设银行改革发展的成果。对于兼职教师也要实行总行管理，坚持“分行推荐，总行核准，动态管理”的工作原则。根据同志们的发言，我初步算了一下，全行目前至少有 4 000 ~ 5 000 名兼职教师，有的行有200 多人，有的行有 100 多人，建议对兼职教师队伍的管理也要进一步加强，在有了标准的情况下，重新选聘一次。到底需要多少兼职教师，到底需要什么样的兼职教师，要合理地确定。比如一个 3 000 多名员工的城市行有 100 多名兼职教师，需不需要这么多？对于兼职教师的薪酬问题也应予以考虑，在可能的情况下，适当地提高兼职教师的课酬标准。不管是专职教师还是兼职教师薪酬的确定都应该和绩效挂钩，通过考核来确定他们的课酬和薪酬。一定要有标准。

要重视教材开发、课程体系建设。经过多年努力，全行岗位培训教材的开发工作效果很好，教材的适用性还是很强的，初步形成了适应岗位培训要求的课程体系。今后要进一步重视培训教材的开发工作，对于教材的编审要高度重视，总行要统一管起来，要制订教材管理办法，明确编写、审定、发布、更新等事项和要求，提高教材的科学性和实用性。因此，总行有必要成立教材编写委员会，负责教材的总体规划、总体安排，协调相关资源，强化教材管理。根据实际需要也可以考虑在总的编审委员会的框架下设定若干个教材编写分委员会，如风险专业、金融市场专业、个金专业、公司业务专业等分委员会。教材要经总行授权发布，总行归口管理，要对教材实行目录管理。做到统一规划、统一管理、按需使用。教材编写有一个重要的原则，就是要从建设银行队伍建设、业务发展的需要出发，尽可能简明、实用、及时。教材一定要贴近岗位需要，突出业务实际，控制文字数量，不要写成八股文。要缩短教材编写周期，加快教材更新的速度。在教材编写工作中，还要关注案例式教材的编写，根据需要可以建立案例教学的编写团队，通过案例研讨来提高员工的能力和水平。在推进教材体系建设的过程中，要把试题库的建设提上日程，通过试题库的建立，为开展专业资格认证、测试、测评、检验学习成果创造条件。师资库和试题库都要有管理办法，师资库和试题库都要授权开放，充分利用。

六、切实加强对教育培训工作的领导

教育培训工作是事关建设银行全局和长远发展的系统工程，各级行党委有责任把它重视起来，担负起应有的责任，做到领导到位，措施到位，注重实效。

各级党委要把教育培训工作当做全行一项重要战略任务，纳入本行战略发展规划和年度工作计划，在党委内部要有明确的分工，要有人抓，分工负责抓教育培训的人员不要常变常新，要稳定，对教育培训工作要统筹安排，整体部署，落实到位。党委要定期听取教育培训工作的汇报，帮助解决教育培训当中存在的问题和困难。要统筹考虑培训、培养与使用各个环节的衔接问题，逐步改变学用脱节、培训与使用脱节现象。建议把教育培训工作列入领导班子考核内容之一，各级党组织要高度负责地领导好教育培训工作，支持教育培训工作。要不讲空话，少作原则部署，多作具体安排。全行员工队伍素质和国际一流银行建设有差距，要解决这个问题，关键是抓教育培训、抓员工素质的提高，这就是我们各级党组织的责任。听了大家的汇报以后，确实感到各分行之间明显有差异，而且有些行差距还比较大，希望通过这次会议能够缩小差距，使全行呈现出高度重视教育培训工作的局面。

要明确职责，加强管理。总行负责全行教育培训工作的统筹规划和管理，各一级分行、二级分行和总行业务部门要分工负责，做好教育培训的组织推动工作，规划的细化和落实工作，以及教育培训的具体组织工作。各管理机构、业务部门，包括培训的需求部门要进一步理顺关系，要注重建立健全教育培训机构的教学管理、学员管理和财务管理等各项规章制度和办法。各培训中心要把具体管理的责任承担起来，要坚持从严管理，敢于管理、善于管理，通过严格管理来确保教育培训的质量和效果。要告诉我们的学员、我们的培训中心，教学场所不是大家来休息的地方、不是娱乐的场所，而是猎取知识、积聚能量、提高能力的地方，不论高级管理人员还是一般员工，到这里都是一个普通的学员。要坚持从严治校、坚持从严治教。要按照现代培训理念的要求，适应大规模教育培训的需要，加大教育培训资源的投入，要从编制的核定、人员的配备上，认真地解决问题，改变当前培训任务很重、专职人员过少的状况，原则上每个一级分行应该有2～3个专职负责教育培训的工作人员，二级分行和管理支行也应该有专兼职的教育培训管理人员，不管是哪一级主管部门都是人力资源部门。要建立健全各培训中心的领导班子，要选得准一点、配得强一点，把班子配强、配好，特别要选好“一把手”。要充实各培训机构的教学管理人员，增加教学服务人员，增加为学员服务的后勤人员。教学管理要到位，学员的服务保障工作也要有保证。要按照有关规定提足、用好教育培训费用，该花的钱花到位，该办的事办好。同时要坚持勤俭办学，控制不必要的支出。目前主要矛盾还是投入不足的问题，要增加投入。有的分行外出培训差旅费解决不了，有些必要的设施设备没有费用购置，这是不应该的。总行有关部门要给予支持，帮助解决。要加强教育培训人员的管理，抓好教育培训人员的培训，提高教育培训人员的履职能力，使教育培训工作更加富有成效。

同志们，面对新的形势，教育培训工作任务是很艰巨的，责任是重大的，我们要紧紧地围绕建设银行的发展战略目标，加强领导、统筹规划、整合资源、精心组织，全力做好教育培训工作，为建设银行又好又快地发展提供人力资源保障和人才支持。这次会议开了两天，大家共同努力，使这次会议达到了预期目的，感谢同志们！

（根据录音整理）

在建设银行夏季工作座谈会上的讲话

张福荣

（2011 年 8 月 16 日）

同志们：

昨天，树清董事长、建国行长分别作了重要讲话，刚才树森同志、佐夫同志、小黄同志、志凌同志分别讲了重要意见，他们的观点，我完全赞成，希望与会同志认真学习，抓好落实。下面，我讲几点意见，供同志们研究思考。

一、关于发展能力

今年以来，全行坚决贯彻落实国家宏观调控政策和监管要求，以科学发展观为主题，坚定不移地推进结构调整和战略转型，不遗余力地解决经营管理中的矛盾和问题，在复杂多变的经营环境中实现了持续健康发展，建设银行整体经营业绩非常突出，可喜可贺。

当前经济金融形势复杂多变，商业银行面临的挑战前所未有。在这种情况下，要实现转变发展方式、实现经营转型的战略目标，一定要解决发展能力问题。发展能力既是现实问题，又是长远问题，更重要的是决定未来。谁能比较早地认识到和解决好这个问题，谁就有着更好的未来，就能为国家经济社会发展作出更大的贡献。发展能力与竞争力有相同点又不完全一样，它更强调自身发展的可持续性，发展能力强了，自然会赶超竞争对手。培育发展能力是建设银行最重要的战略安排，因此希望全行上下能够统一认识，统一思想，摆上日程，重视和解决好这个问题。

结合新的经济金融形势和全行发展的实际，目前应着重从以下几个方面解决发展能力问题。

（一）增强拓展和维护客户能力

客户是发展的基础，也是效益的源泉。在全行不懈努力下，支持全行可持续发展的客户基础已基本形成，但按照我们战略发展目标的要求，我们的客户总量还不是很多，还没有达到理想水平。基本结算户和贷款客户占比相对比较少，客户结构不尽合理的问题仍然存在。关于这个问题，树清董事长、建国行长以及上午四位同志的讲话，都分别谈到了。客户基础较弱客观上制约了全行发展能力的提升。

目前，全行个人有资产客户 2.14 亿户，总量四行第三。从这一两年来看，我行增量在明显变化，增速是比较快的，但是与同业相比，我行增量还不是很多，增速也不是很快，差距还是有的。我们现在的客户总量与中国银行接近，富裕客户和青年客户占比偏低，富裕客户总量不够理想，结构与招商银行比差距较大，客户流失率相对较高，在 10% 以上。

全社会法人单位数量 800 万户左右，我行公司机构客户 207.3 万户，其中信贷客户 9 万户，占比为 4.64%，亿元以上贷款客户近 8 000 户，小企业贷款客户 5.95 万户。人民银行发布的中国支付体系发展报告显示，建设银行结算账户四行第三，仅比中国银行多 80 万户，其中基本户占比低于金融机构平均水平 3 个百分点，低于四大行平均水平 5 个百分点。建设银行结算账户比较少，是由于当时银行的业务分工致使我们结算业务起步比较晚，是有历史原因的。近年来我们努力拓展市场，扩大客户规模，成绩比较明显，但是问题也要正视。

为了实现又好又快发展，我们全行要坚定地实施客户战略，提升拓展和维护客户的能力。要努力扩大客户规模，特别是要注重源头性客户的拓展，要进一步优化客户结构。实践证明，建设银行的“双大”战略是成功的，要坚持下去，同时要按照市场导向原则，发展培育中小客户和有价值也应该提供金融服务的客户。对于客户战略的实施问题，我认为每个部门和每个分行都有进一步分解具体规划的责任。

（二）提高产品创新和供给能力

在我国银行业发展的历史进程中，产品创新是一种根本的推动力量，更是影响发展的一种基本能力。要适应经济全球化以及金融全球化、综合化、多元化的需要，就必须坚持自主创新与引进消化吸收相结合的产品创新。目前的产品创新，自主创新的比重相对比较低，吸收引进再创新的比重相对比较高，要把这两者很好地结合起来。通过产品创新，拥有了一批能够实现价值的核心产品，才能有客户、才能有市场，才能形成强大的发展能力。客户是靠产品来维系的。在当前，要实现增长方式转变和经营转型，产品创新更有其迫切性，因为只有通过产品创新来推进经营转型，才能开辟新的市场，寻找到新的利润增长点。

根据建设银行的实际，应该尝试建立能够主导全行产品创新的体制机制，至于什么样的体制和机制好，这些年一直在尝试和实践，要把这个问题解决好。要增强产品创新意识，深化产品创新研究，要有一支队伍去研究。在这个基础上，组织好重点项目的研发工作，努力打造有竞争力的、能够形成发展能力的、有建设银行特色的产品。要进一步加强产品创新管理，更要组织好新产品的推广和应用，进而在市场上形成具有影响力的产品优势。

在当前，还要注重做好产品创新的基础工作。要搞清楚全行有多少产品，哪些是赚钱的，哪些是亏本的，哪些是有市场的，哪些是滞销的。建立起产品的升级和退出机制。同时，对产品实行目录管理，将产品创新和管理的系统搭建起来。

（三）重视渠道建设

渠道是发展能力的载体和具体体现。重视渠道建设就是要主动地适应经济金融资源格局的新变化，加大资源投入，加快包括物理网点、电子银行、自助设备等在内的各种资源建设，形成各种渠道有效互动、交叉销售和协同服务的功能，增强服务延伸的能力。

从建设银行的机构网点看，在一些重点地区、重点城市还是有相对优势的。全行未来五年机构发展规划计划增设机构 1 800 个或 2 000 个，从数量上看应该是可以的。但从上半年网点建设情况看，仅完成新设机构计划的 24%，工作力度还要加大。在规划和组织网点建设的同时，还要测算网点的建设周期，测算管理、资源配置的实际能力。期望在近一两年时间，网点建设的速度能够更快一点，做到建成一批，投入使用一批，形成发展能力。网点的建设，是不是一定要按规划平均安排？大家一定要知道，网点建设有个机遇期的问题。市场是不等人的。市场需求旺盛，而我们没有渠道支持，发展能力就会受到限制，被同业获得先机，我们未来发展就会受到影响。当然，物理网点发展较快，我们有没有包括设施设备、人员配置等方面的能力，也是需要考虑的。

电子渠道建设取得了很大进展。个人网银客户达到 7 141 万户，企业网银客户 118 万户，电子渠道账务性交易量快速增长。前不久，秀生同志主持召开了一次会议，会上讲得很好，安排部署很到位。我们一个共同的观点就是，电子银行要进一步提高整体服务水平，要增加功能，没有功能客户是不会使用的，客户对电子银行的要求是越来越高的。不仅要能转账、缴费，还要丰富理财等功能，企业网银的功能也要重视和开发。要以电子渠道分流柜面渠道交易为目标，进一步扩大客户、交易、产品的覆盖面。要提高电子银行渠道的服务能力，在已有良好基础上，还应该有更高的目标，在电子银行业务占比和收入两个方面有新的突破。

建设银行现有的自助设备总量近 4 万台，对网点业务的分流作用非常明显。要进一步重视自助设备布局的合理性，既要顾及市场形象更要关注单机效益。虽然现在一台自助设备的价格不是很高，但是还是要讲求投入产出的。要加强自助设备的管理，要优化专业化运营维护，保证自助设备能够安全、稳定地运行。

（四）提高服务能力

建设银行的服务有着优良的传统，有着很好的口碑，但是在社会对服务的反应越来越敏感，客户对服务的要求越来越强烈的时候，我们要更加重视服务工作。全行要进一步深化服务理念，加强对服务工作的领导，完善服务管理体制和机制，全面提升服务管理、服务品质。要深入研究加强服务管理、创新服务模式、提升服务品质的战略举措。要关注服务资源的整合，强化和优化客户经理队伍，提高客户经理和一线人员的业务水平和服务技能。从长远看，要建立和完善覆盖各种渠道、各类客户的服务标准体系。通过建立科学有效的服务考评机制来促进全行服务水平的提高，进而提高全行的发展能力。关于服务工作当前要解决的重点，树清董事长和建国行长讲得很清楚，我完全赞同。一个是效率问题，一个是投诉问题，要紧紧盯住这两个重点，把它解决好。

（五）提升重点行的发展能力

在很长的时间里，重点行对全行发展作出的贡献是很大的，现在和将来还应该作出更大的贡献。但是要注意到，这几年来重点行的发展势头放缓了，没有发挥应有的引领作用，规模效益全行占比和市场份额下降。和同业比有些重点行下降的幅度太大了，特大城市行市场份额下降也比较明显，并且有不断扩大的态势。重点行和特大城市行市场份额的下降，直接影响了全行在同业市场上的地位，影响了全行的发展能力和发展水平。如果这些重点行和特大城市行做得好，建设银行的经营业绩还会更好。截至6月末，中心城市行存款、贷款全行占比降至近5年来的最低水平；5个特大城市行存款、贷款和中间业务收入与当地同业差距继续扩大，分别占全行差距的80.1%、33.8%和48.2%，四行占比分别比居前同业银行低17.7个、7.8个和7.3个百分点，远高于全行、中心城市行与他行的份额差距。重点行和特大城市行的同志们，要不辱使命，要担负起应该担当的责任。如果仅仅满足于系统内排名比较，自己与自己比，目前这种发展乏力的局面就难以改变。一定要有责任感。在一个地区干3年、5年、8年，应该有个交代，向国家、总行、员工有个交代，就是把业绩做上来，不能掉下去。要通过数字说话，通过量和质的变化来评估市场份额、业绩、管理是否提升。

重点行发展能力事关全局，要更加充分地认识重点行战略地位，更好地实施重点行发展战略。发挥好重点行的引领作用，应该引起大家的重视。重点行包括特大城市行要通过深刻的思考，通过认真的规划，通过有效措施的制定，能够为提升全行业务规模和市场地位作出贡献。从总行层面，应该从政策上，从资源配置上作出合理的安排，给压力也要给政策。我们的考核办法的导向作用要进一步地发挥出来，为重点行的发展创造条件。

还有管理能力、员工素质及能力、科技支持能力等等，都需要进行认真的研究思考。

二、关于执行力

执行力就是执行并组织实现既定战略目标的能力，也就是执行并完成任务的素质和能力。在组织管理体系完善而有效的前提下，组织管理者的执行力尤为重要。从建设银行的情况看，总行各部门和各分行的执行力是比较强的，也正因此才使得建设银行能够成为一家在全球很有影响力的上市银行。随着经济金融形势不断变化，经营管理的责任越来越重大，作为一个经营管理的组织者，也就需要进一步提高执行力。

第一，要认真地贯彻执行党和国家的经济金融方针政策，认真地执行各项规章和制度，认真地贯彻实施总行的发展战略和工作目标。要在统一法人体制下，组织好经营管理活动。作为经营管理的组织者，要遵守政治纪律和财经纪律，要依法、依规，按照有效授权开展工作。重大事项要坚持请示汇报，涉及人事、机构、业务、体制、机制重大改革必须报告报备。一个时期以来，有的分行在这些问题的把握上是不够准确的，掌握得是不严谨的。问题比较突出的要加以纠正，需要完善的要及时进行完善。

第二，要规范地履行职责，正确地运用权力。去年以来，总行先后调整了十几个分行的主要负责人，调整了部分总行部门主要负责人。绝大多数同志在新的岗位上团结带动一批人，紧密结合本行实际，明确具体的经营定位，制定了科学有效的措施，经营管理工作有了新局面，其履职是到位的，没有辜负总行党委和员工的希望。但也有个别行工作没有保持连续性，不是坚持集体领导，而是个人说了算，影响了班子其他成员和员工的积极性，贻误了业务发展时机，造成市场份额继续下降，内部管理工作也有所削弱，这是不应该发生的。我们一定要知道，建设银行成立二十几年来，是一代又一代员工和一任又一任领导打拼发展起来的，没有老一辈、没有前任就没有现在，我们都是接力者和继承者。我们的责任就是在他们的基础上把改革文章、把发展文章继续做好。这才是对历史、对建设银行负责任。希望同志们要用带好班子、带好队伍、抓好经营、抓好发展、抓好管理的良好业绩来回报组织和员工。

第三，要有良好的作风养成。总行和分行的经营管理者一定要有良好的工作作风，要勤勉、踏实、干实事、干成事。要一心一意办银行，集中精力谋发展。在新的形势下，要把更多时间放到基层机构，深入了解基层行情况，帮助解决经营上、管理上、员工思想上的实际问题。我们很多同志都是从基层行走上来的，知道基层行需要解决什么，知道需要帮助基层行做些什么。但是做得够不够呢？我认为有的时候做得是不够的。不能仅仅是靠文件、靠会议安排部署工作。对基层行反映的问题，一定要有部门、有人去研究、去解决，不能一听了之、一走了之，要有解决的意见，要一抓到底，直到问题真的得以解决，我们要心系员工、心系基层，要把心思放在工作上，把精力放在工作上。是否把心思和精力放在工作上，总行的党委成员、高管是清楚的。现在我们有的同志不分场合大讲个人爱好，有的在工作时间去搞个人爱好，这种风气应该制止。我们一定要有一个好的状态把工作开展好。

第四，要增强工作的计划性，减少随意性。作为一个现代商业银行的经营管理者，要有强烈的使命感和责任感，要努力学习新知识，善于研究新情况，增强能力解决新问题。作为一个管理者，一定要注意知识的积累，一定要做到客观地、理性地认真思考，这样才能科学安排，有序规划，才能保证各项工作有序进行。我们经营管理者要坚决摒弃以领导自居、随心所欲、朝令夕改的不良作风。这种权威是要不得的，是有害的，也是我们的员工难以接受的。我们的各级管理人员，一定要审慎地分析研究内外部环境和条件，科学合理地制定工作目标以及实现目标的途径及措施，带领员工扎实工作，坚持不懈地推动经营目标的实现。

第五，要讲求工作效率和质量。效率决定效益。一个服务型的金融企业如果工作效率低下就会流失很多客户，失去很多发展机会，企业的价值也就会大打折扣。因此，我们要重视解决效率问题，解决执行力中这个较难的问题。提高工作效率要从总行做起，要从分行做起，要解决效率意识淡薄、办事拖拉、相互扯皮的问题。任何部门工作的出发点，一定要为业务发展服务，一定要体现以客户为中心。当前还要解决有些规章制度重复叠加的问题，要解决操作流程过长、烦琐的问题。要运用行政的、经济的办法把工作效率和工作质量提高上来。有了高效率，建设银行就一定会有更多的发展机会，有更好的效益，也会有更好的市场形象。

三、关于资金问题

这几年，国内外经济金融形势变化非常大。特别是今年以来人民银行持续提高存款准备金率和存贷款基准利率，流动性趋紧，市场利率持续攀升，资金形势总体紧张，给资金营运和流动性管理提出了问题和挑战。存款准备金率上调了3个百分点，回收市场流动性2.2万亿元，我行因此多缴法定存款准备金2 659亿元。新增存款难以覆盖新增贷款，资金来源难以满足资金运用需求。进入7月中旬以来，我行甚至通过货币市场融入资金维持日常支付，同时也通过压缩投资、压缩货币市场的规模和其他资产业务来保持资金来源运用的平衡，资金紧张的状况是比较明显的。我们回头看看，这次资金紧张的状况和20世纪80年代末、90年代初的情况是不太一样的。受多重因素影响，下半年乃至更长时间资金紧缺形势可能仍将持续。因此，对资金问题要比以往任何时候更加重视，要采取非常有力的措施缓解、解决资金问题。这是我们共同的责任，也是我们必须应对的问题。

要下力气抓好存款。存款增长乏力是近期流动性紧张的主要原因。上半年我行存款增幅8.3%，低于四大银行平均增速0.91个百分点，存款市场份额自2009年以来连续占比下降。企业存款和储蓄存款新增四行第三，同业存款四行第二，企业存款增长尤其不理想。要更加重视存款，完善负债业务策略，建立起有利于负债业务发展的新机制。抓存款有两点是要注意把握好的，一是合理控制成本，二是依法合规。抓好存款应该是下半年和今后一个时期的工作重点，希望有关部门和分行在对存款市场进行深入分析的基础上，能够有一个具体的安排。一般的布置和安排是难以奏效的，应该从发展的目标、发展的重点、发展的措施、发展的组织领导等各方面作出安排，来保证存款的稳定增长。一个时期以来，同业普遍存在存款月末、季末、年末冲高的问题。在流动性紧张的情况下，月初要大量缴存存款准备金，这又与月初存款大幅下降叠加在一起，给资金管理带来更大的压力，代价是不小的。在存款下降的情况下，要从市场上融入资金，现在市场融入资金是4% ~5%的利率水平，资金成本是比较高的，成本高对经营效益就形成了压力。在抓存款的时候，既要顾及市场形象，也要算效益账。

加强资金流动性管理。应从资金来源与资金运用两个方面同时入手，改善流动性状况。抓好一般性存款同时，还要研究短期限同业存款策略。要灵活调度、调配资金，满足流动性需求。这个阶段，准确分析研判形势，科学地管理和安排头寸尤为重要。

完善内部考核。要根据新的情况，研究有利于解决资金问题的考核办法，如果认为有必要，可以适当调整内部价格转移办法，合理的内部定价对于全行抓存款会起到事半功倍的作用。

四、关于内部审计工作

今年以来，全行审计系统认真贯彻落实全行工作会议和3月份召开的审计工作会议精神，加强内部审计自身建设，围绕全行中心工作，有针对性地开展了13大类系统性审计项目和700余项次自选审计项目，揭示了一些重要的问题和风险，对改善经营、稳健发展发挥了重要作用，体现了审计工作围绕中心、服务大局、促进发展、创造价值的工作目标。

在今年的后一个阶段，要根据新形势、新任务的要求，继续做好计划中各类项目的审计，要重视并做好中西部分行关联交易和村镇银行贷款管理两个审计项目。我看了报上来的今年以来村镇银行的贷款情况，对村镇银行既要重视它的业务发展，更要关注质量，因此安排审计是必要的，以后每年都要坚持审计一次。村镇银行的贷前调查能力、评估审查能力、贷后管理能力是否具备，风险管控是否及时到位，要通过审计作出结论。希望村镇银行的贷款质量是真实的。

要进一步重视经济责任审计工作。对于总行管理的干部由总行审计部门或委托异地审计机构进行审计，这一点已经明确了。对于二级分行行长的经济责任审计，也要研究有效的方式，结果要向总行报告和报备。报告和报备的路径、受理反馈的方式，以及结果的运用，从技术上如何安排，请审计部研究。

要进一步提高审计质量。提高审计质量要从项目提出开始，从检查入手，自始至终地加强审计质量管理。要善于发现问题，敢于揭示问题，勇于反映问题。要对每一个审计项目，每一个审计问题负起责任，不夸大、不缩小、不护短、不遮遮掩掩。对所有审计事项都要出具负责任的审计意见和整改建议，同时做好审计的跟踪整改工作。总行已确定的审计工作责任制、追究制和内评估工作要按照工作安排有序推进。

要切实重视审计结果的运用。要进一步厘清审计结果运用各个环节的责任，落实到被审计单位，落实到主管部门。审计结果要和人员使用、晋升、等级行评定有机结合起来。被审计单位和个人问题严重的要实行一票否决制。

近一个时期以来，外部审计和监管检查力度不断加大，今年下半年，要高度重视国家审计署、人民银行、银监会、外汇管理局等外部监管部门的审计和检查，继续配合做好外部监管审计调查工作，为这些部门开展工作创造条件，提供支持，保证审计检查工作顺利开展。

谢谢大家。

在第三届职工代表大会第一次会议暨秋季工作座谈会上的讲话

张福荣

（2011 年 11 月 15 日）

同志们：

大家上午好，首先我衷心地祝贺第三届职代会的胜利召开，向与会的职工代表同志们致以诚挚的问候和敬意。刚才建国行长作了重要讲话，总结了前 9 个月的工作，部署了今后一个时期工作，我完全赞同。根据会议安排，我作一个发言，讲两个问题，供同志们讨论研究。

一、关于战略发展规划的实施

企业竞争的最高层面是战略竞争，战略决定成败，因此，一个好的战略规划非常重要。前一个 3 年，全行以科学发展观为指导，认真贯彻落实国家宏观调控政策和监管要求，坚定不移地推进了结构调整和战略转型，全面完成了发展规划纲要所提出的近中期业务发展要求和目标，在复杂多变的经营环境下实现了可持续健康发展，迈进了国际大银行的行列，为全行未来发展打下了良好基础、创造了有利条件。实践已经证明，前一个 3 年全行发展规划纲要是成功的，党委的决策部署是正确的。在树清董事长的主持下，全行新的五年战略发展规划已经制定下发，这个战略发展规划认真总结了实践经验，经过上上下下反复研究讨论，集中了集体的智慧和各方面的研究成果，充分体现了科学发展精神，反映了全行促进经营转型、加快创新发展的内在要求，绘就了建设世界一流银行的战略愿景，寄托着全行的期望，是指导全行未来发展的纲领性文件。我们一定要在新的战略发展规划指导下，以长远眼光和全球视野，牢牢把握住历史机遇，加快实现创新突破，把建设银行的事业不断推向前进。明天上午秀生同志还要组织对五年规划核心内容进行解读，这里，我仅就战略发展规划实施中需要注意的问题谈几点想法。

（一）战略发展规划的细化落实问题

从战略发展规划中，大家可以看到，党委的发展思路非常清晰，未来一个时期的大政方针、目标任务和工作举措非常明确。现在的关键是把原则要求变成可以操作的具体措施，把目标任务变成实实在在的工作项目，变成具体的工作成果。因此，战略发展规划的制订出台只是全行推进新一轮发展的第一步，更重要的是如何落得实、抓得好，许多工作还需要我们进一步细化和完善。牵头部门要在战略发展规划这个总纲下，根据实际情况，对战略发展规划提出的重点工作任务，分门别类进行梳理，一项一项列出来，并分解落实到各部门、各分行；各部门、各分行要根据专业分工和分行实际逐项研究提出落实的具体办法和措施，明确工作内容、工作目标、责任人和时限要求。要根据工作任务的具体情况，明确到什么时间达到什么目标，既有近期目标，又有中长期目标。对于具备条件、一定时间内能够完成的任务，争取早日达到目标；对于那些难度较大、需要较长时间才能完成的工作，也要列出大体的时间表，明确努力方向，逐步实现目标任务。通过这样一个细化落实的过程，不仅使战略发展规划一目了然，而且也为下一步规划实施情况的评估提供了充分依据。希望总行各部门、各分行要认识到这个问题的重要性，切实担当起各自的职责任务，更好地推动全行战略发展规划的实施落实。

（二）战略发展规划的难题破解问题

五年的战略发展规划涉及全行方方面面，任

务十分繁重，头绪很多，而且提出的许多任务实施时间长、跨度大。这就要求我们善于集中精力抓大事，找准主要矛盾，明确主攻方向，紧紧抓住关系全行工作大局的事情，抓住总行和基层行普遍关心的事情，抓住事关全行长远发展的事情，特别是对规划中提出的六大战略，必须在时间精力上重点投放、措施手段上重点保证，努力在规划整体推进的同时，使重点领域有新的变化、重点环节有新的突破、重点项目有新的进展。比如，改革的问题，战略发展规划中提出的组织机构调整改革、人力资源管理改革、业务流程和管理流程改革等几项重大改革，是全行工作中的难点，涉及体制机制深层次问题，都是些重头戏。解决好这些问题，必须要有新思路、新办法，勇于攻坚克难，勇于破解难题，这些问题如果解决好了，其他一些问题也会迎刃而解，更容易打开工作局面。再比如，人员的问题，这是一切业务发展的基础。应该说近年来全行人力资源建设取得了很大成绩，但随着全行业务发展和改革创新步伐的加快，面临的矛盾和问题还会出现，诸如中高级专业人才不足、柜面人员占比偏低、岗位体系建设推进加快、提高教育培训产出效益等等，这些都要在规划指导下，进一步加强对这些问题的研究，为全行业务发展提供坚实的人力资源支撑。其他各项工作都是如此，举重若轻，才能取得事半功倍的成效。可以说，这些重点工作、重点问题解决好了，全行战略发展规划目标才能得以成功实现。

（三）战略发展规划的考核激励和后续评估问题

战略发展规划的实施是一项系统性工程，落实这些战略目标，必须要有一套科学合理、细致完善、行之有效的考核激励办法和后续评估机制。在考核激励和后续评估工作中，应注意把握好各种工作之间的关联性。战略发展规划包括五个方面的内容，涉及六大战略。负责牵头抓总的职能部门要把一些因素综合平衡起来考虑，加强对战略发展规划的宏观指导，统筹推进各项任务分工的实施，同时还要保证规划实施过程中出现的问题都能得到及时解决；各部门、各分行也要主动环顾左右、兼顾上下，加强协调配合，形成把事干成的合力。注意把握好年度业绩考核与五年战略发展规划考核之间的对接。对各部门、各分行的考核要充分考虑到这两个目标的合理对接，在做好年度业绩考核的同时，注重加强对各分行、各部门负责人的任期考核，通过设置科学合理的权重，既要增强当期市场竞争力，又要防止短期行为，用有效的考核激励来保证各项目标的实现。注意把握好资源配置与战略发展规划目标的一致性。不应该战略发展规划是一个方向，而资源配置又是另一个方向。对于规划强调，重点发展的地区、业务，总行的政策、资源配置、考核激励就一定要作出相应的安排，所有的工作导向都要指向这个重心，用考核和激励为重点地区、重点业务提升竞争力创造条件。注意把握好后续评估的连续性、长效性。要建立科学的监测、评估、考核的长效机制，对照任务分解表，对战略发展规划的实施情况，进行经常性的监测，进行定期评估，确保各项工作都能按计划有序推进。每年要集中对战略发展规划实施情况进行一次检查，并将检查情况向党委报告，通报各部门、各分行。如果可能，两年后要对战略发展规划实施情况进行一次中期评估，规划执行结束年度要对战略发展规划实施工作进行全面总结。只要我们把握得好，组织得好，我们的战略发展规划就一定能转化为实实在在的工作业绩和新的改革发展成果。

（四）战略发展规划的任务指标调整问题

任何一项工作都不是一成不变的，要充实要完善。我们的战略发展规划也是这样，否则就会脱离实际，违背规律，甚至导致全行失去发展机遇。我们看到，当前的外部形势变化很快，在这样一个极其复杂的经营环境下，我们要提倡工作有预见性、计划性，但仅仅靠制订一个规划、出台一个政策意见是不够的。全行的战略发展规划一定要本着科学、客观、求实的态度和原则，积极适应宏观经济金融形势、国家宏观调控政策的变化，在推进过程中不断作进一步调整和完善，这其实也是对规划进行检查落实的过程。总行根据外部经营环境变化和规划实施情况，可能会对规划尤其是对一些任务指标适时适度进行预调微调，既要给压力，又要看可能，努力做到积极稳妥、科学合理，以更好地确保全行五年发展目标任务的完成。否则，不切实际的目标任务，都可能诱发经营发展中的一些矛盾和问题。对此，各部门、各分行要有大局观念、全局观念，客观看待和认识这个问题，并勇于自我加压，全力以赴地应对可能出现的各种困难和挑战。在这方面，我们有好的经验，但也有遗憾，从已经执行完的三年规划看，面对同样的宏观环境和政策条件，有的分行和部门由于精神状态异样、组织推动能力不同，措施办法不够有力有效，工作抓得不到位，结果相差还是比较悬殊的。希望大家能以高度的责任感和使命感，积极主动做好工作，推进战略发展规划的全面实施。

（五）战略发展规划的愿景目标实现问题

我相信，如果我们能够按照党委要求把五年发展战略规划很好地落到实处，建设银行的经营发展面貌将会焕然一新。在全行共同努力下，用5年左右时间，全行至少应该也能够在以下五个方面实现重大突破，这也是我们期望的愿景目标，并为未来长期可持续健康发展形成一个更加坚实、更加牢固的基础。

一是基本形成可持续健康发展的经营结构，按照资本约束要求，统筹考虑风险、收益、资本占用的关系，不断调整优化业务结构、产品结构、客户结构、渠道结构、区域结构、盈利结构，努力走出一条资本集约式的、内涵式的发展道路，形成发展特色，构筑竞争优势，从根本上增强全行的可持续发展能力。

二是服务水平有一个更大的跃升，加快网络渠道、产品创新、业务流程、客户管理、营销队伍、信息科技等方面全方位改进服务，建立科学有效的服务标准和考评体系，构建面向客户、具有市场竞争力的服务管理模式，不断提升服务品质，打造建设银行应有的良好形象。

三是整体构建适应现代金融企业需要的体制机制，按照现代金融企业制度要求，结合实践，不断完善公司治理，同时稳步推进组织机构、管理流程、产品创新等重点领域、关键领域改革，成为国内商业银行公司治理的成功实践者。

四是风险和内控管理水平得到提升，建成和完善包括信用风险、市场风险、流动性风险、操作风险在内，涵盖境内外机构的全面风险管理体系，形成全球统一的风险管理平台，在重点领域的风险计量技术与国际先进水平接轨，确保审慎稳健的风险偏好始终贯穿经营管理全过程。

五是人力资源结构与业务发展相协调。根据全行战略发展规划，统筹兼顾各个层面的人员需求，深化人力资源管理机制改革，加强人力资源集中统一、专业化管理，使全行人力资源素质和能力持续提升，年龄结构、知识结构、专业结构和层级结构更加科学合理，基本能够满足日益加快的业务发展需要。

二、关于应予高度重视的几项工作

当前，全球经济金融形势出现了许多新情况、新问题，主权债务风险及通胀问题突出，世界经济下行风险加大，主要经济体的政策选择和协调难度加大，复苏进程曲折。我国经济继续朝着调结构、转方式、控通胀、保民生、促稳定的宏观调控预期方向发展，紧缩政策已经发挥效力。但一些体制性、结构性等深层次矛盾还没有得到根本解决，国内资源要素价格矛盾比较突出，经济结构调整压力加大，一些领域盲目投资、产能过剩的问题进一步暴露。与此同时，国内外金融监管改革深入推进，上半年银监会发布了中国银行业新监管标准，对大型银行的资本充足监管更趋严格。加上，同业竞争日益加剧，特别是在零售银行、电子银行和一些新兴中间业务领域，在大中城市和县域，争夺市场份额的竞争更为激烈。国内外这种复杂多变的经济形势和市场环境正在深刻影响着我们的经营发展，需要全行密切关注和认真研究，保持对一些新情况新问题的敏感性、预判力，争取把工作做在前面。尤其要高度重视以下几个问题。

（一）高度重视防控各类风险

今年以来，宏观经济不确定性增多，给银行风险管理带来很多新挑战、新考验。一是在宏观紧缩的大背景下，近期有些企业生产经营环境趋紧，尤其是一些小微企业受资源价格、人工成本上升以及出口受阻等多重因素挤压导致经营困难，加之一些企业为牟取暴利偏离主业甚至介入民间高利贷领域，一旦资金链断裂而倒闭，就有可能引发风险，波及银行资金安全。二是从一些重要领域看，目前我国10.7万亿元的地方政府性债务中有80%是银行贷款，房地产贷款占到金融机构全部贷款余额的近20%。随着国家对政府融资平台、房地产等重点领域宏观调控的不断加强，少数在建续建项目、地方政府融资平台出现资金紧张趋向，一些资质和管理差的中小开发商已经面临资金链断裂风险。三是在社会资金整体偏紧的情况下，资金供给矛盾催生了各类借道银行的欺诈活动，通过假票据、假报表、假资信证明、假合同、假验资等手段骗取银行资金的情况明显增多。与之伴生的是，近期网络借贷、民间借贷和小额贷款公司等领域凸显风险，部分融资性担保公司从事高息揽储和高利贷等违法违规行为，地下钱庄、高息民间借贷不仅推高利率，而且会导致信用环境秩序混乱，一旦发生风险，损失可能向银行体系转嫁，这些都需要引起我们的高度警觉。此外，日前，银监会出台了一系列新的监管规定，加大了对理财业务的管理和销售监管力度，监管政策的变化，使银行理财业务的发展面临的政策不确定性风险加大。

历史经验表明，经济结构和宏观政策调整时期、社会资金面紧张时期，各种风险往往更容易集中暴露。因此，面对当前复杂形势，针对新情况、新问题，需要时刻保持头脑清醒，高度关注所面临的风险及其危害，提高风险防范的主动性、前瞻性和有效性，现阶段尤其要加强地方政府融资平台风险、房地产贷款风险、理财业务风险、银行欺诈风险管理，落实好各项风险防控措施。要特别重视操作风险的防范，突出解决风险管理不到位、不作为的问题，要改变制度不落实、检查流于形式，处理偏轻，工作不尽责、不负责的现状。对于挪用、占用内外部资金，内外勾结诈骗，参与高息融资和民间借贷等严重违规事件要坚决追究、严肃处理。

（二）高度重视加强流动性管理

今年以来随着央行连续6次上调存款准备金率，银行体系流动性日趋紧张，市场利率持续攀升，存款市场竞争异常激烈，各家银行都面临着存款流失的巨大压力。有关数据显示，第三季度有8家上市银行的存款余额净下降4 000多亿元，一些银行的存贷比已经超过70%。前3个季度，我行新增存款6 150亿元，增长6.5%，新增四行占比第四名。从地区存款看，长三角、珠三角和环渤海地区个人存款新增占比分别占同业的23.1%、18.8%和16.4%，差距主要是在这里，占新增差距的80.1%，前9个月少增2 215亿元。前3个季度上缴中央银行存款准备金3 374亿元，相当于存款增量的54.86%。目前我行的贷存比为63.75%，没有超过监管红线，是合理的，但全行临时性资金缺口明显扩大。与此同时，存款的波动幅度很大，不仅使全行多缴存款准备金，增加了存款成本，而且使全行流动性管理的难度明显增加，全行流动性管理面临不小的压力和挑战。

从目前宏观经济运行情况看，基本取向在短期内不会发生大的变化。第四季度中央银行继续分步实施保证金存款纳入法定准备金缴存范围的政策，预计今后一个时期市场流动性紧张局面仍将延续。而且根据规律，年末往往又是资金流量的高峰。因此，要加强对新的市场条件下资金运动规律的研究，统筹资金管理，实现流动性与收益性的有效平衡。要科学管理全行的流动性，加强大额资金运动的预测预报，合理安排各层次流动性储备，确保流动性安全和高效率。

（三）高度重视资本的约束

国际金融危机发生以来，世界各主要经济体着手对商业银行的监管进行改革，巴塞尔协议Ⅲ在这种背景下应运而生，国际金融监管改革主要体现在三个方面：提高了资本充足率监管标准；引入了动态拨备和杠杆率监管；建立了流动性监管的国际标准。这些金融监管措施和基本规则将成为未来全球银行业改革发展的方向。我国“十二五”规划纲要也明确提出了构建逆周期的金融宏观审慎管理制度框架的金融改革方向。今年4月，银监会发布了《关于中国银行业实施新监管标准的指导意见》，提出了资本充足率、杠杆率、贷款拨备率、流动性比率四大新监管工具，近期又就《商业银行资本管理办法》向全社会公开征求意见。国内监管架构在实施时间、实施力度上比国际监管标准更为严格，这在有效约束银行放贷、防范风险的同时，也使银行资产规模扩张受到限制，资本补充难度进一步加大。从我行情况看，新《商业银行资本管理办法》实施后，未并表口径资本充足率在过渡期第一年下降1.13个百分点，之后在过渡期内每年下降约0.23个百分点；并表口径资本充足率在过渡期第一年下降1.22个百分点，之后在过渡期内每年下降0.22个百分点。再加上这两年来全行的信贷投放，监管部门已经和可能出台政策调高融资平台贷款、房地产贷款和中长期贷款风险权重的影响，全行资本压力更加突出，对全行经营发展尤其是信贷业务发展形成较大的约束。如何优化资本使用、调整经营结构，迅速形成低资本消耗的高增长可持续发展模式，是全行面临的十分紧迫的重大任务。我们通过发行400亿元次级债，用以补充资本，并积极建立内生资本的补充机制和渠道，提高了全行的资本充足水平，而更重要的是，全行要深刻地认识和把握好资本、效益、质量和规模四者的关系，使我们的发展建立在资本约束上，这样的发展才是有质量、有效益、有生命力、可持续的发展。因此，全行一定要把资本的问题提到议事日程上来，提到关系建设银行长远发展的高度来加强研究，从技术、制度和经营战略等层面入手，加快建立以资本约束为核心的业务增长模式和资源配置方式，在资本、效益、质量和规模有机协调的基础上实现更好更快的发展。

（四）高度重视应有的市场地位

从行内有关部门提供的主要经营指标比较分析中可以看到，今年前3个季度，全行经营发展总体保持了稳健和领先的水平，各项核心指标居同业领先地位，但部分指标竞争优势有所弱化。前3个季度，我行存款市场份额下滑，资产新增速度相对缓慢，资产负债总量保持四行第二，但增量、增速均为四行最末，资产增幅8.9%、负债增幅8.7%，而四大行其余3家的增幅都在10%以上，余额占比比去年年末分别下降0.45%和0.49%，市场地位受到严峻挑战。全行要从主观上深入分析，查找问题和症结在什么地方和如何解决。如果不采取有效措施，按此速度，明年上半年最多到下半年，建设银行的资产负债规模就会被他行超过，不是排在第三，而是可能掉到第四。能否缩小与前面的差距，拉大与后者的距离呢？我们一定要清楚，规模对于一家银行、一家企业的重要性，规模决定发展能力，规模决定影响力，规模决定竞争力。全球系统重要性银行五条标准中，第一条标准就是规模，由此可见规模的重要性。片面追求规模会偏离正确的方向和轨道，欲速不达，但没有一定的规模支撑就不可能做大做强。同时，从业务发展角度看，资产负债业务不仅是全行业务发展的基础，也是新兴业务成长的源泉，两者是一荣俱荣、一损俱损的关系，如果资产负债业务“根深叶茂”，更多的新兴业务就有条件加快发展壮大。从市场情况看，资产负债业务是各家银行竞争的核心业务，市场份额的下降，在很大程度上反映着一家银行竞争力的落后和衰退，而且市场份额一旦丧失，失而复得的难度很大，付出的努力和成本远比维护原有市场高出很多。从长远看，我们在市场需求旺盛的时候能够保持合理资产负债增速，竞争到更多优质市场，将会为我们未来资产负债业务发展和全行的经营转型赢得工作主动、创造更大的空间。因此，无论是提升发展能力和竞争能力、树立市场形象，还是保持持续健康发展，都需要我们继续保持规模上的一个合理增长，有一个适当的市场份额。

面对当前这样的形势，大家一定要有危机意识、责任意识和竞争意识，振奋精神，树立有所作为的思想，增加工作主动性，采取针对性措施积极应对市场的变化和竞争。要理清思路，抓源头、抓重点，拓展市场，营销客户，形成资产负债业务联动发展的局面。要加强对资产负债增长和市场占比的考核，完善内部机制，充分调动各行发展资产负债业务的积极性。要通过努力，有效解决当前资产增长缓慢、负债业务下滑的被动局面。全行应该把确立“应有的市场地位”作为我们的经营发展共识和重要目标任务，通过做大规模、做强市场，不断巩固和扩大建设银行的市场地位，成就建设银行的辉煌事业。

谢谢大家！

深入推进反腐倡廉建设 为全行稳健发展作出更大贡献

——在中国建设银行纪检监察工作会议上的工作报告

辛树森

（2011 年 2 月 21 日）

同志们：

这次会议的主要任务是：学习贯彻中央纪委六次全会和全行工作会议精神，总结 2010 年全行反腐倡廉建设和纪检监察工作，研究部署 2011 年的任务。

一、2010 年主要工作回顾

2010 年，全行根据中央确定的反腐倡廉工作方针，以及总行党委的部署，围绕推进惩防体系建设这条主线，按照“反腐倡廉抓班子，案件防控抓基层”的总体思路，深入推进党风建设和反腐倡廉工作，突出抓好领导人员廉洁从业和员工职业操守建设，扎实开展案件专项治理，大力加强和改进纪检监察组织建设，为业务发展提供了有力的支持和保障。

（一）教育和监督并重，领导人员廉洁从业自觉性不断增强

深入开展反腐倡廉教育。全行围绕贯彻《党员领导干部廉洁从政若干准则》，通过中心组专题学习、辅导讲座、对照检查等多种形式，集中开展了宣传教育活动。配合“一行三会”开展“金融系统反腐倡廉建设展”活动，全行系统先后组织 6.2 万人观看，收到了很好的教育警示效果。一些分行针对领导人员作风建设方面存在的问题，组织“作风建设年”等专项活动。通过开展党性党风党纪专题教育、纠正奢侈浪费行为、精简各种文件和会议，促进了行风进一步好转。

扎实推进巡视监督工作。总行对 8 个分行开展了第二轮巡视，对 5 个分行开展了巡视回访；7 个一级分行有针对性地开展了对二级分行的巡视。通过巡视监督，使被巡视行在领导班子建设、领导人员作风建设、选人用人工作、风险内控管理、反腐倡廉建设和纪检监察工作等方面得到加强。根据中央对巡视工作新的规定和要求，制定《2010—2014 年巡视工作规划》，使巡视工作进一步规范化、常态化。在实践中，不断创新巡视工作方法，提高巡视成果利用水平，巡视监督的实效不断增强。从 2010 年 10 月开始，中央金融巡视组对我行开展了巡视，对建设银行各项事业的持续健康发展起到了积极的推动作用，也有力促进了我行的党风建设和反腐倡廉工作。

进一步发挥信访举报的监督作用。2010 年全行共受理信访举报 872 件，近 3 年来首次出现下降，下降率达 13%。通过加大核查力度，对严重违规违纪问题给予了严肃处理；对一些苗头性、趋向性和轻微违规问题，以谈话、函询等方式给予教育提醒；对一些反映不实的问题给予了及时澄清。一年来共对 151 人进行了处理，对 256 人进行了提醒谈话。总行修订了《纪检监察信访举报工作操作规程》，进一步规范了全行信访举报管理工作。

继续健全和落实监督制度。不断完善对集中采购的监督，进一步明确集中采购相关工作人员的十项纪律，建立了供应商监督制度，全行纪检监察部门全年共参与 17 514 个采购项目的监督。不断强化对基层机构负责人的监督，继续推进和完善纪检监察特派员制度，全行特派员认真履行职责，对基层机构负责人尽职尽责、廉洁自律、重大决策、内控管理等方面的问题，及时提出针对性建议并督促整改，促进了基层机构管理工作进一步加强。不断加强对组织人事工作的监督，严格落实领导人员任职前听取纪委意见的规定，及时向组织部门反馈拟任意见；按照中央关于严厉整治干部选拔任用工作中行贿、受贿行为的专项部署，全行组织开展了集中整治工作，对存在的问题提出了改进措施，进一步促进了选人用人工作。全行坚持执行廉政谈话、重大事项报告、经济责任审计、行务公开等制度，制定了《领导人员上交礼金礼品管理规定》，各级纪检监察部门加强监督检查，促进了领导人员廉洁自律意识进一步增强。一年来，全行开展廉政谈话 30 345 人次，述职述廉 22 314 人次，领导人员个人重大事项报告 14 839 人次，经济责任审计 1 818 人；有 536 人次主动上交未能拒收的现金、有价证券和支付凭证。

（二）扎实开展专项治理，案件防控成果不断巩固

在推进完成 3 年《案件防控及整改方案》9 大类 108 项治理措施的基础上，2010 年全行进一步深入开展案件专项治理。各一级分行和总行相关部门，按照总行《关于开展案件专项治理，进一步加强案件查防工作的意见》的统一部署和任务分工，从 6 个方面系统推进了 53 项具体措施。建立健全案件防控工作责任制。全行层层签署了《案件防控工作责任状》，根据银监会的相关要求，结合我行实际，初步建立了“九挂钩”的案件防控工作考评机制，即将案件与领导人员绩效考核、领导人员职务聘任晋升、部门年度考核、风险管理等级评价、内部控制审计评价、新机构设立、评先评优、“平安建行”创建、星级网点评定等挂钩。全行加大了对堵截、检举和抵制违法违纪违规行为有功人员的奖励力度，部分分行还结合实际设立了案件防控专项奖励基金。集中开展“六大突出风险”专项整治活动。纪检监察部门配合财务会计、授信管理、公司业务、个人存款与投资、财富管理与私人银行、住房金融与个人信贷、营运管理等相关业务部门，组织全行开展了防治非法高息融资、违法发放贷款、“小金库”、现金柜员岗位风险、客户经理违规代客办理业务、商业贿赂案件六大专项整治，提高了风险防范的针对性和实际效果。认真做好案件的查办和管理。全行共立案查处员工涉案的操作性案件 4 件、贿赂案件 8 件、外部侵害案件 3 件。通过快速应对和有效处置，案件涉案人员全部归案，并较好地控制了外部影响。加强案件查防工作平台建设。逐级建立了案件查防工作联席会议制度，在营业网点建立了主题晨会制度。落实案件风险预警和信息交流制度，总行发布风险提示 16 期，各一级分行也结合实际，通过召开专题会议、编发简报、在企业网及时发布风险提示和预警，交流案件信息；总行 2007 年创刊的《案件防控工作动态》，坚持每周一期，直发全行，已成为“提示案件风险、传导案防政策、督办案防工作、交流案防经验”的重要平台。

（三）推进职业操守建设，员工敬业合规意识明显增强

加强员工从业行为的教育和引导。全行组织开展了以“诚信敬业、廉洁合规”为主题的职业操守教育活动，通过集中学习、日常培训、案例剖析、组织报告会等多种方式，进一步增强了员工的廉洁合规意识。根据银监会部署，围绕贯彻落实银行从业人员行为准则，全行组织开展了自查，同时接受了银监会对我行的现场检查，对存在的问题进行了整改。明确员工从业行为“禁区”。按照“高风险、零容忍”的理念，总行制定了《员工从业禁止若干规定》，明确了员工从业行为的 19 项“禁令”。全行组织开展了大规模的宣传教育和培训活动，组织员工签订廉洁合规从业承诺书，使从严治行、严格管理的要求得到进一步落实。加强员工行为排查和管理。结合 19 项“禁令”和案件暴露出的突出问题，全行组织开展集中排查，共排查员工 306 239 人，发现有问题的 837 人，并及时采取了处置措施。针对员工从业行为中的突出风险，审计条线组织操作风险重点事项专项审计，共发现各类违规问题 2 035 个，各级纪检监察部门密切跟踪问责，共对 3 515 人进行了处理。

（四）严格执纪问责，惩戒警示作用得到进一步发挥

深入推进积分管理工作。为适应业务发展，全面修订了积分标准，提高了积分标准的完整性和可操作性。各级机构主动运用积分手段加强基础管理，全年共对 64 564 人累计积分 187 387 分，分别比 2009 年增加 9% 和 13%，累计对机构积分105 074分，比2009年增加5%。部分分行还积极探索实践奖励积分，拓展了积分管理的激励功能。深化授信业务责任认定工作。制定授信业务禁止性要求和尽职免责标准，明确了责任边界。总行修订《授信业务责任认定工作管理办法》，进一步完善了认定范围、工作机制和流程。配合"贷后管理年"活动，各级机构加大授信业务责任认定工作力度，促进了授信管理水平的提高。对违规失职行为严格责任追究。总行修订《工作人员违规失职行为处理办法》及其《操作规程》，进一步明确对案件和重大违规问题的问责要求，规范量纪尺度和处理程序，加强了对案件和重大违规问题处理的统一管理。百万元以上案件都上追到一级分行的管理人员，百万元以下案件以及重大违规事件，也按照规定进行了严肃处理。全行重点对监管机构和内外部审计中检查发现的问题进行了问责，并督促有关单位落实整改。

（五）认真落实中央四部委要求，纪检监察组织建设全面加强

2010年3月，中央四部委下发加强和改进中央金融机构纪检监察组织建设的《若干意见》后，总行党委高度重视，以3号文件印发了我行贯彻的具体措施。总行召开全行专题视频动员会议，分2个片区召开推进工作座谈会，全行组织开展了纪检监察组织建设暨特派员制度推进工作专项效能监察。各级机构按照总行统一部署，狠抓落实，全行纪检监察组织建设取得了新的进展。组织机构进一步健全。目前全行共设有纪委489个，纪检监察部门466个，二级分行及其以上机构全部设立了纪委监察机构。人员力量进一步增强。全行共配备专职纪检监察人员3 262人，其中基层纪检监察特派员1 610人，各级机构尤其是基层机构的纪检监察工作力量得到进一步充实。队伍素质进一步提升。一批懂管理、责任心强、德才兼备的业务骨干被选调到各级纪检监察部门，队伍的年龄、专业结构不断优化。总行先后举办了纪委书记高级研修班、纪检监察部负责人培训班和业务骨干培训班；依托中央纪委3个培训中心，继续对二级分行纪委书记开展轮训；按片区开展纪检监察培训，先后举办6期，共培训近1 000人。各分行也加大培训力度。这些培训使纪检监察人员进一步开阔了眼界，提高了专业技能，队伍的整体素质进一步提升。

回顾一年来的工作，各级纪检监察部门努力践行纪检监察"融入业务、促进发展、创造价值"的理念，紧紧围绕全行中心工作，深入推进各项任务的落实。在工作实践中，更加注重发挥职能部门的作用，依托相关业务条线，在全行扎实开展了"六大突出风险"专项整治活动，进一步增强了反腐倡廉和案件防控的合力；更加注重工作的开拓创新，针对全行员工队伍职业操守和案件防控方面存在的突出问题，制定员工从业19项"禁令"，推行员工廉洁合规从业承诺制度，进一步提高了全行员工从业行为管理水平，巩固了全行案防的基础；更加注重自身建设，认真贯彻落实中央四部委和总行党委关于加强和改进纪检监察组织建设的各项措施，为推进全行反腐倡廉建设提供了有力的组织保障；更加注重教育、制度、监督等各方面工作的整体推进，将日常工作任务与推进惩治和预防腐败体系建设紧密结合，全行反腐倡廉建设的成效更加显著，纪检监察对全行的价值贡献度不断提升。

在肯定成绩的同时，我们应清醒地认识工作中存在的一些问题和面临的严峻形势。在执行党风廉政建设责任制方面，有的领导人员没有切实承担起"一岗双责"，不能妥善处理好业务发展与反腐倡廉、风险防范的关系，对所属员工的教育、管理和监督还存在着一些薄弱环节。从内外部审计、检查和信访情况来看，一些分支机构违规违纪、屡查屡犯的问题还比较严重，潜藏着较大的风险隐患。在廉洁从业方面，少数领导人员上班时间到娱乐场所活动；有的以营销之名进行高消费娱乐活动，或者上下级之间请客送礼、搞内部营销；一些地方还存在跑官要官、拉票贿选现象；有的利用职权从贷款客户处购买明显低于市场价格的商品房，甚至收受贿赂，严重触犯刑律。在案件防控形势方面，当前宏观经济中仍然存在诸多不确定因素，经济金融政策趋紧，企业资金相对短缺，银行盈利空间收窄，员工面临内部经营压力和外部不法分子拉拢腐蚀的双重考验，过去信贷高投放过程中隐藏的违规违纪问题可能会逐步暴露。在经济运行周期的不同阶段，银行业的腐败现象和案件必将呈现不同的特点和规律，需要我们认真研究，积极应对。在自身建设方面，全行纪检监察队伍的履职能力，还不能完全适应新形势新任务的要求，纪检监察工作水平和成效还有待进一步提高。这些问题必须引起我们的高度重视，并在今后的工作中切实加以解决。

二、2011 年主要工作任务

2011 年是建党 90 周年，也是深入贯彻落实党的十七届五中全会精神、全面实施“十二五”规划的开局之年。建设银行支持国家经济建设的责任重大，推进自身改革发展的任务繁重。全行要认真学习贯彻中央纪委六次全会精神，深入贯彻落实科学发展观，坚持标本兼治、综合治理、惩防并举、注重预防的方针，以加强领导人员监督和案件防查工作为重点，以执行党风廉政建设责任制为保障，深入推进惩治和预防腐败体系建设，狠抓各项工作落实，努力开创全行反腐倡廉建设的新局面。

（一）认真贯彻中纪委六次全会精神，切实将“以人为本、执政为民”的要求贯彻落实到反腐倡廉建设各项工作中

今年 1 月，在十七届中央纪委六次全会上，胡锦涛总书记发表了重要讲话，从党和国家事业发展全局和战略的高度，全面总结了党风廉政建设和反腐败斗争取得的成效和经验，科学分析了当前的反腐倡廉形势，明确提出了今年党风廉政建设和反腐败工作的主要任务，深刻阐述了切实把以人为本、执政为民贯彻落实到党风廉政建设和反腐败斗争之中的重要性、紧迫性以及总体要求、工作重点。胡锦涛同志指出，当前党风廉政建设和反腐败斗争的总体态势是，成效明显和问题突出并存，防治力度加大和腐败现象易发并存，群众对反腐败期望值不断上升和腐败现象短期内难以根治并存，反腐败斗争形势依然严峻，任务依然艰巨。胡锦涛同志强调，以人为本、执政为民是马克思主义政党的生命根基和本质要求，是我们党的性质和宗旨的集中体现、一贯的政治主张和执政理念，也是我们适应新形势、顺应新期待、迎接新挑战、完成新使命的现实需要；要把实现好、维护好、发展好最广大人民根本利益作为一切工作的出发点和落脚点，坚持权为民所用、情为民所系、利为民所谋。胡锦涛同志强调指出，要始终坚持党要管党、从严治党的方针，继续加大惩治腐败的工作力度，不论什么人，不论在何时何地，只要搞腐败，就要坚决惩处，维护党纪国法的严肃性，以党风廉政建设和反腐败斗争的实际成效取信于民。六次全会上，贺国强同志作了工作报告，明确提出要加强以保持党同人民群众血肉联系为重点的作风建设，加强以完善惩治和预防腐败体系为重点的反腐倡廉建设，着力解决反腐倡廉建设中人民群众反映强烈的突出问题，围绕中心、服务大局，突出重点、整体推进，改革创新、狠抓落实，不断提高反腐倡廉建设科学化水平。六次全会精神，特别是胡锦涛同志的重要讲话，是指导当前和今后一个时期党风廉政建设和反腐败斗争的纲领性文献，对于深入推进党的作风建设和反腐倡廉建设，推动全面做好党和国家各项工作，顺利完成“十二五”时期经济社会发展目标任务，具有重大而深远的意义。全行党员干部特别是广大纪检监察人员一定要认真学习领会，坚决贯彻落实。

要坚持以人为本的理念，不断加强和改进作风建设。教育和引导各级领导人员大力弘扬理论联系实际、密切联系群众、求真务实和艰苦奋斗、批评和自我批评的优良作风。坚决纠正损害员工利益的不正之风，着力解决员工反映强烈的办事不公、工作不够扎实、不注意调查研究、作风漂浮、工作方式简单粗暴等问题。进一步提高正确执行政策、依法办事的水平和化解矛盾纠纷、维护稳定的能力。尊重员工关切，努力解决薪酬、用工、工作环境、职业生涯发展等员工关心的问题，拓宽基层员工反映意见的渠道，在全行形成更加有效的员工诉求表达机制、利益协调机制、问题处理机制和权益保障机制。继续坚持和完善领导人员联系行和定期接访等服务基层、联系员工的制度，进一步密切党群和干群关系。

要坚持以人为本的理念，深入推进惩防体系建设。今年是惩防体系建设工作规划实施的第四个年头，对于五年规划能否取得预期成效至为关键。要根据中央的有关要求，全面开展自查，认真梳理检查发现的问题和薄弱环节，对近年来体系建设情况进行总结，进一步明确各项工作任务的进度和目标要求，将一些成功经验制度化，巩固体系建设成果。要把以人为本的要求，切实体

现到惩防体系建设和反腐倡廉工作的各个方面。加强以人为本、执政为民教育，增强全行党员特别是各级领导人员宗旨意识和群众观念；建立健全决策机制和相关管理制度，最大限度地防止决策不当和权力运行失范带来损害员工利益的问题；强化监督，严肃查办员工反映强烈的信报举报和违纪违法案件，不断增强工作的针对性和有效性，不断提升全行反腐倡廉建设的系统化和科学化水平。

（二）注重预防，加强引导，提高各级领导人员抵御腐败和风险的能力

牢牢抓住教育这一基础环节，深入开展理想信念和党性党风党纪教育，引导各级领导人员讲党性、重品行、作表率，自觉践行“诚实、公正、稳健、创造”的建设银行核心价值观，不断增强廉洁自律的意识和拒腐防变的能力。

根据中央的有关精神，结合全行各级领导人员的思想实际和廉洁从业的现状，今年在全行组织开展“学规定、知禁令、作表率”廉洁从业主题教育活动，以各级领导人员自我学习、自我整改、自我提高为基础，开展条规教育、警示教育、示范教育和岗位廉政教育，使领导人员全面掌握并带头执行好廉洁自律各项规定。当前，各级领导人员要认真学习并严格执行以下三方面的制度。一是中央近年来新出台的有关规定。主要包括廉政准则、国有企业领导人员廉洁从业规定、党风廉政建设责任制、领导人员个人有关事项报告制度等。二是总行近几年下发的有关规定。主要包括廉洁自律六项要求、廉洁合规从业八项要求、礼金礼品管理规定等。三是总行今年根据中央纪委六次全会精神并结合实际提出的以下“八严禁”要求：（1）严禁利用职权和职务上的影响接受各种形式的礼金、礼品；（2）严禁利用工作中知悉或者掌握的内幕信息、商业秘密，以交易、投资等形式谋取不正当利益；（3）严禁在授信、资产处置、集中采购、IT 建设、基建工程、房屋租赁等工作中谋取私利或者搞利益输送；（4）严禁在领导人员选拔任用过程中请客送礼、拉票贿选、跑官要官；（5）严禁利用职务之便接受可能影响公正执行公务的宴请以及旅游、健身、娱乐等活动安排；（6）严禁铺张浪费，举办无实质内容的庆典、研讨会、论坛等活动；（7）严禁用公款相互宴请、邀请旅游等，搞“内部营销”；（8）严禁工作时间到娱乐场所活动。

总行将制定主题教育活动方案，各分行要根据总行部署，结合自身实际，精心组织实施。各级纪检监察部门要注意对教育活动开展情况组织检查，对学习效果开展测试，巩固和提高学习成效。各级领导人员既是主题教育的对象，又是活动的组织者和推动者，一定要带头参加学习、带头接受教育、带头查找问题、带头抓好整改，充分发挥表率和示范作用，确保活动取得实效。

（三）完善制度，严格监督，规范权力运行

进一步健全和落实监督制度。坚持用制度管权、管事、管人，综合运用各种手段加强对“权、钱、人”等关键部位的监督制约。根据中央有关要求，总行近期将制定下发《贯彻落实“三重一大”决策制度的实施办法》，进一步明确决策范围、决策程序、监督检查和责任追究等方面的事项，推进“三重一大”决策规范化、民主化、科学化。认真贯彻落实《关于党的基层组织实行党务公开的意见》，督促全行基层党组织按照规定的内容、程序和方式公开党内事务，进一步扩大党内基层民主。继续落实领导人员选拔任用四项监督制度，进一步提高选人用人公信度。认真贯彻《党政主要领导干部和国有企业领导人员经济责任审计规定》的精神，发挥好内部审计的监督作用。

进一步做好巡视工作。深入贯彻中央巡视工作条例，以“规范制度流程、推广创新成果、拓展巡视覆盖、加强巡视力量”为主线，继续推进巡视工作常态化和规范化。按照总行党委的部署，对部分一级分行开展巡视工作和巡视回访。根据中央有关精神，修订我行巡视工作规定、实施细则和操作规程，完善巡视制度流程，进一步提高巡视工作效率。总结巡视创新试点经验，动态调整完善巡视评价指标体系，推广巡视工具模板创新成果。拓展巡视覆盖范围，加强对一级分行巡视工作的指导。进一步充实巡视工作力量，加大对巡视人员统筹调配和培训力度，不断提高巡视队伍的整体素质和工作水平。

加强信访举报的核查和管理工作。牢固树立用群众工作统揽信访举报工作的新理念，增强群众观念，把信访工作作为联系群众的桥梁和纽带、了解下情民意的重要渠道、发现案件线索的重要来源。加大对信访举报问题的查办力度，对涉及用人、营销费管理、采购、信贷、“小金库”、高息融资等突出问题要重点核查。总行和一级分行要继续加强对上级转办信件的督办，对下级行上报的核查报告要严格审核把关，查实问题要督促处理到位和整改到位。对反映不实的举报问题要及时进行澄清。认真执行《纪检监察信访举报工作操作规程》，提高信访举报核查和管理工作的规范化水平。加强信访举报情况分析，坚持定期分析上报制度，为领导和有关部门决策提供参考。继续提高网上举报系统的应用水平，畅通员工举报渠道。

（四）明确责任，加强治理，健全案防工作长效机制

坚持实行案防工作责任制，强化考核激励约束。继续抓好《案件防控工作责任状》的执行和落实。研究制定加强案防长效机制建设的指导性文件，进一步改进“九挂钩”的案件考核办法和相关奖惩制度。对案件的考核，既要与所在机构经营绩效考核、领导班子考核挂钩，也要与领导人员的个人考核、职务晋升、评先评优挂钩。继续对案件保持“零容忍”态度，严格按照有关规定追究案件相关责任人特别是上级管理人员、领导人员的责任。

深入开展案件突出风险重点整治活动。去年，全行开展“六大突出风险”专项整治活动的效果很好。今年，总行纪检监察部和相关业务主管部门还要研究制订具体方案，组织全行对当前相对突出的八类案件风险进行重点整治：一是票据业务部位的票据诈骗、违规出具金融票证的案件风险；二是信贷业务部位的骗贷和违法发放贷款的案件风险；三是柜面业务部位的操作性案件风险，特别是代发工资、上门收款、现金柜员等重点部位，以及社会非法高息融资通过柜面业务将风险转嫁给银行的案件风险；四是信贷、资产处置、集中采购、基建工程等业务部位的商业贿赂案件风险；五是银行卡部位的案件风险；六是电子银行部位的案件风险；七是客户经理违规代客理财、代客保管重要物品、代客办理重要业务、代客归集过渡资金等代客服务形成的案件风险；八是机构负责人和管理人员违规动用公章，擅自对外签署法律性文件的案件风险。通过重点清理和整治，既要彻底摸清、排除已经形成的风险，还要对现行的制度、流程和 IT 系统进行全面评估和完善，及时堵塞管理漏洞。

落实“案件防控抓基层”的要求，切实提升基层机构内控案防的综合能力。加强基层机构委派营业主管、风险经理、纪检监察特派员队伍建设，强化和充实其在内控及案防工作中的职能。在基层机构及营业网点总结和完善“合规每日一讲”的经验，建立内控案防“每周一讲”制度。组织编写《基层机构案件防查工作手册》，提升基层机构案防工作规范化水平。加强对基层机构和网点负责人、客户经理、现金柜员等重要岗位人员的管理，做实“上岗认证、在岗制衡、转岗鉴定、离职审查”工作。

加强对案件及违规问题的查处和管理。认真落实银监会关于案件处置报告的三项新制度，完善和落实快速反应机制。发生案件后，案件（风险）信息必须在 24 小时内报送总行，同时积极做好控人防逃、资金追索、维护声誉等各项处置工作。对案件查处的重要情况，要及时跟进和报告。发生重大案件的一级分行，行领导要到总行汇报查处情况；总行有关部门也要深入案发行指导、参与办案工作。推进“违规问题库”建设，加强对违规问题信息的集中管理与分析利用，有针对性地采取防控措施。坚持案件风险预警制度，落实和完善案件及违规问题整改制度，指导、督促 2010 年发生案件的相关分行制定实施全面整改方案。

（五）强化管理，规范行为，提升员工廉洁合规从业水平

要按照以人为本、关爱员工、切实维护好员工根本利益的要求，不断强化对全行员工队伍的教育和管理。

进一步加强员工廉洁合规教育。借鉴交通法规考试的做法，试点建立“员工廉洁合规从业知识在线测评系统”，使员工在入行、上岗、转岗、职务提升的重要时点以及在岗一定期限后，能够接受廉洁合规从业知识测评，不断强化其廉洁合规从业意识。探索建立员工廉洁合规从业年度鉴定制度，对员工的廉洁合规从业情况，单独进行考核和鉴定。

严格落实员工从业“禁区”制度。新修订的

《工作人员违规失职行为处理办法》吸纳并拓展了员工从业行为“禁令”的内容，各级机构要继续加强对各项“禁令”的宣传教育和学习。落实员工廉洁合规从业承诺制度，新入行员工要按规定及时签署廉洁合规从业承诺书。对突破从业行为“底线”的，要按照有关规定严肃处理。

加强员工行为动态管理。当前要重点关注员工参与社会非法高息融资、参与经商办企业、参与非法或大额博彩活动、与客户发生不正当资金往来等容易诱发案件风险的突出问题。改进员工商银行为排查手段，综合运用日常管理、家访、走访有关单位、审计检查、系统监测、随机抽查等途径，提高排查发现问题的能力和效果。对排查中发现的问题，要及时处置和化解风险。协调、配合审计条线开展操作风险重点事项专项审计，对审计发现的问题要密切关注，并纳入员工行为动态管理。各级管理人员要加强与员工的沟通交流，主动了解员工思想状况，有针对性地进行心理疏导和激励，增强员工的认同感和归属感。

（六）严肃执纪，强化问责，促进内控管理水平不断提高

进一步加大责任追究力度。继续加强对案件和重大违规问题的问责，对新发案件和重大违规问题，要严格按照相关规定，从经办、管理、领导三个层面追究相关人员的责任。重点关注内外部审计和监管发现违规问题的问责工作，对审理工作薄弱、执纪不严的，加大通报和督办力度。继续加强对各项经营管理中违规失职行为的问责，严格落实有关监管政策，对于有令不行、有禁不止，严重违反监管要求的经营行为，要严肃追究相关机构及责任人的责任。总行和一级分行要加强审核和督导，确保各项责任追究落到实处，进一步发挥惩戒违规失职行为对于促进全行经营管理的作用。

继续规范审理工作。围绕新修订的《工作人员违规失职行为处理办法》及其《操作规程》，加强对审理工作的培训和指导。进一步提高案件审理工作的时效性，发生案件后，分行原则上应在1个月内将责任人处理意见上报总行。进一步加强与审计、风险、合规及各业务部门的联动配合，加强衔接，建立违规问题的信息沟通机制，及时启动审理程序，避免出现责任追究滞后和问责落空的现象。完善审理工作统计分析制度，各分行要健全审理工作台账，每半年要向总行上报1次，总行要加强动态监测和督导，进一步提高审理工作水平和质量。

深入推进和完善积分管理工作。全行要进一步提高认识，自觉有效地运用积分工具加强基础管理。要全面推进前、中、后台的积分工作，尤其是要提高积分在中、后台的覆盖面。要加强检查督导，严格落实内外部审计、检查和稽核监测发现问题的积分工作，对不按照规定进行积分的相关责任人予以积分处理。研究制订全行奖励积分指导意见，拓展积分管理的激励功能，不断增强员工按章操作的自觉性。

三、切实抓好各项工作任务的落实

（一）认真落实党风廉政建设责任制，进一步形成反腐倡廉工作合力

党风廉政建设责任制是推进党风廉政建设和反腐败斗争的一项基础性制度，去年11月，中央修订颁布了《关于实行党风廉政建设责任制的规定》（以下简称《规定》），中央纪委六次全会对此也提出了新的要求。要加强学习与宣传，使全行各级领导班子和领导人员全面掌握《规定》的主要精神和基本要求。修订我行责任制实施办法，探索完善责任制考核的指标体系。要严格执行党风廉政建设责任制，各级领导班子自觉承担起推进反腐倡廉的政治责任和领导责任。班子主要负责人要切实履行反腐倡廉第一责任人的职责，不仅要率先垂范、严格自律，而且要管好班子、带好队伍，做到重要工作亲自部署、重大问题亲自过问、重点环节亲自协调、重要案件亲自督办；其他成员也要根据分工，对职责范围内的党风廉政建设负主要领导责任。要继续坚持反腐倡廉领导体制和工作机制，形成“党委统一领导、党政齐抓共管、纪委组织协调、部门各负其责、依靠群众支持参与”的工作格局。各级党委要经常听取纪检监察部门的工作汇报，大力支持纪检监察部门履行职责。各级职能部门要按照“部门抓系统、部门对分管业务负责”的要求，将党风廉政建设融入业务经营管理工作中。各级纪检监察部门要做好反腐倡廉各项工作任务的责任分解、责任考核、责任追究，督促有关职能部门按照各自职责抓好落实。要抓紧建立和完善监督工作协调联席会议等制度，加强组织协调、整合监督资源，促进形成反腐倡廉工作合力。

（二）全面履行纪检监察职能，有力推进各项工作任务落实

当前，从全行案件、信访举报、内外部审计等方面发现的问题来看，制度不落实、工作不到位，仍然是引发各种风险的主要原因。纪检监察作为全行综合性内控管理部门，要切实履行职责，督促各级机构狠抓落实。抓好对重大决策部署的检查。中央召开十七届五中全会后，总行党委为贯彻落实中央关于实施“十二五”规划、加快转变经济发展方式的决策部署，研究制定了一系列措施。各级纪委监察部门要加强督促检查，坚决纠正“上有政策、下有对策”的行为，严明政治纪律。要对各级机构执行监管政策的情况进行监督，会同有关部门，重点检查“三个办法、一个指引”执行情况、房地产调控政策贯彻落实情况、违规向政府融资平台贷款以及接受地方政府担保等问题，落实问责要求，确保各项监管政策落到实处。扎实开展效能监察。各分行可结合实际，对近年来廉洁从业相关制度、案件风险防控相关要求、重要业务规章制度的执行情况开展检查监督。重点对今年提出的廉洁从业“八严禁”贯彻执行情况、廉洁从业主题教育活动开展情况、解决员工反映突出问题的情况、基层机构负责人落实案件防控职责、基层机构关键风险点检查落实情况等开展效能监察，按照《效能监察工作管理办法》的要求，精心设计和实施有针对性的效能监察项目。对于发现的问题，要梳理分析原因，认真查处和整改。总行今年将在全行开展“纪检监察组织建设暨履职情况”专项效能监察，进一步促进各级纪检监察部门提高履职能力。不断完善纪检监察职能。各级纪检监察部门要进一步强化纪检监察“融入业务、促进发展、创造价值”的理念，不断拓展工作领域。要加强调查研究，认真总结推广近年来全行反腐倡廉和案件风险防范的经验，以创新精神不断改进纪检监察工作方式方法，充分发挥纪检监察职能作用。

（三）加强纪检监察自身建设，全面提升履职能力和工作水平

加强和改进纪检监察自身建设是一项长期任务。当前，要按照中央四部委《若干意见》和总行党委3号文件精神，继续抓好相关各项措施的落实，进一步健全纪检监察机构、配齐配强领导班子和工作人员、完善工作体制机制。总行今年将按照中央纪委的有关要求，对各单位特别是前一阶段工作推进力度不够的分行进行持续跟踪并开展检查。在巩固成果的基础上，要逐步把工作重点转移到强化内部管理和提升履职能力上，全面提高工作水平。不断强化纪检监察内部管理。加强对纪检监察队伍的教育和管理，督促纪检监察人员严守政治纪律、办案纪律、保密纪律和廉洁从业纪律。要严格落实各级纪检监察工作人员特别是基层特派员和兼职人员的工作职责，尽快提高履职能力。根据中央纪委的有关要求，今年要在全行纪检监察条线开展“评先评优”活动，在纪检监察特派员中开展“争创优秀特派员团队，争当优秀特派员”活动，年底对两项活动中的先进单位及优秀个人进行表彰，激发各级工作人员的积极性和主动性。不断健全和完善纪检监察工作制度。抓紧制订实施纪检监察工作考核和领导人员管理相关办法，强化纪检监察的系统管理力度；修订《纪检监察特派员管理办法》，制定《纪检监察特派员工作手册》，不断增强特派员工作实效。研究编写《纪检监察工作手册》，完善纪检监察工作相关制度，进一步提升工作的规范化水平。加强培训和工作交流。今年总行将组织举办纪委书记、纪检监察部门负责人、业务骨干和特派员4个培训班；继续开展6个片区的联合培训；依托中纪委所属3个培训中心，对二级分支行纪委监察部门负责人进行轮训；利用行内两个培训中心开展对特派员的轮训。各分行也要加大对纪检监察人员的培训力度，通过举办专题培训、参与相关业务培训，创造更多学习培训机会。各级纪检监察人员要自觉加强对纪检监察专业知识技能、银行业务及其他相关知识的学习，不断提高专业水平。加大工作交流力度，今年总行将组织案件防查、巡视监督、积分管理、城市行纪检监察组织建设、特派员工作等专题交流，不断提升工作水平。总之，要通过不懈努力和扎实工作，使全行纪检监察队伍思想政治建设进一步加强、工作作风进一步改进、能力素质进一步提高，为深入推进全行反腐倡廉建设提供坚强的组织保证。

同志们，全行反腐倡廉建设的任务十分繁重而艰巨。我们要以奋发有为的精神和求真务实的作风，扎实工作，开拓创新，高标准、高质量地完成全年各项任务，不断取得反腐倡廉建设新成效，为全行稳健发展作出更大贡献。

在中国监察学会建设银行分会成立大会上的讲话

辛树森

（2011 年 6 月 16 日）

同志们：

刚才，中央纪委二室、中国监察学会的领导同志作了热情洋溢的讲话，对建设银行分会工作提出了殷切的希望，同时也为分会指明了今后工作方向！总行党委对成立中国监察学会建设银行分会高度重视并全力支持，去年 10 月 13 日总行党委第 114 次会议听取了纪检监察部关于在我行申请成立分会的汇报，党委全体成员一致表示，同意和支持成立建设银行分会。今天张监事长亲临会场并作了重要讲话，对分会工作提出了明确的要求，大家要认真学习领会，并抓好贯彻落实。大会选举我担任分会会长，我感到十分荣幸，也深感责任重大，感谢同志们对我的信任。在中国监察学会和建设银行的领导下，我将认真履行职责，和同志们一道把分会工作做好，不辜负大家的信任和重托。借此机会，我就分会今后如何开展工作、更好发挥作用，讲几点自己的思考，和同志们作一交流、探讨。

一是如何找准工作的着力点，以开拓创新的精神加强反腐倡廉理论研究。

监察学会建设银行分会作为学术团体，理论研究是立身之本。股改上市以来，建设银行反腐倡廉建设进行了积极探索和成功实践，积累了丰富的宝贵经验，需要进行理论的提炼和总结；同时在新的形势下又面临许多新的课题和任务，需要进行理论分析和指导。分会成立后，要按照中央部署要求，从全局和战略高度出发，围绕全行反腐倡廉建设进行理论思考和研究。要善于从工作实践中找题目、出题目，从中发现并总结出带有倾向性或普遍性的趋势和规律，以此更好地指导实践。理论研究工作的灵魂和生命在于创新，这就要求我们解放思想，不断创新工作的内容、形式和手段，努力拿出更多、更优秀的研究成果，不断提升全行反腐倡廉建设的理论水平。大家过去主要从事纪检监察实际工作，多数同志对于理论研究和相关学术工作接触不多或者不深，我和大家一样，都需要进一步学习和提高。第一须坚持正确的政治方向。胡锦涛总书记今年年初在十七届中央纪委六次全会上的重要讲话，深刻阐述了切实把以人为本、执政为民贯彻落实到党风廉政建设和反腐败斗争之中的重要意义、总体要求和工作重点，这对于我们做好理论研究工作具有重要指导意义。我们做研究工作，同做实际工作一样，必须坚持以人为本、执政为民的思想，密切联系群众，从群众中来到群众中去，把实现好、维护好、发展好最广大人民根本利益作为我们理论研究工作的根本出发点和落脚点。只有这样，才能确保我们的研究不“跑调”、不“脱轨”，才能拿出高质量、有水平、造福于民的研究成果来，并且经得起实践检验。第二应树立新观念。要勇于打破与时代不相适应的工作观念和习惯，坚持用以人为本的观念、与时俱进的观念、科学系统的观念深入研究和探索新形势下建设银行反腐倡廉工作的新趋势、新特点和新规律，在理论上不断概括、提炼和总结，对实际工作起到指导、推动作用。第三应提出新思路。根据中央的部署和要求，加强对实际问题进行深入思考和研究，提出有针对性和可操作性的对策建议；要解剖麻雀，见微知著，增强敏感性、预见性和前瞻性，揭示并提出反腐倡廉工作中带有趋势性、实质性的矛盾和问题；要走群众路线，想群众之所想、谋群众之所需，问计于基层、求教于员工，保持思路常新、与时代同行。第四应探索新方法。纪检监察理论研究内容涉及的领域广、学科多，需要我们具备更加开阔的视野、探索更加有效的方法。要紧紧依托中国监察学会的学术资源和研究力量，不断拓宽与社会各界的学术交流与合作，探索运用学会和社会的力量推进反腐倡廉研究工作；要借鉴国内外廉政文化的最新成果，结合建设银行企业文化建设，探索运用文化的力量推进反腐倡廉研究工作；要学习现代信息技术以及其他科学知识，探索运用科学技术手段推进反腐倡廉研究工作。

二是如何找准分会与纪检监察工作的结合点，充分发挥分会的优势和作用。

理论研究的意义在于指导实践。分会的理论研究，目的在于服务和推进全行反腐倡廉工作。发挥好分会作用，关键是找准分会和纪检监察工作的结合点，既要立足实际，又要有理论的高度和视野。因此，分会应自觉地围绕中心，服务大局，把自身工作与纪检监察工作紧密结合起来，自觉地融入纪检监察工作中去；坚持理论与实际、研究与应用相统一，致力于解决反腐倡廉工作中出现的各种现实问题，不断增强工作的针对性。要加强成果转化，努力让更多的研究成果转化为规章制度、工作决策和指导，不断提高反腐倡廉工作科学化水平。在工作和活动安排上，紧紧围绕全行中心工作，紧密结合纪检监察工作的实际，服务服从于全行改革发展和反腐倡廉建设，谋实事、出实招、成实效。在内容选择上，结合全行反腐倡廉工作的重点和实际需要，选择当前热点和难点问题进行深入研讨，提出有建设性的研究成果。在组织管理上，依靠各级纪委监察部门开展工作，既要找准定位、当好配角，又要不甘人后、发挥作用，做到尽职不越位、帮忙不添乱、切实不表面。

三是如何找准分会工作切入点，切实加强自身建设，打开工作局面。

这次大会审议通过了分会工作规则，选举产生了分会的理事会和领导机构，搭建起分会的组织架构，具备了开展工作的基本条件。但是，分会毕竟处于起步阶段，需要在实践中不断健全完善。当前，第一应进一步健全各项工作制度，使分会运行和管理从一开始就有较高的起点。分会工作对我们来说是一项全新的课题，我们要善于学习和总结经验，在实践中探索和改进，不断提高分会工作水平。第二应重视队伍建设，这是做好分会工作的基础。分会的同志应加强学习，全面提高自身综合素质，不断增强理论研究的本领；同时，注意改进我们的作风和文风，深入实际开展调查研究，使我们的研究言之有物、于事有用。工作中，注意发现、培养和推荐优秀的研究人才，使分会始终充满生机和活力。第三应加强与纪检监察部门以及相关单位部门的联系，分会安排各项工作任务，要争取得到各级纪委监察部门的重视和支持；各位理事要注意向所在单位部门的领导汇报相关工作，协调处理好分会安排的各项工作。第四应依照有关规定积极开展工作，依照国家社团管理条例、监察学会章程和分会工作规则，结合自身特点，多形式、多层次地开展工作，真正发挥分会研究基地、决策参谋、桥梁纽带、信息咨询的作用。当前，要集中力量开展“商业银行纪检监察工作理论与实务”等重点课题的研究，争取尽早出成果，迅速打开工作局面。

同志们！反腐倡廉工作任重道远，纪检监察理论研究大有可为。我们一定要牢记责任，大胆探索，以与时俱进、奋发有为的精神，切实做好分会工作，为深入推进反腐倡廉建设作出积极的贡献！

结合商业银行实际 加强巡视工作创新

——在中央部门和企业、金融机构巡视工作座谈会上的发言

辛树森

（2011年9月20日）

近年来，中国建设银行按照中央有关部署，认真贯彻落实《建立健全教育、制度、监督并重的惩治和预防腐败体系实施纲要》和《建立健全惩治和预防腐败体系2008—2012年工作规划》，深入开展反腐倡廉各项工作。在推进惩治和预防腐败体系建设的过程中，总行党委高度重视员工从业行为管理，始终坚持将其作为全行反腐倡廉和内控体系建设的一项基础性工作来抓。总行制定的《建立健全惩治和预防腐败体系2008—2012年工作实施意见》，明确把“员工遵法守规意识、爱岗敬业意识、风险防范意识、职业道德意识、自我保护意识的进一步提高”列为惩防体系建设的主要目标之一。几年来，我们着力从教育、制度、监督等多个方面建立健全员工从业行为管理长效机制，积极营造诚信守规、廉洁从业的企业文化，为建设银行的稳健经营和持续发展提供了有力保障。我行的主要做法有以下几点。

一、夯实基础，健全员工行为规范体系

一是建立领导人员廉洁合规从业制度。总行先后制定了中国建设银行《领导人员廉洁从业若干规定》、《党委廉洁自律六项要求》、《简化公务接待的通知》、《党委廉洁自律六项要求的补充通知》、《领导人员廉洁合规从业八项要求》、《领导人员任职前听取纪委意见试行办法》、《领导人员上交礼金礼品管理规定》等一系列规章制度，从经营管理、组织人事、公共财物使用、工程招标和物品采购、与客户交往、配偶子女及身边工作人员管理、行内出差接待等方面，严格规范领导人员的从业行为。今年，我行又根据中央纪委六次全会精神并结合实际提出了“八严禁”的要求，主要涉及利用内幕信息交易或投资、利用职权搞利益输送、铺张浪费、公款消费等方面的内容。根据中央关于健全国有企业“三重一大”决策制度的有关精神，制定了《贯彻落实“三重一大”决策制度实施办法》，进一步规范了领导人员的决策行为。

二是建立员工行为准则体系。我行先后制定了《员工职业操守》、《员工合规手册》、《员工交易行为管理暂行规定》等行为规范，明确了员工的行为边界和职业价值标准。《员工职业操守》从忠于职守、诚实守信、廉洁从业、公平竞争、情趣健康等多方面提出了履职基本要求。《员工合规手册》从促进员工守法合规经营的角度出发，依据有关法律法规相关内容，并结合银行从业特点，整合出客户关系、避免不当销售行为、反洗钱、避免利益冲突、禁止内部交易等九大类行为规范的重点内容，对员工从业行为提出了更为具体的要求。《员工交易行为管理暂行规定》明确了不当交易行为的概念和主要表现形式，严格禁止员工本人或员工使用其控制的银行账户进行非法货币性交易。

三是制定员工从业禁区和底线。为了强化员工廉洁合规从业的铁的纪律，总行针对案件和违规问题暴露出的突出风险，制定了《中国建设银行员工从业禁止若干规定》，将员工参与非法高息融资、非法博彩活动等19项行为，作为员工从业的“禁区”。为了规范授信业务、从严约束授信业务人员从业行为，总行制定了《关于明确授信业务禁止性要求和尽职免责标准等有关事项的

通知》，确立了逆程序办理授信业务等九条“高压红线”。一旦触犯这些“禁区”和“红线”，即按照有关规定给予开除、解除劳动合同处理。为促进员工掌握并自觉遵守相关规定，我们组织全行30多万员工签订了廉洁合规从业承诺书，并将其作为员工劳动合同管理的重要组成部分，使从严治行、严格管理的要求得到进一步落实。

二、立足根本，加强员工职业道德教育

一是开展反腐倡廉主题教育活动。我行注重通过开展主题教育活动，有针对性地引导全行员工树立积极向上的职业价值观念。2010年，以强化员工职业道德为主线，开展了“诚信敬业、廉洁合规”主题教育宣传活动，进一步促进了忠于职守、爱岗敬业、勤勉尽职良好工作风气的形成。今年，全行开展了“学规定、知禁令、作表率”领导人员廉洁从业主题教育活动，教育领导人员作正确行使职权、忠实履职、坚持原则、勤勉敬业、遵守社会公德的表率。同时，还在全行范围开展了践行核心价值观主题教育活动，引导全体员工深刻领会并牢固树立“诚实、公正、稳健、创造”的价值理念。

二是开展案例警示教育。总行选取30个重大典型案例，编写了《代价——警示教育案例》，全行员工人手一册，用鲜活的案例警示全行员工。创办了《案件防控工作动态》，定期刊发风险提示、行内外案例，使全行员工得到及时、便捷的案防教育。各分行也积极开展案例警示教育，有的分行组织拍摄警示教育片；有的分行编写警示教育手册；有的分行还组织员工到监狱参观，用服刑人员的现身说法、用身边的事教育身边的人。

三是开展以遵法守规为内容的岗位培训。在全行基层机构建立“每日合规一讲”制度，利用网点晨会，对重大规章制度、重点案例及操作要求进行集中学习培训，促使基层员工将合规的理念和知识落实到日常工作中去。在员工入行、上岗、转岗、职务提升的关键时点和在岗履职的重要时段，将员工职业操守、合规操作、风险防范等相关内容作为员工培训的必修课。明确要求各级机构、业务条线在组织员工学习培训时，必须安排员工职业操守课程内容。

四是通过树立先进典型，加强对员工正面引导。近年来，我行从领导班子建设、内部管理、服务质量、业务水平和经营业绩等方面，评选总行级文明单位、青年文明号、企业文化建设示范点等先进单位，推广先进单位在网点转型、服务营销、合规管理等方面的成功经验和做法，发挥其示范带动作用。持续开展“十大杰出青年”、青年服务明星、青年岗位能手等评选活动，在进一步提升、推广“向党工作站”、“红梅理财中心”、“天龙在线”等原有先进典型的同时，紧密结合业务发展重点，培养、打造一批来自基层和一线的“服务合规标兵”和先进典型。利用行内外媒体，大力宣传推广其事迹和经验，为员工作出表率，努力使行为准则转化为员工的自觉行动和职业习惯。

三、把握关键，强化员工从业行为监管

一是开展员工行为排查。总行制定了《员工行为排查办法》，建立了规范的员工行为排查制度，根据内外部案件暴露的涉案人员行为特点和外部环境风险动向，加强对风险程度较高的业务领域、部位人员的排查，一旦发现风险苗头，果断采取处置措施，消除风险隐患。总行业务管理部门和各级机构同时行动，形成条块结合、纵横交织的工作网络，围绕重点环节和重点业务部位，不间断地查纠业务活动中的违规违纪行为。每年至少开展一次全行性员工行为集中排查活动，组织分支机构及时了解、掌握员工的工作表现、社会交往、家庭状况、经济往来等方面情况。

二是对违规失职行为进行严肃处理。我行制定并定期修订《工作人员违规失职行为处理办法》。全行问责工作坚持从严治行、惩防并举的方针，责任追究力度不断加大，尤其是对案件和重大违规问题，均上追两级，严肃问责管理责任人和领导责任人。此外，还将违规失职行为与绩效考核挂钩，给予责任人纪律处分的，对应减发一定幅度绩效，违规惩戒的警示作用得到有效发挥。进一步加强对重点业务领域的责任认定工作，完善了《授信业务责任认定办法》，重点明确了认定工作范围、操作流程、分工权限以及责任认定领导小组运转机制等方面的内容，不断强化信贷责任。

三是实施轻微违规行为积分管理。为有效解

决有章不循、违章操作问题，我行创新工作方式，通过借鉴交通部门对违章司机进行扣分管理的办法，制定了《轻微违规行为积分管理办法》，对于不足以按照《工作人员违规失职行为处理办法》处理的轻微违规行为实行积分管理。积分与员工绩效挂钩，每积1分，减发绩效工资50～200元。实践中，坚持按季定期通报积分管理状况，不断完善积分管理流程，补充积分标准，充分运用积分结果，引导和督促各级机构和工作人员遵章守纪、依法合规经营。

四、突出重点，抓好领导人员廉洁从业

一是建立健全巡视制度。为加强对一级分行领导人员的监督，总行党委明确巡视办为常设机构，加强了巡视力量，并先后制定了《巡视工作暂行规定》、《巡视工作流程》等一系列配套的规章制度。到2009年年底，完成了对38个一级分行和2个培训中心的第一轮巡视，实地走访二级以下分支行529个，共检查发现问题135个，提出整改建议170条。总行党委认真听取对每一个分行的巡视工作汇报，非常重视对巡视结果的运用，把巡视结果与领导人员的考核使用结合起来，加大了班子成员的调整交流力度。2010年，总行制定了《2010—2014年巡视工作规划》，开始了第二轮巡视工作，同时选择部分分行开展巡视整改“回头看”活动。

二是建立领导人员谈话制度。坚持把谈话作为对领导人员日常监督的一种形式，先后制定了《规范领导人员从业行为的谈话办法》和《总行管理的领导人员任前廉政谈话实施意见》。在领导人员提拔前或岗位交流时，要进行任前廉政谈话；本行系统和银行同业发生了重大案件和重大违规事件，要进行警戒谈话；发现领导人员有不良行为和苗头性问题，要进行提醒谈话；发现领导人员有违规违纪现象但不构成纪律处分的，要进行诫勉谈话。全行通过开展谈话，有效地引导、警示、督促了领导人员勤勉尽责、遵纪守法和廉洁从业。

三是不断加强信访核查力度。制定下发了《信访举报督办工作办法》、《信访管理规定》、《信访举报工作规程》，进一步强化信访举报工作责任机制，规范信访举报工作流程，提高信访核查质量。开发了系统内网上举报系统，拓宽了信访举报的渠道。加大上级行直接查办的力度，对反映的性质严重、线索具体、可查性强的问题，由上级行直接组织核查。在查办中，对查实的违规违纪问题进行严肃处理；对群众意见较大的问题进行有效整改；对倾向性、苗头性问题及时提醒，较好地发挥了群众监督的作用。

四是建立纪检监察特派员制度。针对以往全行基层机构案件高发、基层机构负责人涉案较多的情况，我行对基层机构由直接上级行派驻了纪检监察特派员，实现了纪检监察监督的关口前移。先后制定了《纪检监察特派员管理办法》、《纪检监察特派员工作指引》、《纪检监察特派员工作手册》，使特派员工作不断规范和深化。经过几年的实践，纪检监察特派员在加强基层机构领导班子监督、防范案件风险方面发挥了重要作用。

在中央纪委的领导下，我行的惩防体系建设取得了一些成效。但是，我们的工作与上级的要求和建设银行改革发展的需要还有一定差距，全行工作发展还不平衡，一些业务领域和环节还存在规章制度不够完善、业务流程不够合理、监督检查不够到位现象，违规违纪问题和案件仍然时有发生。这些问题，我们都会高度重视并认真解决。目前，距离中央提出的惩防体系建设第一个五年规划结束还有一年多的时间，我行将在巩固前几年各项推进工作所取得成果的基础上，以更加坚决的态度、更加有力的措施、更加扎实的工作，不断取得惩防体系建设的更大成效。

在中国建设银行第三届职工代表大会第一次会议上的讲话

辛树森

（2011 年 11 月 15 日）

同志们：

第三届职工代表大会第一次会议今天开幕了，这是全行广大员工的一件大事，对于我们全面贯彻党的十七届六中全会精神，深入落实“十二五”规划，加快转变发展方式，进一步提升银行经营管理水平，具有十分重要的意义。总行党委对这次会议高度重视，多次听取会议筹备情况的汇报并作出重要指示。今天总行党委全体同志都出席了大会，体现了总行党委对职代会的高度重视和对广大员工的真情关怀。特别是本届职代会安排员工代表参与建设银行五年规划的讨论，这是对职代会职能的拓展提升的又一创举。党委副书记、行长张建国同志刚才作了重要讲话，充分肯定了全行职代会和工会工作取得的新成绩，对继续做好当前的有关工作提出了新的要求。党委副书记、监事长张福荣同志就经营管理、发展规划等内容作了重要讲话。总行领导的讲话充分体现了党委对广大职工的深切关怀，令人深受鼓舞，倍感振奋。我们要深入学习领会，认真贯彻落实，以更大力度推动职代会和工会工作创新发展。下面，我讲几点意见，供大家参考。

一、关于前两届六次职代会工作回顾

股改上市以来，建设银行一直在积极探索建立健全现代金融企业制度。按照“三会分设、三权分开、有效制约、协调发展”的原则，建立了科学高效的决策、执行和监督机制，特别是理顺了“新三会”、“老三会”的关系，确保各方独立运作、有效制衡，形成具有鲜明特色的公司治理结构。坚持以人为本的科学发展理念，不仅建立健全了总行和一、二级分行的多级职工代表大会制度，而且充分发挥各级工会作为党和职工群众之间的桥梁纽带作用，使全行上下凝聚力和战斗力空前高涨，焕发出勃勃生机和强大活力。我行 2005 年在金融系统中率先召开职工代表大会，六年来一共召开了两届共六次大会，三次联席会议。前两届职代会认真履行了职能。一是认真听取了每年度的《行长工作报告》；二是审议通过了《中国建设银行股份有限公司职工代表大会议事规则》、《中国建设银行企业年金试行办法》、《中国建设银行股份有限公司员工股权激励方案》、《中国建设银行股份有限公司员工股权激励理事会章程》、《中国建设银行工作人员违规失职行为处理办法》等有关制度办法；三是听取了《劳动合同法贯彻情况报告》、中国建设银行《员工之声项目》、《建设银行企业年金管理工作报告》等有关汇报；四是大会选举了股权激励理事会理事、中国建设银行监事会职工监事；五是表彰了中国建设银行“突出贡献奖”员工；六是认真落实提案征集和回复工作。6 年的实践证明，总行职代会制度的建立，进一步完善了我行的公司治理结构，维护了职工合法权益，实现了让员工更高层面的民主参与、民主决策和民主监督，对稳定职工队伍、凝聚人心、构建和谐环境、促进我行各项事业的发展发挥了重要作用。我行的职代会工作受到了中央有关领导的重视，中央领导专门作出批示，中华全国总工会专门到我行就职代会制度进行了调研。

（一）探索完善民主管理的体制机制

职代会是企业实行民主管理的基本形式，也是基层民主政治建设的基本制度。上市后，我行在金融同业中率先建立起全系统职工代表大会，成立各级职代会 2 135 个，召开职工代表大会 2 100 多次，选出职工监事直接参与银行决策和监督。从 2005 年至今，总行每年召开一次全行系统职代会，审议涉及职工切身利益的制度办法，职工代表积极建言献策，围绕中心工作累计提出 1 640 件提案，涉及客户服务、产品创新、科技开发、人力资源管理、薪酬分配、职工培训、福利保障和制度法规等 8 个方面，总行职能部门都进行了认真的研究和回复。职代会和工会在激发员工积极性、创造性，提升银行综合竞争力方面发挥了积极的作用，仅 2010 年以来全行员工就提出合理化建议 5 万多条，许多已经落实转化为实际生产力。目前，听取职工的意见、接受职工的监督已经融入企业管理的全过程。

（二）强化教育培训，员工队伍素质不断提高

全面推进学习型组织建设，多渠道加强人才培养，形成争做知识性员工和创新型企业的良好氛围。上市以来全行累计投入培训经费 27 亿元，近两年就达 15 亿元。培训对象向一线人员倾斜，使每位员工都有发展和提高的机会。千方百计拓展培训资源，包括在中国香港、新加坡、美国等地专门为基层网点负责人、客户经理、产品经理举办培训班。完善员工职业生涯规划，开辟多条职业发展通道，已聘任各类专业技术岗位职务 5.48 万人。各业务条线、各分行紧紧围绕推进业务转型与结构调整的战略要求，引导广大职工立足本职岗位，深入践行“诚实、公正、稳健、创造”的核心价值观，深入开展多种形式的业务竞赛活动，先进典型不断涌现。近一年来，全行系统向全国总工会推荐表彰各类先进集体和个人 3 个；向中国金融工会推荐表彰各类先进集体和个人 200 个；总行评选表彰各类先进集体和个人 624 个。

（三）丰富职工文化生活，增进员工身心健康

各级机构每年在“五一”、“五四”、“七一”、国庆、春节等重大节日前夕，组织策划文艺演出、演讲比赛、书画摄影、体育竞赛等多种形式的文体活动，不断丰富职工生活，加强相互交流，培养良好的团队精神。在群众性文体活动中，涌现出一大批多才多艺的文体骨干，他们将自己的文体特长很好地融入了银企联谊、大客户营销等多方面的重点业务工作，积极搭建与客户的交流平台，进一步充实了业务攻关的内容，已经成为重要的营销手段。有的分行实施“员工心理健康帮助计划”项目，全面、系统地开展对一线职工的心理辅导，在系统内产生了示范推广效应；有的分行针对女职工开展专题讲座，增强女职工心理素质，促进家庭和社会和谐，营造了宽松和谐的工作环境。

（四）大力开展帮扶活动，切实为职工解决生活困难

各级行贯彻总行党委关于帮扶救助工作指示精神，认真做好送温暖献爱心和职工互助基金特困救助活动。各级工会深入一线、深入基层、深入困难职工家庭，采取多种形式走访慰问困难职工，真情关心困难职工，积极协调有关部门为他们解决实际困难。2011 年元旦春节期间，全行共慰问困难职工 1.17 万人次，慰问金额 1 661 万元。职工互助基金在帮扶救助工作中发挥出日益突出的作用。截至 9 月末，已累计救助困难员工 4.78 万人次，救助金额 1.79 亿元。各级工会还通过精神关怀、贴心服务、金秋助学等帮扶活动，切实帮助职工排忧解难，把党政和广大职工的温暖关怀送入困难人员家庭。经过近 6 年的不断探索实践，职工互助基金帮扶救助工作已经成为我行关爱职工的一个渠道和工会履行职责的重要平台，受到了广大职工的积极拥护。

（五）推进工会自身建设，提升工会履职能力

各级行把主动适应新形势、加强工会组织建设作为党建工作的重要组成部分。进一步健全了工会组织，推进落实了选举制，完善了工会组织办事机构和工会专兼职干部配备，团结和培养了一大批有爱心、善于组织的工会积极分子，使工会覆盖面进一步扩大，参与和融入我行各项工作的能力进一步提高，凝聚力进一步增强。截至 2010 年年末，全行选举各级工会委员会 2 375 个，成立工会办事机构 2 215 个，工会会员 34.3 万人，入会率达 98%。今年，总行举办了一级分行工会主席高级研修班、一级分行女工干部培训班和二级分行工会主席培训班，共 200 人参加了培训。大力开展“职工之家”创建活动，把增强工会组织活力、支持建设银行改革发展、提高职工综合素质、为职工办实事作为开展建家活动的重要内容。我行有9家单位被评为“全国金融模范职工之家”，7家单位被评为“全国金融模范职工小家”。

过去的6年，全行各级职代会和工会在服务中心、服务基层、服务职工方面积极作为，完成了大量卓有成效的工作，取得了优异的成绩。在此，我谨代表总行党委、工会，向全行各级领导、工会组织和为建设银行事业做大做强辛勤付出心智和汗水的广大工会干部，表示亲切的问候和衷心的感谢！

二、进一步提高对职代会工作的认识

上市以来的成功实践，使我们进一步加深了对职工工作的认识和体会，摸索积累了一些经验。这是全行宝贵的精神财富，是我们继续团结带领全行员工，充分调动各方面的积极因素，应对复杂环境挑战，不断开创改革发展新局面的强大思想武器。

（一）必须坚持加强和改善党委对职工工作的领导

坚持党的领导是我行职代会制度的政治保证。目前建设银行在股东约束、内部制衡、财务稳健、信息披露、社会责任和团队精神等方面已经走在了同业前列，这其中的主要原因是我们有中国特色的公司治理机构，特别是党委发挥着政治领导核心作用。我们建设世界一流银行，必须在公司治理上更进一步，其中一个重要内容就是要把党领导下的职代会制度与法人治理结构更加有效地结合起来，各级党组织要以更大力度支持职代会和工会充分履行职能，进一步密切党群和干群关系，使职代会和工会成为党委会、管理层开展工作的重要依托，成为公司内部不可或缺的制衡因素，与董事会、监事会、高级管理层互相支持、互相促进，确保新老三会的高效运转，实现股东、企业和职工利益最大化的有机统一。

（二）必须坚持全心全意依靠职工群众办银行

股改后，建设银行的管理体制、组织形式、队伍结构、利益关系和分配方式等都发生了深刻的变化，呈现出组织结构多元化、劳动关系复杂化、利益分配差别化的格局。面对日趋激烈的市场竞争的严峻挑战，面对推进改革发展战略和转变发展方式的艰巨任务，我们必须保持清醒的头脑，投入更大精力，探索发动职工、组织职工的新方式、新方法，将丰富的人力资源转化为高素质、高绩效的人力资本。职工最熟悉市场，最了解客户，最能感受到制度、流程的合理性，对影响业务发展和服务质量的问题体会最深，也应该最有发言权。要赢得客户的信赖和支持，说到底取决于为客户服务的职工素质。任何管理技术和方法的创新和应用，都替代不了人的主观能动性。只有充分尊重和依靠全体职工，构建和谐稳定的劳动关系，最大限度地激发广大职工的积极性、主动性、创造性，才能抓住提升企业核心竞争力的要害，使企业发展获得源源不竭的强劲动力。

（三）必须积极拓宽各类渠道，把职工民主管理融入银行日常经营管理工作当中

要尊重和维护职代会的职能，坚持按照职代会规则办事，还要不断丰富民主管理形式，在日常经营活动中推进企业民主管理。各分支机构的职代会职能则需要紧密结合本单位实际，做到更加具体，更符合实际。例如本单位的经营方针、长远目标、年度计划及完成情况，工资改革实施方案、职工奖惩办法等，关系到分支机构发展的重大问题和涉及职工切身利益的重大事项，都可以提交职代会讨论审议。必须进一步推进行务公开，公开“权”的运用情况，公开“钱”的使用情况，公开“人”的管理和使用情况。

（四）民主管理工作在构建和谐企业、和谐社会中发挥着不可替代的作用

各级工会通过职工代表大会做了许多深入细致的工作，有效解决了职工在用工管理、薪酬制度、医疗保障等方面的切身利益问题，保障了职工合法权益，构建起和谐的劳动关系。2005年以来，择优将2.5万名劳务派遣制员工转为合同制员工，今年就完成了3 374人。总行推动落实关爱基层员工的各项举措，制定下发了《关于推进零售网点员工人文关怀的十条规定》。这些切中职工日常工作、生活顾虑的解决方案、措施受到了职工的欢迎，使职工更加爱岗敬业，更加安心地在建设银行成长和谋求自身发展。通过民主管理，员工的社会责任感也得到显著增强。上市以来全行公益投入约7亿元，其中近一半是员工个人的捐款捐物。许多员工积极参与公益事业，不仅展示了建设银行的良好形象，增强了社会各界对银行的了解，而且也陶冶了员工的思想和情操。

（五）必须不断提高全行民主意识，丰富以人为本的企业文化

建设以人为本的银行文化，必须使民主和公开成为企业经营管理者和职工共同的价值观和行为准则，管理者和职工共同参与到民主管理中，民主意识在潜移默化中得到增强并从中受益，才能最大限度地发挥出企业民主管理的作用，真正解决实际问题，使每一位劳动者都能够实现自我价值。通过建立领导与职工代表的平等对话机制，不仅优化了行领导的民主意识和工作作风，同时也体现了职工的主人翁地位，促进形成“共谋事业发展，共享发展成果”的良好氛围。只有把“尊重劳动、尊重知识、尊重人才、尊重创造”的方针融入银行的经营理念和日常工作的各个方面，不断提高员工满意度，企业文化才真正具有持久的生命力。

我们要进一步深入学习贯彻十七届六中全会、全国总工会十五届五次执委会和中国金融工会三届三次会议精神，深刻领会中央关于加强和改进新形势下群众工作的新要求，进一步统一思想、提高认识，增强做好职代会和工会工作的责任感和使命感，积极探索做好职代会和工会工作的新思路、新方法，不断提高围绕中心、服务大局的能力和水平，组织动员广大职工为加紧实现建设银行战略愿景和使命建功立业。

三、在良好基础上推动职代会工作深入开展

今年是国家实施“十二五”规划的开局之年，也是我行推进落实新一轮业务发展规划的开局之年。我们要结合新形势的特点和要求，进一步探索创新工会职代会工作。胡锦涛总书记在庆祝中国共产党成立90周年大会上的重要讲话中指出，要“坚持国家一切权利属于人民，健全民主制度，丰富民主形式，拓宽民主渠道，保证人民依法实行民主选举、民主决策、民主管理、民主监督”。我们要把职代会作为进一步完善公司治理结构的重要组成部分，使各项员工工作日常化、规范化、制度化，高效运转起来，应重点做好以下几方面的工作。

（一）激励广大职工为业务发展作出新贡献

各分行要更好地团结动员广大职工，细化落实业务发展规划确定的目标和任务，充分发挥员工在加快转变发展方式中的主力军作用。一是全面提升职工队伍整体素质。要用社会主义核心价值体系引领职工，将培育社会主义核心价值体系和践行建设银行核心价值理念紧密结合。加强和改进职工思想政治工作，在掌握职工思想脉搏，解决广大职工关心的重点、热点和难点问题上下工夫，增强思想政治工作的针对性和实效性。继续开展“创先争优”活动和职业道德建设，引导广大职工树立勤奋学习、终身学习的理念，广泛开展岗位练兵、业务技能培训等，努力培养更多的知识型、专业型、技能型、创新型职工，为推动银行科学发展提供智力支持和人才保证。二是广泛开展群众性劳动竞赛。根据全总和金融工会有关要求，总行将在全行组织开展以建功“十二五”为主题的劳动竞赛。各分行要紧扣新形势、新业务的特点，丰富竞赛内涵和载体，创新竞赛形式，注重条块结合、上下联动，增强竞赛的感召力和吸引力。引导广大职工投身产品创新、服务创新、流程创新、管理创新、窗口优质服务、技能竞赛等活动，激发创新潜能和创造活力。三是广泛宣传劳模的先进事迹和崇高精神。进一步做好企业文化建设工作，及时表彰各类先进典型，大力倡导“劳动光荣、知识崇高、人才宝贵、创造伟大”的时代风尚，引导职工立足本职，学习先进，争创一流。

（二）深入推进职工民主管理

一是巩固完善职代会制度。要继续发挥我行在职代会制度建设方面的优势，在筹备组织召开好职代会的同时，进一步依法规范职代会的程序，充实职代会的内容，强化民主参与、民主管理和民主监督的职能；规范做好提案征集、回复和职工代表培训等工作；认真总结职代会制度建设经验，切实充分发挥职代会在推进基层民主建设和民主管理中的作用。二是积极探索推进行务公开。各级工会要围绕重大决策、经营管理、班子建设、党风廉政建设以及员工切身利益等重大问题，结合实际，探索创新推行行务公开的形式。同时，

要不断推进行务公开工作制度化管理，对行务公开的内容、原则、形式及程序等进行规范。维护职工在重大事情上的参与权、知情权、审议权和监督权。

（三）全面做好关心关爱职工工作

竭诚服务职工群众是工会一切工作的出发点和落脚点，也是工会参与社会管理的基本立足点。总行党委始终把关心关爱职工放在党委和全行工作重要战略地位，各级工会要努力从职工文化、生活、身心等多方面推进关爱职工工作。一是组织开展好职工文体活动。党的十七届六中全会对“深化文化体制改革、推动社会主义文化大发展大繁荣”作出战略部署，各分行要围绕弘扬主流文化，丰富职工文化生活，提升职工文化素养。要根据职工的现实需要，不断创新工会文体活动的形式，扩展文体活动的内涵和外延，打造工会集中活动、文体协会和兴趣小组分散活动等多样化的服务平台。二是深入开展职工心理压力疏导活动。总行党委非常关心广大职工特别是一线职工的身心健康。各分行要结合自身情况，采取多种措施加强人文关怀和心理疏导，帮助职工特别是青年职工提高心理调适能力，为职工保持良好的精神状态提供有效的渠道和平台。努力探索尊重、关怀和疏导工作的新模式，引导职工热爱生活、热爱工作、热爱家庭，使心理慰藉与有针对性地开展帮扶更加紧密地结合起来。三是重视和关注职工劳动保护。要注意听取职工意见，结合实际逐步改善劳动环境。要做好基层取暖、降温、降噪、卫生等劳动保护措施建设；利用职工之家场所建设等契机，积极解决职工就餐、工间休息、文体设施建设等问题；另外，要特别重视女职工特殊劳动保护。四是进一步加强困难职工帮扶工作。要深入贯彻落实中央领导同志关于“进一步推进帮扶工作常态化、长效化”指示精神，力争在保障困难职工基本生活、维护职工合法权益方面取得新的突破，积极探索开展多样化的帮扶项目，解决他们的实际困难。

（四）持续提高工会自身的能力和水平

加强工会自身建设，事关工会工作全局。各级工会要适应新形势，明确新任务，切实强化履职能力。要按照总行党委要求和有关规定，推动依法建会，全面落实选举制。工会干部要公道正派、责任心强，政治上靠得住、员工信得过，作风好、热爱工会工作。要进一步加大对工会干部的教育培训力度，创造交流学习机会，不断提高组织动员、沟通协调和化解矛盾的能力，提升服务水平，激发基层工会活力。逐步建立工会干部直接联系职工、服务职工的工作制度，不断提高工会工作的科学化、规范化水平。

同志们，广大员工是我行最宝贵的财富。建设银行要在激烈的竞争中赢得客户、拓展市场，实现稳健发展，必须依靠全行35万员工。我行的职工工作已经有了很好的基础，正迎来难得的发展机遇，我们肩负的使命光荣、责任重大，也必将大有作为。我们建设银行从2005年11月22日在京西宾馆召开第一届一次职代会到现在有7个年头，这次是第三届职工代表大会第一次会议，会议期间将召开第一届工会委员会第三次会议，进行换届选举新任工会领导，在此，衷心感谢总行党委、董事会、监事会、高管层一直以来对工会工作的重视、支持与帮助。衷心感谢总行各部门、各一级分行党委、各级工会、历届职工代表对工会工作的支持、配合与联动。特别感谢郭树清董事长对建设银行职代会制度的建立和发展所倾注的心血和卓有成效的努力。昨天预备会结束时他来到会场看望代表，他的讲话立意高远，他的嘱托语重心长。我本人也在这里向大家致以诚挚的谢意，衷心希望建设银行事业蒸蒸日上；工会工作更加充满生机活力，再上新台阶。让我们在总行党委的正确领导下，深入贯彻落实科学发展观，锐意进取，扎实工作，在服务大局中努力开创职工群众工作的新局面，以优异的成绩迎接党的十八大胜利召开！

谢谢大家！

在全行案件及重大风险事件防控工作视频会议上的讲话

辛树森

（2011 年 12 月 5 日）

同志们：

大家好！

近年来，总行党委、董事会、监事会、高管层高度重视案件防控工作，各级机构、各业务管理部门和全体员工共同努力，推进案件防控长效机制建设，建立健全案件防控工作责任制，深入开展案件专项治理，案件数量持续下降。但是，今年第三季度以来，特别是近期，案件和重大风险事件接连发生，涉及员工侵占资金、参与诈骗、失踪不归、卷入民间借贷及非法高息融资等多种形态，暴露出的问题十分突出，形势严峻。11 月 28 日，总行党委书记、董事长王洪章同志主持召开的第一次党委会上，就当前我行案件风险防控工作进行了研究，此前，张建国行长多次召集行长办公会、专题会，对有关方面的案防工作进行了具体的部署。总行党委审时度势，决定召开全行案件和重大风险事件防控工作视频会议，就是要深入分析当前的案件风险形势，研究针对性的预防治理措施，部署年底和明年的案件和重大风险事件防控工作。受党委委托，张福荣监事长、胡哲一副行长和我一同出席今天的视频会，由我代表党委讲几点意见。

一、案件和重大风险事件近期出现反弹趋势，形势严峻

今年以来，全行共立案查处 7 件案件。其中，操作性案件 3 件，比上年同期减少 1 件；立案金额 501 万元，与上年同期基本持平。贿赂案件 3 件，比上年同期减少 5 件。外部侵害案件 1 件，比上年同期减少 2 件；立案金额 6 400 万元，同比减少 33 567 万元。

除了案件，全行还查处风险事件 24 件，其中重大风险事件 14 件，突出反映为员工参与民间借贷或高息融资、违规办理业务侵占客户资金等情形。这些重大风险事件，或资金风险巨大，或涉及基层机构负责人员、重要岗位员工，或被媒体连续报道，需引起高度重视，妥善处置。

案件和重大风险事件主要呈现以下特点。

一是近一段时期案件和风险事件密集爆发，反弹势头明显。10 月份以来，全行接连发生 3 起案件和 7 起风险事件，案件及重大风险事件反弹势头明显。个别事件涉及民间借贷资金过亿元，形成巨大资金风险。浙江温州市洞头支行林克挪用资金案件和江苏镇江市丹阳支行步书金参与民间借贷跑路事件被媒体广泛报道，银监会等监管部门也十分关注事态的进展情况，造成了不好的影响。如果不采取果断、有力措施，遏制反弹势头，不仅会对我行形象产生消极影响，还将严重威胁到全行稳健、合规、持续经营目标的顺利实现。

二是员工涉及民间借贷的案件风险十分突出。今年以来，民间高息借贷事件愈演愈烈，银行员工卷入其中，案件风险不断暴露。我行共发生 7 起员工涉及民间借贷的重大风险事件。这些事件涉及人员众多，涉及资金巨大，有的已成为有较大影响的群体性社会事件，处置难度较大。参与其中的银行员工明知风险巨大，仍然贪图高利，利令智昏。一些参与民间借贷的人员在资金链断裂后跑路，逃废债务，使风险更加凸显。这些情况大家从我们的案件通报中可以看到，近日，银监会下发《关于银行员工涉及社会融资行为风险提示的通知》，要求各商业银行高度重视相关风

险，积极采取各项措施防范此类风险。会后，总行将下发通知，组织专项排查，落实银监会通知精神。

三是案件及重大风险事件爆发区域分布相对集中。今年以来，有4个分行案件风险相对突出，共发生案件及重大风险事件14件，占整个案件和重大风险事件总数的2/3。会后要请这些分行到总行来，一起研究如何整改、如何继续防范案件。

四是信贷领域案件风险持续凸显。市场流动性的收紧，使前两年信贷高速增长时期的一些操作风险和道德风险加剧暴露。近年来，全行查处了多起金额上千万甚至过亿元的信贷案件，今年某分行又发生了一起涉案数千万元的骗贷案件。这些案件中，外部欺诈和内部违法违规行为相互交织。从外部看，不法企业不择手段，通过伪造批文、证件、合同、财务报表、担保文件等手段进行诈骗；从内部看，一些信贷人员违规失职，存在资料审查不严格、贷前调查不到位、授信审批条件不落实、贷后管理不尽职等问题。

五是贿赂案件风险居高不下。由于金融资源的稀缺性，银行在业务开展过程中仍然存在一定的"寻租"空间。近年来，全行贿赂案件在全部案件中的占比呈现逐年上升趋势，今年又查处了3起，而且都表现为信贷领域的道德风险，有3个二级分行的行领导涉案，其中2人在案发时担任一级分行公司业务部、信贷审批部的总经理，影响很坏。因此，对于贿赂案件风险，需要加大防范力度，不可掉以轻心。

六是操作性案件继续下降，但柜面业务部位仍然是传统的案件风险领域。近年来，全行连续开展案件专项治理，通过完善业务流程、改进IT系统、加强稽核监测、强化监督制约等措施，操作性案件总体上得到了抑制，连续多年保持了下降的态势，操作性案件在全部案件和重大风险事件中的占比有所下降。但是，柜面业务部位仍然是传统的案件风险领域，如现金尾箱管理、ATM加钞、定期一本通等业务部位，今年均有案件发生。这些业务部位历史上就曾案件高发，经过多年治理之后，风险防控情况虽有改观，但是仍然没有根除。

七是基层机构仍是操作性案件和重大风险事件的易发区。3件操作性案件全部发生在县级支行及营业网点，14件重大风险事件中有9件发生在县级支行及营业网点，占比64%。基层机构的案件主要集中于基层机构负责人、客户经理、现金柜员、普通柜员等岗位。基层机构直接经办业务，直接接触现金和账务，直接面向客户，案件风险较为集中。多年以来，我们都强调"反腐倡廉抓班子、案件防控抓基层"，把基层机构作为案件防控的重点来抓，这种思路还需要继续坚持。现在总行的巡视组依然在各行巡视，我们把巡视工作作为反腐倡廉抓班子的一个措施，而"案件防控抓基层"则需要一级分行、二级分行主要负责同志和纪检监察部门、审计部门、风险管理部门等部门共同关注、共同来抓。

二、要对当前防控形势的严峻性和复杂性保持清醒头脑

分析当前的案件风险防控形势，要坚持辩证和历史的观点。历史上，建设银行一度案件高发，1996—2004年共发生案件1 416件，年均150余件。股改上市以来，在总行党委、董事会、监事会、高管层的重视和推动下，各级机构、各部门和全体员工共同努力，经过持续多年的治理，全行案件数量持续下降。2005年，为72件；2006年，为55件；2007年，为18件；2008年，为10件；2009年，为10件；2010年，为7件。特别是内部员工操作性案件数量已经连续4年控制在个位数以内。全行形成了一套行之有效、较为成熟的案件防控工作机制和方法，案件防控工作取得了根本性的改观。这些成绩的取得，是总行党委、董事会、监事会、高管层高度重视和大力推动的结果，是各级分支机构努力工作、狠抓落实的结果，是全体员工勤勉履职的结果，也是监管部门长期指导、大力支持的结果。成绩来之不易，需要倍加珍惜。

同时，大家也要看到全行内控管理和风险防控中仍然存在的问题，对当前形势的严峻性和复杂性保持清醒认识。

从外部环境看，一系列的经济形势、社会环境、监管政策的变化增大了案件及重大风险防控的压力。

一是经济金融形势复杂多变，民间借贷行为非常活跃。今年以来，国家货币政策收紧，银行

银根收缩，市场流动性趋紧，一些民营经济比较发达、民间资金比较富集的地区，高息借贷、非法集资等行为异常活跃，还出现了资金链断裂后用资人跑路、自杀和绑架勒索等事件。一些银行员工参与其中，帮助不法分子诈骗银行资金、转嫁资金风险，防范和化解风险的压力明显加大。

二是国家打击经济金融犯罪力度加大，加剧了银行案件风险的暴露。近年来，国家通过制定修订法律、出台司法解释、加大办案工作等措施，进一步加大了对经济金融领域犯罪的打击力度，如放宽了违法发放贷款罪的构成要件，一些以前认定为违规的问题可能转化为案件。

三是监管部门对银行案件的监管更加严格、刚性。银监会对大型银行实行“案件风险率”指标监管，突破银监会核定的风险率指标，将被采取一系列的惩罚措施。从今年开始，银监会又将对各家银行的案件防控工作进行量化考评，考评结果与银行有关核心利益挂钩。人民银行也将案件与银行季度信贷新增规模挂钩，发生案件的银行将被扣减一定的信贷新增额度。

四是国家审计署持续加大对商业银行的审计力度。目前，总行已经得到通知，明年国家审计署将对建设银行开展重点审计。国家审计力度大，介入深，要求严，对于银行经营管理的合规性是一个重大考验。

从我行内部的经营管理看，案件及重大风险事件暴露出一系列不容忽视的问题，对防控工作形成双重挤压。

一是少数分支机构不重视案件防控工作，案件防控能力弱化。各一级分行党委、总行各部门对案件及重大风险的防控工作是非常重视的，做了大量行之有效的工作。但是，个别分支机构不够重视的情况也是客观存在的。有的分支机构不注重风险内控和基础管理，仅仅口头上强调，没有切实有效的措施；有的分支机构负责人忙于应酬，心思没有放在工作上；有的心存侥幸，“管理疲劳”麻痹大意；还有个别分行态度不是很端正，没有把精力放在事前的防控上，而是着力于“事后摆平”。大家一定要认真分析案件发生的原因和具体情况，举一反三，防范在先，不回避，把操作、制度、执行等各方面的原因分析得清清楚楚、明明白白，才能防范案件，避免同质同类案件风险的再次发生。

二是员工行为管理不到位、不敏感。发生案件和重大风险事件，内部管理的缺陷和漏洞只是创造了机会和可能性，更为重要的是涉案员工职业操守的缺失。今年发生的一些问题反映了个别分支机构在员工行为管理方面的不足，比如教育手段陈旧，在方式方法上停留于“以文件落实文件、以会议贯彻会议”；对员工缺乏全面了解，特别是思想动态不掌握、异常行为不敏感。还有的分支机构在发现作案端倪后，缺乏敏感性和责任心，盲目轻信，致使作案人潜逃，扩大了事态。

三是内控执行力上仍然存在薄弱环节。经过多年的努力，我们已经形成了较为严密、完善且日臻合理的内控规章制度体系。但近期频发的案件或重大风险事件，集中反映出少数分支机构合规经营意识淡漠、内控执行力薄弱等问题。今年，内部审计共发现问题 26 000 多个，其中屡查屡犯、此查彼犯的问题占了较大比重，反映出同质同类问题屡查屡犯的“顽症”仍未得到根除，执行力薄弱的问题没有明显改观。一些分支机构对于发现的风险隐患和违规问题，整改不力，问责偏软，也导致案件风险长期潜伏。我行的审计条线对全行各机构的“体检”作出了巨大的贡献，审计工作使我们能够自己发现案件、自己整改，因此，审计条线要多发现问题，我们对于审计发现的问题也要彻底整改。目前有的个别机构对审计发现的问题缺乏重视，希望大家能够高度重视审计发现的问题并加大整改工作的力度，减少案件的发生率。

四是揭露案件风险的能力有待进一步提高。内控体系在实际运行中的效能还不够高，今年发生的 21 起案件及重大风险事件，只有 4 件是通过内部自查发现，暴露出我们主动揭露风险的能力还有待加强。受管理手段的限制，对员工八小时外的生活情况很难掌握，特别是对遏制参与民间借贷、非法高息融资这个重要诱因仍然缺乏有效手段和防控措施。如果揭露风险的能力和水平长期在低位徘徊，就难以形成足够的“威慑力”，铤而走险的个别员工就会心存侥幸，强化犯罪预期，发生案件的几率就会增大。

应该看到，外部经济金融环境的影响短期内还很难消除，内部管理特别是风险内控水平的提高也迫在眉睫。因此，尽管案件及重大风险事件总体上会保持平稳的态势，但在某一时期、某一区域高发的情况还有可能出现，存在反弹的压力，还需要我们采取强有力的措施加以遏制。我们虽然立案的案件不多，但是风险事件共24件，这些风险是案件的前奏，很有可能转化为案件，因此我们必须高度警惕和重视。

三、采取切实措施，扎实做好年末和明年的案件防控工作

（一）高度重视，严格落实案件防控工作责任制

要严格落实案件防控工作责任制，把防控工作成效作为衡量各级领导班子战斗力、执行力的重要标准，确保责任明确、措施到位。前两年，总行张建国行长及各一级分行的行长都签订了责任状，明年还要坚持这个做法，要确保责任明确。各级分支机构要转变经营指导思想，把案件及重大风险事件防控作为全员、全流程、全时空的工作抓紧抓好，对案件实行“零容忍”。各级行主要负责人，要切实承担起案件防控工作的第一责任，对重大工作要亲自部署、亲自过问。坚持和深化案件查防的联动机制，进一步巩固“上下联动、部门协作、全员参与”的查防机制。认真落实“一岗双责”的要求，各级分支机构、各业务条线既要管业务，也要管人。发生案件的分支机构，固然要吸取教训，加强整改；没有发生案件的分支机构，也要引以为鉴，做到使“他行之案”，成“本行之鉴”。要摒弃侥幸心理和旁观心理，防止因“别的银行发生案件而自己没有发生案件、别的银行发生案件多而自己发生案件少”而放松工作要求。对于今年发生的案件和重大风险事件，涉及业务条线的主管部门要认真分析，切实整改，研究制定针对性的预防措施。近几年来，各业务部门对各条线发生的案件都采取了积极的态度，和相关部门共同研究分析、共同采取应对措施，我们要坚持这种良好的工作作风。此次视频会议后，总行将责成今年以来案件及重大风险事件高发的部分一级分行主要负责人到总行专题汇报案件防控工作，总行纪检、风险、审计、安保以及相关业务管理部门也将成立联合工作组，深入问题突出的分支行，现场诊断剖析，帮助分行提高防控能力，促进分行切实整改。

（二）敢抓敢管，从严治行

各级机构领导人员、管理人员特别是主要负责人，要敢于管理，敢于面对管理中的问题，敢于承担起破解问题的责任。对于监管部门和总行部署的工作，要认真抓实，力求实效；对于辖内存在的突出问题，要敢于面对，不能回避矛盾；对于违规违纪行为和消极腐败现象，要敢于开展批评，敢于惩处，不能姑息迁就，做“老好人”。发现问题，必须强调铁的纪律，严肃处理。严肃处理与关爱员工并不矛盾，既要讲以人为本，更要讲原则。要通过惩戒，告诫员工规章制度的“界碑”在哪里，告诫员工包括各级领导人员哪些事能做哪些事不能做，警示员工不要心存侥幸，更不要挑战红线，更不能踏破底线，做到防微杜渐，防止个别员工在错误的道路上愈行愈远，防止将来可能出现的大案。总行纪检监察部要加强对惩戒工作的监督、指导，着力解决个别分行惩处力度不够的问题。

（三）加强对员工的教育管理，改进员工行为排查的效果

要切实加强对员工的教育，引导员工树立良好的职业道德操守。领导人员要率先垂范，培养对规章制度的敬畏意识，要求员工做到的，领导人员首先要做到；要求下级行执行的，上级行首先要执行。在教育形式上，要加强创新，要赋予新的形式，创造新的载体。要通过案例教育、主题教育、榜样教育等形式，利用网点晨会、工作例会、内控案防“每周一讲”等平台，切实提升教育的效果。各级管理人员要按照“管业务要管人、管人要管思想”的要求，加强对员工的日常关注和行为排查，要通过谈心、家访、集中排查等形式，了解员工的家庭情况，了解员工的困难，了解员工的所思所想，及时掌握员工的思想动态和行为表现。根据银监会的要求，针对员工参与民间借贷风险突出的情况，近期全行要组织一次专项的集中排查。对员工参与总行明令禁止的民间借贷、高息融资以及高风险投资活动的，坚决予以清理。进一步落实银监会通知的要求，希望各部门、各级分行予以配合。

（四）突出重点，密切关注和防范近期比较突出的案件风险

一是把防范各类诈骗案件、信贷业务的道德风险以及柜面业务风险作为近期防控工作的重点领域。要加强印章管理，落实用印审批登记制度。要建立健全滚动排查机制，加强对单位账户开立、印鉴卡保管、大额转账、承兑贴现、对账等环节的风险控制。严禁银行人员和非客户单位人员代客户办理业务，积极防范通过银行进行的民间借贷。要严格落实票据查询查复制度和鉴别要求，加强票据审验人员培训，提高识别、堵截能力。认真落实信贷准入制度和“三查”要求，严禁超授权发放贷款，严防使用虚假资料骗取银行授信的行为。落实现金管理制度，严防通过虚增存款、虚假现金调拨、盗取尾箱现金等手段侵吞库款。加强自助设备现金管理，认真执行双人加钞清机的规定，严防“一手清”。加强对自助银行区域的安全巡查，严防利用ATM进行的诈骗活动。要强化领导人员廉洁自律工作，加强对“权、钱、人”等重要业务部位和关键风险环节的监督制约，防范道德风险，用制度管权、管人、管事。近年来，各级行在识别、堵截案件方面的能力不断提高，取得了很大的成绩，值得表扬和鼓励。各级分行还要在重点领域严加控制，不能有丝毫的放松，防止出现漏洞。

二是突出“六个重点关注”。即重点关注违规数量较多的机构，重点关注同质同类问题发生的机构，重点关注案件发生的主要业务环节，重点关注重要岗位人员的管理，重点关注整改落实情况，重点关注案件防控的基础工作，切实提高全行整体风险管控能力。

三是切实改善和加强对基层的管理。加快推进网点转型、柜面业务流程优化和集中式网点服务保障体系建设。加快前后台业务分离步伐，通过将不需要与客户直接打交道的非实时性业务集中到后台办理，从而减少基层网点的风险点，实现风险的集中监控。进一步完善基层机构内控监督体系，按照“部门抓系统、部门对条线负责”的原则，继续强化上级业务主管部门对基层机构和网点的监督管理责任，着力解决少数部门“管业务不管人、管产品不管业务操作”的问题，不断提升现场检查和非现场检查的能力。各业务部门到下级行调研、检查的时候，要在开展检查工作的同时，注重调研相关制度如何在业务流程中实施监控、发现案件。要注意业务风险点的防控，特别是拓展新业务、设计新流程的过程中，一定要考虑到风险的控制。指标和任务的完成很重要，防控风险也很重要，如果不能有效地防控风险，业务发展是不安全的，更无法做到“又好又快”。

（五）规范和加强对违规问题的管理，健全整改机制

各分行要支持和配合审计部门的工作，自觉接受审计“体检”，虚心检讨管理上存在的薄弱环节。发生违规问题的分支机构和业务条线主管部门要按照“一事一整改”的原则，在职责范围内采取针对性的整改措施。对一段时期以来的违规问题，各级分支机构和业务条线主管部门要定期进行系统性的分析，研究采取一揽子的综合整改措施。对于重大风险事件，要比照案件，由一级分行或总行直接组织查处和整改，纪检监察部门对整改情况要进行监督检查。对因整改不力致使同质同类问题屡查屡犯的，要按照总行有关规定从严追究管理责任和领导责任。

（六）强化对案件的考评，增强管理约束

今年，总行按照银监会的要求，制订了案件防控工作考评方案，将从工作组织、工作质量、违规问题整改及支持配合内部审计工作、内控执行力建设、案件责任追究与整改等五个方面对一级分行进行考评。考评实行过程与结果并重，对于年度内发生被监管部门认定为非自查发现重大、恶性案件，或者未完成《案件防控工作责任状》规定的案件防控目标的，实行一票否决。考评结果与KPI挂钩。近期，总行将启动2011年的考评工作。要继续坚持总行对部分分支机构重点监控督导的做法，由总行对部分风险内控管理薄弱的二级分支机构强化直接监控，适时采取约束性管理措施，抓住重点、抓住关键，有针对性地对其开展整改和帮扶，促进其提升风险内控管理水平。

（七）强化重大突发事件和案件应急处置

今年，在重大突发事件和案件应急处置方面，需要认真吸取教训。近期，个别分行在发生有重大社会影响的突发事件后，未在第一时间上报总行，掌握的情况也不准确，给事件应对、处置工作造成了一定的被动。在案件处置方面，个别分行瞒案不报，违反案件管理纪律；个别支行对案件风险缺乏敏感和警惕，处置失当，致使涉案人潜逃。应急处置是化解风险、减少损失的重要环节，各级分支机构要以高度负责的态度，重视做好此项工作。当然，大多数机构还是非常重视此项工作的，能够及时准确地上报，及时到案发现场采取应对措施。发生重大突发事件和案件后，要不折不扣地执行总行《重大风险和突发事件报告管理办法》、《案件管理办法》等制度，第一时间向总行报告，并按照总行有关规定和预案，有序有效地做好情况核实、控制涉案人、追缴赃款、保全资产、清查账务、媒体应对、信息保密、现场保护等工作，有效协调好当地党委、政府、公安、宣传、监管等部门，妥善处置，积极化解风险。要强化对重大突发事件和案件的快速反应，增强政治敏感性，各级行主要负责人要对重大突发事件和案件的报告、核实、处置负总责，建立健全主要领导负总责、相关负责同志和职能部门迅速行动的责任体系，对不按规定报告的，要对相关负责人严肃批评和处理。要高度关注声誉风险，凡是国家级和省级媒体报道的，要视为重大突发事件及时报告总行。总行将进一步完善重大突发事件的处置机制，近日下发通知提出明确要求。

最近，某支行发生一起爆炸案，媒体上也都有相关报道，下面向大家传达一下几位行领导的相关批示。王洪章董事长作出如下批示："此事总行应对及时有效。此类事件不会是第一次。分支行应第一时间准确上报，领导同志要亲赴一线，在救助、新闻导向、恢复营业等方面迅速采取措施，控制并把握住局势，要体现迅速、准确、科学，体现出较强的应急处理能力和驾驭能力。"张建国行长批示："赞成洪章同志的批示意见，我已与哲一同志研究了五条意见，并请哲一同志在今天的案件及重大风险事件防控工作视频会上提出要求"，《关于加强重大突发事件报告和处置工作的通知》即将下发。张监事长批示："此类事件一定要在当地政府党政领导组织下有效应对，并在第一时间向上级行报告，总分行的应急预案需不断完善、细化，使之更有可操作性。"这件事情给我们很大的启示，根据三位领导的批示，核心的要求就是"准确、及时"，如果消息不准确，我们会很被动，因此一定要和当地政府沟通好，我们要第一时间了解真实情况，有效应对媒体，维护我行的声誉。通过此事，我们要吸取经验和教训，各分支机构要按照有关规定认真处理好此类事件。

四、齐心协力，确保年底不发生重大案件和重特大安全运营事故

一是抓好岁末年初的防控工作，确保不发生有重大影响的案件和重大风险事件。岁末年初是银行案件风险高发的时段，今年的情况尤为突出。当前，能不能遏制住案件及重大风险事件高发、连发的势头，确保全行收好官、开好门，是对各级机构、各业务条线的一个重大考验。全行要进一步认识当前案件防控形势的严峻性和复杂性，齐心协力，共同努力，扎实做好案件防控工作，坚决遏制住案件高发的势头，确保年底前不发生重大影响的案件。

二是做好安全稳定工作，确保不发生重特大安全事故。岁末年初，安全稳定工作需要高度重视。要以高度的责任心和扎实细致的工作措施，切实防范盗窃、抢劫、爆炸、行凶等暴力犯罪和各种诈骗犯罪。要加强机构和网点的自我保护能力，落实各项安全保卫措施，确保银行和客户生命财产安全。切实加大对办公楼宇、营业场所、IT系统的安全防范力度，年底前组织开展对营业网点的安全检查，查找风险隐患和可疑苗头，及时处置和化解。发生爆炸、抢劫、行凶等暴力犯罪的，各一级分行主要负责人要第一时间赶赴现场，靠前指挥，通过多种渠道了解和掌握第一手信息，并及时与公安机关、媒体沟通，消除不良影响。要加强消防安全管理，增强员工的消防安全意识，加强消防设备设施的配备、检查和维护。要加强交通安全管理，在严格落实日常交通安全管理规章制度的同时，特别注重集体外出活动时的交通安全，也要注意员工自驾出行的安全教育，确保万无一失。要加强电子银行安全管理，年底和节日期间，网络购物、电子支付等需求会大幅增加，要确保电子渠道的安全稳定，保护客户资金安全。要做好维稳工作，防止群体性上访事件。

三是加强信息系统运行工作，确保系统安全稳定运行。信息系统安全稳定运行事关重大，不

容丝毫疏忽。要加强对信息系统运行工作的组织领导，完善安全运行的领导与保障机制。信息技术、营运管理、风险管理、安全保卫、总务等部门要密切配合，协同工作，使信息系统万无一失。要进一步完善和细化应急处置预案，防范黑客的侵袭，一旦发生影响运行安全的事件，要快速响应和处理，在最短的时间内消除隐患，恢复系统的正常运行。

四是做好迎接国家审计署审计的准备。明年，国家审计署将继续对建设银行开展重点审计。大家要充分认识到，审计署的审计对于提升我行经营管理水平是一个良好契机，有助于发现和改正问题。总行有关部门和相关分行，要本着负责任的态度，认真梳理和检查有关业务经营管理情况，通过自查自检及时发现、改正问题，认真做好迎接审计的准备。

岁末年初，全行推进改革发展、确保各项经营目标顺利完成的任务很重，同时岁末年初也是银行案件风险和重大突发事件的高发时段，防范风险、防控案件和维护安全稳定的压力也很大。各级分支机构负责人特别是各一级分行主要负责人，要切实增强责任意识、大局意识和危机意识，坚守领导岗位，全身心投入工作，把心思和精力放在一心一意谋发展、聚精会神防风险上，不能在与工作无关的事情上分神，影响本行的发展稳定大局。各级领导人员、管理人员要认真履行职责，切实负起责任，管好员工，带好队伍，严格管理，带头作好表率。岁末年初期间，各一级分行主要负责人原则上不安排休假，不离开本辖区，因工作需要确需外出的，要严格执行请假报告制度。

同志们，我们要更加紧密地团结在以胡锦涛同志为总书记的党中央周围，高举中国特色社会主义伟大旗帜，以邓小平理论和“三个代表”重要思想为指导，深入贯彻落实科学发展观，始终脚踏实地、奋发有为，按照党中央、国务院的部署，按照总行党委的要求，做好本职工作，做好案件防控工作，确保全行的安全和稳定。同志们，一年来，全行上下一方面全力拓展业务，一方面严密防范风险，工作非常繁重和辛苦，在此，我代表总行党委对大家的辛勤努力和无私奉献表示衷心的感谢！

谢谢大家！

加快转变发展方式　全面提高发展质量

——在全行公司机构业务工作会上的讲话

陈佐夫

（2011 年 4 月 1 日）

同志们：

正值春暖花开之际，我们在国际金融中心上海召开全行公司机构业务工作会。上海是我国经济，尤其是城市建设发展的龙头，到上海来可以感受到改革开放的成果，能够号上国家经济发展的脉搏，因此在上海讨论我们今年公司机构业务的发展具有特殊意义。这次会议的主题是：贯彻落实全行工作会议精神，总结回顾 2010 年工作，分析当前形势和机遇，研究存在的问题，部署全行公司机构业务工作。总行党委高度重视这次会议，建国行长亲自到会，一会儿还要作重要讲话。下面，我先讲四个方面的问题，供大家讨论。

一、肯定成绩，坚定信心

2010 年，全行公司机构业务条线在总行党委、高管层的正确领导下，坚决贯彻执行国家宏观经济金融政策和各项监管要求，求真务实，开拓创新，各项业务运营良好，对全行贡献持续提升。

（一）贷款调控有度，计划执行有力

根据国家稳健货币政策要求，遵循稳健、适度、合理的原则，严格执行总行和监管部门信贷计划要求。

——截至2010年年底，全行公司类人民币贷款余额39 317亿元，比年初新增4 906亿元，增幅14.26%；非贴现贷款新增四行第三；各季度新增按照3:3:2:2的进度有序均衡投放。

——在贷款规模紧张的情况下，重点保障了国家政策支持的小企业、网络银行贷款等战略业务需要，积极支持三农、灾后重建、新疆经济跨越式发展、西部大开发和保障性住房建设，体现了建设银行的企业社会责任。

——全行讲大局、守纪律、想办法，表现了建设银行这个团队强有力的执行力。

（二）存款质量提高，市场地位增强

截至2010年年底，本外币企业存款49 005亿元，比年初新增6 467亿元，占一般性存款新增的60%；增幅15.2%，高于一般性存款1.36个百分点。新增四行第三，仅比第二名少348亿元。

——企业存款结构优化，活期存款新增4 061亿元，占比达62.8%；无贷户存款新增占比从年初的57%提高到84%，提高了27个百分点。存款付息率1.14%，四行最低。

——去年上半年企业存款形势严峻，新增一度降至四行末位。为扭转被动局面，总行组织了“创先争优 健康发展”专题营销活动，配置专项费用，采取一系列行之有效的措施，各分行积极响应，下半年企业存款快速回升，新增重回同业第一，稳定了全行负债业务大局。其中，广东、浙江、北京、上海、江苏、四川等6家分行新增超过300亿元；山西、吉林、福建、三峡、云南、甘肃、青海、宁夏等8家分行当年新增居同业首位。

——去年以来存款同业竞争异常激烈，各种非常规吸存手段频出，但全行上下始终坚持建设银行老传统，坚持依法合规，不参与恶性竞争，全年没有发生明显的存款违规事件，得到了总行和外部监管部门的好评，值得肯定。

（三）改变服务方式，深化客户关系

2010年，公司机构业务条线积极抓营销、拓市场，为客户提供表内外、本外币、境内外、商业银行与投行等一揽子综合金融解决方案，提升了营销服务能力，市场影响力大大提高。

——我们与中国商用飞机公司签署战略合作协议，争取到10亿元资本金定期存款、5亿元七天通知存款，完成15亿元理财产品的发行，被确定为其集团本部企业年金账户管理人；

——成功取得华能新能源公司香港上市IPO境内外账户行资格，预计上市资金50亿港元，并为其搭建了现金管理系统；

——中标港中旅集团酒店板块现金管理和信用卡收单项目；

——成功营销了国家开发银行、华能集团等一批大客户的年金受托和账户管理业务；

——全行大中小信贷客户的产品覆盖度分别达到了5.1个、4.6个和3.8个，比年初都有所提高，收益和客户依存度提升。

（四）深入结构调整，信贷风险下降

主动调整客户和行业结构，大力发展新型业务。

——客户基础有所增强。公司机构客户233万户，新增13.2万户；账户279万户，增速16.5%，超过了工商银行（15.8%）和农业银行（6.3%）。信贷客户9万户，新增1.94万户，小企业客户新增占90%以上。特别值得一提的是，在小企业客户新增中，网络银行和保理业务的小企业客户占比近一半（47%），贡献非常大。

——“进、保、控、压、退政策”得到有效落实。基础设施等重点优势领域占比继续提升，新增占比达42.4%，余额占比较年初提高0.39个百分点。制造业贷款占比24.3%，下降1个百分点，增幅11.8%（剔除小企业），低于平均增幅2.5个百分点。房地产贷款占比10.2%，下降0.4个百分点；新增373亿元，增速9.8%，均为四行最低。产能过剩“6+1”行业实现净下降，余额比年初减少199亿元，降幅达10%。融资平台客户1 082户，贷款余额5 419亿元，分别比年初减少719户和1 044亿元。其中现金流全覆盖类占65.4%，基本覆盖的占13.9%，两者合计近80%。今年一开年，各部门加强了梳理工作，平台贷款下降的速度很快，这项工作整体来说开展得不错。全年退出贷款1 046亿元，超额完成800

亿元的退出计划。

（五）不断改革创新，业务亮点纷呈

新兴和战略业务快速发展。

网络银行业务取得新突破，先后与阿里巴巴、金银岛、敦煌网、义乌网、快钱、格力等6家有影响的电子商务平台和核心企业合作，“e贷款”余额193亿元，增幅470%，一直处于领先地位。

国内保理预付款余额比上年新增464亿元，增幅达220%，流动贷款替代率达5.7%。

累计为50家大中型客户发放并购贷款224亿元，比上年新增99亿元，四行第一。

涉农贷款余额8 221亿元，新增2 295亿元，新增占比47%，增幅39%，是四大行中唯一同比多增的银行；新农村建设信贷业务选择6家分行的78家机构试点，发放公司、个人贷款89亿元。

机构业务亮点纷呈。“民本通达”重点推出了“文化悦民”子品牌。民生领域贷款余额2 154亿元，新增250亿元。“八一工程”市场占比增至22.01%，保持市场第二。与15个对口援疆省（市）建立战略合作关系，开立援疆专项资金账户60多个，累计入账资金21.7亿元。CTS客户数突破2 000万户大关，连续6年保持同业第一，手续费收入突破5亿元，同业第一。

企业年金受托资产119.3亿元，同业第二；签约受托资产140.7亿元，新增44.4亿元。管理个人账户168.4万户，市场排名第二；签约个人账户265.9万个，新增73.3万个。开发9款面向中小客户的“养颐乐”系列产品，成功研发“养颐四方”1号。

（六）中间业务增长，市场地位稳固

全年实现对公中间业务收入415亿元，历史最高，同比增长118亿元，增幅40%，高于全行平均近5个百分点；占全行中间业务收入的61.1%，同比提高3.1个百分点；占对公主营业务收入的17%，同比提高3.6个百分点。

——重点产品收入快速增长。单位人民币结算（51亿元）、造价咨询（43亿元）收入超40亿元。国内保理收入突破16亿元，同比增加11亿元，增幅227%。加上境内保函、承诺、代理保险、百易安，收入超10亿元产品达到7个，比上年多3个。

——同业地位显著提升。对公中间业务收入四行第二，与工商银行差距缩小到37亿元，四行占比29.7%，仅比工商银行低2.79个百分点；同比增量超过工商银行，居四行首位。银团贷款、委托贷款、CTS业务、代理信托业务收入总量四行第一；单位人民币结算、理财产品、托管、国际结算、保证收入增量四行第一，单位人民币结算、保证收入增速四行第一。

（七）效益显著增加，资产质量优良

累计实现公司贷款利息收入2 024亿元，同比增长137亿元，占全行贷款利息收入的77.3%。对公非贴现贷款利差4.2%，高于全行平均0.35个百分点，处于同业领先水平。实现贴现利息净收入65亿元，收益率3.34%，同比提高1.27个百分点。

公司类不良贷款余额476亿元，比年初减少66亿元，不良率1.17%，比年初下降0.35个百分点。承兑、保证、承诺等表外垫款额11.89亿元，比年初减少7.19亿元。

（八）专业专注经营，服务质量提升

专业化经营机构1 113个，涵盖了大中型客户经营中心、小企业经营中心、票据中心、造价咨询中心、企业年金中心等类型。

完成对公信贷经营职能整合试点。除西藏分行外的37家一级分行、207个城市分行完成试点工作，服务效率和资产质量显著提升。特别是对总行级战略性客户，按照“一户一策”的原则制订营销方案，真正体现了差别化、个性化与专业化服务。

（九）重视队伍建设，骨干结构优化

公司机构业务条线从业人员34 947人，占全行的11.7%。平均年龄37.7岁，本科以上占61%。客户经理、产品经理、信贷经理岗位分别占64.34%、4.47%和3.79%；聘任专业技术职务的占51%。初步形成了境内与境外、院校与行内、业务与产品、客户与银行、客户经理与高级管理人员五个层次、系统化的培训体系。

2010年公司机构业务可圈可点，成绩突出、不失为全行良好业绩和建设银行可持续发展的坚实基础。成绩来之不易，在座的每一位同志都付出了巨大努力，一会儿我们还要进行2010年全行公司机构业务先进集体和先进个人的表彰。在此，我代表总行党委、代表建国行长向你们，并通过你们向全行公司机构业务条线全体员工表示衷心的感谢和崇高的敬意！

二、认清形势，抢抓机遇

全球经济运行总体向好，但仍存在诸多不稳定、不确定因素，我们面临的形势依然十分复杂。

第一，发达国家失业率高企，金融系统脆弱性犹存，经济复苏进程曲折缓慢。2 月份美国失业率达 8.9%，房地产市场持续低迷。欧元区失业率高达 10.0%，通货膨胀率达 2.4%，创两年多以来新高，主权债务危机蔓延。美欧日继续推行量化宽松货币政策，加剧全球流动性泛滥，推动原材料等大宗商品价格连创新高。新兴经济体通胀压力显著增加，印度、巴西、俄罗斯 2 月份通胀率分别达到 9.89%、6.08% 和 9.5%。日本大地震和核泄漏的影响将在未来较长时期内影响经济发展，为拯救日元，全球有可能提前进入加息期。

第二，我国经济运行中体制性矛盾和结构性问题叠加，突出表现在输入型通胀压力有增无减、房地产价格高企、流动性过剩等方面。中央已将加快转变经济发展方式和调整经济结构作为未来 5 年的重点，节能减排要求进一步提高，产能过剩、“两高”行业调控持续加强，房地产业“三管齐下”，政策更加严厉。

第三，货币政策由适度宽松转为稳健，构建逆周期的宏观审慎管理制度框架成为深化金融体制改革的首要任务。“腕骨”监管指标体系对银行经营管理提出更高要求，各家银行已切身感觉到资本充足率、杠杆率等指标的压力越来越大。在 7 大类 14 项指标中，我行大额风险集中度指标与监管要求尚有差距，铁道部风险集中度超标，且年内达标难度很大。

深入研究外部形势的变化，未雨绸缪，采取有效措施执行好国家宏观经济、金融政策，应对好挑战，是我们今年一项重要的工作任务。

但同时要看到，未来 5 年是我国经济社会发展的主要战略机遇期，工业化、信息化、城镇化、市场化、国际化的深入发展都需要银行参与，市场需求潜力大，商机多。全行要认真学习政府工作报告和即将出台的“十二五”规划，统一认识，抓住机遇，加快业务转型，提高发展质量。

（一）经济结构战略性调整带来的机遇

一是扩大内需中投资拉动、消费升级的商机。在投资拉动上，将继续加大基础设施、新农村建设投入，优先保障在建、续建项目资金需求，有序启动“十二五”规划项目。要发挥我行传统优势，抓好、抓住其中的优质项目。在消费升级上，将大力促进文化、旅游和养老消费，增加用于改善和扩大消费的支出，机构业务、养老金业务前景广阔。

二是现代物流、电子商务等领域新的发展商机。互联网、物联网技术的发展改变了现代企业的生产销售模式，未来的竞争将是供应链条的竞争。在第三方支付合作、网络信贷以及创新服务模式等方面孕育着巨大的商机，尤其是 12 个“三网融合”试点地区分行，要积极行动起来，加大营销和服务力度。

三是符合绿色产能、节能减排要求的优质项目。发展低碳经济已经成为全球可持续发展的大趋势，绿色经济、循环经济、清洁能源、能源节约和高效利用、环保处理等领域商机无限。

四是战略性新兴产业中的优质项目。国家战略性新型产业规划将陆续出台，我们要抓住新一代信息技术、节能环保、新能源、生物、高端装备制造、新材料、新能源汽车等七大产业中的优质项目，尽快形成我行新的竞争优势。

（二）城乡结构调整带来的机遇

一是城市化进程加快带来的业务机会。目前我国城市化率已近 50%，未来 5 ~ 10 年是我国城市化加速发展的关键时期，城市基础设施建设、城乡一体化、城市功能区完善、保障性安居工程、棚户区改造、公共租赁住房等方面机会众多。

二是三农和城镇化中符合政策要求的优质项目。现在全国已有 24 个省市实行省直管县，壮大县域经济已经列入“十二五”规划，中央财政今年用于“三农”的支出为 9 884.5 亿元，县域经济作为城乡经济的结合部、汇合点，必将成为三农和城镇化的主战场。

（三）国家区域战略规划实施带来的机遇

一是西部大开发战略带来的市场机会。重点是在城市基础设施建设，大型能源基地、资源精深加工基地、商品粮及农牧业基地、综合交通枢纽和物流中心建设，以及先进装备制造业、区域特色文化和旅游产业等领域。

二是国家16个区域发展规划中具有比较优势的项目。中央接连出台16个区域发展规划，各行要跟踪区域规划的出台和实施进度，结合综合配套改革、区域中心建设等规划主题，支持符合规划导向、具备区位优势、发展特色产业的重点项目。

（四）民生领域迎来无限商机

未来国家加快教育改革、增加医药卫生财政投入、加快推进覆盖城乡居民的社保体系、促进文化产业发展等民生领域的各项改革措施将为我行机构业务带来新的发展机遇。

三、找出差距，厘清思路，落实责任

面对当前的业务形势和发展机遇，我们的工作中尚存在一些不足和差距，需要我们大家共同来研究和解决。

一是企业存款形势严峻。年初以来，总行高管层非常关心企业存款情况，一般性存款中对公、对私差距比较大，主要是今年企业存款增长明显落后于同业，1月份负增长2 220亿元，2月份当月新增居四行末位，市场占比19.43%，比年初下降了4.57个百分点，直到月底才浮出水面，市场地位岌岌可危。企业存款增长乏力有市场的原因，但更重要的是内部的原因，说到底是重视和基础问题。各行“一把手”是否真正重视了，是否把存款放在了各项业务发展的基础性位置来考虑，是否整合了全行资源、调动各方积极性来抓，对存款增长至关重要。我们的内转价格是否根据市场变化进行了及时调整，我们的理财产品是否可以在期限上更加丰富，在销售渠道上更加畅通，我们的重客、现金管理和网银等系统是否可以有效整合，以改善客户体验，都是影响企业存款增长的瓶颈问题。随着存贷比指标的监管要求越来越严，存款准备金率达到20%，企业存款的竞争将更加激烈，这些问题不解决，我们还将处于被动落后的局面，希望大家给予重视。

二是客户基础薄弱，难以支持未来业务可持续发展。公司机构客户总量233万户，账户279万户，近3年市场占比虽有所提高，增速快于工商银行，但与同业差距还是很大，业务承载能力不足。如何拓展市场，扩大客户基础，实行专业化经营，真正实现大中小并举的客户结构，还需要大家集思广益，找到解决之道。

三是定价能力不足。利率市场化实际上已经开始，货币市场、债券市场、外币、贴现已经市场化，贷款利率放开了上限，存款利率放开了下限。随着“十二五”期间各项改革的推进，利率市场化必将加快，很有可能逐步放开存款的上限和贷款的下限，商业银行靠利差获利将变得更困难，同业竞争将更激烈。在长期管制利率的保护下，我们的定价能力弱化。去年在信贷资源比较紧张的情况下，总行多次提出要合理定价、提高收益，但实际执行情况不是很理想，新发放贷款中有45%是下浮利率。贷款期限不合理，1～5年的占32%，5年以上的占38%，而68%的企业存款是活期，我们不仅面临利差缩窄的问题，同时还面临期限错配压力。

四是结构调整仍须加大力度。在国家房地产调控政策频出、房产价格升高的背景下，一些分行还出现了房地产贷款不良增加、不良率上升的情况，经营管理不善、清收不积极是重要原因；制造业贷款余额（9 642亿元）虽已居四行末位，但仍新增1 683亿元，四行第二，其中大中型客户新增占比达46%；钢铁行业总行、分行审批通过的都比较多，12家分行煤化工行业、5家分行风电设备行业贷款还在增加。结构调整仍需进一步加大力度。

五是盈利模式转变的任务艰巨。上市以后，我行非常重视中间业务收入，建国行长来了以后这项业务发展力度很大，资源配置力度也很大，近年来有明显的改善，很多指标是同业第一。但从目前我行收入结构看，全口径中间业务收入仍只占20.3%，贷款利息收入占比较高，中间业务收入与利息收入并重的局面还未真正形成。以贷款为核心的营销模式、规模优先的思维定式，方便内部管理为主的产品开发方式，以客户经理为主的渠道体系已经不适应新形势要求，急需改变。

四、明确目标，完善措施，扎实推进

2011年公司机构业务工作思路是：以提高发展质量为核心，提升价值创造力、提高综合服务能力，推动公司机构业务长期可持续发展。

主要业务目标：公司类贷款新增控制在4 000

亿～4 500 亿元；企业存款新增 6 500 亿元；对公中间业务收入410 亿元，增速不低于16%，其中，公司部（含集团部）收入 182 亿元，机构部收入 76 亿元，养老金部收入 519 万元。公司机构客户新增 13 万户，结算账户新增 17.5 万个。代理保险业务收入四行占比达到 24%；民生领域事业法人客户结算户新增 1 395 户；“八一工程”市场占比达到24%。企业年金签约个人账户数新增60 万个、签约受托资产规模新增 45 亿元；运营个人账户数新增 45 万个、运营受托资产规模新增 40 亿元；养老金客户签约数新增 2 500 户。

今年要重点抓好以下八个方面的工作：

（一）制订好五年规划

从去年年底开始，总行启动了五年规划的编制工作。五年规划是建设银行的行动纲领，直接关系到我们未来 5 年的业务发展。请各行按照总行的总体规划，找准市场定位、明确发展目标，强化营销、服务和基础管理，落实工作思路要求。

针对全行公司机构业务中存在的问题，从今年开始，要建立和完善好五个体系，实现好五个转变。

——五个体系是

建立和完善市场规划与政策导向体系。研究市场、细分市场，规划好市场目标，明确定位、细化政策，积极发挥政策导向作用。做好区域市场规划。

建立和完善业务运营与资源配置体系。明确信贷资源配置基本原则，科学设置资源配置指标体系，提高配置层级，加大统筹力度，逐步实现票据贴现等业务集中经营。

建立和完善业务营销服务体系。推进客户分层营销机制，在全行推广对公信贷经营职能整合；完善标准化的客户服务流程；建立交叉销售、联动营销机制；完善谈判机制，提高议价能力。

建立和完善产品维护和创新体系。加强总分行创新联动，建立“产品创新直通车”制度；加快产品经理队伍建设，为产品研发提供支持保障；从内部创新走向银企联动创新。

优化和完善内控管理体系。严格信贷准入和客户经理岗位管理，严把风险第一道关；继续完善贷后管理岗位职责分离工作，规范贷后管理流程，打造贷后管理平台。严防票据诈骗、违规出具票证风险；严防骗贷和违法放贷案件风险。

——五个转变是

从以贷款为核心向以综合服务为核心转变；从规模优先向质量效益优先转变；从增量资源为主向统筹增量与存量资源转变；从以利差为主向利差与中间业务并重转变；从主要依靠客户经理渠道向电子、客户经理、柜面渠道并重转变。

（二）狠抓企业存款，巩固市场地位

一是要根据客户需求开展差别化营销。今年总行将条线统筹营销费用的 50% 用于支持企业存款增长，继续开展“健康发展 创先争优”专题营销活动。各行要细化方案，加大资源投入，针对客户特点调整营销策略，确保完成全年任务。

——大型集团客户资金量大，但一般拥有财务公司或财务共享中心，各行要以现金管理为重点产品，积极争取客户的融资、债券、票据业务，增加资金沉淀和中间业务收入。

——中小型客户单户资金规模小，但客户数量多，除要积极提供支付结算服务外，还要通过供应链融资等服务营销其上下游企业，结合客户投资需求积极营销对公理财产品。

——对于机构类客户，要以传统存款产品为重点，为客户设计存款结构方案、提高定期存款占比；以资金结算网络为手段，加大住房资金、社保资金、财政资金、税务资金等专项资金的归集力度，抓好学校、医院等事业法人客户服务收费和归集工作。

二是要将存款增长与信贷资源配置挂钩。总行已在今年的信贷资源配置中，提高了企业存款和存贷比的权重。各行要将信贷资源向存款新增较快的分支行倾斜，存贷比高的分行更要加快存款发展，努力把存贷比降至合理的水平。

三是要加大客户和账户拓展力度。要抢抓客户源头，坚持大中小客户、有贷户和无贷户、存量和增量客户并举。尤其要以基本结算账户为核心，提高账户数量和质量。

四是加快存款产品创新。要全面梳理存款相关产品，及时调整通知存款、协定存款等产品的计息方式、期限等，提高产品灵活性和便利性。

（三）抓住市场机遇，积极拓展信贷业务

一是要做实贷款储备。及时获取地方重点规划产业和项目名单，持续跟踪项目进度，提早介入营销。加大项目储备，做好储备动态管理，储备率和转化率提高2~3个百分点。

二是主动开展联动营销。要主动建立与个人、信用卡、投行、租赁、信托等业务条线的联动机制，要加强总分行、境内外、区域内、分行间的联动营销，尤其是跨区域战略性重点客户联动服务。总行今年将统一组织4次大型客户、产品营销推介活动，各分行也要针对性地组织必要的营销活动。

三是优化资源配置，增强竞争优势。要落实总行信贷资源配置指导意见要求，摒弃单纯规模扩张观念，坚持综合贡献优先、质量效益优先原则，将资源配置与存款、中间业务、客户增长等挂钩，向定价水平高、综合收益好的分支机构倾斜，提高市场地位，积极赶超同业。

四是加强定价管理，优化期限结构。要利用信贷资源紧张、利率进入上升通道的有利时机，提高谈判议价能力，提高业务收益。严禁向客户新发放固定利率贷款、"利率顶"贷款，房地产开发贷款利率必须上浮，已经发放的要尽量与客户协商调整；票据贴现要坚守价格底限。总行正在优化CLPM系统，设置利率底线，强制要求执行基准利率或上浮利率。要适应加息规律和监管要求，优化贷款期限结构，减少5年以上的长期贷款占比。

（四）继续深化结构调整，提供差别化服务

一要深化行业结构调整。继续实施"进、保、控、压、退"政策，结合业务发展方向，进行调整细化。

——调控热点领域信贷投放，控制"6+1"行业贷款总量，"6+1"行业信贷退出水平要高于全行平均水平。

——加快融资平台贷款清理，明确口径，按时完成清理排查工作。完成三方对账、四方备案的全覆盖项目，一是要坚决按照银监会要求转为一般贷款；二是对同业已经转出的，我行原则上要与同业保持一致；三是要切实负起责任，主管行长、公司部总经理要对平台贷款签字确认。

——落实贷款退出要求，坚持客户、产品、行业、区域、表内外相结合的信贷退出策略，全年退出不少于800亿元。

——加强制造业管理，分行业、分区域逐步实施全面名单制管理（不含小企业）；有选择地支持发展高端装备制造业，控制加工制造业；东部地区要加大制造业退出力度，西部地区承接产业转移中要严格控制对制造业的投放；优先发展供应链融资等自偿性产品，逐步压缩固定资产类贷款。

二要加快发展新兴业务，巩固传统优势。对互联网、电子商务、物联网、三网融合、第三方支付、战略性新型产业等新兴业务，要在严控风险的前提下，加大营销力度。重点拓展网络银行业务，在现有6家网络合作平台基础上，扩展到10家；加大第三方支付机构备付金存管业务营销。

三要突出区域差别化管理要求。东中西部各分行要针对不同区域特点开展差别化营销，西部地区重在西部大开发带来的基础设施建设，中部地区重在产业升级和承接产业转移，东部地区重在现代服务业等产业转型。各分行要加强研究，制订适合本地区、本区域的结构调整方案。

（五）推动中间业务可持续增长

要确保完成对公中间业务收入410亿元以上，继续提高在对公主营业务收入中的占比；提高优势产品贡献，力争实现收入超10亿元的产品达到9个，其中结算和造价咨询超50亿元。

重点拓展人民币结算，同业位次保二争一。造价咨询业务是我行独有的业务，社会影响和业务收入越来越大，要以36家分行取得甲级资质为契机，整合队伍、资源，尽快做大做强。要重点开发信贷规模替代类产品，加快研发推广代理租赁服务、租赁保理、意向性信贷证明、保函委托查询等新产品。

今年，总行将条线统筹费用的34%用于中间业务，加大了对单位结算、造价咨询、国内保理、工程建设资金监管、银团贷款、第三方支付机构备付金存管、电子票据等产品的激励。各行要细化政策，确保相关激励落实到经办机构和客户经理。

（六）加快推进公司机构业务转型

加快专业化机构建设，构建完善业务营销服务体系。全面推行对公经营职能整合，逐步实行专业化经营；探索票据业务从增量逐渐到存量的集中经营模式，在上海分中心基础上再建立3~4

家分中心；进一步完善养老金业务专业化管理体系。

拓宽服务渠道，加大电子渠道应用。筛选适合柜面人员销售的对公业务产品，逐步将柜面服务从支付核算型向支付核算与产品销售并重转变。逐步将现有产品向电子银行渠道迁移，力争新产品在电子渠道、客户经理和柜面同步推出。

（七）强化基础管理，建立健全支持保障体系

一是要建立完善“以客户为中心”的规章制度和流程。目前总行的规章制度非常多，没有实行手册化，客户经理很难操作。下一步要进行梳理、调整、简明化，加强制度政策衔接，统一客户体验。要制定核准管理办法，提高效率和透明度。

二是要深入做好行业研究和信贷营销指引。对当前分散的行业管理体制进行整合，推动行业研究管理办法的出台。要在OCRM系统中建立完整的行业信息库，夯实行业研究基础。成立区域优势行业研究团队，加强对行业营销和结构调整的指导。

三是要提高房地产贷款风险管理水平。要高度重视房地产行业潜在风险，加大存量不良处置力度，严防新形成不良。对于资产质量较差分行，总行将从新增计划和客户准入方面入手，限制其新业务的开展，督促其将重心转移到不良化解上来。

四是防范业务风险和各类案件。要在去年贷后管理岗位分离取得初步成效的基础上，逐步推进分层管理、差别化管理，将贷后管理打造成信贷业务的核心竞争力。加强对公从业人员行为管理，防范操作风险和道德风险。关注利率和汇率变化、国际热点地区局势，防范市场风险、国别风险。对重点产品和业务流程进行排查和操作风险自评估，防范案件发生。

五是加强表外风险管理。今年是总行确定的“表外业务管理年”，要通过控制承兑和保函总量、加强贷款提款管理、加快境内保证业务数据清理、提高担保品品质等措施，切实降低资本占用。加大垫款清收力度，表外业务垫款力争控制在8亿元以内。

六是落实各项监管要求。继续落实“三个办法、一个指引”要求，今年按贷款新规放款的比重要达到80%以上。要加强中长期贷款管理，逐步完成“整借整还”贷款调整的任务，优化新发放贷款期限结构。要统筹安排好信贷规模，确保银信合作业务年内全部从表外转入表内。尤其是客户集中度问题，银监会对我行已有明确要求，要严格按要求进行监控，不得突破政策红线。对于铁道部授信集中度问题，总行正在进行专题研究，在监管要求不变、铁道部体制不变的情况下，今年铁道部集中度不要出现增加，要进行业务合作的结构调整，新增授信要有所取舍，所有新增要报总行批准，确保符合监管要求。

（八）加强专业化队伍建设，提高人员素质

要提高专业化团队和人员数量，加快建立产品经理队伍，持续充实客户经理队伍，增加机构业务、养老金业务专职客户经理数量。要加大业务培训力度，新业务、新产品在使用前必须培训，新员工、新调转岗位的人员，先培训后上岗，避免在业务操作中出现违规情况。

同志们，今年宏观经济形势更加复杂，经营形势更加严峻。大家一定要坚定信心，及时调整工作思路，转变工作方法，牢牢把握发展机遇，积极应对各种挑战，不断提升价值创造力和综合服务能力，全面提高公司机构业务发展质量，为把建设银行建成国内领先、国际一流的银行作出我们的贡献！

提高认识　加强联动
推动我行电子商业汇票业务快速发展

——在电子商业汇票业务推进及培训视频会议上的讲话

陈佐夫

（2011 年 7 月 28 日）

同志们：

今天，我们召开全行“电子商业汇票业务推进及培训视频会”，会议的主要内容是：分析我行电子商业汇票业务的经营管理情况，总结电子汇票业务发展的成效及存在的问题，部署下一阶段的工作。稍后，总行资金结算部、公司业务部、营运管理部和电子银行部的同志还将就该项业务的相关内容进行专题培训。

下面，我代表总行讲几点意见。

一、电子商业汇票业务的总体情况

（一）推出电子商业汇票（以下简称“电子汇票”）的意义

汇票是商业银行支付的重要介质，纸质汇票在历史上曾经发挥过重要作用。电子汇票是票据业务和金融信息化、电子化快速发展的产物，有利于提高支付服务效率，丰富货币支付手段，防范假票、伪造变造票据等风险。

电子汇票系统的建成具有里程碑性的重要意义，对推进票据市场的发展必将产生深远影响。

首先，电子汇票系统解决了票据业务效率和风险两大问题。电子汇票系统是一个安全高效、互联互通、标准统一、方便快捷的多功能、综合性业务处理平台，在接收、登记、转发电子汇票数据电文，提供与电子汇票货币给付、资金清算行为相关服务的同时，还提供纸质商业汇票登记查询功能。从根本上解决了纸质商业汇票交易方式效率低下、信息不对称、风险较大等问题。

其次，这个系统的建成，对人民银行、商业银行、企业具有重要意义。一是对人民银行来说，电子汇票系统成为商业汇票市场的一个经常性交易平台，人民银行通过该系统能够全面监测商业汇票各种票据行为，准确了解资金流量流向，为宏观经济决策提供重要参考依据。二是对商业银行来说，电子票据能够实现实时、跨地区流通使用，而且节省了纸质票据业务的人工成本，节约票据印制成本，降低票据保管成本，规避票据遗失风险，避免被不法分子诈骗，增强了业务的安全性，加快了结算速度，提高了银行的金融服务效率。三是对企业来说，电子汇票不仅提供了纸质票据的所有功能，更重要的是企业在使用过程中不受时间和空间的限制，交易资金在途时间大大缩短，资金周转效率明显提高。

（二）电子汇票业务发展基本情况

目前，接入人民银行电票系统的金融机构共有 320 家，其中银行业金融机构 250 家，财务公司 70 家。自 2009 年电子汇票系统上线至今年 6 月底，全国电子汇票业务总数 63.77 万笔，金额 1.9 万亿元。其中包括承兑、贴现、转贴现等，业务呈现快速增长趋势。

二、我行发展电子汇票业务的措施、取得的成效和存在的问题

我行是第一批接入人民银行电票系统的 20 家金融机构之一，电子汇票业务发展迅速。截至 2011 年 6 月末，电子汇票承兑余额 111.6 亿元，累计承兑 234.31 亿元，实现手续费、承诺费收入 3 613 万元。电子汇票贴现转贴现余额为 73.47 亿元，累计办理贴现、转贴现 196.78 亿元，实现利息收入 2.43 亿元。

（一）工作的回顾

近两年来，为了推动电子汇票业务的发展，全行做了以下工作。

1. 高度重视，配置资源，快速搭建电子汇票系统

全行高度重视电子票据系统的开发工作，在接到人民银行的通知后，总行迅速组建了由资金结算、公司业务、信息技术、营运管理、电子银行部等部门参加的电票系统项目组，并在系统开发资源上给予优先支持，确保了在2009年10月建成了我行的电票系统，成为第一批接入人民银行电票系统的银行。

2. 明确思路，准确定位，为业务发展提供有力保障

随着电子汇票系统的建成，总行相继下发了《中国建设银行电子商业汇票业务管理办法》和《关于加强电子商业汇票业务管理的通知》，规范了业务运行操作流程，明确了经营管理标准。今年，又下发了《2011年电子商业汇票业务指导意见》，分析了电子汇票业务的发展趋势，提出了业务发展思路，确定了营销客户目标，制定了营销策略，提出了具体的工作要求，为全行电子汇票业务发展起到了重要的促进作用。

3. 强化激励，充分调动发展电子汇票业务的积极性

电子汇票业务开办后，总行对电子汇票贴现业务一直采取低于纸票贴现利率的优惠政策。同时，有14家一级分行响应总行号召，给该项业务配备激励费用，收效明显。今年，总行资金结算部将客户签约电子汇票业务纳入“资金结算业务营销竞赛”活动中，配备了160万元的鼓励费用，以调动各行营销业务的积极性。

4. 加强培训，提升能力，确保业务安全运营

系统上线后，总行先期对6家试点分行进行了系统操作和业务培训，为全行推广上线积累了经验。随后又在常培举办了全行“电子汇票系统培训班”，各分行资金结算、公司业务、信息技术、营运管理、电子银行等条线近200名业务骨干参加了培训。各一级分行也进行了转培训。通过培训，增强了员工对电子汇票的认识，掌握了电子汇票业务的操作流程。系统运营以来安全平稳，未出现风险事件。

（二）取得的成效

一年多来，我行电子汇票系统运行平稳，业务增长迅速，去年被人民银行评为“电子汇票系统建设先进集体”，并授予“业务拓展奖”。

（三）存在的问题及原因

1. 业务发展位次较前，但总量偏小

虽然我行电子汇票业务位居金融同业前列，但与领先银行相比，还存在较大差距。我行电子汇票承兑累计额列第7位，比第1位的中信银行少427亿元，比第2位的工商银行少299.78亿元。我行电子汇票贴现累计额列第4位，比第1位的工商银行少294.6亿元，比第2位的中信银行少199.32亿元。

2. 行际差异大

电子汇票业务排名前5位的分行业务量占全行总量的50%以上。承兑业务排名前5位的分行分别是：广东、深圳、江苏、山东、吉林，其业务量占全行的55.52%。贴现、转贴现业务排名前5位的分行分别是：深圳、上海、河南、重庆、山东，其业务量占全行的70.63%。而有5家分行至今未开办电子汇票业务，有大连、贵州、云南、西藏、青海分行，希望这5个分行能够引起重视。

产生这些问题的原因，有市场层面的，有客户层面的，但更主要的还是我们自身的原因。

（1）部分分行的有关领导和部门对该项业务重视程度不够。总行要求转培训，各行都做了，但有的行认识不到位，对系统运用不熟练，员工自己都不懂、不熟，培训流于形式，自然没办法去营销客户。也有的行，参加培训的人转岗了，不是正常流动，工作衔接不好。

（2）部分分行内部协作有问题，影响业务推进，没有形成推动电子汇票业务发展的合力，缺乏推动该项业务的总体安排，对客户的营销、宣传引导工作还不到位，没有充分分析、挖掘和引导客户的电子汇票业务需求。

（3）有些分行担心办理电子汇票影响票据流动性。对电子汇票的市场认知度和流动性有疑虑，担心调整规模时难操作。

三、对下一步工作的几点要求

（一）加强学习，提高认识

电子汇票是票据业务领域的一项新事物，因

此，大家要加强学习，提高认识。不仅在座的一、二级分行分管行长要学，各级相关业务部门负责人也要学，相关业务人员更要学，我们要发挥骨干人员向客户宣传营销的重要作用，我们重视了，弄懂了，才能说服客户用这个产品。

发展电子汇票业务是提升我行市场竞争力的需要。电子汇票取代纸质汇票不仅顺应了票据业务提高效率、防范风险的市场需要，有利于节约财务成本，而且替代效应明显。期限稍长的电子汇票，将会对短期流动资金贷款等业务产生明显的替代作用，如果我行不及时抓住市场机遇，未来可能失去现有的票据市场地位，甚至将失去现有客户。

发展电子汇票业务是确保我行票据业务健康发展的需要。大家知道，我行山东元华集团克隆银行承兑汇票事件牵扯了我们很多精力，建国行长还两次赴山东处理此事，多次到银监会去汇报。人民银行第一批次新版票据的问题也给我们带来较大的风险隐患，如果采用电子汇票，这些问题就可以避免。开办电子汇票业务，免去了票据作为重控凭证登记保管的成本，消除了票据毁损、遗失、贴现票据被盗等风险。能够最大限度地保证我们少出风险、不出风险。

总行要求各行一定要重视这项业务，全力推进电子汇票业务发展，没开办业务的分行，今年内必须实现零的突破。

（二）加强部门联动，建立长效机制

电子汇票业务涉及多个系统、多个部门，总行要求各分行必须要成立资金结算、公司业务、运营管理、电子银行和信息技术等跨部门工作小组，共同推进电子汇票业务发展，尤其是目前还未开办和业务落后的分行，要采取具体措施，做好工作。

（三）明确营销目标，加大营销力度

各行应本着“了解客户”和“了解需求”的原则，结合电子汇票的特点，分析挖掘客户需求，确定营销重点。在行业选择方面，重点营销物流、汽车、通信设备、家用电器、石油化工、医药、批发零售等交易关系比较稳定、交易金额较大的行业性客户，并努力向客户的上下游延伸。在客户信用等级方面，将电子汇票业务资源向信用好的客户倾斜。

（四）明确营销策略，制订差别化、个性化营销方案

要采取替代营销策略。在现有的票据业务规模内，积极用电子汇票承兑、贴现业务取代纸票承兑、贴现业务。加大电子汇票承兑和贴现在我行体内的循环力度。在同等条件下，优先为在我行开户的客户办理电子汇票承兑业务，提高电子汇票在我行的贴现几率。对我行网银客户，也要作为重点营销对象。

针对一些重点企业的需求和习惯等，要量身定做个性化的服务方案，改善客户体验，提高客户满意度。对一些业务量大、信用等级高的重点客户，可以给予价格优惠，提高对客户的吸引力。

同志们，未来的票据市场是电子票据主导的市场，希望全行提高认识、增强信心，夯实基础，加强营销，进一步推动我行电子汇票业务的健康快速发展，力争进入同业的前列。

谢谢大家。

发挥优势　提升能力　再创佳绩

——在2011年工程造价咨询业务座谈会上的讲话

陈佐夫

（2011年8月4日）

同志们：

大家上午好！

今天，我们在英雄的城市——大庆召开全行工程造价咨询业务座谈会，这是近年来第一次召开这样大规模的工程造价咨询业务会议。会议的主要内容是：贯彻落实郭董事长、张行长关于“做大做强造价咨询业务”的指示，总结回顾近年来全行工程造价咨询工作，分析业务发展面临的形势和机遇，交流工作经验，共同商讨促进造价咨询业务又好又快发展的政策措施。

下面，我讲几点意见，供大家讨论。

一、温故知新，坚定发展的信心

工程造价咨询是我行的传统优势业务，在商业银行中独一无二，是我行“老三强”业务中最具特色的一项业务，品牌形象很好，可以说是我行核心竞争力之一。近年来，在总行党委、高管层的高度重视和正确领导下，在全行上下的共同努力下，工程造价咨询业务克服了专业技术人员少、业务量大、市场竞争日益激烈等诸多困难，努力把握发展机遇，适应市场发展变化，满足客户需求，积极创新产品，加强业务联动，业务收入持续增长，品牌形象不断提升，对我行的贡献度越来越大。主要表现在以下几个方面。

（一）曲折的历程形成了独特的业务优势

工程造价咨询业务是我行独具特色的传统业务，是与建设银行相伴而生，至今已有五十多年的发展历程。毋庸讳言，工程造价咨询业务在建设银行也几经波折，可以说是“三起三落”。第一次是岐山行长提倡对行内的一些特色业务进行“集中管理、统一品牌、专业化经营”时，造价咨询业务作为其中一项准备专业化经营，因为执行过程中遇到政策变化，没有达到预期目标，被放下。第二次是2000年，国务院清理整顿经济鉴证类社会中介机构，工程造价咨询业务也被列入清理对象。经过我行积极争取，国务院清理整顿办公室、国家建设行政主管部门、人民银行考虑我行发展历史和我行工程造价咨询业务市场地位，同意保留我行工程造价咨询业务。第三次是股份制改造上市，按照中介机构的要求剥离实体，后来经过艰苦的谈判，最终使工程造价咨询业务资质保留在建设银行，使我行成为唯一一家拥有工程造价咨询业务资质的商业银行。之所以回顾这些，是因为这些因素曾经使工程造价咨询业务在我行被边缘化，业务地位不明确、业务基础被削弱，发展受到了影响。这几年，随着工程造价咨询业务关系逐步理顺和业务的有效发展，造价咨询业务的地位在我行已经稳固，并得到了总行领导和全行上下的重视，我们的老行长王岐山副总理多次关心和过问了这项业务，郭董事长、张行长对造价咨询业务的发展要求也很明确，就是要做大做强，要把造价咨询业务打造成我行核心竞争力的组成部分。

（二）艰辛的努力造就了亮丽的业绩

近年来，全行公司业务条线，特别是工程造价咨询从业人员，坚定不移地贯彻总行党委、董事会、监事会、高管层大力发展中间业务、推动业务转型的战略要求，克服了信心不足、人员紧张、业务断档的困难，通过扎实的工作，使造价咨询业务得到了超常规发展，一年一个新台阶，取得了显著成绩，已成为全行中间业务收入重要来源之一。

——业务收入快速增长。全行工程造价咨询业务收入从2006年的5.6亿元增长到2010年的42.7亿元，翻了三番，年均增长率54.9%。今年上半年，实现收入32.8亿元，占到了全行中间业务收入的6.7%。从综合人均收入和收入成本比两项指标看，这项业务的发展质量和发展效益非常好，远远高于全行中间业务平均水平。

——综合贡献不断提高。工程造价咨询业务对我行的贡献不仅仅是中间业务收入，还体现在支持其他各项业务发展的综合效益上。如去年全年，为支持我行资产负债业务的市场营销与客户维护，通过为客户减免造价咨询业务收费6 311万元，为我行带来贷款业务356亿元、存款业务143亿元，开立账户852个，新增银行卡19 244张。

同时，这项业务也为我行自身的固定资产投资审核把关，节约建设资金。2010年通过自我服务，节省我行固定资产投资9.4亿元，还减免造价咨询收费4 792万元。

（三）基础逐步夯实，品牌逐步显现

工程造价咨询业务专业性非常强，需要专门的机构和专门的人员来经营管理。特别是近年来造价咨询业务快速发展，得益于我们有30个分行建立了专业化经营机构，去年以来，全行造价咨询业务专业机构建设取得一定进展。

——总行成立工程造价咨询中心。2010年

初，总行在公司部下设立了二级部架构工程造价咨询中心，负责全行造价咨询业务的系统管理。这不仅体现了总行党委对这项业务的重视，也使得业务的发展有了更明确、更具体、更直接的责任主体，为全行造价咨询业务的进一步发展提供了组织保障。

——各分行逐步完善专业机构。今年年初，总行下发了《中国建设银行工程造价咨询业务管理办法》，明确要求各分行要成立专业经营管理机构。到目前为止，全行有30家一级分行设立了专门的造价咨询中心，负责辖区内业务的经营管理，造价咨询业务专业化经营管理机构逐步完善。

——品牌形象得以逐步恢复。机构的健全和业务的发展，使这项业务在同业中的品牌形象得以恢复，现在社会上相当范围内都知道我行的这项业务，行业主管部门也对我行工程造价咨询业务给予了高度认可。

工程造价咨询业务的快速发展，一方面为我行带来了更多的中间业务收入，另一方面也对我行造价咨询业务的专业化水平、业务管理能力和业务风险防范提出了更高的要求。2008年及以前，发生了几起业务人员收受客户钱物等商业贿赂案件，损害了建设银行品牌形象，同时也为我行的业务管理敲响了警钟。为此，近年来，总行制定并下发了多项规章制度，通过健全和完善造价咨询业务规章制度，强化业务基础管理，有效提升了风险防范能力。

（四）相互协作，综合营销形成了新的优势

在加强造价咨询业务市场营销、积极参与社会业务竞争的同时，充分发挥我行整体优势、加大联动营销力度，大力推进重点客户及重点项目的营销服务工作。从2010年业务发展情况看，全行联动营销的造价咨询业务量已占全部业务量的60%左右。大部分分行联动营销工作很有起色，不少分行采取高层营销、各部门交叉营销、各分支行联动营销、审价中心全员营销等多重营销策略。在营销渠道上，主要依托分行及各二级行系统内公司、房信等客户经理，将银行相关产品同工程造价咨询业务产品有机结合，取得了良好效果。近年来，我行先后承接了鞍钢、宝钢、首都机场、上海虹桥和浦东机场、北京301医院、国家游泳中心等一大批国家重点项目和特大型项目的造价咨询服务，在创造了良好经济效益的同时也取得了良好的社会效益，客户服务能力显著提高，建设银行品牌形象进一步提升。造价咨询业务共取得各级行业主管部门颁发的荣誉奖项41个，彰显了建设银行造价咨询人员的优秀素质和品牌形象。

过去几年，全行造价咨询业务取得的成绩有目共睹、可喜可贺，这是在座各位和全行造价咨询业务人员辛勤工作、不懈努力的结果，在这里，我代表总行和高管层，向你们和全行相关业务人员表示衷心的感谢和崇高的敬意！

在充分肯定成绩的同时，我们也要清醒地认识到造价咨询业务发展中仍然存在一些制约业务发展的问题，需要大家共同来研究商讨，找到解决之策。

一是专业化经营机构、专业人员尚不能适应发展的要求。国家行业主管部门将工程造价咨询甲级资质颁发给我行36个一级分行，并要求设立相对独立的工程造价咨询部门，实行业务专业化经营管理。但截至2011年6月末，仍有8家一级分行没有设立专门经营部门。还有，按照管理部门对甲级资质机构的人员要求，每个专业机构专职人员不少于20人，取得造价工程师注册证书的人员不少于10人。而从去年年末统计情况看，全行38家一级分行中，有21家一级分行达不到以上要求。

二是人员不足，队伍不稳，影响业务发展。多年来，由于主客观方面的原因，我行造价咨询业务人员流失严重，基本上只出不进，导致现有专业人员数量减少，年龄结构不合理，知识结构老化，缺乏适应新业务的专业人才。2000年时，全行造价咨询专业人员有8 000人，到2010年年末，只剩2 350人，连之前的1/3都不到。现有业务人员年龄梯次结构也不合理，平均年龄41岁，超过行内员工的平均年龄，而且长期都处于超负荷工作状态，工作压力大。此外，造价咨询业务人员专业技术职务晋升渠道也不顺畅。从2010年专业技术人员聘任覆盖率来看，全行已评定造价咨询师人员占从业人员28.8%，远低于公司业务专业技术人员聘任覆盖率。由于上述主客原因，很多造价咨询专业人员没有信心，没有归属感，不愿从事造价咨询业务，大量人员要么转岗，要么辞职。目前，专业技术人才严重不足及专业队伍的不稳定，不仅影响到我行甲级资质正常年检所需专业人员数量，还制约了业务的创新拓展和可持续发展。

三是考核激励与财务资源配置不足问题。尽管总行党委很重视，有关部门也很支持，但还是存在一些问题。工程造价咨询业务具有技术含量高、劳动强度高、替代成本高等“三高”特点，不涉及经济资本占用，其主要成本是人力费用，是一项很合算的中间业务。要加快发展，必须在资源上加大投入，客观上要求对造价咨询业务的考核激励和资源配置符合市场化原则。在目前业务持续快速发展的情况下，相比社会同业，我行配置的激励费用相对不足，既影响了专业技术人员和分支机构开展业务的积极性，也制约了业务可持续发展。

四是联动营销有待进一步加强。各分行造价咨询中心既肩负着前台市场营销任务，又担负着后台的测算和处理工作，由于专业人员数量所限，造价咨询中心的市场营销有一定的局限性，因此，要加快业务发展，需要充分利用整个建设银行的客户资源、信贷资源及营销渠道，发挥全行优势，实现联动营销。希望各分行转变理念、提高认识，从根本上重视这项业务，一定要避免出现造价咨询中心单打独斗的状况。

五是行际间业务发展不平衡。2010 年，江苏、广东等前 14 家分行造价咨询业务收入超过亿元。业务收入低于 4 000 万元的分行有 11 家，这 11 家分行的收入仅占全行收入的 5%，收入最多的江苏省分行已超过 6 亿元，而收入最少的分行还不足 300 万元。部分分行专业人员数量及市场环境与同区域分行相差不多，但业务收入仅为周边同区域分行的 1/2 或 1/3，业务发展差距非常大。究其主要原因，还是主要领导和相关部门对造价咨询业务重视不够，在机构、人员和资源配置上不到位。

二、抓住机遇、发挥优势、加快发展

经过几年的快速发展，我行造价咨询业务已经具备了做大做强的基础。展望未来，不管是我国宏观经济的发展趋势，还是监管部门对商业银行业务发展的监管要求，都为造价咨询业务做大做强提供了良好的机遇。

（一）把握经济发展热点，抓住业务发展机遇

工程造价咨询业务市场与我国经济发展及固定资产投资密切相关。今年是“十二五”规划的开局之年，伴随全社会固定资产投资的快速增长，特别是城镇化进程及基础设施建设快速发展、西部大开发战略深入实施，以及改善民生的保障性住房建设力度加大等国家宏观政策的实施，将为我行工程造价咨询业务发展提供广阔的市场前景、带来难得的市场机遇。

一是基础设施和重大工业项目建设带来的市场机遇。在国家实施的西部大开发、中部崛起、东北老工业基地振兴战略，以及天津滨海新区、重庆两江新区、福建海西经济区、山东半岛蓝色经济区等区域开发建设中，铁路、公路、港口、能源、电信、城市建设等基础设施项目及重大工业项目的建设，对造价咨询业务的市场需求潜力巨大，成为我行造价咨询业务发展的新机遇。

二是财政投资带来的机遇。我国在实施稳健货币政策的同时，继续实施积极的财政政策，改善民生将是各级政府的重要工作，财政投资的2/3将投向与民生相关的教育、医疗、环境保护、城市公共设施等领域，军队、外交等领域的投资项目机会也较多，这些也都和造价咨询业务密切相关。

三是新农村建设带来的机遇。“三农”工作是近几年我国政府工作的重中之重，新农村建设已列入各级政府议事日程。今年中央财政用于“三农”的投资就达到 9 800 多亿元，地方自身投入的数额将更大。农村建设、农村水利建设等重点投资项目的陆续开工建设，将带来较多的造价咨询业务机会。

四是房地产领域的机遇。房地产投资一直是我国社会固定资产投资的重要部分，是发展中国家的支柱产业。2011 年，全国仅保障性住房投资就将达到 1.3 万亿元，这里面也有较多的机会。

五是中央加大水利建设投入带来的机遇。今年 7 月初，中央召开了高规格的水利工作会议，水利工程建设已引起中央及各地的高度重视，未来 10 年，将投入 4 万亿元进行水利建设。4 万亿

元投资带来的工程造价咨询业务不仅量大，而且时间长。

（二）适应监管新规，加快业务发展

一是抓住监管部门实施“三个办法，一个指引”的机遇，支持、服务我行信贷业务。按照“三个办法，一个指引”，银行发放的贷款要直接划付到用款账户。各分行要充分发挥我行造价咨询业务人员的审价专业优势，在为贷款客户提供资金监管服务的同时，为我行贷前、贷中和贷后资金管理提供专业化的咨询服务，有效提升我行信贷业务精细化管理水平；同时，要紧紧盯住贷款户的上下游客户，加大对贷款客户交叉销售力度。

二是适应新资本协议和监管要求，加快不占用资本的造价咨询业务发展。随着巴塞尔新资本协议的实施，监管部门对商业银行资本的监管更加严格，资本对商业银行信贷资产业务发展的约束更加突出，大力发展中间业务成为各商业银行不二的战略选择。各分行要充分挖掘市场潜力，努力扩大市场份额，把造价咨询这个不占用资本的业务加快发展、做大做强。

三、近期的工作重点和措施

全行造价咨询业务座谈会并不是每年都召开，我希望这次会议能够产生长期效果。全行要统一认识、健全机构、加强队伍建设、完善考核机制、深化联动营销、加大产品创新，做大做强造价咨询业务。重点要做好以下几方面工作。

（一）健全专门机构，强化业务管理

工程造价咨询业务具有专业性强、业务条线清晰的特点，要遵循专业专注的原则，按照国家行业管理部门及我行专业化经营与精细化管理的要求，各一级分行要把造价咨询业务专业化经营管理机构的建设与完善提到议事日程上来，这是我行造价咨询业务规范管理、做大做强的基本保障。在一级分行没有专门机构的要尽快成立工程造价咨询中心，专门负责所辖区域造价咨询业务的经营和管理。同时，要强化造价咨询业务的规范管理和合规经营，严格执行国家的有关政策和行业标准，特别要完善和加强财务管理及业务收费，确保工作质量，确保各项业务经得住监管部门及行内的审计检查。

（二）加强专业队伍建设，加大业务培训力度

造价咨询属于知识型服务行业，其竞争归根到底是人才的竞争，所以，稳定我们的队伍、补充专业技术人员是目前面临的最急迫的问题。而有了人才，如何使用好、发挥好人才的作用，就需要通过我们自身的培训来完成。这项业务的专业性强、培训的要求高，但必须要加大培训的力度，甚至可以考虑去境外、去香港向同业培训学习。通过培训，一是要提高业务服务水平，二是要满足行业主管部门对经营资质的专业技术人员数量要求，在下次申请资质前，绝不能因专业人员数量影响资质的延期申请。

稳定和吸引人员可通过以下几种途径：一是通过制定行之有效的激励措施，拓宽造价咨询专业技术条线的晋升通道，包括职称评定，完善行内造价咨询师专业技术岗位职务序列管理，稳定和留住现有专业人员，或通过有吸引力的政策，使具有资质但已转岗的人员回归造价咨询岗位；二是通过招收相关专业的毕业生，增加新生力量，通过专业培训后上岗；三是在全行范围内招聘熟悉、了解此项业务的人员，经过专业培训补充到造价咨询队伍中来；四是通过社会化招聘，以市场化的薪酬聘用有资质的专业技术人才，甚至可以高薪招聘高级人才。

（三）完善考核机制，增加配置财务资源

为有效地促进造价咨询业务的快速健康发展，各分行要根据造价咨询行业的业务特点及市场化运作机制，制订差别化考核激励政策，建立有效的激励机制，完善财务资源配置，合理确定激励费用。一是完善财务资源分配机制和员工考核激励机制，加大绩效与分配挂钩力度，在完善绩效考核办法时有意识地向一线员工及前台销售人员倾斜；二是完善考核方式，鼓励多劳多得，充分调动一线员工的能动性和积极性；三是根据造价咨询经营机构适应市场拓展业务及外聘专家的需要，按市场化原则确定合理付费。

（四）积极推进产品体系建设，主动培育客户需求

工程造价咨询业务属于咨询服务行业，单一阶段、单一功能的咨询产品已经难以满足客户的综合性市场需要，针对建设项目全方位、全过程、全周期的咨询服务已成为行业未来综合化发展方向。我们要按照这个方向，将我行造价咨询类产品按照项目全过程中各阶段客户及市场需求进行整合、梳理及创新，提高产品的覆盖率，促进我行造价咨询产品的转型升级，丰富造价咨询业务收入来源，为我行中间业务增加新的利润增长点。

（五）加强信息化平台建设，提升综合竞争力

为保持我行造价咨询业务的行业领先地位，并全面提高我行经营管理水平、降低管理成本，防范业务风险，提升我行综合竞争力，必须尽快开发造价咨询业务管理及业务操作系统软件，包括电子网络的渠道建设，实现对全行造价咨询业务的综合管理，包括从合同签订到成果归档的全程电子化操作与管理。希望总行有关部门加以重视、尽快推进，分行有想法的总行要加以扶持。

（六）加强业务交流，促进全行造价咨询业务均衡发展

总行要做好工程造价咨询业务行际间的业务交流和经验推广工作。业务发展快、收入多、市场份额大的分行，要将开展造价咨询业务中好的经验、做法和措施，以及具有典型意义的大型重点项目成功营销案例及时报送总行，总行有关部门要积极向全行宣传推介，加强行际之间业务交流和学习。业务发展慢的分行，要主动查找原因，向业务发展好的分行取经、学习和交流，积极借鉴其他分行好的做法和经验，努力扩大造价咨询业务市场份额、增加业务收入、弥补差距，实现全行业务的均衡发展。

同志们，造价咨询业务是具有我行特色优势的一项特殊的中间业务，也是我行一项战略性发展业务。今年上半年实现收入近33亿元，全年有望达到60亿元，按照总行的总体规划，“十二五”期间要把造价咨询业务打造成年收入百亿元的拳头产品，我希望通过这次交流座谈，全行造价咨询业务能够更加健康快速地发展，使造价咨询业务真正成为建设银行独具特色的核心竞争力之一。

谢谢大家！

加强联动 发挥优势
促进银租业务健康发展

——在银租联动座谈会上的讲话

陈佐夫

（2011年8月9日）

同志们：

非常高兴出席今天的银租联动座谈会，在座的很多同志刚参加了上周在黑龙江省大庆市召开的全行工程造价咨询业务座谈会。这次也是一次重要的会议，建国行长交代，一定要把这次会议开好。这次会议的主要内容就是要总结过去几年银租联动的经验，交流联动好的做法，分析工作中存在的差距和不足，研究进一步加强联动的举措，使建设银行综合化经营战略及租赁业务再上一个新台阶。

下面我讲几点意见，供大家讨论。

一、把握大局 提高认识 坚定信心

（一）国内外金融租赁业发展的总体情况

现代金融租赁源于美国和英国，至今已有近60年的历史，目前已成为重要的融资方式之一。据统计，全球接近1/3的设备投资通过融资租赁这一方式完成。美国、日本、德国、英国等发达国家的租赁市场渗透率，即设备投资中采用租赁形式的比重已达到15%～30%。美国租赁市场渗

透率高达31%，其2008年租赁总额高达2 600亿美元。在国外市场中，任何固定资产都可以租赁，甚至国土都可以租赁。

中国租赁业尽管已有三十多年的历史，但仍处于较低的水平。从交易额和租赁市场渗透率等指标看，与发达国家相比，还存在较大差距。2008年全中国租赁业务总额约为1 550亿元人民币，市场渗透率仅为4%。即使国内融资租赁中渗透率最高的行业之一工程机械行业，其租赁渗透率也只有8%，远低于17%的世界租赁市场平均水平。可以说，我国的金融租赁市场尚未得到充分发展，租赁的优势还远未发挥出来，市场前景非常广阔。

2007年监管机构修订了《金融租赁公司管理办法》，允许符合一定条件的商业银行发起设立金融租赁公司，为我国融资租赁行业注入了全新的活力。我行是第一批获得银监会批准开办租赁公司试点的银行。到2010年年末，中国各类租赁公司已经超过200家，其中，银监会负责监管的金融租赁公司有17家，金融租赁公司的资产规模超过3 000亿元，成为中国金融租赁业的主力军。

随着国家“十二五”规划的启动，重大项目的上马，区域经济重心的变化，西部大开发、中部崛起、海洋经济、国家综合试验区等区域规划的实施和城镇化进程的加快，未来5年金融租赁业面临着新一轮历史发展机遇。金融租赁不仅为企业创造了新的融资渠道，而且还体现了一种新的金融理念，租赁产品可深入到产业研发、制造和销售的全过程，与传统信贷产品能有机互补。对此，全行上下要有足够的认识，抓住机遇，加快发展，使银行和企业间建立起一种深层次的服务关系。

（二）我行租赁业务的现状

建信金融租赁公司是中美合资的现代金融租赁公司，区别于建设银行以往设立的租赁公司。建信金融租赁公司自2007年12月成立，三年多来，在总行党委的正确领导下，在总行有关部门和各分行的大力支持下，服从服务于全行发展战略，认真贯彻综合化经营战略，以集团利益最大化为出发点，求真务实，开拓创新，努力提高公司的市场竞争力，坚持依法合规经营，平衡好业务规模、收益水平、资产质量三方面的关系，实现租赁业务可持续发展，较好地完成了各项工作任务。到今年6月末，公司租赁资产已超过300亿元，资产规模、租金收入、利润、ROE等各项经营指标逐年稳步递增，资产质量优良，市场地位逐步增强，对母公司贡献持续提升，各项经营管理工作也得到了监管机构的肯定。成绩十分明显，成绩也来之不易。在此我代表总行领导，向租赁公司全体员工和支持租赁业务发展的相关部门和同志们表示亲切的问候和衷心的感谢。

但租赁公司的发展与同业相比还存在一定差距，比如中国银行全资子公司——中银租赁公司就很有特色，中银租赁在境外注册，收购了新加坡一家租赁公司，以此为平台主营飞机租赁，现有飞机166架，其中自营140架，代管26架，目前总资产达66亿美元，2010年实现利润1.68亿美元，资产规模和盈利水平在银行系租赁公司中名列前茅。另外，租赁公司的相关工作与总行的要求还有一定差距，建设银行的定位是“国内领先、世界一流”，租赁公司也要与建设银行的战略目标保持一致；与监管机构对子公司的股本回报要求和股东的要求还有一定差距。这就需要我们进一步做好相关工作。

（三）深刻认识我行租赁业务发展的现实意义

第一，发展是全行综合化经营的需要。国家“十二五”规划纲要明确提出，要顺应全球金融业发展趋势，积极稳妥推进金融业综合经营试点。作为市值第二，越来越具有影响力的大型商业银行，我行积极推进综合化经营具有重要的战略意义和现实意义。总行设立租赁公司是战略性布局，目的在于发挥集团总体优势，完善服务功能，通过母子公司协同效应，实现集团利益最大化。对此，我们要有清醒的认识，要转变观念，把银租联动作为一项战略性业务来考虑，支持租赁业务的发展。

第二，发展是客户多元化金融服务的需要。在现代经济和金融环境下，客户的金融服务需求日益多元化和差别化，客户从单一的融资需求转向综合金融解决方案需求；由简单的存贷汇款需求向综合金融服务需求转变。现有商业银行服务和产品远远满足不了客户多元化的需求，势必造成客户需求被分割。这就要求我们通过综合化经营，完善商业银行服务功能，延伸产品线，为客户提供更多的产品和更好的服务，提升和发挥建设银行集团的整体竞争力。

租赁产品具有融资、融物双重功能的多方合同安排，既可为企业融资提供更多客户化的便利，通过租赁交易结构的安排，也可以有利于全行信贷产品进行产业结构和区域结构的调整。

第三，发展也是全行收入结构调整的需要。国际一流商业银行的收入中非利息收入的比重较高，我行近几年也一直致力于调整收入结构，非利差收入占比从 10 年前的 5% 提升到现在的 20%，但仍低于国际同业水平。发展租赁业务不仅能实现全行客户结构的战略性调整，也不仅仅是支付给各分行的代理服务费，而且还可以带动各分行以及其他金融机构之间的业务创新和交叉销售，为分行带来存款、人民币和外币结算、结售汇、信用证开证、代理保险等业务，带来各项收费收入，实现全行收入结构的战略调整。

二、完善机制，发挥优势，推动联动上新台阶

过去几年，在总行党委的领导下，为实现综合化经营战略，总行各有关部门积极推动银租联动，帮助推动租赁业务营销、产品开发和客户授信等工作，将母子公司租赁业务的联动指标纳入全行 KPI 考核的加分项，积极推动开通同业借款产品和与其他银行系租赁公司的交叉授信工作，初步形成了银租联动机制，取得了一定成效。同时，各分行积极为租赁公司推荐客户，协助公司一起做好租赁客户的信息沟通和租后管理等工作，效果也很好。但是银租联动仍然存在一些问题，还有很多工作要做，还需要总行部门、分行和租赁公司相互协商、配合，完善联动机制，推动银租联动上新台阶。下面我就推动租赁业务发展提几点具体要求。

第一，进一步发挥好总行各部门牵头支持、协调作用。总行各部门要发挥牵头、协调和支持的作用。要从业务规划、资源配置、客户营销和考核激励方面推动租赁业务，真正实现母子公司之间优势互补、产品互补、服务互补。进一步提升对租赁公司业务的支持、保障和服务能力。

公司、集团、投行等部门营销时要考虑纳入租赁产品；机构部门还要进一步推动融资方面的合作，与相关的银行及所属租赁公司建立交叉授信机制，拓宽建信租赁公司的融资渠道；其他相关部门要在产品定价、外币业务、中小企业租赁产品以及应收租赁款转让等方面提供支持和指导。

第二，发挥好各分支机构联动营销综合服务的作用。全行各分支机构是租赁业务营销和服务的最前沿。一线的客户经理最了解客户的需要，也了解租赁产品的特点和适应性。分支机构联动营销作用发挥得如何，直接关系到租赁业务的发展。过去几年的实践证明，凡是分行重视租赁业务，分支机构联动营销作用发挥得好，租赁业务发展就快，就能有效地利用租赁这一资源，带来客户维护、效益提升、服务功能完善、综合竞争力提高的效果。要利用这次会议，大家深入交流如何发挥分支机构联动营销作用的成功经验和好的做法，相互取长补短，提升分支机构联动营销服务的水平。

希望这次会议之后，各行要积极行动起来。已经与租赁公司有业务合作的分行要进一步扩大合作的深度和广度，还没有开展租赁业务的分行尤其是业务大行今年一定要有突破。租赁公司也要加强与分行的交流和沟通，积极推进有关项目的落实。

第三，相互支持和配合，共同做好租后管理工作。虽然租赁公司业务分布在全国各地，但没有直接服务的网络，为对客户实施有效管理，就要发挥全行的网络优势，通过委托管理的协议安排，将客户租后管理的部分工作委托客户所在地的分行，这是银行办租赁公司的一大优势。希望各分行把租后管理当做贷后管理一样来抓，认真履行委托管理协议的责任，发挥协同作用，把租后管理视为自己的贷后管理来做，把租后管理工作做实、做到位。由于租赁客户也是分行的信贷客户，这项工作并不会额外增加分行负担，分行在日常对客户经营的定期、持续监测中，能够全面及时掌握客户的经营状况，这些第一手资料和信息要及时、全面地提供给租赁公司。对于发现有风险预警信号的租赁项目，要与租赁公司共同做好风险防范和风险化解工作。

第四，租赁公司要夯实基础，发挥优势，勇于竞争。租赁公司成立 3 年来，在产品创新方面

做了大量工作。在肯定成绩的同时，行领导也对租赁公司提了三条要求。第一，公司既要根据自身专业特点推进租赁业务，不依、不等、不靠，按市场化原则，独立自主大胆开展工作。第二，租赁公司的整个工作要和全行战略相协调、相配合，建设银行能够及时按照国家宏观调控要求调整有关发展战略和经营策略，租赁公司相应也要服从和配合建设银行的战略调整，相关业务要服从或配合总行“进、保、控、压、退”的战略调整，要和总行协调一致。第三，要配合总行战略发展要求推出相关产品，充分利用合资公司的特点，借鉴美银租赁的经验和专业优势，发挥业务专长，针对客户的融资和财务管理等需求，设计并提供相应的租赁产品和租赁方案。比如合作开展中小企业租赁模式，飞机和船舶租赁等在风险偏好上，也要与总行协调一致，并满足监管的要求。

第五，加强专业培训，提高服务水平。租赁业务是一项新服务和产品，也是专业性较强的一项业务，除租赁公司的人员要熟悉专业，各部门和分支行负责人、客户经理和产品经理也必须了解和熟悉相关的业务和产品，以提高专业营销和风险管理能力。通过多层次和多种方式的培训，增强大家对租赁业务的认识，有的放矢地去营销客户。客户充分了解了租赁产品的优势，才更愿意使用我们的产品。建设银行一直很重视培训，过去几年租赁公司和总分行在培训方面做了大量工作，今后还要进一步加强这项工作，包括组织境外的培训，也可以与中国银行等同业进行业务交流。

同志们，在总行党委的领导下，在总行部门、分行和租赁公司的共同努力下，充分发挥联动的效能，我行租赁业务一定会实现又好又快的发展，建设银行的综合化经营战略一定会结出硕果。

在公司机构条线贯彻落实秋季工作座谈会精神视频会上的讲话

陈佐夫

（2011 年 11 月 21 日）

同志们：

下午好！

上周，总行召开了秋季工作座谈会，建国行长、福荣监事长及相关行领导都作了重要讲话。会议分析了当前形势，回顾了前 3 季度的业务经营情况，对岁末年初全行的各项工作作出了部署和安排。为贯彻落实好秋季座谈会精神，抓好近期旺季营销工作，总行决定召开这次视频会议，进行专项部署。我代表总行讲几点意见。

一、前 3 个季度对公业务的总体情况

今年前 3 个季度，在公司、集团、机构、财会、资金结算、电子银行、养老金等条线员工的共同努力下，全行对公业务的经营情况平稳有序，取得了一定的成绩。但应该说是有喜有忧。

一是在执行国家宏观调控政策和总行相关要求方面总体是好的。各分行服从和服务于大局，在需求旺盛、信贷资源紧张的情况下，既维护好了客户，又控制好了贷款的规模和节奏，保证了全行整体业务的平稳运行。尤其是在提高贷款收益率方面变化显著，同比上升了 127 个百分点。

二是在处理地方融资平台贷款的问题上，较好地执行了监管新规。坚持实事求是，既支持地方正常经济发展的需要，与客户一道处理了存在的问题和矛盾，又保全了银行资产，化解了信贷风险。

三是切实贯彻总行调结构、控风险的要求。在支持优质客户的同时，压缩和退出高风险、低

效能的行业，6+1 行业信贷余额比年初减少了279 亿元。

四是企业存款同比虽然增幅偏低，时点数也低于其他大银行，但日均新增居同业第一，这说明我们的新增存款是真实的。

五是对公中间业务收入居同业首位。其中银团贷款、保理等四项业务优势明显。机构业务、养老金业务和电子银行业务都取得了较好的业绩。

但存在的问题也比较突出。

第一，全行的存款形势应该说很严峻。一般性存款新增居同业第三位，完成年初计划的不到60%。全年存款计划的完成，看来难度比较大。企业存款同比新增也很不理想，甚至出现存贷比倒挂。前3个季度，贷款新增3 456亿元，企业存款仅增了3 146亿元。整整差了300亿元。截至本月20日，全行一般性存款新增不到5 000亿元，而贷款已经超过6 300亿元。由此可以看出，存款已经不是市场份额的问题，而是影响到全行地位和发展的问题。如果再不抓存款，今后的贷款就只能再吃老本了。

第二，与银行经营基础直接相关的客户数量与结构依然不乐观。尽管全行各个条线都作了努力，今年全行新增对公客户数同比增幅也较大，尤其是今年第三季度，财会部提供的数据显示第三季度新增的客户数量为7万多户，与上半年新增客户数量基本持平，成绩比较明显，但与同业相比，其他银行增加的幅度更大，尤其是与在客户数量这项指标上居同业第一的工商银行的差距还在扩大。此外，结构上也存在问题，我行新增和存量客户中，基本账户仍然偏少，仅占全部客户数的52%。而且不动户占比较大，达36%。这些都直接影响了我行负债业务的竞争力。过去我们一直强调抓大户，最近几年又强调要服务于中小、微小企业，而现有客户中，最具成长潜力的中型信贷客户总量偏少，仅占信贷客户总数的13%，与年初相比，还下降了1.3个百分点。

第三，经营风险不断暴露，案件也时有发生。今年以来，各地先后出现的资金链断裂、企业倒闭、老板跑路，包括地方性的平台公司经营困难、拒绝还贷等状况，或多或少地都涉及我行信贷资金。有的地方出现内外勾结、骗取银行资金的案件，也涉及我行。这些问题的暴露，直接影响到全行的形象、信誉、品牌、经营和资金安全，牵涉了相关分行很大的精力。

堪忧的问题还有一些，这里就不一一列举，点出以上三个较为突出的方面，只是希望引起大家的重视。

二、近期的工作部署和要求

第一，全年任务的完成和旺季营销。今天是11月21日，到年底仅有40天，还不到30个工作日。今年各项任务完成得好坏，只能看这40天了。在这个关键时刻，希望全行上下审时度势，增强紧迫感、责任感，采取切实有效的措施，加大工作力度，打好年底收官这场攻坚战。

关于旺季营销，前不久总行下发了关于开展公司机构客户拓展旺季营销活动的方案，开展为期4个月的旺季营销。这是因为明年的春节就在1月，过了元旦再部署旺季营销工作，为时已太紧张，因此将年底的营销与明年初的开门红结合起来部署。两者是直接相关和相辅相成的。旺季工作抓好了，能促进年底任务的完成；年底任务完成好，也给旺季营销增光添彩。希望各行按照总行要求，合理安排好相关工作，包括具体的计划和任务，也包括资源的配置。总行为旺季营销配置的费用，一定要用在营销一线，真正发挥激励的作用，不能层层截留。

第二，总行相关业务部要全力支持和配合各分行，抓好年底任务的完成和旺季营销工作。各部门都要按照自己的职责，组织和协调好有关工作。该总行牵头的，有关业务部门一定要切实负起责任来，不能推诿或拖沓；凡分行上报的项目和请示，该办的尽快办，不能办的，也要尽快限时回复。有的经过请示同意，可以开辟绿色特殊通道办理。要创造一切条件，支持分行的营销尤其是一线的工作。

第三，总行要求各分行根据年初计划和旺季营销任务，确定具体的工作目标，并细化相关考核。前3个季度，全行对公存款新增情况既不理想，也很不平衡，8家分行的贡献度接近60%，其他30家分行仅占42%，其中包括一些大行和中心城市行。希望这些分行能采取切实有效的措施，抓好存款的新增，弥补前3个季度的差距。

同时，分行相关的管理和经办机构，也要通

过梳理流程，提高效率，完善服务来提升客户满意度，为营销创造更好的条件。要加大对医院、学校、著名旅游景点、实力较强的文化产业公司等现金流大、资金沉淀多的客户的营销，尽可能地推荐和提供能够为我行增存、稳存的新产品，包括电子银行渠道和与之相关的产品。

当然，我们在强调营销的同时，也要强调有序竞争和合规经营。要坚持实事求是，不搞高息揽存，不强拉客户存款，更不得冲时点。我们要的是真实的、稳定的存款。目前，监管部门采取的是双向惩罚措施，一旦发现违规，既要处罚具体的经办机构，又要扣减全行的信贷资源。希望大家都能把握好原则，坚守底线，不去撞红线。

关于机构业务，我行“民本通达”中的“文化悦民”金融服务，经过几年的推广和运行，已经有了一定影响力，形成了一些成功的服务方案。目前全行正在贯彻落实中央十七届六中全会大力发展社会主义文化事业的会议精神，各行要抓住这一契机，扩大客户基础和服务范围，真正把“文化悦民”打造成建设银行的创新品牌。

在全行的努力下，“八一”工程近几年取得了不少的进步，但今年的营销也遇到了困难，尤其是在新增和市场份额的提升方面。存款离完成年初计划还有一段差距。各行尤其是军队大单位所在地的分行，要抓住年底的时间，加大工作力度，在做好服务工作的同时，搞一些专项的营销活动，力争完成全年任务。

关于养老金业务，这是一项功在眼前、利在长远的业务。近段时间，总行在养老金业务方面加大了工作力度，取得了一定的成效。各行要抓住各地方企业建立养老金制度的契机，加强营销，抢占先机，争取在旺季创造更好的业绩。

关于严控风险、防范案件的问题，这里还要再次强调。前不久银监会召开的第三季度经济和金融形势分析会上，新任主席尚福林就说到，他一回到银行系统，就问相关银行的领导原来年底案件多发的规律变了没有，结果都说没有变。因此，他也要求各家银行做好年底工作，严防案件的发生。

近几年我们建设银行的发案率大大低于同业，这也是全行努力的结果，但不时也有案件发生，今年尤为突出。因此，我们在抓业务发展的同时，也不能对案件防控掉以轻心。既要从大的方面把握住，扎紧篱笆，坚持按制度、按流程办业务，也要从细微处入手，观察业务运行中的异常行为，包括员工的异常行为，排查风险可疑点，尽可能将风险解决在萌芽状态。

同志们！今年是我行股改上市以来业务经营最艰苦、最困难的一年。但在全行员工的共同努力下，前3个季度，我们也取得了不小的成绩，工作有了一定的基础。只要我们把握大局，坚定信心，不辞辛苦，扎实工作，就一定能够克服当前的困难，创造更好的业绩，全面完成今年全行对公业务的各项任务，迎来新一年的开门红。

谢谢大家！

在建设银行小企业及个人贷款业务座谈会上的讲话

朱小黄

（2011年2月15日）

这次大家讲的情况信息量很大，对我们规划小企业业务未来发展提供了很多有用的素材。下一步还要再了解一下企业的情况，听听客户对小企业市场和银行服务的意见，站在客户角度审视我们的各项政策、产品、服务，进一步加以改善。借此机会，讲几个问题。

一、要研究全行整体资产结构调整问题

中长、短期、小额贷款的比例关系是否合理。随着市场变化，我们在与大中型客户的具体谈判过程中，挖掘客户效益的能力相对削弱。一方面，贷款利率基本为下浮且期限较长，导致本已十分紧缺的信贷资源使用效率不高；另一方面，其他的附属业务，包括企业年金、投行以及很多收费业务也都作了让步。因此，从机会成本的角度而言，大中型客户、中长期贷款不一定是最好的选择。

不同地区的发展如何定位。中国经济发展存在阶梯性和不平衡性，在投资、消费、出口三驾拉动经济增长的马车中，投资拉动具有明显的区域差异特征，各种经济资源好的地方基础设施建设较快，投资力度大，客观上形成了经济阶梯。东部沿海地带由于经济元素众多、经济资源丰富，基础设施建设已基本完成，第一、第二产业在整个产业结构中的比重不断下降，大项目所剩无几。而西部地区方兴未艾，中部地区处在加速前进阶段，东北地区正在进行结构调整。因此，各个地方的情况是不一样的，如果我们一味地用一种偏好来应对不同地区的发展战略是有问题的。

城市行产品功能组合能力提升后怎样挖掘效益。还有一个变化就是我们在一个城市的经营基础和功能组合能力得到很大的提升。目前，我们各种各样的产品，包括信用卡、房贷产品等都已经比较成熟，我们的客户评价体系、系统建设已经基本完成，现在到了发挥作用、提升效益的时候了，关键是城市行的发展到底以什么为媒介、桥梁，需要我们作出选择。

行业结构调整真正需要解决的是什么问题。大型企业业务经过多年的发展，行业结构已经相对稳定，且大型企业，特别是项目贷款一旦进入很难中途退出，结构调整空间有限。与之相比，中小企业数量庞大，占到全行公司客户 72%，近几年来年均贷款增幅达到 36%，2010 年新增占到整个对公贷款新增的 1/3，对全行行业资产结构影响重大。同时，中小企业个体差异明显，情况复杂，风险特征千差万别，因此，当前行业结构调整的对象主要是中小型企业、中小型业务，真正要解决的问题是中小型企业业务的发展和质量。

此外，我们还要面对大银行怎样解决全社会小企业融资难的问题，这既是一个业务问题，也是一个政策问题，我们需要良好地扮演这个社会角色。这就要求我们必须研究战略上怎么定位，怎样加大小企业业务的市场竞争力，如何推进、在哪推进、效益何在、风险何在，这些问题都需要研究解决。

二、调整发展战略

东部地区行，特别是城市行，正处于业务发展和转型的关键节点，能否有效适应市场转变，发挥自身已有优势，确保在竞争中可持续发展，重点在于小企业业务，对大企业恋恋不舍只会带来被动。

要确定一批业务重点发展城市行，比如上海、苏州、大连、珠海、深圳、东莞、无锡包括南通这样的城市，把小企业业务作为主要发展路径。进一步做大小企业业务及零售业务的业务量，提高市场份额；继续完善专业化经营模式，率先把小企业经营中心打造成利润中心；加大产品和服务的创新力度，使其成为引领全行小企业业务发展创新的示范基地。

要坚持偏好选择市场，而不是市场决定偏好。小企业业务收益必须要能够充分覆盖风险，不能一味强调市场竞争而降低定价要求。对小企业业务定价既要参考国有商业银行，也要借鉴股份制商业银行、小额贷款公司，甚至是民间借贷利率，在价格和规模之间优先考虑价格。

三、零售业务向社区金融的服务方向推进

发展业务很重要的一个方面就是桥梁在哪，零售业务，包括小企业业务的桥梁是社区，“向社区前进、向社区推进”就是业务发展的基本方向。

要仔细研究“社区金融”，这是个重要的思路调整。我们这个社会是由社区构成的，各种各样的经济元素落脚在不同的社区，各种各样的经济主体构成不同的社区。“社区”既包括由专业市场、产业集群、商圈等构成的商业社区，也包

括由各类居住小区构成的居民社区，前者立足于提供生产交易性金融服务，后者立足于提供消费性金融服务。

强调“社区金融”，源于零售业务的自身特点。一方面，由于零售客户规模小，抗风险能力弱，客观上需要以社区为平台集群化发展，社区成为这些客户主要集中的地方；另一方面，零售客户数量庞大，传统“一对一”营销成本高、效率低，依托社区开展批量式作业是解决这一问题的最佳途径。推动社区金融服务，就是要我们的营销团队进入楼盘、市场、商会、居民小区里进行营销，寻找进入市场的渠道，提供全面的产品服务。长三角一带有很多这样的市场，市场内就是小额贷款的目标客户，很多高端客户也在里面，还有居民小区，个人业务就在里面。

四、重点推进小额贷款产品

理论上讲，我们做中小企业贷款过去一直解决不了的问题是，贷款按小企业贷款、大企业贷款来区分，小企业成长后输送到大企业里去管理，这不是以客户为中心。贷款应按照产品、流程和信贷的性质来分，信贷的性质是中长期、大额、小额。

要重点推进小额贷款产品，小额贷款的设计意向应是针对小企业客户，但在实际使用中可以不区分大、中、小企业，只要客户有需求，并且在这个额度之内都可以做。这也是一个重要的思路调整，核心是以客户为中心来设计产品，而不是把产品只局限于某一类客户，关键是要把管理概念和业务概念相对分离，要把数据统计和产品应用区分开。在数据统计上，要有系统数据，包括产品维度数据和客户维度数据的收集、整理、报账能力；在产品应用上，要强调定价与退出机制，研究企业的生存周期，不能简单伴随一个企业的兴衰史。小额贷款不追求忠诚度、长期性，追求的是周期性、安全性、收益性。对小额贷款客户只要有合适的风险控制安排，可以把流程缩短和简化。下一步要考虑小额贷款的额度定位和操作安排，既要符合市场实际，能够有效满足客户需要，又要确保风险可控。

五、运用好现有存量资源

做好存量资源的运用是今后一段时期的重点工作。在客户方面，进一步做好产业链上下游客户的营销拓展，高端客户、按揭客户的持续经营；在渠道方面，加强对网络资源的应用，加快网点改造，以适应个人业务和小企业业务统筹发展的需要；在产品方面，推进各种产品的整合，特别是要利用好我行信用卡业务的优势，为小企业设计集贷款发放、管理、结算、透支等功能为一体的综合性金融服务商务卡；在信贷资源方面，加强对存量贷款的回收再贷管理，科学安排投放结构，通过存量挖潜解决规模问题。把现有存量资源运用好，将大幅度提升我们对小企业客户的整体服务能力。

六、建立完善的管理体制

建立完善的管理体制，就是要以城市分行为经营主体，综合整合各种产品，包括信贷、信用卡、电子银行、投资银行、结算业务等，以客户为中心，科学地设计流程和激励机制，在收入和风险均衡的前提下，有区别、有选择地确定发展战略。

当前的重点是要在发达地区快速发展小企业业务，要打造高效的销售渠道，组建强有力的销售团队，推行社区金融服务。希望各层级都能善于整合存量资源；善于运用各种零售营销手段，包括客户经理服务、团队整体营销、网点集中宣传、产品集中推介等；善于同小企业打交道，克服传统大批发业务的操作心态；善于营销包括综合市场、专业市场、产业集群、商会等零售业务的批发平台，形成批量化营销模式，推进零售业务大板块地进入；善于通过整合功能和业务联动形成综合服务能力。

以上是我们零售业务，包括小企业业务基本的战略和指导思想，希望对大家有所启发。总行相关部门要重点理解，明确政策，指导分行按照提出的各项要求有序推进业务发展。

谢谢大家！

（根据录音整理）

抢抓机遇 开阔思路 强化联动 促进零售业务进一步发展

——在2011年零售业务工作会议上的讲话

朱小黄

（2011年3月17日）

同志们：

这次会议是在总行党委、董事会、高管层的关心下召开的。主要任务是贯彻全行工作会议精神，研究筹划“十二五”期间的零售业务发展，布置落实今年的重点工作。借这个机会，谈几点想法供大家讨论。

以前主要从事政策、公司业务、风险管理等方面工作，对零售业务接触不太多，但在分行工作期间以及日常生活中，对零售业务也有一些体验。分管零售业务后，系统了解了相关业务知识，并到一些网点作了调研。最近在参加VISA国际信用卡会议间隙，还特地考察了美国银行的网点、财富中心、信用卡业务等，逐渐有了些新的认识。零售业务做起来确实很不容易，工作要求非常细致、繁杂。经过大家多年来的努力，建设银行零售业务已经有了一个很好的基础，值得认真总结。

建设银行零售业务的历史实际上并不长。早期建设银行主要是承担财政预算拨款，1986年才正式开办储蓄业务。从20世纪80年代到90年代，大致每年新增储蓄存款1 000亿元左右。90年代中期从专业银行转为商业银行以后，发生飞跃性的变化，建设银行陆续推出很多新的业务，逐步形成了零售业务大板块的格局。当时有个口号叫“存款立行”，储蓄存款成为资金来源主渠道之一，有力支持和推动了建设银行在大型基础设施项目等领域信贷业务的快速发展。2000年深圳会议明确提出发展零售业务的思路。重组改制以后，零售业务被确定为全行战略性业务，迎来了高速发展的黄金时期。这20多年间，零售业务发展大体经历了四个阶段。一是个人存款从零起步到成为资金主渠道的飞跃；二是从单一的筹资业务到多样化零售业务的飞跃；三是从外延增长到塑造精品银行的飞跃；四是从传统零售业务到打造现代银行零售综合化服务体系的飞跃。应该讲，在客户、产品、渠道、系统、管理体制等方面都打下较为坚实的基础，也为未来发展赢得有利的起点。

一、总结与回顾

上一次零售工作会议是2006年在福州召开的。4年多来，经过全行上下共同努力，取得了突出业绩。

（一）主要业务指标实现高质量快速增长

——零售业务在全行经营收入中占比达33.6%。

——个人存款余额突破4万亿元，规模比2006年年末翻了一番，占全行一般性存款的45.1%；网均余额四行第二，四行占比提升1.6个百分点，达到23.2%。

——个人贷款余额达1.3万亿元，在全行各类贷款中占比24%。个人贷款质量同业领先，不良率为0.39%。其中个人住房贷款的份额、质量和收益处于市场领先；房改金融保持传统优势，市场占比57%；公积金贷款项目承办继续领先同业。

——小企业贷款余额达4 212.5亿元，3年复合增长率为25%，连续2年新增四行第一；小企业授信客户3年翻一番；2007年以来纯新发放贷款不良率为0.54%。

——个人中间业务收入达224.2亿元，占全行中间业务收入的33.0%；单项收入超过10亿元的产品达到6个；投资理财类产品销售额当年超过8 000亿元。

——借记卡发卡总量近3亿张，实现收入超过70亿元，消费交易额超过1.3万亿元。信用卡发卡总量达2 795万张，贷款余额554亿元，业务收入65亿元；信用卡贷款不良率0.94%，多项核心指标同业领先。

（二）客户规模与质量提升，差别化服务见成效

——个人客户达2.06亿人，较2008年年末净增3 270万人；客户人均资产达24 577元，较2008年增长18.45%。

——AUM 5万元及以上的客户达1 990万人，年均增长15.8%。其中，富裕客户、高端客户分别达462万元、12.4万元，年均增长23.78%、41%。

——占比约10%的AUM 5万元及以上个人客户拥有80%的资产总量。占比6/10 000的高端客户，拥有超过全行10%以上的个人金融资产总量。

——个贷存量客户655万人，个贷客户综合贡献显著，覆盖4个及以上个人产品的客户占比超过80%，近5年引入信用卡客户超过200万人。房贷客户利率水平领先同业。

——小企业批量化营销模式初具规模。共搭建产业集群、担保增信、供应链融资、工商联合作、工信部合作、科技部门合作等6大类364个合作平台，涉及客户近1.6万户，贷款余额878亿元。

——差别化客户服务体系初步建成。大众客户服务主要由网点高柜、自助渠道提供；中高端客户理财服务分别由理财中心、财富中心、私人银行等渠道提供。

——通过“客户接待日”、“神秘人检查”、“内部流程用户之声”等机制推动服务质量改进，客户满意度逐年提升，2010年年末达64.4%，居五大行第二。

（三）各类渠道协调发展，专业化机构快速增长

——4年累计装修改造营业网点近万家，“蓝色银行”形象成为同业标杆，客户体验较好。

——运营自助设备近4万台，实现翻番增长。2010年自助渠道交易笔数分别是柜面和电子渠道的1.41倍和1.38倍。自助设备分流作用明显。

——在四大行中率先实现电话银行总行集中运营，效率和服务能力大幅提升。电话银行交易笔数较2006年翻番，交易功能不断丰富，问题解决能力不断提高。

——理财中心、个贷中心、财富管理中心、私人银行中心等专业化服务渠道从无到有，2010年年末分别达4 215家、781家、192家、10家。

——小企业专业化经营管理体系初步形成。19家一级分行设立一级部；建立“信贷工厂”模式的经营中心222家。

——外汇服务范围不断扩展，全行分别有72%、57%的营业网点开办外币储蓄业务、个人结售汇业务，个人出入境金融服务中心达38家。

（四）产品线不断丰富，新兴类产品规模效应显现

——投资理财类产品从过去以国债、基金为主，发展到目前的银行理财、黄金、保险、第三方集合理财等系列产品，年销售额合计超过5 000亿元。

——资产类产品创新成效显著，打造了“速贷通”、“成长之路”、“e贷款”等小企业信贷品牌，研发了26个特色产品；个人助业贷款余额突破500亿元，支农贷款累计投放近100亿元；信用卡分期业务市场反响良好，当年交易额突破150亿元，新增贷款占到当年信用卡新增贷款的一半。

——银行卡产品实现“精耕细作”，创新推出了按个人客户分层、联名单位、性别年龄、消费特征等细分的小批量产品，其中理财卡、公积金联名卡等深受客户欢迎。

——面向高端客户的专属产品服务体系基本搭建成型，初步形成财富管理类、综合金融类、综合非金融类三大高端客户产品服务体系。

——打造了理财卡、利得盈、建设银行金等一批拳头产品，基金、理财和黄金业务在同业中名列前茅。汽车卡、百货卡、财政公务卡等发卡规模稳居市场前列。

（五）精细管理水平显著提升，多项工作开同业先河

——构建了小企业评级、信贷业务操作、营

销管理、贷后管理等四大系统，开发上线了审批辅助、行业筛选、客户筛选、风险预警等八大专业工具，为全行小企业业务批量化、集约化运作提供了技术支撑。

——全面完成一代转型，网点销售能力提高85%，办理业务时间缩短35%。有序推进4 000家网点二代转型，VIP客户服务能力不断增强。开展了五星级网点评定，打造优质高效的营销服务型网点。

——CRM体系国内领先，建立数据分析中心，依托营销服务系统开展精准营销。

——财富中心与私人银行建立了统一、规范的客户营销服务流程，探索构建为高净值客户服务的经营服务体系并初见成效。

——95%以上的个贷业务由个贷中心直接经营或中后端集中处理，借鉴美国银行经验优化个贷流程，效率提升40%。个贷A+P系统全行集中，评分卡得到全面应用，短信、95533电话催收基本实现全行集中，形成五大95533中心格局。

——搭建信用卡客户分层管理体系，基于数据分析采取差异化经营策略。在国内同业中率先研发和运用信用卡申请评分卡、行为评分卡、客户评分卡以及欺诈套现侦测工具，形成风险管理"三道防线"和全流程管控体系。

——产品质量管理完成流程优化项目1 645个；建立同业领先的产品创新流程，完成项目600多个；产品创新实验室完成多项产品原型和解决方案，运用素质模型推动产品经理队伍建设，同业产品信息搜集队伍超过400人。

——着力打造高素质人才队伍，超过6万名员工获得行内理财师资格，超过5 000人取得房金客户经理岗位资格；建立4 300人的小企业专职信贷队伍。

总的来看，零售业务全面实现了"三年规划"确定的目标，基本达到国内领先水平，初步建成现代银行零售业务经营管理体系框架，全行正朝着"国际一流零售银行"的目标迈进。这些成绩的取得，得益于总行党委、董事会、监事会、高管层的科学决策，得益于准确的经营策略和市场研判，得益于技术进步和流程再造，更得益于全行零售条线15万名员工的艰苦奋斗。在此，我代表管理层要对在座各位以及零售战线全体同志表示热烈的祝贺和诚挚的感谢！

二、与国内外先进银行的差距分析

（一）国外先进银行零售业务的主要特征

1. 利润贡献度高

国外银行虽然在批发业务、零售业务方面各有侧重，但总体来看零售业务利润贡献度较高，一般在30%~60%。

2. 差别化服务

通过细分市场、细分客户，实行业务分类经营，基于不同的渠道为客户提供交易、销售、理财等服务。理财业务等按高、中、低客户分开。

3. 流程式管理

客户服务与营销、交易处理、风险管控基本都采取流程化、标准化的操作，最大限度避免个人因素造成的客户体验差异。虽然很多国际先进银行的网点功能、装修等物理环境未必都比建设银行好，但标准化程度、精益化管理水平却是建设银行短期内难以赶超的。

4. 集中决策

贷款发放、银行卡发卡等，由专门机构集中审批，并广泛运用评分卡等先进技术工具。前台人员则专注于了解市场、营销客户。

5. 全面渗透

根据客户需求及风险偏好，提供产品组合及一揽子金融服务，重视交叉营销。产品覆盖度较高，一般客户拥有3个以上基本产品，如支票、信用卡、房贷及理财等。

6. 独立核算

国外先进银行一般都能做到核算到单元、个人、产品，准确分析哪些单元、产品赚钱，并有翔实的数据支撑。

（二）我行零售业务的差距

1. 零售业务贡献度不高，缺少一体化金融服务解决方案

2010年上半年零售业务利润贡献为18.5%（不含小企业）。2009年年末AUM20万元以上客户数量仅为工商银行的61.73%，AUM50万元以上客户在个人客户中的占比只有0.63%，较招商银行低0.73个百分点。储蓄、房贷、理财、支付结算等产品数量虽然不少，但是缺乏针对小企业客户、中高端客户的一体化金融服务方案。客户

平均拥有2.47个产品，如果将借记卡与存款两个产品归并，实际上只有1.47个产品，渗透率还很低。

2. 品牌建设滞后，宣传投入不足

目前国内一些银行在零售业务新兴领域已形成知名品牌，诸如“金葵花”、“理财金”、“沃德财富”等，而建设银行的零售业务品牌基本还是靠龙卡、住房贷款等“吃老本”。品牌架构体系缺乏统筹布局，品牌设计缺乏吸引力，宣传投入明显不足。“要住房，找建行”是建设银行非常有市场影响力的传统品牌，这些年有所淡化。“成长之路”、“速贷通”等虽然得了不少奖项，但广告宣传没有跟进。

3. 部分产品市场竞争力不足

去年我行共发行271款银行理财产品，仅相当于中国银行（同业第一）发行数量的23%，理财业务收入四行占比36.8%，较工商银行低13.4个百分点。多数理财产品设计都是基于融资方的需求，而忽略个人客户的投资回报。有吸引力的理财产品较少，档期不衔接，高端客户专属理财产品远不能满足客户需求。很多财富中心基本属于俱乐部性质，还无法办理业务。

4. 流程设计没有完全体现以客户为中心

目前还有不少业务流程相当烦琐，有的实际上是把内部管理的要求转嫁给客户，不仅给客户带来不便，给前台柜员增加工作负荷，而且也不利于对风险的管控。

5. 产品核算缺少数据支持，管理不够精细

还无法准确计量产品的资本占用、成本费用分摊等，无法判断哪些产品盈利能力强。缺乏企业级的产品管理制度安排，对于产品的准入、退出（驱逐）等还缺乏统一的管理机制。

6. 重点地区市场竞争力不足

近几年以“两洲一海”为代表的东部地区竞争力整体下降，市场占比下滑，部分业务指标甚至低于全行平均水平。以长三角地区为例，网点和存款同业占比均比农业银行低9个百分点，比工商银行低2个百分点。

7. 专业人才缺乏，激励不足

总体来看人员素质还跟不上业务快速发展的需要，人员结构矛盾突出。例如，具备行内理财师资格的专职客户经理缺口超过70%，产品经理及各条线专业人才配备不足。此外，缺乏对专业人才的职业规划设计，薪酬等配套激励机制也有待完善。

此外，还有自助设备、网点等诸多方面的问题，都需要认真研究。要针对当前制约业务发展的瓶颈，下决心尽快加以解决。

三、把握机遇，厘清发展思路

当前宏观经济不确定性较大，货币政策走势很复杂。既要保持一定的经济增长速度，同时要严控通货膨胀。因此，货币总量收紧、信贷收缩、直接融资和资本市场相对平淡，这是基本面判断。此外，银行监管、资本约束越来越严厉，同业竞争更趋激烈，这些都对业务发展提出新的课题。面对不确定性，有几点需要有清醒的认识和把握：一是中国经济发展不平衡，从东往西，从南往北，呈现明显的“阶梯性”。在发达地区，零售业务需求呈爆发性增长，同时对银行服务要求也较高（投诉也相对集中）。而在不发达地区，客户需求与东部地区差异明显，银行的经营策略也不一样。二是投资对经济的拉动逐步弱化，消费作为经济增长引擎的作用在逐步加强，背后实际上涉及经济结构的深层次调整。三是整体经济环境还是稳定的，仍处在快速增长时期。“十二五”规划要求年均增长7%，虽然增速放缓，但是考虑到我国经济总量已是全球第二，基数很大，因此经济总量增长的绝对数仍非常可观。四是货币总量趋紧。随着CPI的高企，抗通胀是重要任务，人民银行实施差别化存款准备金率，目前已达20%，接近美国历史上最严厉的水平（21%）。

对于外部市场和经营环境要有准确研判。既要审慎应对，防范风险，更要抓住机遇，把握新的市场机会。针对未来几年零售业务发展，谈几点基本思路。

（一）转变观念，加快零售业务发展步伐

目前零售业务从资产规模、客户数量、业务贡献等方面看，都已成为建设银行的核心业务，这是高增长、高回报且盈利稳定的业务。随着城镇化进程加速，居民收入和财富的不断增长，零售业务未来发展空间巨大。未来5~10年将是中国零售银行业务发展前所未有的历史机遇期。现在国内同业都在零售业务领域开始发力，形势逼

人，不进则退。各级行一定要认清形势，转变观念，抢抓机遇，把零售业务做大做强。

（二）消费金融大有可为，要依托创新抢占市场

重点要做好个人消费贷款、信用卡分期等个人信贷类产品，以及银行卡、结算通等个人支付结算类产品的创新。抓紧推出商务卡、小贷通等，研究移动支付等新产品。在重点地区针对优质个体私营业主，采用“优质客户＋有效资产抵押”等模式，加快推进个人助业贷款的发展，选择特色区域扩大个人支农贷款试点。

（三）业务转型要找准方向，明晰思路

要从传统业务向有效益、质量好、低资本占用的业务转型。粗放的“规模冲动型”业务模式已不适应今天商业银行精细化发展的方向。要学会算账，对业务所占用的经济资本、风险成本、管理成本等做到心中有数。计财部门要下工夫，管理会计等配套系统建设抓紧推进，为全行“算账”提供支持。基于盈利最大化的目标，当前零售业务转型重点是抓好以下四个方面。第一，盈利主体逐步转向高端客户。第二，被动营销向主动营销转型。我们有的网点是坐等客户上门，但美国银行网点负责人、客户经理则是一有空闲就到周边社区了解接触客户，发现新来居民则立刻跟进营销。第三，网点功能向专业化转型。除营业面积等客观条件限制外，一般网点要有综合营销和经办业务的能力。网点改造不是简单的重新装修，更重要的是功能改造。要有客户经理，增强网点的营销功能。第四，零售功能的组合能力要增强。例如，运用虚拟、移动、自助的各类丰富的产品满足不同客户的需求。这几年我们通过转型大大提升了客户服务能力和盈利能力，今后还要在这四个方面下工夫。

（四）将“社区金融”作为零售业务主攻方向

“向社区前进”是当前零售业务的发展方向。为什么要强调“社区金融”？第一，所有的经济元素都落脚在各个不同类型的社区。第二，社区内涵宽广，既是物理的，也是虚拟的；既是有形的，也是无形的。第三，社区是金融产品和客户之间的桥梁。金融产品本身不是金融，找到客户进行交易才形成金融。

各种各样的经济主体构成了不同的社区。广义的社区是某一类人群、资金、资源及人际关系的聚集。像居民小区、楼盘、商圈、专业市场、产业集群等各类社区，以及各种专业协会（如商业协会、小企业协会、商品物流协会等）和商务网络等虚拟经济社区，都是零售业务批量化营销的重要渠道和桥梁。例如，有的客户经理通过与市场管委会、小区业委会、物业公司等机构合作，进行批量营销，效果非常好。要通过为小企业、个人以及高端客户设计“社区金融服务全面解决方案”，逐步把“社区”建设成我行优质客户的归集器、业务风险的缓释器和长远价值的孵化器。

（五）强化资源整合与业务联动

首先要拆除部门之间的篱笆，摆脱狭隘的部门利益。信息在内部要畅通无阻，不仅板块内部信息要共享，而且与板块外的部门之间信息也要共享，很多重要的公司业务市场信息、投行业务市场分析对零售业务很有帮助。要善于运用现代信息和网络技术，例如有的企业已开通自己的官方微博，作为内部信息集散平台，同时集中全体员工的智慧。类似做法都可以借鉴。

其次是完善联动机制。随着金融服务的多样化，单靠一个部门的力量很难完成整个金融服务流程。要发挥建设银行集团的整体优势，部门之间、区域之间、产品之间开展深层次联动，推动市场、渠道、工具、信息、客户资源共享。海内外、公司与零售部门之间、不同产品之间的“门”要打开。例如我们集团旗下有租赁公司，像ATM、网点物理机具设备是否可以通过租赁方式来购置，这也是可以研究的。再如，目前95533电话银行已经集中了，所有的投诉都转移后台处理，结算等不少柜面业务也可以转到后台集中处理，很多渠道资源实际上都可以共享。此外，母行与建设银行亚洲、中德储蓄以及建信基金、保险、信托、租赁等子公司，也要联动起来，加强客户和信息共享。子公司有好的业务，发现好的市场机会，也要向相关业务条线推荐。当然，联动要基于商业化的原则，同等条件下对子公司的业务优先考虑和安排，但标准还是一视同仁，这既是基于关联交易等监管规则的考量，也是银行自身管理上的要求。

（六）以客户为中心提升服务能力

银行是服务产业，行业属性就要求银行以客户为中心，做好服务是银行经营的灵魂。以客户为中心、提升服务能力不能光喊口号，目前要关注以下几个问题。第一，银行内部的管理要求不要转嫁给客户。比如要客户重复填写信息、提供材料等，很多是我们自己应该在流程与系统中解决的问题，但是我们没有解决，因此只能麻烦客户。第二，流程的简短与安全的统一。我们过去防范操作风险主要靠加锁，增加环节。结果环节越来越多，客户服务效率自然就降低，而且流程越长，风险反而越大。第三，要让客户看得懂回单。过去我们有的账单只有具备银行专业知识的人才看得懂，貌似专业化，实际上客户很反感。这些年有很大改进，但是还有很多方面需要提高。有些同业（如招商银行）做得很好，信用卡账单设计得不仅美观而且易懂，值得我们借鉴。第四，要理性应对投诉。很多人对投诉比较反感，实际上投诉是非常宝贵的管理资源。要转变观念，换个角度来思考，不带情绪地来分析解决投诉涉及的问题，对经营管理能力提升大有裨益。质量效率管理部门要综合收集各方面的投诉和建议信息，加以分析，转化成改进产品与流程的具体措施。第五，要尊重客户的权利。客户需要的是得体、合适、安全、便捷的服务。这几天搜狐网报道，有个老人一年多前拿10万块钱去某银行存款，被网点营销人员忽悠办了张保单，事情闹了一年也没给处理，最终被媒体曝光。这样的事情是很不应该的。第六，不要搞“霸王条款”。银行作为金融服务机构，一定不要沾染“店大欺客”的习气。有的人觉得在公司业务中有的客户会比银行强势，但是在零售业务中银行则是处于强势地位，弄一些“霸王条款”问题不大。实际上如果仔细分析，很多“霸王条款”对银行并没有带来什么实质性的利益，反而对客户体验、银行声誉带来负面影响。第七，要人性化、个性化地解决问题。例如短信业务，不少人反映短信通知比较慢，内容比较死板。这里有很大的改进空间。招商银行的短信就做得比较好，比方说针对VIP客户的理财产品推介短信，不仅有个性化的信息，而且客户经理姓名、办公电话及手机等都有显示，便于客户互动。这些做法看起来不起眼，实际效果不可小觑。第八，既要做好服务，又不能过度服务。对于绝大多数零售客户来说，银行提供的是标准化的服务，以满足客户合理需求为限。过度服务不仅带来银行成本增加、风险增大，而且可能对客户体验带来负面影响。

在提升客户服务能力方面当前要重点抓以下几项工作。一是要善于体验客户需求。我们有专门的客户体验中心，要归纳日常生活体验，要建立渠道收集信息机制。二是要尽量方便客户。方便可以带来客户的信任、依赖和忠诚。近年来我们增设了大堂经理引导服务，大大方便了客户，这是很大的进步。三是薄利多销。零售业务经营主要不是做高风险、高回报的业务，要更多关注客户覆盖面、产品渗透率以及客户生命周期的价值。四是要有社会责任意识。不把金融服务尤其是面向广大老百姓的零售金融服务当成一个完全商业化的经营活动。过去有的银行网点周末不开业，这是非常不应该的。大量的客户平时上班，希望周末来做业务。银行作为金融服务提供者，需要满足社会的基本服务需求。五是要善于发现客户新的金融需求。郭董事长曾经指出，中国到目前为止的金融服务满足金融需求总量大致不到30%，还有60%～70%是空白的，服务的空间永远大于已有的服务内容。社会也在变化，各种各样需求不断出现，因此银行服务也是动态的，增长潜力很大，关键是能不能真正理解客户的需求。六是立足客户需求推动产品创新，提升客户服务能力和银行盈利能力。我们不提倡搞很复杂的产品创新，现在广大零售客户最需要的也不是那些复杂的金融产品，主要还是便利、增值、组合式的产品。当然，针对80后、90后消费活跃群体，可能在追求时尚、彰显个性化方面还有特别的需求，在产品创新中要体现这些要素。

（七）解决产品种类多但优势产品不突出的问题

现在全行零售产品数百种，但很多客户不了解，在市场上叫得响的产品实际上并不多。解决这一问题的关键，一是提升产品的服务内涵，二是加强外部宣传。在提升产品内涵方面，既要强化以客户为中心的服务理念，同时要运用科学的技术方法，要充分发挥我行创新实验室及客户体验中心的作用，创新产品先体验再选择推出，做到胸有成竹，只要产品好就不怕比竞争对手迟一步。此外，要抓紧建立产品的准入和销售的评估制度，对于不好的产品要有“驱逐机制”。个人部和产品与质量管理部要抓紧研究建立相关制度。

在产品宣传方面要加大力度。现在全行产品广告宣传太少，很多还停留于在高速公路边树个广告牌的初级阶段，相比全行实现的利润，每年5亿元左右的广告费用投入太少。下一步总行要把全行资源相对集中起来做广告，选择一些市场需求量大、价值创造持续稳定的拳头产品，如银行卡、住房贷款、小企业融资、投资理财、财富管理等，在主流媒体重点宣传。

（八）加强渠道建设，实施精益管理

渠道建设基础还是管理能力的建设。ATM不够可以买，但最重要的是配置和管理能力要跟上。在精益管理方面，我们与国际先进银行相比差距很大。全行零售条线为2亿多个个人客户和超过百万户的小企业客户提供产品和服务，基层机构和网点的压力很大。这个问题一方面要通过推进前后台分离、电子渠道分流等途径来解决，另一方面则要通过提升精益管理来挖掘潜力。例如，零售业务特别强调大数法则，强调数据挖掘，对市场、客户需求的分析、判断，对风险的识别、管控，都需要基于数据分析，业务决策依据要基于数据。零售业务的特点就在于抓细节，经营管理中要大量地用数据来说话，要用图示来表达，要用模型来分析，这是方向。当然，现在有的模型严格来讲也不是非常准确，但是有比没有好，有了才能积累数据，才能不断改进。

（九）提高边际效益，强化收入成本核算

零售业务是银行业务中劳动力及资本密集型业务板块，提高边际收益、降低成本要渗透到每一经营环节。当前特别是要善于利用电子网络等低成本渠道，采取包括社区营销（依托专业市场、产业集群、商会等营销平台）、网点营销、公私联动、产品推介/展览等在内的多维度零售营销手段，提高目标客户的响应率，以及核心产品的价值创造力。

零售业务要从部门、产品等维度强化收入成本核算。各部门都要计算自己的利润贡献度，3年内零售板块贡献度要达到50%左右。个人存款与投资部门要牵头相关部门算账，各自的贡献度是多少，每年要增长多少。同时，对于信用卡、房贷、财富管理等主要产品线的收入结构、成本结构、资本占用等情况，都要精准计算。这项工作现在就要着手研究。

（十）明确区域差别化发展定位，抓住新的市场机会

我国地区发展不平衡，从东部到西部经济发展呈现阶梯下降趋势。东部发达地区尤其是重点城市，人均收入、城市基础设施等都接近西方中等发达国家水平。因此东部地区要把小企业业务、个贷业务、理财业务等作为发展重点，要确定一批业务重点发展的城市行，进一步做大零售业务。此外，东部地区县域经济发展迅速，例如浙江省GDP的80%来自县域经济。各分行要认真分析县域市场结构，在充分调研的基础上做好布局。在资源（特别是信贷资源）配置上要向重点区域倾斜。东部发达地区小企业贷款、房贷等规模可以多给一些。中西部或者其他经济不发达地区，大型基础设施建设等仍方兴未艾，因此相应公司类授信等业务的比重可以大一些。资源配置不能撒胡椒面，不搞基数管理，一定要突出战略导向。此外，要强化在中心城市行的资源投入，巩固零售业务的市场优势。小企业业务已经确定了20个重点城市，要重点倾斜资源。

（十一）组建反欺诈的团队，提升反欺诈能力

加强零售业务反欺诈研究，收集欺诈事件、损失数据等。信用卡中心牵头组建专门团队，研究建立信贷反欺诈机制。同时，会同风险管理部门研究开发反欺诈评分卡，运用现代数据挖掘技术提升反欺诈能力，探索开展新产品的穿行测试机制，检验产品风险防控方案的有效性和可靠性，发现潜在的问题和缺陷，促进产品方案的完善。

（十二）科学应对突发公共事件

现代社会生活日趋多元化，突发公共事件越来越多，这是必然趋势，要正确面对。发生突发公共事件后，首先要认真核实。在掌握真实情况的基础上冷静处理，不要激化矛盾。即使是客户的无理要求，也要合理合法、有理有据地处置。面对客户指责不要急于证明银行方面的合理性。客户投诉要转化为管理资源，通过收集、整理、分析，把投诉中反映出来的问题回馈到制度规则和流程优化中，促进管理的改进和提升。零售业务涉及面广、客户众多，出现个别突发公共事件也是正常的，原则上总行不要大包大揽去“灭火”，谁的事情由谁来解决，未做到及时妥善处理的要承担相应责任。这方面今后要加强对分行的考核。

（十三）重视虚拟服务能力的提升

目前社会信息化、网络化程度越来越高，“虚拟化”成为现代人（尤其是70后、80后、90后）生活、交流的重要元素。银行要赢得客户，必须紧紧跟进信息化、网络化的步伐，实现从实体服务向虚拟服务的延伸。这方面市场潜力很大。在web2.0时代，虚拟社区可能成为商业银行发展“社区金融”的重要平台。当然，我们谈的虚拟服务并不是虚无缥缈的东西，虚拟服务最终还要落脚在实体服务上面，与实体服务相辅相成。现阶段，还要高度重视移动支付，将其作为重点开发的产品。目前世界很多大型银行和金融机构（例如VISA信用卡组织）都正在抓紧研究和推进。我们在手机银行业务方面走在国内同业的前列，下一步还要加快步伐，组建专业团队，完善移动支付技术平台，做到安全、可靠、便捷、顺畅，抢占市场先机。

四、今年的工作重点

（一）做好五年规划编制，凝聚共识，理清发展思路

从去年年末开始，总行启动了5年规划的编制工作。零售业务是未来5年全行的战略重点，各部门、各分行要高度重视，加强研究，找准市场定位，明确发展目标，科学规划发展路径，力争在未来五年实现零售业务的跨越式发展。今后3年整个零售业务的利润贡献度要达到50%。小企业、个贷、信用卡、财富管理与私人银行等核心业务都要有明确的愿景和思路，要有具体的业务增长目标、盈利目标。制订规划的过程本身也是凝聚共识、提振士气的过程，希望大家都积极参与，集思广益，绘制好零售业务的发展蓝图。

（二）高度重视存款业务，促进存款与投资理财业务协调发展

第一季度存款形势很严峻。在全行工作会上郭董事长和张行长都作了强调，提了很多要求，这里不再重复。大家要认真落实这些要求，统一思想认识。前两年整体流动性较为宽松，总行没有刻意地讲存款问题。现在整体货币政策是紧缩的趋势，不重视存款会越来越被动。花大气力抓好存款，是今年的一项工作重点。有的分行认为，卖理财产品会导致存款下降。我不同意这个说法。理财产品该卖就卖，我们不卖其他银行卖，存款也会流走。实际上从全行的角度看，理财产品募集资金进入同业存款，仍是有资金沉淀的。当然，要注意安排好理财产品的档期衔接。希望大家站在大局看问题，不要算小账，把存款和理财业务都抓好，但严禁搞高息揽储。

这里要重点强调五个方面工作。一是要抓结算资金源头，巩固存款基础。继续扩大借记卡、代发工资、CTS、小商品批发市场等客户群体。二是要加大产品及流程创新。推出存贷合一卡、金融IC卡、热点题材黄金、第三方理财等产品。推进客户驱动型网点、投资理财产品销售流程优化。三是要开展交叉销售。推广个人金融产品套餐服务、投资组合服务，扩大品牌基金公司产品销售，加大渠道产品同步部署。四是要提升富裕客户保有率。完成二代转型，做实理财业务，建立有效的客户经理考核激励机制。五是理顺寿险销售体制。落实产品准入要求，提高自主销售能力，加强费率管理，加大激励力度，加强网点资源统一配置管理。

（三）做大做强财富管理与私人银行业务

要大力发展财富管理和私人银行业务，提高市场竞争力，增加收益。过去讲“二八理论”，意思是20%的客户创造80%的收益。但是我们不能说不要那80%的客户，事实上，80%的客户分摊了大量的成本，所以才有20%的高收益。但是，如果从另一个角度来讲，如果我们的高端客户不止20%，而是30%甚至更高，那么收益的提升就很可观了。因此，要着力提升高端客户的占比，向财富管理和私人银行业务重点配置资源，特别是财务资源、人力资源、信贷资源等，优先确保产品的供应，大力拓展新客户，努力提高存量客户的产品渗透率。今年要确保实现客户新增全年不低于30%，客户保有率不低于73%，产品覆盖度不低于5.5的年度目标。

为此，今年重点要做好四件事：一是花大力

开拓客户市场，构建产品多元营销流程体系，强化品牌宣传。二是着力推进财富中心与私人银行渠道建设，加强总分行组织机构和队伍建设，提升客户经理队伍素质，加强差异化业务体系建设，建设“保密、专业、安全、忠诚”的专属客户服务文化。三是努力提高总行和一级分行中后台支持、服务能力，进一步加强对区域内财富管理市场和客户群的分析研究，对高端客户的营销指引，以及产品和服务创新、财富规划和产品组合等，强化业务风险的管理和控制，完善业绩的考核评价。大力推进条线激励约束机制建设。四是加强产品创新和销售。建立完整的产品线和适配产品库。加大与行内产品研发部门、行外第三方的协作，建立产品选择标准及准入风险控制制度。提高行内相关部门产品营销的互动效应。

这里需要重点强调一下财富中心和私人银行中心的建设。现在全行已建了一二百家了，总体情况不错，基本的架构有了。但财富中心和私人银行中心不能仅仅是沙龙或俱乐部，还要把业务开办起来，要把网点的业务终端延伸到财富中心，把服务做实。要把财富中心发展成对高端客户销售的主渠道，发展成为财富规划、产品销售、客户维护和拓展、价值创造的主要平台。另外就是要加强人力资源配置，现在200家财富中心和私人银行中心，对应着要服务12.4万客户，平均一家要管620人，大量的AUM300万元以上客户根本就没人管。要优化结构，调整财富中心和私人银行中心客户经理的配置。逐步转移到AUM300万元以上客户的维护和拓展上来，私人银行中心和财富中心要在现有的人员基础上增加配置，提高贡献度。未来5年，全行要建成财富中心和私人银行中心1 040家，但上不封顶，只要有符合条件的地方，功能等各方面配套，盈利能力没问题，就要着手筹建。

（四）改进服务，细化管理，推动小企业业务快速发展

根据银监会“两个不低于”的要求，今年全行小企业贷款新增要达到1 600亿元，在贷款规模非常紧张的情况下，这是对全行小企业业务的很大支持，一定要用好宝贵的信贷资源，着力要强调五个方面工作。一是改进服务。“小企业”贷款实际是个管理概念，核心是“小额”贷款的问题，小企业信贷满足度低，主要是对大量“短、频、急”的小额信贷需求银行缺乏相应的产品来支持。今年要重点创新和推进小额贷款产品，精简业务流程，设计基于大数法的风险管控机制，提升客户服务能力和市场响应速度。二是优先发展重点区域。总行初步确定了20个重点城市，并在资源配置上予以倾斜，旨在迅速提高区域市场份额，打造全行小企业业务的“示范基地”。各行也可选择若干重点行，支持优先发展。今年，1 000亿元小企业信贷规模由小企业金融服务部配置，另有部分小企业保理和网络银行业务规模按产品条线配置。1 000亿元规模专项使用，各行要按不低于总行确定的数额配置到各重点城市行，剩余部分要重点分配到已建立“信贷工厂”的经营中心。三是加大客户结构调整力度。近5年我行小企业业务快速发展，但目前仅占全行各项贷款的8%，占比仍需进一步提高。各行，特别是非重点城市分行要加强对存量资源的结构调整，统筹安排好回收再贷资源发展小企业业务。在考核时点之间，新增可适当“鼓肚子”。四是加强专业化建设。今年各行要设立一级管理部门，加强“信贷工厂”小企业经营中心验收、检查，充实人员，完善流程，逐步向利润中心转变。五是加强产品创新和营销工作。各行要设立创新与管理岗位，配备专门的产品经理，实行第一责任人制度；积极开展集合银团贷款、集合债券代理发行和信贷资产转让等业务；加强批量化营销平台建设、电子渠道服务创新。

（五）坚持个人住房贷款核心价值不动摇，巩固住房金融传统优势

个人住房贷款风险相对较低，资本占用少，质量和成本优势明显，发展空间和价值挖掘潜力巨大，是建设银行传统优势所在，也是未来发展的战略重点。“要住房，到建行”，我们的房贷业务在社会上已经有了很好的口碑，在市场上也一直保持领先地位，如果丢掉很可惜，要加大住房贷款的宣传推广，战略上要支持，资源上要倾斜，在份额、质量、收益、经营能力、产品服务竞争力等方面，要继续巩固和强化领先优势。在房改金融方面，要进一步密切与各级住房资金管理部门合作，深化服务内涵，建立资源共享和合作共赢机制。加强自营业务和委托业务的互动组合。积极探索推进保障房贷款，总的思路是“薄利多销”（个别地方保本也行），立足于商业可持续原则，兼顾社会效益和经济效益。要学会综合算账，保障房业务不仅仅是贷款范畴，还涉及很多配套的产品和服务，可以延伸的金融服务链条很长，要善于发掘，提升综合长远价值。

今年要重点做好四项工作。一是严格执行信贷计划总量和进度要求，用好宝贵的信贷资源。二是调整信贷结构，优先支持高收益、低风险的产品、区域和客户，重点支持个人住房贷款，提高个人助业贷款在个贷中的占比。三是提高差别化定价能力，综合考虑首付、产品覆盖率、客户信用等多种要素定价，提高利率底线，全年新增个贷利率要达到基准利率水平。四是加大房金 IT 系统的研发应用，推进业务信息整合和客户信息共享。

（六）加快提升盈利能力，打造市场领先的龙卡信用卡第一品牌

信用卡业务已经具备了很好的基础，现在核心问题是怎样充分挖掘每一张卡的收益。要重点抓以下工作：一是继续加快客户拓展。加强多渠道联动，推动网点预审批营销一体化建设，提高行内个人客户发卡渗透率；完善联动营销机制，挖掘公司客户、中高端客户市场；提高当地市场发卡竞争力，加快新兴城市包括二线、三线城市的业务推进。二是加快推进分期业务。建立专业化团队，扩大品牌影响力；创新汽车分期业务模式，加大安居分期交叉营销力度，扩大分期商户规模。三是大力发展商户收单业务。抓住银联商务业务调整的有利时机，加快充实商户业务专业队伍，带动对公支付结算业务发展。四是提高服务能力。建立全渠道、全生命周期、全接触点的客户服务体系；实施优化的服务级别、客户对待或增值服务差异化策略。

要通过这些措施，尽快提升盈利能力。同时，要向公司化发展迈进，体制要调整。当然，首先要做的是能算清账，即使算出来现在亏本也可以，但亏本了要研究今后怎么解决。信用卡中心已经成立了党委，以后就要按分行一样管理。至于与分行间的关系，还有一些细节需再研究。集中、统一地推进信用卡业务，这是大方向。

（七）加强产品与质量管理，支持服务创新与优化

产品与质量管理部这两年做了很多工作，与很多部门进行了卓有成效的合作。现在重点是对全行产品建立产品、流程评估和驱逐机制。产品与质量管理要从科学设计、评价产品和产品流程评估等方面重点做好以下工作：一是完善产品全流程、全周期管理。制定产品管理办法，强化产品与质量管理部门的产品行政管理职责；加强产品创新流程执行力，健全产品准入管理；发挥产品评价和流程评估作用，建立产品改进、升级和不好产品的驱逐机制；编制标准化营销话术，组织全行战略性、基础性产品和新产品统一营销宣传；明确产品经理职责，加快队伍建设。二是健全创新激励机制。进一步完善创新授权，提升总行集中研发能力，推动联动创新；建立产品创新收入贡献度考核，加大创新投入力度和激励力度；发挥产品创新实验室作用，发掘高净值客户、小企业等领域商机。三是开展客户满意度评比，探索客户全程参与产品服务创新的模式，开展精细化市场调查。四是持续推进流程再造和业务操作手册建设。

（八）持续优化网点布局，促进各类渠道协调发展

一是要做好营业网点布局优化。“两洲一海”重点地区要重点投入；新兴区域提前战略布局，填补空白；中西部地区要巩固优势、稳定投入。今年总行计划新增网点 260 多个、网点装修改造项目 1 990 个。各行要根据区域发展特点，科学规划网点布局，加大对强县富镇的拓展。同时，加快网点改造，适应零售业务统筹发展的需要。二是要加强自助设备布局和管理。今年计划净增自助设备 5 000 台，重点投放运营水平高的地区。各行要加快推进自助业务专业化经营，要结合实际选择合适的管理模式。前面谈到，还可探索通过租赁等多元化途径增加自助设备，办法很多，目前的关键是要提升管理能力，把自助设备的价值贡献充分发挥出来。三是大力推进电话银行集约化进程。今年要继续加快直属中心建设，加快创新交易和营销服务功能，建立问题解决机制。四是继续推进个贷中心建设及整改工作，加强前端专业经营中心特别是重点郊区、县建设。五是加强理财中心的规范化管理。六是大力推进财富中心渠道和私人银行建设，加快财富中心和私人银行的业务功能转型，要具备日常交易功能，并辅之以相应的适合高端客户的电子、自助营销服务交易功能，建成集营销、服务、交易于一体的高端客户服务主渠道和平台。要配齐配足岗位人员，做到早规划、早建成、早发挥效能。

（九）关爱员工，增强队伍素质与凝聚力

零售业务板块的领导，除了要善于抓业务，还要善于带队伍。零售业务系统人多，怎么带队伍是个关键问题。我们整个板块有15万人，怎样把整体素质提升上去，把人力资源潜力发挥出来，是需要重视并认真研究的课题。过去一些好的做法，该坚持的要坚持。例如每年举办一次先进评选，有针对性地开展一些业务技能比赛等。过去经常搞业务技能比赛，是个好传统，现在有点放松了，还是要坚持，当然在内容方面要把新业务带来的新的技能要求充实进来。零售条线年轻员工多，尤其是80后、90后，思维活跃，勇于表达自己的观点，有比较强的自我实现意识，引导得好，这是银行创新力的重要源泉。各部门、各级行的主管领导一定要有宽广的胸怀，要理解年轻人的思维和行为方式，容得下年轻人的毛病。要因势利导，保护年轻人的创新意识，注重培养业务尖子。此外，零售业务天天做同样的事情，很容易产生管理疲劳。在管理中要注意加强员工的压力缓释和行为管理，避免工业化流水线管理模式带来的问题，克服管理疲劳。这也有助于防范操作风险乃至个人案件。这里需要特别讲一下电话银行。目前电话银行中心有大批的年轻员工，我们看了一下，管理还是比较好的，专门有一些适合于年轻人的管理措施。注重员工的工作环境、专业技能培训，加强对青年员工的人文关怀、心理辅导、文体生活安排等，引导青年员工做好职业生涯规划，这些都是我们各级管理人员要多花心思考虑的问题。

（十）加强风险管理，增强突发问题应急能力

零售业务快速发展，离不开风险管理强有力的支撑。近年来，零售业务风险管理在体制机制、政策制度、技术工具等方面有了长足的进步，下一步还需要坚持不懈推进。今年要重点抓几项工作：一是开展对现有小企业客户质量重检活动，探索不良客户预期管理；提升贷款定价能力，小企业贷款利率上浮水平不得低于15%，综合收益率上浮不得低于25%，这是底线。要做好行业筛选、客户筛选、早期预警等小企业专业工具推广应用。二是个贷业务要强化组合管理，做到在政策和市场形势变化中抵御系统性风险；要严格执行国家住房信贷政策，以及贷款面谈面签、贷款支付管理等监管要求；贷后管理要常抓不懈，加快推进历史遗留不良贷款清理工作；坚决杜绝假按揭，只要确认是假按揭，经办人员要严肃处理，清除出队伍。三是提高信用卡授信精准度，加强对欺诈的识别和防范，做好对套现的排查、处置工作。四是通过制度完善、流程控制、数据分析、工具应用，提升风险控制能力。注意防范超额服务带来的风险和成本，要注意算账。例如信用卡，免息透支50天，还有关联账户自动还款的服务。类似的措施对信用卡发展和提升服务能力很好、很人性，但也要考虑到我们每年几百亿元的透支额基本是无息的，资金占用是低效的，还有大量信用卡未使用额度，是需要占用大量资本的。这些服务措施尽管是合理的，但还是要算账，要把风险、成本、资本、收益等因素都考虑进去。其他业务也是如此。五是建立财富管理与私人银行业务高效联动的风险防范和垂直风险管理制度。六是建立零售业务突发事件应急响应及恢复机制。一旦出现突发公共事件，要迅速判断事件的法律性质、经济和声誉等方面的影响，第一时间能够解决的尽快解决。涉及我们风险防范底线的事情要果断应对，不要拖泥带水，该赔付的就赔付。

同志们，今年是国家“十二五”规划的第一年，也是我们建设银行新五年规划的开局之年，对于未来发展至关重要。面临复杂多变的经济形势，全行要上下一心，抢抓机遇，转变观念，开拓进取，提升服务水平，全面提高零售业务核心竞争力，为打造国际一流零售银行作出更大的贡献！

坚定方向　落实战略
加快私人银行业务发展

——在2011年全行私人银行业务座谈会上的讲话

朱小黄

（2011年7月21日）

同志们：

大家好！

钟山风雨，虎踞龙盘，我很高兴在南京这样一个集山川灵秀之气与深厚文化之底蕴的历史名城，与来自各分行私人银行业务的各级负责人，以及总行相关部门代表一起，共商私人银行业务发展大计。这次会议的召开表明了总行党委、董事会和高管层的决心，就是要进一步统一全行对私人银行业务战略价值和重要性的认识，把总行已经明确的私人银行业务发展战略及时传达到全行，加快发展思路和措施的贯彻落实。下面我就私人银行业务发展战略及相关落实要求讲几点意见。

一、总结成绩，树立信心

今年上半年，财富管理与私人银行业务条线认真落实全行零售业务会议精神，抓紧各项措施的实施，业务快速发展，取得明显成效。

（一）今年1～6月业务发展成果明显

截至6月末，全行高端客户已达144 642人，增幅16.70%，完成全年计划的72%，高端客户数比上年同期多增2 271人；高端客户金融资产为6 379.87亿元，比年初增长993.93亿元，增长18.45%，完成全年计划的72.45%。其中，私人银行客户数18 850人，比年初增长3 333人，增幅21.48%，同比多增248人，完成全年计划的81.04%；金融资产2 402.45亿元，比年初增长433.77亿元，增幅22.69%。仅占全行个人客户数量0.07%的高端客户就占了个人客户总金融资产的12%，高端客户数占全量客户比重少，价值贡献大的特点凸显。

高端客户的快速增长，一是得力于全行加大客户营销拓展维护。如深圳市分行抓住创业板开通的财富积聚效应，签约托管客户股份市值达35亿元；江西省分行内外联动，向客户提供综合解决方案拓展市场，高端客户人均AUM提高60万元，全行领先；上海市分行以客户细分引导专项营销，大力拓展市场，加强客户维护挽留，继续保持业务全行领先增长；湖北省分行力抓公私联动营销，分行领导亲自部署，定制度、列名单、明责任、强奖惩，客户增速居全行前列；苏州分行以专享增值服务为抓手开展市场营销，客户及AUM增速大幅跃升。二是总行相关部门对私人银行营销工作给予有力支持。小企业部同私人银行部制定了《联动营销管理办法》，建立了客户推荐、交叉销售的长效机制，以小企业贷款为牵动，在产品创新、客户推荐、产品销售、客户服务等方面采取有效措施；公司部在公私联动、名单制精准营销方面，给予大力援手；近期，私人银行部与投行部在深圳联合召开“私人银行业务境内与香港联动座谈会”，建银国际与建行亚洲协同行动，促进了境内外一体化联动。

（二）私人银行服务渠道体系进一步完善

目前，全行境内有195家财富中心和9家私人银行，未来数量还将大幅增加；建立了7×24小时无间断服务的4008895533贵宾服务专线；正在开发私人银行网银；贵宾专线开办远程代理交易即将实现；在私人银行和财富中心，已经有了一支1 074人的专业人才队伍。专业化渠道体系构成了业务持续发展的重要支撑。

渠道建设得到了总行相关部门的有力支持。财会部、资债部对私人银行渠道建设规划和资源安排给予了高度重视和支持，确保了建设与转型的顺利推进；人力资源部在人员配置和培训方面给予积极指导和政策支持；个人部在400贵宾专线人员配备、业务运营、服务保障方面周密安排；电子银行部和信息技术部十分重视私人银行网银开发工作，优先安排技术支持，保障了项目顺利开发。

（三）理财产品供销两旺，收入贡献显著提高

今年1～6月，总行私人银行部组织销售的各类理财产品累计146期，募集资金1 191.4亿元，实现中间业务收入1.26亿元，是去年全年的2倍；同期，分行私人银行部门组织销售的行内理财产品及代销第三方产品累计达641.58亿元，实现中间业务收入5.97亿元。

上半年，财富管理类产品销售大幅提升，投行部和金融市场部的支持值得肯定。它们分别为私人银行客户专门开发了乾元独享、私享产品以及财富债券类产品；营运管理部门、托管部门在保障理财产品销售、赎回、到期支付和托管方面，做了大量工作。

（四）两卡业务提前完成全年计划目标

截至6月末，全行共发行财富卡与私人银行卡52 800张，新增22 211张，提前完成全年发卡计划。“两卡”交易额增长迅速，累计交易金额3 101.44亿元，卡均587万元，其中私人银行卡937.55亿元，卡均1 416万元。高端客户的产品覆盖度提高到5.5，远高于全行个人客户2.7的水平。

综合金融业务的发展有赖于相关部门的密切配合，更需全行的积极推进。信用卡中心与私人银行部联合开展专项联动营销，完善预审批机制，促进了信用卡在高端客户中的渗透；广东省分行以两卡发行推广为带动，成为私人银行综合金融产品服务营销先进，两卡发行量居全行第一，交易额居前三位。

（五）狠抓重点，构造经营管理新能力

抓住有利时机，总行连续出台《全面加快私人银行业务发展的指导意见》、《建设银行私人银行业务未来发展定位及基本战略》以及《私人银行转型工作实施指引》几个关键性文件，确立了未来发展指南。与美国银行在销售力提升、客户流失管理、风险管理方面继续合作。总行开展了私人银行核心业务流程咨询项目构建IT架构，综合财富规划、事件驱动营销、销售机会管理系统等将陆续上线。为提高竞争力，还开展了私人银行客户现金管理、消费社区金融服务、私人财富管家、私人银行网上银行、客户经理培训管理体系建设等重点项目，年内将取得成果。

项目实施中，山西、辽宁、浙江、深圳分行作为试点行给予积极协助；在产品质量部的支持下，合作开发“私人财富管家项目”，建立厦门私人银行产品创新实验室，主要为私人银行创新产品。

二、加深认识理解，抓住发展机遇

私人银行业务对建设银行是一项新兴的战略性业务，同时也是未来最赚钱的业务。它虽起步稍晚，但方兴未艾，发展空间巨大。然而目前我们对私人银行业务了解并不透彻，这不符合新业务开展必须观念先行、理论先行、认知先行的规律要求。因此，这次会议就是要在认识上正本清源，在价值取向上正确把握，在内涵规律上深透熟知，达成向正确的方向凝聚力量、加快推进私人银行业务发展的目的。

（一）全面认知私人银行业务

随着社会财富总量的增长，高端客户财富管理需求主要表现出：财富的保值增值，实物财富的流动性管理，财富日常安排和运用三大特点，促使银行必须建立一套新的财富管理产品服务体系来满足这些需求，从而赢得市场，赢得客户，实现利润。

因此，私人银行业务是以富裕高净值财富拥有者及其家族为目标客户群，以客户需求为发展驱动。这类客户不再满足于商业银行传统面向大众的零售金融产品服务，他们更加注重私人财富的聚集、维护、保值、增值和传承转移，更加重视金融咨询建议。他们不仅需要银行的存款、支付结算、现金管理、各类贷款（包括房屋抵押贷款、私人飞机融资、信用卡）等银行核心产品服务，还需要财富规划、资产配置、投资管理以及不动产、大宗商品、酒类、艺术品等金融或非金融资产管理服务，也需要保险和保护、税收和信托、财务和遗产、退休和慈善、家庭仲裁和心理咨询等产品服务，同时对家族企业金融服务，以及离岸金融服务的需求也在不断增长。有相当部分客户更需要游艇经纪、艺术品保存、不动产安排、旅游出行、投资移民、事业发展、紧急救援等管家式服务。

这样的客户群体，如此多样的需求，给私人银行金融和非金融产品服务创造了极大机会，提出了极大挑战。面对机遇与挑战，我们必须转变观念，深刻认识私人银行业务的客观规律，深入把握私人银行业务的基本特征，以新的认知、新的战略、新的策略、新的措施和新的行为方式，尽快建立私人银行业务新的经营模式。

我认为，这个经营模式可以叫做“一三五模式”，即“一个核心、三个关键点，五个做法”。

一个核心即抓好私人银行客户经理等专业人才队伍的培养建设。要认识到私人银行客户经理等专业人员是银行智力、技术、知识的掌握者和输出者。其中，客户经理负责市场客户拓展，了解和挖掘客户及其家族、企业需求。他们协同财富顾问为客户提供各类产品服务和全面解决方案服务，通过全方位全生命周期服务，持续提高客户金融资产在建设银行的份额，提升客户在建设银行的生命周期价值。他们跟踪产品服务对客户需求的满足度，及时响应市场客户反馈，代表建设银行与客户建立保持长久关系，直接为客户和银行创造价值。市场开发好不好，客户发展维护优不优，他们可谓身负重任、利益攸关。

私人银行业务专业人才队伍中另一个重要角色是私人财富顾问。他们负责财富规划、市场研究和产品研究，负责财富规划的实施执行、跟踪、评估及信息反馈，负责理财产品及投资组合的售后监测分析，负责客户个性化投资理财产品的定制工作。作为私人银行的专家支持人员，他们与客户经理形成专业团队，提升私人银行对客户产品组合和服务的专业化能力，研究同业产品动态，向产品研发部门反映客户需求，推动产品创新。

因此，从总行到分行要高度重视私人银行业务专业人才队伍的培养建设工作，把私人银行客户经理、财富顾问等专业人员的充实配置、能力素质提高，作为私人银行业务发展的核心竞争力要素来抓，尽快建立起一支数量充足、能力素质高、业务过硬的专业人才队伍。

三个关键点即快速响应和高效联动的前台、中台和后台。私人银行、客户经理、营销渠道是我们的前台，它承担着市场营销、客户关系管理、客户服务、产品销售及规划、咨询服务、业务发展等直接面向客户的前端职能。中台是分行和总行产品生产与管理的专业团队及相关部门，它承担着投资研究、资产配置、交易执行，产品开发、财富结构安排、产品组合创新、产品采购及销售业绩管理、销售合规管理、渠道管理等职能。后台是我们总行的交易集中运营处理、支付结算清算、信托管理、客户报告、数据挖掘、信息数据安全等职能。加之，战略规划、资源配置、人员培养、品牌策划、风险管理等综合配套管理职能，集成从经营前台到总分行中后台及其综合管理为一体的私人银行业务经营机制模式。这对于私人银行业务来说，有利于形成前、中、后台整体能力优势，推动私人银行业务跨越式发展。

五个做法包括以下几点。第一，私人银行客户经理应具有敏感的市场嗅觉、主动的营销意识、高尚的职业素养、良好的服务形象、高超的从业能力、坚韧的服务作风、积极的敬业精神。客户经理要善于感知分析市场动态，捕捉营销商机，主动营销客户；持之以恒建立与客户长期互信关系，要有关怀客户的情怀，真正贴近和理解客户需求，对内成为客户综合需求和合法权益的代表，对外成为建设银行形象和合法权益的代表；以良好的职业形象、文明的举止、饱满的热忱赢得客户好感；以强烈的事业心，尽职尽责，全心全意为客户服务；以高质量全面解决方案和长期持续优质服务赢得客户满意；以勤勉工作、恪尽职守、竭诚守信、不断创新、精益求精为客户和建设银行创造价值。第二，私人银行业务应是一个全面满足客户需求的开放式产品服务平台，应发挥纲举目张的作用。私人银行应成为客户需求与银行供给连接的开放式服务平台，带动全行各类产品服务的发展。为满足客户的各类需求，私人银行业务必须要有多元充足的产品服务供应，不仅包括行内的，还包括行外的，比如，我们正在研究与美国运通卡的合作，打通为私人银行客户提供全球化高端增值服务的渠道，同时也要研究把运通卡服务模式引入到国内市场，为客户提供体验一流、高品质的专享增值服务。这个平台应坚持“对客户和建设银行权益负责、收益与风险平衡”的准则，精心选择高质量的产品服务，成为满足客户需求的产品服务组合集成供应商，最终达成客户和银行价值双赢目标。第三，私人银行业务要坚持以客户为中心，以客户需求为导向，以满足客户需求为目标的创新价值取向。要努力提高市场探测能力、客户需求把握能力，培养集智力、知识、技术为一体的创新能力，大力实施产品创新、服务创新、流程创新、机制创新，在私人财富架构、私人财富管理、综合金融服务、专享增值服务、联动协同服务等方面创出更多更新成果。第四，建立健全激励约束机制，保障私人银行业务健康发展。从总行到分行要为优秀客户经理、财富顾问等专业人才提供具有竞争力的激励约束政策机制。在业绩和薪酬管理上应坚持“高绩效高报酬”的政策原则，在职业生涯发展上要充分考虑私人银行专业人才的稀缺性和市场化特征，一定要尽快创建有利于人才吸纳、人才挽留、人才潜能激发、人才作用发挥的政策机制，只有这样才能切实增强私人银行业务专业人才队伍发展的市场竞争力。第五，调动全行力量促进私人银行业务发展。私人银行客户的高价值性，决定了私人银行部门与各业务部门开展联动的必要性。要不断丰富联动内容，实施营销联动、客户联动、产品服务联动，相互促进、共谋发展，实现各业务条线的多元共赢。

（二）认清战略大局，把握发展机遇

1. 从战略转型的视角认识私人银行业务的重要性

首先，国外经验表明，真正国际一流的零售银行业务，必须具备对财富金字塔尖的私人银行客户提供一流产品服务的能力，这反映了一家银行综合实力、声誉和地位，对提升银行品牌形象很有意义，这也是私人银行业务价值的重要体现。

其次，金融脱媒、利率市场化趋势以及监管部门对大型银行在资本充足率、存贷比、杠杆率等硬指标上严格的监管要求，使主要依靠信贷规模扩张和利差收入的盈利增长模式不可持续。而私人银行业务一方面主要依靠银行自身的信誉，产品服务以非信用业务为主，为客户提供财富管理、资产配置、投资管理等产品服务，成熟的私人银行更多以信托方式为客户管理财富，而这些业务耗用银行资本少，信用风险小，经济资本占用低；另一方面，私人银行业务的收入来源多元化，大多以非利差收入为主，客户资产管理费占主要比例，这种收入结构使私人银行业务的盈利能力强且稳定。这些特点恰恰能弥补商业银行传统利差收入结构缺陷。要实现零售业务利润贡献在未来3～5年达到全行利润50%的目标，私人银行业务应是一个重要的战略高地。

另外，还应看到私人银行业务对零售业务乃至银行其他业务的溢出效应和促进作用。一方面，发展私人银行业务关系到建设银行对个人客户结构的战略性调整，目前建设银行个人客户达2.1亿人，规模很大，但其中高端客户占比却很低，只有7/10 000，高端客户 AUM 6 379 亿元，却占个人客户 AUM 总量的12%。如果建设银行的高端客户比重提高到2‰，AUM 至少可达2万亿元，如果客户 AUM 总量及占比更大，就有了获得更大收益的基础，这对零售业务以至对全行经济效益的持续增长无疑是一个重要支柱。另一方面，私人银行业务发展有利于促进银行内跨条线的联动营销和交叉销售，有利于促进集团资源的有效整合利用，发挥综合化经营的协同效应。

2. 经济的转型和市场的成长是私人银行业务发展的条件

中国私人银行业务产生发展，得益于过去30年经济高速增长所带来的私人财富积累和造就的大批富裕人群。随着经济增长方式转型和结构调整，中国经济将持续较快增长、向消费拉动增长转变、私营经济活跃壮大，城乡经济一体化进程加快、多元要素市场不断健全以及资本市场快速发展，这一切将在未来时期继续成为驱动中国私人财富快速增长的关键因素，同时正是私人银行业务发展的有利条件。

国内外的私人财富市场研究报告显示，目前私人财富千万元以上的中国高净值客户至少有96万人，其中可投资资产超过千万元的则至少在50万人以上，并且未来相当一段时期中国私人财富将保持10%～15%的年复合增长，相比于欧美成熟市场私人财富2%～5%的平均增速，无疑中国将继续成为全球增长最快、规模最大的私人财富市场之一。

充满活力的中国私人财富市场，为商业银行私人银行业务提供了巨大的发展空间，对积极寻求战略转型和新增长点的建设银行来说，发展私人银行业务是必然选择。

3. 客户财富管理观念的日渐成熟，为私人银行业务发展创造了机遇

2007 年的金融危机使中国的私人银行客户在经受市场教育后，对金融市场的高风险有了直接的感悟，于是逐渐调整风险收益偏好，减少高风险高收益投资的比重。同时，国内银行在金融危机中稳健的品格表现也使客户对我们的财富管理能力有了新的认知和信心。客户更加关注财富安全、传承等多元目标，更加青睐资产多元化配置，不仅有私人资产管理需求，对个人及企业信贷、各种增值服务也产生更加强烈需求，这为我们发展全功能私人银行产品服务提供了机遇。

4. 激烈竞争的市场是加快私人银行业务发展的推动力

从 2007 年境内外金融机构纷纷进军私人银行业务算起，虽只短短几年，但国内私人银行业务领域的竞争已是风起云涌、硝烟弥漫，并逐步形成国有商业银行、股份制银行、外资银行和基金证券信托等理财机构四大阵营。所有这些市场竞争者都把私人银行业务作为“战略制高点”，予以高度重视，大力发展。

私人银行部给了我几个数据：2010 年年末，建设银行私人银行级客户人均 AUM 是 1 261 万元，而同期招商银行人均约 2 134 万元，工商银行约 1 950 万元。这其中各家银行数据口径虽有差异，加之分行在自己特色平台销售的理财产品尚无法计入 AUM 的影响，但不可否认我们的差距是客观的，我们确实面临着赶超压力。尽管目前各家银行业务差异化和独特能力尚未形成，还没有哪个竞争者成为真正的市场领先者，但我们确实应该认识到，谁能前瞻重视、提前行动，谁能足力创新、加快发展，谁就能在竞争中把握先机，取得领先的市场地位。

三、立足客观现状，分析优势差距

（一）我们的优势

1. 广泛分布的网点和庞大多元的客户群

相对中小银行，我们有 2.1 亿人的个人客户，有遍布全国的 1.4 万个零售网点，此外，AUM100 万元以上的个人客户有 47 万人，这其中挖掘提升发展的潜力很大，此外，我们还有 4 万多户的小企业客户、长期对公业务优势所积累的大量公司高管客户，以及其他相关业务条线长期积累的优质客户群，这些都是我们丰富而宝贵的客户资源，为私人银行业务快速发展提供了最重要的客户资源。

2. 综合化经营为私人银行业务发展提供了有力的协同支持

我们在公司、投行、中小企业、个人信贷等业务所拥有的竞争优势，可以有效满足私人银行客户财富管理、信贷与投行等方面的需求。基金、信托、保险等子公司的功能作用，为向客户提供全面需求解决方案提供了条件。

3. 私人银行的产品服务架构基本建立

已经形成私人财富管理、综合金融、专享增值服务三大系列。初步建立起行内理财产品和行外代销产品构成的开放式产品平台，为客户定制化理财产品能力不断提高；对传统银行产品服务实行差别化创新和功能整合，以财富卡与私人银行卡、大额储蓄存款等为代表的创新产品服务不断推出；陆续推出健康关爱、机场嘉宾和贵宾、出国留学、高尔夫、紧急救援等特色专享增值服务，已成为我行营销和服务私人银行客户的有力抓手。

4. 建设银行母品牌的支持效应明显

作为大型本土化现代商业银行，建设银行母品牌体现了“稳健、诚信”的品牌形象和社会责任，特别是在 2008 年全球性金融危机之后，国有商业银行稳健、负责任的形象，使私人银行客户信任感显著增强。

5. 与战略投资者合作是资源优势

美国银行收购美林后，通过与其私人银行美国信托整合，建立起日趋完善的全能私人银行经营模式，这对具有相同商业银行背景的建设银行私人银行来说，很值得学习借鉴。实际上，私人银行部这几年与美国银行开展了多个合作项目，涉及业务流程、岗位设置、销售服务、财富规划、资产配置等多个领域，有些成果已经转化成实际应用，取得较好成效。

（二）存在的差距和问题

1. 适合私人银行业务特点的全流程经营模式没有建立

目前我们面临的很多问题，我看大多是经营模式跟不上发展要求所致。过去，我们发展业务往往侧重于前台，容易忽视中、后台的专业功能支持作用。殊不知，即使素质再高、业务能力再强的私人银行和客户经理，如果没有中、后台的专业支持协助，面对千变万化的市场和千差万别的客户需求也会一筹莫展。因此，正如我前面所说，必须要有一个“顺畅迅捷、互动协作、运行有力”的机制体系贯穿前、中、后台，这就是私人银行所要求的“前店后厂”高效响应联动协作的流程化功能体系，但目前这种功能机制及其组织体系很不健全，前、中、后台的相关能力也十分欠缺。

2. 专属渠道的经营能力仍很薄弱

一是目前的私人银行服务覆盖和延伸能力不足。渠道布局远不能对现有和新增的客户实现有效服务覆盖，尤其是在私人财富集中的沿海经济发达省市和快速发展的中西部中心城市，还有很大的填补空间。

二是产品服务终端交付能力欠缺。相当数量财富中心和私人银行交易功能不健全或没有开展交易，同时直接拓展市场能力亟待提高；电子渠道及其功能急需优化完善，针对私人银行客户的个性化服务特点不突出。

三是人员配备不足问题突出。不仅是财富中心和私人银行的客户经理、财富顾问以及交易运营人员数量存在很大缺口，根本无法有效保障现有客户的营销服务，更无力去主动拓展新市场，发展新客户，而且总分行的中、后台专业岗位人员配备不足，导致本应由其承担的专业支持工作大多压在经营前台，既严重分散了一线开拓市场和维护客户的精力，又导致客户体验一致性差、服务质量低。

3. 有效满足客户需求的产品供应机制不畅

一是有竞争力的产品总体供应量不足，并且品种、期限、档期衔接跟不上的问题突出；二是没有实现产品销售渠道差别化策略，优势产品没有通过专属渠道优先保证向私人银行客户供给；三是在产品定价、流程、功能、组合等方面的创新能力和对市场需求的响应能力亟待增强。

4. 私人银行业务核心能力特点不突出

主要表现为以客户需求综合解决方案为基础的产品服务整合交付模式欠缺。从供求两方面原因看，一是受需求发展水平的制约，“卖药方”的解决方案模式目前有待客户认知认同；二是根据客户个性化、差异化需求，对银行所能掌握的所有产品、服务和资源进行组合集成的核心能力还须着力增强。

5. 私人银行业务的业绩评价考核与资源配置机制不健全

私人银行客户价值贡献高已被广泛认同，但价值贡献到底有多少却一直得不到准确计量。这几年由于与其他业务条线存在重复交叉，单一维度的评价方法已很难全面考量私人银行业务的综合经营业绩，而目前客户、渠道、产品等多维度的考核评价机制和IT支持能力还不完善，导致私人银行业务的管理部门、专属渠道做了很多工作，但在评价考核时业绩却不能充分反映。

业绩评价考核机制不健全直接影响到私人银行业务目前的资源配置。此外，对新兴业务发展初期的战略投入认识不足也是产生资源配置问题的直接原因，把战略业务与成熟业务相同看待，在战略业务的资源配置策略中没有把远期效益和潜在贡献同时考虑。

四、贯彻发展战略，明确定位目标

（一）要深入认识和理解私人银行业务基本定位

我们过去发展中遇到的很多问题都与业务定位不清晰有关，定位决定了发展的思路、方向和策略，定位清楚了，我们才知道要做什么、怎么做。因此对于私人银行业务的基本定位，我还要再次强调。

私人银行业务实行客户需求导向的业务定位，考虑中国现阶段的市场环境，私人银行业务的基本定位是：“致力于满足私人银行客户及其家族需求，通过开放式综合产品服务平台，提供以私人财富管理、综合金融和专享增值服务为核心的全面金融解决方案，实现客户财富目标，为建设银行创造价值。”

（二）围绕基本定位，明确指导目标

1. 继续大力发展客户，努力提高客户在建设银行钱包份额，夯实经营基础

以客户需求为首要驱动因素，以客户和AUM的增长为目标，通过“开放式综合产品服务平台”，实施差异化营销服务式、顾问式、管家式的全方位、全流程、全生命周期服务，有效满足客户需求、积极拓展市场份额。

2. 合理规划，及早布局，大力推进私人银行等专属服务渠道体系建设和功能完善

构建包括私人银行客户经理、私人银行、私人银行网上银行、私人银行专线服务电话（4008895533）在内的专属渠道体系，同时提高零售网点和自助渠道的配合支持能力。要把私人银行建成集营销、服务、销售、交易为一体的，全功能、开放式的服务平台和经营机构。

3. 围绕价值创造目标，建立和完善业绩评价体系，不断提高私人银行业务利润贡献度

坚持可持续盈利的价值取向，以客户营销拓展、客户维护服务、产品销售为切入点，实现客户AUM总量和人均AUM的增长，最终促进业务收入的多元化和最大化。

五、突出重点，狠抓落实

私人银行业务牵涉面广，面临的因素很多，在实施发展战略中，要突出重点，抓住关键，切实提高执行力。当前要着重抓好以下工作。

（一）重点抓好私人银行建设与转型

2011年第二批私人银行新建计划共161家的总量目标已经确定，私人银行部要会同财会部抓紧研究，尽早落实财务资源配置，在8月末前下达建设计划。各分行要做好第二批建设计划的前期实施准备工作，要提前统筹考虑人员储备和配备、选聘以及业务流程和制度建设等工作，要早开工、早建成、早见成效。私人银行建设的起点要高，要严格按标准建设，要建设成为直接面向客户的经营机构。各行要持续做好私人银行建设规划，确保今后几年私人银行新建计划完成。要以客户基本覆盖为目标，在扩大提升服务辐射能力上积极创新，在私人银行服务不及的区域，研究建立私人银行办公室、私人银行客户服务团队等多种服务辐射方式。

私人银行转型关系到经营模式的建立和作用发挥，私人银行就是要实现经营。要经营，私人银行必须主动“下海”，主动面向市场，唯其如此，私人银行的专业能力才能得到锻炼提高、经营业绩才能得到实现认可。因此，私人银行要继续加快建设和实施转型。通过健全业务功能，加大营销服务和产品销售力度，增强经营能力，提高价值创造力和利润贡献度。

私人银行转型工作必须实现：一是功能转型，即私人银行的业务功能实现由部分功能向全功能转变，引入相关交易系统到私人银行，充实各岗位人员配置；二是服务转型，即私人银行由只对客户提供部分服务向为客户个人、家庭及其企业提供全方位、全流程和全生命周期的主动服务转变；三是经营转型，即私人银行由服务支持型机构向直接经营机构转变，明确经营目标，清晰评价经营业绩，建立价值创造导向的考核激励约束机制。各分行要按照总行统一部署，扎实推进转型工作，按时完成转型任务。

（二）重点抓好人才队伍建设

私人银行业务是集智力、知识与技术于一体的高端复杂业务，其核心能力主要体现在人才素质和专业能力上，因此对私人银行人才队伍建设工作只能加强，不能削弱。当前尤其要抓好以下几项工作。

一是充实私人银行各岗位人员。要求首先从人员数量上保障私人银行真正能有效运转起来，近期下发的《私人银行经营转型指引》对各岗位人员数量有明确规定，各行要认真执行。

二是要重视中、后台专业人才的培养和队伍建设，如市场规划、客户研究、营销策划、投资策略研究、财富规划研究、产品组合配置、数据挖掘应用的专业人员，应主要集中配置在总分行中、后台。要组成专业支持团队，避免分散使用，提高集约使用效率。

三是人才的来源可以采取内部择优选拔和市场引进的举措，急需的专家型人才要尽快从市场上招聘引进。

四是要高度重视对各类人才的培养和培训。培训要始终放在战略高度给予重视。对私人银行所需的各类人才，既要外部引进，更要加强内部培养。除了专业岗位人才外，对私人银行业务各

级管理人员的培养和培训也要加强，要通过境内境外考察、学习等多种形式培训，加快各级管理人才队伍建设，完善充实培训机制和内容。

由于私人银行业务对从业人员专业性、技术性要求，以及专业人才市场化特征，因此私人银行部要与人力资源部专题研究，提出有效解决方案，加强人才队伍建设。

（三）重点抓好私人银行业务的几个关键核心能力建设

1. 提升客户发展和市场营销能力

客户是私人银行业务的生存之基，发展之源。客户发展要坚持拓展与维护并重。要以客户拓展、维护、稳定、挖潜、提升为首要目标，切实将私人银行客户及其AUM做大、做好。

私人银行业务营销工作要坚持市场与客户分类及差别化营销策略。要以客户细分为基础，按照不同类型客户需求开展针对性的产品服务营销，提高营销服务的精准性。

在客户拓展策略上，要坚持充分挖掘行内资源与积极拓展行外客户并举。一是要加强对私人银行潜力客户的发现和提升；二是联动小企业、房贷、信用卡、公司、集团、投行等业务部门相互推荐客户；三是强化客户推荐客户，着重维护有影响力的客户，充分利用其影响力吸引潜力客户；四是根据私人银行客户的生活圈子和兴趣特点，积极实施与行业性组织、商会、艺术收藏等第三方机构合作拓展客户的新模式。

在客户维护挽留策略上，全行要牢固树立“客户及其AUM的流失是最大的经营风险”的观念，要把高端客户及其AUM作为最宝贵资源精耕细作，那种客户及其AUM大进大出的现象，反映出客户维护挽留能力的脆弱，必须引起高度重视，必须强化综合经营能力，必须避免在客户发展上犯“狗熊掰苞米”的错误，对客户营销，既要拉得来，又要留得住，更要服务好。各级行都必须落实好、执行好“客户维护、客户挽留、客户提升”计划，并进行有效监测、考核、奖惩。此外，为提高对超高净值客户的服务能力，要根据不同层级客户重要性，建立不同层级机构负责人分别担任首席客户经理的制度，加强高层营销，深化客户关系管理，提高客户对我行的忠诚度和满意度。

2. 提高产品供应与创新能力

首先，私人银行要以客户需求为驱动，充分发挥好集成行内外各类产品供应的作用。其次，要加强部门间的产品联合开发；建议子公司也要更多开发适合私人银行客户需求、收益风险平衡的新产品。最后，要不断提高创新能力。全行要积极推进产品服务创新流程机制的建立完善，总行在厦门市分行建立了私人银行业务产品创新实验室，并将在部分分行实行私人银行产品创新试点行制度。各分行要积极开展产品服务创新、管理创新、模式创新、流程创新、机制创新。

3. 打造产品服务的整合交付能力

商业银行现有的各类产品服务是向私人银行客户提供整合解决方案的有利条件，而对产品服务的有效整合是满足客户多元需求的必然要求。如正在开发的客户家庭现金管理项目，涉及的几乎都是已有的成熟产品，有银行卡、结算账户、基金、短期理财等产品，从单个产品来说，可能难以满足客户对现金管理的需求，但通过组合集成，构成一套对客户及其家庭资金保值增值和流动性管理的解决方案，就能满足客户需要。

提高产品服务整合能力，首先要掌握客户需求，形成需求列表，进而制订产品服务适配解决方案，并进行销售。这样，一方面可以实现客户需求满足，牢固客户关系，提高客户满意度；另一方面，产品组合销售，有利于提高产品覆盖度，提高综合财务收益。

4. 培养和提高风险管控能力

要把私人银行业务纳入全行风险管理体系中，建立适应私人银行业务特点的风险管理机制，完善各项规章制度，提高合规经营管理能力。当前尤其要加强三个方面的风险管理。

一是理财产品销售风险防范。今年上半年，全社会各类银行理财产品发行规模约为8.51万亿元，远超去年全年7.05万亿元的规模。近期，银监会发布《商业银行理财产品销售办法公开征求意见稿》，说明理财产品风险已引起监管机构高度关注。随着私人银行代销产品范围和数量的扩大，代销产品的风险管理必须引起高度重视。因此，无论是对行外第三方还是集团内子公司的产品，都要严格执行相关制度流程，经过审批后才能进入私人银行进行推荐或销售。同时，各分行要按照总分行有关制度规定，建立严格的供应商和产品评估筛选机制，加强风险管控，严防风险遗传。本着依法维护客户与银行权益的原则，对客户尽责、对建设银行负责，认真遵守风险披露相关规定，落实客户风险评估要求，加强产品售后管理和跟踪监督。

二是私人银行从业人员的道德和操作性风险防范。私人银行各个岗位责任重大，一旦出现问题，事关大局。因此一定要加强对私人银行各个岗位人员的严格管理，防止在业务活动中各种违规行为。要通过严格流程和操作规定以及奖惩制度，明确防范道德和操作风险的规范要求，着力打造一支风险意识强、职业道德水准高、稳健合规从业的人员队伍。

三是远程代理交易风险防范。远程委托代理交易系统将在私人银行推广上线，各行对这种新交易模式的操作风险要给予足够的认识和重视，要从流程、制度、岗位、监督等各环节抓好风险防控，确保委托代理交易的安全稳定运行。

（四）重点抓好机制建设

1. 加强协调联动机制建设

私人银行业务的发展必须充分发挥各个业务条线、综合化经营以及海外机构协调联动的优势。私人银行部要加强与个人、中小企业、住房金融、信用卡、公司、集团、机构、投行、养老金等条线的合作联动，与信托、基金、保险等子公司的联动，与海外机构的联动，还要开展与行外第三方机构合作，积极拓展客户资源，促进产品交叉销售。我想私人银行这个大有潜力的新业务对相关业务也是很有促进作用的，当然各部门也要确实研发出好产品。在客户推荐机制方面，相关部门都要从全行发展战略出发，考虑全行整体利益，重视开展相互推荐客户，重视加强联动营销。

2. 建立前、中、后台高效响应的流程机制体系

高效响应的流程机制体系是以前、中、后台专业化分工为基础，以流程、系统和机制为支撑，把客户的各类需求传递到中台专家团队，由前、中、台共同制订组合解决方案，由前台或者后台反馈信息，最终把产品服务有效交付客户。建立这一机制体系，首先需要专业化的分工，实现前、中、后台功能岗位的分离。即前台专注于客户关系和解决方案的销售；中台专注于客户群洞察、财富架构、财富规划、投资策略、资产配置和投资组合管理、开放式产品平台建立，联动公司、投行业务以及第三方合作，形成针对客户需求的专业化解决方案；后台专注于业务处理、支付清算、托管、综合对账报告、数据挖掘分析等。其次，前、中、后台功能的无缝链接和高效响应机制体系的建立，需要以优化建立流程为依托，以IT系统为手段，以利益分配机制等制度为保障，需要有计划、分步骤实施各个重点项目才能实现。

3. 完善业绩评价考核与激励约束机制

虽然目前暂时还不能充分准确核算私人银行业务利润贡献，但业绩评价考核不能放松，总分行要积极研究，推进相关工作。现阶段至少要对私人银行业务经营成果有一个基本监测考量。同时，请财会部支持，与私人银行部共同研究，尽快提出有效的解决方案。对私人银行业务条线要完善KPI考核机制，加强对条线的经营管理业绩监测、评价、考核；对私人银行，要加强业务经营目标责任的落实，考核客户增长、AUM、中间业务等各类收入；同时，各行要建立私人银行业务条线与相关业务条线相互推荐客户的考核及激励约束机制，促进私人银行客户发展。

（五）重点抓好品牌建设

品牌是私人银行业务内在价值和能力的外在表现，私人银行品牌建设的目标是要在客户心中形成关于建设银行私人银行的印象，要能使客户知道建设银行私人银行和工商银行、招商银行等竞争对手有什么不一样。一直以来，我们的私人银行业务还缺乏有影响力的品牌，急需加以改进。我认为品牌宣传要彰显出我们大型综合国有银行的私人银行业务优势，要突出高贵、尊崇、私密、安全、专业、便捷等内涵与特点，要不断优化丰富、与时俱进。

考虑到私人银行业务作为重要的战略性业务，目前仍处于品牌推广的关键时期，需要尽快对品牌进行优化并加强传播。私人银行部和公关部要抓紧研究品牌优化推广方案，力争将我行私人银行业务品牌打造成业内知名、客户熟悉、有市场影响力的优质品牌。各分行要加强私人银行业务品牌传播，对内加强业务传导，对外加强广告宣传，大力提升建设银行私人银行业务品牌影响力。

（六）加强执行，务求实效

“十二五”期间，私人银行业务要成为零售业务主要盈利来源。力争用5年左右的时间，把我行私人银行打造成为“国内领先、国际一流的客户首要财富管理银行”，这是今后时期全行的一项重要战略性任务。大家要充分认识到，总行的战略是清晰的，实施的决心是坚定的，这里我要强调的是执行力和执行效果。各个分行要按照贯彻推进私人银行业务发展定位及基本战略、加快私人银行转型、持续提高核心竞争力的要求，结合当地市场和本行特点，围绕任务目标，制订分行的行动计划，落实目标责任，切实推进各项战略举措执行，务求实效。

同志们，让我们抓住机遇，积极进取，扎实推进，共同努力为新兴的私人银行业务发展再立新功、再创佳绩！

高度重视　加强领导
全力推进网点建设工作

——在加快推进营业网点建设工作视频会上的讲话

朱小黄

（2011年7月25日）

同志们：

大家下午好！

今天的视频会是根据总行党委的要求召开的。举办这样大规模、这么多人参加的会议，来推进网点建设方面工作，这在我们行还是第一次。网点是经营的基础，是基础最末端的“细胞”，而且是个功能全面的“细胞”。网点也是社会形象的一个基本点，这个点也可以理解成一个具有基本功能的末端。它具有各种功能和价值，是非常重要的。树清董事长、建国行长对网点建设工作非常重视，多次在不同场合、不同的文件上对网点建设管理工作作出重要批示。在最近召开的行长办公会上，张行长又明确指出：将来强大的网络是竞争的基本手段，全行要提高思想认识，高度重视，加强领导，强力推进网点建设；要关注监管动态，争取监管部门更大幅度的支持；全行在网点布局上，要做到北不减，西不退，经济好的地区要加大投入；投入要足够，重点要保证资源向新增和恢复歇业机构上倾斜，财务资源和人力资源必须配够，新设机构和恢复营业机构要注意布局；要建立统一、高效的机构规划协调、推动机制，新增加的机构要鼓励，减少机构应统一报总行批准，对新设机构，前几年在考核上要适当考虑等。

这是行长办公会的要求，党委会也专门听过关于网点工作问题的汇报。为了贯彻行党委和办公会的要求，全面做好网点建设工作，我讲几点意见。

一、回顾过去，网点建设工作取得了可喜的成绩

“蓝色银行”形象成为同业标杆。从区域布局上看，2010年年末与2010年年初比较，在东部地区我行与工商银行、农业银行网点数量差距分别缩小了43个和71个。从建设效果来看，新建设网点品牌形象鲜明，功能分区全新明确，服务环境整洁舒适，员工及客户满意度较高。根据网点建设后评价项目对东、中、西部5家分行2006—2008年建设的1 300个网点评价结果，客户满意度平均分达到88分，员工满意度平均分达到90分。网点建设后，整体面貌焕然一新，业务发展强劲有力，客户与员工满意度大幅提升。从支持业务转型效果看，全新网点功能分区为零售网点一代转型提供了基础平台，标准化的服务流

程为客户提供了一致性的体验；4 200 多家理财中心的设立建设有力地支持了零售网点二代转型，提升了网点差别化服务能力。

二、同业纷纷发力建设网点，我行曾有优势正被超越，目前暴露出来的各种问题值得重视

关于网点建设问题，在上次零售业务视频会上也已经把差距作了分析，报了相关数字。成绩大家都比较明确，我主要还是讲一讲存在的问题，需要大家重视。

一是在现在的竞争环境下，别人在发展，我们要审视自己的问题，网点就是一方面。我们在网点改造上早走一步，网点形象成为标杆，中国银行、工商银行等奋起直追。我们的视觉形象前几年还是领先的，现在别的银行有些后发优势，有的甚至超过了我们，我们也感觉到了压力。二是物理网点经营效率同业领先，机构总量不占优势。网点在重点地区比工商银行少，在县域和新兴地区比农业银行少，处于在城市落后于工商银行、在县域落后于农业银行的状态。我行一般性存款和中间业务收入网点单产四行第一，各项贷款和储蓄存款单产四行第二，但机构总量仅为工商银行的 83%、农业银行的 57%。要维持住市场地位显然比较吃力。我行网点在东部地区、中心城市分别比工商银行少 32% 和 15%，在城镇居民人均可支配收入达到 3 万元左右的 5 个特大城市中比工商银行少 24%。在发达县域和新兴城市主要金融机构中我行网点仅占 13% 和 15%，农业银行占 28% 和 30%。这些区域的我行网点占比较低。三是网点自有率有待进一步提高。四是有些城市网点设址未能占据有利地段，网点理财区域功能须丰富。我行在一些商业区域地段占据了地盘，但很多区域我行还是没有网点布设。五是停业网点数量多造成资源浪费。截至 2010 年年末我行停业网点有 124 个，其中停业时间超过 1 年的网点有 33 个。当然有装修等阶段性停业是可以的，超过 1 年就有问题了。六是网点建设专业人员短缺，且稳定性差。

三、加强领导，精心组织，优质高效完成 2011 年度网点建设工作任务

关于当前的形势、机遇、如何全力做好规划，总行的文件和其他会议场合的讲话都有要求，在此不再重复。下面重点讲讲今年的工作。

（一）未来 5 年全行机构发展规划的总体思路

全行未来 5 年机构发展规划已经在第 34 次行长办公会审议通过，规划内容主要包括机构调整原则、年度新增计划、区域分布安排、机构升格计划和配套资源分配等。

未来 5 年机构发展规划总体思路：按照建国行长提出的“北不减，西不退，经济好的地区要加大投入”的精神，充分考虑未来 5 年经济变化带来的新的市场环境变化、结合考虑各种新兴渠道的替代作用及同业最新动向，2011—2015 年，全行计划增设机构 1 800 个，两洲一海、中心城市分别占 51% 和 63%，总量达到 15 215 个；约需新增人员 1.85 万人，年均 3 705 人；5 年共需投入资本性支出约 180 亿元；新设机构全部完成后的年度成本增加约 53 亿元，累计创造利润约 138 亿元。机构规划涉及的人力和财务资源配置已纳入正在编制的全行《五年规划》当中。

机构分布原则：一是优先保证中心城市行尤其是特大城市行的机构增设，确保特大城市行与工商银行的机构差距缩小到 300 个以内，以拉近我行与工商银行的主要业务差距。二是加快两洲一海地区尤其是珠三角地区的机构增设，东部尤其是珠三角地区机构效率最高，应加大机构增设力度；巩固中西部地区网点竞争力。三是支持强县富镇尤其是空白县镇的机构增设，力争未来 5 年机构县域覆盖率提高 10 个百分点。

个人理财中心五年规划：个人理财中心作为服务中高端客户的主渠道，在全行“十二五”规划中已明确，未来 5 年要加快个人理财中心的建设，到 2015 年全行要建成 1 万家理财中心，其中打造 1 000 家旗舰理财中心。为此总行专门制定了《中国建设银行个人理财中心业务管理办法（试行）》，近期将下发全行。

（二）2011 年网点建设计划执行情况

1. 网点建设装修时间过半，开工过半

今年，总行下达的网点建设计划是1 972个，截至6月末，全行累计装修项目1 087个，比5月增加313个，项目总体开工率已达55%，大部分分行开工率达到了50%以上，实现了“时间过半，任务过半”。其中投入运营项目453个，比5月增加133个；竣工验收项目118个，比5月增加23个；在建项目516个，比5月增加157个。但从全国区域特点看，第二、第三季度是做事比较集中的季节，如果上半年能够到70%左右，第二、第三季度的工作则比较顺畅。如果我们制订计划的方法思路有问题、不科学，我们的计划安排就要调整的。

2. 新设机构建设分行间差异较大

截至5月末，全行新设机构计划已完成47家，占全年计划的16%。其中，已领取金融许可证并开业的共20家，已上报银监局筹建申请并获得受理函或批复性文件的共27家。

从分行来看，厦门分行无新设计划外；山西、宁夏已完成全年计划；内蒙古、苏州、浙江、福建分行执行进度较快，提前完成了上半年的计划进度；大连、黑龙江、上海、安徽、江西、青岛、甘肃等7家分行尚未启动此项工作。

3. 停业机构复业工作加紧推进

截至5月末，长期停业机构（共33家）已恢复营业7家，宁波市分行1家长期停业机构终止营业。长期停业机构合计占比24%。

从分行来看，12家存在长期停业机构的分行当中，宁波、山东、湖北、云南分行已完成复业计划，北京、天津、河北、大连、江苏分行进展较慢，四川、江苏分行需要重点推进。停业确实有特定原因，但总行从去年开始一直在抓停业机构的复业问题，各行还要重视。

4. 网点建设和新设机构推进情况缓慢

一是网点建设实际完成进度较慢。财会部反映上半年全行网点建设资本性支出入账进度为33%多，虽比上年有一定提高，但距“上半年入账进度达到50%”的要求还有一定差距。二是新设机构进展缓慢。资债部反映，截至5月末，全行新设机构计划完成47家，为全年计划的16%，距离“上半年完成全年计划的30%”的要求还有很大差距。

（三）关于网点建设有关政策支持方面的几个问题

分行在推进网点建设过程中，也通过不同的部门和渠道，反映了一些困难和问题。对于大家反映的问题，总行有关部门已进行了认真分析和研究。这些问题，有的是客观存在的，需要总、分行相关部门研究解决的，但也有的是分行对总行现有的政策理解不到位或部门横向之间沟通交流不充分造成的。整个网点建设体制还要改进，网点涉及的部门多，但不能每个部门都纵向地把权利施展一遍，每个部门定标准、定流程，不一定什么都报总行批。个人部门是网点经营部门，过去网点功能没有现在这么全面的时候，网点建设由个人部来办是有道理的。现在网点功能变了，应该有专门的机构来进行网点建设，作“交钥匙”工程。

1. 关于外部监管政策问题

近几年，特别是今年，银监等外部监管部门对网点新设和网点升格工作的管理越来越细化，越来越严格。关于新设机构审批规定及审批周期，据了解，目前各个城市的银监局标准也不一致。总行将进一步加大与银监会的沟通力度，争取最大的政策支持。各行也要积极与当地银监局进行沟通，尽可能缩短报批时间，争取一次多报几个机构，争取最多的机构数量。

2. 关于新增网点的人力资源配备问题

总行在《关于加快2011年新设机构计划执行进度的通知》中已经明确了新增网点的专向配置人力政策。具体内容为：2011年新增机构和长期停业机构复业，按单点型支行15人、网点型支行10人配置了网点人员政策。除了高校应届毕业生集中招聘外，各行可以在人员总量控制计划内采用定向招聘方式招录网点前台操作人员。今后几年的网点人员配置方案也已经在我行未来5年机构发展规划中作了相应安排。总行的人员配置政策已经完全能够满足新设网点的人员需求，关键是各行要真正落实好总行的人力资源政策，做好新增网点人员的安排与使用。

3. 关于财务资源和财务政策、制度的配套保障问题

最近几年，总行在网点建设资本性支出中实行了30%的预安排政策，目的是解决审批过程中

年度资源安排的空档问题，允许分行在综合经营计划下达前开展网点建设工作。但在实际执行方面还没有到位。在制度方面也出台、明确了购置营业网点用房定金和按照权责发生制根据网点建设实际进度及时入账等规定，为分行网点建设工作提供了有力支持。今后分行要做好落实，分行个金、财会等相关部门要进一步加强横向的联系沟通。装修标准、购置标准都有，不符合现在情况的要正确反映问题，也可以提需求。

4. 关于自助设备到货慢影响网点建设进度的问题

自助设备采购是全行性重大采购项目之一，总行领导对这项工作十分重视。为了做好采购工作，近两年来，财会部、采购部、个人部都投入了大量精力，研究改进策略，尽量简化采购流程，缩短采购时间，并通过动态供货、提前借用设备等措施，尽力保障全行设备的及时供应。这项工作涉及环节多，比较复杂，但这个流程是必要的，有些审批是不可避免的。自助设备确实存在下半年才开始供货等问题，对于这个问题，目前总行相关部门正在研究解决措施。

5. 关于网点视觉形象优化问题

我行现行营业网点视觉形象标准已经使用了5年多时间，实践证明，这套标准在设计理念、风格形象等方面取得了很大的成效。但随着同业网点视觉形象工作的展开、近年来新材料新技术的应用，以及业务发展带来功能区的变化，我行的视觉形象标准在某些方面需要优化。总行已经着手进行网点视觉形象优化升级工作。视觉形象是一以贯之的，不是可以经常改变的。有新的材料可以用，颜色不能随便改，而且从广告宣传角度来讲，只有持久的东西才能深入人心。各分行目前的网点改造可以先按现有标准执行。对于一些新材料也可根据需要选用，例如新装修的网点门楣招牌可优先采用LED发光字的形式，造价适中，节能又环保。

（四）高度重视、加强组织、强力推动，圆满完成2011年网点建设任务

1. 强化组织保障，实施精益管理，调动各种资源，圆满完成年度网点建设工作

一是各行要重视此项工作，最好成立网点建设工作推动小组，成立专门的团队，配足网点建设专业人员，具体负责迁址和新增网点的规划、布局、选址、采购、建设、报批及跟踪评价等工作。各行要本着“优化流程，提高审批效率，严控风险”的原则，全面提速网点选址和购置建设工作。二是要保证工作进度，并做到质量效率并重。到9月末，各行网点建设开工率要力争达到80%，网点建设资本性支出达到75%，新设网点和停业机构复业要完成计划的65%，确保年末全面完成网点建设工作年度任务。自有率提升要实现，建设质量要经得起考验。三是各行可根据各自具体情况，研究制定网点建设激励措施。另外，要重视渠道管理信息系统网点选址分析等相关功能的使用，充分发挥系统支持平台作用。

2. 密切关注网点布局选址及开业后经营管理，避免出现布局不合理和低产低效问题

一是统筹安排网点布设，统一集中管理网点选址。各分行要加强对机构的统一规划和布局，根据城市规划提前选取适宜地段合理布设，特别是要加大城市城区和发达县域地区网点布设数量，既要注重优化发达地区的网点布设密度，又要注重弥补新兴地区的网点布设空白，同时严禁出现新的“面对面、背靠背、边临边”等无序竞争现象。二是重视对新设机构开业后的经营管理，确保投入产出目标的实现。三是加强对营业网点的管理，各行辖内各类机构终止营业均需上报总行审批。

3. 加快推进私人银行建设

私人银行建设工作是当前乃至今后几年全行营业网点建设的一个重中之重。私人银行业务作为建设银行重要的战略性业务，是实现全行个人客户结构战略调整和经营效益持续增长的重要支柱，也是实现零售业务利润贡献在未来3～5年达到全行利润50%目标的一个重要保证。私人银行渠道建设必须加强，加快推进，以抢占市场竞争的制高点。

2011年全行要新建私人银行214家，第一批建设计划已经下达到各行，各行要抓紧实施建设，早建成、早见成效。第二批161家私人银行新建计划的总量目标已经确定，在此再强调几点。

一是161家私人银行建设计划的资本性支出已经确定，要首先重点保证。私人银行部要会同财会部抓紧研究，落实财务资源配置，8月末以

前要把建设计划下达各行。

二是各行要做好第二批建设计划的前期实施准备工作。要按照私人银行建设布局和选址要求，抓紧落实建设项目的选址，应选择目标客户资源相对集中、经济活动频繁、辐射范围较广、交通方便、私密性程度高的高档商务区、高档住宅区等场所建设私人银行，并参考所处区域的人均收入、整体环境、文化氛围、停车条件等因素。

三是各行要按照私人银行转型要求实施建设。私人银行作为以价值创造为目标的经营机构，承担着私人银行目标客户市场拓展，客户的经营、服务和营销等职能。要以功能完善、私密性、高质量、成本节约型为指导，把私人银行建成全功能、开放式的服务平台。私人银行建设的主流和发展方向是独立式经营机构，各行要把一部分营业机构资源用于私人银行建设，真正按照市场和客户导向来规划私人银行建设布局，从而形成能够有效覆盖私人银行目标客户群体的服务网络。

四是提前统筹考虑人员储备、配备、选聘、培训等工作。私人银行建成后是否能创造良好的经营效益，关键在于人员配备，以及客户经理、财富顾问等核心岗位人员的素质和能力。在物理渠道建设的同时，各行要按照《私人银行转型实施工作指引》岗位设置和人员配备要求提前安排新建私人银行的人员配备，要通过加快人力资源结构调整，优先把高素质的人才配备到私人银行，对于急需的专家型人才要从市场上招聘引进。同时，要提前做好业务流程、制度建设、客户资源储备等工作，确保私人银行建成后及时高效地投入业务运营。

4. 规范停业网点管理，提高资源利用效率

一是加快停业网点清理，提高网点资源利用效率。总行已经在《关于加快2011年新设机构计划执行进度的通知》（建总函〔2011〕370号）中明确了今后机构停业不能超过1年，对于已经超过1年的停业机构，总行已专项配置了人力、财力资源，今年必须恢复营业。二是全面贯彻落实营业临时停业网点管理规定。总行已经印发了《中国建设银行营业网点临时停业管理规定》，各行要做好贯彻落实。

5. 网点建设风险防范要常抓不懈

各行要加强营业网点建设项目实施的规范管理，尤其要重视计划执行过程中反腐倡廉工作的开展，要本着“公正、公开、公平”的原则进行招标采购和项目建设，切实加强廉政建设。没有任何理由可以对冲采购的要求。

四、未雨绸缪，密切协作，提前做好2012年网点建设准备工作

（一）总分行要分工明确，统一行动，提早筹划明年网点建设的资源

一是总行负责与银监会沟通协商，保证明年新设机构的全部落实；各行要加强与当地银行监管部门的联系沟通，最大程度争取加快审批周期。二是总行继续实行网点建设资本性支出预安排政策。三是分行要尽早做好明年新设网点项目资源的储备。

（二）完善网点建设联动机制，提高网点建设工作效率

网点建设工作是一项系统化工程，需要经过多个环节，涉及部门众多，总分行须研究完善联动配合机制。一是总行由资债部和个人部牵头，每季度召开一次网点建设联席会议，总结前一阶段工作，研究如何加快推进下一阶段工作；总行要按月通报分行网点建设情况，各分行也要照此办理。二是各部门要明确职责：资债部负责全行机构统一归口管理、机构发展的规划及落实、新设机构向银监会的总体报批落实、新设网点管理及考核、与银监会等监管部门协调沟通监管政策等工作，负责单点型支行及以上机构准入的审批。财会部门负责财务资源配置、资本性支出、自有率管理、装修改造单价标准、网点建设购置装修财务授权及超授权审批管理等工作。人力部负责网点人员配备政策。个人部负责网点建设装修进度管理和网点型支行准入的审批。公关部负责网点视觉形象升级优化工作。采购部门负责网点建设的相关采购工作。安全保卫部负责网点建设安全保卫工作。三是各部门要各负其责，并加强部门之间、上下级行的分工协作，进一步提高网点建设的工作效率。

（三）加快研究制定新设网点考核激励政策，做好新建网点的后评价

总行财会等相关部门要研究制订一套针对新

设网点的考核激励机制，减少分行在权衡总量与效益方面的顾虑，积极调动分行新设机构的积极性。三年保护期的问题在办公会上提出了，考核方面要考虑，排除分行效益考核方面的顾虑。

去年总行开展了20个全行重点成本管理项目，网点建设后评价是其中之一。网点建设后评价项目一个主要成果就是初步建立了后评价体系。总行将试点推广网点建设后评价体系，明年正式开展网点建设后评价工作。各行在收到总行的推广方案后，要认真研究，提前准备，梳理符合评价条件的网点信息，尽早开展网点建设后评价工作。

（四）研究建立网点选址模型体系，进一步提高网点选址的成功率

目前我行网点选址主要依靠人工经验并辅之以网点选址评分表和手工测算，尚未建立一套模型工具支持网点科学选址。今年总行与美国银行合作，借鉴美国银行经验，研究建立适合我行网点选址的模型工具。按照计划，明年将进行试点，争取两年完成推广。工具模型的应用将明确量化网点选址有关数据，进一步提高网点选址的成功率。

（五）两年内完成“蓝色银行”网点视觉形象提升工程，重夺我行在功能分区、视觉形象上的领先优势。

公共关系与企业文化部总体协调在两年内完成视觉形象提升工程，新标准出台前先按原标准执行，改多少、如何改由公共关系与企业文化部把握。

推动六个转变　提升市场竞争力

——在2011年全行信用卡业务座谈会上的讲话

朱小黄

（2011年11月30日）

同志们：

今天我们大家齐聚榕城福州，召开全行信用卡业务座谈会，也是一次信用卡业务的培训会，期间还要举行IC信用卡应用方面的首发仪式，因此还是新产品的现场推进会。这次会议的主要目的是总结今年以来全行信用卡业务经营和重点工作进展情况，分析形势，查找差距，明确下阶段信用卡业务推进思路及重点。下面，我讲几点意见。

一、我行信用卡发展态势良好

今年前10个月，全行信用卡业务保持了健康、快速、良好的发展势头，市场影响力、产品竞争力、风险控制力、盈利能力和客户满意度都进一步提升。信用卡客户数、卡均消费额、资产质量等主要指标继续保持同业领先。

一是各项业务指标保持快速增长。截至10月末净新增客户653万户，完成全年计划的87%，累计客户2 714万户，卡量3 159万张；实现信用卡消费交易额4 713亿元，同比增长46%，其中分期交易额333亿元，同比增长217%；贷款余额873亿元，当年新增320亿元；实现业务收入83亿元，同比增长63%，其中中间业务收入59.9亿元，同比增长82%，成为全行中间业务收入超过50亿元且增长最快的个人类产品；逾期90天以上贷款不良率0.87%，同比下降0.55个百分点。

二是信用卡客户质量进一步提高。活动客户的户均消费额、户均贷款、户均收入同比分别提高24%、52%和38%，客户在我行的关联储蓄存款及投资理财余额1.75万亿元，其中关联储蓄存款同比增速较全行个人存款高14个百分点。

三是我行分期业务市场竞争优势逐步增强。

购车分期已成为一大特色业务，今年全国每1 000辆家用车中有30辆由我行信用卡购车分期业务提供支持。

四是互联网渠道应用成效显著。网上商城上线后，日均点击量突破170万次，投放商品数量、订单量已居商业银行首位。

五是新产品研发推广成为市场新亮点。卓越卡、欧洲旅行卡社会反响热烈，IC卡研发应用进一步加快，将成为我行又一优势产品。

六是信用卡扁平化管理推广取得新进展。首批37家推广行已正式进入实施阶段，到年末实施审批扁平化工作的城市行将达到71家。

这些成绩是在总行党委、董事会的正确领导下，全行上下共同努力的结果。在此，我代表总行党委和高管层向在座的各位，并通过你们向辛勤工作在信用卡条线的广大员工表示衷心的感谢！

二、信用卡业务发展面临难得的机遇，也将迎接更为严峻的挑战

在肯定全行信用卡业务取得成绩的同时，也要看到，当前信用卡业务面临良好的发展机遇，当然一些新情况、新问题也给业务发展带来冲击，全行要充分认清形势，切实增强业务发展的紧迫感。

从宏观环境来看，一是国家经济结构调整以及二三线城市的加速发展，为信用卡提供了广阔的空间。首先，扩大内需是十二五期间的首要工作，未来5年居民消费能力将显著提升，提前消费意愿将快速释放，信用卡消费信贷市场潜力将进一步释放。其次，消费拉动在不同经济板块比重不同，未来中东部地区仍将是信用卡业务发展的重点市场，同时二三线城市正加速崛起，全国城镇化进程也在加快，信用卡业务发展空间将进一步扩大。再次，国家产业政策和信贷政策的引导方向，正逐步倾向于中小企业，而我行卓越卡正是为中小企业度身打造的一款信用卡产品，将面临新的发展机遇。二是新技术、新产品、新渠道不断涌现，IC卡、网络支付，移动支付、微支付（micropayment，指在互联网上进行的小额资金支付）、数字电视支付等的加快应用带来市场变革，也为信用卡业务带来新的盈利模式和盈利空间。三是十七届六中全会提出，要加强社会诚信体系建设，必将进一步改善消费信贷环境，同时国内消费信贷趋势已基本形成，对把我行信用卡打造成为消费信贷金融平台，将发挥有力的促进作用。

从市场发展和我行情况来看：一是与发达市场相比信用卡还有相当大的发展空间。信用卡持有量，国外一般在人均3~5张，而我国只有0.2张，信用卡客户拓展空间较大；信用卡的发卡渠道，国外网络渠道占比达70%，自动审批通过率在60%~70%，在节约发卡成本、提高发卡效率方面，我行有很大的提升潜力；信用卡的盈利水平，花旗银行、美国银行的信用卡利润贡献均在30%左右，其中花旗银行的卡均净利润达到29美元，相比之下，我行有较大的上升空间。二是市场竞争压力进一步加大。主要竞争对手今年以来都进一步加大了信用卡发卡营销和分期业务拓展力度，赶超势头明显，还有，各行都在力图抢占IC卡市场先机，竞争日趋激烈。此外，第三方支付正在快速成长壮大，目前年交易规模已突破万亿元，并且以支付宝为代表的40家公司都已具备收单资质，正逐渐侵蚀银行传统发卡和收单业务利润，构成严峻挑战。目前全行还有6家分行的发卡进度（计划完成率低于70%）明显落后于时间进度的要求，希望高度重视、积极应对，确保完成全年计划。

三、实现六个转变，加快信用卡业务战略转型

信用卡作为全行的一项战略性业务，总行党委和高管层一直高度重视，并寄予了很高期望。在最新下发的全行五年发展规划中，明确提出到2015年信用卡主要指标要保持同业领先。为实现目标，我们首先要实现六个方面的转变，以此作为下步工作的立足点和出发点，提升我行的市场应变力和竞争力。一是从发展客户向发展与经营客户并重转变，在做好发卡营销的同时经营好客户，夯实盈利基础；二是从发展支付业务向消费信贷平台转变，完成信用卡功能、流程、风险管理等方面的调整，使信用卡由单纯的支付产品，逐步成为消费信贷金融平台和个人业务渠道；三是从业务分散多层级向专业化、扁平化转变，提升执行力，力争用1年时间推进扁平化运营取得

成效；四是从物理网点向物理网点与电子渠道并重转变，进一步加大网络渠道在办卡、分期、商城、积分兑换、增值服务等方面的应用；五是从常规管理向精细化管理转变，深化数据驱动的业务发展策略，推动精细化经营管理；六是从注重规模向质量效益并重转变，进一步加强效益考核导向，同时要能算清账。全行信用卡资源配置、绩效考核、工作安排等，都要围绕以上六个转变开展，要下大力气发展，把信用卡业务真正打造成我行的核心业务。

1. 进一步加快优质客户拓展，毫不动摇地打牢客户基础

大力发展优质客户是我们经营的基础，客户规模也是决定信用卡业务盈利的关键，我行丰富的客户资源是应对竞争的有力保障。我行拥有2亿多个个人客户，但目前符合信用卡发卡条件的个人客户渗透率为21.8%，总体水平不高，优质客户交叉营销的空间还很大。在立足于拓展行内客户、提升客户信用卡渗透率的同时，也要向行外客户延伸，以信用卡为渠道大力拓展行外中高端客户，促进全行零售业务的发展，实现条线间互相促进、良性循环的良好局面。2012年总行将进一步加大考核激励力度，实施早发卡高激励、超计划多激励的奖励政策，研究对行内外客户分别考核机制，充分调动各行客户营销积极性。同时要强调的是，激励政策不是搞买单制，银行销售的是信用贷款而不是普通商品，客户营销不是一劳永逸的事情，激励政策要贯彻客户经营的理念，着眼长远，这是总行的考核导向。各行要深刻领会，始终将信用卡客户拓展作为一项基础性工作来抓，一丝一毫都不动摇。

在进一步依托网点主渠道开展零售营销的同时，也要发挥直销团队优势，开展批量化营销，围绕“社区金融”理念，积极走进居民社区、商业社区和网络社区，重点营销优质客户群和重点项目，要注重“效益优先”，量、质并重。现阶段，客户拓展重点要做到“四个巩固，四个加快”。一是要在进一步巩固网点传统渠道规模优势的同时，加快网络创新渠道发展。优先发展行内客户，提高网点运营效率，加大业务创新与技术创新力度，重点推进网络创新渠道建设。二是要在进一步巩固和扩大联动营销优势的同时，加快总分行联动营销推进。进一步加强总行直接营销职能，对全行优质集团客户、公司客户、小企业客户和私人银行客户，尤其是高端客户，更多地由总行和一级分行开展联动营销，分行则立足当地特色，依托钻白卡、汽车卡、欧洲旅行卡、卓越卡、百货卡、公务卡等重点产品加大地方性的优质客户拓展。三是要在进一步巩固东部沿海地区市场规模和先发优势的同时，加快中西部区域的客户拓展。准确把握区域发展方向，在提升重点区域竞争力的同时，关注中西部具有发展潜力的区域拓展。以经济较为发达、目标客户群体比较集中的东三省及中西部地区作为新的区域发展重点，实施中心城市行优先发展战略。四是要在进一步巩固和扩大行内中高价值客户规模的同时，加快年轻富裕群体客户的拓展。实施以优质中高端客户为重点，积极培育潜在客户的客户战略。

2. 大力推进分期付款业务，打造国内领先的消费信贷金融平台

“十二五”规划明确提出要构建扩大内需长效机制，居民消费增长将是我国未来5年发展的核心内容，消费市场空间将大幅扩张，居民消费结构也将从生存型向发展型和享受型转变，信用卡消费信贷业务迎来良好机遇。

首先，从成熟市场发展经验看，以分期付款为代表的消费信贷业务已经成为商业银行信用卡业务的主要收益来源。香港、台湾地区信用卡收入中有70%是分期收入为主的利息性收入。发卡业务更多的是体现基础性和关联效益，依靠常规收费尤其是一次性收费总体盈利潜力有限，也影响客户体验，信用卡的边际收益决定于以分期为代表的消费信贷业务。其次，消费信贷主体已基本形成。我行分期客户中70后、80后客户占比达到77%，且多为高学历、高收入，这部分客户消费信贷理念已成熟，未来增长潜力巨大，是信用卡消费信贷快速发展的坚实基础。以工商银行、农业银行为代表的主要竞争对手普遍将分期付款作为信用卡业务重点。前10个月，两行的分期交易规模分别达到1 000亿元和600亿元，在其信用卡总交易中的占比均超过15%，而我行的占比为7%，此外发展改革委近期拟下调银行卡刷卡手续费收费标准，在收窄回佣收入的同时，将更加凸

显分期业务在利润贡献上的重要性。

全行要大力推进以分期为代表的信用卡消费信贷业务，一是要按照专业专注的发展要求，加强基础建设，设立专业机构及人员配备，打造专业化的消费金融品牌。二是要加快账单分期、商场分期、网上分期等的创新和推广，实现分期产品多样化，以分期特色带动优质商户拓展，通过流程优化、系统开发、渠道拓展等快速响应客户需求，抢占消费信贷市场。三是要进一步强化购车分期业务优势，同时加快安居分期业务发展，确立我行信用卡消费信贷金融平台的市场竞争地位。

3. 进一步加快新产品、新技术、新渠道的研发应用

近期国家出台了“十二五”一系列的产业技术创新规划，将创新上升到支撑国家经济转型与发展的重要高度。在建设创新型国家的关键期，全行都要认清形势，把握产业创新机遇，持续提升综合创新能力，作为技术密集型产业的信用卡业务，更不例外，亟须抓好以下几项工作。

一是要加快 IC 信用卡的行业应用。芯片卡（IC 卡）以其安全性更高、功能更强大、可植入多样化支付介质等优点，将成为未来支付市场发展的新趋势。2011 年年初人民银行公布，力争用 5 年时间实现境内全面发行和受理金融 IC 卡，近期已联合社会保障部在社保卡中增加金融功能。因此，未来 5 年内金融 IC 卡的迁移与爆发式增长将极大推动跨行业深度合作，带来发卡机构在产品创新、市场拓展、后台运营等领域的变革，甚至推动发卡市场的重新洗牌。全行对发展形势要有充分认识，这次请大家参加 IC 信用卡应用方面的首发仪式，目的也是借此机会推进。这方面福建省分行做得比较好，走在了全行前列，在此提出表扬，下步各行要加快 IC 卡行业应用市场的拓展与合作，确立我行 IC 信用卡市场优势地位。

二是要加快互联网渠道的全方位应用，打造网上商城电子商务平台。要持续丰富和优化龙卡商城各项功能，使其成为我行网上消费信贷中心、零售客户增值服务中心、零售客户积分兑现中心，打造同业第一、行业领先的电子商务平台。

三是要推进移动支付的合作和应用。随着移动支付的技术标准、业务规则、监管政策的逐步制定以及基础设施的日趋完善，市场即将进入快速发展期。总行刚与中国银联签订了移动支付合作协议，并正在与中国移动等运营商展开谈判，全行要密切关注产业动向，加强应用研究，抢占市场先机。

四是要与国际信用卡组织、银联、全球性商业银行等尝试合作，以大行气魄搏全球市场，以全球化视野打开新渠道，创新盈利模式，布局我行信用卡的未来。

4. 进一步加强精细化管理、专业化运营，提升客户体验

要为客户提供差异化的产品和服务，提升客户体验，既要注重方法创新，也要注重手段创新。方法是要能把握客户的心思，投其所好，于细微处彰显服务品质；手段是要有科学的机制、流程和工具，以精细化管理、专业化运营，精准、高效地实现服务差异化。

一是要注重细节、讲求人性化。人性化出在细节，服务品质出在细节，效益出在细节，市场竞争力也出在细节。我们说细节决定成败，道理大家都懂，但难在落实。这就要从客户中来，到客户中去，深入开展“客户之声”，使之成为收集、反映、满足客户诉求的有效渠道。二是要进一步深化差异化管理。差异化管理不是简单地对不同的客户发不同的信用卡产品，而是要对客户实施分类营销、分类管理、分类服务，差异化的背后是整个支撑团队、支撑流程和支撑资源的不同。三是要注重数据分析。没有基于数据和事实的科学方法，就难以客观、准确地反映产品和服务中存在的问题并加以解决。服务无止境，提升服务的最终目的还是盈利，这就要求我们应用先进的数据分析工具，找准客户的主要诉求，以有限的客服资源获得最佳的客户体验。

5. 进一步提高信用卡盈利能力

2011 年年初全行零售业务工作会上已提出，要加快提升信用卡盈利能力，打造市场领先的龙卡信用卡第一品牌。要能算清账，逐步建立起完整的条线核算体系和激励约束机制。当前，信用卡业务已经进入盈利周期，在加大业务拓展力度的同时，也要进一步加大业务经营的力度。

一是要“开源”，有效提升盈利。要优化业务结构和产品布局，鼓励持卡人在中高端商户刷

卡消费；要继续大力发展分期业务，建立健全体制机制，进一步提升业务收益贡献。二是要"节流"，合理压缩成本。要学习国内外的先进经验，不断提升信用卡业务自动化、规模化作业水平，降低可变成本投入。三是要处理好直接效益和间接效益、短期效益和长期效益间的关系。比如网上商城建设和 IC 信用卡推广，目前都处于投入期，短期来看效益不明显，但作为战略性业务长期必会带来超额收益。同时仍要强调，即使是战略性业务也要算清账，短期的亏损，未来依靠什么赚回来，投入产出效益如何，再比如发卡营销和商户拓展，从直接效益看也是不赚钱的，但从关联效益来看，对我行拓展个人和公司客户、吸收储蓄存款和沉淀资金等，都有重要意义，能够带来间接收益。对此，全行要有正确的研判，要通过趋势分析、敏感性分析等准确把握业务方向，加大战略性业务投入，打造信用卡业务的持续盈利能力。

6. 进一步加强风险管理

我行信用卡业务始终坚持长远审慎的风险管理策略，风险管理水平和资产质量在同业中有较大优势，也经受了 2008 年经济周期的考验。但不能因此而盲目乐观，今年，尤其是下半年以来，全行各类案件和案件风险明显反弹，近期通报的风险案件中也有一起涉及信用卡伪冒。总行已多次召开党委会、专题会，研究部署案件防控工作，建国行长也就做好全行安全稳定工作提出了具体要求。各行要认真贯彻落实，深刻认识到风险防控是业务健康发展的基础和保障，必须长期坚持不懈，不断提高信用卡资产管理水平。

一是要进一步加快推进审批扁平化管理，并逐步从信用卡审批中心向专营中心发展。总行将在第一批已推广的 70 个城市行基础上，加快第二批的推广工作，目标是在 100 家中心城市行实施审批扁平化管理。这是推进全行信用卡业务运营机制改革的重要一步，是建设信用卡专营中心的基础，各行要在机构、人员上充分保障，大幅提高办卡效率。二是要科学运用风险计量工具，优化申请评分、行为评分、反欺诈评分、催收评分等的科技应用，进一步提升风险管理的精准度。同时加强反欺诈团队建设，加强与公安机关、同业、卡组织的合作与联动，加大对欺诈、伪冒、套现等的打击力度，建立纠纷应对机制，加强风险防范。三是要加强表外业务管理。银监会在商业银行资本管理办法最新征求意见稿中，进一步明确了信用卡表外资本管理的监管要求。在现行监管资本框架下要研究大幅减少表外业务资本占用的举措，实施影子额度方案，提升资本使用效率。

同志们！岁末年初的工作任务还很艰巨，各行要切实贯彻总行要求，落实好"关门开门"的各项工作。相信在全行的共同努力下，我们一定能够在圆满完成今年信用卡业务各项经营目标的同时，为明年的发展打牢基础，推动我行信用卡业务不断迈上新台阶！

谢谢大家！

在 2011 年海外工作座谈会上的讲话

胡哲一

（2011 年 2 月 23 日）

同志们：

刚才国际业务部和风险管理部作了专题汇报，有关部门也作了重要补充，他们讲得都很全面、具体，很实，也都表了态，表示很多事情是今年要做的，他们讲的我都赞同。总行对开好这次会议很重视，会前做了充分准备：一是前段时间国际业务部和财会、风险、人力、信息技术团队部门加上金融市场部、审计部负责人开了二三个专题座谈会，沟通和研究有关问题；二是会前向海外机构发了综合问卷，汇总情况和意见建议。这使大家事先有了很好的对话平台。会议形式上也作了很大改进，这次会议安排两天，中间一整天是每个海外机构与总行相关部门“一对一”的汇报和协调对话。今天的大会主要是了解总体情况，明确大的思路方向，统一思想，提高认识，后天海外机构还要作专题发言，会议要作总结，还要请行里主要负责同志给大家作重要讲话。在此，我先讲几点意见。

一、充分肯定2010年海外业务发展取得的成绩

开会和工作要有连续性。在回顾去年之前，我想首先与大家一起重温一下去年海外工作座谈会专题会议纪要的两个主要方面。一是当时提到的海外发展主要问题；二是去年对海外业务发展的总体要求。针对这些问题，贯彻落实这次专题会议精神和要求，去年，在总行党委正确领导和总行各部门与境内分行的共同努力下，海外业务条线团结进取，按照既定的工作方针和部署，着力“打基础、调结构、保质量、求发展”，各项工作取得良好进展，经营和管理迈出了新的步伐。我简要点一下。

（一）海外业务总体上保持持续、稳定发展

一是资产规模、利润、不良等主要经营指标总体上是改进的、较好的。去年海外机构资产总额425亿美元，同比增长25%；实现税前利润3.7亿美元，同比增长1.77亿美元；海外不良贷款额和不良贷款率实现“双降”，分别较2009年下降7.27亿美元和3.51个百分点。二是业务转型初见成效，资产负债收入结构继续优化。贸易融资业务占比持续上升，银团贷款、债券投资占比继续下降，海外机构主动负债能力也有所增强；中间业务收入同比增长2 185万美元，增幅43.5%，收入占比提高1.82个百分点。三是经营整体稳定，预算完成总体情况较好。大多数海外机构都较好地完成了总行下达的经营计划和预算指标。四是境内外联动力度明显加大，人民币业务实现突破。2010年海外机构办理的跨境贸易人民币结算量已迅速突破100亿元人民币，2009年还不足12亿元人民币；海外机构联动资产余额达113亿美元，同比增长33亿美元；纽约分行加入美国联邦清算系统，东京分行也成为日元一级清算行。

（二）积极稳健推进机构申设，海外网络覆盖面快速扩充

新加坡分行去年7月获颁批发业务牌照；胡志明市分行和悉尼分行已正式开业；莫斯科代表处成功获批，计划今年上半年开业；台北代表处和多伦多分行已获得境内银监会批准，各项境外申设工作正在积极推进中。如将全部零售网点包含在内，目前我行海外机构共63家，覆盖全球12个国家和地区。

（三）稳步推进海外机构基础建设，管理工作有所加强

去年是海外机构管理部成立的第一年。一年来，海外部认真履行归口管理职能，各团队条线和总行相关部门给予积极支持配合，加强了对海外机构的综合协调管理。一是指导和督促海外机构执行总行政策，对香港分行风险状况进行专题调研，组织海外机构对风险状况进行全面排查、制定整改措施，并以此为切入点，着手加强海外风险管理。二是加强海外机构业务发展指导，规范了对重点业务和产品的管理，完善了海外机构管理信息报告制度和公文运转流程。三是加强业务计划与财务预算管理，有针对性地调整和补充了海外战略性考核指标，加大了预算执行力度。四是海外IT系统建设取得重要突破，海外核心业务系统（OCBS）在胡志明市、新加坡、香港、首尔4家分行上线运行并达到了预期目标，为后续推广积累了经验；外汇清算系统（GMPS）也在6家海外机构成功上线。五是加大海外机构人员储备、培养和选派力度，海外机构内派员工大幅增加，内派员工比例实现翻番，为海外机构发展增添了一批新生力量。

以上这些成绩的取得，是总行党委高度重视和正确领导的结果，是总行各部门和境内外分行共同努力的结果，是海外业务条线全体员工团结拼搏、辛勤工作的结果。在此，我代表总行党委对大家表示衷心的感谢！

二、进一步增强做好工作、积极稳健发展海外业务的信心

前两天召开的全行工作会议对我行面临形势

和环境作了全面分析，对当前工作和中长期发展作了明确部署，大家要进一步学习领会和认真贯彻执行。发展必须抬头看路，首先要认清形势。总的看，当前我行海外发展的良好机遇与严峻挑战并存。

在全行工作会议上郭董事长、张行长两位领导对当前国内外形势已讲得很全面、很透了，对我行海外发展的基本方面和要求也讲得很明确，我们要深刻领会，提高思想认识的视野和高度。不容置疑，这些年我们海外发展成绩明显，但也遇到一些挫折和困难，一些同志有疑虑和困惑，有些畏难情绪，我想我们还是要有信心。新的形势下，我们必须进一步做好海外条线工作，积极推进海外业务健康发展。一是中国经济金融发展和客户“走出去”的要求。越来越多的企业和个人走出国门，建设银行必须紧跟这个大趋势，提供必要的优质金融服务，否则将影响甚至丢掉境内、境外的客户和市场。二是我行成为现代化大型银行的要求。现代化、综合化的主要标志之一就是国际化。我们必须有覆盖全球各主要经济体的海外机构网络，有主要币种的外汇清算能力，有先进的全球IT系统和专业化国际人才，有境内外一体化的强大服务能力。三是提升管理水平、创新发展的要求。我们必须发展海外业务，学习海外先进经验和做法，汇集和运用海外市场信息、新产品和技术，促进和推动全行发展。我行海外业务起步较晚，相对于这些年境内快速发展，各方面都有较大差距，与同业领先水平也有很大差距。虽然我们不简单强调在规模上、速度上赶超同业，不提倡盲目追求占比，但继续积极稳健发展已是不容置疑、刻不容缓的。

综合内外部因素，我行发展海外业务有空间、有潜力，也有条件。第一，世界经济呈复苏态势，金融危机后一些国家和地区放宽了市场准入标准，为增设机构和发展业务提供了相对宽松的外部条件；第二，国内经济保持平稳较快增长，对外经济开放度日益提高，人民币国际化步伐加快，为我们提供了新的发展空间；第三，全行境内业务发展持续良好，管理水平提升，综合实力增强，为海外业务发展提供了有效的支持与保障。总行党委、董事会、高管层高度重视，既重视发展的成绩、机遇、战略和部署，也重视存在的问题和挑战，这对大家既是动力，也是压力。境内分行需要和支持海外业务发展，我行海外发展也积累了一定基础，我们要跟上发展大趋势，抓住机遇，用好有利条件推进海外发展。同时也要保持清醒的头脑，看到我行海外发展所面临的问题和困难。一是世界经济发展仍有很大不确定性。金融形势复杂和动荡，不同国家和地区经济与市场有很大差异，我行海外机构相对更容易直接受到影响。二是境内外监管力度不断加大。国内货币政策明显调整，银根还在持续收紧，金融监管力度、强度和频度都在加大，去年以来，银监会对银行海外业务经营管理提出了新要求。许多国家都相继采取措施加强银行业的监管。三是人民币升值压力加大。整个社会负债外币化、资产本币化趋势还在加剧，境内外汇资金紧张局面一时难以缓解，也影响到加大对海外机构的资金支持。四是同业发展海外业务的竞争日益激烈。工商银行在海外机构和业务上发力很猛，交通银行、民生银行等也积极进军海外，农业银行也不甘落后。五是近年来我行海外业务发展较快，但由于金融危机影响加上自身基础不稳、经验不足，留下了一些风险隐患和问题。我们要敢于应对这些挑战，努力克服困难和解决问题。

总之，我行海外发展既有客观和本质要求，又有机遇和潜力；我们既要积极坚定，又要清醒稳健。“发展是硬道理”，我们还是要坚定不移地推动海外机构和业务科学发展，在发展中解决问题，在发展中提高竞争力。

三、进一步明确海外发展的战略定位和基本思路

这些年我行海外发展的战略定位与思路逐步清晰与完善，总体贯彻是好的，但还存在一些模糊、片面的认识，有些认识到了，但工作中没有真正坚持。随着金融危机冲击影响和外部压力减弱，有些同志对既定的一些政策和做法又有些怀疑。在新形势下，对海外发展战略必须进一步统一思想，提高认识，以此指导和推动海外发展的科学性、有效性。

最近全行正在制订十二五规划，海外发展是其重要组成部分。董事长和张行长多次明确提出了我行海外发展的战略定位和思路。我反复学习

理解，认为是否可以概括为“服务、跟随、稳健”六字战略。

“服务”就是紧紧服从和促进全行整体发展。即建立全球一体化的清算、资金、业务和信息网络，为境内发展、为建设国际化大银行提供全面的服务和支持，既包括扩展客户和业务，也包括利用全球市场来经营发展。郭董事长也特别提到，服务还包括学习、引进国外先进经验和技术，培养和锻炼队伍。目前全行主要发展空间在国内，海外业务要在市场信息、资金、产品、人才等方面对境内业务发展形成有力支持，促进我行加快成为现代化、国际化大银行。

“跟随”就是通过优质服务紧紧抓住和扩大境内外客户。对跟随战略大家要有全面理解。首先，这里所说的客户既包括大型企业，也包括中小型企业和个人客户，既包括“走出去”的国内客户，也包括与中国有密切经贸投资关系的外国客户，当然，目前主要对象是“走出去”的国内重点企业；其次，“跟随”是对客户多产品、多维度、全方位的跟随，要为客户提供一揽子综合跨境服务方案，实现由提供单一产品向提供多元化产品转变，由交易类产品为主向交易加结算类组合产品转变。目前我们有不少业务还只是单纯的资金交易性业务，缺乏基本结算户的纽带与联系，没有保障，就像“只恋爱，不结婚”，变数多，波动大，基础弱。要努力争取更多客户在我行开立基本结算账户，真正吸引客户、留住客户、扩展客户，为中长期发展打好基础。对这一点，不论内外部形势、市场环境和经营业务如何变化，都决不能动摇。

“稳健”就是积极稳妥、走可持续发展道路。我们海外发展不是为了单纯增设机构，不是为了面子和宣传，而是要真正发挥重要作用，而发挥作用的基本前提是健康、稳定、安全。我们不能熊掰棒子，更不能一地鸡毛。要根据需要新设机构，更要把已有的机构经营管理好、发展好，形成良性循环和可持续发展。

适应新形势，今年海外工作的总体要求是，认真贯彻落实全行工作会议要求和部署，坚持海外发展战略，坚持统一管理和“一行一策”相结合，大力推进“海外业务风险管理年”，切实提高风险管理能力，全面强化基础建设，积极有序增设海外机构，深化境内外联动，着力提升服务客户、扩展市场和经营管理水平，为全行发展作出新贡献。

从上述战略和工作要求出发，这里还要强调说明两点。第一，总行必须对海外机构实行统一管理。我们实行的是统一法人管理，海外机构是建设银行在海外的机构，不是海外的建设银行，更不是放给外面承包的公司。各海外机构都要认识到这一点，我们不论讲中国话、外国话，都要把建设银行的整体放在心里。对海外发展的战略认识、基本政策要求和管理机制，对市场准入、产品开发和风险底线等必须统一规范。近年来，总行在改进海外统一管理方面做了一些工作，但责权仍不够统一、不够明确清晰，操作不够科学和有效，还有很多要改进和完善的方面。第二，发展战略、统一管理与“一行一策”不矛盾，而是为了指导和推动更加科学地搞好“一行一策”。“一行一策”是辩证法的本质要求，是完全正确和必要的，是由各机构所处国别地域、监管政策、经营定位、发展阶段、经营管理能力等方面的差异决定的。刚才我提到的“服务、跟随、稳健”是战略，“一行一策”是具体“战术”。“一行一策”是在整体战略和统一管理框架下，具体明确各海外机构的目标客户、产品定位、服务功能、市场分割和经营指标，而不是片面强调“将在外，君令有所不受”，各行其是、随意发展，更不是盲目、违规发展。我们要坚定不移地实行整体战略定位，不能片面强调个体差异，违背战略要求和定位去盲目追求局部和短期利益，局部必须服从全局。我想了很久，也与部门和分行的一些同志商量了，可以定下来：从今年起，总行对海外机构统一管理总的原则就是，在三个条件下，积极而有步骤地把境内成熟、科学和行之有效的管理机制、制度、流程和办法全面有效地运用到海外机构去。这三个条件就是，不违背当地法律和监管规定；符合当地文化、习俗和社会认知；有利于海外机构和业务积极、稳健、持续发展。总之，统一管理与一行一策是统一辩证的，缺一不可。我们既不能脱离各海外机构实际情况“一刀切”，否则整体战略和具体政策不可能有效贯彻执行，也不能片面强调差异，自搞一套，突破底线。在这一点上大家一定要统一思想，并在今年的业务计划制订和工作部署中得以体现。要本着这个思想高度和水平，参与明天的“一对一”沟通协调。

四、高度重视和切实强化海外机构风险管理

风险管理是银行经营的底线，是发展的生命线和基石。相对于国内而言，海外业务覆盖地域广、差异大，海外机构天高地远，经营环境复杂，容易受到更多不确定、不稳定因素和风险的影响。海外业务越是发展，越要绷紧风险管理这根弦，把发展牢牢建立在风险管理不断完善的根基上。“任凭风浪起，稳坐钓鱼台”，这个台不牢，鱼钓不到，自身还难保。

这一两年我们在加强海外风险管理方面采取了一些有效措施，如严控跨区域贷款、债券投资管理统一上收总行、增加外派风险管理人员、制定海外风险政策底线等，非常好，有效果，但必须清醒地看到，受金融危机持续影响和自身管理能力等多种因素影响，海外机构前几年遗留的一些风险问题近年来逐步暴露，首尔、法兰克福、东京、香港分行先后集中出现不良，经营不错的约堡分行近期也出现了不良贷款。有些机构的风险目前可能还未充分暴露，隐患不可忽视。在审计和风险排查中发现不少风险管理薄弱环节和明显漏洞。银行经营总是有风险的，关键是看风险大小、成因、防范和处置能力，更重要的是人的认识。现在着重要提醒的是，有些同志对海外经营的风险问题警惕和估计明显不足，这是最危险的。总体来说，我行海外机构整体风险管理水平落后于境内，落后于我们谋求海外积极稳健发展的新要求，有的机构甚至落后于当地同业平均水平。风险管理部先提出这个判断，有些同志还不赞成，如果你真正深入了解境内这些年风险管理改进与提升情况、风险控制的严格，就会服气。海外风险管理应当更独立，境内境外哪头严格靠哪头，应当水平更高一些，但如果搞不好，就有可能像刚才风险部丰总所说的，在风险监管上境内境外“两头软、两头不靠”。这必须引起我们警觉和重视，因为这种状况不仅明显影响当前合规经营，而且会严重制约长远发展和竞争力，这个道理，大家比我更明白。对此，我们一定要有足够的认识，要敲响警钟，立即行动，加大力度，决不能小视和轻视，决不能麻痹松懈和存在侥幸心理。

董事会、高管层对海外发展的风险管理问题多次提到和研究，重视程度前所未有。总行已明确把今年定为“海外业务风险管理年”。各海外机构和海外条线必须坚决贯彻落实总行的统一部署和要求，将风险管理作为重中之重，坚定不移地加以推进。今年要重点做好几项工作。一要切实加强贷后管理，多方面掌握客户经营情况和财务信息，加大贷后重检力度，在切实化解存量风险的同时，防范新的风险发生。二要加快风险管理架构改革。先在香港分行试点设置风险总监，把总行要求与当地监管规定、分行实际情况相结合，形成一整套工作流程、机制与制度，总结经验，适时推广。对于业务规模相对较小、暂时不具备派驻风险总监条件的海外机构，也要根据总行要求完善风险管理架构和风险报告制度。三要加快新资本协议在境外的实施步伐。全行境内从2007年就已开始实施，今年将正式启动海外机构实施新资本协议Ⅱ的相关工作，各机构要高度重视此项工作，同时积极配合总行做好国别风险管理工作。四要加强和改进流动性风险管理。各机构要严格遵守债券买卖和持有主要用于满足流动性监管要求，而不是以盈利为目的的基本原则，严控新增信用类债券，并尽可能减少存量信用债券。昨天赵欢副行长专门要我在会上强调一下：各海外机构对于符合流动性管理规定要求内购买的债券，也要加强风险管理，分类密切监测，动态合理调整，对于已经下调到关注类的要及时、有效处置；世界形势波动变化，对手里还有的前几年一些“有毒”资产要尽快择机脱手。有的海外机构问，现在形势好些了，可不可以放松点，挣点钱。我说一般不可以，特殊可以考虑。对一般流动性管理要求之外的临时、特殊的重要情况下要买卖和持有限制类债券的，应逐笔报总行审批，并满足以下条件：一是符合总行战略要求，有助于提高海外经营管理水平；二是规范运作，在品种、期限、价格、额度方面严格遵守授权授信及总行其他相关要求。对于好的投资机会，各机构可及时向总行提供信息，由总行统一研究操作。

这里，再简要讲一下海外机构不良资产处置问题。海外机构与境内分行相比有很大不同：海外机构成立时间较短、起步较晚，不良资产有一个逐步暴露的过程；海外资产处置市场化程度高、环境复杂，各机构外部条件差异性也很大；境外不良资产处置相关管理制度不够健全和完善，经验也不足。今年要根据海外不良资产处置监管政策和市场环境特点，境内外共同配合做好这项工作。总的原则要求是：一是加强授权管理，根据项目的市场化程度及风险可控程度进行差别化授权。对外面市场化程度高的，可以在总行授权内由分行按规定处置，这方面授权变动的实施还要按建设银行公司治理的要求进行；对于市场化程度不高，需要谈判协议处置的，要报总行审批。二是完善审批管理、规范审批制度，确立集体审议规则。同时，要加快这方面的专业化人才培养，加强总行对海外机构不良资产处置的指导与服务。

五、大力加强海外业务管理和境内外联动

近年来，总行对海外业务的管理有所加强，但还要进一步改进完善。一是规范管理，对所有产品和业务尤其是新产品和新业务，在准入标准、制度流程、考核监督等方面都要有具体明确的要求；二是抓好重点业务与产品，同时积极创新和开拓市场；三是切实做好内外联动，提高客户综合服务能力，形成集团整体优势。新形势下落实“跟随”战略至关重要，加强和深化境内外联动必须调动境内、境外两个积极性，要充分依托利用国内强大的客户基础和业务资源，充分利用境外分行一线优势。境内外联动，功在内外两头，利在建行整体。希望各海外机构、境内分行和相关部门不要只注重局部利益，过于强调一时的得失，而要从战略高度来深刻认识和扎实推动境内外业务联动。下面我重点讲几项。

一是负债业务。银行如果没有基本结算户，没有稳定的存款来源，当前极易波动，长远发展也严重受制，境内外都一样。特别是今年国内人民币资金面趋紧，人民币升值下美元资金也紧张，负债能力高低成为海外业务发展和联动能力提升的主要制约因素。各机构今年必须大力提高在当地市场的筹资能力，特别是有条件的机构，要努力加强主动负债，通过存款、同业拆入、发行存款证等多种方式积极筹资，争取在满足客户需要和支持境内分行发展方面发挥更大作用，总行在这方面也要进一步加大考核力度。在资金有限的情况下，各机构应优先满足境内外业务联动的需要。昨天全行工作会议总结时，郭董事长提到境外资金拆借问题。对这个问题要广泛深入研究一下，它关系到建立全行外汇资金来源运用整体系统的问题，涉及境内外多渠道筹措、科学合理考核和统筹优化配置等多个方面，涉及很多具体问题。先提出个专题，请国际部牵头，多部门参与。在此同时，也可以先研究采取些单个措施解决具体问题。

二是内保外贷业务。目前，我行内保外贷存量客户263家，主要为跨国经营的大中型企业，客户整体信用状况较好，近九成为AA级及以上客户。截至2010年年末，我行海外机构办理内保外贷余额66亿美元，市场占比超过1/4，在中国银行之后列国内同业第二位。这一两年，我行这项业务发展迅速，来钱快，大家愿意干，但也要清醒看到，这两年内保外贷业务快速发展有较为复杂的多种因素，既有客户“走出去”的需要，也有人民币升值预期等复杂因素作用。要对此项业务发展背景、状况和趋势有全面认识。既要抓住机遇和市场，又要加强和完善管理，还要未雨绸缪，不能只盯着和完全依赖这块，要看到人民币汇率、风险、国内外经济形势变化可能产生的逆向影响，要有两手准备。现在大量搞内保外贷，日子相对好过，但深化客户服务、市场扩展、基础建设绝不能放松。总分行要配合，提高内保外贷业务办理效率，海外机构要以内保外贷业务为契机，深入挖掘客户在其他方面的需求，巩固客户基础，提高综合服务能力。

今年适应“表外业务管理年”的要求，总行要进一步加大对融资性对外担保业务的合规管理，在落实内保外贷境内申请人资格条件、授权审批、余额指标审核等管理要求的基础上，加强对海外机构贷后管理工作的指导和监督。海外机构要全面看待“内保外贷”的收益与风险，不能认为只要有境内分行担保就万事大吉，而要认真协助境内分行做好客户的贷后管理工作，要在符合本地监管要求的前提下，比照境内分行贷后管理的相

关规定，建立和完善贷后管理。

三是跨境贸易人民币结算。人民币国际化已是大势所趋，步伐加快，在人民币升值阶段这一需求会更大，境外将培育出日益庞大的人民币客户群体。与传统业务优势不同，跨境人民币业务作为新生事物，各家银行的起点基本一致，刚才国际部金总在汇报中也提到，除中国银行外，其他几家还差不多。我们要抓住机遇，抢占先机，稍有犹豫和迟缓，战机一纵即逝，这一点昨天工作会上董事长总结时已明确提到。总行相关部门要加快研究推进，境外机构尤其是在港机构要起前沿的、重要的作用。要在符合国家和当地政策的前提下积极探索，充分利用我行人民币本币业务优势，加强内外联动，深挖客户资源；注重发展人民币结算、贸易融资、担保以及融资与资金组合等产品，并为客户提供其他币种的配套产品与服务，形成在当地市场的比较优势，打造新的海外业务增长点和竞争力。

四是继续抓紧做好新设机构的工作。要按照已定的基本思路和要求，有步骤、有计划地积极研究，选择和推进新设机构，拟在几个重点地区设立机构的，董事长和张行长在全行工作会上都提到了。这方面工作比较繁杂，涉及面广，要分清轻重缓急，积极协调，多种途径加快有效进行。

六、继续全力推进海外信息系统建设

总的来看，相对于境内而言，海外信息系统建设起步晚，更为薄弱和滞后，明显制约了海外机构业务发展、管理能力提升以及境内外联动的深化，非现场监控系统的缺失也使总行难以对海外机构进行及时、有效和科学的监督。科技是第一生产力。今年要进一步加大工作力度和资源投入，加快推进海外信息系统建设。

在这次会前的汇报材料中，不少机构都提到系统上线同时业务发展压力大、人手少等问题，对此，总行也尽可能地予以考虑。但大家应该认识到，全行的 IT 资源是有限的，今年的安排已相当紧，必须预先制订计划，统一执行，牵一发则动全身。总行信息技术部和相关部门调配了大量资源来保证 OCBS 及相关系统的实施，这非常不容易，要感谢和珍惜它们的支持。因此尽管有困难，还请各机构以大局为重，局部服从全局，有条件的要抓紧上，没有条件的创造条件也要上。要确保 OCBS 及周边系统 6 月在东京分行、7 月在悉尼分行、8 月在约堡分行、9 月在纽约分行、10 月在建行伦敦、11 月在法兰克福分行按期上线投产。同时要以总行管理应用为目标，对现有 OCBS 系统优化升级，于年内设计开发出可对海外机构管理数据实时查询分析的非现场监测功能。这项工作时间紧、任务重，总行相关部门要通力合作，各海外机构要高度重视，“一把手”亲自抓，要确保至少有两人全程参与相关工作，以便学习、衔接、熟悉系统，确保未来系统正常运行。

七、健全对海外机构经营发展的科学评价考核

3 年多来海外机构经营绩效评价总的效果是好的。经营发展评价考核是指挥棒，新的形势下，对海外机构的评价考核要更加符合总行海外发展战略要求，把战略要求和绩效要求很好地结合起来，以有效引导和保障海外业务稳健经营发展。从这点出发，同时考虑到整个海外发展还处在成长培育期，相对于境内，海外机构考核坚持战略与绩效考核并重，适当增加战略考核指标的比重。对海外机构的考核评价还要坚持统一管理与一行一策相结合并具体化，要借鉴境内好的做法，也要结合当地中资银行经营管理状况。现在海外机构数量在增加，机构间在国别区域、市场环境、经营重点、基础条件等方面也有很大差别，要在统一的大原则下，针对各机构实际情况进一步细化、完善考核方案，增加考核的针对性、可操作性和有效性。经营计划“既要够得到，又要跳一跳”，既不能把目标定得太低太软，自甘平庸落后，没有压力。如果长期落后，还有必要办吗？也不能制定不切实际的高目标，挫伤积极性，引发高风险。对于成立时间较长的机构，特别是那些外部市场环境良好、有条件的分行，必须保持合理的增长速度；对于新成立的机构，考核上可以适当弱化盈利要求，但在限定的亏损期内，也要对其各项投入的落实情况、主要建设情况进行必要的考核。计划方案确定后，要增强执行力，加大检查督促力度。

各海外机构要深刻领会总行海外发展战略的内涵，认真执行年度业务计划及财务预算，把总

行下达的战略指标计划作为业务发展的重点，认真落实完成。在一般情况下要保持考核的权威性和连续性，但也要有一定的灵活性，结合重要的实际情况变化加强总分行沟通协调，及时进行合理调整。

八、加快推进海外人才队伍建设

人才资源是第一资源，人才问题是建设银行海外发展的关键，不仅事关当前，更关系长远。相对于境内，海外人才综合素质要求更高、培养难度更大、周期更长，而我行海外人才又相对更为缺少、需求更迫切、培养任务更艰巨，必须高度重视，抓紧做更多工作。

去年我行海外人才选拔、培养和选派实现了超常规发展，人力资源部牵头负责，多部门支持，做了大量工作。包括创新性地推进了海外人才库建设，人才储备规模从年初的 70 余人扩充至 247 人；加大外派力度，全年共向海外增派内派员工 59 人，总量增长超 100%；先后出台一系列制度办法，规范了海外内派员工管理，进一步加强了海外人员培训。目前，我行共有海外员工 2 938 人，比 2009 年年末增加 604 人，增幅 25.9%，其中海外分行和代表处 437 人，海外子公司 2 501 人；内派员工 109 人，约占人员总量的 3.7%。但目前我行海外人才建设的主要问题，一是人才总量和储备不足，人员结构不够合理，管理层备选人员和风险管理、财务会计、产品开发、市场营销等重要、急需岗位的人员储备太少。二是派出去的人相对仍然太少，派出速度太慢。我刚接触海外工作时，听说以前有的海外机构负责人不愿意也不需要内派，感到不可思议。你有没有想，你退休、人走了怎么办？内派多几个人是优势互补、发挥集体智慧和团队力量的需要，“三个臭皮匠顶一个诸葛亮”，也是实地培养人才、保证长远发展的需要。三是内派员工还没有实现必要的合理流动，人员交流、提拔和职业上升通道的机制制度还不健全。人员任期制实际上难以完全执行，人员流动不起来，时间长了，惰性大了，人心也容易散。这些状况很不利于海外机构和业务持续健康发展，不利于有效推进境内外联动，也不利于对海外人才的培养、使用和保护，必须坚决改变。没有一支坚强有力的好队伍，什么事也干不成、干不好。今年要着力做好几件事：一要继续扩充海外人才储备，改善人员结构，重点加大管理层和急需重要岗位人员的选拔与培养力度，继续增加内派人员选派。二要完善海外员工发展和交流机制，加强内派员工聘期管理，增加内派员工，特别是高管人员的交流与轮岗。三要关注海外员工职业发展，完善考核与晋升制度，实现在同等条件下海外内派员工的职业发展机会不低于境内机构。四要进一步加强当地雇员招聘管理，海外机构部门副主管的招聘也应事先向总行报备，在当地招聘时要考虑优先录用会讲中文的“双语”人才，海外机构自身也要加强与完善对当地雇员的管理。五要通过多种方式加大海外储备人才培训与培养力度，同时加强海外当地员工培训，使其熟悉了解建设银行文化与管理要求，提高整体人员素质。相对于境内分行，境外机构在培育企业文化方面有许多特点，也要积极探索和加强，增强凝聚力。

九、加强海外机构内部管理和总行管理指导

海外机构和业务健康较快发展，外因固然重要，但最根本的是内因。海外机构无论处于哪个地区、哪个发展阶段，内部管理都是安身立命的基础、谋求发展的根本，“基础不牢，地动山摇”。海外机构要始终把加强内部管理作为一项根本性工作抓紧抓好。今后，对海外机构内部管理的考核应作为科学、全面考核体系的一项重要内容，海外机构的“一把手”要忠实履行职责，勇于承担责任，讲政治，守规矩，挂好帅，主好局，尽心尽力，以身作则，既要管经营发展，又要管基础建设，两手都要硬。今年重点是要对前几年管理中存在的问题进行全面梳理，认真学习借鉴境内和当地同业的先进经验，切实强化各个薄弱环节，扎扎实实提高内部管理的科学化、专业化、精细化水平。

总体来说，总行近年来对海外的管理有了加强和改进，正在由综合化管理向专业化管理转变，但仍存在一些不足。一是管理相对分散，不够及时和统一，条线指导和监督不够专业具体，责权不够统一明确，总体上还没达到对境内分行的管理、指导和监督水平。二是境内外联动的协调性、

有效性和整体能力亟待进一步提高；三是总行海外部要在新形势下积极履职探索，加强管理，进一步提高综合协调水平。下一步要做好以下工作：一是国际部、海外部要结合五年规划的总体要求，有针对性地制订工作计划，要加强检查监督，完善工作流程。二是各团队成员部门和其他相关部门要严格认真地承担起对海外机构的管理、指导、服务、监督职责，部门相关负责人要多操心，向部门“一把手”汇报重要情况。按照业务条线化管理的基本要求，实施专业化管理与指导，真正做到权责统一。各相关部门境内工作任务繁重，也请从大局出发，多关心支持海外工作。三是要加强总行部门和海外机构的双向交流，多种途径、定期和不定期地经常联系，“请回来”与“走出去”相结合，这是很必要的。

同志们，我行的海外发展有机遇、有潜力、有条件，同时也有不足、有压力、有挑战。在新的形势下，希望大家增强信心，团结奋斗，开拓进取，不辜负总行期望，把各项工作做得更好，为“十二五”我行海外发展开好局、起好步，为全行经营发展作出新的更大贡献。

谢谢大家！

强化精细管理　提升专业能力
努力开创全行资产保全工作的新局面

——在2011年资产保全工作会议上的讲话

胡哲一

（2011年3月23日）

同志们：

今天，我们在春意盎然的南宁召开2011年资产保全工作会议。这次会议的主要任务是贯彻落实全行工作会议精神，总结回顾2010年资产保全工作，表彰资产保全先进个人，分析当前形势并部署2011年工作。

这是我分管保全业务后参加的第一个资产保全工作会议，希望通过这次会议，跟大家相互认识，沟通情况，更重要的是面对新形势，统一思想，提高对保全工作重要性的再认识，坚定信心，迎接挑战，共同努力做好保全工作。本次会议还邀请了东京、香港、首尔和约翰内斯堡等四个海外分行参加，这还是保全工作会议上的第一次，让我们向参加会议的海外分行代表表示热烈的欢迎。今后海外分行的保全业务纳入全行保全条线的管理，海内、海外要加强联系，增进交流，互相学习，互相支持。下面，我结合大家昨天的讨论情况，讲几点意见供大家讨论。

一、2010年资产保全主要工作回顾

2010年，在总行党委、高管层的高度重视和正确领导下，在各部门的大力支持和密切配合下，全行保全条线坚决贯彻落实总行战略部署，紧紧围绕全行经营目标和资产质量目标，不断完善经营机制，扎实推进精细化管理，充分发挥专业优势，以不良资产处置和保全业务职能延伸为主线，努力拼搏、开拓进取、务实创新，全面超额完成了各项业务计划。共处置不良资产416亿元，完成全年计划的136%。其中处置不良贷款360亿元，不良贷款处置额高出全年不良贷款生成额近80亿元，超额实现了不良贷款“新增多少，处置多少”的工作目标，为全行资产质量创历史最好水平作出了突出贡献。处置非信贷不良资产56亿元，较2009年多处置22亿元，各类非信贷资产处置额全面超越2009年，特别是债转股资产处置额达到29亿元，是2009年的2倍多。回收现金237亿元，

其中超值回收109亿元，这是保全条线员工回收的真金白银，人均价值创造金额很高，非常不容易。处置关注三级公司类贷款121亿元，化解了贷款潜在风险。现金回收已核销呆账11亿元，超过了过去5年的回收总和。

总结回顾2010年全行资产保全工作，呈现八大突出特点。

（一）适时调整工作节奏，全年工作有序高效

2010年是我国经济最复杂的一年，受经济、政策等多方面因素影响，资产保全工作面临着较大压力。为确保实现全年工作目标，保全条线适时调整工作节奏，实现了各项工作早安排、早部署、早行动。早在2009年第四季度，总分行就开始着手研究2010年资产保全工作基本思路，开展项目储备工作，研究保全业务职能两头延伸的配套考核激励政策，为全年工作做好准备。2010年春节过后，总行立即组织召开全行保全工作会议，明确了全年工作目标和措施安排。针对大额不良贷款项目，保全条线提早研究项目情况，安排专家诊断，明确处置措施，在2010年4月末前完成了5次、85户大额不良项目集中专家诊断，逐户逐笔完善处置方案，制定处置时间表。各分行积极落实总行要求，直接经营处置大额不良资产项目，组织做好处置方案的完善和执行工作，以提前完成全年计划为基本目标，努力调整工作节奏，取得良好效果。2010年，全行保全条线提前1个月完成了全年计划，12月又根据全行资产质量情况，多处置不良资产91亿元。全年不良贷款和非信贷不良资产处置率分别达到59%和36%的历史高点，实现了不良资产处置效率连续6年稳步提高。

（二）总分行通力合作，重点工作实现新突破

2010年，保全条线从分行、项目和行业等维度入手，各项重点工作取得突破性进展。

——继续实施重点联系行制度。总行选定10个不良额大、不良率高的分行进行重点指导和帮助。经过一年的努力，10个重点联系行共处置不良资产180亿元，占全行的43%，平均不良贷款率由年初的1.61%下降到年末的1.15%，降幅高于全行平均水平0.12个百分点，其中，有4个分行不良率降到了1%以内，北京市分行处置不良资产逾50亿元，成功摘掉了不良资产老大的帽子。

——全力抓好大额不良项目处置。在总、分行的协同配合和共同努力下，100户亿元以上重大不良贷款项目中，有65户项目处置工作取得进展，其中31户已处置完毕，累计处置金额77亿元。华源系、聚友网络、中关村系等重大集团性不良客户和跨区域不良项目重整方案得以通过实施。

——积极配合全行信贷结构调整。保全条线认真落实全行信贷结构调整要求，采取有效措施进一步加大“两高一剩”等信贷结构调整重点行业及小企业不良贷款处置退出力度，净压缩53亿元。

——探索创新不良贷款处置手段。保全条线在充分运用传统处置手段的同时，以卖断方式转让不良贷款17亿元，不但实现了本金及代垫费用无损失回收，还回收利息3 670万元。

（三）积极发挥专业优势，保全职能两头延伸成效显著

按照全行“贷后管理年”工作部署，保全条线充分发挥不良资产处置专业特长和专家资源优势，精心组织，积极推动，两头延伸保全业务职能。总行在年初出台相关制度办法，明确保全业务职能延伸的具体工作要求和经营模式，并将“关注三级公司类贷款处置”和“已核销呆账现金回收”纳入保全条线KPI，建立有效的激励约束机制，确保各项工作有序开展。各分行根据本行实际情况，保全部门集中经营或牵头经营关注三级公司类贷款，建立了管理处置的有效模式；设置已核销资产管理专门岗位，明确岗位职责，配备专门人员，完成了4.66万户、491亿元已核销呆账系统建账工作，已核销资产基础管理明显加强。

经过一年的探索实践，保全业务职能两头延伸取得突出成效。全年处置关注三级公司类贷款121亿元，贷款余额从2010年年初的170亿元大幅下降至年末的75亿元，进一步优化了贷款质量，缓解了全行不良贷款反弹压力；现金回收已核销呆账11亿元，是2009年的两倍多，为全行完成主要经营目标作出了贡献。

（四）推进不良个贷集中经营，实现全行不良个贷“双降”

2010年4月份，我行调整了不良个贷风险分类标准，不良个贷金额大幅上升，个贷资产质量面临严峻挑战。为实现不良个贷“双降”目标，保全条线稳步推进不良个贷集中经营，充分发挥专业优势，进一步加大处置力度。全行有15个分行保全部门集中经营不良个贷，有效提升了不良个贷专业化处置程度。各分行保全部门与房金部门加强联动，紧密配合，共同开展业务培训，共同研究工作安排，共同制定个性化处置策略，实施差别化管理，综合运用清收、委外催收、呆账核销等手段加快处置不良个贷。

全年共处置不良个贷98亿元，完全消除了风险分类标准调整对个贷资产质量的影响。2010年年末不良个贷余额52亿元，不良率0.4%，分别较年初下降13亿元和0.22个百分点，在不良个贷认定标准大幅提高的情况下实现不良个贷“双降”。

（五）准确把握核销新政，核销金额创新高

2010年3月份，财政部出台新核销政策。总、分行及时开展业务培训，组织保全条线员工深入学习核销新政，全面优化核销流程，组织梳理损失类贷款项目情况，对拟核销项目实施名单制管理，落实专门团队加强对重点分行和重点项目的督导，大力推动呆账核销工作。各分行对照新核销办法，组建拟核销项目资产池，成熟一个，申报一个，将符合核销条件的项目基本核销完毕，实现不良资产的“应核尽核”。

全年共核销呆账95亿元，其中，核销呆账贷款89亿元（其中贯彻核销新政策多核销50亿元），超出年初损失类贷款余额近12亿元，成为我行股改上市以来核销金额同比最多的一年，有效降低了无效资本占用、促进了信贷结构优化调整。

（六）创新非信贷资产处置手段，努力解决多年遗留问题

保全条线管理处置的非信贷不良资产大多是遗留多年的项目，处置难度极大，特别是原政策性债转股的处置进度一直备受监管部门的关注。2010年，保全条线以债转股处置为重点，围绕“降余额、压净值”的工作主线，刻苦攻坚，努力拼搏，深入挖掘各种潜力，积极创新处置手段，加大非信贷不良资产处置力度，年末全行非信贷不良资产余额112亿元，较年初下降了44亿元。

针对部分债转股项目复杂、逾期时间长、处置困难的情况，总行牵头、经财政部批准，顺利完成了35户债转股项目的批量协议转让工作，处置金额14亿元。各分行加强与投资人、企业及其主管部门的沟通协调，利用股东回购、协议转让、挂牌出售等多种方式单户处置债转股项目14户，金额15亿元。通过重庆产权交易所招商，成功处置一批长期逾期抵债资产项目。通过将待结案诉讼费与呆账贷款核销合并申报审批，同步账务处理，大大减少和避免了挂账问题的继续发生。2010年全行共处置抵债资产和待结案诉讼费等其他非信贷不良资产27亿元，较2009年提高了34%。

（七）系统培训显著加强，保全队伍专业技能不断提升

根据总行关于在全行实施新一轮大规模员工教育培训的有关精神，2010年，保全条线按照“按需培训、分类培训”的基本原则，以扩大培训覆盖面、大幅度提高队伍素质为目标，突出重点，积极创新，开展全覆盖、分层次、多形式、高质量的业务培训。总行组织开展全行性培训12期。这其中，首次针对专门岗位人员举办专项业务培训班8期，培训内容涵盖了全部资产保全业务；针对管理岗位人员，举办国际化、综合性培训班4期，邀请国内知名教授、行业专家及香港金融业资深顾问就国内外经济形势、银行风险管理、管理者艺术、商务谈判、国际银行不良资产处置经验等进行了专题讲授。同时，根据分行实际需求，举办区域性培训2期。总行累计直接培训学员765人次，占保全条线专职人数的74%，培训次数、参训人数、培训班规模均为历年之最，极大地提高了保全条线员工的综合素质和专业水平。各分行根据本行实际情况，以实用性、操作性、针对性为主旨，组织开展形式多样、内容丰富的业务培训，培训规模和培训时间达到了总行要求，进一步提高了保全队伍的基本业务技能和实战能力。

（八）制度流程和信息系统进一步完善，基础管理水平迈上新台阶

2010年保全条线以“贷后管理年”为契机，

全面梳理制度流程，及时修订完善薄弱环节，在全系统倡导合规文化，将合规经营作为不良处置工作的底线和根本，夯实保全业务基础。一是完善规章制度。总行先后出台《不良贷款客户存款账户扣收业务操作流程》、《债转股股权挂牌转让操作流程》、《中国建设银行资产保全条线业务检查规程》、《中国建设银行呆账核销实施办法》等十多项制度规定，优化了业务流程，细化了重点业务关键环节的规定动作。各分行积极落实，抓好制度执行。全行不良资产经营管理精细化水平进一步提高。二是加强监督检查。2010 年开展了保全业务自查、非现场检查和对重点分行的现场检查，对检查发现的问题制定了明确的整改要求，发现问题已基本整改完毕。三是组织风险排查。结合总行党委关于廉洁从业的要求，在全系统开展保全员工与中介机构交易行为的自查工作，消除中介机构聘用过程中的风险隐患。四是优化 SARM 系统，促进业务流程的标准化和规范化。SARM 系统综合改造项目顺利完成，实现了管理者与操作者界面的分层管理，使得界面更加友好，流程更加完整，业务结构更加清晰，内在逻辑控制更加科学，为精细化管理和集中经营提供了更加有力的技术支持。

同志们，2010 年，全行保全条线贯彻总行要求，积极部署，集中力量抓重点、攻难题，效果显著，成绩突出。郭树清董事长在总行保全部 2010 年工作总结上批示“祝贺超额完成计划，希望继续探索保全工作的精细化，争取今年取得更大成绩”；朱小黄副行长批示“保全部的工作需要克服诸多困难，取得成绩殊为不易。望继续努力”。

以上这些成绩的取得，离不开总行党委、董事会、监事会、高管层的高度重视和各有关部门的大力支持，离不开各分行行领导的精心指导和直接参与，离不开总分行资产保全部门的精心组织和认真落实，离不开保全条线全体员工的锲而不舍和努力拼搏。在此，我代表总行党委和高管层对 2010 年保全工作取得的优异成绩表示热烈的祝贺，并向保全条线全体员工付出的艰苦努力表示衷心的感谢！

二、资产保全工作面临的形势与要求

我们回头看是为了增强信心，向前看是为了保持清醒的头脑。2011 年是“十二五”开局之年，我国的经济建设将进入一个新的发展阶段。党的十七届五中全会通过的《中共中央关于制定国民经济和社会发展第十二个五年规划的建议》明确指出“十二五”期间“要以科学发展为主题，以加快转变经济发展方式为主线”，提高发展的全面性、协调性、可持续性。刚刚闭幕的全国人大四次会议审议通过了“十二五”规划纲要，更加明确地提出，“十二五”期间国内生产总值年均增长目标设定为 7%，这是中央在总结社会经济发展规律、全面分析现阶段面临的国内外形势的基础上，提出的科学冷静、高瞻远瞩的判断，更加清晰地体现了科学发展的意图，这些都明确告诉我们，一个新的转型发展时期已经到来。银行资产保全工作要加强对新时期经济金融形势的研究，未雨绸缪，积极应对新的挑战。面对当前形势，结合保全工作实际，有以下几点，需要大家统一思想，提高认识，使我们的工作能够站在更高的层次，不迷失方向。

（一）深刻理解经济发展方式转变的重大影响，提前研究应对措施

“十一五”时期，我国克服了全球金融危机等一系列不利影响，经济发展取得了世人瞩目的成绩，国民经济平稳较快发展，综合国力大幅提升，2010 年国内生产总值达到 39.8 万亿元，跃居世界第二位。“十二五”时期，我国面对的世情国情发生深刻变化，经济社会发展呈现新的阶段性特征。从基本面上讲，我国还处在社会主义初级阶段，在工业化、信息化、城镇化、市场化、国际化的带动下，国内经济仍将保持良好的发展态势，特别是后危机时期，世界经济的逐步复苏，为我国经济发展创造了稳定回升的有利外部环境，出口将进一步提高和改善，为国内经济发展提供了动力和市场。但是，我们必须清醒地认识到，以劳动力和环境资源为代价的粗放发展模式已经基本走到尽头。随着中国人口结构的变迁，2013 年前后人口抚养比将达到峰值，人口红利相对下降，近一段时期出现“用工荒”，都说明劳动力的低成本时代即将过去。煤炭、石油、有色、稀土、铁矿石等资源的价格虽有起伏，但不断上涨是中国经济发展不得不接受的基本现实，靠资源的高投入获得经济增长的方式必须转型，进行刹车、转弯、提升的经济调整。未来5年，我国将构建扩大内需的长效机制，促进经济增长向依靠消费、投资、出口协调拉动转变；加强农业基础地位，提升制造业核心竞争力，发展战略性新兴产业，加快发展服务业，促进经济增长向依靠第一、第二、第三产业协同带动转变。

转变经济发展方式是中央作出的重要部署。经济发展方式的转变必将带来经济结构的重大变化，东部地区的产业进一步向中西部转移，发达地区的投资需求可能逐渐降低，银行原来的一些优质客户群体和业务领域可能变化和消失。每一次大的经济结构调整带来的都是现有部分企业的淘汰与新型企业的兴起。比如，原来的显像管企业基本淘汰了，北京、上海的传统制造业基本转移了，高速公路、高速铁路、民航等基础设施领域的格局、建设和竞争特点在发生变化等。对经济发展方式转变带来的经济结构、经济布局、资源配置和行业变化，保全部门都应该认真观察、思考，积极研究，正确判断，提前反应，及时提出应对措施。

从金融的角度看，未来5年，与经济发展方式转变相对应，金融业也将发生重大的变化。一是金融业要跟上经济结构的调整，服务经济发展。二是金融业本身也要转变发展方式和发展结构。虽然我行在国内规模第二、效益第一，但与国际先进银行相比，还有很大差距，仍是学生，仍要学习。三是同业竞争加剧。国内银行同质化问题尚未发生根本变化，但不同银行的经营差异不断积累，这就要求我们坚持质、量并重平衡的原则，既要抓发展质量，拼特色、拼创新、拼调整，又要抓数量，拼规模、拼效益。中央巡视组前不久对建设银行巡视后，曾评价建设银行上市5年来在同业中发挥了先导作用，希望我行未来在同业中继续发挥领引的重要作用，这既是对我行的充分肯定，又是对我行的鞭策和鼓励。我行虽然有很多优势，但经营特色不突出，在部分产品、市场反应等方面还落后于同业先进水平。在这种情况下，我们不仅要清醒地认识到我们的优势和机会，又要正视面临的巨大挑战和压力，落实好中央巡视组的期望和要求。

（二）密切关注宏观政策调整对企业经营的影响，主动化解资产风险

今年是“十二五”的开局之年，今明两年，既要调整经济结构，抑制通货膨胀，又要保持经济的平稳较快发展，这是我国宏观经济政策的基本出发点。宏观经济政策将根据实际情况，在抑制通货膨胀和保持经济发展方面进行灵活调整。2009年以来我国金融机构贷款投放激增，2009年和2010年两年新增贷款达到19万亿元。虽然我行贷款投放比较稳健，但新增贷款也达到1.78万亿元，贷款余额比两年前增长了近50%，有些分行的贷款规模两年时间翻了一番多。根据历史经验，信贷规模超常规增长对银行资产质量的巨大影响将逐步显现出来，特别是当经济运行出现较大波动时，这种影响就将提前集中显现。

受要素成本上涨、输入型通胀压力、国际热钱流入、农产品供求趋紧等因素影响，国内通胀压力持续加大。中央已将控制通货膨胀作为宏观调控的重要内容。去年以来，中央银行连续9次上调金融机构存款准备金率、3次加息，近期还将实施差别存款准备金动态管理，将差别化准备金率与贷款增速和资本充足率挂钩，引导货币信贷回归常态。可以预计部分企业将面临资金紧张、流动性不足的问题，银行新增不良贷款的可能性明显增加。同时，企业现金偿还能力下降，部分不良贷款项目第三方重组实施困难，处置回收难度加大。面对这种复杂多变的情况，全行一定要加强对企业经营变化的分析监控，进一步增强保全工作的主动性。

（三）准确把握重点领域不良贷款的趋势和特征，做好打硬仗的准备

快速处置不良贷款，并且将损失降到最低程度，必须深刻了解不良贷款的特点。未来一段时期，哪些领域容易形成不良贷款，这些不良贷款有哪些基本特征，要有针对性的研究保全措施，真正做到心中有数。2011年，保全条线要重点研究以下领域不良贷款的处置方法。

一是房地产行业不良贷款。房地产业的问题很复杂，涉及社会政治、经济、民生、金融等方方面面，是中央宏观经济调控的重中之重。“新国八条”政策出台后，重点城市都出台了限购、限贷、加快保障房建设等一系列落实措施，房地产企业的银行贷款、资本市场融资、信托理财等多种融资渠道都被全面收紧，部分房地产开发企业的资金将非常紧张，在这个时候容易出现贷款逾期、拖欠、法律纠纷等现象。截至2010年年末，我行房地产行业贷款3 984亿元，其中2011年即将到期的房地产开发贷款中有52亿元进行过期限调整，能否如期还款存在较大的不确定性。虽然房地产企业贷款有抵押，但也不能盲目乐观，做保全工作的可能有实际体会。内外部检查、审计也表明，贷款抵押不落实、不足值、无法处置的现象在我行时有发生。即使抵押落实，根据资产状况、当时的市场环境等情况，处置工作也不是那么简单。2011年，在整个行业资金紧张的时候，房地产可能会有价无市，甚至出现局部价格波动，对这些问题希望大家要提前有所准备。同时，大家还要看到，房地产业相关度很高，很多其他行业贷款都是以房产、地产为抵押，如果房地产市场出现大的波动，其他以房地产为抵押的贷款都将面临巨大风险。

二是地方政府融资平台贷款等中长期固定资产贷款。政府融资平台和房地产贷款有很强的关联性，贷款主要还款来源是土地出让或房地产开发的收入，银监会对这个问题多次给予风险提示和清理。2010年12月，银监会下发《中国银监会关于加强融资平台贷款风险管理的指导意见》，要求商业银行严格执行贷款五级分类制定，对政府融资平台贷款，实施风险分类动态调整、适时监控。按照监管口径初步统计，截至2010年年末，地方政府融资平台贷款（剔除按照商业化运作的贷款）5 419亿元，其中自身现金流量半覆盖、无覆盖的贷款达到1 123亿元。此外，刘明康主席在银行监管会议上，指出中长期贷款的整借整还和行业集中度风险突出。随即，银监会下发了《关于规范中长期贷款还款方式的通知》，进一步规范中长期贷款还款方式，要求充分评估重组和展期对贷款质量造成的影响，从严把握贷款重组和展期。按照新的监管标准，以上两类贷款不良额将会有所增加，而且这些不良贷款往往会受到政府干预，处置难度大，保全部门要及早关注，及早研究应对措施。

三是“一大一小”企业贷款。在当前经济环境下，资产负债率高、财务负担重的大型集团客户，特别是产业结构联系不紧密、主业不突出、没有核心产品及技术的企业，很容易在加息周期内无力负担财务成本支出，形成不良贷款。其中，快速扩张、过度负债的部分民营（集团）企业客户风险尤为突出，有的企业甚至已经出现经营困难的问题，这要引起我们的高度重视。这些企业涉及面广、贷款额大，一旦出问题处置难度较大。小企业自身抗风险能力较弱，受通胀压力、银行贷款规模收紧等因素影响，不良将会产生。这些贷款一旦出现风险，保全部门就要与贷款经营部门密切配合，共商对策，积极采取补救措施，防止风险扩大；对已经形成不良的贷款，要加紧处置，避免损失扩大。

（四）充分认识资产质量形势变化，大力提升不良资产专业化处置能力

自股改上市以来，我行资产质量持续提高。到2010年年末，审计前境内不良贷款余额降至535亿元，不良率降至0.98%。全行有22个分行不良率低于平均水平，有21个分行不良贷款额不足10亿元，不良额最低的分行甚至不足1亿元。这样的表现不仅是建设银行历史上的最好水平，就是与国际上大型银行金融危机前的水平相比，也毫不逊色。面对这样的成绩，有的同志认为可以休整休整，等不良贷款多了再进行处置；有的同志认为保全工作压力减轻了，工作轻松了；有的同志感到迷茫和困惑，找不到工作的重点和方向；甚至有的同志认为保全工作不重要了，保全工作力度出现减弱现象。以上这些想法源于对外部经营环境和面临的新形势缺乏清醒、客观的认识，需要引起大家的警惕。古人讲“人无远虑，必有近忧”。各分行要认真分析未来政治经济形势，准确把握不良资产趋势和特征，克服盲目乐观情绪，同时，要看到，存量不良资产虽然少，但硬骨头多，保全工作难度还很大。主要体现为：

一是部分未到期不良贷款难以处置。截至2010年年末，未到期公司类不良贷款215亿元，比2009年同期增加36亿元，占全部公司类不良贷款的45%，其中1年以后到期的不良贷款129亿元，比2009年同期增加24亿元。受法律规定及合同约定的制约，相当一部分难以要求客户提前偿还贷款，但如果拖下去，处置难度将会更大。

二是部分大额不良贷款处置难度大。目前，存量5 000万元以上的不良贷款有236户、余额308亿元，占全部公司类不良贷款的65%，其中大部分属于关联企业担保贷款，涉及多家关联企业及多家金融机构。由于涉及面广、企业自身偿债资源有限、地方政府干预等因素，采用现有处置手段难以取得明显效果，处置周期较长。特别是采用债委会方式处置不良贷款，处置时间均在2年以上，有的超过3年。

三是部分新增不良当年难以有效处置。2010年全年新增公司类不良贷款160亿元（审计前数据），其中仅12月份单月即新增106亿元，占当年新增总额的66%。对于这些新增不良贷款，按照内部移交、组织尽职调查、制定处置预案、与客户谈判确定处置方案、组织实施等常规不良贷款处置流程，处置所需时间平均在1年半到2年左右，如涉及采用法律诉讼措施或涉及政府干预、采用债委会方式处置的，处置周期会更长。

四是部分采用诉讼方式处置的不良贷款，处置周期银行难以控制。截至2010年年末，795户1 000万元以上不良贷款（余额434亿元，占全部不良金额的91%）中，已采取法律措施的项目412户、208亿元，占比48%。其中已进入执行程序的项目258户、120亿元。在这些贷款中，有87亿元尚处于诉讼审理环节，有近60亿元到年末执行期限不满两年，难以取得法律要件。有的项目受地方政府保护，法院不能及时受理、及时审理、及时裁定，导致支付费用大、耗费时间长，直接影响处置进度。

五是除了表内不良资产外，还有约640亿元有追索权的已核销资产需要加强催收处置，这是处置回收难度最大的资产，需要多加鼓励和引导。

因此，在未来一段时间里，我们要对这些硬骨头有充分的认识，保全工作只能加强，不能削弱，保全队伍必须稳定。要大力提升不良资产专业化处置能力和水平，为我行资产质量持续稳定向好多作贡献。

目前，我行正在编制2011—2015年全行发展战略规划，资产保全业务未来的战略目标是要持续提升专业能力，使我行的不良资产管理水平和处置能力保持国内领先，争取达到国际一流银行的先进水平，为全行稳健经营保驾护航。

一是要加强保全队伍建设。要加大保全条线技术精英和专业骨干的培养、培训和使用力度。5年内，全行保全条线专业技术岗位人员力争达到50%以上。用5年的时间打造一支相对稳定、技术过硬、专业精干的资产保全专家队伍。二是要完善经营机制。进一步强化不良资产集中经营，提高集中经营度。各一级分行所在城市对公不良资产集中经营度要达到100%，辖内其他地区单户500万元以上不良资产全部都要实现集中经营，实现不良资产处置的专业化、流程化、精细化、规范化，降低成本，减少风险，提高水平和效益。要稳步推进不良个贷集中经营，建立专业化处置机制。三是要坚持不懈创新处置手段。要借鉴国际先进银行经验，适应国内政策变化，积极探索创新不良资产处置手段，推广运用资产证券化、对外转让等市场化手段。四是要延伸保全业务职能。加强保全部门对关注三级公司类贷款、问题贷款和已核销资产的管理处置力度，充分发挥保全部门的风险化解能力和价值创造能力，服务全行业务的健康发展。五是要加强信息化建设。进一步完善SARM系统，建立涵盖表内与表外、境内与境外不良资产的业务管理平台，推进资产保全业务全流程管理的科学化、规范化和标准化。

三、2011年资产保全主要工作安排

2011年资产保全工作的总体要求是：认真贯彻落实全行工作会议部署，振奋精神，开拓创新，全面强化一级分行不良资产集中经营，积极推进不良资产精细化管理，实现“五个并重”，即不良资产处置与回收并重、问题贷款与关注贷款处置并重、信贷与非信贷不良资产处置并重、表内与表外不良资产处置并重、境内与境外不良资产管理并重，更好地服务于全行经营目标和资产质量目标。

全年主要目标任务是：

——处置不良资产263.8亿元，其中处置不良贷款240亿元，处置非信贷资产23.8亿元；

——现金回收不良资产106.5亿元，实现不良资产超值现金回收40.3亿元，现金回收已核销呆账10亿元；

——处置关注三级公司类贷款18亿元。

在这里，我要特别说明一点。为实现全行资产质量目标，总行制订了240亿元的不良贷款处置计划。但考虑各分行存量不良贷款情况，只分解下达了197.2亿元计划。其余42.8亿元将根据各分行不良贷款变动情况由总行另行分解下达。

各分行要以大局为重，在确保完成分解计划的基础上，根据本行资产质量情况，进一步加大资产保全工作力度，努力多处置不良贷款，实现全年240亿元的处置任务，为实现全行经营目标作出贡献，为全行经营应对变化留出更大空间，为应对未来挑战打下基础。

围绕上述工作要求和目标任务，2011年要重点做好以下工作。

（一）突出抓好不良贷款处置工作，确保完成全年目标任务

坚持以重点分行、重大项目和重点行业为工作重心。2010年年末，11个分行的不良贷款余额高于20亿元，16个分行的不良率在全行平均水平以上，这些分行要把处置不良贷款作为重中之重，采取有效措施，加快处置进度。今年，总行继续确定山西、辽宁等8个不良额大、不良率高的分行作为重点联系行，通过现场办公、参与项目经营及加强业务指导等多种方式加强督导。重大项目方面，总行将扩展参与经营的项目范围，重点参与经营单户5 000万元以上不良贷款项目，对单户1 000万元以上项目按户监测处置进展情况。各分行要以大额不良项目处置为重点，加大处置力度，落实相应的资源，力争大多数重大项目在年内有进展。重点行业方面，主要是落实我行信贷结构调整的战略部署，加大房地产业、批发零售业、两高一剩行业、政府融资平台等信贷结构调整重点行业及小企业不良贷款的清收处置力度。

对个人类不良贷款，要根据其金额小、数量多、分布广、项目简单、变化频繁的实际情况，从风险分类、贷款品种、逾期时间、合作机构等多个维度分析研判本行不良个贷的特点和规律，坚持现金回收、盘活上迁、呆账核销等多种处置手段并重，构建集中接收、批量委托、到期诉讼的标准化处置流程，实现处置周期缩短、处置目标可控、处置成本降低的精细化经营目标。

各分行要充分运用现有各项政策和手段，通过债权转让、委外催收、法律纠纷和解等方式，实现不良资产的快速处置、快速回收。此外，保全条线要继续开拓创新，不断探索不良资产处置新途径、新方式，进一步提高全行不良资产处置效率。总行将根据财政部关于不良资产批量处置管理办法出台情况，择机启动批量处置工作。

（二）积极利用多种市场化渠道，进一步加大非信贷不良资产处置力度

各分行要按照信贷与非信贷并重的原则，在做好不良贷款处置工作的同时，以债转股处置为重点，进一步加大非信贷不良资产处置力度。2011年，总行将批量挂牌转让部分债转股项目。相关分行要高度重视该项工作，抓紧时间做好资产评估及备案等前期工作，在6月末前完成挂牌转让处置方案的审批和报备，为批量挂牌转让做好准备。对于未纳入批量转让的债转股项目，各分行要采取积极措施，充分利用股东回购、协议转让、挂牌出售等方式，加快处置。

各分行要认真做好抵债资产管理和处置工作，在严格收取抵债资产的同时，按照“快进快出”原则，加大抵债资产的处置力度，力争年内将逾期2年以上项目全部处置完毕。要不断创新处置手段，积极运用资产营销、网上拍卖等方式，进一步拓宽非信贷不良资产处置途径。

（三）深入推进不良资产集中经营，不断提高专业化管理水平

保全条线自2005年开始推进业务单元制改革，经过5年的改革探索，二级保全机构精减近八成，条线人员精减近六成，一级分行资产保全部门实现了由层层“管分行”向直接“管项目”的转变，不良资产处置水平和效率得到了大幅提升。2010年，保全条线人均不良资产处置额和现金回收额分别达到2 345万元和1 335万元，比改革前大幅提高。不良贷款处置率达到59%，是改革前的近4倍。推进不良资产集中经营既是业务单元制改革的基本方向，也是保全条线适应全行资产质量形势、打造专业化队伍的重要举措。2011年，全行保全条线要进一步加强不良资产集中经营力度。一级分行资产保全部门所在城市对公不良资产集中经营度要达到100%，辖内其他地区单户500万元以上不良资产全部都要纳入集中经营范围。

同时，要稳步推进一级分行所在城市（城区）个人类不良贷款集中经营，建立专业化处置机制。有条件的分行保全部门集中经营不良个贷，以委外催收和司法催收为主导手段，通过批量化催收处置、竞争性淘汰机制等措施降低不良个贷集中经营成本，提高经营效率。对个贷中心经营的不良个贷，各分行保全部门要与房金部门密切配合，推动个贷中心设专人负责，并加强对二级分行和个贷中心不良个贷处置的政策传导和业务培训力度，提高全行不良个贷处置效率。

（四）加强已核销资产管理处置，进一步提高价值创造力和利润贡献度

呆账核销不是债权债务的终结，其本质是金融企业内部的账务处理方式。对已核销资产继续追索是信贷管理的延续，也是资产保全工作的重要组成部分。目前，我行有追索权的已核销贷款已超过表内不良贷款，有的分行甚至是表内不良贷款的几倍。与此同时，2008 年以后全行已核销呆账现金回收逐年翻番，2010 年回收额突破 10 亿元。加强已核销资产管理和催收是满足监管要求、维护银行权益及社会信用的必然要求。各分行要适应当前不良资产结构变化，及时调整工作重心，进一步提高价值创造力和利润贡献度。要克服以往的“一核了之”的思想，转变“重表内、轻表外”，切实做到“账销、案存、重管”。

2011 年，要按照“表内、表外并重”的要求，切实加强已核销资产的管理和处置，确保完成全年现金回收计划。一是充实力量。各分行要在设置已核销专岗的基础上，进一步调整内部岗位人员配备。对额度大、回收有潜力的项目要落实到人，逐户制订处置方案，明确处置措施，像管理表内资产一样管理好表外资产。二是完善制度。总行正在研究起草已核销资产管理和处置实施办法，并着手推进 SARM 系统已核销资产管理模块的研发工作。各行要进一步健全完善已核销资产台账，并根据本行实际情况制定已核销资产管理的制度流程。三是名单制管理。各分行要对系统建账的对公已核销资产进行全面清理分类，建立重点项目名单库，对有潜在回收价值的项目实施名单制管理，并重点加大对强制执行类、追索类及财产尚未处置完毕的终结、终止（中止）执行类项目的追索力度。四是加大激励。各分行要确保总行配置的激励费用的落实，并可根据本行实际情况补充配置一定的激励费用，充分调动员工的积极性，创造更多的利润。五是创新手段。各分行要积极尝试委外催收、债权转让等新方式，力争在回收已核销资产手段创新方面取得突破。

（五）积极介入关注三级公司类贷款和问题贷款，及时化解潜在风险

面对不断改善的资产质量，保全条线要充分发挥主动性和创造性，在做好不良资产处置工作的同时，积极参与化解关注三级公司类贷款和问题贷款风险，更好地服务于全行经营目标，服务于全行发展战略。总行将完善关注三级公司类贷款管理处置制度，推动关注三级公司类贷款管理处置的流程化、规范化。各分行要进一步强化保全部门对关注三级公司类贷款的管理处置工作力度。不良资产较少的分行保全部门要直接经营关注三级公司类贷款。要积极研究探索区别于不良贷款的处置方式，拓展管理思路和理念，探索新领域，培养新能力，妥善维护客户关系，有效化解贷款潜在风险，防止贷款形态的进一步恶化。各分行要进一步发挥保全部门的专业优势，提前介入风险预警客户、问题客户，防止风险扩大。

（六）完善管理机制，加强海外机构不良资产处置管理

总行保全部自 2010 年第四季度正式履行海外机构不良资产处置管理职责以来，已对部分海外机构不良资产的管理处置工作进行了专题调研，草拟了《海外机构不良资产处置管理试行方案》并征求各海外机构的意见。2011 年是我行“海外业务风险管理年”。在海外工作座谈会上，我已经就海外机构风险管理和不良资产处置工作提出了几点要求，境内外要共同配合，抓好落实。总行保全部要加强对海外机构不良资产处置管理工作的指导，建立内外有别的差别化管理机制。要把境内好的管理方式方法、流程逐步推广到海外机构，提升海外机构不良资产处置管理水平。各海外机构要根据不良资产规模情况，建立一支具备专业技能和工作经验的不良资产处置团队。要在总行授权范围内，规范审批制度，确立集体审议的议事规则。要将不良资产处置工作计划纳入年度工作计划，按季度分析处置情况，定期向总行报送。各海外机构在不良资产处置过程中，要加强与总行的沟通汇报，在符合当地监管政策的前提下，把握时机，加快处置不良资产，最大限度地降低资产损失。

（七）加强基础管理，持续提升精细化管理水平

精细化管理既是一种全面管理模式，又是一

种理念、一种文化，它是社会分工的精细化和服务质量的精细化对现代企业的必然要求。精细化管理的思想和作风要贯彻到保全条线全部经营管理活动中。近年来，保全条线在流程化、规范化、信息化方面做了一些工作，但与国际先进银行、与应对未来挑战的需要相比还有很大差距。2011年，保全条线要按照郭董事长和张行长的指示精神，加强不良资产基础管理，继续探索保全业务的精细化，坚决克服“大而化之、笼而统之”的坏习惯，把工作做细、做实、做好。

一是推进精细化流程控制。今年，总行将对保全业务流程进行全面梳理，健全不良贷款尽职调查、处置方案制订、项目谈判、不良个贷司法催收等业务流程，制定关注三级公司类贷款管理处置细则，出台已核销债权资产管理和处置实施办法。各分行要结合本行实际情况，梳理流程、完善制度。

二是推进精细化业务操作。各分行按照保全业务经营管理流程的每一个标准动作规范操作，杜绝经营管理漏洞。总行将加强不良资产项目处置方案的审核和质量控制。重点是提高分行调查报告的质量，对调查报告质量较差的分行加强指导和规范，全面提高处置项目申报质量。

三是推进精细化数据管理。今年，总行要在进一步优化 SARM 系统功能的同时，重点抓好 SARM 系统运行维护工作。通过检查、监督基础数据的准确性、完整性和录入及时性，推动系统由结果管理向过程管理转变。各分行要对系统维护工作常抓不懈，做好日常管理、计划管理等管理模块的数据维护；做好常规清收、司法诉讼信息的数据维护；做好项目处置执行情况的数据维护。要充分运用 SARM 系统提供的各项功能，进一步提高资产保全工作的精细化操作和管理水平。

（八）加强案件风险防控，确保依法合规经营

根据 2011 年全行工作会议和纪检监察工作会议的要求，今年总行将组织开展“八大突出案件风险”专项治理活动，资产处置业务的商业贿赂案件风险是专项治理内容之一。各分行资产保全部门总经理要对分行保全业务的案件防控工作承担起主要责任，确保各项业务依法合规、员工遵章守纪。在内控管理方面：一是加强中介机构推荐、聘用环节过程中的风险防范，严格执行总行《关于进一步规范资产保全条线人员与中介机构交易行为的通知》的有关规定，严防与中介机构交易行为中的商业贿赂行为。定期开展保全条线员工商银行为排查，发现案件风险苗头要及时处理和化解。二是加强不良项目处置方案制订环节中的风险防范，将集体研究、集体决策贯穿于不良资产处置的全过程。三是加强制度梳理，完善各项内控制度。总行正在研究制定规范不良资产处置流程的管理文件，各分行也要认真查找管理和内控方面存在的漏洞，完善相应内控措施，确保资产保全业务的规范运行。四是认真开展资产保全业务检查工作。按照《中国建设银行资产保全条线业务检查规程》，今年分行自查和总行非现场检查已经完成，总行保全部派出的 4 个检查组正在对 10 个分行进行现场检查。各分行要重点抓好检查发现问题的整改，总行将密切跟踪与督导。希望保全条线进一步发挥廉洁从业的优良作风，加大风险防控工作力度，保证保全员工个个站得住，不要在资产处置中出问题、摔跟头，伤害我们的干部，损害整个保全条线的工作业绩和信誉。保全条线的各位分管行领导，一方面要抓好业务工作，另一方面要抓好案件防控，使用好、保护好、培养好保全队伍。

（九）提升专业能力，加快建立专家型保全队伍

专业化首先是队伍的专业化。各分行要加强保全队伍建设，结合保全业务实际需求和未来发展趋势，加大资产保全专业技术职务聘任力度，稳步提高保全专业技术岗位人员聘任比例，力争每年递增 5% 以上，逐步建立一支相对稳定的资产保全专家队伍。全行保全条线要巩固 2010 年大规模教育培训成果，进一步强化业务培训力度，有重点全覆盖、分类分级地做好全员培训，增强培训的针对性和实用性。2011 年总行将组织 7 期全行性资产保全业务培训班。各分行要做好转培训工作，并积极组织和参加有针对性的区域性专题培训。有培训需求的分行可提前向总行提出申请，总行将协助组织并给予师资支援。要结合保全工作的新形势、新特点、新变化，广泛进行国内外同业的调研，深入学习同业先进经验，进一步提升我行资产保全工作水平。

同志们，2011年保全工作有压力，有挑战，也有机遇。保全条线要认真贯彻全行工作会议的部署，总结经验，研究形势，突出重点，抓好落实，继续发扬“特别能吃苦、特别能战斗、特别能钻研、特别能奉献”的保全精神，团结一致，开拓创新，争取更大成绩，为全行经营作出更大贡献！祝大家在新的一年身体健康，工作愉快，家庭幸福！

在珠三角地区协调委员会2011年例会上的讲话

胡哲一

（2011年8月24日）

同志们：

今天的会议开得很及时，有必要，也很有效，大家进一步学习贯彻全行夏季工作座谈会会议要求和部署，会上境内6家分行与香港3家机构认真总结了去年以来联动工作情况，深入交流了珠三角区域联动对各机构业务发展的促进作用，并对进一步加强联动提出了好的建议和看法，总行相关部门也作出回应，参与交流探讨。从大家介绍情况看，珠三角地区各分行、子公司和总行各部门都在积极推进区域联动，促进了区域业务的共同发展和综合竞争力的提升，联动工作成效显著。珠三角区域联动起步早，在联动机制、工作成效方面取得较好成绩，走在全行区域联动工作的前列。下面我重点讲四个方面的内容。

一、巩固成果，扩大成绩，积极解决珠三角区域联动问题

（一）珠三角区域联动取得了较好成效

2010年以来，珠三角地区各分行把握发展机遇，加大营销力度，积极应对复杂多变的经营形势，深化业务联动合作，保持了各项业务快速健康发展。到2011年6月末，珠三角各分行取得了4家分行11项指标（存、贷款及中间业务）四行第一的好成绩。更为可喜的是，珠三角各分行的存款余额、存款新增两项指标首次列为四行第一，提高了珠三角地区的市场占比和综合竞争实力。一是存款增长较快。一般性存款余额18 248.52亿元，四行第一；存款新增1 625.95亿元，增速9.78%，四行第一。其中福建、厦门、深圳市分行存款余额四行第一；厦门、海南分行存款新增四行第一。二是贷款市场份额稳中有升。各项贷款余额10 430.12亿元，四行第二；贷款新增672.57亿元，增速6.89%，四行第二。其中福建、厦门分行贷款余额四行第一；深圳市分行贷款新增四行第一。三是中间业务快速发展。实现中间业务收入106.38亿元，列工商银行（108.77亿元）之后排第二，增幅41.60%。其中福建、厦门、深圳分行中间业务收入保持四行第一；珠三角区域中间业务收入占其营业收入之比为35.64%，高于全行平均水平9.9个百分点。四是资产质量持续向好。不良贷款实现“双降”，不良额74.80亿元，不良率0.78%，低于全行平均水平0.12个百分点。珠三角各行实现利润188.26亿元，是三大重点区域利润增长最快的。五是跨境人民币结算业务迅猛增长。珠三角各行跨境人民币结算量559.81亿元，占全行总量的49.67%；结算量10万元以上的客户，珠三角分行拥有1 042户，占全行客户数的50.48%。区域各分行（除海南省分行外）市场份额均高于全行平均水平，其中福建、广西、深圳分行当地市场占比列全行前三名。珠三角地区是全行跨境人民币结算业务发展最快和最重要区域之一。

以上成绩的取得，除总行大力支持、珠三角各分行的不懈努力外，应该说也是区域联动的积

极成果。今年以来，珠三角区域联动效果非常显著：一是联动业务金额、项目对接个数较多，今年通过联动，成功对接项目78个，正在落实项目69个；二是联动范围逐步扩大，已涉及公司、国际、投行及个人业务领域；三是香港分行、建银亚洲及建银国际领导班子不断充实，员工队伍不断壮大，服务意识不断提高，业务观念不断更新，较好地发挥了服务于联动、服务于境内的重要作用。

（二）珠三角区域建立了长效联动机制

2010年以来，总行加强了珠三角地区联动机制建设，年初下发了联动工作要点，部署全年工作安排，并成立了珠三角地区协调委员会联络办公室（简称“联络办”），这个机制很好。在工作部署、信息平台、项目对接、业务交流、人员培训及督导落实项目进展方面做了大量富有成效的工作。一是搭建了信息联动平台，建立了珠三角地区联动工作月报和联动信息季报制度，共享优质客户联动需求；二是组织做好珠三角地区联络员会、项目对接会，组织境内外机构开展联动产品培训；三是召开珠三角地区NDF业务协调会和风险后台业务交流会，协调解决联动中存在的问题；四是跟进联动项目进展情况，加强联动工作的督导和落实。

总的来说，珠三角区域联动从机制建设、工作部署及联动实效等方面取得了很大成绩，联动机制坚持得好，联动会议开得实在，联动工作落实比较到位，这些方面得到了总行领导的充分肯定和鼓励。珠三角区域联动从2006年开始以来，涌现出了一大批先进集体和个人。今年在总行评优受限的情况下，总行还是加大对珠三角区域联动的评优激励力度。在各分行及香港机构的认真推荐下，经总行公司部初审，报经行领导同意，总行决定对珠三角地区24个先进机构、8个优胜团队及39个优秀个人进行表彰，分别授予“中国建设银行珠三角地区联动先进机构”、“优胜团队”、“优秀个人”的荣誉称号。在此，对获奖的集体和个人表示热烈的祝贺。希望受到表彰的集体和个人珍惜荣誉，再接再厉，以崭新的面貌、创新的思维和奋发有为的精神，在珠三角地区业务联动中再创佳绩、再立新功。

（三）珠三角区域联动仍需进一步加强

随着国家宏观经济形势的变化，珠三角区域联动会产生新的问题，对联动工作提出了更高的要求。针对外部环境的变化，珠三角区域联动工作的业务范围需进一步拓宽，内容需进一步丰富，机制需进一步完善，层次需进一步提升，重点从四个方面进一步加强联动工作。

一是对国家政策尤其是珠三角地区经济发展变化的新趋势、新需求的研究及反应速度要进一步加快。二是产品创新共享、资源整合及服务机制须进一步完善。三是联动激励机制须尽快建立，包括集团授信、境内外机构定价及利益补偿等问题，要通过激励机制来保障。这些问题不可能一步解决，但可通过完善机制逐步探索，逐步推进。四是联动范围比较单一，目前联动范围仍以对公业务为主，对公业务中又以成熟的业务为主，而对公与对私业务的联动、境内外分行负债业务的联动还是比较薄弱，还有较大的提升空间。

二、再接再厉，深化联动，提升我行在珠三角整体竞争力

（一）提高认识，加强领导

第一是加强对珠三角区域经济金融发展的新形势、新趋势、新变化、新需求的认识。珠三角地区在全国经济发展中处于关键地位：珠三角经济总量大，在全国举足轻重；珠三角经济开放度高，与港澳经济紧密相联，与港澳经济一体化程度高；珠三角经济转型走在全国前列，其经济活力已经发挥还将继续发挥重大作用；珠三角资源缺乏，要通过技术创新来调整优化经济结构；珠三角区域经济竞争激烈，经济发展水平高，管理水平较高。

第二是加强在现有格局下，克服体制障碍，发挥我行整体优势的认识。在国内商业银行按照行政区域设置机构的背景下，信息、资金、物流、人力等资源的市场化程度越来越高，如何最大限度地消除商业银行机构设置的行政化与经济活动市场化的矛盾，从我行实际来看，主要有两个途径：一是总行加强协调，优化资源配置，通过科学领导，正确决策，把政策的统一性和需求的差别化更好、更科学地结合起来；二是加强区域联动，这是破解经济活动市场化与银行机构设置行

政化内在矛盾的积极探索。

第三是增强对提升我行整体竞争力迫切需要的认识。通过珠三角地区6个分行、香港3个机构的有效联动，可集中我行珠三角区域优势资源，发挥局部优势，所产生的综合效益和市场竞争力远大于工商银行或中国银行珠三角地区分行的简单相加之和。正如我们在解放战争时期，共产党集中局部优势兵力，对国民党主要战场实施各个击破的成功战略运用，我们的业务联动也一样，从总体上，我们可能比不过工商银行、中国银行，但局部上，我们可以在某个市场、某个产品的联动，9个机构加起来，6家机构合起来，可以集中优势资源在一个局部，形成局部战略优势，推动业务发展，打造我行的竞争优势。从长远看，珠三角区域联动还要从各分行整体作战、9个1相加大于9的内在要求来提高认识，把区域联动真正落实到工作中去。

第四是加强对业务联动内在需要及“一把手”带头推进的认识。今天到会的珠三角6个分行的“一把手”、香港3个机构的“一把手”在区域联动的观念、意识、层次上都达到了联动要求。各行“一把手”要带头推进珠三角区域联动：一是“一把手”亲自挂帅能带动整个分行区域联动工作观念的转变、协同机制的改善；二是区域联动是一个系统工程，涉及业务的各个方面，“一把手”能全方位地协调推动区域联动工作；三是“一把手”及时、果断、迅速决策，能提高联动工作效率。

（二）健全机制，落实工作

一是组织框架要到位。总行在深圳设立了珠三角联络办，联络办做了很多扎实工作，作用十分重要，但还要继续完善。各分行要抽调得力人员，充实到联络办的队伍中来。同时，各分行领导要多关心、多爱护、多支持联络办的同志，他们一个人发挥的作用远大于所在分行的个人作用。联络办的同志要负起责任、安心工作，提高效率，做到事半功倍、人半事倍，发挥更大的作用。

二是联动机制要到位。什么时候办什么事，办哪些重要的事情，要有部署，更要有落实。为保障日常联动工作，总行建立了珠三角联动信息栏目、联动工作月报制度、优质客户信息共享等机制，并定期组织区域联动项目对接会、产品推介会、区域联络员会等日常会议，要坚持这些工作机制，并从为客户提供更加全面、更为高效、更为统一的金融服务和产品角度，不断探索新的联动机制，确保联动落实到位。

三是分工负责要到位。在联动工作中，总行要不断完善联动平台，将联动工作部署落实分级负责到位。总行各部门要不断提高服务意识，不仅服务单个分行，更要服务珠三角地区各分行的联动工作，对联动工作中出现的问题，要积极研究，及时协调解决，加强对珠三角区域分行的支持及指导。各分行既是联动的主体，又是具体联动工作的参与者和管理者，要将各个层面的工作有机结合起来，充分调动积极性，共同构建促进联动营销良性运行的长效机制。

（三）完善政策，改进服务

在新的市场形势下，联动需要哪些政策，如何把政策的统一性和需求的差别化科学、合理、统一、高效地结合起来，是摆在总行各部门面前的重要课题。建设银行发展需要统一的战略、统一的政策、统一的底线，但是，我们还要强调，行业服从区域，区域服从客户，以客户为中心。客户是千差万别的，我们作一个客户授信要两百多天，怎么能适应市场呢？我行的政策和管理，要很好地契合市场、客户的需求变化，更要不断提高我们的金融服务能力，以适应市场和客户的变化。总行各部门在发挥指导、监督、管理作用的基础上，还要改进和完善对分行的支持、服务和配合工作。

（四）抓住重点，积极创新

珠三角经济比较活跃，结构转型走在全国的前列，我们的联动水平和服务能力必须与之相匹配，如果我们的联动水平、业务机制、观念认识仅达到全行平均水平，就不能适应其发展需要。通常国际经济形势变化、国内经济政策调整最先在珠三角地区反映出来，珠三角区域联动的政策、产品、流程、方式方法上必须适应珠三角地区市场环境发展需要。在最近香港机构座谈会上，郭董事长总结讲话就强调勇于探索、积极创新的重要性。在不违背监管底线、稳健经营、防范风险的前提下，珠三角各分行还是要敢闯敢干，勇于探索，这是我行今后走出业务特色、获得市场优势的必然出路。

三、明确思路，细化要求，推进联动工作再上新台阶

（一）联动工作思路

珠三角地区联动工作思路：明确联动工作目标，深化联动方式，强化联动管理，密切联动合作，认真落实联动要求，扎实推动联动工作再上新台阶。

1. 联动目标。一是重点加强跨境人民币结算业务营销，全年业务量力争突破900亿元，在全行占比达到51%；二是做好内保外贷、海外代付、NDF业务的拓展，其中内保外贷金额达38亿美元，海外代付金额38亿美元，NDF金额32亿美元；三是重点联动投行业务，股权投资收入5 472万港元，境外IPO及财务顾问收入4 041万港元，IPO保荐承销分成684万港元，非投资类收益2 850万港元。

2. 联动项目。2011年珠三角各分行及香港机构梳理了158个联动项目，其中集团授信20项，内部银团25项，内保外贷55项，投行业务43项，其他业务15项。各机构要组建营销团队，制订服务方案，定期沟通，积极推进。

3. 产品创新。区域联动创新产品7项，其中国际业务跨境人民币结算6项，投行业务上市转板1项。产品创新重点：以国家加大跨境人民币结算业务和香港离岸人民币金融中心建设为契机，加快创新跨境贸易人民币结算产品，做好推广；加快现金管理产品创新，满足大型集团客户、跨国企业全球现金管理服务的需求；加强外汇资金交易产品创新，特别是汇率、利率等方面的避险工具创新及优化。

4. 公私联动。搭建区域高端客户联动营销平台。区域内共享高端会所及服务机构，提高服务水平，为高端客户提供创新的理财产品。

（二）联动工作要求

1. 加强联动管理，做好工作安排。加强联动日常管理，协调解决联动中存在的问题，制订联动营销计划，落实联动工作措施。组织产品创新经验交流会，做好创新成果总结，共商产品创新研发机制，将创新产品在区域内推广，提出区域联动创新的措施建议。

2. 加强信息联动，建立高效联动机制。珠三角各分行按照总行要求，定期选派符合条件的人员到珠三角联络办。完善联动信息月报制度，各机构按时为珠三角联络办提供业务联动、产品创新进展情况及联动需求，珠三角联络办要按月编发《珠三角业务联动信息动态》。建立优质客户资源共享机制。每半年境内外机构要定期交流现有及潜在客户名单，共享客户资源。

3. 深化联动合作，推动纵深发展。一是加强境内外联动业务。大力拓展低资本消耗产品，做好跨境人民币结算、NDF、内保外贷、IPO等重点产品营销，对有在新加坡上市需要的项目，总行国际部应协调海外机构做好协调工作。二是加强重点项目联动。对今年提出45项企业授信和银团贷款项目，各机构要明确牵头分行，指定专人。总行集团部负责对大型客户集团授信，公司部负责对银团贷款项目，资金结算部负责对资金结算网络联动项目加大指导力度，指定专人负责珠三角业务联动，对分行提出的业务请求应在一周内予以答复。三是建立联动协调机制。对区域联动中存在的利益分配、产品定价、联动效率等问题，各机构要集思广益，及时向联络办和总行部门提出解决建议，总行国际部、投资银行部应积极参与境内外业务联动利益补偿方案的制订。

4. 多策并举，将产品创新落到实处。一是建立产品创新直通车制度。总行部门要加强对珠三角地区产品创新指导，将珠三角产品创新纳入总行产品创新计划，对个别产品可授权分行创新，优选珠三角地区分行先行先试。二是由内部创新走向内外部联动创新。要加强与客户的沟通，提高客户参与度，邀请客户参加我行的产品创新，提高创新产品的实用性和适用性。三是加大产品创新共享力度。珠三角联络办要搭建产品创新经验分享平台，产品创新机构将创新成果报联络办备案，总结经验，完善制度，加快创新产品在区域内推广。

5. 做好联动培训组织，提升整体服务水平。2011年联动培训需求较多，有9项培训计划，已完成4项。主要是内保外贷、海外代付、海外融资保、见证开户以及IPO、财务顾问及股权投资等培训。各机构要密切合作，做好重点产品专题培训，扩大培训范围及培训对象，共建高素质人才队伍，为珠三角地区业务发展提供人才保障。

四、发挥优势，加快创新，促进珠三角地区在跨境人民币业务发展中发挥更大的作用

人民币国际化包括跨境人民币业务，是国家“十二五”规划的重要内容，郭董事长、张行长非常重视这项业务，反复强调目前这个阶段狠抓这项业务的重要性、紧迫性。这次会议上我要重点讲一讲。

（一）高度重视跨境人民币业务发展

对于一个大国来说，“经济走出去”必然导致其“货币走出去”，这个进程与经济联系的紧密程度，在不同国家、不同经济发展阶段有所差异。“人民币走出去”这个趋势是由中国经济发展和深化改革开放的本质决定的。伴随人民币国际化所产生的一系列业务，包括现阶段的跨境人民币业务，将是我行未来长期发展的战略业务，我行的海外业务发展、国际化人才培养都将与此密切相关。

当前跨境人民币业务急剧增长，我行应迅速反应。跨境人民币业务发展有多快，我讲几个数据，全国跨境人民币结算业务，2009年年末是35亿元；2010年6月年年末，达到600多亿元，增长了近20倍；2010年年末，达到5 063亿元，是2009年同期的144倍；2011年6月年末，达到16 000多亿元，7月增长到17 700亿元，1个月就增长了1 700亿元，发展速度相当快。不管是人民币升值预期，还是企业投资套利行为，跨境人民币结算业务的发展速度是在当期国际、国内经济形势下，金融市场发展的客观表现。这样的机遇，建设银行不抓其他银行会抓，所以各行要迅速反应，抢抓机遇。

跨境人民币业务高速发展势头不会持续太长。跨境人民币业务将会放缓，主要有两方面原因：一是跨境人民币业务过快增长，势必会严重冲击香港市场的港币地位；二是增加宏观调控难度，跨境人民币业务过快增长将打破我国经济对外开放深化与资本项下货币自由兑换的平衡。为此，为维护香港市场港币地位，确保我国宏观经济调控稳健进行，维护我国货币政策的独立性与稳定性，跨境人民币业务发展将会放缓。近期内地及香港监管机构对内保外贷进行调控正是与此有关。但是，这个调整只是跨境人民币业务进程的速度调整，其发展趋势不会改变，我行坚持跨境人民币结算业务的发展战略更不会变。

（二）业务发展存在的主要问题及工作要求

1. 我行跨境人民币结算业务的现状及问题

今年以来，我行跨境人民币结算业务发展较快，四行占比有所提升，但仍存在四个方面的问题：一是与同业差距较大。作为国内第二大国有银行，跨境人民币结算业务应有25%以上的市场占比，但我行的四行占比仅有1/10多一点，这与我行的市场地位严重不相称。二是四行占比呈下降趋势。2009年年末，我行跨境人民币结算业务四行占比是13%，2010年6月，回落到10.3%，2010年年末，进一步回落到9.54%，虽然2011年6月上升到10.33%，7月达到10.76%，但仍低于2009年13%的水平。三是与全年计划相比差距较大。今年总行制订了四行占比12.6%的任务计划，目前仅达10.76%，差距较大，形势严峻。四是客户基础非常薄弱。跨境人民币结算业务中，全国前100家客户的业务量占全国所有客户业务总量的2/3，在这100家客户中，我行抓住了31家客户，不到总数的1/3，这31家客户的业务量仅占我行业务总量22%，所以说，大客户的跨境人民币结算业务我们没有抓住。这100家客户中，有41家在我行开立国际结算账户，我们仅抓住了28家客户的业务，其余13家虽在我行开了国际结算户，但未办理业务；有12家是我行总战客户，只有5家在我行办理跨境人民币结算业务，不到一半；有22家是我行授信客户，只有15家在我行办理跨境人民币结算业务。因此，我们有很多工作要做。总行国际部要尽快把全国前300家跨境人民币结算业务的客户名单拿出来，下发各分行，采用名单制进行客户营销管理、业务推动。

郭董事长、张行长反复强调指出，跨境人民币结算业务正处于市场分割初期阶段，全行要在宏观管理政策要求下提早进入，加快推动，抢占先机。因此，总行及境内外分行之间、珠三角地区各分行要充分联动，尤其是珠三角各分行国际结算、跨境人民币结算业务几乎占据全行一半，更应深入挖掘潜力，加强联动，缩小差距，为全行跨境人民币结算业务的发展作出贡献。

2. 我行跨境人民币结算业务发展的机制保障

一是通过对一级分行KPI经营指标实行加减分，向跨境人民币结算业务量大的分行进行政策倾斜；二是可动用行长基金进一步激励跨境人民币结算业务发展；三是加快内保外债、内保外投产品的创新推动力度，特别是珠三角地区分行要快速行动，香港3家机构要积极配合，力争在接下来的4个月加快创新和发展，为全行跨境人民币结算业务创出一条新路。对上述三项措施，总行相关部门要尽快研究制定支持政策，加快推动，早见成效，快出成果。

同志们，总行对珠三角地区业务发展寄予厚望，张建国行长在多个场合表扬珠三角地区业务联动有机制、有实效、有士气、有劲头，在系统内走在前面。希望大家进一步统一思想、齐心协力，在服务珠三角区域经济建设中，坚持优势互补，合作共赢，促进珠三角区域联动不断成为全行区域联动的先行和典范，不断成为境内外联动的先行和典范，不断成为建设银行集团作战、总分行积极配合、探索创新的先行和典范。

最后祝珠三角6家分行和香港3家机构在下半年的工作中再创佳绩，联动工作更有成效。

谢谢大家！

提高集中采购水平　增强供应保障能力　为我行的改革发展再创佳绩

——在全行采购工作座谈会上的讲话

胡哲一

（2011年12月8日）

同志们：

这次全行采购工作座谈会非常重要而且非常及时，主要任务是回顾10年来，特别是我行采购部成立5年多来建设银行集中采购的发展历程，总结取得的经验，分析当前的形势，明确明年的任务，研究今后的发展方向和工作思路。刚才几位分行同志在发言中交流了采购工作经验，分享了采购工作的体会和感受，提出的问题很有针对性，也提出了具体的工作建议，还有的提出了新的工作需求。采购部对此要认真进行整理，有些可以作为重要课题进行研究，有些问题要认真分析给予明确答复，并在明年工作安排中予以解决。建中同志明天还将对全行采购工作进行全面总结，对下一阶段工作任务作出明确部署。在此，我先讲几点意见。

一、充分肯定采购工作的显著成绩，认真总结宝贵经验

我行集中采购工作已经走过了10年的改革发展历程，总行采购部也成立了5年。在总行党委的正确领导下，在各条线、各分行的积极配合下，广大采购员工牢固树立为经营发展全局服务的理念，坚持“制度完善，流程规范，执行有力，队伍可靠，氛围良好”的工作要求，群策群力，积极探索创新，扎实工作，切实发挥了供应保障、价值创造和风险防范作用，为全行的改革发展提供了有力的支持和保障，取得了显著的成绩。尤其采购部成立以来，短短5年时间，建设银行采购管理完成了从初级阶段到发展阶段的跨越，在制度建设、理论创新、流程优化、操作规范等方面取得了显著成绩，走在了同业前面。在不断探索与实践中，建设银行的集中采购工作已经树立起两面旗帜，一面是采购工作在国内同业中处于

领先水平，另一面是到目前为止，采购条线还保持着重大违法违规零纪录。希望这两面旗帜继续扛下去，发扬光大。采购工作的成绩和进步具体体现在以下三个方面。

（一）采购供应范围不断扩大，服务效率持续提高，采购成本有效控制

集中采购为及时、有效、合规地保障全行供应发挥了重要作用。

一是供应量大、供应范围广。总行本部集中采购金额年平均为60余亿元，分行为90余亿元，全行平均采购额为150亿元。与国有大银行同业相比，我行集中采购覆盖面最广，10万元以上的外购事项都要纳入集中采购范围，采购内容从有限的、传统意义上的外购项目，快速扩展到了金融产品设计、解决方案集成、目标客户营销、银企战略合作等各个新兴领域的各类采购事项，适时满足了我行在国际国内金融市场稳步发展的供应需要。

二是服务意识强，工作效率高。在采购量以年均12%的幅度增长前提下，全行采购充分挖掘内部潜力，通过深入推行计划管理，提前介入需求梳理、优化整合采购需求、统筹安排采购实施等多项措施，与需求部门积极协调、充分沟通，抓住重点、主动服务，在保证质量的前提下，努力改进工作方法，提高采购效率，总行本部每年的采购完成率实际达到了100%，分行达到了97%，总行本部的采购项目平均执行时间实际为26天，在国有大银行同业处于领先水平。为了实现提高采购效率的目标，我们采购部门做了很多工作，包括提前规划、设计，提前梳理、识别、整合、优化需求，提前安排采购事项，主动与各部门沟通，把时间尽量缩短。对于有些特殊的事项，在流程规定的范围内，采取特事特办，最快的项目一个星期内就执行完毕。

三是采购效果好，成本节约率高。全行采购在日常工作中多管齐下，全方位、多环节控制采购成本，成效显著。2009年采购新制度实施以来，全行通过集中采购节约支出87亿元，其中总行节约40亿元，分行节约47亿元，总体节约率达到15%。截至目前，2011年采购部完成合同金额52亿元，较预算节约18亿元，节约率达到26%，较2010年提高7个百分点，比政府采购节约率高出14个百分点，创造了我行采购节约率历史新高。这也说明总行采购的集约化、科学化、规范化程度较高，节约的空间还有潜力。

（二）制度流程不断完善，操作能力显著增强，风险防范基础夯实

这几年来，我们的采购工作在制度、流程、规范方面下了很大的工夫，作了很多积极的探索，始终将建章立制作为主要的系统工程，初步实现了从采购链的上游供应商管理到下游售后服务和跟踪评定的全过程管理，制度流程从低级到中高级、从局部到全面、从上游到中下游、从总行到分行都逐步建立起来。同时采购事故得到有效地防范和杜绝，采购制度和流程的纠错能力得到增强。全行扎实推进采购管理基础建设，在管理体制、机制改革方面做了大量开创性的工作，管理水平有明显提升。

一是通过建立完善的采购制度和政策框架、制定规范化的采购操作细则、统一采购模式、强化采购经理的专业职责、加强对分行的指导和管理等措施，全面提高了行集中采购的规范化管理和操作水平。

二是加强了全行性、重大性采购事项的组织实施能力。总行本部组织完成了单项价值十多亿元的计算机大型机采购、万台ATM采购、百亿元再融资和次级债发行采购等重大采购任务，集中采购保障能力进一步提高。同时有越来越多的全行性项目由总、分行共同组织完成，总行牵头、分行参与、共同实施，提升了基层行对采购执行的满意度，强化了全行对重大采购项目的监督。

三是在制度、团队方面，通过不相容岗位分离、需求与采购分离、供应商与采购谈判分离、采用跨部门采购谈判和评审小组工作模式等流程设计控制采购操作风险，同时通过采购信息化建设增强采购的透明度。

四是借助外部支持与监督实现风险防控。一方面通过风险管理、信息技术、法律、财务等相关部门提供的专业支持，分散、控制和防范采购风险；另一方面通过审计、纪检监察部门的检查与监督防控采购道德风险。

（三）队伍建设富有成效，廉洁采购常抓不懈，阳光工程初具雏形

总行党委十分重视全行采购的党风廉政建设

工作，作出了一系列重要指示，从一开始就抓得很紧。把第二面旗帜竖起来也是不太容易的，所以我们一直把加强制度、队伍建设和完善廉洁采购机制作为采购工作的重点，一手抓采购队伍的业务水平提高和职业道德建设，一手抓采购内控制约和监督，从体制机制上保证廉洁采购。采购部成立5年来，全行采购条线保持了“零案件”、“零违规”，打造了采购的“阳光工程”，打造了一支廉洁、自律、高效、敬业的团队，为我行采购工作出成果、出人才、出生产力打下了良好的基础。还有两点很重要，一个是形成了好的机制，另外一个是形成了好的风气，在好的风气和机制下就不容易犯错误。

第一是坚持内控制约。采购工作实行横向分权制约、纵向授权管理，严格按照集中采购操作规程和岗位制约原则执行采购流程，对于重大、复杂、敏感采购事项，规范集体决策程序，严格防范违规失职行为，防止违规事件的发生。根据全流程管理理念，明确采购操作中的不相容岗位职责，从供应商推荐到采购谈判，再到合同执行，各环节之间在分工协作基础上相互制约，确保内控有效。

第二是纪检监察部门对采购实施全过程监督，完善了举报核查、投诉反馈、过程自动纠错、不相容岗位制衡、关键关口审批、事后监督评估等机制。这项机制说明，一是党委高度重视采购的廉洁反腐，二是机制有建设银行特色，三是机制非常有效。

第三是重视评委队伍建设。目前总行评委库评委队伍已经达到850人，坚持发挥评委在采购谈判和评审中的独立性、客观性，确保集体决策的科学性和公正性。我们的评委库坚持了专业化、独立性、全面性，各个条线、各个专业都有，注意到了广泛性，行内行外各个条线都有。这支评委队伍对于公正采购、廉洁招标是非常关键的。

第四是通过竞争机制防范风险。增加竞争性采购、控制单一来源采购是打造阳光工程的重要环节，意义重大。到去年，总行本部的竞争性采购的比重已超过60%，单一来源的比重已压到了10%以下。通过竞争，从外部，从市场机制上为廉洁、公正采购提供了条件和基础，使得各方力量互相监督、互相制衡的力度增大，道德风险、操作风险、市场风险的防控作用得到加强。

同志们，10年以来，尤其是采购部成立5年以来，全行采购条线已逐步打造出一支信得过、拉得出、打得响、站得稳、素质和能力不断提高的队伍，这支队伍在摸爬滚打中经受住了锻炼和考验，在平凡的工作岗位上作出了不平凡的成绩。大家在平凡的工作岗位上积极工作，立足本职，结合实际，不断创新，丰富和发展了我行采购工作的理念和机制，并将采购一般科学规律运用到建设银行这个特殊领域里，取得了五方面的重要基本经验。

第一，牢固树立和坚持敬业奉献、服务中心工作的采购理念。鼓励在平凡的采购工作岗位上为全行的改革发展无私奉献，是我行抓管理、带队伍的重要指导思想，全行从事采购工作的同志们要始终自觉地身体力行和保持发扬。第一条就是我们要有甘当配角、当好配角、保障有力、服务中心的态度。采购是中、后台，是支持保障部门，节约100万元和真正创造100万元利润都是非常不容易的，采购创造了价值，我们就是默默的无名英雄，不断保障前线弹药供应的及时和高效。建设银行就像现代军队一样，要保障有力，而且随着现代的发展，保障越来越重要。现代银行运用科技手段发展商业银行业务，采购和后勤保障的地位和作用是不断增强的。

第二，坚守廉洁奉公、警钟长鸣的采购生命线。廉洁采购是一项丝毫不能放松的工作，稍微一松懈就会出问题。全体采购人员一直在做，还要继续牢记，在研究制度、制定制度、建立机制、安排部署工作的时候，要反复强调严格执行廉洁采购的要求，这根弦过去一直没有松，将来也不能松。做不到廉洁采购，创造价值、保障有力都会被违法违纪等坏风气干扰和破坏。

第三，坚持推进采购供应链的全流程科学管理。借鉴国内外采购实践，建立一个覆盖供应商库—采购谈判—合同执行，再到供应商市场信息的动态调整这样一个不断循环的、全过程的现代化企业的采购管理体系，三个环节要并重，才能充分发挥采购供应链的协同效应。虽然现在还没有完全深化地做到，但是我们在朝这个方向努力，要继续坚持推行采购供应链的全流程管理。

第四，始终协调好采购环节与其他环节的关

系。首先是与需求部门的关系。我们是服务部门，要积极地、主动地参与采购需求的调研、了解、识别、梳理、整合、优化、确定，参与需求的整个管理。其次是总行与分行的采购关系。处理好采购实施与合同执行，集中与分散、管理、执行、监督之间的关系。再次是与供应商的关系，既要严守纪律，防止腐败，又要从互利双赢的角度加强与供应商的沟通，联合供应商提升我们的供应能力，把我们的需求、要求、规程告诉供应商，从供应商那里得到更多的市场、产品、同业、竞争方面的信息，丰富采购决策的依据。采购工作是一个协调面非常广的工作，不能坐等上门，否则非常被动，协调沟通能力是采购专业化水平的重要方面。

第五，努力保持价值、风险、效率的科学平衡。在制度设计和实际操作中，都要把握三方面的科学平衡，针对不同项目有不同的侧重，总体有个把握，具体有个确定，这样才能使采购工作做得更好。规范管理与防范风险往往以牺牲效率为前提。采购工作横向实行分权制约，纵向实行授权管理，权力分散，环节多过程长，工作的周期就长，势必影响效率。价值和效率有时也有矛盾，商务谈判如何以时间换空间，经常需要我们审慎考虑、果断抉择、坚决执行。在制度设计和实际操作中，需要坚持价值、效率、风险并重的原则，注意度的把握，建立健全平衡机制。

总结这五方面的工作经验对于做好下一步工作很有意义，这些经验还需要进一步细化、应用到具体工作中去。我行的集中采购10年历程，形成了始终服务于我行改革发展的风格，保持了健康发展，有其自身的规律和深刻的内涵，还有着多方面的宝贵经验，希望参加座谈会的代表们继续总结提炼，用于指导我们的工作，少走弯路，扎实工作，勇于创新，为我行改革发展作出新的、更大的贡献。

采购条线按照总行党委的要求，遵循采购工作的科学规律，学习借鉴同行国内外好的经验，走在了同业前面，竖起了两面旗帜，完成了这么多的工作，很不容易。借此机会，我代表总行党委、高管层，并以我本人的名义，向长期工作在采购岗位上的广大员工、向支持采购工作的同志们表示亲切的慰问和衷心的感谢！

二、适应新形势、新要求，努力把采购工作做得更好

我们充分肯定成绩的同时，要看到存在的问题，更要清醒地认识到面临的形势以及下一步的更为繁重、艰巨的工作任务。建设银行经营发展的势头很好，这是每个人的奉献和骄傲。“十二五”时期将是建设银行投入比较大的时期。我们股改以来经历了一次大的投入，即体制改革、业务调整和网点转型等大的投入。相应地，采购条线也经历了一个采购额大幅增长、采购面不断扩大的快速发展阶段。但时至今日，相对于其他行，我们的先发优势效应正在急剧递减，很多行吸收了我们的经验，并在一些方面超过了我行。建设银行是第一个股改上市的，改革初期效应到了一个被超越的阶段，要想继续走在前面，需要在下一个阶段的发展、改革也走在前列。总行党委已经充分认识到这一点。去年我行成本收入比已下降到较低水平，在“十二五”时期要增加投入，加大基础建设，包括人、财、物也就是网点、IT、基地、队伍等方面的投入。拿网点建设来说，建设银行网点比农业银行少1万多个，比工商银行也少不少，有的地方和中国银行差不多，但我们的规模都不小，增加、改善、扩展网点是“十二五”工作的重点之一。再看IT方面，我们目前正在建设新一代的核心系统。整个IT建设将大幅度投入，重新构造全新的IT系统，目标是在尽可能短的时间内赶上工商银行，硬件、系统容易赶上，困难的是技术人员，工商银行10年前就坚持开发为主、外包为辅的方针。我审批建设银行信息技术服务外包采购上亿元的订单，既觉得你们的工作辛苦，也觉得心里忐忑不安。工商银行的IT建设用10年时间，咬着牙培养了一支专业化的队伍，他们的IT队伍强在哪里呢？不仅强在项目开发本身上，更强在需求管理上，IT部门能够跟需求部门沟通，讨论需求是否合理，是否可以整合、可以改进。他们能达到这种程度，做IT的人既懂IT又懂业务，有这个优势，业务部门人员就很好协调合作了。我们现在还做不到。这个道理也适应我们采购条线，涉及我们的采购前管理、需求管理，采购人员如不懂业务及需求，怎么跟别人去谈？怎么跟别人讨论？再要说的是基地建设和

其他的建设，比如人员培养，也都要进行集中采购。总之，“十二五”时期是建设银行又一次新的大发展、大投入时期，这必然对采购工作提出了新的更高要求，采购工作量肯定会继续增加，不仅是数量要明显增长，质量和水平也必须提升，这就不同于“十一五”时期了，我们面对的是新时期建设银行的经营发展需要，面对的是更为复杂的产品、技术和市场，商品和服务的市场都在发生急剧变化，整个“十二五”时期的采购任务将更加艰巨和繁重，很多困难等待我们克服。我们要在新的起点上，勇于面对新挑战，善于克服新问题，进一步振奋精神，学习创新，扎实周密，努力把采购工作做得更好，真正实现服务整体、保障有力。

对做好下一步工作，我主要讲两点。

（一）抓准和破解当前采购工作中的突出问题

全流程采购制度实施以来，我行采购管理完成了由起步阶段向全面发展阶段的转变，全流程制度的先进性已逐步得到体现和认可，“优质、高效、廉洁”的采购工作目标取得了阶段性成果，全行采购管理进入专业化、精细化管理的重要时期。在肯定成绩的同时，我们更需要清醒地认识到，我行实施科学采购管理工作时间毕竟还不长，与国外先进银行、企业和国内先进企业相比，尚处于探索阶段。下一阶段的工作任务还很繁重，与总行党委的工作要求还有一定距离。当前遇到的问题和挑战还不少，其中突出的问题集中在两个，在这提出来与大家交流探讨：第一，全流程管理还有很多工作要做，很多潜力要挖掘，有很多提升效率和管理水平的空间，有些方面还没有真正落到实处和细化起来；第二，全行的采购水平，尤其是分行的采购水平，还有很大的改进和提升空间。

1. 采购全流程管理职能亟须健全和有效发挥

采购全流程管理是一个系统工程，类似于贷款的贷前、贷中、贷后管理，也可分为采购前、采购中和采购后管理。在初级阶段主要做采购中的工作，但随着采购管理从初级向高级、从局部向全面的提升，仅仅做采购中的工作是远远不够的。要向两头延伸，即向采购前和采购后延伸，将采购中反映的问题、需求、规律向两头延伸，根据外部需求部门和采购产品使用部门的要求以及社会、商品、技术发展程度向两头延伸。目前，采购工作在一定程度上存在“中间重、两头轻”的问题，即重谈判筛选，轻源头管理和事后执行。这个状况如果不改变，将制约采购水平向专业化、精细化、高效、科学的方向发展。一定正确认识全流程管理采购前、中、后的辩证关系。做好采购前的工作是有效进行采购中工作的基础；做好采购后的工作，包括合同执行、合同跟踪、采购产品的应用与反馈等，又是下一次采购的依据。要进行供应商的调整、培养，要参与下一次采购需求的整理和讨论，需要做好采购后的工作。采购全流程管理的薄弱环节主要体现以下两方面：

一是供应商管理处于初级阶段，供应商管理的预期效果没有得到充分体现。候选商的选取主要依靠需求部门推荐，缺乏对供应商的实地考察，缺乏对供应市场系统化和常态化的调查和研究，缺乏对供应商的全面动态考核和采购后的评价，供应商选择和执行效果脱节。供应商管理是我们采购前管理最重要的组成部分之一，要想做好供应商管理，还需要做更多的功课，包括市场、专业、产品、供应商同业、价格及质量等一系列调研考察工作，还包括商品专业知识学习。目前供应商管理处于被动、静态、局部的阶段，还没有完全达到主动、动态、全面的系统化管理。

二是合同执行管理的职能尚未充分发挥。合同执行的质量是采购质量的最终体现，目前合同管理仅限于付款前的程序性审核，系统化的跟踪、评价、反馈还没有实现。有些大的采购，关于采购后的管理，首先采购部门要重视，其次要充分发挥各条线的积极性。有些条线还是很愿意配合采购部门做好采购后信息反馈的，他们也想下一次采购的依据更加科学、有力。下一次采购若要改进，跟踪评价的结论非常重要，关键是要多做工作，争取部门配合。如果采购部门不组织参与采购活动的验收把关，对于供应商的合同执行不力，甚至违约的行为缺乏有效的事前预防和约束，缺乏兼具规范性与灵活性的合同变更处理机制，对于因为需求、供应市场、监管政策的变化而发生的合同变化，如果不能高效应对，就制约了采购随需求应变的能力。一方面要做好采购后的管理，保证合同的执行，解决合同执行中的问题；

另一方面要了解下一步采购的有利信息。当前在不同程度上存在合同执行中缺少量化、标准化、系统化的处理措施，难以把合同执行中的信息及时、准确、完整地传递到供应商管理和采购谈判中去，没有发挥整个供应链的协同效应。

所以，采购全流程管理还需要进一步深化，特别是采购前和采购后。要正确处理三者的关系，在采购前和采购后多做功课、多下工夫。要想提升采购中的水平，必须做好两头的功课。

2. 对采购条线的指导管理需要针对性加强

从前期审计部对部分一级分行采购的审计检查情况来看，分行在采购制度执行、授权、操作流程规范性等方面总的来说是好的，有明显的进步和改进，但仍存在不少问题。根据财会部、采购部对全行财务支出项目集中采购情况的清查结果，2010 年至 2011 年上半年，全行应纳入集中采购而未实行集中采购的财务支出项目总金额约为 3.4 亿元，主要涉及 18 个分行。

张行长明确提出，要加强总行采购部对分行采购条线的管理和指导，对分行应纳入而未纳入集中采购的要加大工作力度。刚才分行同志发言出乎我的意料，分行都很愿意加大集中采购力度，分行同志有这种观念很不容易。通过总行集中采购，可以促进分行集中精力办好自己的事，提高工作效率，保证采购质量，提高保障水平，同时可以抽出更多的精力进行采购检查和质量反馈，而不是重复性地作大量的常规性采购。

应纳入而未纳入集中采购的普遍性问题既有分行的原因，也有总行的原因。从全行情况看，一些分行不同程度地存在对采购工作重视不够，人员配备和岗位制约不到位；从总行系统管理看，对全行培训、宣讲不够，分行对制度的理解有偏差，全行采购信息共享交流也不够。这些问题可以通过进一步的改进和改革来加以克服解决。我想强调的是，一级分行是重要的采购主体，采购执行力和采购水平直接关系到全行采购管理的水平。因此，加强对全系统采购的指导、管理、协调是推进我们全行采购工作水平提升的重要手段。这次会议对总分行协调有很好的促进作用。

有两个具有全局性的管理事项：全流程管理和全系统管理。这两个方面还有很多工作要做，还有很大提升空间。

（二）集中精力做好当前采购条线重点工作

1. 充分利用全行集中采购梳理成果，扩大集中采购范围

今年总行采购部对总行本级的集中采购工作进行了梳理，总行财会部对分行分支机构的集中采购进行了梳理。梳理的重点，一是检查应纳入而未纳入集中采购的问题，二是集中采购决策审批的授权管理执行情况。

从梳理的情况来看，总体是好的，总行本部的情况好于分行的情况。目前总行本部的资本性支出和达到采购限额的费用支出，包括生产基地建设的采购事项已全部纳入集中采购。但分行层面暴露了很多问题，个别分行的少数项目还没有纳入集中采购。明年这方面要求很明确，就是要扩大集中、完善授权，要加强指导，严格执行。

各行要严格执行制度，在安排明年采购计划时，将应纳入集中采购的项目必须纳入集中采购，不允许再出现游离于集中采购管理之外的操作。我行的业务快速健康发展，新产品不断推出，采购部门要及时追踪业务发展的最新动态，会同业务部门，及时将达到采购规定限额的产品纳入集中采购范围。

2. 努力提升集中采购质量和效率，进一步优化采购结构

要加强供应商群体建设，从源头上保障采购质量。一要有序开展供应市场调查研究。面向广大的供应市场征集候选商，切实改善我行供应商的遴选基础，改变候选商推荐工作滞后、依赖于需求部门的现状，让这项工作基础化、常态化、专业化，为供应风险的甄别、供应商的遴选打下坚实的基础。二要科学组织供应商动态考核。建立开放式的供应商库，通过完善的准入、退出机制，对供应商的诚信、业绩、规模、实力进行科学、全面、动态的考核。对于重大类、关注类供应商的基本面信息进行定期或实时跟踪，加强我行对供应市场的抗风险能力。将供应商考核延伸到采购后评价环节，确保采购结果执行质量。三要逐步建立战略供应商培养机制。实施供应商履约评价，在与我行合作 3 年以上、供应的重要性或规模达到一定标准、供应质量稳定的供应商中遴选出战略供应商，开展多层次全方位合作，实现供需双赢，降低我行综合采购成本，提高我行

核心竞争力。

要实施合同执行跟踪与反馈，确保采购结果落到实处。一要提高合同执行质量。加强合同签署阶段的审核把关，确保采购谈判成果在合同当中得到固化和落实。提高合同条款的规范化水平，防范法律风险。及时了解合同执行情况和需求部门意见，根据需求变化和市场变化，及时协商供应商对合同内容进行调整或补充，增强采购工作的随需应变能力。二要完善合同执行反馈制度。合同执行反馈制度化，所有合同都要有执行反馈记录。跨年度的、有效期超过1年的以及其他形式的非常规合同，在履约期内都要有执行情况反馈。要将反馈结果与供应商考核挂钩，根据合同执行情况进行奖优罚劣。采购部根据不相容岗位职责要求，确定专门的团队和人员负责合同执行反馈信息的收集与处理，保障反馈信息的客观性、准确性以及处理结果的公正性。

要不断优化采购结构。经过不懈的努力，我行采购结构不断优化，竞争性占比提高和单一来源占比下降，2010年结构指标达到阶段性目标。根据经验和测算，随着采购工作的深入，以上指标在达到阶段性目标后，将在一段时期内呈现缓慢提升的态势，甚至出现反弹。全行采购工作要以提高竞争性和降低单一来源采购为主要抓手，整体协调，坚决推进，及时解决问题，保持结构指标的稳定，争取优化，防止反弹。一要加强对当前常用商品单一来源采购项目的研究，跟踪分析供应市场，积极寻找替代性供应商，从源头上增强竞争性。二要加强与需求部门的沟通，提前介入，严把审核关，对于不符合单一来源条件的项目，转为采用竞争性谈判等其他采购方式。

采购工作要实现“两个满意”：让基层行工作使用人员和广大客户对采购的产品和服务满意，让需求部门和各级管理人员对采购部门的工作和采购人员的专业能力满意。一要强化服务意识，保障服务质量。发挥采购条线的统筹协调作用，加强与上游部门的沟通，把基础工作落实在前面，变被动服务、单一服务为主动服务、综合服务。二要树立大局观念，履行把关职责。采购条线要把好全行采购的最后一道关口，认真履行职责，及时识别、调整不合理的采购需求和采购方案，更好地履行把关和协调两方面的职能。三要细化计划管理，合理安排采购。主动和需求部门沟通，掌握商品供应时效要求，统筹采购质量和效率，优先将全行性项目、重大采购项目安排到第二、第三季度启动，减少年底采购压力，保障全行及时供应。

3. 认真整改采购审计中发现的问题，促进采购健康发展

今年，总行对9个一级分行的集中采购进行了审计，审计中发现的问题带有普遍性，有不按采购制度违规决策的问题，也有不按采购流程违规操作的问题。总行对集中采购的审计还要全面进行，已经被审计的分行，要继续抓紧整改工作，尚未审计到的分行，要举一反三，对照检查，抓紧进行自查自纠，实现规范操作和科学管理，采购部门要分析和研究审计中发现问题产生的原因和后果。一手抓整改工作的指导和检查，一手抓建立防止屡查屡犯的长效机制。保持全行集中采购的合规、高效和科学管理。

4. 大力加强对分行采购的指导支持，共同提高管理水平

分行同志刚才提出了很多题目，需要我们去研究。其中一个比较重要的是采购信息平台的建设，不少分行都呼吁在采购管理信息系统里面搭建一个信息平台。这个信息平台做什么用呢？总行认为可以放上去的信息要尽量往上放，分行认为可以上的，可以报告总行。建设这样一个平台应该不难，要尽快实施，还要定期对平台进行检查，听取大家意见，并逐步改进。可以设一两个具备专业技术的人员专门管理这个平台和窗口，这个工作可以先做，很有价值。这就等于扩大了采购的视野，通过这个平台，让大家借鉴好的做法，共享产品、品牌、供应商等方面的信息，提高联动性和效率，这个非常重要。

关于加强分行采购需要说明的一点是，即便不断扩大全行集中采购的范围，也不可能全部纳入总行采购。对没有纳入集中采购或采取框架协议+订单模式的采购事项，涉及执行的问题，总行要健全和完善对分行管理的制度化。对于社保、购置或租赁营业用房等事项，应该会同财会和业务部门，研究制订一个解决的框架，只要在框架中做就可以。刚才有的同志提到，有些特别重要的事项，能不能通过某种形式，比如行长办公会

解决，依据会议纪要办理，对分行类似问题的指导不能是泛泛的，要根据分行提出的具体问题去指导，帮助解决。刚才还有同志提出来，是否可以实行区域性集中采购，我觉得这个问题也可以探讨。

采购部不仅是总行的采购部，还是全行的采购部，要带动分行一起提高。对分行的指导既要有全面的指导，完善对分行指导的规章制度，让分行知道边边框框在哪里，同时也要针对分行的实际情况去研究新问题，去推进工作。一要全面掌握全行采购执行现状，提高管理操作水平。采购部要加强调研力度，广泛深入基层，倾听一线员工意见建议，了解采购工作中的实际困难，重点查找分行在管理体制、操作执行、监督机制等方面存在的问题和原因。抓好采购执行情况的检查工作，防止走过场，带领全行，把规范采购行为和提高采购效率更好地结合起来，提升采购工作的贡献度和用户的满意度。二要加强总、分行在全行性项目执行过程中的协作。全行性项目，采购实施在总行，合同执行在分行，需要总、分行更充分、更有效的沟通和联动。总行要加大需求调查和售后跟踪力度，关注基层行对采购效果的评价，主动帮助基层行协调解决问题，提高解决问题的针对性、有效性、及时性，及时督促供应商对问题进行整改落实。分行要切实履行好合同执行监控职责，加强售后跟踪，及时反映问题，做好供应评价。

5. 坚持廉洁采购绝不松懈，打造过硬的采购团队

一直以来，总行采购部和全行采购条线存在着任务重、人手少的问题，采购条线的同志克服了人员紧张的困难，承担着相当繁重的采购工作，总行领导在一直关注、努力解决这个问题。刚才大家对于采购队伍的建设已经提了很好的意见，我作为分管采购的领导，也会积极呼吁，争取加大采购人力投入，包括人员的和机制的改革，人员的增加，人员的培训、交流、提拔，专业技术岗位的探讨，放在全行的框架内统筹。在这个基础上，我们对采购人员也要提出要求：一要加强学习，学习采购专业，精益求精，学习市场知识、经营的专业、银行的业务；二是要交流；三是要培养。

采购队伍建设要两手抓：一手抓现有队伍业务素质和政治素质的提高，抓好作风建设和能力建设，更加出色完成好集中采购的各项任务；一手抓采购组织体系的科学建设，必要的组织保证和队伍保证是承担集中采购任务和管理任务的前提。

目前为止，全行已有 8 个一级行建立了专职采购部门，充实了高素质的采购管理人员和从业人员，较好地发挥出管理职能和服务效果，保证了集中采购的规范管理和健康发展。未来 5 年，我们要把集中采购的组织建设和队伍建设作为一项重要工作，抓紧、抓好。

保持和巩固廉洁采购的成果，也是队伍建设的一个重要方面。我们要清醒地认识到，10 年来，尤其是 5 年来旗帜不倒，不是说就没有问题，采购中的违纪、利益输送问题，在个别分行，特别是二级分行还是比较严重、很明显的。随着“十二五”时期工作任务的加重，若要保持廉洁采购，就需要在制度上、体制上进一步完善，操作上要严格要求。采购团队虽然有兼职的同志，而且有交流，但是整体运行是相对稳定的，纪律和约束是鲜明的，这个要坚持不能变。谁到这条战线上，都要按这个规则办，一定要警钟长鸣，使采购经得起“十二五”时期工作任务的挑战，使之成为我们采购战线的骄傲，我们要把这个骄傲永远保持下去，这也是对采购条线同志最大的爱护和保护，不能为了一点商业利益，把人毁了，把饭碗丢了。

对于廉洁采购我们要高度重视，未雨绸缪，加强防范，堵塞漏洞，消除隐患，实现采购条线的长治久安。采购部门在安排任务，指导排查和落实工作时，要把工作任务与廉洁采购两个方面一起安排，一起落实，一起检查。关于廉洁采购问题，我是逢会必讲，对采购条线有特别必要和重要的意义，采购条线要警钟长鸣，常抓不懈！

6. 做好今年收尾工作，早预谋、早安排明年采购工作

今年的采购工作已经改变了以往年度前松后紧的状态，虽然总行本部的集中采购预算将突破 80 亿元，但前 10 个月完成了全年采购预算的 85%，后 1 个多月的采购压力相对较轻。这说明采购工作要早准备、早安排，才能有条不紊地进

行，才能有足够的时间把采购工作做得更仔细，更周全，既保证了质量，又提高了效率。

时近年末，同志们要统筹兼顾，合理安排。一是做好今年年末的采购收官工作，在把好质量关的前提下注意效率，尽可能满足全行资本性支出对采购工作进度的要求，减少跨年度采购事项。二是积极主动地与需求部门沟通，了解明年的采购需求，提前做好明年的采购计划工作，主动协调需求部门、财务部门，对采购项目早谋划、早安排、早实施。

对于本次会议大家反映的问题，采购部应该认真梳理一下，有些以后可以探讨，比如成本节约率这个指标，重要不重要呢？肯定重要，看得见、摸得着，这个指标总行层面潜力很大。这个指标就像不良贷款率，不可能无限度降低，全行下降到1%左右了，再往下降成本就会很高，风险也会很大，而且压力也会很大。所以，成本节约率也需要辩证地看，看潜力、看实际的效果，同时要看市场、看同业、看规范化程度，既要看绝对值，也要看变化趋势，已经从很低到很高了，不可能无限制地高。采购从不规范向规范过渡时期，节约相对会高。现在供应商已经比较规范了，竞争也趋于稳定，采购也相对规范了，我们就要看市场、看变化了，保持在同业先进水平。有些需要完善的事项我们还要研究，就像社保那个事项，采购部门要有全局观念，主动为全行分忧，要“自找麻烦”，表面上看，对于某些事情，我们不管，似乎也能说得过去，我们就是按采购程序办，保证我们是廉洁规范的，至于这个事情划不划得来，对全行效益怎么样，可管可不管，但从建设银行的文化来讲，采购工作应该是对整个建设银行来负责的，这样一些类型特殊的采购，需要主动会同有关部门商量怎么做更好，给出明确的制度界限，分行才能更好地操作。

同志们，集中采购是服务我行经营发展全局的一项重要工作，一直受到总行党委的高度重视，希望采购条线的同志们要高举两面旗帜，把“十二五”时期重大采购任务继续完成好，为建设银行股改以后第二次的大投入、第二波的大发展提供坚强有力的支持保障。明年采购工作将比今年更为繁重，面对复杂而艰巨的任务，同志们扛着两面红旗，登上更高的高峰，这是我的愿望和祝福！

谢谢大家！

加快计财职能转型　保持相对管理优势

——在2011年全行计财工作会议上的讲话

庞秀生

（2011年2月21日）

同志们：

到去年秋天，我在建设银行工作30年，不管是在计财部门工作23年，浙江省分行当1年行长，重组改制办工作2年，还是近5年来分管全行计财工作，都与计财有紧密联系，感触也很深。站在不同的角度看待计财工作，感觉并不一样。从事计财工作时，使人自然感觉是站在全局的角度、行领导的角度、综合的角度，来进行协调和调度，平衡资源分配，同时自我要求严格，对部门营销经费都把得很严。但在主管计财的几年，包括在分行工作时，我不太认同计财是站在全局角度来进行综合平衡的，不是说计财有什么特殊利益，而是我们部门导向和专业要求强调太重，而计财属性是有其局限性的，去年我在主管计财的同时也管理其他几个部门，这种感觉越来越重。所以在将要把主要精力放在其他条线时，我想主要讲两方面感受。

一、计财工作是构成建设银行核心竞争力的重要方面，具有同业比较优势

建设银行的计财条线对整个银行的战略愿景有明确的理解，有坚定的执行意志，计财工作已成为建设银行核心竞争力的重要方面，也是在同业中具有优势的重要方面。具体来说，体现在以下几个方面。

（一）率先推动经济增加值管理，激励价值创造

我觉得最值得整个计财条线自豪的是，建设银行在中国的银行业，甚至是中国大型企业里面，首先推动了包含经济资本在内的经济增加值管理。这给建设银行带来了深刻的实质的影响，使激励价值创造的导向从头到脚传达到基层，到每个员工。

经济增加值管理与原来传统的利润管理不同。首先要解决经济资本管理和资本成本的问题。建设银行的经济资本计量坚持科学精细方向，从一开始的简单系数测算，到2010年年初深化推进实施巴塞尔协议Ⅱ成果，主要贷款资产经济资本可根据历史数据和计量模型按照损失概率、违约概率、违约损失率等参数计量，完全基于建设银行自身实际，而不是简单套用一些监管系数和外部经验系数，再到今年，更近一步将整个表外资产按上述方法计量经济资本。今年的调整不是要简单扩大表外经济资本，而是建设银行过去表外业务实践在经济资本上的反映，实际上，这距离监管要求差距不小，比如按监管规定，很多表外业务风险权重为100%，就是12%的监管资本要求，而我们的规定是表外业务中最高的融资性保函经济资本要求才9.66%，其他业务甚至不超过4%。在计量科学的基础上，经济资本管理还需要深化。在中国特殊国情下，目前综合经营计划中业务计划的分配，争论比较多的还是贷款规模总量。下一步整个综合经营计划的安排主线和前进方向是经济资本的预算分配和经济资本的回报约束。这需要研究资本与业务的匹配，用多少资本来做多少业务以及做多少业务要用多少资本，需要研究平衡的资本回报要求，在各种成长型业务和成熟型业务之间进行资本回报要求平衡，使银行整体始终能保持预期的回报水平。

其次经济增加值计量和管理中的另一个重要问题是转移收支。从1997年开始，经过这几年完善，这个问题已经得到很好解决，建设银行资产负债业务的转移收支已经落实到每一笔业务，落实到每一个网点。这个静悄悄的变革，其实是一个重大的、实质性的管理进步，现在总行可在转移收支管理中进行一些非常有针对性的、非常敏感的调控，很小的调控力度和很小调控范围，很快就能传达到全行的基层网点，传达到每一笔业务上去，作为定价的重要参考。做到这一点的银行，有能力成为“国际一流、国内最佳”的银行。

但在比较传统的财务收支方面反倒存在一些问题。一是中间业务收入还不能完全落实到基层，落实到每一笔业务中去；二是费用的分配，还有点呆板，过于原则化。最近一些管理会计著作，研究传统的、常规的费用分摊中的一些偏差和弊端，这些偏差和弊端在建设银行的费用分摊中都存在，且尚未认真研究和分析，我们的费用分摊还是很初步的分摊。还有一个难点就是预期损失计算问题，从全行来说，预期损失已经完全反映到损益表中，但落实到分行只是其中的一大部分，还不是全部，我估计落实到每一个债项每一笔资产业务可能还要少一些。

总体来说，建设银行的经济增加值管理取得了很好成绩，在国内处于领先。近几年，国内同业陆续实行经济增加值管理，尽管名字不同，有的叫经济利润，有的叫风险调整后利润，实质都一样。有的同业在这方面追赶很快，甚至在某些方面比建设银行做得还好。比如工商银行的表外业务，相对建设银行，业务量小、结构合理、资本权重低、回报反而高，细细分析，工商银行一定是将经济资本和经济增加值的管理以及经济资本的回报要求渗透到了表外业务的管理中。这绝非我们有的部门认为的是表外业务竞争力优势的表现，这种薄利多销、不考虑资本回报的优势，也不是建设银行需要的。这说明至少在2010年前，我们对表外风险的管理、经济资本的管理和经济增加值的管理有所忽视，造成了业务上的偏差，今年要纠正。

从去年经营管理中的一些情况看，无论是贷款扩张中的“利率顶”贷款过快增长，还是有些

分行的所谓岗位工资制度改革，都淡化了经济增加值管理，并且在淡化过程中又出现一些传统问题，如发展一些利润较薄而实际经济增加值为负的业务。银监会刘明康主席对建设银行的经济资本和经济增加值管理高度关注，多次在银监会会议，甚至在王岐山副总理主持召开的金融专题会议上均谈到，并担心建设银行近几年放松这方面的管理。我们在2011年综合经营计划编制方案形成过程中以及分行座谈时达成的一个共识就是要继续坚持经济增加值管理，加大其考核和激励的力度。当然，实施经济增加值管理不会没有问题，但更重要的是要不断发现问题、解决问题，而不能因为有问题就停滞不前，让问题积累，最后变成障碍进而被否定，那样就太遗憾了。无论如何，我们要沿着这个方向坚定地坚持并改进经济资本和经济增加值管理。

（二）运用平衡计分卡工具，探索价值链管理

近年来，综合经营计划政策安排的着力点，体现了一条清晰的主线，即从经营成果到经营过程再到经营基础，沿着价值创造的链条上溯延伸，引领全行更为关注长期可持续发展的基础和能力。2010年综合经营计划在坚持激励价值创造的同时，开始全面引入客户、产品、渠道等关键基础要素作为经营管理的重点维度，在KPI考核中的权重一起步就安排了36%，今年又进一步提高到42%。战略性费用配置也开始回归本意，重点激励客户和渠道拓展。这都是考核覆盖整个价值链，向价值链前端延伸的体现，去年在这方面管理动作比较大，今年还要继续推进。

考核体系设计中的另一个特点是更加注重当地市场占比。市场占比指标可能在细节上和技术上的口径稍有差异，但总体可比，就能发挥巨大作用。一个最成功的经验是在大抓存款时，考核四大行存款市场占比指标，虽然当时存款口径不一致，甚至西藏只有三大行，存在一些争论和疑问，但从实际效果看，总体上可比的存款占比指标考核极大促进了业务发展。还有，在推出中间业务市场占比考核时，指标细节上的不可比更多，现在也还有争论，比如收单收入，但这个指标考核的重大作用大家有目共睹。实际上，同业精确可比的东西非常少，不可比的事情倒是相当多。

今年开始考核利润市场占比，这个指标总行在研究3年后才推出，实际已经考虑了不可比因素。不是某一个分行和同业不可比，而是所有分行都一样，换个角度看，那所有分行互相之间即为可比。不能对指标口径吹毛求疵，过于严格，过于追求精确，只要总体具有可比性，在总的导向上是正确的，就可以推行。我们有些分行、有些重要城市分行的利润和同业相比越来越相去甚远，说明在绩效考核中存在一些问题。当然在实行过程中发现问题还要认真研究、努力解决、不断优化，使考核更具说服力，更符合实际。计财部门要统一认识，将利润占比考核作为重要管理措施推行下去。张行长在五年规划访谈中谈到，全行包括每个分支行做得好不好，重要的不是建设银行系统内比较，而是在当地市场上的竞争力如何。比如西宁和上海比较没什么意义，西宁建设银行只有与当地同业比较，才能说明竞争力问题。整个银行竞争力的考核，离不开和同业的比较，其中更有分量的综合比较就是利润占比。当然比较经济增加值更好，但目前不太现实。

（三）提升视野，强化战略管理能力

2010年在这方面有很多重要的进步，比如说战略成本管理。前些年我们探索全面成本管理，在探索中产生了通过项目推进战略成本管理的思路。去年总行推进了20个战略成本管理项目，总体上很有成效，预计十二三个项目能在全行推广出实实在在的成果。以会计档案保管项目为例，从评估结果看，可以减少70%的纸质档案，成本节约率超过70%。回想前两年，各级行都想着建档案库，一年增加的纸质档案就需要5万平方米来保存，现在可能一年只要增加1万平方米就够了，这就是战略成本管理。

再比如流动性管理和银行账户利率风险管理。这两项管理主要集中在总行，分行可能体验不深，但这方面管理能力的提升很重要，也很有挑战性。流动性管理目前做得不错，能力有所提升，但还是比较简单的底线管理方法，其实就是底线管好也不容易，有段时间底线没坚持好，正好赶上人民银行调整准备金率，我们就出现了透支，同期其他几家大银行的支付都出现了一些问题，出现大量借款，相对来说，建设银行还是做得比较好的。所以要严守底线，在货币政策紧缩的情况下，可以帮助我们保证总体支付，帮我们度过一些危机。最近G20会议，加强金融监管，流动性管理确定了两个新监管指标，银监会正在组织测算，但总体估计，建设银行问题不大或者如果有问题的话也不会比同业差。银行账户利率风险管理经过巴塞尔协议Ⅱ的实施准备，在资产负债管理系统二期上线后，已经具备相当管理能力，至少在工具和方法论上已经较为完备，当然在实践效果上还需要不断充实、提炼和积累，但总体效果良好。

此外，更加重视表外业务管理也具有重要的战略性。表外业务的发展应与表内业务相辅相成，在银行转型过程中，表外业务的重要性一定会加大。但实话实说，我们过去对表外业务的管理，特别是表外风险资产的管理重视不够。表外业务的预期风险低于表内，但不能因此我们的管理重视程度和精细化程度就可以比表内业务相差很多。去年下半年总行资债部和财会部牵头进行了表外业务清理，全行又确定今年为“表外业务管理年”，相信经过努力，表外业务管理能力会有很大提升。如果去年不加强管理，建设银行去年末的资本充足率就会低于去年年报中的数字，而这个数字，也仅比监管要求高出不太多；如果今年不继续加强管理，建设银行的资本充足又将面临很大挑战，而其中最重的压力将来自表外业务。所以一定要加强管理，要管住，要管好，不是说只要占用资本或者说占用资本多的，就因为资本监管要求而人为限制，要在严格执行国际会计准则和监管规则，弄清资本真实占用情况基础上，确定好业务发展的衡量标准。我们的衡量标准就是真实的资本回报水平，资本回报水平高的表外业务就要发展，回报低的就要压缩或者退出。当然，回报高低不一定单就一笔业务而言，还要综合考虑整个客户贡献，只要客户维度是赚钱的，单笔表外业务即使亏损也可以做，但如果不能证明其他业务盈利，那这笔亏损的业务就不能做。

财务的战略管理能力还有很多方面，还有很广阔空间，还需要付出艰苦努力。即使是上面说的这四件事情，虽然起步了，但都还任重道远。我们要更重视财务的战略管理，绝不能当做一件可做可不做的事，要投入更多精力，提升能力。

（四）具有科学精神和精细化管理意识

计财工作，包括财会工作和资债工作，给人总体感觉是具有清晰的逻辑、严谨的规则、审慎的风格和规范化的操作，从计划预算，到运行调度，到报告反馈，再到评价激励，是一个系统性的连贯的风格，没有那么多主观的、定向的、宽泛的判断解释和自由裁量，有根有据、就事论事、顺理成章，最少的潜规则。很多时候，在分行行长向我汇报的开始，我就能想到总行财会部、资债部会如何回答，逻辑就是这么清晰，规则就是这么明确，公式就摆在那里，结论也是基本上可预期的。可能分行会觉得有点原则性太强，灵活性不够，灵活性当然会有一些，但不要期望太多。这些决定了整个全行管理知识共享的程度，也就是所谓知识化的程度，也决定了政策信号能从总行传达到基层，如果存在很多主观随意的自由裁量和自由判断，也就没有这么多知识共享。这种科学精神和精细化管理意识也许在某些地方缺少一点弹性，缺少一点应变性，但总体来说是非常好的，需要继续坚持。工作中的确需要有一点弹性，有一点灵活性，但绝不能因为一些零碎的、个别的事情，否定我们管理中一些宝贵的，精华的东西。

（五）具有强有力的政策引导力和综合协调力

从大多国外银行CFO的职责看，财务专业性非常强，但不负责全行业务的很多政策综合调整和激励引导，这属于CEO或事业部高管的职能范畴。但建设银行不一样，由于沿袭传统计划经济体制，计财部门是整个业务运行的综合协调调度部门，根据经营形势不断调整政策，负责整个全行业务的导向，引导全行业务的有效运转。这一点很多国际上的大公司都不可比，在国内召开的财务总监总会计师首席财务官会议上，一些学者描述的前瞻性理想就是CFO及其领导的部门要逐步起到规划引导整个公司落实整体发展战略的作用，今天建设银行已经是这么做的。可能国内一些大银行在这一点上局面差不多，但在国际银行业，在中国的其他行业，很多财会部门和计划部门真的是一个中、后台部门，对整个业务的发展没有这样强烈的引导和推动作用。

计财部门的这种强有力的政策引导和综合协

调，对整个银行进步和业务发展起到了很大作用。最典型的事例是有效推动中间业务发展，重组上市6年，中间业务平均每年增速接近50%，这中间包含许多因素，是全行共同努力的结果，但应该说计财条线所起到的综合协调推动作用，功不可没。不仅做大了中间业务量，也调整优化了产品结构，更重要的是我们的市场营销、产品创新、激励考核等经营管理各个方面都有一些变革和转型。但在中间业务发展过程中也有一些不同的反映，有一些“成长中的烦恼”，比如利息收入向中间业务收入转化的担忧，比如某些收费乱象与中间业务发展的关系，郭董事长和张行长对中间业务持续高速发展伴生的一些问题也非常关注。2011年我们进行了一些调整，将中间业务增速降到15%，考核上基本强调四行前两名，不再强调第一，费用挂钩也主要激励前两名，约束第三、第四名。收费政策上也要有所调整，特别是针对一些低收入人群，能照顾就照顾，不能只想着银行收费，还有一些业务本来在流程上是连贯的，不能一个一个流程地收费，而要把整个流程连贯起来收费。这些调整的重要目的是要给全行一个信号，中间业务发展要更多注重于夯实基础、强化能力、做实收入、提升质量，缓口气、充充电，今后才可以更踏实，更加大步伐地前进。

但这不代表中间业务发展的整个导向和战略改变，要坚定不移地提高中间业务收入在主营业务收入中的占比，很多国家在发展时期的经验证明这也是必需的。因此，中间业务增速只是今年暂时缓一缓，今后还要继续以较高速度发展。五年规划的中间业务年增速能否定位15%？肯定不行。底线只是今年一年要求增速15%，这其中还包含银信业务叫停、代理保险规则改变的因素，未来4年至少还要达到20%，整个5年下来，中间业务在主营业务收入中的占比要稳步提高，中间业务发展速度在某一年掉下来都会让人心里不舒服。实际令人担心的是能力问题，要真正建立起相关能力去赢得中间业务收入，而不是在能力不足的情况下尽赚取一些短平快的收入，这种中间业务收入表面上做上去了，未来也不可以持续。

二、加快计财职能转变，再造新形势下的财务管理优势

前面是我感觉计财工作可以肯定、值得骄傲的几个方面，我们发挥了作用，赢得了地位，但我们担负的责任就更重。另一个感受是在目前具有同业优势的同时，计财部门职能转型步履维艰。这看上去好像有些矛盾，有点“悖论”。实际上，这并不矛盾，这与建设银行目前所处的特定阶段有关。过去在战略趋同、产品同质、保护定价、同业竞争约束较多、金融竞争很不充分的情况下，建设银行计财管理在某些方面的优势使我们整个银行取得了一定优势。计财管理目前整体如何？面向建设银行内部，从总行到分行，整个系统内的财务管理是有效的。但面对新形势，这种财务管理就非常艰难。我在总行民主生活会上检讨工作时的最重要一条，就是主管计财工作几年来，每年都在讲计财职能转型，但每年变化不大。我们整个银行面临着新形势的巨大挑战，我们准备好了吗？在建设银行转型的时候，我觉得我们计财部门到现在还没有准备好，计财条线职能的转变没有到位，有些不适应。今后，全行计财工作要从以下几个方面加快转型。

（一）始终要把以“客户为中心”的意识落实到计财工作中去

总体感觉现在计财工作有点“两耳不闻窗外事”，内部管理用心多，市场客户了解少。建设银行在转型中强调“以客户为中心，以市场为导向”，要盯住客户，满足客户需求，注重客户体验与感受，这与以前相比有很大的变化，而变化得比较好的是面对客户的前台部门，可能它们与做得好的股份制银行还存在一些差距，但变化已经相当快。我的许多党校同学告诉我，感觉建设银行这些年在四大行中变化比较快，开始为客户考虑了，尤其是我们的网点转型，大大改善了客户的体验和感受。但相对于一线来说，我们的中、后台部门转得相对要慢。

现在的世界变化非常快，真正敏感的人可以看到中国最近5年、10年发生了多么巨大的变化。客户需求给银行发展提供了很多机会，也还存在大量的广泛的未满足的需求，机会很多。但能够契合客户的价值主张，又能赚钱，同时还能可持续的生意并不好做。为什么发财致富的人并不是那么多，因为你必须具备做生意的能力，没有这种能力是很难成功的，就像大家说美国遍地黄金，但你去美国试试，可能除了刷盘子你做不

了其他的。银行如何能抓住客户、抓住机会？如果还像以前大家都提供存款、贷款和一些收费项目，比请客吃饭，比喝酒，比这些能力，可能远远不够。怎么衡量客户需求？以前看产品的性价比，但现在性价比已经越来越难衡量，越高端的客户、越高档的产品性价比越难衡量，比如爱马仕、LV这些包，动辄几万元上10万元，如何评价它们的性价比，它们比浙江生产的300块钱的同类产品性能估计也强不到哪去，但它们的价格却高不可攀。随着整个社会经济的发展，目前银行的客户特别是高端客户，包括公司客户和个人客户，他们的价值主张越来越多地强调差异性和个性化，银行必须要有敏锐的市场洞察能力，才能区分市场，区分每一个客户群包括一些特别的高端客户群的需要是什么，价值偏好是什么，才能设计出相应的产品和服务，设计出服务渠道，设计出定价、风险、成本等一系列管理参数。这样，才既能在服务上让客户满意，又能取得合理的回报。

银行业目前是否具备这样的能力？我认为，我们整个银行业的能力还很初步，在市场经济环境下和利率市场化环境下，同业竞争的能力、市场竞争的能力都显初步，而其中四大行的能力比股份制银行更弱一些。因此，今天我们的紧迫任务就是建立起这种事关核心竞争的、可持续的价值创造能力，但这种能力的形成，殊为不易。在整个环节中的重要一环是，成本模式、定价模式、服务方案和盈利模式怎样结合起来。我们几万客户经理不可能都有这种能力，还要形成大量丰富的产品和服务方案来解决这个问题。在这个过程中，成本定价、盈利模式的问题，就取决于我们的财务管理能力。在这一点上，我们做得不怎么样，计财部门对全行客户部门、与市场打交道的部门的支持比较弱，一般的号召、原则的指导、大致的规则做得还可以，但距离个性化、差异化的要求相差甚远。之前说计财做得好，是指面对内部财会报告单位，每一个分支行，可以指出财务相关问题以及怎么改进，以及清晰解释考核激励的规则，但面对市场，提出针对某些客户和某一个客户需求的一个产品服务方案、一整套的价值创造方案方面，做得很不够，这比较危险。

这一点在市场化产品上看得比较清楚。我们现在政府定价的产品问题不大，越是市场化的产品问题越大。比如收费的管理，很难有人说得清怎么收的。总行的收费政策调整，如部分项目免费，都靠发文落实，做不到系统直接调整，这样真正落实主要还是依靠分行，等于还是把球踢给了分行，但分行最后怎么做的，到底做没做，或者做得准不准，谁也说不清楚说不准确。因为全行没有手段去保证落实，也没有手段跟踪监督是否落实。再如同业存款刚放开，就懵懵懂懂，分行、部门各说各的，一提问题就是定价的问题，包括外部价格和内部转移价格，争论高与低。我发现一个问题，我们的价格管理部门在管理中更注意总分行的利益平衡，这不是以客户为中心，也与分行说的不是一个共同语言，不是同一个语境，分行说的是客户和市场，是同业竞争对手的做法，你心里想总分行的利益平衡、各个条线间的利益平衡，甚至各个分行之间的利益平衡，那是你的工作，都可以理解，但不要把这些作为和分行对话交流的前提条件。同业存款到底应该怎么抓，说实话我现在有点担心，害怕出偏差，怎么办呢？所以我认可先定价高一点，付给客户多一点，等我们业务量上来了，如果发现我们定价高了，那时价格再降低，但不要因为定价低先把市场丢了，然后再去纠正，建设银行经不起这样的折腾。说这件事不是让总行资债部增加人手来管理，也管不住，而是说整个计财条线要有清晰的为客户服务的意识，去准确地判断市场，弄清楚同业竞争对手的做法以及事情的利弊。因为我们还要转变，还有更多的产品要市场化。再看理财产品。董事长今天说了一些理财产品的数据，市场份额不错，增长率不错，特别可观的是回报率，在行长报告中建设银行理财产品收益率是2.17%，四大银行里的其他3家最多的是1.6%多。可分行反映的问题是，我们的理财产品量不足，客户的收益率也低于同业。这究竟是成绩还是问题，值得讨论。如果一方面认为未来我们的个人业务要由储蓄业务为主转为以理财产品为主，要满足高端公司客户和个人客户的价值需求和理财产品需要，而另一方面理财产品量这么少，银行的收益率又这么高，这经营判断与经营行为不是相互矛盾吗？这些定价上的事情，全行没有共享的策略、共享的方案、共享的共识，都是大家在分散地去做，如果不加强统筹组织，就算大家分别做得不错，也很难在全行各个分行、各个业务条线形成共享。

所以，计财管理的眼光不能仅仅向“内”，把目光投向客户、投向市场，这对整个计财条线是相当大的挑战，也是需要我们迫切改进的方面。要支持我们几十万员工都能培养出一种最基本的财务能力，使他们在对市场变化和客户需求时，对哪些事情值得做，哪些价值主张可以满足，能作出一个正确合理的判断，这才是整个银行的希望之所在。目前我们没有优势，但每个银行都有机会，谁创造了这样的优势，谁将在未来赢得竞争。我们建设银行的计财系统，如果5年后还可以说财务管理水平走在中国同业领先的话，那么现在的主要问题、主要的领导方向，就是把眼光投向“办公楼”之外，投向市场和客户，支持全行作出正确的价值判断和快速反应。

（二）要紧密配合整个银行的结构调整和业务转型

人说“每逢大事有静气”，我感觉计财部门有定力、有静气，大事小事都有静气，拿准主意就照着自己的思路做，不要真的以为自己就是天然站在全局的角度上，而不管别人的看法。这说得有点重了，不是所有的事情，也不是所有时候都这样。我在计财部门工作和主管计财部门的时候基本没有这种感觉，但在浙江做一年行长和去年主管IT和电子银行后，我真的有这种感觉，还比较强烈。我主管IT和电子银行后了解的相关信息要比计财部门多，也有一些想法的改变，但还是比较慎重，在认真研究他们的工作、听取他们的意见时，还会结合一些计财基本的价值判断和资源配置效率等因素考虑，然后对我分管的业务作一个有所为有所不为、轻重缓急的判断，并根据判断作出调整。我们各个分行行长也是这样，而我们所作出的这些有所为有所不为、轻重缓急的判断后都需要计财部门配合调整。这些调整如果没有计财部门的支持配合是做不成的，但在我还主管计财的情况下进行相关调整都感觉计财部门在有些方面的配合比较困难。

应该有所不为的地方把控不好。比如IT方面，特色系统500多个，总行系统100多个，这么多系统带来巨大问题。什么问题？说白了也很简单。建设银行最早开发的系统是将最传统的几个业务的规则、标准、流程装到系统中，之后随着改革和业务发展不断调整，调整是必要的，但问题在于没有规划的分散调整。各个部门分散进行调整，每个部门不同的处设立项目组来进行调整，所有的分行分散进行调整，根据自己的理解进行调整，在自己的小系统以内改变一些规则、流程、标准，新产品、新系统也都是按照自己对系统的理解和需求进行设计和上线。这样，整个系统越弄越复杂，设计规则、数据标准、系统接口都不统一，后面想统一、想共享、想整合，很难，成本很大。如果用我们现在的系统去开发一个新产品，要花很长时间，还要翻来覆去地折腾，然后上线再一步一步推进，成本也很大。去年开始我就说先要有所不为，不管总行还是分行，除了市场急需的、监管部门急需的之外，都不要再开发，要先想办法整合。1年下来，500多个特色系统整合掉130多个，还剩多少？还剩700多个！就是说又开发出300多个来。信息技术部解释说还要开发3个大的系统然后才能把它们整合起来，时间可能一两年也可能3年，开发中心也说完全整合差不多需要5年，而这5年还会新出来多少系统，能否管得住，答案都是不知道。本来我还挺高兴，因为上报说2010年分行的项目审批严格把关，65%的项目被卡，比2009年减少60%多，但前两天我问花了多少钱、雇了多少人，就都露馅了，光外包人员来开发的项目都几十几百个！解释说项目都是分行开发的，分行说那也不叫项目，也管不住分行的钱，钱是计财部门花出去的。你们一天到晚在管成本，管资本性支出，又管集中采购，可你为什么还做了这么多项目呢？我给你们亮一个实底，不管这些项目是去年新开发的还是以前开发正在运行的，60%在两年内会消灭，还有20%在3年内会消灭，剩余20%在5年内一定会消灭。大家平时都研究投入产出评估，但开发这些项目完全是投入评估，所以请各位想清楚，把住关，除非是真正的紧迫的市场需求或者监管需求，否则不要再动了，不要在有所不为的地方都把控不住。

应该有所为的地方支持也不够。比如电子银行，重要性已经不言而喻，计财部也加大了一些资源配置的支持力度，但还很不够，解释说要考虑部门平衡。但这件事情仅是部门平衡的问题吗？要从财务管理角度好好想一想，想想我们的成本优势、我们的成本结构未来的变化方向。我们很多费用都用在保开门上，保的是面向客户的物理渠道，将大笔的钱花在物理网点、柜台上。但今后银行的竞争，仅从成本角度说，没有电子银行的良好发展，就不可能有成本上的优势，保开门的负担也会越来越沉重。建设银行的电子银行业务原来发展得不太好，经过努力有了不少改进，但目前整体局面还是不佳。全行在这方面的认识都不成熟、比较肤浅，可能与全行人员平均年龄较高有关，一个人员平均年龄25岁的银行一定不是这样的认识。目前电子银行业务发展最主要的问题是全行重视不够、投入不够，包括人、财、物、管理、业务的各个方面。另外，我们全行的信息技术人员并不比工商银行少很多，比交通银行还多一些，但关键是管理分散，分割得比较细，我们分成十来个中心，每个中心一二百人，实际上社会上的IT公司如果只有一二百人的规模是难以持续生存的，只有规模做上去，才有价值创造的合理性，我们不仅分成小块，而且每一个小块都在关注和研究自己的日子，甚至连企业文化都各自确定。这种管理模式下，总行的力量很不足，集中统一的力量比较弱，所以必须加强总行集中统一的力度，将全行资源集中起来，集中在几个大的中心。但对这几个中心的重视和投入也很不够，甚至感觉各个中心在依靠省行的施舍过日子，有时我亲自要求这些地方的计财部门给予支持，但有的都没做到位。整个银行的转型和变革、结构的调整现在非常紧迫，工作量也非常大，这都需要计财部门的支持，希望你们更加积极主动，紧密配合。

（三）要更为关注战略和长期优势的积累

这是针对整个银行而言，要多关注前面说的战略成本管理及一些重要战略能力的建设。一些我们以前花费很大管理精力的事情，现在回头来看，需要重新审视。比如，信息技术发展具有阶段性，需要走过一些路程，其中的弯路不仅中国的银行，包括国际上的银行也走过，国际先进银行现有的系统中还存在一些历史造成的缺陷。计财部门不是神仙，IT部门尚且难以精确把握信息技术发展趋势，计财部门可能就更困难。但从财务角度回顾，我们过去的专注点，对信息技术的产出回报就出现失败，而且反映的不是一个技术问题，而是管理问题。

在管理效率问题上，我们对财务报表、对损益表的问题看得比较清楚，对每一个分支行的问题看得比较清楚，但对银行在流程、规则、标准的统一性和灵活性上很多地方看得还不是很清楚，或者说知道得很肤浅，而这些问题正是涉及银行整个财务效率和成本优势的关键问题。去年在抓战略成本项目时，我和应承康总经理就进行过讨论，有些项目太广义，已经不是单纯的成本管理。这些与成本有关的重大流程、重要规则的调整，如果从狭义的财务管理理解，确实可能不是财务部门的事情，但如果站在银行管理层高度，从战略的角度，从未来的角度，看若干年后整个银行的财务效率和成本结构，就会发现，这些当时认为过于广义的事情非常重要，而有些细节反倒是不重要的。这就是我们强调的战略财务管理能力，希望大家更多关注。管理层更多关注的是我们的核心竞争力，是未来的长期的核心竞争力的优势，包括品牌、引领地位、优劣势，是能力的问题。

真正的战略管理者，更多关注银行一些最基本能力的建设，这些能力的建设很大程度上决定着银行未来的财务状况、回报能力和成本优势，而这些能力的建设与计财部门对事情轻重缓急的判断有着至关重要的联系。所以，计财部门不要总想着年度绩效和具体策略问题，特别是总分行的计财主要负责人，要多想想一些与3～5年有关的事情，要关注战略和长期优势的积累。

（四）一定要强调“以人为本”

中央文件在解释科学发展观时，都特别提醒其核心是以人为本。在最近一些中央会议上，高层领导的讲话，如五中全会、今年经济工作会议上总书记的讲话，中纪委会议上总书记和贺国强同志的讲话，都特别强调要关心群众、密切联系群众、热爱人民群众。我们党从开始到现在都对此特别重视，当我们动员人民帮助我们推翻旧政权时，最强调的就是密切联系群众。再说马克思主义，大家都在各级党校学习过，马克思主义最基本的观点就是群众的观点，还有与群众的观点紧密联系的实践的观点和生产的观点。马克思主义的立场就是站在最底层、最弱势的人民群众的角度说话，这是他与其他很多政治经济学家不同之处。现在特别强调以人为本、联系群众，这不是官话套话，而有很强的针对性和紧迫性。在当前复杂情况下，实现我们党的工作目标，走好中国特色社会主义道路，面临的一个很大问题，就是党和人民群众的联系问题。

明天上午纪检会议郭董事长讲话的重点内容就有热爱人民群众问题，张行长在最近几年计财会讲话上也都强调基层员工的收入问题，我也每年都讲，并且总行在预算安排上，每年都采取实际行动。2010年综合经营计划将分行单位薪点值底线从1 300元/月提高到1 600元/月，今年又进一步从1 600元/月提高到2 000元/月。我们这些年来都在强调以人为本，都不是空说，但感觉落实得还不到位。我去年在河北省分行开民主生活会，正好赶上物价上涨比较厉害，分行反映物价上涨影响很大，分行也无钱承担，员工的工作餐标准实质降低很多，甚至只能吃包子不能吃炒菜。我很惊奇，标准应该是15元/人/工作日，解释说不是这样，要与绩效挂钩，全省算下来每人平均不到15元，有的二级行可能只有六七元，到了基层行甚至就剩四五元。这可是工作餐，是福利待遇，怎么能不保证？怎么能与绩效挂钩？要多想想基层员工，要抓紧解决。今年总行制定了标准，15元/人/工作日，一级分行、二级分行都不许截流，坚决执行到基层。不要再有任何顾虑，更不要担心是否花得了15元，你们签字报销的发票上一顿饭的金额自己心里非常清楚，那些都同意报销了，1人15元能吃出腐败？能危害到建设银行的风气？这不可能。要多想想立场，多想想基层员工。

还有更离谱的故事。前面说了今年将单位薪点值底线提高到2 000元/月，综合经营计划已经发文。但与此同时，行领导召集部分分行座谈会，分行反映有的大学毕业生在各种费用扣除后1个月只能拿到50元钱，1个月拿几百元的就更多、更普遍。你们讲这样的故事，你们计财处长想过自己有什么责任吗？总行什么时候只给分行员工安排了几百、几十元钱？现在建设银行的人平工资是多少？年报上一看就知。总行这几年都在想办法提高基本工资，特别是困难分行，总行对工资低的分行适当给予了补贴，去年平均工资增幅高于全行，18%、19%，超过20%的都有，但你们的绩效增长了那么多吗？扪心自问吧。为什么基层还出现这种事情？不外乎两种可能：一种是编造的故事，因为很多偶然原因在某个月将某个员工的收入扣到只有50元，你们自己心里都知道这不是真实的常规的现象，不是因为工资低造成的，但你们渲染这个故事，这是在丑化自己；第二种是真实的事情，这就不仅是丑化自己，这说明你们没有贯彻总行的基本要求，让这样的局面出现，是能力问题。管理目光绝对不能投向让基层员工勒紧腰带，我们为之奋斗的“国际一流”银行，也绝不是让员工勒紧腰带的银行。还有分行反映即使总行安排了相应财务资源，各分行也可能做不到，分行确定的薪点值与总行不一样，就是要加大一些激励的内容，减少一些基本的东西。这不行！基本的福利待遇、每个薪点的基本工资不能减少，要抓紧调整。我们重视效率与公平的平衡，用效率拉开差距，强调按照经济增加值激励价值创造，这一点一直在坚持，但最基本的公平要求就不要再打马虎眼了。加大激励力度有不同方式，并不意味着一定要将基本的东西压到最低。将基本的部分压到很低，然后激励的部分又拉开得很少，这种方式并不可取，既起不到激励效果，又影响公平稳定。将基本的部分提高并保持住，再将激励的部分拉大差距，怎么就不能采用这种方式？效果应该更好。这种事情的存在，说明对以人为本的理解和以人为本的意识需要进一步提高。建设银行的成本管理、激励机制绝不意味着要让基层员工勒紧腰带，这是两码事。

如果能够在上述四个方面抓紧调整，我们还是大有希望。希望在未来的5年、10年中，打造出新的同业财务管理优势，能支持30万人在市场上作出正确判断和快速反应的财务管理优势。

还想再说几个小点。第一点，财务管理始终要遵守一些约束条件，守住一些边界和底线，这是永恒的，比如说小金库决不允许再发生，但约束条件、边界和底线不是目标，而是管理要实现的东西，不是总将此作为讨论的前提，实际上，前提应该是客户和市场的需要，是我们计财人员与全行能有一个共同的语境。第二点，平衡和联系是必要条件，而不是充分条件，作为重要综合管理部门，计财部门在工作中必须考虑整个银行的协调和平衡，包括跨条线、跨地域、跨时间的，短期、中期和长期的联系和平衡，但这只是必要条件而非充分条件，要让整个银行更有竞争力、更有优势，需要计财部门超越它，去作一些开放性的、发散性的思维，多一些创造性和灵活性，而不是被其捆住，受其约束。第三点，财务控制在管理中永远存在，但真正的可持续的财务管理，是培养整个银行在每一个角落在涉及财务问题、成本管理和绩效管理时作出正确的判断和选择的能力，而不是通过审批等办法进行简单的财务控制。

最近分管 IT 有些启发。微软、IBM 等大 IT 公司都强调“智慧地球”、“智慧公司”，这不仅仅是数据管理、IT 管理的问题，它有三个基本原则和基本要求：第一是更透彻的感应度量，第二是更全面的互联互通，第三是更深入的智能洞察。如果套用到建设银行，我们要建设“智慧银行”的话，计财部门可以从这三个角度扩展思维，对深入思考计财工作也应有所启发。

最后，我有 21 个字的寄语与大家共勉——“求变化，寻挑战，勤学习，负责任，敢担当，成全人，守清白”。

在深化前、后台业务分离项目推广工作（视频）会议上的讲话

庞秀生

（2011 年 3 月 31 日）

今天，召开深化前、后台业务分离项目推广视频会议，我主要讲两方面内容，一方面是再强调一下推广深化前、后台业务分离项目的重要意义，希望引起重视；另一方面是就全行当前的业务工作，再给大家一点信息。

一、关于深化前、后台业务分离项目推广上线工作

（一）充分认识深化前、后台业务分离改革的重要意义，高度重视项目推广工作

深化前、后台业务分离项目去年已经在深圳、河北分行上线运行，而且试点很成功。根据试点情况进行优化后，2011 年五六月，我们将在 14 个分行进行第一批推广上线；从 2012 年年初开始，在对版本作进一步优化、升级的基础上，全行推广上线。这项工作本身不是一个简单的系统上线、项目推广的问题，它是一次重要的业务变革，是一次革命性的变革，是利用信息技术的成果实现业务流程的重组，而且将带动整个银行体制、机制的变革。

国外不少银行做这件事的时候，主要是从降低成本的角度考虑的。这件事从长期来看，将是我们打造成本优势的一个重要的战略性工程，也是一项人力资源配置优化的工程。前面已经介绍了，大致上，现有前台人员的工作量可以减下来 10 000 人的工作量，但是后台要增加建设银行员工 1 500 人的工作量，还要增加 4 500 人外包工作量，净减少了 4 000 人的工作量，同时，建设银行员工净减少了 8 500 人的工作量。虽然外包业务增加 4 500 人工作量，但是它的成本低了很多。所以这个项目明年推广后，可能影响上万人工作岗位或工作内容的变动，前台节省下来的优秀的人力资源可以配置到更适合、更需要的工作岗位。但是，这件事的意义远不在此。我们要做什么呢？我们过去搞财务资源配置的时候，重中之重的一件事就是保网点开门，那网点开了门干什么呢？开了门后一批客户就在那排队等候办理业务，据说现在还有相当一部分网点，等候排队的客户很多，时间很长。员工营销工作量很少，应该做的营销工作没有时间去做，客户受理的工作量实际

上也不是很多，大部分的时间用于交易处理、信息资料录入、信息维护等工作，前台网点除了受理网点客户提交的实物票据之外，还要处理一些其他渠道接进来的业务。现在我们就要把对公网点前台工作量最重的部分，如交易处理、信息资料录入、信息维护和一些外部接入信息的返还处理统统撤下来，撤到后台，进行高度集中的、电子化的、工厂化的处理。前台人员的工作量减下来之后，自然会转向客户营销和更好地做好客户业务受理工作。我们也可以预测到，客户在建设银行排队等候的时间会减少一半，这只是我们即期的项目目标，优化之后可能更好。前台人员减少工作量后，才能够更好地开展营销工作，为客户提供更满意的服务。

（二）前瞻性地研究并启动后续一系列工作

后续我们还希望依托这个平台做很多事情，刚才沈总也都提到了，第一个就是使我们的网点对公、对私客户业务受理一体化，过去由于对公客户票据处理流程复杂，无法实现一体化处理，连一些多功能网点受理都很难，其他的个人网点、个人柜台受理更难，我们要通过前、后台业务分离，实现网点对公、对私客户受理一体化。第二是实现同城网点一体化，我们的客户、客户经理可以共享同城的所有网点，开户机构不再是某一个网点，是建设银行网点，至少说是这一个城市的建设银行的网点，不管初始开户在哪个网点，可以在同城的任何一个网点办理业务。第三是让前台柜台和客户财务室一体化，由实物票据传递转为影像票据的处理，客户就可以在自己的办公桌上把影像传过来，扫描等功能可以统统转到客户财务人员的办公桌上去，未来我们的电子银行业务也应该向着这个方向发展，而不用客户来到柜台，通过柜员在终端上输入。对公、对私业务未来都会走向这个方向。

还有一点我们要关注未来的变化，就是我们过去基于人工的，对人工操作的风险控制和管理，要转向基于数据的精细化的风险控制和管理。以上只是直接涉及的问题，实际上间接涉及的一些问题，比如公司业务体制改革、个人业务体制改革，都在讲专业化，专业、专注等，但是实际做起来很困难，等到营运管理体制改革完成后，公司、个人业务的集中化专业、专注经营就有可能，通过实现跨网点、跨地域营销和经营，实现全行统一、集中的交易处理，为整个业务体制、机制的改革提供重要的支撑。大家对这件事一定要看得很重，一定要做得很实、很细，这样，我们就有可能走在中国银行业的前列，甚至有可能超越国际上一些比较好的银行。

（三）高度重视项目推广上线工作，全行上下要把具体工作做实、做细

我们要利用两年时间完成项目的全行推广，同时处理好推广新流程带来的一些转变。这涉及各级行、各个业务部门，大家承担的任务都很重，这不是营运管理部、资金结算部、信息技术管理部这几个部门的事情，它将带来深刻、广泛的变革，需要各级行、各部门的参与，需要许多人来做大量艰苦、细致的工作。所以我们今天的会议为什么要“一把手”参加，就是说这个工作不是某一个主管行长能协调的工作，涉及工作范围和协调的范围很广，需要能够动员全行各个方面、调动全行资源的人来牵头组织、协调、部署工作。所以各一级分行、二级分行的“一把手”和领导班子要高度重视这件事情，负责组织协调这件事情，确保这件事情做得精彩、做得漂亮。做得好，成事有余才是最重要的。

二、关于当前几项重要的业务工作

（一）要采取措施改变存款下滑的局面

今天是31日了，明天我们就能看到整个第一季度的数据了。有一件事令人着急，就是存款。本来我们年初很乐观，但是到2月份我们就不行了，我们由1月份的第一降到了第三，3月份更不行了，不仅当月第四，前3个月的合计数都降到了第四。29日的数据显示，建设银行全口径存款当月增加1 000亿元，比年初增加2 700亿元，工商银行当月增加3 500亿元，比年初增加5 000亿元，农业银行当月增加1 730亿元，比年初增加3 000亿元，比我们机构网点少得多的中国银行，比上月增加1 700亿元，比我们多700亿元，比年初增加4 200亿元，比我们多1 500亿元，企业存款第四，储蓄存款3月16日分析的时候，个金部统计我行为第二，29日统计时下滑为第三。存款是怎么回事？客观原因，是不是建设银行内部转移价格低了？是不是外部定价低了？不是这样的，1月份我们已经几次调高内部转移价格，几乎所有存款的内部转移价格都提高了，除了人民银行同步提高外，我们还普遍调高了一次。对外部价格的控制，也在开始采取更宽松的措施。那是不是我们贷款增长得少？从3月前29天来看，建设银行贷款增长额是四大银行中最多的，但结构并没有那么优化，有些不太鼓励放贷的行业还在增加贷款。就前3个月的情况来看，我们跟农业银行、工商银行、中国银行的增长比例都是相近的，都不到4%，也就是3.5%多一点，农业银行稍多一点是因为国家支持“三农”方面，支持春耕，所以允许它季节性地多增几个点。虽然存款比较弱，但是我们也有做得比较好的方面，比如中间业务增长，但是中间业务增长不是一定要付出存款的代价的。我们许多当过分行领导的同志都知道，存款事关人气，是一个银行员工凝聚力的反映，和组织方式、推动力度有关，不要找那么多客观原因。据我所知，主要负责人变动已经基本到位了，所以我们要注意这件事情，这种局面不可以再继续下去，各分行领导要对此引起高度重视，从组织方式、工作力度等方面查找原因，立即采取各种有效措施，尽快扭转当前存款业务方面的不利局面。

（二）全行要特别注意安全生产和风险防范问题

昨天下午3点多钟，我从香港返回来见到张行长，他说的第一件事就是，你们这两天要是有会的话，讲一讲案件防范的问题。因为最近发生了几起案件，据说有上百万元以上的案件。年初以来，安全生产事故够得上三级的大概有3件，而且有两件，我们现在公允地说，是信息技术事件，但又不全是技术的事件，而是信息技术中的业务事件。比如说业务参数弄错了，把几十万客户的存款扣成建设银行中间业务收入了，这事件是技术问题，也是业务问题，同时也是营运问题。案件和生产事故的冒头，这里面有工作组织的问题，有人心稳定的问题，不光是信息技术部门、营运管理部门和资金结算部门，全行其他方面也要引起注意，引起重视。各级行、各个部门要对安全生产和案件风险问题给予充分重视，各个部门要齐抓共管，从增强工作责任感、改善工作组织方式、强化日常监督管理等方面采取措施，保障安全生产，努力控制业务风险和案件事故发生。

（三）下大力气编制好“十二五”规划

在总行各部门的努力下，我们已经完成了规划的第一稿，并且在上周五提交董事会进行了讨论。我们这次规划的编制不是要写篇文章，不是要篡出一批数字，而是要就未来五年发展进行讨论，在广泛讨论的基础上达成共识，解决一些各部门、各分支机构需要给出说法、希望给出说法的问题。我们在努力朝着这个方向去做，不想通过文字把各种意见都综合起来，都覆盖掉，而是要对重要的问题，在不同的方案中给出一种选择。尽管我们在文字中没有表述出哪方面要有所为有所不为，哪方面重，哪方面轻，但是我们写的都是有所为、重要的地方、希望有所取的地方，实际上这些文字背后是不为的地方、轻的地方和有所放的地方。五年规划的意义在于告诉全行要干什么、想得到什么、我们准备付出什么，在多种方案中，我们选择哪种方案，不选择什么。这件事我们初步作了努力，有些地方我们的取向值得讨论。董事会、党委会讨论后也都提出了意见，我们在初步修改后，将提交全行讨论。第二季度之内，分行要做好两件事，第一件事就是在对总行五年规划进行细致研究的基础上，提出自己的意见。对照过去三年的规划，这个文件有一些变化，强调的点有所不同，看看是否适合那里的情况，是否适合你所理解的市场情况、客户的需求，是否适合你那里提高经营效率的要求，要细致研究，积极、充分发表意见，这个稿子征求意见并不存在我们都同意了，再征求几点意见，你不需要同意，只提出修改意见即可，说得有根有据即可。这稿和定稿差得很远，并不要求你贯彻落实、认真领会，就是研究、提出意见，积极参与全行五年规划的制定。第二件事就是要编制自己的五年规划，但是我们并不希望层层往下都干这件事，到一级分行层面就可以了，不要组织各级行都编制五年规划。我们一级分行的五年规划要简化，不需要描述出战略愿景和大的目标，如几年再造一个某某分行等，各分行按照统一下发的模板和报表，对观点作出分析，进行判断，把数据填进来，同时，在模板和报表之外，要有个正文，这个正文主要是对模板和报表的综合的提炼性说明，文字上不用下那么大工夫，要在6月10日前报上来。资债部对相关工作进行具体布置。总行将根据各分行提的意见，在总行内部进一步征求意见，包括征求董事、监事的意见，在此基础上形成第三稿，提交给6月份的董事会进行讨论，我们要在讨论的基础上再作进一步的交流，在8月份形成第四稿，即送审稿，争取在8月份的董事会上批准，作为我们未来五年工作的蓝图、路线图，希望对全行、各部门、各分支机构的工作有所帮助。大家要集中精力做好这件事。

（四）要积极参与新一代核心系统企业级建模工作

接下来，讲一个我所关心的、属于我分管的工作，但又超越我分管工作的事情，就是对全行业务流程和数据流程的梳理，在梳理的基础上建模，它是新一代核心系统基础建设的第一步。但它远远不只是信息技术的问题，也不仅仅是为信息技术系统建设服务的，而是为推动全行流程银行建设和数据化管理所作的一次重要梳理。我希望这次梳理和建模本身能够达到国际一流、国内最佳的标准，为此我们要调集精兵强将来干这件事。我听说有些部门，比如产品与质量管理部，已经抽调了14个蓝带、黑带、绿带专家；财务部门也在财务报告团队当中抽调了一批精兵强将。这件事需要全行参与和支持，同时希望全行在此项工作中能够提供一些创造性的东西，在流程模型建完之后，能够应用到各部门和各分行的工作中去，使我行的流程管理、数据管理、信息系统建设、技术架构、应用架构、安全架构有机结合，实现国内最优、国际一流银行的目标。

（根据录音整理）

在全行安全运营工作（视频）会议上的讲话

庞秀生

（2011年4月21日）

同志们：

今天会议的规格比较高，涉及的面比较广，全行上下都高度重视，也作了充分的准备。参加会议的有黄志凌首席风险官、总行30几个部门的主要负责人、各一级分行的行长、主管信息科技工作的副行长和其他在家的行领导、各审计分部的主任和风险总监，二级分行行领导、一级分行和二级分行各个部门负责人、信息技术部门的业务骨干也参加了会议。

去年4月30日，在“世博会”开幕之前，我们召开了一次全行视频会议，部署安全运营工作，效果很好。在那次会议之前的1个月，4个分行出了4件事。会议之后，各分行高度重视，对风险防范和应对都投入了很大力量，效果很好。有几个分行在事情出现了一点苗头之后，能够很好地应对，分行的领导同志很快到场，使问题都没有发展成安全事故。从5月到年末，基本上没有出现大问题，“世博会”、“亚运会”的信息安全保障都没有出现问题。

但是，今年前两个月，接连发生了三起事件，影响很大，不仅是内部的影响很大，社会的影响也很大，对几十万客户造成了困扰，监管部门也高度关注。对此，总行领导高度重视。就在2月22日企业信息总线故障发生的当天，郭董事长、张行长和张监事长多次关心、过问事情处理情况。我从北京数据中心回来的时候他们都只对我点点头，但都找金磐石问是什么情况。作为主管副行长，我深感接连出事问题的严重性，不可承受，全行必须花大力量、下大决心进行整改。黄首席一直在关注这件事，主动承担组织相关部门进行业务参数的梳理和整改工作，有关部门也做了大量的工作。总行信息技术管理部成立专门工作团队，针对35个主要生产系统，从开发中心和数据中心抽调几十名骨干，进行风险梳理。我听了一整天关于初期梳理情况的汇报，初步梳理出总、分行系统存在1 801个风险点。4月20日向信息委作了汇报，总行30多个部门参加了，确定高危和紧急需要处理的风险分别是175个和109个，去掉其中重复的，有200多个是必须迅速解决和整改的风险。

整改工作涉及全行上下方方面面。大家以往都知道或意识到不少风险，都很担心，但是有些工作还是没有真正做实落地，一些业务部门和分行还不够重视，信息技术部门重视不够，业务部门可能重视更不够。所以，我们今天开会的一个重要目的就是要动员全行，动员各个业务部门，各一、二级分行都来高度重视整改工作，进一步实实在在地采取措施，解决一些问题。我也没指望把1 801个问题一次全部解决掉，但是，我们要有效地解决一批问题。解决一批以后，我们还是不能保证不出风险，不出安全事故。但我们认真地做了，我们对自己、对建设银行、对监管机构、对社会、对客户就体现出一个负责任、敢担当的品格，而且这些工作还是要持续地做下去。

今天的会议有几项议程，先请金磐石总经理汇报一年来的工作，重点是报告最近风险梳理情况，然后请沈明总经理和徐捷总经理分别就所做的整改工作作汇报，再请黄首席讲话。

磐石所讲的，是把目前在做的一件有板有眼、有章有法、很实工作的现阶段成果向大家汇报，后面的许多任务还要落实，这个还需要各部门、各分行来参加，一起完成。沈明总经理和徐捷总经理针对参数的问题、电子银行方面的问题讲了一些整改的意见。在广东省分行的事故发生之后，两个部门都立即作了一些应急的部署，春节之后做了许多整改工作。昨天我听了营运管理部李雪艳副总的汇报，讲得很好，但在整改方面，我们还有大量的工作要做。

关于会议主题，再强调几点。

第一点，我们去年在安全运行方面确实做了大量具体细致的工作，取得了很大成绩，有很大改变，这方面就不多讲了。大家不要觉得好像一开会就是这方面问题多了，没多少成绩了。可以肯定地说，一年来，信息技术管理部和各有关业务部门、各分行在技术上、管理上、业务配合上都做了大量工作，整个建设银行的信息系统安全稳定运行取得了相当大的进步。

第二点，完全同意黄首席刚才讲到的，信息技术风险相当大，而且是对全行根本性的威胁。不是我们俩在这里说，银监会郭利根副主席反复强调过，现在能让银行在瞬间瘫痪的只有信息技术风险。对此，我再讲几点认识。

第一点认识，信息技术风险和应用实际上是孪生兄弟，相伴成长，甚至类似于乘数效应。我们的信息技术应用在突飞猛进，深度、广度每天都有大的进步，风险实际上也一样在迅速增加。我们说的是不是太重了？太前瞻性了呢？其实都是实实在在的问题。前几天我和惠普亚洲区的主要负责人见面，我说想了解今天信息技术安全面临的主要问题是什么，惠普公司怎么能帮助我们快速提升风险防范能力，讲了半天我们也没对上。我讲的他没回答，他花了很长时间介绍防范员工信息泄露问题，因为现代企业中员工工作所需要的信息，只有40%能从内部网上拿到，其他60%要在外部去搜索。所以，大量的员工在跟外部网络连接互通，风险很大，这是他们面临的一个很严重的问题，怎么控制这些员工的行为，保证他们的行为在主观上和客观上符合企业的利益，不要有意无意地发生错误，是重要的风险。他说在惠普，10来年中员工使用过什么机器，访问过什么，下载过什么，都能够记录在案，他们在做这种事情。我说他们做的这事情离我们太远，我们还远远没到关心这种事情的地步。我们的员工是否泄露了信息，我们并不知道，我的有些讲话都被传到别的银行去了。这还是小事，但诸如客户信息等许多敏感信息泄露就可能造成重大的法律责任，这些还没有列入整个风险管控体系的重点。现在工作重点还是保安全稳定运行，保证系统运行的连续性，别出龙卡网络的事情，不要刷卡不成功却把钱扣了，把账弄错了，对客户产生困扰。所以，风险与信息系统应用至少在以相同的速度增加。

第二点认识，我们解决问题的速度远远低于风险增长的速度。信息系统应用的风险在增长，参数管理的风险也在增加。今年广东发现问题之前，不能说我们没采取过管理措施，但是究竟解决了多少问题？事情发生之后有些同志告诉我，现在参数非常乱，管理分散，到底哪个部门管、怎么管不是很清楚。营运部只是管很小一部分，信息技术部除了技术参数，业务参数也零零散散地管一些，还有很多参数谁在管？分行系统的参数谁在管？根本说不清。问题是很严重的，我作为主管副行长此前根本就没听说过还存在这么严重的参数管理问题。广东省分行事件再次提醒我们，参数的问题还潜藏着无数的风险。

去年银监会来检查用户口令和客户敏感信息的管理，到哪个部门，哪个部门就有问题。问题的整改也是就事论事，要根本解决问题还要下很大工夫。建设银行买了不少防病毒软件，但银监会的检查结论是，我们的防病毒体系仍存在问题，仍不能适应信息技术管理的需要。

关于财务内控管理，我曾经组织力量抓过财务报告的内部控制，搞了一大堆文件，有的文件几百页，后来我还不停地敦促财务部门，必须继续推动财务内部报告控制，现在才知道，全行有47个系统，总行有22个，分行有25个，存在着单边账的风险。当然大部分可能是技术原因，但也有5个总行级的问题和5个分行级的问题是业务规则造成的，而且问题很难解决。辽宁省分行一直在反映银行卡退货存在单边账问题，客户退货后建设银行把钱给客户了，然后去商户扣，结果商户没钱，就挂到建设银行账上，由建设银行垫付，有些能找商户要回来，有些就一直要不回来，这个问题到现在还没解决。信息系统中涉及的一些业务规则问题，经常是一个部门提了个方案，别的部门不同意，不同意就放着了，技术部门协调不下来，业务部门不着急也不管，后续跟踪追查也不落实，一旦出事了，都找客观原因。系统的业务主管部门，其他业务部门就好像不是自己的事，上系统上项目大家很积极，存在的问题却不解决，当然技术方面也有许多问题。这么多看到的问题没解决，没看到的就更多了。

年初我跟技术部的人说，我们解决风险的速度提高很快，但是有可能还是落后于问题积累的速度。开始他们说不会，后来也慢慢没有底气了，一梳理有这么多风险，解决起来不是那么容易的，体制机制的问题，资源的问题，许多问题像一团乱麻一样缠在一起。

第三点认识，信息技术风险具有典型的蝴蝶效应。3个事件都是由一连串偶然、微小的失误引起最终酿成大事。一个工作人员将参数含义理解错了，接着是一系列控制手段失效，造成40多万客户的钱被扣了，涉及49亿元资金。“龙网”系统事故，就是一个小小的维护上的瑕疵，结果又造成大批客户的钱扣了但交易失败，还通知别人钱扣了。第三个是信息总线，一个小故障，使高速公路堵了，为了疏通将所有方向的灯都变成红灯，全停下来，其中就有期货系统，正是炒股炒期货的时间，6 000多笔交易做不成，理财产品也做不成了，一个小问题就引起这么大的后果。从几件事情上我感觉有点害怕，客户要是刷不了建设银行的卡，问题也没那么严重，我们出去吃饭不是也碰到过吗，拿别的银行的卡来刷、用现金结都可以，但刷不成功把人的钱扣了就严重了。假如客户把账户撤了，你想给他退钱往哪退？几个部门要认真评估、分析，当系统出故障时，究竟是先恢复业务处理还是首先避免客户资金差错，业务主管部门、财会部门、技术部门你们要一起判断好。

就是这么几个小事就带出这么大的负面效应来，一点点的误差发生在信息技术上就会带来相当惨重的后果。我们做了这么多工作来维护客户关系，来提高我们的信誉，几起事件给建设银行造成多大损失？客户会认为建设银行太没准了。

关于电子银行非正常交易的问题，一个人用一个小工具，可以非常快速地做几万笔交易，给生产造成压力和威胁，已经发现若干起。我反复明确要求，电子部和计财部，要抓住一个严惩一个，抓住后直接把考核指标扣掉，各分行要严厉执法。数据中心的同志反映，经常大量发生这种明显的非正常交易，影响系统效率，影响系统安全，电子银行部要去查，要到数据中心去查，查出来让计财部严格扣分。

第四点认识，信息技术的风险不确定因素高。这么多软、硬件，任何一个部位都可能出故障，但哪个部件什么时候出，根本没办法判断。人员误操作的风险，30万员工都可能犯错误，但在什么时候犯错误是没办法掌控的。那么多的犯罪分子总是在琢磨着攻击银行系统，何时何地以何种手段你还是不知道。我的判断是道高一尺、魔高一丈，犯罪分子跑得比银行快多了。我们计划大规模推网上银行的“刮刮卡”，因为中国银行使用动态口令的模式，客户体验好，我们都是U盾，客户门槛太高，正要上线时中国银行就出事了，用假冒网站发短信，骗取客户的密码和动态口令，就这么几十秒的时间，就把客户的钱划走了。我们发展电子银行，如果客户资金很容易被欺骗掉，我们是很难脱干系的。电子银行犯罪手段越来越高明，并呈跨国界、集团化趋势。

第五点认识，风险扩散的约束力小。要是盗窃1 000万元纸币，就算成功了搬运也费劲，可利用信息系统盗窃1 000万元跟盗窃1元是一样的。广东省分行的事件，就是总行发文要求让分行那么操作，分行也不会那么操作，事件也不可能发生，但利用信息技术不一样，就一个人的一个小错误，偶然的错误，一下子就畅通无阻地执行了。如果不是信息技术的应用，弄错了影响是可控的。可是信息技术用上去了，就不怎么可控了，就没什么东西可以帮你有效防范这些风险。

信息技术风险很大。我深刻的感受是大家对风险的认识还停留在原则上，具体到自己的头上还是重视不够。如果大家继续重视不够，付出的代价将会是很大的。所以，各部门、各分行要切实负起责任来。我提三点具体要求。

一是各部门、各分行要在信息技术等几个部门工作的基础上，好好梳理一下自己管理或使用系统存在的风险。比如，历史数据清理策略，10年的数据保存在生产系统中，建设银行得负出多大代价、多大成本，更重要的是影响生产运行。要把信息技术管理部梳理的1 801个风险，除了纯技术的外，都带回去认真分析，存在哪些风险和薄弱环节，研究提出防范风险和优化的具体措施，不要等问题发生。

二是部门之间、总分行之间要形成合力，共同解决问题和风险，每个问题都要有具体解决方案，落实责任人，不得推诿，不得议而不决，不得高高挂起。广东省分行一出事，技术部说这不是技术的事，是业务人员参数弄错了，别的部门说这是分行的事，是分行的特色系统，跟总行没关系。电子银行部说这是我们的事，但技术部和营运部也有责任。几乎每件事都要找客观的理由，还有找得更大的，说这是大环境的问题，是一个长期的问题，是历史的问题，出了事怎么办，说没办法，谁都不能保证不出事，有的问题是绝症。孩子被劳教了，有的家长说是国家的问题、社会的问题、价值观的问题、网吧的问题，社会上乱七八糟的东西太多，把我的孩子带坏了，既然生了孩子就可能被劳教，可能犯罪，所以我没责任。有一个父母是这么说的吗？出了问题，大家一定要认真地思考到底是怎么回事，自己尽责了没有，要亡羊补牢。

三是始终将确保安全稳定运行放在首位，常抓不懈。随着总行信息技术应用的集中，问题和风险在向总行集中，去年4个问题都是分行的，今年3个问题两个是总行的，但是，我们不会改变集中的方向，还要进行集中整合上收，总行会承担更多风险的责任，但是分行也会一直有这方面的压力，希望大家充分重视。这次会议之后，各分行、各部门都认真研究这项工作，把工作的重心向着风险防范的方向作一点调整，特别是整个信息技术工作的重心，向着更重视风险的方向调整，别老是急着上项目搞开发，着急买东西。当然，有些东西还是要开发还是要买，但是，多点精力、多点人、多点意识、多点投入来想一想风险的问题。

拜托大家了！

在2010年重点成本管理项目总结及2011年项目计划座谈会上的讲话

庞秀生

（2011年5月20日）

参加这次会议总的感觉信息量很大、很充实。自去年启动2010年重点成本管理项目研究以来，我们一年半来的工作富有成果，并且很有特点。我先讲2010年项目成果的总结，再谈谈后续实施工作要求及2011年项目选题。

一、2010年重点成本管理项目成果总结

（一）项目成果丰富，具有创造性

项目实施的过程，集中了全行的智慧，大量工作将触角延伸到了业务流程前端，带来观念、制度、流程的调整和变革。好多项目都属于管理改革，而且项目做的过程中感觉到建设银行有很多人才，才华横溢，这次展示得很充分。有很多项目需要研究解决的问题牵涉面广、因素复杂、专业性强，像我这代人做起来会有点困难，但我们参加项目研究的同志做到了。这些项目成果的总结和展示本身就是一个学习过程，让大家了解到许多工作方式和方法，能找到成本管理的感觉，我们的成本该怎么管，这些项目的总结交流给大家很多启发。

（二）项目体现了战略成本管理的内涵

第一，这些项目都涉及发展战略规划执行的重要方面，或者说本身就是战略实施的核心问题和必要步骤，而并不是专门从财务角度来研究。

第二，这些项目关乎战略能力的建设。我们要做一些事情，有什么、凭什么、拿什么去做，其实对我们的能力有很高的要求，把这些项目中的“成本”两字去掉，实际就是重要的战略能力的建设过程。

第三，这些项目确实又是实施成本管理，项目所涉及的方面都是大宗的、高速增长的成本开支项目，而且我们做的成果、带来的成本节约效果是很可喜的。我们日常、经常性的成本管理，比如定额、预算、标准的管理，授权审批，开支控制等都有意义，但是如果这些项目在实践中运用，那意义更加深远。另外，我们可以看到，这些项目追求的效果并不在于今年节约多少钱、年度预算是不是能够控制下来，而是从长期、过程、未来发展的角度来构筑相对成本竞争优势。所以，这些实践本身可以教育全行，帮助全行理解“战略成本管理”的意义，这对全行战略管理能力和战略执行能力建设尤为重要。

（三）项目深化了全行对成本管理的理解与感受

第一，这些项目真正实现了全员参与，跨部门、跨层级联动。过去我们经常讲，成本管理是全行性、全员的工作，而不光是财务部门的工作，但大家可能会感觉成本管理离自己有点远。这些项目涉及我们银行工作的许多方面，实施过程中有大量人员参与，并且由许多部门和基层行共同参与，许多人都有感受，越是跨部门、跨层级的工作，取得突破越有意义。另一方面，由于这些项目是全行性的，在全员参与，跨部门、跨层级联动的组织推进方式下，财务部门发挥专业支持作用很重要。许多部门汇报时都提到财务部门对项目给予了专业支持和指导，这也是计财条线职能转型的体现。我们一直强调计财条线转型，在这次项目实施中真正体现出来了。

第二，我们讲成本管理，不一定就是单纯的成本节约，而是成本投入得最有效率，能促成干成一些事情。这些项目的目标实际上包括客户体验、业务拓展、风险控制、工作质量和效率等方

面，而且很多目标是放在成本降低的前面，甚至是作为一个前提条件来设计的，这也是战略成本管理本质要求的体现。

第三，我们强调成本管理需要应用现代的管理方法、现代管理学的知识，这些项目充分实现了这一点，很多项目很有技术含量，大量基于数据和事实的分析研究，比较广泛地运用了六西格玛的工作方法，是银行管理信息化、知识化、精细化、专业化的体现。比如“会计档案保管改进”项目就是信息化推进的重要成果，过去的档案管理是按照传统的管理流程和数据流要求，基于人工的、纸质的操作来设计的，项目能取得这样的成果就是考虑在信息化推进的背景下从观念上和制度上进行根本改变，从数字化、电子化的要求来考虑问题，基本上跳出原来人工、纸质化的圈子。再说知识化，一些项目如“远程监控报警联网建设论证研究”、“营业用房租赁管理”、“个人客户增值服务的整合与共享”等，各部门、各级行的人都做了大量的探索，积累了经验，这次是知识化的过程，就是在做的过程中把大家好的经验，通过具有相当专业水平的人提炼出来，进行结构化总结和升华，然后把它返给全行，“来自实践，指导实践”。过去总行有的部门的工作方式是对一件事提几条原则要求，然后发文件由分行去干，分行再往下部署，这件事具体该怎么干是由许多人分别去摸索。一个大银行要发挥自己专业人才的优势，集中各方面的专业人才，在有限实践的基础上进行总结提炼后，提出一个更专业、更合理、更有价值的方法指导全行去干，实现经验的知识积累。再说精细化，比如“对公对账作业成本分析与优化”、“会计档案扫描作业的成本分析与优化”等项目，这些工作我们平时也在做，但项目推进的过程是把整个工作过程进行了精细化的研究后，在重要的环节上推动制度和流程的变革，把事情做得更有效、成本更低。再就是专业化，安全保卫部做的“远程监控报警联网建设论证研究”项目具有相当的知识含量，基于数据、事实的研究，把这项工作带入专业化的轨道。由总行和一级分行采取集中的方式、专业地去做这些事情，能使全行在这方面的工作更加专业，类似的还有一些项目，比如“成本收入比模型及应用研究”就具有相当高的专业水准。

第四，实现了顶层设计和基层实践的方法相结合。有些事情需要由总行来干，或者最多一级分行来干，不能全行都去干。随着我们统一法人体制的推进、管理水平的进步、信息化水平的提高、管理方式的不断集中，如果还是一般性地要求从各个操作环节去创新，其实很难，限制性也很大，应该由总行站在“企业级”的角度来进行顶层设计，这样效果就会非常好。以“会计档案保管改进”项目作为例子，如果再让大家分头去想，制度方面这条不允许，那条行不通，怎么做？这种事情就应该总行来做，而且这种事情以后会越来越多。当然，也要注重发挥基层行在实践中的创造性，比如“营业用房租赁管理”项目实际是北京市分行工作经验的总结，“个人客户身份证联网核查系统资料打印研究”项目是深圳市分行已经启动的工作的后续或提升，“固话 POS 盈利模式及投入产出分析”项目是各个分行也在探讨、研究怎么样通过这项业务赚钱，同时怎么样控制成本，这次的研究成果实际上是集中了一些分行的经验和已有的探索，不是总行凭空做出来的。

二、后续实施工作至关重要

（一）重点成本管理项目研究成果要尽快落地见效

有一些项目已经应用于实际工作并产生了效果，这是很好的事情。有一些项目的后续实施还在过程之中，还没有转化为实际的成果。因此，当前需要及时把项目成果发布出去，采取多样化、丰富多彩的方式去推动后续实施工作，尽快修改相应的制度规则，同时争取速效和长效。如果我们都看到了这些项目的效果但最后没有落地，那将是很遗憾的事情，说明我们的执行力有问题。大家要继续盯住这些项目，各个项目的牵头部门、参与部门、参与分行还要继续抓好后续实施这件事情。个别项目的研究还没有结束，要继续跟踪、深化研究；有一些项目在执行、落地的过程中还会给我们带来新的信息、启发，要持续做下去，这些项目也可以作为2011年的结转项目。

（二）分行创造的优秀经验要迅速加以推广

除了这些重点成本管理项目外，各分行也创造了很多好的经验，像广东省分行对附行式自助设备加钞的改进，对前台授权的清理，通过清理取消相互制约的授权，使300多项授权减少到60多项。这些经验对一个分行而言都能带来很大的成本节约，如果能在全行推广肯定更有意义。再比如浙江、江苏分行等作的一些探索，都有一些好的经验。我们不要只盯住总行统一确定的项目，要关注全系统创造的一些富有价值的经验，这些经验在全行推广起来会给我们带来巨大的价值。总行要想办法让分行过去、今后创造的经验迅速在系统内开花，让更多的人知道、借鉴，这点也很重要。每个分行都应该给总行报成本管理案例，总行组织进行评比、奖励、展示。只要是真的有意义、有创造性、有价值的经验和案例，总行要搜集起来进行推广。

（三）做好沟通、宣传、交流、培训工作

要让重点成本管理项目进行得有声有色。我去年要求多发一些简报，不仅仅是项目名称和它的进度，要把它的内容、已有的认识、对大家有用的东西通报给大家，今年也要做好宣传和交流。另外，项目决策的程序要快、要简化，要加快实施速度，比较简捷地、尽快地往前推进。其实有些项目半年、一个季度或者一两个月就做完了，不要都等到年末再交卷和评价。有些可能就是速效项目，只要统一认识、各部门协调好，很快就能见效果。还要强调一下培训，这些项目除了对财务部门比较有启发外，我看可以选8个项目给更多的人讲一讲，这对于提高全行成本管理的水平和能力很有意义，这8个项目是“会计档案保管改进”、“营业网点建设后评价”、“远程监控报警联网建设论证研究”、“对公对账作业成本分析与优化”、“会计档案扫描作业的成本分析与优化”、“固话POS盈利模式及投入产出分析”、“个人客户增值服务的整合与共享”、“拓展ERP系统功能搭建统一费用公示平台研究与应用”。我建议采取两种培训形式，一种形式是在这次会议之后开一次到二级分行的视频会议，专门讲解一下8个项目，主要讲怎样应用，怎样发挥实际效果，让更多的人知道；另一种形式就是给总行党校上半年、下半年每期培训班各讲半天，财务管理的培训班也要把这些项目作为案例来讲一讲。

三、2011年战略成本项目开展要求

关于2011年项目选题和计划，今天听下来也挺高兴的，大家讲的问题可能都很有意义。今天先把大家讲的简单地梳理一下，会后由财会部牵头，各个部门协调，请一些分行参与论证，看这些项目的可行性，如果可行的话就列入战略成本项目计划。

一是关于低效账户和介质清理、激活。在合理界定低效账户和介质（包括存款账户、卡、网银）的基础上，研究如何激活低效账户，把无效账户变成有效账户。如果采取手段还不能激活，就要采取清理措施，不能总在系统里存放，消耗系统资源，降低系统运行效率。

二是关于特约商户的拓展维护和POS机具的管理。要结合商户的拓展维护研究如何加强POS机具的管理，发现管理中的问题，提高POS机具的使用效率和投入回报，避免机具闲置或浪费。

三是关于反洗钱补录的优化。此事项给基层员工带来了大量的工作，不仅是成本管理的问题。信息技术部、法律合规部要深入研究这个问题，如果能解决这个问题将很有价值。

四是关于客户开户和签约的便利化。这也不仅仅是成本的问题，最主要是客户的体验问题。在“十二五”规划征求意见的时候，许多分行都提出过这个问题，我们已经让部门在研究，这次再把它作为一个项目来开展。营运管理部、资金结算部、个人存款与投资部、电子银行部、信用卡中心几个部门都参与进来研究一下，这涉及建设银行的竞争能力和“以客户为中心”的问题，当然也涉及作业成本的精简问题。

五是关于基层机构的作业分析。在分行随机抽出一些基层机构（包括支行、分理处、网点），分析这些基层机构的前、中、后台在不同的时间点都在做什么，营业前、营业中、营业后在做什么，由谁在做，分析手工的、纸质的有多少，占用时间多的有多少，有可能没用的、多做的是多少。通过重新梳理，确定哪些作业可以集中、哪些适合分散，以实现简化基层的作业和工作内容、提高工作效率、减轻工作压力的目标。

六是关于柜面业务分流。要研究如何把一些业务分流到电子渠道和自助渠道上去，而且要做得巧妙，让客户感受比较好。这里面有许多机制、技巧的问题，也有工作方式、方法的问题。这与基层机构作业分析一样，会需要一些部门、分行

一起来做，大家可以做一些随机抽样的研究。

七是关于服务和营销外包策略和管控。现在看来外包是个趋势，在某一个特定的历史阶段，一个成熟的企业一定是有既定的外包策略，现在这个阶段哪些鼓励外包，哪些限制外包，怎么样有效地组织，怎么样进行控制，这些事情都需要统一研究。

八是关于信息系统中的无效交易清理。无效交易既包括虚假交易，但也不限于虚假交易，大量的失败交易都可以作一些分析。这个事情得从技术上发现问题，否则业务部门不知道哪些交易失败了，但发现问题之后要和系统的归口主管部门来共同研究，共同解决问题。

九是关于现金的配送流转管理。把现金配送流转的现状与问题梳理一下，研究现金配送流转的环节、路径、策略，研究范围要包括所有的网点（含自助设备等），最后实现最低的现金占用但又能保证业务需要。当然，如果研究能延伸到柜面里面去，就会更有意义。

十是关于资产保全、个贷中心、私人银行成本效率分析。重点要研究这些机构和条线在做的重要事情上成本效率究竟是怎样。研究成果可以多样化，可以是一个分析报告，这对于政策调整、激励机制的设计有帮助，也可以是一个模板，指导各个中心、各个分行都照这个模板计算。

除了上述项目，还有一些是部门项目，比如大量历史电子数据存储、OA 电子文件的纸质归档、凭证回单的通用性和纸质打印、网点电子探头配置操作指引、广告灯箱的照明方式、广告策略和统筹管理、差旅费的集中统一、社保账单电子化、营业用房装修。四川省分行可以研究一下客户信息的预处理，在客户排队等待的过程中，是不是可以用类似于遥控器的终端，把现在只有排到柜台窗口之后才能处理的部分流程进行预先处理，提高效率。这些事项可以试探，而且要快，争取快速见效和推出。如果这些事项属于部门的日常工作范围和工作能力建设问题，可以不列入战略成本项目，但如果超出日常工作范围或者对工作机制要求较高，也可以列进去。

由于 2010 年项目后续的工作量还很大，大家要持续实施推进，2011 年战略成本项目要根据情况进一步分析论证后确定，这些项目必须是真正有意义、能见到实效的战略项目。我们要沿着这个方向把战略成本管理推向前进！

谢谢大家！

在电子银行业务座谈会上的讲话

庞秀生

（2011 年 12 月 6 日）

同志们：

临近年末，召集大家在珠海开会，交流研究电子银行工作。用了 3 个半天时间，与大家交流讨论 5 个典型案例应用推广、电子商务金融服务平台建设推广和 2012 年全行电子银行工作思路及产品创新计划，很有收获，对更有针对性地做好明年工作很有帮助。

上周，和总行电子银行部一起向王董事长汇报工作。王董事长认为，电子银行是银行业务竞争的制高点，如果把制高点抢下来，仗就好打，如果制高点在别人手里，仗要打赢就很困难。王董事长要求电子银行要大有作为，发展电子银行业务，要有更大决心、更高标准、更大投入。

现在总行所有行领导和高管层对电子银行工作都非常重视，总行各部门都很支持。2010 年 9 月 17 日，电子银行业务中心揭牌时刚 60 多人，到今年成立一周年时已超过 170 人，翻了一番还要多，2012 年还要再翻一番，目前已经招聘了

100人。现在看再翻一番肯定不够，还要增加，总行人力资源部肯定会支持的。与其他业务相比，财务资源上总行对电子银行也是超激励的，今年非人力费用就增加了20%。此外，全行对电子银行业务的认识进步都很大。最近有十几家分行党委中心组学习时，邀请总行电子银行部寇冠介绍电子银行“十二五”规划。

“十二五”规划明确提出，把电子银行打造成全行核心竞争力的重要方面。一个银行的核心竞争力肯定不多，我认为电子银行是最有希望成为核心竞争力之一的。把电子银行业务指标做上去只是手段，关键要靠电子银行吸引更多客户，拓展更多业务。为什么总行所有行领导和高管层都支持电子银行，就是寄希望电子银行能够成为全行核心竞争力的一个重要方面，为全行各业务条线开展竞争提供重要支持，帮助建设银行在市场竞争中打赢。电子银行做得好是整个银行竞争的优势，做不好就成了整个银行的劣势。

目前整个市场竞争实在太费劲了，全行存款新增仍排同业第四，存款总量第三、第四的只差我们3 000亿元，排名第一的已超我们两万多亿元。在全行机构网点总量和客户总数都排在同业第三的情况下，2012年要继续保持同业第二，建设银行到底凭什么？有什么优势？过去建设银行在基础设施、住房贷款等方面有优势，体制机制上有优势，但现在同业进步快，我们都不一定有优势了。因此，必须抓紧再培养一批。希望全行对“志存高远、有声有色、成事有余”这十二个字有更高的认识。

一、认真研究确定2012年全行电子银行工作

研究确定2012年全行电子银行工作应坚持三个原则。

第一，紧扣“十二五”规划。2012年能够走哪些里程碑？为未来几年的里程碑做哪些铺垫？都要非常清楚明确。2012年电子银行工作要在紧扣“十二五”规划的前提下，突出“客户体验”和“安全内控”两个车轮，充分体现“泛在、跨界、智慧”六个字和“渠道交易、平台销售、系统服务、业务创新、风险控制”五大能力建设。

第二，重点要突出，要争取在几个方面有一些重大突破。到2012年年末，有理由说建设银行是国内同业第一阵营中比较突出的。每个月发售两期网银专享理财产品频率太低了。总行电子银行部与投资银行部抓紧协商拿出2012年理财产品在电子渠道销售计划，尽快把结果报告给我。我很赞成云南省分行通过逆向打勾提高新开户客户同步率的做法，但不能强制客户。对小企业贷款、财富管理与私人银行客户、个人贷款客户可以做到全覆盖。因为客户贷款后，电子银行沟通方便，还款、账户结算都需要。

第三，目标要明确。让全行知道2012年到底从哪几个方面使劲。工作推动要有挑战性，措施要非常实。现在总行吆喝吆喝让分行干，具体矛盾困难让分行解决，全行这样做不行，电子银行更不行，分行的任务就是做，按照总行制定的工作手册做。淘宝、腾讯没有很多网点，也都干得很好。因此，必须转变思路，打破层层布置、层层细化的老规矩。

电子银行部门是全行电子渠道综合管理部门，电子渠道客户拓展及应用推广主要靠对公、对私条线，对公、对私条线必须真正重视起来，把发展电子银行当成自己的事办。如果仅仅依靠全行电子银行条线一两千人，不可能实现“国内最佳、国际一流”。如果电子渠道应用不好，对公、对私业务肯定都会受到影响。对此，各级行领导心里要有数。宁波市分行在营销大宗商品交易市场中，分行分管公司业务的行领导始终走在客户拓展营销的最前面，产品营销及整个平台设计也是由公司业务部完全负责，主管电子银行工作的行领导主要是配合，分行电子银行部负责服务支持。

发展电子银行业务关键是各级领导要下决心。电子银行发展好坏与当地经济发展水平并非完全正相关，云南省分行虽处边陲之地，不太富裕，但分行领导在电子渠道缴费迁移上下了决心，代缴费交易电子渠道占比达98.2%。电子银行发展好坏与员工素质和年龄也没有太大关系。珠海市分行一网点负责人53岁了，电子银行业务照样可以做得很好。

电子银行业务发展好坏与费用配置是什么关系？总行配置的财务资源分行是否都落实到电子银行上？分行是否追加配置费用？追加配置多少？

总行财务会计部要组织专题研究，拿出研究报告。2012 年，要在合理控制成本的基础上，加大人力资源和财务资源的配置和调控，保证发展电子银行业务的需要。只要业务发展需要，费用可以不封顶。总行电子银行部要尽快提出 2012 年人力资源和财务资源需求。

昨天下午讨论的内容算是抛砖引玉。2012 年电子银行工作还要好好研究讨论，争取龙年正月十五后在总行党校举办一期为期一周的培训班，38 家一级分行主管电子银行工作的行领导和电子银行主要负责人参加，邀请腾讯、阿里巴巴的专家授课，开拓思路，然后再组织大家深入学习电子银行“十二五”规划，仔细研究2012 年电子银行工作，把全年的工作意图领会好。

二、把典型案例应用推广作为 2012 年全行电子银行工作的重要组成部分

8 月 9 日，总行第二季度电子银行业务（视频）工作会部署安排了 5 个典型案例应用推广工作，短短不到 4 个月时间，总分行做了大量工作，应该说取得了不错效果，成绩值得肯定。但潜力仍然很大，还有大量的工作要做。2012 年，5 个典型案例应用推广要继续坚定不移地推下去，推出效果。

（一）下大决心做好“E 商贸通”应用推广

“E 商贸通”为客户维护和产品销售提供渠道，提供一个制高点，有利于公司条线和个人条线拓展客户，提高客户满意度。2012 年关键还是推平台，目标不能太保守，2012 年要新拓展 300 户。目前国内已获得正式牌照的平台商户有 170 多家，估计 2012 年能获得正式牌照的平台商户有上千家。因此，全行既要充分发挥先发优势，积极做好 170 多家已有正式牌照的平台商户营销工作，争取全部开通，更要未雨绸缪，提前介入，做好正在申请和正准备申请牌照的平台商户的拓展工作。

为进一步巩固扩大“E 商贸通”产品优势，增强市场吸引力和竞争力，更好地支持分行开拓市场，要抓紧解决好以下几方面问题：一是下决心解决系统测试速度慢问题，绝不能因为测试问题丢失客户，影响业务发展。总行信息技术管理部要确保测试线路充足，测试线路不足就买，保证最快完成测试和上线。二是尽快开发面向客户营销的演示版。演示版要通俗易懂，简单明了，让客户一看就明白，不要太复杂。三是抓紧协调总行公司业务部将 E 系列融资产品部署到“E 商贸通”平台，不能因融资功能缺失影响产品先进性。四是总行电子银行部及电子银行研发中心、信息技术管理部及广州开发中心要提前共同研究提出 2012 年创新内容，包括丰富哪些功能、优化哪些流程、改进哪些服务等，如分行反映的“E 商贸通”会员出入金流程烦琐问题等。

（二）大力挖掘“网上招投标”市场

重庆市分行介绍的经验非常好，效果让我很意外。现在很多地方政府都已经提出建设数字城市，网上招投标是大势所趋，全国很多地方都已经开始做了。不仅是发达地区，很多落后地区社会网络化水平都超出想象，如果再不行动就跟不上时代了。因此，全行上下要大力挖掘网上招投标市场，积极主动引导客户进行网上招投标。这个市场非常大，要大力挖掘，主动培育客户，千万不要等。

（三）抓紧建立全行统一的缴费平台

总行信息技术管理部和电子银行部要抓紧研究建立全行统一的缴费平台，明确具体的开发时间和上线时间，减轻分行开发压力，加速缩小与同业差距。此外，分行代缴费业务必须尽快全部实现在电子渠道同步部署。

（四）“E 动终端”设备要在全行迅速铺开

“E 动终端”设备是建设银行的一个创新，先发优势也就几个月时间，有些银行已经开始推了，如果再不发力，就要错失良机。今年已经采购的设备，要尽快部署到位，绝不能拖到明年才供完货。同时，要尽快明确 2012 年的采购计划，2012 年至少要在原计划上新增 3 000 多台，保证每个网点至少一台，综合性支行可有多台，便于基层行走出去集中营销。总行制定的规章制度一定要具有可操作性，不能只制定框架，再要求一级分行、二级分行层层制定细则，分行也不能搞变通。总的要求是，设备到货后，基层行拿到设备就可以开展工作。对基层行应用推广中可能遇到的问题，总行电子银行部要与个人存款与投资部等相关部门提前沟通好，不能将矛盾和问题推给分行。龙卡通批量发卡修改初始密码问题到底是怎么回

事？总行电子银行部和个人存款与投资部下周当面向我汇报。

（五）抓紧做好“短信约定汇款指标”应用推广工作

“短信约定汇款指标”应用推广目标完成时间推迟到2012年4月底，但2012年的任务指标要富有挑战性，而且要能落地。

典型案例应用推广，以点带面，是一种有效推动工作的方法，要继续坚持。要把典型案例推广作为2012年全行电子银行工作的重要组成部分，在2012年工作安排中要有相当笔墨。总行电子银行部要抓紧测算明确5个典型案例2012年应用推广目标，财务会计部要将其纳入综合经营计划。年末前，每个分行再向总行推荐两个具有推广价值的典型案例，总行再筛选几个。总行电子银行部及电子银行研发中心、信息技术管理部及广州开发中心要对今年上线内容进行系统分析，明确哪些内容在2012年市场竞争中发挥作用，尽快提交研究报告。在此基础上明确2012年应用推广重点，作为2012年典型应用推广的一部分。

三、2012年电子银行渠道建设和产品创新要与新一代系统建设无缝对接

2012年电子银行渠道建设和产品创新核心有三个。

（一）安全反欺诈

2012年安全反欺诈达到什么水平？和技术开发是什么关系？新一代风控平台今年上线后，2012再上线什么内容？业务部门到底在电子银行渠道上推出哪些服务？都要有重要改变，实实在在，不能太虚。系统容量必须满足业务发展，不能今天这个交易量控制不了，明天那个系统堵了，不能老让人事先打招呼。二代网银盾推出计划要尽快拿出来，要具体到几月几日，下周向我当面汇报。

前些日子建设银行刚刚与黑客面对面干了一仗，总的来说很不错，基本上算胜利。信息技术管理部、电子银行部和相关中心与黑客斗智斗勇，经历了一次宝贵的实战演练。这其中有三点值得认真总结。一是防黑客诈骗，绝不能对客户的账户简单阻拦，绝不能牺牲大多数的客户体验。二是对于10万元以下的风险事件，要主动和解，在合理的范围内及时补偿，主动承担部分责任，迅速控制局面，树立建设银行对客户负责任的形象。主动和解补偿既不追究分行责任，也不追究电子银行部门责任，是合理的成本支出。但如果发现客户与黑客有勾结的迹象，绝不能和解补偿。三是快速应对。要制定应急预案，明确在什么情况下启动应急预案。

（二）客户体验

今年600多个客户体验问题明年6月份是否都能真正解决？2012年技术开发是如何安排的？然后再考虑2012年怎么真正通过客户之声发现问题。目前解决问题是最大困扰，必须抓紧解决问题，不能老是发现问题，增加问题库。2012年客户体验到底如何改善？业务上要解决哪些问题，技术上要开发哪些内容，都要清清楚楚。比如个人网银附加码非常模糊，最近又增加加减法，客户根本看不清楚。还有就是客户柜面开户和签约流程复杂问题，2012年要进一步简化，简化柜面开通和签约流程不受新一代系统建设限制。还有在线客户面向所有客户全面放开后，互动率一下子降到14%，客户体验非常不好。总行电子银行部和电子银行业务中心要想尽一切办法，确保在10天之内将在线客户互动率提高到50%以上，必要时可有抽调分行人员支持。

（三）推出一批“打人”的服务和产品

现有的几个“打人”的服务应用要继续加强，一个都不能放弃，比如说“E商贸通”，2012年怎么进入第二期，融资功能什么时候上，测试问题如何解决等，然后再考虑2012年再打造出哪几项市场急需、可在全行推广、有速效的产品服务来，不要多。

2012年电子银行渠道和产品创新必须坚持一个原则，即与整个新一代核心系统建设无缝对接，必须纳入新一代核心系统建设实施方案中统一研究。电子银行不是独立于建设银行之外的体系，必须完全服从建设银行的总体架构设计，绝不能搞特殊化。如此多的问题，哪些有条件解决，分别在建设银行哪些系统中解决，都要先搞清楚。解决每一个具体问题都有哪些难点，每个难点需要行领导定什么，都要清清楚楚。面向中小企业的服务什么时候推出来？哪些是渠道部门的事，哪些是客户部门的事，都要明明白白。

产品项目必须由总行统一牵头开发，分行特色只能减少，不能增加。电子银行部作为全行电子渠道的综合管理部门，要做好全行电子渠道整合共享及部门协调工作。信息技术管理部和电子银行部门要相互成全，不能相互推诿。总行电子银行部及电子银行研发中心、信息技术管理部及广州开发中心要紧密配合，不能电子银行搞一遍，信息技术管理部再审。从现在开始，信息技术管理部及广州开发中心就要深入参与进来，共同把事情搞得清清楚楚，明年到底搞什么，怎么搞，集中精力，干点大事。今后，凡是我召集的与电子银行有关的会议，广州开发中心都要责无旁贷地主动参加。

2012 年电子银行渠道建设和产品创新，既要研究整个电子渠道建设等大问题，又要支持电子银行整个市场竞争。因为，许多事情靠一级分行干不行，总行电子银行部及电子银行研发中心、信息技术管理部及广州开发中心等都得上人，一级分行、二级分行营销客户需要支持时，总行也要全力支持。

当然，电子银行部不是信息技术二部。总行电子银行部本身不要把太多精力用在技术开发上，而要放在系统管理、业务管理、功能性应用推广和组织推动上去。

四、电子商务金融服务平台建设和市场推广要成事有余

电子商务金融服务平台是总行寄予厚望的一个大动作，对一个传统的基于柜面服务的商业银行来讲，具有很大的挑战性。做好电子商务金融服务平台的应用推广，关键有两点：一是全行迅速有效的紧密协同，一年来特别是近 5 个月，各中心、总行各部门，包括广东省分行和其他试点分行，整个准备工作反应迅速有效，各个部门都非常支持。二是提供更好的金融服务。当时总行提出金融服务尽遣精华，现在看来是有创造性的。支付、融资服务覆盖面超出了现有内容，而且全行各条线都协调起来，把建设银行现有优势很好地发挥出来，给了我一些信心。各部门积极支持的态度，各中心全力投入，都是做好这项工作的前提和重要条件。结合上午大家交流情况，我再强调几点。

1. 平台全面推广时间可以推迟到 4 月末 5 月初

各部门汇报下阶段平台推广安排为 2012 年 1 月 7 日正式上线内部适用，2 ~ 3 月面向客户试运行，4 月 1 日向社会全面推广。整体安排是周密可行的，但第一阶段时间有点紧，考虑到春节因素，上线时间可以推到正月十五以后，全面推广时间推到 4 月末 5 月初。

2. 平台前期市场推广费用要充分配给

总行电子银行部提出 3 000 万元平台前期市场推广费用，与社会上一般电商平台初期市场推广费用相比，总体感觉还是少了点。总行电子银行部和财务会计部再共同研究测算一下，总的想法是前期网络推广、线上运营、对分行的激励费用可以多投入一些，确保一炮打响。也可以花点费用，在网上面向全社会征名，名字要尽可能简单易记。

3. 明确平台服务的定价策略

不要仅盯短期收费和直接收入，在起步阶段可以免收年费，降低商户费用，未来的定价也要有市场竞争力。对他行开户的客户在平台上支付进行优惠，争取吸引客户在建设银行开户，对建设银行客户（包括市场上的卖家和买家）利用建设银行介质在平台上支付的也采取更大折扣的优惠。融资费率采取正常价格中相对优惠水平。

4. 切块预留，敞口供应，确保平台贷款规模满足需求

资产负债管理部在 2012 年年初分配贷款规模时，优先考虑为平台切块预留一块规模。公司业务部、住房金融与个人信贷部、信用卡中心与平台有关的贷款额度年初也要切块单列，确保公司类贷款、个人类贷款、信用卡透支敞口供应，确保满足需求。电子商务金融服务平台不受试点分行限制，从明年 5 月份开始，38 家一级分行要全部开放。

5. 平台的运行管理要做好职责划分

房 e 通、信用卡等服务专业性强，相关业务部门要承担更多管理责任。具体运营管理的职责划分，由电子银行部与业务部门共同研究，以业务部门意愿为主。平台的一般运营管理，由电子银行条线负责，特别是电子银行业务中心要承担更多责任。

6. 持续进行产品创新，保持同业领先地位

电子商务金融服务平台是建设银行在网络化市场环境下进行业务创新的平台，包括产品、服务和流程创新都必须是滚动的。因为其他银行会很快复制，一旦被他行复制，就要酝酿新一轮创新。因此，既要发挥先发优势，又要不断增加优势。一方面，要基于客户需要把传统产品移植到网上，另一方面，在支付和融资产品等方面要不断创新，真正把信息流、资金流和物流都结合起来。产品创新要动员更多部门参与，各部门要下大工夫，对平台作用要有更多理解，对业务转型和业务创新要有更多思考。广东省分行要多研究，各部门提出初步需求，通过广东省分行及各分行反映出具体内容，再由总行各部门讨论把关，当然，对各部门提出的需求，广东省分行和电子银行研发中心也要积极支持。跨行转账可以采取直联方式，发展一家直联一家。

7. 加强平台风险管理，做好风险评估

平台风险不仅包括系统运营风险和信用风险，还包括商户欺诈风险。总行电子银行部要深入研究，统筹协调商户管理问题，研究商户管理办法，设置差异性的准入标准，既要防止商业纠纷和商业欺诈，又要维护优质客户利益。当然，对平台风险要有客观的认识，在网络经济发展过程中，一定会有许多实体经济中所没有的新的风险因素，关键要了解风险，管理好风险。总行风险管理部回去后向黄首席请示，建议由总行风险管理部牵头，审计部、法律合规部、产品与质量管理部、内控办、营运管理部参加，联合组成调查评估组，2012 年第一季度对整个平台试运行情况进行调查评估，包括合规、风险、内部控制、质量效率、客户及员工体验等方面，4 月初拿出评估报告，便于总行 4 月末 5 月初平台全面推广时决策参考。对有关部门提出的行业限额、政策控制、跨部门、跨产品的风险整合等问题，各部门要作为具体的业务问题认真研究解决。当然，整个平台组织过程中也要关注和推动解决这些问题。

8. 建立快速响应机制，做好客户体验工作

总行信息技术管理部、电子银行部等相关部门要尽快研究建立业务决策、产品开发和工作组织的快速响应机制，针对业务问题和技术问题快速反应、快速决策、快速解决，做一个对市场反应灵敏的银行。一是建立平台的立项和上线“绿色通道”。随时做好开发准备，迅速上线。二是与广东省分行共同探索总分行之间的职责划分。制定实施细则，让一级、二级分行有效参与，全行迅速运转。平台是广东省分行立项，广东省分行是发起者，要兜底，要多承担一些责任和任务，负责具体组织工作和业务需求维护工作，总行负责组织实施，总行各部门也不得推卸责任。三是建立客户信息反馈机制。平台上线后，包括明年 2 月中下旬第二阶段开始往上冲量以及全面推广时，会不断暴露客户体验及内部运转等各种问题。要动态了解市场组织者、买方和卖方的感受和需求变化，并迅速作出调整。客户遇到问题，确保客户在线上线下都能找到人，包括总行人员和分支行人员。要直接走进客户，切身体验客户感受，了解客户意见，主动发现不足和需要改进的地方。无论是业务问题还是技术问题，都要快速反应、快速决策、快速解决。总行部门间要加强沟通，紧密协调，需要我协调的，要及时报告我，千万不能相互推诿，遮遮掩掩，造成客户体验不好。四是做好外部信息沟通。总行企业文化与公共关系部要积极做好与外部媒体的协调沟通和舆情监测，提前做好应对来自各方非议的准备，不打无准备之仗。

9. 尽快提出平台建设和市场推广人员需求

平台建设和市场推广人员需求，总行电子银行部要抓紧组织测算，尽早提出来，相信总行人力资源部会积极支持的。

10. 广东省分行要承担特定职责

广东省分行作为平台项目发起者，对平台项目需要承担特殊的责任，既要代表所有一级分行，又要突出广东省分行的特殊性，对平台运营和产品研发要有详细的研究和考虑，要给总行各部门提供更多支持。

总之，做电子银行工作要志存高远，有声有色，成事有余。电子商务金融服务平台建设和市场推广一定要成事有余，一炮打响，既求有功，又要无大过。成事有余是能力的重要方面，很重要的一点就是要充分意识到自己的责任，富有挑战性，什么工作都需要别人支持，都需要“一把手”支持，都需要财力、人力，但总有人干得好，总有人把问题解决。

金融衍生品风险特征和银行经营策略分析

——为党校第23期干部进修班作的专题报告

赵欢

（2011年7月6日）

2007年美国次贷危机引爆全球信用危机，令金融市场动荡加剧，包括信用违约掉期在内的衍生品交易市场首当其冲受到巨大冲击。金融市场面对巨额损失，交易心态从追逐收益更多地转向理性投资，“了解你的产品”的投资理念再度回归。拥有领先的交易技术和风险管理技术的欧美主要投资银行和商业银行在次贷危机中“头破血流”，从而引发了市场对衍生品业务及其风险管理能力的质疑。然而，衍生品交易作为风险管理工具，金融市场须臾不可或缺。时至今日，关于如何善用衍生品的问题，欧美监管机构和市场参与者一直争论不休，难以定论。

目前，国内衍生品市场刚刚起步，未来随着人民币汇率形成机制改革和利率市场化进程加快，商业银行金融衍生品业务潜在商机无限，当务之急是吸取金融危机教训，确定正确的经营策略，加强风险控制，用之有道，才能避免重蹈覆辙。在讨论衍生品风险特征和银行经营策略之前，我们有必要了解金融衍生品及其市场发展的基本情况。

一、金融衍生品简介

衍生品是一种金融合约，其价值取决于一种或多种基础资产价格或指数的变化，合约的基本种类包括远期、期货、掉期（互换）和期权。衍生产品还包括具有远期、期货、掉期（互换）和期权中一种或多种特征的混合金融工具。

金融衍生品分类方法很多，按照合约种类，可以分为远期交易、期货交易、掉期（互换）交易、期权交易和结构性产品；按照基础资产类别，可以分为利率类衍生品、汇率类衍生品、信用类衍生品、股票类衍生品和商品类衍生品等；按照交易对手及其清算模式，可以分为场内（交易所）交易和场外交易（柜台交易）；按照交易目的，分为套期保值类和非套期保值类交易。

在交易实践中，按照合约种类进行分类管理最为常见。

远期交易是指交易双方之间约定在未来某一确定的时间，按确定的价格购买或出售某项资产的合约。远期交易不涉及交易本金的转移，合约到期时进行实物交割，也可采取非交割方式，即通常由一方向另一方支付实际市场价格与合约约定价格的差额部分。远期交易通常按照标的资产分为远期外汇协议、远期利率协议，如我们常见的远期结售汇业务就属于远期外汇协议。

期货交易是指交易双方签订交易所指定的标准合约，约定在未来某一确定的时间按确定的价格购买或者出售某项资产，该项资产的质量和数量符合既定的标准。远期与期货的区别如表1所示。

表1　远期与期货的区别

远期合约	期货合约
交易双方之间签约	交易所场内交易
非标准化	标准化合约
通常有一个指定的交割日	交割日在一定期限内可以选择
交易双方在合约到期时结算	交易所每日结算
场外交易，双边清算和交割	场内交易，中央清算和交割
通常进行交割或最后现金结算	合约通常在到期日之前平仓

掉期（互换）交易是指交易双方之间签订合约，约定在未来的一定时期内按确定的方式交换一定的现金流，现金流可以以相同或不同的货币计价。掉期交易按标的资产分为利率掉期、货币利率掉期、信用违约掉期等。

期权是一种权利。期权买入方有权利而没有义务，在某一日期或在某一日期之前，按指定的价格，买或卖一定数量的标的物；在到期日，期权买入方可以行使他的权利，也可以不行使他的权利，只有在行使权利有利时才会行使这一权利；为了得到这一没有义务的权利，期权买入方需付费购买。期权交易按标的资产分为汇率期权、利率期权、股票期权、掉期期权等。

二、金融衍生品交易特点

金融衍生品交易实行非全额交易制度，如场内期货合约只需要支付一定比例的保证金就可进行全额交易，交易时不需全额的本金转移，交割清算既可实物交割，也可现金轧差交割。在金融机构与客户直接开展的场外衍生品交易中，常常以信用额度扣减的方式代替客户保证金缴纳要求，这种交易方式实际上的杠杆率更高，往往要设置较高的客户准入门槛。

金融衍生品有以下三方面主要特点。

首先，交易规则为零和游戏。衍生品交易随着基础资产价格变动而体现为收益或损失，一方所赢恰为对方所输，交易双方盈亏合计永远为零。

其次，衍生品具有高杠杆性特点。无论是远期、期货、掉期还是期权交易，交易初始，往往无须支付本金或支付（收取）较少资金。但在交易存续期内，随着市场走势的变化，交易敞口的估值变化以及到期时的实际交割金额往往较大，甚或数倍于名义本金；如果没有执行交易止损措施，输家往往面临较大损失。据统计，危机爆发前，美国市场上交易的场外衍生品杠杆率平均为35倍，场内杠杆率19倍。金融危机爆发后，金融机构去杠杆化，衍生品杠杆率也大幅下降。

最后，办理衍生品交易必须开展盯市操作。非套期保值类交易在财务处理上需要定期进行市值重估，并将敞口损益计入当期利润。场内交易通常采取逐日盯市和每日无负债制度，清算所或交易所结算部门按日计算会员单位敞口盈亏并据此调整保证金账户；若保证金余额低于要求，将向会员单位追缴保证金，否则将强行平仓。

三、金融衍生品市场交易主体

金融衍生品交易的初衷是用于管理基础资产所面临的市场风险，如进出口贸易商货款结算时所面临的货币兑换汇率风险，存款人或借款人所面临的利率变动风险，投资者面临的股票价格变动风险，生产商、贸易商和消费商面临的商品价格变动风险，以及银行发放贷款而承受的客户信用违约风险，等等。相比现货交易，由于衍生品交易与实需背景并无直接关联，存在脱节现象，加之事实上业务风险内控手段往往落后于现实市场发展，衍生品业务时而会偏离轨道，发生风险事件。

金融衍生品市场的主要参与者包括套期保值方、市场投机方、套利交易方，以及以商业银行和投资银行等金融机构为代表的做市交易商与代客交易商。套期保值方与套利交易方传统上倾向于规避风险或轧平风险，而市场投机者和做市交易商则更多地表现为承担风险，获取收益。

（一）套期保值

套期保值（以下简称套期），是指企业为规避外汇风险、利率风险、商品价格风险、股票价格风险、信用风险等，指定一项或一项以上套期工具，使套期工具的全部或部分公允价值变动，抵消被套期项目的公允价值变动或现金流量公允价值的变动。套期工具是指企业为进行套期而指定的衍生工具或衍生工具的组合。

套期必须与指定的风险有关，符合企业最初为该套期关系所确定的风险管理策略。套期分为会计套期和经济套期，前者需要满足会计准则的严格要求，后者则主要从经济意义上满足风险对冲要求，会计核算上无严格限制。

企业通过开展套期操作，规避金融市场波动对财务收支的不利影响，希望借此能集中精力专注于主业经营活动，并取得稳定的经营业绩。要提高套期操作的科学性和合理性，实践中应遵循以下基本原则。

1. 企业必须首先了解自身面临的主要市场风险，并测算风险的承受能力

如进出口企业有必要事先测算确保合理利润

空间的汇率成本，生产加工企业有必要掌握可以承受的原材料成本，贷款企业需要测算可以承受的资金成本，等等。成本测算越清晰，避险操作的有效性就会越高。

2. 交易前应制定避险操作策略并严格执行

为避险而开展的套期操作从严格意义上来说属于财务纪律的范畴，控制成本和锁定收入都是降低未来财务波动的有效手段。避险操作策略至少应该包括交易规模、交易方向、交易工具选择、目标价格区间，以及后续盯市安排、财务处理方案及交易退出机制等。

3. 秉承简单产品的理念

金融危机期间部分中资企业也暴露出较大金额的交易亏损案例，究其根源，都与介入复杂衍生品交易有直接关系。无论是东方航空原油期权交易亏损事件，还是中信泰富杠杆式汇率交易亏损事件等，其交易活动均呈现敞口风险大、结构复杂程度高、高杠杆比例等特点，企业在明显对产品缺乏了解的情况下介入市场，一旦走势判断失误，则损失无法弥补。危机后人们经过反思、总结，更多地转向简单产品的理念，如通过开展简单利率互换将浮动利率贷款转换为固定利率水平，通过买入期权获得远期汇率水平的保护措施，等等。

4. 采用分批入市交易的原则

金融市场跌宕起伏，大势变换的同时伴随着区间波动，入市时间往往难以抉择。选择套期保值操作的企业在立足自身成本测算的基础上，可以再度细分出“有利”、“中等”、“较差”等目标价格区间，并安排以一定的交易规模比例，加强交易的可执行性。分批入市原则提高了交易业务的可控性，既可以避免坐失市场良机，也可以防止出现赌博心态。

5. 积极、动态的风险管理

企业面临的市场变化多端，生产经营活动随之不断调整，在这样一个动态的环境下，套期保值操作并非一劳永逸或一锤子买卖。一笔交易成交只能说有了一个良好的开端，交易存续期内有必要定期盯市，评估保值效果，结合市场变化和经营策略相机调整敞口规模、交易方向。

开展套期保值操作通常需要支付交易成本，例如客户将浮动利率贷款互换为固定利率贷款，除了市场对未来利率走势的预期将影响固定利率水平外，定价中还包括期限溢价（指从浮动利率较短的定价期限转换为固定利率较长的定价期限）。考虑到利率曲线通常斜率为正，互换后的固定利率水平往往偏高（例外的情况是，当市场强烈预期将进入降息周期，可能会出现长期限的固定利率水平低于短期限的浮动利率水平的情况，即利率曲线呈现反转形态），意味着客户当期支付的利息成本将上升，增加的部分也通常称为“交易携带成本”（Carry Cost）。再如，客户通过买入期权规避汇率、利率或商品价格等市场风险，需要在期初支付期权费，金额视合约执行价格不同而不同，执行价格越有利于客户方，要缴纳的期权费通常越高，这部分即为客户买入保护的避险成本。开展套期保值操作将提高企业短期内财务成本，这客观上阻碍了真实交易需求。特别是在公司治理理念尚不成熟、财务制度对套期保值操作要求还不够严格的地区，企业行为缺乏有效控制，容易走极端，或者是不做套期操作随波逐流，或者为追逐短期利益而开展投机操作。因此，开展投资者教育、严格财务制度管理、加强信息披露等工作是规范套期保值操作的必要条件。

（二）市场投机交易

投机指以获取价差收益为目的的交易行为。投机者根据市场判断和行情预测进行买入或卖出，如果市场判断与后市价格走势相同，则投机者平仓出局后可获取投机利润；如果市场判断与后市价格走势相反，则投机者平仓出局后承担投机损失。投机交易的主要特点是高杠杆，以获得更大的资本收益率，其缺点就是一旦市场反转，损失也将成倍放大。

投机交易基于市场判断而开展，投机者是否具有专业化研究分析判断能力是成功与否的首要因素；其次，投机者要有极强的心理素质，有胆量超越普罗大众的常规思维，引领市场而不是跟随市场；再次，为提高胜算，制定投机交易策略需要充分测算概率基础、损失成本、预期回报等因素。

投机力量是衍生品交易不可或缺的组成部分。由于衍生品交易较少动用本金，极大地提高了资金使用效率，投机者为捕捉市场获利机会，不惜大举建仓或平仓，客观上活跃了市场交易，一定程度上可以改善制度缺陷、信息不对称等市场痼疾。另一方面，投机者也常被诟病其操纵市场行为，特别是市场主要参与者单独或合谋使用不正当手段，扭曲市场价格、加剧市场动荡并从中牟利之时。

（三）套利交易

套利交易是指同时买进和卖出两张不同种类的合约，从两张合约价格间的变动关系中获利，即在同一时间开展低买高卖的操作。套利交易者关注合约之间的价格变动相关性，而不是绝对价格水平，其风险敞口总体上被轧平。

套利交易通常包括跨期套利、跨市场套利、跨商品套利。跨期套利指同时买入和卖出同类但不同交割月份的合约；跨市场套利指同时买入和卖出在不同市场的同类合约，该同类合约通常在多个交易场所进行交易；跨商品套利指同时买入和卖出不同种类但存在关联性的合约。

套利交易风险较低，盈利空间微薄，参与方往往通过放大交易规模提升盈利能力。由于市场一体化和交易电子化，套利已经发展成为在复杂计算机程序的帮助下从不同市场上同一证券的微小价差中获利的高科技手段。

（四）代客交易

代客交易业务是银行等金融机构为满足客户需求而向客户提供的衍生品交易服务，交易中银行与客户互为交易对手方。银行开展代客交易业务，赚取对客报价的买卖价差。代客交易在敞口管理上相对严格，往往要求及时充分地对外轧平头寸，因此，代客交易所面临的市场风险有限，其主要风险点在于交易对手的信用风险管理，特别是对于银行客户端的信用风险管理。

衍生品交易往往具有一定期限要求，如远期、期权、期货交易期限通常为一年以内，但掉期交易期限通常为数年，甚至长达几十年。在交易存续期内，随着市场变化，客户交易敞口会产生或有收入/或有支付，估值结果会形成银行的或有负债/或有资产。假如客户出现违约，则会形成银行信用风险敞口，因此，代客衍生品交易的客户信用风险管理应纳入统一的信用风险管理体系。在操作中还应充分考虑交易行为的时效性、复杂性等具体要求。

金融衍生品业务是欧美投资银行、商业银行代客交易业务的重要收入来源。以美国银行为例，代客资金交易业务形成的非利息收入占全行收入比重为29%，包括利率掉期交易在内的衍生交易收入是其重要组成部分；摩根大通银行代客资金交易业务收入占全部收入比重为25%；高盛公司代客资金交易业务收入占全部收入比重为36%。

（五）做市交易

做市交易是指银行等金融机构作为做市商，承担做市义务，持续提供市场买、卖双边交易价格，并按其报价与其他市场参与者进行的交易。

做市商制度有两个主要特点：一是体现了市场分层的监管思路，即通常由实力强大的金融机构担当做市商，为其他规模较小的金融机构或客户提供交易服务，通过做市商承上启下贯彻监管机构的政策意图，提高监管效率。二是做市商制度有助于提高市场效率。不同于场内竞价交易方式，做市商先要以自有资金买进交易标的，然后再卖出，承担连续报价和交易的义务，从而大大提高了市场流动性。

做市交易收入主要来源于买卖交易差价，以及由于做市交易而持有的敞口损益。因此，做市交易成功与否，关键在于客盘交易量（其中包括同业交易量与代客交易量），背后较量的是银行产品的销售能力。做市交易的主要风险点包括监管合规风险、交易敞口的市场风险、交易定价风险、交易对手信用风险，以及业务流程操作风险。

衍生品交易由于产品结构相对复杂，做市的品种往往为简单期权、简单掉期、简单远期及期货等品种，结构性衍生品往往不直接进行做市报价，需要分拆为简单类品种分别定价后，再重新组合定价。包括建设银行在内的各大中资银行是远期结售汇、人民币利率掉期等衍生品市场的主要做市商。

四、金融衍生品市场发展现状

全球金融衍生品市场规模庞大。截至2010年年末，全球场外衍生品未到期合约余额为601万亿美元（见图1），交易所场内衍生品未到期合约余额为68万亿美元①（见图2），场外场内衍生品交易余额总计669万亿美元；而以基础金融资产为例，全球未到期债券余额为95万亿美元，全球股市总值约52万亿美元。据统计，目前全球场外衍生品日均交易量约为4.6万亿美元，交易所衍生品日均交易量约为7.9万亿美元。近年来，利率类、汇率类、股票类合约继续保持快速增长；受金融危机影响，信用类衍生品交易量有所萎缩。

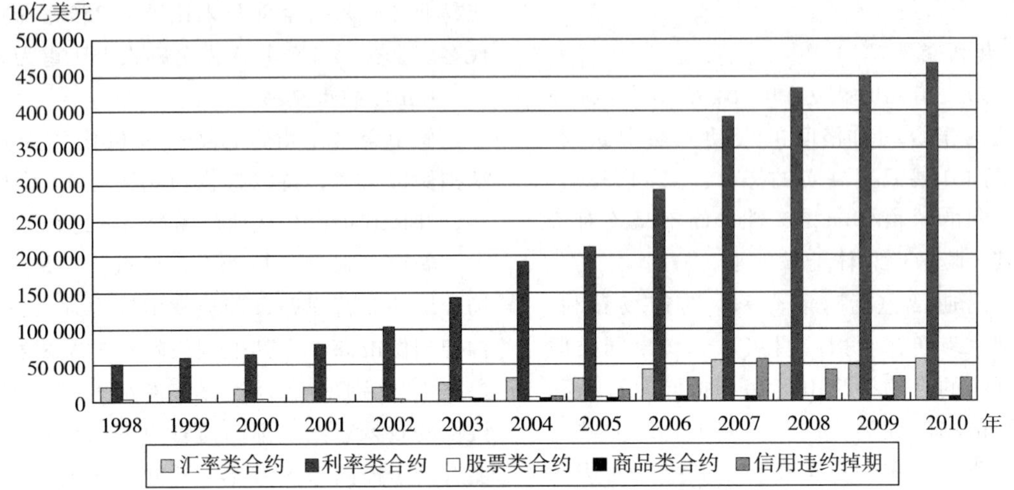

图1　全球场外衍生品交易余额变化情况

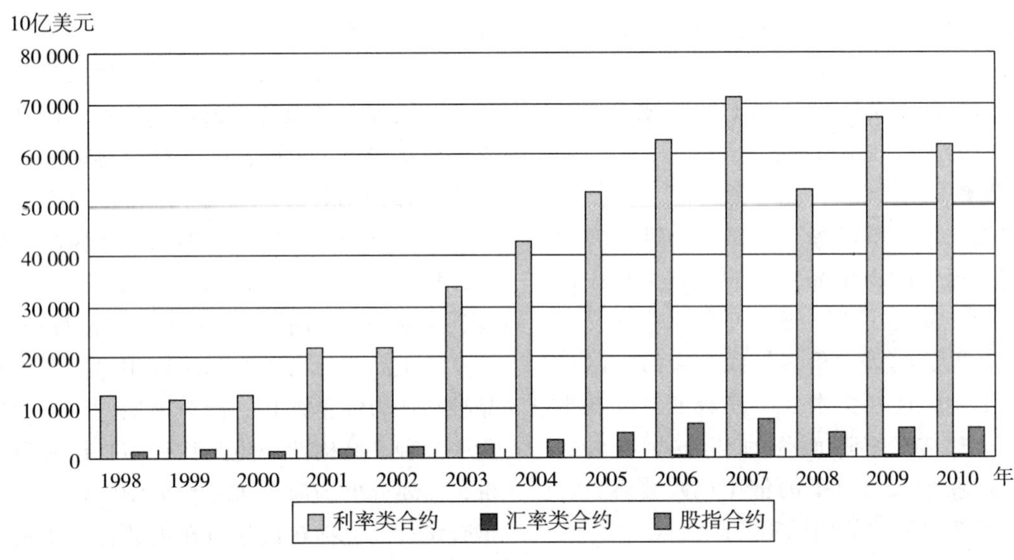

注：数据来自国际清算银行统计报告。

图2　全球交易所场内衍生品交易余额变化情况

国内衍生品市场尚处于发育阶段，但近年来创新加快。2010年内，银行间市场衍生品全年交易量约1.6万亿美元，日均交易量约为65亿美元，主要以汇率类衍生品为主（见图3）。与基础资产相比，人民币衍生品交易规模相对不大，如国内未到期债券余额约为3万亿美元；人民币存款余额10.87万亿美元，人民币贷款余额7.25万亿美元。近年来，国内衍生品业务创新加快，先后推出人民币利率掉期交易、远期利率合约、债券远期交易、人民币外汇掉期、人民币外汇远期等产品，2010年年末推出信用风险缓释合约工具，2011年年初推出人民币对外汇期权交易等创

① 不含商品类场内交易合约。

新产品。

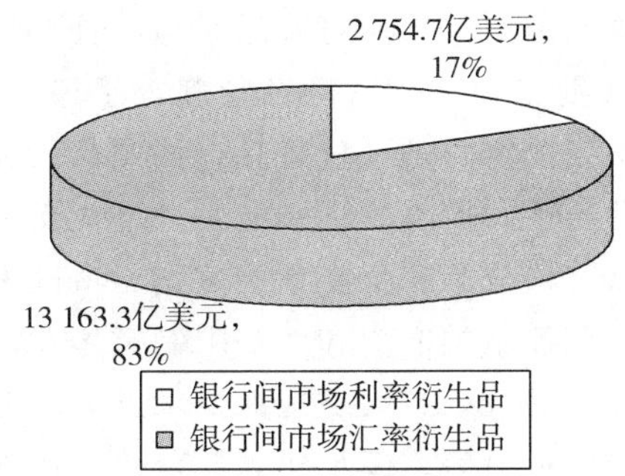

图3 2010年国内银行间市场衍生产品交易量分布

五、金融衍生品交易风险分析

金融衍生品交易风险的主要根源有两方面，一是市场判断失误导致的市场风险损失；二是交易对手违约导致的信用风险损失。

自20世纪90年代以来，金融衍生品交易风险事件频发，特别是市场判断失误导致巨额损失的案例比比皆是。1995年巴林银行新加坡期货公司交易员尼克·里森超授权交易，对赌日经指数期货失利，仅仅2个月之内导致交易亏损额累计达14亿美元，已接近巴林银行集团资本和储备之和，最终导致国际荷兰集团以1英镑价格收购巴林银行。衍生交易的杠杆性和复杂性特点往往使得敞口的实际风险难以直接判断，再加上中台、后台实时监控机制缺乏，容易产生敞口规模失控的情况，如遇市场走势反向，覆顶之灾顷刻即至。

在本轮金融危机中，中资企业折戟衍生品交易的不乏其例。2008年中信泰富叙做杠杆式外汇合约，约定在AUD/USD汇率为0.87的水平买入总计90.5亿澳大利亚元，该交易规模数倍于企业实需，形成巨大的汇率风险敞口；随后受澳大利亚元一路走低的不利影响，该外汇合约出现估值亏损，至当年10月澳大利亚元汇率最低跌至0.60，导致交易亏损高达155亿港元，中信泰富不得不承担巨额损失，平仓离场。中信泰富的风险事件教训深刻，反映出企业开展衍生品交易如果背离套期保值原则和实需背景，加之对复杂的交易结构以及杠杆风险缺乏了解，一旦市场判断失误，势必会造成巨额风险损失。

此外，美国长期资本管理公司（LTCM）倒闭、雷曼破产倒闭等风险案例中，事件导火索都是衍生品交易产生巨额亏损。特别是场外衍生交易，如果交易一方由于市场判断失误产生亏损，将导致违约风险上升，对交易另一方形成信用风险敞口。

衍生品交易业务的风险点还包括市场流动性风险，如由于复杂衍生品缺乏市场报价而导致的交易成本上升和敞口无法平盘的风险，另外还包括清算风险、操作风险、法律风险等。

六、银行金融衍生品经营策略

我国《国民经济和社会发展“十二五”规划纲要》明确提出要推进期货和金融衍生品市场发展，积极稳妥推进金融业综合经营试点等政策指引。商业银行如何把握机遇，实现综合化经营与衍生品市场发展的有序衔接和共同发展，是摆在我们面前的现实问题。

金融衍生品业务发展面临监管政策趋严、市场多变、产品复杂、客户需求多样等多重挑战，对银行内部控制流程和系统支持保障服务能力要求很高。我行开展金融衍生品业务应坚持稳健、审慎的经营策略，控制好风险和收益的关系；以服务客户套期保值交易需求为主，对于投机性交易需求应在客户准入、交易保证金比例、逐日盯市等制度上予以妥善安排；市场定位上明确人民币衍生品做市商地位、外币衍生品交易服务商地位；进一步完善业务流程和规范现场作业程序，特别是交易对手准入、产品类别、交易期限、交易对手额度管理和保证金制度、交易人员授权、敞口止损、估值报告、交易产品集中度等关键风险点控制。

金融衍生品业务经营策略的要点具体包括以下几方面。

（一）以套期保值需求为主

企业开展衍生品交易应以套期保值为主。2009年，国际掉期和衍生工具协会（ISDA）公布了世界500强企业使用金融衍生工具的调查情况，结果显示，占比94%的世界500强企业使用衍生品来管理风险，具体品种如表2所示。

表2 世界500强企业衍生业务开展情况

类别	参与企业的数量	企业参与率
汇率类合约	441家	88%
利率类合约	416家	83%
商品类合约	230家	46%
股票类合约	143家	29%
信用类合约	101家	20%

资料来源：*ISDA Research Notes*，2009.

坚持以服务套期保值需求为主的经营策略，一方面指银行代客交易应遵循实需背景，重在帮助客户规避风险；另一方面，也是银行自营交易需要遵循的基本原则。对商业银行而言，利率风险、信用风险通常是最大的风险敞口，同时也是最为主要的收益来源。在不同的经济周期和经营环境中，也不可避免地需要通过衍生品交易的运用来规避特定利率风险、特定主体的信用风险，以降低经营风险，熨平年度财务利润指标的波动。

（二）以简单产品为主

衍生品相对于基础资产而言，产品创新快、组合形式多样，在不具备分析能力和管理能力的情况下，叙做复杂产品容易被误导，身处风险之中而不自知。考虑到国内衍生品市场的发展处于起步阶段，我行衍生品交易风险管理和系统支持的能力还不足，国内客户产品认知程度较低等限制性因素，应选择性开展简单衍生品交易。

结合人民币汇率形成机制改革进程、人民币利率市场化进程契机，当前我行应稳步发展远期结售汇业务，重点突破人民币利率掉期交易业务，积极创新人民币外汇期权、信用风险缓释合约工具、代客黄金远期交易、大宗商品交易等简单衍生品。

（三）尽可能及时平盘

我行办理衍生品交易，无论是做市交易、代客交易，都是对外提供报价及平盘服务，不是投机者，除非是对未来市场走势和产品风险有充分把握，否则应尽可能及时平盘，减少敞口风险。衍生品交易在敞口平盘管理上，要遵循管理制度、操作流程、作业程序和授权体系等内控要求，明确各类交易人员开展衍生品交易的权限，包括业务品种、交易规模、净敞口、敞口最长持有时间、交易期限、止损比例等。

（四）把合适的产品销售给合适的客户

首先，银行应加强对产品风险的控制，包括新产品审批流程、产品目录管理等手段；其次，要进行必要的客户适合度评估，按照信用风险程度、经营属性、衍生品认知能力、过往交易履约记录等将客户分为积极拓展类客户、巩固发展类客户、审慎控制类客户和严格限制类客户。对各类客户在交易准入、交易担保要求上采取差别化的管理措施；最后，逐步建立规范化、标准作业的销售流程，确保合规销售。

（五）为客户提供持续性服务

作为专业机构，银行需要提高服务质量，及时向客户提供已交易的衍生品的市场信息和分析报告，市场不利变化时要及时进行预警；定期向客户提供衍生品的市值重估结果；当市场出现较大波动时，提高市值重估频率，并及时向客户书面提供市值重估结果；对客户保证金进行盯市调整；建立并执行定期回访客户制度。

（六）开展与自身能力相适应的自营交易业务

在开展衍生品自营交易业务时，首先应衡量自身的交易能力，包括研究分析与市场大势把握能力、制订和执行交易策略的能力、定价及敞口风险对冲能力、定价与估值模型开发与管理能力、交易数据直通式系统处理能力、交易对手信用风险管理与控制能力、实施交易风险管理及内控要求的机制安排与责任落实能力，以及专业化的人员队伍建设能力。

（七）建立完善的衍生业务风险管理框架

衍生业务风险管理是全行资产负债管理的组成部分，应控制特定风险的敞口规模及评估其流动性影响，如利率衍生品敞口规模及期限分布、汇率衍生品敞口规模及币种分布等；衍生业务的风险限额指标设置应符合全行统一的战略及风险偏好；上至高级管理人员，下至交易操作人员、中台风控人员、后台处理人员，流程中有关各方对业务管理、风险监控的责任与分工，应明确职责。

衍生业务风险管理框架主要包括交易风险、市场风险、信用风险、产品风险控制等主要部分，在业务流程上必须建立前、中、后相对分离的岗位责任制度和审计监督制度。

中美金融企业合作实现互利共赢

——访中国建设银行副行长赵欢

（《金融时报》2011 年 8 月 3 日）

2005 年 6 月，中国建设银行与美国银行签订投资协议的同时，签署了战略协助协议，同年 9 月战略合作正式启动。近 6 年来，双方战略合作具体取得了什么成果？对建设银行的业务发展、管理提升起到了哪些作用？双方未来是否还将进一步开展合作？围绕这些问题，本报记者对建设银行副行长赵欢进行了独家专访。

记者：建设银行和美国银行 5 年多来的合作，您认为是否取得了预期效果？

赵欢：引进境外战略投资者是国家对国有商业银行改革的要求，也是建设银行深化改革的内在要求。

5 年多来，建设银行和美国银行严格履行协议，不断交流探索合作内容，扎实开展合作。从 2008 年至今，双方累计完成 98 个协助项目，295 个经验分享和短期培训项目，开展 9 期（共 94 名中高级管理人员）赴美跟岗培训，在信息技术、电子银行和财富管理与私人银行三个领域派驻了美国银行专家，全行 6 000 余名员工接受了由美国银行专家提供的各类培训。合作内容不但已全部覆盖美国银行战略协助协议约定的 52 项服务范围，而且满足了协议范围外的因市场发展而新生的业务需求。

持续的战略协助不仅使建设银行解决了当前一些急迫的业务问题，并在转变观念、引进技术、改进流程、培训人才等方面获得了综合收益，促进了长期价值创造力的提升。无论是引进美国银行“客户之声”调查方法，推动建设银行“以客户为中心”的理念落实，还是学习美国银行“以数据为基础的管理”，推动建设银行管理模式由“经验管理”向“数据管理”的精细化管理方式转变，以及借鉴美国银行流程标准化、一致化的做法，推动建设银行的“流程银行”建设，都使国际先进的经营管理理念逐步转化为建设银行的日常经营管理行动。

记者：美国银行是全球出色的商业银行，双方通过战略协助对提升建设银行服务水平和推进战略转型带来了哪些具体成果？

赵欢：第一，提高了建设银行零售业务服务客户的能力。一是普通零售网点实现了从“交易核算型”向“销售服务型”转变，满足了大众客户对快速、便捷服务的需求。截至 2010 年年末，所有 1.3 万多家普通网点均转变为销售服务型网点，网点平均销售能力提高 85%，办理业务时间缩短 35%，有效缓解了客户“排长队”问题。二是理财中心实现了从“产品驱动”向“客户驱动”的转变，满足了 VIP 客户专业化、差别化的服务需求。4 000 多家理财中心专业化、差别化 VIP 客户服务能力不断增强，VIP 客户服务时间占比提高 30% 以上，产品销售业绩比转型前增长 15% 以上。三是财富中心通过建立事件驱动型高端客户关系管理体系，实现了对客户快速响应和精准营销。百余家财富管理中心建立了统一、规范的客户营销服务流程，探索构建的事件驱动型高净值客户关系管理体系已初见成效。四是个人贷款中心实现了一体化的客户服务，满足了个人客户办理贷款程序和时间要求，有利于在防范风险的同时提高客户满意度。实现了对 95% 以上的个贷业务的直接经营或中后端集中处理，效率提升 40%。

第二，共同拓宽了为境内外大客户的服务。2006 年开始，双方在全球现金管理服务（GTS）方面开展了广泛的合作，联合投标了英博啤酒、

Fedex、IBM、迪斯尼等跨国公司现金管理项目，共同营销了华为科技、海尔集团等中资客户。在合作过程中，美国银行在产品管理、业务培训及管理架构咨询方面提供的协助也促进了建设银行现金管理业务的发展和现金管理服务水平的提高。

第三，创新了小企业业务领域。2008 年双方共同研发了小企业"小额无抵押贷款"产品，目前，小企业"小额无抵押贷款"已经推广应用，截至2011 年5 月末，该产品发放额已达2.76 亿元，服务的客户超过304 个。这些项目成果的陆续推广应用，对于提高建设银行小企业业务金融服务水平、提升风险防范能力和小企业业务盈利能力等发挥了重要作用。

第四，改善了信用卡业务经营管理水平。通过引进信用卡经营管理先进理念、技能和经验，提高专业水平和市场竞争力。业务发展方面，建设银行引入美国银行客户生命周期和客户忠诚度管理工具，推动信用卡由"客户发展"向"客户发展与客户经营并重"转变。风险及运营方面，改造信用卡后台运营流程，合作开发了申请评分卡，信用卡自动审批率达到38%。数据分析方面，建立起统一的信用卡业务数据仓库和数据分析平台，建成了信用卡中心数据分析实验室，并组建专业化信用卡数据分析团队。

第五，加强了电子银行领域的合作。通过实施网上银行稳定性监测项目，建立了一套稳定性外部监测流程，准确识别系统运行中的问题，客户问题报告及处理时间缩短了75%。建成国内银行同业首个可用性测试实验室，并首次采用眼球追踪等技术，准确分析客户使用习惯，累计发现并解决客户易用性的问题312 个。构建网站在线销售体系，国内首创推出基金交易一站式服务，基金频道访问占比由上线前的2.7%提升至12.8%。

在推进实施综合化经营战略、建设国际化银行方面，建设银行也得到了美国银行的大力支持。2006 年12 月，我行收购美国银行（亚洲）有限公司，成立了建银亚洲，2007 年，在美国银行积极配合下，建银亚洲快速完成了整合，搭建起在港澳发展零售业务的平台，使建设银行在香港的业务规模和客户基础实现跨越式增长。截至2010 年年末，建银亚洲资产总额869.24 亿元，净资产140.35 亿元，实现净利润4.88 亿元，在港澳地区的零售网点数量从最初的17 家增加到50 家，基本实现了由小型银行向中型银行的转变。2007 年9 月，建设银行与美国银行合资成立建信租赁合营公司，积极参与发展潜力巨大的金融租赁市场，2010 年年末，建信租赁公司资产余额243.28 亿元，较上年增长196.68%。2009 年2 月，建设银行纽约分行顺利开业，美国银行为此也提供了诸多帮助。

记者：在帮助加强基础能力建设等方面，美国银行在战略协助中发挥了怎样的作用？

赵欢：5 年多来，建设银行与美国银行在风险管理、人力资源管理、信息技术应用管理，以及产品创新能力建设等方面也持续、广泛地开展了合作项目和经验分享，推动了管理专业化、精细化水平的提高。

一是借鉴先进技术和工具，不断提高风险管理能力；二是融合先进理念与方法，促进人力资源科学化管理；三是加强信息技术基础建设，提升信息数据管理水平；四是完善"客户之声"调查机制，加快产品创新能力建设。2006 年开始，多层面引入"客户之声"调查方法，并于2010 年创建了覆盖38 个分行所在区域，以及零售业务、公司业务18 种产品和14 个渠道的全行客户满意度晴雨表，在国内银行界率先实施客户满意度按月监测、按季报告，为快速响应客户和市场需求、持续性地进行业务创新和管理改进提供了客观有效的数据支持。

记者：双方战略合作的过程体现了"双方共赢"的结果，能否谈谈美国银行从中有哪些收益？

赵欢：首先，作为第二大股东，美国银行受益于建设银行经营业绩的持续提升。这些年来，美国银行不断加大合作力度，对建设银行提高业务发展能力、改进客户服务进行支持，对于改善建设银行经营绩效起到积极助推作用。2006 年至2010 年，建设银行实现净利润由463.19 亿元增至1 350.31亿元，年均复合增长率为30.67%，平均股本回报率由15%提高到22.61%。可以说，美国银行的战略协助和股本回报形成了良性循环，通过建设银行盈利能力的提升直接获益。

其次，在双方合作过程中，美国银行熟悉了中国市场，对中国银行业以及金融经济环境也有了更深的理解。同时，建设银行的一些业务实践和管理工具也给了美国银行很多启示，美国银行学习吸收后，用于改进自身业务和管理。例如，借鉴建设银行在缺乏标准化评级条件下小企业授信管理的做法，引入建设银行网点管理中的排队叫号机，学习建设银行手机银行方面的先进经验，等等。

记者：战略协助协议即将到期，目前建设银行与美国银行战略合作是否有新的安排或变化？

赵欢：按照协议规定，建设银行与美国银行原定的第一步7年期的战略合作最早将于2012年8月到期。为方便项目工作安排，双方已于2010年商定将战略合作延长至2012年年末。同时，双方也表达了在2012年后继续开展战略协助的共同愿望，并已就此进行了讨论，预计近期将达成新的战略合作协议。

一是今年的合作在顺利推进。2011年，双方按计划开展4个合作项目、40个经验分享项目，涉及零售银行、人力资源管理、风险管理、信息管理等领域；安排3期3个月的赴美跟岗培训班、2期1个月的赴美培训班，以及3期基层对公客户经理或网点经理赴美培训班；继续在信息技术、电子银行、财富管理与私人银行领域安排美方专家提供持续的业务咨询和建议。

二是双方在积极探索下一步的合作内容。目前，双方对当前《战略协助协议》的各项执行工作，仍在按程序进行。从建设银行方面来看，面临新的经济金融环境和监管要求，如何进一步改进管理，构建更为稳健、高效的营运管理体系，仍然需要学习国际银行的经验。针对国内金融需求的变化，在一些快速成长的新兴业务领域，如财富管理与私人银行、投资银行、金融市场业务等方面，也需要继续加强合作，依托美国银行丰富的业务经验、较强的专业能力，帮助搭建建设银行自己的专业业务平台，促进关键业务能力实现跨越式提升。

此外，双方也希望在下一个战略协助期内，通过建立更为有效的业务合作推动机制，在互利共赢的原则下，把双方客户优势、产品优势、渠道优势结合起来，创造更多的业务机会，也使双方的客户获得更丰富的产品和服务。今后，双方将会在人民币跨境结算、全球大宗商品融资、现金管理、贸易融资、跨境股权投资和并购、银团及杠杆融资、私人银行客户海外资产配置等领域商讨业务合作的可能性，以进一步深化和拓展业务合作。

三是考虑在合作中更加体现自身特色。随着战略协助不断深化，建设银行已从初期的被动接受培训、分享对方经验，逐步转向了结合自身问题和需要，进行主动学习，开展创造性应用，工作的有效性和实用性有了进一步的提升。

学习更为主动，内容也由理念、经验的分享逐步转向了模型、方法、工具的应用，这既是战略协助成果不断扩大的反映，也是银行管理水平提高的体现。可以预见，在下一个战略协助期里，相关工作将更加深入，合作成果会更加丰硕，推广应用也必将更为直接和有效。

加强营销　全面突破
推动资金结算业务的新发展

——在对公结算业务百日
营销竞赛活动（视频）动员会上的讲话

赵欢

（2011年9月1日）

各位同事：

下午好。

为贯彻落实全行分行长座谈会议的精神，加大对公客户、对公结算账户的营销力度，促进我行对公客户、账户、产品规模的快速发展，为我行公司业务的长久发展奠定坚实的客户基础，总行经过研究决定，利用今年后4个月的时间，在全行开展资金结算业务的百日营销竞赛活动，希望全行资金结算条线以及对公客户条线进一步认清当前市场环境和发展形势，从思想上高度重视夯实客户基础的工作，从行动上动员各方力量，有效地组织开展好这次竞赛活动，全面实现活动确定的各项目标和任务，下面我讲三个方面的意见。

一、正确看待近年来资金结算业务的成绩和差距，从战略的高度重视夯实客户基础对全行可持续发展的重要性

（一）全行认真贯彻总行整体部署，落实客户发展的战略，资金结算的发展取得了可喜成绩

一是对公结算业务收入连年快速增长，近3年来，对公结算业务收入复合增长率达到70%，四行市场占比从24.91%上升到33.43%。今年以来继续保持了较快的增长，到7月末实现收入55.15亿元，同比增加了17.67亿元，增幅达47.11%，并在今年上半年首次超过工商银行，实现四行排名第一的历史性突破。具体来看，收入主要来自支付结算和现金管理两大块业务，两者增长都很不错，这些年资金结算的笔数、交易量加快增长，现金管理客户数也快速增长到35万户，远远超过了贷款客户数。总之，剔除其他因素的影响，业务收入增长主要还是来自资金结算业务产品、服务以及客户增长。做得比较好的分行，从收入总量看，浙江、广东、江苏、上海、山东这几个分行排名位居全国前列；从增速上看，广西、西藏、吉林、四川、苏州等分行今年增速已经超过了90%。

二是客户和账户继续稳定增长。到今年7月末，全行单位人民币银行结算账户数量353.50万户，比年初新增18.86万户，全行现金管理客户达到34万户，比年初增长了12万户。

三是产品的创收能力逐步提升，资金结算领域的多个产品快速成长。截至7月末，单位现金管理、单位客户账单服务、单位账户维护费等11项重点结算产品收入超过了亿元，过亿元收入的资金结算产品比去年增加了3个，增幅达40%。近年投向市场的国内信用证、结算卡、电子商业汇票、对公一户通等新产品市场反应良好，业务量和收入增长迅速，成为结算收入新的增长点。比如，结算卡今年计划发行10万张，上半年就已经发行了15.14万张，其中大部分是非贷户；国内信用证办理了3 080笔，金额547亿元，实现手续费收入1.66亿元，同比分别增长了1～2倍。在结算卡、对公一户通等产品的推广上，浙江、安徽、河南、吉林等分行在推行这些新的产品方面措施有力，效果领先。

四是KPI指标的完成情况较好，产品覆盖度大幅度提升。截至7月末，资金结算条线KPI及一级分行产品的覆盖度等相关指标完成情况较好，所有产品完成情况均领先于时间进度。这一方面说明工作做得好，另一方面说明随着市场变化，目标制定得可能低了。对公账户的增长也是如此，现在已经基本完成全年任务，但在四大行中新增量仍排最后，因此，计划目标还是要根据市场变化作些调整。

（二）正视差距，奋起直追，努力缩小与他行的差距

近几年来，资金结算业务取得了前所未有的好成绩，但我们也必须清醒地看到，与同业相比，我行业务发展还存在许多不足，集中表现在以下几个方面。

一是账户基础还比较薄弱。截至2011年6月30日，我行结算账户总量为287.41万户，仍然比工商银行少181.07万户，是工商银行账户总量的2/3；比农业银行少114.04万户，是农业银行账户总量的3/4。我行结算账户总量四行排名第三，仅略高于中国银行，从网均账户数量来看，我行也落后于中国银行，我行账户客户总量落后同业的局面并没有得到扭转，客户和账户基础薄弱情况依然突出。这也说明，我行收入对现有客户挖掘比较充分，以后增长难度也就较大。

二是账户增长速度不高。尽管我行账户新增数近年来稳步提高，但连续3年账户增幅低于四行平均水平，尤其是2011年上半年结算账户新增数量在同业排名第四位，我行账户总规模与工商银行和农业银行的差距进一步拉大，领先中国银行的优势也越来越小。

三是账户结构有待于进一步优化。我行基本

存款账户比例为57.13%，工商银行是61.36%，农业银行是64.13%，中国银行是61.84%，我行在四行中最低。这种账户结构状况与建设银行历史沿革有一定关系，但必须通过努力改变。

四是区域发展不平衡。从各分行账户总量在当地排名看，截至6月末，全国32个省、直辖市中，大部分分行中等偏后。尽管有部分行在存款贷款利润、资产负债规模等多方面位居当地同业第一，但在账户方面却没有一家分行的账户总量位居当地同业第一。只有湖南、北京、深圳、青海、西藏等5家分行同业排名第二；东部2家、中部1家、西部1家分行同业排名第四；其余分行排名第三。账户数量差距最大的分行集中于经济发达地区，与行业第一差距最大的5家分行都是我行资产负债规模最大的行，差距从12万户到24万户不等，5家分行合计差距占到全行与工商银行差距总量的38.75%，因此，重点大行更要重视夯实账户客户基础工作。

上述问题是长期积累形成的，也是我们以后工作的重点，全行上下必须下更大决心，采取更有力的措施，彻底扭转不利局面，这次营销竞赛活动就是要把抓客户、抓账户作为重中之重，力争通过一个阶段集中攻关，能在账户客户拓展方面取得明显突破。

（三）要充分认识夯实客户基础对我行发展的战略意义

扩大客户规模是关系到我行长远快速发展的基础，郭树清董事长、张建国行长、张福荣监事长等行领导也在不同的场合多次强调扩大账户规模基础对全行长远发展的重要意义，即将出台的《中国建设银行“十二五”发展规划》也把大力发展客户作为一项战略发展目标。因此，结算条线和对公客户条线都必须大力提高对做好该项工作的认识，坚持实施客户发展战略。

首先，客户是银行各项业务发展的基础，也是银行价值创造的根本源泉。没有客户基础，银行利润创造就成为无本之木，银行所有的产品创新、金融服务、业务经营也成了“无的放矢”，银行效益和业绩也就无从谈起。

其次，客户账户规模是衡量银行竞争力的关键指标，也是决定银行发展潜力的核心要素。我们说一家银行的竞争能力强不强，不能只看当期的财务效益或者资本总量，也不能只看网点数量甚至存贷款数量，而是要看客户规模市场占有率。西方现代商业银行的客户成长性指标在平衡记分卡中占很大比重，值得借鉴。我国经济在较长时期内还将以较高速度发展，中国市场还将诞生成千上万的对公客户，也会有成百万的企业发展壮大，能否在这个飞速发展的广阔空间拿到足够的市场份额，是关系我行未来发展状态的关键。此外，我们也应看到现有市场中有很大的发展空间，我行的客户占市场总量不到20%，这些客户同时还在多家银行开户，因此，现有市场中还有大量客户值得好好争取。

庞大客户群体也是我行实现稳健经营、分散经营风险的重要保障。从户均存款量和户均贷款量看，我行在同业中都比较大，存款、贷款的集中度都较高，这对我行流动性、资金稳定性、贷款风险都会带来不利影响。扩大客户基础不仅是降低我行信贷风险集中度、避免资产业务系统性风险的重要手段，也是避免存款过度依赖特定行业和特定客户、降低存款波动性的重要前提。近年来，随着银监会实施“三个办法，一个指引”，按照委托支付及自主支付的规定，贷款资金在贷款行几乎不停留，资金很快划转到存款开户行，因此存款账户客户规模对资金沉淀和存款增长产生较大影响，这点大家都有深刻体会。

二、创新产品与服务，强化渠道建设，全面提升资金结算客户的拓展和维护能力

提升资金结算客户拓展和维护能力的关键，是要给客户提供优质、高效、便捷的服务。

一是要加强对市场的分析与研究，确定市场定位及目标客户。很多分行的客户数占不到市场的20%，在市场的覆盖度远远不够，想抓市场客户却不知道从哪儿切入，因此做好市场分析尤其重要。各级分行都要抓紧进行市场分析和市场细分，看清在重点客户、中型客户、小型客户、微型客户等各层面客户覆盖度有多大，差距在哪里。看到差距，也就看到了机会和潜力，也就找到了营销的目标与对象。

二是要制订差别化的营销策略。对于营销策略，基层同志在实践中积累了宝贵的营销经验，值得很好珍惜、宣传与推广。如有的分行在营销

中，要求对大型客户的客户关系营销上，要以投资银行与现金管理为突破口来扩大合作；有些客户贷款不难，需要发债券、资本运作、重组并购，投资银行服务对其就很重要；有的客户对其现金管理、流动性、理财有急迫需求，就应通过提供现金管理服务将客户捆绑在我们身上。对于大多数中型客户来说，需要发展壮大，贷款需求更大些，因此存贷款联动是增加结算账户、结算量、结算收入的有效手段。对于小型、微小型客户，就需要提供标准化的产品、套餐的优惠服务以及简捷高效的流程服务等策略来营销和吸引客户。这些策略都很好，大家可以相互借鉴，资金结算部门也要善于总结、推广各分行好的做法。

三是要加强资金结算产品和服务的创新，优化流程效率，提高客户满意度。这些工作的主要责任在总行产品部门，资金结算部要认真研究支付结算工具的流程效率问题，如开销户、资金证明等，尤其要学习借鉴同业的好做法，例如工商银行的开户手册等。对于流程与效率的问题，我们要结合政策要求、风险控制和流程效力来综合考虑，不能偏废。支付结算产品的创新也非常重要，例如，一些同业创新的“收款专家”、“付款专家”等品牌市场影响力就非常大。此外，客户对账户信息服务、流动性管理、账户理财、供应链服务等方面都有很多新需求，值得关注。我们目前的“供应链融资”还只是对供应链里的客户提供授信服务，但真正的供应链金融是把账户结构化，将物流、信息流、资金流放在一个平台上为客户提供金融服务，一旦为某个核心客户提供了这种服务，捆绑的就不是一个客户而是一个庞大的客户群，有的竞争对手已经走在了我们前面，需要我们迎头赶上。希望分支行与基层同志，能够把客户需求和同业动向及时向总行传导，总行部门也要深入基层调查研究，增强新产品研发和响应能力，加强对分支行复杂产品的销售与支持。

四是要加强网点和电子渠道建设，实现不同渠道的有效互动、交叉销售和协同服务，形成我行的渠道优势。要提高物理网点办理对公结算业务的覆盖面。根据市场需求和业务发展规划，加快网点建设速度，增加网点数量，缩小我行和同业的差距；统筹安排网点布局，增加对公柜台数量。在更多的网点中要有更多对公支付结算的平台，因为大量的中小客户、无贷户选择结算银行的首要因素就是就近服务，距离与价格是其关键的敏感性因素，因此对公结算服务网点覆盖面对他们来说就很重要。

要大力发展电子渠道，充分发挥电子渠道办理业务方便快捷、分流柜面业务的优势。实现资金结算产品在电子渠道的同步部署，增加电子渠道的产品种类和产品组合；进一步创新电子渠道的应用，为客户提供包括现金管理系统、企业网银、电话银行、自助渠道等在内的多渠道服务，现有的对公支付结算产品尽可能都在电子渠道部署。抓紧进行三个现金管理平台的整合，做好渠道功能的优化升级，增强可用性。要提高签约客户数、动户率和交易量，强化维护服务，提升客户体验。结合结算卡等创新结算产品的推广，加大对公自助终端、ATM、POS 等渠道的新应用，提升渠道服务能力。

五是完善小额无贷户的销售模式。小额无贷户单户贡献较小，适合于大众客户的销售模式，即通过标准产品、宣传、广告、价格等方式扩大产品销售，而不是像大中型客户那样由客户经理长期维护和逐户营销。如何通过标准化产品、合适定价策略和服务，吸引更多客户，提高产品覆盖率，形成有特色的小额无贷户营销策略，需要研究，也希望大家努力探索实践。

三、精心组织本次营销竞赛活动，夺取短期效益和长期增长潜力的双丰收

本次活动的主要目的，就是要把总行夯实客户基础的战略意图传导至各分行，并形成客户增长战略的新起点。同时，通过一个阶段的集中攻关，在拓展客户、增加账户、提高产品覆盖度、增加结算量、收入和存款等方面均取得重大进展，逐步形成长远的发展优势。为此，希望大家做好这项竞赛活动。

一是要明确目标，落实责任。总行已通过电子邮件将竞赛活动方案下发至各分行，各行要结合当地具体情况制订具体实施方案，逐级分解目标任务。各行目标中必须包括客户、账户增长、存款增长、结算收入增长、产品覆盖度等关键指标。要考虑调整考核口径，解决当年新增客户数与产品覆盖度之间的矛盾，避免因顾虑引起产品

覆盖度下降而不敢发展新客户的情况。

二是要积极部署，做好组织推动，保证活动成效。各行要充分认识本次营销竞赛活动对于推动业务持续健康发展的意义，积极部署，精心组织。各行要成立行领导任领导小组组长，资金结算部、公司业务部等部门共同参加的领导小组，加强部门联动，认真组织好辖内的营销竞赛活动，制订业务发展计划、完善措施，确保活动取得明显效果。

三是要制定明确的激励政策，配置资源，确保激励有力。总行高度重视此次百日营销竞赛活动，将条线统筹营销费用的90%以上用于对全年业务目标的激励。总行鼓励大家尽量发展业务，发展目标考核不要封顶。对各行超额完成的产品、客户发展目标，如果由于费用总量限制无法在今年完全兑现奖励的部分，可以考虑结转至明年落实。

四是要奖惩结合，充分调动各行拓展业务的积极性。本次竞赛活动配置的激励费用应向业务一线倾斜，落实到经办机构，落实到营销人员和销售人员，充分调动员工的积极性和主动性，鼓励各分行配合总行营销活动开展各自的营销竞赛、配置激励费用。同时，总行将对本次竞赛活动中贡献突出、业绩显著的分支行、网点和个人进行评比表彰，遵行精神奖励为主、物质奖励为辅的原则，给予个人一定的奖励。对活动结束后计划指标完成率低的分行，总行将在以后营销活动中扣减费用。

五是要加强对竞赛活动的过程管理。各行要加强对本行竞赛活动的宣传和指导，推动活动扎实开展，全面加强推进过程控制，鼓励各行每月甚至每周进行监控，以确保每个阶段目标的实现来保证整体目标实现，对过程中好的做法要及时总结，积极推广。结合本次竞赛活动，各行应开展客户营销、产品和系统功能等方面的专业培训，切实提升资金结算从业人员的素质和能力，推进业务发展。

最后，我还要强调一下柜面风险防范的问题。在全行上下共同努力下，今年前八个月对公柜面尚未发现一起案件或事故，对公柜面风险防范取得良好成绩。但是，大家对柜面操作风险要始终保持高度警惕。今年4月份，总行领导要求加大对反交易欺诈、反非法融资、反洗钱的风险提示，当月总行就召开了专题会议研究，并下发了专门文件对全行进行了部署。同时，总行也正在制订反交易欺诈、反非法融资、反洗钱的远程监测模型，希望能进一步提高防范案件与操作风险的技术与手段。总之，今年宏观经济形势复杂多变，非法集资、外部欺诈等风险威胁还比较广泛，内部风险隐患依然存在，因此，大家必须高度重视对公柜面操作风险的防控工作，不断强化合规操作和风险防范意识，持续加大业务检查力度。今年总行组织的结算业务大检查结果表明，整体情况不错，但也发现了一些风险点，对这类问题要紧抓不放，切实整改落实到位。同时，要学习借鉴行内外的有效做法，将现场检查和非现场监测有效结合，充分发挥技防和人防作用。各行要始终把防案件事故、保柜面业务安全摆在突出位置认真抓紧抓好，这既是今后长期工作的一个重点，也是本次竞赛活动的重要内容，务必落实。同时，强调风险防控时，要避免简单地增加环节，而要保持风险控制与业务效率的平衡，保证对外服务质量与效率。

今天我就讲到这里，谢谢大家！

（根据录音整理）

抓住机遇 提升能力 全面推进代客资金业务健康快速发展

——在部分分行代客资金业务座谈会上的讲话

赵欢

（2011 年 9 月 16 日）

同志们：

今天我们开了一个高效率的会议，感谢各位提出了许多宝贵的意见。金融市场业务作为全行战略性业务之一，仅靠总行金融市场部很难达到业务发展的要求，发展金融市场业务需要举全行之力，需要各级行的齐心协力。

借此机会，我先介绍一下金融市场部的各项业务及同分行的关系。

一是货币市场业务。货币市场业务的主要目的是保证全行流动性，提高资金短期使用效率，具体产品包括拆借、回购、存放以及中央银行短期票据等。这项业务同分行有一定关系，因为有一些客户和银行同业分散在全行各地，也可以通过分行来做。实际上，有部分分行已经得到总行授权，可以做一些货币市场业务，并以货币市场产品为基础资产发行理财产品。

二是固定收益业务。固定收益业务即中长期的债券、票据等投资组合管理，以风险回报为主要目标，分为利率类及信用类。利率类是指无信用风险的债券投资，包括国债、政策性金融债、中央银行票据等，利率曲线的变化存在市场风险，有可能影响资本公积或当期损益，这类业务主要通过组合配置管理市场风险。利率类产品可能与分行没有太大关系，但如果要给客户做保本理财产品，可以用利率类作为基础资产。还有一类就是信用类的债券，虽然是总行投资，但同分行有密切关系，比如信用债券的授信已纳入全行风险管理体系，分行必须有授信额度，总行才可以投资，信用债还占用单个发行体集中度。与利率类相比，信用类产品有信用风险，授信额度及投后管理都是分行在负责，总行给分行一定的销售费用作为中间业务收入。下一步可以考虑把信用风险收益转移给分行，但是投前的尽职调查、投后的风险跟踪以及风险损失的责任要同风险收益挂钩。

三是代客资金业务。代客资金业务范围要广泛一些。一类是即期交易，包括即期结售汇及外汇买卖等，另一类是衍生品，衍生产品具有未来的现金流，基础资产包括利率、汇率和信用等，利率和汇率的产品我们都在做，并已经逐步开始试点信用类产品。从存量业务来看，结售汇占了相当大的比重，此外还做了一部分人民币利率掉期。衍生业务根据产品可分为远期、期货、掉期、期权等，还可以分为场内及场外。不同类型产品的风险特征完全不同，银行虽然做的是代客业务，但也承担各种风险，主要是市场风险和交易对手信用风险。衍生品理论上客户在分行，交易发起在分行，平盘操作在总行，虽然看上去是分行和总行平盘，但我们内部是一家，所以分行同总行并不是交易对手关系，客户信用风险基本都是由分行承担。

四是贵金属业务。除黄金外，我行也推出了白银业务，我行黄金业务具有一定的产品优势，但其他银行开发的外币黄金业务我们没有，今年工商银行外币储蓄增长很快的原因可能同外币贵金属交易有关系。贵金属业务既有现货，也有远期，下一步我们还要开发交易所的延期交割产品。总行只负责提供交易平台及敞口管理，所有业务收入都放在分行，投资风险由客户自担。

五是理财产品。金融市场部的理财产品主要是以债券或货币市场等作为基础资产，不含信贷类及股权类基础资产。以前有以资产池为基础的大丰收，现在主要做固定期限的产品，我们的产品档期、供应量与分行的需求不是很匹配，分行也希望总行授权其在一定的权限内做理财产品。

以上大多数业务都与分行有着密切关系，所以，金融市场业务作为战略性业务的发展不能仅靠总行金融市场部，需要全行各级行的努力，需要各个部门的支持。

现在，我讲四个方面的意见，供大家参考。

一、把握金融市场业务发展的历史机遇，充分认识金融市场业务的战略意义

郭董事长、张行长、张监事长等分别听取了金融市场业务发展战略的汇报，总行党委会、高管层决策要将金融市场业务作为未来规划的三大支柱业务之一，进一步充实金融市场业务力量，加强人力资源配置。随着巴塞尔新资本协议对资本约束的加强，资本节约型的业务越来越成为银行的战略性业务，对银行的未来发展十分重要。

1. 我国外向型经济快速发展，对外贸易高速增长

2010 年，我国进出口总额为 2. 97 万亿美元，2011 年 1—8 月份为 2. 35 万亿美元，同比增幅为 25%；2011 年 1—8 月，全国实际使用外资金额 776 亿美元，同比增长 17. 7%；2010 年，结售汇总额为 2. 37 万亿美元，2011 年上半年为 1. 36 万亿美元，同比增幅为 28%。全国进出口企业约有 28 万家，其中与我行有国际结算关系的有 5 万多家，我们有一个庞大的潜在客户群体，既是差距也是潜力。

2. 商品期货市场巨大

2010 年，我国期货市场累计成交期货合约 31. 3 亿手，成交金额 295. 9 万亿元，我国商品期货成交量已居全球第一位。这同我国进出口贸易及经济总量密切相关，与我国为制造业大国相对应，而美国的利率、汇率、信用方面的金融期货市场比我国大得多。因此，以商品期货为基础的金融衍生品是一个巨大的市场。

3. 贵金属市场蓬勃发展

我国消费者存在贵金属偏好，国内市场对黄金等贵金属有大量需求，与贵金属相关的现货和期货是一个重要的基础市场。我行 2011 年 1—8 月份的收入超过 10 亿元，工商银行利用今年上半年白银市场机遇，赚取了 10 多亿元利润，我行 8 月份推出了账户银业务并在全行推广，现在追赶还来得及，短期内可考虑通过价格手段如降低手续费抢占市场。

4. 人民币汇率形成机制改革不断深化

2005 年起，我国开始实行以市场供求为基础、有管理的浮动汇率制度。6 年来，汇率形成机制逐渐成熟，市场参与主体已经基本适应浮动汇率制度，远期结售汇等衍生品具有很大的市场基础。在人民币单边升值会持续多长时间的问题上，建议大家不要太盲目，当前人民币虽然还在升值，但趋势持续时间难以确定，有消息说美国也正在审议一个降低美国跨国公司利润汇回税率的提案。我们应缩小远期敞口，以赚取点差为目的，不去赌人民币升多久。

5. 人民币利率市场化改革不断推进

自从人民银行 1993 年提出利率市场化改革的基本设想以来，我国利率市场化改革已取得重大进展。人民币利率市场化实际上还有两项没有完全放开，一是贷款的下限，二是存款的上限。周小川行长在今年的讲话中谈到人民币利率改革要深化，还有消息说会推出人民币贷款利率的浮动空间，也可能会对存款上限逐步放开限制，这些对我们都有很大的意义，对客户也有一定影响，客户的资产负债存在错配的利率风险，需要利用衍生品去锁定。

6. 我国避险需求巨大，市场有待培育

在不确定性增加的情况下，如何规避利率、汇率、商品等市场风险已成为企业必须面对的问题，我国市场发展潜力非常大。除已有的一些工具外，包括人民币对外汇期权、信用违约掉期等一些创新工具已经出现，国债期货等工具也在酝酿，这些创新都将加速我国避险市场的培育、发展和深化。

金融市场产品大多属于资本节约型，未来将成为我们的支柱业务之一，对于全行的影响非常大。

二、直面挑战，把握代客资金业务的风险点

机遇同风险总是伴生的，我们要面对诸多内外部挑战。

（一）从外部来看

1. 国际金融市场持续动荡，风险变幻莫测

2008年的金融危机使衍生品市场出现巨大损失，之后欧洲主权债务违约风险、美国信用评级调降引起的危机此起彼伏，日本地震等突发事件也使金融市场异常动荡，市场波动频率在加快，深度在加深，前些天，美国银行也卖了一些我们的股份救急。我行目前还持有一定数量的外币债券投资，因为市场动荡导致这些债券估值下降。金融危机之前认为的小概率事件都发生了，客户之前所做的衍生品面临不同程度的损失，有的也转化为我们所面对的信用风险。与日元汇率挂钩的衍生品有的已经出险，有的即将出险，当初挂钩的美元30年掉期利率现在很低，估计低利率还会延续到2013年，客户每天都在产生损失，反向平盘成本也很高。

2. 我国市场基础薄弱，投资者不成熟

很多投资者做衍生品只看到短期的收益，看不到未来小概率事件的发生给自己带来的毁灭性打击，这种例子很多，如中航油、中信泰富、巴林银行等。有些客户甚至不知道自己最大赔多少，没有进行压力测试。如果银行存在销售瑕疵，将来还不只是交易对手的风险问题，还有一个销售责任的问题，比如雷曼出事后，银行要对在香港购买迷你债券的一些年龄大（年龄在70岁以上）的特定群体的客户进行无条件赔款。这涉及衍生品投资者教育问题，对于银行来说，不是赚到手续费就可以做衍生品。

（二）从内部来看

1. 我行代客结售汇等成熟产品市场地位不高

我行代客资金业务今年前8个月的收入四行份额为20.6%，较2010年的18.6%有所提高，排名市场第二，但地位不稳固，在第二和第三名之间波动。总体来说，我行市场地位不高，与同业存在差距。中国银行一枝独秀，收入四行份额达到44.9%，超过我行（20.6%）和工商银行（20.1%）之和，差距非常大。工商银行同我行基本持平，农业银行虽然落后较多，但上升势头很猛，其收入份额（14.4%）今年比去年提高了2.4%。我行代客结售汇业务量市场份额排名第三，与第二名工商银行的差距在拉大。因此，在座的市场份额低的分行需要努力。

2. 金融市场业务体系不健全

一些发达地区如上海和北京已经设立了金融市场部，广东省分行正在筹建金融市场部。有的行成立了资金团队，如福建省分行设立了三个专业团队，四川省分行建立了任务型团队。但现在很多二级行没有专业的团队，上级行对下级行的产品及营销支持体系没有很好地建立。如果没有这个体系，业务做的越大则风险越大，短期内可能赚到一些手续费，但一两年后问题还是会出现。

3. 业务队伍的知识结构及经验不足

目前，我行仍然缺乏金融市场业务专业队伍。我们很多客户经理并不熟悉产品，包括我们金融市场部内的部分同事，对产品特征和风险特征也并不太熟悉。比如说卖出期权的例子，相当于我们同客户和其他银行做了两次对赌，完全不是套期保值的业务。我们并非有意不利于客户，而是我们自己对这些产品的知识了解不够，并且抱着侥幸心理，客户的风险最终会转移到我们自己身上，不仅给客户造成了损失，也让银行承担了很大的风险，是双输的结果。

这里讲一下要重点控制好四类风险。

市场风险。在正常市场环境下，客户所做衍生品交易在存续期内的估值通常不会产生巨大亏损，但是在小概率事件发生时，有些衍生品如代客卖出期权会导致客户产生巨大损失，客户的估值损失就是市场风险。

信用风险。客户不付款，我们的垫款就构成了交易对手信用风险。我们在交易时占用客户的授信额度，减免客户保证金，在理论上是行得通的，但之前在占用授信额度的规则方面有错误的地方，例如一些风险转换系数不合理。如果我们国外的交易对手倒闭了，我们对外也有信用风险，最近法国兴业银行、花旗银行等交易对手产生经营动荡，我行就面临交易对手信用风险。

操作风险。我完全赞成对交易员进行激励，但对交易员岗位的制约、对交易行为的监督管控一定要到位。过去同业有交易员由于操作失误、利益输送的事件导致银行利益及声誉都受到了一定的影响，云南一家商业银行的金融市场部出现了集体违规的案例，都给我们敲响了警钟。有时候，操作风险和道德风险结合在一起就是案件。我们建立了每周风险重检制度，效果不错。

政策风险。结售汇业务的政策风险一直很大，尤其是在人民币升值压力较大的情况下，监管部门更为重视对相关业务的检查力度，无论是做结售汇业务还是做其他衍生品业务，包括内保外贷等，最难把握的就是交易背景，没有交易背景，就可能出现政策风险。

三、齐心协力，努力提升我行代客资金业务的综合能力

1. 加快建立我行金融市场业务经营体系

我们支持金融资源发达的分行在条件成熟后设立金融市场部，条件不成熟的分行至少要设立同业务规模相称的专业团队，专业团队是指产品经理和销售支持人员。不管是将团队放在分行国际部还是公司部，今后做业务必须依托这个团队去做，不能让客户经理独立去做。我们不可能把每一个客户经理都培养成金融产品专家，但是我们要让每一个客户经理后面都有一个专家在支持。今后对分行金融市场业务的授权及资源配置，都要同其金融市场业务经营体系是否健全相关。

要进一步完善以总行为产品研发、报价做市主体，国内分行和海外分行为市场营销、客户管理主体，上下联动、收益共享的业务运行机制，提高代客资金业务收入比重；优化产品开发、定价、营销、维护等流程。建立可以覆盖客户多方面需要的产品线，创建有影响力的产品品牌。

2. 加快人才的引进和培训，加强队伍建设

全球性商业银行在每个地区都有自己的金融市场团队，我比较赞赏福建省分行的做法，省行如果顾不过来，可以在重点地区建立队伍支撑业务发展。下一步，建议总行金融市场部、风险管理部编写一些产品手册和案例，开办一些专题培训班，建立专家队伍。要建立专业技术体系，要采取学习、培训、锻炼、考试等手段，提高水平。另外，也可以考虑在市场引进人才。

3. 加强对金融市场经营策略的研究

要知道哪些是自己有能力做的，做到“三个了解”，即了解你的客户，了解你的产品，了解你的风险，知道自己适合做什么，不懂的千万不要冒险。总行要加强对金融市场和经济趋势的研究，这些都是开展业务的必要支撑。我们也主张有能力的分行进行某一类特定产品的研究。

要加强对内部数据、重要数据的积累，建立自身独有、比较完备的数据库系统，并加入策略分析、模型设计和方法论研究等内容，通过建立模型和数据支持，形成结论，便于经济增加值和风险敞口的分析决策。

4. 要加强代客资金业务风险管理及内部控制建设

统一的授信体系、敞口的管理、自身的限额管理、交易的监督控制都需要一套制度安排，没有制度安排的不允许做，宁愿发展慢一些也不能冒险去做，要夯实基础。总行对金融市场业务现有体系，包括内控、授权、流程等，还需要进一步优化。

风险管理及内部控制非常重要，要提高员工识别风险的能力，做到及时暴露风险，真实反映信息、有效纠正偏差，提高风险管控水平。要加强授权管理，通过授权管理，控制最大风险总量，使各项业务在风险可控的范围内安全运行。

5. 培育客户基础，加强客户教育

我们有几万个结售汇客户，还有23万个潜在客户的群体，各分行把客户面扩大一些，客户业务量起点定得低一些，一定要做到心里有数，清楚本地区有多少潜在客户。不仅仅是做外币业务的客户，还有做人民币业务的客户，都是我们的基础。凡是资产负债存在不匹配的，客户都面临风险，这些风险都可以用金融工具去锁定，这需要客户经理发现机会，产品经理提出解决方案。再一个是要教育客户，要客户做套保类或无风险套利的产品，不要去做投机类产品，禁止代客卖出期权。我们要告诉客户做业务出险的概率有多大，在情景最差的时候损失有多大，不能只看到眼前的利益。没有只赚不赔的交易，需要帮助客户建立套保的科学心态。

6. 总行要加快系统开发

我们正在请咨询公司进行系统咨询，新一代系统中也考虑了金融市场业务。我们的估值模型、定价模型、报价系统、交易系统都需要技术手段解决，总行金融市场部同技术部现阶段正在进行系统分析，要尽快启动金融市场业务系统的优化，不仅仅是交易系统，还有风险部的风险监控系统、额度控管系统都需要优化。

7. 加强联动工作

我们的国际业务同衍生交易、结售汇等密切相关，有了贸易融资和人民币贷款，我们就有了国际结算和结售汇。有人民币贷款的，在考虑授信方案时也要考虑结售汇或国际结算份额的要求。各条线要有大局观，以整体利益为重，把业务做大，但希望每一个客户在风险调整后的回报率能够达到我们的要求。分行也要在各个产品之间进行合理的利益分配，保证考核的合理性。另外，授信很重要，我们买债券、做衍生品时临时去申请额度，效率很低，分行在报授信方案的时候要考虑金融市场业务额度，公司部在组织整体授信的时候也要考虑金融市场业务额度。

四、当前代客资金业务的工作重点

（一）要重点推进的产品

以下这些产品风险比较容易识别和控制，也是我们的基础产品，大家要大力推进。

1. 代客结售汇

结售汇帮助客户进行人民币同外币的兑换及汇率避险，是代客资金业务的主要组成部分，必须高度重视，重点推进。全行结售汇业务的市场地位要与我行的地位相称，一些重点分行业务量市场份额低于全行平均，需要努力增加份额，其他分行也有进步空间。全行目标是结售汇业务量市场份额上升至第二位。

2. 利率掉期及交叉货币掉期

利率掉期交易包括外币利率掉期和人民币利率掉期，结构简单、产品标准、风险收益关系匹配透明。对于以客户套保为目的、简单的衍生品，我们是鼓励做的。对于复杂衍生品，如果有能力分析清楚也可以做，但我们目前缺乏这个能力。如果能够把结构性的产品拆分成简单产品也可以做，但绝对不能嵌入卖出期权保护。

交叉货币掉期对不同币种的资产或负债进行转换，可有效利用不同币种的利率差锁定风险，具有一定的市场需求。可以在充分市场调研的基础上叙做期限比较短的此类产品。

3. 黄金租借

我行黄金租借业务市场份额已降到第二位，业务收入反映在分行，希望各分行能够关注，丢掉的市场要拿回来。

4. 账户贵金属

我行刚刚推出账户银和账户铂业务，我们已经失去了好的机会，建议在经营策略上给客户让利，把手续费收得少一点，将客户的资金和交易量拉过来。我行将继续加快拓展外币类账户贵金属产品种类，并视客户需求情况拓展其他账户类商品交易。

5. 理财产品

今后，以债券为基础资产的理财产品是政策鼓励的重点，总行将根据需求开发产品，满足大家需要。对于有能力、有专业队伍的、内控好的分行，总行也可以考虑授权分行做，这需要管理层的决策。

（二）禁止做的产品

除了要重点推进的产品外，还要对一些产品进行禁止或限制，比如卖出期权类的、结构复杂的、期限比较长的产品等，这些产品我们没有能力进行定价，算不清楚。对于禁止类的，金融市场部要同风险部商量，必须有非常明确的规定。另外，违规的、没有真实背景的业务要禁止。

（三）明确职责，形成合力

这里既有总行部门间的职责，也有总分行之间的职责。制度安排要合理清楚，收入向分行倾斜，总行将把结售汇交易收益通过二次分配的形式全部下划给分行。分配的时候不能只考虑交易量，也要考虑市场份额提升等因素，设立几个标准，形成同类分行间的竞争机制，按照标准做得好的分行无论业务量大小都将获得相应激励。总行激励分行的部分既有对冲收益，也有利用市场变化获得的交易收入，所以不是说交易量大的分行一定能拿到比较多的激励收入。

（四）加强对代客资金业务的支持力度

代客资金业务需要总行相关部门的大力支持。资债部、财会部要从资源配置上给予支持，尤其是战略业务费用。目前，战略费用根据客户来分配，配置客户战略费用时要考虑结售汇业务。各个分行内部的激励约束由分行负责。

（五）提升产品创新能力

产品创新的主要责任在总行金融市场部，风险部要配合，分行有责任、有义务把市场上其他银行好的做法反馈给总行，把通过创新能够满足客户需求的产品告诉总行，总行产品研发要更有针对性，更加及时。下一步，建议总行金融市场部组织一个产品专家团队，也希望分行能够把产品专家派到总行跟岗实习，同金融市场部建立紧密的工作联系。有能力的分行研发出好的产品，或者有好的创意要上报总行，在风险识别清晰、内部风险可控的情况下，总行要迅速响应。

（六）加强客户营销

营销的主要责任在基层行，应做好相关营销、信息反馈、维护客户等工作。总行尤其是金融市场部要加大对营销的支持力度，按照总行调动资源、整体推进的基本营销框架，建立通畅的市场销售体系，包括分析、产品设计、客户推介、产品演示等。只要是有足够价值的客户，各级机构都应该参与营销，比如总行应该积极参与北京地区的大客户营销。各个条线在组织客户营销的时候，要考虑金融市场产品的推介，这些产品也有利于绑定客户；金融市场部搞营销活动也要联系国际结算、投资银行、现金管理等团队，联动营销。总行各部门要做好销售支持，在向对公客户、对私客户营销时，要包括金融市场产品，分行要对各支行做好销售支持，强调销售组织的概念。

总之，金融市场业务是战略性业务，需要全行共同努力，需要在座的各位行长、各位老总大力推进。明年是金融市场业务管理年，希望明年能够看到各分行金融市场业务更好的发展。

谢谢大家！

转变观念　落实责任
构建科学统一的员工绩效管理体系

——在全行员工绩效管理视频会上的讲话

章更生

（2011 年 6 月 15 日）

同志们：

大家上午好！

刚才总行绩效管理项目组的同志介绍了项目有关情况，下面我就做好员工绩效管理工作做一个动员性发言。

一、员工绩效管理是什么

什么是绩效管理？我查了一下书，绩效管理是指各级管理者和员工为了达到组织目标共同参与的绩效计划制订、绩效辅导沟通、绩效考核评价、绩效结果应用和绩效目标提升的持续循环的过程。绩效管理包含两个方面，一是机构绩效管理，二是员工绩效管理。机构绩效管理我行已经走在同行业前列，今天我们主要探讨一下员工绩效管理。

单从字面上看，“绩效”顾名思义，应包括“绩”和“效”两层含义：“绩”是指业绩，体现个人对企业的贡献；“效”是效率效果、态度品行及行为方式等，体现个人的行为过程。员工绩效管理就是对员工“业绩”和“行为”这两大要素的计划、执行、检查、改进四个环节的管理过程。

员工绩效管理的作用从大的方面来说至少可以概括为以下三个方面。

1. 员工绩效管理是落实部门或团队目标、保证组织整体战略目标实现的关键举措

员工绩效管理通过目标分解，将所在机构的经营目标层层分解到各个部门、各业务条线、各位管理者，最终落实到全体员工，使员工的绩效目标与组织目标紧密相连，保障各级组织战略目标的实现。

2. 员工绩效管理是提高各级管理者管理水平的重要手段

员工绩效管理作为一个不断进行的沟通过程，

使管理者与员工建立起正式的沟通机制和责任共担机制，就员工的工作内容、工作要求和衡量标准达成一致，有利于与员工形成合作伙伴关系和契约关系，同时把管理者的压力和动力及时分解传递下去。

3. 员工绩效管理是开发员工个人素质能力的有效途径

员工绩效管理不单是为了考核而管理，还要为员工成长服务，关注员工素质能力的提升和未来绩效的改进。员工是绩效管理的直接受益者。通过绩效计划清晰了解自己的工作目标，通过绩效辅导获得上级在工作中更多的指导，通过绩效考核和结果运用获得应有激励，通过绩效反馈认识自己的优势和不足并找到有效的改进办法，通过个人发展计划实现在创造绩效的过程中提升经验、素质和能力，从而可以适应更大的发展空间，得到更多的发展机会，最终促进自身职业生涯的长远发展。

二、加强员工绩效管理工作的迫切性

（一）我行员工绩效管理亟须改进

目前，我行机构的绩效管理虽然还有进一步提高和改进之处，但是总体上讲在中国银行业中起步是早的，做得是好的。我们已经建立了一套简捷、有效的考核体系，EVA、等级行和KPI等考核工具陆续启用，在同业中形成一定的领先优势，有效地在全行上下传导了价值最大化的经营理念和各项经营管理的战略意图，对业务健康发展和效益持续快速增长发挥了重要的“指挥棒”作用。在员工绩效考核方面，这些年我们一直在探索，包括对领导班子和领导人员从经营业绩与管理业绩两个维度进行定量与定性考核，对客户经理、柜员等营销服务人员引入业务量计价、买单制等方式完善考核机制。但从总体上看，我们过去的绩效管理还存在很多需要改进的地方。回顾过去的绩效管理，大致可以分为三个阶段。第一个阶段是干部考核阶段，主要是脱胎于公务员的考核方法，通过一年一度对德、能、勤、绩、廉进行主观评分，确定考核档次。这个阶段的特点是有权考核人宽泛，量化依据较少。第二个阶段是绩效考核阶段。这一阶段强调突出工作绩效和工作成果，并从经验式的主观评判转向指标式客观评价，按照分层分类管理的原则，对不同层级、不同员工类群实施差异化考核。但从总体上看，这个阶段的特点是普遍存在“重考核、轻管理；重结果、轻过程；重事后评价、轻事中辅导”的问题，考核模式也相对分散、粗放，对中后台人员缺乏有效的考核手段和方法，存在“前台人员考核过度和中后台人员考核不足”的现象。第三个阶段是绩效管理阶段。从战略的高度和科学管理的角度重新审视绩效考核，将其扩展为管理者与员工在目标制订与实现路径上达成共识，并共同实现目标的管理过程。这一阶段强调考核内容科学化、流程规范化以及工具运用的合理化，绩效考核只是这个管理过程中的一个环节。总体上看，目前全行大部分机构还处于第二阶段。我行向美国银行学习，将绩效管理项目成果中国化、建设银行化，就是要推动全行从绩效考核向绩效管理转变。我们之所以要与美国银行合作做这个项目，第一，人类的一切文明成果只要能借鉴的都应该借鉴，有好的文明成果（不管出自哪里）不去借鉴那是非常愚蠢的；第二，美国银行已经做了绩效管理，而且实践证明做得效果很好；第三，美国银行是我们的战略合作伙伴，他们在这方面富有经验，而且愿意帮助我们，他们为了这个项目投入了大量的人力物力，项目组成员都非常认真负责。在此也强调一句，今后美国银行的专家还会给我们做培训，希望大家一定要尊重他们。

（二）员工绩效管理是落实建设银行发展战略和提升人力资源管理水平的需要

绩效管理是战略管理的有效工具。全行战略目标的真正实施和实现迫切需要与绩效管理紧密结合起来，充分发挥绩效管理的标尺和导向作用，坚持“发展重点是什么，就考核什么；想往哪个方向走，绩效考核就往哪个方面引”。同时，建设银行人力资源管理水平的提升，迫切需要把绩效管理作为核心和关键，绩效管理是人力资源开发最有效的抓手。我们用人才、选干部坚持德才兼备、以德为先的标准，需要通过绩效管理对人的业绩、品能进行考核比较，并建立持续、动态的绩效档案，真正把那些业绩好、品能优的高绩效人才选拔出来；我们的收入分配倡导按绩付薪，也需要通过绩效管理提供考核结果和依据，建立

"绩效好、收入增，绩效差、收入降"的激励约束机制；我们经常讲要增强培训的针对性，就是要通过绩效管理发现员工的薄弱环节，做到"缺什么、补什么"。

（三）员工绩效管理是提升我行核心竞争力的需要

国外先进银行将绩效管理上升到了战略管理的层面，有的银行提出"企业管理＝人力资源管理，人力资源管理＝绩效管理"。这个认识虽然有一定的偏颇，但至少说明国外银行对于绩效管理的足够重视。其原因正如美国银行在经验分享中所谈到的，美国银行所建立的一套公平公正、赢得员工信任的绩效管理体系，是美国银行人力资源管理与其他银行相比较所具有的核心竞争力。竞争是一个比较的概念，需要注意竞争对手的动向。目前国内的主要竞争对手也都非常重视绩效管理体系的建设，这都是从提高核心竞争力这个高度来考虑的，我行决不能在这个方面落后。

三、怎样做好绩效管理工作

（一）强化理念认识，从战略高度重视绩效管理

一是要树立战略导向的理念，为实现战略目标、落实部门和团队目标服务。二是要树立以人为本的理念，为员工成长成才服务，重在提升员工素质和能力。三是要树立过程管理的理念，强调全员参与和双向互动，强调系统性和持续性。四是要树立齐抓共管的理念，绩效管理主体不只是人力部门，而在于各部门、各级管理者以及全体员工的积极参与。人力部门主要是牵头制订规则和组织推动，各级管理者应当是第一实施主体；各部门要负起自己的责任，把自己的工作做好；作为管理者，在工作中要时时启发员工思路，纠正员工错误，充当员工的合作伙伴，为员工排忧解难，协调好员工间的关系，加强沟通，排解纠纷；对于员工，需调整好心态，主动参与，努力完善自己，并认同企业好的、积极的方面，形成良好的习惯，要认识到工作做好了对组织有利，对自己成长也有好处。

（二）强化目标分解，做好绩效与发展计划

目标任务自上而下层层分解是保证员工个人目标与组织目标相一致的重要前提和方法。

我们要按照目标管理的方法，将全行的战略目标和经营任务通过逐层分解，确定为员工的绩效目标，落实为员工的行动计划，做到"人人肩上有担子，个个身上有责任"。不管是前台部门还是后台部门都要进行目标分解，前台业务条线更多的是分解关键业绩指标，后台支持部门更多的是分解关键工作任务。要根据不同的工作职责设置不同的考核指标。比如对"一把手"的考核，非常重要的一点是控制力，也就是驾驭能力。另外，分解的过程也要进行充分沟通，上级不能对下级强行命令式分配任务，更不能层层加码，要让员工参与分解的过程，建立"伙伴式"、"契约型"的绩效文化。

（三）强化过程管理，做好绩效沟通和辅导

持续的沟通和辅导是绩效管理区别于绩效考核的重要内容，是绩效管理的核心和关键所在，这也是我们过去的绩效管理中最薄弱的环节。

如果绩效考核不受员工欢迎，一个重要原因就是沟通、反馈不足，员工觉得自己被蒙在鼓里，对上级的工作期望、绩效目标和考核标准不清楚，个别甚至连考核结果也不知道。要通过建立"三次谈话"制度，让全部员工都参与进来，形成"目标＋沟通"的绩效管理模式，帮助员工搞清楚他们应该做什么，怎么做，以及做好之后能获得哪些激励；同时，通过全程沟通及时帮助员工解决工作中遇到的困难和问题，纠正可能存在的偏差，辅导员工按时完成预定的绩效目标。

员工本人在绩效管理过程中是受益者和全程参与者，要充分认识到绩效管理对自身发展的好处，从而主动参与其中，由"要我参与"变成"我要参与"。要主动与直接上级协商，制订个人绩效目标书，并当成军令状，在直接上级的指导和帮助下，努力加以完成，并从中实现个人成长进步。

（四）强化考核标准，做好绩效反馈

绩效考核标准应坚持"四个基于"，即基于职责、基于目标、基于数据、基于事实，按照数量、质量、效率、效益四维标准进行全面客观评价。目前的考核工作有些方面还是值得思考的，有的看起来合理，实际上不见得合理。比如，考核一个人，谁给他打分最贴合实际，应是他的直接上下级、与他有工作联系的人等。如果给他打分的，跟他一年也见不了几面，没有工作关系，没有领导与被领导关系，那他怎么给别人打分。因此，我们要合理确定有权考核人范围，按照“谁管理谁考核、对谁服务由谁考核、谁了解谁考核”的原则掌握。

员工绩效考核应全面评价其业绩目标和行为表现两个方面，尽量克服“前台唯指标，后台凭印象”的状况，不仅要“立足于现在看过去”，对过去的业绩进行考核，还要“立足于现在看未来”，加强对员工未来发展所需能力的培养和考核。

我们要重视绩效反馈工作。在现实工作中，绩效反馈经常被有意无意地忽视或避开。中国的传统文化是“面子文化”，人们多愿当面说好话，不愿提供负面的反馈意见，这实际上是对员工极不负责任的表现。我认为上级对下级反馈一些负面的信息，关键是要看动机，只要动机是好的，出发点是善良的，即使说错了，我想员工都是会原谅、理解的。

（五）强化激励约束，充分利用考核结果

绩效管理取得的考核结果应有多方面的用途，从而实现对员工全面的激励约束。考核结果如果不运用，那么绩效管理的效果就会大大衰减，甚至影响到绩效管理的生命力。

一是用于薪酬管理，将绩效考核结果作为当年度绩效工资或奖金发放，以及下一年度薪酬调整的依据。二是用于职务晋升和岗位轮换，将绩效考核结果作为干部选拔和人员调配的依据，做到人尽其才，最大限度地发挥人力资源的效能。三是用于员工培训与发展。通过对员工绩效考核结果的分析，找到培训工作的切入点，进行有针对性的培训；通过绩效考核，员工也可以知道自己的优势和不足，从而有针对性地制订绩效改进计划，为职业生涯发展做好准备。四是作为员工评先表彰的依据。

（六）强化基础管理，健全岗位体系

分析国内外银行绩效管理成功的关键因素，很重要的一点是其人力资源管理体系比较健全，绩效管理工作和人力资源管理的其他模块能够紧密衔接。如国外很多银行岗位管理比较到位，每个岗位有规范的岗位说明书，包括岗位的基本情况、岗位主要职责、关键考核要点、任职资格要求等。这些要素为员工绩效指标的设立提供了明确依据，对于建立和分解员工绩效目标有着重要作用。正是基于上述考虑，今年总行继续与美国银行合作，开展岗位管理战略协助项目，争取尽快建立全行集中统一的岗位体系。这是非常难的一件事。

（七）强化宣传培训，落实各责任主体的绩效管理职责

人力资源部门要加大对各级管理者和员工进行绩效管理理念、工具的宣传、辅导和培训力度，营造统一的绩效管理文化，必要时可将绩效管理职责履行情况作为各级管理者考核指标的内容。各级管理者除了在理念上正确认识绩效管理外，要在实践中不断摸索，总结提高，掌握必要的管理知识、技能和工具。包括掌握建设银行的绩效管理制度政策，掌握绩效计划、绩效辅导、绩效反馈等工作中与员工持续沟通和谈话的技巧，掌握绩效管理的各项工具，如领导力素质模型、九宫格、多维度测评、平衡计分卡等。

四、对下一步工作的要求

（一）高度重视，迈出员工绩效管理的关键一步

总行党委高度重视绩效管理工作，经过慎重考虑，下决心推进绩效管理项目。郭树清董事长在今年年初工作会上强调：“要优化完善全行统一的绩效管理政策，逐步在各级分支机构引入新的绩效管理流程”。目前，总行绩效项目组经过一年多的开发和试点，已经拟订完成了全行统一的绩效管理基本政策框架，涵盖目标体系（考核什么）、流程工具（怎么考核）、结果应用（为何考核）、管理主体（谁来考核）等内容。推广应用这些政策框架是当前及今后一段时期加强员工绩效管理工作的重点。员工绩效管理是我行在人力资源管理方面向科学化、精细化迈进的关键一步。我们必须迈出这一步，否则我们的管理水平就只能停留在目前的层面上，我们已经形成的核心竞争力也会慢慢减弱。同时，也应该看到，绩效管理工作涉及各部门、各员工的利益，涉及对传统的管理理念、工作方法的冲击，而且要占用一定的时间和精力，实施起来难度非常大，大家一定要有思想准备。没有各级、各部门负责同志，尤其是主要负责同志的高度重视，没有全体员工认识上的提高，这项工作就很难做好。

（二）要正确对待工作中遇到的问题

绩效管理在执行过程中肯定会出现这样或那样的问题，因为任何一个新的做法都有一个适应的过程，就像20世纪80年代刚引入计算机和刚推广OA系统一样，刚开始时可能觉得非常不方便，但是使用到今天，我们已经离不开它了。绩效管理也可能会出现类似的问题。另外，一个新的做法，刚开始效果可能不是那么明显，要允许有一个逐步显现的过程。现在不是论证做与不做的问题，员工绩效管理项目的开展与推广是总行党委的慎重决策，“开弓没有回头箭”，必须做，而且一定要做好。

（三）要认真做好员工绩效管理各个环节的每一项工作

绩效管理环节多，又涉及全体员工。如果哪个环节、哪项工作做不好，都会直接影响管理的效果。我们不是为了做这件事而做这件事，而是要通过做这件事来改进我们的员工管理，从而提高我们的核心竞争力，在激烈的竞争中永远处于不败之地。因此，各级各部门一定要认真布置好、组织好、操作好（尤其是初期），做到规范化、经常化。

古语道：“川积细流，海纳百川。”这正为我们揭示了绩效管理的内涵：组织绩效来源于各团队绩效的整合，而团队绩效来源于每个员工所创造的合力，员工绩效是根基，是源头。让我们全行上下携起手来，共同努力，在建设银行营造科学先进的绩效管理文化，为全行持续快速稳步发展注入新的巨大的能量！

谢谢大家！

在全行思想政治工作座谈会上的讲话

章更生

（2011年8月12日）

同志们：

这次座谈会实际上是一次关于思想政治工作的思想工作会议，主要目的是引起全行各级各部门对新形势下开展思想政治工作的重视，结合我行实际，进一步研究和明确开展思想政治工作的目标、内容、方式方法和职责分工，为提升我行的市场竞争能力和持续发展能力奠定思想基础。

刚才，听了大家的发言，很受启发，收获很大。看得出，大家对这次会议很重视，都做了充分准备，对我行进一步加强思想政治工作重要性的认识很到位，对于新时期如何加强思想政治工作也提出了很多很好的意见。下面，结合大家的发言，谈几点自己的想法与大家交流。

一、什么是思想政治工作

人的思想问题实际是人对事物的认识问题。思想工作，就是通过管理人的思想来指导人的行为。所以，我认为主动影响人的思想行为都是思想工作。政治是建立在一定团体条件下的，因而思想政治工作则是一个团体为实现一定的目标，有目的地对人们意识形态进行影响，以转变人的思想，指导人们的行动。

我个人认为，思想政治工作是一个很宽泛的概念。对建设银行来讲，广义的思想政治工作至少包括三个方面内容：其一是对内，对员工的思想政治工作。另两个方面是对外，一个是对客户的思想政治工作。营销客户，实际上有时候就是要做客户的思想政治工作。另一个是对上级有关主管部门和横向有关单位，如银监会、财政部等，要就有关问题、政策进行解释说明，以取得相关部门和单位理解、支持和帮助建设银行的发展。

目前我们通常所说的思想政治工作主要指的是我行内部，重点是上对下的工作，也有下对上和横向的。比如说，你的决策、你的行为需要取得上级部门的支持和批准，就要做解释说明工作，那么这个解释就是业务工作中的思想工作。同时，还有横向的思想政治工作，如你的工作需要别的部门支持，也需要沟通说服等。

人的行为主要受两个方面影响。一个是法律法规和制度，必须按它去做，否则，要么违法，要么违纪、违规。另一个就是思想认识问题，这就是按照自己所认识的去做。思想工作就是引导和改变人产生正确的意识。法律和制度方面是刚性的，规定八点钟上班，你就得八点钟到，如果八点过五分到，那就是迟到，就属违规。思想工作则是个柔性的。法律制度是“必须这样做”，思想工作是“应该这么做”。前者是被动的，是我必须这么做；后者是主动的，是我要这么做。所以，管理的最高境界，在我看来就是让员工自觉地、规范地按照要求去做事，而且去做正确的事，做好正确的事。

人只要存在，就有思想，而思想又支配着行动，所以思想工作与人的存在相伴。其实，思想工作并不遥远，它就在我们身边。有时大家已经做了，只是可能还没有意识到。比如说，你对下属一句称赞的话、一句表扬的话、一句鼓励的话、一句气愤的话，我认为都属于思想工作范畴。他做得好，你向她微笑，表示你赞同他，他心里就高兴。如果说，你愁眉苦脸，那么对他肯定也会有负面影响。我们平时开会所讲的统一思想，其实是很重要的思想工作。还有平常领导与下属的沟通、横向的沟通，这都是思想政治工作。可以说，思想政治工作是管理者的重要手段，有时候甚至是不可缺少的手段。因为用制度和法规管理也是有缺陷、有空隙的，而制度也是靠人来执行的，用其管理也会出现疲劳。如果离开监督，那就要靠自觉了。员工的自觉就是长期思想工作的结果。如果不自觉了，就有可能践踏制度，这种情况也是有的。

毛主席曾说过，领导的主要任务就是“出主意，用干部”，他老人家说这个话是在当时特定的条件下说的。在新的形势下，我认为需要与时俱进地去理解。因为靠一个人出主意是不行的，需要集大家的智慧，由于领导接触的人有限，所以也不能单靠自己来用干部，需要发挥组织的作用和力量。所以，要我说，领导最主要的任务是“抓班子、带队伍”。队伍怎么带？重要一条就是加强队伍的思想工作。一个抓工作的真正高手一定是带队伍的高手，一个带队伍的高手，一定是个思想政治工作的高手。很难说一个人不做思想政治工作，能把队伍带好。思想政治工作主要是围绕着人来展开的，包括教育人、引导人、鼓励人等。

我行的思想政治工作是金融系统规范化较早的，我记得早在1993年就成立了专门抓思想政治工作的专门机构——思想政治工作办公室，并于当年夏季在兴城疗养院召开全行的思想政治工作会议，对全行的思想政治工作起到了积极的推动作用。

刚才有的同志提出思想政治工作定位问题，我觉得提得非常好。我想我行的思想政治工作，应该充分发挥有中国特色的现代企业制度优势，通过思想政治工作，促进和谐建设银行建设，增强队伍的凝聚力和战斗力，为建设银行的改革和发展，为实现世界一流的商业银行提供强有力的政治保证。我觉得这应该是建设银行思想政治工作的目标。

二、加强全行思想政治工作的重要性

新的时期，加强和改进思想政治工作对我行具有十分重要的意义。

（一）中央对新时期思想政治工作提出了明确要求

最近，中央办公厅、国务院办公厅转发了《中央宣传部、国资委关于加强和改进新形势下国有及国有控股企业思想政治工作的意见》。这表明中央清醒地认识到，在社会主义市场经济条件下，必须高度重视思想政治工作，两手抓，两手都要硬。只有这样，才能发挥我们的政治优势，保障和促进企业健康持续发展。中央有要求，我们必须认真贯彻落实，完成好规定动作。

（二）思想政治工作是我党的优良传统和强大优势

为什么我党能从小到大，党员人数从几十人到现在接近 8 000 万人？首先与我们党的宗旨和目标有关。但是这个宗旨和目标是如何贯彻到实际工作中来指导党员行为的呢？为什么我党能够从弱到强、从胜利走向胜利？一个最重要的原因，就是靠思想工作作保证。那个时候，人们吃不饱饭，衣服都没的穿，如果没有精神的力量和坚定的理想信念，是不可能克服困难取得革命胜利的。新中国成立初期，特别是三年自然灾害时期，我们面临极端困难，老百姓为什么坚定跟党走呢？这与我党强大的思想政治工作有直接关系。思想政治工作被实践证明是个锐利的武器，我们不可放弃，否则太可惜和不应该。

（三）思想政治工作是建设银行改革发展的重要保证

我行自成立以来，先后经历财政投资拨款、专业银行、商业银行和股份制商业银行等重要历史发展阶段。无论哪个时期、哪个阶段，思想政治工作都发挥了重要的、不可替代的作用。财政投资拨款时期，我行“守计划、把口子”，顶着来自各个方面的压力，一心一意为国家经济建设服务；专业银行时期，我行积累并形成了“哪里有建设的热土，哪里就有建行人的足迹”等优良传统和作风；商业银行时期，重点抓好思想政治工作与经营管理实践的有机融合；进入股份制改造新时期，全行充分发挥各级党委的政治领导核心作用，在重大问题上把关定向，通过思想教育，调动全行员工的积极性和创造性，全面推进各项业务又好又快发展。可以说，我行在发展的过程中始终得益于思想政治工作。

（四）新时期面临的新的问题需要加强思想政治工作

我行重组改制上市之后，业务得到飞速发展，员工的收入也不断改善和提高。应该说，员工与自己比，在收入上有了天翻地覆的变化。但是，新的问题、新的矛盾出现了。比如，不少员工对于我行业务转型等大的战略性举措没有真正理解，致使我们在转型过程中转得比较吃力。我们有些单位、有些人，在执行上级精神方面不够坚决，习惯于拿小集体利益、个人的利益来衡量取舍。还有极少数人不服从组织安排。另外，个别机构内部不团结，告状信不断；有的面对艰巨复杂任务，产生畏难情绪；少数领导人员在部署工作时，方法简单，采取命令式的，不做思想工作，不跟员工讲清道理。

过去有人分析我军战胜国民党军队的原因时，认为关键的一点是在一个战役中国民党军队只有最高指挥官知道要干什么，而共产党军队几乎每一个士兵都知道自己的目标。我们面对新的形势、新的使命，必须充分重视思想政治工作，要向每个员工说明我们的愿景、目标，说明为什么要这么做，统一思想，提高认识。同时，要树立正确的人生观、价值观，正确地对待工作和生活，正确对待集体利益和个人利益，摆正位置，明确责任，坚定信心。

当前，社会思潮纷繁复杂，人们比较浮躁，急功近利，人们的思想观念也呈现多元化的趋势，一些负面的东西对个别员工也产生了严重冲击。比如，有的人过分看重自己的利益；有的人的人生观、价值观出现了偏差，甚至导致道德缺失；有的人在激烈的市场竞争和快节奏生活中，精神压力较大，缺少宣泄渠道，以至出现跳楼、患精神病的现象；有的受社会上不良因素影响，甚至走上了犯罪的道路。因此，要带好队伍，营造良好的企业氛围，为改革发展保驾护航，继续大力加强思想政治工作。

三、如何加强全行思想政治工作

（一）各级领导要增强思想政治工作意识

意识的形成是建立在认识的基础上的。只有对问题认识上去了，才能慢慢地变成自己的意识，才能转变为自觉行动。我们各级领导只有提高对做思想政治工作的认识，才能将其化为自觉行动，根据不同情况，随时随地地去做思想政治工作，将其作为管理的有效手段予以运用，同时要求和提醒下属机构和人员注意加强思想政治工作。

（二）要明确职责

一是各级党组织主要负责人要亲自抓。二是各级党委宣传部门、企业文化部门是全行思想政治工作的归口部门（因中宣部是思想政治工作的主管部门）。具体工作要和业务发展同计划、同部署，融入业务，促进经营管理上水平。全行实施大的改革推进措施，思政工作要及时跟上。要围绕工作推动，加大总结、宣传和树立典型的工作，并积极创新方式方法，以有效的手段推动工作开展。三是要充分发挥基层党组织的作用（包括党支部和党小组）。基层党组织应该成为思想政治工作的主体，这是我们党的政治优势的根本所在。总行组织人事部门正就加强和发挥基层党组织的作用进行调研，拟下发一个加强基层党组织建设的指导意见。四是要发挥全体党员的模范带头作用。全行有33万人，其中党员大概有15万人，接近一半。如果说一个带一个的话，我们的思想政治工作就能很好地做起来。全行党员要切实发挥模范带头作用，牢记党的宗旨和党员的政治追求，自觉履职尽责，在本职工作中作出表率，创先争优。每一个党员都要强化全心全意为人民服务的意识，密切新时期的干群关系、党群关系，促进和谐建设银行、和谐社会建设。

需要强调的是，思想政治工作不光是思想政治部门和政工干部的事。如果单纯靠思想政治人员去做，不仅做不了、做不好，而且容易形成“两张皮”，达不到良好效果。

（三）注重思想政治工作的方式方法

开展思想政治工作，要因地制宜、因时制宜、因事制宜、因人制宜，要根据不同的情况、不同的对象、不同的特点采取与之相适应的方式方法。同样的方法在这里好用，不一定在别的地方也好用。对这个人好用，不一定对其他人都好用，因为人的性格各异，人的欲望和追求不同。比如，一个在仕途上走得很顺的人和一个走得不是很顺的人，如果用同样的方法，一个能谈得很好，一个就会谈崩。所以说，方法不是固定的，必须根据不同的情况，采取合适的方式。当然，也有一些通用的方法，例如，一是谈心、交心。这一方面是了解员工的思想状况，另一方面是在谈心、交心中发现问题。二是树典型。榜样的力量是无穷的，比如说，前不久我们收看杨善洲先进事迹报告会，好多人听了报告后流泪了，这就说明思想政治工作打动人了，成功了。杨善洲同志退休后二三十年如一日日晒雨淋，不图什么回报，对照自己，我们在这么好的条件下工作生活，能不感动吗？三是学习。有人说，讲学习，形式化的东西多了一点。但无论如何，抓学习不能放松。如政治学习，哪怕你一次吸收只有10%，那么10次呢？加起来就很可观了。还有读书问题。我们先进的文化、先进的理念，就要靠学习、靠读书。四是开会。统一思想认识问题，有时开会是很好的途径，比如报告会等，也能很好地传达理念，提高认识。五是科学手段的运用。心理学在思想政治工作中是非常重要的手段。今年总行由团委牵头，拿出160万元，搞员工帮助计划，聘请专业的心理咨询机构，帮助基层机构负责人做培训辅导等，从心理上关爱员工，帮助员工工作、成长，这很有必要。有些员工做出一些不理智的行为，常常是一念之差。如果组织上的思想政治工作及时有效，关键时候帮一把，及时解开思想上的疙瘩，一些问题就可以得到解决。六是参加公益活动。如捐款、献血等，这都有利于在思想政治方面引导员工。

（四）加强思想政治工作研究

重点是发现新情况、新问题、新特点，探索新方法、新渠道、新措施。社会信息发达是好事，但是也会带来一些问题。改革开放，国外好的东西进来了，不好的也随之进来了。我们有的人受到那些不好的东西的影响，导致思想偏差，出现一些不良的行为。

当前思想政治工作面临如下几个新趋势：一是关注物质利益比关注精神利益要多。更多的是向钱看，过于强调物质利益。对于我们有的经营机制也需要进行反思，比如说买单制，作为权宜之计暂时可以发挥较好的作用，但是长期实施必须有思想政治工作的配合，否则后果堪忧（会逐渐形成不给钱就不干活了）。二是人的思想由过去的单纯变为复杂了。三是平等意识增强。过去上面说什么就是什么，现在不是这样。四是公民意识增强。我刚到总行的时候，跟处长见面都胆战心惊的，现在新入行的员工有事有可能直接找老总论谈。五是人生观、价值观发生了变化。这是个根本性的问题。很多走向犯罪的或精神出问题的，其实我认为主要是人生观、价值观发生了问题，思想认识出现了偏差，这就需要采取形式多样的方法进行正面引导。

（五）要抓住思想政治工作的重点

我认为重点在于：一是中央每一项大政方针出台，思想政治工作要及时跟上，要做好宣讲工作，让全体员工认同，转变为自己的行动，这样执行起来才有好的效果。二是建设银行每一次重大改革方案的出台、重大举措的推出，都需要思想政治工作及时跟上，特别是牵涉员工切身利益的问题，都要做耐心细致的思想工作，否则容易出问题。三是强化对建设世界一流商业银行的共识。这是我行的战略愿景，我们的思想政治工作要尽可能让全行员工明白，为什么要这样，就此给员工把道理讲清楚。四是普及建设银行价值观的问题。这也要通过思想政治工作的手段，使员工刻骨铭心，形成建设银行的企业文化。五是开好各级民主生活会。要想把员工的思想理顺，各级各层班子的思想首先要理顺。

（六）要建立思想政治工作机制

这可以不断进行探索，比如沟通机制、谈心制度等，要通过相应措施把它固定下来。

（七）要不断总结、交流经验

要打破传统的方式，通过身边的人和事，用最朴实的词语来表达。今后经验交流性的文章也要实在一点，不搞形式主义，不穿靴戴帽，我认为简单明了地讲清是什么问题，用什么方法解决的，达到了什么效果，有哪些经验体会等就行了。

四、加强全行思想政治工作需要把握的几个问题

一是要坚持以人为本。也就是一定要围绕着人来开展，要以真正关心人、帮助人为出发点。二是要紧紧围绕中心工作来开展。千万不要与中心工作、业务工作分离开，一定要伴随着中心工作来做。只有这样，我们的思想政治工作才能得到员工们的拥护，才会得到领导的重视，才会有生命力。三是要讲实情、讲实话、讲道理。现在的员工跟过去确实有一定的不同，需要我们讲实情、讲实话、讲道理。所谓讲实情，就是要把事情的真实情况尽量告知员工，员工知道了、了解了，才能够理解，不要捂着。比如，在人才选用等方面，一定要公开透明。再就是讲实话、讲道理，实际上，只要将道理讲清楚了，绝大多数员工都是通情达理的，千万不能只说大道理，更不能讲空话、假话，否则，不如不说。四是要注意把握员工的思想脉搏。做员工的思想工作就需要了解员工的思想动态。因为只有找准了问题、了解实情，才能对症下药。刚才大家讲到的对员工作思想调查，非常好，对于我们作决策有很重要的参考价值。五是要抓住有利时机。一方面，开展大的活动，要看火候，在业务旺季就不要搞诸如羽毛球比赛、唱歌比赛等活动了。特别是岁末年初，更不要去搞，否则就真是“添忙、添乱”了。另一个方面，一定要抓住有利时机，抓住思想政治工作的切入点。六是不能为做思想政治工作而做工作。思想政治工作本身与中心工作、业务工作是一体的、一致的。如果为了做思想政治工作而做工作，那就会走形式、走过场，其结果是员工越来越疲劳，越来越反感，领导也越来越不重视。七是要与培训工作相结合。要把人生观、价值观、建设银行的文化等思想政治工作的内容作为培训的重要内容之一。八是要将思想政治工作与领导人员考核相结合。要将其作为对领导的考核内容，目的是通过各级领导来推进思想政治工作的落实。

（根据录音整理）

在总行公开选拔
竞争上岗工作总结座谈会上的讲话

章更生

（2011 年 10 月 24 日）

首先感谢大家抽出时间参加今天的座谈会。这次竞争性选拔人才应该说结果超出了预期，主要是，没想到全行员工关注度这么高，网上点击近万次；没想到得到了中组部有关领导的高度重视和较高评价，源潮同志作了批示：“建设银行部门正职竞争上岗效果很好，超出预期，应很好地总结建设银行的经验，在各金融企业推广”，中组部其他领导也作了批示。从结果来看，通过公开选拔竞争上岗方式选出来的人员都很不错。我们原来还有些担心，因为考试确实有一定偶然性。现在看来结果很好，这次公开选拔和竞争性上岗的工作总体来看获得了成功。下面，借今天

这个机会，谈几点与之相关的认识。

一、关于对竞争性选拔人才的认识

一项重要的工作结束后一定要作总结，所以我们今天开会主要是通过总结进一步统一对竞争性选拔人才的认识。认真总结经验，是为以后更好地开展这项工作打下坚实的基础。刚才在大家的发言中，对这次竞聘上岗都表示赞成，对过程和结果也都表示认可。大家会上都很认真，对行里的用人大计提出了很多很好的意见和建议，包括竞聘公布时间，出题内容、占比和形式，参加竞聘人的资格和条件，分数的构成，等等。刚才大家提的有些是我们已想到的，只是取舍的问题，有的是没想到的。这项工作确实也有些难处：一是考察的问题。考察确实很重要，但是如何考察是一个难题，因为竞聘者来自不同部门，要在不同部门接受考察，部门间员工考察打分时心理起分点不同，往往还相差不少。我分析过，有的在前两项（笔试和面试）分数差距不大的情况下，一加考察分就会差很多，最多的一位能越过前面四位，怎么考察和记分需要接下来再研究。二是安排哪些部门和岗位参加竞聘，理由是什么。这个问题真要较真也说不出更多的依据。三是出题的问题。怎样出题才能做到公平、合理，怎么样把不同岗位、不同层级及其特点体现出来，怎样考出真正的水平和实际能力，也需要我们接下来继续研究。

总的讲，这次竞聘工作比较圆满，取得圆满的主要原因是得到了总行党委和总行领导的重视和支持，得到了总行各部门和各分行的大力支持，如果没有这些，我们的工作就不好做。只是这次分行参与的不多，这个情况我还没有去详细了解，这算是个遗憾。我想，凡参加的都是对我们工作的直接支持，只要参加就说明自己是敢于竞争的，只要参加都是有进取心的，无论竞聘上还是没竞聘上，都应该受到肯定。

二、关于总行开展竞争性人才选拔的原因

为什么要进行竞争性选拔人才？一是中组部的要求，中组部有明文要求，不管我们愿不愿意都要做，这是一项规定动作，这是主要原因。二是广大员工的期盼，特别是对于那些有志向、有才能、长期以来默默无闻工作的员工，为他们提供了一个展示自己才能的阳光平台。三是这是一个重要导向，向全行宣告：只要踏踏实实工作，在工作中注意学习，加强自身修养和涵养就有希望，竞争靠的是自己的努力。通过竞争性人才选拔可以激发全行员工的学习热情。在竞聘进行过程中和过程后，我都听说员工们学习积极性比以前有所增强。四是发现人才，通过这次竞聘确实发现了一些人才，发现人才的渠道很多，但至少这是个重要方式之一。有几位同志因为岗位职数问题没有通过这次竞争性选拔任用，但党委根据他们在竞聘中的良好表现，考虑以后予以任用，我相信我这样一说很多人回过头来可能会后悔没有抓住这次机会展示一下自己。所以，我提醒大家今后看问题要有远见，展示一下自己可以给领导、组织上一个了解你的过程，为今后打下基础，同时自己通过竞聘也能得到一次很好的锻炼。

关于下一阶段工作的打算。第一，这项工作还要继续下去，尽可能做到常态化，但不能固定化。所谓不能固定化指的是不能固定某年某月进行竞聘，否则大家都去搞竞聘了，很难安心工作。实事求是讲，我还是倾向于公布时间短，考的就是平常心、平常的工作、平常的努力、平常的水平和平常的能力。可以肯定地讲，将来要把考察算做一个重要指标，只是我们要进一步研究好如何考察的问题。一提起竞争性上岗，有的人可能会提出今后所有的岗位都拿出来竞聘，这里我要肯定地说，这是不会的，总行党委已经决定了，拿出1/3的岗位进行竞聘。第二，要不断总结经验，就是刚才大家说的，使我们竞争性选拔更科学化、合理化。第三，初步考虑处级也可以纳入下一步竞聘范围，因为已近年末，从全行业务平稳运行考虑，年内暂不开展竞聘工作了，什么时候搞还是要由总行党委决定。我个人想法，处级的可以由各部门根据本部门工作性质自己选择是否安排岗位竞聘，行里可不作硬性规定（但还是要遵循统一的竞聘办法），这也需要党委来定。第四，倾向于适度放宽部分条件，重在看实际能力，年龄、学历、资历等可适当放宽。最后，对于竞聘，总行党委有最终决定权，即我们按一定之规来做，但也不是完全按照分数，比如这一次

就是取总分前两名上党委会，最后确定一名。大家不要认为竞聘就该严格按分数来，总行党委有最终决定权，这是有它的道理的，一是要体现党管干部的原则，二是用人者应有一定的决定权，三是考试和考察只是对人，还要能对得上岗位的需要。

三、关于几个问题的认识

有几个问题我觉得有必要说一下。

（一）关于竞聘与任命的关系

不要一说竞聘就是公平、合理，大家一股脑儿都来走这个独木桥，中央和中组部也不是这样要求的。行里定的是1/3的比例，我认为是合理的，为什么？竞聘就像高考一样，似乎合理，但也有很多不合理的地方。高考就公平吗？城里的孩子与农村的孩子比学习条件要优越得多，师资、教学仪器、生活（营养）等也好很多，在这些条件差距较大的情况下来用分数衡量，公平吗？我们竞聘也一样，例如，考试有其偶然性，竞聘人竞聘本部门有优势，竞聘其他部门则不占优势，平时拼命工作的与对工作不太重视、只顾自己学习的考试结果当然不一样，同时，笔试和面试只能考察一个人有多少知识和技能，而不是他能在工作上发挥多大作用，等等。我认为，看一个员工最重要的是态度，再有本事，如果不干、不好好干，甚至是捣乱，对工作都是没有用的，所以竞聘完全合理吗？不一定。只能说竞聘给一部分“灯光”照不着、默默无闻、不愿搞关系、不愿作秀的人提供了一个机会。当然，从另外一个方面讲，竞聘在全行也有导向作用，作为一个员工，要踏踏实实工作，拿业绩说话，否则，搞关系、作秀会把风气搞坏。任命制有它的优势，任命也可以做到公平、公正。我们党的组织制度是严密、科学的，任命是有程序的，各个程序、每个环节都是有严格要求的，只要按程序、要求来做就能做到公平、公正。有的地方出现用人不公的现象最主要是执行制度走了样造成的，不能怪制度本身。任命体现了党管组织、党管干部的原则，肯定要坚持，而且还要占大头，目前行里定的是2/3。所以，如果有员工提出来要把全部岗位拿出来竞聘，这是不对的。

（二）处理好竞聘和工作的关系

竞聘作为发现人才的一个渠道，是任命、选拔干部的重要补充，是可以的。竞聘要笔试、面试，要做些准备，但如果准备过度了就会影响工作，竞聘上岗工作启动后我估计可能多少会出现一些极端倾向，工作上的事能推就推，能少干就少干，拿这个时间来看书。我们不能从一个极端到另一个极端，工作和竞聘要做到相辅相成。我也要提醒一下大家，不要这么做，你要这么做我们也有办法进行制约：一方面我们从出题上做文章，不考死记硬背的内容，主要考分析问题、解决问题的能力，考观点、观念、理念，考工作思路；另一方面，要研究考核，如果只学习不工作，群众的眼睛是雪亮的，考核时分数肯定上不去，而且我们拟提高考核的分数占比。所以，该怎么做就怎么做，只能说尽量利用业余时间多思考、多学习，这个关系一定要摆正，否则就适得其反。

（三）正确认识竞聘晋升

通过竞聘能晋升固然是一件可喜可贺之事，自己高兴，总行党委也高兴，把优秀的人才挖掘出来、选拔出来，补充了力量。在这里我要说，竞聘是为了上台阶，同时努力工作也是为了保台阶。你的工作做不好，不是上不上台阶的问题，而是你的位置难保的问题。为什么这么说，因为银行是全社会收入最高的行业之一，尤其是总行，一般员工的收入相对于社会上已比较高。我们每一个员工都要有这个意识：扪心自问，我拿这么多钱值不值？我所做的对得起这个钱吗？钱不是好拿的。如果自己做的工作对不起这个钱就要趁早努力，不努力的话我们以后也会想办法解决这个问题。希望大家把这个理念传导一下。在这里我再强调一句，工作态度是非常重要的，这是德才兼备的“德”。前不久我去瑞士参加中组部组织的一个培训班，有幸跟瑞信前董事长德瑞克博士在一起交流了10天，他在讲课中多次强调了工作态度问题，如果员工态度不行，能力再强，一概不要，这说明中外的看法是一致的。所以，大家一定要有一个好的工作态度，这是首要的，工作中要尽心尽力、尽职尽责，有多大力出多大力。我建议大家，不要仅是在建设银行这个统一体内作比较，有时候应该跟整个社会、其他行业作比较，我觉得对绝大多数人来说能在建设银行工作已是自己的福分，也是全家的福分，要知足。同时也要承认，人是有智力、经历、能力、体力上差别的，也是有机遇问题的，机遇不是所有人都能摊到，所以要以正常心态看待自己的进步和别人的进步。

今天会议就到这儿。会议结束后请人力部对大家的意见逐条分析和研究，进一步细化、完善相关办法。谢谢大家。

（根据录音整理）

在全行信访维稳工作座谈会上的总结讲话

章更生

（2011 年 10 月 28 日）

同志们：

昨天，王艳薇主任对全行去年以来的信访工作进行了总结回顾，对下一步工作做了安排部署。这些我都赞同。19 家分行作了很好的交流发言，交流了信访疑难问题的解决、帮扶解困、积案化解等方面的经验。可以说有认识、有方法、有措施、有技巧、有启示，我听后很受启发，很长见识，很受教育。看得出大家在工作中进行了积极有效的探索，摸索出了一些工作的套路，积累了一些经验，也看得出大家对发言进行了精心的准备。应该说昨天的大会交流是我们这次会议的一大亮点，使我们这次会更像是一次培训，对所有的行通过交流来进行培训，使各行都受益。今天上午大家又进行了认真的讨论，就信访工作的重要性谈了自己的认识，对信访工作中的问题进行了深层次的思考，对今后的信访工作也提出了一些很好的意见和建议。我们这次会议安排非常紧凑，收获很大。会议开得很圆满、成功。

近几年来，我行信访条线认真贯彻落实党中央、国务院领导同志的指示精神，强化大局观念，兢兢业业、任劳任怨、克服困难、勤奋努力，认真履行社会责任，坚持依法合规、妥善处理股改分流中的遗留问题，在推动和帮助协解人员落实社保和解困政策、真心实意解决协解人员现实困难等方面作出了积极努力，取得了明显成效，为维护社会稳定和构建全行经营发展的良好环境作出了积极贡献，得到了党中央、国务院领导同志的高度肯定，为我们建设银行增了光、添了彩。在此，我谨代表总行党委，向各级领导、总行各有关部门，向各级直接或间接从事信访工作的同志们表示衷心的感谢！

下面结合大家交流以及小组讨论的情况，讲几点意见供大家参考。

一、关于信访工作的重要性

信访工作的重要性问题，我已经在不同的场合提到过。但是，今天我还是要借这个机会再强调一下，因为这是做好信访工作的一个首要前提。

第一，信访工作是贯彻落实党的群众路线、体现共产党人群众观的一项政治工作。它是确保我国、我行平稳发展，构建和谐社会、构建和谐建行的一项维稳工作，是征求群众意见、与群众沟通的一个重要渠道。

第二，信访工作是自觉接受群众监督的一个重要手段。通过信访能够反映出群众是否满意我们的工作作风和工作效率。我们所有的工作做得好坏，在信访条线几乎都能够得到反映。

第三，信访工作是发现我们政策、制度漏洞的一个途径。在信访过程中我们发现，信访人员提出的一些问题反映出我们的一些政策、制度确实需要改进和完善。从这个方面来看，信访工作对我们的制度建设具有积极的促进作用。

第四，信访工作是群众讲理的一个平台。信访是中国一大特色，它是对法律的一个有效的补充。群众的很多问题，特别是非法律性的问题需要通过信访渠道来解决。

第五，信访工作是展示党和我行形象的一个窗口。信访工作要考量我们对待信访人员的态度，要考量我们能否按照法律、规章、制度从速处理和解决问题。如果解决得好，对党的形象是正向的，对我行的形象是正向的。如果该解决的不去解决，或者工作中态度不好，无疑会产生负面的效应，就会有损于党和建设银行的形象。

第六，信访工作是各级党委处理有关问题的助手和帮手。如果我们的工作做得到位、做得很好，可能很多问题就不用上交到党委会来解决。

二、关于当前的信访维稳形势

当前信访形势依然严峻。目前，全国信访总量仍然较大，并且出现了一些新情况、新问题。主要是，进京上访有较大幅度上升，重信重访率仍然较高，集体上访的苗头隐患较多，择机和组织化倾向比较明显，群体性诉求相对集中，有不少涉及政策方面的问题等。

今年上半年，国家信访局直接受理群众来信来访同比上升近10个百分点。6月下旬，到国家信访局、人大、中纪委这三家上访的人员大幅增加，曾经有两次单日超过了5 000人。银监会受理的群众来信、来电、集体和个体来访也居高不下，而且呈增加趋势。我行信访总量也维持高位，反映劳动用工、违法违规、业务纠纷等问题的各类群众来信居高不下，协解人员和客户进京上访批次、人次均有较大幅度上升。四大国有银行协解人员串联活动增加，组织到省、进京群体上访密度加大，一些客户以闹访方式反复进京“维权”。加之近期美国发生的“占领华尔街”事件，在一定程度上对我国也产生了一些影响，使我们的信访工作处于一个新的敏感时期。

当前信访维稳工作最突出的特点是“三性”，即长期性、复杂性和艰巨性。

之所以说信访工作具有长期性，主要在于：一是我国目前正处于新旧体制衔接时期，而且预计这个衔接期还较长。二是目前我国的法制建设有待于进一步加强和完善，法制环境有待于进一步改善。法制不太完善、环境需要改善指的是，我们有些法令没有将所有的地方都覆盖到，有些法令在执行上做得不够好，更重要的是全社会法律意识仍较淡薄。市场经济也是法制经济，可有的人有法不讲法，甚至公开地说，“我不找法院，我就找你们”。还有的不但不讲法，也不讲理。一些历史遗留问题，按照目前的一些规定很难得到解决，而有些不合理诉求根本解决不了。三是收入差距现在已经成为社会不稳定因素的一个重要方面。随着我行经营业绩的改善，在职员工收入总体上逐年都有一定的提升，而员工收入越是提升，对于协解人员越是会产生巨大的反差，导致有的人一定程度上的心理失衡，而且这一现象可能会越来越严重，因为我们的收入总是在不断增加的。四是要发展、要进步就得改革，而只要改革就会触动一部分人的利益，没有一项改革会使所有的人都满意。对于那些在改革中处于不利地位的人员，只要触动了他的利益，甚至只是出于不平衡也会上访。五是国外敌对势力“乱我之心不死”，他们有专门的机构，长期以来在地下进行组织、煽动和挑动。

之所以说具有复杂性，是因为在群众信访活动中，出现了历史遗留问题与现实问题相互交织，经济利益诉求与政治权益诉求相互交织，合理要求与不合法方式相互交织，多数人的合理诉求与极少数人的不合理要求相互交织，群众自发行为与国外敌对势力恶意插手操纵相互交织的复杂情况。我们正处于这样一个复杂的局面中。具体到上访人员，有的提出的一些问题和诉求是有道理的，但是依据现行的规定又没有办法解决，这就是我前面说的“制度的缺失性”；有的根本没有任何道理，但他确实很困难；有的上访人员纯属无理取闹，唯恐社会不乱，唯恐建设银行不乱；有的成了职业的上访人员，有人为其出钱，坐飞机到北京上访；有的经不住坏人的挑动，既包括国外的敌对势力，也包括国内一些别有用心的人、一些多事的人，本来跟他无关，他在背后挑拨鼓动、煽风点火；还有的属于没事儿在那儿“凑热闹”。所以，我们目前的上访形势充满了复杂性。

之所以说具有艰巨性，主要在于：一是随着经济发展必然会产生新的不平衡，出现新的矛盾和问题。这是必然规律。在当时特定的历史条件下，我行按照党中央、国务院的决策部署所作出的一些决定、制定的政策制度，一般不会调整，也不能作出调整。不论从策略上还是从经验上来讲都不能“翻烧饼”，“烧饼”翻不得。比如，很多协解人员提出回行工作的诉求，这个口子就开不得。一旦开了这个口子，我行十万协解人员怎么处理。因此，群众反映的一些问题有的是根本解决不了的，但不解决又要闹事，所以处理起来非常难。如果问题都很容易就能解决，也就不存在所谓“艰巨性”了。二是客观地说，我行自身的一些金融产品也确实存在缺陷。部分机构有时候服务也不到位。比如理财产品，有个别机构只顾着卖出去的数量，就没有顾及向客户提示风险问题。客户买赚了自然什么话都没有，赔了就来找建设银行讨说法。再就是客户对金融风险估计不足，心理承受能力也不够，只想赚钱不想赔钱，只记得赔钱不记得赚钱。买十次赔了一次、赚了九次，但他不算九次赚的账，只讲他赔了一次，把火撒在银行身上。这在西方在契约面前是不会被拿来“说事儿”的，但是在中国就成了“事儿”。实事求是地说，这就是我们中国的国情。三是一些上访专业户，不管他是真的有理还是没理，哪怕他是真的没有道理，经过多次上访以后，他的心态也容易发生变化，产生偏激心理，大有鱼死网破之心，铁了心要对着干。这种情况我想不少人在接待来访中都遇到过。四是新闻的放大效应。新闻媒体为了炒作一件事情制造新闻效应、轰动效应，有的断章取义，有的捕风捉影，有的不负责任地乱报导，对社会产生了负面的推波助澜效应。五是随着科技的发展，现代科技为信访人员也提供了串联的手段、提供了方便。

综上所述，大家务必认清当前的信访维稳形势，认识到长期性、复杂性、艰巨性，务必提高思想认识，高度重视信访维稳工作，同时要采取必要的、积极的应对措施。

三、对信访工作人员提几点要求

基于上述信访工作的重要性和当前信访维稳的严峻形势，下面，我对全行直接或间接从事信访工作的同志提出几点新的、更高的要求。

第一，要进一步增强责任感，努力做好信访维稳工作。做好信访工作，责任心是关键。只有具有责任意识，做工作才能够认真和投入。首先，要从履行社会责任的角度，坚持以人为本，认真倾听群众呼声，切实帮助他们解决困难和问题。其次，要履行好维稳责任，采取有效措施，防止发生影响稳定的重大问题。再次，信访工作人员要履行好岗位责任，爱岗敬业，认真负责地完成好自己承担的各项工作任务。

第二，要理清工作职责，做到不越边界。在对内方面，我们应该清楚信访工作的职责边界在哪里。比如，收到来信以后，信访工作人员的职责就是对来信进行登记，然后根据反映的情况辨别真伪，再根据反映的内容转到有权处理和答复的部门。但是信转过去以后工作并没有完，应要求有反馈、要求查报情况，这是你们的职责。维稳方面也是这样。从维稳的安全角度来看，有些工作属于保卫部门的职责范围，信访一定要积极地配合。对于处理一些积案，牵涉哪个部门就以哪个部门为主，信访部门配合调查。比如在解决兴城疗养院积案的过程中，总行就是以人力部门为主，法律部门参与（主要从法律角度、政策角度把关），信访部门配合，组成小组一起去做工作。实践证明这种做法很好。按政策该解决的立刻予以解决，超过政策范围的无理诉求明确表态不予满足。

在对外方面，凡是牵涉社会和政治方面问题的，特别是政治方面的问题，就要以当地政府部门为主。政府相关部门可能是内保部门、公安部门，甚至是安全部门。如果信访问题带有政治色彩、民族色彩，一定要及时告知公安部门，乃至安全部门。注意不能完全把事情推过去，我们要积极地配合。一方面配合是我们的职责，另一方面如果不积极配合，今后我们需要他们帮助时可能就会有一定难度。实事求是地说，处理这些棘手问题我们的手段没有人家多。公安部门有侦探手段，甚至可以依法实施拘留，而我们对上访人碰都不能碰。所以一定要处理好跟外界的这种关系。大家头脑里一定要有这个意识。

第三，要加强学习，了解行内有关部门的职责和全行业务发展变化情况。我们所有从事信访工作的同志，不要将自己在业务上边缘化。我希望大家对全行业务大的发展变化情况，还是要尽可能地去了解。这样会对你做工作有帮助。所以在这里强调一下，不要以自己是非业务部门为由，对业务既不了解也不学习。

第四，要不断提高信访工作技能，不断积累工作经验。信访工作是一项政策性、技巧性很强的工作，是一项讲究方法论的工作。因此，希望大家要不断积累、不断提高做好群众工作的能力和经验，做好思想政治工作的能力和经验，以及处理复杂问题的能力和经验。

第五，要进一步增强信访工作的敏感性。如果在工作中具备敏感性，就很有可能在问题刚冒出苗头来的时候，就把它消灭在萌芽状态。问题早解决比晚解决往往要省力得多、容易得多。如果敏感性不够，等到事情特别是有蔓延性的事件真的蔓延开了，解决起来可能要费很大的力气。比如，网上出现了一个负面报道，如果前期没有及时进行危机公关，没有及时想办法消除负面影响，对我们不利的舆论可能立即以几何速度蔓延。关于这一点我们在今年讨论过好几次。

第六，要有良好的工作心态、不畏艰难的精神。说句实在话，信访工作确实比较难做、比较缠人、比较“挠头”。但话说回来，我们就是从事这项工作的。你如果为此烦恼，我建议你设身处地地想一想政府部门中从事同样工作的人。无论是工作强度、工作环境或工作报酬，我们都要比他们好得多。如果我们都有怨言，那人家怎么办？可以肯定地说，问题是解决不完的，解决了这一件，新的问题又会产生。但是要知道，解决一件就会少一件，只要坚持下去，路上的石头就会一块块地被搬走，就能往前走。我们要坚信“办法总比困难多”。有矛必有盾，关键是看我们能不能找得到这个“盾”。只要能找到这个“盾”，我们就能对付这个“矛”。所以我们要有信心把事情做好。话说回来，畏难情绪没有正向效应，只会有负向效应。“畏难”就好像是一种病，不但不利于解决困难，反而对解决问题带来很大的障碍，同时也对我们身心健康带来影响。每天在发愁犯难的心态中过日子，生活质量肯定不会好。

第七，要树立信访工作创造价值的理念。我们是非业务部门。在人们心目当中，业务部门才是创收的。但是我要说的是，只要你认真履职，把自己分内的事情努力做好了，不管是哪一个岗位，都能够为建设银行直接或者间接地创造价值。就拿我们信访来说，你把信访维稳工作做好了，使得我们的各级领导可以腾出精力来发展业务，这就是间接的创收。你把问题妥善地解决了，本来要花很多的钱，你用很少的钱就把事情给办好了，这等于你用了减法创收，减少支出实际上也是一种创收，只不过是间接创收。所以我们要树立这样的认识：多处理一件事，多解决一件事尤其是难事，而且事情越难，就越能体现你自身的价值，越能体现你在建设银行这个组织当中的作用。每解决一件难事，就意味着为建设银行多作了一份贡献。同时，做信访工作我们也要讲一个“德”字，信访也是一件“积德”的工作。每帮助一个人，每帮扶一个曾是我们员工的困难人员，就等于多做了一件善事，做人还是要讲积德行善的。大家应该有这个心态，我想你们也有这个心态。因此我们一定要树立成就感。成就感是我们做工作的力量源泉，不管做什么事情，只要心里有成就感，工作起来就有无穷的力量，工作当中就会充满愉悦、充满快乐。

第八，要做好保密工作。在这里我再强调一下这个问题，这包括两个方面：一方面，我们受理的来信来访，你不清楚反映的问题是真是假，未经核实的东西都不能确认，这些信息都是保密的，所以对外不能说。此外，如果信访事项牵涉领导人员，牵扯建设银行的机密事项，那就更不可以说出去。守口如瓶应当是我们做信访工作的一个基本功。不要先说为快、先睹为快，到处传播。更不能拿信息做交易，否则一经发现严肃处理。另一方面，对全行信访工作的主要部署，特别是总行领导的一些重要讲话，有些是不能向外传播的。如果传播出去，可能会给我们的工作带来被动。所以不该向外传的千万不要向外传。我们的业务部门就曾发生过类似的事情，本来是内部文件的审批结论，结果让客户拿到了，弄的客户十分不悦，因之失去了一个很大的客户。我希望，我们的信访工作人员不要在这方面出现问题。

四、各级领导要继续高度重视信访维稳工作

这里对各级领导提几点要求。

首先要高度重视。中央领导高度重视信访工作，今年多次召开会议研究部署，印发的很多讲话都说到信访维稳工作，这里我就不具体说了。总行领导特别是“三长”高度重视信访工作，对

信访维稳工作做了大量批示，一些批示意见很具体。我想中央领导和总行领导都如此重视，那么我们一级分行、二级分行和基层行的各级领导更应该重视。关于这一点，各级领导一定要弄清楚两个关系，一个是做好信访工作与业务发展的关系。昨天交流的时候一些分行讲得非常深刻，你想省点事，结果带来更大的麻烦；你想绕过去，结果牵扯更多的精力。再一个就是眼前的小麻烦与未来的大麻烦的关系。如果对有些事情不给予足够的重视，结果引发更大的问题，这种例子不胜枚举，绝不是危言耸听。

其次是怎么重视。我想，一是心里要有信访这个概念，心里要有这项工作。二是要将信访工作列入党委的议事日程，或者将重大事项列入党委的议事日程。三是要对信访部门提要求，抓落实。四是重大事项主要领导要亲自过问，牵头研究部署，督促办理，并要求信访条线和督办条线反馈结果。五是要根据当地信访工作量的情况，配备与之相适应的信访工作人员。总行信访办下了文件，安排布置了工作，要确保有人落实。做不到这一点，出了事就要负责。六是要给信访部门一定的经费。这也是必要的。经费分为两部分：一部分是解决协解人员历史遗留问题所需要的适度经费，当然这部分主要是从总行支出，分行如果也能支出点当然更好，花点小钱换来稳定和安心还是值的。另一部分是日常的活动经费。这个活动经费都包括什么呢？包括接待上访人员必要的支出，还有就是跟政府有关部门日常沟通所需。今年我们就跟北京市内保局、西城区公安局和国家信访局都进行了沟通，效果非常好，他们对我们的工作都很支持。我们要学会利用他们的力量，这就叫做“借力”。

五、几个注意事项

（一）要依法依规办事

我们所有的事情，都要在依法依规的前提下处理。只要是依法依规办事，我们永远都能站得住脚，不光现在没有问题，还不会留尾巴、留隐患。在这里我也提醒大家，今后在处理一些事情的时候，要把“后果思考”作为一个流程纳入思维过程，就是说所有要做的事情，都要考虑“这样做会怎么样”，这就叫“后果思考”。从管理角度叫做“后果管理”。把后果思考纳入自己的思维流程或工作流程效果是非常好的，我们可以避免很多麻烦。如果范围更广一些，包括我们一些大的改革方案出台，都应该来做一个后果思考，从而避免引起大的风险和麻烦。

（二）要善于区分问题性质，采取与之相适应的措施

可以说，我们的工作面对的都是问题，主要是在跟问题打交道。一个问题出现以后，首先要区分这个问题的类型。发生一件事情要先分类，分清是重要的、次要的还是不重要的，是大的还是小的，是影响大的还是影响小的，再作出针对性的处理。具体到信访方面的问题，一般有以下几个类型。

一是政治性问题。举最近的例子，我们协解人员受“占领华尔街”的影响，也搞了一个“占领中国的金融街”——北京的金融街。那么我们该怎么办？要尽量地往政治上想。这次本来就已经成为了一个政治问题。政治问题该怎样处理呢？前面讲了，那就要以政府的公安、安全、内保部门代我们处理。

二是政策性问题。政策性问题又有两类：一类是外部的政策，上访人员反映的涉及外部政策有关问题。昨天在经验交流中，包括江西省分行在内的许多分行都反映了政策不合理方面的问题。那么我们建设银行能做的，只有积极地向政府有关部门反映，尽量依靠政府来解决问题，促使政府有关部门对政策进行调整。昨天江西介绍军转解困情况，就政府出台的政策而言，没有完全达到维稳的工作目的，但事情毕竟在一定程度上得到了解决。另一类是涉及建设银行内部制定的政策制度。如果信访反映的问题是合理的，经过权衡调整相关政策又不会带来后遗症，那么该调整的要进行调整，该修订的要进行修订，这也算是信访对完善制度所作的贡献。如果我们的制度没有问题，该坚持的还是要坚持。

三是帮扶性问题。昨天这方面交流了很多，很多协解人员来上访，从职责上讲我们没有帮扶的任务，但因为他们是我们过去的员工，从道义上还是要有适当的帮助，在一定的程度范围内，能帮尽量帮。但实事求是地说，帮扶也不能过度。什么事都有个“度”，如果帮扶过度，就会引起

其他人员的攀比，甚至在行业内引起攀比。做帮扶工作的时候，要看我们的工作对象是不是真的该帮，家里是不是确实有困难，以避免引起新的矛盾和不平衡。同时，因为我们是上市公司，最好不要由行里直接出钱，要通过救助基金、员工捐赠等方式。可以把钱给政府，由政府帮助出面解决，我们就只能做好事不留名了。我们对政府是捐赠，政府再把钱给他，那是政府的行为。桥归桥，路归路。

四是解释性问题。这跟上面的问题差不多，就是协解人员找上门来，考虑到是我们过去的同仁、同事，能够帮我们就继续帮，实在帮不了、解决不了，向人家好好解释，力求得到理解，这是个态度问题。

五是解决性问题。该由我们解决的，即使有难度，奉劝大家要尽早、尽快、彻底地解决。早解决、早清静。早把这个事情了结，才好全心投入工作。对于部分不讲法、不讲理也不讲情的人，从技术上、策略上就一个字——“拖”，或者是“磨”和“耗”。这也是没有办法的办法，因为不能跟他来硬的。

（三）要把工作做在前面

在重大节日时，比如“五一”、“六四”、上市周年、“七一”、国庆、元旦等敏感期，一定要主动把工作做在前面，避免陷入被动。要提前、多口径、全方位地进行内部梳理排查，保持内紧外松。要重点解决如何搜集、通畅信息的关键问题。

（四）要善于应急处置

信访维稳工作有时候也是一项“急茬”的工作。因为有些事情是不可预知的，或者是难以预知的。突发事件总会有，再好的防范也不可能完全杜绝。为了保证一旦发生突发事件，我们能够做到不慌不乱、快速反应、冷静处理，就需要事先做好文字性的预案。要把各种可能性都想到，在纸上像画图纸一样做方案，这就是应急预案。在应急处理方面一定要注意积累经验。我们这次大会交流，实际上有很多很好的经验值得大家学习借鉴。就像学生考试，如果是平常做过的题目，考试时一般都能做好。

（五）要高度重视群体性事件

群体性事件具有能量积聚效应。它不是简单的加法，比如说3个人加5个人，可能就不等于8个人，很可能相当于30个人的力量。这就是说通过抱团、整合，产生了能量积聚效应。所以凡是群体性事件，一定要格外留意。因为人都有从众心理，比如很多原本不相干的人，看到很多人在游行，他有可能也走到这个游行队伍里来了。再比如因为日本福岛事故，国内群众争相买盐导致食盐短缺，有人买的盐恐怕八辈子都吃不完。群体性的传染是非常强的。所以一般来说，群体性事件基本上都被上升到政治层面。对于这些也要格外注意。发现这样的群体性事件，一定要及时关注和向当地公安交流有关信息，寻求帮助支持。按照国务院《信访条例》规定，接访商谈时上访人员要派代表，而且最多不能超过5个人。

（六）要注意加强对媒体的监测，发现情况立即处理

负面舆论的扩散性极强，不管媒体报道是真是假，看的人都以为是真的，所以很容易毁坏我们的形象。现在我们也正在布置，有关部门准备搞一个声誉风险的管理办法，如果相关办法出台，对我们的工作也会有帮助。要搞好和媒体的关系，还要搞好跟政府有关部门的关系，跟他们交朋友，以便关键时候能够顺利得到他们的帮助和支持。同时，一旦发现负面的消息和报导，如果是歪曲事实，最重要的是要把情况尽快跟政府有关部门，包括银监会、媒体，主动进行沟通，及时说明真相，做到“先入为主”。否则，就算是虚假报导，让别有用心的人先入为主后想翻过来难度就大了。一旦给新闻界造成不好的印象，想扭转过来就会比较难。

（七）要善待离行的员工

这不光是指协解人员，还包括辞职和跳槽的人员，不管他们是怎么离开的，都要以真情对待他们。对协解人员我们要有责任心、有同仁情，有些事情人家提出来以后，我们要以组织的名义，该帮的还是要帮一把。实践证明，有些事情让我们的协解人员个体去跟政府说，说实在的真的很难。但是如果通过组织的力量，还是能够解决一些问题的。诸如社保、解困、再就业等方面的事情，能够做到的，大家还是尽量努力去做。

（八）要注意人身安全

考虑到你们从事的这种工作，所以需要提这个要求。包括两个方面：一是要尽最大的努力，要做到不死人、不伤人。这是你们工作的一个底线。农业银行曾有一个在北京跳楼的，工商银行有一个割腕的。发生这样的事情以后可能一下子蔓延开来，不管他做的是对还是错，即便他做的都是错的，我们也势必会付出惨重的代价。所以这一点希望大家特别要注意。二是骂不还口打不还手。对于上访人员，别说打他骂他，稍稍碰他一下甚至只是无意碰一下，他都可能借机闹事。比如陕西的张某，开董事会期间我们的保安人员仅仅是用胳膊拦了一下，不让他往前走，他就声称“不行了”。带他去医院，他就在医院里一直说建设银行打他，让不知道真相的人还以为建设银行很恶劣。但是提出这个要求，也不是让你被动地站着或坐着挨打，一旦遇到危急情况，要有自我保护意识。

最后讲一下会后贯彻的问题。首先，回去以后与会代表要向主要领导汇报会议精神。信访维稳的重点地区和分行应该向党委会汇报，以利于引起全行的重视，得到全行的支持。其次，要按照昨天会上的工作布置，一条一条抓好落实。最后，请大家回去以后对交流材料做一次认真的摘录分类。有些发言确实很精彩，不光事情做得好，总结的语言表述也非常好，有许多亮点，要把会议交流材料当做教学案例来学习和借鉴，使分行的信访维稳工作更上一个台阶。

谢谢大家！

（根据录音整理）

在全行公共关系与企业文化工作会议上的讲话

章更生

（2011 年 12 月 13 日）

同志们：

这次全行公共关系与企业文化工作会议是在全行上下深入学习贯彻十七届六中全会精神的大背景下召开的。昨天，胡昌苗总经理向大家作了一个很好的工作报告，总结了过去两年的工作，安排部署了下一步工作任务，这些我都同意。讨论中，大家围绕着当前形势和下一步工作任务，对如何做好公共关系与企业文化工作（以下简称“公关企化工作”）提出了许多好的意见和建议。昨天下午，11 家分行进行了很好的经验交流，从交流的情况看，大家对公关企化工作都在作相关的研究，显示出从感性认识提升到了理性认识，我听了很受启发。

股改上市以来，在总行党委的正确领导下，在历任分管行领导的悉心指导下，我行公关企化工作顺应形势，围绕中心，服务大局，全方位开展企业文化建设，多层次塑造企业形象，为全行的改革发展提供了有力的支持和保障。出台了新的企业文化要素体系，通过高层引领初步实现了文化自觉，通过专业引导初步实现了文化自信，全行初步形成了齐抓共管、统筹协作的工作机制。初步构建了新闻宣传、品牌营销、履行社会责任“三位一体”的公共关系工作新格局，人本文化、服务文化、合规文化“三位一体”的企业文化工作新格局，理论教育、文明创建、共青团“三位一体”的思想政治和共青团工作新格局。

我行关于小企业金融服务等多篇宣传报道得到了党和国家领导人的批示肯定。我们成功地推出了“向党工作站”、“红梅理财中心”、“何晓工作法”、“南环时速”、“百步亭社区银行”等一批有着广泛、长久社会影响力的先进典型。多项工作走在了国有大型商业银行的前列，例如，首家出台企业文化要素体系；在四大行中首家发布了《企业社会责任报告》；共青团工作在中央金融团工委组织的各项评比中名列前茅。特别是过去的一年，我们无论是在抓核心价值观的入脑入心入行、促进基础管理和科学发展方面，还是在管控声誉风险、提升我行品牌价值和企业形象方面，都取得了可喜的成绩，在纷繁复杂的市场环境和日趋激烈的同业竞争中，凝聚了人心，提振了士气，营造了良好的舆论环境，有力支持和促进了各项业务的发展。我行还多次荣获国际知名媒体授予的“中国最佳银行”等重要奖项，多项国际排名位次持续上升，品牌价值突破 1 000 亿元，连续位列国内银行业首位，居全球商业银行第三位，等等。这些我就不再更多地赘述了。

全行公关企化条线人手不多，但是这支队伍是一支政治合格、作风过硬、业务精良的队伍，是一支善于学习、勇于创新、甘于奉献的队伍，是一支在全行改革发展中不可或缺的重要力量。大家取得的工作成效是有目共睹的。这些成绩的取得，是总行党委、董事会、监事会、高管层正确领导的结果，是各级机构、各个部门大力支持和积极配合的结果，是条线从业人员团结一致、顽强拼搏、辛勤工作的结果。在此，我谨代表总行党委，向在座的各位并通过你们，向所有关心、支持、直接从事和间接从事公关企化工作的各级领导和同志们，表示崇高的敬意和衷心的感谢！

党的十七届六中全会是在我国进入全面建设小康社会的关键时期和深化改革开放、加快转变经济发展方式的攻坚时期召开的一次极为重要的会议，对于党和国家事业发展具有重大而深远的意义。胡锦涛总书记在全会上的重要讲话为推动文化改革发展、促进党和国家事业发展指明了前进的方向。会议通过的《中共中央关于深化文化体制改革、推动社会主义文化大发展大繁荣若干重大问题的决定》，阐明了中国特色社会主义文化发展道路，指出推动文化大发展大繁荣必须以“五个坚持”为基本遵循，提出了今后一个时期推进文化建设的指导思想、重要方针、目标任务、政策举措。该决定在理论上有新概括，在政策上有新突破，在举措上有新实招，具有很强的政治性、战略性、指导性，是建设社会主义文化强国的行动纲领。这次全会，充分体现了我们党对所肩负的历史使命的深刻把握、对国内外形势的科学判断、对文化建设的高度自觉，说明我们党越来越重视文化工作。作为大型国有股份制商业银行，我们一定要认真学习好十七届六中全会精神，把全会精神贯彻到具体工作中去。下面，根据十七届六中全会精神，结合我行公关企化工作的实际情况，受大家座谈讨论和大会经验交流的启发，就全行公关企化工作谈一点个人的认识，提几点要求。

一、文化在建设银行改革发展中发挥了重要的作用

在近 60 年的发展历史中，建设银行与祖国同呼吸、共命运，在全力支持国民经济发展、服务人民大众、不断增强自身实力的同时，也积淀和形成了厚重的文化底蕴。建设银行文化伴随着建设银行职能转变与业务发展，不断地传承积淀、不断地创新发展，我们先进的银行文化引领和激励着一代又一代建行人，以强烈的责任感和使命感，筚路蓝缕，艰苦奋斗，用智慧、汗水乃至生命筑就了今天的辉煌。可以说，建设银行的每一步成长、每一次腾飞都离不开优秀文化的引领和支撑。回顾建设银行的文化历程，我个人将其划分为四个阶段，需要说明的是这不代表行里的正式说法。

第一个阶段，是自 1954 年成立至 1984 年的 30 年。对这一段历史我了解得不多。这个阶段，建设银行是个政策性的专业银行，我个人认为其文化特点是“团结、奉献”。那时，建设银行秉承“祖国哪里有建设，哪里就有建设银行”的理念，为国家“守计划、把口子”，好像国家的事就是建设银行的事、就是建设银行员工自己的事。说起团结，年纪稍大的员工可能都还记得，那个时候，建设银行员工单凭一个工作证就能走遍全国，真正的亲如一家，这是团结文化的最好象征。到目前为止，我认为在几大国有银行中，建设银行的团结文化仍然是最好的。说起奉献，我们建行人随着项目走，与施工单位“同吃、同住、同劳动”，住过大庆“干打垒”的房子，也因服务项目住过茫茫戈壁滩，可以说是抛家舍业，这没有奉献精神是完全做不到的。

第二个阶段，是 1985 年至 1994 年的 10 年。这个阶段仍是专业银行时期，但开始办理非政策性的业务，是建设银行各项业务创新起步的关键

时期，形成了“开拓、创新”的文化，可以说是建设银行业务发展和文化建设的一个里程碑阶段。在此阶段，建设银行开始办理现金业务，通过大办储蓄来吸收存款，再用吸收来的存款发放工业企业流动资金贷款、固定资产贷款，开办了国际业务，开始在国外设立机构，创立了中国投资公司、信托公司、银泰公司（证券），合资成立有联租赁公司等非银行机构，朝着综合化经营迈进，这些是此前没有过的事情。1984 年，全行才 6 万多人，总行机关不到 300 人，由于我们大办了储蓄，通过几年的努力，人员和机构在短时期内也随之呈几何级数增长，也因此才有今天的建设银行，否则，我们可能就变成了一家政策性银行了。这个时期基本形成了银行业务的基本架构，所有这些，无不充分体现出了开拓、创新精神。

第三个阶段，是 1994 年至 2004 年的又一个 10 年，是由专业银行向商业银行转变的阶段，是展现出强劲竞争力的阶段，是建设银行改革发展和文化建设的又一个里程碑阶段。这个阶段形成了“规范、竞争、进取”的文化，这仅从王岐山老行长 1996 年提出、1997 年发表于《建设银行报》的“五论”中就能得到充分体现。这五论，既规范了全行的经营行为，确立了发展方向，又强化了我们的市场竞争意识、不断进取的精神，这个阶段建设银行在市场上表现出的强劲的竞争力令对手望而生畏。可以说，建设银行真正意义上的“经营”就是从此阶段开始的。同时，在这一时期，规范了全行的文化，文化的概念被正式提出，并在理论上对建设银行文化进行了系统的提炼和总结。

1996 年，建设银行在国内大银行中率先系统导入企业识别系统（CIS），当年 3 月 26 日，向国内外发布启用新的行名、行徽，将“中国人民建设银行”更名为“中国建设银行”，开始了品牌建设。同时，总结提升建设银行文化，确定了发展目标、经营理念、警言、座右铭及形象宣传用语等文化要素体系，印发了《中国建设银行企业理念管理手册、员工行为规范管理手册》，开始规范建设银行的企业文化。此后，全行广泛开展了文化要素和员工行为规范的学习实践活动。这为建设银行由国有专业银行向国有商业银行转轨，为提升市场竞争力，为以后的稳健、快速发展等奠定了十分坚实的基础。

第四个阶段，2005 年至今，是实现股份制改造上市的股份制银行阶段，也是建设银行改革发展和文化建设的一个里程碑阶段。这个阶段主要是以重组改制上市为主要内容，导入、引进和创造了现代股份制商业银行的文化理念，这个阶段提出和正逐步形成“稳健、诚实、公正”的文化。2005 年以来，建设银行开始了脱胎换骨的历史性变革，向建立现代商业银行目标大步迈进。总行党委在建立现代公司治理结构、推进转变经营机制的过程中，积极实施文化引领，着力构建适应现代商业银行需要的价值理念体系，集中全行智慧，在继承中创新，于 2007 年 7 月在国有大型商业银行中率先推出了新的、系统的文化要素体系。之后，全行系统深入、广泛地开展了学习实践活动，使建设银行愿景、使命、核心价值观及其理念深入人心，逐步成为全行员工的理想信念和行为准则，为建设银行改革发展，推进战略转型，应对国际金融危机，提升竞争力和价值创造力，实现科学发展提供了强大的精神动力和文化保障。

这四个阶段根据当时的情况形成了各自阶段的文化特点，但每个阶段都不是对前面的抛弃，而是在继承的基础上发展与丰富。可以说，建设银行在改革发展中逐步形成了自己独具特色的文化。反过来，建设银行的文化积淀、传承和创新又促进了各个阶段的改革发展。先进的企业文化已成为我行最强大的核心竞争力，正引领、激励着 30 多万建设银行员工在竞争激烈的金融市场上昂扬驰骋。

二、进一步提高对公关企化工作重要性的认识

公共关系与企业文化工作的内涵是十分丰富的，不能简单地认为只包括公共关系与企业文化这两项内容。上市以来，总行党委对这项工作一直高度重视。洪章董事长最近指出，建设银行作为现代化的大银行，总市值已居全球上市银行第二位，有着良好的社会形象。建设银行的经营和发展也始终坚持为社会主义建设服务，为党和国家的改革、发展这个大局服务。要保持建设银行良好的发展态势，必须进一步抓好建设银行的政

治、思想、企业和廉政文化建设。一是要抓好政治文化建设。要加强全行员工的政治理论学习，坚定政治取向，进一步提高建设银行作为上市的大型股份制银行的影响力和竞争力。要有鲜明的政治态度、高尚的政治信仰、深厚的政治感情，坚持为社会主义建设服务、为改革和发展服务、为广大人民群众服务。二是要抓好思想文化建设。要牢牢把握员工队伍的思想追求、价值取向、行为观念和人生态度。要坚持以人为本，鼓励和支持员工努力展现其本质力量和正确追求，把思想和行动统一到干事业上来，在全行倡导和谐理念，培养敬业精神，形成团结、诚信、追求高尚的良好风气，建立起与建设银行发展目标相统一，与建设银行的使命、作风和理念相适应的文化建设体系和思想道德体系。三是要抓好企业文化建设。建设银行自身的文化已经形成、发展并逐步走向成熟，要进一步完善和发展好建设银行特有的文化理念和作风建设，注意把精神财富集中起来，推广开去。要注意以员工为重点、以基层为基础、以社会评价为标准，通过宣传、教育、培训和文化娱乐、交心联谊，最大限度地统一全体员工的意志、规范员工行为、凝聚员工力量，为建设银行发展贡献力量。四是要抓好廉政文化建设。要坚持廉洁从业的思想追求，注意营造以廉为荣、以贪为耻的良好氛围，建设好恪守职业道德、爱岗敬业、奉公守法的职业文化基础。我们所有从事公关企化工作的同志一定要深刻领会洪章董事长的重要讲话精神，并认真贯彻落实到实际工作之中。

（一）公关企化工作体现和提升了建设银行的软实力

在市场经济的环境下，企业理想的利润目标要靠竞争获得，而竞争实力包括硬实力和软实力。硬实力通常被理解为网点、设备、开发能力等，软实力则包括品牌、企业文化、公共关系等。硬实力具有可模仿性，例如，只要有钱，ATM 可以随便买；想盖一个漂亮的网点，只要有钱就能实现；甚至一些架构和层级设计，也可以模仿。软实力则很难模仿，甚至根本无法模仿，即使告诉了具体做法，也未必能做到。比如说秉公办事，从道理上都觉得应该，但是在实践中，不是所有人都能做到，有的人在利益面前，就是控制不住自己。因此，硬、软实力相比较，软实力是竞争取胜的关键。我们常常作中美两国间竞争实力的比较，我认为美国的强大最主要的就强大在其软实力，这一点不服不行。比如，讲爱国精神，美国人过节，绝大多数人家都要插国旗，有的平时也插国旗，美国人爱国，这就是凝聚力，就是软实力的体现。

公关企化工作，事关建设银行的软实力，公关企化条线所做的一切工作都是在提升建设银行的软实力。按照目前公关企划部（党委宣传部）的主要工作内容，我列了一下，大致有八大项。涉及内部的有四项，涉及外部的有五项，其中，宣传工作是内外都需要的，因为宣传既有内宣，也有外宣，当然对外宣传更多些。对内的四个方面工作是企业文化建设、思想政治工作、对内宣传、共青团与青年工作；对外的五个方面工作是品牌建设、公共关系维护、声誉管理、社会责任、对外宣传。

大家知道，从企业竞争角度有一种说法：三流的企业靠产品竞争，二流的企业靠品牌竞争，一流的企业靠文化竞争。这个说法可能有些牵强，因为三流企业也不仅是靠产品竞争，竞争手段很多，比如靠价格竞争、靠流程竞争、靠营销能力竞争、靠人数竞争、靠网点数量竞争等；就产品而言还有数量上的竞争，如薄利多销，还有靠产品品质竞争，走高端价格路线等。但至少说明，文化和品牌在竞争要素中占据着很高的地位。之所以说公关企化是很重要的软实力，我们不妨简要地逐项作个分析说明。先谈对内的四项工作。

第一，关于企业文化工作。什么是企业文化？企业文化是指一个企业在长期的经营发展过程中，所逐渐形成的共有的、具有自身特色的并为全体员工自觉遵守的思想信念、价值观念、共同意识、行为规范和道德准则的总和。行为规范和道德准则又包含两方面，一方面是有文字的，另一方面是没有文字的，但只要是这个集体的人员都会遵从，是约定俗成的。企业文化软实力的巨大作用在于它在企业中的作用发挥，文化与业务的健康发展是相辅相成的。一个企业发展得不好，它的企业文化肯定有问题，即使有时它的企业文化工作似乎做得不错，但那可能是表面上的，没有浸透到员工的血液，不代表本质。毛泽东同志说过，没有文化的军队是愚蠢的军队。毛泽东是伟人，是有深刻体会才作出这样论断的。同样，没有文化的企业也是愚蠢的企业。我们建设银行很多业务能够做成功，靠的是我们的形象，而企业文化与形象的展现是紧密相关的，企业文化做得好，企业的外在形象反映出来肯定好。

从企业竞争力来讲，一般有三个层面。一是产品层面，包括产品研发、质量控制、服务销售等。二是制度层面，包括企业内外部环境、资源关系、运行机制、企业规模、产权制度等。三是核心层面，是以理念、价值观为核心的企业文化、企业形象、创新能力、差异化、个性化、稳健的财务、卓越的远见、长远的发展目标等。

企业文化在企业经营发展中最突出的作用有四个。一是导向作用。如前面所说的企业使命、价值观、服务理念等，非常清晰。二是约束作用。只要是企业的员工都要遵循它，有形的、无形的都要遵循，确保依法合规、稳健经营，否则你就融入不到这个集体中。所以有的从外部吸引来的人才，融入建设银行的文化比较慢，或者根本接受不了建设银行的文化，工作起来就很吃力，效果也不会好。三是凝聚作用。好的企业文化具有凝聚全体员工的作用、凝聚团队的作用，建设银行文化在凝聚全行员工方面就发挥了重要作用。四是激励作用。企业文化可以有效地统一员工思想，调动员工工作的积极性、主动性，引导、激励员工大胆创新，努力拼搏，将个人职业生涯与银行的发展战略相结合，促进员工发挥潜能，勇创佳绩，成长成才。昨天，我在同受表彰的优秀员工代表们交谈中就发现，他们的体会很深，有一种作为一名建设银行员工的自豪感，这就是文化的作用。文化发挥作用是无声无息的，你甚至都感觉不到已经起到的良好作用。所以说，企业文化是企业的精神，优秀的企业文化可以使企业得到可持续的良性发展。

第二，关于思想政治工作。思想政治工作的重要性在于通过管理和引导员工思想，来规范员工商银行为，推动业务良性发展。思想工作主要是针对员工的，因为员工的行为直接影响到企业的竞争力。在思想政治工作座谈会上，我对此有一个发言，已通过《情况通报》印发了，这里就不多说了。

第三，关于宣传工作。宣传工作分为对内宣传和对外宣传两个方面。对内主要是宣传总行党委的战略部署、各个时期的工作重点、好人好事和先进典型、传送信息等。对外主要是宣传我们建设银行如何贯彻党中央、国务院的政策方针和有关指示精神，努力为经济社会发展提供金融服务支持；宣传建设银行为党和国家、人民所作的贡献；宣传我们的好人好事。宣传工作能够促进社会各界对建设银行的了解，使社会各界认识到建设银行是个什么样的银行，从而在了解、理解的基础上关心、支持和帮助我们。这一点在国内感受还不是很深，到国外感受就非常深。9月，我到瑞士参加一个培训班，瑞士一些知名的大学教授给我们讲课，但他们对中国的情况、对建设银行的情况也不甚了解，甚至瑞信银行的高层人员都坦言对建设银行不了解。可想而知，他们不了解我们，我们要想和他们做业务、做生意是很难的。我们在国外的分支机构成立了很长时间，业务规模发展较慢，我认为一个重要的原因就是国外对中国情况不了解、对建设银行情况不了解。因此，我们就能体会到国家为什么要争办奥运会、世博会，就是想通过这种形式，把国外的人尤其是众多的记者吸引到中国来，认识中国、了解中国，让他们眼见为实。宣传工作还能够促进员工对企业的理解，企业一些大的决策，特别是改革方面的事情，要牵动方方面面的利益，如果宣传工作跟不上，不去很好地宣讲为什么要改革、不改革会怎么样、改革又会怎么样等，员工往往就不能理解，不理解改革就会有很大阻力，所以对内也要宣传。宣传还能激励员工，通过宣传建设银行的良好业绩、在外部获得的奖项等，会激发员工的自豪感。同时，宣传也会产生很好的借鉴作用，如通过大会交流经验，可以学习借鉴先进经验和成功做法；通过报刊宣传推广一些单位成功的做法，可以形成放大效应。有时候并不需要所有单位都要去尝试，借鉴现成的经验就行。

第四，关于共青团工作。为什么说共青团工作也和我们的竞争力、软实力关系密切？因为青年员工在全行占比很大。青年人精力充沛、充满活力、工作热情高、改革创新意识强，也是建设银行文化的传承主体。文化是传承下来的，年纪越大越能浸透在血液里，但青年员工入行时间不长，对文化的感悟不深。因此，青年员工是文化灌输的一个重点，大家一定要重视共青团和青年工作。

下面，再谈谈对外的几项工作。

第一，关于品牌建设。什么是品牌？按照牛津大辞典的定义：首先，品牌是所有权的证明。如一个提包是耐克牌的，就说明是耐克公司的；其次，品牌是质量的标识。贴上阿迪达斯标识就代表是阿迪达斯的质量，质量就有保证。如果是乡镇企业的牌子，质量也许就差点。当然，社会发展至今，牛津大辞典的解释也可能不完备了，因为品牌的含义已大大超出这个解释的范畴。品牌又分为大品牌、小品牌、母品牌、子品牌等。例如，建设银行就是个大品牌，把建设银行做好了，就是维护了大品牌形象，客户听说是建设银行，存款借款就放心，小银行就不一定能做到，尤其是地方上的小银行，有的客户就不一定信得过，这就是品牌的差距。此外，还有子品牌，若干个子品牌做得好就形成了良好的大品牌。有时候，大品牌的形成是建立在做好小品牌的前提下。

品牌是企业核心竞争力的一个招牌，是企业核心竞争力的着力点。因为核心技术和产品再好都要向客户表达，品牌就是起这个作用的。在同等条件下，有了品牌就能创造出更大的利润，同样一笔1 000万元的贷款，在不同的品牌下，收益是不一样的，包括价格、带来相关的中间业务等。品牌能够提升无形资产，有人把银行的资本分为高、中、低三种资本，低级的资本是设备、不动产、流动资本的价值；中级资本是知识产权的价值；高级资本就是品牌的价值。同时，通过品牌可以把消费者等级化，就是细分市场、细分客户。怎么细分？通过品牌，在横向上，把客户分为高、中、低端客户，个人类客户有高端的，公司类客户也有高端的即集团客户；在纵向上，按产品分，就是给不同的人群设计不同的产品。另外，品牌还是和客户沟通的重要媒介。

第二，关于公共关系维护。维护公共关系是为了给银行经营发展创造一个宽松的外部环境。外部环境好，我们经营发展就会如鱼得水、左右逢源；外部环境不好，我们有时会寸步难行。包括对政府相关部门都需要做好沟通协调，保持良好互动。只有把公共关系维护好了，才会减少阻力。公共关系有时能带来巨大的效益，维护好公共关系，建设银行就能规避一些不必要的麻烦。例如，如果我们和网络媒体的关系维护不好，一个负面报道可能就一直挂在网上，让它以乘数效应在外扩展，博客、微博等互相转载，传播很快，一夜之间，可以达到上万人次的点击，负面效应会很大，这方面我们也吃过一些苦头。如果关系维护得好，我们就可以很有效地处理这些危机。有时候网络媒体可能还没有搞清楚实际情况，为博眼球就瞎编瞎传，从而产生声誉风险。维护好公共关系，可以求得社会各界的直接支持和道义声援。不论哪一级领导要想把工作做好，首先要把外部关系搞好，包括同工商、税务、银监、公安甚至交警都要建立起良好的关系。

第三，关于声誉管理。这里我没有说“声誉风险管理”，因为声誉管理是两个方面，包括正向的声誉建立和负向的声誉风险管理。声誉好就是个好东西，涉及企业形象和名声。如同好产品不一定就能卖出去，好的东西也要让人们认识和了解。声誉就是建立在别人对你好的方面了解的基础之上，形成好的口碑。另一个方面就是负向的声誉风险管理，建立了好的声誉以后还要维护好、提升好，不能让一些负面事件和舆论践踏它。因此，防范声誉风险，是大有文章可做的。希望今后我们这个条线的同志要把这两方面的工作都做好。我认为声誉是企业的第二生命，就像人一样，人的信誉度是人的第二生命。一个人没有信誉、口碑不好，谁见了都要提防你，那还怎么做人、怎么做事？声誉对于我们开展业务非常重要。昨天我和一位基层同志交流说到，有的员工认为自己创造了很多价值、拿到很多业务，就是因为自己很有能力，但跳槽到别的银行后，感觉完全不一样了。我敢断言，对于绝大多数员工而言，离开了建设银行、离开了建设银行这块金字招牌，你的能量都将大打折扣。好的声誉还能够获得政府部门甚至境外机构的支持。名声好，有时无意做错了事，别人甚至都不会相信。同样，谁也不敢保证建设银行13 000多个网点都不会在无意中做一点错事。

第四，关于社会责任工作。一个企业不能只顾赚钱，不顾履行社会责任，因为钱是从社会各方面赚来的。履行社会责任就会赢得社会各界的支持，就会有广告效应。比如，我们支持的“母亲健康快车”项目，是一个专门在青海、甘肃等西部偏远贫困地区，为母婴提供医疗保健帮助的救护车项目，车上有“中国建设银行捐赠”字样，这里，我们将社会责任工作和广告宣传巧妙结合起来。履行社会责任也能带来一些业务，比如，我们通过对清华大学的捐赠，从而获得清华校园卡等综合性高校金融服务，我们捐赠合作的一些机构，可能就会在建设银行开户，开展金融业务方面的合作。因此，履行社会责任的过程有时候也是个业务营销的过程。同时，社会是一个大家庭，履行了社会责任某种程度也是为了自己，如汶川地震中就有我们的员工受灾受难。履行社会责任是一个成功企业必须要做的，中外概不例外，很多民营企业的捐赠数量也很大，更别说我们是国有一股独大的企业。

（二）做好公关企化工作是建设世界一流银行的需要

建设银行要成为世界一流银行需要有精神动力和文化保障，要推进建设银行事业可持续健康发展，就必须做到文化与规模、效益同发展、同进步。没有文化的自强与繁荣发展，就不可能有建设银行的持久兴旺发达。要打造百年老店就必须高举文化兴行、文化强行的大旗，将文化真正渗透进每个员工的心中。行内外许多机构的实践也反复证明：凡是工作成绩突出的地方，其企业文化建设必然也很突出；凡是经营管理问题成堆的地方，其企业文化建设也必然不受重视。要实现成为世界一流银行的愿景，与世界一流银行同台竞技，不仅要有规模和技术等硬实力，更需要有先进文化软实力，文化贫乏不可能成为世界一流银行。

三、公关企化部门怎样才能做好工作

（一）深入学习和了解公关企化工作的丰富内涵

我刚才所说的八项工作只是一种划分而已，这八个方面彼此之间其实具有高度的关联性，比如，企业文化工作影响着品牌建设、公关维护、员工对于社会责任的态度、对于声誉的管理等；品牌建设又直接关系到企业文化、公关维护、社会责任、声誉管理等；公关维护工作又涉及企业文化、品牌营销、宣传效果、声誉好坏等；宣传工作又作用于企业文化的拓展推广、品牌的推介、公共关系的处理、社会责任、声誉的维护和树立等；声誉管理工作又关系到公共关系的处理、品牌营销、宣传效果等；社会责任工作又关系到企业文化建设、品牌营销、公关维护和声誉提升等；思想政治工作，是企业文化建设的手段之一，也是做好共青团工作的方法之一；共青团工作是做青年工作的，青年又是完成上述工作的生力军。因此，掌握了其内在联系，我们在工作中就可以统一规划、统筹安排、相互促进，形成强大的综合软实力，有力推进建设银行事业向前发展。安排工作时，不能单打独斗，而要考虑整体性、相关性和连续性。

（二）分析研究公关企化工作中存在的深层次的问题

比如，企业文化在某些地方不被员工所接受，或者企业文化工作做得不好，在单位不能充分体现出价值。这就要分析原因，是缺少推广企业文化具体措施的原因，还是措施不当的原因；如果措施得当，我们具体实践过程中又有哪些问题？再如，一个单位企业文化做得不好，就要想想领导的身体力行情况怎么样？因为文化和“一把手”直接相关。其实，企业文化的建设过程也是员工的思想意识规范统一的过程，做企业文化建设要对你所管理的员工进行分析，最重要的是分析人性，也就是要以人为本。在西方管理学中，有许多流派，如经济人假设前提、社会人假设前提、自我实现人假设前提等。管理学发展至今，产生了一个更高层次的思想，就是以人为本，就是要了解员工、了解员工对自己工作满意度情况，比如，公关企划部经常搞的员工思想状况调查，就是为了掌握员工对企业目标的认同、员工间的人际关系情况、员工当前关注什么、员工需要什么等，这些都需要分析，可以通过访谈、问卷或请专业的心理咨询机构进行测评。再比如，品牌方面，有时我们觉得产品很好，但就是难以形成品牌，这也要分析深层原因。品牌是企业核心竞争力的凸显部分，是企业对硬件软件等因素综合的结果。品牌推广需要持之以恒，需要坚持较长的一个时期，尽管刚开始可能有一些困难。重复是记忆之母，如果好的产品没有做成品牌，还要分析广告做得够不够。中国几大银行目前相对来说广告投入都不太够，这其实是不对的。要知道，广告投入和销售量是成正比的，广告打得多，产品的销售量肯定会增加，这一点是不需要怀疑的，国内外都做过多少次的验证。还有广告频次怎么样？广告内容和形式怎么样？有的广告画面、语言不好，就可能会产生负面影响，而好的广告词，听一次就能记住。此外，我们产品的促销内容怎么样？促销过程中，员工的表现怎么样、服务怎么样？这些都要研究分析。一个品牌之所以形成品牌，是由客户对我们的产品或服务若干个好印象叠加而逐步形成的，各方面都做好了，在客户当中就形成了美誉、形成了品牌。比如，有的机构精神文明、物质文明都做得很好，网点门面也好，若干个良好印象的加总，在客户中就形成了品牌。同时，品牌也是随着客户消费、客户价值观的改变而不断更新提升的，也有个不断完善和丰富内涵的过程，一个好的产品即使形成了品牌，也不能一成不变，而要不断增加功能、完善服务，不断适应客户的需求、适合客户的口味。目前，我们对品牌的研究还是有些欠缺。对一个优秀企业而言，企业文化、品牌建设的确是非常重要的，这方面需要我们做好四点：一是要梳理，二是要打造，三是要营销，四是要维护。

（三）搞清公关企化部门的职责定位

这一点非常重要。其实所有工作都是如此，搞不清自己的职责定位，就可能出现“该自己吃的饭没吃，不该自己吃的饭却吃了”，有时甚至会出力不讨好。公关企化工作应该是全行的事情，是全体员工参与的事情，是各级领导特别是“一把手”倡导引导的事情，绝不仅仅是公关企划部门的事情。公关企划部、有关部门、各级领导、全体员工要各负其责，相互支持配合。公关企划部从职责定位上怎样扮演好这个角色？我认为最主要的有五点：一是策划，公关企划部要想事，提出好的点子和思路，拟定好方案，因为你是牵头部门。二是组织，策划后就要组织，组织就是要让全行多个部门及全体员工参与，公关企划部要扮演一个组织者的角色。三是推动，这有很多手段，时间关系不多讲。四是管理，包括企业文化的管理、品牌的管理、声誉的管理等。五是创新。作为文化部门，要想有生命力，就必须不断创新，大家一定要在这方面研究思考。

明确了职责定位，要善于运用一些方法和手段。在这里我只是简要提示一下。一是抓学习。尤其是要认真学习贯彻中央路线、方针、政策，学习文化理论和业务知识。二是抓教育。主要指思想政治工作，特别是人生观、价值观的教育，这项工作做好了，也是在积德行善。我们一些员工出问题，如经济上犯错误、心理上出问题、患了抑郁症甚至轻生等，我认为都是在人生观、价值观上出了问题，包括一些高层级的人出问题也是出在人生观、价值观上。应该说，建设银行员工整体上讲生活还是很好的，像我这样年纪的人，吃过过去的苦，享受现在的福，幸福指数很高。但对一些年轻的员工，没有对比反差，不太容易满足。要横向比、和其他行业比，要思考活着的意义是什么，特别是要多讲些理想追求。要善于运用正反两个方面案例剖析，做好思想教育。三是抓典型。要善于捕捉典型，特别是要注意树立那些在基层一线兢兢业业、无私奉献、在平凡的岗位上坚持作出不平凡的业绩的鲜活先进典型，进行宣传推广，以身边人、身边事教育员工。四是抓宣传。宣传是推手，企业文化建设、公共关系、品牌建设都要抓宣传，通过宣传来引导、促进和推动相关工作。五是抓营销。品牌、声誉都需要营销，特别是要善于捕捉一些重大事件的时机来开展营销，比如世博会、奥运会、亚运会等重大事件的营销，这时的营销往往效果会很好。同时，对一些节庆假日等时段，也要有针对性地抓好营销策划和组织推动工作，如即将开始的2012年旺季营销广告宣传工作。六是抓创建。抓精神文明、思想政治工作、品牌、青年文明号等的创建。七是抓交流。像昨天的大会交流、研讨、简报等。八是抓指导。上级除了做好自身建设外，对下指导是个很重要的任务。特别是总行和一级分行的职能部门，要在指导、管理上下工夫，为下级行经营管理创造条件、提供服务。有一个行案子出得多些，总行很多部门对其上报的材料都持批评态度，但没一个部门检讨自己的责任。所以我毫不客气地说，出了事情，上级部门也要检讨、反思自己有什么责任，作为总行部门是怎么管条线的？不能因为你是总行，平时缺少指导管理，出了事还居高临下、一味地批评分支机构。

九是抓参评。这也是树立形象、树立品牌、履行社会责任方面所必需的。这一点，我们做得不错，特别是重组上市以来获得了很多国内外媒体评出的奖项，今后还要进一步加强这项工作。十是抓党建带团建。这是做好共青团工作的一个重要手段。

（四）要有敏感性

特别是遇到一些重大问题或突发事件时，要重点抓，因为这是我们的职责所在。比如，碰到一个事件，安全保卫部门、信访部门都要上，公关企划部对舆情方面要有预案，提前控制。否则，没有敏感性，工作就会被动，就像灭火，刚开始一盆水就能浇灭，火大了后，消防车都不一定管用。

四、对公关企化工作从业人员的几点要求

（一）要有高度的责任感

这是由公关企化工作的重要性所决定的，要时刻清楚自己所肩负的重要使命，积极主动，履职尽责。同时，要通过做事，做出成效，建立起兴趣感和荣誉感。

（二）要加强学习研究

公关企化工作是政策性、专业性很强的工作，牵涉面广。前面讲的八项工作，每一项都不只是一本书的内容，要研究的东西实在太多了。企业文化在大学课程中，要学一个学期，产品、品牌、声誉管理都是一门课。特别是面对当前复杂多变的经济金融形势，面对业务的创新和快速发展，我们每天都要面对新课题、新挑战，需要我们保持积极学习、主动调研的心态和良好习惯，做到干一行、爱一行、钻一行、专一行，否则就很难完成好工作任务。

（三）要了解全行各个时期的工作重点和热点

围绕中心、服务大局是做公关企化尤其是新闻宣传工作的根本任务，因此，需要我们随时了解全行各个时期、各个条线的工作重点、热点和亮点。只有围绕中心来开展工作，我们的工作才有生命力，才能适时创造价值。

（四）要学习了解建设银行各方面的业务

要想融入业务、发挥作用，就必须熟悉业务，特别是一些新业务。当然，我们不需要懂得很深，但要做到大致了解，否则，说外行话，和业务部门沟通起来就很麻烦。比如，给小企业服务做宣传广告，就要借这个机会来认真学习这项业务，这样才能抓住业务的实质，了解客户的诉求，把握公众的关注点，把宣传营销工作做到点子上去。

（五）要有敏感性

我们的工作关系建设银行的形象，必须以如履薄冰的心态来认真对待，否则，一件事处理不好，就可能带来重大负面影响。因此，要强化责任意识，保持高度敏感性，这要作为一个职业要求，时时记住。

（六）要提高沟通能力、协调能力和公关能力

这是职业基本功。尤其是跟政府、新闻主管部门、媒体、电视电台及行内有关部门打交道，都要有很强的沟通协调能力。

五、对各分支机构领导特别是“一把手”提几点要求

（一）要身体力行

文化从倡导到深入员工之心，达到刻骨铭心的程度，起关键作用的是各级“一把手”，因此，“一把手”一定要身体力行。

（二）要研究公关企化工作中的有关问题

我向各级各部门的“一把手”提个建议：假如你发现所在的机构、部门发生了员工抑郁、闹不团结、窝里斗等现象，出现了你认为你的方向、目标、措施都是正确的，但就是部属做不好，或者出现了自己下了很大工夫，但单位竞争力仍然下降等情况，建议从公关企化工作中找找问题。有时候工作氛围不好，实际上跟文化很有关系。文化有大文化、小文化，条线也有条线的文化，有的长期闹不团结，这就是文化的问题，这是“斗”的文化，还怎么工作？说实话，不抓公关企化工作，就想带好队伍、带出队伍的战斗力、保一方平安，至少我是不敢想象的。文化是个慢工夫，但一旦建立了好的文化，队伍管理起来就会很省力。

（三）要把公关企化工作当做提升建设银行核心竞争力、关系建设银行长久发展的大计来抓

这里要处理好两个关系，即直接收益和间接

收益的关系、有形收益和无形收益的关系。各级领导都想抓实实在在的创收，这可以理解，但要从两个方面抓：一是抓眼前；二是抓长远。有时要抓直接的收益，有时也要抓间接的收益。

（四）要给公关企化部门配备与工作量相适应的、一定数量和一定质量的人员

听说有的单位把公关企化部门当成安排闲人的地方，这真是大错了。如果是这样，宁可人少点。

（五）要安排适当的经费

如广告经费、公关营销经费等，因为和政府、新闻媒体等打交道，宣传形象和产品都要有经费支撑。同时，对一些博客、微博的重点人物也不能忽视。大家一定要研究博客、微博，因为其传播速度非常快，有的人有博客粉丝几百万，而他几百万粉丝每个人如果再影响几个人，会是什么影响？

（六）重大事件和突发事件发生后，主要领导要亲自过问

对于突发事件的处理，特别是关系到舆情的，一定要高度重视，认真应对，因为处理不好是要吃亏的，这样的例子太多了。可能就因为网络上一个小小的报道，就会造成领导人员丢官罢职，影响机构的声誉和形象，有些应急事件处理不好，也是这样。

六、抓好为民服务创先争优工作

借这个机会再强调一下“为民服务创先争优”工作。这项工作是创先争优的一项具体措施，中央非常重视，源潮同志亲自在抓。银行是吃服务饭的，为民服务就是要服务好我们的客户，特别是广大普通个人客户。另外，对为民服务的人即我们的员工的工作也要做好。我们要把为民服务创先争优工作定位在提升建设银行核心竞争力的一个抓手来对待，一定不能走过场。最近总行派了几个组抽查了八个行的情况，明年6月中央还要抽查。我们的业务工作中还有很多问题，如系统慢、界面不好、网点功能不行、人员数量少、人员素质亟待提高以及产品、业务流程等，方方面面都还存在不少需改进的问题，要通过开展为民服务创先争优工作，以客户的体验和满意度为标准，来一项一项地解决。希望公关企化部门在《建设银行报》等媒体上多做宣传，大造声势，形成良好的氛围，把这项工作做好、做扎实。

谢谢大家！

（根据录音整理）

CHINA 中国建设银行年鉴 2012
CONSTRUCTION BANK ALMANAC

第三部分　改革发展与内部管理

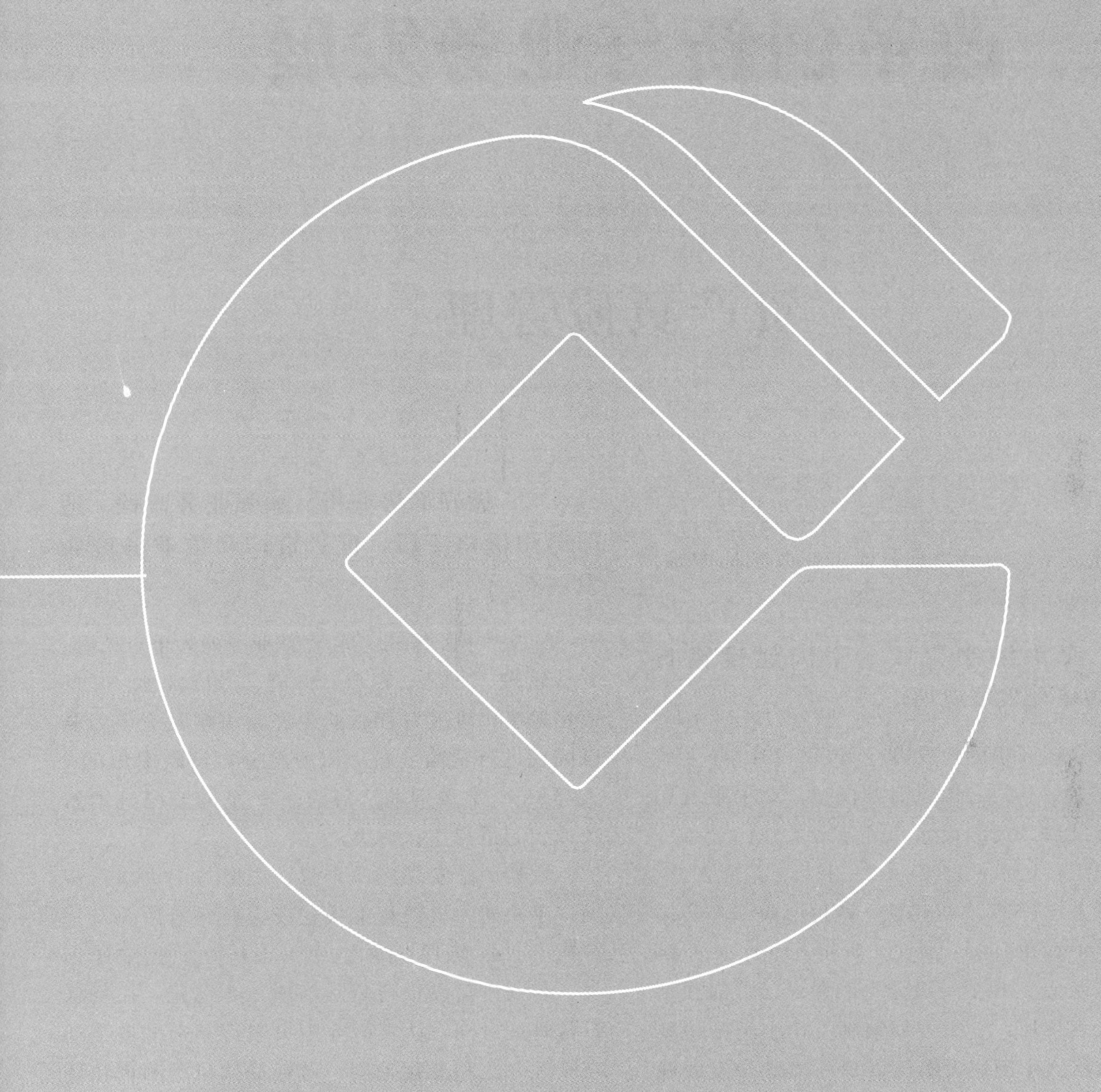

一、改革创新与业务发展

资产负债管理

2011年，资产负债管理部认真执行总行党委、董事会、高管层各项决策，积极适应市场和业务变化，采取多种措施，促进业务结构调整，确保全行资产负债业务健康发展。

一、牵头编制完成《中国建设银行2011—2015年发展规划》

完成全行《中国建设银行2011—2015年发展规划》编制。其间，构建财务模型，对未来五年各项业务发展、资源投入、财务结果进行了系统测算；组织对董事、监事、“三长”、高管人员、部门负责人进行了27场访谈，整理形成全部访谈记录；组织召开山东、浙江、贵州三个片区的14场调研座谈会，18个一级分行的领导、干部和基层员工代表参加；组织规划编制工作小组撰写规划；多次将《中国建设银行2011—2015年发展规划（草稿）》及相关材料提交行长办公会、党委会（两次）、董事会（两次）讨论审议；跟踪、推进党委成员牵头的十八个专题研究，督导38个分行完成分行五年规划编制，并进行汇总、整理和观点提炼；在《建设银行报》开辟五年规划研讨专栏，筛选并刊登研讨文章；2011年9月初，《中国建设银行2011—2015年发展规划》正式下发执行。

二、做好形势分析，加强业务监控，适时运用价格手段，促进资产负债业务健康发展

三次季度分析会均将存款业务列为重点议题，并从管理、产品、客户、渠道、考核激励、旺季营销等多个维度对存款业务经营策略及竞争力基础问题进行全面分析。梳理出分行反映突出的7大类32个重点问题。目前，32个问题已基本解决或引起重视正在解决。

密切关注宏观经济走势，积极与中央银行沟通，多次向中央银行汇报建设银行经营情况及贷款需求。截至12月末，中央银行在原核定计划外，多安排建设银行贷款新增355亿元。在贷款日常管理方面，认真研究中央银行差别准备金动态管理办法和变化动向，做好贷款新增测算和计划管理、监控等工作，确保信贷投放均衡，符合监管要求。

抓住同业资金逐利性强、价格敏感、短期资金多的特点，灵活运用价格手段解决资产和负债匹配问题。从2011年8月17日到12月14日，在保证成本可控的前提下，累计吸收短定期同业存款约3 000亿元，存量913亿元，支持了增加长期投资和保障流动性安全的需要；2011年12月15日至31日，迅速调整价格策略，16天时间吸收

期限3个月以内定期存款2 261亿元，为全行存款增量突破1万亿元发挥了支撑作用；试行资金来源与运用严格匹配的议价机制，累计发生额482亿元，发生123笔，发生额平均点差93BPS，为创新资产负债管理方法积累了经验。

三、深入研究监管政策影响，圆满完成400亿元次级债发行

参与银监会新资本管理办法修订和多轮定量测试，组织部门深入研究监管政策对建设银行影响，对巴塞尔协议Ⅱ、巴塞尔协议Ⅲ与现行法及新资本办法修订稿的差异进行深入研究，多次向监管部门反馈意见，向管理层汇报监管动向。促使资本管理办法修订更加符合国情行情，减少了对银行的负面影响，也使自身适应新监管要求的能力得以提高。牵头制定《新监管标准实施规划》，获得监管部门的好评。

在对未来三年资本变动模拟多重情景进行测算的基础上，向董事会和股东大会提交了发行800亿元次级债的议案。与金融市场部协作，圆满完成了首期400亿元次级债券发行。其中资产负债管理部具体承担和参与了监管沟通报批，全套发行材料准备，发行方案设计，评级机构、律师和会计师等中介机构采购和预算申请，利率区间预测，发行备案，交易流通等工作。

四、牵头“表外业务管理年”活动，推进表外业务精细管理

制订活动方案，拟订表外管理工作目标和十二大项工作内容；提出表外经济资本优化建议，在表外经济增加值考核中增加监管资本调整项；全面梳理规章制度，编制《表外项目管理手册》；定期向董事会、监事会和管理层汇报进展情况。推进表外风险加权资产（RWA）系统优化，目前已实现到二级分行分产品监控。

通过上述工作和相关部门的努力，表外风险加权资产总量得到有效控制，2011年12月末境内信用类表外业务风险加权资产（剔除口径调整）较年初下降819亿元，下降8.3%；表外风险权重比年初下降2.3个百分点至45.5%；全年共清理一年以上失效贷款承诺711亿元，失效和过期保函502亿元，节约资本占用约71亿元；一年以上贷款承诺比以往历史增长水平至少减少1 700亿元，节约资本100亿元；考虑年初贷款承诺口径调整影响因素以后，通过上述管理措施共节约资本120亿元以上，提升资本充足率近0.18个百分点。

五、积极推动服务与产品创新，保持中间业务健康发展

全年中间业务收入总量突破900亿元，继续保持33%的高速增长势头。主要推动措施有：持续改进完善月度分析，深入分析重点产品发展趋势及变动原因，为全行提供同业动态和业务参考。组织推动中间业务标杆管理工作，组织分行重点产品发展经验交流分享，共组织个人类、对公类和投资理财类3次专题标杆会，对30多个创新或优势产品发展案例进行了经验分享和讨论。在全行范围内开展十项重点中间业务产品的“破零增收”活动，产品开办率稳步提升。

六、建立以客户为中心的服务价格体系，认真组织实施免费服务

对收费项目进行全面重新梳理，减少归并不合理收费项目，服务收费项目由645项减少为460项。设计不同版本服务价格表以满足不同使用者需求。积极贯彻落实三部委11类34项免费服务要求，制订详细的业务流程和技术实施方案，组织对全行7 100万个账户修改免费参数，制定统一答疑文本应对客户和舆论咨询，确保免费服务工作扎实平稳实施。

七、确保全行支付安全和长期债券投资需求，全年人民币日均备付率进一步下降

在中央银行连续6次上调存款准备金率、存款增势不好和大幅波动的复杂环境下，通过实时调控存放同业和买入返售票据规模、及时与人民银行和同业沟通、协调金融市场部和相关业务部门多渠道筹集资金等方式，确保了全年全行支付安全。2011年全行人民币日均备付率为1.78%，比年度计划2%的经营目标低22个基本点，同比下降37bps，在四大银行中位居第二，与工商银行的差距从上年41个基本点缩短到27个基本点。

在资金持续紧张、债券市场利率处于高位的

情况下，为抓住债券投资机会，提出吸收800亿元短期限同业定期存款解决长期债券投资需求的建议，并持续关注同业存款总量和期限结构变化，密切联系有关业务部门，使同业存款余额保持在较稳定的水平，保证了在流动性最紧张时期没有错失高利率长期债券投资机会。

八、推动建设银行在港机构人民币业务发展

组织协调国际部、金融市场部等七部门对建设银行在港机构人民币业务资金来源运用情况进行调研分析，向行里提交了《创新管理机制，加大激励力度，迅速提高在港机构人民币业务竞争能力》的研究报告，通过采取单独下达人民币海外代付计划、持续跟进相关工作落实等措施，使在港机构人民币业务实现跨越式增长。截至2011年12月末，建设银行在港机构人民币存款余额达363亿元，比年初增长308亿元，增幅达561%；人民币海外代付从年初的0.53亿元增至340亿元。

为支持建设银行在港分支机构业务拓展，2011年初即向行领导报送在港发行普通金融债方案，并向人民银行等监管机构提交了正式申请。配合投资银行部完成了预算费用申请以及承销商、律师、审计师等中介机构的集中采购谈判和评审，与中介机构讨论发行方案，配合投资银行部审核发行章程等材料，提前做好发行工作准备。

九、研究利率市场化，梳理规范产品计结息规则，推动改进SHIBOR报价工作

配合战略制定和核心系统建设，完成《利率市场化改革及其对商业银行的影响》专题研究，并开展市场化影响定量测算作为财务测算组成部分，提出经营和业务转型应对策略，形成主题研究报告，编入五年战略规划。撰写《新一代核心系统定价专题业务解决方案》，提出定价要素参数化和价格管理流程重塑的改进思路，奠定定价模块IT架构基础。

在全面梳理中央银行政策、建设银行总行制度、系统现状和实际执行情况的基础上，整理起草《人民币产品计结息规则》（以下简称《规则》）。《规则》全面覆盖存款、贷款和市场化产品，规范全行计结息管理，为业务开展、合同签订、产品设计和系统开发提供制度依据。积极推进与SHIBOR相关的报价、交易、定价应用、系统参数自动化及产品创新工作，使SHIBOR报价人民银行考核排名从上年的第十二位提升至第三位（10月末排名）。

十、积极支持第二支柱建设，健全利率风险管理

配合全行新协议实施和评估安排，完成第二支柱实施申请、现场评估和汇报工作。全面修订《银行账户利率风险计量规则》，规范集团范围内利率风险计量方法和程序。落实《银行账户利率风险管理办法》，综合运用各种计量工具开展定期分析，尝试运用不同工具对利率风险进行管理，规范报告体系，加强重点产品的日常风险监测。

十一、牵头制订全行首个营业机构五年规划，切实推动机构新设

牵头起草《中国建设银行营业机构五年规划方案》，对全行营业机构未来五年的调整原则、区域分布、年度新增、升格计划、资源配置等作了安排。

为加快机构新设计划执行进度，解决长期停业机构问题，组织召开一系列部门协调会、全行视频会，牵头相关部门出台多项政策，包括人力和财务配套资源、下放或扩大分行授权、建设后评价、指令性计划、进度要求、KPI挂钩考核等，并逐月通报各分行进展情况。积极与银监会、地方银监局汇报沟通，争取政策支持和审批便利。在全行上下的共同努力下，境内营业机构建设取得重大突破，全年完成机构新设310个（为上年的10倍），超额完成计划。

十二、认真做好国内监管会谈和国际监管联席会议组织和准备工作

组织召开5期月度监管会谈，针对监管部门提出的各项要求，督促各部门制定有效措施，并跟踪各项措施的实施进展，确保监管要求有效落实。参与组织召开国内监管联席会议，全面汇报建设银行经营情况和关注风险点，与监管部门进行充分沟通，争取监管支持。牵头完成国际监管

联席会议行领导发言材料，向国外监管机构展示我行良好的经营状况、优异的经营业绩、完善的管理能力，树立起建设银行积极稳健、追求卓越的企业形象，得到监管机构的高度评价。

十三、组织实施培训，着力提高全系统管理能力

举办了全行系统表外业务管理专题培训班，举办了首期境外（香港）资产负债综合管理培训班。举办了两期针对二级分行计财经理的培训，着力提升二级分行中间业务综合管理及重点产品推动能力。

十四、完成定期报告编制，促成标普评级提升

高质量完成定期报告编写，其中年报的“财务摘要”和“管理层讨论与分析”在香港管理协会年报评比中获得好评。与标准普尔、穆迪、惠誉三家评级公司保持积极的沟通，努力促成我行评级的改善。2011 年 11 月标准普尔将建设银行长期评级由“A -”上调至“A”，短期评级由“A - 2”上调至“A - 1”。

十五、严格内部流程管理，提高公文运转效率

重点改进公文督办方式，加强督办力度，各部门对资产负债管理部公文催办现象减少，资产负债管理部受理分行请示事项平均办理天数为 2.9 天，是近 6 年来公文平均办结时间最短的一年。

执笔：黄湘虹、李劲松、季娅倩、陈颖钰

财务会计管理

2011 年，财会部围绕“十二五”规划的要求，积极转变职能、深化支持服务、努力提升能力，发挥年度综合经营计划的全面预算管理载体作用，统筹安排任务目标、加强业务监控和调度安排、深化经营分析、优化资源配置，顺利实现各项核心指标稳健增长。

一、优化政策工具，有效促进经营转型和可持续发展

一是根据经营形势和管理要求，对资源配置管理进行调整。支持战略性基础能力建设，在保证业务和财务平稳增长的基础上，资源配置重点加强关系未来竞争能力和可持续发展能力的客户、产品、渠道等基础能力建设；调整战略性激励费用安排，以客户（账户）类和渠道类指标为主，实现客户总量稳步增长，与同业差距逐步改善；调整员工费用结构，增加 KPI 挂钩薪酬、非员工费用按费用性质分类管理；引入成本收入比项目研究成果。

二是完善考核机制。修订等级行和 KPI 办法；优化 KPI 考核指标，加大客户、产品、渠道指标权重，实现产品覆盖度同比提升，产品对客户的横向覆盖和纵向渗透增强；电子渠道账务性交易量及占比持续提升，对柜面的替代效应明显。

三是增强对计划执行的掌控能力，并根据形势变化及时调整相关政策。一方面，提高预测频度和密度，动态掌握计划执行情况，年末加大损益监控的频度和密度，每日编报财务快报，切实控制好全年费用列支，预测全年盈利实现情况；另一方面，年度中牵头组织综合经营计划调研，听取分行的计划落实情况、存在的问题以及对计划的意见、改进建议，为后续有关政策的改进和完善提供依据。

四是固定资产投资重点支持业务转型和渠道建设，促进长期价值创造能力和可持续发展能力。建立落实计划执行情况责任制、细化固定资产投资项目管理、加强集中采购配合协作、适时进行年度计划调控管理等措施。

五是研究落实监管部门考核要求。认真研究财政部金融类国有及国有控股企业绩效评价方案，并将其作为建设银行高管人员绩效年薪的依据；及时跟进银监会《大型商业银行绩效考核监管指引》进展，评估对建设银行制定等级行和KPI办法的影响。

六是配合完成五年规划相关工作。负责全行新的五年规划中财务资源和损益规划以及规则的相关编制工作，并编写相关专题说明材料，作为全行财务相关工作的中期指导和目标。参与全行五年规划客户、产品覆盖度等转型指标的测算及模型搭建工作。

二、深化支持，创新方式手段，切实增强条线计财支持服务能力

一是对部门条线提供总体支持。牵头制订条线KPI方案，从效益、风险、战略和联动方面，明确条线经营导向，支持全行战略实现；牵头拟定总行业务部门绩效评价体系，促进部门从经营效益、风险控制、业务发展、联动创新方面提升经营管理水平；运用财会技能，在计划管理、资源配置、利益调整、投入产出分析等方面提供财务支持服务方案。

二是发挥专业优势，提出业务解决方案。制订金融市场部经营绩效考核方案、贵金融交易激励政策；研究电子银行业务前台销售解决方案、客户增长费用配置政策等活动方案；配合机构部研究制订社保业务优化方案；支持集团客户部设计并下发集团客户现金管理利益分配调整试点方案；支持托管部设计建立托管费收入返还机制；支持公司部测算定活通产品财务效益、合理设计产品定价模式等。

三是完善本级财务管理机制，提高财务支持力度。调整本级预算管理模式，优化内部操作流程，扩大部门财务授权，提高本级财务事项处理效率，加强对预算执行情况的跟踪监控；继续完善落实责任中心预算管理；加大对部门和直属机构的调研检查力度；对新设部门和机构的财务需求进行研究和分析，合理配置财务资源。

四是支持海外发展战略，加强海外分行财会管理。组织完成海外分行2010年绩效考评工作、2011年业务计划及财务预算编制工作；赴海外分行提供现场工作支持，开展专项调研及检查；拓展海外分行税务筹划渠道，协助分行合理节税。

三、重点突破，优化模式流程，提高全行战略成本管理和渠道服务能力

一是积极推进成本项目。第一批20个重点成本项目已陆续进入成果转化阶段，成效显著。如会计档案保管改进项目实施后，预计每年将为全行节约成本2.6亿元，综合成本节约率将达76.5%。第二批12个项目正在研究实施过程中，重点立足于改进全行的作业模式、操作流程、营运效率，解放前台生产力，部分项目已取得了阶段性成果。

二是积极研究成本分摊策略，确定了IT等归口费用的分摊参数；扩大“拓展ERP系统功能搭建统一费用公示平台研究与应用”项目的试点范围，在总结试点运行情况的基础上，进一步修改和完善了系统功能，更新《ERP系统标准化费用公示报表操作手册》。

三是根据五年规划及业务发展需要，优化资源配置。重点支持新兴业务、创新产品和基础设施建设；加强网点购置、新设机构建设及自助设备购置，提高网点自有率，提升电子渠道服务能力；在保证生产基地建设、IT项目等重点资源投入的同时，加强对培训中心和党校基础设施建设方面的资源安排。

四、开发改进系统功能，提升财会管理信息质量

一是研究和改善管理会计成本分摊方法并在全行推广应用。新方法借鉴作业成本法，更贴近业务实际，在动因获取和系统操作上实现了最大程度的自动化和便利化，大大减少了分行工作量。

二是推动管理会计系统在分行的应用。管会系统用户从财会条线和局部经营版面扩展到各个层面的经营条线，方便了经营条线利用管会系统客户盈利性等数据开展经营分析。明确分行加强管理会计应用的要求，实现“让数据说话，用数据说话”。加强对管会规则总结，持续提升数据质量和用户体验。

三是优化财会账务系统。开发上线中间业务收入自动递延账务系统，财务顾问、企业管理顾问、保函等业务收入由系统按照权责发生制要求自动入账；开发上线内部账管理系统，实现内部账开销户、挂销账的电子化审批，支持内部账查询及待处理款项监控等功能，实现对常见违规问题的“机控”。

四是持续推动管会数据源的改进。落实核心业务中间业务收入核算功能的改造，提高中间业务收入账户识别率；完成贷款准备金系统逐户计算贷款减值损失功能的开发。

五是参与新一代核心系统和企业级建模工作。从会计账务处理角度参与业务流程梳理，重点提出财会应用系统对交易系统相关源数据的要求。

五、规范完善财会制度和管理流程，夯实财会管理基础

一是财会管理向海外分行延伸。统一海外分行会计核算码；完成海外核心业务系统在所有海外分行、伦敦子行推广上线；规范海外分行业务的会计处理，实现海外分行总账数据与全行总账数据的对接。

二是完善会计制度，规范会计核算。根据外部监管、内部业务创新、精细化管理要求，制定或重新规范了衍生品、保本型理财产品、已上市债转股投资、电商平台相关业务等会计核算制度；按照“双边记账”要求，对电子银行业务收入核算码进行拆分；配合金融市场部，进一步规范了衍生品垫款预计负债的会计处理要求；密切跟踪国际会计准则修订，做好会计准则转换的准备工作。

三是进一步规范财务管理规章制度。结合财务管理整体要求，系统研究了中间业务支出、业务管理费以及其他营业支出的差异，明确核算内容与划分标准；适应预算管理模式变化，调整福利费管理政策；针对内外部检查发现的分行财务违规问题进行研究，对各类财务收入、费用支出的核算作进一步的规范。

四是优化表外账务处理流程。组织开展“表外账务改进项目”，对全行所有的 90 种表外业务流程和 20 多个业务系统进行了全面梳理，提出了 25 项改进建议、39 项系统优化需求，为提升表外账务数据质量奠定基础。

五是加大“小金库”治理工作力度。连续第二年按照银监会的部署，在全行开展“小金库”专项治理工作，明确了“一把手”对本级机构的“小金库”行为承担主要责任，切实提升财会管理合规性水平。

六是积极参与内控流程梳理和内控规范实施。按照内控办统一部署，梳理业务流程，汇总撰写了内控梳理分析评价报告。针对财会条线关键控制环节，逐一整理归纳控制措施，为建立财务报告内控体系做准备。

七是进一步强化税务管理的工作。圆满完成税务部门布置的发票自查工作，得到北京市国家税务局的认可。认真做好税务管理基础工作，防范与控制税务风险，建立重要税收事项报告制度，密切关注国家税收制度改革，做好部门涉税事项的支持工作。

六、提高财务报告自主编制能力，不断提升信息披露质量

一是进一步提高财务报告质量。加强财务报告核心团队持续培养，提高财务报告核心团队编审能力。加强总账数据监控力度，促进核算质量提高；实施半年度集中会审，改善基础数据质量。以年报编制数据为基础，对全集团的经营成果、现金流量及财务状况进行分析，形成备忘录并持续更新。

二是实现审计师转换的平稳过渡。协调毕马威和普华永道两家审计师的衔接工作，基本实现“平滑过渡、减少成本、务求改进、实现增值”的工作要求。完成对外部审计师 2010 年度工作评价。

三是顺利完成 2010 年度财务决算报表编报。根据财政部编报要求，严格审查境内外各分行、子公司的数据，完成全行汇总层面的报表编制、报送等相关工作以及 2010 年度财务决算报表和国有资产保值、增值报表等的报送工作。对建设银行因配股工作引起的国有资产产权变动，向财政部申请办理了产权变动登记。

七、开展专业研究，提升管理能力

跟踪国际会计准则变动，对预期损失模型、

金融资产终止确认、套期会计等准则征求意见稿进行研究。参与财政部组织的准则研究小组，多次向国际会计准则理事会反馈意见。参与人民银行组织的课题研究项目，承担《商业银行金融资产终止确认问题研究》课题。针对资产证券化、理财产品等进行探讨，为实务的开展提供理论支持。参与银监会金融工具估值研究项目，撰写《权益工具公允价值估值操作指南》，为商业银行的估值工作提供指引。

执笔：许悦

资金结算管理

2011年，全行资金结算工作深入贯彻落实科学发展观，坚持“以客户为中心、以市场为导向”的经营理念，深化“产品制胜、赢在创新”的发展策略，坚持业务发展与风险控制协调统一，重点产品营销取得新的进展，价值贡献度明显提升；小额无贷户管理成效凸显，账户及客户基础不断夯实；产品体系日臻丰富，流程优化继续深入，管理效率和服务效率得到提高；风险防控能力进一步提高，实现全年安全运行目标。

一、全面完成2011年各项任务，主要指标完成良好

2011年，全行单位人民币结算业务实现收入94.6亿元，同比增长30.2亿元，增幅为46.89%，收入总量和增量同业排名第一，中间业务收入占比由上年的9.48%提高到10.49%。截至2011年年末，全行单位结算账户总量为372.17万户，比年初增长37.54万户，增幅为11.22%，增速排名第二；全行现金管理客户数为106.2万户，新增47.9万户。使用建设银行现金管理服务的总行级重点客户已达到976家（不含分支机构），占总行级重点客户的21%。

二、强化激励考核，组织营销竞赛

总行将单位结算收入、规模以上人民币对公结算账户和现金管理业务系统客户、重点产品覆盖度纳入综合经营计划；组织开展对公结算业务百日营销竞赛活动，专项安排3 720万元营销竞赛费用，按月通报进度，组织经验交流，取得了良好效果。

按单项产品计算，收入超过1亿元的产品增长到17个，超过5 000万元的产品增长到21个。现金管理等资金结算六项重点产品覆盖度达到130.77%，同比提高8个百分点。现金管理、国内信用证、一户通、电子商业汇票、结算卡等创新产品表现良好，市场竞争力逐步体现，逐渐成为新的利润增长点。截至2011年12月31日，国内信用证客户3 775户，实现业务收入3.55亿元，同比增长117%；对公一户通签约客户2.6万户，吸收存款沉淀3 047.54亿元；电子商业汇票签约客户数5 311户，实现手续费、承诺费和利息收入计5.91亿元；结算卡累计发卡28.6万张，实现收入5 300万元；电子回单柜收费客户数超过80万户，实现收入2.1亿元。

三、强化重点客户营销，服务能力显著提升

全行举办各类推介活动400多次，总行分别于2011年5月、9月、10月在杭州、西安和张家界举办三场以“融古今中外之智，创财资管理之道”为主题的“财资论道”推介会；参加由欧洲金融组织的第二届中国中型企业现金、财资及风险管理大会。发挥专业优势，直接参与中铁建财务公司等大客户的营销服务方案的制订。

大力宣传“禹道”品牌，加大广告投放，开通“禹道—建行现金管理”新浪官方微博，持续

更新《资金结算产品手册》（网站电子版）。2011年度“禹道—智胜的现金管理”荣获了《亚洲金融》、《首席财务官》、《财资中国》等媒体评选的现金管理专业奖项，品牌市场影响力进一步扩大。

四、积极拓展第三方支付业务，市场份额稳步提高

建设银行总行印发了《非金融支付机构备付金存管综合服务方案》、《第三方支付机构备付金存管框架协议》等文件，组织了备付金存管服务系统研发，积极参与三方支付机构营销，推动第三方支付机构备付金存管市场拓展。截至2011年年底，在前两批获得“支付业务许可证”的40家第三方支付机构中，已经与建设银行签订备付金存管协议（含合作意向协议）的有15家，占37.5%。

五、狠抓小额无贷户管理，账户数量快速增长

2011年年初，建设银行总行明确小额无贷户的发展目标和措施，指出小额无贷户业务发展的方向；加大对公小额无贷户管理培训的力度，讲解小额无贷户管理营销的技巧、方法和产品，提高管理水平；完成OCRM系统小额无贷户相关功能优化，满足了分行查询客户、账户、存款、移出移入等信息的需求；加快验资通产品推广工作。截至2011年年末，小额无贷户账户达201.6万户，新增25.72万户，增幅为14.62%，占全行账户新增的68.51%。

六、加快推进产品创新，产品体系日臻丰富

推出“集团式资金证明”产品，实现集团资金证明金额的系统控制；推出交易信息定制报告产品，实现客户交易资金流与信息流的一致；组织实施一户通主账户解约重签、分账号扩位、外围渠道等十项功能优化，契合了客户对产品灵活运用的需求；借助SWIFT系统及大额实时支付系统推出了国内信用证跨行业务，与工、农、中、交、招五家大型银行签署了国内信用证业务合作框架协议。

七、加强渠道系统建设，系统服务能力进一步提高

完成中石油大司库资金管理、本外币现金管理查询服务、总后勤部资金监管项目、中央财政部授权支付网上支付业务和新银关通等现金管理系统功能的开发与上线；组织实施现金管理系统与企业网银实现互联互通，统一了USBkey，实现两个系统产品的共享共用。

启动对公客户柜面业务自助服务项目建设。完成立项申请、需求说明书编写、分行特色业务梳理等工作，并启动了网点硬件自助设备采购测试工作；组织开发“第三方支付机构备付金存管系统”，完成程序开发与测试。

积极参与新一代信息系统建设，组织实施企业客户综合服务（现金管理）业务解决方案，完成现金管理部分的五级建模，为系统开发创造了条件。

八、持续推进流程优化，提高管理与服务效率

持续推进核心业务系统优化工作：扩充核心业务系统岗位资源，新增岗位21个，删除6个，调整12个，覆盖核心业务系统400余个常用交易；建立单位结算收费灵活扣费模型，实现按不同频率（月、季、年）和账户收费、年费自动递延处理和收费减免权限系统控制功能；实现中间业务收费按合同递延的自动化处理，解决了195项中间业务收入递延手工核算问题。

实施重要客户服务系统跨行落地集中处理优化，将原来由前台落地处理的跨行来账业务调整到后台集中处理；完成电子商业汇票系统二期跨行资金清算功能优化，实现跨行资金由系统直接入账处理。

九、加强专业化管理，提升研究分析能力

组织编制《中国建设银行2011—2015年资金结算业务发展规划》。

组织开展小额无贷户的管理模式研究，形成了《关于对公小额无贷户经营模式与经营策略研究的报告》，提出小额无贷户经营的客户策略、

产品策略、渠道策略、价格策略和资源配置策略。

稳步推进重点成本项目研究工作。组织完成一期项目成果转化工作，“档案保管及库房建设问题研究”开始实施系统开发工作，对公客户对账作业成本分析与优化课题成果转化成效明显，荣获了总行战略成本研究课题一等奖；承担“人民币单位银行结算账户开户和签约便利化”、“对公柜面业务分流”和“基层机构对公作业分析”三个二期重点成本项目研究。

研究建立反交易欺诈远程监控预警/检查模型，提出《关于推进建设银行反交易欺诈工作的研究报告》，拟建立59个反交易欺诈远程监控预警/检查模型。

十、强化操作风险管理，实现全年安全营运

组织开展对公柜面操作风险专项检查、结算业务合规大检查、存单质押授信及相关业务内控检查，累计派出检查组4 364个，检查人员12 892人次；按季组织开展人民币银行结算账户风险排查，按季通报对账情况，按月下发对公柜面风险防控工作动态。

加强委派营业主管管理。举办“百佳委派营业主管竞赛评选活动”，举办4期委派营业主管培训班及1期“优秀委派营业主管”香港交流培训班，共计445人参加了培训。

十一、积极参与完成人民银行布置的各项工作

组织完成2010版银行票据启用工作，完成包括核心系统在内的12个相关系统的改造，妥善处理新版票据瑕疵票据风险；积极参与人民银行《人民币银行结算账户管理办法》等相关政策制度制定工作；组织完成三批23个省、市推广财税库行系统推广工作，规范银行端查询缴税业务管理，实施系统硬件设备升级和功能优化；进一步规范支付结算业务报表编报程序，强化系统支持，提升数据质量，加强数据分析挖掘，受到中国人民银行通报表扬。

十二、强化基础，提高支付结算管理水平

加强产品制度、风险防控制度的建设，规范业务发展；组织对2008年以来印发1 073份制度文件进行梳理；组织实施制度手册化工作，编写《对公柜面人员岗位培训教材》，成为柜面业务操作和上岗考试的工具。

继续完善支付结算报表平台，为KPI考核和业务营销竞赛活动提供数据支撑；坚持按月简析、按季全面分析资金结算经营情况，提高支付结算分析报告质量。

条线建设取得新进展。北京、浙江、黑龙江、吉林、湖北等7个分行改制成立资金结算部（一级部）；辽宁、内蒙古分行推进二级分行体制改革，成立了定位为经营部门的资金结算部（一级部），组织完成了会计职责移交工作。

组织首次全行33 693名对公人员上岗考试；总行举办支付结算业务、产品和营业主管等各类培训12期，培训1 013人次；制定印发《中国建设银行资金结算师岗位职务管理暂行办法》，为启动资金结算师评聘工作创造了条件。

执笔：房伟明

信息管理工作

一、主要工作成果

（一）企业级数据模型建设和相关数据标准制定工作

自2011年4月起，信息管理条线派出16名业务骨干参加新一代核心系统企业级建模项目，完成了企业级数据模型建设和相关数据标准制定工作，并完成基准数据管理与应用、数据质量控制流程的设计，以及数据模型管理团队支持五级流程建模的工作流程、工作内容和相应模板设计，完成了数据模型长效管理机制流程和相应模板制定，为在新一代核心信息系统建设中落实数据管控要求、规划全行数据体系奠定了基础。同时，为配合新一代核心系统建设工作，启动了管理信息数据需求咨询项目，分析了建设银行内部管理和外部监管的关键数据需求，整理了基础数据项，建立了管理信息数据需求识别的工作机制，提出了数据管控相关工作建议。

（二）报表清理工作

针对基层行反映的手工报表过多问题，2011年9月，建设银行总行信息中心对浙江、江苏、广东、安徽等分行报表负担进行了调研，随后与总行25个业务部门进行访谈，对总行布置的手工报表进行深入分析、清理。截至2011年年底，布置分行填报的手工报表精简为61份。同时，建设银行总行信息中心对现有系统报表进行摸底分析，组织协调25个业务部门对系统中存在的无人访问或访问量较低的报表进行清理，使系统报表由最初的27 000余份精简到8 563份。

（三）新资本协议第三支柱工作

按照《巴塞尔新资本协议》数据与第三支柱组工作要求，对风险加权资产计算及监管报表系统（RWA）进行优化，持续监测和改进数据质量；依托RWA系统，完成了《巴塞尔新资本协议》定量测算、巴塞协议Ⅲ专题定量测算、银监会新资本充足率管理制度定量测算、系统性重要银行定量测算等工作，支持全行资本精细化管理，为建设银行按期实施《巴塞尔新资本协议》提供支持。

（四）监管统计数据质量管理良好标准自评估工作

2011年年初，银监会颁发《银行业监管统计数据质量良好标准》，从商业银行数据管理的组织机构及人员，制度建设，系统保障和数据标准，数据质量的监控、检查和评价，数据的报送、应用和存储五方面对银行数据质量管理提出了明确要求，规定了5大类15项原则61项标准的评估规则。2011年8月，建设银行总行信息中心按照银监会要求完成自评估报告，并向董事会作了书面汇报。同时，按照良好标准的有关要求，将数据质量管理要求纳入全行内控管理体系及战略规划中。

（五）监管数据报送工作

2011年，银监会监管统计报送任务新增较多，一是《巴塞尔新资本协议》实施后新增的监管报表，涉及资本充足率、信用风险、市场风险、操作风险等内容；二是新监管工具包括杠杆率、拨备贷款比、流动性覆盖率、净稳定资金比率、资本定义等推出后，相配套的报表加入非现场监管报表（1104报表）体系中，建设银行较好地完成了各类监管统计数据报送任务，建设银行总行信息中心被银监会授予“建设防风险信息体系突出贡献集体”荣誉称号。2011年，人民银行要求按照新的《金融机构编码规范》报送金融统计数据。建设银行按照人民银行和《金融业机构信息管理规定》要求，高质量地完成了按标准化机构编码报送金融统计数据工作，即建设银行总行单点向人民银行报送三层四级数据，由以往按照机构间隶属关系报送的方式，变为按实体机构所在行政区域向人民银行报送。

（六）征信信息报送与应用管理工作

在人民银行的征信数据质量季度考核通报中，建设银行企业和个人征信数据质量各个季度均达标。2011 年，人民银行首次组织开展全国征信工作评比表彰活动，建设银行总行信息中心和上海市分行信息中心获得“全国征信工作先进集体”称号。2011 年 8 月，建设银行企业征信系统优化项目完成，解决了已核销贷款信息在信用报告准确反映及一些数据质量问题，并建设了全行统一的人民银行系统企业信用报告查询平台，实现了企业信用报告查询、保存、共享、统计、记录等功能。2011 年 8 月，启动个人征信系统优化改造工作，个人征信数据按 T+1 时效报送的功能 12 月上线运行，至此，全行企业和个人征信信息变动情况全部按日报送人民银行征信中心。

（七）企业信息门户系统推广和外部资讯管理

2011 年完成了第二批 20 家分行企业信息门户系统的部署与上线工作，实现了在全国范围内统一用户登录、邮件、办公自动化等待办信息的整合以及内部信息发布平台的统一部署。同时，通过建立全行级的外部资讯平台，为全行提供统一的资讯信息服务，并以此为基础开展分行资讯系统整合工作。2011 年 1 月，信息中心印发《关于加强外部资讯信息统一管理和进行分行资讯系统整合工作的通知》（建总函〔2011〕14 号），要求各分行信息管理部门加强分行外部资讯信息的统一管理，严格执行建设银行总行提出的“未经总行批准，不得再自行采购外部资讯信息，不得再自建资讯信息类系统接入外部资讯信息”要求。2011 年年底前，完成青海、广西 2 家分行的大屏系统整合工作。

（八）数据整合和服务支持工作

在总行层面：企业级数据仓库已整合了建设银行近 70 个源系统的数据，数据内容不断充实，数据质量良好。2011 年，信息中心依托数据仓库系统，为建设银行总行 22 个业务部门提供各类临时性数据服务 217 项。基于数据仓库建设的 56 个应用涵盖资产负债管理、客户关系管理、财务绩效管理、风险管理、外部监管等多个方面。在分行层面：分行综合数据管理平台已整合 27 个源系统数据，并直接向分行业务部门开放。2011 年对 15 个典型分行的业务指标进行了整合，形成了近两千个分行业务指标；同时，还满足了部分分行提出的 40 多项数据返还需求。

（九）资产信息管理和服务工作

2011 年资产信息管理和服务工作围绕增强信贷资产数据准备、引导业务部门和分行加强信息使用展开。主要包括：按照“表外管理年”活动要求，以建总函〔2011〕791 号文要求各级行相关部门通力合作，核查修正系统间不一致的表外数据，提高表外信息可用性；新增全行执行银监会“三个办法，一个指引”制度信息，新增贷前评估评价及风险经理平行作业和贷后管理信息，推广对公信贷审批流程和时效信息，新增客户关联方和贷款承诺信息等。还根据新行业国标、新四部委企业规模等级标准，更新了有关信息服务内容。

二、主要工作举措

（一）加强制度建设和工作管理

结合内外部管理要求的变化，修订完善相关管理制度，并加强日常工作管理。2011 年，先后出台了《中国建设银行 1104 非现场监管报表实施细则（修订）》（建总发〔2011〕10 号）、《中国建设银行新资本协议风险加权资产计算及监管报表系统运行暂行办法》（建总发〔2011〕200 号）、《中国建设银行个人征信系统运行管理办法》（建总发〔2011〕52 号）等制度。

（二）统筹安排数据质量监测与考核体系

2011 年度建设银行总行继续在全行范围内开展关键指标数据质量监测与考核工作。年度监测与考核内容主要分为 5 部分，除继续对 CLPM 系统客户信息类指标准确性、大额授信客户股东信息完整性及股东组织机构代码准确性、利率类指标准确性进行监测考核外，新增对授信类表外账务信息一致性和 OCRM 系统指标完整性的考核。其中，利率类指标考核结果纳入一级分行信用风险管理评价，其余各类指标考核结果纳入一级分行内控与操作风险管理综合评价。

执笔：李晓杰

研究工作

2011年，研究部深入学习实践科学发展观，认真贯彻党的路线方针政策和党中央、国务院关于金融工作的决策部署，紧紧围绕全行战略愿景和各项经营目标，以高度的责任心和敬业精神，最大限度地发挥潜能，不断加大研究深度，提升研究质量，在研究人员只有20人的情况下，全年共形成并提交业务专题研究、同业比较分析、经济金融形势研判等决策参考、研究报告及其他材料260多份，为业务部门提供业务服务及智力支持达520多个工作人/日，许多材料都得到了行领导、部门及分行的肯定和积极评价，有20多份材料得到董事长及主要行领导的批示褒扬："报告很好"、"很有深度"，"报告情况收集全面，有重要参考价值"、"这类研究对及早把握客户和市场需要非常重要"，等等。

一、积极参与全行五年规划制定，全力完成党委交办的重大专题研究工作

2011年作为核心成员参与《建设银行五年发展规划》起草，提交《2011—2015年我国金融市场走势分析与预测》。为了按时保质完成各项专题研究任务，为全行五年规划制定实施提供决策依据和支持，在主管行领导的统筹安排和亲自带队、指导下，研究部克服任务重、要求高、时间紧等困难，组织协调相关部门进行多次调研，牵头完成《城乡统筹和新农村建设与银行的业务拓展》、《利率市场化改革及其对商业银行的影响》、《商业银行研究体系建设》三个专题，参与完成《铁路投融资改革及我行相关业务发展策略研究》、《资本管理与业务结构调整》两个专题研究工作。进行各种讨论数十次，专题研究报告数易其稿、精益求精。

二、及时组织开展对全行关注的热点问题研究，提升研究工作的敏锐性和及时性

研究部始终抓住全行关注的热点问题，切实改进工作方法，努力提高研究工作效率，全力突出研究工作的敏锐性与及时性。针对货币信贷收紧和理财需求旺盛的政策和市场变化，及时组织研究人员形成专题研究小组，开展理财业务研究，形成6个系列理财业务分析报告。针对发达地区金融服务方面建设银行的发展差距和发展前景，及时组织团队赴有关分行进行调研，形成了4个系列研究报告，为调整和落实全行区域发展战略提供了决策依据。针对人民币国际化快速推进、人民币跨境结算等成倍增长以及欧美债务危机演变，推出了5个系列研究报告，为全行海外业务布局、海外市场拓展和风险防范等提供决策参考。

三、集中力量深入研究经营管理难点问题，提升研究工作的务实性和针对性

为发挥研究工作对全行经营管理和业务发展的支持作用，研究部始终将务实性和针对性作为研究工作的落脚点和出发点，紧密结合全行业务拓展、风险控制、加快转型等，集中力量开展对全行经营管理中的难点问题研究。例如，形成商业银行期货市场业务研究系列报告，为全行业务创新与拓展提供参考；形成商业银行行业风险评级体系深度研究报告，对全行加强风险管理、提升经营管理水平提出了策略建议；把跟踪研究同业作为一项重要工作，形成《中国商业银行发展报告》，并在此基础上推出系列《研究报告》14份，这些研究报告为建设银行把握同业竞争动向和发展趋势、制定竞争策略提供了重要依据。

四、积极为业务部门、分行提供支持与服务

为业务部门和分行提供支持和服务始终是研究部的重要工作，也是研究工作发挥作用、创造价值的具体体现。2011 年，研究部直接参与业务经营部门、相关分行的营销团队，参与平行营销，共同拓展维护客户，提升了对重要客户的服务水平。应部门及分支行、控股子公司的请求，积极提供相关分析材料、报告及政策建议，得到了部门和分行的好评。

五、不断探索科学的分析判断方法，宏观形势分析能力进一步提升

2011 年，研究部紧密把握“抑通胀、稳增长、调结构”之间的相互关系，深入调研、加强讨论、立足客观、严谨研判，形成 10 份有关宏观经济分析研究报告，同时对全球经济进行及时跟踪观察，每周发布一份《经济金融国际要情》，不仅比较准确地把握、预测、勾画了经济运行轨迹，而且为全行经营管理提供了更加具有针对性的决策依据和政策建议。

六、密切跟踪行业发展动态，行业研究取得积极进展

2011 年，针对产业结构调整加强、产业升级与转移步伐加快、行业竞争加剧的背景，研究部加强行业与宏观经济的敏感性分析，密切与业务部门的合作，进一步明确行业研究重点领域，深入调研，对房地产行业、交通运输行业、能源行业、文化影视行业等展开深入分析研究，形成《关于对公共租赁住房提供金融服务的建议》、《铁道部偿债能力分析》、《铁路体制改革及融资结构调整趋势》、《建设银行对铁路的融资服务建议》等多篇研究报告和决策参考，全年提交《行业动态专报》30 多期，为全行市场拓展、信贷审批、风险控制等工作提供有力的决策借鉴。与此同时，发挥网络交流优势，进一步拓展《中国建设银行行业研究网上论坛》，调动总分行各个层面行业研究积极性，并提出一些有价值的建议。

七、积极参与对外交流，扩大建设银行和研究部的知名度与影响力

2011 年，研究部进一步结合建设银行发展需要，按照行领导的要求或委派，在充分论证分析基础上，向国务院秘书局等提供国际、国内宏观经济形势及主要风险分析材料多篇，接受新华社、《金融时报》、《三联生活周刊》、《日本经济新闻》、国际金融协会、标准普尔公司、苏格兰皇家银行、瑞穗银行等数十家机构采访。根据需要，有选择性地参加“中国银行业可持续战略国际研讨会及银行业行业信贷风险监测平台 2011 年研讨会”、中国国际交流中心第二次会员大会暨第一届理事会第二次会议、毕马威环球基础设施项目投资圆桌论坛、金融街商会“当前房地产调控政策分析座谈会”、“全球基础设施建设融资研讨会”、“2011 年博士后论坛”等，提交的报告及主题演讲对扩大建设银行及研究部的知名度与影响力起到了积极的作用。

八、博士后培养机制进一步健全，项目研究质量得到提高

2011 年，研究部组织召开了博士后进站座谈会、开题报告会、中期交流会、专题论证会、终期报告答辩会、出站恳谈会等，对博士后研究进行指导并提出意见。确立的博士后研究项目紧密结合建设银行业务发展和改革需要，重点研究建设银行经营管理和改革发展中的重点、难点问题。不断改进博士后项目研究流程，把需要花两年时间研究的项目分解成多个专题，实行长期性研究项目和阶段性短期专题研究相结合的方式。加强博士后与业务部门的交流，将入站一定时间的博士后直接交流到相关业务部门，推动博士后研究项目更好地与建设银行实际相结合。总体看，博士后研究项目较好地抓住了建设银行经营管理中的战略性、长远性问题，达到了较高的研究水准，得到总行领导和总行有关部门的积极评价和肯定。

九、平稳交接“两刊”工作，确保办刊质量

按照建设银行总行统一安排，自 2011 年起，《投资研究》、《现代商业银行导刊》“两刊”从研

究部移交给行长办公室。研究部主动承担起上半年过渡期的办刊任务，并积极配合行长办公室了解和熟知办刊规范及变更程序，使“两刊”工作顺利平稳交接，确保了“两刊”编辑出版发行工作质量。

执笔：孙永红

股权投资与战略合作业务

2011年，股权投资与战略合作部按照总行党委的部署，认真履行部门职责，稳步推进境内外股权投资，强化子公司管理和并表管理，深化战投合作及其项目成果转化，各项工作取得明显成效。

一、稳步推进境内外股权投资，取得重要突破

1. 完成太平洋安泰项目审批和交割，在四大行中率先控股寿险公司

经过艰苦努力、反复沟通汇报，2011年1月，保监会批复建设银行变更投资保险公司对象。2011年3月，批复太平洋安泰变更股东申请。由于审批时间超过预期，建设银行先后两次与ING签署延期协议，并说服ING放弃要求赔偿、提高价款等条件，保证了建设银行与ING及太保的股权交易同步于2011年6月29日如期完成交割，公司实现平稳过渡，协同效应显现。

2. 推进巴西和印度尼西亚并购项目取得实质性进展

抓住全球金融危机蔓延、全球市场异常波动和经济处于低谷的时机，加强对全球热点问题和重点关注地区市场的研究，反复论证、仔细筛选、深入考察，锁定目标重点推进，最终取得实质性进展。

3. 积极探索拓展综合化经营平台

2011年，在境内重点考虑搭建与资本市场对接的经营平台。在深入研究证券行业前景、市场格局、准入政策及同业案例的基础上，研究并购的可行性；积极推进以所属信托公司为平台收购期货公司项目，积极寻找投资目标。

2011年7月18日，中国建设银行与西班牙桑坦德银行在北京联合召开了建信村镇银行股份有限公司发起人大会。

二、切实改进子公司管理，全面提升集团并表能力

截至2011年年末，境内外子公司并入集团资产近2 000亿元，同比增长29%，境内子公司利润增长54%。

1. 制定集团综合化经营和子公司发展战略

根据集团“十二五”规划编制要求，组织制定集团综合化发展战略和子公司各自的五年发展规划，并牵头完成建设银行集团综合化经营专题研究，明确了综合化经营的战略目标和实施路径以及子公司管理的主要思路。

2. 加强对子公司经营管理的管控，贯彻总行管理意图

全年组织审核各子公司董事会、股东大会议案共157项，对重大议案提出表决建议，报行领

导批准后反馈派出董事和高管，贯彻管理意图、维护建设银行权利。制订子公司经营状况分析报表模板，统一格式和口径，规范、细化子公司经营状况月度和季度分析，提高对子公司分析监控的有效性。

3. 完善子公司预算和资本管理

借助2012年子公司经营计划的编制，探索跨行业、跨发展阶段子公司预算编制、审核流程和方法，建立子公司效益提升与员工薪酬增长的挂钩关系，强化年度经营计划的严肃性和规范性。合理确定子公司资本规模，完成向中德住房储蓄银行增资15亿元、向建信人寿增资30.85亿元的内外部审批，两公司的首次增资已到位。

4. 完善母子公司战略协同机制

在总结经验和数据测算的基础上，首次单独制定一级分行母子公司联动KPI考核办法，调整和优化原有指标设置和计分规则，引导分行发挥母子公司战略协同效应，提升集团整体竞争力。

5. 牵头协调并表管理，提升管理能力

首次制订了集团并表管理工作年度计划，梳理出完善并表管理制度、加强集团风险监控、推进并表信息系统建设等40项工作任务，分解到16个责任部门落实；组织建设银行总行12个部门对附属机构经营管理进行全面评估、对人员兼职及业务关联情况进行检查；协调全行相关职能部门和境内外子公司，配合银监会完成并表管理现场检查和多次并表管理调研。通过一系列推进措施，强化了职能部门并表管理意识，显著提升集团并表管理能力和水平。

6. 借鉴同业经验，探索子公司管理模式

专题研究了工商银行、交通银行、美国银行的子公司管理模式。同时，全面梳理分析子公司管理体制存在的问题，充分酝酿子公司重大议案标准、派出人员管理、子公司绩效考核等相关问题，并对现行《子公司管理办法》进行多轮修改，研究制定了《子公司绩效考核指引》。

三、继续推动战投合作，促进项目成果转化

2011年，组织完成3个合作项目，推进实施跨年度的交易对手风险管理合作项目，继续安排派驻专家在财富管理、电子银行和信息技术领域开展了8个子项目，相关项目的实施涉及11个试点分行和单位，累计安排美国银行专家来华办公42批次。完成3期跟岗培训和4期短期业务培训，派出133名员工赴美参加培训。组织29个经验分享项目，建设银行1 000余名员工通过参加培训课程及研讨会直接受益。

一是深入开展重点项目，解决有关业务管理难点问题。网点选址项目在业内率先引入选址模型、GIS等科学量化分析工具和方法，为科学选址提供有效决策支持；人力资源岗位管理项目在试点单位实现了“定岗、定责、定级、定衔”四项目标，建立了“职系—亚职系—岗位”一体化的岗位管理体系，明确了岗位职责及绩效要求，丰富了员工晋升通道；元数据管理二代项目以个人业务条线系统为试点，建立元数据管理流程，促进了全行个人条线对业务指标的一致理解、应用及管理。

二是协调安排派驻专家，持续支持业务发展和管理改进。组织美国银行派驻专家在战略规划和业务流程层面为技术部、电子部和财富部提供持续咨询和建议；指导制定了《电子银行五年规划（征求意见稿）》、《建设银行电子银行先行赔付操作规程V1.0》，并从多方面入手改进电子银行客户体验；建立了一套适应建设银行的标准化私人银行客户挽留管理流程；在分享美国银行IT基础设施建设经验的同时，协调派驻专家指导制定建设银行IT十二五规划，帮助完成《IT基本架构规划（征求意见稿）》，并对“新一代核心系统”建设提供咨询建议。

三是组织开展多轮谈判，与美国银行续签战略协助协议。2011年9月，完成与美国银行签署经修订和重述的战略协助协议，将战略协助期限延长至2016年12月31日。与此同时，推动双方签署了业务合作意向函，探索通过建立更为有效的业务合作推动机制，使双方的客户获得更丰富和便利的产品与服务。

此外，协调淡马锡旗下富登金控继续为建设银行提供财富管理硕士学位、私人银行证书等培训项目，培训人员45人。

四、积极推进村镇银行的设立与管理工作

2011年新开业7家村镇银行。截至2011年年

末，已开业村镇银行共计16家，注册资本达15.4亿元，其中建设银行出资7.75亿元；村镇银行存款余额为51.6亿元，贷款余额为41.29亿元；不良贷款为零，利息实收率为100%，拨贷比为2.41%；实现拨备前利润1.25亿元，净利润2 432万元。村镇银行主要为县域小微企业和“三农”提供服务，贷款投放体现支农支小。截至2011年年末，村镇银行涉农贷款比例为87%，户均贷款115万元。

一是扎实做好村镇银行基础制度建设。以“结合实际、简洁易行、持续改进”为原则，搭建村镇银行基本业务制度框架，代为制定了业务管理、风险管理、人力资源、财务会计、行政审计、授权管理、IT运营等47项村镇银行规章制度，并在浙江武义、江苏常熟村镇银行开展试点工作。

二是统一开展村镇银行IT系统建设工作，有效支持村镇银行业务发展。2011年完成村镇银行IT架构及实施路径规划，明确未来3~5年IT建设的总体架构和实施路径；完成核心业务系统上线及村镇银行数据大集中，实现所有村镇银行到人民银行现代化支付系统的接入，打通村镇银行到银行同业的支付结算通道；启动信贷流程管理系统开发工作，完成系统选型与集中采购。

三是稳步推进村镇银行股份公司的申报筹建工作。鉴于设立控股公司缺乏法律依据，2011年年初提出了子银行模式，该方案于2011年3月经董事会批准后上报银监会，2011年4月向国务院领导报告。之后，与桑坦德银行谈判完成了《发起人协议》、《公司章程（草案）》和《战略咨询协议》，并根据监管规定，于2011年7月18日召开发起人大会签署上述协议。同时，与桑坦德银行共同起草整理筹建阶段所需的13大类33份申报文件并已准备就绪，待监管部门意见明确后，启动申报工作。

执笔：郇梦成

公司业务

2011年，公司业务部坚持“以提高发展质量为核心，提升价值创造力、提高综合服务能力，推动公司机构业务长期可持续发展”的工作思路，认真贯彻国家调控政策和监管要求，各项业务实现良性快速发展，一些指标达到历史最佳。

一、年度经营目标全面完成

（一）贷款投放调控近六年最优

公司类人民币贷款余额43 470亿元，较年初新增4 153亿元，增速为10.56%；贷款余额、新增、增幅均居四大行第二位。全年贷款计划完成率达99.95%，精确度为2006年以来最高，有33家分行的计划偏差度均控制在百万元之内；年度内各月贷款计划完成率均在97.7%以上。

（二）企业存款首破5万亿元大关

人民币企业存款在2011年6月首次突破5万亿元，年末余额达52 349亿元，保持四大行第二位；全年新增4 364亿元，日均新增4 988亿元，居四大行首位。

（三）行业结构持续优化

大力推进信贷结构调整，其中，“保”类行业大中型客户贷款新增占比为58.73%，增速为12.1%，高于全行平均增速4.3个百分点；“控”类行业贷款新增占比为45.18%，增速为6.1%，低于全行平均增速1.7个百分点；“压”类行业贷款减少105亿元；全年信贷退出1 034.87亿元，计划完成率达127.6%。

十大振兴产业贷款新增1 260.54亿元，余额达11 442.98亿元。“6+1”产能过剩行业信贷余

2011 年 4 月 1 日，中国建设银行 2011 年公司机构业务工作会议在上海召开。

额减少 283.59 亿元，贷款余额减少 16.07 亿元。房地产贷款余额为 4 192 亿元，新增 6.5 亿元，增幅为 0.16%，为近五年最低。按照“降旧控新”原则，有序清理融资平台贷款。平台客户和贷款实现“双降”，其中客户较年初减少 153 户，贷款余额较年初减少 1 065.65 亿元。全覆盖类贷款占比达 85.74%，较年初提高 20.38 个百分点。

2011 年 10 月 25 日，中国建设银行与北京市人民政府举行“十二五”时期战略合作备忘录签字仪式。

（四）对公中间业务收入跃居四大行之首

全年实现对公中间业务收入 473 亿元，增幅为 35%，高于全行平均水平 2.28 个百分点，计划完成率达 116%。前 11 个月对公中间业务收入超过工商银行 16.9 亿元，首年跃居四大行之首。

公司部（集团部）牵头中间业务收入 222 亿元，增幅达 42%，高于全行平均水平 9.5 个百分点；占全行中间业务收入的 24.57%，较上年年末提高 1.64 个百分点。单位人民币结算、境内保证、银团贷款和国内保理 4 项产品收入总量，单位人民币结算、转贷款、国内保理三项产品收入增长额居四大行第一。造价咨询业务收入突破 50 亿元，创历史新高。

（五）积极打造传统与新兴业务优势

基建贷款新增 2 058 亿元，新增占比近 50%；余额占比 41%，较上年提高 0.96 个百分点。保障房建设贷款余额为 257.3 亿元，新增 202.02 亿元，增幅高达 365%。涉农贷款余额为 10 470.74 亿元，较年初新增 1 755.13 亿元，增幅为 20.14%，高于全行平均增幅 6.48 个百分点。新农村建设贷款余额为 316.47 亿元，新增 248.13 亿元，增幅达 375%，已批准 10 家分行试点（2011 年新批准 4 家）。

网络银行业务领跑同业，贷款余额为 347.47 亿元，新增 154.91 亿元，增幅达 80.45%；平均贷款利率为基准利率上浮 19%，综合收益水平达到基准利率上浮 41%。成功拓展泰德煤网、中商网、棉花网三个合作平台，合作平台增至 9 家，客户数 9 416 户，新增 2 771 户，累计服务客户超万户。

国内保理预付款余额为 1 279 亿元，同业第一，其中定向保理从无到有，成为新的增长点。流贷替代率为 8.82%，高于计划 1.82 个百分点。全年累计办理电子票据贴现业务 315.49 亿元，余额为 175.86 亿元，在全部贴现余额中的占比提升 10.56 个百分点。

（六）全面提升客户/账户发展质量

牵头推广工商验资通系统，积极研究低效账户激活方案，严格销户管理，建立挽留机制。公司机构客户 221 万户，新增 26.5 万户，计划完成率达 204.23%。单位人民币结算账户 372 万户，新增 38 万户，计划完成率达 158.82%。信贷客户突破 10 万户，新增 1.02 万户。第三方支付机构备付金存管客户达 89 家，其中前十大互联网支付企业 5 家，获人民银行支付牌照的 37 家，占全部持牌机构的 37%。年末基本结算账户占比 49.8%，较年初增加 1.51 个百分点。

新发放贷款加权执行利率为 6.55%，较基准利率上浮 3.59%，共有 38.92% 的新发放贷款利率上浮，利率水平、上浮幅度、上浮贷款占比均为 2010 年以来最高。公司类非贴现贷款利差为 4.43%，高于全行平均水平 0.3 个百分点，较上年年末提高 0.23 个百分点；贴现收益率为 7.12%，较年初提高 3.78 个百分点。

公司类贷款不良率为 1.14%，较年初下降 0.03 个百分点；不良额为 515 亿元（其中小企业 78.8 亿元），较年初增加 39 亿元（其中小企业 17.7 亿元）。全年新暴露不良贷款额为 215 亿元（含小企业 48 亿元），较好地控制在计划的 300 亿元之内。

二、突出重点，加大市场拓展力度

（一）加强重点业务投入，做好项目储备

全年配置 1 亿元专项营销费用，组织开展企业存款、单位人民币结算、工程造价咨询、银团贷款、产品创新等专题营销活动；配置近 1.2 亿元战略激励费用，支持账户/客户拓展。建立师资培训、新业务培训、新产品培训、银校培训、境内外联动培训、银企共同培训 6 大体系，完成各类公司业务培训 19 期，累计培训 1 315 人次。

研究制定差别化区域政策，抢抓“十二五”开局机遇加强优质项目营销。分别就山东半岛蓝色经济区发展、浙江海洋经济发展、中原经济区建设、云南“桥头堡”建设等与有关地方政府签署合作协议，为营销各地“十二五”优质客户和项目储备奠定良好基础。

全年储备贷款 35 887 亿元，其中发放储备 4 212亿元、商机储备 31 675 亿元。中型以上客户储备占已审批储备的 99%，AA 级以上客户储备占比为 88%。新农村建设、涉农等领域的贷款储备保持稳定，政府融资平台储备大幅下降。

（二）发挥条线协同效应，强化内部联动

与资金结算、个人、信用卡、小企业、国际业务、投资银行、电子银行条线加强业务联动，带动新增代发工资 650 万户、信用卡 66.1 万张、小企业客户 2 734 户、跨境人民币结算 2 673 亿元；实现外汇企业存款 63.41 亿美元、财务顾问收入 103.93 亿元、对公理财产品销售 1.25 万亿元；企业网银活跃客户新增 33.76 万户（网络银行贷款客户全部开通企业网银高级版）。加大海外分行对公信贷业务支持力度，CLPM 系统年内在香港分行成功上线。建立区域联动信息月报制度，搭建联动信息平台，有效推动 158 个项目的联动和实施。主动支持建信人寿拓展团险业务，推进母子公司协同发展。

（三）加快创新步伐，大力推广新模式

制定下发公司业务产品创新直通车以及银企联动创新管理办法，实现由跟随型创新向引领型创新、总行创新向全员创新、银行内部创新向银企联动创新转变。稳步扩大创新试点行范围，新增批复重庆行为小企业创新试点行。圆满完成“e点通”、“e棉通”、旧城改造贷款和协定存款产品优化等产品创新计划，并完成工程造价咨询业务组合创新。

制定完善新农村建设贷款（含旧城改造）、法人账户透支、国内保理、网络银行、动产质押、金银仓、承兑、境内保证、内部银团、票据贴现、棚户区改造项目贷款、工程造价咨询业务等十余个产品的管理办法、操作规程或作业指导书。从 285 个产品中梳理出 33 个适合在柜面销售的产品，编写《柜面销售说明》，提高对公产品的柜面销售能力。

（四）落实监管要求，及时完善信贷政策措施

研究制定金融支持水利建设的具体措施，落实监管部门对公路、铁路等交通领域授信管理和风险防范的要求。积极退出“二级公路”项目及铁路行业“多经”企业，2011 年年末二级公路贷款余额较 2011 年 4 月末减少 10.89 亿元。逐户监控淘汰落后产能客户，存量信贷客户从上年年末的 105 家减少到 77 家。认真摸查全行存量客户拟建电解铝项目，积极应对食品卫生、公共安全等突发事件，及时调整相关行业授信政策。

（五）大力宣传，提升对公业务的市场知名度

充分利用报纸杂志、网络媒体等渠道，持续加大对网络银行“e 贷款”品牌、银团贷款、涉农贷款、电子票据等业务的宣传力度。成功取得“金银仓”商标专用权，申报“建设银行城乡合”商标注册。组织出版《工程经济》专刊，进一步扩大建设银行造价咨询业务的社会影响力。

三、强化基础建设，管理质量全面提升

（一）深入开展市场分析研究

年内先后召开公司机构业务工作会议和产品创新、企业存款、造价咨询、客户/账户拓展等专

题会议，并定期分析公司业务及各板块业务运营情况，明确相关工作策略和重点，进一步提振士气。下发全年工作要点，并制定市场营销、信贷资源配置、企业存款、区域拓展、新兴战略性业务、绿色信贷、并购贷款、电子商业汇票、票据贴现、中间业务、银团贷款、造价咨询、保障房建设、表外业务、内控管理等方面的指导意见或营销指引。

完成各类专题研究报告30余份，明确未来公司机构业务转型的思路和方向，提出发展中型客户、支持“市场份额第一”分行、开展网络银行和物流银行经营、支持新农村贷款、加强贷后管理等方面的政策建议。推出互联网动态、行业政策及市场行情、贴现业务价格、第三方支付机构备付金存管业务营销等市场快报。

（二）强化内控建设

深入推进贷后岗位分离，加强信贷经理队伍建设。38家分行均已在CLPM系统中开通信贷经理角色，系统中配置信贷经理角色3 316人，其中将信贷经理角色配置入客户经理团队的2 171人。探索贷后管理新模式，研究放款审核中心设立方案。2011年全行固贷、流贷“按照贷款新规走款比重”分别为98.55%、98.50%。

认真开展信贷诈骗、票据业务、违规代客办理业务等风险排查工作。规范存单质押授信业务管理，开展大额存单质押贷款、大额资金汇划、柜面业务等内控检查。持续跟踪双汇、锦湖轮胎、大连万达、红星美凯龙等重点风险客户，增强风险缓释手段。组织开展境内保函、流动资金贷款、动产/仓单质押贷款、并购贷款、商业汇票贴现、转贴现等对公信贷业务操作风险自评估工作。开展境内保证、贷款承诺清理工作，共清理失效保函500亿元、1年以上无效贷款承诺711亿元。组织表外垫款专项清理活动，共清收存量垫款4.22亿元。

积极配合审计署、银监会等审计检查，督促分行加强整改。由公司业务部牵头的2010年审计整改事项23个，金额达50.88亿元，2011年完成整改19个，完成整改金额36.92亿元。银监会信贷合规现场检查共涉及23类公司业务问题、37个客户，其中13类具体问题、28个客户已完成整改。积极推进中长期贷款合同整改工作，已完成整改合同3 549份、金额达3 725亿元。

（三）落实精细化管理

制定《公司业务信贷核准管理办法》，规范核准流程和标准，提高服务效率。全年受理利率定价、限额管理、名单制管理、大中型客户授信审批五项基本原则、政府融资平台、房地产开发贷款、内部银团、押品、商用物业抵押贷款、协定存款、法人账户透支、循环额度贷款、承兑、境内保证、担保机构等核准事项近1 600笔。

扩大名单制管理范围，25个行业实现名单制管理。当年下发造纸、医药、铅锌冶炼三个名单制管理行业的准入退出标准，研究拟定聚氯乙烯（PVC）制造行业、屠宰及肉类加工商银行业、乳制品行业和汽车零部件及配件制造行业的准入标准和客户准入名单，动态调整电力、煤化工、房地产等16个行业客户准入名单，并严格担保机构黑名单管理。调整认定频率，按季开展重点客户新增申报工作。实施动态监控，年内调出不达标重点客户58户。

做强造价咨询特色业务。组织召开造价咨询业务座谈会，明确“十二五”期间将造价咨询业务打造成百亿元拳头产品；完成造价咨询专业化经营方案，印发相关工作制度、管理办法、业务指导书，将造价咨询业务机构列入建设银行正式机构设置序列；完成36个分行造价咨询甲级资质延期（3年），核发10家二级分行造价咨询甲级资质副本。

（四）持续优化信息系统功能

指派专人参加新一代核心系统建设实施方案设计工作，完成客户信息业务解决方案的专题研究。全力支持电子商务金融平台项目（ECP）建设，参加企业级流程数据建模项目，牵头完成对公条线的业务梳理工作。

完成CLPM系统四期立项工作，梳理汇总76项业务管理及新产品需求。新增贷款利率底限管理、行业名单制管理、流动资金贷款支付方式、政府融资平台标识、平台客户批量导入等管理功能。增加保障性住房贷款、旧城改造贷款、金银仓业务等新产品标识。完成OCRM系统二期45项功能和34张报表的新增和优化。新上线名单制核准、大中型客户授信审批五项基本原则核准、重点客户管理、项目储备管理等业务流程，开展信贷产品核准与押品核准的需求分析。年内三次优化升级CBD系统，满足经营管理需求。对客户缺失信息进行集中补录，账户所属客户信息完整率达97%，较补录前提高25.6%。提高系统数据准确性，CLPM与ERPF数据差异由亿元级缩小到1 000万元左右。

执笔：冯玫眉

集团客户业务

一、集团客户业务主要工作亮点

（一）各项业务稳健发展，总行级战略客户贡献突出

客户基础强。截至2011年年末，全行集团客户6 243个，比年初增加805个；集团客户成员单位以及单一客户共54 365个，比年初增加5 157个，增长10.48%。其中，总行级战略性客户共有成员单位7 038个，比年初增加635个。客户基础得到进一步夯实，发展潜力得以进一步增强。

贷款比重大。全行集团客户贷款余额达30 136.47亿元，占全行公司类贷款（含贴现）的69.33%，增幅为10.88%。信用等级A级、AA级及以上分别占全部贷款的96.37%和85.77%。其中，总行级战略性客户贷款余额为9 006.78亿元，增幅为19.07%。新增贷款投放对象主要是重点区域内各行业中的优质客户，其中基础设施类贷款新增占全部新增的67.95%，贷款新增结构进一步合理化。

资产质量优。全行集团客户不良贷款余额为254.08亿元（含保全），不良率为0.84%，比全行对公贷款不良率低0.3个百分点。其中，总战客户不良贷款率（0.12%）比全行对公贷款不良率低1.02个百分点，资产质量进一步优化。全行集团客户表外业务余额达10 100.60亿元，占全行公司客户表外业务的78.82%，垫款率仅为0.02%。其中，总战客户表外业务余额比年初减少99.20亿元，无垫款，信贷质量优异。

存款增速高。全行集团客户存款余额达12 706.81亿元，占全行企业存款的23.61%；比年初增长447.95亿元，增幅为3.65%。其中，总战客户存款余额占全行企业存款的8.77%，比全行企业存款增速高0.32个百分点，存款贡献度大幅度提升。

平台作用凸显。集团客户信贷等基础业务较快发展，极大地带动了与其关联密切的各类中间业务的持续快速增长，有力地支持了建设银行对公中间业务收入总量稳居四大行第一，实现多项产品收入超工商银行的佳绩。总行级战略性客户各项新兴业务快速增长，突显了业务综合平台的作用。其中，陆续中标中铁股份、兵工集团等众多企业年金项目屡创与刷新多项纪录；全年共为中石油、北大荒等53家客户办理跨境人民币业务401笔，结算量占建设银行跨境人民币结算总量的11.23%；全年承销债务融资总量为1 792.40亿元，占比71.93%。

（二）抓客户、抓账户、抓存款、抓联动、抓重要项目

抓重量级客户，力促实现银企双赢。面对2011年严峻的经营形势和竞争态势，集团客户部通过提供优质产品、优质服务、优质管理，不断提升对重要集团客户的综合服务能力，赢得了客户，抢抓了商机。例如，建设银行今年与铁道部举行最高级别集体会晤，全行多渠道为其融资460余亿元，综合营销成绩显著。目前，铁道部已使用建设银行9大类、33小类产品，对公业务（不含债券投资）实现各种收入约70亿元，投资铁道部债券实现收入约20亿元，累计发卡28.52万张，公积金贷款余额超过70亿元（稳居同业首位），成功争取18家铁路局的现金管理业务及全

国铁路客运、货运电子支付合作银行资格，主承销两期铁道部超短期融资券共350亿元，还与近百个铁路项目签订建设资金监管协议，带动了上游施工企业在建设银行各项业务的发展。

抓账户新增，为客户提供优质服务。先后夺得中国电建、中缅油气管道配套炼化项目（唯一合作银行）、苏州三星电子液晶显示科技有限公司（人民币业务合作主办行）、中石油国家战略能源储备项目，宝钢集团在广东省的系列项目（史上最大投资额项目）、茅台集团20家自营公司等许多重要集团客户的基本户、专用账户、验资户等，进一步增强了客户基础，同时也为提升客户服务体验奠定了基础。

抓存款业务，进一步夯实发展基础。实现中国移动公司存款超千亿元，增幅近42%；制订《六大建筑集团存款业务营销推进方案》，建筑业战略客户存款超过200亿元、增长31%；中石油存款新增176亿元，增幅达419%；大唐集团、三峡集团、华能集团、华为公司、南方电网公司、上海建工集团等许多重要客户当年存款新增均实现55% ~ 240%的增幅，对保持和提升建设银行存款市场地位的贡献显著。四川省分行、天津市分行集团客户存款余额、新增余额实现同业第一，青岛市分行在争取多家上市公司募资方面成绩骄人。

抓境内外联动，为重要客户发展助力。有效整合资源，把握市场机遇，发挥联动效力，展现建设银行强有力的竞争实力。例如，纽约分行参与了美国嘉吉公司5 000万美元备用银团；河北省、法兰克福分行成功营销中信戴卡境外并购贷款8 350万元；山东省分行、香港分行为兖矿集团内保外贷，发放贷款830万美元。

抓重要项目，谋求业务新的增长点。与中华全国供销合作总社签署战略合作协议，探索服务“三农”新模式；中国铁建公司拉日铁路项目成为西藏区分行单一客户最大额度贷款；入围中科炼化一体化项目前期融资合作银行；首次为通用电气在华企业开立大额保函；等等。一系列的创新营销与突破，有效地提升了建设银行的可持续发展能力。

（三）顺应客户需求，促进全行战略业务获佳绩

企业年金业务连续突破。2011年建设银行企业年金中央企业客户中标数同业第一。喜获中铁股份企业年金受托人和账户管理人两项资格（创建设银行受托最高纪录），独家中标兵器工业集团企业年金账户管理人资格（创建设银行最高账管纪录），分获中电投集团、航天科工集团、鞍钢集团、中国商飞、化学工程集团、中国电建集团、中核集团等中央企业年金的账管或托管资格。

跨境人民币业务成果显著。累计为中化石油办理跨境人民币业务24.89亿元，下半年份额为同业第一；独家承办中石油集团成员企业的跨境人民币结算业务；为中海油石油总公司办理的TT项下跨境人民币业务单笔金额30亿元（创全行单笔金额之最）；与北大荒集团、兵装集团和五矿集团等客户开展全方位合作。

投资银行业务营销成绩斐然。首先，私募债券承销开创国内业务先河，先后成功中标中国航空工业集团公司100亿元私募债券、华电集团首发70亿元及华电国际电力股份有限公司100亿元私募债券等许多重要客户主承销商资格。其次，中票、短融、超短融承销成绩斐然。与首批超短融企业合作成功，发行金额合计455亿元；分别获得兵装集团、兵器工业集团、神华集团、中信集团、中国铁建股份、中粮集团、中国建材集团等中票、短融主承销商资格。此外，代客发行理财产品，满足客户需求，有效缓解了客户资金需求压力。建设银行首单为中交投资公司发行项目投资财务顾问型理财产品，为国电集团、龙源电力、国电共计发行信托受益权理财产品53亿元。

其他重点产品销售硕果累累。加强集团条线管理力度，强化产品营销与业务指导，帮助基层行在诸多方面实现重要突破。例如，联动营销在港发债目标客户，参与认购中粮集团、中石油以及中冶控股等企业债券；深圳市分行集团客户已办理住房公积金业务的超过40万人（市场份额第一）；陕西省分行与陕西省交通厅共同发行了三秦通龙卡IC信用卡，填补了建设银行同类业务的空白；江西省分行开创了全行单笔金额最高和黄金远期交易业务第一笔的纪录；广东省、四川省分行均办理了合同金额较大的融资租赁业务。此外，还以集团客户为平台，营销了大量的信用卡业务、个人按揭业务、个人客户与个人高端客户业务等战略性业务。

二、集团客户业务主要工作举措

（一）高层营销力度大

2011年，策划完成高层营销1 563次，其中总行行领导级126次；总行层面开展总部营销629次，牵头营销384次；与优质大型集团客户签订银企战略合作协议62份；组织召开产品推介会、银企合作交流会议共161次；组织760家集团客户额度授信；组建跨区域集团客户资金结算网络198个。

（二）专营力度稳步加强

截至2011年年末，全行已设集团客户专营机构的分行达14家，直营业务成绩优异。例如，青岛市分行新设集团客户部，加强人员配备，增强了营销服务能力；北京、青海分行积极推进对公信贷经营职能整合，分别成立战略客户总部、大客户中心（集团客户部），实施重点客户经营重心上移，加大一级分行直接经营力度。

（三）注重制度、流程优化

积极研究经营管理中影响业务发展的一系列问题，推进政策制度优化，有效地提升了客户体验与建设银行竞争力。例如，制定《关于明确跨一级分行集团授信管理工作要求的通知》、《境内集团客户在港发行企业债承销认购工作指引》，有力地促进了集团业务授信和管理工作效率的提高；为解决内部利益调整问题，选择中国中铁、中国铁建作为现金管理业务利益调整试点，截至2011年年底，两家客户参与调整的利益总计超过4 000万元，开户率超过50%，建设银行存款份额同业第一，分别达到28%、29%；广东、江苏等分行制订了集团客户降低经济资本占用营销参考；广东、广西分行制定了《集团客户差别化贷后管理工作方案》、《大中型对公客户贷后管理手册》，对改进集团业务营销管理工作产生了积极作用。

（四）加强产品应用与创新

建设银行总行编制《集团客户融资宝》产品手册，通过各种渠道解决集团客户融资需求；广东省分行完成融租通、保理银团通等十余项创新产品，吸收存款18亿元；山东省分行创新账户承诺免担保自动循环订单融资产品，增加建设银行中间业务收入和存款占比；天津市分行创新“公共租赁住房”银团贷款新模式，准备作为主承销商发售45亿元中期票据，解决前期资金问题；深圳市分行全年完成融资替代业务逾400亿元。

（五）注重行业和客户分析研究

集团客户部高度重视行业、客户分析工作，全年撰写完成五年规划议题《铁路投融资改革与我行相关业务发展策略研究》、《关于“十一五”我国建筑行业运行分析及“十二五”建设银行客户经营建议的报告》等研究分析报告共51份；创办《竞争对手研究》和《钢铁行业与有色金属行业信息简报》，为全行业务发展提供重要参考。

（六）加强风险管理，不断增强竞争力

落实“表外业务管理年”、“海外业务风险管理年”等相关要求，加强集团客户的信贷业务全流程控制以及风险提示和排查，增强风险防控能力。一是印发《关于加强集团客户表外业务发展的建议》；二是加强对经营活动的全流程管理，增强海外风险关注度；三是加强信贷退出与不良回收，不断优化信贷结构。同时，针对房地产行业政策调整与变化，积极组织进行行业分析与研究，结合新形势适时调整营销策略，未雨绸缪，有力地加强了对房地产行业与客户的风险控制。

（七）加强培训，增强队伍整体素质

全年共组织22期培训项目，参训员工超过2 000人次，并首次将境外分行集团客户经理纳入培训体系。编写出版《集团客户经理营销案例集》，启动完成《集团客户经理能力提升培训教材》编写任务，实现集团客户业务条线培训教材的重要突破。

执笔：韩卫东、张赫

机构业务

2011 年，机构业务部紧紧围绕全行战略发展目标，积极面对不断变化的市场形势，重点关注国家政策导向和民生领域的市场机遇，加强团队协作和联动营销，持续推进“民本通达”综合化金融服务，优化结构、保证质量，实现了各项业务的健康发展。

一、2011 年机构业务总体经营情况

截至 2011 年年底，全行机构业务存款余额达本外币 29 133.03 亿元，计划完成率为 155.73%；一般性存款余额达 20 457.69 亿元，较年初增长 2 088.39亿元；同业存款余额达 8 675.34 亿元，较年初增长 2 651.26 亿元，计划完成率为 418.37%。

中间业务收入为 80.04 亿元，计划完成率为 105.19%。其中，代理保险业务收入为 29.10 亿元，百易安资金监管业务收入为 23.16 亿元，代理资金信托计划资金收付业务收入为 16.45 亿元，证券保证金独立存管业务收入为 4.14 亿元。

2011 年 9 月 20 日，建设银行总行机构业务部在浙江省杭州市成功举办了 2011 年中国建设银行“社会保障卡”重要客户推介会。

贷款余额为 2 312.36 亿元，其中，机构类事业法人贷款余额为 2 262.82 亿元，不良余额为 12.72 亿元，不良率为 0.56%，低于行业平均水平；贷款余额较年初新增 7.92 亿元（其中，教育行业受高校年底集中化债的影响，贷款余额为 824.58 亿元，比年初减少 144.76 亿元）；AA 级及以上客户贷款余额为 2 057.17 亿元，占比 90.91%。

二、重点服务创新、产品创新及经营管理工作亮点

（一）“民本通达”不断深化，“文化悦民”子品牌迅猛发展

2011 年，“民本通达”综合金融服务迎来了巨大的发展机遇，得到了持续推进和不断深化。在“教育慧民”、“医疗建民”、“社保安民”、“环保益民”和“文化悦民”五个子品牌服务方案的基础上，紧跟市场形势和国家政策的不断变化，通过产品及服务方式创新、产品组合创新、产品功能延伸等方式，调整、创新和丰富金融服务，提出专业化、个性化、适用性、针对性强的金融解决方案。在高校客户交叉营销销售模式改革、“医院一站式付费”项目建设、社保联名卡建设、“绿色融资”和“绿色管家”建设等重大社保、医疗、教育等方面成效显著，得到了社会各界的认同与肯定。“文化悦民”子品牌得到了迅猛发展，推广以来累计新增 3 037 家民生领域新客户。同时，与光明日报社等客户签署了合作协议，与文化部中外文化交流中心等政府部门举办多场文化艺术交流活动，开展业务宣传，提升对文化领域的服务能力，力争使建设银行的金融服务跟上文化产业升为国家“战略性产业”的步伐，与促进文化的大发展大繁荣、进一步满足人民群众精神层面的需求服务紧密衔接，实现服务

民生与银行价值的有机统一。

（二）继续巩固财政传统业务优势地位，积极推进网银领域产品创新

建设银行首次取得中央财政授权支付代理银行综合考评第一的成绩，得到财政部和预算单位的高度认可，继续保持代理预算单位数、代理资金支付量、代理手续费收入同业第一的市场地位。

预算单位公务卡业务继续保持强劲发展势头。在前期推进的基础上，积极配合中央、省级基层预算单位以及部分市级和有条件的县级财政公务卡改革，本年新增发卡66.60万张，累计发卡量达到289.28万张，市场占比同业第一。

建设银行代理中央财政非税收入收缴业务优化版本上线，优化业务模式，实现非税资金的自动上划，大大降低了人为操作的业务风险，显著提高了建设银行代理中央财政的服务能力。

2011年以来，按照财政部的要求，建设银行研发上线了中央财政授权支付网上银行业务系统，实现了7×24小时不间断服务，打破了营业时间的限制，解决了额度通知不及时、对账不及时等长期悬而未决的问题，有力地推进了中央财政国库集中支付改革，也为地方财政网上银行业务的探索作出了示范。

（三）社保业务核心产品覆盖面不断扩大

社会保障联名卡是一项便民措施和民意工程，是建设银行“社保安民”方案中的核心，具有社会保险和建设银行龙卡的功能，具有日常养老金收付、资金结算和金融理财等功能。2011年，建设银行社保产品覆盖面不断扩大，截至2011年年底，全行已累计发行各类社保卡458万张。

（四）百易安资金监管业务持续增长，加强单位委托贷款合规发展管理

截至2011年年底，全行百易安业务实现手续费收入为23.16亿元，增幅达31.14%。2011年，百易安业务继续保持平稳较快增长，业务领域不断创新，服务内容逐渐扩充，客户满意度明显提升。单位委托贷款业务增长较快，全行单位委托贷款（不含代理建银投资老委托贷款，下同）余额为3 295.1亿元，较年初增加841.89亿元；实现手续费收入1.86亿元。同时，针对2011年以来业务发展中出现的新情况，要求全行加强风险及基础管理，保持业务合规健康发展。2011年，为配合海关总署税费电子支付项目开发了新银关通系统，按海关总署项目进度分步进行全国推广。

（五）拓宽及深化同业合作，把握市场商机促进业务增长

2011年，进一步加强国内代理行营销拓展工作，截至2011年年底，新增国内代理行19家，总数达到145家。同时，与国家开发银行全行财务共享服务中心银企直联项目已正式上线运行。继2010年成功竞标成为上海清算所创新产品唯一结算银行后，建设银行与上海清算所签订净额清算账户透支协议，成为上海清算所首家授信银行。

关注国家宏观调控政策走向，牢牢把握稳健货币政策背景下的市场商机，积极跟踪市场变化、研究客户需求，在前期6家分行试点成熟的基础上，会同总行相关职能部门制定下发了《中国建设银行代理同业委托付款业务管理办法（试行）》，并报备银监会，标志着建设银行代付同业业务正式在全行推广。2011年，全行累计开展代付同业业务1 539笔，累计交易量达383.75亿元，实现综合收益14.61亿元，年化收益率达到7.4%，高出同期限市场收益率（SHIBOR）258BPS，成为建设银行与其他银行同业合作及中间业务收入新的增长点。

（六）大力拓展服务渠道，加强证券机构业务产品创新

证券保证金第三方存管签约营销渠道得到有效拓宽，服务渠道多样化，更加便利客户，降低营销成本。全年共在券商营业部铺设“一站式”签约终端3 000多台，证券营业部覆盖率逾50%。自2011年6月投产使用以来，通过该渠道签约客户累计27 050户。2011年2月开通网上银行签约第三方存管业务功能，并于6月进行了优化升级，全年通过网银签约客户累计10 859户。

为有效缓释信贷风险，规范建设银行金融质押品管理，解决中小企业客户融资难问题，组织研发了股票质押融资服务系统，已完成项目立项、项目采购招标、设备采购、系统开发实施、系统验收测试等工作。

国内金融机构人民币结算账户透支业务完成系统开发、测试和上线工作，修订了《中国建设银行国内金融机构人民币结算账户透支业务管理办法》，制定了《中国建设银行国内金融机构人民币结算账户透支业务操作规程》，并正在下发全行。试点期，全年共实现中间业务收入420万元。

CTS系统开发了券商端签约、预约转账等交易功能，优化了系统账户结构、手续费自动批量处理、日终对账机制等内部控制，丰富了鑫存管业务网上银行签约渠道，进一步提升了系统的核心竞争力。

CTS报表系统完成2期开发测试工作，报表具备网点报表、查询报表、考核报表、参数维护、用户信息管理、CTS行际利益分配6个功能模块，为全行鑫存管业务营销提供了分行、网点、券商及券商营业部4个维度的客户、资金、大额转账、预约开户未确认明细等数据支持，实现了存款内部收益、手续费收入行际利益分配的自动化处理。

（七）非银行金融机构产品创新的辐射效应显著

截至2011年年底，建设银行已累计组建财务公司资金结算网络106家，铺设覆盖率接近90%，全年结算量约18万亿元；代理信托业务实现跨越式发展，全年共实现代理信托计划收入16.45亿元，较2011年的6.07亿元增长171%；银期直通车业务系统累计上线期货公司超过150家，签约投资者数量60万户，占全国期货投资者总数近50%，位居同业首位；加强产品创新，在银行同业中继续保持独家实现“代理第三方信托产品”业务电子化，在五大存管银行中率先推出了拟质押标准仓单质押贷款和交割还款业务；以“民本通达”为依托，研究并推动机构业务服务国家区域战略的金融支持方案，为业务发展寻求新的基点和方向，并在文化、医疗、城市化建设等方面取得积极进展。

（八）加强精细化管理，提高事业法人信贷业务管理水平

2011年，全行把握节奏，加大投放力度，尤其是加大对重点领域的投放力度，挖掘新的市场资源，保持业务发展的持续性；开展多维度专题调研工作，随时掌握业务发展动态，对教育、卫生、新闻出版、广电传媒等行业进行了深入调查，对客户深入剖析，通过对全行高校、医院类客户开展信贷业务摸底调查等相关工作，完成《高等学校客户信贷业务分析报告》与《医院客户信贷业务分析报告》，分别就信贷投放、区域客户结构、市场潜力等方面深入了解情况，挖掘信贷业务潜力，调动信贷业务后劲资源；举办机构类事业法人信贷业务培训班，邀请清华大学、协和医院等单位的专家等分别针对机构类事业法人业务发展、事业单位财务管理、公立医院财会制度改革、信贷政策和结构调整、客户信用评级中存在的问题等内容进行了讲解；根据2011年中央下发的《关于进一步深化事业单位人事制度改革的意见》，加大业务创新力度、寻找新的增长点、拓展新兴业务增长模式；针对2011年国家振兴文化产业的相关政策，建设银行总行大力推广“文化悦民”综合金融服务方案，并于西安召开“文化悦民”经验交流座谈会，相关分行分享方案推行过程中的经验，通过产品创新、制度创新和营销模式创新，更广泛地吸纳建设银行产品，探索出更为有效的客户服务模式。

执笔：李华、郭华

国际业务

2011年，国际业务面临极其困难的经营环境，金融危机、政局动荡、自然灾害等风险事件不断对全球经济造成冲击。人民币汇率波动、大宗商品价格不稳、外币资金短缺、境内银根收紧等因素更加剧了业务发展的不确定性。在建设银行总行党委、高管层的正确领导和相关部门的支持配合下，全行国际业务员工团结一致、积极应对，保持了健康快速的增长势头，为推进本外币业务共同发展作出了巨大贡献，主要业务规模和增速实现了快速增长。

外汇存款持续增长。外汇全口径存款余额突破500亿美元，囊括了全口径、一般性、对公、同业、个人存款新增五项指标的四大行第一；全口径和对公存款余额四大行第二。

贷款结构不断优化。外汇贷款余额为266亿美元，较年初新增37亿美元，在四大行中排名第三，在确保流动性的前提下，提高了资金运用效率和效益，利差较年初大幅提高。贸易融资和一年期以内外汇贷款余额占比分别为48%和66%，较上年年末分别增加了11个和8个百分点。贷款结构趋于合理，存短贷长的矛盾有所缓解。

业务基础进一步巩固。国际结算基本客户5.9万户，完成业务量8 416亿美元；贸易融资授信客户近1.1万户，转贷款余额和国外保函余额居同业第二，与1 405家银行建立了总行级代理行关系，遍布133个国家和地区；开立代理人民币清算账户92个，为人民币“走出去”提供了渠道保障。

产品创新取得突破。贸易融资产品与市场需求的契合度更加紧密，第三次荣获《环球金融》颁发的“中国最佳贸易融资银行”奖项；跨境人民币业务推出7个序列21种产品，完成结算量3 156.73亿元，是2010年的6.5倍；应对汇率双向波动趋势，积极研发创新产品，满足客户理财和避险需求。

综合效益逐年提高。外汇中间业务收入在全行中间业务收入中的占比达到14%，较年初提高了4个百分点，其中，单位国际结算业务收入五年内翻了三番。

本外币联动进一步深化。国际业务不仅自身取得了较好的效益，对全行整体业务的贡献度也不断提高。在贷款资源十分稀缺的情况下，大力支持本外币联动产品，汇贷盈及全额保证金信用证、海外代付、国外保函等业务共带动保证金存款1 741亿元，对稳定全行存款起到了积极的作用。

一、兼顾风险管理与业务推动，各项业务平稳发展

在复苏乏力、政局不稳、市场动荡的复杂国际形势下，国际业务条线高度重视风险防范。总行牵头制定《加强外汇业务风险管理指导意见》，举办全行外汇业务风险管理视频会，进一步明确管理要求；组织贸易融资和保函业务风险排查，针对2011年第三季度以来长三角地区陆续出现的民间借贷和中小企业主逃逸事件，派出工作组了解风险成因，指导分行加强防控；调整内保外贷、大宗商品融资和出口类贸易融资的准入标准，有效地抑制了风险扩散，贸易融资不良率较年初下降了0.14个百分点。

落实表外业务管理年要求，对信用证、海外代付和国外保函业务的内控流程、数据质量和系统管理进行全面梳理；根据内控管理工作安排，整合和修订内控框架手册和核心业务流程风险控制矩阵，出台一系列内控管理制度，保证了业务健康发展。

应对国家和金融机构风险加剧的形势，逐个清理境外外币账户，积极推动海外机构外币账户整改；适时启动应急小组工作机制，向全行发出风险提示；适度缩减和冻结受影响较大、风险程度高的国家和金融机构额度，以额度使用率为指引，将有限的资源分配到风险更低、收益稳定的使用单位。

针对中东局势紧张的情况，于2011年2月下发《关于提请关注北非部分国家境外工程保函业务风险的通知》，提示分行关注北非国家境外工程保函项目风险并及时制定应对措施；利比亚形势恶化后，根据国务院应急指挥部的统一部署，在商务部和银监会的指导下，对涉利比亚等地的工程保函、出口信贷、贸易融资和国际结算业务进行统一排查，及时下发应急处理措施，要求各分行停止受理涉及北非六国的国际业务，并于2011年10月、12月连续下发针对叙利亚及其他中东地区保函业务的管理通知。

配合监管部门和内外部审计加强业务检查和自查，提高合规经营能力，确保了业务平稳较快发展。

二、兼顾开源节流和调整结构，外汇流动性保持良好

针对市场需求旺盛和资金来源紧张的矛盾，主动调整价格策略，5次上调外币内部资金转移价格和存贷款优惠利率底线，在同业中处于中上水平，外汇对公和同业存款市场份额在四大行中唯一实现较年初增长。

在“抓客户、增效益、促发展”外汇业务专题营销活动中，将全口径存款日均新增作为重要指标，激励分行稳存、增存；配合相关部门开办新加坡元现钞业务，试点推出外币特色储蓄产品，与西联公司正式签署汇款协议，增加了拓展个人外币存款的手段。

继续坚持“以存定贷”方案，在外汇贷款额度审批和价格核准时，充分考虑分行的资金来源和投放效益，鼓励分行自求平衡和综合算账。截至2011年12月末，全行存贷比为103%，为四大行最低，利差为1.82%，在四大行中排名第三，保持了较好的流动性和合理的收益水平。

贷款产品和期限结构不断优化，除贸易融资和一年期以内短期贷款占比持续提高以外，行业分布更加合理、资源投向更为有效，支持了铁道部、中海油、国航等重点客户。

三、兼顾创新产品和加强管理，市场竞争力稳步提高

积极推进跨境人民币结算产品创新，从最初的货物贸易扩展到非贸易、投融资、金融市场和投资银行等多个领域，已推出7个序列21种产品，完成结算量3 156.73亿元，市场占比为13.83%，较年初提高4.29个百分点，自4月起连续9个月上升。

在外汇资金紧张的形势下，积极探索境内外联动承办出口信贷业务模式，进一步完善转贷款产品系列，与外资银行境内分行合作办理境内外汇筹资转贷款业务；成功推广了外汇现金管理系统，已在中粮、中冶财务、海航财务、山东南山集团等多个重要客户部署上线；稳步拓展代理外币清算/结算业务，为超过100家银行开立了账户。

贸易融资产品与市场需求的契合度更加紧密，同业竞争力和市场地位不断提高。近年来，第三次荣获《环球金融》颁发的“中国最佳贸易融资银行奖”，获得《贸易金融》杂志和中国贸易金融网联合颁发的“最佳贸易融资品牌创新奖”，被授予“最佳贸易金融新锐银行”称号，再次荣获中国物流与采购联合会颁发的“中国物流杰出贡献奖”，并被评为“最佳商品融资服务银行”。

在积极推广新产品的同时，进一步加强产品管理，定期对主要产品进行分析，细化分析维度、拓展分析深度，为制定产品管理政策提供依据；进一步明确融税通、融链通、融信通等产品的管理要求，调整部分高风险产品的受理条件；针对商品价格剧烈波动的形势，积极推广大宗商品融资套期保值，鼓励企业锁定经营成本和市场风险；规范全额保证金和银行承兑汇票作为质押品的管理要求，对新增融资性对外担保业务实行更为严格的客户、行业准入门槛；健全出口信贷、境外筹资转贷款等国际融资业务规章制度；建立新的代理行准入标准，限定与外资银行的合作条件。

四、兼顾拓展客户和巩固基础，持续发展能力不断增强

坚持将客户群体建设作为首要任务。在考核激励方面，将公司机构外汇业务客户和跨境人民币结算客户纳入KPI指标体系，配置战略激励费用；在市场拓展方面，牵头组织多次重要客户营销和重点产品推介会，配合分行围绕客户开展工作，增开基本结算户，提高客户承办率；在业务合作方面，指导分行统一思想、突出重点，将有限的资源用于支持综合贡献度较高的客户。

将夯实基础作为提高客户满意度的重要手段。在管理方式上，对贸易融资产品流程和管理政策进行认真梳理，会同有关部门研究扩大差别化管理措施；在系统建设上，实现NTFS系统T/T海外代付功能，完成“融货通”押品系统开发上线，以新一代核心系统建模和业务规划为契机，制订境内外统一的贸易融资管理系统平台规划；在流程优化上，继续推动单证集中处理，上海中心已集中13家境内机构和3家境外机构的单证业务，全年处理跟单业务19万笔；北京中心筹备工作基本完成，有利于加快集中进程、发挥建设银行专业化能力、提高单证处理质量、降低操作

风险。

五、兼顾促进交流和改善服务，外事管理迈上新台阶

配合全行国际化发展战略的推进，合理协调外事资源，为高层出访、业绩路演、业务考察、境外培训以及审计、风险、IT管理等提供支持，发挥翻译人员的专业优势，保障全行对外交流合作的顺利进行；严格审核各类因公出访团组，对无明确目的、出访期限及人员安排与项目需要明显不符的从严审批，优先办理与业务发展关系紧密的团组；对外事管理系统功能进行优化，信息共享水平稳步提升。2011年共受理总分行及直属机构因公出国（境）团组585个，出访人数7 091人次，其中培训人数5 702人，占比超过80%；安排各类外事会谈421场，接待到访者1 409人次；共完成口译9 500小时，笔译及审核43万余字。

执笔：展佳

投资托管服务业务

2011年，面对复杂多变的经济金融环境以及证券市场历史性低迷的不利形势，围绕投资托管市场和客户需求，调整发展思路、丰富市场手段、提升服务能力、加强基础管理与建设、落实安全运行，投资托管业务逆势而上，投资托管规模超常增长，市场地位稳步提升，专业水平得到普遍认可。

一、主要业务指标完成情况

第一，投资托管业务超常发展。托管规模达到2.06万亿元，增幅为57%；托管费收入19亿元，增幅为11%。

第二，托管规模市场位次居同业第二。其中，基金托管4 952亿元，居同业第二，新增托管基金46只，居同业第一，新增托管份额502亿份，居同业第二；券商受托资产362亿元，增幅为22%，规模居同业第一；年金托管481亿元，增幅为31%，居同业第二。

第三，保险托管取得突破。全面打开与大、中、小保险公司的托管大门，保险资产托管规模翻番，增幅为110%，达到2 700亿元。

第四，业务结构发生巨变，全行发展托管的格局开始呈现。2011年，分行托管业务规模1.28万亿元，占全行总规模的62%，首次超过总行经营规模，收入占比也提升到24%。

第五，客户结构得到明显改善，大公司合作占比明显提升。新增托管基金中，前二十大基金公司的基金规模占比为48%，比上年提高了12个百分点，只数占比为67%，比上年提升了22%。

第六，专业能力与水平得到业界认可。以总分（6.49分）第一的评价成绩荣获国际权威杂志《全球托管人》2011年度“中国最佳托管银行”称号；荣获和讯网2011年度中国“最佳资产托管银行”奖。自2005年以来，建设银行托管服务已先后八次获得殊荣。

二、主要业务工作

（一）部门联动，形成托管市场发展合力

2011年，在基金、券商集合、保险方面，加强与销售部门的业务联动，将托管费收入与主代销挂钩返还；将银保代销网点资源配置与托管合作贡献度挂钩，发挥了建设银行整体合力，取得了明显市场效果。一是新增托管基金46只，居同业第一，新增托管份额502亿份，居同业第二；二是券商托管资产规模362亿元，居同业第一；三是保险资产托管取得历史性突破，全面打开与大、中、小保险公司的托管大门，托管规模达到2 708亿元，增幅达111%。

（二）境内外联动，增强托管业务的海外营销能力

按照利益最大化原则，研究尝试海外分行发展 RQFII 业务的利益共享机制，成功营销了境外客户的 QFII 业务。通过举办海外机构投资托管业务座谈会、培训班，搭建境内、境外投资托管业务的联动平台。为分散风险、拓展市场，在现有境外托管银行的基础上增选有专业优势的新合作伙伴，以境外次托管银行为主、海外分支机构为辅的 QFII 业务海外营销网络初步形成。

（三）举办高水准业务论坛，提升市场影响力

2011 年，连续举办了基金、保险、券商、年金、QFII 以及安全营运等多种高级论坛，在业内迅速打出了品牌，树立了良好的市场形象。

（四）产品服务创新，赢客户之心

一是发新产品。先后试点证券投资类合伙企业资产托管业务，定向增发信托财产保管项目、伞形信托托管产品；开发 6 个企业年金标准化集合计划产品，累计签约客户突破 1 500 户；为某大型保险公司客户设计的实业投资托管方案为业内第一单，得到客户与监管机构的认可与肯定。二是提升服务能力。为保险客户提供个性化托管服务信息数据、延长资金清算时间、尝试属地化对账服务，受到保险客户的欢迎。三是率先推行券商集合计划电子合同系统。四是做好存量客户的回访工作，了解掌握客户对中国建设银行托管服务的意见，及时改进，提升客户的满意度。

境外权威媒体对中国建设银行提供的所有托管服务测评显示，客户都给予了满分评价。

（五）重视基础管理，确保安全运营

一是加强条线管理。综合考虑分行人员配备、内控制度建设等因素，对分行业务权限进行差别化管理，简化了业务流程、提高了工作效率。二是组织全行首次托管业务大检查，全面梳理和检查总行本部、上海备份中心、上海和深圳托管分部及各分行托管分中心托管业务，督促分行整改落实。三是引入内外部审计，规范业务操作。安永对建设银行托管业务的 SAS70 审计，第四年出具“无保留意见”审计报告。同时，积极整改年金托管业务审计发现的问题，并举一反三加强管理。四是规范员工行为。制作从业禁止行为警示牌，防范道德风险，做到警钟长鸣。五是务实开展业务培训。办好总行本部、上海备份中心及托管分部新员工岗前培训，先后开办 6 期专业技术人员培训班，对托管人员市场谈判能力、业务运营专业能力等方面进行重点培训，借助境外合作伙伴，开展海外托管业务培训。对分行年金托管分中心进行专业化指导，提升分行属地化托管服务能力。基础管理工作不断夯实，全年托管运营工作平稳、顺利。

（六）启动托管新系统建设，开发工作有序推进

在做好现有业务系统持续维护升级、确保运营平稳安全的同时，积极推进新一代托管业务管理系统的建设，尽早实现托管业务全流程自动化、标准化，提升托管运营基础能力。

执笔：杨增亮　王云鹏

养老金业务

2011 年，面对复杂多变的经济形势和激烈的市场竞争局面，养老金业务部在总行党委的正确领导下，认真贯彻落实总行发展战略和目标，养老金业务新增市场规模快速增长，市场地位显著提高，基础管理水平明显改善，业界影响力得到广泛关注。

一、养老金业务指标完成良好，市场业绩表现突出

（一）中央企业中标客户数量同业第一

2011年，建设银行成功中标了中国中铁股份有限公司、中国兵器工业集团、中国化学工程集团、中国航天科工集团、中国核工业集团、中国水电工程顾问集团、中国电力投资集团7家中央企业、8项资格，年金资产32亿元，个人账户81.5万个，中标成功率达53%。建设银行2011年的中央企业中标客户数领先工商银行，跃居同业第一，市场影响力进一步扩大。特别是成功中标中国中铁受托及账管双资格，成为近三年来唯一一家中标同一大型中央企业年金受托人和账户管理人资格的企业年金管理机构。该项目的成功中标，是对建设银行企业年金服务能力的最好诠释，对建设银行打造企业年金服务品牌、提高市场地位具有里程碑式的意义。

（二）市场推进有力，同业新增占比显著提高。

截至2011年年底，签约企业年金个人账户404万户，比上年新增138.4万个，增幅达52%。签约受托资产规模达194亿元，比上年新增53.3亿元，增幅为38%。运营个人账户数203.9万个，比上年新增35.5万个，增幅达21.1%。运营受托资产规模达165.7亿元，比上年新增46.4亿元，增幅为38.9%。2011年，建设银行企业年金个人账户数量和受托资产规模银行同业新增占比均显著提高，扭转了上年直线下滑的局面。其中个人账户占比比2010年提高约6个百分点，受托资产规模比上年提高约4个百分点。在激烈的市场竞争中取得这样的成绩实属不易（主要竞争对手工商银行的新增占比有所下降）。

（三）地方客户年金营销卓有成效，金融类客户领先同业

2011年，共中标地方年金项目35项，其中受托资格14项，涉及年金资产12.2亿元；账户管理资格21项，涉及年金个人账户11.2万人。建设银行中标了新疆农信社、南昌银行、徽商银行、东莞农商行、成都农商行等金融业企业，已成为金融机构企业年金最大的服务供应商。

（四）养老金“万户工程”计划有望提前一年完成

截至2011年年底，养老金业务签约客户数累计9 966户，比上年新增5 484户，增幅达122.4%，距离“万户工程”目标仅有一步之遥。

（五）“养颐四方”系列产品销售迅猛，取得了较好的市场反响

截至2011年年底，“养颐四方1号”、“养颐四方2号”产品累计签约客户达133户，管理个人账户数达6.7万个，资产规模超过10亿元。成功营销了上海铁路局、中国铁通下属5家分公司、陕西神东煤业等一批客户。由于“养颐四方”产品具有手续简便、操作便捷、投资方式丰富的优点，因而深受市场好评和客户追捧。

二、多措并举促进养老金业务健康发展，效果显著

（一）全力落实机构建设和专职人员配置，分行养老金条线力量得到加强

2011年，养老金业务部下发了《关于加快推进我行2011年企业年金业务发展的通知》（建总函〔2011〕172号，以下简称建总函172号文），要求相关分行完成专门的养老金（企业年金）业务机构的设立工作，并对分行养老金业务条线人员配置明确了具体人数要求。随后，下发了《关于下发〈一级分行养老金业务部主要职责〉和〈养老金（企业年金）业务岗位说明书〉的通知》（建养金〔2011〕9号）。

为此，养老金业务部专门组织召开了部分分行座谈会，贯彻落实建总函172号文件精神，并持续对分行贯彻落实情况进行了持续指导、督促和跟踪。经过持续推进，截至2011年年末，已有河北、上海、山东、四川4家分行按照建总函172号文要求，成立了一级部建制养老金业务部。大部分分行根据岗位要求，增加了专职人员配备，分行专职从业养老金业务人员已从年初的67人增加到137人，在一定程度上改善了前期养老金条线部分分行机构不落实、人员不到位的情况，进一步提高了总行对部分分行养老金业务的条线管理能力，提升了部分分行养老金机构的专业化程度。

（二）稳步推进养老金产品研发工作，初步建立养老金产品体系

开发了以“养颐四方”为品牌的员工福利计划产品，为不能按规范实施企业年金的企业和已经实施企业年金的企业在政策允许的前提下，提供了适合的员工福利计划产品，扩大了建设银行养老金业务产品的覆盖率，同时也为建设银行带来了相关的存款。2011年，养老金产品研发工作稳步推进，一是总结“养颐四方1号”产品前期试销售经验，完善相关规定，做好正式发行和全面推广该产品的各项准备工作。二是正式发行账户管理及存款管理功能的“养颐四方2号”产品，取得了较好的市场反响。三是在深入研究建设银行养老金产品创新及产品体系建设的基础上，完成养老金业务高阶产品目录设置，明确了养老金产品的发展方向，初步形成包含四大类十款产品的建设银行养老金产品体系。

（三）强化制度体系建设，业务发展基础进一步夯实

养老金业务部加强了制度、规章和技术支持文档的建设，夯实了业务发展基础，保障了业务的平稳健康发展。一是将“企业年金中心受托投资决策小组”更名为“养老金业务资产管理顾问小组”，负责全行养老金业务投资策略的审议和决策，承担对投资管理人评价等相关职责。同时，增强投资决策小组的权威性、科学性，小组成员由养老金业务部部内人员组成变更为养老金业务部、研究部、投资托管部、金融市场部、人力资源部相关人员共同组成。二是加速构建账户管理运营制度体系，下发了包括账户管理业务运营操作规程、人员岗位管理规定、运营质量考核规定等8个系列规章制度，设计并调整了外部机构的运营合同版本和操作流程，形成了较系统的账户管理运营业务制度体系。三是编发了《企业年金受托、账户管理投、述标准化文件》、《企业年金受托账管述标问题解答》，以及《企业员工福利计划管理服务手册》、《福利计划方案范本》等技术支持文档，为分行市场营销、产品销售提供了良好的技术支持保障。

（四）加大系统开发力度，系统应用性能和服务能力稳步提升

完成了账户管理系统4个版本、受托管理系统1个版本的升级优化工作，扩展了系统应用功能范围，提升了系统应用性能，改善了系统操作便利性。按计划实施了多批次的版本上线，完成了系统改造需求、网银等渠道建设需求、系统开发测试、系统主机搬迁测试等工作。

（五）持续加强养老金条线内控管理工作，防范潜在业务风险

积极配合总行审计部组织完成总行养老金业务部和9家一级分行养老金业务审计工作，对审计发现的问题正在进行积极整改。建立全行账户管理运营业务质量通报机制，实现按季度的运营质量情况通报，并对全行运营机构建立量化的质量考核计分管理，强化运营操作的规范管理。

（六）积极开展养老金业务培训，提升养老金条线人员专业化水平

2011年，养老金业务部共举办培训班8期，416人（次），进一步扩大了培训覆盖面，同时，改变了培训模式，更加注重实战培训。在哈尔滨培训中心连续滚动举办了三期客户经理培训班，进行了模拟述标比赛，并取得了良好的效果。与此同时，在总行培训计划外，养老金业务部采取多种形式，为分行养老金条线提供培训机会。为9家分行提供了专项培训；为湖北、吉林、河南、深圳、北京等分行提供跟岗培训机会；为陕西、四川、辽宁、江苏等分行提供系统测试跟岗学习机会；组织开展全行账管运营操作演练，实现100%的岗位人员覆盖。

（七）多渠道开展养老金业务宣传，提升养老金业务影响力

一是成功举办“航天科工集团公司企业年金基金管理合同签字仪式”，张建国行长、陈佐夫副行长亲自莅临并讲话。二是组织举办西安、青海、海南、安徽、云南养老金产品重要客户或重点产品推介会，派员参加由相关部门或分行举办大、中、小型对公客户推介会11次，宣传了建设银行养老金业务，提升了品牌形象，锁定了一批优质客户。三是多渠道开展行内外养老金业务宣传。2011年，养老金业务在各类媒体共刊登宣传稿件137篇，其中《建设银行报》8篇、总行信息门户网站103篇、国际互联网站5篇、《养老金业务动态》11篇。四是根据业务变化，编制《中国建设银行养老金服务宣传手册（2011版）》。

（八）增强与监管部门和同业机构的沟通和合作

一是积极参与银行业协会养老金业务专业委员会成立筹备工作，并被选为副主任成员单位；高质量完成委员会课题《关于将银行理财产品纳入企业年金投资范围的可行性报告》。二是参与人力资源和社会保障部《企业年金管理合同指引》制定，加强与人力资源和社会保障部监督司、养老司的日常沟通，建立了与人力资源和社会保障部良好的沟通机制。三是持续加强与国务院国资委、人力资源和社会保障部等相关部门的沟通，巩固双方关系。

执笔：刘伟

个人存款与投资业务

2011 年，个人存款与投资条线认真贯彻落实总行党委、高管层部署，紧密围绕国家“十二五”规划和建设银行五年规划战略要求，以“提升个人业务可持续发展能力”为目标，扎实推进各项工作。经过近一年的努力，主要业务指标完成情况良好，重点产品同业竞争力持续提升，客户和渠道等业务发展基础显著夯实，各项重点工作全面推进。

一、主要业务情况

（一）个人存款日均同业竞争力稳定，时点平稳增长

截至 2011 年年底，全行个人存款时点余额为 44 149 亿元，年内新增 3 958 亿元、增速为 9.8%，在社会资金面紧张、理财产品分流明显的条件下实现平稳增长。存款日均同业竞争力保持稳定，人民币存款日均余额在四大行中占比 23.7%，与 2010 年持平；时点新增在四大行中占比 18.1%，同比下降 3.7 个百分点。存款和银行理财资金在关键时点衔接机制不顺，导致年末冲刺能力弱于同业，是时点同业竞争力下降的主要原因。

（二）有资产客户新增创历年新高，大众富裕、富裕客户群体支柱地位凸显

2011 年，全行个人有资产客户新增 1 817 万人，创历年最好水平；截至 2011 年年末，有资产客户总量超过 2.2 亿人。大众富裕、富裕客户①所辖金融资产超过 4 万亿元，占全行所有客户金融资产总量的 75.0%；全行累计有近 10 万名富裕客户提升为高端客户，是建设银行高端客户的主要来源。

（三）主要中间业务收入市场份额均高于工商银行，新兴产品高速增长

2011 年，个人存款与投资业务部实现牵头中间业务收入 181.9 亿元，是全行第三大收入部门。6 项重点产品收入四大行比较来看，建设银行 3 个第一、2 个第二，有 5 项产品市场份额高于工商银行。“代销基金”、“实物金”和“代销国债”收入在四大行中位居第一，“个人人民币结算借记卡及收单”和“代理人身保险”收入在四大行中位居第二。实物金、个人外币结算和准贷记卡收入分别同比增长 83.2%、71.7% 和 43.1%，成为新的收入增长点。

（四）银行理财、个人贵金属销售高速增长，客户资金流入规模仅次于 2009 年水平

2011 年，全行面向个人客户销售银行理财产品 3.5 万亿元，同比增长 228.2%；个人贵金属销售金额 1 836 亿元，同比增长 207.1%。积极顺应客户资产配置多元化趋势，促进客户资金流入。

① 指金融资产在 5 万～500 万元的客户。

客户的银行理财和贵金属产品资金分别净流入2 326亿元和286亿元；与存款合计计算，个人客户资金合计流入6 570亿元，流入规模仅次于2009年。

（五）借记卡发卡新增创历年新高，结算通卡业务跨越式发展

2011年，全行借记卡发卡新增7 209万张，新增规模创历史最好水平；截至2011年年底，借记卡累计发卡量3.6亿张。全年实现消费交易额1.8万亿元，同比增长37.5%。包含个人结算、个人电子银行等产品合计①，实现收入115.9亿元，是全行第一大中间业务产品。

结算通卡实现跨越式发展，经营效益显著。截至2011年年末，累计发卡量198万张，是2010年年末的3.4倍；卡内存款余额135亿元，是2010年年末的3.3倍，且全部是付息率低的活期存款。在带动资金、客户增长的同时，年内实现手续费收入达1.1亿元，是2010年的2.4倍。

（六）自助渠道是全行最大的交易渠道，网点装修建设成效显著

截至2011年年底，全行安装运行自助设备45 645台，运行数量年内新增5 771台；台日均完成账务性交易186笔，同比提升12.2%。2011年，全行自助渠道交易总量为45.6亿笔，分别是柜面和电子渠道交易量的2.6倍和1.3倍，人工替代效率历年最高。全年开工网点装修项目2 324个，开工新建310家，其中约160家已通过监管部门审批对外营业。

（七）网点二代转型全面收官，服务能力和客户满意度提升明显

截至2011年年底，全行已完成所有符合条件网点的二代转型推广工作，共验收通过7 800家，其中2011年3 877家。转型前后主要衡量指标提升明显：VIP客户服务时间占比由44%提升至93%，联系计划覆盖率提升至95%；所辖VIP客户保有率达84%，比全行水平高15个百分点。理财中心网均配备专职客户经理1.4人，初步解决了“空心化”问题。前三个季度，个人客户经理满意度得分85.6分，比2010年年末提升2.7%，首次超越招商银行，并连续三年在四大行中排名第一。

（八）电话银行交易能力增强，客户问题处理效率持续提升

截至2011年年底，全行电话银行客户达9 621万户，年内新增2 429万户，增速达33.8%。全年实现交易量4.0亿笔、交易金额达1 664亿元，其中银彩通、黄金等业务交易高速增长，同比增速分别达51.2%和103.1%。完成信贷催收321万件，催收金额达572亿元，其中成功催收278亿元。

客户问题处理效率持续提升，处理速度和客户满意度分别较2009年提升13.5个和13.2个百分点。2011年，共受理客户求助1.3万笔，其中单笔金额超过50万元的30笔，成功保全客户资金3 226万元。

（九）立足客户和渠道基础，与其他部门、子公司联动经营指标完成情况良好②

一是发挥好销售主渠道作用，电子银行主要产品计划完成情况良好。个人网上银行高级客户新增2 365万户，手机银行客户新增2 198万户，计划完成率分别为124%和191%。二是继续承担好信用卡业务主体发卡任务，个人条线净新增信用卡客户433万户，占全行新增总量的60.3%，提前完成全年计划。三是加大对建信基金的支持力度，建信基金产品新发认购量占所有产品新发认购总量的24.3%，同比提高2.2个百分点。

二、重点推进工作

（一）大力拓展客户基础

一是开展“走进社区，拓展客户规模，提升价值贡献”营销竞赛，使用“名单制销售”工具，设计十多类面向不同目标客户的产品套餐，开展2 600余场主题活动，有效激活零资产目标客户391万人，吸收行外资金300亿元。

二是运用借记卡、结算通卡和电话支付等各类结算产品“抓客户”。加快理财卡发行力度，吸收并维护好中高端客户；积极发展总行、各分行特色联名卡，巩固大众客户基础；将结算通卡

① 资债部22大类产品口径。

② 均为前11个月数据。

和电话支付形成合力，并大力推动，有效地实现了商品批发流通市场客户的增长。

三是通过优质客户服务“留客户”。推出多项网点便民服务措施，简化银行卡换卡流程，优化理财系统功能，以此运用优质服务“溢价”吸引新客户、维护老客户，弥补建设银行银行理财产品收益与同业的差距。

（二）持续提升服务质量

一是通过网点二代转型抓中高端客户服务。通过提升VIP客户服务时间占比、客户联系计划覆盖率等指标水平，推动分行重视并切实增强中高端客户服务能力。

二是狠抓客户经理队伍建设。全年举办各类客户经理培训班12期，共有超过600名客户经理接受现场培训，持有行内初级及以上理财师证书人数占比超过60%。继续办好“百佳客户经理”代表座谈会，表彰先进，促进业务交流。

三是运用“星级网点管理制度”建立网点服务管理常态评价机制。对原有181家五星级网点进行巩固复查，组织开展2011年星级网点验收工作。

四是建立个人客户问题快速响应解决机制。做好各部门、各层级间协调，制定客户问题处理管理办法，上线运行处理平台，管理精细化水平大幅提升。

五是全面开展新产品、新流程的客户体验，包括外币特色储蓄、实物黄金经销、自助发卡机以及信用卡“网络申请——柜面面签”等。此外，做好现有产品的客户体验调查工作，为结算通、理财卡等产品的流程优化提供支持。

（三）协调发展存款和理财业务

一是明确提出将“维护和拓展客户，促进客户金融增长”作为协调存款和银行理财发展的核心目标，大力推动客户资金流入建设银行，应对资产配置多元化趋势。

二是发挥主动性，与设计部门密切沟通推动银行理财产品发行。重点发展以资产激活、客户升级为目标的产品，实现产品的精准投放，吸收客户行外资金。

三是大力推动基金、黄金等投资理财产品销售。发展定投业务，培育客户长期投资理念；贯彻精品策略，加强与优质基金公司合作，做好持续营销。抓住金价上升、通胀预期强烈等有利因素推动销售，丰富黄金产品线，做好专题营销。

四是全面推动代理人身保险业务转型。在提升收入市场竞争力的同时，狠抓能力和基础建设。建立产品准入和费率谈判机制，以服务为导向开展销售，提升收益水平；规范驻点管理，打造自主销售能力；优化银保通系统，推动保险资产计入AUM。

五是大力做好产品宣传和品牌推广。各类宣传广告制作和投入力度较往年有大幅提升。推出龙卡通电视广告，有效覆盖人群约18亿人次。组织产品品牌注册商标申报工作，“龙卡通”、“利得盈”、“建设银行金”、“陆港通”和“汇得盈”等产品取得注册商标使用权。

（四）继续加快产品创新和流程优化

一是率先推出移动支付业务。在2011年年初零售业务工作会上明确了抓好移动支付、抢占市场先机的战略方向。2011年9月，与中国银联合作，有效利用银联和建设银行现有商户渠道，充分满足电子支付需要，目前已在11家分行试点推广。

二是完成金融IC卡发行各项准备工作。金融IC卡相关系统顺利上线并通过人民银行审核，完成卡片、收单机具等采购工作，全面推进制度建设和人员培训。

三是顺利实现CTS与通知存款一户通签约自动互转功能，推动证券结算资金与存款资金之间的有效流动，满足客户需求、拓展存款来源。

四是推出44大类“建行金”实物黄金新品，是目前自主品牌产品最丰富的商业银行之一。产品规格小至2克，大至5公斤，形成投资、贺岁、婚庆和节日等多个产品线，结合建党90周年等社会热点推出限量产品。试点推出个人账户白银、铂金业务，有效地满足了客户多样化投资需要。

五是进一步优化银行卡业务流程。优化理财卡到期换卡流程，实现电话银行对客户换卡的及时提醒；调整银行卡过期后用卡、换卡的有关规定，提升客户体验；开展准贷记卡透支管理的优化试点，透支额度最高可提至40万元。不断扩展建设银行卡在国外ATM的受理范围。

六是推动多项外汇业务创新。与西联速汇公司完成签约和系统对接，业务办理范围显著扩大。

简化个人结售汇操作，提升业务办理效率。组织开发“个人结售汇业务整合项目”，实现“一站式”业务办理流程；开发上线网银结售汇交易功能，待监管验收后正式向客户推出。

七是加快电话银行业务创新。丰富外呼业务种类，新增贷款进度查询、银医服务等新服务，试点运行短信验证码转账、声纹识别等功能，积极筹备小企业电话银行服务。

（五）全面推动各类渠道建设

一是加快推动网点装修建设，推广网点选址、后评估工具。强化建设计划执行进度的监控考核，及时全面完成新设审批批复；上线网点选址综合评分表，下发网点建设后评价体系文件；推进网点视觉形象优化工作。

二是不断加强自助业务专业化管理，做好效率提升和新功能上线。福建等十余家分行专业化管理试点目标已基本实现；统一开展低效设备清理活动，激活率近30%；组织推进业务控管系统新功能上线，做好相关培训工作。

三是继续推进电话银行渠道集约化运营，创新功能、优化服务。年内完成3家分行呼入业务上收，托管分行总数达30家，顺利托管建设银行亚洲多项业务，着手筹备在北京、武汉中心开展全行银行卡集中制卡业务，将外卡收单业务上收总行管理。

（六）不断强化风险防控

一是加强柜面风险管理。做好季度柜面操作风险检查，覆盖20家一级分行，运用检查总结会、整改通知书等工具巩固检查成果；加强制度建设，下发多项指导意见，建立零售业务柜面操作风险防控长效机制。

二是做好银行卡业务风险管理。对龙卡借记卡在境外通过银联网络的POS消费交易实行限额管理，防范境外伪卡欺诈风险；下发监管部门要求，防范利用借记卡以消费名义套取现金行为，打击银行卡违法犯罪。

三是推广个人客户风险评估系统使用。全年有超过400万名客户使用系统进行风险评估，“一次评估、一年有效”，有效地缓解了网点评估工作压力，优化了客户体验。

四是建立阳光私募风险管理制度。从公司及产品准入、产品设计、代理流程、产品运作以及产品售后和退出等方面，制定了具体的风险防范措施。

（七）着力打造高素质个人金融专业队伍

一是牵头完成培训项目105期，培训人数超过5 000人次，内容全面覆盖主要业务领域，资源重点向基层员工倾斜。二是着力推进全行网点经理轮训筹备工作，轮训所需师资、课程和实施方案等条件已准备成熟。三是持续做好理财师培训和认证工作。截至2011年年末，全行累计有超过7.5万人取得行内理财师资格，比2010年年末增加1.2万人。四是下大力气打造保险销售队伍，开展分层、分岗培训，提升持证覆盖率。全行持有代理保险资格证书员工超过7.4万人，网均5.5人。五是继续提升渠道运营队伍素质，开展网点选址和建设管理培训，编制自助设备视频培训教材。

（八）加强党团建设，构建和谐团队

一是全面开展“为民服务、创先争优”活动，运用“党员示范岗”等各类载体，贯彻全行部署，切实提升管理效率和服务能力。二是深入做好员工关爱工作，下发《关于推进零售网点员工人文关怀的十条规定》，拓展电话银行一线人员职业发展通道。三是积极参与全行各项文艺活动，荣获建党90周年合唱比赛一等奖，第九届职工运动会团体总分第三名，在行内各项爱心活动中捐款超过1.5万元。

执笔：赵鸿

财富管理与私人银行业务

2011年，财富管理与私人银行业务处于业务转型的关键时期，明确了私人银行业务发展的定位，进一步界定了私人银行业务的基本内涵。遵循着发展战略的指引，深入贯彻“一三五经营模式”，在客户营销与拓展、核心产品销售与服务、渠道规划与布局、信息系统建设与完善等方面取得了长足的进步。同时，按照全行五年发展规划的要求努力把私人银行业务做大、做强、做好。

一、2011年业务发展主要成果

（一）客户及其在建设银行金融资产（AUM）数量规模保持较快增长

2011年全行高端客户数量比上年年初增长20.43%，其中金融资产1 000万元（含）以上的私人银行客户数量比上年年初增长27.99%；高端客户金融资产比上年初增长25.03%，其中金融资产1 000万元（含）以上的私人银行客户金融资产比上年年初增长30.08%。

2011年11月7日，中国建设银行总行财富管理与私人银行部举办一级分行分管行领导私人银行业务高级研修班。

（二）理财产品供应和销售形势喜人，促进中间业务收入提升

总行2011年全年发行理财产品近300期，其中，“建设银行财富”系列产品170期，乾元享系列产品115期，专户理财计划5期，证券投资类产品6期，以及其他信托类产品2期，共计产品销售数比上年同期增长了4倍；募集金额2 408.10亿元，比上年同期增长了10倍，实现中间业务收入比上年同期增长138%。

（三）财富管理卡、私人银行卡、高端信用卡发行量持续攀升

财富管理卡与私人银行卡是专门面向高端客户、标志其身份的专属性银行借记卡。截至2011年年末，两卡全行累计发行突破7万张，比年初新增141.91%，其中，私人银行卡突破万张，财富管理卡突破6万张；私人银行条线信用卡累计净新增发卡客户数逾4.6万户，完成全年KPI计划的115%。

（四）私人银行物理电子渠道服务稳步展开

2011年，境内38家一级分行都已有开业的私人银行与财富管理中心，共计245家；目前香港的建行亚洲也建有1家私人银行。截至2011年年末，私人银行客户网上银行、电话银行、手机银行签约率分别达到54.87%、39.24%和7.51%。

二、2011年采取的主要工作措施

（一）围绕拓展、维护和挽留客户，深入开展联动营销与业务合作

为提升私人银行客户关系管理水平与指导能力，制定了标准化、规范化、流程化制度文件。组织开展贯穿全年的一系列全行性营销、专题营销和高端营销活动，带动了全行私人银行客户营销服务客户工作，促进市场拓展，加强客户关系维护。此外，积极推进公私联动营销，与小企业、投资银行部、公司部、机构部等部门合作开展业务联动。制定《私人银行与小企业联动营销管理

办法》，规范深化对重要私人银行客户目标群的联动营销；与投资银行部在深圳联合召开“私人银行业务境内与香港联动座谈会”，推进境内分行与建银国际和建行亚洲的客户推荐与产品服务合作。

（二）提升广视角、多维度的产品整合与创新能力，搭建全方位、开放式综合产品服务机制平台

第一，私人财富管理是围绕客户资产保增、增值需求，提供财富规划、资产配置、产品供应、投资咨询顾问等全面服务。通过对内深化与产品部门合作，强化建设银行财富系列产品和乾元私享系列产品供应基础；对外加强供应商及产品筛选，借助信托公司、基金公司、券商、阳光私募公司等行外第三方机构专业投资能力，特别是通过加强与建信基金、建信信托等子公司的合作，不断提升私人银行开放式综合产品服务平台的市场竞争力；对单笔可管理金融资产 5 000 万元及以上的超高净值私人银行客户，推出了理财产品定制服务；此外，还开发了“私人财富管家”服务项目，以财富规划服务为主线，为客户提供从客户整体需求出发到方案设计、交易执行、跟踪调整等一揽子的管家式服务。

第二，综合金融是以客户对银行资产、负债和中间业务的差异化、个性化需求为驱动，通过对产品服务的流程、功能、定价等要素的差别化、优化或创新处理，形成创新专享、投资配置产品、差异优享和特色交易四大类产品服务。先后完成私人银行客户家庭现金管理项目系统需求设计、私人银行卡与财富卡业务管理与功能优化、私人银行专属的财富交易系统上线等工作；进一步完善产品服务货架，推出资产证明、保管箱、大额存单、台商客户服务、财富之星、财富贷、高端信用卡等业务。

第三，专享增值服务以客户特定需求为着力点，打造专属营销平台，形成生活品质类、顾问咨询类和综合营销类三大服务体系。先后推出机场嘉宾（贵宾）、健康关爱、高尔夫、便捷出境、子女教育等九大项三十余品种服务；深度挖掘客户需求，组织全行性主题营销活动；推进服务功能转型，尝试与产品销售捆绑的套餐式综合解决方案；正在建设增值服务集成供应商模式，逐步建立专享增值服务盈利模式。

（三）完善功能，推进渠道建设与转型

积极完善私人银行专营机构的渠道布局，重点加强特大城市、省会城市和中心城市的渠道布局建设与服务能力，实现了对 38 家一级分行的全面覆盖。电话银行增添完善了私人银行 400 贵宾服务专线的功能，优化了服务流程，新增语音操作系统、外呼服务与专家组服务功能，同时努力提升电子渠道高端客户网上银行和手机银行的签约率。截至 2011 年年底，全行投入运营的私人银行专营机构达到 245 家，AUM300 万元以上的网上银行高端客户超过 7 万人，电话银行高端客户超过 5 万人，手机银行高端客户 1 万余人。

围绕私人银行服务转型、功能转型与经营转型的要求，全面推进全行私人银行转型工作，明确私人银行的经营定位，完善私人银行业务功能，充实岗位人员配置，建立顺畅的产品供应机制、业务联动机制和业绩考核与资源配置机制。

（四）以 IT 系统为支撑，建立和完善流程、机制，推进中、后台支持体系建设

第一，高端客户综合服务拓展 IT 开发项目顺利完成并成功上线运行。该项目在 WPPS 系统中建立了发现客户事件的事件驱动型客户关系管理流程，实现了销售机会在各个阶段的精细化管理以及销售机会在不同角色之间及时传递，将销售过程标准化、流程化，支持私人银行通过 400 代理交易直接办理业务。

第二，积极参与数据仓库应用模式试点，成效明显。在信息中心、技术部的支持下，探索应用数据仓库能力支持业务发展的新模式。先后三次共计梳理了近千项数据需求，开发了两套数据视图，建立了专用 SAS 服务器用于数据分析。完成了新口径客户 KPI 指标测算，客户收入计算的实施工作即将完成，WPPS 系统内的流程管理数据进入仓库已经纳入数据仓库明年实施计划，及时解决仓库中客户信息与 WPPS 不匹配的问题。

第三，改进提高数据分析效率与质量，为业务发展提供支持。经过研究探索，按照新的分析思路逐步调整业务分析方法，从系统出数到完成分析报告的时间缩短到 2 ~ 3 天，提高了工作效率，为及时发现问题、解决问题创造了有利条件，同时形成常态化工作机制。

（五）加强基础建设，以培训为重点抓人才队伍建设

以私人银行转型、中后台专业岗位建设为切入点，积极推进私人银行业务条线人员配备充实工作。全年共举办23期境内外培训班，共计培训1 021人次，培训对象包括了各一级分行分管副行长、私人银行客户经理、财富顾问等，培训内容涉及对私人银行业务发展的定位与基本战略解读、客户产品营销、财富规划及各类资格证书等。

（六）推进风险和内控管理长效机制建设，为业务转型保驾护航

根据银监会对规范理财产品销售的要求，制定了《中国建设银行私人银行理财业务风险防范指导意见》，指导私人银行理财业务规范开展，进一步从制度上加强风险预防措施。积极开展全行私人银行风险检查，针对风险隐患问题突出分行包括厦门、西藏、深圳、山东、三峡、青海、湖南、贵州等发通知督导整改，并印发《关于2011年全行私人银行业务风险内控检查情况的通报》，通报全行以提示牢固树立风险管理意识，加强风险点的防疏堵漏。

执笔：王娟

住房金融与个人信贷业务

一、业务发展成果

2011年，个人贷款增长圆满实现计划目标，信贷结构进一步优化，资产质量稳步提升，基础管理能力显著增强，综合收益水平不断提高，房改金融业务优势巩固。建设银行荣获《理财周报》“2011年中国最佳房贷银行”称号，房贷品牌被《金融理财》评选为“金牌影响力品牌”。

（一）个人贷款增长平稳，住房贷款新增居同业首位

个人贷款圆满完成全年计划目标，较好地满足了客户的需求。截至2011年年底，全行共发放个人贷款166万笔，个人类贷款余额达15 803亿元，比年初新增2 701亿元。其中，个人住房贷款余额为14 188亿元，比年初新增2 400亿元，新增在四大行中占比为38.1%，居同业首位，市场地位得到有力巩固；个人经营类贷款发展迅速，贷款余额达841亿元，比年初新增324亿元，增幅达62.6%。

（二）产品、区域、客户结构得到进一步优化

截至2011年年底，全行个人住房贷款新增额占全行个人贷款新增额的88.9%，一手房、二手房贷款新增占个人住房类贷款新增的93.5%；个人助业贷款实现了稳步健康发展，贷款余额达787亿元，比年初新增306亿元；个人支农贷款当年累计投放超过70亿元，新增17亿元，贷款余额达54亿元。

全行个人贷款新增主要集中于管理水平较高、资产质量较优的分行，个贷新增前十位的分行合计新增占全行的48.7%，平均不良率仅为0.24%。西部分行个贷平均增速高于全行，有力地支持了西部地区的发展建设。

（三）不良关注实现双降，资产质量稳步提升

全行个人不良类、关注类贷款较年初全部“双降”。截至2011年年底，个人贷款不良额为43.0亿元，比年初下降8.7亿元，不良率为0.27%，比年初下降0.12个百分点。个人住房贷款不良余额为32.2亿元，比年初下降6.7亿元，不良率为0.23%，比年初下降0.10个百分点；个人消费经营类贷款不良余额为10.8亿元，比年初下降2.0亿元。不良率为0.67%，比年初下降0.31个百分点。共有31个分行实现不良“双降"，36 个分行不良率下降。

个人关注类贷款大幅下降，贷款余额为 64.8 亿元，比年初下降 29.4 亿元，关注率为 0.41%，比年初下降 0.31 个百分点，资产质量下迁压力明显减缓。

（四）住房资金发展迅速，房改金融再创佳绩

截至 2011 年年底，住房资金归集新增 2 020 亿元；住房资金存款余额为 5 070 亿元，比年初增长 891 亿元，增幅达 21.3%；公积金贷款余额达 6 162 亿元，比年初增长 995 亿元。公积金资金市场占比稳居同业首位。保障房金融服务稳步推进，全部取得第一批 29 家试点城市承办资格，已受托为 66 个保障房建设项目发放公积金项目贷款 188.76 亿元，同业占比达 71%。2011 年，房改金融中间业务收入 16.2 亿元，较 2010 年增收 2.5 亿元。

（五）议价能力不断加强，综合收益明显提升

新发放个人贷款利率水平稳步提升，2011 年新投放个人贷款加权平均利率为 7%，较上年提高 1.86 个百分点。个贷业务综合收益显著，当年新引入个贷客户人均覆盖产品数量超过 6 个，新引入房贷客户覆盖 4 个及以上产品客户占比达 92.7%，较上年提升 12 个百分点。当年直接引入信用卡新增客户超过 60 万户。

二、主要工作措施

（一）积极开展市场营销，努力巩固客户关系

2011 年 1 月至 10 月，以"比收益、比质量、强基础、固优势"为主题，对优质客户、重点业务、重点区域加大营销力度。主要开展了"二手房服务进社区"营销活动，通过服务推介、客户座谈、媒体发布等形式，宣传"房 e 通"等具有特色二手房交易金融服务；以"建行助业贷款、助你走向成功"为主题，面向专业市场、产业集群的个人助业贷款推介活动和个人支农贷款营销活动；以住房公积金金融服务 20 年为契机，针对住房资金管理部门高层、合作伙伴的科技服务、保障住房项目贷款试点营销推介，以及签约、推广住房金融新产品新服务的营销活动。这些营销活动的有效开展，有效巩固了建设银行与客户的关系，促进了业务的发展。总行于 2011 年年末对活动中表现突出的 130 个机构及 100 名个人进行了表彰。

（二）认真落实有保有压，积极实施结构调整

信贷资源重点投向符合政策导向的相关产品、综合情况良好的优质客户以及管理水平较高的分行。个人住房贷款主要支持百姓购买普通自住房，遏制投资投机性需求，具备较强的风险抵御能力；个人助业贷款业务在坚持"优质客户 + 有效资产抵押"的基础上，选择经营管理能力强的分行，围绕专业市场和产业集群个体私营业主群体，实现了较快发展；个人支农贷款试点扩大到 13 家分行；规范稳健发展个人消费贷款。贯彻国家加大对消费金融支持力度的相关政策，在严格支付管理，确保用途合规的前提下，支持优质客户真实的消费融资需求。同时，优先支持经营管理能力强、资产质量好的分行加快发展，把贷款重点投向房地产市场发育成熟、房价相对平稳、自住房需求旺盛、经营管理规范的区域，有效地促进了重点业务的快速发展和区域结构的持续优化。

（三）积极转变发展方式，进一步提升效益贡献

强化落实国家差别化住房信贷政策要求，在全行范围组织开展个人贷款收益提升活动，积极指导分行把首付比例、综合贡献、客户信用和贷后表现等多种因素引入定价过程，努力强化差别化定价能力、提升贷款议价能力、提升个人贷款利率执行水平；积极推动对个贷存量、增量客户加强存款、银行卡、电子银行和各类投资理财产品的销售，实现方便客户与提高产品覆盖双赢的目标。在提升综合效益贡献的同时，促使一人一贷占比和贷款首付比例水平持续提高，进一步增强了客户还款的稳定性。

（四）加大产品创新力度，培育新业务增长点

全行以市场为导向，以客户为核心，积极创新产品。研发并推广"房 e 通"个贷频道，打开个贷业务互联网渠道，实现"房 e 通"在部分分行试点上线。电子商务金融服务平台的个贷融资产品研发、配套制度建设、系统测试等基础工作已完成，即将进入试运行阶段。完善住房金融与个人信贷业务产品体系，推出个人黄金质押贷款、“学易贷”个人教育贷款、“财富贷”私人银行客户个人贷款等服务，满足客户多元化的金融需求。积极深入推进社区金融服务，探索与楼盘、家居市场、建材市场、旅游公司等城市居民大宗消费渠道业务合作的可行性。加强公积金和商业按揭接力、置换和贴息组合创新，细化保障房贷款的管理制度和服务流程，实现支持保障性安居工程公积金项目贷款、商业开发贷款、公积金个人贷款、商业个人按揭“四结合”。

（五）努力压缩不良贷款，全面加强风险防范

个贷资产质量提升与贷后管理工作始终坚持稳定质量防风险、合规经营夯基础。以维持资产质量稳定为核心，积极应对监管要求，抓好逾期贷款催收和风险监测预警工作，认真研究完善压缩个人逾期贷款的制度措施，强力压缩逾期贷款，顺利实现预期目标。针对政策形势的变化，加强重点风险预警，强化风险防控措施。对重点分行提出风险防控措施，并开展员工贷款风险排查，有力地推动了合规经营与案件防控工作。完善贷后管理制度，下发《个人贷款档案管理规定》，推进集中催收托管工作，较好地提高了催收效率。个贷档案影像系统逐步推广，截至2011年年底，已有13家分行的个贷档案影像系统成功上线，部分分行还实现了全省个贷档案的集中管理。严格落实内外部检查督导，积极配合外部审计检查，配合银监会开展信贷合规性检查，对发现的问题及时整改。开展个贷业务大检查，组织人员对分行实施现场检查，有效促进全行合规经营。

（六）积极支持公积金项目贷款，推进保障性住房金融服务

主动推进与各级政府住房保障部门的合作，大力发展保障性住房金融服务，积极参与住房公积金支持保障性住房建设试点工作。截至2011年年底，取得全部29个试点城市的承办资格，并取得85个项目的承办权。巩固和深化住房资金管理部门客户合作，主动开展对重点城市住房资金管理部门的服务营销，提供全面的金融服务方案，住房资金科技服务推广应用客户超过150家；密切与各地住房资金管理部门合作，大力发放公积金个人住房贷款，加强公积金与商业按揭产品组合方式创新，发放置换贷款、接力贷款和贴息贷款等，积极为中低收入居民提供住房融资解决方案，全年为6.94万中低收入居民发放公积金个人贷款和商业按揭共116亿元。

（七）不断推进中心建设，持续优化经营模式

个贷中心建设稳步发展，布局更加合理，建设水平显著提高。截至2011年年底，全行已建成个贷中心940家，累计有874家个贷中心完成验收工作，一级、二级分行城市及百强县市全部建成个贷中心，区域布局更加合理，专业经营架构体系日臻完善。此外，个贷中心信息库初步建立，关键作业和成本效率分析项目有序推进，研究制定了各项内容的评价模型。目前，全行前端专业经营和中后端集中处理一体化的个贷专业化经营架构体系基本形成，约95%的个贷业务由个贷中心集中经营，个贷中心已成为业务经营、客户服务的主渠道和有效实施管理、防控风险的良好平台，在全行四个物理渠道中客户体验满意度最高。

（八）加快客户经理队伍建设，强化业务知识培训

加强员工队伍建设，提升客户服务能力和业务履岗能力。逐步采用集视频讲解、动画、情景拍摄等为一体的立体教学方式；开发房金业务远程培训课件，形成网上在线培训和网下集中培训相结合的培训模式。2011年，总行共举办了18期培训班，重点针对风险控制、个贷中心建设等基础管理工作，参训人员近1 200人次。资格考试大力推进，配合人力资源部组织房金岗位资格考试和房金客户经理专业技术资格考试，对考试题库进行完善修改。本年全行房金条线共有4 581人通过参加相关考试获得专业技术资格及上岗资格。

执笔：赵晓英、蔡军花、刘颢

小企业业务

2011 年，小企业业务认真贯彻落实国家宏观经济金融政策，紧紧围绕“转变发展方式、提高发展质量、深化结构调整、强化基础管理，全面提高市场竞争力和价值创造力”的工作思路，坚持稳健合规经营，一手抓业务发展、一手抓风险防范，各项工作有序开展、亮点纷呈、成绩显著。

一、主要工作成果

（一）贷款快速增长，业务总量不断扩大

2011 年小企业非贴贷款（不含网络银行、保理，下同）余额为 4 503.6 亿元，占全部贷款 7.5%，比上年提升 0.65 个百分点；新增 1 112.3 亿元，新增占全部贷款新增的 15.3%。

2011 年 3 月 7 日，中国建设银行零售业务工作会议在武汉召开。

（二）客户数量持续增长，与同业差距明显缩小

小企业授信客户 71 453 户，比年初新增 11 236户。目前在四大行中占比 33.7%，比工商银行低 1.4 个百分点。

（三）贷款定价水平较高，创收增收能力不断提高

截至 2011 年 11 月末，全行小企业贷款平均利率相当于基准利率上浮 14.03%，其中 11 月当月上浮水平达 17.14%，创近年来新高，成为全行盈利能力最强的贷款品种。带动全行实现中间业务收入 57 亿元，比上年同期增长 77%。

（四）结构调整初见成效，客户、期限、行业结构趋向合理

2011 年信用等级 AA + 级（含）以上的客户占比 34.8%，比上年提升 8.4 个百分点；一年期以内小企业贷款占比从 2010 年的 82.5% 提高至 86.2%；“支持类”行业贷款占比提升 1.9 个百分点，“维持类”和“控制类”行业贷款占比均呈现不同程度的下降。

（五）风险控制能力不断提高，资产质量整体向好

全行小企业贷款不良率为 1.27%，较年初下降0.02 个百分点。其中，2005 年以来纯新发放贷款 5 458.2 亿元，贷款平均不良率为 1.14%。

（六）重点城市行发展良好，业务的示范作用明显

23 家重点城市行贷款余额为 2 120.6 亿元，占比为 47.1%，同比提高 0.6 个百分点；客户数 31 837 户，占比为 44.6%，同比提高 0.8 个百分点。贷款平均不良率为 1.09%，比全行平均低 0.18 个百分点，业务发展总体情况向好。

（七）小企业业务的品牌和社会影响力不断扩大

2011 年 7 月，中央领导作出重要批示，对建设银行服务小企业取得的成绩给予了充分肯定。中央电视台、《人民日报》、新华社、《光明日报》等十余家重要媒体对我们服务小企业的工作进行了集中报道。国内外知名杂志也对建设银行小企业金融服务给予高度认可和评价，其中，《亚洲银行家》杂志在其 2011 年奖项计划的评比中，将“2011 年中国最佳中小企业银行服务”奖授予建设银行，《首席财务官》连续第四年将建设银行

评为“最佳中小企业服务银行”。

二、主要工作举措

（一）以战略思维指导小企业业务又快又好发展

确定零售化转型方向，明确业务发展新思路。2011年年初，总行将小企业业务划入零售条线管理，逐步明确了“零售化”转型的发展方向。总行相继开发了“小额通”和“信用贷”产品，在丰富产品体系、提高服务质量的同时，进一步拓展了客户群体，扩大了金融服务的覆盖面。此外，全行小企业业务还以社区金融为切入点，加快发展方式的转变，通过市场、商会、居民小区等社区平台开展业务营销，逐步实现由传统等客上门向主动营销的转变、由单一信贷服务向综合金融服务的转变。

确定重点城市行战略，建立新的业务发展布局。为迅速打造建设银行在重点地区的竞争优势，带动全行业务发展，小企业业务确定了“重点城市行”的发展战略，将业务资源主要投向经济比较发达、小企业比较活跃、各类经济元素多、信用和法律环境良好、机构经营管理水平高的区域，确定了23家重点城市行，对其资源配置达到全部贷款规模的近60%。

制订小企业业务发展五年规划。明确了小企业客户、产品、渠道、区域经营策略和发展重点，提出了具体经营目标、解决措施和管理要求，为下一步业务更好地发展指出了方向和目标。

（二）专业化小企业业务经营架构逐步建立并不断优化

上下合力，建立专业化业务经营机制。2011年6月底，总行小企业业务部正式独立并实现独立运转，对全行小企业业务的推动、指导、管理力度进一步加强。截至2011年年底，全行已有28家分行成立了一级部建制的小企业部。全行共组建含“信贷工厂”的小企业经营中心240家，其中2011年当年共组建18家，全行业务的办理效率和风险控制能力大幅提高。

“信贷工厂”流程优化和升级工作有序进行。按照“风险可控、成本降低、效率提高”的目标，解决现有“信贷工厂”运行过程中存在的问题。2011年10月，成立专门的小企业“信贷工厂”“二代升级”项目组，对小企业“信贷工厂”“二代升级”制订方案并加以推进，主要包括：进一步充实小企业“信贷工厂”岗位人员，明确岗位职责；根据不同产品和服务对象设置差异化业务操作流程；继续推进审批人派驻制，提高小企业授信审批专业化水平；制定《中国建设银行小企业经营中心视觉形象建设指引》（讨论稿）；开展信贷工厂分类评级和管理等。

（三）加强内外合作和交叉营销，不断提高市场拓展能力

积极开展外部合作，从源头打造批量化营销的基础。总行小企业部分别与工业和信息化部、工商业联合会、中小企业协会进行深入接洽，搭建全面合作框架。一是与工信部合作，调研北京、广东、河北、四川、重庆、江苏等分行与工信部合作进展，完成《中华人民共和国工业和信息化部与中国建设银行中小企业金融服务合作推进方案》；二是与中小企业协会加强沟通交流，参加由中小企业协会主办的第五届中国中小企业节，以此不断扩大建设银行服务小企业的市场影响力；三是与全国工商联合作，了解其相关小企业政策和措施，在总结双方合作经验的基础上，商讨进一步合作事宜。截至2011年年底，共搭建各类批量化营销合作平台505个，当年新增141个，服务客户20 109户，贷款余额达1 267亿元。

内部积极开展联动营销，促进条线互动。一是加强与零售条线联动，开展交叉营销，拓展客户基础。首先，配合个人条线旺季营销工作，开展小企业业务旺季营销活动，提出代发工资等多项指标要求，不断促进零售板块内部的互动。其次，与信用卡中心合作，联合下发《关于“建设银行卓越商务卡”产品优化及营销推进工作的通知》，积极推进“商务卡”的营销工作，全年共联合举办三次“卓越企业发展论坛”，不断扩大建设银行在中小企业金融服务方面的影响力。再次，与财富管理与私人银行部合作，联合下发《中国建设银行“财富之星”私人银行客户小企业金融服务方案》，以促进小企业与私人银行业务客户资源的相互挖掘拓展、产品服务的共同深化融合。此外，还加强与产品质量部的合作，在充分发挥产品创新实验室作用的同时，加强对客户满意度的调查研究。截至2011年年末，通过联

动营销，共新增企业网银高级客户 14 701 户，代发工资企业户新增 6 032 户，代发工资个人户新增 21.9 万个，商务卡客户新增 1 144 户。二是加强与总行各部门、子公司的合作，探索小企业金融服务新领域。一方面，与建信租赁合作，制定并试点《建信租赁与建设银行联动开展小企业租赁业务管理办法》，总结经验、及时沟通，探讨联动合作事宜；另一方面，与建信人寿合作，初步拟定《中国建设银行小企业业务条线开展建信人寿团体保险业务合作方案》，双方就合作方式、合作范围、合作产品、业务推动措施等相关事项作出具体规定，为进一步深入开展合作打下基础。

（四）加强产品创新，增强核心竞争力

产品种类不断丰富，四大类产品体系初步建立。一是研发了方便快捷的“小额通”贷款产品，目前正在制定相应管理办法，扩大可供质押财产的范围；二是针对卖场内的小企业商户量身定做了小企业“租贷通”信贷产品，为拓展和培育优质客户群体、进行批量化营销、抢占以各类卖场为主体的商圈提供了有力抓手；三是针对专业市场、产业集群的小企业客户，研发了小企业“互助通”业务，在企业联保的基础上，引入小企业互助公司、专业担保机构作为重要的增信手段，增强风险控制能力；四是积极研发“信用贷”产品，为缺乏有效抵质押物的优质小企业客户提供纯信用类贷款。至此，以成长之路、速贷通、小额通、信用贷为代表的四大类产品体系已基本覆盖了所有客户的信贷需求和各类贷款风险缓释方式。

探索建立有效的产品创新体系。在总行牵头大类产品创新的基础上，各分行发挥地区优势，积极研发贴合市场与客户、有竞争力的产品，如苏州分行“助科赢”、浙江省分行排污权质押等，在全行范围内形成了产品创新的良好氛围。同时，根据总行统一部署，探索建立有效的产品创新体系，进一步扩大分行产品创新和试点的权利，通过建立产品创新的后评价机制，加强对产品在市场影响能力和监管响应能力方面的评估。总行也将在积累产品创新经验的同时，甄选合适的产品进行全行推广。

（五）完善渠道建设，提高营销能力

加强研究定位，制订渠道发展计划。在对建设银行小企业业务销售渠道应用情况进行初步分析的基础上，结合国内外金融服务行业渠道建设相关经验，完成《建设银行小企业营销渠道分析及建议》，并在全行五年规划中体现渠道建设的相关措施和进度安排。

重点加强电子化渠道建设。一是加强小企业业务的网上渠道建设。不断完善《中国建设银行小企业贷款电子化渠道应用需求说明书》；着手研发小企业“网易贷”产品，力争实现小企业客户通过网上银行实现业务自助申请、支用、还款和循环使用等功能。二是探索建设小企业电话银行营销渠道。完成《95533 小企业客户需求》及《小企业电话银行渠道汇报》文件。

（六）强化基础建设，推进科学发展

科技系统功能持续优化，支撑作用日益明显。一是加强工具建设，提升业务办理效率和风险防范能力。主要包括：优化早期预警工具，经过试点优化后在全行上线推广；启动零售小企业评分卡项目；开展小企业业务发展战略与业务模式咨询项目，初步起草完成《中国建设银行小企业业务发展战略与业务模式咨询项目实施方案》；研究组合报表工具，初步完成组合报表结构，待进一步优化后提交数据仓库。二是优化系统功能，提升业务管理精细化水平。主要包括：提交《对公信贷业务流程管理系统（CLPM 系统）小企业业务部分优化需求说明书》；同信息技术部等部门进行协调，提出系统优化需求。

加强队伍建设，人员素质不断提升。一是制订并完成全年培训计划，全年完成培训 4 期，累计培训 500 余人次，加强条线人员对业务的认识和理解，小企业业务人员素质得到提升。二是制订并提交 2012 年全年培训计划，尤其增加了对小企业客户经理培训教材的开发培训，并建立境内与境外、行内与同业、业务与产品、客户经理与高级管理人员等多形式、多内容、多层次的培训体系。

加强日常管理和指导，严把准入关。2011 年年初，制定下发《小企业业务发展指导意见》和《小企业信贷结构调整意见》，加强对分行工作的指导和管理。全年累计完成各家分行关于贷款利率定价请示的批复 55 笔，完成对客户规模调整请示的批复 112 笔，累计调出客户 939 个。

（七）加强风险管控，提高资产质量

以大数定律看待小企业业务风险，提高不良贷款容忍度。小企业客户为数众多，且地域和行业分布广泛，行业关联度低，因此要立足整体、着眼大局，运用大数定律合理看待小企业业务风险，体现小企业业务风险管理的新姿态。目前，全行小企业不良贷款容忍度已经提高到2%，为提高业务发展积极性、促进业务快速发展起到了积极作用。

加强信贷检查，对关键风险点进行有效把控。一是配合银监会进行合规检查，并开展全行合规性风险及信用风险检查，提升监测水平。二是开展小企业质量重检，确保评级准确性。先后制定下发《关于开展2011年小企业客户质量重检试点工作的通知》，就《小企业客户2011年质量重检工作试点实施方案》进行培训，对个别试点行进行了检查指导等，完成《小企业客户质量重检总结报告》。

针对突发事件快速反应，进一步提高应变能力。针对2011年9月温州市连续发生的中小企业关停和企业主逃逸事件，及时组织专题调研，了解事件发展动态及对建设银行信贷资产的影响，紧急下发《关于加强对涉及民间借贷小企业客户管理的通知》，要求各行全面摸清建设银行客户涉及民间借贷的情况，并采取有效应对与处置措施。11月，与资产保全部在福州联合召开了“处置和防范小企业民间借贷风险座谈会”。就涉及民间借贷的小企业客户排查情况及对建设银行的影响、已采取的主要应对和处置措施、防范民间借贷风险的经验等进行了交流，对涉及民间借贷的问题进行了充分讨论和妥善处置。

执笔：王婕

信用卡业务

2011年，信用卡业务按照“加快提升盈利能力，打造中国信用卡第一品牌”的总体要求，进一步加大优质客户拓展和经营力度，加快信用卡业务和技术创新，做实、做大分期信贷和商户收单业务，快速推进信用卡审批扁平化，加强风险监控和防范，各项核心业务指标继续保持同业领先。

一、工作成果

（一）业务保持良好发展势头

2011年建设银行信用卡业务继续保持良好的发展势头，信用卡客户数、卡均消费额、卡均收入、资产质量等核心业务指标连续多年保持同业领先地位，龙卡信用卡品牌在主流媒体及银行卡专业组织的评选活动中屡获好评，先后获得“最具品牌影响力”、“最具传播力品牌营销效果”、“年度创新欧洲旅行卡”等14项荣誉，品牌影响力进一步提高。

2011年8月24日，中国建设银行龙卡商城上线发布仪式在北京举行。

（二）主要业务指标较快增长

截至2011年年底，全行信用卡累计发卡存量3 225万张，当年净增430万张；累计客户存量2 783万户，当年净增425万户；当年实现消费交易额5 889亿元，同比增长45%，全行信用卡账户活动率为58.14%；全行实现业务收入104亿元，同比增长60%；中间业务收入75亿元，同比增长76%。

（三）客户质量进一步提高

基于数据分析实施差别化授信、客户忠诚度管理、差别化服务等措施，客户质量稳步提升。截至2011年年底，按贡献度划分的高、中价值客户合计1 334万户，占比48%，较上年提高4个百分点。信用卡户均消费额3.8万元、户均贷款6 290元、户均收入620元，同比分别提高22%、49%和39%。信用卡客户在建设银行的关联储蓄存款及投资理财余额为1.83万亿元，同比增长28%。

（四）分期付款业务快速增长

2011年，信用卡分期付款业务交易量保持快速增长势头，全行分期业务实现交易额409亿元，同比增长166%，其中购车分期实现交易额296亿元，同比增长187%，全国每千辆家用车中有28辆由建设银行信用卡购车分期业务提供支持。全年实现分期业务收入29亿元，同比增长226%，占信用卡业务全年总收入的27.9%。

（五）网上商城建设进一步加快

龙卡商城投放商品种类、订单量已居商业银行首位，网络申请应用进一步加快，通过网上积分兑换，将龙卡商城逐步建设成为建设银行个人客户统一规范的积分兑换服务平台，在同业率先实现了积分兑换区域、渠道、客户的全覆盖。

（六）资产质量保持良好

截至2011年年底，全行信用卡贷款余额达975亿元，比年初增加421亿元。全行逾期90天以上贷款不良率为0.81%，较2010年同期下降0.37个百分点；逾期180天以上贷款不良率为0.63%，较2010年同期下降0.31个百分点，资产质量继续保持良好。

二、主要工作方法

（一）发挥行内客户资源优势，进一步加快客户拓展

各行依托行内客户资源，不断提高网点产能，深度推进条线联动，大力发展网络营销，持续加强联盟项目拓展，信用卡客户拓展工作成效明显。行内信用卡客户渗透率为21%，较年初提升2.6个百分点；网点日均营销产能1.6户/点，较2010年增长0.2户；预审批营销成功率为28%，较年初提高8个百分点；新增联盟项目储备57个，同比增长60%，累计项目436个。2011年年初步建成信用卡网络申请平台，全年网络渠道累计进件77万件，新客户占比为78%。

（二）加快产品创新和推广，进一步提升产品竞争力

2011年，加强新技术、新权益的开发应用，建设银行先后推出龙卡IC信用卡、世界旅行信用卡等新产品，进一步完善产品体系。福建交通龙卡和陕西三秦通龙卡作为首批IC信用卡行业应用试点项目已成功上市；世界旅行信用卡向商旅、留学、旅游类客户提供丰富的特色权益，进一步提升境外消费体验。重点产品推广进一步加快。针对钻石、白金卡推出高尔夫预订、积分兑换年费和保险权益升级三项新服务，小白金以上等级发卡160万张；汽车卡进一步丰富每周洗车优惠、积分双倍换油、额度升级等权益，当年新增83万张，龙卡汽车卡存量达276万张，成为建设银行收入贡献最大的信用卡产品；卓越卡先后在宁波、成都、东莞举办卓越企业发展论坛，争办发卡项目3 089个，社会反响热烈；百货卡全年新增项目40个，“一城一百货”项目覆盖率达到34%，百货龙卡成为建设银行发展与重点百货合作和争取行外信用卡客户的重要产品。

（三）加强消费促销，进一步完善积分兑换体系

总行统一组织开展“美国全景之旅”、“欧洲浪漫之旅”、“缤纷欢乐购”等多项促销活动，拉动全行消费和境外消费快速增长，全行境外消费214亿元，同比增长65%。各行抓好落实，共开展地区特色促销活动664个，80%的活动覆盖全省或省会城市，丰富、有序的分行活动取得了良好效果。进一步完善全行积分兑换体系，积分兑换商户覆盖全国119个重点大中城市、800多家商户；开通龙卡商城积分兑换业务，形成包含航空里程、数码产品等16大类近500种商品的礼品体系。各行积极开展“兑你最好”等积分消费促销活动，有效拉动了消费交易额增长。

（四）分期业务快速发展，进一步巩固业务基础

全行分期业务快速发展，盈利能力持续提升，实现收入29亿元。加强产品创新，不断优化分期产品结构，先后推出车险分期、账单分期等多项产品；拓宽分期渠道，2011年8月正式推出的龙卡商城成为分期业务的新渠道。从分期产品来看，进一步拓展合作汽车品牌，不断提高建设银行购车分期业务在各汽车厂商渗透率，各分行通过组织形式多样的车展和团购活动，快速提升汽车分期消费额，2011年购车分期保持快速增长趋势；安居分期商户从2011年年初1 258家增至2011年年末2 898家，增幅达130%；加强重点商户总部公关，建立信息交流和沟通机制，通过商户分期产品创新和活动策划，与联通、苏宁、大润发、平安保险、华尔街英语等十多家集团型商户总部建立了良好合作关系，有效地提升了建设银行商户业务品牌知名度。

（五）加快推进审批扁平化，进一步提升风险防范能力

各行按照“统一部署，分批推广”的原则推进信用卡审批扁平化管理工作，已有71家城市行实现审批扁平化作业，资料传递时间缩短4～5个工作日，客户体验明显提升。全行审批通过率为79%，较2010年提高5个百分点，网络申请审批处理率较年初提高近30个百分点。全年伪冒申请发生额较上年下降32%，堵截伪冒申请1.35万户。专项分期风险控制良好，通过在分行端建立分期付款风险等级评价体系，实行差异化审批授权管理，90天贷款逾期不良率为0.08%。核销处置工作有序推进，申报材料规范完整的分行核销审核通过率达到95%以上。

（六）不断提升客户满意度，保持良好客户服务水平

随着信用卡业务的快速发展，全年400电话总量突破1亿通，人工电话量5 240万通，较2010年增长26%。客户服务水平保持良好，客户满意度达到98.3%，较年初提高5.2个百分点；首呼解决率为85.3%，较年初提升3.8个百分点；差异化服务水平不断提升，优先接听高中价值客户来电，全年高中价值客户的服务级别达到95%以上，明显高于平均水平。在监管部门主办的“2011年度上海银行业评比活动”中，建设银行获“机构最佳客服奖”；在中国金融业客服中心发展联盟主办的客户服务优秀评奖活动中，建设银行获“客户服务中心综合业务支持精英团队奖”等奖项。

执笔：朱中南

金融市场业务

一、2011年业务经营情况

2011年，建设银行（境内）金融市场业务实现经营收入977亿元，完成计划的106%。其中，总行本级实现经营收入881亿元，完成计划的121%。

各项业务市场排名位居前列。贵金属业务收入合计排名第二，实物金交易量保持市场第一；短融和中票合计承销金额市场排名第二，合计承销只数市场排名第一；代客外汇资金业务收入在四大行中占比继续提升；荣获银行间债券市场“最佳做市商”称号、银行间外汇市场“最佳衍生品做市商”和“最佳交易规范会员”称号。

（一）主动调整组合结构，投资收益率大幅提升

科学预判、准确把握利率走势，加大债券配置力度，延长组合久期，本币债券平均认购期限高于市场平均发行期限。加大品种结构调整力度，增加国债、政策性金融债及信用债券占比，减少中央银行票据占比，债券投资组合收益率大幅提升。交易类债券执行“积极开展短期债券波段操作，逐步活跃中长期债券交易，配合理财开展信用债券交易”的策略，债券交易组合年化收益率跑赢大盘指数。

（二）加强流动性管理，确保全行流动性安全

2011 年中央银行连续上调存款准备金率并扩大准备金缴存范围，使建设银行增缴准备金约 3 704 亿元，同时分行存款波动性加大。为确保全行流动性安全，一是实行流动性底限动态管理，加强流动性主动预测，上半年增加短期货币市场投资，补充下半年流动性储备；二是通过信用拆借、质押式回购从银行间市场融入资金，积极联系中央银行拓宽融资渠道；三是积极与国家开发银行开展定期同业存款业务，补充流动性储备。

（三）贵金属产品线不断完善

陆续推出个人实物金经销及代销、人民币账户银和账户铂交易、代客黄金远期交易等业务产品，已累计开办账户贵金属交易（包括金、银、铂）、自有品牌实物金销售及回购、黄金租借等 13 个品种，逐步建立起覆盖对私和对公客户需求的贵金属产品体系。

（四）代客资金业务顺利推进

配合跨境贸易人民币结算，积极推进人民币购售业务，服务建设银行海外分支机构，拓展离岸人民币市场。积极参与银行间人民币对外汇期权交易，履行银行间外汇市场做市职能，为市场提供了一定的流动性。积极推进小币种交易，建设银行成为第一批人民币对泰铢做市商。

（五）理财产品发行规模快速增长

积极协调销售部门和相关分行，连续发行涵盖“建行财富”及“利得盈”两大品牌在内的中短期固定期收益类理财产品，满足了客户短期资金理财需求，有效地稳定了客户存款。为应对重点地区白热化的理财产品业务竞争，满足客户对人民币理财产品的迫切需求，先后批准上海、北京、广东等分行在严格控制风险的基础上，协助总行向当地个人及对公客户发行投资于银行间市场的理财产品。

（六）优化外币债券投资组合结构，降低信用风险敞口

为优化债券投资组合结构，降低发行体、超长期限次级债券头寸的集中度，提高组合估值稳定性，建设银行陆续减持了高风险发行体外币债券，降低了信用风险敞口。

（七）成功发行次级债 400 亿元

为充实和优化建设银行资本结构，进一步增强建设银行的竞争实力和抗风险能力，金融市场部组建专门团队全力参与我行次级债发行工作。各部门充分联动、通力合作，通过大力营销，并引导投资者利率预期，有效控制了发行成本，2011 年 11 月 3 日，建设银行 2011 年第一期次级债在银行间市场成功发行“10 + 5”年期固定利率债券，票面利率为 5. 70%，市场反响良好，为建设银行业务持续发展奠定了坚实的基础。

二、主要工作措施

（一）完成商品与期货交易部筹建

总行决定在金融市场部设立商品与期货交易部（二级部），负责全行商品与期货交易业务的经营、管理及组织推进工作。金融市场部成立了筹备工作领导小组和工作小组，统一推进二级部筹备工作，在短短的 3 个月左右时间内完成了制度建设、人员安排、系统环境搭建、测试及业务试运行。2011 年 12 月 20 日，商品与期货交易部（二级部）顺利开业运营。

（二）积极应对欧美债务危机，强化海外分行管理

第一，建立重大事件及时报告与应急处理机制。总行成立了由行领导及相关部门组成的“应对美债评级下调危机应急工作小组”，建立了离岸业务风险监控与应急机制。金融市场部按日向行领导呈报《美债危机应急简报》和《欧美债务危机应急工作周报》共计 99 期。

第二，摸清海外机构业务底数。金融市场部会同风险管理部和股权投资部研究对海外子公司金融市场业务的管理方式问题，建立统一的金融市场业务策略和风险偏好。通过问卷调查，初步掌握了建行亚洲和建银国际金融市场业务授权、授信以及业务开展情况，使海外机构金融市场业务管理日臻完善。

第三，提出政策指导意见。加强对海外分行的业务指导和管理，督促海外分行及时减持高风险资产，要求建行亚洲、建银国际按日报送债券、货币市场、衍生产品以及股票业务数据，及时向行领导报告业务变化及损益情况。

（三）加大产品创新力度

制定金融市场部新产品管理工作流程，明确了新产品识别、风险评估与审批、运营准备、后续管理等环节的职责分工。当年金融市场部共启动11项新产品审批流程。人民币对外汇期权、人民币购售业务、个人账户银铂产品、代客黄金远期交易等新产品正式开展交易。

（四）IT系统建设正式启动，并取得初步成效

一是完成金融市场业务三级建模及新一代金融市场业务解决方案，将金融市场业务纳入全行新一代核心系统建设业务能力模型及高阶需求框架。

二是初步完成金融市场业务规划及系统建设咨询项目工作。

三是大力推进现有业务系统优化工作，组织企业类债券投资授信额度管理、代理金交所黄金交易、账户银、FIMS报表优化、海外资金管控平台二期、企业网银结汇、商业银行进入交易所债券交易及衍生押品台账8个项目上线及境内外分行推广，有效地支持了债券、黄金、外汇等业务开展及海外资金业务统一管理。

（五）推进全行结构性衍生交易处置和垫款清收

成立垫款清收专门小组，负责交易处置和垫款清收。对风险较大的结构性衍生交易逐笔提出处置方案。完成部分结构性衍生品交易的反向平盘，并对一些结构性衍生品交易逐笔进行风险判断，提出处置建议书下发分行。垫款及其交易的估值损失均全部计提了坏账准备和预计负债。新增交易全部为简单衍生品，禁止开展高风险的卖出期权类交易。垫款清收效果显著。

（六）提高分析研究能力，提升服务分行和客户水平

一是拓展研究的广度和深度，加强对国内外宏观经济和金融市场的研究，增加对利率、汇率和大宗商品的研究，共计完成研究报告540余篇。

二是提升量化研究能力。继续完善CPI预测模型、债券收益率曲线统计模型、信用利差回归分析模型，人民币均衡汇率评估模型，以实际市场数据不断加以验证修正。

三是加强对分行的支持力度。受分行邀请对客户开展营销并对分行客户经理进行培训，全年累计参加各类营销活动三十五人次。

（七）加强基础管理，提高风控能力

一是完善规章制度。认真梳理筛选金融市场部现行有效政策文件和规章制度，共梳理内外部业务管理政策文件268个，其中外部规章129个，内部规章139个，对现用的85个规章制度进行电子归集，并起草了《关于建立部门制度建设长效管理机制的意见》。

二是建立了每周风险重检制度。与市场风险管理部共开展了7期每周重检，涉及人民币债券交易业务、外币债券业务、理财业务、汇率交易业务、人民币货币市场业务、贵金属业务和债券结算代理业务。

三是会同风险管理部制订了《风险管理纳入金融市场业务全流程实施方案》。根据各项业务的特点、风险程度和管理现状，按9大类业务梳理了全流程，查找各个环节的关键风险点。对高风险、大额业务的要素合规性及操作风险进行管控。

（八）加强员工管理及培训

一是加大岗位轮换，2011年先后实施团队内岗位轮换20人次，团队间岗位轮换8人次。

二是加大员工培训，组织三轮次23名新员工参加部门入职培训；举办6个业务培训班，涉及外汇、黄金、理财、衍生品等内容，累计469人参加了培训。

三是分批选派员工赴港进行为期2～3个月的跟岗培训。此外，还安排分行人员到总行跟岗学习。

执笔：王红强

投资银行业务

2011年全行投资银行条线全年共计实现收入1 894 860万元，同比增长36.26%，投资银行业务收入占全行中间业务收入的比重达到21.01%。2011年，建设银行新型投资银行业务收入同业排名第一；新型财务顾问业务收入同业排名第一；理财业务实际收入及理财产品收益率同业排名第一；债务融资工具业务继续保持竞争优势，发行支数、发行金额、承销费收入市场排名第一。

表1　2011年投资银行业务收入情况　单位：万元、%

收入类别	1—12月收入	计划完成率	上年同期收入	同比增幅	12月份收入
财务顾问	1 039 969	114.33	725 172	43.41	125 081
债务融资	88 021	102.68	78 921	11.53	6 762
理财产品管理增值	460 122	140.80	312 605	47.19	111 439
理财产品销售	268 704	116.68	223 447	20.25	84 295
小计	1 856 816	120.63	1 340 145	38.55	327 577
债转股资产管理收入	38 043	—	50 430	-24.56	—
合计	1 894 859	—	1 390 575	36.26	327 577

一、投行业务亮点突出

（一）债券承销总量、收入、支数均在市场排名第一

表2　2011年债券短期融资券、超短期融资券、私募债券承销统计

	2011年债券承销统计				2011年短期融资券承销统计			
市场排名	承销商	承销额（亿元）	市场占比（%）	发行只数	承销商	承销额（亿元）	市场占比（%）	发行只数
1	建设银行	2 513.89	13.81	106.5	建设银行	1 214.10	15.12	55.0
2	工商银行	2 505.35	13.77	64.0	工商银行	1 055.95	13.15	29.0
3	中国银行	2 017.60	11.09	76.0	农业银行	671.50	8.37	48.5
4	农业银行	1 629.00	8.95	86.0	中国银行	593.20	7.39	33.5

	2011年超短期融资券承销统计				2011年私募债券承销统计			
市场排名	承销商	承销额（亿元）	市场占比（%）	发行只数	承销商	承销额（亿元）	市场占比（%）	发行只数
1	建设银行	460.00	22.89	5.0	建设银行	156.00	18.91	3.5
2	工商银行	415.00	20.65	5.0	工商银行	95.00	11.52	2.5
3	中国银行	405.00	20.15	4.5	中国银行	79.00	9.09	3.0
4	农业银行	200.00	9.95	2.5	农业银行	50.00	6.06	2.0

2011年，建设银行推出了中小企业集合票据、超短期融资券、非公开定向发行债务融资工具等新型业务品种，并积极组织研究推进地方政府自主发债、平台公司存量资产证券化等创新产品。

在地方政府自主发债方面，建设银行参与承销了广东省69亿元、浙江省67亿元、深圳市22亿元的地方政府债券，获得地方政府的高度认可，进一步加强了建设银行与地方政府的合作关系。通过承销地方政府债券，地方政府财政在建设银行的存款大幅增长，在当地及政府发债业务领域进一步确立了建设银行债券承销业务的领先地位。

在发行次级债和香港特别行政区发行人民币债券方面，建设银行作为牵头主承销商承销了2011年第一期交通银行股份有限公司次级债券，并积极参与了建设银行在港人民币债券发行的相关工作，参与完成了《中国建设银行人民币债券发行管理操作规程》，以及建设银行在港机构人民币资金运用课题讨论等多项在港人民币业务的相关工作。

2011年度建设银行债务融资工具承销业务新增客户共计66家，占当年建设银行债务融资工具承销业务客户的67%。其中，大客户资源丰富的北京地区新增客户13家，占全行新增客户的20%，广西、河南、苏州、大连分行也实现了债务融资业务收入零的突破。

（二）新型财务顾问业务快速发展，在财务顾问业务中的比重超过50%，在同业中处于领先地位，其中10家分行新型财务顾问收入占投行财务顾问收入的比重超过70%

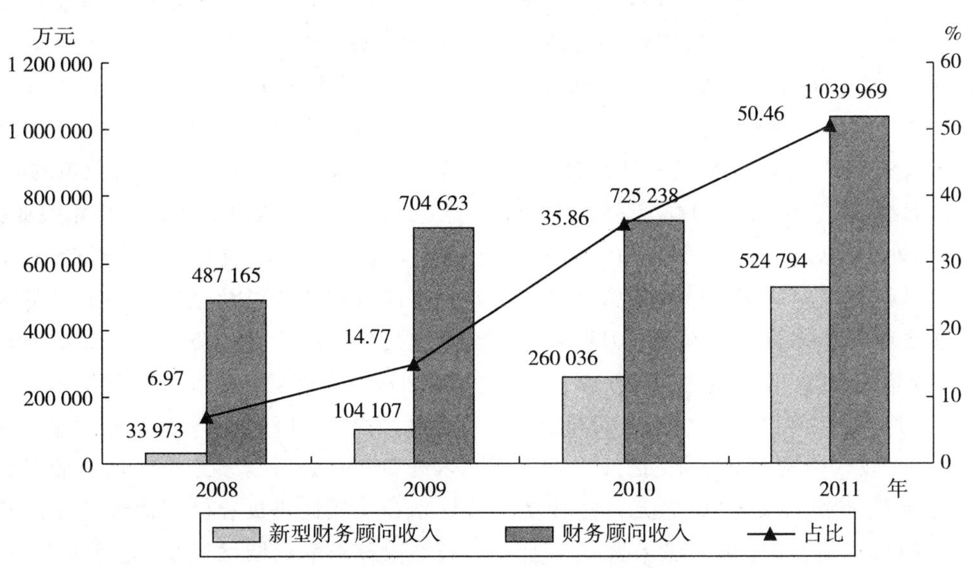

图1 新型财务顾问年收入占比情况

（三）理财产品银行收益率同业排名第一，收入排名第二

如果考虑理财业务带来的咨询费收入超过30亿元，理财业务实际收入在四大行中排名第一。所有到期产品均按不低于产品预期收益率兑付客户，未出现不良或损失。

截至2011年12月底，投资银行条线发行各类理财产品3 110期，累计募集资金39 692亿元，为上年同期发行量的2.14倍，实现理财业务收入72.88亿元，同比增长35.96%，完成全年收入计划的129.51%。理财产品银行收益率达到1.50%，高于同业平均水平0.8%近0.7个百分点，比排名第二的工商银行高出0.14个百分点。

表3　　四大国有控股商业银行理财收入情况　　单位：亿元、%

银行	2011年	2010年	收入增速	理财产品余额	收益率
建设银行	75.71	60.71	24.71	7 127.82	1.50
工商银行	109.00	82.74	31.74	7 655.28	1.36

续表

银行	2011 年	2010 年	收入增速	理财产品余额	收益率
农业银行	17.60	11.93	47.53	2 900.00	0.68
中国银行	34.28	14.37	138.55	7 755.72	0.62
总量	236.59	169.75	39.38	25 438.82	—

注：中国银行理财产品余额中有 5 589 亿元为结构性存款。

（四）总行上收分行资产池工作圆满完成，目前投行部直接经营的全行理财资金池余额为 3 460亿元，当年实现收入 41 亿元

为贯彻落实 2011 年全行工作会议及《关于抓好当前经营管理几项重要工作的通知》（建总函〔2011〕53 号）等相关文件要求，实现在全国销售的资产池类理财产品统一品牌、统一管理的要求，总行制订了分行高端资产池上收总行方案，针对各分行的自身情况，分阶段、分步骤，因地制宜地采用多种方式和手段完成资产池整合清理工作，资产池整合工作基本按照原定计划完成。

2011 年，推动全行理财产品资产池整合工作，推出基于总行资产池的“乾元—日鑫月溢”和“乾元—日日鑫高”开放型理财产品，发行“乾元—享”系列、“乾元—赢”系列和“乾元”保本型等短期限理财产品，满足市场投资者对于短期限、高收益理财产品需求。截至 2011 年 12 月 31 日，总行资产池配置各类资产余额共计 3 459.94亿元，其中，信贷类资产 1 439.22 亿元，占比为 39.00%，股权类资产 322.14 亿元，占比为 9.31%，流动性资产 1 298.70 亿元，占比为 37.54%，其他资产 399.88 亿元，占比为 14.15%。

二、积极推进业务创新

（一）创新推出艺术品投资类理财产品，推动人民币理财业务发展

为进一步满足客户参与艺术品投资需求，提升建设银行理财产品竞争力，创新性设计研发了艺术品投资类人民币理财产品，通过优选聘请艺术品投资顾问等专业机构，制定分离制衡的运作流程和明确的职责分工，在风险可控的条件下为客户和银行获取较好收益。2011 年 8 月，建设银行首单艺术品投资类人民币理财产品在上海地区成功发行，首单试点产品投资标的定位为当代油画，发行规模为 4 820 万元。

积极拓展在港人民币理财产品创新工作，总行与深圳市分行、香港分行、建银国际、建行亚洲共同研讨人民币理财产品创新相关事宜，积极研究相关监管政策，为满足人民币离岸市场的投融资需求研发设计人民币理财产品。

（二）创新推出票据受益权类和资产收益投资类理财产品

总行在原有票据理财业务基础上创新推出未贴现票据受益权类理财产品，对投资标的和发行结构、流程进行重新定义后，于 2011 年年初推出了一款新型产品。该项业务不属于融资类银信合作产品，没有受到银监会监管政策的限制。

（三）积极推进资产证券化相关业务发展

2011 年，总行积极推动资产支持性理财产品、高收益债券以及金融债券业务的发展，在资产支持型理财产品业务方面，成功发行了 8 单共 20 期资产支持型理财产品（含纳入总行资产池项目），发行金额约 331 916 万元，实现中间业务收入约 26 997 万元；多家企业的高收益债券发行工作取得实质性进展；已完成建信金融租赁公司发行金融债券的前期材料准备与上报工作。

（四）产业基金业务稳步推进

截至 2011 年年底，共有 14 家分行上报为产业基金提供私募财务顾问服务的请示共计 23 笔。其中总行正式批复同意的有 12 家分行 17 笔业务申请。在批复同意后，分行已正式完成基金设立的有 6 支，实际管理规模合计 29.2 亿元，其中通过渠道募集 19.5 亿元。在已经完成设立的 6 只基金中，有 5 只已经完成了投资，已投资项目共计 9 个，总投资规模约 15 亿元。从同业来看，建设银行的私募股权投资基金财务顾问业务不仅是率先推出，内容更为全面，同业其他机构主要服务内容限于资金募集。模式推出后被其他同业机构纷纷效仿，其他部分银行正在采取发行理财产品对接基金的方式以扩大基金规模。

三、进一步加强风险管理

（一）加强财务顾问业务风险管理，进一步规范财务顾问业务发展

为加强财务顾问业务各个服务环节的规范操作，总行下发了《关于进一步加强财务顾问业务管理的通知》，指导各分行严格依据服务与收费相匹配的原则，为客户提供实实在在的财务顾问服务，在平等、自愿的基础上，与客户签订财务顾问协议，进一步健全财务顾问业务档案管理，要进一步加强与客户的沟通与协商，提高服务满意度。

为进一步规范常年财务顾问业务健康发展，推进新型财务顾问业务创新，丰富投资银行产品结构，总行印发《中国建设银行常年财务顾问业务操作指引》等三项业务操作指引，对常年财务顾问业务、新型财务顾问业务及项目投资型理财产品业务作了系统的梳理和规范，从服务内容、服务方式、业务流程、收费标准等方面加强对业务的基础管理和风险防范，做到业务发展与风险防范并重，确保了财务顾问整体业务的规范发展。

（二）加强债务融资工具后续管理，严格把控风险

2011 年，总行下发《关于进一步加强投资银行业务准入管理的通知》，严格客户准入标准，从业务源头做好风险控制工作。建立项目会商制度，在项目上报协会前，由总、分、支行建立项目小组，对拟上报项目进行会商，及时发现、整改项目中可能存在的具体风险点。同时，为有效防范债务融资工具存续期内出现风险，在项目后续管理环节，通过制定并下发《中国建设银行非金融企业债务融资工具突发事件应急预案》，要求各分行进一步提高风险防范意识，严格按照《中国建设银行非金融企业债务融资工具后续管理工作实施细则》等文件要求进行任务分解，切实将工作落实到位，坚决杜绝走过场现象发生。

截至 2011 年年底，建设银行所有存续期债务融资工具发行时主体评级及最新跟踪外部主体评级均不低于 AA－级，AAA 级客户占比为 77%；存续期债务融资客户涉及八大类行业，主要分布于工业、公用事业、原材料及能源等行业，余额占比为 91%，存续期客户不涉及房地产等风险较高行业；我行存续期债务融资工具的客户类型中优先支持类客户占比 91%，审慎支持类客户占比为 8%，无压缩退出和列入退出名单客户。

2011 年度，总行对债务融资工具存续期的企业进行了五次风险排查和两次压力测试，其中，分别完成了三次对 106 只、111 只和 168 只债务融资工具的全面风险排查，以及对 6 只债务融资工具的压力测试。此外，结合国际形势的变化和部分行业政策的调整，对存续期的债务融资工具进行了两次专项风险排查，风险排查结果显示，我行承销的债务融资工具的风险基本可控。

（三）严格产品准入标准，加强产品规范管理，有效控制风险

为加强股权收益类人民币理财产品的发行管理，规范业务流程，加强内部风险控制，总行下发《中国建设银行股权收益权类人民币理财产品操作指引》，要求分行理顺股权类产品流程，严格产品准入，按照“好行业、好企业、好项目、好收益、好风险控制措施”的“五好标准”，充分控制风险，规范产品投后管理，为股权收益权类理财产品业务的健康发展提供制度保障。

为进一步加强对股权类人民币理财产品存续期工作的管理，根据内、外部监管的要求，总行制定了《中国建设银行股权类人民币理财产品存续期管理指引》，从理财资金支用监控、股权类资产价值管理、押品管理、股权类资产收购方及保证人管理、业务检查与风险管理、信息披露、到期资金归集兑付管理、会计核算与档案管理等多个环节对股权类理财产品的存续期管理工作提出了规范化的要求。

为进一步加强股权及资本市场类理财产品存续期管理工作，更加有效地控制产品风险，总行制定了《股权及资本市场类理财产品临近到期监控报告制度》，针对临到期产品开展多频次、全方位的监控工作。产品距离到期日 6 个月，总行即时向分行发送《股权及资本市场类理财产品临近到期通知》，要求分行针对临近到期的产品核查产品信息，针对产品退出资金来源、相关方经营及财务状况、投资项目进展、押品管理等方面开展产品自查。自查确定无兑付风险的，分行按月进行自查，自查可能存在兑付风险的，分行应即时制定风险预案，每两周自查一次，直至产品兑付完毕。

为加强并购类理财产品的管理，推进并购业务的健康、快速发展，总行下发《中国建设银行并购类理财产品操作指引》，为分行开展业务提供了依据，规范了理财业务的发展，保证了并购重组财务顾问业务持续稳健的发展。

根据《商业银行理财产品销售管理办法》的最新监管要求，总行修改完善了理财产品说明书，确保理财产品销售文件及风险提示书的合法、合规。

执笔：蔡军、孙宇

资产保全业务

2011 年，资产保全系统全面超额完成各项不良资产处置回收计划，不良贷款处置效率与质量再创佳绩。

一、坚持贯彻执行总行战略部署，全面超额完成全年目标计划

全年共处置境内各类不良资产 364.85 亿元，完成计划的 138.30%。其中，处置不良贷款 337.82 亿元（公司类 249 亿元，个人类 88.82 亿元），超计划处置 97.82 亿元。不良贷款处置额达到年初余额的 63.1%，高于上年 4.4 个百分点，连续 7 年稳步提高。处置非信贷资产 27.03 亿元，完成全年计划的 113.53%。核销呆账 39.49 亿元。

实现不良资产现金回收 226.74 亿元，完成计划的 212.98%。其中，现金回收不良贷款 211.71 亿元，占不良贷款处置额的比率达到 62.67%，较上年提高 6 个百分点，创 4 年来最好水平。实现不良资产超值现金回收 95.87 亿元，完成全年计划的 237.90%。

处置关注三级公司类贷款 93.81 亿元，高出年初余额近 20 亿元，积极化解了问题贷款的潜在风险。

二、围绕全年目标任务，采取以下主要措施

（一）继续推行重点联系行制度

根据各分行实际情况，确定山西、辽宁、黑龙江、浙江、湖北、湖南、深圳、四川 8 个“额大率高”的分行为重点联系行。由总行资产保全部负责人牵头，采取现场办公、工作交流、项目督导等多种方式，加大业务支持力度。8 个重点联系行全年共处置不良资产 126.13 亿元，占全行不良资产处置额的 34.62%。

（二）实施项目名单制管理

梳理 145 户 300 万元以上的拟核销项目，18 户、17 亿元债转股项目，以及 106 户、5.68 亿元抵债资产项目，实施名单制管理，逐一跟踪处置进度。同时，总行重点参与经营 5 000 万元以上大额项目（238 户，余额为 308.1 亿元），并通过信贷管理信息系统，按月监测 1 000 万元以上不良项目（795 户，余额为 433.68 亿元）。截至 2011 年年末，5 000 万元以上项目中，149 户处置工作取得进展（清户及上迁 56 户），处置不良贷款本金 102.7 亿元，处置比率为 33.33%，占同期公司类不良贷款处置额的 41.25%。

（三）组织大额项目专家诊断

集中组织 6 次大额公司类不良贷款专家诊断和 1 次非信贷资产专家诊断，诊断项目 108 户、117.81 亿元。年内共有 58 户、29.9 亿元项目处置取得进展，其中 23 户实现清户。北京强佑房地产开发有限公司、内蒙古临海化工股份有限公司、沈阳五爱深港客货总站、云南金福地房地产开发经营有限公司、永州市土地储备中心、山东火炬房地产开发集团有限公司、深圳市舜兴物流有限

公司等亿元以上的诊断项目实现了本金全额现金回收。

（四）积极化解问题贷款潜在风险

加大关注三级公司类贷款的管理处置力度，全年共处置关注三级公司类贷款93.81亿元，是年初余额的1.26倍。其中现金回收45.09亿元，盘活48.72亿元，化解了风险隐患，防止了贷款形态的进一步恶化。17家一级分行关注三级公司类贷款余额较年初实现净下降，大连、青海和天津分行年内实现了关注三级公司类贷款的清零。

（五）加快清理消化小额及历史遗留不良贷款

制定下发《关于进一步做好小额公司类不良贷款清理处置工作的通知》（建全〔2011〕34号），在抓好重大项目处置的同时，组织做好单户500万元及以下小额项目清理处置工作。全年存量小额不良贷款清户552户、处置8.99亿元，清户率和处置率分别为38%和45%。下发《关于进一步做好"无本有息"户清理处置工作的通知》（建总函〔2011〕890号），进一步明确和细化无本有息户清理政策及处置流程，组织做好清理处置工作。全年无本有息户净减少2 803户，利息余额净减少9.44亿元。

（六）落实"海外业务风险管理年"工作部署，建立海外不良贷款差别化管理机制

1. 制定海外不良管理制度

在2010年第四季度对海外不良余额较大分行专题调研的基础上，正式下发《海外机构不良贷款处置管理办法（试行）》（以下简称《办法》）。《办法》明确了授权审批、计划管理、报告制度、监督检查等要求，确立了集体审议的议事规则，建立了海外机构不良贷款处置管理报告和监督检查制度。

2. 组织召开海外不良处置管理座谈会

《办法》下发后，总行立即组织召开海外机构不良贷款管理处置座谈会。香港、新加坡、法兰克福、约翰内斯堡、东京、首尔、胡志明市和建行伦敦8个海外机构的代表和总行相关部门代表参加了会议。会议沟通交流了《办法》落实情况，进一步统一明确了海外机构管理要求。

3. 下达海外不良处置计划

在逐户调查海外机构不良贷款项目情况的基础上，研究制订了2011年海外机构不良贷款处置计划，全年计划处置海外机构不良贷款1.78亿美元。

4. 加强海外不良处置督导

与海外分行和总行相关部门进行沟通协调，先后对5个海外分行的不良贷款和问题资产项目进行实地调研，指导海外分行做好处置工作。海外机构全年共处置不良贷款2.1亿美元，占年初不良余额的63.6%，海外不良贷款余额较年初大幅下降。

（七）深化不良资产集中经营体制，集中经营取得明显进展

一级分行集中经营体制积极推进，全行对公不良资产集中经营度达到80%以上。江苏省分行、浙江省分行出台新的不良资产集中经营方案，配人员、定激励，实施辖内公司类不良贷款的划账经营。各分行有效利用批量委外、集中诉讼的催收处置手段，推进不良个贷集中经营体制建设。16家一级分行资产保全部门实现不良个贷的集中经营，其中，辽宁省分行、陕西省分行于2011年实现了不良个贷的集中经营。北京市分行、重庆市分行、云南省分行、厦门市分行实现了辖内对公对私不良资产的全部集中。其中，北京市分行对信用卡不良实现了集中经营。

（八）差别化管理已核销资产，现金回收创历史新高

保全条线以"表外业务管理年"为契机，推进已核销资产管理处置的流程化和规范化，完成了2004年及以后核销的1.76万户对公已核销资产的清理分类工作。截至2011年年末，全行已核销资产规模达1 019亿元。对有追索权的资产685亿元，实行A、B、C分类管理。其中，A类资产115亿元，B类资产570亿元，C类资产334亿元。在此基础上，各分行实施已核销资产差别化管理，对A类资产设专人管理，加大催收处置力度。全年实现已核销资产现金回收13.65亿元，较上年增加23.2%，创历史最高纪录。其中，北京、广东、四川等分行已核销资产现金回收超亿元。

（九）充分发挥SARM系统功能作用，进一步提升业务精细化水平

2011年，集中开展系统缺失数据补录工作，系统运行维护水平显著提高，信息维护率达到90%以上（其中，基础数据维护率100%），系统数据质量显著提高。编写完成SARM系统运维手册、操作手册（三期）及视频演示软件，在保全条线历史上首次制定纯电子版手册，为全行SARM系统用户提供了翔实的操作指引和培训教材，进一步促进系统运维的规范化和制度化。

（十）基础管理持续强化，推进保全业务规范运行

2011年，对保全业务现有规章制度进行了集中梳理，出台《中国建设银行已核销债权资产管理和处置暂行办法》（建总发〔2011〕139号）、《公司类不良贷款处置计划方案制定操作规程》（建全〔2011〕4号）、《公司类不良贷款尽职调查工作规程》（建全〔2011〕12号）、《中国建设银行个人类不良贷款司法催收业务操作规程》（建总发〔2011〕130号）、《中国建设银行已核销债权资产表外销案操作规程》（建总发〔2012〕27号）等11项制度，进一步提升了保全业务的流程化、规范化水平。全年举办全行性保全业务培训班7期，累计培训学员536人次。陕西省分行、青岛市分行牵头举办了部分分行参加的区域性培训，取得了较好的效果。

执笔：赵晗玥

信息技术管理

2011年，信息技术工作紧紧围绕建设银行发展战略和建设银行“十二五”IT发展规划，以确保生产安全为中心，进一步转变思路，全力谋划和推进“国内最佳、国际一流”IT建设，各项工作有序推进，取得了较好的成绩。

一、有效保障了信息系统安全生产运行

以生产安全为信息技术工作的重中之重，从管理制度、流程、技术等方面采取得力措施，全力保障重要系统，特别是“两会”、西安“世园会”等重保期间的安全稳定运行。积极组织梳理总行53套重要系统及38家一级分行的7 000多个风险点，制定了防止大面积单边账、基础软件升级等12项统一的整改策略，启动了8个总行、38个分行风险整改项目，完成总行全部46个发生频率高、危害大的风险点整改。完成了亦庄机房102套、2 371台设备回迁至洋桥B座新机房，提升了基础设施支撑能力，节约相关费用超亿元。实施变更8 759次，成功率达到99%以上。整合、统一监控值班、运行支持组织架构，全面清理了系统用户、权限、历史数据和临时文件，推广集中监控系统、自动化运维管理平台等自动化运维工具，对各关键系统进行扩容、参数调优，进行了141次应急演练，组织召开了22期生产例会，对206项生产事件、运行问题进行分析，妥善处理了118次5级以上应急事件，运行事件总体同比下降了22.4%。全年重要业务系统可用率达到99.99%，核心业务系统、网上银行系统、企业级渠道交易整合平台交易峰值同比分别增长39%、38%、46.55%，11月至12月两次网上促销业务高峰期间，我行支付宝交易占到全部商业银行总量的22.6%。

2011年6月3日，中国建设银行CTS系统应急演练及观摩培训在北京举行。

二、有序推进“新一代核心系统”建设

产品完成了18大类的892个产品定义，确定了410产品属性，形成全行认可的高阶产品目录。流程建模从企业级角度对我行业务架构进行了描述和解构，梳理了目前的304个一级流程、2 536个二级流程、11 130个三级活动，通过企业级流程建模，统一成65个一级、266个二级目标流程及836个三级目标活动，制定了485项业务转型举措及子举措，实现了流程和数据的一体化，解决了跨部门、跨领域业务流程割裂，业务流程和渠道、客户、产品绑定，业务流程不合理，业务描述不标准、不统一的问题，形成了业务组件，为应用和技术组件设计提供了依据。数据建模依据国际领先的数据模型（FSDM），制定了产品、渠道、客户、机构四大类的678项数据标准，完成了C级数据模型的实体和属性定义、与13个重要系统的概念映射、与全部流程模型的对接，明确了数据源产生和使用的各环节，为全行数据统一标准的执行提供了基础环境。集中总、分行近200名专家骨干，完成了对国际先进商业银行核心系统的调研，对全行27个主要部门进行了访谈，对业务专题进行深入研究，形成全行业务解决方案，开始制定IT目标系统设计、项目实施路线图。

三、制订完成了《IT基本架构规划》

配合建设银行“十二五”业务发展战略，制订完成了《IT基本架构规划》。明确了建设银行“十二五”IT建设的指导方针，是“市场导向、客户为本、快速创新、安全运营、科学治理”。制定了信息化建设总体目标，是实现客户体验、产品创新、信息交付领先国内同业，关键系统具备自主研发及运维能力，可用率不低于99.99%，灾备覆盖率达到100%。提出了IT基本架构的发展方向，是基于标准化、层次化和一体化的企业级业务架构（数据架构），重构组件化、参数化的应用架构，高效、稳定、可扩展的技术架构，防范严密、全面统一的安全架构在内的IT基本架构体系，重点包括渠道门户层、客户服务层、产品服务层、管理决策层、运营支撑层和基础应用层的六层应用架构。阐明了包括“新一代核心系统”在内的“三大战役”之间的关系和实施策略。该规划得到了董事会、监事会、高管层的充分肯定，经董事会2011年第5次会议审议通过，为“十二五”期间建设银行IT建设指明了方向。

四、科技创新支撑业务发展

全年完成项目立项25项 、非项目任务29项，投产了23项，金融IC卡、电子商务金融服务平台等一批重点项目按期上线。全年获得了专利5项（累计29项）、软件版权登记21项（累计63项），在全行知识产权奖励评审中，技术部有7项专利、18项软件版权登记获奖。

电子商务金融服务平台完成营销试用版上线、B2B商城客户化定制，以及“房e通”、专业市场模块化功能上线，初步建成了统一的企业级电子商务金融服务平台。e商贸通接入商户快速增长，已接入55家，另有52家正在测试，荣获2011年中国网上银行促进联盟颁发的“企业网银最佳产品创新奖”。深化前后台业务分离项目1.5版本投产，在青岛、宁夏、云南等15个分行推广，完成1 285个网点上收，日均业务量从年初的不足2万笔增长到7万笔。金融IC卡项目8月27日上线，顺利通过了人民银行的发卡技术标准符合性及系统安全性审核。基于Web2.0技术的新一代个人网上银行、私人网上银行开始内部试运行，服务响应时间仅1.87秒，远低于行业6.653秒的平均水平；手机银行在业内首创二维码非接触支付、跨渠道支付、主动收款等功能，保持了在国内同业的领先地位。核心业务系统实现与先进贷款系统（ALS）的主机直联，在广西壮族自治区分行、深圳市分行试点运行，缩短了交易路径，提升了处理效率。反洗钱系统进行了改进优化，大额交易、可疑交易补录笔数分别下降了64.2%、79.99%，减轻了网点工作压力。海外核心业务系统（OCBS）标准版在全部10家海外机构完成推广，对公信贷业务流程管理系统（CLPM）部分功能在香港分行试点上线，企业网银在胡志明市、法兰克福分行投产了部分功能，全球一体化的运维体系初步成型。

五、启动全行IT一体化管理实施

梳理总行及开发中心、支持中心各项规章制

度，制订了一体化管理制度框架、编制方案和工作计划，推动53项日常管理制度统一。编制了《总行开发体制机制调整方案》，提出了先统一、后集中的开发体制机制调整实施策略。试点了与美国银行合作的绩效管理和岗位战略项目，推广中心考勤管理系统及相关制度规范，起草了开发中心绩效二次分配指导意见，创建统一的评价体系、岗位架构体系和管理体系。组织召开专题会议，部署开发中心一体化管理工作实施方案、行动计划及工作方式。实现总行测试环境的统一建设、统一规范、统一流程、统一调度，完善总分行项目协同审批机制，统一总分行投产变更管理流程，实现对分行重要变更的总行统一审批，加强对分行运维的技术支持、指导和风险预警，推广应用ITSM运维管理平台，初步建立了全行风险运行事件的统一应急处理体系。

六、完成147个分行系统整合上收

实现了147个分行系统（583套部署）下线，有36个系统正在下线实施，新批准的分行项目数量同比下降了67%，简化了IT运行环境，避免了重复开发和资源浪费。理财业务支持系统完成15家分行理财系统整合上收，通过系统发行的产品数量、募集资金同比分别增长2.9倍、5.4倍。短信系统完成全部分行短信系统上收，客户数、中间收入同比分别增长2.4倍、1.9倍。企业网银完成30家分行交易整合上收，交易量、客户数同比分别增长37%、41.9%。26家分行的60套POS系统完成整合上收，企业信息门户系统实现35家分行信息网站上收，15家分行版存贷通系统完成上收。财税、银保系统分行前置上收、龙网分行前置及龙网分行金卡前置上收、重客分中心上收等工作也部分完成。

七、IT核心能力建设取得进展

强化风险管控能力。完善信息安全制度体系，出台了《信息安全管理办法》、《生产数据应用安全管理规定》等制度规范。制定了安全保护定级标准、安全技术应用指南等安全技术建设标准体系，设立了5个安全相关管理条线，建立了IT风险管理虚拟团队。针对频繁发生的网银钓鱼、电话银行支付等风险案件，加强风险管控，整改安全隐患36个，持续完善安全基础设施体系，完成了二代网银盾的选型，推动安全认证渠道整合。推广应用安全管理系统及数据安全管理系统，落实了银监会现场检查、内外部审计发现风险问题的整改，提升了信息安全风险管控水平。

提升自主研发能力。对重要系统的关键模块、关键技术制订了自主提升目标、计划和实施方案，加大了开发技能、核心技术掌控、人力资源调配、技术平台统一、集中开发管理和考核力度，举办了自主开发优秀模块评选。至2011年年底，应用系统平均自主率达到50%，超过了预定目标。实现完全自主研发的系统数增加8个，达到18个，有10个系统自主率超过70%，实现基本自主研发。证券资金银行存管系统（CTS）、短信平台、现代化支付等系统先后实现了完全自主研发，后台业务集中处理系统自主率达到70%。

完善专业测试能力。完成了功能测试、性能测试工具在各开发中心的推广和培训，将测试范围从重要系统扩大到全部投产版本，实现了测试环境资源自动伸缩及动态调整的虚拟化管理，以及集中存放、统一发布、整体交付的版本管控，规范了投产版本检验管理流程。全年共支持了83个应用系统的测试任务，功能测试和非功能测试系统数量同比分别增长22.8%和27.5%，保证了投产软件质量，从源头上实现了对运行风险的控制。

提升基础管理能力。颁布了《信息技术委托研发项目管理规定》、《开发中心开发实施管理细则》、《信息系统变更管理办法》等一系列制度规范，试点了项目开发功能点分析法，推广应用开发实施过程管理工具（FLPM）、全行投产发布管理平台，投产问题版本率持续下降，在2011年11月26日的重大版本变更中，实现了问题版本率为0的历史最好水平。制定了IT持续性管理规划、信息系统灾备管理实施细则、开放系统统一灾备策略和标准化部署方案，启动了信息系统灾备等级初始化工作，完成了西藏自治区分行数据从上海数据中心向北京数据中心的迁移。从社会和系统内招聘并录用和拟录用294人，举办69期、15 000余人天的培训，提高了全行IT员工履岗能力。

执笔：马龙、彭四林

运营管理

一、完成深化前、后台业务分离项目年度研发和推广任务，构建后台业务集中处理体系，有效分离前台工作

（一）完成1.5版本开发和15家分行上线，系统运行平稳

在试点分行上线5项对公主流结算产品的基础上，为提高全行推广效果，新推出票据交换提入等6项产品，共实现11项网点主要业务前、后台分离，同时进行了17项流程改造与优化，形成2011年推广版本（1.5版本），自2011年7月起在全行推广。截至2011年年底，完成15家分行推广上线，1 285家对公网点实现前、后台业务分离，日均集中处理业务7.7万笔，峰值达13万笔，系统运行稳定。对公柜面账务性结算业务量分离73%，单笔业务工作量分离80%；立等业务平均耗时1分43秒，比上线前的5分钟，效率提高66%。前台操作减少，交易处理专业要求降低，客户等候时间下降，为前台劳动组合调整、综合柜员制推行和对公普通结算业务跨网点受理创造了条件。

2011年8月22日，武汉后台业务处理中心接牌仪式在武汉举行。

（二）构建后台业务处理体系，提高集约化水平和业务应急能力

总行武汉后台业务处理中心，石家庄、西安集中处理点，无锡、大庆离场外包基地投产，以及15家一级分行后台业务集中处理团队成立，全行后台产能达到日均处理业务21万笔，总行处理中心、集中处理点、分行处理团队及外包基地协作处理、联动配合的集约化营运体系初步形成。实现深圳市分行、河北省分行外包处理从分行到总行的整体迁移，8家分行外包业务从武汉处理中心到无锡、大庆离场外包基地的整体切换，后台业务跨区域调度和应急处置能力提升。

武汉后台业务处理中心自2011年5月9日投产运营，业务处理、生产调度、服务响应和质量管理职责明晰，业务布局、人员配置和产能规划等事项逐步优化，组织管理日趋严密，生产体系运转高效，生产质量、服务效率和风险控制整体水平不断提升，中心产能达到日均处理业务近10万笔。

（三）组织2.0项目专题研究和业务需求编写，为深度分离柜面业务创造条件

按照企业级建模理念，重组柜面业务流程，细化和调整票据交换等特色业务需求，组织需求分析和开发，为2012年项目剩余23家分行推广奠定基础；组织开展普通对公结算业务同城跨网点受理等多项专题研究，形成研究方案，确定推进策略。

（四）牵头推动反洗钱数据改进工作，减少前台柜员补录量

通过采取扩大反洗钱系统取数范围、小金额交易豁免、系统自动赋值、白名单维护等策略，提升反洗钱数据报送效率，有效减轻前台柜员反洗钱工作量。截至2011年年底，反洗钱大额交易日均补录量、日均确认可疑交易报告量较改进前

分别下降63%和61%，效果显著。

二、本外币集中支付清算体系覆盖范围持续扩大，海外清算与资金交易总行集中支持体系基本建成

（一）稳步推进二代支付系统项目建设

巩固第一阶段网上支付跨行清算系统上线成果，建立总分行协查机制，为客户提供快速服务。截至2011年年末，上线产品种类、交易量和系统响应效率继续保持五大行之首。同时研究确定了第二阶段大小额系统“一点接入支付系统，逐步实现总行集中清算”建设方案及实施路径，组织16个总行级关联系统和38家分行特色系统配套改造。此外，完成阶段性开发任务，实现总行本级支付和结售汇交易直通式处理，使效率提升1倍；同时满足和支持14家村镇银行代理支付及数据集中要求。

（二）完成海外清算系统（GMPS）海外分行推广工作，为海外机构开展清算业务提供有力保障

牵头完成海外清算系统悉尼、约翰内斯堡和法兰克福分行推广上线，实现与欧元当地清算系统TARGET2的联接，覆盖全部10家海外机构，系统运行整体平稳，业务处理安全、高效，海外机构清算业务运营支持保障能力显著提升。

（三）完成资金业务后台处理系统（OPICS）海外分行推广工作，为海外机构开展资金交易业务提供有力支持

牵头完成悉尼、纽约、约翰内斯堡、东京、法兰克福5家分行和伦敦子银行OPICS系统测试与上线支持，实现全部10家海外机构的资金交易结算数据全球集中，参数管理、新产品研发和运行监控基本实现总行统一支持。

三、加强现金出纳和配送业务管理，提高集约化和专业化水平

（一）启动现金实物流转战略成本项目，研究现金实物流转业务体制改革思路

立足解决现金实物流转环节多、操作复杂、柜员劳动强度大、效率低、风险高和客户体验不佳等突出问题，从现金业务关键部位和环节入手，启动营业机构现金收付流程及日终保管模式、现钞及实物出入库交接、实物黄金库存成本分析、库存限额管理、离行式自助设备清机加钞频率、集中维护离行式自助设备密码管理改进、金库到网点的现钞配送路径、金库分级管理、网点上门收款与综合效益9个战略成本子项目，形成专题解决方案和研究报告，在流程、机制设计和系统开发需求等方面取得了阶段性成果。

（二）规范集中配送作业管理，提升集约化、标准化水平

从作业模式、操作流程、前后台职责及人员场地管理等方面规范附行式自助设备金库集中供钞业务管理，减轻网点附行式自助设备维护压力。截至2011年年底，全行后台集中供钞覆盖6 667台附行式自助设备，日均供钞9.9亿元。同时统一全行网点和金库的现金整点操作，明确作业标准，推进现金整点标准化建设，对提供一致性客户体验、满足外部监管要求、减少内部重复劳动具有重要意义。

（三）扩大覆盖面，提升集中配送能力

全行现金集中配送覆盖网点11 780个，集中配送率达88%，同比提高0.91个百分点，一级、二级分行城区和县级支行网点现金集中配送率分别为99%、65%；全行集中维护离行式自助设备11 208台，集中维护率达94%，同比提高2.62个百分点，一级、二级分行城区和县级支行离行式自助设备集中维护率分别为98%、82%；全行现金集中整点覆盖网点11 922个，集中率达89%，同比提高1.63个百分点，一级、二级分行城区和县级支行现金集中整点率分别为91%、86%。

（四）加强现金备付管理，超额完成计划目标

为应对自助设备快速增长及清机模式变化等新情况，单独核定自助设备现金备付率。建立现金备付管理指标执行情况通报机制，督促分行加强现金备付日常管控。全行现金日均备付率为0.49%，超额完成0.5%的计划目标。

（五）加强黄金仓储业务管理，做到合规安全运营

我行进一步加强对上海黄金交易所、上海期货交易所指定仓库管理，秉承以客户为中心的理念，为“两所”会员和客户提供优质服务。河南省三门峡分行金库被评定为2011年上海黄金交易

所优质服务仓库，深圳市分行金库被评定为上海黄金交易所突出贡献仓库，北京市分行等七座金库被评为操作无差错指定仓库。

四、持续改进手段，提高稽核监测揭示柜面风险和案件能力

持续优化稽核监测预警模型，重点开展专题稽核，提升稽核监测风险管理水平。针对中国银监会及内外部审计发现的重大问题和风险提示，以及配合 COS_ T 系统上线新增及调整稽核监测预警的模型 77 个，提高了模型预警的精准率；累计开展专题稽核项目 225 个，发现并查处了“小金库”、私留客户定期存单、贷款资金转入股市以及利用信用卡和网银交易违规取现等一系列重大违规问题和案件，并将具有推广价值的先进经验材料和典型案例刊发全行学习借鉴，促进了全行稽核监测水平的提高。

全行稽核监测累计发现各类问题 16.7 万个，纠改重大违规操作 3 487 笔，规避潜在资金损失 26 亿元。发现堵截案件 2 起，其中，“小金库” 1 个，金额为 208 万元；冒名挂失盗取客户资金案件 1 起，金额为 1 000 余元。发现并协助追回多计付客户利息 66 万多元。

五、加强管理，提升营运操作风险防控能力

（一）认真落实营运条线“八大突出案件风险专项治理”活动精神，加强业务检查，有效防范操作风险

总行分两批对 21 家分行营运本级核算、业务参数变更管理等业务进行检查；针对近年现金业务案件或违规行为暴露的问题，将金库特别检查方式扩展到自助设备和前台网点，总行组织 175 人次对全行 102 座金库和 102 台集中维护的自助设备实施了特别检查；总行通过专项检查方式检查集中维护自助设备 200 台。通过检查，有效地提升了内控和案件防控水平。

（二）积极开展营运条线操作风险自评估工作，揭示系统性风险，研究防控措施

组织分行梳理营运本级及柜面业务集中处理操作风险，确定 58 个主要风险点，组织全行实施自查和评估，针对控制薄弱环节研究改进措施，提升了操作风险防控能力。

（三）加强业务应急管理，提升应急能力

完成鑫存管系统故障应急响应及恢复总体预案和部门预案，并作为全行主要生产系统业务应急与处置范例模板全行推广。组织营运条线牵头研发主要生产系统应急预案编写与应急演练，业务持续性管理得到进一步加强。

六、完善业务运维体系，提升支持服务保障能力

（一）强化参数管理，严控操作风险

组织参数自查梳理及业务检查，重申和严肃总行关于参数管理的各项要求；牵头组织总行、分行两级参数维护标准和模板，修订主要生产系统参数管理办法和操作手册；借鉴国内外同业经验，组织专题研讨和经验分享，提升参数管理水平；建立全行主要生产系统参数变更质量监测机制，在确保营运条线自身参数维护及时准确的同时，督促、推动各业务条线提升参数审定质量，使审定环节错误退单率由初期的 3.14% 降至年末的 0.28%。

（二）持续基础运维管理及流程优化，完善服务手段，提升服务能力

优化营运作业与管理系统，延伸参数变更流程，丰富问题管理功能，新增知识库和实时在线问答功能，提高了生产效率和风险防控能力；研发数据协查系统，组织试运行，协查工作平均效率提升 10 余倍，为进一步拓展后台集中受理司法和客户查询服务能力提供了基础保障。同时，做好系统集中运维的常态化管理。全年集中运维系统 38 个，维护各类参数 33.8 万条，同比增长 39%；处理龙网、银联、理财卡境外交易等卡类业务 1.6 万笔，同比增长 9%；完成司法协查 1796 户，同比增长 88%。此外，进一步加强运维流程优化工作。对重要客户服务系统架构进行调整，实现集中处理点和分中心合并；改变证券业务系统基金状态参数维护模式，实现参数自动导入，减少证券业务系统近 50% 的参数维护量，并提高了维护准确率。

七、强化基础管理，提升营运管理水平

（一）健全规章制度，强化业务培训

研究制定二代支付系统、现金出纳与集中配

送管理方面重要业务制度及手册5个，修订下发深化前后台业务分离项目和批量代收付系统方面重要业务制度及手册4个，统一模式、规范操作，有效防范操作风险；组织举办各项培训11期，共1 544人次参加了培训，开拓了受训人员视野，增强了受训人员综合业务素质，提高了受训人员服务技能。

（二）运用技术手段持续提升后台集中交易事项办理效率

根据会计档案保管改进项目总体安排，组织会计档案管理系统、会计凭证影像采集系统、历史数据归档系统和营运稽核配套系统的优化开发，组织北京市分行、江苏省分行完成凭证集中扫描后人工清分试点，并完成凭证清分全行推广方案。另外，按照中央债券登记公司统一部署，实现交易处理与接口系统（TPIS）与中债综合业务系统、本币交易系统、支付系统、债券交易管理系统直联，提高债券业务的自动化水平。

执笔：胡忠

电子银行业务

2011年，电子银行部深入贯彻“以客户为中心”的服务理念，不断推进产品应用创新，持续提升服务能力，同时注意加强安全管理，提高风险防控能力，使电子银行业务呈现出快速发展的良好态势。

一、电子银行业务快速发展

（一）网上银行

个人网上银行加强产品创新，改进流程，丰富了在线客服、账户银、账户铂、信用卡在线申请、账单分期、鑫存管签约等功能，拓展了银医服务、社保等民生服务。截至2011年12月31日，个人网上银行客户数达到8 454万户，当年新增2 749万户，较年初增长48%；实现交易额16.7万亿元，同比增长91%；实现交易量40.4亿笔，同比增长41%；客户满意度达78.2%，比上年提升3.1个百分点。

企业网上银行全面推进系统集中上收工作，服务实现了电子化、网络化、集约化的管理模式，推出了e商通、e棉通 、代理贵金属、基金业务，以及中央财政授权支付、远程签发汇（本）票、财资管理、签约账户定制信息等产品服务。截至2011年12月31日，企业网上银行客户数达139万户，当年新增45万户，较年初增长49%；实现交易额66.5万亿元，同比增长21%；实现交易量9.7亿笔，同比增长48%。

（二）手机银行

创新推出Android客户端，为Android手机用户提供了较完善的手机银行服务；新增主动收款、全国话费充值业务、贵金属投资、游戏点卡充值、手机银行网点搜索等功能；优化iPhone客户端，支持WAP、NET和WIFI任一方式登录；新增建设银行大智慧、飞机订票、影票在线等服务；优化移动客户服务费业务规则。截至2011年12月31日，手机银行客户数超过4 695万户，当年新增2 470万户，较年初增长109%；实现交易额7 620亿元，同比增长55%；实现交易量2.06亿笔，同比增长93%。

（三）短信金融业务

完成11家分行短信金融服务平台业务集中，实现38家分行短信金融业务统一，并推出106980095533营销短信专用号码，实现了业务和营销短信的分类管理；实现账户变动通知CCBS系统短信实时发送，增加对定期账户的账户信息通知服务；重点推出了按服务独立签约模式，优化计费、扣费功能，支持套餐组合计费。截至2011年12月31日，短信金融客户数达到11 806万户，当年新增2 526万户，较年初增长27%。

（四）国际互联网网站

国际互联网网站全年总访问人次数达到 8.9 亿，单日最高页面浏览量突破 3 400 万，同比增长 28.4%；全行全年累计利用网站发布信息 11.1 万条，创历史新高。

进一步强化国际互联网网站基础管理工作，规范总行及各一级分行（含海外机构）互联网网站的管理工作。在理顺服务流程、健全工作机制、保障运行安全的同时，积极发挥国际互联网网站的渠道作用。通过对网站视觉风格、交互特征及客户体验等要素进行归纳提炼。

统一开发建设国际互联网网站海外机构子网站，并设置中英文双语种版本，充分满足海外机构推广业务、推介产品、维系客户、展示形象的需要，同时实现对海外机构子网站的集中运营管理。

全新打造国际互联网网站 e 路通网站会员社区，开通在线客服功能，为客户提供在线交流、客户满意度调查和客户留言等服务。全新建设外汇频道，充分满足业务部门营销和服务需求。

二、电子银行管理与创新

（一）风险管理与控制

继续研发创新产品，推出短信动态口令无介质安全产品，推出包含 100 次口令的新版刮刮卡，研究推出建设银行二代网银盾。深化电子银行业务反欺诈管理，创建新一代电子银行业务风险监控平台，基于用户行为分析建立高效、可靠的“风险引擎”，实现对个人网上银行、企业网上银行、手机银行、网上支付、超级网上银行等电子渠道交易的全面监控，涵盖电子银行各个业务环节的全流程风险监控，对于发现的高风险交易，由专业的风险监控团队“7×24 小时”进行人工分析、外呼核实、黑名单阻断等处理；推进建立“7×24 小时”反钓鱼机制和主动搜索机制，加强与公安部、RSA、中国反钓鱼联盟、360、微软等协调，建立钓鱼风险联防联控机制。

（二）市场营销与组织推动

全年组织了多场丰富多彩的营销活动。“增客户、促应用、提能力”电子银行专项营销活动调动了全行各条线的积极性，促进多项业务指标取得快速增长；“建设银行‘e 路通’黄金连环送”个人网银市场营销活动，通过抽奖送黄金吸引客户办理业务，关注我行电子银行新浪微博，取得了良好效果；交易返还网银盾活动共返还 110 余万个网银盾，在提高客户活跃度的基础下，提升了电子银行账务性交易量比；“建设银行‘e 路通’手机银行团购秒宝马”营销活动期间，手机银行各项指标均呈加速上涨趋势，提升了客户活动率和整体客户满意度。此外，在 2011 年 4 月首次面向全行员工推出网上银行体验及秒杀活动，加强员工对电子银行特点与优势的了解。

为推动电子银行业务快速发展，促进网上银行功能应用，推出网银专享理财产品，累计发行 21 期，吸引了 158 865 人次客户认购，累计募集资金达 568.64 亿元。

收集、整理和编辑了电子银行条线近年来的理论文章，出版了《建设国际一流电子银行理论与实践》一书，内容涵盖了电子银行研究、业务推广实践经验、业务发展典型案例等文章，是业内第一部电子银行理论文集，为电子银行业务发展提供了参考，在业内获得好评。

开展电子银行典型应用案例评选，将获奖案例汇编为《电子银行典型应用案例集》，通过推广典型应用，以点带面，促进了全行的业务发展。

（三）客户体验与创新

2011 年 2 月 26 日，网银在线客服系统正式上线运营，6 月 25 日推出建设银行国际互联网网站在线客服，标志着我行在四大国有商业银行中首家推出在线客户服务。开发了客户之声问题自动分类工具，实现客户问题自动分类。

加强电子银行客户满意度的监测工作，运用个人网银在线满意度追踪工具（CST）持续跟踪个人网银客户满意度在线监测数据，分析客户满意度及不满意情况的变化趋势。梳理了客户之声管理流程，通过网站留言、网银邮件、个人网银页面层级反馈、个人网银在线满意度调查、95533 客户服务等多渠道收集客户之声，并由专门的团队对客户之声进行分类、分析，找出客户关注的焦点问题，制订方案持续解决客户问题，提升客户满意度。累计收集客户之声问题 22 万余条，经过分类整理共提炼焦点问题 683 个，已解决问题 356 个。2011 年全行完成针对电子银行 9 大产品的 18 组可用性研究。为设计符合最佳客户体验的界面元素，个人网银界面设计标准库网站于2011年11月正式上线。同时加大了电子银行服务区的部署力度，截至2011年年底，全行部署网银终端12 188台，手机终端7 999台。

在深入分析系统功能和上线切换方案、组织业务测试、分析对比同业产品的基础上，“E商贸通”于2011年3月22日上线试运行。该项目可为各类商务平台以及平台所属会员提供资金结算、清算、资金监管等服务，截至2011年年底，全行共有103家商户接入测试，50家商户成功上线。

三、对外项目合作

继续开展与美国银行战略合作，实施了五年路线图规划、电子银行反欺诈、网站销售流程优化、客户体验提升四个项目，其中，客户体验提升项目包含了客户之声管理和可用性研究方法两个方面。在客户之声管理方面，借鉴吸收美国银行经验，增加并完善了客户满意度监测和客户之声监测的指标体系，制定下发《中国建设银行电子银行客户体验问题快速解决及反馈流程》（建电〔2011〕61号），规范客户之声收集、分类、分析及跟踪解决流程，建立定期例会制度，提升客户之声管理能力。同时，完成了客户之声管理平台（一期）测试工作，邀请美国银行专家对电子银行研发中心可用性实验室进行现场观摩，对我行现有可用性实验室和第二个可用性实验室的工作进行了具体指导。

与美国银行就国际互联网网站销售流程优化项目进行合作，项目以网站电子银行频道为突破口，借鉴美国银行相关经验，从客户体验和业务实际需要出发，对频道进行重新规划设计，优化后的电子银行频道将有效改善电子银行产品的销售流程，实现客户满意和支持业务发展的双重效用。

四、品牌建设

建设银行电子银行新浪官方微博“建设银行电子银行”粉丝数突破13万，发布博文2 223篇，开展各种微博营销活动14次，收集并提交客户之声近600条，荣获了新浪微博2011年“创新营销奖”，影响力日益突出。38家一级分行均开通了电子银行官方微博，强化微博营销的矩阵优势，打造建设银行电子银行互动平台，有声有色地宣传了建设银行品牌以及电子银行产品和营销活动。

建设银行连续四年主协办建设银行“e路通”杯大学生网络商务创新应用大赛，树立建设银行支持大学生就业创业良好公益形象。大赛获得国务院台湾事务办公室立项，升格为首届海峡两岸大学生网络商务创新应用大赛，赛事范围延伸到台湾地区，影响力又上了一个层次。大赛覆盖了全国320个城市和地区，吸引了来自海峡两岸2 800多所高校的20多万名师生参赛，在青年学生中反响热烈，“e路通”品牌伴随这次大赛进一步在学校等范围内得到广泛宣传。

执笔：孙曙光　里薇拉

境内子公司改革与发展

一、建信基金管理有限责任公司

（一）主要经营成果

第一，基金规模持续增长，行业排名大幅提升。截至2011年年末，基金资产管理规模达487亿元，基金份额达603亿份，同比分别增长0.2%和21%，基金资产管理规模在66家可比基金公司中排名第十五，较2010年提升三位，在银行系基金公司中排名第二，是行业唯一近六年基金资产规模连续实现正增长的公司。

第二，投资业绩进一步提升，处于行业前列。根据中国银河证券基金研究中心数据，股票投资管理综合业绩名列行业第五，在银行系基金公司中排名第一。在《中国证券报》金牛基金奖评选中，荣获“金牛债券投资基金公司”称号，是唯一一家蝉联该奖项的基金公司。在《证券时报》主办的“基金业明星奖”评选中获“年度十大明星基金公司奖”，建信核心精选股票型证券投资基金获“年度股票型明星基金奖”。

第三，营业收入和净利润较大增长。2011年，在资本市场大幅下跌、基金行业整体规模缩水的情况下，实现了营业收入和净利润的双增长。实现营业收入60 134万元，较上年增加10 703万元，增长22%；实现净利润11 323万元，较上年增加1 270万元，增长13%。

（二）主要经营管理措施

第一，加快新基金发行，推动规模增长。2011年新发基金8只，发行只数比上年实现了翻番，是基金同业发行只数最多的公司之一。首发基金募集规模114亿元，位列行业第五。在银行系基金公司中，公司旗下基金数量已经超过交通银行，与工商银行并列第一。

第二，加大直销力度，提升自主销售能力。在继续做好传统建设银行渠道营销的同时，大力拓展财务公司、保险公司等机构客户，加大直销业务力度，并取得显著效果。2011年年末直销业务规模达到96亿元，当年新增31亿元；非建设银行渠道基金销售占比47.53%，较年初上升5.62个百分点，自主销售能力较大提高。

第三，加强投资管理，投资业绩持续优良。一方面加强市场研判，及时捕捉市场机会，提高投资业绩；另一方面加强团队建设，引进外部核心人才，优化内部行业覆盖，不断巩固和提升公司的投资研究综合实力。

第四，强化风险及合规管理，保证业务平稳运行。高度重视合规文化建设，通过开展教育培训，强化规章制度和风险防控的执行力；加大对重点业务的梳理和优化，对业务关键节点做到随时跟踪，进一步提高公司内控水平；加强专业委员会的运作，夯实风险防控机制。全年未发生任何违法、违规事件，在监管层检查中获得好评。

二、建信金融租赁股份有限公司

（一）主要经营成果

截至2011年年末，资产总额为360.2亿元，比年初增长116.9亿元，增长比率为48%；其中租赁资产359.3亿元，比年初增长128.5亿元，增长比率为56%，完成年度计划的105.4%。实现税前利润2.84亿元，实现净利润2.12亿元，完成年度计划的103.9%。在2011年度总行对20家附属机构和海外分行关联交易考评中名列第一；在中国人民银行营业管理部对2011年度北京市金融机构金融统计及动态反映工作考评中获二等奖。

（二）主要经营管理措施

一是加强联动营销。2011年8月组织召开了公司客户银租联动座谈会；通过经验交流会、项目对接会、高层拜访、客户走访、培训等联动营销活动，加强与总行、分行的战略协同和业务联动。

二是加快新产品开发。组建了厂商租赁团队，设计、制定了相应业务流程和制度，并对十几家目标客户开展了营销；完成应收租赁款保理的流程设计、结构设计、管理办法及合作协议拟定等工作，草拟了《应收租赁款保理业务管理办法（初稿）》；完成《中小企业租赁业务管理办法（2011年修改版）》的修订，并与总行有关部门研究合作开办小企业租赁的标准模式。

三是进一步拓宽筹资渠道，加强流动性管理。通过多种形式营销各类金融客户，争取到更多的授信额度及授信品种；通过同业拆借、同业借款来满足业务用款需求；面对严峻的资金形势，公司主动调整负债结构、优化资金配置、降低筹资成本；针对流动性风险和管理情况，制定并印发了《建信金融租赁股份有限公司流动性风险管理办法（试行）》。

四是完善定价管理。根据具体情况调整、确定公司的定价基准；完成定价系统流程梳理和业务需求分析，并形成相关报告。

五是强化基础管理和风险管理。修订、完善了相关管理办法和操作规程，有效监控公司客户租赁合同的履行情况；根据业务发展需要，简化了CAM变更的手续，提高工作效率；组织开展租赁资产质量大检查，取得了较好的效果；针对不同客户，采用专门资产分类报告（SAR），实现实时认定，确保资产质量分类的及时性和准确性；通过对重点行业风险的有效研究和揭示，提高审批的针对性和质量；大力加强租赁资产组合管理，防范行业和客户风险；建立平台类及一般公司类客户名单，并根据实际时时调整，严把客户准入关，切实将政府融资平台治理工作落到实处。

六是加强业务信息化建设。制定完善了有关业务信息管理办法，布置上线了 INFOLEASE 合同管理的系统，业务管理 RAPPORT 系统也接近完成上线。

三、建信信托有限责任公司

（一）主要经营成果

第一，盈利水平大幅提高。2011 年共实现净利润 3.29 亿元，同比增长 88.9%，完成全年预算的 106%。在全国 66 家信托公司中，净利润排名第 23 位，较上年上升 6 个位次。

第二，信托业务快速发展。2011 年年末受托资产规模达到 1 907 亿元，较年初增加 1 247 亿元，增长 189%。信托资产规模跃居全行业第 6 位，较上年前进 9 个位次。与此同时，集合类信托业务快速发展，业务结构持续改善。

第三，固有业务稳健运营。资产结构明显改善，资产管理水平和资产收益水平持续提升，长期股权投资取得积极进展。2011 年年末固有业务资产总额达 49.6 亿元，较年初增加 4 亿元。

公司在由《证券时报》主办的第四届中国优秀信托公司评选活动中被评为“中国最具成长性信托公司”。

（二）主要经营管理措施

一是着力增强市场营销能力。通过优化内部组织架构和向上海、广东等经济发达地区派驻业务团队，初步构建起京、皖、沪、粤四地支撑并辐射全国的市场拓展格局。强调与母公司有关部门和各级分行的联动，采取“渠道为主，直销为辅”的产品销售模式，公司整体市场营销能力明显提升。

二是切实加强自主管理能力。通过加大资源配置力度、加强业务培训和绩效考核政策引导，有力推动自主管理的集合类信托业务加快发展，成效明显。2011 年信托业务实现收入占比 56%，较上年提高 23 个百分点，首次超过固有业务，其中，集合类项目的贡献占 56%，较上年提高 33 个百分点，集合类信托业务已逐步成为公司重要的利润增长点。

三是积极推进业务创新。与母公司相关部门密切合作，重点研发设计了类基金型产品——建信财富通集合信托计划，投放市场后受到高端客户的欢迎，当年累计发行规模近 30 亿元。创新推出了阳光私募 TOT、定向增发、佑瑞持等多项证券类信托产品，进一步丰富了适应不同风险偏好投资者需求的产品体系。积极探索私募股权投资基金业务，成功设立了建信财富股权投资基金和建信股权投资基金。

此外，在积极推动业务快速发展的同时，切实加强内部控制和风险管理，确保业务稳健运营；注重加强核心业务团队和激励机制建设，有效激发和调动员工积极性，进一步提升员工队伍的凝聚力和向心力。

四、建信人寿保险有限公司

（一）主要经营成果

从资产规模来看，截至 2011 年年末，总资产达 54.62 亿元，净资产达 12.6 亿元，分别较 6 月底股权交接日增长 24.29% 和 40%。

从保费收入来看，公司业务收入实现快速增长，尤其是下半年公司换牌后，保费收入增速明显提升。按照《新会计准则》，共实现年度保费收入 12.8 亿元，同比增长 81%。市场排名由 41 位上升至 34 位，提升 7 位。从保费结构看，个险渠道 7.36 亿元，增长 11%；银保渠道 5.08 亿元，增长 1 593%；团险 0.36 亿元，增长 94%。全年实现税前利润 3 319 万元，全面完成年度计划要求。

从投资收益来看，在股债双熊的大背景下，全年投资收益率为 4.09%，较保险行业平均水平的 3.6% 高出 0.49 个百分点。

从偿付能力来看，截至 2011 年年末，偿付能力充足率为 229%，偿付能力充足率达到监管充足Ⅱ类标准。

（二）主要经营管理措施

一是平稳完成股权转换。于 2011 年 6 月底完成股权变更，接手后，新的管理层采取多项措施保持公司稳定，缩短磨合期，没有一个中层干部离职，没有一个客户因股权变更投诉。整个股权变更工作受到监管部门、客户及员工的认同和肯定。

二是科学制订五年发展规划。根据董事会要求和自身发展定位，结合保险业《“十二五”发展纲要》和建设银行的《“十二五”发展规划》，制订了“十二五”发展规划，明确了科学发展的指导思想和“十二五”期间发展目标，提出了围绕公司治理、机构建设、客户导向、产品创新、渠道扩展的五大战略以及配套措施。

三是加强销售队伍建设，努力提升销售能力。坚持走差异化经营的道路，通过加强与股东的战略协同，探索新型业务模式，实现双方资源互补、协同共赢。银保渠道初步建立了一支具有较强的网点经营和产品销售技能的银保队伍，销售业绩大幅提升；团险渠道积极探索与建设银行及其他股东的战略合作模式，实现了公司团险业务的有效突破，渠道当期盈利能力和费用贡献水平持续增强；个险渠道积极推进并有效实施健康人力与人均产能“双轮驱动”式发展；探索建立电话营销、网络营销等新业务发展渠道。

四是加快机构建设步伐，提高机构管理水平。按照公司“十二五”规划，全面推动分支机构筹建。北京、山东分公司年内开业。初步形成覆盖长三角、珠三角、环渤海区域重要城市，共计29家分支机构（含中心支公司及以下机构）的销售网络。

五是树立以客户为中心的经营理念，提升客户服务品质。提出“善建者行、守信者远”的诚信文化，重点加强最能凸显保险特色的理赔服务工作，强化客户导向，提出多项人性化理赔举措。集中清理并快速处理了一批未结客户在诉案件和客户投诉案件，年内所有在诉案件和投诉案件全部和谐解决。此外，还通过完善服务体系和加强技术创新，有效提高承保和保全作业时效；强化了单证管理，在客户信息安全性上也取得了明显的进步。

六是贴近市场需求，开展产品创新。新产品逐步形成两大特色：一是高保障特色，提高了产品的保险保障功能，形成良好的卖点和市场竞争力；二是和银行产品及业务流程有机结合，把产品嵌入银行产品和流程中，较好地满足了银行客户的保险需求。下半年成功开发并推出15款新产品，其中银保“金富系列”五款产品、团险渠道四款产品、以建信人寿龙卡联名借记卡为载体的“龙行无忧”意外险产品都受到了市场和渠道的欢迎。

七是加快人才引进培训，加强队伍建设。通过市场招聘、校园招聘等多种引才渠道，引进了大量的优秀管理人才和专业人才，全年公司人力实现了快速增长。

八是加强基础建设，提升风险防控能力。股权变更以来，通过建章、建制，狠抓制度建设，有效提升风险防控能力；通过加大IT资本性投资，租赁中国电信标准机房，加大应用软件开发，持续加强信息技术工程建设；通过开展后援基地选址，扩充呼叫中心线容，进一步加强运营管理集中工作。

九是资产管理稳中求进，增收节支效果明显。坚持稳中求进的方针，及时调整投资策略，努力提升收益水平，取得了高于行业平均收益水平的投资业绩。

五、中德住房储蓄银行有限责任公司

（一）主要经营成果

一是传统的住房储蓄业务经营业绩创历史新高。2011年销售住房储蓄合同1.4万份、合同金额52亿元，住房储蓄存款考核新增突破10亿元大关。

二是2011年新增个人类住房贷款19.27亿元。在天津市全部商业银行中排名第三位，在除四大银行以外的中资中小商业银行中排名第一位，其中新增个人保障性住房贷款7.5亿元，当年投放额约占天津市场的36%，个人保障性住房贷款余额达到14.81亿元。

三是截至2011年年底，在天津地区发放的保障性住房开发贷款余额达23.23亿元，在天津市除国家开发银行以外的全部金融机构中排名第一位。

四是负债结构有了大幅改善。2011年一般性存款占全口径存款的比例同比提高8.1个百分点，母行负债依存度同比下降4.53个百分点。

五是经营效益快速提升，2011年税前利润突破8 000万元、税后利润突破5 934万元，首次实现股东权益增值。资产质量优良，不良贷款率仅为0.003%。

（二）主要经营管理措施

第一，住房储蓄业务方面，开拓多重营销渠道、调整代理人激励机制、研发“高存高贷”新产品、推进销售中心建设。一是在个贷业务方面，针对保障房客户，以“惠民贷”为主题，开展精准营销；完善并推广“住房信贷精算方案”营销模式；在原有住房储蓄、按揭贷款基础上开办个人住房公积金贷款，创新推出个人公有住房贷款等产品，打造特色鲜明、种类齐全的产品体系；并初步建立起专业化的个贷业务管理体系。二是在房地产开发贷款业务方面，坚持拓市场和防风险两手都要硬的发展思路，在积极推进业务发展的同时，努力夯实业务管理基础。三是在负债业务方面，取得天津市市级预算单位开户银行资格，成功吸收公积金资金，同时，大力开展公司客户存款营销，并以支行为载体，努力增加储蓄存款。

第二，风险管理与内部控制方面，根据宏观政策和房地产市场的变化情况，适时调整客户准入条件和贷款政策；进一步完善风险识别体系；组织“操作风险管理年”活动，推进操作风险管理体系建设；认真组织开展内审，并抓好审计发现问题整改。

第三，服务管理方面，深化开展“提升服务品质”活动，进一步提升电话服务水平，建立网点服务检查与客户经理服务评价长效机制。

第四，基础建设方面，进一步夯实IT基础管理，加强宣传统一管理，改革工资分配办法，加大培训力度，改进流动性管理。

第五，分支机构建设方面，努力探索专业银行支行模式，成功实现首家异地分支机构——重庆市分行开业。

六、建银国际（控股）有限公司

（一）主要经营成果

第一，企业融资及财务顾问业务稳步增长。2011年，按香港首次公开发行项目数量计算，公司以保荐人和账簿管理人参与项目在中资投行处领先地位。保荐承销的SBI为第一家来香港发行预托证券（HDR）的日本公司。

第二，并购业务实现突破。加大境内外联动力度，全年完成涉及中国并购项目执行个数及金额在中资投资银行中居于前列，在大型央企并购、境外企业并购领域均有重大项目完成。

第三，证券经纪业务逆市增长。机构客户和非机构客户数量显著增加，服务平台进一步完善；研究水平进一步提升，在《亚洲货币》等评选中获得多个奖项。

第四，资产管理业务继续保持银行系领先优势。其中境内管理医疗基金、文化基金、环保基金、航空基金等6只产业基金投资成绩优异，市场认知度和美誉度持续提升。

第五，跨境人民币产品创新加速。高度重视跨境人民币业务拓展和产品创新，努力打造跨境人民币专业品牌。完成境外人民币债券发行项目，在港发行人民币基金。

此外，公司于2011年先后获得“香港本地最佳投资银行”（Asset）、“香港最佳本地经纪行”、“飞跃进步经纪行”（Asiamoney）、“2011年最佳私募股权投资管理机构”（21世纪经济报道）、“中国私募股权投资机构三十强”第二名（清科集团）、“最佳业绩增长证券商奖”（香港商报）等19项奖项。

（二）主要经营管理措施

一是加强风险内控制度建设和内部约束机制建设，努力提升风险管理能力和内控能力。一是有序开展内部控制梳理，按照总行要求成立领导小组，对现有制度进行梳理，查找风险点并采取相应的控制手段。二是加强整改力度。积极配合总行风险内控调研工作组、中国银监会并表管理检查组、香港审计分部开展检查，查找管理中的薄弱环节，并根据检查组要求认真起草整改报告，逐项落实整改事项。三是强化制度建设和有效执行。发布实施了《大额风险暴露管理指标办法》等管理制度，强化风险垂直管理。四是强化合规管理。完善合规制度和相关流程，统一香港和境内子公司“防火墙”、员工交易的管理流程，同时强化员工合规意识。

二是强化信息科技建设。完成控股公司财务系统各项功能的开发和上线，并在全公司范围推广，实现了财会系统的集中统一；完成位于沙田的同城异地灾备中心以及交易与电子邮件灾备系统的建设，进行了年度灾备演练；推进控股公司与总行、各子公司及客户间视频会议系统建设，基本完成电邮系统分离项目；有序推进信息平台搭建，推广使用客户关系管理系统。

执笔：郈梦成

海外业务

一、2011 年海外业务整体情况

2011 年，面对复杂的国内外经济形势，建设银行海外机构（建银国际除外，下同）认真贯彻落实总行海外发展战略纲要，积极拓展海外市场，加速推进业务转型，不断深化境内外联动，加强风险内控管理，全面夯实基础建设，海外业务总体保持了健康较快发展。

（一）资产规模快速增长，资产结构持续优化

第一，资产规模实现快速增长，首度突破 600 亿美元。截至 2011 年年末，海外机构总资产达 683.66 亿美元，较上年末增加 288.93 亿美元，增幅达 73.20%。全部海外机构均实现资产增长，其中，香港分行资产增长 93.40 亿美元，排名第一；法兰克福分行、纽约分行、建行亚洲、悉尼分行资产增长分别为 60.77 亿美元、59.87 亿美元、41.52 亿美元、10.26 亿美元。法兰克福分行和纽约分行资产主要以总行清算资金沉淀形成的其他类资产分别新增 61.60 亿美元和 64.99 亿美元。

第二，资产结构持续优化，贸易融资快速增长。截至 2011 年年末，海外机构双边贷款额为 197 亿美元，较上年末增加 47.85 亿美元，增幅为 32.08%；贸易融资额为 165.83 亿美元，较上年末增加 86.50 亿美元，增幅达 109.03%（其中海外代付 117.38 亿美元）；银团贷款 43.93 亿美元，较上年末减少 6.31 亿美元，降幅为 12.55%；债券投资 45.69 亿美元，较上年末减少 6.18 亿美元，减幅为 11.91%。资产结构得到优化，银团贷款和债券投资控制在总资产 8% 比例范围内。

表 1 海外机构资产结构状况

日期：2011 年 12 月 31 日 单位：亿美元、%

项目	余额	较上年末	资产占比	较上年末
各项贷款	406.77	128.04	59.5	-11.11
银团贷款	43.93	-6.31	6.43	-6.3
双边贷款	197.00	47.85	28.82	-8.97
贸易融资	165.83	86.50	24.26	4.16
债券投资	45.69	-6.18	6.68	-6.46
同业拆出	23.6	5.54	3.45	-1.13
其他资产	147.37	101.4	21.56	9.91
合计	683.66	288.93		

资料来源：海外机构。

贸易融资业务实现快速增长。截至 2011 年年末，海外机构贸易融资余额为 165.83 亿美元，占全部贷款余额的 40.77%。其中香港分行、首尔分行和建行亚洲分别增加 50.77 亿美元、8.57 亿美元和 8.11 亿美元，增幅分别为 279.84%、80.85%和46.83%。

（二）负债业务快速发展，资产负债平衡能力显著提高

全年各海外机构能够积极拓宽负债渠道，提高主动负债能力和水平，降低对总行资金的依赖程度，负债业务显著增长，资产负债平衡能力明显提高。

截至2011年年末，海外机构主动负债（含客户存款、发行存款证和同业拆入）401.46 亿美元，较上年年末增加 157.59 亿美元，增幅为 64.62%，自 2011 年 9 月以来规模稳定保持在 400 亿美元以上。其中客户存款额为 247.48 亿美元，较上年末增加 86.42 亿美元，增幅为 53.66%；存款证发行额为 81.85 亿美元，较上年末增加 50.76 亿美元，增幅达 163.26%；同业拆入 72.13 亿美元，较上年末增加 20.41 亿美元，增幅为 39.46%。

截至2011 年年末，总行为海外机构核定拆借额度 109.58 亿美元；海外机构实际拆借金额 78.64 亿美元，占海外机构总负债比率的 12.18%。

（三）业务利润大幅提高，预算执行情况总体较好

2011 年，海外机构累计实现税前利润 3.17 亿美元，同比增幅达 111.63%。其中，香港分行实现税前利润 1.09 亿美元，建行亚洲实现税前利润 0.95 亿美元，首尔分行实现税前利润 0.41 亿美元。

全年海外机构累计实现中间业务收入 1.24 亿美元，同比增长 71.94%。跨境人民币业务相关的各类资金交易佣金、汇款清算收入成为海外机构中间业务收入的重要增长来源。

预算执行情况总体良好。香港分行、新加坡分行、法兰克福分行、东京分行、首尔分行、纽约分行及建行伦敦税分行预算完成情况较好。胡志明市分行和悉尼分行完成了年度计划。

（四）境内外联动资产快速增长，跨境人民币业务实现较快发展

第一，境内外联动业务实现快速增长。截至 2011 年年末，海外机构联动资产余额为 209.70 亿美元，较上年末增加 96.89 亿美元，增幅为 85.89%；其中，海外代付 117.38 亿美元，较上年末增加 66.58 亿美元，增幅为 131.04%；内保外贷 92.31 亿美元，较上年末增长 30.31 亿美元，增幅为 48.89%。

联动业务的快速发展带动了传统的清算、结算业务的加强。全年海外机构办理欧元汇款 10.41 万笔，港币汇款 3.72 万笔，美元汇款 52.81 万笔，日元汇款 1.89 万笔，促进了中间业务收入的稳步提升。

第二，跨境人民币业务快速发展，人民币产品不断创新。截至 2011 年年末，海外机构人民币存款余额为 236.75 亿元，人民币存款证发行余额为 131.20 亿元，人民币贷款余额为 63.57 亿元（不含人民币代付），为当地客户开立人民币对公账户 2 168 户，结算客户数 301 户，累计办理人民币结算业务金额为 2 014.92 亿元，其中与境内分行合作人民币结算业务金额为 1 618.16 亿元。

截至 2011 年年末，海外机构共办理跨境人民币结算项下贴现 521 笔，金额为 166.79 亿元；人民币进口代付 1 118 笔，金额为 308.28 亿元人民币；人民币出口代付 1 120 笔，金额为 255.84 亿元；跨境结汇 2110 笔，金额为 374.61 亿元。此外，还开展了包括人民币福费廷、付汇盈、购汇盈、人民币出口买单和汇票融资等多种跨境人民币产品的新业务，海外综合化服务水平和产品组合创新能力有一定程度的提高。

（五）积极处置不良资产，资产质量明显改善

2011 年，海外机构通过债务重组、处置回收等方式，积极化解处置存量不良贷款，成效显著，实现了不良资产率和不良贷款率的“双降”，海外机构资产质量明显改善。

一是实现不良资产额与不良资产率“双降”。截至 2011 年年末，海外机构不良资产余额为 3.06 亿美元，较年初减少 1.27 亿美元，下降 29.37%；不良资产率为 0.45%，较年初下降 0.65 个百分点；不良贷款余额为 2.92 亿美元，比年初减少 1.18 亿美元，下降 28.70%；不良贷款率为 0.72%，比年初下降 0.75 个百分点。

在海外机构中，除约堡分行不良资产率、不良贷款率（3.28%、3.53%）较年初上升外，其余海外机构不良资产率、不良贷款率均有所下降。

东京分行不良资产率为2.13%，较年初下降1.18个百分点，不良贷款率从年初的4.06%下降到2.37%，较年初下降1.99个百分点；香港分行不良资产率下降到0.74%，不良贷款率下降到1.01%；首尔分行不良资产率下降至0.06%，不良贷款率为零；法兰克福分行不良资产率从年初的0.21%下降为零。新加坡分行、纽约分行、悉尼分行、胡志明市分行和建行伦敦无不良资产及不良贷款。

截至2011年年末，海外机构债券投资账面余额为45.62亿美元，重估市值为45.11亿美元，重估损益-0.51亿美元。

二是加快存量不良贷款化解处置。存量不良贷款化解处置工作取得显著进展。通过债务重组、处置回收等方式，海外机构存量不良贷款减少约1.97亿美元，主要涉及香港分行、首尔分行、东京分行和约堡分行，分别化解处置存量不良贷款约1.89亿美元、772万美元、302万美元和175万美元。

三是两家分行新增不良贷款。全年香港分行和约堡分行新暴露不良贷款合计约9 441万美元，占海外机构全部贷款余额的0.23%。

四是资产减值准备小幅下降，贷款拨备覆盖率进一步提高。截至2011年年末，海外机构资产减值准备为3.34亿美元，比年初减少0.48亿美元（新增0.38亿美元，回拨约0.86亿美元），下降12.55%。其中，贷款减值准备余额为2.73亿美元，比年初减少约为0.40亿美元，下降12.75%；债券减值准备余额为0.60亿美元，比年初减少约0.10亿美元，下降14.14%。

海外机构总体贷款拨备覆盖率为93.29%，较年初上升17个百分点。

（六）“海外业务风险管理年”活动取得显著成效

2011年，总行组织开展“海外业务风险管理年”活动，旨在加强海外业务管理及基础管理。管理年活动在海外风险管理、业务管理、财务考核等多个方面取得了显著的成效。

初步建立起海外机构风险管理架构，推进落实了部分海外分行风险总监派驻工作，建立了风险报告制度；梳理了海外机构规章制度，区域管理、行业名单制、贷后管理、客户评级等规章制度得到了优化和完善；初步建立了海外信贷管理文化，基本形成了境内外机构统一的风险偏好，海外机构的贷后管理、内控机制均得到了加强，为全球统一授信体系的建设创造了条件；加强了对海外业务的精细化管理，组织了4个调研组赴9家海外机构进行实地调研，获得第一手经营管理和同业发展状况资料，对完善海外机构“一行一策”定位提出了建设性意见；举办了以“海外机构管理与海外业务经营”为主题的、覆盖总行和境内外分行的培训班，促进了境内外、总分行间海外业务联系和沟通。

（七）海外机构人才队伍建设取得阶段性成果

2011年，总行继续加强海外人才的选拔和培养，继续组织脱产英语强化培训、总行跟岗培训、海外跟岗培训和英语网络学习培训，满足海外业务发展的人员需求。截至2011年年末，总行海外人才库储备人员已超过500人，其中处级以上管理人员约占15%。目前，参加北京外国语大学3个月脱产英语强化培训班人员的共计141人，其中七职等及以上人员约占一半，全部参训学员中约1/3已被派往海外工作。海外机构内派员工总量达到168人，其中2011年新派出员工占1/3。储备及外派人员不仅来自国际业务条线，还包括风险、公司、个人、计财、私人银行等各条线人员，不仅来自总行，很大部分来自一级行、基层行。

（八）海外机构信息系统建设成果突出

完成了海外核心业务系统及其周边系统（OCBS标准版）在悉尼分行、约翰内斯堡分行、纽约分行、东京分行、建设银行伦敦和法兰克福分行投产上线工作，实现了该系统在全部海外机构推广上线；完成了已上线海外机构OCBS标准版功能优化升级工作；实现了海外机构会计科目的统一、海外分行ERPF总账报表的自动生成和全行发布共享；完成了K+/POMS系统在8家海外机构的推广工作，为境内外统一的资金交易额度管控和市场风险管理奠定基础；完成了对公信贷流程系统（CLPM）在香港分行试点上线工作，实现了客户信息采集、额度申请、业务申请功能；完成了海外网银系统部分基本功能在胡志明市分行上线工作以及在法兰克福分行上线清算网银功能；统一并集中上收了海外机构互联网网站域名；搭建完成集中统一的海外 VPN 接入平台（香港节点）；集中的海外邮件系统面向新设机构投入运行。

（九）海外机构申设步伐加快

台北代表处和莫斯科代表处于 2011 年 5 月正式成立；台北代表处升格为分行的议案已经董事会审议通过；在巴西和俄罗斯设立子银行的申请已获中国银监会批准；多伦多分行和迪拜子银行的境外申请材料已分别递交相关国家监管机构；在澳大利亚、日本、美国设立第二家经营性机构的可行性研究工作也在积极进行中。

二、各海外机构业务开展情况

（一）香港分行

1. 业务开展情况

在种种不利外部因素的影响下，2011 年香港分行紧紧围绕境内外业务联动的核心战略，把握人民币国际化带来的市场机遇，在保持各项传统业务稳健发展、内部基础设施建设不断完善的基础上，实现人民币业务的跨越式增长，一举扭亏为盈，在资产规模、客户存款、主营业务收入、中间业务收入、拨备后税前利润等多个领域突破历史最高水平。

2011 年，香港分行收入结构继续优化，中间业务收入占比创历史新高。全年实现经营收入 11.63 亿港元，较上年同期增长 15.52%。中间业务净收入总额为 3.29 亿港元，占比为 28.3%，较上年同期增长 80%。实现拨备后税前利润 8.25 亿港元。

资产业务方面，人民币资产成为主要增长点，其他资产与市场同业保持同步。香港分行年末总资产规模达 1 882 亿港元，较年初增长 725 亿港元，增幅为 62.7%。各类贷款总额为 1 288.8 亿港元，同比上升 58%。新增资产中，人民币资产占比达 60%，同比增长逾 10 倍；负债业务方面，香港分行深入挖掘客户存款潜力，不断提升市场存款占比，同时积极拓展其他主动负债业务，实现资金供应的多元化发展。2011 年年末，香港分行客户存款余额为 856 亿港元，较年初新增 402 亿港元，增幅达 88.5%。人民币存款余额为 148 亿元，较年初增长 7.4 倍。客户存款市场占比由年初的 0.66% 提升至 1.15%。存款证年末余额为 358 亿港元，同比增长 170%，其中人民币存款证余额 120 亿元。各类主动负债在负债总量中占比明显上升，由年初的 64% 增长至 75%。负债结构持续优化，十大存款客户余额占比由 59% 下降至 33%，存款集中度风险大幅缓解，而资产负债期限错配也由 24 个月缩短到 13 个月。

2. 主要工作措施

（1）继续深化境内外联动。2011 年，香港分行各类联动类信贷资产余额为 849 亿港元，占香港分行信贷资产总量的 65.8%，较上年末增长 476 亿港元。积极召开产品及业务流程研讨会，全面梳理与联动业务相关的各类流程；对企业开户等工作实施重点改进，提升服务质量和联动效率，将开户时间由原来的超过一个月降至 5 天；对海外代付等重点产品实施每日公开（对境内分行）报价，提高透明度，方便境内分行与客户沟通；建立香港分行领导的重点联系行制度，定期加强与国内分行及客户的沟通联络。

（2）积极推动人民币业务实现跨越式发展。2011 年，香港分行人民币资产余额由上年年末的 37 亿元上升至 383 亿元，增长逾 9 倍，其中 86% 投向人民币贸易融资及债券，在分行资产总额中占比 23%。相继推出“跨境购汇”、“跨境结汇”、“人民币代付 + 即期交易”、“人民币代付 + DF”、“出口代付”、“人民币信用证背对背换币转开”、“人民币信用证换币转通知”、“人民币存款质押美元贷款”等产品及业务组合。

（二）新加坡分行

1. 业务开展情况

2011 年，新加坡分行继续以境内外联动业务为基础，优化资产结构，银团贷款与债券投资业务占比大幅下降，强化境内外联动，提高联动资产占比，重点发展跨境人民币结算与融资业务，积极吸收客户存款，发行存款证，努力增强自我资金筹集能力，资产的扩大也带来了收入的大幅增长。截至 2011 年年末，新加坡分行资产总额为 25.53 亿新加坡元，较上年年末增加 7.62 亿新加坡元，增幅 42.5%。其中各类贷款（含海外代付）余额为 21.89 亿新加坡元，较上年末增加 12.49 亿新加坡元，增幅达 133%。财务指标方面，2011 年新加坡分行实现税前利润 2 364 万新加坡元，其中中间业务净收入773万新加坡元，分别完成总行预算计划的133%和139%。

2. 主要工作措施

（1）大力推进人民币跨境业务发展。根据总行发展跨境人民币业务的战略要求和市场实际需求，新加坡分行大力发展跨境人民币业务，重点研发并推广了人民币海外代付、人民币福费廷、人民币商业汇票融资、远期人民币信用证贴现等系列融资产品，业务量逐月上升，有力地带动了新加坡分行贸易融资业务的快速增长。

（2）投资银行业务继续取得突破。在金融市场全年表现欠佳，新加坡股票资本市场的集资额以及所发行的债券总额2011年都比上年逊色的不利形势下，新加坡分行投资银行业务团队多方努力，成功营销新加坡长益集团IPO项目并协助企业成功上市，作为主理行、联名承销商及联名配售商，新加坡分行在该项目取得承销安排收入66万新加坡元及咨询管理费收入55万新加坡元。

（3）海外簿记中心建设取得阶段性成果。在总行的统一部署下，新加坡分行配合总行制定了《簿记业务管理方案》草案，经过与监管当局和律师经过多次协商，形成了《授权书》等法律文本。截至2011年年底，总行簿记业务管理办法、法律文书、总行授权的相关文件、IT系统的相关设置均已经进入了细节商讨阶段，各项准备工作已经全面展开，簿记业务的开办在即，新加坡分行将成为总行在海外的第一个资产簿记中心。

（4）私人银行业务起步。新加坡分行2011年积极为建立私人银行业务做准备，使用普华永道的专业咨询公司建立了介绍人模型，与本地的金融机构接触，初步建立了我行的服务网络，为今后开展私人银行联动服务打下基础。

（三）法兰克福分行

1. 业务开展情况

2011年，法兰克福分行根据总行关于海外业务发展的指导方针和经营转型的要求，定位于全行欧元清算中心，利用我行现有欧元清算、国际结算业务资源，通过境内外有效联动，大力发展与清算和结算相关的业务；利用时区优势大力发展中间业务，并协助总行管理好美元和欧元清算资金；积极调整优化资产结构，并坚持在欧元区拓展业务；努力开发具有双边实质性业务关系的客户，不断推出适应市场需求的新产品和新服务，建立稳定客户群。2011年，法兰克福分行主营业务收入为2 251万欧元，超预算61%；中间业务收入为261万欧元，比上年增长5%；全年实现考核利润1 799万欧元，完成全年预算的181%。

鉴于法兰克福分行稳定的资本金持有率和多年来稳健经营记录，2011年11月，德国银行协会评级公司将分行的信用评级从2010年的BBB+级提升为A-级，这是法兰克福分行开业12年来首次被提升评级。在德经营的外国银行一般只能获评BBB级，被评为A级的情况十分少见，评级的调升显示了当地对法兰克福分行经营管理的充分肯定。

2. 主要工作措施

（1）清算业务稳健发展。2011年，法兰克福分行共为总行及国内分行提供欧元清算服务195 806笔，金额累计达447亿欧元，笔数与金额大致与上年持平；“欧元速汇通”汇款2 246笔，合计约1 149万欧元，笔数较上年增长19%，金额较上年增长4%。全年实现清算手续费收入188万欧元，同比增长8.7%。

2011年，法兰克福分行还就总行国际信用卡提供配套欧元清算服务，全年完成欧元卡清算259笔，较上年增长71%，有力地支持了该项业务的发展。

（2）协助总行管理外币账户。经过法兰克福分行积极努力和精心筹划，协助总行管理欧元清算账户和8个美元清算账户后，在8个美元清算账户间合理安排头寸，在保证资金安全、流动性的同时为总行取得了可观的效益。2011年，法兰克福分行为8个美元清算账户调入款项314次，合计金额413亿美元，为总行避免了可能的透支罚息，增加了收益，其中仅管理欧元一项分行2011年就向总行支付了446万欧元利息。

（3）网银业务蓄势待发。法兰克福分行在我行海外机构中率先推出网上银行服务，目前已经发展了超过30家企业及个人客户。2011年，客户在网上银行中进行欧元、美元转账共计1 398笔，总金额达18 929万欧元，在德国甚至欧洲地区率先推出的中文网上银行服务，大大扩展了分行的业务覆盖范围，提高了与其他商业银行的竞争能力，为进一步开拓欧洲市场创造了条件。

（3）海外核心业务系统成功上线。法兰克福分行是海外机构中唯一一家 OCBS 系统上线前核心业务系统不是 URBIS 系统的机构，分行克服各种不利情况，迎难而上，通过努力，在总行相关团队的大力支持下，顺利完成 OCBS 及周边系统切换上线。至此，OCBS 及其周边系统在我行全部海外机构推广工作顺利完成。

（四）约翰内斯堡分行

1. 业务开展情况

截至2011年年末，约翰内斯堡分行总资产为145.06亿兰特，较年初新增47.79亿兰特，增长率为49%，其中，南非当地资产112.08亿兰特。总资产较年初增加主要因为2011年第四季度新增对南非当地大型蓝筹企业新增信贷投放约29.5亿兰特及兰特对美元兑换汇率由2010年年末的1:6.63125下跌至2011年年末的1:8.108，总资产受汇率影响增长约16%。负债方面，约翰内斯堡分行积极拓展当地市场，截至2011年年末，约翰内斯堡分行客户存款余额为81.37亿兰特（约10亿美元），较年初新增42.42亿兰特，增幅达109%。收入方面，约翰内斯堡分行全面实现税前利润5 899万兰特，利润完成情况低于预算。一是由于历史遗留的大额不良资产年内陆续暴露，按约翰内斯堡分行拨备计划，全年共提取1.17亿兰特准备金；二是约翰内斯堡分行资产增长投放集中于2011年第四季度，进度低于预期，收益不体现在当年。

2. 主要工作措施

（1）稳步加强对当地市场、当地客户的拓展力度。约翰内斯堡分行经过多年发展，已成功打开南非当地主流商业银行市场局面，相较当地中资银行乃至外资商业银行具有较强竞争力。大型公司业务、本地化、结构性贸易融资已经成为约翰内斯堡分行的特色。2011年，约翰内斯堡分行根据总行业务转型的战略要求，继续加强对南非本地优质大中型客户的拓展力度，积极介入南非本地大型企业融资项目，包括南非撒索石油、南非工业发展公司等。截至2011年年末，约翰内斯堡分行本地资产占全部信贷资产比率达67%，为我行全部海外机构中最高。

（2）加强对历史遗留不良贷款的处置及催收。由于历史遗留的不良资产问题集中暴露，截至2011年年末，约翰内斯堡分行不良资产总额达5 868万美元（全部为不良贷款），较年初增加5 476万美元；不良资产率为3.28%，较年初增加3.01个百分点；不良贷款率为3.53%，较年初增加3.19个百分点。相关风险暴露后，约翰内斯堡分行在总行的密切关注和指导下一方面加强对集中暴露不良资产的处置和催收力度；另一方面，对约翰内斯堡分行内部控制与管理流程进行梳理，积极查阙补漏，提升各项风险防范能力，通过资产业务结构调整、收入结构调整和负债结构调整消化风险。

（五）东京分行

1. 业务开展情况

2011年，东京分行克服地震、海啸及严重的核泄漏造成的种种困难，努力推进海外业务风险管理年措施的落实，在大灾之年顺利地度过了危机、维护了建设银行的声誉，较好地实现了总行“一行一策”制定的东京分行的目标和任务。扎实推进和深化境内外联动业务，业务和产品政策不断优化完善；大力拓展当地客户基础，热心为境内分行介绍进军中国市场的日资客户；千方百计增加自主负债，增强自求平衡能力；踏实开展日元清算、国际结算等基础服务业务，各项经营发展指标创历史最好水平。截至2011年年末，东京分行总资产为17.37亿美元，实现税前利润520万美元。

2. 主要工作措施

（1）出色应对大灾危机，维护我行良好形象声誉。2011年3月11日，日本发生了大地震、巨大海啸、严重核泄漏共发的罕见的复合型特大灾难。东京分行在总行的正确领导下，面对困难，始终坚定、正确地贯彻总行和监管部门指示精神，以广泛、全面和及时掌握信息为基础，以科学、冷静、正确的分析和判断为保障，依靠以内派员工为核心的全体员工的集体智慧和力量，用无私无畏、沉着冷静、科学有序的危机应对举措，渡过了前所未有的难关，维护了建设银行在海外的声誉，得到了总行领导、相关部门及中国驻日本大使馆的高度评价。

（2）业务转型持续推进，产品创新亮点凸显。在抗震、防灾的同时，东京分行努力战胜灾害带来的不利影响，没有放松业务拓展和推进，继续贯彻落实总行业务转型的要求。一是深化推进境内外联动业务、海外代付、内保外贷等联动业务持续发展，委托付款业务成为新的产品创新亮点。在依托境内分行发展业务的同时，积极探索双向联动，热心向境内分行引荐并且协助拓展进军中国市场的日资客户。二是大力拓展本地业务，千方百计增加自主负债，增强自求平衡能力，存款、市场拆借等自主负债能力得到显著提高，当地客户基础得到大力发展。三是业务和产品政策不断优化完善，充分发挥日元中心优势，踏实开展日元清算、国际结算等基础服务业务，各项业务均取得了长足的进展，整体收益稳步提高。

(3) 资产质量稳步提升，风险管理与内控不断加强。2011 年，东京分行认真遵照总行“海外业务风险管理年”活动的各项要求，积极采取措施，扎扎实实求实效，对照总行的各项要求认真梳理、完善，使风险管理的基础管理及工作水平得到了进一步的提高。与此同时，全力以赴消化历史包袱，提高资产质量，不良贷款清收成效显著，2011 年收回以前年度形成的不良贷款 523 万美元，不良贷款率为 2.37%，比年初下降了 6.4%，实现了不良额和不良率双降。

（六）首尔分行

1. 业务开展情况

2011 年，首尔分行各项业务均稳步健康发展，积极进行资产结构调整，努力寻求新的利润增长点，积极支持境内分行办理海外代付业务，努力拓展贸易融资业务。截至 2011 年年末，首尔分行资产总额为 24.28 亿美元，实现拨备前利润 4 262 万美元。首尔分行积极支持境内外联动业务开展，海外代付业务余额为 12.19 亿美元，其中人民币换币代付业务余额达到了 10 亿美元，最大限度地支持了境内分行重要客户的维护和拓展。但为避免汇兑损失，首尔分行需对该业务进行人民币/美元 NDF 交易。由于 2011 年 12 月人民币兑美元升值，且韩圆兑美元贬值，累计形成未实现重估收益 204 亿韩圆（约折合 1 768 万美元）并反映到利润中，导致首尔分行完成利润计划过快。

2. 主要工作措施

(1) 打造多元化产品营造分行竞争优势。为满足客户日益增多的金融服务需求，紧跟企业经营管理国际化步伐，首尔分行陆续将一系列符合中韩业务发展的特色产品推向国内分行，业务联动成效显著。2011 年，首尔分行加强了与韩国本土银行的合作，目前与首尔分行开展汇款业务合作的韩国银行已达 8 家，中韩汇款“即时通”业务稳步增长。截至 2011 年 12 月底，分行共办理 41 275 笔，总金额为 29.8 亿美元，其中中韩汇款业务 16 665 笔，金额为 10.97 亿美元；韩中汇款 24 610 笔，金额为 18.82 亿美元，手续费收入实现 52.62 万美元。此外，首尔分行“人民币预结汇”汇款业务增长迅速，截至 2011 年 12 月底，共办理该业务 935 笔，总金额为 683 万美元，同比增长 100%。

(2) 人民币跨境结算业务快速发展，人民币账户营销取得突破。首尔分行注重联动服务质量，梳理有合作潜力的金融机构以及与境内分行有合作关系的韩资企业，协助总行及境内分行客户进行韩国总部营销，主动为境内分行推荐项目，持续为境内分行提供多维度的信息服务。截至 2011 年 12 月底，已有 11 家韩资企业在首尔分行开立了人民币结算往来账户，累计共办理跨境结算业务折合人民币 72 亿元，为今后人民币业务的拓展打下了坚实的基础。

按照总行要求，积极推进当地金融机构在中国境内开立跨境人民币同业往来账户。首尔分行先后拜访了韩国产业银行银行、韩国国民银行、新韩银行、友利银行、韩亚银行、大邱银行、釜山银行、全北银行等银行，12 月 26 日成功营销全北银行在上海分行开立人民币同业往来账户，标志着首尔分行该项工作已取得突破性进展，新韩银行的开户工作也已进入最后的冲刺阶段。

（七）纽约分行

1. 业务开展情况

2011 年，纽约分行按照总行关于海外机构业务转型的总体要求，坚持“服务、跟随、稳健”的海外发展战略，依托自身优势及国内业务的资源和客户基础，大力开展境内外联动的资产业务、与人民币跨境贸易结算相关的贸易融资业务、世界 500 强企业与境内合作的配套授信业务以及境内客户走向海外的授信业务等，全面强化基础建设，着力提升拓展市场和服务客户的能力，切实提高风险管理能力，各项业务均实现了较快发展，为未来业务持续健康快速发展奠定了良好基础。

截至2011年年末，纽约分行资产总额为17.50亿美元（不含总行清算资金沉淀），较年初增长6.38亿美元；全年累计营业净收入为2 273万美元，比2010年增加1 027万美元，同比增长82.39%，实现税前利润859万美元，较好地完成了年初制定的各项预算。

2. 主要工作措施

（1）确保美元清算重点业务稳健发展。2011年，纽约分行充分发挥区域、美元本币和时差优势，努力发展美元清算业务，在总行和境内分行的支持下，为建设银行客户提供24小时不间断的美元清算服务。截至12月31日，纽约分行全年的实际美元清算业务量为771 171笔，比2010年增加204 565笔；全年美元清算汇入业务为351 009笔，总金额3 380亿美元，分别比2010年增长55.76%和126.85%；汇出业务420 162笔，总金额为2 740亿美元，分别比2010年增长23.12%和104.48%。

（2）积极服务当地中资企业。纽约分行围绕"跟随客户"的发展战略，积极营销北美地区中资企业客户，以内外联动业务为依托，有选择地与一批优质中资企业客户建立了合作关系。2011年，纽约分行先后分别中石化下属加拿大能源公司、九三粮油工业集团下属CJS贸易公司、中材集团下属Non－Metal公司、中国建筑美国公司、天士力药业北美公司、烟台杰瑞石油服务集团北美公司、搜房网北美公司等一批中资企业客户建立了业务关系，办理了银团贷款、内保外贷、贸易融资、出具贷款意向书等多种业务，为分行业务的可持续发展培育了良好的客户基础。

（3）稳步开展对跨国公司总部的营销服务工作。纽约分行有针对性地开展了对一些优质跨国公司总部的营销，深化了客户与建设银行的双边合作关系，其中，为配合上海市分行竞标上海迪斯尼乐园现金管理项目，参加了华特迪斯尼公司的备用银团贷款；为配合苏州分行争办泰科电子中国区资金管理业务，参加了泰科电子公司的备用银团贷款。此外，还协助集团部和北京市分行对卡特彼勒公司总部开展了授信工作，配合上海市分行开展了对GE、嘉吉公司总部的营销工作等。

（4）不断加大纽约分行主动负债及资金自我平衡能力。2011年，纽约分行通过同业拆借进行有效融资，积极获取同业资金支持。截至2011年12月31日，纽约分行同业拆借余额为2.05亿美元，占负债的11.73%。同时，根据总行对纽约分行积极开展主动负债的要求，积极拓展筹资渠道，加大在纽约当地美元市场发行存款证力度。存款证的发行对象既有银行同业，也有美国当地非银行金融机构。所筹集的资金既用于满足纽约分行资金需求，用于支持贸易融资、海外代付、信贷等各项内外联动业务，支持美元清算流动性资金需求，也为全行提供美元流动性支持。目前，纽约分行建立了良好的发行纪录，并获得了市场认可。截至2011年12月31日，分行发行存款证9.35亿美元，占负债的53.52%，比年初增长5.7亿美元，增幅达156.16%。

（八）建行伦敦

1. 业务开展情况

截至2011年年末，建行伦敦资产总额达8.1亿美元，其中银团贷款及其他贷款3.3亿美元（包括内保外贷2.83亿美元），海外代付及贸易融资3.3亿美元，债券投资1 501万美元，同业拆出0.9亿美元，固定资产和其他资产3 204万美元。建行伦敦在人民币无本金交割远期、海外代付、双边贷款、银团贷款、内保外贷、客户存款、利率掉期、英镑清算等业务方面较上年同期均有大幅增长。财务方面，建行伦敦全年实现主营业务收入2 055万美元，其中净手续费及佣金收入1 114万美元。

2. 主要工作措施

（1）加强境内外业务联动，积极开展市场营销。建行伦敦继续加大当地客户的营销力度，在商品贸易融资业务方面，公司部门拜访了ECOM、MERCURIA、Balli Metals、捷豹路虎、中化伦敦、五矿英国等多家公司，商谈业务合作；积极开展海外代付业务，充分利用总行专项资金，服务于境内分行；积极走访金融同业，探讨海外代付风险参与业务；依托总行单证中心的大力支持，积极发展传统的贸易融资业务；逐步开展大宗商品融资和贸易融资业务，已办理5个客户的授信业务6 000万美元。

（2）积极发展跨境人民币项下各类业务。建行伦敦密切注意关注市场动态，掌握新的监管规定，并根据新的监管要求及市场条件，积极开发资金业务产品，特别是人民币产品。截至2011年年末，建行伦敦开展的海外代付与NDF套做业务，即支付盈产品，人民币结算业务金额累计已达21.29亿元；各币种跨境人民币即期结汇通产品业务量折合人民币新增35.4亿元。2011年11月成功推出跨境人民币远期结汇通产品后，新增业务量累计2亿美元。

（九）胡志明市分行

1. 业务开展情况

截至2011年年末，胡志明市分行各项贷款余额为1 258.60万美元，其中含有海外代付1 091.80万美元、双边贷款166.80万美元；负债方面，截至2011年年末，存款余额为1 797.77万美元，其中一般存款277.51万美元、同业存款1 520.26万美元。收入方面，分行全面累计实现主营业务收入223.28万美元，若剔除非经营性汇兑重估损益158.28万美元，则分行主营业务收入为65万美元，全年实际亏损约160.23万美元，完成了全年利润计划。

2. 主要工作措施

（1）强化内部控制与风险管理、夯实基础工作。2011年，胡志明市分行为加强内部基础建设，在原有基础上新增制定了符合业务发展需要的规章制度及操作流程，内容覆盖人力资源、财务会计、资金交易、柜台客户服务、风险与合规等方面；为强化风险管理，完善并优化了分行管理委员会、信贷审批委员会、资产负债委员会、风险管理委员会的设置和相关职能安排。

（2）在不利经营条件下努力建立客户基础。在总行和境内外分行的大力支持配合下，分行积极落实“一行一策”战略，加强内外联动，依托、跟随国内建设银行客户。在一年多时间里，胡志明市分行已逐渐与在越南的大型中资企业、越南部分大中型企业等建立了业务关系，并在存款、保函等产品上进行合作。

（十）悉尼分行

1. 业务开展情况

2011年，悉尼分行把工作重点放在建立有效的风险管理及合规体系上，依托建设银行现有客户资源，逐步建立悉尼分行业务基础；聚焦于传统商业银行业务，包括企业贷款、贸易融资、债券投资（主要为满足流动性需求），同时积极贯彻总行海外机构发展战略纲要，依托国内资源，深化业务转型，重点做好清算结算、境内外联动和服务中外贸易往来三个层面的基本业务。截至2011年年末，悉尼分行总资产达13.03亿美元。

2. 主要工作措施

（1）依托集团整体，加强内外联动。分行积极与总行及境内分行沟通，在贸易融资、公司存款等方面取得了进展。在开业一年多的时间里，悉尼分行的海外代付业务发展良好，与国内多家分行进行了合作。

（2）加强内部建设，夯实经营基础。根据外部监管及自身的要求，悉尼分行高度重视内部体系建设，主要在制度流程、人力资源、IT系统方面做了大量工作。

悉尼分行在现有政策及操作手册的基础上，进一步优化内部政策及操作流程，以确保悉尼分行各部门间的业务衔接流畅，部门内分工合理、报告路线明确。进一步完善悉尼分行治理结构，组建了资产负债管理委员会、风险管理委员会及信贷委员会，并按程序组织召开会议。

（十一）建行亚洲

1. 业务开展情况

截至2011年年末，建行亚洲贷款总额达130亿美元，增长了27亿美元，主要由海外代付贷款、中国企业及商业银行贷款有强劲增长所带动；客户存款总额为120亿美元，增长了28亿美元，主要来自零售银行存款。总资产为174亿美元，增长了41亿美元，增长进度达全年预算指标155%。财务方面，全年实现税后净利润7 856万美元，达到全年预算指标的103%。

2. 主要工作措施

（1）整合IT基础设施，提升产品竞争力。全新的证券交易系统于年内按时成功上线。新的交易系统实现了人民币股票交易、海外市场交易、T日结算、互联网功能升级、可调适能力等重要功能，将建设银行的证券交易系统水平显著提升至市场平均水平以上。作为今年重点项目之一的信用卡系统整合项目已近尾声，信用卡贷款已全部整合入银行系统。其他重要IT项目如人民币员工发薪系统、正向信贷资料信息共享、港府“6 000

元福利”派发项目等均进展良好。此外，新的客户关系管理系统已顺利推广至澳门。电子银行方面，继手机银行项目在澳门成功上线之后，2011年11月末又在香港开始试运行。为协助提升外汇交易收入，网上银行已实现了实时汇价的交易功能。信用卡系统方面，银联信用卡二期已成功开通支持“亚洲万里通”、“永东直巴有限公司”等营销计划。全新的银联双币信用卡已全面代替人民币信用卡，部分高端客户已收到VISA黑卡（不设信用额上限），可优先使用机场贵宾室。

（2）全力推进人民币业务快速发展。建行亚洲于2011年10月3日推出的人民币“步步高息”定期存款优惠于12月31日圆满完成。共吸收人民币存款约6.16亿元，占推广期总新增人民币存款总量的68%。2012年新定存优惠即将于年初推出；人民币合格境外机构投资者（RQFII）方面，外汇管理局公布已批出107亿元（人民币）额度给10家券商及基金。与相关基金的合作已经确定，目前进行相关细节的确认。预计2012年第一季度内可接受零售客户的认购；此外，人民币工资账户业务于2011年12月29正式推出。

执笔：江帆

二、内部管理与风险控制

办公自动化与基础工作管理

2011年，行长办公室（党委办公室）围绕全行中心工作和改革创新，认真履行党委办公室、行长办公室双重职能，不断提高办公管理的精细化、专业化、标准化和规范化，全面提升服务领导、服务部门、服务分支机构的能力和水平，保障了党务、行务运行顺畅。

一、服务大局，积极协调，为推动全行改革发展提供了坚实保障。

（一）认真筹备，主动协调，做好服务行领导和行务会议组织及重大活动接待工作

一是较好地完成了2011年全行工作会议、2次全行工作座谈会、17次党委会议、14次行长办公会议的组织和会务工作。联系协调行领导出席党中央、国务院、中国人民银行、中国银监会等上级领导机关召开的各类会议88次，高层营销活动及国内外机构访问交流活动401次。

二是严格按照规定程序做好党委会、行长办公会会前准备工作，规范管理会议相关资料。起草并完成17期党委会议纪要、14期行长办公会议纪要。

三是承担中国人民银行、中国银监会、中央巡视组等上级领导机关来我行检查工作、会见行领导、召开会议等相关会务工作18次。

（二）积极开展调研，做好文字材料的起草修改工作

一是深入基层，到河北、山东、内蒙古、江苏、上海、苏州、浙江和广西等分行开展调研，了解新情况、新问题和新思路、新经验，及时发现和改进日常工作中的不足。

二是参与起草和修改多份重要文稿。主要包括2011年全行工作会议、夏季工作座谈会、秋季工作座谈会、职代会等全行性重要会议领导讲话；党委、高管层汇报材料等；参与起草多份行领导重要演讲、论坛稿件、发言材料等；完成《中国金融年鉴》、《中国经济年鉴》和我行年报、中报有关材料的起草、报送工作。

（三）高度重视，认真抓好值班工作

认真落实值班制度，坚持值班人员24小时在位，室领导带班制度。主要有：组织保障总行值班工作，负责国办值班系统的日常维护和行长信箱的日常管理等。

二、加大督办力度，提升监督效能　加强信息管理，服务领导决策

（一）加大督查办力度，提升了党务、行务监督效能

一是强化领导批示和交办事项的落实工作。按照精确、细致、深入的要求，对行长办公会的决策

部署和议定事项、行领导的批示及时分解立项，建立督办台账，全年共印发督办通知单32期，共计立项督办71项，有关问题和意见已全部落实了反馈。

二是做好总行重要会议精神落实情况的督办。

三是督导总行职能部门提高对分行请示事项的办理效率。2011年全年共立项督办下级行请示类公文16 600件，各部门已办结16 500件，平均办理时间为10天，完成率达99%。

（二）加强信息管理工作，提升情报价值，服务领导决策

一是《每日动态》信息质量进一步提高。全年刊登基层关于改进日常工作的各类建议意见253条，受到总行职能部门的高度关注。

二是进一步加强向国务院办公厅及中国银监会等监管部门的信息专报工作。全年共编发《建设银行专报国办信息》23期，5篇信息被国务院办公厅《昨日要情》采用。

三是不断完善网站信息管理和服务。细化总行企业网站主页的日常信息维护和管理，加强与各部门的联系与沟通，严格内容审核。积极参与国际互联网业务团队相关工作，与电子银行部配合共同做好互联网站改版工作。

三、扎实推进各项基础工作，办公管理精细化、规范化水平不断提高

（一）做好公文、信件及各类资料的日常管理工作

全年共处理各类公文、信件、报刊99万多件，日均处理3 960件，没有错办、漏办、失泄密等事故发生。

累计处理各类文件31 000余件，信件5 000余封。其中，行领导秘书处理文件约11 000件，机要秘书和值班秘书处理文件约20 000件，均做到了及时处理、及时清退、及时存档。

（二）加强档案制度建设，推进档案鉴定销毁，做好总行本部档案日常管理

完成了《中国建设银行个人信贷档案资料管理规定》的制定工作；修订了《档案密集架评审标准》和《档案密集架质量要求》。

起草了《关于报送档案鉴定销毁情况的通知》（建办〔2011〕3号），对全行系统历年到期档案的鉴定销毁工作情况进行了一次详细的调查、摸底和统计工作。整理汇总了《会计档案鉴定表（初稿）》。

会同采购部完成了档案库房密集架采购的考察、谈判工作，拟订了《档案密集架采购供应框架协议》，与采购部联合印发了《关于2011年度档案密集架采购结果及有关事项的通知》。

（三）规范管理，严把公文审核关，切实提高公文处理效率

一是加强日常公文处理的审核把关，严格按照制度要求处理公文，确保公文处理规范有序、高效运转。

二是加强对重发文件、退回文件的监测，严格把好公文依据关、程序关、格式关和发文关，避免公文制发的随意性，办文质量和效率稳步提高。全行重发文共计80份，退回文共计258份。

（四）认真履行监印和相关印章的使用保管职责，优质高效服务总行本部的各项工作

（五）扎实做好保密工作，确保信息安全

年初制定了全行保密工作要点，对全行保密管理工作提出了具体任务。2011年8月，按照中央统一部署组织总行本部员工在国家博物馆参观“全国窃密泄密案例警示教育展”，提高了涉密人员的防范意识和能力。

开展了网络保密检查工作。按照中共中央保密委员会《关于组织开展专项保密检查的通知》精神和行领导批示要求，在总行本部范围内组织开展了专项保密检查工作。

启动了企业网和互联网隔离工作。完成需求调研、解决方案可行性论证、总体技术方案设计，现已进入立项采购阶段。

（六）开展办公管理综合检查

按照年初工作安排，制订印发了公文、印章、档案和保密综合检查方案，并按步骤分阶段组织了实施。在各行自查的基础上，总行还派出4个检查小组分别对哈尔滨、吉林、辽宁、四川、重庆、海南、厦门、安徽、湖南等分行进行了现场抽查。

四、大力开展办公信息化建设，提升办公管理系统专业化、标准化水平

（一）推广应用档案系统，并不断进行优化改善

会同信息技术部对系统的部分功能进行了维

护与优化并部署上线，完成档案管理信息服务器迁址相关工作。

（二）强化了OA系统管理职能，为全行经营管理工作提供办公管理服务保障平台

一是认真做好OA系统的日常运行维护和版本更新工作。在全行范围内组织开展了OA3.0系统上线以来的第五次在线运维情况普查，针对前四轮检查中存在的突出问题和问题较多的分行进行了重点监测和检查，并将检查情况及时通报。完成“中国建设银行办公系统流程整合项目”的立项工作。会同股权投资与战略合作部、信息技术管理部以及部分境内子公司，共同研究境内子公司开通OA系统及公文运转和OA系统配置使用等问题，完成了境内附属公司OA系统开通的相关准备工作。

二是完成了“公文智能交换系统和报刊智能分发系统更新改造项目”的采购、文件交换系统的安装和上线调试等工作，并对各部门文件交换员进行了培训，正式投入使用后，效率和规范性均大幅度提高。

（三）认真做好银行业电子政务传输系统的文件接收报送工作

完成了对中国银监会、银行业电子政务系统的备用线路测试工作。

（四）充分利用视频会议系统进行远程讨论和交流，节约差旅费和会议费开支，参与协调660余次全行视频会议

（五）按照要求顺利完成了国办信息报送专网和专用机房的改造工作

五、开展了多种形式培训，全面提升办公室条线人员履岗适岗能力

全年组织举办了全行档案管理工作培训班、写作培训班、现代办公管理应用、分行通信员培训班等，共培训230余人次。

六、增强信息交流功能，《建行报》充分发挥新闻宣传为企业发展创造价值的作用。

（一）围绕全行中心工作，对总行重大战略部署和经营管理重点进行了深入宣传

年初全行工作会议之后，策划了“学习贯彻全行工作会议精神系列评论”专栏，连续刊发11篇评论员文章；夏季座谈会前，围绕网点建设、资金流动性与客户基础、新资本协议、贷后管理等重点工作，推出了“学习贯彻夏季工作会议精神系列访谈”专栏，连续刊发访谈10篇，集中传导了总行的决策部署。

（二）对全行抓好稳存、增存的经验做法进行集中、深入地报道

加大了对稳存、增存方面好做法和好经验的宣传力度。在向总行9个业务部门征集典型案例的同时，向各行组稿、约稿，推出“抓好稳存增存 提升竞争实力”专栏，陆续刊发了一系列稿件，推进了全行抓存款工作交流。

（三）基层行报道继续巩固深化，宣传效果进一步显现

基层行工作经验、做法，以更高频率、更多形式在一版体现。

七、以高度负责的态度，做好行史、年鉴的编撰工作

完成《中国建设银行年鉴2010》内部发行工作，全书约180多万字（含光盘部分）、300幅照片、100张表格；完成《中国建设银行年鉴2011》稿件的收集、评审、通稿、编辑等工作。

根据银监会要求，年初完成“汶川抗震救灾志”建设银行篇的补充材料；按照行领导关于对“老员工讲行史”活动工作部署，完成提纲的整理工作。

执笔：杨丹

采购管理

2011年，全行采购条线牢固树立为经营发展全局服务的理念，坚持“制度完善、流程规范、执行有力、队伍可靠、氛围良好”的工作要求，群策群力、积极探索、扎实工作、圆满完成了全年采购任务，切实发挥了供应保障、价值创造和风险防范作用，为全行改革发展提供了有力的支持和保障。

一、全年采购量效显增，继续保持同业领先

（一）供应保障能力大幅度增强

2011年全行集中采购金额突破200亿元，达250.7亿元，同比增加93亿元，增长62%。总行本部全年共组织实施采购项目917个，金额为94.8亿元，采购项目数量和金额较上年同期增幅分别达到40%、67%。全行41家机构（包括38个一级分行、信用卡中心以及两个培训中心）采购项目数量和金额较上年同期增幅分别达到11%、55%，全年共完成采购项目19 298个，金额达155.9亿元。在采购量较上年大幅增长的形势下，全行采购条线保质、保量地完成了采购供应任务。采购项目及采购金额创历史新高，表明我行采购工作进入一个新的时期。

（二）采购成本节约率再创新高

2011年，在财会部门、需求部门的通力配合下，全行采购条线通过充分引入竞争、巧用谈判策略、提高评审质量等有效措施，共节约采购成本38.8亿元，节约率突破15%。其中，总行本部节约采购成本22.1亿元，节约率为23.6%；全行41家机构节约采购成本16.7亿元，节约率为10%。

（三）采购结构得到进一步优化

2011年，采购部继续将“鼓励充分竞争、严控单一来源”作为工作重点，狠抓落实，在采购量大幅增长的情况下，全年竞争性采购占比达到62%，单一来源采购占比压缩到8.1%。

（四）采购执行总体效率提高

针对采购量较上年大幅增长，而且需求覆盖范围广、采购谈判难度高的全行性项目占比达到80%以上的情况，采购部按照全行资本性及重大费用支出进度的要求，将确保采购执行进度作为贯穿全年的工作目标，扎实推进采购计划管理，积极带动业务条线。60%的全年采购工作在上半年完成，采购总体效率进一步提高。

（五）采购管理水平同业领先

在采购范围、采购集中度、成本节约、采购结构和采购效率等方面，总行本部保持在四大行中排第一，全行也保持在四大行中领先位置。

（六）坚持廉洁采购，保持“零案件”纪录

采购工作坚持业务水平和廉政建设两手一起抓、两手一样硬，通过加强廉洁从业教育、坚持内控制约、严守工作纪律、强化内外部监督等一系列行之有效的措施，积极打造“廉洁采购”和“阳光采购”。2011年，全行采购条线继续保持零案件。

二、全面完成采购任务，加快推进重点工作

（一）抓住采购源头，加强供应商群体管理

一是实行供应商动态信息管理。总行组织检索重点合作供应商外部不良信息，对供应商信息库实行动态管理，并建立分行供应商动态信息报告制度。二是拓宽供应商来源渠道。我行在国内金融业首次面向行内外公开征集供应商，征集数量多达300余家。三是加大供应商考察力度。全年通过现场和非现场考察相结合的方式，对凭证录入服务外包、IC卡柜面读卡器等11个全行性项目进行了供应市场调查，为后续供应商选型测

试和候选商推荐提供了可靠依据。四是规范候选供应商推荐程序和标准，明确了管理要求。五是推进产品选型测试管理。参与制定信息技术产品选型测试管理办法，配合相关部门完成11个重大项目的选型测试工作，为后续采购执行打好基础。六是实施供应商禁用退出管理，并向全行及时通报了首批供应商“黑名单”，有效防范了采购风险。七是启动全行重点采购项目的履约考核工作，为供应商推荐、评级和采购决策提供参考依据。

（二）认真梳理和整改问题，加大集中采购的全面覆盖

2011年，采购部、财会部共同对全行的集中采购进行了全面梳理，梳理范围涵盖总行及各一级分行在采购管理与操作的所有重点领域，特别是全面清查了应纳入而未纳入集中采购的问题。通过本次梳理，对全行采购工作现状进行了认真总结，对比同业采购管理情况，分析了当前工作中存在的主要问题，明确了未来一段时期的工作重点，研究制订了改进措施。

2011年，总行对九家一级分行集中采购管理进行了专项审计，审计中发现的问题带有普遍性，有不按采购制度违规决策的问题，也有不按采购流程违规操作的问题。采购部及时了解分行整改情况，有针对性地提出指导意见和具体要求，积极督促分行进行彻底整改，防止问题遗留或屡查屡犯，并要求做到举一反三，建立巩固整改成果的长效机制。

（三）加强售后服务跟踪评价，把用户和客户满意作为采购质量的重要检验

面向全行41家机构的相关业务部门、采购部门及所有网点，选取了多个使用量大、影响面广、业务依存度高的全行性采购事项，涉及56家供应商近100款设备和服务，广泛征集了关于商品质量、供货、售后服务、维保、合同条款适用性及完备性的评价和意见。根据全行反馈的280份调查问卷，商品质量满意度达到86%，供应商售后服务满意度达到84%，超过94%的分行认为合同条款设计合理、符合业务及分行实际。调查结果显示，对于全行性采购项目的执行，分行总体评价良好，满意度较高。采购部针对全行反馈的问卷进行了汇总分析，并对分行反馈的问题进行了跟踪回访，对供应商提出了全面、具体的整改要求。

（四）加大为基层服务的力度，加强分行采购条线管理

2011年，通过全行集中采购全面梳理、全行性项目深化管理、落实审计部对部分分行审计整改意见等专项活动的推进，重点加强了对全行采购规范性的检查和管理力度，指导分行进一步提高采购制度的执行力和采购操作的合规性。在采购实施过程中，进一步加强分行的参与力度，邀请分行评委深度参与重大项目的候选商考核、产品测试、采购谈判及评审工作，充分了解基层行需求，增加采购操作透明度。同时，通过扩大培训覆盖面，分层次、分阶段对全行采购人员进行系统化的业务培训，收到了良好效果。

（五）加强运维采购的专项治理，完善采购流程管理

为解决我行系统运维服务商提前进场问题，采购部加强了与信息技术管理部的沟通与衔接，制定具体措施，在年内提前启动下一年度系统运维服务采购项目，同时建立采购经理、团队负责人、采购部负责人“三位一体”式的部门间沟通协调机制，保证信息及时、准确地传递，提高问题处理效率。采购部全年共完成101项2012年运维服务采购事项，金额3.7亿元，基本解决了2012年度系统运维服务商提前进场的问题，确保了合规采购。

采购部组织专门力量，对总行采购评委专家库进行了梳理和补充，坚持专业化、独立性、全面性，确保各个条线、各个专业都有评委在库。截至2011年年底，总行采购评委队伍达到850人，为采购实施的公正性、专业性、及时性提供了良好保障。

（六）廉洁采购常抓不懈，打造阳光工程

2011年，采购部依托党建和团建的优势，以创先争优活动为推动力，加强采购人员队伍的思想、组织、作风建设，组织干部员工定期进行自查自纠，通过参观廉政展览、研究讨论采购专项审计问题案例、举办读书会等多种形式，开展法制、警示教育，提高对商业贿赂危害性的认识，营造反腐倡廉的良好氛围，筑牢思想道德防线，打造一支“思想靠得住、业务有专长、作风过得硬”的队伍。

（七）坚定信心，为迎接新任务做好准备

采购部组织召开了全行采购工作座谈会，总行领导发表了重要讲话。会议全面总结了我行实施集中采购以来的工作情况，认真分析了采购工作当前面临的形势，充分探讨了新采购制度推行三年以来存在的问题，研究提出未来五年全行采购管理工作重点，充分肯定了广大采购人员在保障供应、创造价值、服务中心工作中作出的重要贡献，描绘了采购改革发展的蓝图，进一步坚定了全行继续做好采购工作的信心。

执笔：潘涛

风险管理

2011年，面对复杂多变的经济金融形势和监管要求，建设银行按照“提升经营能力、降低风险敞口、增进价值创造”的思路，完善信贷政策标准，重检风险战略和偏好，稳步推进风险战略管理能力建设；密切关注形势变化，主动做好各种现实问题的应对，提高风险管理的前瞻性；以新资本协议实施为契机，促进全面风险管理迈上新台阶。截至2011年年末，建设银行不良贷款余额为709.15亿元，较上年增加62.03亿元；不良贷款率为1.09%，较上年下降0.05个百分点；拨备覆盖率达241.44%，较上年提高20.30个百分点；减值准备对贷款总额比率为2.64%，抵御风险能力不断增强。

一、信用风险管理

（一）重检风险战略和偏好，拟订未来五年风险管理规划，推进风险战略管理能力建设

按照董事会要求和高管层指示，修订“中国建设银行风险偏好陈述书”，为风险政策制度、风险底线的制定确定了明晰的导向。在科学测算风险指标的基础上，拟订未来五年风险管理规划，明确风险管理的总体目标和实施路径。

（二）制订实施信贷政策和行业限额方案，引导信贷资源高效配置

制订下发信贷政策和结构调整方案，突出客户选择和风险排序，加强区域差别化管理，提升政策精细化水平，引导信贷资源的合理配置。从全行来看，信贷政策执行效果显著：产能过剩行业贷款余额较上年减少16.07亿元；政府融资平台客户数和贷款余额分别减少158户和1121.60亿元；房地产开发类贷款增幅仅0.16%。与此同时，基础设施行业贷款较上年增长1 943.62亿元，占公司类贷款新增的41.42%。

（三）重检优化押品管理政策，提高押品主动选择能力

针对押品管理薄弱环节，制定下发《关于进一步加强押品管理的通知》，着力提升押品自身风险以及缓释效果管理能力，明确采矿权等新型押品的准入及管理要求。全行押品管理基础不断夯实，抵质押贷款占比、押品覆盖率、定期重估比率不断提高。

（四）规范信贷业务审批授权模式，确保授权适度

综合考虑分支机构的管理水平、当地金融资源等因素，研究制订《2011年度信贷审批授权方案》，从区域、行业、产品、客户等维度进行差别化授权。根据内外部形势变化，加强信贷审批授权的动态管理，对部分重大风险事件频发的境内外分行，及时上收信贷审批权限，督促开展整改。

（五）规划新一代风险管理解决方案，优化风险战略的技术支撑

通过解析全行战略目标，深度分析风险管理的现状和未来发展目标，结合企业级风险流程模型建设成果，明确我行风险管理未来5～10年业务转型的IT举措和解决方案，前瞻性地提出我行风险管理 IT 架构，为新一代核心系统建设提供依据。

（六）进一步完善风险管理基础制度体系

修订《信贷业务手册》、《信贷资产风险分类制度》，全面规范操作流程，适应业务发展和产品创新需要。重检《额度授信管理办法》、《不相容岗位（职责）对照手册》、《员工交易行为管理制度》，调整贷款损失准备管理制度，着力提高授信流程的质量和效率，进一步加强系统建设，确保满足监管要求和内控规范。

（七）完善风险计量工具并持续推进深化应用

制定《中国建设银行经济资本计量与应用暂行规定》，指导和规范经济资本的计量与应用，降低资本占用，提升回报水平。下发《应用风险回报工具提高客户选择水平》等文件，为客户选择和政策制定提供量化支持。规范客户评级管理，建立评级推翻审核机制，客户评级推翻率由年初的 16.2% 下降至 10.25%。

二、市场风险管理

（一）制订实施金融市场业务风险政策和限额方案、完善人民币信用类债券投资审批机制，加强系统性风险管控

制订《2011 年金融市场业务风险政策和限额方案》，明确债券投资、衍生交易、自营业务政策导向和风险边界，优化投资组合结构，重点防范系统性风险和集中度风险。将信用类债券投资和衍生品纳入全行统一授信管理，改进本币债券减值准备计提规则，提高敞口的整合化管控力度。

（二）积极跟进金融市场变化，深入剖析排查风险，及时发布风险提示

面对国内外金融市场波动性加大、投资组合风险进一步上升的情况，调整债券投资组合和人民币衍生产品限额指标。加大产品风险排查和分析，深入剖析地方政府融资平台债券、自营人民币利率掉期（IRS）、黄金业务和债券结算代理业务风险，积极跟进投资/交易策略调整。发布风险预警和超限报告 80 期，支持经营部门有效开展风险应对，化解风险隐患。

（三）探索优化金融工具估值和计量，突破市场风险计量短板

着重分析市场风险计量指标风险价值（VaR）和久期的方法、影响因素、优缺点、适用性，对信用风险缓释工具（CRM）、人民币外汇期权、贵金属银、账户铂、美元卢布 NDF、人民币离岸 CNH 等新产品进行估值验证、参数选取、模型验证、风险计量和系统设置，促进市场风险管理能力的不断提升。

（四）改进风险监控机制，强化市场风险分析研究

认真梳理业务流程，研究风险监控和管理前移方法，努力做到对业务产品风险点的提前把握和判断，防范交易风险及交易员的操作（道德）风险。出具了 2 000 余期金融市场业务综合日报、本外币投资日报、自营及代客日报、金融市场业务月度分析报告和美国次债专题分析月度简报等，为风险限额、授权和投资指引的制定提供了有力支撑。

三、操作风险管理

（一）针对操作风险高发态势，实施专项治理

针对外部欺诈、员工参与非法集资、ATM 诈骗等操作风险事件高发态势，下发《关于进一步强化操作风险管理的通知》，深入总结风险特点和规律，从屡查屡犯、印章管理、信贷授权等薄弱环节入手，开展专项治理。同时，提出信贷业务反欺诈工作要求，加强授信业务真实性管理。

（二）稳步推进操作风险自评估与关键风险指标（KRI）优化运行，提升业务流程质量和效率

加大自评估工作力度和深度，抓住重点薄弱环节和重点环节，推进开展表外业务自评估、外包和外部欺诈操作风险自评估，2011 年度全行组织完成自评估项目达 410 个。

（三）完善突发事件预案体系和应急演练工作

完善主要生产系统应急处置体系及机制，细化事前风险防范及事中应急响应及恢复工作的流程及要求。组织开展机房供配电系统、证券资金存管系统（CTS）的专项检查和演练，组织四川和广西等试点分行开展地震、洪灾和火灾演练，为逐步建立和完善灾害类突发事件应急体系奠定了良好基础。

（四）组织推动全行开展系统参数梳理工作，进一步加强参数风险控制

组织全行梳理主要生产系统和分行特色系统参数，撰写参数梳理情况分析报告，初步建全行统一的参数管理制度，规范参数管理工作流程，增强参数工作的统一规范性，逐步完善参数管理体系。

（五）开展IT风险管理组织体系研究，评估核心业务系统灾备能力与业务恢复目标

分析我行IT风险管理现状，结合美国银行经验，对我行IT风险管理组织体系建设提出建议。同时，会同信息技术管理部以及惠普公司等多家专业咨询公司开展CCBS系统灾备能力与业务恢复目标匹配程度的研究评估，编制CCBS系统灾备能力评估项目内容提纲。

四、加快推进新资本协议实施

（一）进一步强化实施规划管理，提高统筹协调能力

根据总体规划及实施进展情况，制定《2011年建设银行实施新资本协议工作要点》，统筹安排实施工作，进一步深化和提升我行的全面风险管理能力。制订海外机构实施新资本协议工作方案，进一步加强了集团层面的实施力度。

（二）持续推动模型验证工作，有效管控模型风险

印发《中国建设银行新资本协议验证管理规定（试行）》，搭建全行模型验证管理体系，明确管理架构及职责，规范了验证工作流程及报告路线。根据监管指引要求及我行模型上线运行情况，尝试完成模型支持体系的验证工作，完成LGD/EAD模型（优化）的投产前验证工作，启动了国别风险模型验证工作。

（三）梳理、落实预评估提出的整改问题和措施，做好各项申请准备工作

根据中国银监会预评估中提出的整改问题和建议，进一步落实预评估整改计划的各项工作。我行先于农业银行、中国银行及交通银行提交了新资本协议现场评估申请书。完成最新一期的定量测算工作，并结合即将出台的资本管理办法进行了影响分析。基于最新监管框架的变化，并根据我行的实施进展，起草了我行实施申请报告，相关申请准备工作已经就绪。

五、强化风险研究分析和预警提示，增强风险前瞻性

（一）密切跟踪宏观经济政策和市场环境变化，及时跟进政策调整

根据监管要求、国家产业政策及市场形势变化，开展发电、公路、教育、化工商银行业等10个行业的信贷政策重检，调整押品及保证人政策标准，强化融资平台、房地产等风险突出领域的管理要求。

（二）积极开展风险排查和风险提示，做好处置应对

对融资平台授信业务、电解铝、房地产等行业开展风险排查，了解和掌握相关授信业务的风险现状，指导分行强化薄弱环节风险管控。及时提示分行退出国家节能减排和淘汰落后产能政策涉及的客户和项目，严格钢贸企业授信管理，合理确定对外提供担保授信客户的授信额度和保证限额。针对部分地区民间“高利贷”愈演愈烈的情况，对信贷资金流入民间高息借贷市场的风险进行提示，明确防控重点。

（三）密切跟踪监管要求变化，确保合规经营

面对日益严格的监管要求，主动梳理监管政策，跟踪监管动向，及时调整管理措施。针对年度监管通报、季度重点风险防范要求、月度监管会谈、信贷合规现场检查意见等重要监管要求，逐条分解落实制订工作方案，建立跟踪反馈机制，得到中国银监会的高度评价。

六、强化培训，加强人员队伍和文化建设

根据2010—2012年风险管理人员培训规划，进一步优化、完善培训管理的方法和手段。根据各类风险管理人员的岗位职责和履职要求，开展差别化培训，对风险总监，侧重于宏观经济金融形势和新的风险形态等方面的培训；对风险管理部门负责人和风险主管，突出风险限额、信贷结

构调整、业务持续性管理等方面的培训；对基层风险经理，主要从信用评级、项目评估、操作风险管理等方面提升参训人员的操作技能。同时，将海外机构风险管理负责人纳入培训范围。

执笔：陈睿鑫、卢娜

授信管理

2011 年全行授信管理条线面对复杂多变的经营环境和异常激烈的同业竞争，认真贯彻国家宏观调控政策和总行发展战略要求，推进主动授信管理，以审批引导营销，以分类促进管理，提高风险评估评价能力，切实加强风险排查，促进重大风险处置，信贷结构继续优化，不良贷款稳中有降，有力地促进了各项业务的平稳健康发展。

——贷款总量合理增长，信贷节奏控制有序。截至 2011 年年末，境内分行公司类贷款 45 135 亿元，比年初新增 4 318 亿元，同比少增 834 亿元。其中，大中型客户非低风险业务 37 086 亿元，比年初新增 2 698 亿元，增速为 7.8%；小企业贷款 5 470 亿元，新增 1 483 亿元，增速为 37.2%。个贷余额 16 779 亿元，比年初新增 3 122 亿元，同比多增 337 亿元。

——资产质量平稳向好，风险抵御能力进一步提高。截至 2011 年年末，我行集团不良贷款余额为 707.75 亿元，较年初增加 60.65 亿元，不良率为 1.09%，较年初下降 0.05 个百分点。不良累计处置比例持续维持在较高水平。集团口径不良贷款拨备覆盖率为 241.44%，贷款拨备比例为 2.64%，分别较年初上升 20.30 个和 0.11 个百分点。

——审批条线执行力进一步加强，有效促进信贷结构优化，客户及项目贷款储备相对充足。全年大中型公司客户额度授信审批金额同比减少 9.9%，单笔支用审批金额同比减少 10.4%，其中，敏感性行业和房地产行业支用审批金额同比分别下降 11%、8.5%；小企业审批业务量连续三年快速增长，额度授信和支用审批金额分别同比增加 20.2%、30.2%。

一、转变授信管理理念，积极推进主动授信管理

全行认真学习和贯彻落实张建国行长关于授信管理要切实贯彻统一偏好、依托信贷业务引导业务全面发展、改进和完善授信管理体制、机制和流程等重要指示，积极推进主动授信管理，强化审批对信贷业务发展的引导作用。

一是制定并落实《关于进一步加强授信管理促进业务全面发展的通知》，加强审批环节对前台部门在客户及项目选择、优化授信方案及产品安排、提高贷款收益、增加单位资本回报等方面的引导。

二是加强重点行业客户选择及风险排序的分类指导。总行制定下发《关于汽车行业客户风险排序的报告》、《关于化工商银行业客户风险排序分析的报告》，就信贷策略和产品结构提出管理建议。组织对全行铁路、公路、房地产业等进行了系统性风险分析，形成对液晶面板、煤化工、垃圾发电、轮胎、汽车零部件、造纸、批发零售、电影等行业的研究分析报告，并转化为授信管理与审批决策指导。

三是牵头研究出台《中国建设银行 2011 年度一级分行信用风险管理评价方案》，强调结果评价与过程评价相结合，进一步完善信用风险管理激励约束机制。

二、持续加强审批系统管理，确保信贷政策执行到位，提升管理有效性

一是持续加强审批作业实时监控，促进审批条线合规经营。2011 年 1—12 月授信业务风险监

测系统（CRMS）对公司类授信业务报警提示事项5 430笔，其中，总行核查处置权限内的共计3 744笔，金额合计13 152.7亿元，占全部报警提示事项金额的88.1%。通过及时发布风险事项提示书和风险监控整改意见书，及时叫停业务流程，督促相关分行落实整改措施。同时，举一反三通报全行，引导全行审批条线严格执行总行统一风险偏好。

二是整改帮扶重点监控二级行，提升基层风险内控基础管理水平。针对近年少数二级分支机构风险隐患频频暴露，连续发生重大风险事项或案件，所属一级分行对该机构的管理督导不到位的突出问题，制定《关于加强对部分分支机构重点监控督导有关事项的通知》、《关于进一步深入推进重点监控二级分支机构整改帮扶工作的通知》，建立对北京开发区支行等11家二级分行实施重点监控督导的工作机制，积极推进二级分支机构改进管理、完善内控。

三是进一步规范审批人管理，强化队伍建设。制定《关于进一步加强授信审批工作纪律的通知》，细化和完善审批信息、审批会议、审批人行为约束等管理制度和措施；制定《关于进一步加强派驻审批与审批人管理的通知》，进一步规范小企业经营中心、个贷中心、网络银行派驻审批人的管理，保持审批人的相对独立性，促进提升审批人尽职履责能力。

四是优化受理审批作业和组织方式，持续完善集团客户授信管理模式。制定下发《关于进一步提高信贷审批工作质量与效率的通知》，加强对评级授信申报审批的计划管理，建立授信申报材料质量考核通报制度。落实《关于进一步加强集团客户授信风险管理有关事项的通知》要求，提高集团客户授信申报审批时效。

三、改进“三评”① 管理，提高全行风险评估评价能力

2011年组织召开全行“三评”工作座谈会，落实首席风险官要求，改进和加强“三评”工作。

一是继续推进项目评估集约化。制定下发《关于进一步加强固定资产贷款项目评估管理的通知》，要求各一级分行风险管理部门（评估评价部门）统一受理项目评估申请、分派评估任务和审核评估报告。凡需上报总行审批、十年期以上固贷项目或专业贷款项目，必须由一级分行直接实施评估。目前38家分行中已有26家分行建立项目评估部门，其中6个一级部，20个二级部。

二是强化客户信用评级集中审核。总行对向上推翻为AA-级及以上的客户评级进行审核并通报，有效控制客户信用评级推翻率过高的现象。

三是制定重点行业项目评估指引。组织修改房地产、高速公路、自来水和污水处理、铁路项目等行业评估指引，规范评估参数，加强系统指导，组织编发“三评”工作行业分析、经验总结、项目案例等。

2011年全行以平行作业方式完成客户信用等级评定49 620户，出具风险评价意见26 413份，建议授信金额达77 608亿元，其中，不宜授信建议55份，调整建议159份，合计占总申请项目数的0.81%。完成固定资产贷款项目评估4 391个，建议贷款16 950亿元，其中，提出否决建议并得到采纳的项目683个，占项目总数的15.6%，占评估贷款总额的14.7%。

四、深化风险分类管理，夯实贷款质量基础

一是拓展风险分类的内涵与外延，主动加强对制造业、房地产、政府融资平台等风险分类管理，对目前并未实际违约但产品缺乏市场、存在合规风险隐患、未来前景不乐观等问题客户，贷款审慎分类为不良，并以分类带动管理，促进问题整改和及时退出。

二是加强逾期贷款监测与管理，切实防范实际违约风险。出台《关于进一步加强逾期贷款管理的通知》，要求加强到期贷款预先提示和集中催收，将逾期贷款较年初变化情况与信贷资源配置挂钩，严格风险分类和拨备计提，并将海外分行逾期增加额纳入年度考核。2011年末境内分行

① 项目评估、授信评价、客户评级（简称“三评”）。

逾期贷款563.81亿元，较年初减少9.72亿元。

三是进一步研究深化贷后管理机制。针对贷后管理岗位职责和部门职责划分不够清晰、管理机制不清晰、激励约束机制不健全、上级行监督检查不到位等问题，组织力量研究起草了《关于进一步完善贷后管理机制的推进方案》，并在调研各商业银行信贷管理组织架构和工作机制的基础上提出改进建议。

五、加强重点风险领域排查和预警，积极防范系统性风险

一是组织重点风险领域的排查预警，适时调整管理要求。针对高耗能及产能过剩、内保外贷业务、十年期以上贷款、中东与北非信贷业务、高息民间借贷、高污染与高环境风险、银行系金融租赁公司等风险领域下发风险提示，及时调整授信管理与审批要求。对地方政府融资平台、钢铁行业、房地产开发企业、船舶预付款退款保函、商用物业抵押贷款、垃圾发电等组织全行排查，推进风险处置化解。

二是以大额授信风险化解为抓手，提高应对处置能力。2011年10月末召开全行“三十大”风险客户分析诊断暨重点监控二级分（支）行整改交流会，“一户一策”，分析诊断化解大额授信客户风险，提出切实可行的风险防控方案。推进完善重大信贷风险事项报告机制，掌握风险化解处置先机。2011年，分行共计正式上报18起重大信贷风险事项，涉及信贷金额60.83亿元。经过采取应对处置以及风险化解多项措施，信贷余额下降至49.35亿元，累计现金回收5.52亿元，并对5.18亿元贷款追加了抵质押担保以及第三方保证等风险缓释措施。

三是落实并表管理要求，开展集团大额风险暴露监测。按照《关于加强集团大额风险暴露管理的通知》的相关要求，组织对集团前20大客户和各海外、并表机构大额授信进行定期监测分析。针对同一交易对手信用风险敞口未实现统一监控，客户信息在各并表机构的沟通和共享渠道不畅等问题提出建议，报管理层参考。

四是落实“表外业务管理年”要求，推进表外业务授信管理的规范化、精细化。将各类表外业务信用风险敞口统一纳入申报方案，支持审批人统筹参考和把握客户综合收益和整体风险；重检《商业汇票融资业务审批指引》，优化完善审批流程。建立表外业务常态化跟踪监控机制，将表外业务纳入限额监控范围，及时发起分类重检促进表外风险主动暴露，督促分行加大垫款清理力度；在同业中率先对表外业务计提减值准备，不断提高风险抵补能力。在分析全行保函业务风险状况的基础上，同相关部门研究形成《加强保函业务管理工作方案》，督促各部门从梳理完善保函业务管理制度、流程、政策、标准和规范，完善价格管理、提高综合收益水平，完善资本管理、减少资本占用，完善保函业务系统建设与加强保函业务风险跟踪监测五个方面加强保函管理。

五是落实“海外业务风险管理年”方案，完善海外机构授信管理制度和流程建设。制定《中国建设银行海外机构信贷业务贷后风险监控规程》，规范海外机构信贷业务的信贷风险分类和贷后风险监控操作流程与作业标准，对于内保外贷、银团贷款等重点领域提出明细管理要求。

六、强化信贷内控和合规管理，推进信贷领域案件防控

一是加强授信管理内控评价分析，梳理业务流程，夯实基础管理。落实《中国建设银行实施内控规范工作落实行动方案》工作要求，按照贷前、贷中、贷后和业务支持等板块进行流程梳理，共梳理事项和末端流程25项、流程分解13项、关键风险点63项、对应的控制措施制度文件19个，形成内部控制梳理评价分析报告。

二是牵头接待中国银监会信贷合规现场检查，成立工作小组负责日常沟通机制，做好问题解释和信息传递报告工作。由于准备充分，沟通有效，我行仅8家一级分行、涉及9个问题分别被处以从10万元到25万元不等的罚款。与同业相比结果较好，也得到了管理层充分认可。

执笔：熊波

内控管理

2011年是建设银行按照监管要求实施内控规范的第一年。总行领导对内部控制工作提出了更高的要求。为了做好内控规范实施工作，张建国行长于3月22日主持召开了“实施内控规范暨风险与内控体系协同运转动员和启动专题会”。会议强调，实施内控规范是一项非常重要的工作，是我行保持科学规范管理的重要基础建设，是我行实现可持续发展的重要制度保证，要当做大事进一步抓实。在实施内控规范的同时，建设促进建设银行科学发展的内控体系。2011年3月31日，黄志凌首席风险官主持召开“实施内控规范工作落实专题会”，落实张建国行长专题会议精神，将任务分解落实到各部门，并进一步明确了2011年内控规范实施工作的三项具体工作目标：一是完成“规定动作”，确保建设银行满足监管的合规要求；二是抓好几项工作重点，即做好财务报告内控部分信息披露的准备工作、内控自评估工作、内控体系外部审计的配合工作以及准备迎接可能的外部监管机构检查；三是通过梳理风险点、实施差距分析、对发现问题进行跟踪整改，积累经验和数据，为全面推进内控体系建设、提升内控水平打下坚实基础。总行内控管理委员会办公室（以下简称内控办）根据行领导指示精神，紧紧围绕“实施内控规范、提升内控水平、保障业务发展、促进战略实现”的指导思想开展工作，制订并逐步落实工作方案，突出体现新理念、新标准、新方法和新起点，全面推进内控规范的实施工作，提升内部控制管理水平，保障业务健康持续发展。

一、深入开展调查研究，探索科学发展之路

广泛开展调查研究工作，形成以《中国建设银行内部控制体系建设研究报告》为核心的一系列调查研究报告和理论文章，积极探索内部控制实质，寻求内部控制体系建设的科学发展之路。一是针对实施内控规范、强化内部控制工作，总行把内部控制体系建设作为“十二五”发展规划的重要内容，由张建国行长主持，黄志凌首席风险官、余静波首席审计官负责，研究内部控制体系建设问题。总行内控办派员参与，在研究分析理论发展、国际先进实践、国内同业经验的同时，对建设银行内部进行调查研究，起草了《中国建设银行内部控制体系建设研究报告》。二是根据实际工作需要，对国内同业进行了持续的跟踪和调研，形成了《国有大型商业银行内部控制调研报告》、《关于工商银行、农业银行、中国银行内控管理部门机构设置情况的调研报告》以及《国内银行同业的内部控制实践与启示》等材料；对国际领先实践和建设银行自身实践进行了调查研究，形成了《内部控制的国际领先实践、同业标杆与差距分析报告》。三是总行内控办倡导建立学习型组织，鼓励工作人员积极探索，共享学习成果，全年在建设银行报和其他期刊发表相关论文近10篇。

二、全面梳理内部控制，形成内部控制记录

全行开展了内部控制梳理工作，内部控制记录基本形成，为逐步健全和完善内部控制奠定了基础。一是总行内控办组织梳理完成了流程层面的内部控制记录，梳理整合了22个核心业务流程，通过整合、修改完善，形成了核心业务流程风险控制矩阵，其中关键末端流程620个、关键风险点1 722个、关键控制措施1847个。二是总行内控办组织开展了企业层面的内部控制梳理工作，形成企业层面的内部控制记录，内部控制基本框架逐步形成，基本完成了总行层面的《内部

控制框架手册》编制工作。三是在总行内控办的组织和指导下，分行相继开展了内部控制梳理工作，分行内控框架手册和风控矩阵基本形成。

三、开展内控培训工作，有效提升工作质量

为了提高工作效率与质量，总行内控办在开展内部培训、交流和研讨的基础上，举办了三次现场及视频培训，重点对《企业内部控制基本规范》及配套指引、实施内控规范的行动方案进行宣传和解读，并介绍内控梳理工作方法与案例。同时，为了进一步做好全行内控规范实施工作，总行内控办分别在哈尔滨培训中心和常州培训中心举办了两期培训班，一是举办“2011 年内控规范实施工作培训班”，38 家一级分行内控实施工作负责人和具体实施人员参加了培训；二是举办“2011 年内控规范自我评价工作培训班”，全国 38 家一级分行、香港分行以及建银国际的具体组织实施内控规范的执行人员和总行内控办相关工作人员参加了培训，参加人员学习并掌握了内控规范自我评价的工作流程与方法体系。

四、识别内控设计缺陷，加大持续改进力度

在内部控制梳理评价过程中，通过与《企业内部控制应用指引》的具体要求进行对标和差距分析，结合同业风险管理和内部控制的先进实践，形成了总行层面内部控制设计有效性评价的问题发现。同时，针对发现的问题，以《关于做好内部控制设计梳理评价发现问题整改工作的通知》（建总函〔2011〕587 号）提出整改要求，加大了对所发现问题的整改力度，促进全行内部控制水平的进一步提升。按照通知要求，总行各部门有重点、分步骤地开展整改工作：对需要立即整改的问题，在 2011 年 9 月 30 日之前完成整改；对部分涉及系统建设、流程调整等体制机制方面无法在 9 月 30 日前完成整改的问题，制订整改时间表，并采取替代性措施或执行替代性控制；对具有潜在改进机会的问题，制订改进工作计划并逐步落实。

五、组织内控测试工作，提示内控执行缺陷

2011 年 8 月中旬，总行内控办选取江苏省分行、山东省分行两个分支机构及总行资金业务作为重点领域，对其与财务报告相关的关键内部控制开展了执行有效性测试工作。通过三周时间的测试，对总行内部控制记录进行了验证，对财务报告内部控制是否按照规定的政策和程序，持续、一致地有效运行进行了评价。总行内控办结合测试过程中发现的问题，对业务流程内部控制执行有效性梳理评价工作方案进行了修订完善，指导内控执行有效性的全面测试工作。同时，根据测试结果和发现的突出问题，总行内控办对相关部门和分行下发了《内部控制缺陷提示》，要求分行和相关部门对暴露出的缺陷立即整改。

六、制定内控基本制度，健全内控制度体系

总行内控办组织开展了内部控制相关制度的研究制定工作，主要包括：一是研究制定内部控制的基本制度，指导全行内部控制体系建设工作。针对我行在内部控制方面缺乏统一、规范的内部控制政策的现实问题，根据全面实施内控规范的工作要求和内部控制体系建设的实际需要，制定满足外部监管要求和适应内部管理需要的内部控制基本制度，并将其作为具有自身经营管理特点的内部控制纲领性文件，在全行实施。总行内控办牵头起草内部控制政策，经过多次研究探讨，在征求总行部门和部分分行意见并修改完善后，于 2011 年 9 月 29 日在黄志凌首席风险官主持的相关会议上进行深入讨论。会议明确，在进一步修改完善并征求部门意见后，按程序报批。二是研究制定内部控制评估、评价管理办法，指导内控评价工作开展。为持续有效地开展内部控制评价活动，依据《企业内部控制评价指引》，研究制定了持续开展内部控制评价的相关制度文件，包括《中国建设银行内部控制自我评价管理办法》及《中国建设银行内部控制评价操作规程》和《中国建设银行内部控制缺陷认定标准（试用稿）》。其中，由总行内控办牵头，与审计部共同成立内部控制缺陷认定标准拟定小组，研究起草

的《中国建设银行内部控制缺陷认定标准（试用稿）》，经向总行各部门广泛征求意见、组织不同层面研讨会并进行修改完善后，在内控规范实施工作中开始试用。三是研究制定内部控制记录管理办法，规范内部控制记录的管理工作。基于内部控制梳理工作成果，结合建设银行特点以及行业内的领先实践，充分考虑到对《内部控制框架手册》和内部控制记录的持续维护要求，草拟了《中国建设银行内部控制记录管理规程》和《中国建设银行内部控制手册管理规程》。

七、研究内部控制标准，推动内控规范建设

《企业内部控制基本规范》及其配套指引是国家层面对企业内部控制的基本标准要求。建设银行实施内控规范，就意味着需要具体细化外部监管的标准要求，建立适合自身业务发展、满足经营管理需要的内部控制标准和规范性要求，指导内部控制体系建设。总行内控办充分考虑银行内部控制建设标准制定的复杂性以及具体的实践检验要求，积极探索内部控制建设标准和内部控制评价标准的研究制定。同时，鉴于建设银行在内部控制方面取得的成就以及积极推动内部控制标准方面的建设性工作，中国人民银行全国金融标准化技术委员会秘书处以《关于下达2011年第一批金融标准修订任务的通知》（金标委秘发〔2011〕34号），明确由我行承担作为商业银行行业标准的内部控制建设标准的制定工作。

八、加强专业队伍建设，提升内控管理水平

针对总行内控办的组织特点和人员状况，根据强化内控管理的实际工作需要，从总行相关部门和分支机构借调业务骨干，以跟岗培训的形式，边学习，边工作，既满足了实际工作的需要，又培养了熟悉内部控制监管要求与具体实施的专业人才，探索出一条专业化队伍建设之路。总行相关部门和分支机构有近40人次在总行内控办借调工作，覆盖近50%的分行。通过工作学习，借调人员已经成为所在机构的内控专业人才，在宣传、实施、评价和考核内部控制等工作开展方面，发挥着积极的推动作用。

执笔：安瑛晖

内部审计

2011年，在董事会、监事会和高管层的领导下，全行审计系统服从、服务于建设银行发展大局，积极应对新形势、新情况和新要求，突出工作重点，强化审计质量意识，强化能力素质建设，坚持原则，敢于负责，认真有效地履行了各项审计职责。全年有针对性地实施系统审计项目25个（类）、自选审计项目近1 600项，发现重大问题及隐患200多个，提出审计建议6 000余条，充分发挥了审计揭示风险、服务发展的作用。

一、全面履行监督、评价、建设职能

（一）合规性审计更加注重全行重点工作和监管重点

结合建设银行“表外业务管理年”及“海外业务风险管理年”的整体安排，开展了六大类表外业务产品审计、海外机构年度审计。针对重要业务领域或环节，实施了部分对公客户授信业务审计、对公负债业务审计、集中采购审计等。满足建设银行集团化管理要求，开展了4家附属机构经营管理审计等。积极关注银行新型业务和信息技术领域，开展了后台集中交易事项管理审计、

2011年3月31日，中国建设银行2011年审计工作会议在北京召开。

企业年金业务审计、分行IT运行审计、开发中心审计等项目。紧跟全行新资本协议实施工作，首次开展了非零售客户内部评级体系审计等4项相关审计。按照监管要求，开展了反洗钱审计、关联交易审计、信用卡业务审计。配合监管部门信贷合规检查，协助开展了信贷业务排查。各审计机构还结合驻地行实际，开展了多种类型的自选审计项目，合理保证了审计覆盖面，体现了对驻地分行的支持与服务。

（二）评价类审计更加注重客观性和责任细化

一方面，通过规范方法、优化工具，努力促进全行内控体系的不断完善。持续开展38家一级分行内控审计评价工作，并根据实际情况调整了组织方式，丰富了审计成果。审计部还根据委托，制定了内部控制评价实施办法，组织全行内部控制自我评价。另一方面，进一步重视和加强经济责任审计工作，全年共开展1 460个经济责任审计项目（其中一级分行级负责人41个），有力地支持了全行干部管理相关工作。结合中纪委等六部委文件精神，细化了经济责任事项，严格了责任界定标准。对一级分行负责人任期实施异地交叉审计，对二级分（支）行主要负责人经济责任审计报告实行任前报备制度。此外，在中国内部审计协会2011年理论研讨及经验交流活动中表现突出，共有9篇论文获奖，是获奖论文最多且唯一获得组织奖的金融机构。

（三）审计分析研究更加注重经营管理中的重点问题

完成了90多份审计调查报告，涉及市场竞争力、基础管理、县域支行业务发展等方面，提出了大量改进经营管理的建议。一方面，以合规性审计项目为基础，从促进发展的角度，分析风险和缺陷、成本和效益，提出完善流程、改进管理的意见和建议；另一方面，针对经营管理热点问题，专门开展审计调查类项目，提升审计价值。例如，开展个人客户关系管理审计调查，并对同业电子渠道建设情况进行了专题研究，积极主动地为推进我行电子渠道建设建言献策。各审计机构也结合驻地行特点，开展了各具特色的专题研究，努力履行内部审计的建设职能。

（四）审计成果应用更加注重有效性

各类审计项目形成了较为丰富的成果。审计部向总行领导呈报综合性或专题性报告31份。总行领导高度重视审计成果，多次作出重要批示，专门召开行长办公会或专题会议，研究布置审计发现问题的整改工作。各业务部门和分行坚持边查边改，及时制定和传导整改措施，完善制度与流程。审计部门加大了审计跟踪力度，专门印发《关于加强内部审计发现问题整改和审计跟踪工作的通知》，全年39家审计机构共投入30 000多个现场审计工作日，开展立项跟踪122项次，较上年增加60%。

二、多措并举加强审计自身建设

（一）加强统筹管理，提高组织协调和服务基层的能力

针对审计条线组织机构及队伍建设、海外审计机构管理等方面，组织了多项调研，及时传递了总行相关政策、理念和工作思路，指导各审计机构更有针对性地开展工作。利用审计分部、专业审计机构、专业审计人员的特长，不断创新审计项目组织和运作模式。发挥信息平台作用，传播知识、交流经验，为审计机构提供各类支持和服务。在人力部、财会部等相关部门的大力支持下，及时协调解决工作中的困难和问题，较好地保证了审计业务的顺利开展。

（二）加强制度建设，强化审计工作责任制

围绕提高审计质量的目标，针对不同层面的要求，制定实施了提高审计工作质量的若干意见、审计机构内评估试点方案和审计工作日志制度等，进一步增强了责任意识，全面强调了审计质量要求，健全了质量管理机制。及时调整和优化审计机构年度考评方案和相关机制，对重大审计质量问题实行考评负积分和一票否决，切实体现和落实年度重点工作的要求。各审计机构结合实际，制定了各类实施细则和具体办法，努力提高审计工作质量。

（三）加强队伍建设，保持组织活力

采取校园招聘、内部招聘、短期互派、跟岗锻炼、参与分行岗位竞聘等多种灵活方式，深入推进审计人员交流工作。截至2011年年底，全系统人员总数达到2 509人，增长了12.6%。人员结构更趋合理，全系统平均年龄39.6岁，比上年下降2.1岁。强化干部配备，调整了17名审计机构负责人，完成了122个七职等以下岗位职务的聘任工作。扎实开展教育培训，全年审计系统共举办各类培训1 100余期，派员参加314期总行其他部门及驻地分行的培训，人均参训达到13次。注重审计职业道德修养，推进审计团队文化建设，积极营建“和谐向上，高效快乐”的工作氛围。2011年，在监事长的关怀和领导下，在人力资源部和驻地分行的大力支持下，各机构克服了不少困难，较好地完成了人员交流任务，这不仅是审计条线进人最多的一年、干部调整最多的一年，更是进人素质提高最快的一年，为增强审计队伍活力奠定了基础。

（四）加强专业化建设，夯实审计基础

加强专业研究力度，在维护以往26份基础审计方案的同时，新研究开发了80份基础审计方案，同时积极跟进研究全行前沿业务和管理变革。持续完善各项机制，优化了知识库结构、人才库积分标准和积分流程，调整了人才库人员。加强经验交流和成果共享，及时转发各审计机构的研究成果，并整理汇编专题报告集，积极引导各专业团队开展研讨和培训，推动了专业化建设成果的有效转化。

（五）加强非现场审计技术应用，优化审计工具方法

进一步拓展非现场审计技术的应用，不仅将其嵌入各类审计项目流程中，而且集中力量专门开展了以非现场审计为主导的相关审计项目。积极优化系统功能，不断完善非现场审计监测体系，全年优化更新审计模型172个，委托审计机构研发周边系统，辅助非现场审计系统应用管理。重视全员整体应用水平的提升，大力推进非现场系统应用水平等级考试机制。重视系统运行的基础管理，组织完成了供数渠道迁移工作，及时更新数据加载接口定义，统一数据加载与维护，加强了系统安全与保密管理。

在提升审计信息化工作水平，进一步优化审计管理信息系统、审计知识库系统等方面，也做了大量基础工作。非现场审计系统和审计管理信息系统的核心成果获得了国家专利授权。

三、积极配合国家审计署的审计检查工作

2011年，审计署对我行开展了新增贷款投向结构专项跟踪审计调查，这是继2008年以来，审计署连续第四年对我行开展审计。审计部作为牵头配合部门，认真落实总行领导要求，组织力量，积极配合，在协调、联络、解释、沟通、支持保障等方面做了大量艰苦细致的工作，保障了审计的顺利进行。与此同时，审计部与各审计机构协调指导分行做好配合，帮助分行加强自查整改，取得了较好的效果。

执笔：陆君　林胜

产品与质量管理

2011 年，产品与质量部管理紧密围绕全行中心工作，努力健全产品与质量管理框架，在产品创新、流程优化和客户服务质量监测等方面开展了一系列工作。

一、完善客户体验监测体系，健全服务质量提升机制

（一）坚持按月监测、定期通报全行客户满意度

继 2008 年将个人、对公客户满意度和营业网点服务质量等调查评分列入分行 KPI 考核后，2011 年进一步将对公客户满意度纳入对公条线分行业务综合考评。2011 年度，我行个人客户满意度为 64.1%，与 2010 年基本持平，高于同业平均水平 1.8 个百分点，在四大行中领先于工商银行、农业银行；对公客户满意度达 90.5%，较上年增长了 2.2 个百分点。

（二）挖掘影响客户满意度的薄弱环节和提高市场竞争力的关键因素

针对营业网点、借记卡、信用卡、理财产品、支付结算和现金管理等渠道和产品，开展客户满意度驱动因素分析，为改善产品和服务质量提供线索。同时，支持业务部门开展手机银行、私人银行及其电子渠道和“财富管家”服务等专项客户之声调查，指导 29 家分行开展 66 项专项客户之声调查。

（三）将客户诉求和员工建议转化为管理资源

在总行层面，组织实施了私人银行企业家专享增值服务需求、产品驱逐专项调查等 4 个专项内部流程用户之声（VOPA）调研项目；在分行层面，为 29 家分行的 58 个专项 VOPA 调研提供了技术指导。自 2008 年 VOPA 系统建立至今，累计收集员工流程合理化建议 31 185 条，其中，近 90% 得到妥善处理和解决。

（四）持续健全客户服务质量标准及其监测体系

2011 年，在原有的每年两次营业网点服务质量调查的基础上，制定了理财中心、五星级网点和 95533 客服中心服务调查标准，并开展了相应的服务质量调查，促进了渠道服务质量的持续提升，2008—2011 年全行网点服务质量调查评价得分从 85.3 分提升至 96.6 分。

二、围绕全行战略重点领域，推动产品和服务创新

（一）加大产品创新管理

开展五年规划“产品管理和创新能力建设”专项课题研究，全面分析产品管理与创新现状，提出了 9 项提升产品管理与创新能力的政策建议。运用产品创新流程体系和信息系统平台，规范创意采集和创新过程管理，针对战略、扩展、累进等不同创新类型，规范标准创新、快速创新和敏捷创新等创新过程管理。2011 年牵头征集创意 6 473条，较上年增加 803 条；全行计划开展产品创新 214 项，实际完成 372 项，较上年增长 56 项；推广移植分行突出创新成果 13 项。将产品创新指标列入业务条线 KPI 考核，继续完善产品创新配套机制。

（二）发挥创新实验室的技术先导作用

在北京、大连产品创新实验室的基础上，2011 年新设上海、苏州、深圳、厦门产品创新实验室，通过总分行联动，与客户合作创新，实验验证客户市场需求，取得了一批产品创新成果：一是成功探索了与客户共创新，与大连泰德煤网合作推出物流金融综合服务方案；二是推动银保产品由代销向定制转变，研发出“智富今生”银保产品；三是开拓文化创意产业金融服务，研发

影视贷动创新产品；四是拓展小企业金融服务，推出助科赢、中小企业集群融资等新产品；五是探索消费金融服务方式，模拟完善消费生态大社区、家庭现金管理新产品原型。

三、加强产品基础管理，提高专业化支撑能力

（一）研究建立产品评价和驱逐机制

通过产品后评价和同业研究，促进产品的升级、优化、转型和创新，持续提升产品市场竞争力，全年实施113项产品评价。通过产品评价，识别产品中存在的问题和原因，寻找改进机会，提出建议措施，有效地推动了产品优化、升级、转型和退出，组织驱逐了15个劣质银行保险产品。建立了312人的同业信息收集网络，共采集同业产品信息126条，发布7期同业产品调研报告，及时了解同业产品创新情况，促进全行信息共享。

（二）构建全行产品目录和参数基础

完成“中国建设银行产品目录”建设，统一产品语境及标准，确定了582个可销售产品，54个非独立销售产品，120个组合产品，并聚类产生136个基础产品，421项产品属性；牵头完成了“新一代核心系统”产品参数化业务解决方案设计，为今后实现产品参数化、组件化以及快速创新和绩效考核提供了路径设计。

（三）加强产品经理能力培养

基于“产品经理素质模型”完成了产品经理能力提升培训教材的编发，开发了培训课程、组建了师资团队，对8个分行的81名产品经理进行了试点培训，取得了良好效果。

四、协助业务条线优化流程，促进流程银行建设

（一）应用精益六西格玛方法开展流程优化管理

2011年推动全行实施完成531个流程优化与评估项目，重点支持前、后台业务分离扩大试点、现金集中整点业务标准化、信用卡预审批营销流程优化等工作，并组织对前、后台分离扩大试点等流程进行了评估。根据各项目单位实施成效的测算，通过流程优化，当年可促进业务增收约6亿元，业务成本降低约1.93亿元，并对提高客户和员工满意度、提升流程效率等产生了积极效果。

（二）研究建立企业级流程建模长效机制

组织条线同志积极参加企业级建模项目，将精益六西格玛方法与流程建模方法相结合，牵头研究了企业级流程模型长效机制，为下一步的流程建模工作奠定了良好的基础。

（三）加强精益六西格玛管理能力建设

完善以教材开发、现场培训、网络培训、资质培养和能力认证为依托的产品创新及流程管理能力建设体系；加强精益六西格玛培训与认证工作，全年流程管理基础培训共培训8 456人次；组织精益六西格玛绿带培训9期589人，组织黑带培训1期17人；组织2011年绿带与黑带认证，全行共有184名绿带候选人与9位黑带候选人通过认证。

执笔：何静

法律合规部工作

2011年，建设银行法律合规部门以“法律合规工作创造价值与保障发展”理念为指引，紧紧围绕全行中心工作，全面参与建设银行改革发展各项事业，为推动业务又好又快发展发挥了积极作用。

一、促进战略发展与业务转型，为全行产品研发及重大项目提供高效的法律支持与服务

建设银行法律合规部门全面深度参与各项业务工作，大力支持业务部门产品创新和重大项目，提供及时、高效的法律服务。在参与业务部门产品研发和重大项目过程中，协助进行产品法律架构设计，参与起草规章制度、拟定协议文本并参与有关项目谈判等工作，在促成业务目标实现的同时，有效地防范了法律风险。全年共审查法律性文件19.6万份，涉及金额18万亿元。其中，总行法律合规部参与了各类理财产品创新、“新农村建设”贷款、网络银行e系列产品、私人银行资产证明、电子商务金融服务平台等产品研发和重大项目100余件，各分行法律合规部门也积极参与所在行产品创新，为业务发展出谋划策，促进了各项业务的健康发展。

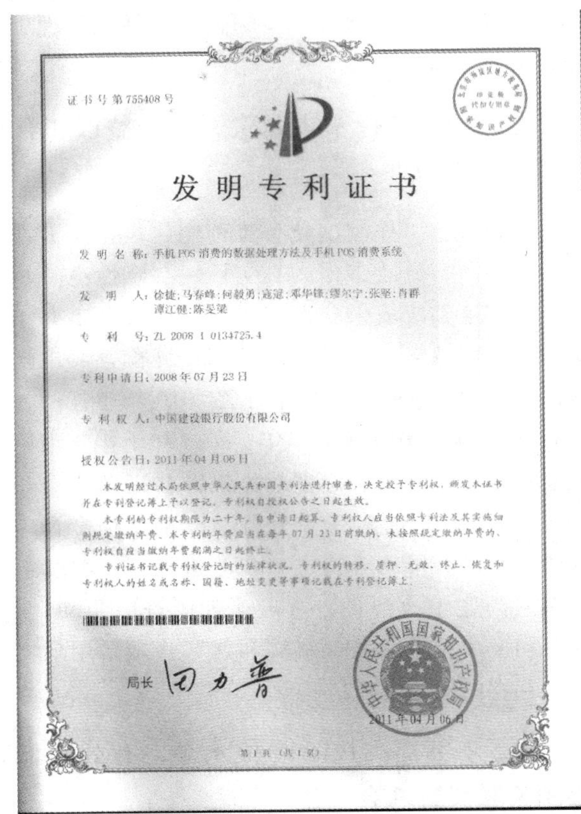

证书号第755408号

发明专利证书

发明名称：手机POS消费的数据处理方法及手机POS消费系统

发明人：徐捷；马春峰；何毅勇；寇冠；邓华锋；缪尔宁；张坚；肖群；谭江健；陈旻梁

专利号：ZL 2008 1 0134725.4

专利申请日：2008年07月23日

专利权人：中国建设银行股份有限公司

授权公告日：2011年04月06日

本发明经过本局依照中华人民共和国专利法进行审查，决定授予专利权，颁发本证书并在专利登记簿上予以登记。专利权自授权公告之日起生效。

本专利的专利权期限为二十年，自申请日起算。专利权人应当依照专利法及其实施细则规定缴纳年费。本专利的年费应当在每年07月23日前缴纳。未按照规定缴纳年费的，专利权自应当缴纳年费期满之日起终止。

专利证书记载专利权登记时的法律状况。专利权的转移、质押、无效、终止、恢复和专利权人的姓名或名称、国籍、地址变更等事项记载在专利登记簿上。

局长 田力普

中华人民共和国国家知识产权局

2011年04月06日

第1页（共1页）

2011年4月6日，“手机pos消费的数据数理方法及手机pos消费系统”获得发明专利授权。

二、加强合同文本建设和管理，增强法律合规风险防控能力

为方便向跨国公司、三资企业开展业务营销，有效防范合同法律风险，总行对47种现行合同文本英文本进行了修订，新制作23种自然人为对公业务提供担保的合同文本英文本。为方便采购业务使用，牵头起草了9个信息技术采购合同及其使用说明。

为推动“三个办法，一个指引”等贷款新规的落实，由总行法律合规部牵头，在全行范围内开展了“贷款合同使用和签署专项检查”，对十四家一级分行及其辖内的二级机构进行了现场抽查，下发了《固定资产贷款类合同文本使用与填写指导意见》，就正确使用和签署贷款合同提出要求。

三、不断完善全行规章制度体系，夯实管理基础

组织开展了历年来范围最广、数量最多、清理最彻底的一次规章制度全面清理，范围涵盖总行2011年3月31日以前发布的所有规章、规范性文件，涉及1万多份文件。经清理，确定有效规章868件、有效规范性文件4 393件、废止或失效规章112件、废止或失效规范性文件2 266件，下发了现行有效规章及规范性文件目录与废止、失效文件目录。总行清理工作结束后，各一级分行也相继开展了本行的规章清理工作。加强规章制定工作管理，下发《关于进一步加强规章制定工作管理的通知》，进一步保障了规章制度体系的权威性、统一性。

加强法律合规工作制度建设，出台了《集团法律合规工作管理规定》、《业务条线审计整改管理工作指引》、《一级分行关联交易管理专岗工作指引》、《关联方与关联交易申报和审核业务手册》（第二版）、《关联交易监管指引》（第二版）和《金融市场业务关联交易的界定标准》、《反洗钱工作手册》、《反洗钱监测分析系统管理办法》等一批制度文件。

四、有效化解法律纠纷，维护银行经济利益和商业声誉

全系统共处理各类民事案件35 025件，胜诉

2011年7月20日，中国建设银行总行法律合规部下发《中国建设银行反洗钱工作手册》，作为全行反洗钱工作实际操作的具体指引，方便境内外分支机构参考、使用。

率为99.01%。其中起诉案件通过诉讼手段回收64.17亿元，被诉案件通过诉讼减免财务赔偿支出14.81亿元，两项合计实现效益78.98亿元，对全行效益作出了突出贡献。与银行同业横向比较，由最高人民法院审理的案件的综合胜诉率继续保持同业第一。

总行本部直接处理重大法律纠纷30余件，全部实现预定目标，在美国法院审理的两起具有较高政治敏感性的重大被诉案件先后取得了终审胜诉。充分利用和解手段，处理了与多家优质客户之间的民事纠纷，实现解决纠纷和业务开拓的双赢。

五、加强知识产权管理，促进银行核心竞争力提升

由于知识产权拥有量继续快速增长，知识产权申请工作重点转移到核心商标和专利方面，体现出由关注数量增长向关注技术含量转移的趋势。年内取得12件发明专利，1件实用新型专利，2件外观设计专利；新取得25件注册商标；成功进行55件计算机软件版权登记。截至2011年12月底，全行拥有商标811件（含海外注册295件）、专利205件（其中授权专利50件，申请进程中专利155件）、计算机软件著作权登记236件，分别比2010年年底新增287件、25件、74件，在国内金融业继续保持领先地位。

积极配合产品、技术创新，提供知识产权保护支持。积极推动重要产品品牌的保护工作，在保护“乾元”商标过程中，成功撤销了他人在先注册的障碍商标，并说服国家商标局收回已经下发的驳回我行商标的决定，最终完成该商标的注册保护工作，开创了一种新的工作模式。

六、结合内外部形势的变化，逐步实现授权管理的科学化和动态化

在董事会对行长授权范围内，总行法律合规部组织制订了2011年新授权方案，为全行业务发展奠定了坚实基础。新授权方案充分考虑了国际、国内的形势特点，结合业务发展需要及风险管理要求，加大了差别化授权力度。各一级分行结合本行实际，按时完成了对所辖分支机构的转授权工作，进一步增强了授权书的执行效果。

结合被授权机构的内控管理情况，适时调整对有关分行和机构的授权权限，逐步实现授权管理的科学化、动态化。积极开展授权管理的同业调研和海外调研，为进一步深化我行授权管理工作打下扎实基础。

七、切实履行牵头职责，提升整改工作真实性、有效性

加强整改工作制度化、流程化建设，积极开展现场核查，整改工作的真实性、有效性进一步提升，年度整改成果获得了监管部门及董事会相关委员会的认可。完成了内外部审计检查发现问题的牵头整改项目，根据审计署2010年审计调查报告和审计部2010年下半年、2011年上半年审计汇总报告等，分别制定整改方案并督促落实。开展了对2010年38家一级分行整改工作综合管理评价，帮助和推动分行进一步改进工作。继续组织多发问题整改治理，重点治理屡查屡犯问题，对公司类单位贷款条件落实和财务管理费用列支方面存在的问题进行了研究。

八、不断提高风险防控水平，有效降低集团关联交易风险

继续按照重点化、差异化的管理思路，大力推动业务系统落实关联交易控制，通过夯实基础、优化流程、申请豁免、完善系统、全面监控等方式，有效防控关联交易风险。2011年，积极应对

监管变化和业务发展需要，不断完善关联交易内控制度体系，通过多份工作指引和业务手册进一步规范了一级分行关联交易管理的程序和方法，进一步明确了各类关联交易的监控标准。通过持续优化关联交易管理流程，积极争取关联交易豁免，保障了业务健康发展。及时跟踪美国银行、淡马锡等主要关联方股权变化情况，重点监控、严格审核，确保交易合规发生。经咨询机构评估认为："建设银行关联交易管理领先于同业，具有关联交易数据自动归集系统，管理组织架构和内控体系比较完整，管理流程比较成熟，管理团队对关联交易研究比较深入"。

九、加强系统建设，降低人工补录量，增强反洗钱管控能力

以反洗钱数据改进和系统建设为重点，反洗钱各项工作进展明显：通过多次会议研究和现场、非现场调研，形成针对性的问题解决方案，并先后五次对反洗钱监测分析系统进行了优化改造。2011年年底反洗钱数据补录量较年初下降60%左右，大大减轻了基层机构手工补录工作量；可疑交易报告量大幅度下降，基本扭转了报告量过多的局面。反洗钱客户风险等级分类系统成功上线，反洗钱监测分析系统项目顺利通过验收。表彰了2010年全行反洗钱先进单位和先进个人；组织参加了全国金融系统反洗钱先进评比；人民银行先后来函表彰我行广东珠海分行和浙江温州分行报告的可疑交易为公安部门侦破洗钱案件提供的有效线索。另外，派专人现场参加企业级建模项目、新一代系统项目以及反欺诈项目；参与完成反洗钱领先实践研究；成功组织了与美国银行的反洗钱经验分享项目，派员赴美国银行进行反洗钱跟岗培训。

十、加强指导、研究及培训，促进法律合规工作深入开展

加强条线指导，促进分行法律合规工作深入开展。组织召开了全系统法律合规工作座谈会，组织召开部分分行参加的整改工作座谈会、关联交易管理座谈会，进一步统一了思想，明确了下一阶段工作的目标和任务。下发《中国建设银行股份有限公司开展法制宣传教育的第六个五年规划（2011—2015年）》，对全行开展六五普法工作作出部署。

加强疑难法律合规问题研究，先后举办"理财产品法律问题研讨会"、"民事再审案件专题会"等多个研讨会，下发了《关于信用卡欺诈交易及信用卡催收法律风险防范及应对相关工作的指导意见》、《关于〈行政强制法〉生效后相关协助执行事务的指导意见》、《关于进一步提高可疑交易报告质量的指导意见》等文件，积极开展法律合规业务培训，进一步指导分行开展工作。

执笔：邱纪成　宁欣

安全保卫

2011年，全行认真贯彻落实建设银行工作会议精神，坚持"安全第一、以人为本，预防为主、落实责任，融于业务、创建平安，依靠科技、创新机制"的工作理念，坚持推进安全保障服务社会化和提高安全监督与管理水平并重原则，以改革创新的精神推进安保工作向科学化、规范化、专业化方向发展，紧紧围绕全行中心工作任务，扎实有效地做好维护总行本部和各级行安全稳定、重点部位和重大活动安全保卫、案件防控和调查处置等各项工作，为全行业务发展提供了强有力的安全保障。

一、业务开展情况

（一）抓好重大活动和重点时段安全稳定工作

一是做好总行重大活动期间安全稳定工作。圆满完成了成都、北京两次股东大会、国际监管联席会议等重大活动安全保卫工作。坚持“一会一方案”，在实地勘察基础上制订安保方案和应急预案，同时积极协调公安部门，保质保量完成了安全保卫任务。二是做好全国性和地区性重大活动期间的安全稳定工作。为做好“两会”、深圳大运会、乌鲁木齐亚欧博览会等全国性、地区性重大活动期间的安全稳定工作，下发了《关于切实做好“两会”期间安全营运和维护稳定工作的通知》（建总函〔2011〕105 号）、《关于第 26 届世界大学生夏季运动会期间安全稳定工作的提示》、《关于做好中国—亚欧博览会期间安全稳定工作的提示》，并派出调研组赴深圳、新疆分行进行实地调研与工作指导，对重大活动期间安全稳定工作的目标、内容、措施等提出具体要求。三是抓好重点时段安全稳定工作。为做好七一、国庆期间以及 2011 年第四季度等重点时段安全稳定工作，下发了《关于迎接建党 90 周年，扎实做好安全管理和维护稳定工作的通知》、《关于认真做好国庆节期间安全管理和维护稳定工作的通知》、《关于认真做好四季度安全生产工作确保全行平稳运行的通知》等文件，有针对性地提出重大节假日、重要时段的安全管理工作要求，确保全行安全稳定和安全运营。四是妥善处置群体性上访事件。2011 年全行群体性事件呈多发态势，在群体性上访人数、涉及地区、上访频度、情绪激烈程度等方面较前两年呈现出较大反弹。安全保卫部会同信访办、公安机关及有关部门妥善应对各类群体性上访事件，疏导上访人员、有效控制现场、维持办公秩序，未发生一起因处置不当而引起矛盾激化、事态扩大的情况。

（二）重点加强全行安全生产监督管理

一是建立安全预警制度。针对各地发生的自然灾害、恶劣天气、火灾事故、交通事故等突发事件，重大活动期间安全保卫工作以及案件防控风险提示等内容进行预警。分别就“防范台风暴雨极端天气”、“深圳大运会”、“新疆亚欧博览会”、“电话银行渠道案件风险”、“盗抢营业场所案件防范”、“元旦春节期间酒驾、消防”等内容发出预警提示，有效增强了各分支机构安全工作责任意识，提高了对突发事件、案件风险和事故的预防和处置能力。二是切实做好总行本部消防安全工作。对总行信达大厦、长安兴融中心、洋桥北京数据中心、晓月楼开发中心开展安全检查，并责成有关部门整改落实。组织开展总行办公楼消防中控岗位演练，组织总行本部各部门综合处长及安全员进行消防培训，促进总行本部各部门做好消防安全工作。三是部署全行电梯安全专项检查。2011 年 7 月，根据总行领导要求在全行部署开展电梯安全专项检查，并印发《中国建设银行办公营业场所电梯安全监督管理暂行办法》。

（三）认真扎实做好案件防范和调查处置工作

针对复杂多变的金融风险与安全形势，各级行积极按照总行有关案件防控工作部署及要求，从健全和完善案件防控机制入手，扎实推进案件防控工作。一是高效查处重大案件、案件风险、安全事故。督促指导有关分支机构做好案件和风险事件的预警、预案、报告、调查、责任追究等各项工作，同时积极主动做好重大典型案件的分析研判和防查工作。二是健全司法协助工作协调机制。针对近年来司法协助事项不断增多的问题，制定了“总行协助公安部开展重大案件涉案账户查处工作机制”，有效加强与行内部门的协调和联动，司法协助工作得到深化、优化。

（四）不断加强重点部位安防设施建设管理

依据国家颁布的银行相关部位安全防护设施建设标准及总行相关要求，各分行坚持建设标准化、管理精准化、维护常态化的原则，加大了对营业场所、金库、自助银行、计算机房、办公楼等重点部位的安防、消防设施设备建设与管理的力度，努力提升安全防护水平。严格营业机构安防、消防设施建设标准，建立健全设施、设备维护机制。

（五）认真开展全行安全检查及隐患整治活动

根据公安部、中国银监会《关于开展银行业金融机构安全评估总结暨银行安全大检查工作的通知》精神及总行党委部署要求，我部下发了

《关于开展安全检查和隐患整治工作的通知》，在全行部署开展了安全检查及隐患整治活动。在各分行自查基础上，对北京市、辽宁省、广西区、贵州省、云南省、陕西省分行和总行本部、部分京外直属机构实施了安全检查。共抽查了22个分支行的35个营业网点、15座金库、32家自助银行、80台自助设备、21幢办公楼、3个计算机房、19个远程监控中心、13个消防控制室以及运钞车、武装押运、武器装备、安防设施的管理和保卫人员岗位操作情况，问题及隐患整改率超过98%。

（六）加大安全保卫管理人员培训力度

先后成功举办了“一、二级分行监控中心负责人培训班”、“一、二级分行安保经理培训班”、“一级分行安保部门负责人深港培训班”，共计232人参加培训，其中，安保条线深港培训班系首次举办。三期培训班突出主题“新”、内容“实”、方式“活”的特点，贴近一线员工、贴近基层工作。培训按照“缺什么就补什么”、“弱什么就强什么”的原则，通过安排管理学课程、法学课程、外部形势介绍、国家标准行业标准解读、远程监控报警联网系统建设管理以及案件防控工作经验介绍等内容，丰富了参训人员的管理知识，增强了管理工作的实用性和前瞻性。

二、重要工作举措

（一）“平安建行”创建活动不断深化

一年来，各分行按照总行《关于深入开展创建“平安建行”活动的通知》要求和部署，积极开展“平安建行”创建活动。一是“平安建行”的“品牌”效应得到进一步强化。各分支机构充分利用工作信息、简报、企业网等渠道，把“平安建行”作为经常性的宣传内容，使创建“平安建行”活动深入人心，不断提高员工对创建活动的知晓率、参与率。二是不断修订完善创建考核各项指标。部分分支机构不断总结创建活动的成功经验和做法，及时修订完善创建考核指标。如某分行下发了《“平安建行”达标升级考核管理办法（试行）》，制定了递增等级管理，明确了升级、降级和摘牌标准以及处罚措施，进一步深化了创建效果。三是扎实开展“安全评估”活动。各分行根据公安部、中国银监会《关于印发〈银行业金融机构安全评估办法〉的通知》部署，按照《银行业金融机构安全评估标准》，积极配合当地公安、银监部门做好对营业机构的安全评估工作。2011年全行“平安建行”创建工作又取得了新的进展，截至2011年年底，全行有84.2%的基层营业机构获评“平安建行”称号。

（二）远程报警监控联网系统建设稳步推进

各分行深入推进远程报警监控联网系统建设，并进一步加强系统的运行管理，努力拓展远程报警监控联网系统在防范外部侵害和内部操作风险等方面的重要作用。印发《进一步加强远程监控报警系统建设及运行管理的指导意见》、《中国建设银行远程报警监控联网系统建设方案审批办法》，对合理确定监控系统的层级架构、设备配备、网络选择等重点问题进行了明确，并统一了全行远程报警监控联网系统建设模式。

（三）守押体制改革工作有序开展

按照《中国建设银行守押体制改革意见》、《中国建设银行安全保卫委托事务管理暂行办法》要求，坚持“条件成熟一个，运作一个”的原则，积极稳妥地开展守押体制改革。在稳妥推进守押改革的同时，各分行将工作重点逐步由具体操作转向监督管理，在严格执行相关规章制度的同时，加强了与受托方的沟通协调以及对守押人员的监督管理。

执笔：李勇

三、党建工作与队伍建设

人力资源管理工作

2011年，人力资源部在总行党委的正确领导下，深入贯彻落实全行工作会议精神，扎实开展创先争优活动，着力加强基层党组织建设和党员队伍建设，不断优化领导班子和领导人员队伍结构，深化人力资源管理改革，努力优化人力、岗位、薪酬资源配置，开展新一轮大规模培训，为实现全行改革发展和战略转型提供了有力的组织保证和人力资源支持。

一、组织工作

（一）深入开展创先争优活动

按照中央统一部署，总行制定下发了《建设银行深入开展“为民服务创先争优”活动的指导意见》，全行1.3万多家分支机构都紧密联系自身实际，精心设计活动载体，积极参与到活动中来。深入开展“三亮、三比、三评”工作，普遍公开服务事项、公开服务标准、公开承诺内容，佩戴党徽、工作牌，设立责任区、示范岗。在公司、个人、小企业、房金、信用卡、理财等十多个业务条线开展劳动竞赛、“夺旗争星”评比。聘请外部监督员、评议员，开展客户满意度调查，广泛收集群众意见，整改存在的问题。活动开展以来，共刊发活动简报109期，中央媒体和上级主管部门对我行活动情况多次进行了宣传报道。

（二）开展纪念建党九十周年系列活动

召开纪念建党90周年暨“一先两优”表彰大会，对90个先进基层党组织、150名优秀共产党员及90名优秀党务工作者进行表彰。组织开展纪念建党90周年党史知识竞赛活动，促使广大党员进一步坚定理想信念，增强宗旨意识，立足本职做好工作。

（三）做好党的十八大代表选举准备工作

制订全行党的十八大代表选举工作方案，明确名额分配、代表具备的条件、构成及产生程序等，举办十八大代表选举工作专题培训班。

（四）组织党员教育电视片观摩交流活动

共有42部党员教育电视片分别获得一、二、三等奖和优秀奖。《心中的歌》、《平凡的闪光》获中组部最佳作品奖，《那片蓝天下，我们再相逢》获中组部优秀作品奖。

（五）完善规章制度

研究起草海外机构加强党组织建设的意见、境内子公司加强党组织建设的意见、规范党委成员联系行制度的通知、加强新形势下基层党组织建设的意见，使全行党建工作制度更加健全。

（六）推进党员教育培训

在哈尔滨、常州党校分校举办20期基层党组织负责人及党务工作骨干培训班，共培训1 993人。全行系统共培训基层党组织负责人22 045人次。

（七）组织开好党员领导干部民主生活会

按照总行党委部署，指导全行系统组织开好党员领导干部民主生活会。总行党委成员参加11家分行党委民主生活会。做好总行党委民主生活会的有关工作，落实意见和建议整改。

（八）开展党员慰问工作

总行党委拨付慰问资金4 800 000元，对4 000名生活困难党员、老党员和老干部进行了慰问。

二、系统干部管理工作

第一，进一步完善干部管理制度流程。加快统一人力资源管理政策、制度、流程和标准，2011年制定了《总行管理的领导人员选拔任用提名办法（试行）》，探索多种提名方式，鼓励多渠道推荐干部，广开举贤荐能之路，扩大提名工作民主；下发《新任职领导人员跟踪考核办法（试行）》，及时了解掌握新任职领导人员适应新岗位、履行新职责情况，加强管理与监督；制定《组织（人事）部门选人用人工作监督办法（试行）》和《组织人事工作保密规定》。

第二，调整补充分行领导班子和领导人员。根据分行班子建设需要、缺职情况、后备干部成长及分行党委推荐情况，按照总行党委会议定事项，共对18个分行、1个培训中心的主要负责人进行了调整，涉及29人；对25个分行的副职进行了调整，涉及58人；办理4个一级分行7名行长助理任职。

第三，组织实施2010年度一级分行和培训中心领导班子和领导人员的年度考核工作。

第四，组织部分分行开展副行级后备人才推荐。

第五，进一步加强干部监督工作。继续开展全行干部选拔任用工作的监督检查，呈报中央组织部。完成2010年干部选拔工作民主评议及新提拔干部民主测评。认真受理选人、用人方面的群众举报，加强与纪检监察部门联系，对有关群众来信进行重点查核、督办，共处理相关信件36件。

第六，继续推进人力资源集中统一管理。实施各分行人力资源部主要负责人绩效考核工作，在综合部门相关职能处（中心、团队）的评价结果和各分行上报的考核结果的基础上，研究确定并反馈年度考核结果。继续做好一级分行有关双线汇报的文件、方案、任免审核工作。全年审核分行上报文件方案、办理任免备案手续582人次；办理8个分行人力资源部主要负责人考察任免工作。

第七，加强基础性信息工作。综合分行经营管理情况、班子配备情况、人员结构情况等，设计分析模板，编制分行领导班子分析汇总，为分行班子发展和领导决策提供参考。

三、总行本部人员管理工作

（一）认真落实上级主管部门交办干部人事工作

按照有关规定，完成2名总行党委成员任职，3名首席、3名总监任职，工会主席及常务副主席任职，新一届董事会、监事会组成人员及各委员会任职相关事宜。办理中央组织部等单位组织的第十一批博士服务团考察、第十二批博士服务团选派、北京市、外汇管理局、西部、少数民族地区干部挂职锻炼工作。组织完成总行本部干部选拔任用工作评议、领导人员报告个人有关事项工作。完成中管干部、高管人员、部门级领导人员等参加中央组织部组织的境内外培训班的人员选派、报名等工作。

（二）开展总行本部竞争性选拔工作

实施总行本部部门级领导人员公开选拔和竞争上岗工作。参与竞聘职位包括3个部门正职和9个副职，涵盖了前台、中台、后台多个业务条线。经过竞聘，拓宽了选人、用人视野，促进了优秀人才脱颖而出。

（三）完成总行部门级领导人员及高级经理级人员管理工作

办理部门级领导人员职务调整事宜86人次，办理总行管理的海外机构、子公司负责人职务调整事宜3人次，办理部门级领导人员退休5人次。组织部门级领导人员、海外机构和子公司领导人员2010年度考核，与子公司领导人员签订派出协议。组织总行高级经理级人员聘任工作，全年共聘任高级经理级人员51人次。完成加速培养计划项目总结。

（四）完善总行本部部分部门职责

完成小企业业务部、国际业务部北京单证处理中心、营运管理部后台业务处理中心设立工作，完成董办、小企业部内设处室调整，参与建信人寿保险公司筹备组建工作。

（五）做好总行本部员工管理工作

启动总行本部高层次人才引进工作。完成总

行本部员工2010年年度考核工作，完成总行本部2010年下派锻炼新行员回总行工作及2011年应届高校毕业生招聘后续工作，完成军转干部接收培训工作，开展总行本部2012年新行员招聘。

四、专业技术人员管理工作

（一）完善专业技术岗位职务管理政策制度

研究资深专业技术岗位职务有关管理事项，明确其职责职能定位、报告关系及工作权限、薪酬福利、绩效管理等相关事项。制定资金结算师岗位职务管理暂行办法，形成13个系列、18类岗位的专业技术岗位职务管理体系，基本覆盖主要业务岗位。

（二）推进全行专业技术岗位职务聘任工作

积极推进专业技术岗位职务人员队伍建设，审核批复6个分行专业技术岗位职务聘任实施方案，涉及三级2人、四级101人。全行专业技术人才队伍持续增长，从2010年的53 866人增加到2011年的55 628人，同比增幅为3.3%。

（三）开展资深专业技术岗位职务聘任工作

组织开展一类行资深专业技术岗位职务聘任工作，经过设置岗位、员工报名、资格审核、综合评价、分行党委推荐、专家评审、组织考察、确定拟聘人选、公示、聘任等程序，共聘任资深专业技术岗位职务人员23人，涉及12个一类行、8个系列、23个岗位。在全面总结分析的基础上，10月，又启动了二三类行资深专业技术岗位职务聘任工作，涉及26个分行，总职数上限36个。已完成相关分行岗位设置、职数申报等工作。

（四）加强专业技术资格管理

组织开展总行本部高师论文答辩和全行高师评审工作，全行共471人获得高级专业技术资格。规范开展初中级专业技术资格全国统考报名组织和资格确定工作，涉及经济系列专业50人，会计从业资格审核申报230人，确定初中级专业技术资格424人。

（五）推进人力资源信息系统建设

对人力资源管理信息系统信息集进行整体分析和全面检查。涉及指标项543个，全行约33.8万人。对总行本部操作权限进行全面梳理，加强用户权限管理。对全行统一招聘平台进行系统支持，为顺利开展各类招聘提供支持。编制岗位统计规范2011版，完成系统岗位类别代码优化升级。

（六）做好信息统计和披露工作

完成人力资源年报、季报统计汇总和相关报表分析工作，提交通银行领导审阅。坚持按月开展信息质量专题检查工作。完成对外披露年报人力资源部分相关工作，向监管部门及时报送有关人力资源信息报表。坚持开展同业交流，定期完成各季度数据交换工作。

五、用工管理工作

（一）指导分行做好人员总量控制

指导分行细化人员配置工作，明确配置依据，保证人员有序增长。

（二）推进全行校园招聘集中统一管理

整合全行招聘资源，树立校园招聘品牌。组织41家分支机构历时12天完成了赴10所知名财经院校进行校园宣讲工作，共发放招聘宣传材料2万多份，形象广告大批量投放，成为我行校园招聘的独特标识，报名数量大幅提高。与此同时，2011年先期安排4 000个招聘计划指标，组织分行分为两队赴北京大学、清华大学等23所全国知名高校开展第一批次名校专场毕业生招聘工作，统一入校面试、统一机考，取得了较好的效果。

（三）继续指导分行推进劳务转制工作

明确全行年度转制工作目标和要求，及时审核分行上报转制方案，进一步完善分行方案实施情况台账。全年共有22家分行上报了转制方案，转制6 337人。全行劳务工人员总量进一步减少，转制工作得到劳动部等国家部委的充分肯定。

（四）继续推进协解人员遗留问题处理

针对分行协解工作中存在的困难和问题，和分行一起研究办法，积极给予指导；对分行出现的新情况积极协同相关部门进行调查研究。全年养老保险补缴新增2 195人，补缴金额841万元。

（五）做好来信来访调处工作

配合接待处理17个分行60多人群体上访，提出解决建议和措施；处理群众来信23封。

六、薪酬管理工作

（一）加强全行薪酬管理工作

向人力资源和社会保障部申报2011年工资总额。完成119个预算单位的人力费用预算编制工作，涉及人力费用总额约200亿元，并根据全行业务发展情况进行适当调整。稳步推进分行单位薪点值调整工作，对单位薪点值低于2 000元的分行统一提高至2 000元。完成2011年薪酬分析报告，对全行薪酬情况进行研究分析。做好分行薪酬管理事项报备报审批工作，完成有关事项审核备案20余件。加强审计条线和直属机构工作管理，并对预算执行情况适时进行调整。加强海外机构人力费用预算管理，完善海外机构绩效工资分配，逐步建立海外机构内派员工薪酬动态调整机制和保底绩效工资预发机制。循序渐进、稳妥地推进子公司委派执董薪酬规范工作。

（二）做好总行本部薪酬管理工作

完成总行本部各级人员2010年度绩效工资清算工作。呈送年薪制人员清算报告共计559份。探索制订金融市场部员工工资调整方案，提升重点业务部门的价值创造水平。研究制订相关方案，将总行本部定向招聘员工薪酬纳入统一的员工薪酬管理体系。结合实际、依法合规、量力而行地探索推进总行本部2011年度员工疗养活动。

（三）做好高管人员薪酬服务工作

拟订2010年董事、监事、高管薪酬分配清算方案，提请董事会薪酬委员会审议。配合做好高管薪酬信息首次、二次披露准备工作，完成高管人员责任保险的续保工作。按财政部专项检查要求，与其沟通反馈高管薪酬实际执行情况及相关建议。根据新《个人所得税法》精神，适当调整高管人员薪酬发放进度。汇总监管机构有关薪酬政策变化情况，向董事会薪酬委汇报。

（四）加强专项基金管理工作

将企业年金运营管理情况报总行领导及外部监管部门。配合完成员工股权激励信息披露，积极推进员工股权激励理事会与益嘉投资公司服务费协商工作，完成员工股权激励股票1.6亿元股息在境内结算入账事宜，与相关各方酝酿员工股权激励一次性处置计划。完成年度统筹外费用精算工作，核定各分行统筹外费用总量，调增统筹外养老金标准。核定批复分行内退费用总量，完成内退费用精算工作，提交外部审计。

七、培训工作情况

（一）加强对全行培训工作的指导和管理

优化总行部门培训项目审批流程，重点加强培训需求分析、方案设计指导、项目实施检查及效果评估考核，进一步提升全行培训质量。2011年总行举办各类培训班680期，培训43 246人次，完成培训工作量294 590人天，分别比2010年增长了7%、18%、20%。

（二）组织实施重点培训项目

充分利用井冈山、延安的革命历史资源和基地教育优势，加强党性教育培训，举办井冈山培训班6期，延安培训班1期，培训301人次。多渠道开展领导力提升培训。共举办21期培训班，培训1 240人次。针对总行高级经理级和二级分行行级管理人员，与清华大学等知名高校合作共举办5期培训班，培训270人次。结合零售业务发展重点、网点经理能力素质模型和实际工作需求，依托总行统一培训认证的兼职师资，实施万名网点经理轮训工程，对1.3万名网点经理每年接受一次培训。

（三）全面推进落实境外培训计划

共举办境外培训班162期，培训5 779人次，其中，香港培训中心举办96期，培训4 320人次；新加坡承办培训班23期，培训920人次；与美国银行、桑坦德银行和淡马锡等境外战略合作伙伴合作举办13期，培训283人次；纽约城市大学举办培训班6期，培训126人次；与乔治城大学、牛津大学合作，各举办2期精品境外高级研修班，境外高端培训取得突破。

（四）推进岗位培训和考试工作

研究起草教材编审委员会工作规程，组织举办教材开发人员培训班，统一教材开发总体思路，促进岗位培训教材开发标准化、规范化和制度化。全年共形成个人客户经理岗位培训教材、流程管理岗位培训教材等纸质教材9套、17册。组织2011年度岗位考试，共开考11个岗位、18个科目，79 616人次报名参加考试。

（五）加强培训工作基础建设

设立井冈山培训中心，形成“一校四中心”的行内培训格局。大力发展远程培训，充分发挥网络学习平台在全行教育培训中的作用。研究制定兼职师资管理办法，建立共享师资库；选派培训管理人员赴美国银行进行业务短训，学习借鉴培训管理理念和经验。

八、垂直条线人力资源管理工作

（一）加强条线干部队伍建设

调整12个总审计室主要负责人，涉及14人；调整5个分行风险总监，涉及5人。研究制订香港分行风险总监设置方案，提升香港分行风险管理能力。修改和完善风险总监工作规则。研究审计条线领导人员后备人才选拔方案。在审计条线进行选拔任用工作民主评议，完成领导人员重大事项报告工作。制订审计条线专业技术岗位职务规划，优化专业技术岗位职务管理。

（二）优化条线员工队伍

加大从驻地分行引进专业人才和应届毕业生招聘力度，充实审计条线队伍，年底审计条线人员总量达到2 500人。稳步推进审计条线人员交流工作，2011年人员交流比例为15%。加大审计人员培训力度，确保每一个审计人员参加一次业务培训。明确风险条线任职人员专业素质、工作能力，进一步规范风险条线资格审查工作，共审查任职资格270余人次。完成风险条线先进评选工作。

（三）加强条线绩效薪酬管理

完善风险总监绩效考评办法，逐步建立审计条线集中统一的绩效管理体系。完成风险总监和审计条线领导人员、人力资源经理、其他审计人员的考核工作。按照属地化标准，参考驻地分行情况，合理安排员工工资发放进度，规范工资发放程序，逐步完善以岗位为基础的薪酬分配，鼓励各审计机构尝试以岗定薪，加大对关键岗位的激励。

九、绩效管理工作

（一）推进岗位管理项目

组织开展岗位管理项目启动论证会。在全行范围发布网上问卷，开展岗位项目客户之声调查，梳理存在问题，收集意见和建议。在借鉴美国银行、国内同业及2005年岗位项目成果的基础上，初步完成全行岗位体系的方案设计。

（二）组织绩效管理项目推广

召开全行绩效管理工作视频会，通报项目开展情况、布置推广安排。制订绩效管理推广方案，召开推广部署及培训会议，明确推广目标、思路、步骤及单位。组织管理基础好、代表性强的浙江省分行等14家机构全面实施员工绩效管理。会同小企业部研究制定《小企业客户经理绩效管理指引（试行）》，在10个一级分行先行试点，在不断完善的基础上适时在全行推广。就年底绩效考核工作对各分行加强督促和指导。

（三）完成2010年度董事、监事和高管绩效考核工作

按照国家监管部门的有关政策要求，完成董事、监事和高管人员2010年度绩效考核工作。制订2011年度绩效考核方案，按照中国银监会最新有关腕骨考核要求，在定量考核方面增加不良贷款拨备覆盖率和资本充足率两类风险指标，提请董事会和薪酬委会议审议通过。

（四）完成2010年度总行部门绩效考核工作

十、信用卡团队人力资源管理工作

（一）稳妥推进用工机制改革

2011年，信用卡中心对辅助性作业类岗位停止招聘劳务用工，改为定向招聘劳动合同员工，全年共招聘1 462人。继续推进劳务派遣员工择优转制工作。研究完善薪酬等相关配套制度和措施，确保人员队伍稳定。

（二）加强干部员工队伍建设

在保持中心总体架构稳定的基础上，对有关团队设置及其职能进行微调和加强。结合机构职能调整，进一步充实团队领导力量，聘任了8名高级经理级员工，对9名高级经理级人员实行内部交流。在中心风险管理、客户服务、营运管理三个团队试点实施岗位主管公开选拔聘任工作，加大优秀年轻干部选拔培养力度。

（三）完善薪酬福利保障

推进运行中心负责人薪酬发放上收工作，完成兰州运行中心负责人薪酬集中支付试点。适应用工政策调整，完成中心劳务派遣员工基本工资初始化套改工作，厘清劳务派遣员工、转制员工及定向招聘员工之间的薪酬水平衔接关系。梳理中心本部员工福利项目，提高附加医疗保险，建立补充住房公积金。

（四）积极开展员工教育培训

组建培训中心，举办20期各类培训班，参训1 914人次，培训6 303人天。顺利组织第3期美国银行跟岗培训班。开发特色卡权益等7门培训课件，将于2012年年初正式上线运行。在中心范

围内组织开展廉洁合规主题教育活动，营造合规尽职、敬业爱岗的良好氛围。

十一、信息技术团队人力资源管理工作

（一）多种渠道充实IT及电话银行业务条线员工队伍

录用高校应届毕业生共255人，为IT条线招聘23名高端人才（专业技术三级3人、四级18人、五级2人），为IT条线招聘业务骨干273人（社会招聘230人，系统内招聘43人），为香港支持中心招聘本地员工14人。为电话银行各中心补充坐席员356人，为电子银行业务中心定向招聘在线客服人员105人、外呼核实人员100人。从分行选调15名业务骨干，从各开发中心选调35名业务骨干到北京数据中心工作。

（二）积极推进电话银行条线劳务人员转制转岗工作

通过考试等程序，电话银行条线44名劳务人员转为辅助岗位劳动合同制员工。探索建立电话银行优秀坐席员向柜面业务岗位的转岗机制，为分行提供高素质的柜面业务人员，拓宽坐席员职业生涯发展路径，全年共69人完成转岗。

（三）多渠道提高条线新员工素质

组织实施新行员培训；在总结经验的基础上，对新行员继续实施导师制；组织6个开发中心新行员到所在地分行进行3个月的下派锻炼。

（四）加强条线基础管理工作

参与新设机构筹建准备工作，组织中心人力资源管理工作人员培训座谈会，举办信息技术条线中层管理人员履岗能力提升培训班，建立中心人力资源月报制度。走访同业，理顺电话条线各项相关管理工作。

十二、境外机构人力资源管理工作

（一）加强境外机构人员编制管理

2011年核定境外机构人员编制总数672人，其中内派员工128人，当地雇员544人。人员总量比2010年增加104人，内派员工比例提高到19%。

（二）扩充开展海外人才库

扩充后海外人才储备总量达到500人，其中管理人员达到73人，初步实现了结构调整和优化。

（三）对海外人才库人员进行多渠道多类别培训

选派43名管理人员参加北京外国语大学脱产三个月英语培训；组织50人参加第二期北京外国语大学脱产三个月英语强化培训；安排32人到总行部门进行三个月的顶岗培训；选派19人到10家海外机构进行两个月顶岗培训；为所有储备人员提供为期一年不限时的网上在线和面授英语课程培训。

（四）加强境外机构员工管理

组织开展香港分行等海外机构6个当地主管级以上雇员招聘面试工作。积极推进内派员工岗位职务晋升、聘任工作。

执笔：张洋

反腐倡廉与纪检监察工作

一、注重教育管理，全行廉洁合规从业意识进一步增强

（一）深入开展反腐倡廉教育

全行组织开展“学规定、知禁令、作表率”领导人员廉洁从业主题教育活动，引导、督促各级领导人员深入学习贯彻廉洁从业规定，查摆整改存在的问题，筑牢拒腐防变的思想道德防线。各级机构还结合党风建设要求和庆祝建党90周年，开展内容丰富、形式多样的教育活动。全行围绕反腐倡廉教育组织领导班子集体学习12 029场次，各类辅导授课15 094场次，现场参观学习

2 023 场次，学习效果测评 32 279 人，各级领导人员对廉洁从业的相关规定进一步熟悉和掌握，自律和表率意识有了明显增强。

（二）进一步落实廉洁从业各项规定

各级机构认真抓好国有企业领导人员廉洁从业规定及总行党委有关要求的执行，认真落实领导人员重大事项报告制度，坚持和完善廉洁从业谈话、述职述廉、礼金礼品登记上交等制度。总行党委补充提出领导人员廉洁从业“八严禁”要求，各级机构认真组织清查整改，纪检监察部门加强监督检查，领导人员廉洁从业的自觉性不断提高。全行开展廉政谈话 24 851 人次，述职述廉 26 998 人次，领导人员报告个人重大事项 18 684 人次。

2011 年 2 月 21 日，中国建设银行纪检监察工作会议在北京召开。

（三）不断加强员工从业行为管理

组织开展以学习宣传和贯彻执行建设银行员工从业禁止若干规定为主要内容的教育活动，继续组织新员工签署廉洁合规从业承诺书，引导员工加强自我约束和风险防范。针对员工参与社会融资、高风险投资活动等突出问题，以及内外部审计、稽核监测、业务检查发现的相关问题，开展了多轮次的员工商银行为排查活动。全行排查 66 万人次，发现问题 1 262 个，并及时采取了处置措施，进一步强化了员工的遵章守纪意识。

二、加强监督制约，权力运行进一步规范

（一）深入开展巡视工作

总行制定了巡视工作规定、实施细则和操作规程，进一步完善了巡视制度体系。总行对 8 个一级分行及驻地审计机构开展了第二轮巡视，有 10 个一级分行开展了对 23 个二级分支机构的巡视，促进了被巡视单位班子建设的加强和管理水平的提高。运用信息技术手段实现民主测评和问卷调查网络化、巡视成果数据化，巡视工作方式、方法的创新，得到中央巡视办的充分肯定。

（二）不断加强信访举报工作

围绕反映比较集中的选人用人、授信业务、集中采购、资产处置、“小金库”、基层行员工权益等方面的问题，进一步加大核查力度。对重要信访件，由总行和一级分行直接核查处理。加强信访举报信息分析，为领导决策提供参考和依据。

（三）持续强化“权、钱、人”环节的监督

完善和落实我行“三重一大”决策制度，规范决策流程，保障决策质量。加大集中采购监督力度，各级纪检监察部门严格审查把关，及时提出监督意见，促进了集中采购工作的规范运行。通过巡视、信访核查、纪委直接参与考察考核、领导人员任前征求纪委意见等措施，加强对选人、用人的监督。完善纪检监察特派员制度，充分发挥特派员的职能作用，进一步强化了对基层机构及其负责人的监督，促进了基层机构内控管理的加强。全行各级纪检监察部门提供领导人员任职审核意见近 3 000 人次；对 1.9 万个集中采购项目进行了监督。

三、整治预防并重，案件防控工作进一步深入

（一）有效查办和处置案件和重大风险事件

加强案件应急反应和调查处置，内部涉案的人员全部归案，资金风险得到控制。坚持“一案一整改”，案发机构和相关业务条线制订实施全面整改方案，并由纪检监察部门牵头对整改效果进行验收。全行查处内部人员涉案的操作性案件 4 件，金额为 711 万元，案件数量和涉案金额继续下降。全行还比照案件管理的要求，对重大风险事件进行了查处。各级机构共识别、堵截外部侵害事件 723 件，避免资金损失 2.6 亿元。

（二）进一步整治突出案件风险

全行以防控大案为目标，针对风险突出的信贷、柜面、信用卡、电子银行、票据、代客服务、贿赂、违规对外出具法律性文件等重点部位和业

务环节，开展“八大突出案件风险”专项治理。按照中国银监会深化“内控和案防制度执行年”活动的要求，组织针对大额不良贷款风险的全面排查，部署内控制度执行力突查，推进对中国银监会“防范操作风险 13 条”的贯彻落实。针对案件风险反弹的形势，总行于 2011 年第四季度召开案件及重大风险事件防控工作视频会，部署开展重点整治。

（三）进一步深化案防长效机制建设

继续组织签订《案件防控工作责任状》，层层落实案防责任。各级行按照监管部门的要求，研究制订案件防控工作考评方案，过程考评与结果考评并重，考评结果与分支机构 KPI 挂钩。坚持案件防控工作联席会议制度，定期研究推进案防工作。完善案件分析与风险提示制度，纪检监察部门及时发布风险预警信息，各级机构和相关部门有针对性地开展自查自纠。加强案防信息平台建设，总行定期编发《案件防控工作动态》，分行也通过各种载体加强信息共享，及时传导政策、交流经验、推进工作。总行制定了《关于加强案件防控工作长效机制建设的意见》，从责任机制、风险管控、员工管理、案防考评、案件查处和信息分析预警等 7 个方面，确立了 23 项长效措施，各级行结合实际认真推进落实。

四、强化责任追究，严肃执规执纪的要求进一步落实

（一）严格违规失职行为的责任追究

修订了责任追究操作规程。对案件和重大违规问题，坚持从经办、管理、领导 3 个层面严肃追究相关人员的责任，千万元以上的案件对一级分行负责人进行问责。案件和重大违规问题责任追究一律报总行核准，保证了责任追究的严肃性。纪检监察部门配合风险管理部门进一步加强授信业务责任认定，强化了授信业务违规失职行为的问责。优化责任追究信息台账和统计报表，加强信息的归集、监测和分析，定期发布情况通报和指导案例。全行处理违法、违规、违纪 3 805 人次，其中，一级分行负责人 8 人，二级分行负责人 168 人，县级支行负责人 799 人。

（二）深入推进轻微违规行为积分管理

对内外部审计、检查和稽核监测发现的问题严格进行积分。全行对 74 930 名员工累计积分 210 345 分，积分覆盖面不断扩大，各级机构对自查发现问题主动积分的比重不断上升，同一问题屡查屡犯的现象有所好转。部分分行探索建立奖励积分管理制度，对合规操作、防范风险的有功人员给予奖励积分，并相应增发绩效工资，较好地发挥了激励引导作用。

五、落实“两个文件”，纪检监察组织建设进一步加强

各级行继续贯彻落实关于加强纪检监察组织建设的中央纪委等四部委 12 号文件和总行党委 3 号文件。针对“两个文件”的贯彻推进情况，全行组织开展了专项效能监察。总行分别召开城市行纪检监察组织建设座谈会、纪检监察特派员表彰暨工作座谈会，研究推进城市行组织建设，总结、部署特派员工作。

全行纪检监察组织建设取得新的进展。全行共设有纪委 498 个，纪检监察部门 502 个。设立党委的各级机构都设立了纪委和纪检监察部门；未设立纪检监察部门的基层机构，普遍推行了纪检监察特派员制度。配备专职纪检监察人员 3 297 人，其中专职特派员 1 796 人。总行举办了一级分行纪委书记、纪检监察部总经理、业务骨干、特派员 4 个培训班；依托中纪委的培训资源，继续对纪检监察人员开展轮训；完善六大片区联合培训制度，扩大培训的覆盖面；各分支机构也加大了培训力度。全行组织各类培训 64 期，培训 2 300人次。

为加强全行反腐倡廉理论研究，成立了中国监察学会建设银行分会，在全行搭建了一个从事相关理论、政策研究的平台。分会成立后，组织编写了《大型国有商业银行纪检监察理论与实务》一书。

总行总结了近年来建设银行纪检监察的工作经验。一是坚持把围绕中心、服务大局作为推进工作的基本原则。总结提出了纪检监察“融入业务、促进发展、创造价值”的理念，始终围绕全行中心任务谋划和部署工作，为全行改革发展提供了有力的支持和保障。二是坚持把统筹兼顾作为推进工作的重要方法。以科学发展观为指导，既抓住关键突出重点，提出“反腐倡廉抓班子、

案件防控抓基层”，又按照惩治和预防腐败体系建设的要求整体推进各项工作；既注重突出问题的治理，又着力抓好长效机制建设，把治标和治本、惩治和预防结合起来，工作系统性和科学性不断增强。三是坚持把组织协调作为推进工作的有力抓手。积极协助党委做好反腐倡廉相关工作，推动党风廉政建设责任制落实，促进各级机构、各部门发挥积极性和主动性，实现了齐抓共管，形成了整体合力。四是坚持把开拓创新作为推进工作的强大动力。建立了纪检监察特派员制度，推行了员工轻微违规行为积分管理，不断探索创新反腐倡廉、案件防控的思路和方法。五是坚持把加强自身建设作为推进工作的重要保障。主动适应新形势、健全组织机构、充实人员力量、完善体制机制、拓展工作领域、提升履职能力，充分发挥纪检监察部门在反腐倡廉建设和综合内控管理中的职能作用，不断提升对全行改革发展的价值贡献。

执笔：赵向永

公共关系与企业文化建设

2011 年，建设银行公共关系与企业文化工作以迎接建党九十周年为契机，围绕全行五年发展规划，按照“对外树立和维护建设银行的良好形象、对内坚持和发展核心价值理念”的要求，大力塑造先进文化，打造一流品牌，锐意进取、开拓创新，在全行改革发展中发挥了积极的服务和支持作用。

一、坚持核心价值理念，企业文化促进业务发展成效显著

一是持续开展核心价值理念宣传和主题实践活动。各级党委中心组纷纷举办“价值观管理和员工关爱”专题研讨和讲座。全行开展“践行核心价值观”主题征文活动，征集文章 3 551 篇；各级机构通过演讲、宣讲、座谈、视频、灯箱以及组织考试、晨会学习等多种方式，广泛传播建设银行文化，强化员工的认知、认同。同时，以服务文化、合规文化和人本管理为抓手，在全行深入开展“践行核心价值观，促进科学发展”主题实践活动，将建设银行价值理念有机融合于客户服务、产品营销、风险内控和经营管理创新的实践之中，取得了显著成效。

二是不断加强示范点工作创新和先进典型的培育推广。先后组织“主题实践活动”、“示范点创新成果”学习交流会及“文化建设促进业务发展”示范点采风系列报道，引导各级企业文化示范点以培育和践行建设银行价值理念为核心，大胆先行、创新经验。因文化建设成果突出，建设银行被中国企业联合会确定为金融系统首家“全国企业文化示范基地”。在典型宣传上，坚持一手抓老典型的转型提升，一手抓新典型的培育和打造。重点指导武汉百步亭支行总结“三融入”服务模式，荣获“全国企业文化优秀成果奖”，成为2011 年度全国金融系统唯一获奖单位。

2011 年 9 月 6 日，中国建设银行举办“公益捐款你做主—建设银行邀你一起来行动”网络公益活动捐赠仪式。

二、坚持围绕中心、服务大局，新闻宣传和声誉风险管理积极有效

一是大力宣传我行改革发展成果。扎实做好年报、中报、季报等业绩发布工作，协调安排行领导接受境内外媒体访谈，大力宣传我行经营业绩亮点和“为民服务创先争优活动”的成功经验。中国银监会连续三年来函表彰我行新闻宣传工作。

2011 年 12 月 12 日，中国建设银行全行公共关系与企业文化工作会议在云南召开。

二是积极配合和支持业务发展。围绕业务结构调整、转变发展方式、产品创新与服务提升、稳健经营与风险防范等主题，与业务部门共同策划组织营销推广工作。成功开展了小企业金融服务、机构业务“文化悦民”、“三农”服务、信用卡业务、电子银行业务、保障性住房和公积金服务等重点专题宣传。配合中央宣传部、中国银监会两次组织中央媒体集中宣传报道我行小企业金融服务，中央电视台新闻联播、《人民日报》头版等进行了重点报道。

三是切实提高声誉风险管理能力。召开全行声誉风险视频会议，邀请专家授课培训。出台了《声誉风险管理办法（试行）》、补充办法和流动性危机管理应急预案。按季下发宣传要点提示，统一对外应对口径。坚持监测舆情制度，编辑《媒体监测快报》，加强舆情正面引导。组织教育培训、应急演练，提升各级应对媒体能力。全年先后妥善处置媒体危机事件 80 余起。

四是积极参加外部奖项评选。协调总行领导和高管参加国内外活动 46 场次、访谈 32 次，在国际知名媒体发表领导专访、署名文章和专题报道 16 次，荣获“中国最佳银行”、“中国最佳服务银行”、“年度最佳银行”、“亚洲最佳稳健经营银行”等国内外权威媒体重要奖项 90 多个。

三、坚持品牌战略，品牌建设和营销宣传不断创新

一是持续推进蓝色银行形象建设。修订《视觉识别管理手册》，完成新型物理网点及电子渠道视觉形象设计和标准制定；对广告用语、宣传口号等注册商标进行标注，加强品牌知识产权管理；组织了中国国际金融展、金融街亮丽工程等展览。2011 年 Interbrand 公布我行品牌价值突破 1 000亿元人民币，连续多次列国内银行业首位。目前，我行品牌价值居全球商业银行第 3 位、中国企业 500 强第 8 位、全球企业 500 强第 108 位。

二是着力打造核心产品子品牌。紧跟业务部门需要，持续打造“民本通达”、“禹道”等核心产品子品牌；加强对理财业务、私人银行业务等战略性业务的调研；积极推动电子银行“E 路通”、国际贸易融资等品牌打造；完成了 17 支平面产品广告及多支企业形象广告、产品视频宣传片。

三是不断丰富广告投放渠道。确定了“在央视等主流权威媒体重点发布，同步推进网络、户外、框架等渠道”的投放策略。年度主流媒体电视广告覆盖人群约 40 亿人次以上；全国性报刊媒体投放 44 支产品，曝光量达 8 910 万份；广播投放收听率达 3 680 万人次；主要城市机场产品广告 30 多支，覆盖人群近 3 亿人次；在同业中率先召开重点网络媒体专题沟通会，开通官方微博。

四是大力提升事件营销宣传力度。推出“中秋点灯笼，国庆普祝福”、“建设银行金微博活动”、“旺季营销宣传系列活动”等营销活动。以世博会、亚运会、大运会等重大事件为契机，组织开展全行性宣传营销活动。积极探索与文化产业合作，赞助拍摄《寻龙夺宝》，尝试《幸福额度》电影贴片。

四、坚持全面承担企业公民责任，建设银行负责任大行形象不断提升

一是认真落实公益项目。持续推进“贫困高中生成长计划”等长期公益项目，捐款 500 万元

创新实施“公益捐款你做主——建设银行邀你一起来行动”网络公益活动，捐赠900万元实施援建舟曲教育项目，捐赠700万元实施“母亲健康快车——建设银行资助计划”，捐赠300万元设立“中国建设银行资助中国（海南）改革发展研究院博士博士后专项基金”，参与“地球一小时”等活动，组建志愿者队伍全力支持抗灾、救灾，总计救灾捐款720多万元。

二是完善社会责任管理体系。编发《2010年度中国建设银行社会责任报告》（以下简称《报告》），加强审计鉴证，《报告》被中国银行业协会、新华网授予2010年度“年度最佳社会责任报告奖”和“2011中国最具创新力企业社会责任报告”奖。出台《中国建设银行公益捐赠项目管理暂行办法》，起草制定《中国建设银行年度社会责任报告编审披露工作流程》。

三是积极推进社会公益宣传。在主流媒体发布年度社会责任报告摘要，组织开展“建设银行公益行”活动，开设建设银行公益微博和博客，制作宣传片和公益教育节目。荣获“最具责任感企业”、“中国企业社会责任榜杰出企业”等多个权威奖项，在《财富》杂志发布的“中国企业社会责任100排行榜”上名列第九，荣登金融企业榜首。

五、坚持理论指导实践，宣传思想、文明创建工作富有成效

一是加强和改进思想政治工作。召开全行思想政治工作座谈会，印发《中国建设银行关于加强和改进新形势下思想政治工作的指导意见》。组织做好各级党委中心组学习服务工作。组织开展“热爱人民群众 建设和谐企业”专题笔谈、“庆祝建党90周年思想政治工作理论探索与实践创新”主题征文和“老干部口述行史”活动。全行5家单位荣获全国金融系统思想政治工作先进单位，5人荣获全国金融系统思想政治工作先进工作者。

二是大力加强员工关爱工作。召开全行关爱员工工作交流研讨会，开展了“最受基层欢迎的关爱员工举措”评选和“寻找在平凡中坚持和创造的基层员工”活动，参与制定《营业网点员工人文关怀十项规定》。

三是深入推进精神文明建设。组织开展第三批全国文明单位推荐、第三届总行级文明单位及先进工作者评选，以及文明单位创建成果巡礼、优秀案例征集交流等活动。全行135家单位荣获第三届总行级“文明单位”称号，71人荣获“精神文明建设工作先进工作者”称号。27家单位荣获“全国文明单位”称号，实现了属地争创同业第一、总量争创同业第一的目标。

六、坚持党建带团建，共青团和青年工作不断创新丰富

一是重点推进共青团组织建设和主题活动。认真贯彻落实全国基层党建带团建暨共青团系统深入开展创先争优活动座谈会精神，提出了新形势下基层党建带团建工作的意见，明确了全行共青团组织建设规范。组织开展了“创先争优迎建党，青春建功添光彩”系列主题实践活动，以及“中国青年论坛”征文、旺季营销对联宣传语征集、“走进系列”青年宣传营销等活动。全行281家单位获“全国青年文明号”称号，10人获“全国金融青年服务明星”称号。成功承办金融青年创先争优经验交流会暨全国青年文明号表彰仪式。

二是全面启动“一线青年员工成长帮助计划”。构建了以“一个目标”、“两条路径”、“五大系统”、“十项举措”为主要内容的总体推进框架，总结出“基层网点EAP项目引导模型”，编印《EAP推进手册》、《员工减压手册》，开通“成长e站”和“成长心理咨询热线”。EAP项目已列为金融系统首家“金融青年思想教育和员工心理关爱”试点项目。

七、坚持专业化精细化工作方向，基础管理和队伍建设进一步加强

一是健全完善管理机制。修订完善了全行公共关系与企业文化建设工作考核测评方案，制定了统计报告制度，形成了重要事项及时报、常规工作定期报、经验做法专题报的工作机制。

二是加强系统指导培训。组织召开了全行公共关系与企业文化工作会议，党委委员章更生出席并作重要讲话，全面回顾总结了近两年来全行公共关系与企业文化建设工作，认真分析当前形势和存在的问题，对全行公共关系与企业文化工

作进行总体部署。全年总行举办各类培训班14个，培训近千人次，各级机构也举办了内容丰富、形式多样的专业培训。总分行还注重深入基层机构调查研究，加强与外部专业机构交流合作，努力提升工作的专业化和精细化水平。

执笔：韩玲艳

离退休人员管理工作

一、评选表彰全国老干部工作先进集体和先进工作者

2011年4月根据中央组织部、人力资源和社会保障部联合下发的《关于开展全国老干部工作先进集体和先进工作者评选表彰的通知》（人社部函〔2011〕113号），决定对全国老干部工作先进集体和先进工作者进行评选和表彰。在全国建设银行系统离退休管理部和老干部工作者中评选先进单位及先进个人，并从中推选参加中央组织部表彰的全国老干部工作先进工作者。通过精心组织、认真评选，四川省分行离退休人员管理部付丽兰被中央组织部授予"全国先进老干部工作者"的荣誉称号。总行授予北京市分行离退休人员管理部等68个单位"中国建设银行老干部工作先进集体"荣誉称号；授予贺林等51名老干部工作人员"中国建设银行老干部工作先进工作者"荣誉称号，并在四川省分行召开了全国先进表彰会。

二、做好2011年度报表工作

根据中央组织部《关于填报〈2011年离（退）休干部统计表〉的通知》（组厅字〔2011〕56号）做好系统2011年离退休干部统计年报工作。按照中央组织部关于做好2010年全国离退休人员信息统计年报工作的通知要求，总行认真组织进行了全行离退休人员信息统计年报工作。在各分行离退休管理部门的大力支持和有关工作人员的积极努力下，通过大量认真细致的工作，圆满地完成了统计年报工作任务。我行离退休统计年报工作获得了中央组织部办公厅全优通报表彰的报表单位。

三、成功举办建设银行第一届"和谐杯"离退休（内部退养）人员棋牌赛

在庆祝中国共产党成立九十周年之际，2011年6月至10月，举办了建设银行第一届"和谐杯"离退休（内部退养）人员棋牌赛。棋牌赛分为中国象棋和"拖拉机比赛"，比赛的裁判员全部由我行离退休工作人员担任。在常州举办离退休工作培训班期间，对"拖拉机"比赛裁判员进行了专门的业务培训，并进行了模拟比赛。比赛中，老干部工作人员不仅较好地完成了裁判执法工作，而且培养强化了服务意识，加深了与老同志们的感情，取得了很好的效果，在全行和社会上产生了良好反响。

四、成功举办全系统离退休工作业务培训班

为落实中央组织部关于加强干部培训的指示精神，及提高我行离退休工作者的政策理论水平，2011年3月25至29日，在常州培训中心举办了离退休工作业务培训班。本期培训内容丰富、特点鲜明。通过学习，提高了我行离退休工作管理人员的政策理论水平，对党和国家老干部政策有了更加深刻的理解，对老干部工作的性质、意义有了更加深刻的认识，对今后的老干部工作任务有了更加清醒的认识，增强了做离退休工作的光荣感和使命感，坚定了做好老干部工作的信心和决心。

五、对总行机关离退休干部的组织活动形式进行优化改革

对总行机关离退休干部读书班、离退休干部

运动会、离休干部学习疗养等项活动进行改革。制定了总行本部离退休干部工作分层次管理办法，本着实事求是的原则，以更加符合老同志最大利益为出发点，经过长时间的调查研究，并向领导及相关部门认真汇报、取得支持，终于将离退休干部读书班、离休干部疗养、参加总行运动会的组织形式进行根本调整、优化改革并获得满意效果。在总行本部实施了离退休干部分层管理后，使老干部工作更加制度化、规范化、精细化、更加人性化。

六、成功完成了2011年度总行机关离退休干部的各项组织活动

第一，顺利筹办了2011年总行本部暨离退休老同志新春团拜会、座谈会，离退休老同志春游、秋游、参加总行运动会等大型活动的组织、服务工作。

第二，圆满完成了老同志各阶段生活补贴、节日补助等福利待遇的落实发放工作，完成了医疗卡、公园门卡的办理、发放工作。

第三，总行老干部舞蹈队参加庆祝建党90周年演出，受到领导和员工的一致好评。

执笔：康静

党校 （高级研修院） 培训工作

2011年，建设银行党校圆满完成了年度培训任务，总体培训能力持续提升。直接承办了各类培训项目11期，其中2期党员干部进修班，3期党务纪检骨干培训班，6期业务专题研究班，培训学员14 909人天，较2010年增加3 681人天。同时，指导两分校各承办2期党员干部进修班和34期其他培训项目。“一校三地”总计培训学员112 295.5人天，完成培训量是历年来最高的一年。

一、培训质量与效果赢得广泛好评

2011年，总行党校及哈尔滨分校和常州分校举办了第23期、第24期干部进修班，两期班共541名学员完成了教学计划，考核合格，获得了总行党校颁发的毕业证书。总行党委书记、董事长王洪章于2011年12月30日在党校呈送的第24期干部进修班学员《学习园地》（第7至12期）上作出批示：“党校学员的文章，有的写得很好。既有经验也有很好的建议。可将业务方面有价值的经验和建议转请有关部室参阅。”第23期、第24期干部进修班的培训质量与效果均赢得了广泛好评。以2011年第24期干部进修班为例，通过采取无记名方式，由71名学员参与360度后评估，共进行教学质量与效果、教学管理与服务保障、学员管理与学员党支部工作、员工职业素质与能力、校园环境与基础设施等10个方面、72项测评，非常满意率为92.9%，满意率为6.71%，基本满意率为0.33%，不满意率为0.06%（均为网络、健身等硬件设施）。

二、教学工作持续改进与创新

第24期干部进修班打破传统党校办班模式，进行了大胆创新，从实施情况、管理手段和取得的效果来看有以下三个特点：

第一，首次通过网络视频直播的方式，实现“一校三地”同期开班。通过实施网络多媒体教学系统升级，并采取全新的网络视频直播技术，第24期干部进修班在“一校三地”间首次实现了现场教学的实时资源共享和双向互动教学，将客观空间上分割开的“一校三地”在时间上同步

起来。网络视频直播技术的使用，使哈尔滨、常州两分校学员首次全程同步观看面授课程，并参与了部分课程的师生互动。

第二，首次实施党校班课程大规模面授，大幅度提高了学员的学习积极性，取得了更好的授课效果。从第24期党校班开始，总行党校严格按照机关分校教学计划，邀请中央党校教授进行主体课程面授共35次，并邀请总行领导、行业相关专家及学者面授15次。面授课程占比达到总课程的76%，其中基本理论和金融特色课面授占比达到89%。从学员对面授效果评估来看，满意率为96.69%，基本满意率为3.06%，不满意率为0.25%。面授课程与传统的观看录像相比更好地吸引了学员的注意力，同时难得的现场互动机会也促使学员们更加认真地聆听课程，更加主动地思考问题。

第三，首次由总行党校统一规划课程安排，增强了“一校三地”党校班授课整体的统一性与规范性。自第24期干部进修班开始，由总行党校统一规划党校班课程安排，提前将课程表下发两分校，“一校三地”党校班学员课程安排首次统一规划、统一实施，充分地体现了建设银行党校（高级研修院）的“大校区”建设理念。

三、基础管理扎实高效

一是在各项培训任务与日常工作中，始终坚持“以学员为中心”，把坚持党校姓党、从严治校与精细化、专业化、人性化管理有机结合起来，采取刚柔相济的综合管理模式，提出“首问、首闻、首悟”负责制与对标管理标准。二是着力加强与改进教学与学员管理、财务与采购管理等基础工作，在推进制度化、规范化、手册化、流程化建设方面有明显进步。三是确保饮食卫生与安全，确保校园安全，全年安全行车158 400公里，接送学员、老师无事故。

执笔：卿劼

工会工作

2011年，是全行各级工会动员和组织广大职工围绕中心、服务大局、群策群力、锐意进取，取得积极成效的一年。各级行工会以邓小平理论、“三个代表”重要思想、党的十七届五中、六中全会精神为指导，深入学习实践科学发展观，认真履行工会各项职能，充分发挥广大职工主力军作用，高度重视职工学习教育，关心、关爱员工，深化民主管理，广泛开展建功立业竞赛活动，积极开展帮扶救助，切实维护职工权益，有力地促进了全行各项业务持续、稳健、健康发展。

一、充分发挥工会“大学校”作用，广大职工的职业道德素质和服务技能普遍提高

2011年是全行五年发展战略的第一年，业务结构转型、增长方式转变和经营管理创新等对职工素质提出了更高的要求。各级行工会采取多种形式，着力引导广大职工不断提高思想道德素质和业务水平。

一是开展社会主义核心价值体系主题教育，提高职工的政治思想素质。总行党委高度重视加强学习型组织建设，全行各级工会充分发挥工会“大学校”作用，以员工职业道德建设、“创建学习型组织、争做知识型职工”和女职工“提升素质建功立业”活动为载体，深入推进职工素质建设。以庆祝建党90周年为契机，在全行广大职工中唱响共产党好、社会主义好、改革开放好、伟大祖国好、各族人民好的时代最强音。通过开展形势政策教育和革命传统教育，引领广大职工认真学习社会主义核心价值体系，坚定理想信念，树立诚实、公正、稳健、创造的核心价值观；通

2011 年 6 月，中国建设银行在北京举办第五届乒乓球赛，图为颁奖仪式。

过开展职工职业道德教育，激励职工艰苦奋斗，筑牢拒腐防变的思想道德防线，提高职工政治思想素质。

二是开展群众性建功立业活动，全面提高职工素质。各业务条线、各分行紧紧围绕全行关于加快发展方式转变，深入推进业务转型与结构调整的战略要求，以提高服务质量、拓展营销渠道、优化业务流程、产品创新、服务创新等为抓手，组织职工广泛开展职工业务技能训练，大力开展业务技能竞赛和岗位练兵，努力掌握娴熟的技能，不断提升经营业务和优质服务水平。广大职工立足本职岗位，争创一流，掀起了比创新、比服务、比业务、比技能、比贡献的热潮，促进了“以客户为中心”经营理念的深入落实，提升了客户服务、产品创新、风险控制能力，为相互借鉴、交流经验、提升素质搭建了一个良好平台，在全行上下形成了创先争优的浓厚氛围。

三是评选表彰先进典型，大力弘扬劳模精神。各级行工会按照计划积极推进评先创优工作，注重发现新典型、总结新经验，特别是大力表彰和宣传在积极转变发展方式、着力调整业务结构、持续深化客户服务过程中业绩突出的先进典型及其先进事迹，激励广大员工开展比、学、赶、帮、超活动，坚持把评先创优与加强管理、改善服务、提高效益紧密结合起来，经过自下而上的评选、推荐和公示，2011 年全行系统向全国总工会推荐表彰各类先进集体和个人 3 个；向中国金融工会推荐表彰各类先进集体和个人 200 个；总行评选表彰了“创新金融服务，支持经济发展”劳动竞赛、巾帼建功、模范职工之家、职工之友、优秀工会干部、工会积极分子等各类先进集体和个人 624 个，各级行工会还根据实际情况评选表彰了各类本级先进集体和个人。各级工会还积极组织优秀员工、劳动模范参加疗休养，2011 年 7 月，总行工会在大连组织了 2011 年第一期优秀员工集体休养活动，通过先进典型的示范带动作用，大力弘扬劳模精神，起到了弘扬正气、树立榜样、以点带面的激励示范作用，进一步营造了学习先进、崇尚先进、关心先进、争当先进的良好氛围。

2011 年 11 月 15 日，中国建设银行第三届职工代表大会第一次会议暨 2011 年秋季工作座谈会在北京召开。

二、认真落实职代会制度，畅通职工民主参与渠道，民主管理取得新进展。

一是发挥职工代表大会作用，深化民主管理。股改上市以来，我行一直在积极探索建立健全现代金融企业制度，形成了具有鲜明特色的公司治理结构。坚持以人为本的理念，在金融系统中率先建立多级职工代表大会制度，七年来共召开了三届七次大会和三次联席会议，充分发挥各级工会作为党和群众之间的桥梁纽带作用，我行职工民主管理工作受到中央领导重视和肯定。2011 年 11 月 15 日至 16 日，总行在京西宾馆组织召开了第三届职代会第一次会议，行长张建国、监事长张福荣分别作重要讲话，纪委书记、工会主席辛树森作职代会工作报告。总行党委成员，高级管理人员，部分董事、监事出席了会议。本次职代会收到职工代表提案 97 件，征集的提案更具广泛性、代表性，提案质量进一步提高，广大职工参政议政意识越来越强。各级机构也认真落实职工代表大会制度，积极组织召开职工代表大会和联席会议，丰富职代会内容，完善职工代表大会议事规则，加强职工代表的培训，进一步提高了职工代表大会的质量。2011 年共有 18 个一级分行召开了职工代表大会，通过职工代表大会做了很多深入细致的工作，推动解决了职工在职业发展、薪酬分配、员工培训和福利保障等方面的切身利益问题，促进了劳动关系的和谐稳定。各级职工代表大会代表以饱满的精神状态和高度的政治责任感，围绕重点工作，畅所欲言、献计献策，并提出了许多建设性的意见和建议。

二是积极探索行务公开，搭建日常民主管理平台。各级行积极探索行务公开，开展了“员工接待日”工作，开设了“行长信箱”。广开言路、广集思路，认真倾听、及时了解职工最关心的焦点、热点问题，着力解决广大职工反映强烈的共性问题，虚心接受职工的合理化建议，努力维护职工切身利益，做到有效交流、良性沟通。有些分行还组织开展建言献策、合理化建议征集等活动，鼓励职工开拓思路、创新建议；对转化为政策、方案和行动的建议和意见，适时进行了表彰和宣传，使职工体验到献计献策的成就感，激励和保护了职工参与全行经营发展的积极性。这些民主管理和维权举措，扩大了职工代表大会的内涵与外延，使全行的民主意识不断提高，真正实现了民主管理的常态化。

三、丰富职工文体生活，关心关爱基层职工身心健康

一是广泛开展群众性职工文体活动，丰富职工业余生活。各级机构以庆祝中国共产党成立 90 周年和纪念辛亥革命 100 周年为主题，组织开展了文艺演出、演讲比赛、书画摄影、文学创作、职工运动会、球类比赛、游泳比赛等多种形式的文化体育活动，大力普及工间操，丰富了职工业余生活。总行举办了全行第五届职工乒乓球比赛，组织参加了全国金融系统 2011 年文学艺术系列展赛，代表金融工会参加了全国行业体协羽毛球赛、国际职工体育交流会羽毛球赛、中国金融体协桥牌比赛等活动，取得了优异的成绩，展示了建设银行职工积极向上、健康阳光的精神风貌和企业形象，进一步推动了职工的艺术创作热情和全民健身运动的开展。在群众性文体活动中涌现出一大批多才多艺的文体骨干，他们将自己的文体特长很好地融入了银企联谊、大客户营销等多方面的重点业务工作，积极搭建与客户的交流平台，提升了业务攻关的方式和内容，丰富的文体活动日益成为全行重要的业务营销手段，在全行加快转变发展方式、促进科学发展方面发挥了积极的作用。

二是创新开展职工心理辅导活动，帮助职工缓释压力。各级行工会充分发挥贴近基层、了解基层的优势，及时了解和掌握职工的思想状况，积极探索建立心理援助、咨询、疏导工作与职工思想工作相结合的平台，从更为专业的角度、以人文关怀为核心关爱员工。各级工会通过组织心理健康专题知识讲座和现场指导、心理测试、开通心理咨询热线和咨询邮箱等多项心理辅导活动，帮助职工缓释心理压力，引导职工快乐工作、健康生活；通过定期开展职工健康体检，冬送温暖夏送清凉慰问一线职工，积极协调解决基层网点工作环境、一线职工午餐等问题，关注、关心职工日常生活。有的分行实施“员工心理健康帮助计划”项目，全面、系统地开展对一线职工的心理辅导，在系统内产生了示范推广效应。

三是关心、关爱女职工，维护女职工的特殊权益。各级工会女职工委员会利用开展争创女职工文明示范岗、争当巾帼建功标兵活动等措施，鼓励女职工岗位建功，涌现出一大批全国级、总行级和省级女职工文明示范岗和巾帼建功标兵、先进女职工组织及三八红旗集体。同时，各分行在充分调研及试点的基础上逐步开展女职工权益保护专项集体合同签订工作，积极创造条件关心、关爱女职工，加强对特困单亲女职工的帮扶救助，针对女职工开展了心理健康、营养饮食、女性保健等方面的专题讲座，增强女职工心理素质，促进家庭和社会和谐；为孕期女职工发放防护服，为大龄单亲职工举办联谊活动，加强不同职工群体的人文关怀，积极营造宽松和谐的工作环境。

四、积极开展帮扶救助活动，切实为职工解决生活困难，构建和谐发展环境。

一是积极开展送温暖活动。各级工会深入一线、深入基层、深入困难职工家庭，采取多种形式走访慰问困难职工，并真诚倾听困难职工反映的突出问题，关心他们的疾苦，积极协调有关部

门为他们解决实际难题。2011 年元旦春节期间，全行共慰问困难职工 11 683 人次，慰问金额达 1 661万元。

二是深入推进互助基金帮扶救助工作。一年来，全行切实加大对特困职工的救助力度，各级互助基金救助特困职工和协解人员 8 303 人次、救助金额达 4 611 万元，其中总行互助基金救助特困人员394 人次、救助金额达2 164 万元。总行党委还非常重视特困协解人员救助工作，总行行政安排专项救助资金 6 000 万元，补充总、分行互助基金，一年来，全行各级互助基金救助特困协解人员 1 371 人次、救助金额达602 万元，体现了我行对协解人员的关爱，充分展示了我行主动承担社会责任的现代企业风范。各级工会还通过精神关怀、贴心服务、金秋助学等帮扶活动，切实帮助职工排忧解难，把党政和广大职工的温暖关怀送入困难人员家庭。经过近 6 年的不断探索实践，互助基金帮扶救助工作已经成为我行关爱职工的一个品牌和工会履行职责的重要平台，受到了广大职工的积极拥护。在 2011 年 10 月召开的全国金融系统职工保障工作座谈会上，我行作为重点发言单位介绍了互助基金帮扶救助机制建设等情况，交流了互助基金管理经验，得到了中国金融工会和同业的充分肯定，进一步增强了我们做好这项工作的信心。

五、扎实推进自身建设，增强工会组织活力，不断夯实工会工作基础

一是健全工会组织和干部队伍。按照“组织起来”的要求，进一步健全了工会组织，推进落实了选举制，完善了工会组织办事机构和工会专兼职干部配备，以兴趣小组、专业协会为基础，团结和培养了一大批有爱心、能组织的工会积极分子，使工会覆盖面进一步扩大，凝聚力进一步增强。

二是加强工会干部培训。按照工会干部培训一条线、抓重点的思路，各级工会紧密结合当前工会工作实际以及社会难点、热点问题，对全行工会领导干部、专兼职工会干部进行思想政治教育培训、岗位培训、适应性培训、专业培训等多层次、多形式、多类别的培训。总行举办了一级分行工会主席高级研修班、一级分行女工干部培训班和二级分行工会主席培训班，共 200 人参加了培训。

三是大力开展“职工之家”创建活动。各行始终坚持以职工为本，把增强工会组织活力、支持建设银行改革发展、提高职工综合素质、为职工办实事作为开展建家活动的重要内容。制定建家评价具体实施细则，健全督查考核机制；召开建家工作经验交流会、组织现场观摩学习；将评选表彰模范职工之家与评选五一劳动奖状、劳动关系和谐企业等挂钩，扩大了模范职工之家的社会影响。建家覆盖面不断扩大，工作措施不断强化，活动方式不断创新，工作成效日趋明显，推动了工会规范化建设和重点工作的落实。1 个单位被评为“全国模范职工之家”，1 名同志被评为“全国优秀工会工作者”，9 个单位被评为“全国金融模范职工之家”，7 个单位被评为“全国金融模范职工小家”。

四是加强基础管理，规范工会制度建设。总行下发了《职工互助基金管理办法》，严格规范了救助程序，合理界定救助对象，科学确定救助标准，完善了互助基金救助长效机制。总行下发了《工会财务会计管理规程》，统一全行工会财务会计管理模式；组织对部分一级分行工会 2010 年度经费预算执行情况进行了审查，进一步规范了工会经费使用和管理，防范和控制了操作风险。

在总结工作成绩的同时，我们也要清醒地认识到，我们的工作与各级行党委的要求和广大职工的期望还存在一定的差距。一是工会组织结构如何更好地适应机构扁平化等业务结构调整；二是工会干部队伍素质需要进一步提高；三是需要继续加强调研，深入基层，了解一线职工的生活和工作情况。所有这些，都需要在今后工作中采取措施切实加以改进。

执笔：鞠红洁

第四部分　境内分行改革与发展

北京市分行

北京市分行行长　田惠宇

一、业务发展概况

2011 年，北京市分行本外币总资产 10 478.49 亿元，较上年增加2 167.85亿元，增幅 26.09%；本外币存款余额 10 325.72 亿元，较上年增加 2 121.84亿元，增幅 25.86%，其中人民币存款余额 9 174.81 亿元，较上年增加 1 555.65 亿元，增幅 20.42%；本外币贷款余额 3 294.12 亿元，较上年增加 323.46 亿元，增幅 10.89%，其中人民币贷款余额3 127.67 亿元，较上年增加 308 亿元，增幅 10.92%，全年实现账面利润 116.1 亿元。全口径存款突破 1 万亿元，成为建设银行系统首家存款突破万亿元的分行。

【公司业务】本外币对公存款余额 7 767.25 亿元，较上年增加 1 868.9 亿元，增幅 31.69%；本外币对公贷款（不含贴现）余额 2 697.5 亿元，较上年增加 296.94 亿元，增幅 12.37%。新开客户数量 18 872 户，其中注册资金亿元以上新开客户数量 227 户，合计存款余额 166 亿元。百家重点存款客户合计存款余额 2 402 亿元，较上年新增 630 亿元。造价咨询业务实现收入 2 亿元。新增签约年金受托资产规模近 30 亿元。

【个人银行业务】本外币个人存款时点余额为 2 558.48 亿元，较上年增加 252.94 亿元，增幅

2011 年 10 月 28 日，中国建设银行北京市分行与北京市保障性住房建设投资中心举行战略合作签约仪式。

10.94%。基金、保险、理财、信托、黄金、国债等产品累计销售 1 154.02 亿元。个人代客投资理财业务收入首次突破 3 亿元，个人网银、手机银行、短信通、电话银行四项合计客户净新增 360.02 万户，客户存量达到 1 138 万户。电子银行账务性交易占比达到 79.33%，较上年提升 16.51 个百分点。自助设备账务性交易占比达到 67.05%，较上年提升 6.49 个百分点。个人高端客户数量达 4 527 名，管理客户资产超过 283 亿元。

【中间业务】中间业务取得跨越式发展，实现净收入 44.46 亿元，同比增加 16.05 亿元，增幅 56.51%；净收入系统排名第 5 位，较上年提升 3 位；区域四行收入及新增均稳居市场第 2 位，收入超过亿元的产品增加到 12 项，其中投资银行业务实现收入 12.35 亿元，同比增长 5.93 亿元，增幅 92%。票据贴现业务实现利息收入 2.7 亿元。进一步优化产品结构，明显提升客户满意度。

【国际业务】外汇全口径对公存款余额较上年新增 94.37 亿美元，外汇贷款较上年新增 3.53 亿美元，累计完成国际结算量 706.22 亿美元。本

2011年10月29日，中国建设银行北京市分行与中国移动通信集团北京有限公司举行银企战略合作协议签署仪式。

外币贸易融资余额较上年增加46.74亿元，增幅127%。组织开展“跨境通途 千户争鸣”跨境人民币业务双季双增专项营销活动，全年累计完成跨境人民币结算量256.68亿元。

【零售信贷业务】信用卡客户新增39.4万户，同比增长76%；银行卡业务收入在四行中占比23.87%，同业排名第2。信用卡实现消费交易额245.5亿元，同比增长27%；中间业务收入3.27亿元，同比增长61%；累计发展特约商户21 763家，信用卡分期交易额6.03亿元，分期业务收入5 184万元，同比增长398%。自营性个人贷款本年发放金额177.64亿元，较上年增加81.79亿元。房贷发放北京在同业中占比第1，公积金个贷发放金额113.21亿元，在同业中占比保持第1，公积金项目贷款发放金额35.85亿元。小企业信贷余额53.69亿元，较上年增加31.09亿元；小企业非贴现贷款金额31.5亿元，较上年增加13.7亿元。

【资产质量和风险控制】五级分类不良贷款余额26.39亿元，较上年减少2.33亿元（不良贷款额和不良贷款率年初数均为审计前口径）；不良贷款率0.80%，较上年下降0.17个百分点。贷款退出金额20.68亿元，退出计划完成率123.9%，AA级（含）以上客户占比91.19%。行评级覆盖率达到99.89%，较上年提高0.31个百分点，为历史最优水平；经济资本占用比例5.11%，较上年降低0.06个百分点。

二、主要工作举措

【对公业务开展全员营销活动，促进客户数量快速增长】采取招标制方式，签订任务型团队营销目标责任书。加强重点客户资金流监控，争取上市公司、发债企业等资本市场资金归集；抓存款源头，跟踪资金链条，通过供应链融资、国内保理等金融服务，加大上下游及关联客户的批量营销；针对中高端客户群体的短期资产保值增值需求，推出智慧型存款增值类产品。建立以固定资产贷款、流动资金贷款、供应链融资为主的融资产品线。建立以百易安、委托贷款、银团服务、应收账款管理为主的中间业务产品线。完成保理池融资、融资租赁保理两项产品创新开发。与北京市保障性住房建设投资中心签订战略合作协议。根据协议，将给予保障房中心200亿元意向性授信额度，用于支持保障房中心承担的公共租赁住房、棚户区改造等保障性住房项目。与中国人民解放军总医院（301医院）合作正式推出“301模式”一卡通系统。该系统将银行卡与就诊卡合二为一，整合优化了挂号、候诊、交费、检查、取药等就医流程，服务效率显著提高。推出网络银行“e棉通”产品，该业务可实现小企业信贷业务的批量化、规模化运作，全国各地涉棉小企业均能享受“送款上门”的服务，是建设银行电子商务领域网络银行业务模式的又一大创新。“e单通”年内累放突破60亿元大关，系统内排名首位。与16家全国性的第三方支付机构签署备付金业务合作协议，签约客户量建设银行系统排名第一。营销全国第一只证券公司现金理财产品，信达现金宝集合资产管理计划专用账户的启用标志着证监会首只现金管理产品成功上线，北京市

2011年11月23日，中国建设银行北京市分行与全国棉花交易市场召开e棉通网络融资业务启动仪式暨新闻发布会。

分行成为第一家办理此项业务的商业银行。

【积极拓展，个人业务专业化营销能力不断提升】抓业务拓展，开展旺季营销、社区营销、保险营销季、贵金属交易大赛、年末存款攻坚战、电子银行联动营销等专项活动，下大力气投入基础性建设，着力中高端客户服务体系建设，加强服务管理，加大营销支持力度，运营机制优化成效逐步显现。组织实施柜面业务分流工作，客户平均等候时间下降 10.9%。推出“理财夜市”，发挥网上银行渠道优势，针对上班族购买理财产品需求，产品在夜间开始发售，截至年末，共发行理财夜市 15 期，募集资金 16.38 亿元。首创“资金体量”概念，将存款、中间业务收入、客户等诸多维度的多项指标引入这一核心理念中，在存款、理财及产品销售等方面不断取得突破，全年“资金体量”增加 722 亿元，同比增长 49.5%。私人银行部实行产品定制化，为高端客户推出中医养生、高尔夫活动、子女留学教育等个性化服务项目。以特殊合作伙伴身份参与“艺术北京 经典艺术博览会”、“宋元明清中国古代书画大展”及“水墨江南——丁观家作品展”等大型艺术活动，增强私人银行业务的品牌内涵，提升社会认知度。

【多项措施，促个贷业务稳步发展】建设银行系统内首家推出异地项目个人住房贷款产品，出台《助业贷款实施细则》、《留学贷款实施细则》、《个人类贷款提前还款优化方案》、《小额信用贷款系列产品指引》、《北京住房公积金管理中心住房公积金贷款营销方案》等。推出个人信贷业务贷前营销手册、贷中运营手册。推出适合存量优质客户、代发工资客户、公积金贷款客户、公积金缴存客户等的小额信贷业务产品，将小额信用贷款业务办理范围由城区 6 个信贷中心扩展到所有郊县支行。成立以公积金业务为特色的雍和个贷中心，完成组合贷款流程改进方案，将组合贷款办理时间由常规 2 个月缩减到 1 个月内，公积金发放北京地区同业占比保持首位。

【建立组织管理新体系，运营机制高效顺畅】优化运营机制，整合组织架构，梳理业务流程，完善管理职能，实现管理为经营服务。调整分行本级和网点功能定位，通过部门精简、大客户集中、员工“双选”、成立专业化中心、建立以岗位为核心的人力资源管理体系、建立全方位满足客户需求的网点渠道体系等措施，实现了“中后台为前台服务，前台为客户服务”。优化后分行本部组织架构划分为对公业务板块、零售业务板块、运营支持板块、运营保障板块共四大板块，共设置 26 个部室。建立以岗位为核心的、市场化的、符合现代企业管理要求的人力资源管理体制。

【强化风险控制，内控管理更加健全】风险管理突出过程控制。体现“两个变化”，一是整合分散在多个部门的操作环节，成立放款中心，为客户和前台提供“一站式”服务；二是控制经营过程中的风险，各环节的操作人员成为风险控制的关键点，将风险管理寓于流程运作过程中，避免“锁上加锁”。成为建设银行系统一级分行风险管理评价 A 级行，综合得分 92.23 分，排名第 2 位，较上年提升 11 个位次。做好审计整改和安全保卫工作，落实 2010 年度 38 个审计整改项目，整改 1 058 项问题。堵截各类案件 123 起，涉案金额 921.8 万元。

【不断努力，资金结算业务再上新台阶】资金结算业务结合地区特点，为客户提供完整的资金链条服务，推出多项国内信用证创新产品。推出国内信用证福费廷业务；创新国内信用证委托代理议付及卖方融资功能；创新集团集中代理国内信用证业务。运行高拍仪数码影像采集系统，以影像替代原客户复印资料，有效降低营运成本。在 10 家营业网点创新推出自助填单机服务，通过触摸屏、自动识别读取、自助套打等电子化技术手段完成银行凭证表单填写，成为北京地区首家提供此项服务的商业银行。单位人民币结算卡子卡发卡量系统排名第 1。截至年末，实现单位人民币结算业务收入同比新增 7 375 万元，增幅 86%；单位电子银行业务收入同比新增 3 193.58 万元，增幅 67%；各项结算产品计划完成率大幅提升。会计稽核差错率从年初的 0.36‰降至年末的 0.21‰。

【以人为本，进一步加强企业文化建设】通过拓宽职业生涯通道、启动内退机制、就近上班等措施，把关爱员工落到实处。通过一线员工座谈会、内部流程用户之声、行长信箱等渠道广泛收集员工意见建议。创新培训形式，加大培训力度，将“请进来”与“送出去”相结合。围绕建党90周年和创先争优活动，开展“我是党员我先行”等主题活动，营造“比学赶帮超”的良好工作氛围。采用全面荣誉激励体系，评选“年度人物”、“年度团队”和“领军人物”等。围绕“团结奋进、创新发展”的主旋律，以“共建精神家园　构建和谐建行”为主题举办第五届文化艺术节，组织开展文化活动十余项，展示了员工风采，体现了建行人健康向上的精神面貌。分行合唱团赴匈牙利、奥地利访问演出，参加“布鲁克纳第三届国际合唱节”比赛，荣获合唱节金奖。

执笔：何冰

天津市分行

天津市分行行长　高德高

2011年8月25日，中国建设银行天津市分行员工深入售楼现场为客户服务，为示范小城镇建设提供信贷支持。

2011年，天津市分行认真贯彻落实总行工作会议精神，深入进行结构调整，积极推进战略转型，努力提高营销水平，大力加强内控管理，各项业务呈现稳步健康发展态势。

一、业务规模显著增长，客户群体不断扩大

增存工作取得良好成绩，全年对公存款净新增48.06亿元，在同业四行中唯一一家实现正增长，余额达到1 039.67亿元，列四行第1。储蓄存款新增79.27亿元，日均、网均新增和增速均列四行第1，余额达到676.64亿元，在四行中占比从年初的17.70%提升至18.29%。在不断丰富项目储备的基础上优先满足重要客户贷款需求，全年共实施贷款投放932亿元，公司类贷款净新增108.16亿元，余额达到1 435.81亿元，居四行第2。

人民币全部结算账户和基本结算账户分别增长4 659个和2 457个，增幅达到14.08%和17.95%。基本结算账户在四行中占比首次突破10%，全部结算账户四行占比接近14%，进步明显。个人价值客户折算新增95 493人，客户增幅在建设银行系统内列第17位。个人高端客户数累计达1 760人，高端客户金融资产79.59亿元，分别较上年增长52.12%和57.58%，在系统内名列前茅。

二、零售业务推进有力，结构调整成效初显

进一步解放思想、转变观念，在保持批发业务稳步健康发展的同时，坚决按照总行战略要求积极调整业务结构，采取有效措施弥补零售业务短板并取得明显成效。

【个人金融业务】进一步完善网点管理评价体系，各网点营销服务水平和价值创造能力得到进一步提升，全年共实现中间业务收入3.2亿元，同比增速达到57.16%，位列建设银行系统第1，代理基金、代理信托、理财产品、实物黄金等多项产品销售收入在系统内和地区同业间名列前茅。

【住房金融业务】面对复杂的政策环境和严峻的市场形势，积极在挑战中抢抓机遇，全年实现住房贷款新增45.04亿元，新增在四行中占比达到42.06%，列第1位；余额达到213亿元，四行排名上升至第2位，占比保持在25%以上。住房公积金归集继续保持100%的市场份额，公积金贷款余额和新发放占比均稳定地保持在90%以上。

【信用卡业务】累计发卡数量达到78.1万张，首次超越招行，列地区同业第2，钻石卡、白金卡、标准白金卡等重点产品、特色产品推广力度不断加大，产品覆盖度达到28.88%，位列建设银行系统前茅。以购车为主的分期业务实现跨越式发展，带动业务收入快速增长。

【小企业业务】逐步实现专业化经营和标准化管理，信贷客户数增至220户，全年非贴现贷款新增9.77亿元，余额达到15.44亿元，不良贷款率下降至3.14%，年化综合收益率相当于平均加权基准利率上浮28.02%，价值创造能力开始显现。

三、中间业务增势强劲，战略转型深入推进

坚持以大力发展中间业务为核心，深入推进战略转型，全年共实现中间业务收入14.15亿元，同比增速达到28.65%，完成总行下达年度计划的116.39%，地区同业四行排名居第2位，在四行中占比为25.62%。工程造价咨询、房改金融等传统优势领域市场领先地位更加巩固，结算等“短板业务”进步明显，黄金租赁、代理贵金属等新兴业务实现破零增收。

【投资银行业务】通过设计发售一系列有定价吸引力、期限灵活多样、风险可控的差异化理财产品，满足了客户多元化理财需求，为巩固客户基础、带动存款增长发挥了积极作用。

【电子银行业务】客户规模接近400万人，各项主要指标在建设银行系统内排名快速提升，电子银行交易网点约当量达到300个左右，其中账务性交易占比系统内排名较上年提升15位，业务交易模式已从以柜面为主发展到柜面、电子银行和自助银行并重的新格局。

【国际业务】全口径外汇存款全年新增1.19亿美元，完成总行计划的278%。跨境人民币结算业务量在四行中占比超过20%，排名上升至第2位。通过开发应用跨境转汇、换币代付、出口再融资等新产品，带动贸易融资业务稳步增长，国际业务对全行贡献度进一步提高。

四、产品创新成效显著，联动营销取得实质进展

大力推进产品应用和产品创新工作并取得丰硕成果。成功获得新农村建设贷款试点资格并对5个项目实施贷款投放，成功推出公积金委托保障房项目贷款，大力推进“公租房模式”贷款项目实施，独家获得公租房租金和保证金管理业务的承办资格，取得社会效益和经济效益双提升。银团贷款、国内保理等产品余额快速增长，对账户、存款和结算收入的拓展起到了积极带动作用。“易安家”二手房交易平台的推出有力地促进了房地产金融、个人金融业务的联动营销，“供应链融资”系列产品的推出进一步拓宽了中小企业融资途径。

条线内和条线间联动机制建设取得实质进展，结合区域经济发展和自身经营特点，搭建起多个业务发展平台，进一步拓宽业务发展领域。以推广“民本通达”综合服务方案为契机，继续加大对军队武警、教育卫生、财政社保等领域的金融支持服务力度，分别与市属卫生、水务、民政系统签署战略合作协议，在信贷、工程造价、银行卡、代发工资、网银、结算业务等方面展开广泛合作。电子商务发展取得长足进步，其中“E商贸通”产品在渤海商品交易所的应用得到了总行的高度认可，对实现客户批量增长、增加资金沉淀和扩大结算收益起到了积极作用。

五、风险管理更加精细，质量效益稳步提升

按照总行要求推进信贷结构调整工作，在遵

循统一客户标准的基础上，优先选择资金实力强、产品竞争力强、市场占有率高、利润业绩突出及对分行综合贡献高的客户，保证了信贷资源的合理配置。积极推进改善融资平台贷款风险状况，按照总行“表外业务管理年”工作部署，认真清理境内保函和一年期以上表外贷款承诺业务，有效降低经济资本占用。不断强化信贷业务全流程风险控制，深入推进贷后管理长效机制建设，采取现场检查、非现场监控等多种形式做好存量授信业务的动态跟踪监测，特别是加大对政府融资平台、房地产以及出口相关行业等重点领域、重点客户风险滚动排查力度，使信贷资产的一些风险因素得到控制和化解，风险管理的精细化水平得到不断提升。

扎实推进资产保全集中经营，充分运用现有各项政策和手段，实现了一批存量公司类不良贷款项目的快速处置。处置各类不良资产 5.9 亿元，完成总行下达计划的 165%，实现不良资产现金回收 3.08 亿元，完成总行下达计划的 156%，实现不良资产超值现金回收 2.34 亿元，完成总行下达计划的 156%。截至 2011 年末，不良贷款余额为 8.98 亿元，不良贷款率为 0.54%，持续实现“双降”。业务发展和资产质量提升带动全行财务效益与盈利能力进一步提升，实现拨备前考核利润 42.55 亿元，人均创利超过 73 万元，再创历史最好水平。

六、服务质量显著提升，内控管理更加扎实

将深入开展“为民服务　创先争优”活动与进一步提升服务质量建设水平有机结合起来，在全行掀起“给力一线、提升服务、争创客户满意银行”的活动热潮，促进各营业网点服务环境面貌明显改观，服务效率和服务质量得到有效提升，在总行组织进行的“神秘人”检查中取得建设银行系统内第 11 名的历史最好成绩。通过客户之声与内部流程用户之声系统，了解客户和一线员工对分行产品、服务和业务流程的意见与建议，及时组织采取改进措施，共完成 11 个流程优化项目，对提高工作效率和客户满意度发挥了重要作用。

按照总行要求深入推进营运管理体制改革，成功实施柜面业务集中处理系统推广工作，为进一步控制营运成本、降低操作风险、提升柜面营销能力和后台集约化处理效率奠定了基础。不断加强 IT 服务响应体系建设，完善信息安全保障体系和制度规范，在总行 IT 风险管理考评中取得第一名。采取有效措施巩固操作风险和案件防控工作成果，重点推进“八大突出案件风险”专项治理活动，完善并出台《分行案件防控工作考核办法》，明确案防工作责任，加大案件问责力度，保持风险控制高压态势。深入推进“平安建设银行”建设，认真做好维护稳定和安全运营管理工作，未发生案件和重大安全生产责任事故。

七、队伍建设持续加强，和谐氛围更加浓厚

持续推进惩防体系建设，增强领导人员“一岗双责”意识，认真开展“学规定、知禁令、作表率”领导人员廉洁从业主题教育活动，党员领导干部的思想工作作风进一步改善，廉洁自律意识不断加强。采取校园招聘、定向招聘、社会招聘等方式大力开展人才引进工作，有效缓解了相关岗位人员紧缺的压力。进一步完善员工队伍管理机制，劳务派遣制员工全部加入银行工会组织，并分两批择优录用 685 名劳务派遣制员工为定向合同制员工。

坚持“以人为本”，让全体员工共同分享改革发展成果，全行员工人均工资及福利费用均实现 14% 左右的增长。充分利用内外部培训资源，开展多层次、多类型的员工培训项目，启动“一线青年员工成长帮助计划”（EAP 项目）并取得初步成效。团刊《青・瞰》成功创办，与企业内刊《蓝本》共同成为展现员工精神风貌、提升建设银行品牌形象的平台。进一步加强对基层员工身心健康、工作生活条件以及职业生涯发展规划等方面的关心关注，企业文化“关爱员工”的特点更加鲜明和突出。结合庆祝建党 90 周年，各级党政工团积极组织开展各类主题活动，有效激发全行员工立足本岗、建功立业，全行的向心力、凝聚力进一步增强。

执笔：邢军

河北省分行

河北省分行行长　李秀昆

一、业务发展概况

截至2011年末，全口径存款余额4 402.11亿元，比年初新增565.86亿元；各项贷款余额2 338.13亿元，比年初新增321.5亿元，存贷款新增额均居建设银行系统第6、同业第1。全年实现中间业务收入34.6亿元，比上年增长34.26%。实现账面利润63.24亿元，创历史最好水平，比上年增长17.79%。年末五级分类口径不良贷款额为13.58亿元，比年初减少5.29亿元；不良贷款率为0.58%，比年初下降0.36个百分点。

【公司业务】至年末，对公人民币存款较年初新增248.73亿元，市场占比58.75%，较上年末提升31.52个百分点；对公存款余额首次跃居同业首位。对公人民币贷款较年初新增192.13亿元，位居同业第1，其中非贴现贷款新增系统第1。公司牵头口径实现中间业务收入14.14亿元，同比增长50%。

【机构业务】至年末，机构客户人民币全口径存款新增199.86亿元，其中人民币同业存款新增完成总行计划的22倍。总行考核口径中间业务收入实现2.14亿元。教育、医疗等重点领域信贷余额继续保持同业领先地位。

【小企业业务】至年末，小企业贷款余额185.69亿元，较年初新增42亿元，其中非贴现贷款比年初新增50.58亿元。小企业非贴现贷款全年累计发放219亿元，同比增幅达46%。实现中间业务收入3.35亿元。

2011年8月25日，中国建设银行河北省分行举办2011年全省建设银行国际结算业务知识竞赛。

【个人金融业务】至年末，个人存款余额2 395.31亿元，新增226.01亿元，新增市场占比31.23%，较上年提升12.41个百分点，为9年来最好水平。实现个人中间业务收入9.42亿元。个人高端客户新增系统排名首次跃居前三名。

【住房金融业务】至年末，房地产开发贷款余额111.59亿元，比年初新增20.46亿元，新增位居同业第1。个人贷款余额达到513.07亿元，比年初新增118.41亿元，新增位居同业第1。实现中间业务收入3.24亿元。个人贷款不良额、不良率实现双降。

【国际业务】至年末，对公外汇存款余额3.11亿美元，比年初新增0.72亿美元。实现中间业务收入3.01亿元。全年累计办理表内外信贷业务85.09亿美元，同比增长7.80亿美元。无新增不良与垫款。跨境人民币结算业务市场份额达到37%，位居同业第1。

【信用卡业务】当年净新增客户37.71万户，客户新增计划完成率位居系统第1，存量客户达到112万；新增发卡位居同业第1。实现业务收入2.87亿元，同比增长100%。消费交易额213亿元，同比增长67%。账户活动率56%。逾期90天以上贷款不良率0.59%，低于系统平均水平0.22个百分点。

【电子银行业务】个人网上银行、手机银行和企业网上银行签约客户均超额完成总行奋斗目标。个人网上银行和手机银行全口径客户新增跃居同业首位。直接业务收入1.51亿元，同比增长35.65%。全年电子渠道账务性交易量比达到42.92%，比上年底提高12.22个百分点。电子银行交易额达到2.47万亿元，是上年同期的1.51倍。

【资产质量与风险控制】不良资产处置6.70亿元，完成总行计划的191%；现金回收2.67亿元，完成总行计划的190%。全年未发生案件和重大风险事件。

二、主要工作举措

【明确战略前景和发展策略】在认真研究分析面临经营形势的基础上，按照总行的战略规划，根据改革发展的内在要求，分行新一届党委明确提出了未来5年“五个最、一个先进”战略前景和发展目标，确定了分行近期和中期发展策略。经过深入调研，提出了“一行一策”发展方略，努力打造相对稳定的竞争优势。

2011年8月31日至9月1日，中国建设银行河北省分行在石家庄召开全省建设银行2011年夏季工作会议。

【加快主营业务发展】

大力发展资产业务。支持电力、铁路运输等传统优势产业及战略新兴行业等潜力行业，加快推进新农村建设项目，加大卫生、教育、文化等领域信贷业务拓展力度，有层次、有重点地推进重点行业、专业市场、核心企业供应链内小企业业务发展，拓展商贸物流类客户和贸易融资类贷款。实施“大房金”战略，继续巩固房改金融业务领域优势，积极推动个人住房贷款、消费经营类贷款发展，开展交叉营销，产品覆盖度不断提高。

积极抓好负债业务。对公存款方面，通过多产品覆盖与延伸营销，为客户量身定制综合性资金理财及服务方案等措施，努力提高资金沉淀占比；加强各级财政、社保等重点客户的拓展维护力度，加强新农保账户和社保联名卡的营销，通过账户拓展带动存款增长。积极增加贸易项下外汇存款，抢抓外商投资外汇账户，全力吸收外汇资本金。个人存款方面，抓源头、抓代工、抓服务、抓高端；借助理财产品做好资金回流；利用借记卡、转账电话抓储蓄、结算资金沉淀。

加快发展中间业务。通过拼市场、做产品、重激励等方式，持续加大中间业务拓展力度。打造全面金融解决方案，发展新型财务顾问业务，加快债券承销及新兴融智类投行业务发展，持续加大借记卡、代销基金、代理保险、理财产品、贵金属等的营销力度，组织开展电子银行“五走进”和“万家企业网银计划”产品推介等活动，积极拓展购车分期、家装分期等厚利型业务。

努力夯实客户基础。通过“客户营销服务季”和“争先进位收官季”等活动，抓客户、抢账户，扩大客户基础。大、中、小并举，建立起有效的客户管理体制；安排专项费用，加大基础客户营销激励力度；新增、存量客户双管齐下，客户基础进一步夯实。

【加快转变发展方式】

不断优化信贷结构。细化结构调整方案，严控“两高一剩”、“名单制”行业及政府融资平台等领域信贷投放。审批环节落实“一行一策”，利用区域差别化政策，控制风险并引导信贷结构调整。按照大型企业、中小型企业、个人贷款各占1/3的原则，同时进行存量增量调整。

努力提高定价水平。一方面，召开贷款利率调度会，增强客户经理议价意识，将贷款规模的核定与价格水平挂钩；另一方面，研发上线利率管理系统，下发人民币非贴现贷款利率及综合收益实施办法，有效发挥利率杠杆对业务发展的促进作用，特别是6月以来，贷款定价水平明显提升。

稳步提升资产质量。持续加强资产质量管控，精细化资产风险分类管理，进一步完善平行作业制；深入落实贷款新规，做好信贷资金流向监控、跟踪检查等贷后管理工作。继续实施资产质量目标责任管理，建立资产质量管控的主动应对和动态调控机制。有效提升不良资产和已核销项目处置效率，切实做好表外不良资产的经营和管理工作。

持续加强渠道建设。加快物理网点建设，全年落实网点装修项目142个，其中新设机构项目12个。选聘优秀人员充实客户经理队伍，强化激励考核，提供信息支持及沟通交流平台，激发客户经理工作积极性。加大自助设备投放力度，搬迁改造低效设备，推进专业化集中管理，提升交易替代率。加大献县经验推广力度，加快典型案例应用推广，提高电子银行渗透率、客户交易活跃度和品牌影响力，电子银行渠道分流作用明显提升。

【持续深化改革创新】

体制改革成效初显。积极探索实施事业部制改革，年内实现事业部在沧州分行、衡水分行、承德分行、直属支行4个单位挂牌运营。积极推进私人银行建设，指导8家财富中心加快向私人银行转型，实现了私人银行对11个地市的全覆盖。

机制创新深入推进。深入研究事业部运营中的机制建设问题，继续做好深化前后台业务分离项目全省推广及上线后业务运营管理，探索操作风险防控机制。深入推进柜面劳动组合优化调整工作，优化人员配置，有效释放了对公柜面营销服务能力，对公柜面经营业绩大幅提升。

产品创新能力增强。做好金融IC卡推广工作。继续做大表外融资类理财产品，积极推进私募股权投资基金等创新业务，做好第三方支付、网银在线等产品营销。强化跨境人民币产品创新与应用。创新“专利权质押贷款”、“小额组合贷款”和中小企业信托受益权转让集合理财产品，推动面向产业集群的“箱包通”和商圈卖场“租贷通”产品应用，推动“E商贸通”快速发展。

【提升基础管理水平】

重视操作风险防范。认真开展操作风险自评估和操作风险损失事件分析，建立了操作风险分析例会制度。通过开展劳动竞赛、“帮扶式”检查等措施，有效提升会计及柜面员工的风险意识和合规操作意识。针对COS_ T系统，研发稽核模型，促进规范操作，防范风险隐患。

强化案件风险管理。建立健全案件防控工作长效机制，梳理完善制度、流程。围绕“八大突出案件风险”专项治理活动开展定期排查和集中排查。充分利用审计结果和检查结果，认真梳理，举一反三，强调问题的系统性整改。

加强平安建设银行创建。加大安全检查力度，严格落实消防安全责任制，完善远程监控设施建设，推进“平安建设银行”创建。注重媒体关系维护，加强舆情监测和引导，强化声誉风险管理。妥善处理信访问题，积极主动做好疏导化解工作。扎实做好信息系统基础环境管理和日常维护。

【大力加强队伍建设】

创先争优深入开展。认真开展“为民服务创先争优”活动，做好经验分享和先进典型宣传工作，认真开展“三亮、三比、三评”活动，“服务是索取而非给予”的理念逐渐深入人心。

队伍建设持续强化。进一步加强各级班子建设，严格执行民主集中制，持续推进反腐倡廉工作机制建设。加大对基层机构人力资源结构调整力度。坚持分级分层培训，实现教育培训资源的分享与互动，员工队伍综合素质和履岗能力有效提升。

工作作风有效转变。加强省分行本部效能建设，加强对基层工作的指导。特别是党员领导干部充分发挥表率作用，深入基层开展调查研究，认真解决实际问题。

和谐建行氛围浓厚。深入开展劳动关系和谐企业创建，继续深化民主管理和行务公开。践行核心价值观，深化企业文化建设。认真落实离退休人员“两个待遇”，加大对困难员工的帮扶救助，形成了支持发展的强大合力。

执笔：史庆辉

山西省分行

山西省分行行长　马卓

一、主要业务发展概况

2011年，山西省分行融会贯通核心理念，研究确定发展目标，快速推进改革措施，逐项跟进鼓舞激励，加快业务转型，强化风险内控，狠抓制度落实，资产质量双降，经营效益提升。

【经营效益】实现税前利润28.94亿元，增盈9.33亿元，同比增幅48%；实现经济增加值12.88亿元，同比增加5.8亿元，同比增幅122%。

【资产质量】不良贷款额12.11亿元，比年初减少2.66亿元；不良率1.25%，较年初下降0.43个百分点。不良率建设银行系统排名由第32位前移至第29位，摆脱了长期居于30位之后的局面，资产质量控制取得突破。

【负债业务】全口径存款余额2 128亿元，系统排名18位；新增78亿元，系统排名30位。其中，企业存款余额987亿元，新增9.9亿元；个人存款余额1 097亿元，新增68.6亿元；同业存款余额44亿元，减少0.4亿元。

【资产业务】各项贷款有效增长，对公贷款足额投放。各项贷款余额970亿元，系统排名第24位；新增91亿元，系统排名第31位。其中，对公类贷款余额891.6亿元，新增69亿元；个人类贷款余额78.7亿元，新增21.5亿元。人民币对公贷款投放计划完成率99.99%。

2011年1月14日，中国建设银行山西省分行举办迎新春客户答谢会。

【中间业务】中间业务收入12.6亿元，同比增加3.2亿元；同比增幅34%，高出全国平均增幅1.42个百分点；收入占主营业务收入比重20.98%，较上年提升2.19个百分点；市场占比达到28.69%，同比增量32 006万元，同比增幅33.96%，均排名第2。

【房金业务】个人贷款新增21.55亿元，贷款增速38%，系统排名第3。其中，个人住房贷款新增20.55亿元，居同业首位。住房资金存款余额156亿元，居同业首位，系统排名第13位。住房资金存款新增4.5亿元，居同业第2；住房公积金贷款余额47亿元，新增15亿元，余额、新增均居同业首位。

【国际业务】完成国际结算量21亿美元，完成结售汇量17亿美元。在全国系统内第一家以供应链模式尝试海内外联动，获批太钢跨境供应链融资服务方案；与香港分行合作，办理首笔跨境人民币融资业务；在纽约分行开立美元清算账户，代理晋商银行外币清算和结算业务。

【机构业务】重点产品百易安业务实现收入2 666万元，同比增长129%，计划完成率104%；代理信托计划业务实现收入1 406万元，同比增长205%，计划完成率146%。投资托管业务总规模51亿元，新增36亿元；企业年金托管业务总规模系统排名第8，当年新增规模系统排名第2。

【其他业务】投资银行业务完成并购类、委托投资类、股权收益权类新型融资理财产品7笔35.5亿元；完成贷款类理财产品18笔78亿元，完成债券承销业务3笔20亿元；理财产品存量资产达112亿元，已到期理财产品全部实现预期收益，并顺利兑付投资人，而且未出现风险。电子银行业务客户总量突破600万户，达到610万户；个人网银与手机银行新增、个人高级网银总量与增量、手机银行高级客户新增均居同业第1；账务性交易量比提高14个百分点，系统排名第10位。票据业务贴现余额系统排名第5位，贴现业务继续保持“零垫款率”；承兑业务收入系统排名第9位，承兑收益率系统排名第1位。信用卡业务累计发卡46万张，同业第2；新增客户15万户，完成计划102%；消费交易额68亿元，同比增幅118%；收单商户新增272户，完成计划119%。

二、工作主要举措

【解放思想，打开发展境界】全面树立企业核心理念，确立“以敢为人先的精神，以合规经营的行为，以又快又好的发展，打造服务最好的银行，创造公平公正的环境，让员工享受发展成果”的企业核心理念，将其作为山西省分行万名员工的行为指南，号召全行员工树立“客户至上，员工为本”意识，弘扬“敢为人先，敢于超越”精神，以实际行动“热爱山西，热爱建设银行，热爱山西分行”。同时，积极融入地方经济转型跨越的大发展中，研究制定2012至2015年业务发展规划，确立了大发展、快发展的工作目标：存款达到3 600亿元，年化复合增速14%；各项贷款力争突破2 000亿元，年化复合增速19.83%；税前利润实现50亿元，年化复合增速17.81%；员工收入每年增长15%以上，争取翻番。各项业务指标在系统内要“减三增二进十”，在同业排名要“消四减三进二争一”①。

【高层营销，抓住发展重点】省分行领导带队，主动拜会重点客户高层领导，经过与不同层面的沟通交流，已经与十余家重点客户签订全面战略合作协议，形成了一批重点客户、龙头企业带动、促进业务发展的良好局面。2011年，山西省分行在铁路、煤炭等重点领域继续保持领先地位。铁路行业客户新增16.6亿元，同比增速25.8%，在系统内名列前茅，四行中排名第1；日均存款余额在同业中长期排名第1。煤炭行业政府批复的130个煤矿主体中，已有贷款24户，已进入名单未做业务22户。AA级及以上客户新增79亿元，占全部对公贷款新增的110%，发展质量不断提高。

【狠抓负债，切中发展之本】个人存款加强基础管理，从渠道建设、产品销售、人员培训、检查辅导等方面构建管理架构，以客户为基础、以产品为抓手，有节奏、有侧重地进行营销部署，保持了持续增长态势。个人存款余额系统内排名第16位，新增排名第23位。企业存款从源头狠抓新增客户，推动“工商验资通”系统上线运行；成立专业营销团队，开展重点行业、重点项目、重点区域的专项存款营销工作。机构存款拓展财政、社保及事业法人客户，当年新增63.64亿元，系统内新增排名第15位。同业存款积极联动，进一步加强了与证券、财务公司、信达资产公司、信用社、中小银行等客户的全面合作。

【推进转型，明确发展方向】坚持抓大不放小，发展中注重加快结构调整，实现个人贷款投放21.5亿元，再创历史新高；小企业贷款新增6.88亿元，逐步向大、中、小全面发展的金字塔形的客户结构目标努力。同时，坚持规模

① 各项业务指标在系统要“减三增二进十”（减少30名以后，增加20名以内，打进10名以内），在同业排名要“消四减三进二争一”（消灭第四位，减少第三位，进入第二位，力争第一位）。

与转型并重，在注重规模扩张的基础上，着眼于业务全面转型，把握未来发展方向。继续推广“红梅理财”典型经验，充分发挥品牌作用，以先进促动发展与转型。通过规模迅速扩张、业务有效转型，不断提升发展水平，提高核心竞争能力。

【关爱员工，激发发展动力】研究出台《山西省分行关爱员工工作措施》，下发《关于坚持以人为本理念 进一步关爱员工的意见》，推出28条关爱员工工作措施，逐步形成尊重员工、关爱员工的良好氛围和机制。同时，为基层行减负。全面开展报表统计和整合，把无效低效、对业务发展起不到促进作用，而且给基层行带来负担的报表，一律取消。目前已经整合取消156种报表。加强本部效能建设，30个部门的工作承诺全部在企业网公开，接受全行监督。改良工作检查方式和内容整合，把每年检查次数压缩了50%。

【不良双降，提升发展质量】以持续提高信贷资产质量工作为核心，建立资产质量考核体系，严格信贷资产风险分类，夯实资产质量基础，不断提升风险管控能力，不良贷款额和不良贷款率明显下降。不良资产处置立足现实，主动加压，按照“一户一策、一户多策”原则，制定并落实处置方案，同时，运用多种处置手段，转变观念和经营方式，拓宽处置渠道，推动不良贷款实现快速处置。全年共处置不良贷款8.4亿元，完成总行计划的199.9%。

【强化管理，提高发展能力】狠抓客户经理队伍建设。研究制定对公、对私客户经理管理制度和考核办法，正式出台《小额无贷客户营销及维护管理暂行办法》、《对公柜面人员考核暂行办法》、《个人客户经理管理办法（试行）》及相应条线个人客户经理考核评价办法。加强内控与贷后管理。开展新规执行情况检查和整改活动，不断提高风险管理水平；公司、风险、审批等条线共同开展业务检查，对检查中发现的问题及时整改；加大政府融资平台贷款清理及已暴露风险客户的跟踪处置，清收了一批久拖不决的到期贷款。加大案件防控力度。在实行案件防控工作“九挂钩”的基础上，推动案件防控责任体系建设，落实案件防控责任制；积极开展“八项突出案件风险”专项治理，清除案防盲点；规范和统一基层主要负责人案防日常工作履职标准，强化基层案防基础管理与考评。积极落实合规审计整改。深入推进机制建设，全方位评价考核整改工作，采取有力措施提高工作效率和质量。全年审计确认项目33个、问题335个，其中完全整改320个。突出企业文化建设。通过全面开展创先争优工作、系列文化主题、文明创建等活动，有针对性地弘扬优秀文化，凝聚力量，改进管理；着力提升红梅理财示范点创建效果，探讨管理创新、业务创新、文化创新示范作用，进一步营造鼓励先进的创建氛围，多方位促进业务又快又好发展。

执笔：赵建伟

内蒙古自治区分行

内蒙古自治区分行行长　黄先俊

2011年3月3日，中国建设银行内蒙古自治区分行在呼和浩特市召开2011年工作会议。

2011年，内蒙古自治区分行抓住国家深入实施西部大开发、振兴东北地区等老工业基地，特别是《国务院关于进一步促进内蒙古经济社会又好又快的发展若干意见》的新机遇，紧紧围绕区分行党委提出的"五个满意"工作目标，继续坚持"六个结合"，大力推进结构调整，切实转变发展方式，新的五年规划开局良好。

一、业务发展概况

【存款业务】截至2011年年末，全口径存款余额1 807亿元，当年新增307亿元，增长20.47%，高于38家一级分行平均增幅8.04个百分点，完成总行计划的105.54%。在地区四行中，全口径存款余额占比28.23%，排名第2；新增占比50.46%，排名第1。其中，对公存款、个人存款、同业存款新增在地区四行中占比为48.45%、40.51%、185.97%，均强势排名第1。

【贷款业务】截至2011年年末，各项贷款余额1 384亿元，当年新增185亿元，增长15.43%，高于38家一级分行平均增幅1.24个百分点。在系统内，各项贷款余额排名第20位，新增排名第19位，位次分别与上年保持一致。在地区四行中，贷款余额占比29.38%，新增占比29.86%，均排名第1。

【中间业务】2011年，实现中间业务毛收入17.27亿元，同比增加5.27亿元，增长41.46%，完成总行计划的107.61%。在系统内，中间业务收入排名第18位。在地区四行中，中间业务收入占比35.23%，排名第1。中间业务净收入占主营业务净收入的25.29%，同比提高4.89个百分点。

【资产质量】截至2011年年末，不良贷款率为0.34%，系统排名第二，在地区四行中排名第1。全年共处置不良贷款6.07亿元，是KPI计划的3.04倍。

【经营效益】2011年，实现拨备前利润45亿元，同比增加8.08亿元，增长21.9%。在系统内，拨备前利润排名第19位；在地区四行中，拨备前利润连续三年排名第1。实现税前利润39.18亿元，同比增加6.36亿元，增长19.38%。实现经济增加值18.08亿元，同比增加3.03亿元，增长20.12%。

【战略性业务】2011年，主办发行投资银行产品近150亿元，在地区四行中排名第1。实现投行收入6.99亿元，同比增长33%，收入总量稳居地区四行之首。投行业务收入占全区分行中间业务收入的40.46%，系统排名第1。

"民本通达"账户新增275户，完成总行计

2011 年 9 月 6 日，中国建设银行内蒙古自治区分行 2011 年夏季工作座谈会暨“双先”表彰大会在呼和浩特召开。

划的 114%。代理发行新版社保卡人口总量 612 万人，市场占比 24.7%，在地区 5 家代理银行中排名第 1。成功营销自治区城镇居民财政补贴资金“一卡通”业务。

企业年金受托资产当年新增 5 350 万元，增长 29.76%，完成总行计划的 107%。企业年金个人账户当年新增 3 368 户，增长 19.4%，完成总行计划的 112%。签约受托资产规模新增 1.09 亿元，完成总行计划的 181%。

全年实现信用卡消费交易额 151 亿元，同比增加 68 亿元，增长 82%；实现信用卡中间业务收入 2.14 亿元，同比增长 147.1%；账户活动率 67.36%，较年初提高 5.98 个百分点，高于 38 家一级分行平均水平 9.22 个百分点，排名第 5 位。信用卡发卡净新增客户、消费额、特约商户净新增、特惠商户净新增、贷款余额均超额完成任务。

电子银行客户当年新增 193 万户，增速 78.19%。实现电子银行渠道交易额 7 665 亿元，同比增加 1 187 亿元，增长 18.32%。电子银行账务性交易量比为 38.92%，比上年提高 11.41 个百分点。成功开办“E 动终端”、“E 商贸通”业务。

【公司业务】截至 2011 年年末，对公存款余额 946 亿元，当年新增 139 亿元，对公存款余额、新增在地区四行中排名第 1。对公贷款余额 1 141 亿元，当年新增 98 亿元。小企业非贴现贷款余额 64.8 亿元，当年新增 30.6 亿元，高于全区分行各项贷款增速近 76 个百分点。公司条线实现中间业务收入 3 亿元，完成总行计划的 120%。严格执行总行“有保有压”信贷政策，全年共退出公司类贷款 25 户，退出金额 21.52 亿元，完成总行计划的 125%。

【个人金融业务】截至 2011 年年末，个人存款余额 753 亿元，当年新增 119 亿元，完成总行计划的 119.4%。个人存款时点新增、日均新增、点均新增、点均余额、增速在地区四行排名第 1。个人贷款余额 212.9 亿元，当年新增 70.8 亿元，增速 49.8%，系统排名第 1。个人有资产客户新增 49.8 万人，增速 13%，系统排名第 2。个人高端客户数量 2 851 人，当年新增 787 人，增长 38.13%，增速系统排名第 5 位。个人金融资产销售 834 亿元，点均销售 2.99 亿元，总量和点均连续 4 年位居地区同业之首。

【国际业务】截至 2011 年年末，实现国际业务结算量 35.68 亿美元，完成总行计划的 108%。账户结售汇总量 20 331 万美元，同比增长 15.42%。全口径外汇存款、国际结算业务量、国际融资签约额、跨境人民币结算同业占比、国际融资签约额等均超额完成全年计划。成功办理第一笔特殊保单项下的短期出口信用保险项下贷款、货押融资、出口退税权利质押贷款、海外代付业务。注册成功“建设银行边贸通”、“边算通”和“边汇通”三个商标。

【房地产业务】截至 2011 年年末，房地产贷款余额 55.82 亿元。支持保障性住房建设项目 2 个，投放金额 4.7 亿元。住房资金归集余额 283.11 亿元，新增 66.17 亿元，完成总行计划的 179%。住房资金归集余额、新增额在地区四行中占比分别为 73.23%、70.85%，均排名第 1。其中，委托性住房资金存款余额 135.23 亿元，新增 43.7 亿元，完成总行计划的 437%；委托性住房贷款余额 147.88 亿元，新增 22.47 亿元，完成总行计划的 102%。

二、主要工作举措

【持续加强客户拓展和产品营销，进一步夯实发展基础】充分利用 OCRM 系统，做好临界类、关注类客户资金维护工作，加大对潜在客户的资金拓展，不断提升存量高端客户资产贡献度。通过发展代发工资业务、加强上下游企业及关联企业营销、推广“工商验资通”产品、拓展民生领域客户等途径，拓展新客户；推行客户经理

"双名单制"管理模式，将名单客户经理和名单客户与产品销售相结合，建立客户经理与管辖客户"一对一"管理维护关系，进一步提高了客户经理精准、精确营销水平；充分发挥业务协调委员会职能，大力推进跨条线联动、对公条线内部联动、对私条线内部联动、上下级行之间联动，发挥整体合力。

【持续加大改革创新力度，进一步增强发展动力】实施二级行本部中后台部门合署办公，缩减人员，充实到前台部门及网点，有效促进了部分部门、机构混岗问题的解决；在二级行成立信贷管理中心、资金结算部，进一步加强了贷中、贷后专业化管理，提升了客户拓展和结算产品支持能力；探索建立人员流动机制，尽可能地把合适的员工放到合适的岗位上，增强人力资源配置工作的有效性；实施负激励，解决了一些靠正面激励解决不了或解决不好的问题；强化工资政策的指导和监督，实施了"上不封顶、下不保底"的绩效工资总量分配政策；建立了同比考核机制，简单准确地监督业务发展轨迹，实现考核与经营目标的高度统一。

【持续完善风险内控机制，进一步提升风险内控能力】实施差别化贷后管理，将对公贷款客户统一纳入贷后管理流程中，提高贷后管理工作精细化水平；加强不相容岗位和操作风险损失数据管理、操作风险沟通例会和操作风险提示，细化操作风险管理评价，加大自评估推广力度；认真做好表外业务经济资本管理；不断完善授信审批制度，严把风险底线和审批标准，持续提高授信执行力。组织开展内部控制基本规范实施工作，内部控制执行有效性梳理、内部控制有效性自我评价测试，解决内部控制管理缺陷问题；认真开展了"银行业内控和案防制度执行年"、"案件防控合规建设年"、"八大突出案件风险"等专项治理活动，规范员工商银行为管理，增强案件风险防控能力，实现了"零案件"目标；深入推进"平安建设银行"常态化建设。突出重点部位安全监督检查，积极开展自助设备安全隐患专项治理，有效预防外部侵害。连续四年实现无"四类"案件和安全责任事故。

【持续强化基础管理，进一步增强可持续发展能力】把2011年确定为"全面推进基础管理年"，在巩固"强化基础管理年"、"提升基础管理年"工作成果的基础上，齐头并进地全面抓好基础管理所涉及的方方面面工作。全行规章制度体系建设日趋完善，流程优化、精细化管理、员工管理成效明显，岗位职责更加清晰，执行力持续提高，基础管理水平全面提升，保障了各项业务持续快速健康发展。

【加强队伍建设，进一步提升核心竞争力】持续加强班子党风廉政建设，从思想上筑牢思想道德和党纪国法两道防线。严格坚持民主集中和重大事项集体决策制度。班子成员形成了心齐、气顺、风正、劲足的良好局面；加强干部队伍建设，对12个二级行和区分行18个部门领导班子进行了调整和充实，涉及人数达50人。坚持在交流中考察和锻炼干部，全年完成系统内岗位交流30人次；进一步拓宽人才晋升通道，全年择优聘任三级、四级专业技术岗位职务人员41名，五至八级专业技术岗位职务人员478名；合理配置人力资源，将新招人员重点向一线、业务经营部门和中心城市行倾斜；对员工实施全覆盖、多手段、高质量的培训。全年举办各类培训班1 029期次，培训员工46 855人次。

【紧密结合业务工作，深入开展"创先争优"活动】突出抓好基层机构的创先。建立"党员责任区"243个，设立"党员示范窗口"318个，设立"党员先锋岗、示范岗"613个，引导基层党员亮身份、强党性、作表率。组织引导广大党员在发展业务中带头立足岗位争优。共提出合理化建议120个，解决客户体验、产品研发、流程设置、基础设施等方面的重点问题65个，开展业务创新项目37个。

【持续推进和谐建设银行建设，营造良好发展氛围】召开二届二次职工代表大会，进一步完善职工代表大会制度，认真研究落实职工提案。认真落实"关爱员工"各项措施。通过员工之声、员工满意度测评等方式，妥善解决员工关心的问题。关注员工职业生涯发展，不断完善激励约束机制，激发员工的积极性和创造性。健全完善了帮困扶贫长效机制和员工互助基金制度。全面加强企业文化建设，大力宣传和培育"诚实、公正、稳健、创造"的核心价值观，积极倡导"勤奋严谨、求真务实"的工作作风。坚持"稳控与帮扶、救助并重”，全年为482名协解人员补缴了养老保险，为270人补缴了医疗保险，为87名协解人员推荐了不同就业岗位。

执笔：梁桢　其木格

辽宁省分行

辽宁省分行行长　杨文升

一、业务发展概况

【主要业务指标完成情况】2011年，辽宁省分行全口径存款和中间业务收入继续保持四行第1位，贷款新增自2007年以来首次实现四行第1位。实现税前利润40.78亿元，增幅42.47%；创造经济增加值18.41亿元，增幅47.4%。全口径存款日均余额2 739亿元，新增211亿元，其中对公存款新增100亿元、个人存款新增115亿元。各项贷款余额1 518亿元，新增204亿元，其中对公非贴现贷款新增143亿元、个人贷款新增76亿元。不良贷款额与不良贷款率持续“双降”，不良贷款额24.02亿元，比上年下降0.81亿元；不良贷款率1.58%，比上年下降0.31个百分点。经济资本回报率、净利息收益率分别提高了1.31个和0.3个百分点，成本收入比下降3.54个百分点，员工效率提高0.44。

【公司业务】全年累计发放对公非贴现贷款626.7亿元，创近年来投放新纪录。压缩下浮利率贷款185亿元，贷款加权综合收益率达到上浮18.7%。贷款利息收入65亿元，同比增长31%。对公存款日均余额1 209亿元，新增100亿元，余额、新增在四行中排名双第一。客户新增9 052户（KPI折算口径），其中机构客户新增1 270户，同业客户新增79户。对公产品覆盖度2.72，超计划1.5个百分点。小企业非贴现贷款余额120亿元，新增59亿元，占对公非贴贷款新增额的49%，综合收益相当于基准利率上浮35%。财政、社保、托管业务在同业中占比第1，成功争得全省医保联网结算项目的独家合作权，“一户通”产品市场占有率接近60%。

2011年3月30日，中国建设银行辽宁省分行与中天证券有限责任公司举行存管协议签字仪式。

【个人金融业务】销售个人投资理财类产品688亿元，为上年的2.7倍。全行有资产客户新增44.32万人，金融资产AUM新增163亿元，增速分别为6.23%和9.25%。其中，大众富裕客户新增3.59万人，金融资产AUM新增34亿元，增速分别为6.05%和6.07%；富裕客户新增2万人，金融资产AUM时点新增133亿元，增速分别为12%和15%。信用卡业务实现收入1.47亿元，增幅51%；分期业务交易额突破10亿元，超过上年的3倍。电子银行账务性交易量比达48.11%，比年初提高11.63个百分点。个人存量签约客户达627万户，企业网银活跃客户达1.78万户；电子渠道客户增量创历史新高，当年新增227万户。

【房地产业务】个人贷款余额382.6亿元，新增76.1亿元，市场占比稳居第1位。个人住房贷款加权平均利率6.91%，比上年提升1.73个百分点，96%的个人住房贷款客户覆盖4种及以上产品。委托性住房资金存款余额211亿元，新增28.5亿元，计划完成率190%。住房金融业务收入增长45%，市场占比超过70%。

【中间业务】中间业务净收入18.6亿元，增幅37.9%。中间业务收入主营占比提高了1.94个百分点。对公业务实现中间业务收入11.48亿元，同比增长3.95亿元，增速52.4%，继续保持同业第1。个人金融实现中间业务收入5.37亿元，同比增加6 540万元，增速13.86%。基金收入同业居第1位，保险代理收入同业第2位。

【国际业务】实现跨境人民币结算量27.47亿元，在四行中占比39.63%，占比系统内排名第2位。外汇资金和境外保函业务收入总量和增量均位列四行第1位。累计完成国际结算量93.46亿美元。对公外汇日均存款4.93亿美元，在四行中占比32.72%。表内贸易融资余额5.1亿美元，增长4亿美元，增量和增速在四行中排名第1。通过创新融链通、跨境代付盈、利率掉期等组合产品，外汇中间业务收入首次突破2亿元。

【资产质量与风险控制】强化内控机制建设，优化业务流程，深化风险管理，确保了安全运营。严控“6 + 1”行业贷款新增，主动退出贷款23.59亿元，压缩政府融资平台贷款7.17亿元。全年处置不良资产17.48亿元，其中现金回收不良资产13.77亿元、实现超值现金回收5.12亿元。

【其他业务】大力推广“工商验资通”，2 194户转为基本户，占全年基本户新增的56%。开发了土地拍卖保证金清算系统，开辟了辽河油田核心企业上游供应链的批量化营销模式，成功办理以“产品验收收条”为转让依据的供应链小企业国内保理业务。办理了首笔股权投资、私募财务顾问、并购理财、票据理财业务，投行中间业务收入增幅在系统内排名第3位。全年累计直贴投放236亿元，贴现利息收入突破10亿元，系统内排名第1位。

二、主要工作举措

【加快转变发展方式，战略转型成效初显】客户结构得到改善。对公中型客户贷款占比提高1.5个百分点，小企业贷款占比提高8.7个百分点，过度依赖对公大客户的局面有所改善；私人银行转型工作全面启动，个人高端客户拓展维护手段逐渐丰富，AUM300万元以上的高端客户增速18.49%，系统内排名前移9位。盈利模式进一步优化。重点推进的国内保理、贷记卡、投资理财等新兴产品增速均超过100%；财务顾问、造价咨询、投资理财等融智性产品收入占比提高了6.9个百分点。渠道迁移作用日益显现。推动销售模式由产品驱动向客户需求驱动转变，完成了145个网点二代转型工作，提高了VIP客户专业化、差别化服务水平；在账务性交易量提升17%的情况下，柜面账务性交易量下降了7%；电子银行账务性交易量增长了36%，交易量相当于468个网点的业务处理能力；个人网银、手机银行、电话银行客户新增在四行中居于领先地位。

【强化基础建设，精细化管理能力显著提高】一是提升算账能力，推进资源配置的精细化。结合市场变化和同业竞争态势，分析经营趋势走向，测算等级行、KPI及资源挂钩影响，对经营的把握能力进一步提升；加强经济资本占用的监测和分析，制定降低资本占用解决方案，在全行贷款业务经济资本占用增加9.3亿元的情况下，经济资本占用总额下降了2 400万元；开展“表外业务管理年”活动，表外业务经济资本占用降低了5.2亿元；开展员工绩效管理项目试点工作，初步实现了员工绩效发展目标书在线运行。二是稳步推进流程银行建设。实施了服务流程优化项目，开展了请示事项IT化试点工作；完善审批流程，增加了审批人首问制度，实行差别化审批，对公客户授信审批平均时间控制在5天以内；开展了网点减负工作，将开户与产品签约分开，降低企业开户门槛；完成个人客户身份核查、柜面授权业务梳理、留存复印件业务清理、电子登记簿上线以及一日工作流程梳理五项工作；制定了沈阳地区现金集中调度配送方案，建立了科学系统的现金出纳工作管理模式。三是省行部门的“指导、服务、保障”能力有所提高。省行通过成立服务团队、建立项目信息跟踪制度、牵头直接营销重点客户、下发营销指引等方式，有效指导基层工作，同时从客户、产品、区域等维度进行梳理细分，帮助二级行为不同客户制定金融服务解决方案。

【深化风险管理，确保了稳健运营、合规经营】制定了大中型公司类客户贷后平行作业管理办法，建立了民营企业风险监测制度，有效强化了贷后工作。组织开展了近年来规模最大、覆盖面最广的对公信贷业务押品检查，对中间业务、小企业、信用卡分期等发展较快的业务，持续开展风险识别督导工作。以500万元以上项目为突破口，逐户制定清收方案，回收处置了锌业股份、沈阳十一中学等大额不良项目。累计退出公司类不良贷款9.01亿元，不良率下降0.26个百分点；实现沈阳地区个贷不良集中经营，个贷不良率下降0.35个百分点。加大了IT系统建设和改造力度，建立了反洗钱数据通报制度和大额可疑交易白名单，优化了安防项目建设和管理流程。积极开展柜面业务操作风险检查，认真组织了“八大突出案件风险”整治活动。加大了内外部审计发现问题整改力度，提高了合规操作水平。将案件防控和安全运营工作纳入KPI考核，实现了全年无案件和重大责任事故的工作目标。深入基层化解矛盾，做好维稳工作。

【加强党的建设和队伍建设，营造“风清气正、和谐进取”的企业文化】深入开展创先争优和庆祝建党90周年主题实践活动，营造了创先争优的良好氛围。将创先争优活动与劳动竞赛、“双优”评比相结合，引导广大党员干部员工发挥模范带头作用。严格执行党风廉政责任制，通过印发廉政制度小册子、笔会交流、专题讲座、参观警示教育展览、开展廉洁从业行为排查等多种形式，强化各级领导干部廉洁自律意识，提高党员领导干部的党性修养和拒腐防变的能力。加强干部员工队伍建设，按照公开、公平、竞争、择优原则，选拔省分行副行级领导后备人才，完成省分行本部组织了业务经理及专业技术岗位聘任工作；加强聘期管理，加大岗位调整交流力度；加强对领导人员选拔任用工作的管理，制定了《领导人员选拔任用工作全程纪实办法》。梳理完善规范化服务标准，深入基层开展培训；推广服务管理的典型经验，从细节入手提升服务品质；强化监督检查，组建了沈阳地区网点服务义务监督员团队。服务质量在总行系统服务评比中名列前茅。积极开展企业文化建设，组织中心组学习，举办多种形式的劳动竞赛，坚持以人为本，关心关爱员工，积极开展文体活动和心理咨询辅导活动，全面落实离退休人员政治和生活两个待遇，创建老干部模范职工之家，营造和谐的文化氛围。

执笔：杜柳潇

大连市分行

大连市分行行长　林忠治

一、业务发展概况

2011年，大连市分行加快转变发展方式，推动整合营销，持续优化结构，各项业务齐头并进，实现了“保二争一”的年度经营目标，在大连区域内的竞争优势与市场份额进一步提升，核心竞争力、综合服务能力和可持续发展能力进一步增强。实现主营业务收入35.56亿元，税前利润21.75亿元，经济增加值9.93亿元。人行口径利润总额①在四行中排名第2。成本收入比35.83%，员工效率3.74。全口径存款日均余额1 133亿元，新增122亿元，增速12%。全口径存款时点余额1 184亿元，新增127亿元，增速12%。其中，一般性存款余额1 132亿元，新增105亿元，增速10%。一般性存款、对公存款、储蓄存款人均与网均口径余额均位居总行系统内前10位。各项贷款余额745亿元，新增101亿元，增速16%。其中，对公贷款新增59亿元，增速12%；个人贷款新增43亿元，增速30%。

【不良贷款】余额6.56亿元，不良率0.88%，其中个贷不良率下降0.15%。

【中间业务】实现历史性突破，实现收入8.94亿元，总量首次位居地区同业首位；新增2.54亿元，增速40%，新增及增速均排名四行第1。实现国际贸易融资收入3 245万元，在总行系统中排名第1；国际保理收入2 131万元，在四行中占比84%；财务顾问收入1.3亿元，增速128%；存放同业收入1 968万元；单位人民币结算收入5 000万元，在四行中排名首位。6项同业可比个人类产品收入在四行中占比27%。实物金收入在四行中占比40%。

2011年5月4日，中国建设银行大连市分行参加大连市出口企业信保融资服务平台启动仪式，并与大连市对外贸易经济合作局、中国出口信用保险公司辽宁省分公司签署了合作备忘录。

【客户发展】规模以上公司机构客户折算前1.18万户，新增1 900户，增速19%；基本结算账户1.34万户，新增2 700户，增速25%；授信客户691户，新增263户，增速62%；有贷款余额客户468户，新增179户，增速62%。个人客

① 按照人民银行统计口径。

户 AUM 值1万元以上个人客户加权总量70万户，新增6.4万户，增速10%；个人富裕客户（AUM 值20万元~300万元）增速11%；个人高端客户（AUM 值300万元以上）增速19%。

二、主要工作举措

【营销全面金融服务解决方案，拓展实体经济目标客户】推动总行与大连市政府全面金融服务协议签订，举办全面金融解决方案（FITS）高端论坛，与泰德煤网、海昌集团、北良国际等7家重点客户签署全面金融服务方案，打造了建设银行特色品牌，实现了从单一产品营销向综合金融服务方案的转变。对公业务注重增加有效价值客户，实施精确营销，大中小客户分层发展，坚持“向大客户要份额，向中小客户要收益”，客户基础得到加强，客户结构得到优化。对私业务注重提高客户精细管理度，针对百万元以上客户开展提升活动，推进名单制管理，按周跟踪监测“名单制”提升效果，充分挖掘中高端客户上下游客户及关联客户。

【加快业务转型，优化信贷结构】批发业务与零售业务并重，公私联动发展，产品交叉销售。年末对公产品覆盖度2.72，较上年提升0.56；对私产品覆盖度2.47，较上年提升0.25。零售业务快速发展，个人理财产品销售总额350亿元，其中黄金和国债销售额、基金保有量在四行中排名首位，其中代理基金四行占比42%；信用卡账户活动率54%，在四行中排名第1；分期交易额实现4.3亿元，跃居同业第1；借记卡发卡量284万张，新增56万张，总量与新增均排名四行第2。传统业务与新兴业务并重，在巩固扩大基础设施融资、住房金融、造价咨询等传统优势的同时，积极关注新兴市场和前瞻性业务，着力打造新的竞争优势。重点发展了小企业、个人资产、国际、投行四大业务。年末，小企业人民币非贴现贷款余额19亿元，新增15亿元，增速372%，产品覆盖度达到6。个人贷款增速30%；当年新发放个人住房贷款中覆盖四个以上产品的客户数达96%；公积金个贷较年初新增37亿元，保持地区同业第1。国际结算量累计完成111亿美元，在四行中排名第2，对公结售汇业务量52亿美元，在四行中排名第1；跨境人民币结算量16亿元，同业市场占比15%，较年初提升8.8个百分点。投行业务实现收入1.8亿元，增速124%，位居四行第1；累计为客户融资70亿元，通过投行产品直接带来存款64亿元。利差与非利差收入并重，在稳定净利息收入的同时，加速发展中间业务，中间业务收入主营收入占比25.7%，较年初提升2.6个百分点。提升基础设施等重点优势业务占比，固定资产类贷款新增61亿元，新增占比104%，余额占比较年初提高5个百分点。限制性领域贷款得到控制，产能过剩“6+3”行业实现净下降，信贷余额比年初减少150亿元；房地产类贷款余额占比较年初下降2个百分点；政府融资平台贷款共压缩91亿元，压缩幅度81%，无覆盖贷款清收率、担保和抵质押品整改率均达到100%；退出客户退出信贷金额10亿元。

【加强专业化建设和渠道建设，提高业务支持效率】相继成立小企业中心、船舶融资产品中心、大连物流金融产品创新实验室、个人贷款中心、分期付款中心，整合利用财富管理中心、私人银行中心专业化服务资源，整合星海湾支行与星海湾财富管理中心向私人银行专业化经营转型，完善专业化经营体系建设。年内新设2个支行，完成32个网点建设工作，网点建设项目团队超额完成总行计划；电子渠道与自助渠道快速发展，电子银行与柜面交易量之比164%，较年初提升5.42个百分点，电子银行账务性交易量比51%，较年初提升3.32个百分点；自助设备408台，净新增68台，增幅20%；自助设备交易强度保持四行第1；自助设备账务性交易量比58%。在业务支持方面，一是提升分行政策引导和资源配置管理能力，推出“等级行评定”、“KPI考核”、“绩效奖金分配”、“市场费用管理”等办法，调动基层行积极性。二是提高审批工作效率，会议审批工作效率控制在6个工作日内，会签两个工作日，单双签在半个工作日内。三是加强风险平行作业对授信业务支持力度。四是充实前台和一线人力资源配备，新增客户经理108人，设立了4个重点区域任务型团队。五是建立产品创新工作机制，共完成14项产品创新，其中5项列入总行项目实施计划，实现了产品创新零的突破。奖励产品信息及产品创新创意83条。六是强化信息技术支持，完成业务系统生产参数梳理工作，成功上线管理与营销支持信息系统，实现了客户、产品、渠道、员工四个主题数据信息的整合与关联。

【加强内控精细管理，提升客户满意度】狠抓案件防范，确保全年无案件发生。持续深化“银行业内控和案防制度执行年”活动，组织大额不良贷款风险排查，落实“防范操作风险13条”，开展12项内控制度执行力突击检查；对发现的违规行为进行了责任追究，处理28人。强化客户身份识别和数据质量提高，提升反洗钱风险管理水平。加强授信业务风险跟踪预警和监测，强化贷后管理和表外业务管理。建立审计问题追踪整改和验收机制，重视发挥审计强化管理和稳定发展的重要作用。注重服务效率和服务质量提高，2011年大连市分行被评为大连市政风行风建设先进单位，一个支行获得中国银行业“文明规范服务百佳示范单位”，两个支行被评为总行第三届文明单位。个人客户满意度在四行中排名第1，个人客户满意度73%，较历年平均水平提高6.5%。同时，加强市场分析研究，主动挖掘客户金融服务新需求，积极向客户沟通和推荐村镇银行、股权投资、信托、租赁等新兴业务，不断拓展金融服务范围，为客户提供多功能金融服务。特别是医疗卫生领域取得突破，与大连市卫生局签署了全面业务合作协议，填补了医疗卫生领域客户金融服务空白。成功办理总行系统内第一单拟交割标准仓单质押贷款业务；成功中标港航基金、民生基金，成为唯一的人民币托管业务银行。

【建设和谐向上企业文化，创新服务地方经济发展】践行核心价值观，开展了“平凡的人让我感动”、“一线员工感恩之旅”、建党90周年庆祝等系列活动，充分发挥工会和团组织作用，组织“青年员工建功立业大讨论”活动，改造员工办公环境，举办各种有益健康文体活动，认真倾听员工意见和诉求，畅通VOPA系统，全年收集关于产品创新、流程优化、业务管理、支持保障等方面建议628条；加快人才培养，启动了分支行内设机构负责人公开竞聘活动，124名优秀员工脱颖而出，其中35岁以下员工87名；开展大规模员工培训工作，建立了分级分类的培训管理体系，全年开展各类培训163期次，6 302人次；加强干部队伍建设，推出“领导干部年度考核评价”、“领导干部年薪管理”、“员工绩效管理”等办法，增强考核评价的导向性和激励性。创新干部选拔任用方式，推行聘任试用制，加强动态管理。坚持开展“创先争优”活动，强调学习型领导班子建设，强化领导干部的责任意识与使命意识。在地区相关部门的支持下，推进设立大连建盈产业投资基金和城乡一体化建设投资基金，加快中德储蓄银行、村镇银行在大连的筹建工作，签署普湾新区、甘井子区政府战略合作协议，特别是总行与大连市政府签署的“全面金融服务协议”，被大连市委市政府誉为建设银行支持大连市经济发展的“大手笔”。此外，取得市本级和区县级国库集中支付业务代理资格，完整了中央级、省级、市本级、区县四级代理国库集中支付业务体系。牵头银团贷款支持大连地铁建设，打造东北亚煤炭交易中心电子商务平台，设立船舶融资产品中心与大连物流金融产品创新实验室等举措，获得大连市委市政府一致认同，并对支持大连市“三个中心、一个聚集区”建设给予充分肯定。大连市分行被评为2011年度大连金融先进单位，并获得“大连诚信金融机构”、“市民满意金融机构”、“最具创新精神金融机构”等多项荣誉，在地区的形象和影响力进一步提升。

执笔：方宗翰　刘宏成

吉林省分行

吉林省分行行长　张勤

一、主要业务指标计划完成情况

【经营效益和价值创造水平再创新高】实现拨备前利润35.07亿元，新增12.47亿元，完成总行计划的120.61%，账面利润列系统第22位，同比上升4个位次，列省内同业第1位。实现经济增加值13.36亿元，同比增加6.51亿元，增长94.95%，完成总行计划的124.68%。

【经营规模稳定增长】全口径存款余额1 572.64亿元，新增234.29亿元，增长17.51%，完成总行计划的111.64%。其中，个人存款余额755.26亿元，新增90.29亿元，增长13.58%，完成总行计划的112.87%；企业存款余额735.77亿元，新增122.64亿元，增长20%，完成总行计划的102.35%；同业存款余额81.6亿元，新增21.35亿元，增长35.43%，完成总行计划的212.82%。个人存款余额在当地四行中占比24.51%，列第3位，比上年提高0.54个百分点，新增额在当地四行中占比29.31%，列第2位；企业存款余额在当地四行中占比34.11%，比上年提高2.19个百分点，新增额在当地四行中占比51.44%，比上年提高6.01个百分点，两项均列第1位。

各项贷款余额936.04亿元，新增137.27亿元，增长17.19%，完成总行计划的100.6%。公司类贷款余额685.97亿元，新增75.61亿元，增长12.39%（其中，对公非贴现贷款余额664.18亿元，增长11.49%；贴现贷款余额10.79亿元，增长110.1%），完成总行计划的101.1%；个人贷款余额250.07亿元，新增61.66亿元，增长32.73%，完成总行计划的100%。

各项贷款余额在当地四行中占比29.54%，列第2位，比上年提高0.56个百分点；各项贷款新增额在当地四行中占比33.25%，列第1位，比上年提高3个百分点。对公贷款余额在当地四行中占比28.93%，列第2位，比上年提高0.59个百分点；新增额在当地四行中占比34.83%，列第1位，比上年提高5.49个百分点；个人贷款余额在当地四行中占比31.33%，列第2位，比上年提高0.06个百分点；新增额在当地四行中占比31.49%，列第2位，比上年提高0.95个百分点。

【资产质量保持同业最优水平】非信贷不良资产额0.05亿元，下降1.1亿元；不良资产率0.03%，下降0.32个百分点。不良贷款余额0.51亿元，下降1.76亿元；不良贷款率0.05%，下降0.23个百分点。公司类存量不良贷款项目和非信贷不良资产项目大幅度下降；不良贷款率排名列系统第1位；不良贷款额和不良贷款率在当地四行均列第1位。

【中间业务实现超常规跨越式发展】实现中间业务净收入16.85亿元，增长86.85%，增幅列系统第1位。中间业务收入在当地四行中占比43.37%，持续保持当地同业第1位。

二、主要工作措施

【深化信贷结构调整，努力提高资产收益】

认真贯彻总行战略决策，加大信贷结构调整力度。压缩价格偏低、行业集中度高的电力、交通等领域贷款，利用有限的信贷规模资源，重点加大优质中、小企业客户及个人助业贷款投放力度，大力发展集合理财和融票通业务，着力提升议价能力和资产综合收益水平。截至2011年年末，净压缩电力、交通等行业贷款18.51亿元，累计投放对公贷款276.4亿元，对公非贴现贷款余额554.82亿元；办理融票通业务50.05亿元，实现中间业务收入2.31亿元。

着力提升议价能力和资产综合收益水平。1～12月累计新发放公司类非贴现贷款加权执行利率7.54%，加权平均浮动比例17.81%，贷款议价能力保持全行系统和当地同业第一。

【因地制宜，开拓创新，促进各项业务又好又快发展】坚持把发展作为第一要务，立足吉林省地域资源禀赋和产业特点，全力营销结算账户，大力发展小企业业务、投行业务和电子银行等战略性业务，积极推进业务转型和快速发展。

强化账户营销，夯实客户基础。持续开展账户营销竞赛活动，截至2011年年末，分行人民币对公结算账户64 158户，其中基本账户37 091户，新开立账户25 290户，其中基本账户新增14 038户，超额完成账户营销擂台赛目标。

加大优质中、小企业客户拓展力度。小企业业务实现了贷款议价能力、贷款规模和客户群体的高速增长。2011年年末小企业非贴现贷款余额109.35亿元，新增46.26亿元，增幅73%，小企业授信客户838户，两年翻两番，无不良。

投行业务迅速发展。成功发行理财产品301期，完成信托计划财务顾问业务18期，总募集金额159.28亿元，实现条线中间业务收入4.34亿元，带来中间业务收入5.38亿元。

加快拓展个人特色业务。针对专业市场、产业集群，探索研发了“信保通”和“参发展”等具有区域特色的金融产品，推动了助业贷款的突破性发展。巩固住房资金归集业务，向缴存单位推介公积金龙卡、网银等金融产品，确保住房资金体内循环。2011年年末，个贷余额250.06亿元，占各项贷款余额的27.03%，增长32.73%，列系统第6位，其中个人经营类贷款增长202.45%，列系统首位。

跨越式推进私人银行业务发展。完善私人银行条线组织架构，在各地区建立一级部建制的财富中心，实行高端客户名单制管理。2011年年末，分行AUM300万元以上个人高端客户新增1 305户，完成计划的130.5%，个人高端客户AUM新增62.16亿元，完成计划的155.4%。

积极推进电子银行业务。多渠道宣传、引导，提高分流能力，扩大客户群体。全年个人网银客户新增46万户，增长88.45%；企业网银高级客户新增6 655户，增长90.41%；电子银行账务性交易占比40.29%，提升幅度列系统第2位。

大力推进银行卡发展。加强电子渠道引导、推介龙卡对账簿功能，有效推动了“折转卡”工作开展。全年借记卡发卡140.37万张，完成总行计划的133.69%；信用卡累计发卡67万张，新增16.1万张，完成计划的107%；自有商户5 201户，新增1 616户；分期付款累计交易额5.4亿元，列系统第18位，居省内同业首位。

发挥建设银行传统特色业务优势，稳步推动机构业务、国际业务、资金结算和造价咨询业务发展。狠抓政府、财政等机构类存款，全年机构客户贷款余额26.85亿元，完成计划的113%；机构条线新增账户2 757户，完成计划的184%。国际业务加大外汇贷款和贸易融资营销力度，完成国际结算量78.27亿美元，同比增长35.24%；完成结售汇67.22亿美元，同比增长28.91%。大力营销对公结算卡、现金管理、支付密码器等资金结算产品，产品覆盖率和价值贡献度有效提升。加强造价咨询与对公各条线的联动营销，业务收入创历史新高，达到6 153万元，完成年初计划的133.47%。

【稳步推进机构和经营机制改革，进一步提高集约化和专业化经营水平】

积极推进网点建设和机构升格。抓住“渠道建设年”有利时机，强力推动网点建设、渠道优化布局和自助设备进社区工作。全年共有59家分理处、储蓄所升格为支行，已批复购置网点37个，装修项目201个；新增370台自助设备；落实自助银行营业用房48个，其中长春城区落实24个。全辖开办对公业务的支行达到192个，新增90个。

理顺经营机构设置，促进专业、专注经营。一是整合原有个金条线、资金结算柜面业务检查职能和风险管理部操作风险检查职能，成立二级部操作风险检查部，负责长春地区操作风险的检查及全省操作风险的检查指导。二是省分行设置二级部贷后管理部，实现了贷后管理岗位与前台信贷经营岗位的有效分离，切实防范操作风险。三是成立省分行放款中心，在系统内率先实现了全省对公放款业务和长春城区个贷放款业务的集中。建立标准统一、专业规范的生产作业流水线，实现从条件落实审核到集中发放的“一站式”运作，有效提高了风险管控能力。

完善资源配置和激励机制。一是不断优化资源配置结构，加大营销费用配置和网点建设投入力度，重点保证新设机构和新升格机构网点建设需求。二是科学测算和明确了全辖新升格直属支行人员配置模式，制定了标配16人，上下浮动1人的配置标准。三是推进营业机构对公、对私柜面业务劳动组合。有136个网点实施劳动组合，柜面劳动组合完成率91.16%。四是调整绩效考评政策，实行差别化绩效工资，进一步完善了横向到条线、纵向到层级、以业绩贡献为绩效工资主要考核依据的激励约束机制。

坚持正确的用人导向，提高选拔任用工作公信度。改革人员选拔任用机制，实行内部市场化，加大公开选拔力度，拓宽人尽其才渠道。在选人用人中，坚持“公开、平等、竞争、择优”原则，严格聘任程序管理，广泛征求群众意见，得到了广大员工的认可。

【加强风险内控与合规文化建设，保障安全合规运营】

强化市场风险管理。严控高能耗、高污染、产能过剩及落后淘汰项目贷款；全面开展信贷资产排查，强化贷后预警跟踪管理，提高贷后走访与现场检查频率，加强押品管理，提高防范信贷风险的主动性与预见性。开展“个贷不良歼灭战”。个人贷款不良率、关注率、拖欠率各项指标首次跃居系统第1。

积极清理无效资产占用。大力压缩不良资产，全年处置对公信贷类不良资产2.45亿元，完成总行和省行考核计划的112.74%；处置个人类不良资产8 801万元，完成总行计划的141.96%；回收已核销资产980万元，完成总行计划的168.9%。

夯实前后台业务分离基础工作。积极适应前后台业务流程及劳动组合的重大变化，柜面业务集中处理系统上线后，迅速达到提高效率、化解风险、提升客户体验的目标。

深入推进合规文化建设工作。全年共接受5个外审项目、74个内审项目的监管检查，对950个审计发现的问题开展了整改工作，整改率达到98.27%，合规经营水平不断提高。

健全案件防控工作长效机制。持续深入开展“表外业务管理年”、“八大突出案件风险”和“内控和案防制度执行年”等专项治理活动，认真实施五部委《内部控制规范》。实行案件防控工作激励约束双向考核机制。

落实安全管理责任制。积极开展“平安建行”创建活动，扎实推进安全保卫违规专项治理和社会消防安全“四个能力”建设。有效规避安全风险隐患，确保了安全运营。

【强化反腐倡廉和企业文化建设，营造和谐氛围】

加强党的建设，深入推进“创先争优”活动。加强党的基层组织建设，长春直属52家新升格支行建立了党支部。继续深入开展“创先争优”活动，将“为民服务”工作与“创先争优”活动紧密结合，促进了客户服务水平进一步提高。

深入开展反腐倡廉各项活动。将各级领导人员纳入监督管理范围，建立领导人员廉政档案。开展“学规定、知禁令、做表率”及“四个一”廉洁从业活动，不断增强全员廉洁从业意识和拒腐防变能力。

关心员工工作和生活，积极营造和谐企业文化氛围。通过《蓝韵》、“员工心理健康咨询热线”等载体，引导员工树立积极健康的工作和生活理念。提高员工固化薪酬薪点标准，基本工资提高幅度14%，全年增发4个月固化薪酬，使全行员工共享业绩发展的成果。维护员工合法权益，择优选拔部分劳务派遣员工转为劳动合同制员工。关心离退休员工和困难职工生活，建设老干部多功能活动中心，救助困难职工732人，发放救助金428万元。履行企业社会责任，积极参与公益活动，建设银行形象在社会和同业的影响力得到提升。

执笔：袁博

黑龙江省分行

黑龙江省分行行长　鲁可贵

一、业务发展概况

【经营效益】拨备前利润、税前考核利润、经济增加值分别实现30.58亿元、28.57亿元和13.68亿元，均超额完成总行计划，同比分别增长22.27%、18.29%和17.5%。资产回报率、经济资本回报率、净利息收益率和存贷利差分别实现1.02%、30.52%、2.2%和4.47%，分别高于总行计划0.14个、5.5个、0.19个和0.24个百分点；成本收入比为47.75%，优于总行计划2.64个百分点。

【资产负债】全口径存款和一般性存款时点余额均突破2 000亿元大关，分别达到2 051.15亿元和2 007.35亿元，分别新增160.75亿元和151.04亿元。全口径存款和一般性存款余额在同业四行中占比分别达到27.45%和27.82%，同比分别提升0.24个和0.62个百分点，继续保持在第2位；企业存款和个人存款在同业四行中占比分别达到33.73%和24.37%，同比分别提升1.25个和0.49个百分点，一般性存款新增额、企业存款余额和新增额、个人存款增速均列同业四行之首。全口径存款余额与前一位的差距缩小了59亿元，与后一位的优势扩大了75亿元，其中个人存款余额与前一位的差距由上年末的70.6亿元缩小为26.3亿元。

各项贷款时点余额864.95亿元，新增114.43亿元，其中对公贷款余额668.22亿元，新增75.17亿元；个人类贷款余额196.73亿元，新增39.26亿元。符合总行控制规模和投放节奏的要求。

【中间业务】实现中间业务毛收入14.64亿元，超额完成总行计划，同比增长3.1亿元，增速26.9%。13个区域市场占比全部进入前两名，财务顾问、造价咨询、理财产品、国内保理和贷记卡收入增幅均超过30%。主营业务收入占比24.42%，同比提升1.39个百分点。

【战略性业务】

电子银行业务快速增长。对公、对私电子银行客户分别新增1.21万户和192万户。电子银行与柜面交易量比达45.43%，同比提升10个百分点。

国际业务加速发展。外汇存、贷款分别新增3 343万美元和9 910万美元，均超额完成总行计划。国际结算量同比增长16%；对公外汇中间业务收入同比增长42%；国际结算收入市场占比继续保持同业四行之首。

银行卡业务持续推进。信用卡消费交易额80.76亿元，同比增长39.63%，完成总行计划的115.37%。借记卡新增164.4万张。实现借记卡消费交易额327.14亿元，同比增长48.1%。

小企业业务健康发展。小企业贷款余额65.86亿元，新增17.42亿元，增幅36%。

投行业务收入贡献度进一步提升。实现收入2.32亿元，同比增长54.25%。对全行中间业务收入贡献度达15.82%，同比提高2.81个百分点。

养老金业务规模稳步扩大。签约年金个人账户新增4.24万户、运营年金个人账户新增5 004户，养老金客户签约新增574户，签约年金受托资产规模新增 4 759 万元，均超额完成总行计划，新增排名均列系统内前列。

“民本通达”品牌营销成果丰硕。新增基本账户 68 户、非基本账户 188 户，新增电子银行对公渠道客户 64 户、对私客户 1 643 户；民生领域存款新增 14.69 亿元，实现中间业务收入 642.8 万元。

住房金融业务继续稳步发展。个人住房贷款累计投放 69.24 亿元，余额新增 42.85 亿元。

【客户发展】对公客户总量 5.3 万户，新增 5 261 户，增幅 10.94%，其中规模以上公司机构客户总量 2.8 万户，新增 3 080 户，增幅 12.33%。个人客户规模达 920.62 万人，新增 73 万人。个人客户金融资产新增 130.74 亿元。

【资产质量】不良贷款继续保持“双降”，不良贷款余额 16.8 亿元，比年初减少 1.59 亿元；不良贷款率 1.94%，比年初下降 0.51 个百分点。对公类不良贷款率为 2.44%，比年初下降 0.54 个百分点；其中小企业不良贷款率为 0.7%，比年初下降 0.63 个百分点。个人类不良贷款率为 0.24%，比年初下降 0.19 个百分点。不良贷款拨备覆盖率为 141.95%，同比提升 20.64 个百分点。

二、主要工作举措

【坚持存款立行，不断加强存款精细化管理】省分行针对市场和竞争形势的变化，连续出台了一系列应对措施，不断加强存款精细化管理，有效调动了各级机构和广大员工争抢存款的积极性和主动性，克服了区域金融机构整体存款增长情况不佳和同业竞争激烈的不利形势，全口径存款实现了历史性突破。

【继续坚持大力发展中间业务，积极推进收入结构和业务转型】加大组织推动力度，进一步完善激励约束机制，建立并实施了问责机制，调动全员力量全力以赴发展中间业务。坚持“抓两头、带中间，促进全面发展”的工作方法，在区域发展上深入推进标杆管理，形成了“比、学、赶、超”的良好发展氛围，推动各行竞相提高市场份额和系统内贡献度；在产品发展上进一步做大做强优势产品，大力发展重点产品，提高优势产品和重点产品的收入贡献度，同时积极开展“破零增收”活动，在短板产品和收入上实施重点突破。13 个区域市场占比全部进入前两名，财务顾问、造价咨询、理财产品、国内保理和贷记卡收入增幅均超过 30%。通过努力，分行中间业务收入保持了良好的增长势头，收入总量超额完成总行计划。

【坚持开展“客户拓展年”活动，夯实业务发展基础】在对公客户发展上，实施了重点客户名单制和分层维护管理，引入了“工商验资通”产品，已在 6 个分行上线运行；新营销存款日均余额 1 000 万元以上的基本账户 141 户。重点加强了小额账户管理和不动户激活工作，进一步明确了管理职责，努力做到“户户有人管、人人有责任、事事有落实”。账户流失率 11.51%，同比下降 2.85 个百分点；不动户激活率 12.05%，同比提高 4.56 个百分点；基本账户转化率 1.42%。单位人民币结算卡发卡量和收入系统内排名均列第 7 位。第三方支付机构备付金存管业务实现突破，上海环迅公司在我行开户，与中国金融认证中心签订了业务合作协议。现金管理系统客户营销取得积极进展，新增 191 户，增速 117%。成功营销沈阳军区 211 医院等 3 个总行级“八一工程”重点目标客户；赢得东宁县社保业务独家承办权，鸡西市 6 个区的地税局社保费收缴专户、中医药大学附属第二医院所有银行账户落户建设银行。取得哈尔滨市商品房预售资金监管代理行资格。办理财富卡及私人银行卡 1 247 张，卡内日均存款 2.58 亿元，卡均存款 20.69 万元；高端客户金融资产新增 35.06 亿元，占个人客户全量 AUM 新增的 26.82%，同比提升 9.69 个百分点。信用卡客户规模达 63.5 万户，新增 14.7 万户。个人贷款客户、个人结算账户、代发工资个人客户均超额完成总行计划。

【坚持推进信贷结构调整，控制规模和投放节奏】坚持“控制总量、把握节奏、调整结构、确保质量、改善利差”原则，按照总行控制规模和投放节奏，综合考虑定价、结构调整等因素按优先级顺序进行市场营销和信贷投放。对公贷款累计投放 278.9 亿元，其中纯新增投放 195.8 亿元；自营性个人住房贷款累计投放 69.24 亿元，同比多投放 17.35 亿元。

严格执行总行“进、保、控、压、退”政策。传统优势行业贷款新增 37.23 亿元，审慎支持行业（大中型客户）贷款下降10.38亿元；“6+1”产能过剩行业、政府融资平台和房地产等重点监控行业大中型表内非贴现贷款余额、不良额分别下降8.2亿元和1.7亿元；“三农”领域贷款余额新增7.37亿元，增幅8.73%。压缩退出类客户贷款19.78亿元，涉及退出客户49户，完成总行计划的164%。坚持大、中、小并举，优先支持小企业客户和高信用等级客户。小企业贷款新增额在全部对公非贴现贷款新增中占比31%；A级及以上客户（大中型客户）贷款余额占比96.27%，同比提高4.37个百分点。坚持基础设施等传统领域贷款和供应链融资等新兴产品同进，加强以保理等供应链融资产品替代传统流动资金贷款，保理预付款项余额20.69亿元，新增3.91亿元，增幅23.3%，国内保理对流动资金贷款替代率10.07%，完成总行计划的145.83%。保障房贷款实现零的突破，投放3亿元。受托发放公积金项目贷款15亿元，余额达20亿元。

【坚持全面全员风险管理，努力提升资产质量和风险案件防控能力】

继续实施“双十大”客户行级领导督导制度，“双十大”客户贷款余额分别下降5.27亿元和4.05亿元。全年共处置不良贷款6.77亿元。表外类业务余额、加权风险资产占用同比分别减少46.11亿元和24.04亿元。

强化警示教育，加大员工从业行为排查力度。大力推进“检查+积分”的管理模式，各级机构累计积分8 813分、2 816人次，同比分别增加了681分和409人次，其中各分支机构主动积分6 779分，省行直接对下积分1 927分，分别较上年增加了2 360分和236分，各级机构主动积分意识普遍增强。

加强营业场所安全防范管理，共成功防范和堵截诈骗抢劫案件12起，协助公安机关抓获犯罪嫌疑人2名。

【坚持加强基础管理，努力提高精细化管理水平】

全面推进未开办对公业务网点开办对公业务，共审批通过开办对公基础结算业务网点27个；启动综合柜员制试点工作。网点二代转型推广工作圆满收官，218家理财中心全部通过总行验收，优秀率93.58%，系统内排名第2位，高于全国建设银行平均水平30.58个百分点；转型网点占比101.87%，系统内排名第7位。积极推动网点建设，实现资本性支出1.95亿元，完成全年计划的103.37%，其中：网点装修已招标49个，实际支出7 333万元，完成全年计划的101.03%；网点购置12个，实际支出11820万元，完成全年计划的104.11%。在兰西、抚远两个县域恢复了营业机构。为发展财富管理业务和高端客户，成立了5家私人银行。肇东村镇银行筹建工作顺利开展。加大业务向自助渠道、电子渠道的分流力度，自助设备账务性交易量比达48.02%，较上年末提升4.73个百分点；在总行开展的自助设备效率提升评比活动中取得优异成绩，综合评价得分、自助设备减少率得分和减少量得分分列系统内第8名、第7名和第9名。

现金备付率和超额准备金备付率管理水平大幅提升，人民币现金备付率0.608%，系统内排名由上年的第38位提升至第21位；超额准备金备付率0.32%，系统内排名由上年的第37位提升至第23位。

高度重视网点服务质量管理工作，不断提升客户满意度及忠诚度，在总行下半年零售网点服务质量调查中获得平均97.9分的好成绩，系统内排名第13位，同比提升15个位次，较上期提升4个位次。

加大系统运行安全应急演练及预维护工作力度，信息系统安全稳定运行。建立稽核监测高风险问题联动治理机制，积极发挥稽核风险屏障作用，稽核问题率0.73，问题整改率99.4%，实现了年度控制目标。共堵截无效票据、重复记账、垫付资金等资金损失问题123笔。

推进实施客户战略。继续推进客户战略的实施，客户结构不断优化，客户基础进一步夯实，对全行业务发展支持力度不断加大。规模以上基本公司机构账户新增3 389户，增速33.21%；非基本公司机构账户新增2 321户，增速31.03%。公司机构外汇账户新增44户。AUM5万元及以上个人资产客户新增7.59万户；信用卡客户新增13.39万户；个人贷款当年投放客户5.15万户；个人结算账户新增163.64万户。代发工资覆盖率同比提升13.84个百分点。

持续优化信贷结构。鼓励进入类行业贷款新

增48.65亿元，不良贷款下降140万元；逐步压缩类、“6+1”产能过剩行业贷款余额分别下降4.98亿元和2.18亿元。共退出涉及52户退出类客户贷款11.9亿元，完成总行计划的123.9%。小企业贷款实现了银监会提出的“两个不低于”目标；对公涉农贷款新增26.43亿元，增幅达45.6%。

加快业务转型和改革创新。一是积极推进网点转型和渠道建设，取得明显成效。网点一代转型已全部通过总行验收；二代转型网点总量达107家，75家通过总行验收。新购置网点17个，启动装修改造项目71个。迁移调整低效自助设备169台，在线运行自助设备总量达874台；自助设备账务性交易量比同比提升10.27个百分点。全面启动了对公网点转型，单位人民币资金结算业务收入同比增长66.8%。二是稳步推进各项改革。专业化经营组织架构进一步完善；成功召开了全行县域金融服务座谈会；肇东建信村镇银行筹建工作取得阶段性进展 。

执笔：王玉明

上海市分行

上海市分行行长　王江

一、业务发展概况

2011年，上海市分行实现账面利润110.04亿元，人均税前利润突破100万元，达到110万元。实现拨备前利润127.75亿元，增长19.94%。实现经济增加值56.86亿元，增长60.79%。截至2011年年末，全口径存款余额7 742.25亿元，新增1 085.51亿元，新增在系统和四行中排名第2，份额提升至四行第1位。各项贷款余额3 345.63亿元，新增328.41亿元，控制在总行计划之内，新增在系统内领先，在四行中排名第1。资产质量持续向好，不良贷款实现“双降”。

【公司业务】企业存款突破4 000亿元大关，余额4 016.15亿元，新增435.27亿元，新增排名系统和四行第2。日均企业存款新增在四行中排名第1。人民币公司类贷款余额2 478.94亿元，新增213.35亿元，其中保障性住房贷款新增55.1亿元，小企业贷款新增55.73亿元。贷款议价能力大幅提升，新发放对公非贴贷款平均利率为6.30%，比上年提升1.20个百分点；加权平均浮动比例比上年提升5.59个百分点。对公产品覆盖度2.89，提高了0.17。

【个人金融业务】个人存款余额2 420亿元，新增332亿元，在系统中排名第1，同业市场份额较年初提升1个百分点，增速在四行中排名第1。全行AUM1万~300万元客户（折算后）总数达292.4万户，较年初增加16.3万户。财富与私人银行客户规模突破万户，系统排名第2，比上年上升1位，日均AUM总量540.29亿元，新增145.65亿元，余额与新增在系统中排名第2。人民币个人贷款余额651.79亿元，新增79.71亿元。对私产品覆盖度2.56，提高了0.2。

【房地产业务】人民币房地产贷款余额387.82亿元，新增15.27亿元，其中保障性住房类贷款余额127.64亿元，新增55.1亿元。个人住房贷款余额610.84亿元，新增78.06亿元。住房金融存款余额 587.52 亿元，新增 147.44 亿元，计划完成率 237.8%，继续保持系统内和同业排名第 1。

【中间业务】实现中间业务净收入 54.61 亿元，继续保持系统排名第四、四行排名第 2。中间业务收入新增 10.82 亿元，增幅 24.7%，新增在四行中排名第 2。中间业务收入占主营业务收入比重为 28.34%，提高 1.46 个百分点。机构条线收入连续三年系统排名第 1，金融市场和财富管理收入快速增长，银行卡、造价咨询收入稳步提升，理财、电子银行、保理、债券承销等对新增收入贡献突出。

【国际业务】外汇全口径存款余额 55.02 亿美元，新增 21.32 亿美元，新增居四行首位。其中外汇企业存款、同业存款新增量占四行新增总量的 50% 以上。新增贸易融资授信客户 78 户，贸易融资存量有效客户数 238 户，其中年国际收支量 200 万美元以上贸易融资授信客户数 165 户，完成全年计划的 118%。国际收支量 10 万美元以上加权客户数 18 134 户，同比新增 6.38%；国际结算量 1 026.72 亿美元，完成全年计划的 110.12%，同比新增 11.67%。

【资产质量与风险控制】处置不良贷款 21.06 亿元，超值现金回收 4.24 亿元。不良贷款保持“双降”，不良贷款余额 23.59 亿元，下降 6.09 亿元；不良贷款率 0.71%，下降 0.28 个百分点。“6 + 1”行业贷款余额下降 15 亿元，对公信贷退出计划完成率达到 155%。落实“表外业务管理年”活动要求，表外业务余额增速仅 0.09%，低于系统和同业平均水平。

【其他业务】通过投行产品为客户融资超过 285 亿元，资金总量相当于新增对公贷款规模，实现投行中间业务收入 8.04 亿元。发行理财产品近 3 000 亿元，其中发行货币市场类理财产品 2 219亿元，理财产品实现中间业务收入 10.57 亿元，增幅 50%。完成系统内首单小企业“资贷通”业务，小企业“助保金”业务取得新突破。首次办理应收租赁款保理和工程保理业务。第三方支付机构客户备付金存管业务签约总数在系统中排名第 1。养老金业务产品开发和创新能力系统领先，受托资产规模在同业排名第 1。银行卡直销成果显著，客户增长迅猛，累计客户数提升至在系统中排名第 2，信用卡消费交易、贷款余额、分期业务在四行中排名第 1。电子银行客户规模快速增长，电子商务金融服务平台推广在建设银行系统中居于领先地位，成为系统内首家在重要商户中份额第 1 的分行，银联电子网上支付市场份额第 1。分行成为建设银行托管业务的重要运营中心，托管业务量超过全系统总量的 71%，收入增长 75%。

二、主要工作举措

【加强客户拓展，夯实客户基础】坚持“以客户为中心”的经营理念，把抓好客户和账户新增作为重中之重，加强市场研究和客户细分，明确目标市场和目标客户；成立任务型团队，推进分层营销、社区营销，开展“客户营销季”专题活动和各类客户营销联谊活动；增强联动意识，完善资源配置，注重公私联动，做好业务转介；紧紧抓住上海“后世博”建设、“十二五”重大项目建设和现代服务业发展机遇，实施重点客户战略和重点区域战略，巩固和深化与公积金中心的合作，密切与 421 家亿元以上企业存款客户和 100 家重点同业客户的联系；注重发挥网点营销和社区营销潜力，拓展中小客户和小额无贷户。2011 年在重大项目、战略性客户、金融同业、财政社保、军队、医院、学校、文化等客户营销争办中取得明显进展。

【推进产品创新，支撑业务发展】完善产品创新机制，推进产品创新实验室建设。成立理财产品研发创新团队，在理财产品、房地产信托监管力度加大的形势下，扩大封闭式理财产品、货币市场类理财产品、高端池理财产品、外币理财产品发行，根据客户需求定制定向理财产品，对存款稳定增长发挥了重要作用。积极开展新农村建设业务的试点工作。抓住医院支付结算改革契机，借助“医院一站式付费”项目的营销突破，提升了上海市分行在上海卫生行业的市场地位。大力拓展小企业、投行、养老金、第三方支付等新产品，努力使之成为维护和拓展客户的依托。

【加快渠道建设，提升服务能力】按照总行加快网点建设的政策导向，制定了《分行 2011—2015 年网点建设规划》，加快网点建设步伐和结构布局调整力度；加大资源配置力度，推进“交钥匙”工程，提升了基层行网点建设的积极性。

全年在11家网点恢复营业的基础上，完成5家新设网点建设计划。新增自助设备200台，总量超过1 700台。新建理财中心31家，总量达到140家。新建私人银行3家，总量达到9家。不断完善网点对公经营职能整合，根据区域经济特点，建设对公、对私综合性网点和旗舰店，增强了区域市场营销能力；深入开展零售网点对标管理，学习新的理念，树立标杆网点，宣传最佳实践，解决突出问题，建立长效机制，促进了全行网点管理水平和营销服务能力的提升。

【加强风险防范，确保经营安全】认真落实风险合规要求，严格执行“三个办法一个指引”，按贷款新规走款比例超过80%的达标要求。做好平台贷款清理工作，在整改退出的基础上，平台贷款抵押担保整改率、中长期贷款合同修订补正率和还款方式整改率均达到100%，实现了“降旧控新”目标。根据市场变化，及时开展风险排查，主动采取预防性措施，钢贸企业贷款、房地产开发贷款、商用物业抵押贷款、民间借贷等重点领域风险得到有效防控。剔除保障性住房开发贷款新增，房地产类贷款实际下降14.66亿元。认真落实审计检查要求，提高整改率和执行力，提高了合规经营水平。深化“内控和案防制度执行年”活动，通过加强教育、行为排查、专项治理和主动防范，提升应对外部侵害、突发事件的处置能力，全年未发生案件和重大案件风险，未发生重大安全事故。

【深入开展创先争优，不断加强队伍建设】深入开展创先争优活动以及“创金融创新之先、争金融服务之优”活动，紧紧围绕中心工作，明确争创目标。各基层网点和客户服务机构以“为民服务创先争优”活动为契机，增强服务意识，提升服务能力，落实公开承诺，解决突出问题，提高了服务水平和客户满意度。坚持以人为本，加快人才培养，制定了《分行人才发展工作总体方案》和《关于进一步加强培训工作的意见》，确立了“尊重人才、客观评价、机会均等、加速培养、共同发展”的原则，进一步疏通人才发展通道；加强青年干部和后备人才的选拔培养，分批次调整了部分单位主要负责人和班子成员，解决了部分班子成员配备不齐的问题；将加速培养后备核心人才作为人才工作的重点，实施了“英才启航计划”；按照总行政策要求，在实现价值创造、利润增长的基础上，实现了员工收入稳步持续增长，增强了企业凝聚力，调动了员工积极性。

执笔：顾静文

江苏省分行

江苏省分行行长　杨毓

一、业务发展概况

2011年，江苏省分行加快推进发展方式转变，深化改革，不断创新，强化内控管理，各项业务持续稳定发展。实现拨备前利润132.2亿元，较上年增长22.65亿元，增幅20.68%；全口径存款余额5 800亿元，新增213亿元；各项贷款余额3 994亿元，新增427亿元。

【公司业务】公司贷款余额2 958亿元，新增261亿元。新增贷款主要投向城市基础设施、先进制造业、民生和文化领域。优先支持新农村建设和小企业贷款发展，全年新增小企业贷款147亿元，占人民币对公贷款新增的56%；新增新农村建设贷款79亿元，较上年增长5.8倍；保障性住房贷款新增30亿元；文化领域贷款余额达到16.2亿元。积极拓展直接融资渠道，共发行理财产品、企业债务融资工具、PE、信托顾问融资等达200亿元，有效满足企业融资需求。

2011年3月8日，中国建设银行江苏省分行与南京林业大学举行战略合作协议签约仪式。

企业存款2 984亿元，新增58亿元。客户账户同比增长加快，公司机构客户总数14万户，较年初新增1.1万户，较上年多增2 800户。正常类人民币结算账户16.2万户，新增1.7万户，较上年多增6 000户。

【个人金融业务】储蓄存款余额2 621亿元，新增113亿元。坚持存款基础地位，狠抓资金源头，加大收入分配和到期转存市场拓展力度，梳理空白点，大力发展优质代发单位，组建任务型团队营销各类拆迁、专业市场，强化CTS客户拓展，抢抓股市资金回流，进一步加大理财产品销售，实现了稳定增长。

个人贷款余额突破千亿元，达到1 036亿元，新增166亿元。个人贷款占分行各项贷款余额的比重达到25.93%，比年初提升1.54个百分点。个人住房贷款新增142.22亿元，新增居系统和同业第一；新增个人助业贷款30亿元。个贷利率保持逐月上升趋势，新发放个贷加权平均利率7.03%，浮动比例1.052倍，比上年提升186个基点和0.167倍。

【中间业务】积极转变中间业务发展理念，着力降低对资产业务的依赖，加强融智增值类产品研发，在保持并发挥传统优势的基础上，强化重点领域的资源配置和业务拓展，抓住市场机遇培育新的业务增长点，实现收入持续、快速增长。中间业务收入63.43亿元，较上年增长13.58亿元，增幅27.24%。中间业务收入占主营业务收入比重达到30.96%，比上年提升2.51个百分点。

【国际业务】完成国际结算量704.8亿美元，同比增长123.9亿美元，增幅21.33%。跨境人民币业务快速发展，全年完成结算量141亿元。代客外汇资金交易200.28亿美元，同比增长23.33亿美元，增幅13.18%，其中对公结售汇量188.76亿美元，同比增长18.54亿美元，增幅10.47%。全口径外汇存款余额25.19亿美元，新增8.29亿美元，增幅49.08%。外汇贷款（不含转贷款）余额15.83亿美元，新增3.72亿美元，增幅30.74%。贸易融资余额9.57亿美元，新增5.31亿美元，增幅124.52%。

【资产质量】不良率控制在合理水平。不良资产余额51.05亿元，较年初增加9.91亿元，不良率0.86%。

【其他业务】信用卡业务发展快速。累计发行信用卡204.3万张，净增客户数48.37万户；信用卡消费额380.1亿元，同比增长28.5%；信用卡账户活动率54.88%，较年初上升1.53个百分点，信用卡60天以上不良率1.15%，较年初下降0.32个百分点。

电子银行超常规发展。电子银行与柜面账务性交易量比53.81%，比年初提升9.32个百分点。电子银行客户总数1 764万户，当年新增659.68万户。实现电子银行业务收入2.79亿元，同比增长71.5%。人工受理电话282.54万通，增长6.31%，接通率67.51%。实施人工外呼项目96个。

二、主要工作举措

【深化业务转型】树立“高端制胜”理念，以抢抓高端优质客户作为战略重点，大力推进二代转型，全面完成420家符合条件的网点转型工作；完成南京私人银行和9家财富管理中心的转型工作，AUM300万元以上高端客户达到7 972人，比年初新增1 142人。积极探索对公客户差

2011 年 12 月，中国建设银行江苏省分行荣获《现代快报》“2011 南京金融风云榜最佳财富管理银行”奖。

别化营销服务模式，组建多部门、跨层级、一竿子到底的“快速反应团队”，为重点客户提供个性化、差别化、综合性金融服务，提高对重要客户的服务质量和效率。持续加强渠道建设。物理网点数量增加、布局优化、质量提升。22 个网点新设计划全面完成，新增网点重点填补新兴地区、强县富镇的空白点；9 个长期歇业网点复业，60 个网点完成迁址工作，62 个储蓄所及分理处升格为网点型支行，服务能力进一步增强。客户经理队伍不断壮大，专职个人客户经理达 795 人，是上年末的 2.54 倍。

【加强联动营销】制定联动营销指导意见，促进管理机制的创新和完善，以公司、机构、房贷等客户载体为平台，构建对公、对私业务“链条网”，探索建立联动营销工作领导小组 + 定向营销团队的营销模式，明确各层级、各业务条线联动营销的职责，增强协同配合；研究建立利益分摊、责任共担的联动营销考核评价机制，促进业务经营在纵横向之间的协作和联动；逐步实施客户经理表格化管理，提高客户管理的精细化水平，深度挖掘和创造客户有效需求，产品覆盖度大幅提升，对公客户和个人客户产品覆盖度分别达到 2.78 和 2.47，较上年提升 0.80 和 0.26。

【加大改革创新】深化和完善南京地区改革，设立了南京地区经营管理委员会，负责南京地区的统一经营和管理，实现经营管理、发展规划、计划考核和对外营销“四个统一”。积极推进资产保全业务深化集中经营，组建省分行经营性任务团队，将 500 万元以上不良项目上收省分行管理，全年共处置不良资产 1.34 亿元。撤销二级机构保全部门，腾出人员充实前台经营。产品创新能力不断增强。在分行公司业务部组建工程造价咨询中心，在加快传统造价咨询业务发展的基础上，研究探索新型委托代理模式。在个人金融部设立产品研发中心，牵头负责个人类产品的研发、推广和维护。文化领域创新步伐加快。借助“民本通达—文化悦民”服务品牌，成功拓展了常州“环球动漫嬉戏谷”以及常州、镇江广播电视台等文化创意产业项目和地方重点文化集团，推荐建银文化基金完成全国首单广电系统项目 PE 投资。信用卡产品创新成效明显。成功发行多项联名卡产品，“金鹰龙卡”发行量超过5.7 万张，成为全国建设银行百货联名卡发卡量增长最快和影响力最大的项目之一。

【强化风险控制】坚持实施信贷政策重检制度，创新实施潜在风险客户名单制管理，适时开展授信风险滚动排查，积极主动化解潜在风险。建立信贷业务反欺诈管理机制，严格督导授信“三评”工作，加强固定资产项目贷款支用的合规性检查，强化押品真实性核查，密切关注民间高息借贷风险，组织开展专项风险排查，适时调整风险类别，努力消除风险隐患。加快高风险行业、低效贷款的压缩和退出力度，全年累计完成信贷退出 54 亿元。

【重视案件防控】高度重视案件防控工作，将案件和风险防控作为头等大事、重中之重的工作来抓，坚决遏制案件风险发生。组织各行、各部门主要负责人签订案件防控责任状，加大与 KPI 考核、领导人员年薪、干部任用等挂钩力度，探索建立全行参与、上下联动的惩防工作体系以及一级对一级负责、下级对上级负责的责任和管理体系。开展多种形式的主题教育活动，组织召开一竿子到底的“从严治行、遏制违规”万人警示教育大会，开展逐级逐层全员谈心谈话活动，引导员工认清规章制度的“红线”和从业行为的“禁区”。深入推进“一关心一排查”活动，强化基层机构负责人和重要岗位员工管理。不断提高声誉风险和突发事件的应对处置能力。

【加强队伍建设】以开展创先争优活动为载体，着力提高党建工作水平。着力优化领导班子配备，加大调整配备和交流培养等措施，进一步提升领导人员队伍素质。着力拓宽员工成长平台。共晋升专技岗位248人，择优录用劳务派遣人员753人，累计培训11.5万人次，培训覆盖率达到100%，在岗员工脱产培训达3天以上。机关工作作风不断改进。引导全行树立“三个服务”的意识，积极培育“一切工作聚焦客户”的经营文化，把提高客户满意度和员工满意度作为各项工作的出发点和落脚点。增强“上级为下级服务”意识，变政策的“传话筒”为“转化器”；开展“百人下网点”体验活动，组织百名员工下基层，体验网点工作艰辛，增强为“内部客户”服务的意识。广泛开展员工关爱计划，努力营造让每一名员工都能有激情、愉快地工作的良好氛围。妥善解决一线网点的通风、加班、配餐、空调等问题，梳理工作流程、调整营业时间，通过自助设备分流、人员就近安排、弹性排班、落实“一线青年员工成长帮助计划”等政策措施，提升员工士气和凝聚力。

执笔：肖志平

苏州分行

苏州分行行长　岳鹰

一、业务发展概况

【资产负债】全口径存款余额2 068亿元，余额占比跃升至四行第2位，占比提升1.09个百分点；全年新增270亿元，新增在四行中占比34.42%，排名第2，增幅15%。其中对公存款新增148亿元，占比37%；储蓄存款新增63亿元，占比29%；同业存款新增60亿元，占比35%，三项均列四行中第2。各项贷款余额1 549亿元，新增187亿元。

【经营效益】实现税前利润47亿元，完成总行计划的114%，同比增长36%。成本收入比29.00%，较上年下降0.63个百分点，员工效率5.09。

【中间业务】实现中间业务收入28.64亿元，在四行中排名第2，同比增幅52%。其中对公中间业务收入21亿元，在四行中占比26%，排名第2；对私中间业务收入8亿元，在四行中占比27%，排名第2。

【资产质量】不良贷款余额较上年下降1.54亿元；不良率为0.58%；较上年下降0.19个百分点，资产质量列四行第2。

【公司业务】2011年，累计投放各类资金近2 200亿元，其中仅各类型制造业企业累计投放资金达1560亿元，向房地产业、建筑业累计投放资金111.74亿元，向能源供应、公共管理及社会福利相关行业累计投放资金94.61亿元。

【国际业务】跨境人民币结算量达到174亿元，为上年的87倍，市场份额19.24%，较年初提升18.19个百分点。外汇对公存款余额26.54亿美元，列四行第1；新增8.68亿美元，列四行第1。

【个人金融业务】个人金融产品综合销售量为上年4倍，业务收入列四行第1；启动“本外币一体化”个人银行业务战略，推出“个人外汇三件套”产品，筹建13个留学金融服务中心，个人结售汇业务量同比增长27%；加快网点建设，全年新增20家机构，当年新增个人客户经理近

2011年5月13日，中国建设银行苏州分行在苏州胥城大厦举行苏州市医疗便民一卡通健康龙卡项目启动仪式。

130人，总量达到200名，实现辖内网点全覆盖；分行首获总行“玉兔迎春，建设银行送瑞”旺季营销综合贡献C组一等奖。

【消费金融业务】个人住房贷款余额、新增在四行中占比均列第1，新增占比达51%；个人消费经营类贷款加速发展，全年新增24亿元，个贷综合收益持续提升，条线实现中间业务收入2亿元，为上年的3倍，在四行中占比31%，列第1位，比上年提升5个百分点。全年共实现购车分期交易9.1亿元，完成安居分期交易2 616万元，分期业务实现中间业务收入7 500万元，为上年的3.8倍。2011年，分行获得总行“信用卡重点产品营销先锋奖”，并获得苏州市“市民最喜爱的信用卡”和“最受车主喜爱的银行卡”两个奖项。

【电子银行业务】提出“全员学习、全员使用、全员营销、全员服务、全员考核”，将电子银行任务指标下达至公司委、个人委，全行拓市场、提覆盖、增交易，荣获总行年度“增客户、促应用、提能力”电子银行营销活动综合贡献三等奖；同时名列“分行最快增速”系统并列第5名。

二、主要工作举措

【业务方向明确，战略业务向纵深发展】

积极推进“城乡一体化”配套金融服务。2011年，分行“城乡一体化”配套金融服务着力综合营销、深度营销，其重新划分县域金融市场的战略意义初步显现：评估“城乡一体化”服务效果，引导推进客户拓展、存款、代收代付、造价咨询、电子银行等配套业务综合发展；全国首个“城乡一体化基金”进入实质性操作阶段。截至年末，分行已与45个乡镇建立合作关系，累计投放资金约200亿元，乡镇网点覆盖率高达92%。该业务已成为分行的特色品牌业务，获得了政府、企业、百姓的一致赞誉。

强力启动“本外币一体化”战略。分行立足自身资源，制定“本外币一体化”综合方案：建立部门间协调机制、海外机构联动机制和差别化考核机制；加快两级外汇产品经理队伍建设，创新12项产品，办理系统内4个首单业务；跨境人民币业务实现跨越式发展，2011年，分行获得总行“外汇业务综合业绩奖”二等奖、“外汇存款争先奖”三等奖、“跨境人民币业务奖”三等奖。

持续提升小企业服务能力。分行小企业业务注重“效益、效率、质量”的平衡：积极支持“国家千人计划”，助力科技型小企业发展；创新“助科赢”、“小微贷”、“竞融通”等多项产品；制定信贷资源配置、差别化价格优惠标准，提高产品覆盖度和综合收益；推广电子审批、批量化自动审批系统，提升服务效率。2011年，中央电视台新闻联播、《人民日报》、新华社等中央新闻媒体先后赴苏州采访，高度评价苏州分行小企业服务取得的成绩。截至年底，全行小企业信贷客户3 518户，新增550户；小企业贷款余额282亿元，新增64亿元。2011年，分行获得总行级“小企业金融服务先进集体”和“公司业务条线建功立业竞赛活动先进集体”称号。

开动脑筋发展投资银行业务。分行投资银行业务放量发展，在腾挪规模、稳定存款、创造收入等方面发挥了积极作用：完善短期理财产品结构，研发保本型理财产品等新产品，满足客户多样化的理财和融资需求；中期票据承销和高收益债实现零的突破；创新发起设立系统内首家“投行俱乐部”，开辟上市、拟上市公司营销新渠道。2011年，分行累计发行各类理财产品744亿元，是上年的6倍；实现中间业务收入8.93亿元，列四行第1，在四行中占比65%，总量为上年的2倍。

【认知与践行结合，行动能力不断提高】

一是积极“走出去，请进来”，加强与同业、兄弟行交流，如与香港分行“苏港联动”，促进跨境人民币业务实现飞越，“苏沪粤联动”推动私人银行业务发展；与当地政府、人民银行、银监局密切联系，多次邀请相关领导来行调研指导，获得认可支持；与大型企业客户积极互动，邀请行业专家来行讲课，密切银企关系；与新闻媒体紧密联系，严防声誉风险，宣传特色业务，树立企业形象。

二是“走下去、请上来”，行领导带头挂钩网点，走访企业、百姓，贴近市场，倾听心声，提升服务水平；邀请15名经济发展标兵村书记坐客建设银行，详细听取村级经济发展过程中对金融服务的新需求；创建“内部网络意见征询”平台，收集基层建议，指导管理服务工作。

【狠抓内部管理，夯实发展基础】

以人为本，构筑健康向上的企业文化。持续倡导“老老实实做人，开动脑筋做事”的企业文化价值观和“在依法合规、有效控制风险的前提下，实现业务持续、健康、快速发展”的业务发展价值观，“超越自我、学习同业”的企业精神，“狠、快、新、实”的工作作风，“开放的胸怀、阳光的心态”的处事态度，全行的思想认识和价值观进一步统一，队伍面貌焕然一新。

适应竞争需要，完善组织架构。一是加大产品创新力度，成立产品创新优化管理委员会和产品与质量部。二是将电子银行业务、私人银行业务定位为战略业务，单设电子银行部、私人银行中心。三是加强柜面交易和操作风险的管理，单设资金结算部。四是要求二级经营单位均单设风险管理部、财务会计部，加强基层的信贷、柜面风险管理。

加强两级班子建设，加快队伍建设。加强分、支行两级班子建设方面，一是坚持执行民主集中制，所有重大决策均由“四会”讨论决定，实现重大决策的科学化与民主化。二是坚持党委中心组学习制度，邀请社会各界领导、专家来行授课，带头走访辖内重点客户，强调在调研、实践中学习。三是深入推进“基层网点挂钩制度”，已形成了有效的“民情反映、问题解决、干部培养”通道。四是建立分行巡察制度，督促各二级分支行落实总分行党委的重大决策部署，快速提升经营管理水平。

加速队伍建设和员工培训方面，一是明确干部培养成长路线图，明晰专业技术人员晋升通道。二是建立“三级后备人才库”，重点培养“六支骨干队伍”。三是加大分、支行员工交流力度，加强员工综合锻炼。四是建立科学的知识传承体系，全面启动“知识管理系统”项目。2011年分行吸纳大量优秀人才，净增员工310人，新增员工全部为本科及以上学历，其中研究生及以上近20%。

优化激励约束机制建设，奖罚分明。分行致力于实现“干部能上能下、员工能进能出，多劳多得、少劳少得”：实施“干部问责制”、“红黄牌制度”等，推行底线管理、加强量化考核，对履职表现差的干部实施严厉问责；高度重视员工绩效管理，在总行试点的基础上，自我加压，实现全员、全面推进“员工绩效管理”项目；增强正向激励力度，举办高端峰会颁奖典礼，立标杆、树典型，激发全体员工的荣誉感和自豪感。

持续推动产品创新和流程优化工作。一是完善考核办法和流程管理，打造“产品创新有效循环”体系，构筑多渠道创新创意汇集处理平台。二是成立总行级科技金融产品创新实验室，创新尝试“前店后厂”运作模式，引入“客户全流程参与”模式，打造科技金融结合工程。三是系统内首家编撰SOP手册，夯实流程管理基础。2011年共实施产品创优项目68项，为上年的1.36倍，产品创新带来的中间业务收入达5.98亿元。

实施全面风险管理，强化“三道防线”。强化“严密的组织、严格的制度、严厉的问责”三严原则。一是优化风险控制模式。创新跟班督导模式，健全网点营运、信贷风险、总审计室三支督导力量，建立经营、风险、审计“三道防线”。二是加强制度建设。制定“大额授信客户管理办法”、“投后管理办法”、“关键岗位行为规范”等22项制度。三是加强风险监测。理顺贷后管理职责流程，完善贷后管理体系，组织钢材贸易类客户、温州背景授信企业等风险排查。四是以风险管理促业务发展。加强经济资本约束管理，优化资源配置；重视信贷政策编写，加大行业研究力度，支撑前台经营。五是强化资产保全，处置盘活历史遗留大额不良资产，实现城区不良个贷集中经营，全年不良资产处置额7.34亿元。六是深入推进内控和案防执行年活动，改进和优化员工商银行为排查方式；严肃处理违纪违规，创新建立违规人员学习培训班制度；强化内外部审计发现问题整改督促，全年问题整改率达98%。七是深化前后台业务分离和稽核作业模式改革，切实提高操作风险防控能力，提升现金管理精细化水平；全年完成信息开发优化项目（任务）80多个，实现分行信息系统运行重大事故零发生；切实做好安全保卫、安全生产和维护稳定工作，实现全年无案件、无重大责任事故的工作目标。

2011年，建设银行苏州分行被评为江苏省“人民币流通满意工程先进单位”；在苏州银监分局的监管评级中，建设银行苏州分行综合等级为2A级，综合评分列四行第一。

重视党政工团工作，强化业务保障。一是深入推进“创先争优”活动，分行连续两年被评为苏州市委市政府“作风效能建设优胜单位”，分行营业部被评为“中国银行业文明规范服务百佳示范单位”。二是加强基层党组织建设，全年共新增党员31名，目前全行党员数1 419人，占员工总数的33.17%；以建党90周年为契机，做好“二优一先”评比工作；认真召开民主生活会，增强组织生机活力。三是关爱员工身心，履行社会责任。优化薪酬结构，提高工资福利保障水平：基本工资薪点值标准由每月1 900元提高到2 200元，提高员工补充医疗保险标准；各级领导走访慰问职工近600名，帮助困难职工31名，发放慰问金10.9万元；积极组织开展全行员工健康检查。四是创新开展青年工作，注册成立苏州分行青年志愿者协会。

执笔：林红

浙江省分行

浙江省分行行长　崔滨洲

一、业务发展概况

【主要指标情况】

2011年，浙江省分行较好地完成了全年各项任务，主要业务指标增速高于系统平均增速，贡献度进一步提升。

——全口径存款余额5 969亿元，新增805亿元，增幅16%，新增居四行第2，系统第3。一般性存款余额5 550亿元，新增502亿元，增幅10%；企业存款余额3 354亿元，新增270亿元，增幅9%；储蓄存款2 196亿元，新增231亿元，增幅12%。

——各项贷款余额4 741亿元，新增493亿元，均居系统第1，增幅12%。公司类存款余额3 200亿元，新增304亿元，增幅11%；个人类存款余额1 541亿元，新增189亿元，增幅14%，其中个人住房贷款余额1 111亿元，新增128亿元，个人消费贷款余额430亿元，新增61亿元。

——实现中间业务收入69.6亿元，同比新增19.11亿元，增速38.11%。总量居系统第2，四行第3；增量居系统第1，四行第3。对公中间业务收入44.7亿元，个人中间业务收入24.9亿元，个人中间业务收入占比为35.8%，比年初提高0.97%

——拨备前利润155亿元，增幅达26.2%，居系统第2。税前利润增速比系统平均增速高3.5

个百分点。

【公司业务】

客户基础不断加强。2011 年新增总分行级重点公司机构类客户 170 家，达到 1 391 家。A 级（含）以上客户贷款占对公贷款比重达 96.4%，较年初上升 0.4 个百分点。小企业信贷户 15 289 户，新增 2 541 户，小企业贷款余额 1 138 亿元，新增 225 亿元，分别占对公贷款余额与增量的 35.6% 和 73.8%。企业年金客户新增 81 户，民生领域事业法人结算户新增 543 户，财政零余额账户新增 1 294 户，均超额完成计划。

产品继续保持领先优势。16 项对公条线重点产品收入均居全行系统内排名前 16 位，其中 5 项产品居系统第 1，4 项产品排名比上年提升。实施重点产品工程，培育重点产品品牌，重点发展单位人民币结算、银团贷款、国内保理、造价咨询、国际结算、财务顾问、单位电子银行、百易安等 16 项重点产品，促进中间业务可持续发展。借助产品创新直通车制度、银企联动创新、产品创新试点行制度，全年完成产品创新 20 余项，包括国内保理代付、小企业工程保、对公网银自主结售汇、出口再融资、应收租赁款受让等。

【个人金融业务】

个人中间业务实现高速发展。个人中间业务收入完成 16.7 亿元，比上年同期增长 41%，增量居四行第 2。重点中间业务产品保持既有优势。个人理财产品累计销售 2 000 亿元，收入 9 450 万元，列系统第 7 位；个人黄金业务保持系统和同业第 1，实现中间业务收入 1.37 亿元；基金实现收入 1.18 亿元，列四行第 1 位；寿险实现收入 8 600万元，列四行第 2 位，在系统内提升 2 位。其中，1.4 亿元中间业务收入通过自助设备实现。

渠道建设基本完成年初既定目标。2011 年，分行网点购置项目完成 25 个；网点改造装修 74 个，完成总行计划的 110%；存量网点迁址调整 20 个。新设网点 10 个（5 个已开业，1 个取得金融许可证），另有 2 个网点完成选址。自助渠道规模继续扩大 。共投产自助设备 2 658 台，新增 387 台，增幅 17.04%；自助银行达 630 家（其中离行式 134 家），新增 93 家，增幅 17 %。

【房地产业务】

房金中间业务收入大增。2011 年共实现房金中间业务收入 6.56 亿元，增速达 164%。其中境内保函业务实现收入 1.32 亿元；规范房开贷款中间业务收入，实现交易资金托管收入 4 739 万元；创新推出了个人住房贷款配套收入业务，并实现代办个人住房贷款手续费收入 9 917 亿元；个人理财收入 3.86 亿元；房改中间业务收入 5 536 元。

房地产开发贷款不良实现“双降”。截至 2011 年年底，分行房地产开发贷款不良额为 1.4 亿元，比年初下降 3 303 万元，不良率 0.5%，比年初下降 0.2 个百分点，实现不良“双降”。

【国际业务】

外汇存款业务取得良好成绩。2011 年年底，全口径外汇时点存款余额 28.4 亿美元，在四行中占比 21.2%，排名第 2，较年初上升 6.8 个百分点，新增 12.8 亿美元，在四行中占比 50.3%，排名第 1。外汇对公（含同业）存款余额 18.24 亿美元，在四行中占比 25.24%，比年初上升 6.9 个百分点，新增存款 10.44 亿美元，新增排名四行第 1。

外汇中间业务收入及各重点产品收入继续保持系统第一。截至 2011 年年底，共实现外汇中间业务收入 10.5 亿元，同比增长 41.24%，系统保持第1；其中对公外汇中间业务收入 9.3 亿元，同比增长 38.48%，系统排名第 1。对公国际结算业务收入 5.7 亿元，同比增长 47.89%，继续居系统第 1，在系统中占比 11.84%。对公外汇资金业务收入 3.3 亿元，同比增幅 33.81%；其中对公结售汇业务收入 3 亿元，同比增长 26.38%，系统排名第 1。

外汇客户拓展稳步推进。截至 2011 年年底，全分行国际结算量 10 万美元以上公司机构外汇客户数达 6 097 家，其中 50 万美元以上公司机构外汇客户数达 4 564 家，占全系统公司外汇客户数的 17%，新增 538 家，均居系统首位。其中，国际结算量 3 000 万美元以上客户达 255 家，比年初新增 84 家。国际收支量 200 万美元以上贸易融资授信客户 1 175 户，连续两年居系统首位。

人民币跨境结算业务突破性发展。截至 2011 年年底，累计完成跨境人民币业务量 312.49 亿元。11 月全省累计同业占比 17.91%，较年初提高近 8 个百分点，同业排名赶超农业银行，保持第3。

【资产质量与风险控制】

资产质量形势较为严峻。截至2011年年底，分行不良贷款余额73.1亿元（2011年当年不良额上升29亿元），不良率1.54%，其中对公不良贷款额70.18亿元，不良率2.19%；对私不良贷款额2.92亿元，不良率0.19%。按照审计后口径，2011年年底分行不良贷款额105.27亿元，不良贷款率2.22%，与年初相比，不良额增加了59.02亿元，不良率上升了1.13个百分点。系统内看，分行不良额在系统内最高；同业情况看，不良率位居四行末位。

采取多种措施加强信用风险管理。对绍兴分行、台州分行和萧山支行等重点行进行重点整改帮扶。全面排查信贷客户涉及民间借贷情况。对发现风险隐患的客户及时制定预案，一户一策，化解风险，减少损失。实行新发放贷款第一责任人制度，从源头上提升资产质量。加强重大信用风险事项快速处置与管理，在省分行成立快速处置领导小组。深入推进不良贷款集中经营，对不良处置实行买单制，对1 000万元以上的客户逐户提出化解方案。全年处置不良贷款27.7亿元，不良资产现金回收16.4亿元。

二、主要工作举措

【深化改革，发挥体制机制优势】

各项改革向纵深推进。对杭州城区经营体制进行优化，强化中后台事项的集中管理和省分行的服务支持，在省分行成立杭州城区经营管理部。明确区域对接和区域经营责任主体，将杭州城区机构整合为1家营业部和6家综合型支行，75个网点按照管理半径划归各个支行管理。同时，根据总行部门的职责，调整省分行本部及二级分支行的内设部门，进一步明晰职责，理顺管理关系。

激励约束机制不断健全完善。通过对总行考核压力的合理分解和落实，逐步建立起以KPI、核心业务、任务约束考核为主，以“对手赛”和分支行竞争力评定为辅的考评体系，将同业占比和系统贡献度作为衡量发展的重要标尺。对于未完成任务约束目标的分支行，实施“一票否决”。在科学的激励约束机制推动下，买单制全面推进，创先争优的理念贯穿到每个行、每个网点、每个员工。

产品服务创新成效显著。实现“资贷通”、“小贷通”、排污权抵押贷款的零突破。与华融金融租赁公司完成首笔应收租赁款受让业务。国内信用证代付试点成功，创造中间业务收入超千万元。推出支付盈、跨境结售汇等创新产品，实现中间业务收入1.55亿元，吸收人民币存款超过124亿元。创新推出定时定向扣款产品，发生扣款41.5万笔，释放柜面约2.5个人力。“健康龙卡”项目首发成功，发行14万张。“社保联名卡”发卡69万张。开发私人银行客户专享理财产品，管理资金总量达10亿元。在杭州独家试点承办公积金项目贷款，受托发放贷款7亿元。

新业务领域取得积极进展。网络银行累计向8 547个客户发放贷款310亿元，分别占全国总量的63.5%和45.4%。“E贷通”被银行业协会授予“服务小企业及‘三农’十佳特色金融产品”。辖内44家机构开展新农村业务，吸收存款41.3亿元。莲都、淳安、东阳3家村镇银行的筹建工作稳步推进。4家已开业的村镇银行存款余额18.6亿元，新增10.2亿元；实现拨备前利润5 823万元，不良贷款为零。

【强化管理，提升经营管理水平】

信用风险防控得到加强。实行重点监控机构专人监控机制，由省分行风险管理部就全省各区域落实专人，对资产质量进行专项监控。实行新发放贷款第一责任人制度，对于新发放贷款，在确定经营主责任人的基础上，分不同金额确定第一责任人。加强重大信用风险事项快速处置与管理，省分行成立重大信用风险事项快速处置领导小组，全面负责重大信用风险事项快速处置的组织协调和决策工作，加强对重大信用风险事项快速处置的组织领导。实行资产保全集中经营制度，加大不良处置，杭州辖区支行全部公司类不良贷款、其他各二级分行单户余额1 000万元以上的公司类不良贷款统一纳入省分行资产保全部门，实行集中经营，对不良贷款处置实行买单制。

内控机制进一步完善。开展操作风险大检查，对检查发现的392个问题认真做好整改。加强基层机构关键风险点监控检查和营业机构监控录像检查，对金库检查的覆盖率达100%。加大对审计发现问题的整改力度，整改率达98.3%。上收风险相对集中的3 000万元以上小企业审批权，严格限制互保小企业新增信贷业务。扎实推进“表外业务管理年”活动，表外业务信贷资产、表外加权风险资产增速都控制在6%以内。切实加强案件防控，全年共堵截案件90余起，经总分行确认的有24起。在金融机构安全评估中，综合得分位列五大银行之首。与监管部门密切配合做好反洗钱工作，并成功破获犯罪案件，受到了人民银行总行和建设银行总行的通报嘉奖。

【以人为本，加强党建和队伍建设】

加强干部管理。打通基层管理岗位职等晋升通道，出台了支行、二级分行部门和网点负责人职等浮动管理办法。建立分支行领导人员任期业绩考核档案，明确领导干部职数，实施选人用人后评估。做好干部结构调整工作，分地区、分机构提出干部结构优化目标，2011年省管干部调整92人，调整率36%。延伸后备层级，建立覆盖网点负责人、营业经理等基层管理岗位的干部后备储备库。

加强员工队伍建设。全年共完成培训项目3 678期，16万人次参加，分别同比增长22%、41%，培训覆盖面100%。拓宽员工职业发展空间，出台网点人员等级管理办法，近5 000名网点员工通过等级资格初始化认证；专业技术岗位总投放职数达到员工人数的30%。实施派遣工转签建设银行合同工制度，共转签691人，员工归属感得到增强。

加强党的建设和企业文化建设。将“创先争优”活动与业务发展有机结合，4个基层党组织、5名党员和3名党务工作者受到总行“七一”表彰。将反腐倡廉、案件防控等职责落实到领导班子每位成员，并与KPI考核、等级行评定挂钩。做好文明创建工作，全分行荣获各级“巾帼文明岗”、“巾帼建功标兵”、金融“五一劳动奖章”、浙江省“工人先锋号”等先进荣誉称号68个。温州分行、之江支行被授予全国文明单位称号，全国文明单位创建实现零的突破。省分行营业部被银行业协会评为“2011年度中国银行业文明规范服务百佳示范单位”。成功开展第四届职工运动会、建党90周年书画摄影展、“永远跟党走”红歌赛等文体活动，精神文明建设成效明显。认真落实职代会制度，工会、共青团等围绕中心开展了大量工作。关心困难员工、老党员和老干部，全年医疗救助金额77万元；发放慰问金202万元。

执笔：田芳

宁波市分行

宁波市分行行长　刘丽华

一、业务发展概况

【经营效益】全行拨备前利润31.72亿元，超额完成年度计划，同比增幅达21.8%。实现税前利润26.15亿元，经济增加值10.77亿元，经济资本回报率24.57%，同比上升0.42个百分点。存贷利差4.2%，超总行计划0.15个百分点；成本收入比33.04%，同比下降0.49个百分点，保持系统和同业领先。

【资产负债】年末，全口径存款余额1 048亿元，新增47.6亿元，其中外汇存款新增在四行内排名第1；各项贷款余额1 130亿元，新增96.8亿元，其中个人贷款余额全市首破300亿元，个人住房贷款余额和新增保持四行首位；小企业贷款增幅41%，高于对公贷款平均增速32个百分点。

【中间业务】全年实现中间业务毛收入12.97亿元，同比增速37%，居四行第2；中间业务净收入占主营业务收入比重为26.5%，同比提升3.3个百分点；投行收入占分行中间业务收入比重近25%，收入结构持续优化。

【资产质量】年末，不良贷款余额8.14亿元，不良贷款率0.74%，资产质量居四行第2；不良资产处置成效显著，不良处置额3.9亿元，计划完成率382%，列系统第3位，不良资产超值现金回收完成率居系统第8位。

【战略性业务】国际结算量161.9亿美元，跨境人民币结算量58.3亿元，排名宁波同业第3位，成为全市唯一一家连续6年外汇业务考评A类行；投行业务收入首超3亿元，其中新型投行业务收入2.6亿元，同比增速238%，列系统第3位；成功发行宁波海运、春和集团两个境内外并购理财产品项目，促成宁波先锋新材料、浙江围海建设、漳州旗滨玻璃3单IPO上市业务；信用卡累计发卡超40万张，净增客户超10万户，均居城市行第2；分期业务快速增长，购车分期收入同比增长141.6%。住房资金存款创历史新高，被宁波市公积金中心授予"最佳承办银行"称号；全市独家发放公积金支持保障性住房项目贷款3.75亿元，市区物业维修资金专户以第1名成功中标；电子银行账务性交易量比53.25%，比年初大幅提升22.82个百分点，提升值居系统首位，成为系统内电子银行账务性交易量比超50%的10家分行之一。

二、主要工作措施

【打造区域金融品牌】2011年初，分行重点研究了事关发展的16大专题工作，提出以"继续深化基建领域服务、大力推进新型投行业务、加强新农村金融服务、创新海洋经济服务模式、加快个人银行业务发展"为五大拓展重点，明确全行发展思路。尤其是抓住宁波市加快发展海洋经济的重要战略节点，促成总行与市委市政府签订《全面金融解决方案（FITS）合作框架协议》和《产业投资基金合作备忘录》，成为宁波大宗商品交易所的首家对接合作银行，树立服务海洋经济同业标杆。

【抢抓区域发展机遇】民生领域市场，成功营销社保联名卡项目，首批发卡量居市场首位；与市文化广电新闻出版局签订文化产业发展战略合作协议，并就发行"文化龙卡"联名卡、文化产业基金等金融服务达成合作意向，有效填补文化领域市场空白。新农村市场，召开现代农业龙头企业座谈会，积极对接企业需求，全方位布局和创新"三农"服务。全行涉农贷款新增40亿元，增速高于全行贷款平均增速6个百分点。社区金融，全力开展社区金融主题活动，持续开展"四走进"活动，打通客户营销新渠道，逐步实现社区金融常态化管理。目前已与塑料城、轻纺城等专业市场在公私联动、产品组合等方面进行了探索。

【坚持存款和账户双轮驱动】通过公私联动、分支行联动、资产负债业务联动、产品联动等系列措施，持续抓好稳存增存工作。主要是抓重点客户、抓重点产品、抓重点区域，建立完善存款日常监测预测制度，在抢抓时点存款的过程中提升日均存款市场份额。同时，开展"客户拓展年"活动，重点开展有效账户营销，全面夯实优质客户群体。通过抓源头、抓平台、抓联动等途径，实现大中客户团队化拓展、小企业客户批量化营销。持续加大对优质中型客户的支持力度，加强"百强企业"、"拟上市企业"营销拓展，提高其在对公客户总量占比。年末，公司机构类账户总量达到2.65万户，较年初净新增6 000户，净新增数首次超越中国银行位居四行第2。个人资产客户较快增长，借记卡新增88万张，其中金融IC卡新增38万张，保持同业领先。

【促进中间业务争先进位】主要是抓好重点业务和产品，实现各条线齐头并进。公司业务上，大力发展单位人民币结算、承诺、保理、保函、银团贷款等产品，提高传统中间业务收入贡献。尤其是组建5个内部银团（其中跨一级分行2个），发放贷款5.15亿元。投行业务上，主动应对监管政策新变化和信贷规模紧张的新形势，大力推广新型产品，推动新型投行业务收入大幅增长。成功实现杉杉集团中票业务、韵升集团及象山龙元建设集团短融业务、镇海投资公司企业债业务，累计融资43亿元，实现收入4 000多万元，保持同业领先。国际业务上，严格落实发展责任制，狠抓即期结售汇、结算收入等薄弱环节，结算收入首超亿元。跨境人民币业务创新推出了换币种转通知信用证、结汇通、支付宝、换币种代付、出口代付、跨境转口贸易6个新产品，有效挖掘、积极转化客户潜在需求，把增收目标落实到实处。个人业务上，首创同业实物黄金回购业务，实现包括但不限于建设银行金品牌下的所有金条回购业务，为回流同业资金拓宽渠道，累计实现中间业务收入600万元。扎实开展“基金、寿险双跨栏活动”、“黄金投资典藏会”等竞赛活动，全年理财业务收入四行第一，基金收入四列行第2，寿险收入增速列系统第8。

【强化全面风险管理】一是加强信贷风险管理。深化“表外业务管理年”和“贷后管理年”活动，积极落实“三个办法一个指引”，从根源上防范信贷风险。全行敏感性行业信贷投放进一步控制，“6+1”行业信贷和贷款余额连续双降；完善排查常态化机制和总监谈话机制，对信贷客户潜在风险进行全面排查，落实相应的监管措施和风险缓释措施。二是坚持合规经营。确定2011年为“合规管理提升年”并召开全行动员大会，把合规管理纳入KPI等级考核，做到抓业务和抓管理并重、管事和管人并重；高度重视问题整改，针对屡查屡犯、此查彼犯等现象，提出具体整改要求，切实提高整改率和整改效果。三是强化内控管理和案防工作。积极做好内控规范实施工作，梳理制度1 007个，评价关键风险点3 575个，有效夯实内控基础；认真落实案防“一把手”责任制，从制度建设、监督检查、员工教育三方面着手，营造全行员工“不愿、不敢、不能”犯的案防高压氛围。

【加强改革与创新】一是加快渠道建设和二代转型，全年新设网点12家，累计完成网点二代转型79家，转型优秀率高于系统平均20个百分点；新安装自助设备66台，自助设备账务性交易量比59%，提升值居系统第四。二是促进私人银行转型，逐步实现功能转型、服务转型和经营转型，促进私人银行从部分功能向全功能转变。累计发行财富卡、私人银行卡1 053张，“两卡”累计交易额达136亿元，发卡数量、交易额、高端客户产品覆盖度均居系统前列。三是深化激励考核机制改革，对支行KPI考核实行“按月计分、按季通报、年终清算”全过程管理，强化支行对KPI考核的全过程执行导向。完善考核评价机制和资源配置机制，从激励办法、奖励标准、考评方式三方面着手，调动全员积极性。四是加快创新步伐，成功发行具有鲜明区域特色的弥勒龙卡，在系统和同业率先推出国内信用证代付业务，创新推广“科创金缘保”、“非上市公司股权收益权理财产品”等产品，有效满足客户需求；多点设立创新实验室，收集创意86个，“票据理财产品”、“付汇宝”等产品成功从实验室推向市场。

【夯实管理基础】一是加强队伍建设。始终坚持德才兼备的干部标准，规范干部聘任工作，重视对年轻干部的培养锻炼和任用，逐步优化干部队伍年龄结构；组织实施客户（产品）经理后备人才推荐工作，持续提高客户经理、产品经理的配备比例；启动新入行大学生“扬帆”计划，首推金融特色班，帮助新行员尽快成长成才。二是打造同业服务标杆。对网点实行“月度调查、季度评价、年度等级评定”的考评方式，确保服务工作常抓不懈；首次将对公柜面人员服务质量纳入“神秘人”检查范围，强化对公营业网点服务管理。分行营业部被评为“2011年度中国银行业文明规范服务百佳示范单位”，是宁波银行业唯一获得此殊荣的单位。三是深化“以人为本”理念。大推进员工关爱活动，实行员工思想调研制度等35项员工关爱举措，进一步调动员工积极性；举办“希望之星”表彰大会等活动，将员工关爱扩展至员工子女。畅通员工晋升通道，持续加大短期合同工择优转制力度，提高全行凝聚力。

执笔：张凯锋

安徽省分行

安徽省分行行长　戴跃明

一、业务发展概况

2011年，安徽省分行面对复杂的内外部形势，积极贯彻总行决策部署，围绕“做大规模”、“做优质量”、“做强文化”三大方面，加快推进改革，促进全面发展，多项指标取得同业第1、系统内前10，全面完成了各项经营目标。截至2011年年末，全口径存款余额2 372亿元，新增432亿元，其中：一般性存款余额2 281亿元，新增369亿元。各项贷款余额1 506亿元，新增209亿元。实现税前利润40.6亿元，同比增长38.59%。全行十二级分类不良贷款余额5.48亿元，不良贷款率0.36%。

【公司业务】截至2011年年末，全行对公存款余额1 200亿元，占全行一般性存款余额的52.6%，较年初新增204亿元，占全行一般性存款新增的55%；从系统排名来看，安徽省分行对公存款余额在全国排名第17位，比上年上升1位，对公存款新增在全国排名第9位，比上年上升6位。从四行排名来看，安徽省分行对公存款余额四行排第2位，与工商银行的差距从上年末的170亿元缩减到年末的38亿元；对公存款余额的市场份额为28.11%，比年初新增1.46%。对公存款新增在四行中排第1位。全行对公贷款余额951.62亿元，占全行各项贷款余额的63.20%；较年初新增89.94亿元，占全行各项贷款新增的43.01%。成功营销了中建材新能源超白玻璃项目、格力电器（芜湖）、中安联合煤业煤化工项目和江南产业集中区梅龙三站水务项目、起步区主干路网等10余项重大新项目。截至2011年年末，对公客户项目储备金额684亿元。

2011年9月6日，中国建设银行安徽省分行召开企业文化项目启动大会。

【个人金融业务】截至2011年年末，个人存款余额系统内排名第17位，日均新增系统内排名第6。中高端客户累计新增2.7万户，居系统内第12位。代理基金累计销售47.3亿元，收入在四行中排名第1，发售理财产品近550亿元，累计签约商户通户数5.67万户，其中当年新增5万多户，开通终端数量全国排名第3。全行自助设备开机率提升0.54个百分点，自助交易替代率提高8.36个百分点，系统内排名第7。95533电话银行客户服务满意率达99%，共有270个网点顺利通过总行二代转型验收，转型率高达181%，在总行排名第1。37家网点荣获“四星级营业网点”荣誉称号；48家网点荣获“三星级营业网点”荣誉称号。星级网点数量在总行排名第5，四星级网点排名第4。在安徽省政府政风行风评议中，分行客户满意度在参评的四家大型国有股份制银行中排名前列。

【房地产金融业务】2011 年，个人贷款新增超过 119.17 亿元，位居系统前 5 位，余额达到 554.15 亿元，位居系统内前 10 位；个人住房公积金贷款余额和新增均位居同业首位；个贷不良实现“双降”，资产质量继续保持优良；同时，房金中间业务收入再创新高，突破 2 亿元大关。

【机构业务】在做深做细现有八大行业客户的基础上，把医疗保险、水利行业、环保行业以及涉农业务四大领域作为新重点；以财政支出为主线，重点抓省级源头和县区级资金出口两头，提前介入，紧盯专项，政府机构业务存款成果显著。仅养老保险省级统筹账户到年末余额就达到 100 亿元，全省社保基金账户当年新增 33 户；积极推进社保联名卡业务，成功营销了马鞍山市医保中心的医保资金专户。国库集中支付业务实现全面覆盖，以代理中央财政授权支付业务为基础，取得省、市、县三级国库集中支付业务代理资格 34 个，累计开立预算单位零余额账户 971 户，当年新增 16 户，代理业务量为约 300 亿元。

【中间业务】中间业务收入总量快速增长，上年收入达 16.41 亿元，同比增加 5.44 亿元。中间业务收入总量、同比增加额均居同业第 2 位。其中审价咨询实现收入 1.14 亿元，增幅 122%，比建设银行全国平均增幅高 93.39 个百分点，位居第 12 位；对公人民币结算 1.17 亿元，位居四行首位；基金和短信两个产品收入居四行首位；通过代理资金信托计划资金产品，实现代理收入 768.5 万元。

【国际业务】国际业务作为重点推进的业务之一，以推进年活动为契机，以增加中间业务收入为核心，加强本外币联动，大力推出贸易融资产品创新，重点推出 13 个外汇组合产品，夯实外汇业务客户基础和产品基础，全年外汇业务客户总数 724 户、新增 101 户，加强贸易融资授信工作和外汇存贷比管理，主要外汇业务取得突破性进展。全年累计完成国际结算量 57 亿美元，同比增长 46%，增速在四行中排名第 1、系统内排名第 12，国际结算量在四行中占比提高 2.15 个百分点，其中，跨境人民币结算量 5.58 亿元人民币，市场占比 54%，市场份额位居同业第 1 位和系统内排名第 1 位，并创造了多项市场第一。

【投资银行业务】为客户融资 136.2 亿元，实现中间业务收入 3.21 亿元。原创的新型理财产品有信托受益权转让型、资产收益类、项目投资财务顾问型产品。其中，信托受益权转让型产品全年发行 36 期，金额 40.5 亿元，该产品在建设银行系统得到广泛推广，发行量达 1 200 亿元；首次办理的新产品有委托贷款型、定向增发股权收益权型、票据型理财产品，多途径解决客户融资需求。

【小企业业务】截至 2011 年年末，小企业客户 2 607 户，比年初新增 343 户，客户数位居系统第 8，客户新增排名第 10。同时，小企业两项产品不良率为 0.33%，较年初下降 0.12 个百分点，创近年来最低水平。

【电子银行业务】扩大电子银行“直销团队”队伍，加强了电子银行服务区建设，通过开展旺季营销、“奋战六十天、E 路大跨越”等系列营销竞赛活动，主要业务指标增速和系统内位次均明显提升。电子银行客户增速均排在系统前 5 位，其中，个人网银、手机银行、企业网银客户增速分别达到 81.84%、345.58%、75.97%，系统内位次分别列第 3 位、第 4 位、第 5 位。个人网银、企业网银、手机银行覆盖率较上年分别提升 10 位、1 位、11 位；同业中个人网银、手机银行新增客户同业第 1。

【信用卡业务】推进商户收单业务，加强分期业务和重点产品营销。预审批系统营销成功率为 31%，较上年底提高了 11.27 个百分点，分期交易额接近 5.67 亿元。共新增信用卡进件 21.29 万份，累计净新增客户 17.3 万户，实现信用卡消费交易额 100 亿元；特约商户净增 1 651 户，完成总行年度新增计划的 275.16%；信用卡贷款余额 16.32 亿元，逾期 60 天、90 天、180 天以上贷款不良率均低于全行平均水平。

【资金结算业务】以产品组合套餐为抓手，努力提高结算产品覆盖度，积极推进柜面业务转型，促进资金结算业务健康发展。全年单位人民币结算业务收入超 2 亿元，首次超越工商银行并位居同业第 1；共签约套餐 2.5 万个，套餐签约率达 45.33%，实现套餐收入 3 309 万元，占全部单位人民币结算收入的 15.98%。

【资产质量与风险控制】在贷款保持增长的情况下，资产质量也保持稳定，不良实现“双降”，其中，2011年纯新发放贷款不良率0.0085%，较上年有所下降。全行十二级分类不良贷款额5.48亿元，较上年初减少1.56亿元；不良贷款率0.36%，较上年初下降0.18个百分点；不良贷款率目标完成率为156%。不良贷款额在38家一级分行中从低到高排名为第11，较年初前进4位；不良贷款率从低到高排名第6，较年初前进2位。

二、主要工作举措

【坚持加快发展，做大业务规模】一是统一思想，达成共识。发展是硬道理，不发展是最大的风险。2010年初，安徽省分行新一届党委刚一成立，通过内外部发展环境分析，认为安徽分行具备快速发展的充分条件和基础，并达成加快发展的共识。二是绘就蓝图，明确目标。提出未来三年和五年业务发展“两步走”的设想，即“3252”和“4384”规划。为实现规划蓝图，分行确立了“以勇争第一的精神，实现争先进位”的目标，赢得了广大员工的高度认同，极大地激发了他们的发展渴望，调动了他们的发展潜能。三是塑造精神，提振信心。省分行新一届党委首次提出了“敢于超越、勇争第一”的奋斗精神，要求把加速发展作为全行一切工作的出发点和落脚点，把“市场争份额、系统上位次”作为衡量业绩的主要标准。

【坚持双轮驱动，做优发展质量】一是更新理念，严格内控。年初即出台了《关于进一步加强案件防控工作的实施意见》、《安徽省分行领导人员案件风险防控奖惩暂行办法》和《安徽省分行工作人员堵截、检举和抵制违法违纪违规行为及避免银行经济损失的奖励实施细则》三个办法，进一步明确各层级和各级领导人员对案件防控的目标和责任。促使各条线平衡好各项收入和各项成本，优化业务结构和产品结构。进一步完善审计发现问题整改状况的动态监控和条线负责制度，将审计发现整改情况、内部控制评级结果纳入二级行综合考评范围，将问责作为整改的必经程序，构建跨层级和部门的专题协作，举一反三，提高问题整改的系统性。二是正视忧患，不断超越。在全行各级管理者中开展“正视忧患 不断超越”大讨论活动，理性分析发展背后存在的管理问题。分行在全体员工中进行了满意度测评，满意率达到86.4%，基本满意率达到12.4%，二者合计达到98.8%。三是推进改革，优化机制。为解决长远发展和可持续发展问题，仅靠激情是不够的，必须建立一种长效机制，让发展质量获得稳定可预期的保障。省分行集中经营总行级和省分行级重要客户，各二级分支行也对本行的重要客户集中经营，其余客户由县级支行经营。多年来无法实现的“把客户交给客户经理”的工作方式已基本到位。考核机制上，将前台经营部门与中后台绩效总量按1.2:1执行，打破原先每个二级行都有各自考核办法的局面，建立覆盖全行所有机构和人员的十大考核办法。全行所有机构和人员按类群划分，按照统一的标准，实施统一考核，在绩效分配上，彻底打破身份的界限，废除职务系数，完全按照业绩贡献和工作表现来分配绩效，考核结果统一划分为“A、B、C、D”四档，对考核对象的评价可比可信。

【坚持以人为本，做强企业文化】一是以人为本，关爱员工。将“以人为本、关爱员工”上升到治行理念的高度，发展绝不能仅仅依靠少数管理者，还要依靠包括管理者在内的广大员工发挥聪明才智。分行把关爱员工作为常态化、全行性的工作来抓，“一把手”负总责，纪委书记具体抓，纪检监察部督促协调，各部门分工推进落实。工作中，要求各级管理者尊重员工，不拿员工说事、不与员工争利，敢于承担责任，甘于奉献牺牲，发展成果向员工倾斜。2011年，基层员工人均绩效工资同比增长24.9%，但年薪制人员收入基本没涨，省分行本部收入由原先的全省最高，改为拿全省平均水平。在具体措施上，出台了“关爱员工二十条”措施，之后又不断进行补充完善，形成“六十条”，目前在分行已形成响亮的品牌；全行员工的积极性空前提高，工作激情空前释放，为全行良好经营管理业绩的取得奠定了坚实基础。二是崇尚先进，奖惩分明。先通过典型引路，进一步增强广大员工的进取心和荣誉感，激发广大员工干事创业的热情。2011年4月中旬旺季营销活动结束后、分行对取得突出成绩的251个机构和660位个人进行了大张旗鼓的表彰，奖励的范围和数量是历史上最大和最多的一次。8月1日，又对22位先进典型进行了隆重表彰，并安排先进典型全行巡回演讲。分行也通过批评后进、反向激励的方式，对不符合企业文化的行为进行重罚，奖惩分明，公平公正。9月，针对近年来检查审计发现问题及责任认定情况，集中公开处理了97名责任人。通过奖惩分明，提高了制度执行力，营造了积极向上的氛围。三是加强培训，成就人才。2011年，分行共举办各类培训70多次，参训人员达5 000多人次；举办高级研修班7期。注重把培训资源向重要岗位、核心人才和一线优秀员工倾斜，与清华大学、北京大学、复旦大学、中国科技大学、武汉大学等国内著名高校合作，组织开展核心人才EMBA、MBA学历、学位教育，举办各级各类人员系列专题培训项目。拓宽培训渠道，积极组织开展境外培训。推行岗位成长师徒制，除了上下级的领导关系，全行近千名青年员工拜师学习，引入更具亲情感的师徒关系，帮助青年员工成长成才。加速培养选拔35岁以下优秀年轻干部担任管理岗位职务。2011年初全行800多名八职等、九职等管理人员中，35岁以下的只有31人，通过加大培养使用力度，目前已达121人。

执笔：王文兵　凌　云

福建省分行

福建省分行行长　彭洪明

一、业务发展概况

至2011年年底，各项存款余额及新增额均居当地同业首位。全口径存款余额2 932.1亿元，当年新增512.5亿元。一般性存款余额2 679.7亿元，当年新增334亿元。个人存款余额1 477.5亿元，当年新增152.6亿元；企业存款余额1 202.3亿元，当年新增181.4亿元；同业存款余额252.4亿元，当年新增178.5亿元。各项贷款余额2 153.7亿元，居当地四行第1位；当年新增271.1亿元，居当地四行第2位。其中，个人贷款余额818.1亿元，当年新增130.3亿元，余额继续保持当地同业首位。2011年，实现账面利润65.3亿元，增幅31.8%；实现税前利润69.9亿元，完成总行下达计划的117.7%。实现经济增加值36.9亿元，完成总行下达计划的137.1%。经济资本回报率为37.58%，总资产净回报率为1.94%，成本收入比（国际准则口径）为36.95%。各项资产质量指标均控制在总行计划范围内，不良贷款额10.8亿元，当年减少1.1亿元；不良贷款率0.5%，当年下降0.13个百分点。

【公司机构业务】公司及机构客户新增18 031户（折算后），完成总行下达计划的189.1%；其中基本结算客户新增9 138户（折算后）。公司机构客户产品覆盖度达4.1，居全国建设银行系统第1位。小企业非贴贷款余额266.3亿元，余额在全国建设银行系统排名第6位；当年新增69.9亿元，居全国建设银行系统第4位。小企业信贷客户3 554户，当年新增684户，增幅达23.8%。

【个人金融业务】新增有资产个人客户62万户。新增财富管理与私人银行客户1 193人，总数达8 097人，其中：新增私人银行客户118户，私人银行客户总数达1 059户。借记卡发行总量达1 473.9万张，当年新增249.4万张。财富卡和私人银行卡发行量达7 737张，当年新增4 752张，分别列全国建设银行系统第3位和第2位；两卡交易量达1 597.45亿元，居全国建设银行系统第2位。信用卡净新增客户（按考核口径）31.8万户，累计发卡158.3万张；当年消费交易额472.9亿元，居全国建设银行系统第2位；账户活动率为70%。个人客户产品覆盖度达3.1，居全国建设银行系统第1位。

【中间业务】实现中间业务净收入43.7亿元，完成总行下达计划的127.3%；同比增收14.4亿元，增幅49%。中间业务净收入占主营业务收入的比重为36.7%，居全国建设银行系统省级分行第1位。中间业务毛收入在当地四行中占比32.9%，居第1位。

2011年7月14日，中国建设银行福建省分行与福建石油化工集团举行战略合作签约仪式。

【国际业务】国际结算量达254.7亿美元，居当地同业第1位，当年增加70.7亿美元。累计办理结售汇（含远期结售汇）138.7亿美元，当年增加11.2亿美元。跨境人民币客户（折算后）新增1 694户，结算量达56.1亿元。

【资产质量与风险控制】“战略拓展、传统优势”类行业贷款及信贷增速分别为11.3%和8.7%，分别高于大中型公司客户平均增速4个和5个百分点；“逐步压缩”类行业信贷总量较年初减少13.66亿元；“6+1”产能过剩行业信贷总量明显下降，且未涉及新增产能项目；房地产行业贷款增速减缓；政府融资平台贷款持续优化。公司类退出名单客户合计压缩退出存量信贷余额39.1亿元，完成总行下达计划的160.2%。

【其他业务】实现投资银行业务收入（含理财产品对私销售收入）7.3亿元，完成总行计划的121.8%。发行各类理财产品126.8亿元，作为主承销商为客户发行债券57亿元，与建银国际及其他中介机构合作实现企业上市募集资金达35.6亿元。实现工程造价咨询业务收入2.8亿元，完成总行计划的126.5%。新增个人网银高级客户118万户，手机银行客户109万户，单位网银高级客户1.8万户；创新推出短信转账业务，发展客户56万户，在全国建设银行系统占比达77%；电子银行账务性交易量比为61.4%，居全国建设银行系统省级分行第2位。

二、主要工作措施

【把握发展方向】在全年工作中，针对形势的发展变化，一方面，及时调整整体经营目标，做到高标准、严要求，自我加压，增强发展动力；另一方面，明确季度阶段性目标，做到长计划、短安排，实事求是，把握工作主动权。年初，制定了坚持以发展为第一要务，以加快转变发展方式、调整业务结构为主线，以深化客户服务、加强基础管理和风险控制为抓手，以队伍建设和企业文化建设为保障，进一步推进又好又快科学发展的全年工作思路并全力执行。年中，结合形势变化和工作实际，提出“大金融”、“大条线”、“大投行”、“大福州”、“大泉州”五大战略，进一步强化联动意识，面向大市场、开展大营销、实现大发展。年末，按照“全力拼搏、盯牢市场、研究措施、强化执行、注重质量、安全营运、谋划明年”的工作要求，坚决杜绝“表态有力执行不力、信心不足轻易放弃、心中无数无的放矢、担心基数不愿冒尖、偏轻偏重缺乏统筹、只顾时点不计后果、行际失衡影响整体”等不良现象，为全年发展画上一个圆满的句号。

【转变发展方式】大力推进实施“大金融”、“大投行”、“大条线”、“大福州”、“大泉州”的运作模式，增强综合竞争能力。依托建设银行集团的整体优势，同时密切与其他金融机构的合作，对各种资源进行联动和整合，将原来业务产品单一的服务整合成全方位的服务，多渠道、多方式

2011年8月4日，中国建设银行福建省分行与福建省交通集团举行战略合作暨物流金融战略合作签约仪式

解决客户融资问题。全年累计通过信贷与非信贷方式解决客户融资需求达2 695.4亿元，其中信用类表外业务和非信贷方式解决客户资金需求1 242.9亿元，与贷款累放量之比为1∶0.86。积极发挥公司及机构业务管理委员会、个人业务管理委员会在条线管控、组织协调、业务运作、资源运用、队伍建设等方面的主导作用。在2010年省分行党委直管改革的基础上，从管理体制、运作机制、资源配置、激励措施等方面进一步实践，强化“大泉州”、“大福州”运作意识，抱团作战，形成合力，福州、泉州作为重点区域的贡献度稳中有升，其中两个地区全口径存款新增额占全辖新增总量的64.6%，比上年底提高15.9个百分点。

【调整发展结构】信贷结构方面，把从紧的信贷管理作为业务转型的机遇来抓，坚持有所为、有所不为，明确重点，有保有压，同时进一步充实项目储备，努力形成稳健、可持续、有竞争力的信贷结构。客户结构方面，坚持抓大重小、做大择优，把做大做优客户规模作为业务发展的基础。与福建省工商行政管理局合作签订《“工商验资E线通”产品服务协议》，搭建批量营销客户的平台；加强集团统一授信管理，带动账户的快速增长。加大机构客户营销，全年总行级军警账户新增2户，社保基金账户新增16户，财政零余额账户新增342户。同时，制定《福建省分行深化小额无贷户经营试点方案》，持续抓好小额无贷户的维护与营销。业务结构方面，将存款作为工作的重中之重，陆续推出“创先争优抓存款主题营销”等一系列存款营销竞赛活动，不遗余力地推进存款稳存增存工作。坚持积极审慎的方针，合理调控投放节奏，优化配置信贷资源，提高贷款议价能力和贷款收益水平，用好、用足、用活信贷规模。加大产品营销力度，做大做强理财产品、票据承诺、造价咨询、电子银行、代销基金、汽车分期、信用卡、黄金、基金等传统强项的市场份额领先优势；同时，加强金融企业合作，以重点产品、创新产品为抓手，带动各类中间业务全面发展。2011年，全辖公司机构客户产品覆盖度4.1，个人客户产品覆盖度3.1，均居全国建设银行系统首位。

【防范业务风险】以前瞻性的管理眼光、全面风险管理的思路、主动的管理态度和差别化的管理方法，加强表内表外、本币外币、信贷非信贷各项业务的管理，加快从被动防守、事后监控向主动应对、主动选择风险和积极安排风险转变，推动区域差别化信贷政策、信贷资产风险分类管理、授信风险监控等向精细化、差别化方向发展，最大限度地为优质客户营销提供强有力保障。加强不良资产管理，把关注点从压缩不良率转向提高资产质量和发展后劲上，力求运用不良资产的盘子和化解不良资产的能力把业务质量做实做优。大力推行“沙盘式”管理，深入应用“表格化”管理，实施视频审批、集中审批、现场审批相结合的方式，积极推广债权转让这一有效的市场化处置途径，着力提升不良项目经营的专业化水平。

【加强内部控制】坚持以创建“平安建行”为主线，以基础工作为重点，努力构建人防、物防、技防相结合的安全防范体系，继续保持无发生刑事案件、安全责任事故和群体性事件的良好态势，被福建省委省政府授予首批“平安先行单位”，成为全省获此殊荣的唯一一家金融机构。深入开展“八大突出案件风险”专项治理活动和“银行业内控和案防制度执行年”活动，并通过层层签订《案件防控工作责任状》、制定《案件防控工作长效机制建设实施方案》等措施，不断完善案件防控考核机制。进一步健全完善党风廉政建设考核评价体系，深入开展廉洁从业和风险防控教育，积极推进“学规定、知禁令、作表率”主题教育活动，加强对重点环节、重点岗位、重点人员和重点时段的监督，全年平安运营，实现了“不发案、不误人”的目标。

【深化文化建设】加强制度建设，强化常态化监管，扎实推进网点文明优质服务建设工作，在总行组织的网点服务质量调查中，上半年排名第5位，下半年跃至第1位。充分发挥先进典型的示范作用，加强总行级、省分行级企业文化示范点管理，推动银行业文明规范服务示范单位建设，1个机构被评为“第二届中国银行业文明规范服务百佳示范单位”，4个机构被授予“2010年度中国银行业文明规范服务千佳示范单位”称号。充分利用职代会等多种形式和载体引导员工积极参与民主管理、民主决策；组织开展形式多样的文体活动，完善各项后勤服务功能，切实为员工办实事、办好事。扎实推进文明创建工作，省分行本部、福州城东支行被中央文明委授予“全国文明单位”称号，莆田分行继续保持“全国文明单位”称号。

执笔：罗长武

厦门市分行

厦门市分行行长　陈万铭

一、业务发展概况

【综述】

2011年，在建设银行总行和厦门市委、市政府正确领导下，厦门市分行充分发挥全行员工的积极性和创造力，取得业务经营和文明建设双丰收。

实现主营业务收入36.6亿元，拨备前利润23.9亿元；实现经济增加值12亿元，中间业务收入9.7亿元，比上年同期增长2亿元，增速27%，在四行中占比39%，中间业务收入占比为25.9%，同比上升0.2个百分点。

各项贷款余额735亿元，持续位居四行首位，余额在四行占中比31%。个人贷款余额256亿元，在四行中占比35%，当年新增37.7亿，年新增位居四行首位。

国际结算量首次超过170亿美元，达178亿美元，实现跨境人民币结算业务31.8亿元。工程咨询业务量超390亿元，继续保持厦门市场份额第一。

2011年，建设银行厦门市分行荣获全国文明单位。

【资金实力稳步增长 新渠道服务企业筹融资】

2011年年末，建设银行厦门市分行全口径余额960亿元，在四行余额中占比36%，继续位居四行首位。其中，一般性存款余额907亿元，新增53亿元，余额和新增均位居四大行第一。与筹融资能力增长相应，2011年授信量也稳居同业之首，各项贷款余额735亿元，持续位居四行首位，余额在四行中占比31%。个人贷款余额256亿元，在四行中占比35%，当年新增37.7亿元，年新增位居四行首位。

针对全社会融资环境的变化，分行通过创新的投资银行业务，为众多在厦门的企业提供代理筹融资金融服务，投行业务当年新增客户直接融资超100亿元。分行创新研发的项目投资型理财产品在系统内首单获批，累计发行规模12亿元；研发推出票据类理财产品（总行首批试点），截至2011年11月累计发行10亿元；完成首笔私募财务顾问业务，入股福建省环保产业龙头企业——福建圣元股份有限公司。该项目是建设银行系统内首单采用有限合伙模式进行直接私募股权投资的财务顾问服务项目。为象屿集团发行8亿元三年期股权收益权类理财产品，为七匹狼集团发行1亿元两年期股权收益权类理财产品等，都在传统渠道之外为相关企业解决了融资难题。2011年，通过投资银行渠道累计为客户提供融资超百亿元，支持在厦国有集团及优质民营企业"走出去"，实现了银企"双赢"。此外，分行还主动与厦门市政府、境外专业投行机构探讨发起设立海峡股权投资基金，服务于厦门市的产业升级规划，三方已成功签署合作框架协议。

【服务实体经济 帮助百姓理财】

分行的外汇资金业务经过数年发展，已在厦门客户中初步形成了品牌效益，"建行外汇精英团队 企业避险理财专家"品牌美誉度逐渐显现。2011年继续保持快速增长，新增资金交易客户30余家。分行积极研发新产品，如积极与伦敦分行磋商，适时推出三方协议项下对冲业务。全年累计即期结售汇达70亿美元，远期结售汇签约额达50亿美元，当地市场占比超过60%，系统排名第三；实现中间业务收入1.38亿元人民币，同比增长40%。分行通过外汇资金业务为客户实现收入数亿元，排名全国建设银行系统第一。

通过组织新型专业团队，理顺业务流程，保理、票据、现金管理、企业年金等业务获得长足发展，既满足了相关企业的需求，也为建设银行"抓户增存"创造了有利条件。如通过推动以分行为主办行组建的跨区域集团及总部经济企业现金管理项目达92家，2011年吸收异地归集至厦门资金量超25万笔、50亿元，比上一年度同期资金归集量增长10%；票据业务通过转贴现业务，实现贴现带动同业存款发展的局面，票据网络实现由沿海向中西部拓展的局面，议价能力提高。

经建设银行总行批准，2011年6月，厦门市分行设立私人银行部，旗下的私人银行中心正式开业，并成为系统内首批开业的私人银行中心。2011年12月12日，建设银行总行财富管理与私人银行部主办，厦门市分行、福建省分行和台北代表处承办，"2011年海峡两岸财富管理论坛暨建设银行私人银行客户授信签约、发卡仪式"成功举行，建设银行总行朱小黄副行长出席致辞并为中国建设银行（厦门）私人银行产品创新实验室揭牌。

在产品、服务、营销创品牌的有力推动下，2011年全年累计销售个人理财产品超300亿元，达到319亿元，是2010年的3倍，再创历史新高，为厦门居民创理财收入近4亿元。其中分行自行研发的理财产品154亿元。黄金业务实现"三个一"突破，实物金超百万克，是上年的2.6倍；账户金超千万克，是上年的2.3倍。代销保险纯保费达5.5亿元，在四行中占比连续四年超过50%。

【保"大"促"微"助力经济结构调整】

集团授信稳步推进。2011年，厦门市分行克服宏观经济调控、信贷政策调整的影响，根据实际情况，制订了集团授信计划，开展集团关系树梳理认定工作，组织集团授信申报总行及兄弟分行有权审批机构，涉及建发集团、国贸集团、海翼集团、ABB企业集团、厦门航空、华润置地、中航集团、台湾正新等重大集团客户，额度批复金额达180亿元，有力地支持了优质客户健康发展。海西项目取得重大突破。厦门市分行密切加强与珠三角地区的联动，重点加大与福建省分行及省辖各行的联动力度。2011年，合福铁路银团贷款放款金额达3.6亿元，实现厦门建设银行铁路贷款零的突破；组建凯西钢铁公司银团，厦漳大桥项目贷款基本完成投放。

开展"走进社区、街道、专业市场"营销活动，成为厦门市分行批量拓展小企业客户的新方向。通过与各类市场、行业协会、商会、园区、商圈等平台开展营销合作，搭建多层次、多渠道营销平台。与厦门市惠安商会、思明商会、电子商务协会、厦门市担保协会、厦门市商业联合会餐饮同业公会、平和商会、龙海商会等小企业专业化服务平台签订战略合作协议，全力支持众多小企业客户发展。厦门市分行已拓展专业化服务平台24个，成功营销小企业非贴现贷款户129户。

截至2011年年末，小企业授信客户占全行对公授信客户的69%，较年初提高了7个百分点。

小企业人民币非贴现贷款余额52.17亿元，占全行对公人民币非贴现贷款12.7%，较年初提高了4.47%。同时，小企业人民币非贴现贷款（含网络授信和保理业务）比年初新增21.05亿元，小企业人民币非贴现贷款新增占全行对公贷款新增的83.6%。

截至年末，厦门市分行小企业人民币贷款不良率为0.3%，较年初下降0.17个百分点，资产质量保持较好水平。

二、主要工作举措

在国家加强宏观调控的大背景下，根据有保有收的调控原则，2011年厦门市分行全口径个贷余额突破了300亿元大关。个人贷款从200亿元到300亿元仅用了2年零4个月。其中：个人住房贷款当年投放63.8亿元，当年新增28.9亿元；其中，个人消费经营贷款当年投放17亿元，同比多投放6.2亿元，当年新增8.8亿元。

【积极推进电子科技应用 打造便利的金融消费服务】

2011年，厦门市分行加大科技投入，电子金融在服务社会、方便结算、促进消费方面成效显著，当年电子银行账务性交易量占比达到71.16%，比2010年提高15.81个百分点，系统排名第5位。自助设备账务性交易量占比达到83.84%，比2010年提高4.75个百分点，系统排名第2位。截至2011年12月底，厦门市分行当年现金设备账务交易总量8 434万笔，交易总金额1 210亿元。当年累计新增个人网银客户同比增长112.9%。企业网银活动客户（高级版网银）年累计新增同比增长31.9%，

当年新增手机银行签约客户同比增长159.5%，客户总数达36.7万户。2011年度继续增加在热点区域的离行自助设备投放力度，截至12月底在用自助设备918台，其中离行现金设备396台，附行现金设备336台，自助终端186台。在提升客户体验的同时促进客户活跃率的提高，分行个人网银活跃率在系统内排名第1位。

金融科技环境的改善，助力建设银行龙卡业务快速发展。至2011年年末，持有厦门建设银行龙卡的客户跨越400万，超越了在厦常住人口数，数量居同业首位。当年龙卡信用卡消费交易额72.8亿元，同比增长40%，信用卡动户率66.22%。家装分期815万元（377笔），占交易总额的4%，收入48.89万元；商场分期交易、汽车分期、家装分期起步扎实。

【“平安建行”创建扎实推进 荣获全国文明单位】

厦门市分行在多数业务指标位列同业前茅的基础上，发展不忘防范风险，业务发展指标和“平安建行”责任两手同时抓，成功经受住复杂形势的考验。不良贷款率0.47%，继续保持较优水平；会计营运工作再上新台阶，全年会计核算差错率0.0649‰，比2010年（0.0689‰）下降6%；全年信息系统安全运营零故障；全年实现“不发一案、不误一人”的目标，无经济案件，无刑事、治安案件，无重大安全生产责任事故，无重大违规经营，无群体性事件。

在争创文明单位过程中，厦门市分行在全辖网点开展了“微笑服务”培训和推广；向一线网点员工征集亟须改进的5个业务流程，汇总后组织相关业务部门提出改进措施，进一步优化了客户服务流程。注重收集客户感受和需求。2011年，客户体验中心围绕“新产品体验、老产品调查、低柜系统上线推广项目”三大重点，积极开展形式多样的客户体验活动，全年共完成9项主题体验活动，实施2项研究课题，参与活动的内外部客户达940人次，提出改进意见和建议114条。用心为客户换来了客户满意度和品牌影响力的持续巩固和提升，在建设银行总行组织的“神秘人”服务质量检查中，厦门市分行位居系统内第3名。

2011年12月建设银行厦门市分行荣获第三届全国文明单位。

执笔：梁小强

江西省分行

江西省分行行长　段超良

一、业务发展概况

【负债业务】全口径存款年末余额1 780.95亿元，当年新增322.64亿元，创历史新高，完成总行计划的160.79%；新增在四行中占比42.17%；存款新增系统内排名第13位、增幅系统内排名第4位，在四行内两项排名均为第一。一般性存款、企业存款和同业存款新增分别排名系统内第19位、第15位和第6位，在四行内排名分别为第3、第2和第1；增幅系统内排名分别为第10位、第5位和第7位，在四行内排名分别为第2位、第2位和第1位。

【资产业务】各项贷款年末余额966.57亿元，当年新增131.94亿元，在四行中排名第2位，完成总行计划的123.01%；增幅15.81%，高出全国平均水平2.77个百分点，高出四行平均水平1.31个百分点，系统内排名第8位，在四行中排名第2位。

【中间业务】全年实现中间业务收入18.38亿元，全年中间业务收入总量系统内排名第17位，较上年末前移4位；增幅66.28%，在系统内排名第2位。中间业务收入在四行中占比27.12%，较上年提升0.06个百分点，中间业务收入总量、增量及增速在四行中均排名第2位。

【资产质量】不良贷款额8.46亿元，比上年末减少4.03亿元；不良贷款率0.88%，比上年末下降0.62个百分点，系统内排名第21位。贷款拨备覆盖率309%，较上年末增加130个百分点。关注类贷款比上年下降1.11亿元，关注类贷款占比3.28%，比上年下降0.65个百分点。

【经营效益】全年实现税前利润28.57亿元，完成总行计划的117.83%，增长41.01%；拨备前利润32.54亿元，完成总行计划的112.94%，增长41.84%；经济增加值13.63亿元，完成总行计划的139.40%，增长66.05%。

【安全运行】全年没有发生案件、重大安全生产责任事故和重大违纪违规事件。

二、主要工作举措

【围绕客户抓发展】深入实施客户战略，客户营销取得明显成效。结算账户增量、增速、增量在四行中占比三个指标均排名四行第2，总量占工商银行比率达到63.52%，比上年末提升5.08个百分点。集团客户方面，与省分行有信贷业务的重大项目超过100个。成功营销九江发电、省电力公司、赣龙复线铁路等大项目基本结算账户，成为“洪城一卡通”唯一中标行和“赣通卡”合作银行，取得了全省10市51县市棚户区改造和保障性住房建设项目结算行资格。参与银团项目共18个。成功营销华能电力集团及所属电厂、国电集团下属所有发电企业的账户，与中石化江西分公司签署“三个100%”全面合作协议。获恒大高新上市募集资金主办行资格。机构客户方面，中央财政授权支付业务代理预算单位数、代理资金支付量、代理手续费收入均居同业第一，代理市级财政国库集中支付覆盖全省，代理县级财政国库集中支付业务资格比上年增加23个，荣获总行“代理中央财政业务优秀管理分行”称号。积极推广“社保安民”品牌，社保领域存款增幅系统内排名第5。高校领域贷款份额和基本结算账户在四行中占比第1。“八一工程”取得突破，成功营销解放军某部队的基本结算账户。独家代理全省各级总工会经费及省总工会资金清算业务。与3家事业单位签订战略合作协议，新拓展6家教育行业资产客户。国际客户方面，公司机构外汇客户新增542户，完成总行计划的471%；年国际收支量200万美元以上贸易融资授信客户新增44户，完成总行计划的220%。成功营销洪都农商行在国外的5个币种资金清算账户。个人客户方面，积极组织开展“走进社区，拓展客户规模，提升客户价值”竞赛活动，个人资产客户快速增长，高端客户数及资产增幅居全国前列。发行全省首张金融IC卡——新余市民卡。电话支付终端新增系统内排名第9位，全年交易额系统内排名第6位。在与新华人寿的主题营销活动中被总行授予优秀分行奖。

【围绕存款业务抓发展】企业存款以资金结算网络为抓手，大力开展各类主题营销，强化考核和调度，关注市场和同业，实现了快速发展。企业存款新增及增幅在四行中排名第2位，增幅内系统内排名第10位。个人存款以城乡结合部、近郊乡镇、棚户区改造、重点基础设施拆迁项目为新的突破口，以代发工资、结算通、电话支付等产品为抓手，建立存款和理财产品销售良性互动机制，保持了平稳发展。个人存款新增及增速在四行中排名第3位，个人存款日均新增在系统内排名第21位。同业存款积极应对政策变化，加强与同业的合作，在有效控制成本的基础上，存款新增排名系统内第6位、四行第1位，增幅排名系统内第7位、四行第1位。

【围绕信贷业务抓发展】通过加快存量贷款周转、发挥贴现调剂功能、创新融资信贷产品等途径，有效解决规模紧张与客户需求的矛盾。优化信贷结构，新增贷款中，对公贷款、小企业贷款和个人类贷款保持了2:1:3的结构。小企业非贴贷款增速是对公非贴贷款的2.18倍，小企业贷款综合收益率是同期基准利率的1.5倍，小企业中间业务收入实现翻番。个人贷款余额占各项贷款比重的34.41%，比上年末提升了1.77个百分点，个人贷款新增在四行中排名第1位。完成总行退出计划的115.34%，表内退出25.34亿元，表外退出1.22亿元。加强贷款定价管理，强化存贷款利差考核，增强贷款议价能力，贷款收益率和客户综合收益水平不断提升。

【围绕战略业务抓发展】把中间业务作为“重中之重”，紧盯市场，强力推进，中间业务收入连续6年高速增长。中间业务收入占主营业务净收入的比重达32.02%，系统内排名第3位。实现省分行口径投行业务收入3.11亿元，同比增速114.52%，连续四年实现翻番。实现总行口径投行业务收入5.77亿元，系统内排名第12位，同比增长2.27亿元，增量系统内排名第6位，在中部地区分行中，江西省分行收入额排首位。国际结算量达到80.42亿美元，系统内排名第19位；增幅41.70%，系统内排名第14位；结算量在四行中占比27.46%，排名第2位。贸易融资余额系统内排名第12位，增幅系统内排名第10位。国际结算收入增幅系统内排名第5位。成功办理系统内金额最大的黄金代客远期交易，实现了省分行在该领域零的突破，其中的黄金租借业务量系统内排名第8位，黄金远期业务量系统内排名第1位。被省外汇管理局评为“执行外汇管理规定情况A类行”，是四行当中唯一连续三年获此殊荣的银行。电子银行账务性交易量比达到50.08%，系统内排名第17位，完成总行计划的106.56%，比上年提高10.76个百分点，提升值系统内排名第2位。电子银行渠道基金销售占比系统内排名第4位，电子渠道代缴费业务总行计划完成率系统内排名第2位。信用卡业务新增发卡12.6万张，净新增客户11.6万户，完成总行计划的106%，计划完成率系统内排名第16位。钻石卡计划完成率系统内排名第5位，白金卡计划完成率系统排名第1位。分期业务交易额同比增长413%，系统内排名第6位。借记卡收入及结算收入居四行第2。单位人民币结算业务收入达到1.23亿元，完成总行计划的123.17%，同比增幅75.05%，增速系统内排名第9位。现金管理系统客户新增系统内排名第7位，单位结算卡累计发卡总行计划率系统内排名第8位，卡均手续费收入系统排名第1位。工程造价咨询收入总行计划完成率系统内排名第2位，增幅系统内排名第3位。养老金六项业务指标全面超额完成总行任务，个人账户数、托管资产余额系统内分别排名第6位和第7位，账管和托管业务继续稳居四行第1位。代理信托业务收入系统内排名第2位，收入和业务量四行排名第1位。代销基金收入居四行第1。代理寿险收入居四行第2。贵金属业务增速127%，系统内排名第9。公积金资金归集余额和新增均居四行第1。

【围绕体制改革抓发展】编制营业机构五年规划，加强网点改造、搬迁和升级，加大离行式自助银行和自助设备布放力度。全年新设机构6个，覆盖4个空白县，升格17个机构，机构资源整合和市场竞争力显著提升。自助设备账务性交易量比系统内排名第5，账务性交易量KPI考核系统内排名第13位。持续深化网点转型，巩固网点转型成果，网点转型工作成效显著。成立养老金中心，组建私人银行部，继续加强个贷中心等机构建设，发挥各类专业团队的作用。荣获总行“个人高端客户信用卡专项营销竞赛”先进集体奖、“提升专业化水平，推进业务转型”营销活动卓越奖，被总行选定为10家私人银行业务先进分行之一并做经验交流。

【围绕内控管理抓发展】狠抓重点部位、重要时段等日常安全管理，构建了“三位一体”的立体动态防控网络。持续增强资金管控能力，资金备付率系统内排名第1。开展基层机构关键风险点监控检查，防范操作风险。积极开展“表外业务管理年”活动，加权风险资产控制在总行计划之内。加强贷款风险监控，防范政策风险和市场风险。认真贯彻总行部署，明确各层级案防工作责任。认真开展“深化内控与案防制度执行年”和“案防建设巩固深化年”活动，突出案件风险点整治。在江西银监局检查通报中，建设银行是唯一没有通报问题的银行业金融机构。

【营造和谐氛围抓发展】坚持“以人为本”，增强队伍的和谐稳定，形成了“深化改革促转型、一心一意抓发展”的良好氛围。以领导力为核心，加强领导班子建设；以战斗力为核心，加强员工队伍建设；以向心力为核心，加强企业文化建设。充分发挥各级工青妇组织的作用，组织开展各类健身活动。加强中央级及地方媒体新闻宣传力度，刊登各类稿件430余篇，舆情监测“零负面”，展示了良好的社会形象。

执笔：石思懿

山东省分行

山东省分行行长　薛峰

一、业务发展概况

2011年，山东省分行认真贯彻国家宏观调控政策和总行各项战略部署，全面加强风险内控建设，全年实现拨备前利润92.08亿元，比上年增长14.68亿元，增幅19%。

【资产业务】各项贷款2 919亿元，新增241亿元，控制在总行计划内，其中对公非贴现贷款新增127亿元，个人贷款新增110亿元。

【负债业务】全口径存款4 153亿元，新增133亿元，其中对公存款比年初下降23.4亿元，个人存款新增130.5亿元。

【中间业务】实现中间业务净收入41.05亿元，完成总行计划的112.3%；实现中间业务毛收入42.11亿元，完成总行计划的111.7%，市场份额及增量均居同业第3位。

【资产质量与风险控制】不良贷款余额28.79亿元，不良率0.99%；全年处置各类不良资产14.2亿元，不良资产现金回收10.1亿元，十大关注客户风险资产降低1.6亿元，十大不良客户贷款压缩0.7亿元。

二、主要工作举措

【强化市场营销，推动业务稳健发展】2011年，山东省分行以“扩大市场份额，提升系统位次”为竞争力指标，努力推动各项业务稳健发展。一是实施客户战略。研究编制了分行五年客户规划，坚持大小并举、公私联动；开展“拓市场、强基础、抓客户、增账户”活动，围绕大型企业客户抓上下游户，最大限度实现客户资金体内循环；完善财富管理与私人银行业务的经营管理框架，积极拓展高端客户；推进对公柜面业务转型，全面强化小额无贷户管理。截至年末，规模以上公司机构客户新增5 054户，新开立对公账户23 446户；新增代发公司单位客户、个人客户分别为2 206户、92.7万户，借记卡新增发卡623.32万张；个人高端客户4 496人，金融资产达到182.48亿元，其中私人银行客户514人，金融资产58.69亿元。二是大力发展中间业务。在省分行成立中间业务推进领导小组，推进标杆管理，建立中间业务产品营销推进责任制，综合运用经济手段和行政手段推动业务发展；明确中间业务5类13项重点潜力产品；通过会议、调研等方式总结经验，查找问题，落实总行“破零增收”活动要求和分行“十大潜力”发展目标。三是加快发展战略性业务。积极发展小企业业务，制定和完善小企业业务发展的区域规划，从大企业贷款规模中调整27.5亿元额度用于保证小企业业务发展，小企业非贴现贷款余额218亿元，新增32.5亿元；利率平均上浮13.9%，综合收益率42%。大力发展投行业务，加大信贷替代性产品和新型融资产品创新，确定了359个目标客户，积极推广金融全面解决方案（FITS），引导全行新产品的市场开发和客户营销工作，全年通过理财产品、发债、租赁等途径，增加资金运用218亿元，其中债券承销金额市场排名第一。国际业务快速发展，实现国际结算量408亿美元；跨境贸易人民币结算量273亿元，当地全部金融机构占比25.29%；贸易融资余额343亿元，新增90亿元；人民币贸易融资余额系统占比45%；境外筹资转贷款余额持续5年保持系统第1位，在同业中占比78%。加快推进信用卡业务，积极拓展分析商户，开展龙卡购车分期营销竞赛活动，与大型商户合作开展“分期特惠建设银行之夜”等系列活动，提升“龙卡分期付”的品牌知名度。全年信用卡客户净新增37.35万户，实现消费额334.83亿元，同比增速38.4%；实现信用卡分期交易额突破10.2亿元，分期付款手续费收入达到0.98亿元。电子银行客户新增六项主要指标均居系统前两位，个人网银、手机银行和企业网银客户的新增均列同业第2位，手机银行存量客户列同业首位。加快发展年金业务，新增签约2 853户，新增运作24户，均高于前三年之和，运营托管、账管、受托指标新增在四行中排名第1位，余额在四行中排名第2位；养老金签约客户新增783户，成为系统首个养老金客户签约突破千户的分行。四是加强基础建设，提升经营活力。制定网点建设五年规划，大力加强网点建设，8个网点获得监管机构批复，全面完成总行计划；稳妥推进济南地区经营管理模式优化调整工作，成立私人银行部、小企业业务部、养老金业务部，重组资金结算部，明确发展责任主体，理顺内部管理关系，提高客户服务质量和效率。

【加强内控建设，夯实发展基础】调整工作着力点，以案件查处和整改为契机，切实解决风险与内控建设中存在的深层次问题。一是完善风险管理体制。成立分行内控办，对分行内部控制的有效性和充分性进行评价、评审和督促；梳理各级风险管理部门和风险经理工作职责、流程，清晰界定“三道防线”各部门职责，明确风险经理、会计主管、纪检监察特派员工作标准和考核办法；推进实施济南地区经营管理模式转型，并对济南地区风险管理组织架构进行改革。二是优化制度流程。组织对全行21个核心业务流程和8个典型业务及产品进行重点梳理，梳理制度文件966项，识别关键风险点1 555条；建立风险与案

2011 年 3 月 23 日，中国建设银行山东省分行与济南住房公积金管理中心在济南举行住房公积金支持保障性住房建设项目委托贷款合作协议签字仪式。

件分析例会制度；制定下发《山东省分行危机管理办法（试行）》，加强对重大风险和突发事件的事前预防、危机化解、危机处置和危机报告等。三是加强操作风险管理。推进构建矩阵式的操作风险管理体系，强化部门间的横向沟通与纵向管理；抓好关键风险点监控检查、自评估项目、岗位不相容职责梳理等工作，全年共完成 18 个项目的操作风险自评估工作，调整不相容岗位（职责）182 组。四是加强监督检查。加强对涉案涉诉、群众来信、客户投诉反映问题以及信贷管理、操作风险、信息运营等各类隐患的全面排查；梳理 20 世纪 90 年代以来分行发生的重大案件、近三年违规事件以及检查发现的问题，建立问题档案和持续整改制度；组建信贷巡检和柜面顶岗检查两支专职队伍，成立整改帮扶团队，加强全面检查和对口帮扶督导。

【强化稳健经营，不断提升资产质量】认真执行国家宏观经济政策，主动调整结构，确保投放总量合理、节奏均衡、结构优化、质量良好。一是坚持稳健经营。新营销项目重点围绕黄、蓝经济区建设、特色产业集群、城镇化建设，确保符合国家产业政策和总行信贷导向；加强行业、客户差别化管理，划分 20 个特色优势行业、21 个名单制行业、房地产开发行业及其他行业，确定新营销大中型信贷客户标准；稳妥推进信贷退出，加强对政府融资平台、房地产、“6+3”行业等重点领域风险管理。二是加强信用风险管理。完善省行领导、职能部门对重点不良资产二级分行的联系制度，全年十大关注客户风险资产减少 1.55 亿元，十大不良客户贷款压缩 0.71 亿元；对全辖存量房地产开发贷款排查和房地产开发项目开展后评估，加强重点行业与客户的风险排查力度，并制定针对性的处置预案；加强个贷、异地贷款、表外业务等重点产品管理；上收部分项目评估评价权限全年完成项目评估 28 个，总投资额 1 056.82 亿元，建议贷款金额 421.43 亿元；制定下发《经营主责任人管理办法》和《授信真实性管理规范》，从源头上把控风险。三是加强重点区域和重大项目不良处置工作，把不良“额大率高”的分行作为重点联系行，把 2 000 万元以上的 33 户不良贷款项目作为重点项目，集中力量，加快重大不良项目处置进度。全年共处置各类不良资产 14.19 亿元，实现不良资产现金回收 10.06 亿元，不良资产超值现金回收 4.41 亿元，关注三级公司类贷款处置 4.3 亿元。

【加强执行力建设，转变工作作风】以“为民服务创先争优”活动为契机，全面加强企业文化建设，推进全行工作作风转变。一是加强执行力建设。明确提出“有令必行，行必果；有禁则止，违必纠”的工作要求，牢固树立统一法人意识和全行统一风险偏好理念；从分行党委做起，建立周例会制度，完善督办办法，加大检查监督和信息反馈力度。二是着力推进风险内控文化、合规文化、责任文化建设。正确处理风险与发展的关系，始终坚持“两手抓，两手硬”；召开省分行领导班子、各部门和二级分支行主要负责人参加的“责任胜于能力”的读书心得交流会，将安全稳健、审慎经营的内控要求融入体制、流程、责任、激励等内容中。三是转变工作作风。将加强作风建设纳入分行民主生活会主题，制定下发《山东省分行本部工作作风整顿实施方案》，明确 25 项重点整顿实施内容，建立基层评议本部制度。四是深入开展“为民服务创先争优”活动，着力解决员工和客户关心的热点、难点、焦点问题，把员工满意度作为衡量单位管理水平的重要指标。

【加强队伍建设与管理，提升全行发展合力】坚持以人为本，努力营造稳定、和谐、顺畅的内外部环境。一是加强班子队伍管理。坚持德才兼备的用人导向，建立领导干部选拔聘任提名制度，对新提拔人员均明确一年试用期；建立对下巡视制度，修改完善领导班子履职情况考核办法，制定《经营机构主要负责人离任后评价办法》和《领导干部定期报告管理办法》。二是加强员工队伍建设。高度重视员工职业生涯发展，研究制定原短期合同制员工、劳务用工转制实施方案，预计实现内部转制1 000余人（未公示）；加强员工培训，组织各类培训1 289期，培训员工97 093人次；优化员工工资结构，增强基本工资保障功能，对柜员、个人客户经理和专职大堂经理岗位，建立了按星级评定结果分配岗位工资的机制。

执笔：刘太丽

青岛市分行

青岛市分行行长　郭英辉

一、业务发展概况

【主要业务指标】截至2011年年末，青岛市分行本外币全口径存款余额912.12亿元，比年初（下同）新增113.44亿元，增速14.20%；各项贷款余额（不含信用卡透支）712.26亿元，新增91.59亿元，增速14.76%；全年实现中间业务毛收入10.86亿元，比2010年新增3.55亿元，增速48.56%；实现税前利润19.97亿元，新增4.53亿元，增速33.88%，完成计划的113.68%；实现拨备前利润22.65亿元，增幅37.07%，完成计划的112.05%；实现经济增加值9.11亿元，增幅34.81%，完成计划的131.11%；不良贷款额6.17亿元，较年初减少1亿元；不良贷款率0.87%，较年初下降0.28个百分点。

【公司业务】截至2011年年末，青岛市分行对公存款余额466.36亿元，新增62.33亿元，增速15.43%；同业存款余额103.16亿元，新增49.59亿元，增速92.57%；对公类贷款余额463.21亿元，新增44.28亿元，增速10.57%；贷款余额、新增额在四行中排名均为第3位。

【个人业务】截至2011年年末，青岛市分行储蓄存款余额342.60亿元，新增1.53亿元，增速0.45%；个人贷款余额249.06亿元，新增47.31亿元，增速23.45%。存款余额、新增额在四行中排名均为第4。

2011年5月20日，中国建设银行青岛市分行与中国出口信用保险公司山东分公司举行全面业务合作协议签字仪式。

【房地产业务】

截至2011年年末，青岛市分行个人住房贷款余额227.8亿元，累计投放65.9亿元，新增43.6亿元，贷款余额和新增额继续领先同业；个人消费贷款余额21.3亿元，新增3.4亿元。住房公积金存款余额23.4亿元，市场占比36.8%，贷款余额88亿元，市场占比47.57%，均居同业四行首位。

【中间业务】

实现中间业务毛收入10.86亿元，同比新增3.55亿元，增长48.56%，完成计划的120.26%，中间业务实现跨越式发展，中间业务收入总量跃居同业首位。

【国际业务】

实现国际业务结算量165亿美元，新增52.67亿美元，增速47%，完成计划的127.54%。实现国际业务收入2.31亿元，新增7 950万元，增速52%，完成计划的109.5%，同业排名第2。

【资产质量及风险控制】

青岛市分行不良贷款余额6.17亿元，比年初下降1亿元，不良贷款率为0.87%，比年初下降0.28个百分点。其中不良贷款处置额5.19亿元，完成计划的265.81%；不良资产超值现金回收1.53亿元，完成计划的381.46%。全行不良贷款实现“双降”，不良资产处置额、超值现金回收额均超额完成全年计划。

【电子银行业务】

全年新增企业网银签约客户3 693户，增速74%，新增个人网银签约客户17万户，增速77%；新增手机银行签约客户18万户，增速234%；新增短信金融签约客户25万户，增速54%。实现电子银行业务收入4 476万元，完成计划的148%。

2011年7月27日，中国建设银行青岛市分行举行私人银行开业庆典。

二、主要工作措施

【推进经营管理体制改革，提升综合营销、服务能力】开展深入细致的调研论证，集全行干部员工的智慧，出台并启动了对公、个人两大业务条线组织机构改革和机制优化工作。“公司委”和“个人委”两大业务条线逐步成为相对独立的经营主体、责任中心和利润中心，设置了基于市场细分的产品和客户等专业化部门，推动经营重心上移。全行直接作用于市场、直接为客户服务的力量增强，市场响应能力、服务能力、整体协作水平和综合竞争力不断提高，客户体验改善明显。

作为建设银行系统首批试点，青岛市分行在全辖上线运营前后台分离项目，简化了柜面业务流程，改善了客户体验，平均业务处理时间缩短2分44秒。实施会计业务柜台转型，强化产品营销和客户服务职能。完成了综合数据管理系统、远程监控系统的建设，实行物品集中配送，推进中后台集约化管理。

【突出客户战略，大力营销信贷产品】抓住山东半岛“蓝色经济”发展机遇，大力拓展财政社保、资金监管账户、拟上市企业，全年对公业务客户新增2 991户。与青啤财务公司签订了银企合作协议，参与青岛市全部上市企业的IPO募集资金归集。财政存款、公积金存款比年初实现较好增长；加快民生领域服务创新，对驻青高校和医院信贷支持达13.3亿元；推进住房保障项目和房屋维修资金营销，保障房公积金委托贷款项目纳入试点。成立大宗商品融资产品创新实验室，成功开展大宗商品套期保值业务；推进人民币跨境业务发展，完成跨境人民币业务量55亿元。认真贯彻落实“国九条”和总行有关支持小微企业发展的相关政策，着力解决小微型企业融资瓶颈，积极推广“联贷联保”、“小额无抵押”、定向保理等新产品，以特色金融服务提高小企业业务的竞争力，小企业贷款新增14亿元。投资银行业务机构覆盖度、产品覆盖度、客户覆盖度三提升，实现收入2.6亿元，同比增幅26.13%，资产管理服务规模达到114亿元。

【以高端客户为突破口，个人业务实现快速发展】通过开展个人业务中高端客户专题营销活

2011年10月18日，中国建设银行青岛市分行与青岛国金贵金属交易中心有限公司举行"E商贸通"业务合作签约仪式。

动大力拓展个人高端客户群体，AUM5万元以上个人客户新增7 590人；AUM300万元以上高端客户新增256人，其中私人银行客户新增32人。行级领导和中层干部带头营销，带头吸收存款、销售账户金和理财产品，营造了全员营销的氛围，销售理财产品320亿元，基金收入保持同业首位，网均收入系统排名第5位，借记卡新增61万张，计划完成率达122%。打造"蓝色银行"，加大渠道建设战略性投入，申报的4家五星级网点全部通过总行验收；新建了5家私人银行，是青岛市首家在县域地区设立私人银行的金融机构；完成92家零售网点二代转型工作，不断提升服务品质，形成了比较完整的个人客户差别化服务体系。

【调整经营思路，大力发展个人信贷业务，巩固市场地位】在"调控、加息、限购"的大背景下，以"助安居 提收益 促发展"为主题，开展贯穿全年的业务营销活动。密切关注市场变化和同业动态，适时调整营销策略，实现个人信贷业务快速发展。重视5个县级市支行的发展，继续加大农户贷款的复制推广，成功开办正大鸡养殖农户贷款和康大肉兔养殖农户贷款，支持农户2 000余户，投向县域个人农户贷款近6亿元，开辟了新的利润增长点。顺利完成由个人贷款前端经营中心、全流程中心和营销推介机构组成的个人信贷业务经营体系建设。

【自我加压，大力发展中间业务】从计划安排、财务资源配置、考核政策等多个方面予以政策支持，加大直接激励力度，促进中间业务发展。突出重点，抓好对公、对私两大业务条线发展，提升重点产品市场份额与位次，大力推动结算类、担保类、托管类、电子银行类产品贡献度，努力提高中间业务市场竞争力；以13项重点产品为主要突破口，辅以标杆管理、产品分析、经验推广与信息共享等措施推动和提升重点产品市场份额与位次，提高中间业务产品市场竞争力。顺利实现"总量第二，新增第一"的年度发展目标。

【加快产品推广和销售转型，信用卡业务稳健发展】先后组织开展"大干100天发卡4万户"、"全体总动员，打好龙卡汽车卡攻坚战"等发卡营销系列竞赛活动，充分调动营销人员积极性。加大高端客户营销力度，优化信用卡产品结构，积极推进政民通、新华书店龙卡、卓越卡、麦凯乐龙卡等重点项目。大力发展信用卡分期业务，实现分期业务量2亿元，成为信用卡中间业务收入的亮点。全年信用卡客户增长7.2万户；新增收单商户575家，特惠商户138户，实现收单商户、特惠商户"双丰收"；实现中间业务收入5 938万元，同比增长154%，中间业务收入在四行中排名保持第1。

【积极适应市场需求，大力推广金融新产品】适应信贷规模紧缩形势，加大银团贷款、国内保理、融资租赁、贸易融资及国内供应链融资等新兴业务拓展，加强国际结算和外汇资金业务联动，积极推广海外代付、"欧元汇贷盈"、"融货通"等业务，综合贡献度持续提升；研发票据受益权转让型理财产品，为系统内首创并在全国范围内推广；着力打造外汇业务特色银行，成立大宗商品融资产品创新实验室，成功实验开展大宗商品套期保值业务，稳步推进大宗商品融资套期保值业务试点。同时，E商贸通业务、网银结汇、网上供应链融资等电子银行业务实现突破，电子渠道应用水平持续提高，实现电子银行业务收入4 200万元。

【夯实基础，加强内部管理和企业文化建设】健全案件防控长效机制。组织"八大突出案件风险"专项治理和"内控和案防制度执行年"活动，开展员工从业禁止若干规定宣传教育和员工商银行为集中排查，在基层机构全面落实推进纪检监察特派员制度、营业主管委派制等制度，逐级落实案件防控责任，构建起案件防范长效机制，实现全年无案件目标。

拓宽员工成长平台，完成后备人才库充实及

建库工作，研究出台加快后备人才培养的意见；加强对年轻干部的培养和选拔，通过公开竞聘选拔领导人员49人，各级领导班子结构明显优化，新调整、充实的班子工作基本都有新起色；推进以岗位为核心的人力资源管理体系建设。作为总行试点行，认真组织实施绩效管理项目，将目标融入部门、岗位的工作职责中，落实到团队和责任人，为全体员工职业发展提供助跑器；积极改善员工薪酬待遇，增强基本工资的保障力度，继续推进劳务派遣员工转签工作，激发员工的内生动力。

【认真履行社会责任，积极支持社会公益事业】开展“大手牵小手，爱心暖人心”关爱新市民子女志愿服务活动，受到了社会各界的好评，成为全国金融系统唯一入选团中央优秀工作案例，先后荣获青岛市“十大公益之星企业”和“十大最佳金融服务机构”等荣誉称号。

执笔：谭庆勋

河南省分行

河南省分行行长　石亭峰

一、业务发展概况

【经营效益】全年实现拨备前利润53.9亿元，同比增加10亿元，增幅23%，总行计划完成率116%；实现考核利润42.38亿元，同比增加4.23亿元，完成总行计划的117.82%；实现经济增加值18.15亿元，同比增加2.06亿元，增幅12.8%，完成总行计划的154.64%。

【各项存款】全口径存款年末余额突破3 000亿元大关，达到3 052亿元，居同业第2位，系统排名第11位；全口径存款新增367亿元，居同业第2位，系统内排名第10位，比上年末提升8个位次。其中，对公存款余额1 258.19亿元，比年初新增160.01亿元，余额和新增均居同业第1位；个人存款新增140亿元，居同业第3位；同业存款新增67.4亿元，居同业第1位。

【各项贷款】各项贷款年末余额1 703亿元，居系统内第12位、同业第2位。其中，对公贷款余额1 263.19亿元，比年初新增119.75亿元，对公非贴现贷款余额1 208.18亿元，比年初新增143.07亿元，新增分别居同业第2位和第1位；个人贷款余额440.44亿元，比年初新增107.06亿元，新增居同业第1位。

2011年10月25日，中国建设银行河南省分行与郑州市人民政府在郑州举行战略合作框架协议签字仪式。

【中间业务】全年实现中间业务净收入22.93亿元，同比增长4.03亿元，同比增幅达21.3%，居同业第 2 位，系统内第 14 位。

【资本性支出】全行资本性支出达 9 亿元，同比增加 3 亿元，创历史最高水平；新设立机构 4 个，升格机构 41 个，实施网点购置项目 20 个，投入资金超过前三年的总和。

【资产质量】不良贷款额为 18.9 亿元，比年初增加 9.3 亿元；不良率 1.11%，比年初增加 0.46 个百分点，均保持同业平均水平以下。

【客户服务】年初以来，先后荣获“十佳好分行”称号，被省政府评为支持经济发展优秀单位，在河南省政府组织的政风行风评议中获“先进单位”称号并蝉联金融系统首位，获得了“2011 年度中国金融河南地区用户最满意银行”，2011 中原传媒榜“年度卓越金融机构”、“卓越投资回报机构”，“2011 年度中国金融河南地区最佳财富管理银行”，“2011 年度河南最具责任金融机构”，2011 年度“最具贡献金融机构”、“最具创新能力金融机构”、“最具品牌竞争能力金融机构”和“支持中小企业突出贡献金融机构”等一系列社会荣誉称号。

二、主要工作举措

【抓机遇，谋发展】一是突出持续发展。新一届党委成立以来，先后提出“增强危机意识，抓机遇，促发展”、“不管东西南北风，咬定发展、客户、风险防范不放松”等一系列思路和措施，在全行营造比发展、比贡献、比干劲的良好氛围。二是抢抓中原经济区建设机遇。制定了“抢抓中原经济区建设机遇指导意见”，动员全行抢抓中原经济区建设机遇。三是做好战略规划，制定五年发展规划，提出“系统一流、同业领先”目标。四是抓好关键时段。精心组织旺季营销，取得了良好效果。在第四季度的关键时段，全行奋力冲刺，存款最后一个月比 9 月底新增 149.43 亿元，圆满完成总行下达的目标任务。

【抓客户，争市场】一是开展全员客户大营销，截至 12 月底，还原 1.3 万户纳税户销户因素后，对公客户新增 14 242 户，系统排名第 4 位；对公基本户新增 6 474 户，系统排名第 8 位；有资产个人客户新增 136 万户，系统排名第 3 位。二是加大对政府高层营销。班子成员深入地市拜会市委市政府、财政社保主要负责人，争取银政合

2011 年 11 月 30 日，中国建设银行河南省分行举办拟上市小企业客户接待活动，为拟上市小企业提供金融辅导。

作；与郑州、安阳、济源等地市签订了全面合作协议，周口、驻马店、许昌等地市在高层营销后不久，6 亿元、5.5 亿元、3.6 亿元的财政社保资金分别存入建设银行。三是全力攻坚机构客户。开展机构业务“百团会战”活动，组建 162 个任务型团队。机构业务一般性存款余额 413 亿元，新增 97 亿元，居系统第 8 位；“民本通达”成功拓展五类客户 488 户，新开立结算账户 791 户，基本结算账户 324 户，存款余额 120.8 亿元；南水北调南段主要项目部落户建设银行，资金沉淀 21 亿元，市场份额在 80% 以上；鑫存管客户数量达 100.5 万户，沉淀存款 52 亿元，实现手续费收入 1 053 万元，计划完成率居系统第 2 位。四是加大核心客户、“双高”客户、重大项目营销。确定了 612 个核心客户，逐户实施营销推进，截至 12 月底，核心客户在我行开立账户 550 户，其中结算账户 71 户，上下游关联客户开户 2 177 户；拟定了 62 个重大项目和 258 家“双高”客户，截至年底，重大项目和“双高”客户存款新增 74 亿元，占对公存款新增的 46%，其中重大项目在河南省分行开立基本结算户 10 个，作为牵头银行的银团贷款 4 个。五是大力发展个人业务。提出“产品带动、高端带动、科技带动”等“七个带动”，开展“社区营销、百家市场大营销”等专题营销活动。截至年底，个人存款新增 140 亿元，居系统第 11 位，个人理财产品新增 115 亿元，比工商银行多 46 亿元，居同业第 1 位，住房资金存款新增 31 亿元，居同业第 1 位，市场占比 56%。借记卡发卡量及新增均居同业第 2 位、系统第 3

位，基金销售在系统和同业均居第2位，代理基金收入系统第4位、同业第1位，黄金销售同比增加41亿元，居系统第6位、同业第2位。结算通新增发卡27万张，居系统第2位，沉淀资金12亿元，居系统第3位。

【抓新域，促增效】一是大抓“八一工程”。先后拓展54集团军、20军、153医院、省边防总队、联勤33分部等军警客户，存款达到16亿元，市场占比超过30%，发行军人保障卡6 000多张，军警公务卡1 420张，“八一龙卡”36 263张，系统排名第2位；54集团军在“八一”后一次性存入我行3 000万元。二是大抓中间业务。实施中间业务“面对面”会商制度；在全省开展了21场、近5 000人次的重点产品巡讲活动；开展重点产品“破零增收”活动，中间业务继续保持良好势头。三是大抓中小企业。19家二级分行均设立了小企业经营中心，“信贷工厂”达到9家；选定了16个产业集群、6个专业市场和5个特色行业，组建专门的批量化营销团队，突破22个，营销350个客户，贷款金额28亿元，中间业务收入达3 900万元。四是大抓投行业务。配置投行专项营销费用457万元；举办投资银行业务客户推介会，举办财务顾问集体签约活动13场，业务收入4.29亿元，增幅84.9%，增幅居系统第7位；“乾元”保本型产品对公销售居系统第1位，对公“乾元”理财产品余额居系统第3位；系统内第1支承销中小企业集合票据3亿元，协助天瑞水泥在香港上市并募集资金9.15亿港币。五是大抓财富管理。全行高端客户总量达到4 479人，个人资产新增达到全行的17%；为高端客户定制发行专属产品15.3亿元，是上年的3倍；财私卡发行2 182张，比上年新增1 197张，同比翻番。六是大抓战略性业务。电子银行个人网银、手机银行新增均首次突破“百万”大关，其中手机银行新增126万户，居同业第1位；企业网银新增计划完成率117.63%；个人网银和电子银行收入均居同业第2位；电子银行渠道分流达到47.28%，居同业第1位。国际业务累计投放贸易融资105.5亿元，同比增长26.8%；国际结算量、结售汇量同业排名第2位，获国家外汇管理局“外汇管理先进集体”称号。票据业务累计办理直贴135亿元，买断式转贴29.8亿元，买入返售122.02亿元，同比增幅176.8%，系统内排名第2位。结算业务实现收入2.8亿元，结算卡发卡量居系统第2位，对公一户通签约客户居系统第2位。信用卡累计发卡119万张，新增18万张，系统内排名第8位，分期业务超7亿元，同比增长130%，实现收入是上年的3倍。六是大抓涉农金融。围绕河南是农业大省的特点，积极开展金融创新，涉农贷款达291.66亿元，较年初增加67.04亿元。七是大抓住房金融和个人消贷。对二级分行实行个人住房贷款规模竞拍，完成16家住房维修资金管理部门客户端上线工作。个人贷款新增106亿元，同业排名第1位，住房资金存款新增30.58亿元，占对公存款新增的18%，其中住房维修资金存款新增7.4亿元。八是大抓造价咨询业务。召开造价咨询业务工作会，出台“加快工程造价业务发展十条意见”，实现收入1.7亿元，同比增幅40.5%，创造历史最好水平。九是大抓企业年金业务。实现年金账管人数新增16万户，集合计划新增793户，托管资产新增8.1亿元，受托资产新增2.6亿元，分别居系统第2、第5、第3位。

【抓转型，增后劲】一是狠抓网点建设。改造网点82个，新设机构10个，建设私人银行2家，购置网点20个，迁址项目31个，全行点均面积由320平方米提高到620平方米，点均自助设备机位数量5.5个，设置有附行式自助银行的网点占比98%。二是狠抓服务质量。在4月启动了声势浩大的服务质量整肃活动，实行星级网点管理，组织“客户接待日”12期、170余次，接待客户达1 202人次，有效征集客户意见建议245条；客户平均等候时间缩短15.8%，服务质量监测为“优秀”的网点数量增加了30%，在总行组织的“神秘人”暗访中下半年得分97.8分。三是推动网点转型。完成173家转型理财中心验收，二代转型理财中心达到410家。积极推进私人银行转型，提出了私人银行转型工作“7个到位”原则；深化高低柜业务分离，低柜销售占比达到43%，比上年提升26个百分点。四是大力推进业务转型。采取信贷规模配置与综合贡献度挂钩，与开户增存挂钩，与收益挂钩，与结构调整挂钩，以贷款带动其他业务的发展。五是强化区域发展转型。对大中城市行实施差别化的资源配置和考核政策；加强对其他城市行指导，要求小行要有大志气、大作为。深化县支行转型，开展2010年度“十佳县支行”和“十佳特色县支行”评选表彰。提出“加快步伐、抓紧实施、优势互补、实现双赢”的总体方针，推动新野建信村镇银行年底前开业。

【抓营运，强保障】强化科技支撑，推广住房维修资金综合管理系统、烟草归集模式、校园一卡通项目；加强郑州市维修资金管理系统、河南省新型农村社会养老保险项目、铁路支行ETC项目等八个重点项目的开发。加强会计、营运等基础管理，开展会计营运安全检查等多项专题活动，实施营运业务标准化建设，专题稽核项目被总行命名为“体检式”专题稽核，向全系统推广。

【抓合规，控风险】一是深入开展“合规执行年”活动。全员签订了《合规执行责任与承诺书》，强调风险管理要抓好“三基”管理，即基层网点、基层员工、基层机构负责人，严控三条防线，即严禁踩踏政策红线，严禁逾越风险底线，严禁触碰案件高压线。二是持续深化合规文化建设。召开四次从严治行万人电视电话会议；组织开展“19项禁令再宣传再教育”、“三基排查”等活动；组织员工商银行为排查工作，排查员工45 173人次；推行积分管理正向激励机制，鼓励员工主动抵制违规行为；对违规失职行为严格问责，共追究责任人161人；召开华山路支行合规文化管理报告会，在全行推广支行网点合规文化管理体系。三是抓好配合内外部检查审计。建立审地共建机制，要求审计配合必须做到“五要五不要”① 原则；加强内外部审计和监管检查发现问题的整改，整改率达到98.87%。四是强化信贷审批与风险管理。先后组织化工商银行业、公路行业等专项风险排查；重大风险项目得到有效化解，漯河双汇集团信托理财10亿元按期结清，郑煤集团17 154万元债转股股权处置实现超值现金回收21 500万元、股权溢价9 490万元，政府融资平台客户贷款转化为一般公司类客户8户，金额17.3亿元，回收4户，金额9.37亿元。

【抓队伍，聚士气】一是开展党团主题实践活动。基层党支部设立了2 662个党员案防责任区；设立“共产党员示范岗”1 077个；党员挂牌上岗率达100%，签订了党员案防责任目标书7 572份；开展了“学习南昌路支行、赶超南环支行”活动，洛阳南昌路支行党支部被中组部授予“先进基层党组织”荣誉称号。二是加大员工培训力度。共培训1 690期，培训72 909人次。三是加强干部队伍管理。对全行领导人员实施了制度化考核；严格按照公开、公正、公平原则选聘选拔干部，将郑州东区分行行级领导选拔全部纳入公开招聘范围，最终5名优秀员工被选聘为班子成员。四是关心关爱员工。提高了员工基本工资保障基数；为全行员工统一订做了工装；为员工办理补充医疗保险、商业医疗保险；分别于1月和7月两次调增内退人员月生活性补贴标准；开展爱心助学活动，对员工新入学子女发放助学奖励，惠及员工子女2 500多人。

执笔：孙俊岭

① “五要五不要”：要理解支持审计，不要讳疾忌医；要积极配合审计，不要消极应付；要尊重审计成果，不要无理讨价还价；要整体联动协作，不要自行其是；要积极沟通，争取理解，不要事后留有遗憾。

湖北省分行

湖北省分行行长　任德奇

一、主要业务发展

截至2011年年末，全分行（不含宜昌地区）有营业机构570个，在册从业人员12 969人。资产总额本外币3 060.37亿元，当年新增227.48亿元。本外币全口径存款余额2 993.95亿元，当年新增214.62亿元。各项贷款余额1 563.33亿元，当年新增195.87亿元。实现中间业务收入24.61亿元，同比增加5.4亿元。实现拨备前利润52.10亿元，比上年增加9.02亿元。

【公司业务】2011年年末，全行企业存款余额达到1 225.37亿元，居同业第1位；当年新增55.58亿元，增速4.75%。全行公司类贷款余额1 177.73亿元，当年新增121.32亿元，增幅11.48%；余额、新增均居同业第2位。其中：非贴现贷款余额1 150.51亿元，当年新增130.43亿元。

【个银业务】个人存款持续稳定增长。2011年年末，个人存款余额1 691.49亿元，系统内排名第10位，当年新增132.87亿元，增幅8.52%；余额在四行中占比28.24%，排名第2位。个人类贷款余额385.61亿元，当年新增74.56亿元。

【中间业务】全行实现中间业务收入24.61亿元，系统内排名较上年上升1位，完成总行计划的107.4%；同比增加5.4亿元，增幅28.21%；与贷款关联类中间业务收入占比较上年下降了1.76个百分点；中间业务收入占主营业务收入比重达27%，较上年提高了1.77个百分点。

【资产质量】按照总行考核口径，全行不良贷款余额为24.52亿元，不良率为1.57%，分别比年初下降1.37亿元和0.32个百分点，实现了考核不良“双降”。

2011年12月28日，中国建设银行湖北省分行本部举办“为民服务下基层、转变作风促发展”主题活动岗前培训班。

【经营效益】全行实现拨备前利润52.10亿元，完成总行计划的105.93%，比上年增加9.02亿元；经济增加值21.88亿元，完成总行计划的137.10%，比上年增加5.26亿元。

二、主要工作措施

【转变方式，不断创新】面对信贷规模持续偏紧和市场融资需求量较大的实际，积极抢抓资本市场机遇，加大综合融资理财服务力度。重点依托以武钢、东风为核心的钢铁、汽车产业集群，大力推广票据融资理财产品（发行100亿元），综合运用短期融资券（武钢短融60亿元）、股权融资、代理信托计划等融资手段，着力解决优质企事业客户的资金需求。累计为武钢、中铁大桥局等37户大型企业，以及140户小企业客户融集资金279亿元，居同业首位。积极拓展新的业务增长点，小企业业务取得新进展。按照“重点区域优先发展”的思路，在省分行设立了小企业部，武汉设立了三个小企业经营中心作为省分行直属机构，直接负责小企业客户服务和营销。在9个市州分行建立了小企业“信贷工厂”，推出了“小贷通”、“互助通”等创新产品，以供应链融资为抓手，围绕中百集团量身打造了“中百易贷”系列产品，批量拓展其上游优质中小供应商客户群体500家，取得了良好效果。截至2011年年底，全行小企业贷款比年初增加38.62亿元，增速38.86%，高出各项贷款平均增速24.54个百分点；小企业客户数达3 315户，比年初增加1 456户；小企业业务创造收入9.8亿元，同比增幅42%。保障性住房金融服务深入推进，率先与省住建厅签订了支持保障性住房金融合作协议，抓住了源头，突出武汉、襄阳、十堰等重点区域，推出了“棚户区改造贷款”和“公租房贷款”等新产品。全年通过综合融资累计为保障房建设提供资金107.83亿元，支持保障性住房建设项目22个，建筑总面积649万平方米，相关工作得到了省委省政府的高度肯定。信贷结构进一步优化，市场定价能力稳步提升，各项贷款收益率为5.78%，居同业首位。2011年，主要战略性业务快速推进。全行电子银行客户达到1 230万户，较年初新增430万户，同比多增149万户，增幅52%；电子银行业务收入达到1.19亿元，同比增长3 603.6万元，增幅44%。信用卡累计客户数达到96.65万户，当年新增29.4万户，增幅44%；实现消费交易额178.7亿元，同比增长51%；实现信用卡业务收入1.7亿元，同比增长80%。借记卡发卡新增271万张，实现借记卡业务收入3.75亿元，增幅达23%。完成国际结算量71.3亿美元，同比增长35%，跨境人民币结算量9.67亿元，同比增长310%；实现外汇中间业务收入9 122万元，同比增长31.5%。实现造价咨询业务收入2.79亿元，居全省行业第1位，在湖北省工程造价咨询企业信用评价中取得第1名，被评为4A最高级企业。

【强化服务，提高效率】全年共迁址网点27家，装修改造网点128个，完成10个县域机构和10家离行式自助银行新设工作，购置网点16个，投放各类自助设备663台，迁址网点数量、网点和自助银行新设数量、网点购置数量、自助设备投放数量等多项工作均为历年之最。制定了《个人客户经理交易管理细则（试行）》、《中国建设银行湖北省分行百佳个人客户经理评选办法（试行）》等文件，举办了7期600余人次客户经理培训班，提升客户经理的营销技能。强化了客户服务管理。成立了全行服务质量领导小组并组建了专门团队，负责客户问题处理的日常管理。建立和完善了客户投诉解决机制和相应的考核制度，明确了客户投诉处理的职责、流程和时限。以开展“为民服务创先争优”活动为契机，持续培育和践行服务文化，在全行网点深入开展“三亮、三创、三比、三评”活动，从源头上提升服务质量，减少客户投诉。强化了后台服务保障。按照总行统一部署，深化前后台业务分离项目，柜面业务集中处理系统已在全行90个网点上线运行，主要对公业务已实现了后台集中处理。

【推进市场营销】大力推进龙头重点客户营销，在巩固传统业务优势的基础上，积极推动武钢集团业务战略转型；组织各部门专家团队为武钢及其供应链客户群体提出了信贷融资、供应链金融、票据理财等一揽子服务和产品解决方案，并上门推介实施，取得了显著的实际效果。2011年，围绕武钢拓展的客户群体不断壮大，产品覆盖率持续增加，增加了票据理财、定向保理等5项创造中间业务收入的新产品。综合收益率大幅提升，存贷款市场份额均跃居同业第一。大力推动东风集团服务。紧紧扭住“东风系”这一省内现代制造业的龙头，牵头解决了两个阻碍东风业务合作的历史遗留问题，召开营销现场推进会，开展客户专项营销竞赛。存款新增18.3亿元，市场份额提升3.77个百分点。跟踪重点项目。继续跟踪T3航站楼项目，在往年取得26%的银团份额基础上，积极组织评估和项目授信审批申报。充分利用与集团总部的关系协助北京市分行营销北京T2航站楼项目，争取一定内部银团份额。关注省能源集团动向，制定和提供综合服务指引，促成高层拜访，完成集团授信，与集团本部的合作关系更加紧密。2011年，财政业务营销年活动成效显著。全年新增各类财政账户322户，新增存款34亿元（含社保财政专户）；代理中央财政业务收入系统排名第6位，有4家网点和4名个人受到总行机构部表彰。地税客户营销实现跨越式发展。开立各级地税部门地税收入待解专户14户，年底账户余额33.7亿元，较年初新增16.8亿元，为机构存款增长作出了突出贡献。金融机构业务得到强力推进。CTS客户净新增67 875户，总量突破75万户，总量和新增继续保持同业第一。银期直通车客户新增3 739户，系统排名第10位；客户总量达到32 333户，系统排名第8位。2011年，组织开展多种形式的营销竞赛活动。全年深入开展以存款为主题的多项营销竞赛活动，做到每季有安排、每季有考核。第一季度组织开展了“玉兔迎春、建设银行送瑞”旺季营销竞赛活动，一举奠定了全年个人存款增长基础；第二季度组织开展“拼市场、进位次、兔飞猛进”劳动竞赛活动，狠抓同业占比和市场竞争能力；第三季度通过开展“走进社区、增户、增存、增份额”劳动竞赛活动，有效实施了走进社区“找”客户、丰富活动“引”客户、优势产品“聚”客户、交叉营销“绑”客户、深情服务“留”客户的工作思路；第四季度组织开展“增份额、拓客户、全力关好门”竞赛活动，指导全行为全年主要指标的圆满收官发起最后的攻势。2011年，强化重点产品销售，推动中间业务收入增长。通过各项活动带动保险销售的快速增长。积极联合合作保险公司举办各种形式的投资报告会、产说会、理财沙龙、财智讲堂等营销活动，全年累计开展各项营销活动40场次；先后与太平洋、平安、新华、生命、幸福、长城等多家保险公司联合开展了10余次劳动竞赛活动，有效促进了保险销售；同时，加强对活动的过程和结果管理、考核，注重信息的收集和反馈，对每场活动进行总结通报，落实销售业绩。

【加强风险内控管理】狠抓风险防范和内控管理，严格执行银监会“四贷四不贷”要求，严把平台客户信贷准入标准。同时，全力化解二级公路贷款风险，成立了工作专班，加强与省政府及相关主管厅局的沟通，扎实推进风险化解工作。压缩收回平台贷款3户，金额11.99亿元。强化了房地产行业贷款风险控制，对开发贷款进行了地毯式风险排查，全面执行了资金封闭管理要求。狠抓压缩退出，对项目资本金不足、“四证”不齐的房地产企业和项目严禁发放贷款，对存在“囤地”等行为的房地产企业不予发放新增贷款并积极压缩退出。全年共完成信贷退出11户，一般性房地产开发贷款余额较年初下降了3.97亿元。重要环节操作风险管理得到加强。继续实施“平安建设银行”创建活动，深入开展“合规文化与执行力建设年”活动，全年“平安建设银行”创建机构比例达到95%，取得了阶段性成果。坚持落实案防工作责任，强化工作考核，实行“一票否决”；突出案防工作重点，突出加强了对票据业务、信贷业务、柜面业务、贿赂案件、信用卡、电子银行、客户经理违规代客服务、擅自对外签署法律性文件等“八大突出案件风险”的防范。2011年全行未发生案件，实现了“平安年”创建工作目标。

【加强人才队伍建设】按照德才兼备原则，重点从政治素质过硬、业绩突出、年富力强的干部中选配分支机构“一把手”，加强对优秀年轻干部的储备、培养和任用，着力打造梯次搭配的干部队伍。全年共有19名年轻干部被提拔到新的领导岗位，班子结构得到进一步改善。加大干部交流力度，2011年共交流干部26人，其中省分行部门与二级分支行上下交流21人，二级分支行行际交流5人。加大了人才引进力度。面向各类高校择优招聘新员工511人，基层机构人员紧张情况得到了一定缓解，员工学历结构和年龄结构进一步改善。加大了派遣制员工转制力度。按照“公开透明，群众公认；结合业务，突出实绩；总量控制，面向一线”的原则，全年共转制653人，转制工作进度达到43%，处于全国领先水平。加大了教育培训力度。坚持全员覆盖与分级分层相结合，2011年全行共举办各类培训班1 612期，培训总规模达82 995人天，较上年提高了4.3个百分点。

【加强企业文化建设】加强企业文化建设，建设学习型组织。2011年，学会组织实施了多项科研课题，在湖北省金融学会评奖中，建设银行湖北省分申报的评奖科研成果荣获科研课题一等奖。在深入调研的基础上，做好行志、年鉴的编纂工作，全年进一步完成了几百万字行志资料收集整理和近十万字的行志文稿审定报送，并先后完成本年度建设银行年鉴、湖北年鉴、湖北金融年鉴以及武汉年鉴的建设银行湖北省分行篇撰稿上报。在全行持续开展“五必访”、“六必贺”、“一补助”等送温暖工程，坚持开展“爱心一日捐”活动，切实关心困难员工生活。在基层网点全面开展了“职工小家”创建，着力改善员工工作和生活环境；大力开展困难员工帮扶救助工作，全年发放各类慰问和救助资金200余万元；将依法合规从业作为对员工最大的关爱，大力推动合规文化教育和廉洁从业教育，筑牢员工思想防线。

执笔：胡和清

三峡分行

三峡分行行长　林帆

一、业务发展概况

2011年，三峡分行实现税前利润7.39亿元，同比增加1.03亿元，完成总行计划的115%。账面利润在当地四行占比为46.33%，居同业首位。实现经济增加值2.39亿元，同比增加0.13亿元，完成总行计划的129%。

全口径存款余额362.1亿元，新增60.7亿元，增幅20.14%。其中，一般性存款余额353.37亿元，新增56.26亿元，增幅18.94%，系统内排第3位。与当地同业比，一般性存款余额占比和新增占比均居首位。各项贷款余额318.13亿元，新增40.14亿元，增幅14.44%。公司类贷款余款和个人类贷款余额及其新增占比均居同业首位。

全年成功收回宜昌市公路局、西北口水库、欣龙熔纺、颜钰港埠、地大高岭土等不良贷款近3 000万元。不良资产余额1.64亿元，下降3 059万元。不良资产率0.31%，下降0.12个百分点。其中，不良贷款余额1.34亿元，下降2 955万元。不良贷款率0.42%，下降0.17个百分点。非信贷不良余额3 005万元，下降104万元。非信贷不良率0.58%，下降0.48个百分点。表外业务保持零不良。资产质量居系统第7位，继续保持区域同业领先水平。

【公司业务】信贷结构调整步入新格局。全行公司类贷款96.6%投向A级及以上客户，退出贷款3.65亿元，完成总行下达计划的184.53%。全年对公结算账户新增3 143户，其中50万元以上的净增150户，50万元以下的小额无贷户净增2 993户。单位人民币结算账户在同业中新增排名第1，总量排名第2，系统内增幅排名第4。小企业贷款余额和新增额均列同业之首，连续3年保持新发放小企业贷款不良率为零的记录。全年新发放对公类非贴现贷款加权平均利率为6.49%，其中新发放中小企业贷款客户直接收益率达到8.65%。小企业新增非贴现贷款客户140户，实现中间业务收入2 825万元，为中小企业承销短期融资券104.5亿元，办理集合票据融资业务30亿元。信用证、保函、海外代付、承兑汇票等表外信贷业务实现了较快增长。创新开办了卖断式转贴现业务，累计转贴现金额50亿元，实现转卖利差2 364万元。同时，实现了出口信贷再融资业务“首航”，全年累计投放贷款4.66亿元。

2011 年 8 月 12 日，中国建设银行三峡分行与长阳土家族自治县政府举行造价咨询业务全面合作签约仪式。

【个人金融业务】个人存款余额 182.72 亿元，较年初新增 24.34 亿元，余额、新增四行同业占比分别为 37.5%、44.5%，均居首位。个人住房类客户贷款新增占比达 95.8%，个人贷款综合利率执行水平达到 6.63%，个人消费和经营类贷款综合收益率达到 7.84%。银行卡业务快速增长。银行卡发卡 208 万张，新增 34 万张，增速 20%；实现银行卡中间业务收入 5 338 万元，增幅 32%，系统内排名第 4 位；净新增收单商户 1 358 户，完成率在系统内排名第 12 位。分期业务交易额达到 1.4 亿元，实现收入 1 400 万元。电子银行客户新增 25.7 万户，电子银行中间业务收入计划完成率在系统内排名第 1 位。自助设备账务性交易量占比 64%，系统内排名第 11 位。个人高端客户新增 86 户，增速 26.54%，超出系统平均水平。其中私人银行客户达到 64 户，新增 24 户，增速 60%，系统内排第 8 位。全行 AUM5 万～20 万元、20 万～50 万元、50 万～300 万元以及 300 万元以上的个人客户分别新增 7 459 户、1 811 户、642 户和 86 户。

【中间业务】收入实现新突破。全年实现中间业务毛收入 40 608 万元，同比增长 13 821 万元，增速 51.6%，系统内排名第 5 位，完成总行计划的 134%，总量、增量在四行中占比分别为 36.6% 和 35.7%，均居同业首位。中间业务净收入占主营业务净收入的比重为 27.29%，高出系统平均水平 4.79 个百分点，系统内排名第 11 位。造价咨询业务收入实现翻番，突破 2 000 万元，完成总行下达计划的 149.6%，同口径增幅在系统内排名第 5 位。

【国际业务】国际业务继续保持同业领先优势。实现国际结算 15.3 亿美元，贸易项下国际结算 11 亿美元，结售汇 7.8 亿美元，分别以 48%、44% 和 44% 的市场份额保持同业第一。

二、主要工作

【加大信贷结构调整力度，不断提升市场竞争能力】重点推进了信贷结构、客户结构、产品结构及价格结构等一系列深入、持续的调整工作，多样化满足了客户融资服务需求，促进了业务结构优化、资产质量和效益双提高。一是将稀缺信贷资源向核心客户、重点优质客户、小企业客户和个人信贷客户等倾斜，积极退出劣质客户贷款。积极通过投行产品创新弥补信贷规模不足，进一步增强了信贷业务市场竞争力。二是加快了国内保理业务发展，开通了供应链融资、合作担保机构担保贷款、第三方保证贷款、船舶抵押贷款、助保金贷款等业务，丰富了中小企业信贷产品，小企业业务发展步伐进一步加快。不仅积极探索了宜洋、金东山市场、秭归乡镇市场和矿业主等专业新市场客户群体的营销服务工作，还被授予宜昌市小微企业金融服务先进单位光荣称号，并作为四行中唯一的分行级先进单位在会上作经验交流。三是机构业务取得新的进展。加强了财政、社保、税收、城区行政事业单位、移民等资金的营销工作，促进了机构存款的稳步增长。

【强化信贷产品带动作用，不断提高服务议价能力】一是始终把存款增长作为工作的重中之重，坚持应有的市场领先地位不动摇。充分发挥信贷资源的强大优势，加强货款归行率和存款占比考核，注重运用新的手段拓展企业存款源头，依托网点服务和市场营销吸纳个人存款，最终实现了各项存款名列同业第一的目标。二是加快财富管理与私人银行业务转型步伐，初见成效。重点推进了个人 VIP 客户综合化服务方案，加强银行卡、房贷、结算等产品的综合经营，促进了个人中高端客户的稳步增长。

【巩固和扩大网点转型效果，为业务发展提供有力支撑】一是开展“比服务、树标杆”服务竞赛活动，突出抓好一代转型后评估和二代转型推广，全年累计推广二代转型网点 38 家，27 个理财中心全部通过总行验收，并取得98.5分的好成绩。新创建四星级网点2家、三星级网点1家，五星级网点顺利通过复检。全年共安排营业网点建设支出4 723万元、电子渠道建设1 382万元，累计新装修网点11个，新投放自助设备22台，新建立电子银行体验区13个，客户平均等候时间为6.2分钟。二是积极应用信息技术支持客户营销服务工作。大力开展订单式数据挖掘服务，推进对公精细化管理项目，有力支撑业务分析和客户拓展工作。积极实施后台业务整合与流程优化，创新营运风险控管模式，改进现金出纳管理手段，深化前后台业务分离工作，为全行业务发展提供了有力的支撑保障。

【加强产品组合和综合化服务，不断提升客户营销服务能力】大力开展客户、账户专题竞赛活动，建立客户经营奖励机制，客户战略推进效果进一步显现。一是通过加强对非信贷产品、表外业务、结算、现金管理、“工商验资宝”等产品和省级财政授权支付业务系统的研究运用，进一步强化了对大中型企业上下游客户及关联企业、区级财政客户、省直预算单位等领域客户的营销。二是坚持中高端及大众客户并举，加强公私联动，拓展代发客户，注重贷存联动，开展多种形式的活动促销，促进了个人客户数量增加和质量提升。

【继续加快体制机制改革创新工作新步伐】一是深化体制机制改革，从机制上推动各专业经营中心加快转型，提升各专业领域业务发展速度和对全行的贡献度。适时对城区机构进行了部分整合，增加县域行营业网点，增强了城区支行整体经营合力和新市场区域的拓展能力。二是改进完善绩效考核分配机制。各项业务计划制定和考核导向上，更加强化“提占比、增速度”。改进和完善了产品“买单制”，逐步推行了滚动计划和差别牌价。注重对绩效考核分配办法的适时动态调整，下半年及时调减了中间业务收入牌价、调增了存款牌价，有力扭转了存款增长的不利局面。三是完善了各层面的考核评价机制。加强管理人员绩效考核，进一步完善等级行、KPI指标考核评价机制，在等级行考核中引入了“贷存比”和“贷收比”参数，强化对存款和中间业务收入的考核。重点做好经营过程考核，加大行政问责约束力度，促进了管理人员的行为改善和绩效进步。大力推进星级客户经理的选拔聘用工作，加大了对客户拓展及服务的考核力度。

【持续加强风险防范和案件防控工作】一是密切关注新的经营形势，加强对市场、行业、企业基本面的监测分析，认真落实贷后管理各项规定动作，贷后管理规范化、精细化和常态化水平不断提高，不断强化信贷风险控制，减少无效加权风险资产占用，提高表外业务发展质量。二是狠抓合规文化和制度执行力建设，广泛开展廉洁从业专题教育活动和“八类突出案件风险”专项整治活动，大力推行案件防控精细化管理，强化了道德风险控制。三是坚持做好重点部位和关键环节的风险排查，强化督促整改，有效防范了操作风险。持续做好安全防查和“平安建设银行”创建工作，确保了全年未发生案件和安全责任事故。

【加强党建工作、员工队伍和企业文化建设】一是加强党的建设。将深化创先争优与为民服务紧密结合，重点围绕关键因素，抓住关键环节，积极开展“三亮三比三评”、“三会一课”、“基层党员培训”和“党的知识竞赛”等一系列活动，持续提升党建工作水平。加强党风廉政建设，有效增强了党员队伍的战斗堡垒作用。二是加强干部员工队伍建设。加大干部调整交流力度，促进了领导班子结构优化和干部成长，共调整交流管理人员72人次。完善管理人员竞聘上岗制度，选拔4名优秀干部走上直管机构副职岗位。加强年轻干部培养锻炼，注重后备人才发展提升，全年共选派46人参加了青年后备人才培训，将5名后备干部选拔到基层管理岗位工作。全面开展分行本部团队负责人和经办岗位公开竞聘工作，实现了人岗的合理匹配。三是加强企业文化建设。以建党90周年为契机，深入开展了“学党史、颂成就、树典型、说先进、谋发展”等一系列活动，有力提振了全行的精气神，营造了良好的创先争优氛围。提高员工工资基本保障水平，采取多种方式为前台员工减压。加大后勤服务保障支持力度，推行机关食堂管理改革。广泛开展送温暖活动，认真落实老干部“两个待遇”。广泛推进职工之家建设，丰富群众性文体生活，员工关爱工作进一步加强，有效激发了全行员工队伍的生机和活力。2011年，分行被确认为2009—2010年度省级最佳文明单位，被授予2009—2010年度宜昌市“精神文明创建工作文明行业（系统）”荣誉称号。全国建设银行营业网点检查评比三峡分行得分第一，全省金融工会30多家商业银行“创先争优”工作评选三峡分行名列榜首。

执笔：汪建华 刘圣林

湖南省分行

湖南省分行行长　刘力耕

一、业务发展概况

全口径存款余额3 449.62亿元，居同业第一，新增395.86亿元，增长率12.96%。各项贷款余额2 057.78亿元，新增236.39亿元，增长率12.98%，余额和新增均居同业第一。实现税前利润62.15亿元，居同业第一。实现账面利润54.85亿元。实现净利息收入89.17亿元，成本收入比为36.35%。不良贷款额为36.74亿元，不良贷款率为1.79%。

【公司业务】对公存款余额1 581.83亿元，新增164.08亿元，增长率11.57%。公司客户结构得到优化。对公日均存款1万元（含）以上客户折算前47 039户，新增3 053户，其中日均存款1万元（含）以上基本结算客户3 0962户，新增1 366户，占1万元（含）以上客户新增的44.74%。

公司类贷款余额1 623.40亿元，新增154.47亿元，其中，国家政策重点支持的交通、电力、城建行业非贴现贷款较年初新增77.68亿元，占对公非贴现贷款新增总额的45.85%。全行对公信贷结构调整名单内客户退出贷款44亿元，完成总行退出计划的120.61%。

【个人金融业务】个人存款余额1 740.19亿元，新增220.37亿元，增长率为14.50%。个人VIP客户达到26.34万户，比年初新增3.26万户，增速为14.14%，其中AUM1 000万元以上的私人银行客户总量达到518户，新增117户，增速为29.18%。

个人贷款余额434.38亿元，新增81.92亿元，同比多增10.81亿元，其中：个人住房贷款余额405.38亿元，新增87.65亿元；个贷不良额2.64亿元，个贷不良率0.61%，比年初下降了0.39个百分点。

2011年有121家网点通过总行二代转型验收，累计完成二代转型网点343家，已转型网点数量占全行网点数量的66.86%。17个网点通过总行五星级网点验收。

【房地产业务】落实行业信贷政策，信贷产品、客户、区域结构进一步优化，房地产公司贷款余额166.87亿元，比年初增加4.82亿元。房地产贷款不良额1.82亿元，不良率为1.09%，比年初下降了2.6个百分点。

【中间业务】中间业务收入达到26.76亿元，在四行中占比33.09%，继续保持同业第一。中间业务净收入占主营业务收入的比重提高到22.74%，比上年提升2.12个百分点。

【国际业务】完成国际结算量60.3亿美元，同比新增15.2亿美元，同比增幅33.7%；实现外汇中间业务收入9 615万美元，其中，国际结算

2011年2月25日，中国建设银行湖南省分行与湖南省水利厅签署全面战略合作备忘录。

2011年4月8日，中国建设银行湖南省分行与湖南广电、快乐购物有限责任公司在湖南国际会展中心酒店举行"快乐购龙卡"上市发布会。

收入5 735万美元。

【资产质量和风险控制】加大不良资产回收、处置力度，通过现金回收、呆账核销、抵债资产处置等手段，累计清收处置不良资产19.72亿元，其中现金回收9.5亿元。不良额和不良率继续"双降"，不良贷款额为36.74亿元，比年初下降7.08亿元，不良贷款率为1.79%，比年初下降0.57%。

【战略性业务和基础性业务】电子银行账务性交易量比55.39%，电子银行客户数突破2 000万户；自助设备账务性交易量比65.82%，提高9.53个百分点，系统排名第2；信用卡客户新增36万户，信用卡净新增22万张，消费交易额278亿元；小企业授信客户达到1 407户，小企业贷款余额122亿元；发行投行理财产品，募集资金118亿元，相当于对公贷款新增的77%；新增单位人民币结算账户6 888户，实现单位人民币结算业务收入2.26亿元；工程造价咨询类收入1.91亿元，增长6 623万元，增幅52.9%；企业年金新增受托资产1.04亿元，总规模4.07亿元；新增个人账户3 601户，账户总数2.56万户；产品覆盖度稳步提升。公司机构客户产品覆盖度2.591，比上年提高0.456；个人客户产品覆盖度2.958，比上年提高0.459；渠道结构得到改善。全年新设网点13个，装修、迁址83个，网点布局得到优化；运营自助设备2 365台，新增580台。

二、主要工作举措

【拓市场，强营销，提升核心竞争力】一是开展"抓户增存、清户挖潜"活动，开展目标重点客户招标营销活动和重点客户产品推介活动，组织对行业性集团客户分层营销服务，拓展新客户，深度挖掘存量客户潜力。在对公条线开展"强基础、拓市场、拓客户、拓账户、增存款"营销竞赛活动。同时，积极做好重点客户管理，多次举行重点客户签约仪式，拓展银政企合作空间。二是以"民本通达"为抓手，巩固并扩大在高校、医院客户市场第一的优势，全行教育行业重点客户市场占比49.1%，卫生行业客户市场占比43.7%。同时加强公私联动，账户结算、代发工资、网上银行、贷记卡、家居银行和"E商贸通"等相关金融产品也得以大力推广。三是组织开展"小企业金融服务进市场、进园区营销竞赛活动"，对湖南省158家后备上市重点企业、湖南省第一批"创业"计划的275家企业和"小巨人"计划的178家企业等开展重点营销。与湖南省经济和信息化委员会、湖南省工商业联合会联合举办了"中小企业融资促进会"，分别与国家级湘潭经济技术开发区管委会、湖南省中小企业信用担保有限责任公司等签订了业务合作协议，签约金额达145亿元。

【抓改革，促创新，提升可持续发展能力】一是稳步推进机构和业务管理体制改革。本着归口管理、规范高效的原则，清理和调整了省行部门职责，设立了项目评估中心，对省行13个委员会进行了调整、规范；按照专营、专业、专注的要求，在长沙地区组建了11家小企业业务特色支行，走特色经营之路，提升市场份额。二是进一步完善人力资源管理，加大了年轻干部的选拔培养力度，干部结构得到进一步优化；打通了管理职务与专业技术职务的通道，调动了专业技术人才的积极性；开展了省行本部定责定岗定编工作，改善了机关作风；创新干部交流锻炼机制，实行二级行副行长挂职省行相关部门副总经理和青年员工“上挂下派”锻炼举措，促进了干部成长。三是进一步科学配置财务资源，按照“七个有利于”的原则设计KPI考核、等级行评定和资源配置办法，加大了客户、产品、渠道的权重和市场竞争指标权重，突出存款等主要业务指标市场份额的要求，两节旺季营销绩效配置与市场份额直接挂钩，在系统内率先提出贷款综合收益底线，考核指标上不封顶，有效发挥了资源配置的杠杆促进作用。四是推进产品和科技创新。推出无卡支付平台，在系统率先开办借记卡无卡支付业务；成功实现企业网银年费自动扣收，提高了服务效率；在全省同业率先开发健康龙卡，稳固和拓展了医疗行业客户；扩大了金融IC卡的功能和推广应用，延伸到出租、超市、诊疗、社保等十大行业，发卡突破50万张，荣获中国银联颁发的“产品创新特别奖”。

【抓质量，重管理，夯实基础管理水平】一是按照总行的信贷政策和风险管控要求，积极做好“进、保、控、压、退”，制定了信贷结构调整三年规划，进一步明确了鼓励进入、审慎控制和压缩退出的政策底线，明确了压缩退出计划及退出客户名单，加快调整和优化信贷结构。教育、卫生、环保、社保、文化等重点民生领域贷款以及绿色信贷新增幅度较大；严格执行房地产调控政策，对公房地产贷款基本维持在年初的水平，投向普通住房和经济适用房比例达98%以上；加大低端客户和限制行业的退出力度，总行名单内客户退出贷款47.81亿元，完成计划的132.81%。二是大力开展“信贷资产质量提升年”活动，信贷基础管理工作明显改观，借新还旧和展期贷款笔数、金额、授信业务监测系统报警事项、客户信用等级上调、推翻事项比上年均有大幅下降；优化受理审批作业和组织方式，实施主动的授信审批管理，信贷审批效率得到较好提升；不良资产处置和回收成效显著，共处置各类不良资产19.72亿元，处置问题贷款8.5亿元，及时化解了风险。

【重风险，强内控，提升抗风险能力】一是组织开展了“双基”管理年活动，细化和落实各项管理措施和要求，“三道防线、四道门槛”的作用得到有效发挥，基础管理和基层管理得到加强，全行稽核差错率为0.16，与上年度基本持平，差错整改率达到99.75%。二是稳步推进内控规范实施活动，组织开展规章制度清理，完善了157项内控管理制度，对长沙地区印鉴库重建、空白印鉴卡格式优化等96项流程事项进行了合理优化，进一步加强了内控管理，提高了工作效率，减轻了基层一线负担。三是认真落实案件防查责任制，加强检查监督，加大违规惩戒力度；持续开展“平安建设银行”创建活动；加强舆情监控和管理，防范和化解了声誉风险；强化IT支持服务，确保信息系统安全生产运行；积极配合内外部审计检查，切实提高整改的真实性、及时性和有效性，整改质量和效率全面提升。

【转作风，强素质，提升全行员工凝聚力和战斗力】一是深入推进“为民服务创先争优”活动，开展了“四创四争”开门红竞赛活动；认真开展“优质服务年”活动，从网点转型、星级网点创建、“神秘人”检查等方面加大工作力度，网点基础管理工作进一步加强，服务质量明显改观；建立省行领导与基层支部党建工作联系点制度，加强对基层党组织的指导。二是贯彻总行“注重综合素质，突出业绩实效”的人才理念，坚持以德才论英雄、以业绩论高低的标准选拔干部。严格干部选拔任用工作纪律，对不正当干扰干部任用秩序等各类违规行为专门发文明确了惩处措施，对干部选拔任用实行承诺书签署制度，提升了干部选拔公信度。三是切实关心关爱员工。推进学习型组织建设，开展有针对性的培训，提升员工履岗履职能力；971名优秀劳务用工顺利转为合同制员工，增强了员工归属感；立足未来发展需要，招聘大学生330多人；对长沙地区基层网点实行“朝九晚五”的作息制度，在满足客户需求、确保服务质量的前提下，尽量降低员工劳动强度；重视企业文化管理和提升，开展践行核心价值观系列活动，充分发挥工会、共青团、女工委等群众组织的作用，开展形式多样的评先评优和文体娱乐活动，增强了员工队伍的凝聚力。

执笔：赵晓伟

广东省分行

广东省分行行长 靳彦民

一、业务发展概况

2011 年，广东省分行拨备前利润、税前利润、经济增加值分别实现 157.96 亿元、125.25 亿元、56.09 亿元，增幅分别为 21.2%、12.1%、13.5%，分别完成总行年度计划的 105.3%、96.4%、101.9%。拨备前利润和税前利润均保持系统第 1。

投资银行业务收入连续 3 年居建设银行第 1；托管资产规模达 675 亿元，增长 183%；信用卡发卡突破 300 万张，业务收入系统内率先突破 10 亿元，张建国行长发了贺信表彰；电子银行主要业务指标保持系统第 1，同业领先；私人银行客户 AUM 增速为 34.98%，比全国平均高出 4.9 个百分点。

全口径存款余额 9 476 亿元，比年初新增 592 亿元，其中，企业存款新增 205 亿元，人民币企业存款余额首次跃居四行第 1；个人存款新增 205 亿元，个人客户全量资金新增 701 亿元，累计销售个人理财类产品 5 805 亿元。全口径存款日均余额比上年日均余额增加 746 亿元。各项贷款余额 4 077 亿元，比年初新增 441 亿元，其中，公司类贷款增加 291 亿元，个人类贷款增加 150 亿元。小企业非贴贷款（不含网络银行）新增 110 亿元、网络银行贷款新增 46 亿元，占对公贷款的比重分别提升 2.79 个、1.43 个百分点；“6 + 1”行业贷款、政府融资平台贷款、房地产贷款得到有效管控。

【公司业务】企业存款余额 4 479 亿元，比年初新增 205 亿元，新增额系统排名第 2；在四行中占比 29.54%，余额排名在当地四行中跃居第一。对公人民币贷款余额 2 749.03 亿元，比年初新增 278.23 亿元；当地余额占比为 21.82%，比年初提升 0.37 个百分点。贷款利息收入 178 亿元，同比增加 47 亿元，占全行贷款利息收入的 81.18%，比上年占比提升了 5.21 个百分点。

【个人金融业务】个人存款余额 4 268 亿元，新增 205 亿元；个人存款日均新增 313.51 亿元，系统排名第 1。实现个人金融中间业务收入 18.22 亿元，系统排名第 1。借记卡、基金、代理寿险等重点产品收入系统排名第 1。CTS 客户总量达 255.76 万户，客户总量和新增在四行排名第 1。

【房地产业务】个人住房贷款投放 244.57 亿元，新增 97.66 亿元，在四行中排名第 1。实现房地产金融条线中间业务收入 4.31 亿元，完成总行计划的 162.31%，其中，实现房改中间业务收入 2.06 亿元，系统排名第 1。住房资金归集新增 118.97 亿元，完成总行计划的 237.94%，住房资金存款余额在四行中占比 55.87%，排名第 1。

【中间业务】中间业务收入快速增长，实现中间业务净收入 76.57 亿元，增幅 26.29%，完成总行年度计划的 116.24%，保持系统内第 1，同业第2。非利差收入占比提升，中间业务收入在主营业务收入中占比29.65%，提升1.81个百分点，比全行平均水平高7.15个百分点。

【国际业务】国际结算量累计811亿美元，计划完成率121%；结售汇量累计389亿美元，计划完成率129%。对公外汇存款新增14.3亿美元，计划完成率197.57%；对公外汇存款余额43.98亿美元，居四行首位；同业存款市场占比57.27%。综合融资全年年化业务量317.27亿元，带来中间业务收入1.87亿元，存款437亿元，完成计划181.3%。荣获总行2011年度“外汇业务综合业绩奖一等奖”。

【资产质量与风险控制】年末不良贷款余额为38.3亿元，不良贷款率为0.94%，比年初微升0.12个百分点；处置不良资产15.88亿元，实现不良资产现金回收8.63亿元。一年以上贷款承诺比年初下降47亿元，表外业务加权风险权重比年初下降3.55个百分点，经济资本占用额比年初下降9.4亿元。

【综合融资】累计实现综合融资投放1 276亿元，基本与同期对公贷款投放量相同，可实现中间业务收入20.40亿元，已入账中间业务收入6.50亿元，带来时点存款986亿元。利用境外资金超过100亿美元，同比增长53.53%。

【客户拓展】时点口径规模以上公司机构客户实际新增和加权新增分别为10 683户和24 427户，系统排名第一。个人中高端客户新增系统排名首位；私人银行客户增速36.29%，比全国平均高出8.3个百分点。专业市场客户、代发工资客户、CTS客户三大源头客户新增良好，其中CTS客户总数和新增同业排名第一。

【渠道建设】完成网点建设项目167个，新设了18个网点，新设网点是过去三年年均新增的2.57倍。运行自助设备比年初新增491台；自助设备综合管理水平系统排名第1，手续费收入总量突破3亿元大关。708个网点完成二代转型。“神秘人”检查得分四行排名第1。

【创新工作】完成创新项目308个，其中产品创新146个，管理、服务、流程创新162个；认可创意2 133个。创新产品累计实现中间业务收入11.43亿元，增幅20.86%，对全分行中间业务收入贡献度达15.33%。

二、主要工作举措

【抓转型，结构调整迈出新步伐】一是转变发展方式，“四个更加”渐入人心。按照年初工作会议要求，全分行更加注重提升综合服务能力，从信贷为核心的单一营销逐步向多元化的综合服务转变；更加注重发展质量和效益，资本占用明显降低，资本回报明显提升；更加注重可持续发展，客户、渠道、队伍基础进一步夯实；更加注重创新与合作，创新工作成效显著，并通过考核机制的调整引导大家转变观念、转变发展方式，新的思维习惯和行为习惯正在形成。二是紧紧围绕提高经济资本回报率，大力推动业务转型和结构调整。在客户选择和结构调整上，坚持“大中小并举”原则，严格控制低效益大额贷款的投放，“抓大户”，但“不垒大户”，大力发展中小企业客户。在产品结构调整上，努力提高资产流动性，主推小企业、个人消费、个人助业、网络银行及供应链融资等业务产品。在行业结构调整上，抓住广东经济结构调整、产业升级的时机来加快发展，继续落实总行关于“6+3”行业调控要求，有保有控，灵活有度。在区域结构上，重点发展珠三角地区。三是资源配置机制进一步完善，信贷投放结构进一步优化。促进了发展质量和价值创造能力的提升，经济增加值同比增幅达24.82%；信贷结构持续优化，减少资本成本5.9亿元；中间业务收入继续保持系统第一、四行第二的位次；存贷利差指标进一步提升，存贷利差较上年提升了0.31个百分点；通过结构调整，贷款经济资本占用率下降了0.64个百分点，全年共提前回收2012年及以后到期的3年期以上中长期贷款149亿元，资产流动性有所增强。

【抓业务，存款和中间业务有了新发展】首先，千方百计抓存款，存款波动逐步收窄向好。一是抓源头，抓稳定的存款来源和新的存款增长点。二是抓基础，把存款工作与客户拓展、产品服务、渠道建设等基础工作结合起来，通过基础工作的改进，促进存款的稳定增长。三是抓产品，以贷款和综合融资业务带动存款增长，重点抓好各类产品的研发、推广与售后服务，抓好各类综融产品的投后管理，做到投后资金的体内循环。四是抓联动，强化条线内部联动和公私联动。重点抓好机制创新，由点及面，解决横向联动不足、整体协作不强的问题，建立分工协作、分层经营工作机制，形成“齐抓共管”工作格局。五是抓激励，加大对存款业务的考核激励力度等。其次，想方设法抓产品营销和创新，推动中间业务持续快速发展。一是加强重点产品营销，提高客户产品覆盖度。对公中间业务重点抓人民币结算、银团贷款、国内保理、审价咨询、境内外保函、代理信托、百易安、人民币代付、内保外贷等业务产品。个人中间业务重点抓基金、黄金、信用卡、电子银行、汽车分期付款等产品销售和覆盖度的提高。二是加大产品创新力度，开辟新的中间业务收入增长点。重点推进保本型理财产品，综合融资产品，非信贷相关产品包括结算产品、表外信贷业务产品的创新和推广，促进中间业务收入增长。三是完善中间业务组织管理的责任体系。强化考核激励和整体联动推进的力度。四是努力提高议价能力和收费水平。

【抓客户，维护和深化客户关系出现新局面】一是抓客户拓展，深入开展“客户拓展年”活动，扩大客户基础。对公客户拓展坚持大中小并举，集中力量拓展一批同业机构类战略合作伙伴客户；个人客户维护拓展坚持分层推进，着力巩固存量客户基础。二是抓“综合融资服务”，有效满足客户融资需求。一方面，明确目标，全力推进，要求将抓好综合融资服务与信贷结构调整、提高客户产品覆盖度和综合收益以及与业务流程的规范结合起来，确保综合融资服务“又好又快”发展；另一方面，将“综合融资服务”工作列入各级领导班子 KPI 体系，纳入各级领导的年度考核。同时，完善机制，加强沟通。密切与总行、监管部门、客户高层的沟通联系，争取从源头获取市场信息、政策信息；深入了解、迅速响应客户需求，加快产品创新，支持综合融资业务纵深发展；上下联动，重点营销。认真研究每项产品适应的客户群体，有针对性地选择客户作为重点营销对象，组建任务型团队，将任务分解到人、分解到团队，落实目标客户，按照时间表推进营销。三是抓好渠道建设，提升网点经营客户的能力。加大网点建设力度，新设了 18 个网点，装修改造了 167 个网点。实施网点精细化管理，统一产品发布渠道，统一网点分类，统一网点服务规范；加强自助渠道、电子渠道和客户经理队伍建设。深入推进网点二代转型，全面提升网点经营客户的能力。

【抓内控，资产质量和案件防控取得新成效】一是信用风险管理加强，资产质量保持平稳。贷后管理改善明显，新发放固定资产贷款受托支付比例居四行首位；加大了对重点项目跟踪监控的力度，其中 10 个项目的风险状况得到改善；融资平台整改取得进展，余额较年初下降 32.75 亿元。“表外业务管理年”活动成效明显，建立了完整的表外产品分类管理体系。通过补签协议和清理承诺，贷款承诺业务期限结构得到优化，不占用经济资本的 1 年以内贷款承诺增长近 2 倍，而占用经济资本的 1 年以上贷款承诺业务比年初下降 51.8 亿元。二是案件防控取得成效。深入开展“银行业内控和案防制度执行年”系列活动，进一步明确相关业务操作流程、步骤及关键环节和控制点；发现各类问题 183 个，对 108 名责任人给予相应处理。共排查员工 94 677 人次、家访员工 16 578 人，对排查发现不良行为的员工进行严肃处理；结合内外部审计、检查发现问题及授信业务责任认定结果，严肃落实违规问责，共处理责任人员 256 人。成功堵截各类案件 316 件，堵截涉案金额 1 998.47 万元，抓获犯罪嫌疑人 137 人。整改工作持续改进，问题数量逐年递减，整改率逐年提高，历年遗留问题逐年解决，整改工作综合管理水平居于系统内前列。

【抓队伍，可持续发展能力得到新提升】一是按照科学发展观和正确政绩观考核、培养、使用和管理干部。通过对领导人员的经营业绩和管理业绩、整体业绩和重要单项指标业绩、当年业绩和历史变化趋势等进行全方位、多维度的考核，科学合理地评价领导人员。对二级分支行和省分行部门进行分类比较，建立标杆管理机制，促进创先争优。同时，领导人员选拔任用坚持两项原则：注重向一线倾斜；最大限度地压缩调整范围，减少震动。全年共调整交流干部 31 人，其中提拔使用 22 人，交流使用 6 人。二是推进后备人才队伍和专业技术人才队伍建设。制定了后备管理人才队伍建设实施方案，实施后备人才“千人工程”，建立并实施统一的后备人才选拔、培养和管理体系；建立完善基层机构负责人后备人才的加速成长通道，大力推进基层机构负责人队伍的梯队建设；制定专业技术岗位职务管理办法，专业技术岗位职务人员比上年增加677人。三是加强员工队伍建设，优化人员结构。其一是人员增量继续向广州地区、中心城市行倾斜。其二是提高新招录柜面业务岗位人员学历水平，招录柜员1 323人，其中大学本科及以上学历占比达82%，较上年提升了18个百分点。其三是大力推进劳务派遣人员择优录用工作，2 191名劳务派遣人员择优录用为劳动合同制员工。其四是分级分类，突出重点，有序实施员工教育培训。全年共实施培训项目3 695期次，比上年提升20个百分点；培训228 631人次，比上年提升17%。

执笔人：何五星

深圳市分行

深圳市分行行长　刘军

一、业务发展概况

2011年是深圳市分行积极探索城市行经营模式，实现重大发展的一年。全年实现拨备前利润93.6亿元，增长11.8亿元，增幅14%；中间业务收入42.82亿元，增长6.3亿元，增幅17%，占主营业务收入比为32.42%，在四行中占比36.2%，同业排名第一。收入结构持续优化，转型发展成效显著。

分行全口径存款余额4 077亿元，其中，企业存款余额2 179亿元，新增231亿元，增长12%；储蓄存款余额852亿元，新增14亿元，增长2%；同业存款余额1 046亿元。各项贷款余额2 584亿元，比2010年年末新增275亿元。其中，对公非贴现贷款余额1 629亿元，新增179亿元，增长12%；贴现余额41亿元；个人贷款余额913亿元，新增101亿元，增长12%。2011年年末，分行不良贷款额29.14亿元，不良贷款率1.13%，比上年下降0.02个百分点。分行全口径存款余额、一般性存款余额、企业存款余额、人民币对公非贴现贷款余额、对公非贴现贷款日均余额、个人贷款余额、中间业务收入、住房公积金归集金额均位居同业第一，并第一次同时实现了一般性存款日均新增、企业存款日均新增和储蓄存款日均新增的三项同业第一，体现了较强的市场竞争力。

【公司业务】截至2011年年底，分行企业存款余额2 179亿元，新增231亿元，增长12%；对公非贴现贷款余额1 629亿元，新增179亿元，增长12%；贴现余额41亿元。全年实现账户净新增2.1万户，是2010年的9倍，系统内排名第8；公司机构客户折算前新增1.15万户，在系统内排名前3；电子银行签约客户新增突破1万户；第三方支付机构客户实现“1”的突破（“1+N”的“1”，签约备付金客户）；小企业“两圈两会”营销取得积极进展，累计新增小企业客户807户，比2010年全年多增369户。

【个人金融业务】截至2011年年底，分行储蓄存款余额852亿元，新增14亿元，日均797亿元，新增105亿元，日均新增居同业第一；个人贷款余额913.2亿元，比年初新增100.9亿元，余额、新增额均居四行第一；全行个人住房贷款余额807亿元，比年初新增67.9亿元，余额、新增额均居四行第一。2011年年末，全行个人资产客户87.6万户，比2010年增长7.3万户，折户后增长15.6万户。个人网银活动客户新增58.9万户，信用卡客户净新增25.5万户，手机银行活动客户新增30.6万户。基金销售、保险代销和分期收入均居同业第一。

【房地产业务】截至2011年年底，对公房地产业客户贷款余额384.31亿元，占比25.51%，比年初下降3.42个百分点；不良贷款余额5.56亿元，不良率1.44%，低于全行不良率0.13个百分点，客户行业结构进一步优化。

【中间业务】2011年实现收入42.82亿元，同比增长6.32亿元，增幅17%，主营业务收入占比32.42%，同比提升0.83个百分点，完成总行40亿元计划的107%，系统内排名第4，深圳同业排名第1，在四行中占比达36.2%。

【国际业务】2011年，分行国际业务收入和跨境人民币结算量等国际业务核心指标实现快速发展，全年实现国际业务收入7.92亿元，同比增长36%，在四行中占比从2010年24%提高到29%，其中国际结算收入占比从2010年的30%提高到33%，历史性地跃居同业第1，系统排名保持第2；国际结算量完成1 205亿美元，同比增长18%，同业排名保持第2、系统排名保持第1；跨境人民币结算量完成677亿元，同业及系统内占比均超过20%，系统保持第1，同业排名保持第2。对公国际结算收入首次位居同业第1。本外币表内外贸易融资投放额209亿美元，保证金存款余额新增215亿元。

【资产质量与风险控制】“安全年”建设有效推进，资产质量保持稳定。提出“安全年”建设“六更四无”目标，并将“安全年”建设和案件防控工作纳入KPI考核，保持零案件。2011年年末，分行不良贷款额29.14亿元，不良贷款率1.13%，比上年下降0.02个百分点。不良资产处置取得新的成绩，全年处置不良资产总金额15.11亿元。

【其他业务】2011年分行信用卡分期交易额25.7亿元，比2010年增长15.3亿元，交易额、增长额均居四行第1。投行业务收入9.53亿元，居同业第1。小企业贷款余额143.16亿元，增幅21.1%。电子银行账务性占比91.89%，自助银行账务性占比83.9%，均为系统第1。2011年部分产品实现较快增长，代理资金清算、贵金属业务、国内保理等8项产品增幅达到90%以上；同业、系统可比产品中，国际结算等13项产品排名同业第1，保函等5项产品排名系统内前5；收入结构有所优化，前10大产品收入集中度下降至74%，同比下降5个百分点。住房公积金市场份额约40%，继续保持同业第1。网点服务质量表现和个人客户满意度均在深圳四行中排名第1。

二、主要工作措施

【制定五年发展规划和“三大发展”战略，为分行的可持续发展指明了方向】在总行五年发展规划的指导下，分行提出成为“同业标杆和受人尊重的银行”的奋斗目标，集全行智慧制定五年规划和分阶段目标，为深圳市分行的中期发展指明了方向。经过深入调研，针对分行业务特点，提出“创新发展、转型发展、‘关外’发展”的工作主线，明确“全心全意拓展客户、真刀真枪拼抢中收、扎扎实实推进联动”的工作重点，求真务实，真抓实干，推动分行业务的快速发展。以“三大发展”为基础的五年发展规划与战略得到分行上下广大干部员工的高度认同和衷心拥护，成为分行发展战略的指南和核心。

【顺应全行员工的强烈要求及市场和客户需求，及时调整营销管理体系】牢牢抓住网点这一城市行经营的核心资源，突出“集中、简单、流程”三个原则，确立“经营扁平化，管理层级化”的经营管理模式。一是着力“强化两头”（分行、网点）面向市场的直接经营和管理支撑能力，充分发挥中间层级（支行）的补位作用，构建“全行对外以客户为中心，对内以客户经理为中心”的立体营销管理体系，力求做到既经营扁平，简化流程与操作，直接面对市场和客户；又管理有效，强化联动与内控，对经营起到全方位有力的支撑。成立宝安、龙岗支行，提升“关外”业务的核心竞争力。二是成立若干个“关内”区域支行或专业支行，在市场上以“旗舰”支行带动区域内各网点。三是集团客户部、集团客户二部、金融机构部、机构业务部等负责营销、服务和维护大行业、大系统、大项目。四是支行负责除直营客户以外的其他大客户及中小客户营销。五是网点集中力量营销个人客户和小微企业客户，构建了分行、支行两级发力，以分行直营单位、支行、网点三个层面同时冲击市场的“立体”营销模式，形成了较强的市场冲击力。

【贯彻落实总行统一部署，全面实施大零售战略，加快业务转型发展】全面实施大零售战略，明确“一年打基础，三年大发展，五年大跨越”的零售业务发展目标，推动网点信息平台建设，探索零售业务转型模式。开展“增争日上、伸升不息”活动，狠抓客户新增与结算，进一步提升网点支行经营管理能力。大力发展小企业业务、投行业务、国际业务、电子银行等战略性业务，业务结构、客户结构、收入结构调整稳步推进。推动小企业“信贷工厂”建设及二代转型升级，全面建立小企业流程化办理贷款和贷后外包体系；积极开拓投行业务新领域，成立投行俱乐部，发起鹏城建银基金；整合成立信用卡与电子银行业务部，融合业务快速发展。

【加强队伍建设和党建工作，落实人文关怀，实施“温暖工程”】一是充分发挥国有控股商业银行的强大政治优势，加强党工团组织建设和班子建设，新成立支行党委3个、支行党总支5个、直属党支部3个，基层工会12个，基层团委、团总支组织14个。把选人用人、抓好队伍建设作为根本工作，全年提拔任用管理岗位六职等人员17人、七职等人员42人、总经理助理11人，专业技术四级人员22人，其中30多岁的年轻干部36人，占比39%。二是改进工作作风，实施“温暖工程”，努力解决“为了谁、依靠谁”这一以人为本的服务理念问题。建立分行班子成员联系行制度，按季开展四次“蹲百点、访百家、走百户”的“三百”活动。分行领导及部门班子成员共计428人次深入到所有网点调研，收集并回复基层意见建议973条，落实率达97%，受到基层的认可和好评。落实“温暖工程”十件实事，从“衣食住行养”入手，加强员工关怀，力求细致并取得实效。全年219名劳务工择优转制为合同工，极大增强了全行劳务工的归属感。新入行员工670人，基本缓解了网点一线的劳动压力，这些都得到员工的广泛称赞和认可，不仅提高了队伍凝聚力、战斗力，也引发了同业的强烈反响，得到监管部门的充分肯定。

执笔：刘发志

广西壮族自治区分行

广西壮族自治区分行行长　袁明

一、业务发展概况

2011年，广西壮族自治区分行共实现考核利润28.7亿元，增幅13.7%，完成总行计划的108.3%；实现经济增加值11.9亿元，增幅2.5%，完成总行计划的145.8%；实现主营业务净收入56.8亿元，增幅21.1%，完成总行计划的106.7%。

【存款业务】全口径存款余额达到1 587亿元，比年初新增59亿元，增幅3.9%。储蓄存款余额720亿元，比年初新增41亿元，增幅6%。

对公存款余额867亿元，比年初新增18亿元，增幅2.1%；其中企业存款余额850亿元，比年初新增59.9亿元，增幅7.6%，新增额和增幅均在同业四行中排名第1位。

【贷款业务】各项贷款余额达到1 183亿元，新增145亿元，增幅14%；其中对公贷款余额799亿元，新增82亿元，增幅11%；个人贷款余额384亿元，新增63亿元，增幅20%。

【中间业务】中间业务收入达到12.3亿元，增幅44.3%；在四行中占比24.4%，比2010年提高1.5个百分点；新增份额在四行中排名第2位，增幅比四行平均增幅高8.6个百分点；中间业务收入增幅在系统内排名第10位，比系统平均增幅高10个百分点，在四行中占比系统排名比2010年提高4个位次；中间业务净收入占主营业务收入的比重达到21.2%，比2010年提高3.5个百分点。

2011年5月13日，中国建设银行广西壮族自治区分行推出“八桂健康龙卡”。

【资产质量】全年共处置压缩不良资产本金62 214万元，实现不良资产本息现金回收24 119万元，超值现金回收3 596万元，成功核销处置不良个贷4 491万元，消化了长期固化的不良贷款。年末不良贷款额2.33亿元，比年初减少0.83亿元；不良贷款率0.2%，比年初下降0.1个百分点，在系统中排名第1位。

二、主要工作举措

【推进结构调整】一是优化客户结构。实施“抓户工程”，对公客户坚持大中小并举，提升中小客户规模占比。深化差别服务，盘活大众客户资源，扩大富裕客户占比，强化高端客户服务能力，实现客户价值的稳步提升。全年公司机构客户新增2 049户，增长8.7%；信用卡客户新增14.4万户，增长60%；电子银行高级客户新增152万户，增长104.9%。二是优化信贷结构。调整大中小客户贷款比例，进一步加大对优质小企业客户和个人客户的支持力度，大型客户贷款集中度进一步降低。A级以上客户贷款余额占比比年初提高2.11个百分点；特大型、大型客户贷款余额占比比年初下降2.18个百分点；落实信贷退出计划，累计退出信贷资金17.3亿元，完成总行信贷结构调整任务的102%。个人贷款多元化发展初显成效，个人消费类贷款增速比个人贷款平均增速高出40.6个百分点，余额占比比2010年提高0.9个百分点。三是优化渠道结构。以网点深化转型和星级网点创建为契机，构建网络化、个性化、多层次的分销渠道体系，提高渠道的差别化服务能力。全年共购置网点11个，新开业网点4个，网点装修33个，搬迁网点11个，安装自助设备185台，自助设备账务性交易量比达到65.5%，电子银行账务性交易量比达到45.7%。四是完善组织架构。在区分行本部设立投资银行部、私人银行部，进一步提高专业化经营能力。在贵港、钦州分行成立小企业经营中心，扩大小企业中心覆盖范围；理顺百色分行对平果铝分行，区分行营业部对武鸣、横县、宾阳三个县支行的归口管辖关系，提高管理效率。

2011年6月18日，建设银行广西壮族自治区分行开展龙卡汽车团购活动。

【加强账户和结算营销】在对私存款的拓展上，以代发工资业务为重点，加大理财产品营销力度，推动个人存款的增长与稳定。全年新增代发工资户48万户，销售理财产品509亿元。在对公存款的拓展上，重点加强财政、社保、公积金等机构类存款的营销。全年财政、社保存款新增38.4亿元，社保业务份额同业四行排名第2位。成功取得玉林五险合一、柳州金保工程、北海医保、梧州医保、百色医保等项目代理权，成功营销了富士康、越新赤水码头、鸿图精密压铸等企业外汇资本金存款。

【加强信贷结构调整】落实“进、保、控、压、退”政策，重点支持区域内的电力、交通等基础设施项目以及制糖、有色等地方特色产业，全年向电力、交通、港口等基础设施项目投放贷款72亿元，向有色行业投放贷款32亿元，研究蔗农贷款品种，向制糖企业投放贷款38.3亿元；深化“民本通达”品牌内涵，支持和服务民生，全年累计投放该类贷款40.8亿元；全面布局小企业“信贷工厂”，全年小企业贷款新增15亿元，增幅64.1%，调整了大中小客户贷款的比例结构；突出个人类贷款的多元化发展，保持住房贷款优势，提高个人消费、经营类贷款的投放比重。累计投放个人贷款124.8亿元，其中个人住房贷款投放115亿元，个人消费经营类贷款投放9.8亿元。

【加强产品创新和营销】加快推进经营模式从“授信牵动”转向“客户牵动”、“产品牵动”。成功研发国内信用证他行代付、“票融通”等新型产品；依托专业化经营优势，大力发展投资银行业务，全年累计发行委托贷款型理财产品20亿元，中期票据6亿元，并购类理财产品4亿元，解决企业融资需求45亿元。财务顾问、理财、债券承销等投资银行业务进一步发展，全年实现投行业务收入7 895万元，同比增长98%；为个人客户拓宽理财渠道，发行理财产品40期，共计42亿元，同比增长425%；基金、黄金、理财、信用卡分期等产品销售快速增长，全年销售理财产品509.2亿元，增幅239.5%；销售个人账户金11 300公斤，增幅151%；销售实物黄金480公斤，增幅30%；办理汽车分期2.2亿元，同比增长423%。

【强化风险内控管理】加强信贷风险管理，规范表外业务发展，编制完成《广西区分行大中型对公客户贷后管理手册》；推进贷后管理岗位分离，做好“整贷整还”类中长期贷款合同的修订补正工作；开展政府融资平台清理，完成了对政府融资平台风险定性的重新分类和“三方签字、四方备案”等工作，全年共退出平台客户20户，贷款金额116.7亿元；加强操作风险管理，推动操作风险管理从事后控制向事前防范转变，持续做好基层行关键风险点的监控检查，开展柜面业务规范操作专项治理，推广营业网点柜面业务操作规范演示片，开发柜面操作风险档案系统；加强案件防控，开展“员工从业禁令”专项行为排查；抓好内外部审计问题整改，化解风险隐患，全年无案件和重大违规事件发生，业务发展平稳有序。

【加强党建、队伍和企业文化建设】实现创新争优活动点评范围全覆盖，各级党组织开展“三亮、三比、三评”，开展“四好”班子评比表彰、党史知识竞赛、党性教育“为民服务创先争优”等一系列党建活动，以党建促业务发展。加强领导班子队伍建设，增强领导人员品德修养和法纪意识。加大专业技术人才队伍建设力度，加强核心人才培养，组织实施后备人才“一对一”帮扶培养工作；选派优秀年轻干部到县支行、综合性支行挂职锻炼；帮助青年员工规划职业生涯，拓宽柜员岗位员工职业生涯发展通道。组织开展丰富多彩的文体活动和劳动竞赛活动，激发广大员工的工作热情。积极履行企业社会责任，组织实施“贫困英模母亲救助计划”，发放救助金12.3万元，积极参加社会公益、环保等活动，树立了良好的社会形象。

执笔：牟保春　彭瑞娟

海南省分行

海南省分行行长　梁福成

一、业务发展概况

截至2011年年末，海南省分行全年实现主营业务收入16.87亿元，比上年同期增加3.08亿元；实现税前利润7.48亿元、净利润5.6亿元，分别完成总行计划的106.21%、106.22%；实现经济增加值3.65亿元，完成总行计划的117.65%。

各类贷款余额247.96亿元，当年新增29.83亿元；全口径存款余额642.11亿元，当年新增48.64亿元，新增额位居当地四行第1位。

【公司业务】公司类贷款余额168.67亿元，当年新增30.9亿元，完成总行计划的100%，其中非贴现贷款余额162.71亿元，当年新增34.67亿元，完成总行计划的113.7%；小企业贷款余额5.78亿元，比年初新增2.78亿元，完成总行计划的278%。加强价格管理，贴现平均价格8.87%，比上年提高2个百分点；贷款利息收入同比增幅39.39%，创分行对公贷款利息收益历史最好记录。企业存款余额418.3亿元，当年新增23.63亿元，新增额及新增占比均居四行第2位，增速位居四行第1位。

【个人金融业务】个人类贷款余额75.97亿元，当年新增2.01亿元。个人存款余额223.12亿元，当年新增24.99亿元，增速12.61%，位列四行第一，且高出建设银行系统平均增速2.76个百分点；余额在四行中占比18.52%，较2010年年末提高0.67个百分点，份额提升幅度列四行第1。个人客户快速增长，年末个人大众富裕及高端客户新增9 946户，个人大众富裕客户增速在建设银行系统中排名第11位。大众客户、大众富裕客户、富裕客户、高端客户增速分别为7.9%、8.9%、13.1%、32.8%，分别比建设银行系统平均水平高出0.7个、2.6个、3.4个、12.3个百分点。分行财富管理中心年初获总行“十佳财富管理中心”称号，年末在总行财私条线“创先争优”专题营销竞赛活动中又获得“创先争优卓越服务奖”。

【房地产业务】房地产开发贷款余额23.19亿元，比年初新增5.27亿元；个人住房贷款余额742 340万元，当年累计发放97 044万元，比年初新增11 620万元，新增额从上年的四行第2位上升到四行第1位，余额在四行中占比较上年末提升0.70个百分点；房改金融业务优势明显，全年全行委托性住房存款余额41.03亿元，当年新增8.14亿元，完成总行计划的148.54%；住房公积金存款余额19.89亿元，当年新增5.31亿元，两项指标继续保持同业占比第1位。公积金个人住房贷款余额19.89亿元，比年初新增5.31亿元，同业占比47.32%，市场占比排名第1位。

【中间业务】全行实现中间业务毛收入3.11亿元，同比增长0.94亿元，增速43.62%，居四行首位；市场占比20.79%，在四行中排名由上年第4位上升至第3位。实现中间业务净收入3亿元，完成总行计划的103.78%；同比增长0.92亿元，增速44.34%，系统内排名第11位。

【国际业务】外汇企业存款余额10 360万美元，在四行中占比30.4%，高出全国系统平均值

9.4 个百分点，在四行中排名第 2 位；国际业务首次办理出口信保项下外汇贷款 86 万美元、人民币对外币掉期业务 341 万美元，实现两项产品零的突破，全年共完成国际结算业务 12.25 亿美元，较上年增长 48.8%，完成年度计划的 109.1%，增长率在建设银行系统内排名第 9 位；共办理贸易融资业务 20 698 万美元，同比增长 32.5%；实现国际结算收入 808 万元，同比增长 24.3%。

【资产质量与风险控制】按五级分类口径，全行本外币不良贷款余额 4.38 亿元，比年初减少 0.29 亿元；不良贷款率 1.79%，比年初减少 0.37 个百分点。全年不良资产处置额 14 681 万元，完成总行计划的 222%，实现不良资产现金回收额 10 448 万元，完成总行计划的 328%；不良资产超值现金回收额 4 293 万元，完成总行计划的 355%。

【其他业务】银行卡和电子银行业务发展态势良好，全年新增借记卡 33 万张，完成总行计划的 130.56%；信用卡贷款余额 3.29 亿元，比年初增加 1.45 亿元，完成总行计划的 290%；信用卡客户净新增 27 581 户，同比增长 58.62%，计划完成率为 138%，在建设银行系统内排名第 3；信用卡卡均消费额 2.56 万元，在建设银行系统内排名第 5；账户活动率 71.92%，在建设银行系统内排名第 1。电子银行客户数 94.7 万户，同比增长 103.09%，在总行电子银行专项营销活动中获"分行最快增速奖"。实现电子银行业务收入 1 375.05万元，同比增长 96.62%；净新增收单商户 769 家，完成总行计划的 102.5%。

机构业务加快推进经营转型。机构业务全面加强财政、社保、"民本通达"和"八一工程"客户营销，全年共拓展军保卡 1 300 户，新增民生领域及财政重点账户 48 户，发放公务卡 1.45 万张，吸纳农民工工资保证金、工程款支付保证金 18 亿元，特别是经过两年多的跟踪营销，301 医院海南分院基本账户成功落户分行，为今后业务发展奠定坚实基础。

造价咨询业务保持传统优势，全年完成工程造价咨询业务量 57.06 亿元，实现收入 1 938.2 万元，同比增长 19.01%，完成总行计划的 110.1%。

投行业务再上新台阶。全年实现中间业务收入 7 687.11 万元，其中，理财产品收入 4 950.11 万元，完成总行计划的 135.95 %，同业排名第 1；财务顾问收入 2 737 万元，比上年同期增加 1 383 万元，完成总行计划的 126.71%。

企业年金业务稳步推进。成立企业年金中心，逐步实现专业专注化管理，加大客户营销、储备力度，全年新增签约海南出版社、中核海原两户养老金客户，储备海南联合矿业、金鹿投资集团等 24 家企业年金客户资源。全年共签约个人账户数 3 365 个，受托资产规模 7 051.38 万元，较年初新增 1 016.35 万元，比年初增加 16.84%。

理财产品销售业绩突出。建信双利、建信信用、建信新兴市场等基金均完成总行下达任务，是建设银行系统唯一完成发行任务的分行，基金定投新增 4 516 户，计划完成率为 129.03%。全年实现代理保险业务收入 162.55 万元，收入增速在建设银行系统内排名第 1，在四行中排名第 1；全年销售理财产品 75.01 亿元，理财产品收入 4 950.11万元，完成总行计划的 135.95%。其中"大丰收"募集资金 9.87 亿元、基金销售 9.08 亿元、"建设银行财富"募集资金 4.12 亿元，累计销售总行乾元理财产品 60.99 亿元。账户贵金属交易额 8.94 亿元，个人实物金 2 270.06 万元。

二、主要工作举措

【加大市场营销力度，各项业务稳步发展】准确预判社会资金偏紧形势，加强专题调研，提前安排部署，强化业务指导。制定企业存款营销管理工作指导意见，开展"公司客户拓展年"活动，抓好存款的基础和源头；抓好重点时段增存工作，开展"旺季营销"、"走进社区，拓展客户规模，提升客户价值"、"争客户，抢市场"等专题营销竞赛活动，坚持存款日通报及定期分析报告制度，强化对业务管控和执行力，严肃存款问责制度，多措并举确保存款稳定增长。灵活选择贴现产品，合理安排贴现规模，服务全行信贷规模调控，确保重点项目及客户用款需要。建立小企业批量营销平台，推进融资性担保公司及评估中介机构的备选准入，优化提高押品估值的质量和效率，推进小企业业务快速发展。坚持业务发展和风险防范并重，把握投放节奏，优化信贷结构，个贷业务稳健发展。加强利率管理，全年实现个贷利息收入4.10亿元，比上年增加8 894万元；个贷加权平均利率执行倍数从上年的基准利率0.90倍提高到1.03倍。

【深化渠道建设，服务水平持续提升】加强网点服务质量管理，制定分行营业网点服务质量考核规定、营业网点个人服务质量档案管理制度，修订“服务之星”与“十佳服务网点”评选标准，持续开展网点星级评定，在总行实施的2011年上半年和下半年网点服务质量调查中，分行服务质量均排在38家一级分行前10位。加大营业网点和专业化经营机构建设，全年共购置网点5个，网点自有率达58.22%，同比提高了2.38个百分点。完成10个理财中心改造并通过二代转型验收，分行财富管理中心和三亚财富管理中心成功转型为私人银行，实行个人理财客户经理“名单制”管理，专业化服务能力大幅提升，转型后的客户经理人均日均服务VIP客户的时间占比由77.11%提升至96.49%，高端客户签约率在建设银行系统中排名第2，“两卡”持卡率在建设银行系统中排名第7。积极推进自助设备布设和布局优化，共新增ATM 51台、POS机1293台。自助设备开机率98.28%，同比提高0.7个百分点；台日均交易量146笔，同比增长16.8%，自助设备跨行交易量和交易额均居四行第1，被海口人行评为海南金融系统“ATM业务发展先进单位”；自助设备账务性交易量比67.05%，比年初提高10.42个百分点。扩大电子渠道应用，电子银行账务性交易量比39.8%，比年初提高11.04个百分点。

【夯实经营基础管理，精细化管理水平持续增强】一是加强全面风险管理。制订分行组合风险管理工作实施方案，建立贷前平行作业项目快速测评机制；建立分行十大贷款户专题季度例会制度，将“双十大”名单延伸至水泥和房地产行业中的部分正常三级、四级贷款客户。二是深化管理体制改革。优化经营管理模式，撤销挂靠基层行的分行投资银行业务筹备组、小企业经营分中心，在省分行本级组建投资银行部、小企业经营中心和高端客户部，理顺经营管理层级，提高经营管理效率。三是加大规划及计划指导力度。结合海南加快推进国际旅游岛建设的实际，完成分行2011—2015年发展规划编制工作，明确未来五年的客户、产品、渠道等战略发展重点和努力方向。完善分支机构等级行评定和KPI考核办法，业务条线KPI设置方案，结合海南省分行扁平化管理实际，优化业务管理费总量分配办法、绩效工资总量分配办法等，充分发挥绩效评价资源科学配置对全行业务的激励约束作用。四是加快科技开发和产品创新步伐。制订信息系统运营、维护保障计划，加强重要系统运行监控管理，确保信息系统安全运行。完成前后台业务分离项目、总推分等项目上线推广工作。根据业务发展需要，自行开发省内多渠道代收费平台、海南财政资金拨付电子化系统、中免MISPOS系统等项目，为业务发展提供强有力的科技支撑。五是加强会计、营运、金库和安全等综合管理。稳步推进前后台业务分离项目推广工作，柜面业务集中处理系统成功切换上线，上线后系统自动版面识别率、自动验印通过率等指标均优于总行标准。加强对账管理，账户信息完整率和账单发出率达到100%，重点客户对账率达到100%，有效防范账户风险。加强金库作业和集中配送规范化管理，全年调拨现金213亿元，同比增长7%；日均现金库存8 009万元，控制在总行核定计划内。强化法律服务，开展法律服务绿色通道建设，全年审查法律性文件370份，涉及金额236亿元。加大纪检监察工作力度，组织开展“学规定、知禁令、做表率”领导人员廉洁从业主题教育活动，强化领导人员的教育和监督，加强纪检监察组织建设，配备专兼职特派员9名，实现全行基层机构监督检查工作100%覆盖。加强安全管理和案件防控工作，确保全行安全运营无事故。

【加强党的建设、员工队伍和企业文化建设，维护和谐稳定局面】一是加强党的建设。扎实开展“为民服务、创先争优”活动，分别制定公司和个人业务条线活动方案，并在全辖组织开展流动红旗评比活动。举办纪念建党90周年党史知识竞赛，完成优秀党员事迹片《琼崖处处党旗飘》的专业制作，获得“中国建设银行党员教育电视片观摩交流活动”三等奖。抓好党风廉政建设，持续开展分支行巡视工作。全年共巡视分支行12个，市县分支行巡视面已达100%。二是加强员工队伍建设。深入推进全员培训工作，实施产品“送教上门”，开展业务现场指导，员工综合素质得到不断提高。全年共实施培训项目1 482个，参训人数39 438人次。加强专业技术岗位职务聘任管理，聘任19名四级专业技术岗位职务人员，完善相关专业技术岗位职务聘任制度。提高收入水平，构建和谐建行。优化人员配置，新招录149名新行员，全部分配到各分支行，解决了困扰市县行多年的一线人员不足问题。三是加强企业文化建设。组织开展全行企业文化要素宣讲培训，在分行会议室等场所设立建设银行文化要素宣传牌匾，提高全行员工对建设银行企业文化理念的认知度和认同感。强化精神文明建设，全年创建总行级、省级文明单位4个，2人被评为总行级精神文明先进工作者。重视做好工会、老干部等工作，关心青年员工、妇女同志、离退休老同志生活。积极开展送温暖活动，共给344名困难职工发放困难补助款31.33万元、给13名患有重大疾病员工发放爱心基金补助17.2万元。积极稳妥地做好维稳工作，通过职工互助基金等途径，加大协解人员困难家庭救助力度，共救助协解人员744人次，补助金额70.83万元，有效维护了和谐稳定的工作局面。履行企业社会责任，积极做好扶贫工作，在总行的大力支持下，捐助43.2万元帮助扶贫点五指山市毛阳镇毛路村建造农田水利灌溉工程，改善该村农业生产条件，提高村民收入水平。

执笔：王文生　林运　黄智

四川省分行

四川省分行行长　曾益

一、业务发展概况

2011年，四川省分行拨备前利润突破80亿元，达81.1亿元，增速20.7%；经济增加值35.7亿元，增速35.2%；成本收入比38.2%，较上年下降0.63个百分点；全口径存款余额突破5 000亿元，达5 042.97亿元，新增605.95亿元，新增额居同业第2位、系统第4位；一般性存款余额4 894.66亿元，新增540.44亿元；各项贷款余额2 355.63亿元，新增297.5亿元，控制在总行计划内。

【公司机构业务】对公存款余额2 802.74亿元，新增316.56亿元，余额和新增均居同业第1位；公司类贷款余额1 723.46亿元，新增185.71亿元。

【个人金融业务】储蓄存款余额2 091.93亿元，新增223.88亿元；个人类贷款余额632.14亿元，新增111.77亿元。

【房地产业务】房地产开发贷款余额104.38亿元，新增16.6亿元；个人住房贷款余额631.45亿元，新增111.33亿元。

【中间业务】实现中间业务净收入28.35亿元，增速29.1%，在主营业务收入中占比21.4%，提升近2个百分点，计划完成率114%。

【国际业务】全口径外汇存款余额8.44亿美元，新增1.66亿美元，余额在四行中占比28.88%，提升了1.35个百分点；实现国际结算量133.4亿美元，同比增长49.91%，在四行中占比28.91%；跨境人民币业务超过21亿元，同比增长近25倍，市场占比21.76%，高于系统平均

2011年3月6日，中国建设银行四川省分行与四川省凉山州政府签订战略合作协议。

水平8个百分点。

【资产质量与风险控制】五级分类不良贷款余额22.6亿元，不良贷款率0.96%，分别下降7.9亿元和0.52个百分点。

二、主要经营举措及成效

【客户基础巩固提升】对公客户方面，加快结算账户拓展，全年新开立单位结算账户2.2万余户，其中基本结算户近1.1万户，带来存款新增185亿元，占对公存款新增的53.3%。强化重点客户系统性营销，新拓展了中石油昆仑燃气等一批基本或重要账户，与四川大学等12所高校签订战略合作协议，成功向省医院推广华西健康龙卡模式，富士康等产业转移项目到位资本金2.1亿美元。促进资金体内循环，加强资金流向分析监控，努力打通资金横向、纵向流动关键节点，开立各级财政账户68户、社保账户106户，全额承接了132亿元中央养老补助资金，铁路、烟草行业资金行内承接比例分别达78.7%和73.1%。对公存款、对公外汇存款新增同业第1，机构存款新增居同业和系统首位。个人客户方面，批量营销优质个人客户，狠抓旺季营销，第一季度个人存款新增246亿元，居系统内和同业首位，全年有资产个人客户新增81万户，代工个人客户新增35万户。抓住金融IC卡推广契机，基本完成自助设备、POS机具受理环境改造，大力推进天府通卡、手机支付等特色行业运用，为客户营销创造条件。打造标准化VIP服务体系，以中高端客户为中心，实行中高端客户名单制管理，完善分层维护体系，积极组织“拓展客户规模，提升客户价值”营销竞赛，从拓展与巩固两个角度做好金融及增值服务，提升服务满意度和品牌认同感，个人富裕客户、高端客户分别新增2.6万户、785户，富裕客户AUM新增居系统第二位。

【产品运用不断强化】一是坚持把产品创新和运用作为推动收入结构调整、增强可持续盈利能力的重要抓手，加强产品营销团队建设，设立了投资银行部和养老金业务部，按月召开推进例会，落实过程管控，确保完成中间业务收入目标。二是加强产品创新力度，在同业中率先推出以担保公司为申请人的分离式保函业务，承销中铁二局、川投集团短期融资券及中期票据9.9亿元，为二滩公司成功办理13亿元融资租赁业务；创新推出了乾元票据理财产品，累计发行“利得盈”、委托贷款型、信托受益权转让型等理财产品352亿元，为“四川产业振兴发展投资基金”募集资金6.3亿元，拓宽了投融资渠道，有效解决了优质客户和项目的资金需求；推出第三方实物黄金回购及账户银、账户铂业务，实现贵金属业务收入3 035万元，增幅73.4%；推广单位结算卡、现金管理系统等“6+1”产品组合，累计发行结算卡1.75万张，“一户通”新增258户，沉淀资金312亿元，居系统内首位。三是做实对公重点产品。成功营销成都农商银行、四川省机场集团、四川高速公路开发总公司等企业年金业务，受托资产新增3.4亿元，账管个人账户新增8 000万户，托管资产新增6.7亿元，继续保持同业首位；积极拓展银团贷款业务，银团贷款中间业务收入增幅240%；深入推进“破零增收”活动，加快国内保理、票据承诺、债券承销、代理资金结算、信托代收付等9类短板产品发展，共实现收入2.8亿元，增速26%。全年实现对公中间业务收入14.05亿元，增速42%。强化个人产品营销。强化首发主托管基金、基金定投业务营销，代销基金收入1.3亿元，在四行中占比53.9%，居同业首位；不断丰富代理保险产品线，引进财产保险、高保障保险产品，代销保险收入2.4亿元；持续开展信用卡营销，卡量净新增27.2万张，居系统内第3位，客户净新增44.9万户，列重点分行首位，实现分期交易额9.6亿元，增幅135.2%，信用卡业务收入3.95亿元，增幅49.3%。加快外汇产品推广。创新推出代付盈、付汇宝等组合贸易融资产品及结汇通业务，综合运用跨境人民币结算、代客外汇买卖、内保外贷、境外保函等一揽子产品，拓宽中间业务收入来源，完成国际结算量133.4亿美元，增幅48.5%，结售汇交易量49.4亿美元，实现外汇中间业务收入2.2亿元，其中对公国际结算收入6 749万元，在四行中占比31.6%，居同业第二位。

【信贷结构调整有序推进】一是优化信贷资源配置，除支持传统优势行业外，重点加大教育、医疗、保障房、新农村建设等民生领域信贷投放力度，并促进区域平衡发展，着力提升市州行贷款份额，市州行各项贷款新增105亿元。二是加强贷款定价管理，积极与重点客户开展价格谈判，暂停了固定利率、利率顶贷款合同项下提款，缩短重定价周期，全年新发放贷款综合收益率6.5%，提升了129个基点。三是积极发展小企业业务，落实“专业专注”经营理念，组建成都地区小企业审批团队，围绕四川省“7+3”优势产业、重点核心企业、重点工业园区开展系统性营销，加强“速贷通”、“成长之路”品牌推广，小企业非贴现贷款余额94.7亿元，新增32.6亿元，增速52.5%。三是持续推进个人贷款业务。一方面，密切关注房地产宏观政策、市场及同业变化，实施住房贷款差别化定价策略；另一方面，健全抵押登记工作机制，个人贷款抵押登记率86%，提升了14.1个百分点。同时，推出个人助业贷款业务，完善相关制度管理规定，对专业市场开展前期调研，个人助业贷款新增5 867万元。

【渠道建设成效初显】一是优化网点区域布局。按照“适度超前”原则，提升网点购置、租赁、扩建、装修等财务标准，全年新设、升格机构75个，20个停歇业网点恢复营业，调整位置不佳、覆盖区域重叠、效益低下营业网点62个。二是加强自助设备管理。持续开展自助设备达标创优竞赛及低效设备“剁尾巴”活动，将运维资源向重点设备倾斜，做好“压库存、降低效”工作。全年新增自助设备85台，置换陈旧设备279台，自助设备开机率98.2%，账务性交易量比64.3%，提升了5.6个百分点。三是增强电子渠道承载能力。牢牢抓住营业网点和“E动终端”两个营销阵地，强化新开户环节电子银行同步营销，个人网银、手机银行、短信银行及企业网银新开户同步率分别达48.3%、45.8%、70.2%和36%，新增131万、114.7万、174万和8 014户。四是深入推进电子银行行业运用，正式上线支付宝快捷支付业务，推动网银代收代付业务向社保、财政、医院等行业延伸，电子银行账务性交易量首次超过柜面，量比达53.1%，提升了18.6个百分点，提升值居系统内前列。五是加快对公网点转型。从网点建设、流程优化、服务质量、营销管控等方面入手，加强样板网点转型指导，推广“神秘人”检查，开展结算收入营销竞赛，推动对公网点从“交易核算型”向“营销服务型”转变，全年实现单位人民币结算收入2.03亿元，增幅70%，再创历史新高。

【经营机制逐步优化】一是做好业务发展规划。结合四川省“十二五”规划及成渝经济区、天府新区建设安排，制定四川分行五年发展规划，明确了发展速度、经营效益、市场份额、风险控制等经营管理目标要求，为中期发展确立了方向，提出了具体工作措施。二是完善绩效考评体系，改进EVA考评办法和KPI考核模式，强化客户、产品、渠道等促进价值创造关键指标在资源分配中的牵引作用。三是积极开展流程优化，启动对公结算账户开户和产品签约整合工作，提高了授信申报质量和效率。四是开展个人金融业务效率提升项目，优化前台工作流程，实行柜员弹性排班，强化后台配套支持，减少客户等候时间。五是加强全面成本管理，加强大额资金监控，合理匡算头寸，压缩资金备付，全年日均资金备付率0.19%，降幅15%，节约资金成本750万元。六是从改进作业模式、营运效率等入手，推进档案管理、广告宣传、网络扁平化等方面的12个成本管理项目，努力通过资源合理投入，提高产出效益。

【风险管理能力稳步提升】面对复杂多变的内外部经济形势，坚持“稳健、审慎”的经营作风，将风险管理贯穿始终。一是健全风险管理体系，区别信用风险、市场风险、操作风险特征，明确各级行各层级的风险管控重点和要求，优化大中型企业分行业贷后操作指引和关键监控指标，完善零售业务关键风险监测指标，区分6类押品，细化操作指引，初步搭建了差异化风险管理体系，有力促进了对风险隐患的准确识别和事前处置。二是加强重点客户风险管理。一方面，全面梳理影响资产变动的重点贷款，加大对30大重点关注客户、异地贷款客户、小企业客户、担保合作机构排查力度，密切关注企业订单、价格、回款及对外投资情况，明确缓释风险、改善管理的具体要求；另一方面，充分发挥授信业务监测系统风险预警功能，落实对项目评估评价、信贷审批、放贷条件落实、贷后管理等全流程管控，30户关注客户回收贷款20.8亿元。三是加强重点行业管控力度。通过客观、审慎开展风险评估、分类认定和整改工作，严格审核平台公司整改为“一般公司类贷款”，使107.5亿元到期平台贷款实现全额回收。同时，强化房地产贷款管理，密集开展存量贷款项目实地调查，按月监控项目建设、销售进度、销售资金回笼情况，以及资金封闭管理执行情况。四是进一步加强“6+3”等敏感性行业研究分析，实施动态排查监控，对不符合国家及建设银行信贷政策的客户实施主动退出。五是加大表外业务管理力度，重点梳理贷款承诺、投标保函、信贷证明等产品。目前，各项表外产品风险加权资产新增均控制在总行计划内。六是“双向延伸”资产保全工作。充分运用催收、盘活、核销、抵债等多种手段，处置关注三级公司类贷款9.6亿元，全年现金回收已核销贷款1亿元，共清收处置不良贷款14.1亿元，完成总行计划的117%。

【案件防控扎实推进】一是继续实行“责任包干制”，层层组织签订《案件防控工作责任状》，将案件防控与领导班子KPI考核紧密挂钩；二是结合深化“内控和案防制度执行年”活动，突出重点、狠抓落实，实现了无案件、无重大违法违纪事件、无重大责任事故的“三无”目标。三是完善组织体系，按照总行党委“3号文件”要求，健全纪检监察机构设置，加强人员配备。加快“机控”建设，开发“案件防控监测系统”，初步搭建了4大类54项监控模型，上线对公营业机构电子验印系统，加快推进远程监控联网建设，支付密码器账户推广率达99.3%，稽核从传统柜面业务延伸至信贷、票据、信用卡、电子银行等多个领域，问题率下降了36.7%。四是加强监督检查，强化“八大突出案件风险”专项治理。一方面，组织了19次员工专项排查，及时纠正了违规行为，确保了全行营运安全；另一方面，推广柜面业务“飞行检查”和“顶岗作业”模式，共对38个营业机构开展了51项次检查。五是强化系统性整改，内审整改率98.2%，居系统内前列。坚持从严问责，继续实行问责备案审查制，上收二级分支行问责权限，统一处罚尺度。

【党建、企业文化建设深入开展】一是结合总行“八个严禁”要求，制定《廉洁从业要点100条》，开展了以“学规定、知禁令、作表率”为主题的教育活动，进一步增强拒腐防变意识和能力。二是在机关服务基层方面，各条线、各部门广泛收集服务需求，不断优化流程、畅通渠道、完善服务。加强领导班子和员工队伍建设，调整充实省分行部门、分支行负责人40人，交流29人，聘任专业技术人员383人，组织开展各类培训3 100期，参训人员10万人次。三是紧密结合业务发展，扩大党委中心组选题范围，规范基层党组织建设，完善党委成员联系行制度，广泛开展“三亮三创三评”活动，坚持党建工作与中心工作同安排、同部署。四是围绕庆祝中国共产党成立90周年，组织了全行文艺汇演、“建行杯”职工网球赛等文体活动。文明创建工作方面，新建成2个全国级、5个总行级、10个分行级、3个市级文明单位。五是为员工办实事、解难事，优化营业网点空间布局，努力解决一线员工休息、吃饭、物品存放不便等问题，帮扶困难员工102人次，慰问金额114.2万元。

执笔：谭永相

重庆市分行

重庆市分行行长　李果

一、业务发展概况

2011年，重庆市分行共实现账面利润42.13亿元，同比增加10.24亿元；经济增加值19.08亿元，同比增幅47.8%。经济资本回报率31.04%，资产收益率1.74%，成本收入比为34.14%，存贷利差4.43%。

【负债业务】全口径余额1 956.15亿元，新增306.17亿元，其中一般性存款余额1 803.12亿元，新增223.01亿元。储蓄存款余额783.51亿元，新增108.76亿元；企业存款余额1 019.61亿元，新增114.24亿元；同业存款余额153.03亿元，新增83.16亿元。

【资产业务】各项贷款余额1 482.96亿元，新增183.63亿元。其中人民币公司类贷款新增84.13亿元，个人类贷款新增101.53亿元。

【战略性业务】中间业务收入超过19亿元，同比增加7.3亿元，增速（62.36%）列建设银行系统第3位；中间业务收入占主营业务收入比重为26.3%，较上年提升5.5个百分点。信用卡客户净增16.6万户，消费额增长84%；企业网银高级客户新增9 019户，个人网银高级客户新增63.46万户，手机银行客户新增54.87万户，个人短信通客户新增57.17万户，电子银行账务性交易量比为46.33%。

【国际业务】外汇企业存款余额5.24亿美元，外汇同业存款余额0.55亿美元，同比增长63.96%；外汇贷款余额2.27亿美元；全年国际结算量99.54亿美元，同比增长65.12%；跨境人民币结算量28.47亿元，占同期重庆市总量的41%；结售汇32.94亿美元，同比增速52.18%；实现外汇中间业务收入1.26亿元，国际结算收入0.65亿元。

【资产质量】年末不良资产额7.71亿元，不良资产率为0.39%。其中不良贷款余额6.95亿元，不良率0.47%。计提贷款损失准备4.16亿元。

二、主要工作举措

【着力观念转变，推进业务转型】一是在准确把握国家转变经济发展方式、建设银行总行促进银行发展方式转变的基础上，切实转变过去几年依赖区域经济大发展、依赖少量大客户和贷款投放带动业务发展的传统模式，提出“夯实发展基础、推进业务转型、增强可持续发展能力”的全年工作思路。在业务发展方面，在巩固基础设施、住房金融等传统优势领域的同时，更加重视机构业务、投行业务、国际业务、信用卡及电子银行等战略性业务发展，积极开拓小企业、民生、消费等新领域。在客户服务方面，更加重视为客户提供一揽子金融服务方案，将表内外信贷、结算、投行等产品纳入客户统一授信中，促进以信贷经营为核心向全面综合化服务的转变。在管理效率方面，更加重视组织架构和业务流程优化，完善财务资源和人力资源的整合利用，做到在发展中谋转型，在转型中促发展，不断增强核心竞争力。一年来，可持续发展观念深入人心，资产、负债、中间业务协调发展的态势初显，中间业务收入占主营业务收入比重为26.3%，同比提升5.5个百分点，业务转型取得较好成效。

【着力源头营销，壮大客户基础】结合重庆市经济社会发展特点和总行“十二五”发展规划要求，重庆市分行将系统源头营销作为工作的重要突破口，做好巩固存量客户的保卫战和拓展新客户的攻坚战。对公方面，一是抢抓财政、社保、教育、医院等系统性客户源头营销，24家分支行开立了公共资源交易平台账户，带来存款新增15亿元；二是取得建设银行总行“新农村建设贷款”产品试点资格，围绕三峡后续建设项目的准备工作，大力强化与各级政府及相关部门的合作关系；三是深化与工商部门的合作，取得微型企业开户资格，新注册客户营销工作积极展开；四是围绕“1+2+4+N”重要园区招商引资客户的营销，成立两江新区营销推进小组，成功营销韩国SK、中铝国际、纬创、仁宝等重大招商引资客户，为两江开投和保税港区追加授信25亿元和10亿元，开立两江管委会下属龙兴园区、水土园区账户，到位拆迁赔付资金1.5亿元；五是加大产业链上下游客户、消费及商贸流通等领域客户营销，成功拓展一批中型客户群体。对私方面，开展代发工资和拆迁补偿专项营销，与农发行、区县拆迁办建立良好合作关系，累计代发资金349亿元，新增代发客户21万人；推动社保IC卡和公积金龙卡的发行，社保IC卡客户申请数达到12.8万户，约占重庆市1/6的份额，公积金龙卡发行18万张；通过推进网点二代转型、客户经理队伍建设和提供理财产品等方式，积极拓展中高端客户，完成二代转型137个，中高端客户新增1.2万户。

【着力产品组合，促进发展提速】坚持传统业务与新兴业务并重、资产负债业务与中间业务并重、对公业务与对私业务并重的策略，推动重点产品优先发展。负债业务方面，重庆市分行针对负债业务发展短板，投入更多的资源和精力，从对公对私两个方面夯实客户基础，努力提升负债业务市场份额，全年存款新增307.76亿元。信贷业务方面，统筹安排新增贷款183.63亿元，重点发挥信贷投放对价值提升、产品覆盖度提高和存款撬动的作用。其中，借助对公贷款加强与政府财政类资金、大修基金以及公共资源交易平台的营销和合作机制，同时加强贷款资金体内循环管理，贷款首次支付留存比例超过63%；个人类贷款从单一的贷款服务向客户综合服务转变，带动信用卡、手机银行、网上银行、短信通等产品的营销。战略性业务方面，加强上下游产业链、上下游产品的组合互动，大型基础设施项目审价咨询业务收入1.65亿元，国内保理业务收入0.39亿元；积极组建银团贷款，收入0.27亿元，同比增长3倍；推广汇贷盈、结汇通、人民币代付等产品，外汇中间业务收入1.25亿元，增速居系统内第二位；加快信用卡业务发展，汽车卡等高端卡新增占比达到50%，分期付款收入为上年的3.5倍；积极创新产品，运用投行工具为多个客户提供融资方案，成功推出保本型理财产品10期。

【着力机制优化，提升管理效能】一是建立分层营销体系，明确不同层级的营销职责和重点，承担不同的客户营销任务，并建立相应考核体系，更好地实现营销工作的分层有序推进。二是进一步完善联动机制，公司条线加强对代发工资、拆迁补偿、信用卡和电子银行业务的营销，个人条线做好小企业客户推荐、信托产品销售、企业高管差异化服务等工作；跨部门、跨分管的工作，建立分管行长项目负责制，分支行联动信息沟通和反应更加快捷。三是优化前后台合作机制，完成41个网点的前后台分离、开发医疗保险资金归集等16个特色应用系统，同时实现审批团队等中后台部门嵌入小企业授信等前台业务流程。四是强化业务推进机制，通过经营形势分析会、业务条线分析例会和片区例会、月度资债会等形式，对全行经营管理情况进行综合分析，研究措施，督促进度；同时加强对分支行业务经营的指导力度，及时总结推广先进经验，建立业务发展后进分支行的约谈帮扶制度；另外建立四个支行试点的巡查制度，为经营管理提供决策依据。五是搭建总分行和支行之间的交流平台，推动各条线主动邀请建设银行总行相关部门来渝调研和授课，了解总行政策，争取总行支持。

【着力渠道建设，弥补发展短板】一是把渠道建设作为各分支行“一把手”工程，确定“网点增设主要在主城，渝西库区以存量调整为主”的总体思路，将网点建设纳入KPI考核，出台支持政策，全年新增网点12个，完成私人银行转型和新建各1家，新设离行式自助银行15家，新增自助设备150台。二是努力改善基层办公条件，渝北、巴南支行办公楼建成营业，合川支行新大楼进入设计阶段，两江分行、北碚支行新大楼建设已取得建设银行总行同意。三是高度重视电子渠道建设的战略意义，注重客户规模和客户质量并重，提高客户签约率和使用率，完成网上招投标系统上线11家，带来保证金沉淀4.6亿元，电子银行企业客户新增9 019户、个人客户新增63.5万户。四是整合市分行国际业务部内设机构，将营销职能集中到贸易和资本“两大团队”，实现各类外汇业务产品“一站式”服务，全年贸易融资余额增速列建设银行系统第1，外汇中间业务收入、外汇资金类收入等指标增速列建设银行系统第2；同时在两江分行和沙坪坝支行、观音桥支行三家重点行设置国际业务部，由市分行国际部派驻人员实地指导，年末三家重点行多项国际业务指标增速领先全行。

【着力风险内控，确保安全运营】信贷风险方面，一是率先推广应用RAROC工具，将其嵌入大中型客户授信审批流程，得到建设银行总行和监管部门的肯定；二是做好银监局三项重点工作自查整改，公司、个人类贷款受托支付比例分别达87.5%和97.5%，政府平台押品整改率达73.7%，完成131份中长期贷款合同整改，整改率为89%；三是推进信贷结构优化，信贷退出金额15亿元；“6+1”行业贷款较年初减少3亿元；四是加大对房地产、化工等行业客户的风险监测，将平行作业机制引入小企业贷款业务，做好担保公司风险隐患排查。操作风险方面，一是完成内部控制框架手册编写，建立操作风险报告处理机制，推行稽核监测发现问题直接积分，出台积分奖励制度，柜面差错率同比下降53%；二是建立与监管审计部门对口联系机制，抓好检查发现问题的整改，整改问题335个，整改完成率为96.25%；三是案防工作方面，抓好《案件防控、反腐倡廉建设责任状》的落实，强化基层行和业务部门的案防主体作用，加强重点领域的安全检查和节日巡查，确保了全行全年无案件、无重大违规违纪事件、无重大安全责任事故的发生。

【着力队伍建设，构筑和谐氛围】一是加快干部队伍建设，重庆市分行与辖属各单位签订干部培养工作责任书，将干部队伍建设工作纳入常态化管理。二是落实关爱员工工作，薪酬分配向基层行倾斜，持续完善员工福利计划，通过多种方式减轻员工压力，及时慰问救助困难和受灾员工；同时推进行务公开，市分行领导先后16次参加分支行员工座谈会，深入了解员工心声。三是注重员工培养，重视员工多岗位历练，初步搭建跨区域、跨层级、跨岗位的交流锻炼平台，正常轮岗外交流员工140人次；同时建立每周前行课堂、直管领导人员周末班和境内外培训等分层分类培训体系，共举办集中培训项目70个，培训1.33万人次。

执笔：沈凌

2011年1月4日，中国建设银行贵州省分行积极采取措施应对冰雪灾害，努力为客户营造良好的服务环境。

2011年1月9日，中国建设银行山西省大同市分行举行青年志愿者服务队启动仪式。

2011年1月22日，中国建设银行青岛市分行在青岛香格里拉大饭店举行“携手合作、共谋发展”重点客户年度峰会。

2011年2月21日，中国建设银行辽宁省鞍山市分行开展“龙卡购车分期付”营销宣传。

2011年3月7日，中国建设银行甘肃省分行举办快乐三八节员工趣味运动项目比赛。

2011年3月11日，中国建设银行云南省盈江县支行在盈江县5.8级地震后，快速搭建起“帐篷银行”，在当地开辟第一条金融服务绿色通道。

2011年3月12日，中国建设银行四川省分行与天威新能源公司共同举办“银企共建绿色生态家园”义务植树活动。

3月23日，中国建设银行山东省分行与济南住房公积金管理中心在济南举行住房公积金支持保障性住房建设项目委托贷款合作协议签字仪式。

2011年3月28日，中国建设银行河南省分行召开“我为党旗添光彩，我为建行作贡献”党员主题活动和“喜迎建党九十年，青春建功争光彩”青年主题活动动员大会。

2011年4月7日，中国建设银行宁波市分行第五期蓝色论坛在南苑饭店国际会议中心举行。

2011年4月12日，中国建设银行广西壮族自治区分行与广西邮政速递物流有限公司南宁市分公司共同举办“律卡通”产品特快专递全区启运仪式。

2011年4月27日，中国建设银行河北省分行组织召开河北省重点项目和企业融资对接会。

2011年4月27日，中国建设银行青海省玉树支行员工为当地农牧民现场办理理财产品业务。

2011年4月28日，中国建设银行河南省分行召开全行优秀员工代表座谈会，表彰2010年度河南省分行“突出贡献员工”。

2011年5月1—31日，中国建设银行北京市分行组织开展反假货币宣传月活动。

2011年5月2日，中国建设银行天津市分行员工在天津第四届汽车文化节暨2011天津汽车交易博览会上宣传推广信用卡分期购车业务。

2011年5月3日，中国建设银行苏州分行举行“五四”表彰大会暨青年志愿者协会成立仪式。

2011年5月15日，中国建设银行甘肃省分行员工参加人民银行兰州中心支行、甘肃省公安厅在兰州市东方红广场举行的反假币宣传活动。

2011年5月17日，中国建设银行山西省分行举行消防安全演练活动。

2011年5月20日、5月30日，中国建设银行大连市分行组织青年团员志愿者分别开展了两次“送国债下乡”宣传活动。

2011年5月25日，中国建设银行湖北省分行举办“合规创造价值”演讲比赛。

2011年6月18日，中国建设银行贵州省分行举行庆祝中国共产党建党90周年红色主题文艺汇演暨合唱比赛。

2011年6月19日，中国建设银行湖北省分行组织2011年湖北省分行职工乒乓球决赛。

2011年6月23日，中国建设银行山东省分行举办“创先争优迎党建，青春建功添光彩”服务风采大赛总决赛。

2011年6月24日，中国建设银行宁夏回族自治区分行举办庆祝建党90周年“创先争优”活动表彰大会暨“唱支山歌给党听”歌咏比赛。

2011年6月26日，中国建设银行吉林省分行举行庆祝建党90周年文艺汇演。

2011年6月28日，中国建设银行河北省分行召开庆祝建党90周年“两优一先”表彰暨歌咏大会。

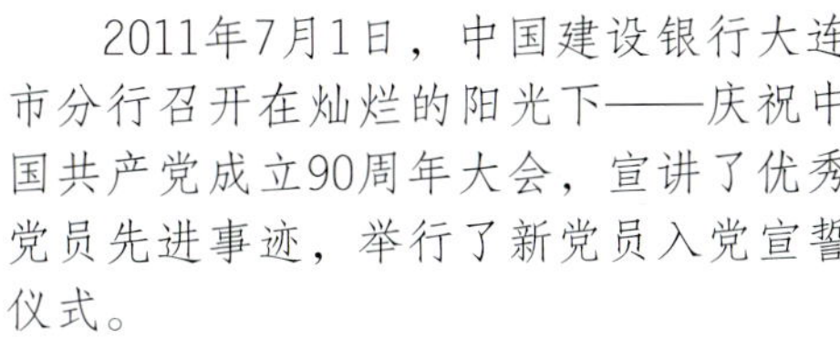

2011年7月1日，中国建设银行大连市分行召开在灿烂的阳光下——庆祝中国共产党成立90周年大会，宣讲了优秀党员先进事迹，举行了新党员入党宣誓仪式。

2011年7月2日，中国建设银行苏州分行新老党员牵手新市民子女赴沙家浜革命历史纪念馆参观。

2011年7月10日，中国建设银行青岛市分行举办先进基层党组织、优秀共产党员、优秀党务工作者颁奖典礼暨庆祝建党90周年大型交响合唱音乐会。

2011年7月14日，中国建设银行宁波市分行举办“颂祖国迎党庆”员工文艺演出。

2011年7月17日，中国建设银行青海省分行组织新入行员工进行拓展训练。

2011年7月29日，“平凡力量，壮志湖湘”2011年湖南省杰出青年农民工表彰颁奖典礼在长沙举行。中国建设银行湖南省分行捐赠20万元人民币支持此项活动。

2011年8月5日，中国建设银行安徽省分行建立青年员工岗位成长师徒制，指定专业人员做新入行大学生和青年员工的职场引路人。

2011年8月8日，中国建设银行安徽省分行召开“正视忧患 不断超越”大讨论活动学习交流暨总结大会。

2011年8月16日，中国建设银行吉林省分行举办建设银行第一届“和谐杯”离退休（内部退养）人员棋牌赛——吉林预赛区比赛。

2011年8月21日，中国建设银行云南省分行开展“献爱心、送温暖”助学捐资活动。

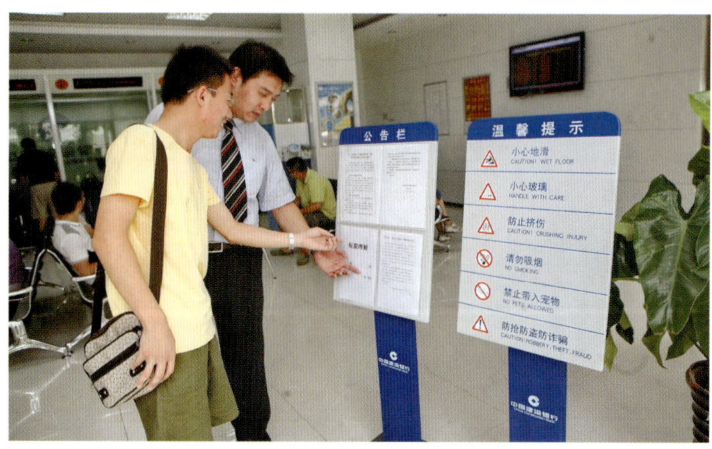

2011年8月29日，中国建设银行天津市分行开展“服务环境提升”主题活动。图为营业网点统一设计制作的告示牌和温馨提示牌。

2011年9月4日，中国建设银行甘肃省分行在兰州宁卧庄宾馆举行“健康龙卡”项目合作协议签约仪式。

2011年9月5日，中国建设银行深圳市分行举办员工子女“未来之星”优学奖励大会。

2011年9月9日，第三届内蒙古品牌网站暨信息化人物颁奖盛典在内蒙古饭店音乐厅举行，中国建设银行内蒙古自治区分行获得“内蒙古信息化杰出贡献单位”称号。

2011年9月15日，中国建设银行福建省分行举办“闪亮的足迹”宣讲大会。

2011年9月16日，中国建设银行江苏省分行与途牛旅游网在泰州举行途牛旅游龙卡首发仪式。

2011年9月27日，中国建设银行青海省玉树支行开展“普及金融知识万里行”宣传活动。

2011年9月27日，中国建设银行山西省分行参加第六届中国中部投资贸易博览会。

2011年9月28日，中国建设银行上海市分行整修一新后的离退休员工活动中心正式启用。

2011年10月12日，中国建设银行第二十七期基层党组织负责人及党务工作骨干培训班在哈尔滨培训中心开班。

2011年10月14日，中国建设银行江苏省分行召开与建信人寿银保合作启动大会。

2011年10月19日至23日，中国建设银行青岛市分行48名优秀共产党员在井冈山接受革命传统教育。

2011年10月22日，中国建设银行三峡分行开展反假货币宣传活动。

2011年10月28日，中国建设银行辽宁省盘锦市分行为大商集团盘锦新玛特总店和麦凯乐百货员工提供储蓄卡开卡、电子银行签约等金融服务。

2011年10月28日，中国建设银行三峡分行举办金秋京剧晚会暨戏剧协会成立一周年庆祝活动。

2011年11月3—6日，中国建设银行北京市分行参加了“第七届北京国际金融博览会”，并获得最受信赖银行奖、最佳组织策划奖、最具竞争力理财产品奖3个奖项。

2011年11月5日，中国建设银行广西壮族自治区分行组织员工参加广西首届社保金融杯气排球比赛，夺得冠军。

2011年11月18—19日，中国建设银行湖南省分行举行第三届电子银行业务技能大比武，图为机试现场。

2011年11月19日，中国建设银行常州培训中心组织第23期建设银行党校领导人员进修班拓展训练。

2011年11月22日，中国建设银行福建省分行举办员工风采大赛。

2011年11月29日，中国建设银行四川省泸州市分行开展银行业公众教育服务月活动。

2011年12月5日，中国建设银行常州培训中心组织第24期领导人员进修班学员参观苏州三星电子有限公司。

2011年12月8日，中国建设银行宁夏回族自治区分行举行2011年度“少数民族大学生成才计划”奖学金发放仪式。

2011年12月16日，中国建设银行内蒙古自治区分行在呼和浩特市香格里拉大酒店举办迎新春高端客户答谢会。

2011年12月18日，中国建设银行河北省分行开展“金融知识进社区”活动。

2011年12月28日，中国建设银行深圳市分行召开对外新闻发布会，发行首张金融IC联名借记卡——深圳通龙卡。

2011年12月28日，中国建设银行天津市分行在2011年度“榜样天津”企业社会责任榜公益评选活动中荣获“最具社会责任企业奖”。

贵州省分行

贵州省分行行长 吴民豪

一、业务发展概况

2011 年。贵州省分行全年实现拨备前利润 26.50 亿元，创历史新高，计划完成率 110.98%，增长率 32.15%。在总行 2011 年等级行评定和 KPI 考核中，贵州省分行分别排名系统第 28 位和第 9 位，KPI 系统排名较 2010 年提升 6 个位次。

全口径存款余额 1 398.74 亿元，在四行中占比 31.30%，较年初新增 229.45 亿元，新增在系统中排名第 18 位，同比上升 2 位，增幅 19.62%，高于系统平均增幅 7.22 个百分点；一般性存款余额 1 355.17 亿元，在四行中占比 31.45%，较年初新增 198.17 亿元，新增系统排名第 19 位，同比上升 4 位，增幅 17.13%，高于系统平均增幅 7.04 个百分点。其中，企业存款新增 128.39 亿元，余额四行占比 35.28%，居同业首位；储蓄存款新增 69.78 亿元，系统排名第 22 位，同比上升 4 位；同业存款新增 31.28 亿元，新增居四行首位。各项贷款余额 871.26 亿元，比年初新增 128.37 亿元，其中，对公贷款新增 93.33 亿元；个人贷款新增 35.04 亿元。

截至 2012 年 12 月末，分行不良贷款率为 0.84%，较年初下降 0.02 个百分点；不良资产现金回收 2.63 亿元，完成计划的 175.48%；实现不良资产超值现金回收 1.14 亿元，完成计划的 190.42%。

2011 年 12 月 15 日，中国建设银行贵州省分行与贵州省农业委员会在贵阳举行“三农”战略合作协议暨涉农中小微企业借款合同签字仪式。

【公司业务】信贷资源继续投向重点优质及区域特色行业客户，全年单位人民币结算账户较年初净增 7 017 户；公司机构客户数新增 9 820 户，计划完成率 149.58%，账户新增在四行中占比 26.64%，较上年同期提升 2.93 个百分点，总量在四行中占比 21.92%，较上年提升 0.81 个百分点；共实现重点项目账户开立 226 户，新增代发单位 647 户。全年累计向公路、铁路、机场、电力、煤炭、燃气等涉及国计民生领域重点基础设施项目发放贷款 179.07 亿元，建立信贷项目储备 254 个，金额 766.53 亿元；严控“6+1”行业贷款新增，钢铁、电解铝、汽车、纺织、铁合金、电石六个行业非支持类信贷客户实现全部退出，计划完成率 104.93%；信贷客户总量较年初增加 95 户，其中 A 级及以上客户占比达到 62.41%；小企业业务“零售化”转型步伐加快，单户 500 万元及以下贷款客户占比 76%，非贴贷款余额增幅 40.33%，非贴贷款基本户新增 77 户，增幅 143%。

【个人金融业务】有资产个人客户达到313.31万人，当年新增29.68万人，净新增代发个人账户4.9万户；高端客户增长420人，客户AUM增长23.78亿元，增幅分别为45.05%、62.82%，均列系统第3位；全年销售产品475.70亿元，其中销售利得盈等理财产品409.32亿元，短信业务、代理国债、代销基金、实物黄金四个产品收入在当地四行中排名第1位；全年发行借记卡98.88万张，刷卡消费额突破200亿元，同比增长53.05%，银行卡收入增速在系统中排名第1位；个人客户产品覆盖度2.485，较年初提升0.18。

2011年12月26日，中国建设银行贵州省分行与贵州百灵企业集团制药股份有限公司举行贵州百灵卓越信用卡首发仪式。

【中间业务】全年实现中间业务收入9.83亿元，系统排名同比上升2个位次；同比增速37.89%，高于系统平均增速5.15个百分点，系统排名第17位．其中，投行业务实现中间业务收入2.17亿元，增幅54.71%；中间业务净收入占主营业务收入21.94%，较上年上升3.11个百分点。在总行2011年中间业务标杆管理考核中，贵州省分行发展水平指标和年度变化指标分别排名同组第4位和第6位，均较上一年度提升2个位次。

【国际业务】全行对公外汇存款增幅79.96%，余额在四行中占比45.05%，排名第1位，同比提升15.12个百分点，新增在四行中占比151.63%；办理了首笔“现汇贷款+利率互换”外汇组合产品，成功实现“跨境人民币结算和换币种海外代付”业务突破。

【资产质量与风险控制】资产质量较为稳定，表外业务加权风险资产较年初新增数控制在年度新增计划内；全年共检查关键风险点35 225点次、营业网点累计807个、前台柜员共18 055人次，发现问题92个，发现问题比率0.23%。

【机构业务】累计开立财政非税收缴专户54户，代理交易量从年初的12%提高到28%；新增社保账户32户，计划完成率290%；新增民生领域账户233户，计划完成率466%；新增零余额账户324户，计划完成率108%。成功与贵州省卫生厅签订“医疗健民”合作协议，开立贵州省水利投资有限责任公司、贵州多彩贵州城建设经营有限公司等优质客户基本账户，“环保益民”、“文化悦民”再次取得突破。

【信用卡业务】全年净新增信用卡客户7.38万户，计划完成率105%，排名系统第17位；龙卡分期业务交易额和中间业务收入分别较上年增长2倍和1.5倍；成功为贵州省知名民营上市企业百灵集团发放贵州省首张卓越信用卡。

【电子银行业务】全年累计新增电子银行客户超过107万户，其中网上银行个人活跃客户新增26.85万户、手机银行活跃客户新增24.21万户、短信银行个人客户新增55.57万户；实现中间业务收入增幅57.23%，排名系统第13位。

【住房金融业务】住房资金归集余额178.10亿元，较年初新增37.63亿元，余额和新增在系统内占比分别为1.59%和2%。其中：公积金贷款余额116.79亿元，较年初新增25.31亿元；住房资金存款余额61.31亿元，较年初新增12.32亿元。

【新兴业务】全力打造小企业“社区金融”营销服务平台，成功搭建“仁怀白酒产业集群”、“贵州绿茶产业”等批量化金融服务平台11个，全年累计投放信贷资金9.37亿元；主动向客户推介产品设计、FITS签约、项目融资、私募产业基金等新型财务顾问业务和理财产品，完成了水城煤电产品推荐、旅文并购财务顾问、开磷租赁融资顾问等项目；全年发行理财产品77.19亿元，“乾元”品牌在市场上形成了一定的影响力。稳步发展企业年金业务，新增养老金签约客户7户，签约受托资产规模新增15 780万元，签约个人账户数新增4 442户，运营管理受托资产64 356万元，在四行中排名第1位。

二、主要工作措施

【深入开展创先争优活动】贵州省分行党委提出将创先争优活动融入“促进业务发展、加强风险防范、优化客户服务、提升员工素质”，并进一步加强基层党组织建设，发挥好党组织战斗堡垒和党员模范先锋作用，以党建促团建、工建、妇建，按照“双培养”工作思路，全年共发展党员65名，其中一线员工占84.61%，继续保持了网点党员全覆盖。在深入开展“三亮三评三比”活动中，不仅充分发挥了“党员示范岗”、“党员先锋岗”和“党员责任区”的典型示范引领作用，还把“创先争优”活动与为民服务有机结合起来，有效提升了营业网点服务质量。2011年，贵阳河滨支行还荣获“全国文明单位”和“2011年度中国银行业文明规范服务百佳示范单位”两项殊荣。

【持续推进客户账户战略】客户账户拓展坚持大、中、小并举，加强系统作业。一是强化重大项目和传统领域客户账户拓展，建立重要时点监控和重点项目（客户）营销常态化跟踪机制，严格销户管理；二是加大新兴社保账户和县级财政账户拼抢；三是积极拓展小企业及“三农”领域客户，树立“大银行”服务“小企业”的良好形象；四是以抓中高端客户和代发工资客户为重点，组织开展“走进校园”、“走进社区”等系列营销活动；五是坚定不移推进“中心城市行优先发展战略”。

【不断提升专业化经营能力】一是成立私人银行部和贵阳私人银行，对客户资源较为集中的贵阳地区加强直接经营。二是高质量推进网点转型，2011年列入总行二代转型名单的53个网点全部通过总行验收，优秀率达到86.8%，较全国平均水平高23.8个百分点。三是充实个金条线特别是个人客户经理队伍，持续优化网点结构，全年完成网点建设项目54个；加快自助设备布放，全年新增71台，总数达到747台，自助设备实现中间业务收入增幅41.27%，台均手续费收入高于全国平均水平，系统排名第6位。四是加快完善个贷中心经营模式和运行机制，在经济发展好、具有潜力的行政县支行逐步开始设立个贷中心，加快行政县支行个贷业务发展。

【强化案件防控和合规文化教育】一是着力防控重点业务和关键部位案件风险，突出抓好重点时段案防工作。二是落实总行八大突出案件风险专项治理工作要求，开展多发问题专项治理活动，重点整治屡查屡犯问题。三是严格按照总行深化银行业内控和案防制度执行年活动部署，组织开展大额不良贷款风险排查、内控制度执行力突查以及强化防范操作风险13条等工作。四是切实抓好案防长效机制建设，加强内审外查问题整改。2011年度内外部审计发现问题较上一年度减少203个，整改率达98.28%，在总行2011年度一级分行整改工作综合管理评价中，贵州省分行得分为97.30分，系统排名第7位，较上年提升4位。五是提高员工案防意识，规范员工从业行为。从员工教育和日常规范入手，采取培训、组织案例教育警示、专题讲课等多种形式，将银监会《职业操守指引》、“19条禁令”等行为准则纳入重点教育内容；组织开展员工商银行为集中排查，并在排查中开展以“五关注”（关注员工实际困难、关注员工思想情绪、关注员工社交状况、关注员工履职情况、关注员工身边风险）为主题的全员谈心、谈话活动。

【加强员工队伍建设】一是不断加强员工队伍建设，竞争力和凝聚力不断增强。着力推进“践行核心价值观，创先争优促发展”主题活动，结合“四职教育”（职业道德、职业责任、职业纪律、职业技能），充分发挥核心价值观的引导、凝聚、激励和约束作用，全年举办培训1 244期，培训35 818人次，组织6 872人次参加各类考试。二是持续强化“四个意识”（大局意识、服务意识、责任意识、进取意识），提升“四个能力”（统筹管理能力、执行创新能力、高效办事能力、自己动手能力），创新选人、用人和健全后备干部培养机制，加大专业技术队伍建设，制定专业技术岗位5年规划；持续开展星级柜员评聘和派遣员工转制工作，培育良性竞争环境。三是实实在在关爱员工，营造和谐发展环境。持续开展“两个加强，两个联系”（加强党的基层组织建设，加强员工思想政治工作；领导联系员工，党员联系群众）活动，调整工资结构，提高基本工资保障水平；改善网点工作环境，解决员工午餐问题；提高补充医疗保障水平，真诚关爱员工，努力使改革发展成果惠及每一位员工，共同创造和谐的发展环境。

执笔：罗小英　杨军华

云南省分行

云南省分行行长　潘念宁

一、业务发展概况

2011年，云南省分行以“发展、管理、改革”为主线，加快业务发展，不断夯实基础，提高管理能力，实现良好经营效益。一般性存款新增同业第1，各项贷款新增四行第2，中间业务收入总量、增量、增幅三项同业第1，不良贷款控制在1%以内，经营效益增长超过30%。

【负债业务】一般性存款余额2 059亿元，新增259亿元，增长14.4%，分别高于系统及四行平均增速3.9个、4.2个百分点，在四行中占比36.7%，比上年提高11.6个百分点，余额在四行中占比27.1%，比上年提高1个百分点。其中，对公存款余额1 227亿元，新增174亿元，增长16.5%；个人存款余额832亿元，新增85亿元，增长11.4%。同业存款余额77亿元，新增70亿元。

【资产业务】各项贷款余额1 315亿元，新增156亿元，增长13.5%，分别高于系统及四行平均增速0.5个、1.6个百分点，在四行中占比26.6%，提高7.8个百分点，余额在四行中占比24.4%，提高0.3个百分点。其中，公司类贷款余额955亿元，新增92亿元，增长10.7%；个人贷款余额360亿元，新增64亿元，增长21.6%。

【中间业务】实现中间业务收入14.9亿元，增加4.5亿元，增长43.9%，分别高于系统及四行平均增速11.2个、7.2个百分点。在四行中占比30%，提高1.5个百分点。

【资产质量与风险控制】处置不良资产14.8亿元，实现现金回收11.4亿元、超值现金回收4.3亿元。不良贷款余额12.7亿元，比总行计划少1.5亿元，不良率0.96%，低于系统平均水平。拨备覆盖率270%，拨贷比2.6%。

【经营效益】实现税前利润35.6亿元，增幅34.1%，高于系统平均7.4个百分点。

2011年1月12日，中国建设银行云南省分行与云南南磷集团股份有限公司举行南磷卓越信用卡签约暨首发仪式。

二、主要工作举措

【多策并举抓营销，市场竞争力明显提高】强化发展责任意识、忧患意识、竞争意识，以市场表现作为衡量业务发展的标准，多项指标同业排名第一。一是盯源头，对公存款余额和新增同业第一。积极推进企业存款“三增”活动，依托“公共财政”建设和“强民生”政策导向，深化对公存款链式营销，巩固财政、交通、卫生、教育、水利、城市基础设施领域存款优势，社保、军警存款新增创历史新高，第三方支付营销取得突破，住房资金存款突破百亿元。对公存款余额和新增跃居四行首位，新增占比达45.8%。二是强营销，个人募集资金总量居同业第一。持续推进“龙天下”个人业务系列营销活动，不断丰富营销活动形式和内容。借助丰富完善的产品线，发挥理财和负债业务双向协同效应，募集资金总量保持市场第一。尤其是人民币理财产品销售量超过历年总和，时点保有量突破百亿元，排名同业首位。三是促产品，中间业务收入居同业第一。坚持高目标，加强产品综合运用，坚定不移推进收入结构调整。中间业务11项产品在同业中排名第一，千万元以上产品较上年增加两项，达31项。造价咨询、资金监管收入快速增长；代理信托资金规模和收入同业第一；代理基金业务收入在四行中占比接近一半；信用卡新增发卡居同业第一，分期收入突破千万元；房易安收入系统排名第2位；贵金属业务收入系统排名第9位，个人黄金销售额为上年3倍；国际结算量首次突破20亿美元，在全国首家开通NRA账户网银业务，作为首批报价行和参与行进入人民币对泰铢银行间区域市场。

【抢抓机遇调结构，信贷业务转型取得实效】转变观念，调整思路，以深化信贷结构调整促进资产业务稳健发展。一是严格执行宏观调控政策，多渠道解决客户资金需求。在严格执行总行控制计划的前提下，坚持按价格、产品、战略客户、存款四个维度优化信贷资源配置，提高规模利用率。通过短融、中票、委托型理财产品、融资租赁、外汇产品等满足客户融资需求92亿元，有效维护对公客户和个人客户。二是坚决执行信贷退出计划优化资产质量。落实“进、保、控、压、退”政策，优化信贷结构，实现信贷退出40亿元。对风险集中度高的行业和客户坚决执行减额授信，全面退出未核准电站贷款，采取多种措施减少公路项目风险敞口。三是积极推进结构调整和经营转型。信贷资源向小企业、个人贷款和供应链融资产品倾斜。推进社区金融营销模式，加快小企业业务发展步伐，与湖南、福建、温州、昆明晋商等商会建立全面合作，小企业非贴贷款增幅41.9%，高于公司类贷款增幅31.2个百分点。个人贷款由单一住房类产品向以个人住房贷款为龙头，住房、消费、经营三大类产品齐头并进转变。个人住房贷款新增保持同业排名第一，在瑞丽、腾冲两个支行试点助业贷款。保理业务对流动资金贷款替代率为14.6%，提升了7个百分点，排名系统前列。

2011年3月8日，中国建设银行云南省分行举行个人VIP客户专属理财产品签发仪式。

【突出重点夯基础，可持续发展能力持续增强】将夯实可持续发展基础提升到战略高度。一是狠抓客户/账户增长，夯实客户基础。重检三年工作目标，调整客户增长计划，组织专项营销活动，加大激励与约束，推动客户/账户拓展工作。对公账户增长创历史最高水平，净增单位结算账户6 422户，增长12.8%；个人高端客户增长率排系统第7，其中私人银行级客户新增排名第6。二是全力拼抢战略客户，打牢业务增长基础。中缅油气管道建设境外、境内公司及炼化项目等账户成功落户建设银行；相继与华能、华电、龙源、国电等电力集团签订《新能源项目战略合作协议》；成功争取到昆明市、玉溪市未参保集体企业养老保险独家代理资格和“云南省省级财政偿债准备金存款管理资格”；民本通达“文化悦民”项目实现突破。三是稳步推进网点转型和专业化经营机构建设，提升服务质量和客户满意度。继续做深做细零售网点二代转型工作，165个网点顺利通过总行验收，验收合格率和优秀率均排系统第1。落实网点服务“新标准”，更加突出服务与营销工作有效结合，近两年“神秘人”检查连续四次排名系统前10位。通过建立个贷中心、小企业经营中心、对公商务中心和个人经营中心，持续提升专业化服务水平和能力。四是强化电子自助渠道建设，提高服务效率。切实发挥电子银行主渠道作用，以抓同步率和转换率为切入点，电子银行客户规模实现翻番，个人网银、手机银行客户新增跃居四行首位，电子银行账务性交易量提升值系统排名第4。推进跨区域自助设备集中维护提升管理效率，自助设备交易量首次突破亿笔，账务性交易量比64%，综合效益系统排名第6。

【理顺机制强管理，精细化专业化水平不断提升】不断强化经营管理能力，积极推进各项改革。一是规划先行，增强战略管理能力。组织开展“十二五”规划编撰工作，客观分析未来五年面临的优势、机遇和挑战，以加快业务发展和经营转型为重点，以“确保主要业务增速不低于全国建设银行平均水平、不低于云南同业四行平均水平”为目标，明确客户、产品、渠道、区域经营策略以及配套支撑措施。二是加强信贷基础管理，推进内控和合规建设，增强风险防范能力。再次组织融资平台全面排查，制定“一户一策”风险化解方案。认真部署落实贷中、贷后管理补课和验收。认真落实总行“表外业务管理年”、内控基本规范实施相关要求。保持对案件防控的高压态势，针对内控和操作风险面临的严峻形势部署全行专项治理活动，实现“四无”目标。三是完善昆明地区经营模式，增强专业化经营能力。推进并优化昆明地区的改革，在进一步梳理业务流程和工作关系的基础上，强化省分行部门的管理职能和各个经营中心的经营职能，完善个人经营中心、对公团队考核办法，促进加强经营和联动。组建一部三团队，探索专业化、垂直管理的昆明地区风险管理模式。四是优化业务流程，增强中后台业务支持能力。扎实做好前后台分离系统上线组织工作，152个网点成功切换上线，系统运行平稳、业务处理顺畅。完成12个流程优化项目，大幅提升中后台作业效率和前台客户营销服务能力。信息系统安全运营，在“云南省银行业金融机构信息化管理工作”综合考核评级活动中荣获A级机构第一名。

【以人为本带队伍，构建和谐成效显著】持之以恒推进党建、队伍建设和企业文化建设。一是加强党的建设和基层组织建设。将开展创先争优活动与业务发展紧密结合，广泛开展劳动竞赛及以“纪念中国共产党成立90周年”为主题的党性教育活动，积极创建“五个好”先进基层党组织。二是加强队伍建设，关心关爱员工。加强领导干部队伍建设，进一步完善干部培养机制。加强员工行为动态管理工作，建立定期“倾听心声——员工恳谈会”制度，推广“行长员工面对面”活动。关注员工职业生涯发展，实施EAP项目和新入行员工加速上岗计划，落实大规模、全方位员工培训计划。不断完善各项福利制度，建立和完善职工互助帮扶长效机制。三是加强企业文化建设，营造良好氛围。围绕“践行核心价值观、促进科学发展”主题，多层面、多渠道开展建设银行核心价值观及文化要素的学习实践活动。充分发挥“五星级营业网点”、“青年文明号”等先进基层单位模范带头作用。四是积极履行社会责任，提升企业形象。持续做好“成才计划”和“成长计划”工作，被省教育厅授予“云南省支教助学杰出贡献奖”。开展“兴边富民”对口支持，连续六年被省“兴边富民”领导小组授予先进单位称号。积极为地震灾区、干旱灾区及见义勇为基金捐款。在“云南金融百姓口碑榜”和“2011年首届春城金融博览会”中获最佳零售银行、最佳财富管理银行、最佳电子银行、最佳短信金融服务产品创新等奖项。

执笔：宁晓娟

西藏自治区分行

西藏自治区分行行长　韩文贞

2011 年，西藏自治区分行在建设银行总行党委的正确领导下，在全行员工共同努力下，坚定不移地推进组织机构改革和业务结构调整，经营管理水平持续增强，各项业务及盈利水平再创历史新高。截至年末，一般性存款余额 409 亿元，当年新增 73.9 亿元，增幅 22.1%。各项贷款余额 114.6 亿元，当年新增 17.8 亿元，增幅 18.4%。不良贷款率 2.89%，较年初下降 3.42 个百分点。实现中间业务毛收入 6 041.3 万元，增幅 31.8%。实现税前利润 8.44 亿元，同比增长 32.6%。

【严格执行总行信贷政策，信贷结构进一步优化】严格按照总行信贷政策，结合西藏资源优势，严把信贷准入关口，坚持走大思路、大想法、大战略方向，重点抓住大项目，进藏大集团、大公司，严控政府融资平台、房地产贷款等国家重点调控行业客户贷款投放，信贷结构进一步优化。新增贷款主要投向铁路、水电等重点行业和客户，其中向中国铁建、中国中铁发放贷款近 20 亿元，向藏木电站、旁多水利枢纽工程等水电项目和施工企业发放贷款 8.55 亿元。

【机构改革深入推进，队伍建设不断加强】进一步完善批发条线、零售条线工作职责，强化条线管理职能，积极调整配套激励约束机制和资源配置政策。改革城区支行管理模式，根据各支行所处的区域特点、客户结构和未来发展趋势对城区支行实行差别化定位。强化中后台服务保障，对城区支行日常事务实行集中管理。与之相配套的有关条线和城区支行的管理办法、营运流程和考核办法已陆续下发施行，新的充满生机和活力的运行体制和考核机制已基本落实到位。优化各级领导班子结构，加大中层领导人员交流力度，形成合理的干部队伍梯度，全年平级调整 15 人，提拔使用 18 人。加强后备人才队伍建设，公示了 9 名分行副行级后备人选，确定了 11 名总经理级、39 名副总经理级、17 名网点型支行行长、11 名网点型支行副行长的后备人才，建立了覆盖不同层级的后备人才库。

【基础建设不断加强，服务能力持续提升】稳步推进渠道建设，2010 年成立了拉萨首家私人银行，山南藏木分理处如期开业，完成江塘纳卡等 5 个网点的装修改造以及拉萨开发区支行等 2 个网点购置，对恢复阿里地区分行进行了前期考察，使银行网点布局更趋合理、服务环境更加舒适。大力推动产品创新，成功推出了电子汇票业务、汽车贷款业务，成功运营首笔企业年金业务。客户基础日益坚实，账户数量不断扩大，结算账户 8 198 户，新增 880 户，增幅 12%；AUM 300 万元以上的个人高端客户 137 户，新增 28 户，增幅 25.7%。

【风险内控不断完善，资产质量显著改善】扎实开展“信贷基础管理年”、实施企业内部控制规范等活动，进一步夯实基础，落实案件防控责任制，实施全面风险管理，基础薄弱情况得到改善，审计发现问题逐年减少，经西藏总审计室确认的整改率达到 92.67%。加大不良资产处置力度，措施得力，效果明显，当年处置不良资产 4.87 亿元，实现超值现金回收 1.2 亿元，不良贷款率 2.89%，较年初下降 3.42 个百分点。

【党的建设和党风廉政建设全面加强，企业文化结出硕果】组织召开了分行党建工作会议，对全行当前和今后一个时期加强和改进党的建设工作进行了安排部署。推进反腐倡廉制度建设和改革创新，将党风廉政建设责任制的落实情况纳入等级行评定、领导人员关键业绩指标考核，分行党委书记与各部门、各分支行主要负责人签订党风廉政建设责任书。全行上下以庆祝建党90周年系列活动为抓手，以深入开展“创先争优”活动为主线，搭建党建工作与业务发展、机制转型、风险防范相结合的活动平台。深入践行建设银行“诚实、公正、稳健、创造”的核心价值观，加强工会、团委、退休老干部管理工作，关心关爱员工，积极回馈社会，建设和谐企业文化。2011年，分行荣获总行级“文明单位”及“全国五一劳动奖状”的殊荣。

【维稳工作常抓不懈，驻村工作获得好评】认真落实自治区党委政府、维稳一线指挥部的工作要求，加强重点部位、重点环节的安全防范，确保重大节日和敏感时期的绝对安全和稳定，全年没有发生任何案件事故。同时，积极响应自治区党委政府号召，切实做好创先争优强基础惠民生驻村活动，选派了42名精兵强将组成10个工作组，深入基层，走村串户，做了很多实实在在的工作，得到社会各界的好评。

执笔：雷勇

陕西省分行

陕西省分行行长　牟乃密

一、业务发展概况

2011年，陕西省分行巩固传统优势、强化基础建设、求知求新求变、从零谋划发展，全力确保传统业务系统和同业“两个不降低”和新兴业务“领先一步”，实现了预期经营目标。

【负债业务】全口径存款余额2 786亿元，新增347亿元，同业第1，系统第11；一般性存款余额2 620亿元，新增367亿元，同业第1，系统第9。其中，企业存款余额1 387亿元，新增204亿元，余额与新增系统内排名分别为第11位和第8位；完成总行年度计划的157.78%，系统排名第1，企业存款余额和新增在同业中实现“双第一”。个人存款余额1 233亿元，新增164亿元，余额和新增分别位居系统第14位和第9位，增速15.3%，系统排名第9；新增继续保持同业第1。

【资产业务】各项贷款余额1 407.35亿元，新增215亿元，贷款余额和新增均位居同业第1，增速18%，系统排名第2。

【中间业务】实现中间业务净收入15亿元，同业第2，增速高出系统平均水平1.9个百分点。

【资产质量】不良贷款额13.24亿元，增加4.2亿元；不良贷款率0.94%，上升0.18个百分点。

【经营效益】实现考核利润38.43亿元，同比多增6.44亿元，增幅20%。

【公司业务】公司类贷款余额982亿元，新增100亿元，增速为11.36%。90%以上的对公贷款投向交通、采矿、制造、教育、建筑等传统优势行业以及享受区域差别化政策的行业。对公贷款合同利率平均上浮1.41%，同比提高6.28个百分点。小企业贷款新增24亿元，占到对公贷款新增的1/4。运用新兴融资产品满足重要客户融资需求116亿元。

【个人金融业务】个人理财产品销售741亿元，比上年增加366亿元；个人结算户新增153万张，完成年计划的153%。个人AUM300万元高端客户以上新增722人，完成KPI计划的105%；管理高端客户金融资产166亿元，新增34.4亿元，人均资产478万元，高于全国平均水平27万元。信用卡客户新增13.74万户，计划完成率105%；信用卡业务收入1.53亿元，信用卡消费交易额74.71亿元，同比分别增长81%和77%。网点自有率提高4.75个百分点。

【房地产金融业务】继续坚持优化客户结构和业务结构，积极支持优质企业和符合市场主流需求的优质住宅项目。房地产开发类贷款投放金额32亿元，回收金额32亿元。住房委托性贷款新增13.7亿元，完成全年计划的137%；委托性住房存款增加28亿元，完成全年计划的372%，增幅位居系统第8位。个人贷款余额425亿元，其中个人住房贷款412亿元，较年初新增113亿元；个人消费类贷款13.2亿元，较年初新增1.2亿元。个人贷款新增、余额继续保持同业第一。

【中间业务】中间业务净收入同业第2，增速高出系统平均水平1.9个百分点。公司业务条线实现收入9.27亿元，同比增长2.48亿元，增幅达36.5%，完成总行计划的117%，银团贷款、债券承销、投资理财、国内保理等16类产品超额完成总行年度计划；个人业务条线实现收入5.98亿元，系统排名第15位。

【其他业务】夯实客户基础，新开对公结算账户16 341户，对企业存款新增贡献66%。个人客户新增50万户，总数达到525万户，其中财富管理级客户新增系统第10，人均资产在建设银行系统排名第7。小企业非贴贷款客户新增202户，增幅达53%。民本通达客户新增177户，基本账户占比68%。

推动新兴业务发展，电子银行账务性交易量比为42.44%，系统排名第29位，较年初上升7位，提升16.75%，提升幅度系统排名第5；投行业务收入3.24亿元，同业第一，增速系统排名第6。理财产品销售812.7亿元，同比实现了翻番，实现收入2.15亿元，增幅187.32%。

推出了全国建设银行系统第一张行业应用的IC信用卡——“三秦通龙卡”，成功发行陕西省社保联名卡、西京健康龙卡。标准白金卡、钻石白金卡新发卡达到上年同期的10倍；购车分期、贵金属销售实现收入同比翻番。

二、主要工作措施

【多策并举拓展负债业务】

明确目标，确保两个“不降低”。提出西安城区行存款新增整体第一，地市行“保二争一”，并据此制订出每个行的经营目标，根据同业竞争变化情况每个季度动态调整，实行目标刚性问责制度。

资源倾斜，加大考核。建立存款余额市场占比提升奖励制度，实行存款买单激励、旺季营销激励、完成计划追加激励和专项激励四重激励制度。客户经理绩效至少60%与负债挂钩。强化计划约束，绩效工资兑现额度与计划完成进度挂钩，在注重日均的同时，加大月末、季末等关键时点考核。

紧盯重点，寸土必争。对公存款主抓机构存款、中型账户和“验资通”资金，开展“抓客户、抓账户”的营销活动，大中小客户并举，实行分层营销。分支行领导主要负责大客户，团队负责中型客户，柜面负责小额无贷户。个人存款立足社区，公私联动，通过理财产品销售实现稳存增存。

大户资金，领导负责。对全省前50大户和二级分支行前20大户实行“一把手”负总责，经营成果与部门及分支行整体绩效挂钩。大额资金进出做到每日监控，关键时点省行班子成员与二级分支行共同商议，严把出口关。

优化模式，强力推进。建立前台营销发散、中台支撑有力、后台管理保障的多层维护架构。广泛推进团队化建设，组建了网点型团队、直属型团队和会计柜面型团队，推行以客户包为基础的多层级维护体系，纵向穷尽分配各行对公客户到营销团队，横向分客户类型对接到条线管理部门。

【加快业务转型与结构调整】

严格执行总行信贷结构调整政策，优化信贷结构，深化经营转型，将有限的信贷资源投向信贷政策支持、综合收益较高的战略新兴产业、现代服务业、小企业和个人领域。坚持投融资并重，传统贷款和新兴融资方式“双轮驱动”，在传统信贷资源不足的情况下，积极推动债务融资工具、理财产品、股权融资等新兴投资银行产品满足客户融资需求。

领先一步推动新兴业务跨越发展。在全辖范围内组建电子银行专业团队。重点加大了网点渠道建设和私人银行队伍建设，装修改造网点63个、自助银行82个，新增自助设备380台，增设私人银行3家，服务渠道拓宽，服务能力增强。

专项激励，将“电子银行账务性交易量比”和“自主设备交易量比”提高值纳入核心业务销售量劳动竞赛和二级分支行主管行长KPI考核。打造卖点。开展以“增客户、促应用、提能力”为主题的电子银行劳动竞赛和“刷龙卡信用卡 赢世园门票”促销活动，标准白金卡新增发卡达到上年同期的10倍。大力提升购车分期业务的专业化程度，购车分期实现中间业务收入同比增长分别为150%和220%。

【坚持合规经营，强化风险管理】

扎实推进政府融资平台清理。严格执行平台清理的相关要求，实施名单制管理，分门别类，完善现金流、补充有效抵质押物与主动退出并举，政府融资平台贷款从年初的242亿元下降到98.79亿元，157.74亿元已经陕西省银监局认定整改为一般公司类贷款，政府融资平台贷款基本做到了合乎监管规定、风险可控。主动应对船舶保函垫款。针对船舶保函业务暴露出的潜在风险，成立了主管行长、相关部门参与的紧急风险处置工作团队，专人驻厂、多渠道信息反馈、第一时间汇报决策，在极其艰难的情况下，通过资产保全、加快即将完工船舶处置等手段，有效化解了1.22亿美元的保函责任。加大二级公路贷款保全力度。高度关注陕西省二级公路还贷的最新政策动向，认真配合，合理重组期限，成为唯一一家取得省交通厅兜底还款的贷款银行，撤站还贷平衡资金偿还比例高于余额占比，有效降低风险。

加强案件防控。一是前移风险关口。认真开展“八大突出风险”排查，有针对性地制定出台小企业信贷人员从业“七项禁令”、“违规违纪责任追究条款”，从源头、从苗头杜绝风险隐患；二是创新自查手段。联合内部审计部门，以非现场审计系统为依托，按季组织监测操作风险疑点，建立自查自纠机制。三是强化内部控制。区分主观故意和客观违规，对同一机构、同一部位屡次积分的严格问责，确保案件和重大违规问题“零容忍”，初步实现了内控制度向手册化的转变。四是多措并举，加强案件防控。制定“三重一大”决策制度实施细则，加强员工商银行为过程监控，二级分支行员工家访覆盖面达到80%。对15个二级分支行开展巡视，组织编写并印发了《规范从业制度解析100例》手册，明确了禁止性行为区域。

【以人为本，加强队伍建设】

加强干部队伍建设。建立起注重长效激励的年薪制人员业绩档案，增强各级领导班子的活力和战斗力。注重人的全面发展，高度关注员工精神层面的需求。组织开展了全行范围的“先进单位”、“优秀领导人员”、“百佳客户经理”、“优秀员工”等评比表彰活动；探索推进“跟班培训”、“菜单培训”等，21 270人次参加了境内外一天以上培训548期，人均培训超过10天；营造“创先争优”的良好氛围。严格按照中央和总行部署，在扎实做好每一个规定动作的基础上，推出“比技能，争创优质服务品牌”、“比作风，争创优质服务单位”、“比业绩，争创优秀服务标兵”的“三比三创”活动，推动“创先争优”不断深入。

执笔：侯鉴

甘肃省分行

甘肃省分行行长　艾尔肯·艾则孜

一、业务发展概况

【负债业务】全口径存款余额1 480亿元，在四行中占比30%，新增190亿元，完成总行计划的105%。全口径存款余额、一般性存款和对公存款余额均保持四行第1位。企业存款余额333亿元，新增50.3亿元；个人存款余额607亿元，在四行中占比25%；网均单产2.37亿元，四行中排名第1位；新增45亿元，系统排名第27位。

2011年5月13日，中国建设银行甘肃省分行与甘肃省农牧厅在兰州举行"农耕文明"涉农贷款支持特色农业发展签约仪式。

【资产业务】各项贷款余额615亿元，新增69.5亿元。公司贷款余额515亿元，新增56.5亿元，累计投放258亿元。

【中间业务】实现中间业务净收入8.36亿元，完成总行计划的119%；同比增收2.46亿元，增速41.57%，系统排名第13位；收入主营业务占比22.96%，同比提高3.33个百分点，高于系统平均水平0.5个百分点。

【资产质量与风险控制】不良贷款余额4.57亿元，减少1.39亿元，不良贷款率0.74%，下降0.35个百分点。

【经营效益】实现税前利润14.68亿元，完成总行计划的111%；实现经济增加值5.43亿元，完成总行计划的132%。

【房地产业务】个人贷款余额65亿元，新增16.53亿元，完成总行计划的111%。住房资金归集新增39.4亿元；公积金个人住房贷款余额65亿元，新增15.37亿元。

【国际业务】实现国际结算量28亿美元，同比增长85%，完成全年计划的150%，在四行中占比31.54%，居四行第2，系统排名第10位。

【其他业务】小企业贷款新增39.2亿元，增速系统排名第1；个人网银客户114万户，新增57万户，增速系统排名第1；结算账户新增7 659户，四行新增占比112%，账户总量新增及基本户新增均列第1位，以绝对优势领先。

二、主要工作举措

【狠抓存款，提升市场竞争力】一是抓精细化服务。通过对数据深入分析，查找存款增长乏力原因，认真研究增加存款对策和方法，结合自身实际情况，抓住重点，制定切实可行的措施。同时，将任务和措施分解到时段、到人头、到客户、到产品，并逐级落实责任。组织推进对公存款专题营销活动，在本部开展全员营销存款活动，调动全员营销积极性。二是根据市场变化和客户需求，通过创新投资渠道、增加产品种类等方式，为客户提供解决问题的一揽子方案，加强产品捆绑销售。三是抓中小客户、上下游客户、终端客户，强化以贷引存，实现大企业资金在行内循环。四是大力拓展各级社保账户和财政代理收付业务，促进财政资金行内循环。深入做好小账户挖潜工作，加大特色医保联名卡、保险公司联名卡等发卡力度，增加账户数，拓宽个人存款源头。五是深化二代转型，将所有高端客户维护责任分解到客户经理，并加大对客户经理维护客户和客户保有率的考核，全面实施“客户推荐客户”策略。六是持续推进代发工资业务。利用总行基金定投批量签约功能，大力拓展优质代发工资单位定投签约客户，深化对代工客户的理财服务。七是加强考核激励。比照同业相关政策措施和办法，制定切实可行考核激励方案，主动调整客户营销手段和方式，避免客户流失。

2011年7月14日，中国建设银行甘肃省分行、兰州电力支行与甘肃省建设投资集团总公司在兰州举行战略合作签约仪式。

【狠抓账户，夯实客户基础】一是加强对行业龙头客户的争夺和挖潜，重点关注水利、电力、烟草、矿产等优势行业的物流、信息流、资金流，在每个节点上对接产品和开户，把每个行业龙头企业的客户链做完整，实现批量营销。同时，强化对“三农”、文化领域的拓展和渗透。二是加强对项目源头的跟踪，加强与项目建设主管单位的联络，掌握重点规划项目名单，做实项目储备，明确目标，分解到人，落实责任，序时推进。三是加强对存量客户的维护，实行名单制管理，团队、客户经理、柜员三位一体，包户负责，分层监控，整体联动，维护到位，同时，对账户销户实行审批制度，开发了对公账户销户管控系统，以“机控”解决“前开后销”问题。四是着力提升客户产品覆盖度，大力推行“小账户大作为”、“每周三个一”、“PK竞赛”活动，制定账户套餐、“工商验资E线通”“1个50%”和“3个100%”目标，即通过“工商验资E线通”注册验资的客户市场占比达到50%，通过“工商验资E线通”注册验资的客户100%转换为结算账户、100%签约账户套餐。同时，存量客户账户套餐签约率达到100%。五是强化考核激励，重奖严罚，提高账户营销积极性，对网点新增300万元以上客户直接配置营销费用。

【狠抓中间业务，打造竞争优势】一是完善激励机制、发挥政策传导作用。针对中间业务收入“两个日进”、“每周三个一”、客户产品覆盖度、“工商验资E线通”、对公结算账户套餐业务等重点业务制定七项激励约束考核办法，加强政策指导，推动全行中间业务持续、快速、健康发展。二是以信贷业务为突破口，拓展业务合作领域，提高中间业务渗透率，带动中间业务大幅度发展，提高信贷资产综合贡献度。三是以投行业务为抓手，大力发展集合信托计划新型投行业务，加强牵头部门与销售部门的沟通协调，共同协作，加大理财产品的发展。四是以保理业务为突破口，发挥保理业务经济资本占用率低、综合收入贡献高等优势，调整激励政策，加大培训指导，着力推动国内保理业务的均衡发展，提升产品渗透率。五是注重产品潜力挖潜和自主产品创新能力，通过创新谋求新的收入增长点。在传统产品中进行潜力挖掘的同时，还在涉农动产质押、保理业务的供应链融资等产品方面进行衍生和创新。

【狠抓结构调整，大力推进转型业务】一是狠抓小企业业务。专门成立小企业业务部和小企业专业支行，各二级行成立专业团队，进行组织推动。把助保金业务和联贷联保业务有机组合，创新推出了“钢贸通”产品，开发小企业行内员工推荐平台、设置小企业客户服务热线和专职坐席，为小企业提供个性化服务。小企业非贴现贷款余额51亿元，占全部贷款的比例由2.2%提高到8.3%。二是狠抓投行业务。在严格执行内外部监管政策的前提下，抢抓市场机遇，通过创新理财产品和发展债券承销业务有效缓解客户的资金需求。投行牵头产品融资规模102亿元，共实现净收入1.17亿元，特别是新型财务顾问收入同比增长5 006万元，增幅485%，理财增值收入同比增长3 935.59万元，增幅283%。三是狠抓涉农个贷业务。紧紧抓住小额农户贷款政策机遇，抢占涉农个贷市场，重点筛选具备财政贴息、财政专项资金扶持的涉农项目，积极营销农业龙头企业"公司+农户"涉农个贷项目，新投放涉农个贷14.08亿元。在王岐山副总理视察甘肃时，省委省政府专题汇报了建设银行开展"农耕文明"涉农贷款的做法。

2011年12月28日，中国建设银行甘肃省分行在兰州举行兰州"市民卡"首发仪式。

【狠抓机制体制建设，努力提高持续发展能力】一是在用人上引入竞争机制，开展省分行本部人员公开选聘工作，实施职等激励业务发展的机制，经过考核，12名网点负责人得到岗位职务激励，充分调动员工营销的积极性。二是在财务资源配置和激励约束机制上，向经营部门、向总行关注点、向员工关注点导入，专门成立了绩效考评领导小组，出台了一系列激励约束办法，并根据工作实际，不断调整改进和加以完善。三是在经营机制上，梳理部门管理和经营职能，设立资金结算部、投资银行部、兰州信用卡经营中心等7个专业型经营机构，提升专业化经营水平。四是在内部管理机制上，着力打造科学的业务系统和管理平台，人机并控水平不断提高。开发工作管理系统，将督查督办、请假报告、日常工作任务纳入系统，实现对执行过程的动态管理。

【狠抓基础管理，提升内控内管水平】一是高度重视内、外部审计，检查发现问题的整改。接受内、外部审计检查项目53个，审计检查发现问题1 155个，问题个数较上年减少39.5%，整改率达到99.44%。二是加强案件防控，严肃财经纪律，合规经营。坚持按制度、按流程办事，重点加强对业务风险点和员工商银行为的日常排查，对案件的高发部位、特定产品、关键环节落实针对性的管控措施，尽可能将风险化解在萌芽状态。三是以活动促合规文化建设。开展员工喜闻乐见、寓教于乐的"合规温馨提示语"和"员工自创漫画"作品有奖征集活动，不断营造合规文化氛围，提高员工风险意识。深入开展警示教育活动，使员工在思想上筑起依法合规操作、严防案件的"堤坝"。四是加强"平安建设银行"建设，积极主动应对突发事件，确保员工和行产安全，保证客户安全。

【全面加强领导班子、员工队伍和党的建设】一是抓班子建设。班子建设坚持抓政治学习和思想教育，特别注重培养发展意识、忧患意识、全局意识和责任意识，着力提高领导水平和干事创业的能力。选人用人上坚持民主集中制，大胆起用优秀年轻干部。调整六职等、七职等领导人员98人，其中提拔任用27人，平职交流71人。二是抓员工队伍建设。坚持把广大员工作为支撑业务发展的根本动力，倡导执行意识，着力打造一支能执行、会执行、善于执行的管理队伍和员工队伍。狠抓培训工作，举办各类培训班921期，参训员工达3.74万人次。三是抓党的建设。重点抓基层组织建设和党员队伍建设，加强对基层党组织党务干部的培训和入党积极分子培训，外请专家、学者授课、领导干部讲党课，着力提高党组织和党员思想作风、廉洁自律、战斗堡垒作用和模范带头作用，为全行业务发展提供了坚强保证。

执笔：王生红　阎焱　赵涛

青海省分行

青海省分行行长　郭继庄

2011年1月19日，中国建设银行青海省分行与青海省国税局举行业务合作协议签字仪式。

一、业务发展概况

【经营效益】实现拨备前利润11.73亿元，同比增加2.31亿元，完成计划的104%；实现经济增加值3.12亿元，完成计划的105%。

【负债业务】全口径存款余额697亿元，新增100亿元，完成计划的141%。其中，对公存款新增52亿元、个人存款新增45亿元、同业存款新增3.54亿元，分别完成计划的116%、171%、1 767%。一般性存款余额、对公存款余额、个人存款余额和个人存款新增均位居四行第1。

【资产业务】各项贷款余额379亿元，新增57.6亿元，增长率为18%，完成计划的100%；余额、新增额在四行中占比分别为35%和34%，均稳居四行第1。

【中间业务】实现中间业务收入2.53亿元，增速28.5%；在四行中占比为37%，继续稳居同业第1。对公条线实现收入1.27亿元，对私条线实现收入1.25亿元。代理寿险收入在四行中排名第1，银行卡及收单业务、个人结算、代销基金、实物金销售收入均居四行第2。

【资产质量】不良贷款余额7.27亿元，减少9 778万元；不良贷款率1.92%，下降0.65个百分点。

【公司业务】不断完善客户经理考核激励办法，加大对重点地区、重点客户、重点项目的营销力度，实现企业存款稳定回升，公司类存款新增20亿元，客户新增1 645户，其中基本结算户增加1 121户。加大对优势行业、重点客户、重点项目持续营销力度，成功营销兰新铁路客运专线、盐湖资源综合利用二期和三期、石头峡水电站等重点项目，累计发放公司类贷款326亿元，实现贷款利息收入17.79亿元；贷款储备达384亿元，发展后劲持续增强。加强与政府部门、行业协会、民间商会、工业园区等小企业机构的合作沟通，累计发放中小企业贷款16.5亿元，增长率为58.8%，高于对公贷款平均增速41.13个百分点。大力发展票据信贷业务，累计办理贴现58.5亿元，同比增长35亿元，居西部10行首位。

【机构业务】加大分行牵头营销力度，积极创新营销模式，成功中标省级非税预算外收入账户、青海湖管理局等21个账户，财政零余额账户新增110户，并赢得黄南州医疗保险州级统筹账户，机构类存款新增25.54亿元，占对公条线存款新增的49%。成功营销西部矿业财务公司、长江证券西宁营业部等金融机构，同业存款新增跃升至四行第2，余额较上年增长了近一倍。继续加大对卫生、教育、旅游、新闻等行业支持力度，新发放机构类贷款2.19亿元，其中“民本通达”类贷款新增1.34亿元。创新研发青海金融系统首单票据理财产品，募集资金4 882万元；成功代理五矿国际信托公司信托计划发行和实业投资托管业务，两项业务均实现“零突破”；签约2户项目融资新型财务顾问业务，实现收入1 839万元，投行业务取得突破性进展。

【个金业务】以代发工资业务为抓手，大力拓展存款源头，加强理财产品资金回笼，个人存款新增45亿元，增速21%，系统排名第一。积极拓展联名卡市场，新增借记卡36万张。青年龙卡累计发卡22万张，成为当地同业中唯一超20万张的联名借记卡。信用卡客户新增31 893户，同比增长43%，发卡量突破10万张；商户POS消费交易额同比增长41%，信用卡购车分期付款业务同比增长108%；新增公务卡8 785张，位居同业第一。电子银行客户规模较上年再翻番，客户总量跃居同业首位；个人网银、企业网银、手机银行客户增速在系统内名列前茅；企业网银、个人网银客户活动率系统排名分别升至第1位和第7位。高端客户新增97户，其中私人银行客户新增18户，增速分别列系统第12位和第5位；高端客户金融资产新增5.18亿元，增长36.9%，系统内排名第11位。

2011年5月13日，中国建设银行青海省分行员工在“2011西宁房地产暨家具产业交易博览会”上进行业务宣传。

【房金业务】积极支持购买普通自住房和保障性住房客户信贷需求，个人贷款较年初新增4.14亿元。强化产品创新研究，在当地同业和系统内成功发放首笔养老保险贷款。积极抢抓公积金支持保障性住房建设试点机遇，在同业中率先完成首笔1 200万元公积金项目贷款发放，保障性住房金融服务取得先发优势。加强对住房资金归集单位营销拓展，新增客户28户，住房资金存款新增6.15亿元，同业领先优势得到巩固。

【国际业务】强化国外保函、外汇资金、贸易融资等业务拓展，率先推出跨境人民币结算和“网银结汇”业务，国际结算量和结售汇总量同比分别增长201.96%和75.8%。

二、主要工作措施

【优化资源配置，增强盈利能力】以价值创造为核心，围绕业务发展目标，合理配置各项财务资源，加大竞争类、客户类和渠道类指标权重设置倾斜力度，加强重点业务和短板产品专项激励，适当调整考核指标及考核规则，细化考核范围和激励档次，有效提升市场响应能力。不断完善财务管理制度，强化财务管理，合理核定各分支机构费用额度，扎实做好“小金库”专项治理复查工作，保证各项费用列支合规、合理。严格采购纪律，完成集中采购项目211项（次），节约资金1 257万元，节约率13.6%。

【加强风险管理，提高信贷资产质量】认真执行总行信贷结构调整方案和区域差别化信贷政策，严格把握产能过剩行业、政府融资平台、房地产行业等宏观调控重点行业的准入标准和风险底线，促进信贷资源向优先支持行业集中。积极推进信贷结构调整和优化，实施主动压缩和退出政策，“6+3行业”客户贷款余额比年初减少18.31亿元。加强关注类和不良贷款“双十大”客户、集团客户风险状况变化监控，强化“亿元”项目特别管理，处置不良贷款4.23亿元，实现现金回收4.41亿元，完成计划的592%。不良贷款额、不良贷款率成功实现“双降”。

【稳步实施改革，提升工作效能】以增强核心竞争能力为目标，稳步实施专业化改革，对公条线完成各专营中心的经营架构搭建并实现正式运转；对私条线着重巩固提升专业化改革成果，积极推进私人银行转型。不断加强和改进纪检监察组织建设，在西宁和青南地区建立了3个纪检监察特派员工作团队。深化IT集中管理改革，筹建运维保障中心，实现前后台运维工作分离。有序推进前后台业务分离项目，完成业务需求适应性分析和业务操作流程梳理，为项目上线奠定了基础。进一步优化机构布局和网点建设，都兰支行、多巴支行顺利开业；加强自助渠道建设，新增自助设备62台，投产使用352台，台均交易笔数系统内排名持续靠前。固化网点二代和一代转型效果，9个网点获总行星级网点荣誉称号，上半年神秘人检查综合得分91.2分，稳居四行第1；在省政风行风测评中，名列经营服务类第2、金融系统第1。

【狠抓内部控制，夯实基础管理】扎实开展“八大突出案件”风险专项治理和“内控和案防制度执行年”活动，有序推进内部控制有效性测试评价，加大审计、监管检查发现问题整改力度，对46人进行责任追究，综合整改率为95.3%。深入推进“平安建设银行”创建工作，加大人防、物防、技防建设力度，防范和堵截各类案件53起，无案件和重大安全责任事故发生。积极推广单位客户电子回单柜、单位结算卡等业务，进一步提高了结算服务效率。增强对公柜面营销能力，资金结算产品快速增长。加强系统日常运行维护，规范业务系统参数管理，保证了各项系统的安全稳定运行，未发生4级及以上生产事故。加强应急开发及系统功能优化，为业务发展和管理创新提供了有力的技术支撑。加大法律保障和维权力度，认真做好关联交易与反洗钱管理工作，法律服务水平不断提高，荣获“全省普法先进单位”称号。

【加强党建工作，提升领导班子合力】以建党90周年为契机，深入开展“为民服务、创先争优”活动，不断深化“四好”领导班子创建工作，全面加强党的思想、组织、作风和制度建设，进一步增强各级党组织、领导班子、广大员工的凝聚力和战斗力。深入推进反腐倡廉建设，加大“权、钱、人”等关键部位监督力度，认真落实干部选拔任用四项监督和领导人员任职前听取纪委意见等制度，有序推进巡视工作，对6个辖属行开展巡视监督。

【强化队伍建设，增强战斗力】持续推进干部员工队伍建设，先后选拔5名副总经理级优秀年轻领导干部充实到二级分行和省分行部门主要负责人岗位上，对7名省分行部门、二级分行领导人员进行了跨地区、跨部门横向和纵向交流；继续做好校园招聘、定向招聘及劳务派遣人员择优转制工作，有序开展员工各类培训，员工流动渠道不断拓宽，人力资源结构进一步优化，整体素质显著提高。充分发挥工会职能作用，及时落实与回复职代会提案，吸收劳务派遣工加入工会组织。加大特困员工帮扶救助力度，共发放救助金42万元。切实做好老干部工作，被评为“总行老干部工作先进集体”和“全省先进离退休党组织”。

【推进企业文化建设，提升凝聚力和企业形象】认真落实关爱员工措施，员工凝聚力进一步增强。积极履行企业社会责任，赢得社会各界的普遍赞誉和广泛好评，省分行及辖属海西、黄南分行被授予“全国文明单位”称号，省分行党委被评为“优秀基层党组织”，省分行荣获“金融机构支持地方发展二等奖”、玉树“4·14”地震“抗震救灾贡献奖”和“特别支持奖”，并被评为“2009—2010年度社会责任建设工作先进企业”、“2011年度青海省上缴税收大户”、“青海省模范劳动关系和谐企业”，1名员工荣获第五届“中国建设银行突出贡献奖”。

执笔：王小娟　张文玲

宁夏回族自治区分行

宁夏回族自治区分行行长　廖林

一、业务发展概况

2011年，宁夏分行紧紧围绕“巩固大银行地位、打造好银行品牌、创建善银行口碑”目标，以“规范化、精细化、高品位、提升区域竞争力”为指导，注重抓基础工程和人文关怀，强化班子和队伍建设，主要工作取得较好成效。

【经营效益】实现拨备前利润12.9亿元，同比增幅16%，在四行中占比32%，位居同业首位；实现税前利润9.63亿元，同比增加1.3亿元，增幅16%；实现经济增加值2.68亿元。

【资产业务】各项贷款余额482亿元，新增57亿元，增幅13.5%，完成总行计划的100%，余额和新增额在四行中占比分别为35%和30%。其中，公司类贷款余额406亿元，新增35.75亿元，在四行中占比分别为37%和29%。个人类贷款余额76亿元，新增21.6亿元，在四行中占比分别为27%和31%。

【负债业务】全口径存款余额489亿元，年日均新增61.6亿元，分别完成总行计划的103%和21%。全口径存款、企业存款市场份额位居同业首位，在四行中占比分别为32%、35%；储蓄存款、同业存款余额在四行中占比分别为27%和37%，均排名第二。

【中间业务】实现中间业务收入3.84亿元，同比增加1 855万元，增幅5%，完成总行计划的95.6%；收入在四行中占比35%，继续领先同业。

【国际业务】国际结算量累计完成43 805万美元，完成总行计划的84.24%；实现外汇中间业务收入1 667.94万元，完成总行计划的151.63%。

【资产质量】不良贷款额8.6亿元，较年初增加7.6亿万元；不良贷款率1.79%，较年初上升1.55个百分点。

【安全运营】案件防控成效显著，全行连续86个月未发生案件、重大安全生产责任事故、群体性上访事件。

二、主要工作措施

【加强渠道建设】将2011年定位为“渠道建设年”，积极推进“多个渠道办业务，多个渠道做服务”经营模式，努力提升基础竞争力。加大物理网点建设，优化网点布局，整合挖掘现有网点潜力，提升县支行综合竞争能力，加快建设财富中心、网点理财室，提升网点的服务效能和为高中端客户服务的能力。2011年，对外营业机构89个，增加网点8个。有效增加自助设备投放，开展自助设备“剁尾巴”活动，完善自助设备退出机制，优化POS机布局，继续开展“折转卡”活动，减轻柜面压力。年末，在线自助设备总数达到277台，正常运行的自助设备总量达到营业网点的3.11倍，自助设备账务性交易达到柜面交易的1.44倍、电子银行交易的2.32倍。加速推进电子银行业务，全面落实“全员学习、全员使用、全员营销、全员服务、全员考核”各项举措，开展技术比武，提升营销技能，改善客户体验。电子银行渠道客户总量155万户，本年新增

55 万户，较年初增长 55%；电子银行与柜面交易量之比达到 153%，比年初增长 80.25 个百分点。加强客户经理队伍建设，优化弹性排班，盘活富余人力资源，充实对公对私客户经理队伍力量；全面推进网点人员的标配，认真落实网点大堂经理、客户经理、个人业务顾问等营销服务岗位人员及其职责；提高客户经理能力和素质，加快理财师队伍建设步伐。客户经理队伍总量达到 362 人，占全体员工 14%。

【稳固存款业务】坚持走内涵式发展道路，积极从单纯抓存款向抓源头、抓客户转变，使存款在规范运作的前提下稳定增长。连续开展“玉兔迎春晖，建设银行送瑞福”、“深入社区、走进客户”等营销活动。巩固和深化与当地重点客户的合作基础和领域。有效拓展军队武警业务，“八一工程”市场份额 22.51%。强化营销“三个市场、两个园区”和银川市培育的“小巨人”重点企业，提升优质中小企业客户的存款贡献度。加强与公积金管理中心等部门的紧密联系，深化委托业务服务，住房资金市场份额同业第一。截至年末，全行企业存款余额 295 亿元，储蓄存款余额 187 亿元。

【增拓信贷业务】按照效益贡献优先、重点客户优先、优质项目优先的原则，加大对列入国家和自治区“十二五”规划以及战略性新兴产业项目的营销力度，贷款重点投向国家扩大内需、产业转型升级和宁夏区域发展规划政策的受益行业，逐步形成支持大项目、大客户，支持优质个人客户、优质中小客户的“双大双优”信贷投放格局。认真执行“进、保、控、压、退”政策，持续压缩退出产能过剩行业、“6+1”行业贷款，积极为综合贡献度高、产品覆盖度高、信用评级高、还款保障性高的客户和行业挪空间、腾规模。总行级战略客户及重点客户信贷余额 169 亿元，占比达到 37%。不断提高优质小企业贷款占比，小企业贷款余额达 47 亿元，新增 9.95 亿元；公积金贷款余额 37 亿元，比年初新增 6 亿元，有力地支持了地方经济建设。

【扩展中间业务】理顺中间业务管理机制，抓中间业务战略转型，由只重视商业银行业务向商业银行业务和投资银行业务并重转变，由贷款利息收入为主转向利息类、收费类等收入多元化转变。发挥传统业务优势，百易安、票据承诺、个人电子银行、单位人民币结算业务、借记卡、收单等产品收入均超过千万元。扩大新产品推广和使用面，加大信托理财产品、鑫存管业务、民本通达业务的营销力度；国内信用证、现金管理系统、单位结算卡、资金业务授信承诺、电子票据承诺等业务和产品均实现突破。加大贸易融资投放力度，累计发放贸易融资贷款 3.08 亿美元。投资银行积极探索符合监管要求的新型业务模式，成功为国电英力特集团办理了 10 亿元信托受益权转让型理财产品融资业务。理财产品销售稳步增长，销售利得盈、大丰收、建设银行财富等特色理财产品 60 亿元，是上年同期销售量的 1.28 倍；销售实物黄金 1.2 亿元，账户金 9.9 亿元，代理销售保险 1.2 亿元。信用卡业务持续快速发展，实现信用卡消费交易额 35 亿元，同比增长 94%；卡均消费 2.23 万元，较上年提升 60%；信用卡账户活动率 70%。收单商户当年新增 646 户，累计达到 3 013 户。

【夯实资产质量】加强对主要监控系统的运用，严格准入退出机制，以现金流是否充足、企业“三品”、“三度”、“五原则”等作为新客户准入的重要判断标准。增强风险管理的敏感性、前瞻性，做好经济形势与宏观政策变化对经营发展影响的研究与预判；加强地方政府融资平台贷款、房地产开发企业贷款风险排查。对风险分类发生变化的项目早介入、早布置、早预案，全年处置不良资产 9 111 万元，实现不良资产现金回收 5 239万元。加强监控和预警，提高贷款形态认定的准确性。

【提升内控水平】在操作风险上，以前后台分离项目成功上线为契机，提高前台操作风险的“机控”水平，加强对关键风险点的监控；深入推进“八大案件风险专项治理工作”，坚决克服麻痹思想，杜绝管理疲劳带来的风险。在道德风险方面，强化员工商银行为管理和排查，教育员工树立合规意识和遵纪守法观念，谨防出现假公济私、公私兼顾、公私不分等道德失衡导致的风险。在财务风险方面，进一步严肃财经纪律，各项费用使用公私分开，精打细算，做好增收节支，将财务资源有效地促进业务发展；精细化、标准化财务管理，严禁“小金库”，加强闲置资产、集中采购的规范管理。

【强化企业文化建设】落实“以员工为核心”的管理理念，坚持以人为本不动摇，努力营造“友善、谦虚、宽容、尊重”的文化氛围。组织开展“践行核心价值观、促进科学发展”主题系列活动，“以人为本，关爱员工”主题系列活动、“蹲网点、访客户”活动等，提出关爱员工的19条举措，注重提高员工满意度。继续开展婚、病、丧“三必访”活动，“巾帼建功”关爱女工等活动，激发员工的归属感和工作热情。对外和善，积极履行企业社会责任。响应自治区打造“黄河善谷”号召，支持公益慈善事业，关心弱势群体；组织实施“贫困高中生成长计划”、“少数民族大学生成才计划”和“贫困英模母亲资助计划”，为650名贫困高中生、233名少数民族大学生和27名英模母亲发放资助金共计175万元。被自治区评为“企业文化建设优秀单位”；下辖固原分行、银川燕鸽湖支行、中宁同心支行3个机构获得总行“文明单位”称号；吴忠分行营业部主任梅建国荣获第五届“中国建设银行突出贡献员工”荣誉称号。

执笔：乔惠婷

新疆维吾尔自治区分行

新疆维吾尔自治区分行行长　张涛

一、业务发展概况

【经营效益】实现税前利润17.55亿元，完成总行计划的110%；实现账面利润18.18亿元，较上年同期增长34%，在当地五家主要商业银行中排名第2位；实现经济增加值6.08亿元，完成总行计划的133%。

【负债业务】全口径存款余额1 295亿元，同比增长10.3%，余额占比同业排名第2位。其中，一般性存款余额1 271亿元，新增98亿元，余额占比同业排名第2位。

【资产业务】各项贷款余额达到707亿元，新增94亿元，余额、新增占比在同业排名分别为第1位和第2位。其中，公司贷款新增67亿元，居同业首位。

【中间业务】实现中间业务毛收入8.74亿元，同比增长17.95%，毛收入总量市场占比位居同业第1位，增量位居同业第2位。有20项大类产品收入超过千万元，其中有5项超过5 000万元，同比增加2项。外汇业务收入突破亿元，造价咨询、银行卡业务、代理保险、CTS、基金、黄金、承诺、资金结算等传统优势产品继续保持同业领先地位，国内保理、债券承销、银团贷款等新兴业务发展迅速，并跻身千万元产品之列。

【资产质量】不良贷款额7.32亿元，比年初增加1.11亿元；不良贷款率1.03%，比年初上升0.02个百分点，不良贷款控制在总行计划内。

【公司业务】信贷结构持续优化。日均存款1万元以上公司机构类客户折算后增长1.03万户，完成总行计划的123%；人民币对公结算账户新增5 715户，超额完成奋斗目标5 500户的104%。小企业客户662户，增长107户，增长19.3%；企业年金实现重大突破，实现6家企业年金集合计划签约，受托资产和个人账户规模均位居同业第2位；企业网银高级客户新增2 697户，现金管理系统客户新增2 027户；对公电子银行产品覆盖度达到27.49%，较年初增长10.43个百分点，交易占比同比增幅121.44%，交易量同比增幅65.57%；对公柜面维护小额无贷客户1.58万户，比年初新增6 986户，增幅达79.47%，小额无贷户存款余额达到8.85亿元，比年初增加4.4亿元，增幅达98.85%；"民本通达"重点账户新增139户，完成总行计划的116%；小企业非贴现贷款新增2.95亿元，增幅9.85%；对公信贷客户退出金额10.14亿元，完成总行计划的104%。

【个人金融业务】客户服务能力持续提升。个人存款余额567亿元，较年初新增55亿元，余额、新增在同业五行中占比分别为20.29%、14.1%，同业排名第3位、第4位。个人贷款余额127.39亿元，占全行贷款总额的18%，较年初提高1.67个百分点。贷款重点投向国计民生、"三农"领域。其中，小额农户贷款当年新增9.5亿元，增速达59.7%，高于个人贷款平均增速32.5个百分点；个人住房贷款新增18.83亿元，同业排名第1位。房改业务市场优势继续巩固，新增住房公积金贷款24亿元，余额达108.64亿元，余额占比同业排名第1位。战略产品快速发展，有资产客户291万人，较上年增长26万人；信用卡客户达到27万户，年净新增7.34万户，信用卡发卡量29万张，增速21.95%，高于全国平均增速6.56个百分点，新增同业排名第2位；个人网银客户新增同比增速57.38%，客户规模突破100万大关，客户总量及新增同业排名均为第2位，新增排名提升1位。

【国际业务】实现盈利模式、客户结构和区域布局三个转变，国际结算累计完成41.4亿美元，结售汇累计完成31.8亿美元，外汇业务中间业务继续保持同业第1。

二、主要工作措施

【把握区域发展机遇，切实转变经营理念】资产业务方面，一是抢抓新疆跨越式发展重大历史机遇，适时把握"十二五"开局之年良好契机，积极开展市场营销，持续优化资源配置，加快结构调整、转变发展方式步伐。二是用足用活信贷政策，通过强化项目储备和条线纵向、横向的联系沟通，积极牵头统领，合力营销，不断巩固在基础设施贷款市场的领先地位。三是把握政策导向，开展《2011—2015年业务发展规划》及相关课题研究，引导业务科学稳健发展。四是以专业化经营为基础，以专业化队伍建设为重点，以各项管理技术工具为手段，以"速贷通"、"成长之路"为品牌，以常态化风险排查为保障，加快发展小企业业务发展。五是主动做好"三农"金融服务，以"优质客户+有效资产抵押"经营模式为主，稳步推进具有区域特色的个人支农类贷款发展。

负债业务方面，一是以拓展账户为抓手，努力夯实发展基础。一方面，加大对公结算账户的营销力度，努力扩大客户群体，以结算账户的增加、客户总量的增长带动对公存款业务快速发展；另一方面，加强公私联动，狠抓代发工资、CTS客户资金回流以及保险到期兑付资金的吸收回笼工作，持续巩固高端客户服务，确保高端客户或企业改制大额资金在体内循环。二是紧抓财政资金大量投放机遇，密切跟踪上下游财政资金、援疆资金流向，力争资金体内循环；维护和服务好财政、社保、军警等源头性强、成长性好的客户，使机构存款成为全行新的存款增长点和加快业务发展方式转变的重点。三是加大企业存款与贷款资源的挂钩力度，加强存贷联动，促进企业存款增长。四是统筹做好存款与理财投资类产品组合营销，扩大产品覆盖率和渗透率，带动个人存款增长。

产品创新、工作机制创新方面，一是制定产品创新工作实施方案和激励约束考核办法，积极开展产品创意征集活动，不仅激发和调动干部员工的工作积极性、创造性，而且还使部分创意转化为创新项目，效益显著。二是加强服务创新，通过大力开展金融产品网络团销和动产质押授信工作，不仅解决了客户融资需求，而且营销模式也有了新的尝试与突破。三是优化资源配置，增强科技营运支持，通过深化前后台业务分离，提高中后台对经营条线的支持保障力度。

【提升专业专注能力，不断提升服务效能】一是增强两大业务条线经营管理能力，切实提升专业化经营中心和团队经营水平，以市场竞争力提升指标检验改革成果。二是加大资产保全条线处置不良贷款的力度，通过上下整体联动，横向协调配合，及时研究解决项目盘活处置中的有关问题及应对措施。三是将电子银行业务作为战略性业务常抓不懈。一方面，借助个人营销系统，对增量客户抓同步率、存量客户抓补课率、总量客户抓渗透率；另一方面，以“谁建设谁受益”为原则分配资源，充分调动各层面员工建设电子银行渠道的积极性。四是完善投资银行业务营销机制，通过开展产品推介的点对点营销，有效满足信贷资源不足时的客户需求。五是努力打造造价咨询业务品牌实力。充分利用区分行造价咨询业务品牌形象以及规范经营、稳定市场的影响力，从源头上抢抓项目，做好造价咨询业务服务和政府条线入围工作。六是优化网点建设布局，不断提升网点精细化管理水平，客户服务水平进一步提高。在2011年下半年营业网点服务质量调查中，区分行得分98.93分，排名第3。

【持续加强风险管理，不断提升资产质量】一是坚决贯彻落实结构调整政策的要求。结合新疆实际情况，区分行制定申报了区域差别化政策，提高政策对业务的支持力度。在总行统一政策框架内，对18个区域差别化优势行业制定客户分类标准。二是统一前中后台的风险偏好，通过采取双签和会签、组织开展会前协商、提前介入储备项目、开辟绿色通道等方式，进一步提高审批工作效率。三是持续开展全面风险排查，主动化解风险隐患。以预警跟踪系统为抓手、按季召开高层分析会，研究和落实风险处置措施，定期梳理和调整客户名单，按季对客户进行滚动排查，通过持续的跟踪排查和处置，部分客户的风险得到控制或化解。四是应用风险计量工具提高客户选择能力，发挥经济资本引导作用，加强押品和表外业务精细化管理，不断提升发展质量。五是抓好不良贷款处置工作，加大已核销资产的回收力度。在灵活运用催收、诉讼、减免息等手段；最大限度实现不良资产超值现金回收的同时，加大已核销资产的催收力度，最大限度减少资产损失。

【加强从严治行管理，巩固廉政案防成果】一是持续推进廉政建设责任制。党风廉政建设和案件防控责任书的签订覆盖面达100%。通过开展“银行业内控和案防制度执行年”、“八大突出案件风险专项治理”、“内部控制规范”、“平安建设银行”等活动，进一步提升干部员工廉洁从业、合规经营意识。二是持续完善重大突发事件信息报告机制，精心打造集中远程监控报警联网系统，有效应对发生在和田、喀什的暴力恐怖事件，确保员工和财产安全。三是加强员工商银行为专项排查，持续推进积分管理工作。员工排查覆盖面达到100%，违规行为积分覆盖率12.76%，较上年下降7.48个百分点。四是坚持整治预防并重，持续推进案件防控工作，实现了连续12年未发生大案要案、9年未发生一般性案件的新成效。

【继续强化队伍建设，构建和谐企业文化】一是加强领导班子建设，坚持正确用人导向，加大竞争性选拔干部力度，按照公开、公正、公平的原则做好干部选拔任用工作。二是加强员工队伍建设，拓宽员工职业生涯发展通道，为员工职业生涯发展和学习培训提供良好平台。三是大力弘扬建行文化，持续开展关爱员工活动，向279名特困职工发放救助金近150万元，凝聚力和战斗力进一步提升。

执笔：孔建新

哈尔滨培训中心

哈尔滨培训中心主任　孙平生

2011年，哈尔滨培训中心牢固树立“以学员为中心”培训理念，不断推进培训核心能力和保障能力建设，全年共承办培训班370期，培训学员26 064人次，完成培训工作量187 010人天，同比增长9.44%，超额完成任务，达到历史最高水平。

一、强化培训核心能力建设，提高培训质量

【拓宽培训途径，扩大培训规模，满足全行培训需求】一是建立有效的总分行培训联系机制，加强培训宣传推广，落实总分行培训计划，共有35个总行部门和30家一级分行现场办班，分别占总行部门和一级分行总量的92%和79%。二是加强对培训项目的统筹规划，抢前抓早，均衡安排培训班次，使各类培训项目最大程度得到落实，避免了以往培训淡旺季矛盾。三是针对部分分行因工作繁忙人员无法脱产培训的实际需求，有效配置培训资源，有计划、有重点地组织人员赴分行开展上门培训，非现场培训工作量较上年增长了83%。四是将远程培训工作确定为可持续发展的战略性任务，加大资源投入，不断增强远程培训核心能力。一方面深入研究和分析，认真谋划了未来三年远程培训工作的发展脉络；另一方面推动网络环境改善、远程平台建设、远程培训项目开发、培训课件制作，打开了远程培训工作局面。

【稳步推进培训教学改革，培训质量不断提高】一是加强培训项目和课程体系建设，注重加强对业务研究，完善培训项目开发和课程建设流程，强化项目和课程开发全过程管理，实行公开竞课制度和验收评价办法，较好地完成了62项自主培训项目和13项总行培训项目开发以及50门课程建设计划。同时，对21项原有项目和课程进行维护完善和梳理整合，使培训项目达到40项，培训课程达到300门。二是不断创新培训方式，适应成人教育培训特点，积极引入专题研讨、深度访谈、体验教学、经验分享、演示教学、拓展训练等培训方式，提高学员的参与度，培训效果明显增强。三是加强培训教学管理，一方面建立健全培训研发、公开竞课、培训评估、教学管理、培训师培训实习等培训教学管理制度和流程，为管理工作提供完善的制度保证；另一方面坚持抓好日常管理，完善培训教学工作例会制度，开展培训教学检查，抓好教学管理平台等信息化建设。同时，改进和完善教学评估体系，培训教学综合满意度达到97%。

【加强培训项目组织管理，保障各项培训任务有序实施】一是着力加强制度流程建设，全年新制定和补充完善了学员安全管理、项目经理管理、学员培训考核等多项管理制度和流程，同时，坚持实行培训管理工作例会制度，推动培训项目组织管理规范化、制度化、流程化。二是严格坚持项目经理负责制，通过建立相关制度规定，有效发挥项目经理在培训项目组织管理工作的核心作用。三是实行学员培训考核制度，满足了培训中心和培训班主办单位不断改进培训班组织管理工作的需要。四是加强部门协调沟通，培训教学、

培训管理和后勤保障部门以及相关岗位在培训教学安排、电化教学、学员接送站、住宿安排、就餐、活动、日常管理等方面，加强协调沟通，确保了培训工作的正常开展。培训项目组织管理机制完善畅通。

【加强员工队伍建设，充分满足培训需求】一是强化员工培训管理，将此作为提升培训核心能力建设的重要内容，加大经费投入，精心组织实施。一方面按照管理岗位人员、培训师和经办岗位人员的不同层级，加强培训计划管理，使培训工作覆盖到全员；另一方面加强培训过程管理，不断丰富培训手段和形式，要求参加培训员工撰写学习体会，增强了培训的针对性。二是加强对培训师业务能力提高，继续通过多种形式和途径，特别是针对总行各项新业务的启动和培训项目开发的实际，有针对性地组织培训师开展实习、调研及培训活动。按照每位培训师调研实习不少于15天、培训达到5天以上、新入职培训师培训不少于7天的年度计划，全年培训师培训完成率为94%，调研实习完成率为92%。同时，通过“传帮带”、管理岗位和高级培训师深入课堂听课、利用承办培训班时机组织听课等手段，促进了培训师业务能力的提高。三是做好员工队伍规划，不断改善员工队伍结构。强化培训师职业生涯规划，完善培训师履岗能力考核评价机制，精心组织开展了校园招聘工作，补充和优化了员工队伍。积极推动兼职师资队伍建设，现已形成77人的兼职师资队伍。同时，在培训调研、教学酬金、教学设备等方面给予培训师大力支持，充分调动了培训师的积极性和主动性。

【完善培训研发管理机制，满足培训发展需要】组建成立领导力研发中心、人才素质测评中心和考务中心，制定出台相关管理办法，进一步理顺了培训研发、素质测评和考务工作管理机制，使其成为培训中心发挥培训主渠道作用的重要保障。

二、强化基础管理，提升精细化水平

【以制度建设为保障，打牢经营管理基础】坚持把制度建设作为管理工作和机制建立的基础，完成62项基础管理制度和流程的制定和修订工作，涉及培训教学、培训管理、行政管理、后勤保障等工作条线。通过组织集中学习、定期督促检查等方式，切实抓好制度流程落实工作，经营管理基础逐步夯实。同时，坚持把质量管理体系建设作为强化基础管理的有效手段，完成了ISO9000质量管理体系运行和认证工作。

【以计划管理为前提，不断提高经营管理水平】对培训规模、项目开发、课程建设、远程培训等重点工作均下达了具体计划指标，对预算费用、员工培训、部门工作等全局性和条线性工作计划也进行了分解落实。积极推进财务全面预算管理，集中财务资源，解决培训中心改革发展中的关键问题。进一步强化督办催办工作，及时开展督促检查，及时通报工作情况，促进工作效率提高。

【以决策公开为保证，增强经营管理的透明度】坚持重要事项集体决策，确保管理决策的科学规范和公开透明。积极推行政务公开，对重要会议均编发会议纪要，实行全员通报制度，对培训教学、培训管理、财务预算、集中采购、员工培训等重要工作坚持每月定期通报。重点加强和规范集中采购工作，对采购项目坚持事前和事后及时通报全员，效果和反响都比较好。

【以安全管理为保障，促进经营管理目标实现】通过实行安全工作例会制度、开展安全教育讲座、经常性地利用各种会议对安全工作进行强调和要求等形式，切实提高员工安全思想意识。实行部门“一岗双责”制度，各部门既要抓好业务工作，又要抓好安全管理，把安全工作做在各项工作之前。进一步加大设备投入，建立园区闭路监控系统和一卡通工程。

三、加快培训基础设施建设，增强保障能力

【加快培训设施维修改造步伐，不断改善培训条件】专门成立基建办公室，认真做好项目前期审批、招标等工作，目前已完成施工前期各项准备工作。进一步加大维修改造力度，先后对培训教室、研讨室、综合餐厅、运动场馆以及园区路面等进行维修改造。对互联网和企业网进行升级改造，进一步扩容提速，学员培训生活环境得到极大改善。

【丰富服务内涵，努力提高培训服务质量】

坚持“以学员为中心”的培训理念，完善服务文化建设长效机制。采取加大服务投入、加强服务人员培训、开展服务技能练兵、丰富服务内涵、增加培训茶歇等措施，不断提高餐饮服务、住宿出行、运动健身等服务质量。建立服务工作快速反应机制，定期组织召开学员座谈会，全面收集各种意见和建议，及时改进、完善提高，使服务工作更加贴近实际、更加符合学员多样化的需求。

四、加强党建和企业文化建设，培训中心呈现新面貌

【以深入开展创先争优活动为重点，加强领导班子建设和基层党建工作】坚持以创建“四好班子”为目标，以深入开展创先争优活动为重点，切实加强领导班子的思想建设、能力建设和作风建设。按照民主集中制原则，班子成员之间注重加强协调与沟通，坚持勤政、务实、廉洁、高效的作风，注重抓好学习，经常深入基层，耐心细致地做好员工思想工作。坚持抓好理论学习和党性教育，有效发挥基层党组织和党员的先进作用。贯彻落实总行“三重一大”决策制度、组织“学规定 知禁令 做表率”领导人员廉洁从业主题教育等活动，促进党员干部坚定理想信念，加强党性修养。通过推行政务公开、完善集中采购、开展“六大风险治理”、推进违规行为积分管理、落实党风廉政建设责任制等措施，推进党风廉政建设。

【抓好企业文化建设，推进作风转变，营造良好氛围】一方面通过开展学习、加强信息宣传及开展读书、摄影、征文等活动，培养员工职业操守，规范员工职业行为；另一方面以转变作风、弘扬正气为主要内容，促进工作风气的转变，逐步形成了公平、公正、公开的良好环境和讲正气、讲团结、讲和谐、讲责任、讲联动、讲贡献的良好校风。

【坚持开展关爱员工活动，不断增强凝聚力和向心力】坚持以人为本，注重从工作和生活方面解决员工的实际困难。充分发挥职代会作用，增强员工代表的参政、议政能力。做好对离退休人员与内退员工服务工作，积极开展丰富多彩的业余活动。

执笔：张学智

常州培训中心

常州培训中心主任　张中科

一、培训工作概况

2011 年，常州培训中心认真贯彻落实总行《关于在全行实施新一轮大规模员工教育培训的意见》和全行教育培训座谈会议精神，认真履职，自加压力，培训业务的质和量均再创历史最好水平。全年共完成培训总量 191 976 人天（不包含为分行提供的上门培训 7 994 人天）。

【现场培训量满负荷】在确保做好总行培训计划的落实、服务和保障工作的基础上，挖掘潜力扩大培训规模。全年共举办各类培训班 346 期，其中，中心师资承担教学任务的培训班达 236 期，

完成现场培训量177 356人天。客房平均有效利用率由2010年的95%提高到2011年97%。

【远程培训规模继续超常规增长】远程培训已经覆盖38家一级分行，2011年完成远程培训量12.3万人次，较上年增长17%，充分发挥了远程培训在全行大规模员工培训中的应有作用。继续完成DCCTS项目交易代码优化更新，OCRM系统、PBCS系统和客户体验中心等业务仿真系统的开发推广。完成零售网点员工在线学习平台项目，网点经理、个人客户经理、柜员、中后台管理人员、新入行员工及公司客户经理等重点岗位远程培训项目的建设，目前学习系统在线课程数总计297门。同时还完成总行审计部、资产保全部、信息技术部、信用卡中心等多个部门和部分分行定制课件项目的开发任务。全程全力参与全行的网络学习系统大平台的需求、测试和试运行工作，并承担系统业务运维工作。

【考试和人才测评工作在全行的影响力越来越大】考试考务工作继续优化工作流程，特别是依托信息技术大力开展远程考试，有效提高工作效率并扩大了考试考务规模。完成基层经营机构负责人后备人才测评项目开发、个人和公司客户经理选拔、青年管理人员测评等项目，开发完成《MBTI测试与自我认知》、《如何认识客户》、《无领导小组讨论》和《结构化面谈》等课程。全年开展考试考务项目103期，命题组卷套数285套，比上年度增长36%；完成公司业务、流程管理等11个岗位18个科目79 616人次参考的全行岗位资格考试考务工作；开展人才测评项目38期，4 220人次，比上年度增长55%。

【党校工作成绩突出】2011年，建设银行党校党州分校培训规模达47 463.5人天。始终坚持党校姓“党”的原则，认真贯彻中央党校、国家机关工委分校和总行党校关于党校工作的各项规范、标准，坚持正确的办学方向，办好领导干部进修班。引进现代评估机制，对党校班实施360度培训效果评估。配合实施了一校三地同步教学视频系统，受到党校学员的热烈欢迎。注重市场调查，不断创新培训品种，进一步完善党群条线培训项目体系。实施了“纪检监察特派员培训项目体系”，与总行团委联合成功承办了共青团干部培训班，根据分行培训需求开发实施了入党积极分子培训班。中央党校分校办、国家工委分校组成的教学管理调研小组对建设银行党校十多年的办学情况在常州分校进行检查，常州分校的办学成绩受到了调研组的充分肯定。

2011年11月16日，中国建设银行常州培训中心第23期领导人员进修班举办“新机遇，新挑战——建设银行小企业业务经营管理论坛”。

【师资队伍建设求精英】进一步加快完善专兼职师资管理办法和师资库建设。一方面，加快专职师资培养，打造精英团队。建立全方位行内业务学习考核制度，组织培训师行内实习，积极参与总行项目开发，全年先后组织和安排28人次参与总行各业务部门培训教材和项目的开发。另一方面，通过对建设银行系统内杰出的业务专家和管理精英的跟踪，挖掘和发现一批总分行专家型兼职师资，目前中心已成功发掘和引入130名优秀的行内兼职师资，并在培训实施中承担教学任务，成效显著。

【课程研发求精品】高度重视适用于全行人才培养战略导向的分类分层培训业务发展目标和定位建设，狠抓培训项目的设计和培训课程的开发。2005年中心仅有培训课程64门，2009年达到168门，2010年达到213门，2011年共完成新课程开发85门，目前中心拥有的培训课程已达298门。培训精品课程力度的加大促进了培训业务质量的有效提升，2011年以来培训师的授课平均满意度达到97.84%，特别是年轻培训师成长很快，授课平均满意度达到95%。

【培训技术求精彩】创新应用的“标杆管理培训项目”、“绩效考核典型案例分析”、“与精英面对面”、“职业生涯关键时刻”、“对话访谈”、

"主题论坛"、"培训咨询"、"行动学习法"、"沙龙主持"、"成果展示"、"换位诊断"、"COM 电影教学法"、"与大师对话"、"从历史/军队学管理"、"向民企学管理"等培训形式丰富而实用，学员满意度显著提高。

二、主要工作措施

【实施"五精四细"培训管理体系】积极倡导管理上精雕细刻、服务上精耕细作、技术上精益求精、经营上精打细算。力争在理念上理解精髓、在工作方面求精品、在学员服务上求精通、在中心内部分工和协作上讲精密、力争达到精细管理效益最大化。

【建立培训实施模式】一是把建设银行文体要素作为员工培训的重要内容。常州培训中心的所有培训班，在开班仪式上，带班培训经理必须带头和学员一起朗诵建设银行的愿景、使命和建设银行的核心价值观，并作为常态工作纪律，学员反响深刻。同时，在所有各期各类培训班的《培训指南》中编印建设银行文化要素，供学员随时学习，入脑入心。二是建立培训经理的素质模型，加强对培训经理的管理和对从业能力提升的标准化要求，全面提升培训组织管理水平。三是实行培训教学标准化模式。所有培训班在培训教学实施时按照"六个一"组织，即一本教师用书、一本学员用书、一本学员课堂手册、一份授课 PPT、一个含案例的工具包、一套学员测试题及答案。2011 年学员对培训的平均满意度达到 99.46%，比上年提高 0.15 个百分点。

【实施培训管控模式】日查日报制度强化了重点操作风险的管控和岗位责任制的有效落实，确保了员工安全、学员安全、食品安全、设备安全、行车安全、网络安全、采购安全。在学员管理模式上，主要是"三确保"、"三严格"和"一牌二跟三约束"，力争在学员管理上求精通。"三确保"：一是确保学员来接站安全和学员回送站安全，确保每年接送站 80 多万公里里程的安全。二是确保学员饮食安全，严格执行三方验收、农药测试、食品留样制度，从进货渠道控制食品安全；定期请食品卫生防疫专家进行现场指导，确保卫生安全；确保不管接站学员多晚、不管学员外出学习参观多晚、不管学员下课多晚都有热饭热菜。三是确保学员培训期间人身安全。"三严格"：严格学员考勤制度、严格学员请假制度、严格学员外出登记制度。"一牌二跟三约束"："一牌"是带班经理挂牌作业。"二跟"是带班经理跟班上课跟班住校。"三约束"是约束学员上课纪律，学员迟到 5 分钟内带班经理要找到学员；约束学员晚上外出，晚上 10 点半前带班经理要知道学员情况；约束学员培训表现，每期班通过学员培训综合考核表反馈所在分行人力部。

【实施成绩单考核机制】实行部门成绩单考核管理，强化对部门和部门负责人责任目标完成情况和绩效贡献的激励约束，重点考核责任目标完成情况、创新情况、安全管理情况等；进一步推进部门内员工成绩单的考核管理，充分调动员工完成目标和创新的积极性。

【完善创新激励制度】实施"金点子"奖励政策，每个员工对经营管理提出合理化建议或有价值的创意，并有明确的实施和解决方案，按月由部门统一申报，中心党委研究提出是否可行并采纳的意见，一经采纳，对申报人或团队进行奖励。重点奖励研发并投入运营的创新型培训项目和课程开发，以及有重要影响和能投入运营的远程产品、培训项目和人才测评项目；重点奖励有重要意义的管理机制的创新，以及重要荣誉的取得等。

【实施专业化组织架构改革】按照全行教育培训工作会议提出的加快专业化、标准化建设的要求，常州培训中心重点在教学实施、项目研发、网络学习、考试与人才测评、党校办学等培训业务模块加强专业化团队建设，完成了旨在提升核心培训能力的专业化组织架构的改革，组建了教学管理团队、领导力研发团队、业务研发团队、网络学习运维团队、网络学习开发团队、考试与测评研发团队等。通过专业化改革，进一步提升了常州培训中心的专业化运作能力和专业化培训服务能力。

【努力提升员工履岗能力】重视抓员工学习和培训，鼓励员工参加总行和外部培训机构的专业学习培训，鼓励员工参加分行具体业务岗位的实践活动，鼓励中心党员员工参与党校的党务班和党员示范班培训。广泛开展劳动竞赛，推动服务改进和工作创新，调动员工的积极性。大力宣传员工先进典型事迹，弘扬新时代劳模精神，引领和激励广大员工创优争先。鼓励各业务条线、各部门围绕提高市场竞争力和加强团队合作，开展形式多样的业务竞赛和评先表彰活动，评选出服务标杆和业务标杆，通过标杆员工交流心得，帮助其他员工共同提高。

执笔：杨雅君

CHINA 中国建设银行年鉴 2012
CONSTRUCTION BANK ALMANAC

第五部分　综合统计

中国建设银行股份有限公司资产负债表

（2011 年 12 月 31 日）　　　　（单位：人民币百万元）

	本集团		本行	
	2010 年	2009 年	2010 年	2009 年
资产：				
现金及存放中央银行款项	2 379 809	1 848 029	2 373 493	1 841 867
存放同业款项	276 752	78 318	279 861	78 198
贵金属	22 718	14 495	22 718	14 495
拆出资金	109 040	63 962	110 533	68 528
交易性金融资产	23 096	17 344	8 715	3 044
衍生金融资产	14 127	11 224	13 073	10 153
买入返售金融资产	200 045	181 075	200 045	181 075
应收利息	56 776	44 088	56 420	43 861
客户贷款和垫款	6 325 194	5 526 026	6 189 363	5 428 279
可供出售金融资产	675 058	696 848	663 583	693 031
持有至到期投资	1 743 569	1 884 057	1 742 342	1 883 927
应收款项债券投资	300 027	306 748	299 765	306 748
对子公司的投资	—	—	11 950	9 869
对联营和合营企业的投资	2 069	1 777	—	—
固定资产	94 222	83 434	93 369	82 696
土地使用权	16 457	16 922	16 404	16 865
无形资产	1 660	1 310	1 176	1 273
商誉	1 662	1 534	—	—
递延所得税资产	21 410	17 825	22 003	18 774
其他资产	18 143	15 301	34 077	32 122
资产总计	12 281 834	10 810 317	12 138 890	10 714 805
负债：				
向中央银行借款	2 220	1 781	2 210	1 781
同业及其他金融机构存放款项	966 229	683 537	970 033	685 238
拆入资金	78 725	66 272	45 654	41 664
交易性金融负债	33 656	15 287	30 966	12 940
衍生金融负债	13 310	9 358	12 354	8 734
卖出回购金融资产	10 461	4 922	11 594	11 089
客户存款	9 987 450	9 075 369	9 906 093	9 014 646
应付职工薪酬	35 931	31 369	35 182	30 522
应交税费	47 189	34 241	46 950	33 945
应付利息	80 554	65 659	80 312	65 592
预计负债	5 180	3 399	5 180	3 399
已发行债务证券	168 312	93 315	158 050	91 431
递延所得税负债	358	243	23	4
其他负债	35 598	24 660	27 712	22 455
负债合计	11 465 173	10 109 412	11 332 313	10 023 440
股东权益：				
股本	250 011	250 011	250 011	250 011
资本公积	135 178	135 136	135 178	135 136
投资重估储备	6 383	6 706	6 472	6 743
盈余公积	67 576	50 681	67 576	50 681
一般风险准备	67 342	61 347	66 645	60 608
未分配利润	289 266	195 950	281 491	188 525
外币报表折算差额	（4 615）	（3 039）	（796）	（339）
归属于本行股东权益合计	811 141	696 792	806 577	691 365
少数股东权益	5 520	4 113	—	—
股东权益合计	816 661	700 905	806 577	691 365
负债和股东权益总计	12 281 834	10 810 317	12 138 890	10 714 805

中国建设银行股份有限公司利润表

（2011 年 12 月）　　　　（单位：人民币百万元）

	本集团		本行	
	2011 年	2010 年	2011 年	2010 年
一、营业收入	397 090	323 489	392 018	316 857
利息净收入	304 572	251 500	301 575	248 932
利息收入	482 247	377 783	477 357	374 557
利息支出	(177 675)	(126 283)	(175 782)	(125 625)
手续费及佣金净收入	86 994	66 132	85 369	64 658
手续费及佣金收入	89 494	68 156	87 733	66 560
手续费及佣金支出	(2 500)	(2 024)	(2 364)	(1 902)
投资收益	3 722	4 015	3 651	3 118
其中：对联营和合营企业的投资收益	24	34	—	—
公允价值变动（损失）/收益	(1 396)	1 659	408	1 089
汇兑收益/（损失）	1 451	(611)	369	(1 548)
其他业务收入	1 747	794	646	608
二、营业支出	(179 418)	(149 785)	(174 872)	(146 502)
营业税金及附加	(24 229)	(18 364)	(24 085)	(18 280)
业务及管理费	(118 294)	(101 793)	(115 044)	(99 007)
资产减值损失	(35 783)	(29 292)	(35 407)	(28 897)
其他业务成本	(1 112)	(336)	(336)	(318)
三、营业利润	217 672	173 704	217 146	170 355
加：营业外收入	2 436	2 425	2 400	2 414
减：营业外支出	(1 001)	(973)	(999)	(970)
四、利润总额	219 107	175 156	218 547	171 799
减：所得税费用	(49 668)	(40 125)	(49 597)	(39 195)
五、净利润	169 439	135 031	168 950	132 604
归属于本行股东的净利润	169 258	134 844		
少数股东损益	181	187		
六、基本和稀释每股收益（人民币元）	0.68	0.56		
七、其他综合收益	(1 918)	(7 500)	(686)	(6 512)
八、综合收益总额	167 521	127 531	168 264	126 092
归属于本行股东的综合收益	167 401	127 363		
归属于少数股东的综合收益	120	168		

中国建设银行股份有限公司现金流量表

（2010 年 12 月）　　　　（单位：人民币百万元）

	本集团		本行	
	2011 年	2010 年	2011 年	2010 年
一、经营活动现金流量：				
客户存款和同业及其他金融				
机构存放款项净增加额	1 212 274	992 829	1 190 804	976 325
向中央银行借款净增加额	530	1 806	520	1 806
拆入资金净增加额	14 509	29 407	5 779	10 789
卖出回购金融资产净增加额	5 540	4 899	511	8 595
已发行存款证净增加额	36 447	—	27 792	—
交易性金融负债净增加额	18 369	7 295	18 026	4 948
买入返售金融资产净减少额	—	408 498	—	407 598
交易性金融资产净减少额	—	3 711	—	8 380
收取的利息、手续费及佣金的现金	551 015	430 687	544 429	425 884
收到的其他与经营活动有关的现金	6 444	6 454	2 976	3 768
经营活动现金流入小计	1 845 128	1 885 586	1 790 837	1 848 093
客户贷款和垫款净增加额	（849 238）	（869 732）	（807 429）	（836 488）
存放中央银行和同业款项				
净增加额	（479 504）	（485 985）	（480 948）	（489 399）
拆出资金净增加额	（39 399）	（2 490）	（41 797）	（5 397）
买入返售金融资产净增加额	（18 952）	—	（19 002）	—
已发行存款证净减少额	—	（1 967）	—	（3 498）
支付的利息、手续费及佣金的现金	（162 029）	（118 796）	（160 177）	（118 039）
支付给职工以及为职工支付的现金	（67 276）	（57 840）	（65 437）	（56 374）
支付的各项税费	（65 303）	（55 847）	（64 638）	（55 253）
交易性金融资产净增加额	（6 548）	—	（3 812）	—
支付的其他与经营活动有关的现金	（31 865）	（33 568）	（30 590）	（30 326）
经营活动现金流出小计	（1 720 114）	（1 626 225）	（1 673 830）	（1 594 774）

续表

	本集团		本行	
	2011 年	2010 年	2011 年	2010 年
经营活动产生的现金流量净额	125 014	259 361	117 007	253 319
二、投资活动现金流量：				
收回投资收到的现金	1 146 554	1 371 120	1 143 473	1 369 661
收取的现金股利	160	229	164	213
处置固定资产和其他长期资产收回的现金净额	1 409	713	1 392	691
投资活动现金流入小计	1 148 123	1 372 062	1 145 029	1 370 565
投资支付的现金	(971 164)	(1 696 728)	(961 754)	(1 693 215)
购建固定资产和其他长期资产支付的现金	(23 312)	(20 452)	(23 031)	(20 177)
取得子公司、联营和合营企业支付的现金	(1 063)	(18)	(1 136)	(376)
对子公司增资支付的现金	—	—	(945)	(677)
投资活动现金流出小计	(995 539)	(1 717 198)	(986 866)	(1 714 445)
投资活动产生/（所用）的现金流量净额	152 584	(345 136)	158 163	(343 880)
三、筹资活动现金流量：				
吸收投资收到的现金	—	61 159	—	61 159
发行债券收到的现金	39 945	—	39 945	—
子公司吸收少数股东投资收到的现金	750	440	—	—
筹资活动现金流入小计	40 695	61 599	39 945	61 159
分配股利支付的现金	(53 078)	(47 232)	(53 052)	(47 205)
偿还债务支付的现金	—	(2 870)	—	(3 000)
偿付已发行债券利息支付的现金	(3 200)	(3 298)	(3 200)	(3 298)
支付的其他与筹资活动有关的现金	(51)	—	—	—
筹资活动现金流出小计	(56 329)	(53 400)	(56 252)	(53 503)
筹资活动（所用）/产生的现金流量净额	(15 634)	8 199	(16 307)	7 656
四、汇率变动对现金及现金等价物的影响	(4 800)	(1 374)	(4 479)	(1 302)
五、现金及现金等价物净增加/（减少）额	257 164	(78 950)	254 384	(84 207)
加：年初现金及现金等价物余额	301 299	380 249	291 381	375 588
六、年末现金及现金等价物余额	558 463	301 299	545 765	291 381

中国建设银行存、贷款主要指标统计表（人民币）

（2011 年 12 月）　　　　（单位：亿元）

项　　目	本期余额	比年初新增		比 2010 年同期新增（±）
		2011 年	2010 年	
全口径存款	**104 399.78**	**10 498.93**	**9 186.82**	**1 312.11**
一、一般性存款	96 350.75	8 331.39	10 599.61	-2 268.23
1. 对公存款	52 438.92	4 364.26	6 219.72	-1 855.46
活期存款	34 016.56	1 147.40	3 947.01	-2 799.61
定期存款	18 422.36	3 216.85	2 272.70	944.15
2. 个人存款	43 911.83	3 967.13	4 379.90	-412.77
活期存款	18 170.42	1 138.54	2 781.10	-1 642.56
定期存款	25 741.41	2 828.59	1 598.80	1 229.79
二、同业存款	8 049.03	2 167.54	-1 412.80	3 580.34
各项贷款	**60 240.05**	**7 272.09**	**7 690.25**	**-418.16**
一、对公贷款	43 470.88	4 152.68	4 906.85	-754.17
其中：贴现贷款	1 138.20	-304.39	-852.86	548.47
二、个人类贷款	16 769.17	3 119.42	2 783.40	336.02
其中：个人住房贷款	14 187.16	2 400.23	2 445.57	-45.33

注：1. 个人类贷款包括个人住房贷款、个人消费类贷款和信用卡透支，不含“个人买方信贷”。

2. 个人住房贷款中含个人商业用房贷款。

中国建设银行存、贷款主要指标统计表（外币）

（2011 年 12 月）　　　　（单位：亿美元）

项　　目	本期余额	比年初新增		比 2010 年同期新增（±）
		2011 年	2010 年	
全口径存款	**512.42**	**174.45**	**124.32**	**50.13**
一、一般性存款	258.50	63.03	42.63	20.40
1. 对公存款	220.78	62.67	41.66	21.02
活期存款	109.15	8.12	20.22	-12.10
定期存款	111.64	54.55	21.43	33.12
2. 个人存款	37.72	0.36	0.97	-0.62
活期存款	17.09	2.51	2.95	-0.43
定期存款	20.62	-2.16	-1.97	-0.19
二、同业存款	253.92	111.42	81.69	29.73
各项贷款	**265.94**	**37.43**	**44.05**	**-6.62**
一、短期贷款	63.47	2.62	19.20	-16.58
二、中长期贷款	56.96	-9.83	-1.37	-8.46
三、进出口贸易融资	124.56	43.76	27.58	16.18
四、境外筹资转贷款	19.01	0.44	-1.24	1.68
五、各项垫款	1.87	1.07	-0.50	1.57
六、其他贷款	0.06	-0.63	0.38	-1.01

中国建设银行个人贷款主要指标统计表（本外币）

（2011 年 12 月）（单位：亿元）

项目	本期余额	比年初新增		比 2010 年同期新增（±）
		2011 年	2010 年	
个人贷款合计	**16 777.89**	**3 122.19**	**2 783.86**	**338.33**
1. 个人消费贷款	766.92	-21.52	1.99	-23.50
2. 个人助学贷款	5.89	-1.37	-1.89	0.52
3. 个人住房贷款	13 129.74	2 243.83	2 372.10	-128.26
4. 个人商业用房贷款	913.62	178.88	84.41	94.47
5. 个人买方信贷	0.22	-0.13	-0.61	0.48
6. 个人其他消费贷款	0.07	-0.03	-0.07	0.04
7. 下岗失业人员小额担保贷款	1.49	0.41	0.92	-0.51
8. 个人助业贷款	787.15	305.30	113.15	192.16
9. 个人住房最高额抵押贷款	144.21	-22.60	-11.09	-11.51
10. 个人支农贷款	54.24	18.48	35.77	-17.29
11. 个人信用卡透支	974.33	420.94	189.20	231.74

中国建设银行各分行存款主要指标统计表（本外币）

（2011 年 12 月）（单位：亿元）

地区	一般性存款		其中：对公存款		其中：储蓄存款	
	本期余额	比年初新增	本期余额	比年初新增	本期余额	比年初新增
全国总计	**97 978.01**	**8 670.55**	**53 828.75**	**4 712.19**	**44 149.25**	**3 958.36**
总行本级	240.15	-307.73	170.06	-272.76	70.09	-34.98
信用卡条线	49.01	7.34	0.17	0.02	48.84	7.32
长三角	20 557.32	1 682.54	12 298.32	931.02	8 259.00	751.52
上海	6 436.54	767.05	4 016.15	435.27	2 420.39	331.78
江苏	5 605.39	171.09	2 984.35	58.07	2 621.04	113.02
浙江	5 549.59	501.59	3 353.54	270.14	2 196.05	231.45
宁波	999.18	32.00	648.98	19.61	350.20	12.38
苏州	1 966.61	210.82	1 295.30	147.92	671.31	62.89
珠三角	15 365.22	1 032.82	8 340.37	635.34	7 024.85	397.48
广东	8 746.97	410.37	4 479.26	205.00	4 267.72	205.38
深圳	3 031.20	245.03	2 178.81	230.56	852.38	14.47
福建	2 679.71	333.99	1 202.28	181.35	1 477.44	152.64

续表

地区	一般性存款		其中：对公存款		其中：储蓄存款	
	本期余额	比年初新增	本期余额	比年初新增	本期余额	比年初新增
厦门	907.34	43.42	480.03	18.43	427.31	25.00
环渤海	18 131.76	1 600.92	10 246.55	910.69	7 885.21	690.23
北京	7 461.70	824.62	4 903.22	571.68	2 558.48	252.94
山东	3 958.95	107.23	2 046.76	-23.25	1 912.19	130.48
天津	1 716.31	127.09	1 039.67	47.81	676.64	79.28
河北	4 185.85	478.59	1 790.54	252.58	2 395.31	226.01
青岛	808.96	63.40	466.36	61.87	342.60	1.53
中部	17 661.75	1 724.81	8 557.16	849.82	9 104.59	874.99
山西	2 083.81	78.58	986.57	9.94	1 097.23	68.65
广西	1 569.95	101.34	850.01	59.89	719.94	41.46
湖北	2 916.86	188.45	1 225.37	55.58	1 691.49	132.87
河南	2 913.19	299.69	1 258.19	160.01	1 655.00	139.68
湖南	3 322.01	384.46	1 581.83	164.08	1 740.19	220.37
江西	1 579.76	198.17	866.70	141.33	713.06	56.83
海南	641.41	48.58	418.30	23.59	223.11	24.99
安徽	2 281.39	369.30	1 199.54	203.50	1 081.85	165.80
三峡	353.37	56.23	170.65	31.90	182.72	24.34
西部	18 660.84	2 273.04	10 759.36	1 363.31	7 901.48	909.73
四川	4 894.63	570.56	2 802.71	346.66	2 091.92	223.89
重庆	1 803.12	223.01	1 019.61	114.24	783.51	108.76
贵州	1 355.17	198.17	842.57	128.39	512.60	69.78
云南	2 059.02	259.49	1 227.07	174.39	831.95	85.10
西藏	408.97	73.94	329.68	62.80	79.30	11.14
内蒙古	1 699.25	258.88	946.07	139.44	753.18	119.44
陕西	2 619.92	367.15	1 387.11	203.54	1 232.81	163.61
甘肃	1 409.16	166.53	802.36	121.49	606.80	45.04
青海	689.00	96.38	433.60	51.72	255.40	44.66
宁夏	451.43	-39.36	264.54	-22.31	186.89	-17.05
新疆	1 271.15	98.32	704.03	42.94	567.12	55.38
东北	7 311.96	656.81	3 456.77	294.76	3 855.19	362.05
辽宁	2 681.55	188.40	1 159.96	71.87	1 521.59	116.52
吉林	1 491.04	212.94	735.77	122.64	755.26	90.29
黑龙江	2 007.35	151.04	897.47	40.73	1 109.88	110.31
大连	1 132.03	104.44	663.57	59.50	468.46	44.93

中国建设银行各分行贷款主要指标统计表（本外币）

（2011 年 12 月）　　　　（单位：亿元）

地区	各项贷款		其中：对公贷款		其中：个人贷款	
	本期余额	比年初新增	本期余额	比年初新增	本期余额	比年初新增
全国总计	**61 914.14**	**7 440.40**	**45 136.47**	**4 318.08**	**16 777.67**	**3 122.32**
总行本级	81.81	-0.84	81.81	-0.84	0.00	0.00
信用卡条线	974.80	421.04	1.19	0.07	973.61	420.97
长三角	14 732.08	1 532.54	10 686.39	988.21	4 045.70	544.33
上海	3 345.63	328.41	2 693.77	248.72	651.86	79.70
江苏	3 993.59	427.34	2 957.84	261.35	1 035.75	165.99
浙江	4 741.30	492.94	3 199.97	304.58	1 541.33	188.36
宁波	1 103.07	96.87	793.79	65.32	309.28	31.55
苏州	1 548.48	186.97	1 041.01	108.24	507.47	78.73
珠三角	9 549.70	1 049.59	6 430.44	631.20	3 119.25	418.39
广东	4 077.02	440.78	2 945.16	291.27	1 131.86	149.52
深圳	2 583.62	274.87	1 670.44	174.01	913.18	100.86
福建	2 153.73	271.07	1 335.63	140.75	818.10	130.33
厦门	735.33	62.86	479.22	25.17	256.11	37.69
环渤海	10 912.71	1 130.55	8 639.17	727.57	2 273.54	402.98
北京	3 294.12	323.46	2 711.70	241.59	582.42	81.87
山东	2 919.31	240.85	2 203.40	130.45	715.91	110.40
天津	1 648.89	153.15	1 435.81	108.16	213.08	44.98
河北	2 338.13	321.50	1 825.05	203.09	513.08	118.41
青岛	712.26	91.59	463.21	44.28	249.06	47.31
中部	10 514.43	1 304.21	7 760.21	755.39	2 754.22	548.82
山西	970.37	90.66	891.63	69.17	78.75	21.49
广西	1 183.27	144.61	798.83	81.51	384.44	63.10

续表

地区	各项贷款		其中：对公贷款		其中：个人贷款	
	本期余额	比年初新增	本期余额	比年初新增	本期余额	比年初新增
湖北	1 563. 33	195. 87	1 177. 73	121. 32	385. 61	74. 56
河南	1 703. 68	226. 80	1 263. 19	119. 75	440. 49	107. 06
湖南	2 057. 78	236. 39	1 623. 40	154. 47	434. 38	81. 92
江西	966. 57	131. 94	630. 89	68. 19	335. 68	63. 76
海南	245. 53	28. 68	169. 56	26. 66	75. 97	2. 01
安徽	1 505. 77	209. 11	951. 62	89. 94	554. 15	119. 17
三峡	318. 13	40. 14	253. 36	24. 38	64. 76	15. 76
西部	11 084. 09	1 446. 31	8 486. 31	879. 24	2 597. 78	567. 06
四川	2 355. 59	297. 48	1 723. 46	185. 71	632. 14	111. 77
重庆	1 482. 96	183. 63	983. 09	82. 10	499. 87	101. 53
贵州	871. 26	128. 37	709. 26	93. 33	162. 00	35. 03
云南	1 315. 38	156. 34	955. 15	92. 13	360. 23	64. 21
西藏	114. 61	17. 83	100. 17	18. 19	14. 44	-0. 36
内蒙古	1 353. 91	169. 18	1 141. 00	98. 38	212. 90	70. 80
陕西	1 407. 35	214. 90	982. 13	100. 26	425. 22	114. 63
甘肃	615. 24	69. 52	550. 25	52. 99	65. 00	16. 53
青海	378. 76	57. 60	355. 64	53. 46	23. 12	4. 14
宁夏	481. 93	57. 35	406. 36	35. 75	75. 56	21. 60
新疆	707. 10	94. 11	579. 81	66. 93	127. 29	27. 18
东北	4 064. 52	557. 01	3 050. 94	337. 24	1 013. 58	219. 77
辽宁	1 518. 26	204. 04	1 135. 63	127. 91	382. 64	76. 13
吉林	936. 04	137. 27	685. 97	75. 61	250. 07	61. 66
黑龙江	864. 96	114. 43	668. 22	75. 17	196. 73	39. 26
大连	745. 26	101. 27	561. 13	58. 55	184. 13	42. 72

注：个人贷款中不含个人买方信贷。

中国建设银行各分行国际结算业务量情况统计表

（2011 年 12 月）　　（单位：笔、万美元）

地区	进口业务		出口业务		边贸业务		收入
	笔数（笔）	金额（万美元）	笔数（笔）	金额（万美元）	笔数（笔）	金额（万美元）	（人民币万元）
全国总计	**1 070 476**	**39 458 147**	**3 462 535**	**44 201 081**	**22 636**	**498 415**	**450 453**
总行本级	965	408 376	4 248	11 086	0	0	1 886
长三角	480 785	13 398 576	1 980 716	18 569 820	0	0	152 974
上海	172 590	4 841 373	223 613	5 425 775	0	0	28 651
江苏	67 357	3 069 059	157 043	3 978 939	0	0	26 964
浙江	84 341	1 844 538	1 379 614	3 971 229	0	0	57 083
宁波	17 968	699 390	87 547	919 808	0	0	12 682
苏州	138 529	2 944 216	132 899	4 274 069	0	0	27 593
珠三角	235 842	11 291 107	863 823	13 154 560	0	0	108 842
广东	94 398	3 528 966	311 150	4 538 127	0	0	40 711
深圳	93 432	6 131 192	144 303	5 923 050	0	0	43 411
福建	22 164	978 472	284 622	1 569 033	0	0	18 072
厦门	25 848	652 477	123 748	1 124 350	0	0	6 647
环渤海	196 745	8 552 778	326 318	6 912 184	0	0	94 961
北京	118 553	4 288 782	76 167	2 773 428	0	0	17 899
山东	33 966	1 933 168	143 537	2 148 045	0	0	39 743
天津	14 591	849 650	15 579	395 301	0	0	7 196
河北	11 980	714 883	50 153	706 498	0	0	16 887
青岛	17 655	766 295	40 882	888 912	0	0	13 236
中部	53 521	2 135 320	132 654	2 323 210	5 180	138 855	34 890
山西	1 479	131 492	4 559	81 737	0	0	4 766
广西	2 234	138 347	7 363	131 860	5 180	138 855	4 294
湖北	9 798	401 718	20 840	311 321	0	0	3 129
河南	12 250	403 394	42 680	551 255	0	0	5 057
湖南	11 995	290 172	13 674	313 011	0	0	5 735
江西	5 350	354 700	16 842	445 874	0	0	5 603
海南	3 568	94 561	3 755	40 506	0	0	808
安徽	5 933	264 498	18 615	304 445	0	0	4 059
三峡	914	56 438	4 326	143 201	0	0	1 440
西部	48 445	1 835 588	65 469	1 977 531	10 204	257 880	30 509
四川	22 073	597 804	23 282	736 206	0	0	9 022
重庆	9 241	466 772	13 207	528 641	0	0	6 614
贵州	1 284	40 582	1 997	93 555	0	0	911
云南	3 607	101 044	6 047	81 250	2 195	36 033	1 982
西藏	101	262	95	3 613	0	0	2
内蒙古	2 162	97 588	2 683	104 390	3 474	154 779	1 332
陕西	3 880	138 612	5 336	116 205	0	0	2 611
甘肃	964	197 384	1 105	86 869	0	0	1 950
青海	419	11 587	367	19 735	0	0	99
宁夏	665	24 996	1 161	18 809	0	0	781
新疆	4 049	158 957	10 189	188 258	4 535	67 068	5 204
东北	54 173	1 836 402	89 307	1 252 690	7 252	101 680	26 393
辽宁	19 586	427 084	33 011	463 865	2 659	43 613	9 376
吉林	8 865	663 580	20 545	117 136	269	1 975	3 337
黑龙江	5 547	213 657	9 920	96 671	4 324	56 092	4 906
大连	20 175	532 081	25 831	575 018	0	0	8 774

中国建设银行各分行中间业务收入情况统计表（本外币、境内）

（2011 年 12 月）　　（单位：万元、%）

行别	中间业务毛收入（万元）	其中：手续费及佣金毛收入（万元）	手续费及佣金支出（万元）	中间业务净收入（万元）	其中：手续费及佣金净收入（万元）	同比增速（毛收入）（%）
全国总计	**9 016 828.84**	**8 750 854.57**	**245 656.33**	**8 771 172.51**	**8 505 198.24**	**0.33**
总行本级	202 721.83	210 696.57	29 427.26	173 294.57	181 269.30	(0.00)
长三角	2 297 231.87	2 216 244.12	43 935.27	2 253 296.60	2 172 308.85	0.32
上海	557 210.50	536 863.76	14 571.30	542 639.20	522 292.46	0.24
江苏	630 049.89	610 928.85	8 121.26	621 928.63	602 807.59	0.27
浙江	696 116.75	668 938.28	12 431.25	683 685.50	656 507.02	0.38
宁波	129 380.74	124 435.72	4 318.55	125 062.19	120 117.17	0.37
苏州	284 473.98	275 077.52	4 492.91	279 981.07	270 584.61	0.43
珠三角	1 736 674.76	1 668 967.03	44 221.97	1 692 452.78	1 624 745.06	0.27
广东	786 561.65	762 107.42	24 894.29	761 667.35	737 213.13	0.26
深圳	410 382.27	399 833.35	8 763.07	401 619.20	391 070.28	0.12
福建	443 088.52	419 896.99	7 678.25	435 410.28	412 218.74	0.47
厦门	96 642.31	87 129.26	2 886.36	93 755.95	84 242.90	0.26
环渤海	1 476 984.21	1 430 048.98	42 262.32	1 434 721.89	1 387 786.66	0.38
北京	470 123.43	459 731.98	21 988.47	448 134.96	437 743.51	0.53
山东	420 068.99	402 594.17	10 630.23	409 438.76	391 963.95	0.31
天津	141 154.23	136 098.92	1 980.87	139 173.36	134 118.05	0.28
河北	338 807.73	329 026.20	5 830.30	332 977.43	323 195.91	0.31
青岛	106 829.83	102 597.70	1 832.45	104 997.37	100 765.25	0.46
中部	1 412 149.43	1 391 606.08	38 932.82	1 373 216.61	1 352 673.26	0.35
山西	126 247.01	123 566.96	2 224.17	124 022.84	121 342.80	0.34
广西	122 602.48	120 589.97	2 907.92	119 694.57	117 682.05	0.44
湖北	240 269.74	236 500.81	5 361.54	234 908.20	231 139.27	0.25
河南	233 775.91	228 030.82	6 180.34	227 595.57	221 850.48	0.21
湖南	267 330.49	266 428.55	12 733.28	254 597.22	253 695.27	0.29
江西	183 346.06	180 300.20	4 826.81	178 519.26	175 473.40	0.66
海南	31 061.54	30 798.59	1 070.57	29 990.97	29 728.02	0.44
安徽	166 913.08	165 029.71	2 881.19	164 031.89	162 148.52	0.49
三峡	40 603.11	40 360.46	747.00	39 856.11	39 613.46	0.52
西部	1 295 153.10	1 256 679.70	33 627.47	1 261 525.63	1 223 052.23	0.36
四川	288 703.13	280 202.28	7 085.94	281 617.19	273 116.34	0.28
重庆	189 337.82	185 018.62	4 360.97	184 976.85	180 657.65	0.62
贵州	98 005.00	95 454.78	2 080.38	95 924.62	93 374.40	0.38
云南	148 106.38	143 747.49	4 512.68	143 593.69	139 234.80	0.43
西藏	6 041.34	5 781.00	345.19	5 696.14	5 435.81	0.32
内蒙古	172 670.34	169 634.71	2 737.79	169 932.55	166 896.92	0.41
陕西	153 678.30	148 670.67	3 502.00	150 176.30	145 168.66	0.33
甘肃	87 364.99	82 425.06	4 737.23	82 627.77	77 687.83	0.44
青海	25 241.96	24 286.81	693.80	24 548.16	23 593.02	0.28
宁夏	39 347.29	38 806.65	916.07	38 431.23	37 890.59	0.05
新疆	86 656.54	82 651.63	2 655.41	84 001.13	79 996.21	0.17
东北	595 913.65	576 612.10	13 249.23	582 664.42	563 362.87	0.45
辽宁	189 965.39	181 899.61	4 841.20	185 124.19	177 058.41	0.37
吉林	171 241.33	167 819.87	2 967.60	168 273.73	164 852.27	0.85
黑龙江	145 294.67	141 878.31	2 938.66	142 356.02	138 939.65	0.26
大连	89 412.25	85 014.31	2 501.77	86 910.48	82 512.54	0.40

中国建设银行各分行借记卡主要指标统计表（本外币）

（2011年12月）

地区	发卡总量	存款余额		交易总额		特约商户	购物消费额
	（万张）	余额（万元）	卡均（元）	余额（万元）	卡均（元）	（家）	（万元）
全国总计	**36 413**	**177 605 661**	**4 878**	**3 986 567 866**	**109 482**	**277 602**	**179 275 694**
长三角	6 139	29 725 696	4 842	908 642 376	148 020	49 271	38 122 745
上海	1 124	8 413 666	7 486	173 945 787	154 771	14 985	7 421 501
江苏	1 945	6 774 977	3 483	197 504 402	101 542	10 565	9 231 642
浙江	1 865	10 232 973	5 487	403 976 564	216 616	17 899	16 718 460
宁波	392	1 391 158	3 545	49 542 917	126 239	2 824	1 376 272
苏州	812	2 912 922	3 586	83 672 705	103 006	2 998	3 374 870
珠三角	5 813	31 845 183	5 478	806 904 207	138 804	49 046	26 215 846
广东	3 089	14 633 504	4 737	233 903 205	75 718	34 921	12 347 431
深圳	891	5 190 809	5 824	114 368 882	128 320	4 548	4 097 150
福建	1 463	9 208 388	6 294	373 031 830	254 983	9 577	7 756 049
厦门	370	2 812 481	7 604	85 600 291	231 421	0	2 015 217
环渤海	6 360	27 872 503	4 382	526 739 338	82 819	49 108	26 524 301
北京	1 299	9 685 895	7 459	143 105 085	110 198	21 763	8 225 347
山东	2 294	5 854 715	2 552	144 682 952	63 073	15 488	6 329 386
天津	775	1 681 072	2 169	37 216 703	48 008	549	2 199 165
河北	1 602	9 642 518	6 020	179 890 163	112 310	8 887	8 686 869
青岛	391	1 008 303	2 581	21 844 434	55 907	2 421	1 083 534
中部	8 634	36 448 563	4 221	797 149 114	92 321	65 523	44 331 665
山西	579	3 415 473	5 900	65 344 737	112 871	2 005	2 293 910
广西	894	2 976 502	3 329	59 937 306	67 045	4 381	2 420 599
湖北	1 424	6 993 302	4 912	140 471 994	98 674	5 551	7 555 443
河南	2 040	7 840 190	3 843	182 172 371	89 301	5 760	14 809 139
湖南	1 757	7 526 872	4 284	164 891 349	93 840	17 961	9 070 122
江西	789	2 901 060	3 675	76 353 035	96 734	9 466	2 744 849
海南	152	939 039	6 196	15 460 977	102 022	7 052	881 562
安徽	837	3 040 444	3 633	77 510 717	92 619	6 889	3 873 434
三峡	163	815 682	5 001	15 006 626	92 004	6 458	682 608
西部	6 485	38 147 375	5 883	672 236 818	103 663	50 101	31 886 916
四川	1 762	11 027 036	6 260	187 869 476	106 651	7 315	9 782 320
重庆	587	3 975 495	6 771	71 322 799	121 473	3 557	3 487 641
贵州	474	2 730 156	5 762	45 162 703	95 318	2 323	2 227 352
云南	710	4 134 273	5 826	70 383 104	99 187	8 357	3 803 555
西藏	45	450 933	10 037	6 285 724	139 913	825	325 173
内蒙古	718	3 831 719	5 340	82 899 197	115 539	3 395	3 008 706
陕西	816	4 998 903	6 125	87 414 742	107 111	4 178	4 446 867
甘肃	583	2 611 983	4 482	38 387 935	65 869	7 743	1 691 781
青海	156	1 126 683	7 242	16 919 806	108 750	1 395	779 155
宁夏	195	926 975	4 762	23 637 971	121 436	3 013	381 953
新疆	441	2 333 217	5 289	41 953 360	95 105	8 000	1 952 413
东北	2 982	13 566 342	4 550	274 896 015	92 200	14 553	12 194 221
辽宁	1 206	5 501 400	4 562	104 858 603	86 957	2 851	4 991 146
吉林	665	3 249 747	4 885	68 650 265	103 199	5 201	2 585 530
黑龙江	826	3 319 902	4 019	70 959 978	85 912	5 214	3 271 445
大连	284	1 495 293	5 256	30 427 169	106 953	1 287	1 346 100

中国建设银行各分行双币种信用卡主要指标统计表（本外币）

（2011 年 12 月）

地区	客户数		消费交易额		账户活动率		贷款余额		贷款不良率	业务收入（万元）
	本年净增（户）	计划完成率（%）	本年新增（万元）	计划完成率（%）	账户活动率（%）	计划完成率（%）	本期余额（万元）	计划完成率（%）	迟缴 90 天以上占比（%）	
全国总计	**7 923 693**	**105.65%**	**58 890 097**	**117.78%**	**58.14%**	**105.71%**	**9 749 109**	**156.04%**	**0.81%**	**960 166**
长三角	1 740 793	111.59%	14 088 030	109.21%	57.70%	104.92%	2 376 859	133.09%	0.78%	238 838
上海	561 913	133.79%	4 121 304	103.03%	55.92%	101.66%	585 279	84.40%	0.72%	63 098
江苏	483 683	100.77%	3 801 396	102.74%	54.88%	99.78%	605 569	119.46%	1.02%	64 128
浙江	483 323	105.07%	4 560 863	123.27%	61.93%	112.61%	890 026	191.46%	0.68%	79 007
宁波	101 280	101.28%	752 436	107.49%	58.27%	105.95%	126 457	83.83%	0.93%	13 235
苏州	110 594	110.59%	852 031	106.50%	60.97%	110.85%	169 529	200.76%	0.61%	19 370
珠三角	1 285 757	102.45%	13 635 555	115.07%	61.55%	111.92%	2 566 167	142.82%	0.87%	254 488
广东	639 056	110.18%	5 426 505	113.05%	57.45%	104.45%	881 418	129.77%	1.01%	101 458
深圳	254 772	101.91%	2 752 040	114.67%	59.75%	108.64%	579 011	99.65%	1.16%	61 650
福建	318 026	88.34%	4 728 941	116.76%	69.98%	127.23%	998 415	196.88%	0.59%	81 773
厦门	73 903	113.70%	728 069	121.34%	66.22%	120.39%	107 323	135.68%	0.69%	9 607
环渤海	1 388 930	107.67%	9 096 524	111.89%	52.73%	95.87%	1 286 613	156.94%	0.85%	124 783
北京	394 174	101.07%	2 455 370	102.31%	50.89%	92.52%	341 502	129.50%	0.69%	41 305
山东	373 520	95.77%	3 348 358	108.01%	60.55%	110.10%	455 773	147.63%	1.11%	38 390
天津	172 485	101.46%	641 848	101.88%	35.90%	65.27%	91 602	109.74%	0.84%	10 511
河北	377 065	145.03%	2 132 899	147.10%	56.03%	101.87%	320 059	272.14%	0.59%	26 660
青岛	71 686	89.61%	518 048	94.19%	51.92%	94.39%	77 677	93.34%	1.19%	7 916
中部	1 619 441	100.27%	10 797 817	128.55%	57.80%	105.10%	1 665 480	180.60%	0.92%	146 590
山西	152 941	101.96%	681 224	162.20%	58.02%	105.49%	101 268	326.62%	0.72%	8 518
广西	144 274	110.98%	633 521	131.98%	58.19%	105.79%	112 010	185.97%	0.70%	10 434
湖北	293 974	101.37%	1 787 230	119.15%	53.44%	97.17%	274 014	243.03%	1.18%	24 579
河南	313 818	92.30%	2 699 913	120.00%	61.11%	111.10%	363 867	157.46%	0.92%	29 643
湖南	363 406	103.83%	2 784 317	121.06%	60.22%	109.49%	439 563	96.91%	1.07%	41 235
江西	116 062	105.51%	607 229	173.49%	56.35%	102.46%	114 439	530.43%	1.13%	9 736
海南	27 581	137.91%	238 752	132.64%	71.92%	130.77%	32 875	289.61%	0.57%	4 132
安徽	173 000	86.50%	994 920	138.18%	51.40%	93.45%	163 202	334.97%	0.50%	14 514
三峡	34 385	137.54%	370 712	185.36%	66.38%	120.68%	64 241	528.45%	0.47%	3 799
西部	1 283 207	110.62%	8 197 476	131.79%	63.17%	114.85%	1 355 176	225.56%	0.53%	138 007
四川	448 604	128.17%	2 463 504	123.18%	63.68%	115.78%	391 441	189.22%	0.73%	43 799
重庆	166 439	138.70%	841 574	145.10%	61.31%	111.48%	150 552	271.49%	0.43%	15 099
贵州	73 781	105.40%	365 941	130.69%	61.92%	112.58%	60 072	179.71%	0.61%	6 691
云南	99 232	70.88%	913 871	134.39%	60.36%	109.74%	131 025	181.35%	0.49%	13 134
西藏	3 182	63.64%	38 918	129.73%	68.33%	124.23%	4 444	123.40%	1.35%	663
内蒙古	131 499	101.15%	1 514 807	137.71%	67.36%	122.47%	299 950	230.26%	0.30%	26 775
陕西	137 365	105.67%	747 089	128.81%	61.96%	112.65%	125 762	326.13%	0.54%	12 707
甘肃	82 598	91.78%	401 765	133.92%	62.77%	114.13%	61 931	308.17%	0.58%	6 000
青海	31 893	106.31%	129 582	129.58%	57.77%	105.04%	17 193	427.54%	0.39%	1 790
宁夏	35 177	100.51%	353 694	160.77%	70.11%	127.48%	46 325	269.50%	0.88%	3 969
新疆	73 437	122.40%	426 731	121.92%	63.88%	116.15%	66 482	231.07%	0.29%	7 381
东北	605 565	97.67%	3 074 522	122.98%	54.38%	98.87%	498 677	130.68%	0.82%	56 881
辽宁	222 466	101.12%	907 260	129.61%	52.43%	95.33%	175 624	126.91%	0.77%	19 478
吉林	160 750	107.17%	889 302	127.04%	56.59%	102.90%	134 850	169.89%	0.71%	16 205
黑龙江	147 172	81.76%	807 625	115.38%	54.68%	99.42%	108 410	107.48%	1.06%	12 130
大连	75 177	107.40%	470 334	117.58%	53.68%	97.60%	79 794	118.12%	0.78%	9 069

注：1. 本年净新增客户数包含重点产品卡量。

2. 业务收入指信用卡业务收入，不包括商户收单业务收入。

3. 业务收入中包含了分期收入递延部分，共计 20.1 亿元。

4. 分行业务收入中包括体现在分行的消费回佣收入。

中国建设银行各分行准贷记卡主要指标统计表（本外币）

（2011 年 12 月）

地区	发卡总量（张）	消费额（万元）	存款余额（万元）	透支余额（万元）	贷款不良率 迟缴 60 天以上（%）
全国总计	**2 794 078**	**2 705 789**	**2 445 624**	**7 283**	**58.19**
长三角	1 334 712	1 376 084	1 113 027	2 280	19.62
上海	125 933	222 593	221 759	586	36.22
江苏	437 344	374 853	262 582	174	42.62
浙江	683 472	702 938	532 298	1 466	9.04
宁波	18 159	23 246	22 783	36	53.68
苏州	69 804	52 454	73 605	18	50.40
珠三角	523 641	342 784	600 255	2 097	60.42
广东	350 929	253 256	416 871	1 933	59.66
深圳	14 859	1 856	6 940	140	74.05
福建	125 143	64 999	137 330	17	51.75
厦门	32 710	22 673	39 114	7	17.93
环渤海	165 759	652 759	118 291	947	93.75
北京	26 027	615 858	64 398	64	45.66
山东	113 530	13 963	21 850	289	95.33
天津	4 244	4 520	8 911	4	98.42
河北	16 216	15 756	17 449	27	59.21
青岛	5 742	2 661	5 684	564	100.00
中部	377 914	131 489	275 377	1 466	91.66
山西	6 460	16 938	4 563	782	99.81
广西	72 136	36 977	71 546	230	80.05
湖北	11 162	10 971	32 724	177	67.92
河南	241 682	39 434	117 711	211	99.65
湖南	17 420	10 650	15 444	18	94.25
江西	18 850	11 092	25 132	17	68.83
海南	705	2 874	2 428	2	44.72
安徽	9 120	2 376	3 381	15	52.31
三峡	379	175	2 448	14	81.35
西部	181 299	119 039	194 732	123	47.54
四川	37 185	23 117	48 675	46	53.05
重庆	2 411	1 411	3 484	0	0.83
贵州	1 838	385	2 029	0	100.00
云南	8 074	21 126	12 007	1	91.38
西藏	178	418	519	1	100.00
内蒙古	18 633	12 936	38 400	45	33.95
陕西	8 103	2 619	5 764	5	9.73
甘肃	12 682	3 097	9 709	8	85.19
青海	7 052	5 197	6 754	6	37.79
宁夏	1 032	256	3 714	5	68.83
新疆	84 111	48 477	63 677	5	67.85
东北	210 753	83 635	143 942	370	62.98
辽宁	47 000	19 207	29 788	174	91.89
吉林	149 910	50 077	97 337	147	37.79
黑龙江	10 999	12 085	13 834	46	34.76
大连	2 844	2 266	2 983	2	55.32

中国建设银行各分行电子银行业务主要指标表（本外币）

（2011年12月）

地区	客户数		交易额		交易量	
	期末数（万户）	比年初新增（万户）	期末数（亿元）	比上季新增（亿元）	期末数（亿元）	比上季新增（亿元）
总计	**34 719.88**	**13 266.02**	**1 211 473.32**	**320 195.47**	**857 096.42**	**258 836.34**
其他	0.02	0.00	24 809.79	1 558.80	2 657.60	698.54
总行本级	0.00	0.00	259.79	109.83	0.08	0.02
总行短信平台	3 225.44	430.25	0.00	0.00	0.00	0.00
长三角	5 362.66	2 349.38	311 582.49	83 326.40	223 708.92	61 861.08
上海	1 218.42	390.44	156 307.31	40 505.75	40 995.08	10 988.42
江苏	1 765.37	905.46	44 009.33	12 174.02	47 695.00	14 782.83
浙江	1 419.22	703.01	69 776.55	18 883.52	114 236.78	28 769.77
宁波	290.76	81.53	8 798.14	2 648.31	8 641.50	2 754.14
苏州	668.89	268.95	32 691.16	9 114.79	12 140.56	4 565.92
珠三角	5 798.51	2 479.90	364 817.55	86 537.70	186 295.54	48 726.25
广东	2 974.45	1 224.79	59 198.53	17 115.35	61 381.00	17 020.03
深圳	746.04	329.50	246 974.92	53 080.86	45 233.01	12 391.65
福建	1 687.52	804.54	46 076.07	12 840.61	67 146.13	15 107.22
厦门	390.49	121.07	12 568.03	3 500.88	12 535.40	4 207.36
环渤海	5 408.67	1 937.26	221 137.27	62 060.67	130 785.84	42 582.01
北京	1 177.98	396.08	136 606.92	37 118.22	43 621.06	13 319.48
山东	2 086.50	780.33	39 219.35	11 255.38	42 568.90	14 253.57
天津	380.72	129.30	13 408.45	4 420.77	9 609.15	2 933.47
河北	1 537.00	532.29	25 373.42	7 266.31	28 533.70	10 626.17
青岛	226.46	99.27	6 529.13	1 999.98	6 453.02	1 449.31
中部	7 145.18	2 725.11	142 821.30	43 159.88	146 993.63	48 388.55
山西	611.35	227.75	11 556.80	3 386.32	8 276.11	2 546.83
广西	497.01	183.48	9 257.34	2 769.53	9 308.51	3 314.60
湖北	1 230.03	429.16	17 111.40	4 859.20	25 332.06	9 898.12
河南	1 244.72	584.51	25 014.07	7 153.10	28 608.55	7 163.22
湖南	2 000.65	531.29	34 567.63	10 775.72	40 325.39	14 581.35
江西	579.56	330.81	15 342.14	5 328.05	15 332.73	4 249.20
海南	94.69	48.07	2 530.71	726.92	3 928.63	1 369.12
安徽	772.93	364.32	23 254.03	6 904.23	11 390.22	3 911.66
三峡	114.24	25.73	4 187.18	1 256.81	4 491.44	1 354.45
西部	5 452.58	2 546.69	99 037.83	28 710.94	111 097.16	38 311.47
四川	1 353.16	758.46	28 784.57	8 199.20	26 625.98	11 372.71
重庆	624.79	204.96	10 756.85	2 766.84	12 944.91	4 097.72
贵州	356.71	225.10	5 577.30	1 816.74	8 227.99	2 521.90
云南	534.85	342.70	7 790.30	2 325.21	13 994.42	3 900.69
西藏	27.20	7.89	375.79	131.48	520.24	192.60
内蒙古	439.65	192.96	10 003.72	2 967.50	5 990.72	2 331.59
陕西	868.99	274.32	16 558.89	4 801.69	19 348.90	5 508.44
甘肃	545.42	198.70	5 481.14	1 422.07	6 226.24	2 333.68
青海	131.74	54.91	3 489.24	1 251.46	2 550.93	1 136.63
宁夏	154.82	54.72	2 593.82	794.99	4 473.78	1 516.56
新疆	415.27	231.98	7 626.22	2 233.76	10 193.04	3 398.94
东北	2 326.83	797.42	47 007.31	14 731.26	55 557.65	18 268.41
辽宁	997.69	345.04	15 074.57	4 389.84	22 131.44	5 796.49
吉林	440.64	144.39	13 414.42	4 314.36	11 087.59	3 889.63
黑龙江	584.02	210.33	11 933.30	4 130.95	16 459.51	6 879.58
大连	304.47	97.65	6 585.02	1 896.12	5 879.11	1 702.71

注：1. 电子银行交易额含个人网上银行、企业网上银行、callcenter、重要客户服务系统、手机银行、短信银行、分行企业银行、家居银行。

2. 其他指不能拆分到各分行的数据。

中国建设银行100个中心城市行各项存款综合排名表（本外币）

（2010年12月） （单位：亿元）

名次	地区	一般性存款		其中：对公存款		其中：储蓄存款	
		本期余额	比年初新增	本期余额	比年初新增	本期余额	比年初新增
1	北京	7 461.70	824.62	5 006.23	558.20	2 558.48	252.94
2	上海	6 436.54	767.05	4 016.15	435.27	2 420.39	331.78
3	广州	3 381.37	107.86	1 893.62	44.48	1 487.75	63.38
4	深圳	3 031.20	245.03	2 178.81	230.56	852.38	14.47
5	成都	2 895.24	339.81	1 801.70	225.45	1 093.54	114.36
6	苏州	1 966.61	210.82	1 295.30	147.92	671.31	62.89
7	重庆	1 803.12	223.01	1 019.61	114.24	783.51	108.76
8	天津	1 716.31	127.09	1 039.67	47.81	676.64	79.28
9	杭州	1 602.54	323.04	1 051.75	84.48	550.79	238.56
10	西安	1 453.69	192.50	761.77	99.37	691.92	93.13
11	武汉	1 346.83	27.32	598.39	－13.19	748.45	40.51
12	沈阳	1 290.92	128.63	646.46	62.77	644.46	65.86
13	长沙	1 222.90	195.59	751.76	111.52	471.14	84.07
14	大连	1 132.03	104.44	663.57	59.50	468.46	44.93
15	南京	1 109.36	79.24	646.80	44.90	462.56	34.34
16	福州	1 031.83	138.64	485.37	81.74	546.46	56.90
17	无锡	1 014.34	44.24	573.50	31.62	440.84	12.62
18	石家庄	1 008.36	113.24	609.49	78.35	398.87	34.89
19	宁波	999.18	32.00	648.98	19.61	350.20	12.38
20	温州	949.79	128.98	482.49	65.70	467.30	63.28
21	厦门	907.34	43.42	480.03	18.43	427.31	25.00
22	昆明	902.11	104.55	521.62	76.82	380.49	27.73
23	济南	882.85	65.61	505.39	33.69	377.45	31.92
24	佛山	855.73	31.59	461.10	24.05	394.63	7.53
25	哈尔滨	853.68	77.71	435.16	31.83	418.52	45.88
26	青岛	808.96	63.40	466.36	61.87	342.60	1.53
27	郑州	807.07	71.42	401.91	41.63	405.16	29.79
28	常州	793.78	11.12	399.06	5.06	394.72	6.06
29	东莞	777.02	14.38	301.94	4.78	475.08	9.60
30	长春	772.72	105.84	404.62	62.41	368.10	43.43
31	南通	732.11	41.02	331.09	10.87	401.03	30.16
32	唐山	724.88	64.52	277.50	30.04	447.38	34.47
33	贵阳	700.34	109.17	481.03	83.67	219.31	25.50
34	兰州	697.07	92.07	445.18	80.17	251.89	11.90
35	泉州	690.06	78.46	262.11	38.73	427.94	39.73
36	南宁	677.74	69.24	425.32	60.61	252.42	8.63
37	金华	635.32	78.53	347.67	47.67	287.65	30.86
38	太原	620.50	16.75	324.93	0.98	295.57	15.77
39	乌鲁木齐	618.88	26.36	329.17	5.80	289.72	20.55
40	南昌	614.98	57.26	371.23	44.80	243.74	12.46
41	合肥	566.16	121.76	345.68	89.24	220.48	32.53
42	嘉兴	557.63	52.58	333.39	28.19	224.24	24.40
43	绍兴	538.49	19.40	356.14	0.23	182.35	19.17
44	中山	531.85	59.10	266.40	25.34	265.45	33.76
45	惠州	507.76	31.15	298.69	21.68	209.07	9.47
46	西宁	495.50	92.75	305.04	18.28	190.46	74.47
47	保定	439.26	55.33	148.35	23.49	290.92	31.84
48	呼和浩特	416.98	62.54	252.22	43.41	164.76	19.13

续表

名次	地区	一般性存款		其中：对公存款		其中：储蓄存款	
		本期余额	比年初新增	本期余额	比年初新增	本期余额	比年初新增
49	珠海	411.89	14.84	225.21	3.84	186.68	11.00
50	邯郸	400.65	48.93	143.25	26.87	257.40	22.06
51	扬州	392.51	19.84	199.59	8.18	192.92	11.66
52	台州	368.06	34.53	217.00	19.15	151.06	15.38
53	烟台	356.35	-32.55	194.81	-28.86	161.54	-3.69
54	江门	356.02	16.33	154.80	8.08	201.22	8.25
55	三峡	353.37	56.23	170.65	31.90	182.72	24.34
56	潍坊	347.52	15.19	170.28	7.25	177.24	7.94
57	泰州	344.04	-7.09	162.51	-16.43	181.53	9.34
58	襄樊	328.49	31.64	130.98	15.04	197.51	16.60
59	沧州	327.56	33.35	104.62	15.30	222.95	18.05
60	济宁	319.72	-0.49	156.02	-12.70	163.69	12.21
61	鄂尔多斯	319.12	62.35	190.29	28.92	128.83	33.43
62	廊坊	316.32	46.77	135.77	26.63	180.55	20.13
63	镇江	311.01	-14.19	170.55	-10.32	140.45	-3.86
64	洛阳	310.75	21.33	124.37	12.25	186.38	9.08
65	徐州	309.56	1.92	152.92	-4.30	156.64	6.22
66	包头	302.45	38.18	158.63	16.07	143.82	22.11
67	大庆	300.75	-9.05	122.02	-20.02	178.74	10.97
68	汕头	289.88	7.29	113.20	2.22	176.68	5.07
69	湖州	273.22	30.18	159.60	15.70	113.62	14.48
70	淄博	270.86	4.38	117.95	-4.05	152.90	8.43
71	东营	262.83	13.79	145.94	5.50	116.89	8.29
72	银川	259.86	-25.09	147.92	-16.21	111.95	-8.88
73	湛江	259.66	16.73	132.26	4.27	127.40	12.46
74	鞍山	257.49	2.24	69.22	-9.52	188.27	11.76
75	舟山	247.01	31.34	178.53	27.32	68.49	4.02
76	咸阳	246.18	38.22	119.26	18.93	126.92	19.29
77	榆林	242.02	49.70	153.64	40.23	88.38	9.47
78	秦皇岛	226.15	27.83	97.96	11.93	128.18	15.90
79	株洲	224.44	27.00	86.51	9.86	137.93	17.14
80	盐城	215.04	-10.82	114.19	-11.36	100.85	0.54
81	临沂	197.58	12.16	98.41	2.42	99.17	9.74
82	柳州	195.71	-4.14	92.11	-8.39	103.60	4.25
83	丽水	195.15	17.72	103.00	12.88	92.15	4.84
84	南阳	193.84	21.30	96.45	12.48	97.39	8.82
85	莆田	189.91	22.14	61.62	9.31	128.29	12.83
86	衢州	182.33	19.80	123.97	16.82	58.36	2.98
87	平顶山	169.06	10.93	73.98	5.73	95.08	5.19
88	马鞍山	167.82	23.93	69.84	4.35	97.98	19.58
89	桂林	167.25	10.03	63.05	1.86	104.20	8.16
90	渭南	167.21	16.16	78.57	8.71	88.64	7.45
91	滨州	165.68	19.83	100.53	13.20	65.15	6.63
92	泰安	165.35	-15.21	80.80	-21.68	84.55	6.46
93	新乡	156.95	17.48	70.04	8.72	86.91	8.77
94	聊城	156.15	-1.77	79.38	-6.92	76.77	5.15
95	威海	150.26	-15.75	70.83	-19.10	79.43	3.34
96	淮安	139.87	-16.40	73.88	-16.90	65.99	0.50
97	芜湖	136.35	45.16	63.49	26.14	72.87	19.03
98	龙岩	118.19	20.04	62.02	11.69	56.17	8.35
99	营口	79.02	-8.55	22.94	-10.10	56.08	1.56
100	铜陵	65.97	5.12	28.88	0.61	37.08	4.51

中国建设银行100个中心城市行各项贷款综合排名表（本外币）

（2011年12月）　　（单位：亿元）

名次	地区	各项贷款		其中：对公贷款		其中：个人贷款	
		本期余额	比年初新增	本期余额	比年初新增	本期余额	比年初新增
1	上海	3 345.63	328.41	2 693.77	248.72	651.86	79.70
2	北京	3 294.12	323.46	2 711.70	241.59	582.42	81.87
3	深圳	2 583.62	274.87	1 670.44	174.01	913.18	100.86
4	成都	1 784.52	192.23	1 313.31	120.28	471.22	71.95
5	天津	1 648.89	153.15	1 435.81	108.16	213.08	44.98
6	苏州	1 548.48	186.97	1 041.01	108.24	507.47	78.73
7	广州	1 508.40	91.70	1 213.76	61.76	294.64	29.94
8	重庆	1 482.96	183.63	983.09	82.10	499.87	101.53
9	杭州	1 372.15	75.29	957.47	61.58	414.68	13.71
10	宁波	1 103.07	96.87	793.79	65.32	309.28	31.55
11	长沙	1 068.83	165.56	864.14	110.41	204.68	55.15
12	西安	908.37	121.94	595.20	42.64	313.17	79.30
13	武汉	889.53	101.58	674.04	71.86	215.50	29.72
14	温州	777.75	119.33	468.19	79.77	309.55	39.56
15	沈阳	771.12	113.68	520.39	65.47	250.74	48.22
16	福州	763.54	99.83	435.11	50.88	328.43	48.95
17	南京	761.10	73.89	636.16	62.61	124.95	11.28
18	大连	745.26	101.27	561.13	58.55	184.13	42.72
19	无锡	744.12	79.83	570.52	49.74	173.60	30.09
20	厦门	735.33	62.86	479.22	25.17	256.11	37.69
21	青岛	712.26	91.59	463.21	44.28	249.06	47.31
22	昆明	696.63	67.01	506.01	39.20	190.62	27.81
23	南宁	601.91	81.72	413.57	60.18	188.34	21.54
24	贵阳	584.19	79.95	485.11	56.30	99.09	23.65
25	金华	570.18	87.02	388.16	55.90	182.02	31.12
26	佛山	561.00	79.87	445.25	63.39	115.76	16.47
27	常州	552.48	50.84	395.30	25.49	157.18	25.35
28	郑州	531.88	56.65	355.74	26.36	176.15	30.29
29	长春	524.13	50.01	395.09	23.34	129.04	26.67
30	泉州	520.07	63.91	393.81	43.35	126.25	20.56
31	唐山	505.53	58.85	453.48	45.44	52.05	13.41
32	哈尔滨	503.71	80.31	390.96	56.76	112.76	23.56
33	合肥	498.70	47.96	269.17	17.12	229.52	30.83
34	济南	492.98	30.15	428.49	27.64	64.49	2.51
35	南通	464.68	54.90	352.79	34.60	111.89	20.29
36	石家庄	451.93	69.83	363.14	52.62	88.79	17.21
37	嘉兴	449.72	34.40	324.48	21.42	125.23	12.98
38	绍兴	424.95	42.09	306.76	22.23	118.19	19.86
39	太原	402.99	43.54	379.47	36.77	23.52	6.77
40	鄂尔多斯	402.87	50.59	340.41	29.14	62.47	21.45
41	南昌	401.46	23.13	286.52	10.52	114.94	12.60
42	乌鲁木齐	359.18	37.06	300.86	28.60	58.32	8.45
43	台州	339.31	33.47	219.58	9.77	119.72	23.70
44	东莞	330.31	32.87	213.23	23.76	117.08	9.10
45	潍坊	323.51	52.66	207.56	24.86	115.95	27.80
46	西宁	319.47	50.23	298.74	44.03	20.74	6.19
47	三峡	318.13	40.14	253.36	24.38	64.76	15.76
48	惠州	303.98	18.94	201.65	8.97	102.33	9.96

续表

名次	地区	各项贷款		其中：对公贷款		其中：个人贷款	
		本期余额	比年初新增	本期余额	比年初新增	本期余额	比年初新增
49	兰州	298.74	19.94	276.45	15.79	22.29	4.15
50	烟台	285.38	24.61	214.94	14.79	70.44	9.82
51	镇江	263.46	24.53	208.97	17.12	54.49	7.41
52	湖州	261.27	34.78	156.12	14.54	105.15	20.24
53	泰州	256.83	27.74	185.85	15.40	70.99	12.34
54	银川	256.80	25.81	223.45	15.56	33.35	10.25
55	中山	238.52	27.61	130.68	24.34	107.84	3.28
56	扬州	225.25	23.87	151.81	13.57	73.43	10.30
57	邯郸	224.07	22.71	202.38	18.69	21.69	4.02
58	呼和浩特	221.15	7.81	179.00	-3.02	42.15	10.82
59	廊坊	214.93	39.13	96.67	16.56	118.26	22.57
60	舟山	209.46	25.68	155.84	12.85	53.62	12.84
61	包头	207.98	43.87	158.56	27.63	49.42	16.23
62	济宁	201.87	19.22	163.94	18.35	37.93	0.87
63	淄博	201.18	2.04	142.07	-3.43	59.11	5.46
64	徐州	201.16	25.21	131.69	13.61	69.47	11.61
65	东营	185.90	9.31	161.69	4.42	24.21	4.89
66	盐城	183.55	18.51	131.59	9.74	51.95	8.77
67	秦皇岛	180.49	25.83	143.33	18.30	37.16	7.52
68	洛阳	179.29	27.52	139.08	19.55	40.21	7.96
69	珠海	172.69	20.54	75.73	13.24	96.96	7.30
70	丽水	169.13	13.03	103.47	6.15	65.66	6.87
71	柳州	158.55	17.81	103.41	5.75	55.14	12.06
72	临沂	154.75	14.43	108.28	5.60	46.46	8.83
73	滨州	147.52	27.52	117.12	20.11	30.40	7.41
74	衢州	142.12	11.88	94.62	3.71	47.50	8.17
75	江门	141.61	21.47	92.63	14.76	48.98	6.71
76	榆林	139.55	33.59	108.80	22.88	30.75	10.71
77	芜湖	138.53	26.23	105.34	15.29	33.19	10.95
78	淮安	138.38	17.77	92.20	8.50	46.18	9.27
79	威海	136.84	-11.68	65.84	-10.35	71.00	-1.33
80	沧州	136.63	23.77	107.68	17.18	28.95	6.58
81	泰安	136.03	7.22	102.43	2.73	33.60	4.49
82	龙岩	131.57	21.95	72.04	10.17	59.53	11.79
83	襄樊	131.12	12.67	80.98	4.93	50.14	7.74
84	莆田	124.53	17.84	75.18	8.99	49.35	8.85
85	平顶山	123.91	15.99	111.84	12.78	12.07	3.21
86	保定	120.80	18.85	78.18	4.32	42.62	14.53
87	聊城	118.05	7.99	89.83	0.70	28.22	7.30
88	新乡	103.15	14.39	77.46	7.45	25.69	6.93
89	汕头	100.07	7.95	77.70	3.07	22.37	4.87
90	南阳	99.51	15.80	78.22	9.23	21.29	6.57
91	马鞍山	95.16	14.51	74.65	7.15	20.51	7.37
92	株洲	89.94	8.24	54.57	5.03	35.37	3.21
93	湛江	88.37	18.38	69.92	11.21	18.45	7.17
94	桂林	83.64	4.56	62.95	0.81	20.69	3.75
95	咸阳	83.20	18.33	56.66	9.69	26.54	8.64
96	渭南	82.55	5.66	71.41	1.20	11.14	4.46
97	营口	75.78	11.11	64.27	7.23	11.51	3.87
98	铜陵	71.31	4.67	59.23	2.09	12.08	2.58
99	鞍山	70.12	2.12	53.13	-0.87	16.99	2.99
100	大庆	67.63	5.17	62.04	2.48	5.59	2.68

中国建设银行各项存款市场占比表（本外币、分地区）

（2011 年 12 月）

地区	一般性存款				其中：对公存款				其中：个人存款			
	余额（亿元）	占比（%）	比年初新增(亿元)	占比（%）	余额（亿元）	占比（%）	比年初新增(亿元)	占比（%）	余额（亿元）	占比（%）	比年初新增(亿元)	占比（%）
全国总计	**98 664.53**	**24.94**	**8 348.60**	**20.47**	**54 515.05**	**27.22**	**4 391.25**	**23.51**	**44 149.48**	**22.60**	**3 957.35**	**17.91**
总行本级	186.16	1.65	-286.93	-5.18	67.23	1.19	-259.27	-10.72	118.93	2.10	-27.66	-0.89
长三角	20 647.98	24.17	1 660.69	22.53	12 388.87	26.23	909.55	22.38	8 259.11	21.63	751.14	22.72
上海	6 436.75	25.91	766.52	30.33	4 016.32	29.40	434.88	29.74	2 420.43	21.65	331.64	31.15
江苏	5 605.53	23.27	150.67	9.36	2 984.48	23.81	37.69	4.77	2 621.05	22.69	112.98	13.79
浙江	5 599.72	23.74	501.21	21.16	3 403.61	25.97	269.95	21.35	2 196.11	20.95	231.25	20.93
宁波	1 019.21	23.99	31.92	12.83	669.00	26.35	19.55	13.07	350.21	20.50	12.38	12.48
苏州	1 986.77	22.96	210.37	34.15	1 315.46	24.38	147.48	37.04	671.31	20.61	62.89	28.88
珠三角	15 465.58	27.10	914.51	22.17	8 440.68	31.11	517.33	29.63	7 024.90	23.47	397.18	16.69
广东	8 817.26	24.75	380.00	15.91	4 549.51	29.59	174.81	25.63	4 267.76	21.07	205.20	12.03
深圳	3 031.20	28.57	194.33	25.47	2 178.81	32.71	179.93	34.00	852.38	21.58	14.39	6.15
福建	2 679.75	32.22	296.86	35.34	1 202.30	33.20	144.25	31.34	1 477.45	31.47	152.61	40.19
厦门	937.37	37.45	43.32	32.17	510.06	34.72	18.34	24.55	427.31	41.32	24.98	41.66
环渤海	18 474.98	22.33	1 446.74	20.04	10 589.74	23.33	756.69	27.56	7 885.24	21.11	690.05	15.43
北京	7 624.83	20.24	670.84	15.96	5 066.33	20.95	418.02	25.22	2 558.50	18.97	252.82	9.93
山东	3 958.98	22.54	107.08	7.34	2 046.79	23.01	-23.36	-3.51	1 912.19	22.06	130.45	16.45
天津	1 816.33	23.24	127.00	137.33	1 139.69	27.69	47.74	20.43	676.64	18.29	79.26	24.30
河北	4 235.87	26.49	478.51	41.88	1 840.56	29.40	252.52	60.31	2 395.31	24.63	225.99	31.22
青岛	838.97	22.58	63.31	19.63	496.37	25.53	61.77	26.02	342.60	19.33	1.53	1.80
中部	17 706.83	26.54	1 714.54	26.52	8 602.23	28.85	839.60	30.19	9 104.60	24.68	874.94	23.76
山西	2 083.81	21.68	78.57	10.82	986.58	22.80	9.93	3.29	1 097.23	20.76	68.64	16.20
广西	1 569.96	23.47	91.33	19.40	850.02	26.57	49.88	33.32	719.94	20.63	41.45	12.91
湖北	2 916.87	28.52	188.38	21.83	1 225.38	28.92	55.53	23.85	1 691.49	28.24	132.85	21.09
河南	2 913.20	25.72	299.64	26.22	1 258.20	27.70	159.97	29.03	1 655.00	24.39	139.67	23.60
湖南	3 342.03	35.05	384.41	35.24	1 601.84	39.98	164.04	37.65	1 740.19	31.48	220.37	33.65
江西	1 604.77	24.14	198.14	23.96	891.70	27.81	141.31	28.39	713.07	20.71	56.83	17.27
海南	641.42	22.89	48.55	51.10	418.31	26.18	23.56	3 926.67	223.11	18.52	24.99	26.47
安徽	2 281.40	25.49	369.26	33.21	1 199.55	28.11	203.46	38.45	1 081.85	23.10	165.80	28.45
三峡	353.37	38.20	56.26	41.10	170.65	39.08	31.92	38.95	182.72	37.41	24.34	44.30
西部	18 870.94	28.10	2 242.59	28.01	10 969.45	31.31	1 332.89	31.84	7 901.49	24.61	909.70	23.81
四川	4 894.66	28.42	540.44	28.51	2 802.73	32.78	316.56	38.46	2 091.93	24.12	223.88	20.87
重庆	1 833.15	26.12	222.88	22.01	1 049.64	28.47	114.12	21.96	783.51	23.52	108.76	22.07
贵州	1 355.18	31.45	198.16	34.02	842.58	35.28	128.38	38.34	512.60	26.69	69.78	28.18
云南	2 059.02	27.02	259.45	35.84	1 227.07	29.38	174.36	44.65	831.95	24.16	85.09	25.52
西藏	408.97	28.26	73.93	22.64	329.67	28.38	62.79	22.45	79.30	27.77	11.14	23.74
内蒙古	1 699.26	27.69	258.86	44.07	946.08	30.90	139.42	47.44	753.18	24.50	119.44	40.69
陕西	2 769.94	29.03	367.05	31.79	1 537.13	32.26	203.45	31.96	1 232.81	25.81	163.60	31.58
甘肃	1 409.17	29.73	166.51	25.52	802.37	33.47	121.48	30.44	606.80	25.90	45.03	17.77
青海	689.01	36.33	96.38	34.33	433.61	38.76	51.73	33.12	255.40	32.84	44.65	35.84
宁夏	481.43	32.71	-39.37	-29.54	294.54	37.52	-22.32	-25.98	186.89	27.21	-17.05	-35.99
新疆	1 271.15	22.13	98.30	14.96	704.03	23.88	42.92	16.12	567.12	20.28	55.38	14.17
东北	7 312.04	28.99	656.46	31.99	3 456.84	34.48	294.47	39.96	3 855.20	25.37	361.99	27.52
辽宁	2 681.61	30.49	188.10	21.59	1 160.01	35.48	71.64	17.87	1 521.60	27.54	116.47	24.76
吉林	1 491.05	28.47	212.90	39.73	735.79	34.12	122.62	53.63	755.26	24.51	90.28	29.38
黑龙江	2 007.35	27.82	151.02	38.68	897.47	33.73	40.72	176.28	1 109.88	24.37	110.30	30.03
大连	1 132.03	28.48	104.44	41.02	663.57	34.22	59.49	70.49	468.46	23.02	44.94	26.41

注：1. 本表数据来源于人民银行信贷收支月报，与建设银行口径差异为多含“邮储银行协议存款”。

2. 占比为建设银行占国有四大银行的比重。

中国建设银行各项贷款市场占比表（本外币、分地区）

（2011 年 12 月）

地区	各项贷款				其中：对公贷款				其中：个人贷款			
	余额（亿元）	占比（%）	比年初新增(亿元)	占比（%）	余额（亿元）	占比（%）	比年初新增(亿元)	占比（%）	余额（亿元）	占比（%）	比年初新增(亿元)	占比（%）
全国总计	**61 915.70**	**25.54**	**7 434.40**	**27.49**	**45 146.53**	**25.42**	**4 193.55**	**27.56**	**16 769.17**	**25.85**	**3 240.85**	**27.38**
总行本级	1 056.62	18.65	420.18	22.96	91.11	4.47	2.23	2.65	965.51	26.62	417.95	23.94
长三角	14 732.62	24.21	1 530.55	27.36	10 687.32	24.24	963.70	27.94	4 045.30	24.14	566.85	26.42
上海	3 345.83	25.01	327.71	30.61	2 694.37	25.79	234.53	39.95	651.46	22.23	93.18	19.28
江苏	3 993.69	24.51	427.01	29.27	2 957.93	24.82	252.80	28.93	1 035.75	23.65	174.21	29.78
浙江	4 741.43	24.42	492.51	26.91	3 200.10	24.21	303.34	26.83	1 541.33	24.88	189.18	27.05
宁波	1 103.09	23.46	96.76	21.40	793.81	22.80	65.20	20.25	309.28	25.33	31.55	24.24
苏州	1 548.58	21.94	186.56	23.84	1 041.11	20.71	107.83	20.16	507.47	24.98	78.73	31.77
珠三角	9 550.08	25.25	1 048.05	29.92	6 430.83	24.84	539.14	30.24	3 119.25	26.14	508.91	29.60
广东	4 077.32	20.87	440.16	26.85	2 945.46	21.01	211.23	26.26	1 131.86	20.51	228.93	27.42
深圳	2 583.62	30.56	274.29	40.98	1 670.44	31.03	173.43	51.81	913.18	29.74	100.86	30.15
福建	2 153.78	28.81	270.88	28.31	1 335.68	27.45	129.45	24.27	818.10	31.33	141.43	33.41
厦门	735.36	31.21	62.72	26.47	479.25	29.53	25.03	22.64	256.11	34.92	37.69	29.83
环渤海	10 913.00	24.51	1 129.19	24.47	8 639.46	24.38	721.55	22.65	2 273.54	25.02	407.64	28.50
北京	3 294.27	27.51	322.85	27.09	2 711.85	26.76	237.92	25.35	582.42	31.62	84.93	33.54
山东	2 919.37	20.81	240.45	16.63	2 203.46	20.67	138.72	14.38	715.91	21.26	101.73	21.13
天津	1 648.93	25.32	152.94	24.84	1 435.85	25.61	107.65	22.63	213.08	23.51	45.29	32.33
河北	2 338.15	25.83	321.46	32.26	1 825.07	26.43	202.98	32.75	513.08	23.88	118.48	31.45
青岛	712.28	24.13	91.49	25.07	463.23	21.74	34.28	18.40	249.06	30.35	57.22	32.01
中部	10 514.53	27.32	1 303.88	28.92	7 760.31	27.65	753.44	29.30	2 754.22	26.44	550.44	28.42
山西	970.38	23.88	90.60	21.05	891.63	23.42	69.11	18.55	78.75	30.53	21.49	37.12
广西	1 183.28	23.91	144.61	29.10	798.84	24.78	81.04	36.19	384.44	22.27	63.57	23.28
湖北	1 563.35	27.57	195.77	28.77	1 177.75	28.66	121.14	31.62	385.61	24.70	74.64	25.09

续表

地区	各项贷款				其中：对公贷款				其中：个人贷款			
	余额（亿元）	占比（%）	比年初新增（亿元）	占比（%）	余额（亿元）	占比（%）	比年初新增（亿元）	占比（%）	余额（亿元）	占比（%）	比年初新增（亿元）	占比（%）
河南	1 703.69	27.75	226.77	35.12	1 263.20	27.15	119.65	38.16	440.49	29.61	107.12	32.24
湖南	2 057.80	34.86	236.34	34.62	1 623.42	37.08	154.14	40.77	434.38	28.49	82.20	26.99
江西	966.59	23.36	131.94	25.19	630.91	23.81	68.15	25.52	335.68	22.55	63.79	24.84
海南	245.53	22.19	28.68	16.73	169.56	19.62	26.07	16.49	75.97	31.41	2.61	19.67
安徽	1 505.78	25.90	209.03	26.81	951.63	24.85	89.76	21.89	554.15	27.93	119.27	32.26
三峡	318.13	45.68	40.14	41.29	253.36	45.97	24.38	37.37	64.76	44.58	15.75	49.31
西部	11 084.17	27.27	1 445.94	28.04	8 486.39	27.40	877.00	27.92	2 597.78	26.86	568.94	28.24
四川	2 355.63	23.97	297.36	26.37	1 723.49	23.90	184.69	27.62	632.14	24.16	112.67	24.55
重庆	1 482.97	26.87	183.56	24.31	983.10	25.57	81.34	21.35	499.87	29.87	102.22	27.31
贵州	871.26	26.13	128.36	32.18	709.26	27.26	93.30	35.65	162.00	22.11	35.06	25.57
云南	1 315.38	24.28	156.33	27.38	955.15	22.89	91.98	26.40	360.23	28.94	64.35	28.90
西藏	114.61	29.23	17.83	18.65	100.17	35.59	18.19	20.70	14.44	13.04	-0.36	-4.61
内蒙古	1 353.92	29.38	169.14	29.91	1 141.02	31.37	98.34	34.07	212.90	21.94	70.80	25.57
陕西	1 407.36	31.73	214.87	36.88	982.14	29.75	100.13	30.64	425.22	37.48	114.74	44.84
甘肃	615.25	27.41	69.48	20.27	550.25	28.67	52.95	20.63	65.00	19.94	16.53	19.18
青海	378.76	34.76	57.60	33.64	355.64	34.95	53.46	34.94	23.12	32.03	4.14	22.68
宁夏	481.93	34.82	57.32	29.73	406.37	36.73	35.72	28.88	75.56	27.20	21.60	31.25
新疆	707.10	29.63	94.09	26.68	579.81	30.96	66.90	27.26	127.29	24.78	27.19	25.35
东北	4 064.65	28.07	556.59	30.21	3 051.07	27.47	336.47	33.69	1 013.58	30.05	220.12	26.10
辽宁	1 518.37	28.64	203.70	30.20	1 135.73	26.59	127.50	33.34	382.64	37.15	76.20	26.10
吉林	936.05	29.54	137.23	33.26	685.98	28.94	75.48	34.88	250.07	31.33	61.75	31.48
黑龙江	864.97	27.82	114.39	28.00	668.24	29.28	75.08	37.10	196.73	23.78	39.31	19.07
大连	745.26	25.71	101.27	29.22	561.13	25.73	58.41	29.56	184.13	25.65	42.85	28.76

注：1. 本表数据来源于人民银行信贷收支月报，个人贷款中含“个人买方信贷”，不含外币个人贷款。

2. 占比为建设银行占国有四大银行的比重。

CHINA 中国建设银行年鉴 2012
CONSTRUCTION BANK ALMANAC

第六部分　专题与调查研究

一、调查研究

内控规范实施情况调研报告

总行监事会调研组

根据监管要求，我行从今年开始实施《企业内部控制基本规范》及其配套指引（以下简称内控规范）。为了解相关工作的开展情况，监事会于2011年7—9月组织了对内控规范实施情况的调研，在调阅分析资料、听取总行部门专题汇报的基础上，部分监事分赴贵州、广东、陕西等分行进行了现场调研，与分行负责人及有关部门进行了座谈，了解分行在实施工作中的困难和建议。现将情况报告如下。

一、内控规范实施工作的基本情况

（一）董事会、高管层高度重视，实施工作顺利推进

我行是首批实施内控规范的上市公司，董事会、高管层非常重视实施工作，认真研究部署和推动相关工作的开展。董事会审议通过了《中国建设银行股份有限公司内控规范实施工作方案》（以下简称《工作方案》），确定了实施工作的总体安排。董事会审计委员会、风险管理委员会多次听取实施工作进展情况的汇报，研究讨论有关问题，提出要求和建议，督促工作的开展。高管层对实施工作进行了认真部署，由行长担任总负责人、首席风险官担任具体负责人，组织启动实施工作，多次召开专题会议研究讨论工作中的重要事项和相关制度文件等，有力推进了实施工作的顺利进行。

（二）总分行积极行动，主要工作有序开展

经过动员和部署，内控规范实施工作于3月下旬正式启动。在《工作方案》的基础上，我行制定和下发了更为具体的《中国建设银行内控规范实施工作行动方案》（以下简称《行动方案》），以指导全行实施工作的开展。根据两个方案，实施工作以内部控制梳理工作为切入点，采取从总行部门到分行、从业务条线到流程的路径分步实施、逐步推进。4月中旬，总行部门先行开展了内部控制设计有效性的梳理评价及缺陷整改工作，江苏、山东、陕西和厦门4个试点分行以及香港分行、建银国际的工作相继启动；7—9月，在总行及试点分行工作的基础上，实施工作在其他34个非试点一级分行全面推进；截至9月底，内部控制梳理工作基本完成，对梳理发现问题的整改工作正在进行中，并着手开展内部控制有效性测试、自我评价等相关工作。

实施工作采取了项目管理的方式，由总行内控管理委员会办公室（以下简称内控办）牵头组建专门的管理团队，具体负责推进工作。实施过程中，内控办在组织、协调、培训指导等方面做了大量工作，积极采取措施推进各阶段工作的开展。主要措施有：研究设计了内部控制梳理评价的方法和工具，将其在全行推广应用；与中介咨询机构组成联合评估小组，识别核心业务流程并建立风险控制矩阵，编写《内部控制框架手册》；按照内控规范要求，起草相关制度文件；对总行资金业务流程和江苏、山东分行内部控制执行有效性进行测试评价；组织开展了5次大规模的专题培训，对总行部门与分行进行针对性的工作指导与支持。调研所到的一级分行，均按总行要求成立了内控规范实施工作领导小组，设立了项目管理办公室，制定下发了具体实施方案，部署落实各项具体工作要求。

在实施工作推进过程中，我行认真落实监管要求，将董事会审议通过的《工作方案》报北京证监局备案，并按月将工作进展情况书面报告北京证监局。

（三）实施工作取得阶段性成果

在全行共同努力下，截至9月底，全行内部控制梳理工作基本完成，并取得了积极成果。一是在总行层面，共梳理流程356个、关键风险点1 699个、控制措施2 167个、制度文件741份，据此整合出全行22个核心业务流程的风险控制矩阵，形成内部控制记录；初步编制了总行的《内部控制框架手册》；梳理评价工作所发现的问题与缺陷已分解到责任部门，相关整改工作正在逐步落实。二是在分行层面，38个一级分行的梳理工作与总行核心业务流程完成了对接、补漏和延伸，基本编制完成了分行层面的《内部控制手册》和记录。三是在制度建设方面，结合内控规范要求和建设银行实际，起草了内部控制缺陷认定标准（试用稿）、内部控制制度、内部控制评价实施办法、内部控制自我评价操作规程、内部控制记录管理规程和内部控制手册管理规程。

作为北京辖区内实施内控规范试点的27家上市公司之一，我行实施工作整体有序推进，得到了北京证监局的肯定。

（四）人员、时间等所限，高质量完成实施工作仍面临挑战

内控规范的实施是一项复杂的系统工程，涉及经营管理活动的全过程，任务艰巨。根据进度安排，从下发《行动方案》到明年完成信息披露工作，整体时间不到1年，分配到各个阶段的时间一般只有3个月左右，对于繁杂的内部控制梳理及缺陷整改阶段，时间尤为紧张。因此，有个别环节工作没有按时或按要求完成。调研中，有的分行反映，由于近年各部门负责的业务流程和事项增长很快，一些涉及部门较多的流程和事项，在短时间内高质量完成任务的难度很大。

从人员保障看，力量略显不足。内控办长期未设专职负责人，直至今年10月底才确定；工作人员绝大部分从分行短期借调，人员流动频繁。随着项目推进过程中对专业性要求的提高，现场指导、督促、协调等工作量不断加大，团队人力安排捉襟见肘，工作推动力不从心；分行更是人员不足，基本上只安排1～2名兼职人员负责。

此外，内控规范的传导和渗透目前还没有覆盖到全行各个层级。基层机构参与的工作很少，有的甚至没有参与；海外分支机构中，除香港分行和建银国际外，其他机构还没有开展实施工作，全行实施工作依然任重道远。

二、对内部控制体系建设相关问题的思考

实施内控规范不仅是当前我行落实监管要求的一项重要工作，也是内部控制体系建设进程中的重要环节。从今年的实施工作来看，梳理中发现了不少问题，反映了我行内部控制体系与监管要求仍有差距，也在不同程度上折射出内部控制体系建设中的一些深层次问题，值得关注和思考。

（一）关于内部控制长效机制的建立与落实

内部控制体系建设不仅是一项基础管理的系统工程，而且是一个动态管理的过程，需要随着银行经营发展、外部环境等情况的变化而不断完善。毋庸置疑的是，我行一贯重视内部控制体系建设，特别是股改上市以来，通过建立健全公司治理机制、实施风险和审计条线垂直管理、完善内部控制制度、开展内部控制自我评价等一系列措施，持续加强和完善了内部控制。然而，面对业务快速发展和日益严格的监管要求，我行内部控制在持续改进与长效机制的建立落实方面也显现出一些不足。

1. 落实监管要求与现有内部控制体系建设的融合还需要加强

实施内控规范的根本目的在于进一步完善内部

控制体系，提升内部控制和风险防范能力，从而促进银行可持续发展。目前来看，各层级对于内控规范的理解和认识还存在差异，有的工作局限于完成监管规定任务，还没有很好地将监管要求吸收转化为内生动力。在调研中我们注意到，个别部门和分行实施内控规范工作满足于完成监管要求的“规定动作”，工作停留在为完成任务而梳理，对于问题缺乏从制度、流程、信息系统等方面的彻底整改，还没有把实施工作与提升内控能力有效结合起来。有的分行将精力集中于被动完成总行布置的任务上，在学习和贯彻方面缺乏能动性和延伸性，对于如何有效运用工作成果特别是在内部控制较为薄弱的基层机构加以贯彻等方面，还没有更多的考虑。也有的分行对实施工作成果的运用和持续性方面尚存顾虑，认为我行内部控制体系建设在总体向好的进程中也经历过一些反复和曲折，如前些年开展的“风险管理基础平台工程”，曾投入大量的人力、物力来清理规章制度、编写体系文件，但未能持续深入下去，建议吸取教训，持之以恒地深入推进实施工作。

2. 内部控制体系建设的整体规划和设计还需要加强

内部控制贯穿于经营管理的全过程，也是实现发展战略不可或缺的要素，不仅需要明确的指导思想、目标来引导，也需要分层、分类、分阶段地组织实施与部署，特别是对系统、流程等基础性工作需作出统筹安排，并投入足够精力扎扎实实地去做。这几年，在经营管理和风险防范工作中，我行有重点地开展了不少专项管理活动，加强了一些重要业务领域的内部控制，并取得了良好成效。但总体看，内部控制体系建设工作还缺乏长远规划和整体设计，建设目标不够清晰，信息系统、内部控制手册等一些重要的基础性工作缺乏统筹性安排；新业务内控制度建设也需加强，有些新业务的制度、办法跟不上业务发展需要，如黄金、外汇等做市业务没有严格细分自营与代客交易，外包业务没有统一的管理办法等。

（二）关于内部控制体系建设的组织保障

近年来，我行内部控制“三道防线”较好地发挥了作用，以部门和条线为核心的内部控制职责相对清晰，公司业务部、个人存款与投资部等前台部门都设有内部控制管理处室，负责相关业务和管理活动的内部控制，风险、运营、纪检等条线也各有自己的要求，侧重于加强所分管领域的内部控制。各部门所开展的内部控制工作，单独看都比较合理，但集中到一起则往往会有重叠或空白。在本次内部控制设计梳理出的相关问题中，由于部门职责边界不清晰而产生的控制缺失、制度冲突等问题不少；同时，部门间沟通合作的工作机制不畅的问题仍然存在。在内控办组织对全行制度和流程进行梳理的同时，法律合规部也对总行规章与规范性文件进行了清理，新一代核心系统项目组对主要的业务流程也进行了梳理，相关工作存在较多重复，彼此成果没有被充分利用。这与长期以来沿袭的部门银行运作模式有关，内部控制建设也带有较强烈的部门色彩。这种以部门为主体所开展的内部控制，部门间的协同性相对较差，行动不易统一，难以形成合力。

2009 年 2 月，我行设立了内控办，今年明确了其为内控规范实施工作牵头部门，加强了对内部控制工作的统一组织和协调。从目前看，现有的组织架构保障方面仍有所不足，还不足以承担内控规范所要求的职责任务。内控办主要负责建设项目的组织、推进、协调、指导培训、监控进度以及定期向有关方面报告等，其职责更多的是针对现阶段特定的项目管理，还没有被赋予统一设计和组织协调内部控制日常工作等更多的职能，对于内控规范实施后续工作的跟进和开展，以及内部控制工作的整体规划、设计、实施、检查、评价等职能，还有待研究和明确。据了解，工商银行、农业银行和中国银行均成立了专门负责内部控制规划、检查、评价等内部控制管理的常设机构，同业经验值得参考。

（三）关于内控文化的培育

企业文化是影响内部控制的重要因素，根植于员工的行为和经营管理活动中，融于战略、流程、责任、激励等内容中。对于内部控制的有效实施，良好的内控文化起着基础性的保障作用。近些年来，我行重视企业文化的建设，注重加强员工行为规范和职业操守，强化合规经营的理念，加强对违规行为的问责，各级机构和人员的风险与内控意识不断提高。但是，违规操作的问题仍然大量存在，据统计，2008—2010 年间，内部审计发现问题 165 778 个，外部审计监管检查发现问题6 774个。这些问题中，有的是屡查屡犯、屡禁不止，也有规避制度约束变换手法产生的新问题。出现这种情况，原因是多方面的，其中与内控文化也不无关系。一方面，内控文化的传播与影响仍然有限，个别员工对于违规操作还缺乏愧悔、警醒等认识；另一方面，问题整改有时注重于业务操作环节方面设关卡，对背后的制度缺陷、内控合规守法意识及其文化的培育重视不够。在内部控制体系建设的过程中，我行应把培育内控文化作为其重要的组成部分来推动，要通过有效措施推动内控文化在全行不断地扩展、深化和升华，促使每个部门、每个岗位、每位员工都能敬畏和遵从日常工作流程，自觉形成合规意识和习惯。绩效考核体系能充分体现银行所倡导的内控合规、惩处违规的价值观。在竞争压力日益加剧的环境下，还应突出强调经营发展、创新行为与内控文化相互协调、相互促进的关系，明确禁止那些为一时之需或一己之利，可能危及银行声誉，进而可能会给员工的职业操守及行为规范带来负面效应的行为。

三、几点建议

我行五年发展规划中已明确提出要不断加强内部控制体系建设。作为实施内控规范试点工作的上市公司，我行也取得了初步成效。为全面完成试点专项工作任务，有效推动内部控制体系建设，特提出以下建议：

第一，进一步强化公司治理各主体、各层面内部控制相关职责的履行，健全组织保障体系，加强监督、评价、考核，确保内部控制体系建设的各项工作有序推进并得到有效落实。

第二，认真落实内控规范和监管部门的要求，抓紧做好未完成的实施工作，加快起草制度文件，按规定报请有关机构批准后尽快出台；推进内控手册在全行的广泛使用，做好内控评价、配合外部审计和年报信息披露等工作。

第三，以实施内控规范为新的起点，研究考虑内控建设中长期规划，以建立健全内部控制机制、培育内控文化、解决内控突出问题为重点，进一步加强和规范内部控制，提高全行的经营管理水平和风险防范能力。

第四，认真整改内控规范实施过程中梳理发现的问题，深入分析问题产生的根源，着力查找制度、流程的漏洞、关键风险点，及时采取措施加以解决，切实提升内控规范实施工作成效。

新型社会组织、中介机构及经济组织客户行业研究报告

总行机构业务部 金兆玲 田 野

新型的社会组织、中介机构和经济组织已成为我国社会经济发展中的重要力量，在调配社会资源、协调促进合作、增进信息交流、提供专业服务等方面具有独特的地位。国家“十二五”规划中明确提出要“重点培育、优先发展经济类、公益慈善类和城乡社区社会组织。推动行业协会、商会改革和发展，强化行业自律，发挥沟通企业与政府的作用”，为此类新型客户的发展提供了有力的政策支持。随着我国经济持续发展和政府职能改革不断深化，可以预期，此类新型客户将发挥越来越重要的作用，我行应积极介入相关的服务商机，不断拓展深化与此类新型客户的合作。

一、新型客户群体分类及规模分析

（一）客户分类

新型社会组织、中介机构和经济组织的种类繁杂、数量众多。根据客户对银行的价值分析，选择三大类客户作为我行重点营销的新型客户，

分别是：行业协调机构、专业服务机构和公益服务组织。其中，行业协调机构包括行业协会和商会；专业服务机构包括律师事务所、会计师事务所、税务师事务所、资产评估事务所、拍卖公司5类；公益服务组织主要包括各类管理规范的基金会等从事公益慈善事业的社会团体。

（二）客户价值

新型客户一方面可以为银行带来稳定的负债业务，另一方面，因相关从业人员多为收入丰厚的专业人士，是银行潜在的优质个人客户资源。更为重要的是，新型客户所覆盖的下游市场广阔，有较多的公司客户和中高端个人客户与之相联。借助与新型客户合作，可以高效快捷地实现批发销售和交叉销售，是值得银行深入挖掘的市场新领域。

（三）市场规模

1. 行业协会及商会

行业协会是指各行业的企事业单位及其他组织法人为促进本行业健康发展而参与设立的为本行业提供服务、反映诉求、规范行为的社会团体法人组织。商会是指由独立的经营单位、事业单位或自由商人、企业职员等自愿组成，为保护和增进全体成员既定利益的非营利性组织。截至2009年年底，我国共有各类行业协会近7万个。其中全国性行业协会共拥有会员企业298.2万个，总资产168.8亿元，其中净资产145.7亿元，总收入63.2亿元。

2. 基金会

基金会是指利用自然人、法人或者其他组织捐赠的财产，以从事公益事业为目的成立的非营利性法人。截至2010年年底，全国共有基金会2 200个，其中公募基金会1 101个、非公募基金会1 088个、境外基金代表机构11个。

3. 律师事务所

律师事务所是指在规定的专业活动范围内，接受中外当事人的委托，提供各种法律服务的中介机构。律师事务所组织形式主要包括合伙制及有限责任制两种。截至2010年年底，我国律师事务所已经发展到1.69万多家，律师人数约为19.4万人。

4. 会计师事务所

会计师事务所是指依法独立承担注册会计师业务的中介服务机构。会计师事务所组织形式主要包括合伙制及有限责任制两种，并逐渐向合伙制转型。截至2010年年底，我国会计师事务所达到7 785家，注册会计师96 498人，从业人员近30万人，2010年实现业务收入375亿元。

5. 税务师事务所

税务师事务所是专职从事税务代理工作的中介机构，由于部分会计师事务所也开展税务代理业务，故存在两类事务所合署办公的情况。税务师事务所组织形式包括合伙制及有限责任制两种，税所设立需经国家税务总局审批。截至2010年年底，我国从事经营的税务师事务所共4 335个，从业人员84 363人，其中执业注册税务师31 736人，2010年度行业经营收入总额80.45亿元，利润总额2.21亿元。

6. 资产评估事务所

资产评估事务所是指组织专业人员依照国家法律法规要求对资产价格进行评定估算的专门机构。截至2009年年底，我国共有3 000余家资产评估机构、2.8万余名注册资产评估师、8万余名资产评估从业人员。

7. 拍卖公司

拍卖公司是指根据客户委托提供拍卖服务的中介机构。2011年7月的数据显示，全国共有拍卖企业5 364家，从业人员5.76万人，其中注册拍卖师9 973人。2011年1—6月，全国拍卖成交总额为3 029.1亿元，实现行业总利润76.12亿元。

二、客户需求分析及优质客户标准

（一）行业协会及商会

1. 需求特点

行业协会多具有行业管理、会员指导服务、从业资格认证等职能，对银行的需求主要有会员费、考试费及培训费的缴纳归集；资金的保值增值；部分带有行业准入性质的协会为了保证行业规范发展，对会员单位存在资金监管需要。商会客户多具有地域性特点，对会员单位有一定的约束力和示范效应，通过与商会的合作可以辐射到下游大量优质企业客户。

2. 优质客户标准

对优质行业协会及商会客户的选择应遵循以下原则：

（1）规模性。优先考虑全国性行业协会、商会及有影响力的省级行业协会、商会，综合考察其在行业或地区中的号召力，确保行业协会及商会中会员企业的数量与质量。

（2）规范性。优质行业协会及商会客户应具有正规法律地位，内部财务管理规范，在社会上享有良好声誉。

（3）效益性。优质行业协会及商会客户应有较丰富的收费（缴费）代理需求和资金保值增值需求，并能对其会员企业和个人产生示范效果。

（4）发展性。将行业协会及商会客户所处的行业和地区环境纳入考察范围，重点选择符合国家政策导向、发展前景广阔的行业和地区。

2011 年 2 月，民政部发布了《2010 年度全国性行业协会商会评估等级结果公告》，评选出5A～3A 级全国性行业协会商会共计 94 家，可供参考。

（二）基金会等公益组织

1. 需求特点

基金会等公益组织为社会提供人道援助、社会救助等公益性服务，资金来源为社会捐赠、会费缴纳等，对资金存在归集、保值增值需求；出现突发事件时，对高负荷、实时性、多渠道的结算有较高要求；同时，对捐赠资金的使用希望银行提供全流程的资金监管服务。

2. 优质客户标准

对优质基金会等公益组织客户的选择应依据以下标准：

（1）资产规模适当。应拥有与其辐射范围和控制能力相适应的资产规模，并具有良好、稳定的社会捐赠渠道，在此基础上具有较大的资产上升空间。

（2）资产风险可控。优质基金会等公益组织客户应保持健康的资产结构和良好的资产质量，资产形式丰富、结构科学，并具有抵御风险的资金实力。

（3）交易管理规范。在关联交易、保值增值投资、信息披露等方面具有完善的运营管理机制，拥有较好的交易信誉和社会声誉。

（4）发展前景广阔。符合国家相关政策导向，具有较为广阔的发展潜力。应着重培养有政府机构或高校等事业单位背景以及拥有正规海外资金来源的基金会等公益组织客户，重点关注社会联系广泛、公益活动效果显著、具有较强影响力的基金会等公益组织客户。

2011 年 2 月，民政部发布了《2010 年度基金会评估等级结果公告》，涉及各级基金会共计 36 家，可供参考。

（三）律师事务所

1. 需求特点

律师事务所存在代发工资、网上银行及资金结算等传统对公服务需求；此外，由于律师事务所能第一时间了解所代理企业的投融资与并购等重大决策情况，与其合作的企业也希望律师事务所在股权转让等方面提供监管服务；律师事务所的管理人员和从业者普遍具有较高的专业技术水平和较强的个人理财意识，是我行潜在的高端客户群体。

2. 优质客户标准

对优质律师事务所客户的选择应依据以下标准：

（1）运营收入及资产规模。优质律师事务所客户应具有较强的盈利能力，同时存在对代发工资、网上银行及资金结算等服务需求；在可能的情况下，还应重点考察具有资产投资及增值保值服务需求的律师事务所客户。

（2）人员素质及收入。优质律师事务所客户的管理人员和从业者应具有较高的专业素质和收入水平，并能通过所在单位的带动，获取我行投资理财及信贷等方面的金融服务，成为我行的高端客户群体。

（3）主营业务的竞争力。重点考虑主营业务收入较高的律师事务所客户，如涉外、房产、金融、证券行业的律师事务所。

（4）社会声誉及影响力。优质律师事务所客户应具有良好的社会声誉和胜诉率，并能影响到与其合作的企业单位，有利于扩大我行业务辐射范围；在不涉及客户秘密的前提下能与我行共享部分客户信息，协助我行业务拓展及风险评估工作。

近年来国内有一些组织发布过“律师事务所排行”之类的名单，但由于其评选机制不明、权威性不强，故难以作为实际工作参考。

（四）会计师事务所

1. 需求特点

会计师事务所存在代发工资、网上银行及资金结算等传统对公服务需求；由于涉及客户财务会计等重要信息，其服务项目大多周期较长，需要派员提供长期驻点服务，对出差经费划拨、报账的灵活性和便捷性具有较强需求；管理人员和从业者普遍具有较高的专业技术水平和较强的个人理财意识，是我行潜在的高端客户群体。

2. 优质客户标准

对优质会计师事务所客户的选择应依据以下标准：

（1）运营收入及资产规模。优质会计师事务所客户应具有较强的盈利能力，同时存在对代发工资、网上银行及资金结算等服务需求；在可能的情况下，还应重点考察具有资产投资及增值保值服务需求的会计师事务所客户。

（2）人员素质及收入。优质会计师事务所客户的管理人员和从业者应具有较高的专业素质和收入水平，并能通过所在单位的带动，获取我行投资理财及信贷等方面的金融服务，成为我行的高端客户群体。

（3）社会声誉及影响力。优质会计师事务所客户应具有良好的社会声誉和客户黏性，并能影响到与其合作的企事业单位，有利于扩大我行业务辐射范围；在不涉及客户秘密的前提下能与我行共享部分客户信息，协助我行进行业务拓展及风险评估工作。

（4）重点关注国际“四大”（普华永道PWC、毕马威KPMG、德勤DTT和安永EY）会计师事务所中国办事处及与其有业务和人员往来的国内会计师事务所。

2011年7月，中国注册会计师协会发布了《2011年会计师事务所综合评价前百家信息》的通告，可供参考。

（五）税务师事务所

1. 需求特点

税务师事务所的金融服务需求与会计师事务所类似，主要为代理类、结算类传统对公服务；管理人员和从业者普遍具有较高的专业技术水平和较强的个人理财意识，是我行潜在的高端客户群体。

2. 优质客户标准

对优质税务师事务所客户的选择应依据以下标准：

（1）运营收入及资产规模。优质税务师事务所客户应具有较强的盈利能力，同时存在对代发工资、网上银行及资金结算等服务需求；在可能的情况下，还应重点考察具有资产投资及增值保值服务需求的税务师事务所客户。

（2）人员素质及收入。优质税务师事务所客户的管理人员和从业者应具有较高的专业素质和收入水平，并能通过所在单位的带动，获取我行投资理财及信贷等方面的金融服务，成为我行的高端客户群体。

（3）社会声誉及影响力。优质税务师事务所客户应具有良好的社会声誉和客户黏性，并能影响到与其合作的单位，有利于扩大我行业务辐射范围；愿意与我行相关部门合作，为我行中小企业及高端个人客户举办纳税咨询讲座及税务咨询培训等。

2011年7月，中国注册税务师协会发布了《2010年度税务师事务所经营收入前百家名单》的通告，可供参考。

（六）资产评估事务所

1. 需求特点

资产评估事务所的金融服务需求也与会计师事务所类似，主要为代理类、结算类传统对公服务；管理人员和从业者普遍具有较高的专业技术水平和较强的个人理财意识，是我行潜在的高端客户群体。

2. 优质客户标准

对优质资产评估事务所客户的选择应依据以下标准：

（1）运营收入及资产规模。优质资产评估事务所客户应具有较强的盈利能力，同时存在对代发工资、网上银行及资金结算等服务需求；在可能的情况下，还应重点考察具有资产投资及增值保值服务需求的资产评估事务所客户。

（2）人员素质及收入。优质资产评估事务所客户的管理人员和从业者应具有较高的专业素质和收入水平，并能通过所在单位的带动，获取我行投资理财及信贷等方面的金融服务，成为我行的高端客户群体。

（3）社会声誉及影响力。优质资产评估事务所客户应具有良好的社会声誉和客户黏性，并能影响到与其合作的单位，有利于扩大我行业务辐射范围；愿意与我行相关部门合作，为我行存在资产评估需求的客户提供专业服务等。

由于缺乏全国性的评价资料，北京市注册会计师协会于2011年5月发布了《北京地区2010年度50家资产评估机构信息》，具有一定的参考价值。

（七）拍卖公司

1. 需求特点

拍卖公司接到委托方拍卖申请后，组织举办拍卖会，买方进场时需要交纳一定比例的保证金以防弃拍，拍卖成功后对买卖双方收取佣金。由于部分拍品成交金额较大，希望银行提供现场结算，并代买方提供保管箱服务。

2. 优质客户标准

对优质拍卖公司客户的选择应依据以下标准：

（1）拍卖成交额及资产规模。优质拍卖公司客户应具有较高的年拍卖成交额及成交比率，并能有效地转化为公司的盈利性收入；具有健康的资产结构和适当的资产规模。

（2）拍卖资质。优质拍卖公司客户应具有文物拍卖及涉外拍卖的资质。

（3）社会声誉及影响力。优质拍卖公司客户应在国内外拍卖市场上具有一定声望，拥有良好的拍卖品位，经手过有影响力的拍品。

（4）2010 年拍卖公司成交额排名前十的企业包括：北京保利、中国嘉德、HK 佳士得、HK 蘇富比、北京翰海、北京匡时、西泠拍卖、海士德、北京九歌和上海天衡。

2010 年 11 月，中国拍卖行业协会发布了《2010 年拍卖企业资质评定名单》的公告，其中被评为 AAA 级资质的企业共计 93 家，可供参考。

三、营销措施

（一）以结算类、代理类等对公需求为切入点，打开新型客户市场

对于新型社会经济组织尤其是跨地区、具有一定规模的优质客户，应利用我行的网点优势提供全面的资金结算及代理类服务，满足客户的基本结算、代理类需求，并以此为基础开拓市场，争取与客户形成稳定的合作关系。例如针对行业协会及商会等会员类组织，提供存贷款产品、会费代理、资金结算等服务；针对律师事务所、会计师事务所等专业服务机构，提供代收代付、代发工资、账户管理、资金监管等特色服务。

（二）提供企业理财和信贷服务，满足新型客户资金保值增值需求

针对新型社会经济组织发展迅速但尚不成熟、对资金流动和资产增值需求迫切的特点，提供企业理财和信贷服务，并将之作为客户对公需求的主要盈利点。例如提供理财一户通等存款型产品以及稳健类理财产品的组合方案，帮助客户实现资金的保值增值；提供信贷服务，帮助资产结构健康的新型社会经济组织迅速回笼资金，扩大业务流量；有针对性地选择处于朝阳行业或发展潜力较大地区的行业协会、商会，提供资产抵押、创业贷款等投资类服务。

（三）提供信息流服务及电子渠道服务，满足新型客户个性化需求

在金融产品和各种可以借助的外部资源中进行组合设计，提供个性化客户服务方案，实现“量体裁衣”式的金融服务。尤其要注重电子银行、信息流服务等高回报、高辐射性的资金管理现代化项目，提高客户黏性。例如，对资金流速度要求较高的客户，应重点推介现金管理系统、对公网上银行、中间业务特色平台直联介入等集团化电子渠道服务；对拍卖公司等经常面临突发性大量现金或流动周转需要的客户，提供保证金监管、保管箱、移动 POS 等配套服务。

（四）利用平台营销，形成对新型客户关联企业及个人的辐射作用

在开展有针对性的客户营销，为新型社会经济组织客户提供个性化对公服务的同时，应积极利用资源拓展客户关联企业、机构的业务，尤其是高端个人理财产品服务，提升平台营销的辐射作用。例如，应针对行业协会及商会的会员制特点，与代表性强、成员约束力高的行业协会、商会签订战略合作协议，通过成员单位集体授信的方式建立合作关系，逐渐向其成员单位进行服务拓展。再如，应针对律师事务所、会计师事务所等专业服务机构人员具有较高收入水平和较强个人理财意识的特点，充分发掘其所在单位的带动作用，为其员工提供一定等级的理财、外汇、基金和黄金交易等服务；推广包括个人住房贷款、个人消费贷款等信贷产品；针对个人资产符合标准的客户，还可以提供一对一式的定制服务方案。

（五）建立并完善优质目标客户档案，实时追踪新型客户需求变动

针对已建立合作关系或正在争取合作的优质目标客户，建立完善的客户档案，实时掌握客户经营情况。要根据档案情况对客户进行优化分类，确定客户在不同时期的理财、信贷及融资需求，主动提供全方位、立体化的服务；有针对性地进行品牌宣传，介绍特色业务品种，提供新产品试用服务，提高客户的满意度和依赖性；加强与客户的经常性联系，拓展业务范围和辐射面；充分利用客户资源，加强特定领域的合作。

关于安徽省分行个人银行业务的调研报告

总行个人存款与投资部　程正红　刘鸿雁

安徽省分行地处不发达地区，业务规模较小，但2011年个人银行业务发展迅猛，主要业务指标位居同业和系统前列。12月15—21日，总行个人存款与投资部派出调研小组赴安徽省分行进行了实地调研。现将具体情况报告如下：

一、安徽分行个人银行业务发展简要情况

1. 个人存款增速系统内第二，市场份额同业第二

截至12月10日，安徽分行个人存款新增147亿元，居系统内第五位，较上年同期提升10个位次，较个人存款余额位次提升12个位次；日均新增104亿元，居系统内第七位，较上年提升7个位次；增速19.86%，居系统内第九位，较上年提升两个位次，高出全行平均增速1倍多；新增总量居四大行第二位，份额28.23%，较网点资源份额高出9个百分点，网均新增和增速均居同业首位。

2. 个人客户增速系统内排名第四

大众富裕及富裕客户增速分别为12%和20%，均排系统内第四位，其中大众富裕客户增速系统内排名提升两个位次。

3. 中间业务主要产品收入增速均居系统前十位

中间业务实现收入4.27亿元，同比增长14%，其中借记卡、基金、黄金3项业务收入同比增速均列系统内前十名（分别为第六、第七、第三位），表现出良好的发展态势。

4. 产品覆盖度及自助交易快速增长

个人产品覆盖度和自助设备交易量比两项KPI指标提升值均提前完成年度目标，系统内分别排名第五、第六位。

5. 二代转型工作超额完成。网点二代转型完成200家，比计划的70家多130家，专职客户经理由年初的71人扩充至目前的453人。

二、分行值得借鉴的工作经验

年初以来，安徽省分行新一届党委通过推进体制机制、考核激励和精神文化等要素的协调配合，形成整体合力，有效推动了业务的快速发展，多项业务指标领跑同业、多个指标跻身系统内前十。以当年最提振士气的个人存款业务来说，第二季度末实现了超过工商银行的历史性突破。走进安徽省分行，第一感觉就是从上到下士气高昂，员工激情饱满，充分体会到“敢于超越、勇争第一”的安徽建行精神。分行值得借鉴的工作经验，主要有以下6个方面：

（一）改进资源配置方式，加大条线配置力度，有效促进个人业务快速发展

多年来，全行资源主要由层级配置，条线少有资源配置权限，效率低，市场响应速度慢。安徽省分行新一届领导班子在资源配置上采取了渐进的改革措施，以层级配置为主、条线配置为辅，加大业务条线资源配置力度，资源投向明确反映业务发展重点，有效贯彻了分行经营导向，基层行、基层客户经理工作目标清晰一致，有的放矢，取得明显效益。例如，面对存款业务白热化的竞争形势，分行投入6 600多万元营销费用，使存款增速跃升系统前列；为发挥商户通业务对存款、

中间业务收入和对客户的带动作用，分行通过加强资源整合和加大投入，迅速打开工作局面，目前每户卡均沉淀存款4万多元，有力地推进了个人存款业务的快速发展。

（二）制定零售网点员工绩效工资分配方案，以业务积分挂钩绩效工资，取代原来的买单制

近年来，各分行基本采取买单制的方式分配网点员工绩效工资，对促进业务发展发挥了很大作用，但随着时间的推移，买单制的弊端逐步暴露，比如员工在销售产品时，重点考虑绩效工资高的产品，忽视客户感受，给我行带来诸多不利影响，而安徽省分行从今年7月份开始实施零售网点绩效考核办法，采用业务积分挂钩分配绩效工资的方式，取代原来的买单制，明确了网点6个岗位的员工绩效工资采用积分制进行分配的具体方法和流程。具体方法：将绩效工资考核分解为服务管理绩效工资、业务积分绩效工资和任务完成绩效工资3部分。网点员工绩效工资=服务绩效+业务绩效+任务绩效，某员工业务绩效=网点业务绩效总量×本人积分/网点总积分。

另外，安徽省分行还统一了基层员工薪点工资标准，使基层员工的收入大幅提升，资金来源除分行每年工资新增部分外，适度减少了分行管理人员工资，实现了资源向一线倾斜。基层员工实现同工同酬，大量劳务合同制员工转为长期合同工，其中不少走上了网点负责人岗位，马鞍山市分行网点负责人已有75%为原劳务用工人员。分行对个人客户经理进行排名，对销售业绩突出的个人客户经理，由条线配置专项费用予以激励。

（三）关爱员工系列举措扎实落实，充分激发员工的主动性和积极性

分行高度重视对员工的人文关怀，积极推进“关爱员工”活动。要求机关相关管理人员走进网点，亲身体验一个工作日，站在一线员工的立场上出政策、推措施。分行先后落实关爱举措60余条，使广大员工产生了强烈的归属感，工作的主动性和积极性被充分激发。例如，网点孕期员工佩戴统一发放的“准妈妈徽章”，有了这个徽章后，孕期女员工的服务标准与分行规定的网点服务检查标准有所区别，既能保证满足客户需求，又使员工倍觉温暖；将网点手工登记簿从63种减少到25种，各类工作报表从234种精简到99种；在不影响业务发展的情况下，统筹安排网点缩短营业时间，将营业时间由原来的早8：00延至8：30；为基层一线员工定制冬装，让员工在寒冷的冬季穿上精致温馨的棉服；拓宽员工晋升渠道，通过竞争等手段，建立更加公平公正的选人用人机制，让合适的人到合适的岗位工作。

（四）统一全行思想认识，开展“正视忧患、不断超越”大讨论活动

2011年第一季度分行业绩骄人，但分行党委居安思危，在各级管理者中组织开展了“正视忧患不断超越”大讨论活动，理性分析发展背后的问题。一是推动全辖思考。通过深入讨论，很多管理者有意识地对自我思想、自身工作进行全面认真地梳理和反思，主动找差距、定措施，有的偏重宏观，有的注重微观，有的剖析自己，有的反思团队工作问题，为下一步创造性地做好工作奠定了基础。二是推动作风转变。活动中，很多管理者的工作作风已潜移默化地发生转变。“上级行为下级行服务，中后台为前台服务，全行为客户服务”的意识得到增强，全辖深入基层、服务一线的良好氛围逐步形成。三是推动问题解决。比如，取消了对基金零销售网点进行罚款等相关规定；取消了二级分支行副行级领导专车，改用于业务营销；将部分干部管理权限下放到二级行，等等。另外，一些关爱员工的措施也是这次活动的直接成果。

（五）重点产品销售措施到位，个人存款新增跃上新台阶

个人存款业务方面，除了抓好旺季营销，为全年打好基础外：一是自主发行保本理财产品。针对个人存款方面激烈的市场竞争态势，分行以理财产品为抓手，自主发行了四期保本型理财产品，共计销售55亿元，有效吸引了大批高端客户及客户的行外资金。其中最大一笔是淮南市分行一次性销售1亿元，资金全部由他行转入。二是发挥贷款的“味精”作用，强化交叉销售。抓住今年贷款资源稀缺的特点，个金部门与小企业、房金等部门积极联动，调剂一部分信贷资源，满足高端客户的贷款需求，以融资促存款增长。三是部门联动。个人存款与投资条线在实现内部联动的同时，加强与公司条线联动协同，按照“信息共享、利益分成、整体联动、扩大份额”的原则，开展大规模联动营销工作，组织季度竞赛，动员全辖稳存增存。

（六）重视渠道建设，提升发展潜力

在产品、服务越来越同质化的时代，竞争焦点归根结底是渠道之争。就物理网点总量来说，安徽省分行的网点相对较少，仅为工商银行的80%、农业银行的50%。尽管网点总量不多，今年以来，分行以“勇争第一”的气魄在此基础上来实现了业务发展的“以一抵二”。2011年分行已安排网点装修设计方案上会审查项目63个，占年度综合经营计划项目数量的185%；同时大力推进12家新设网点建设，各项工作正在紧锣密鼓地开展；批复符合条件的81个分理处（储蓄所）升格为网点型支行。

在自助渠道建设方面，安徽省分行共批复增设离行式自助银行96个，安装自助设备522台。同时，自助设备管理成效明显，全辖自助设备开机率由上年末的97.84%提升到11月末的98.65%，上升0.81个百分点；台均有效交易笔数由148笔上升到168笔，增加20笔。

三、分行反映的问题及建议

1. 加大社保卡拓展的资源投入

社保卡具有垄断性强、规模大、存款稳定的特点，是银行当前和未来获取长期稳定收益的重要来源渠道之一。各家银行为抓住这个机遇，不惜重金投入，竞争非常激烈。由于在营销中银行处在弱势地位，需投入的资源较大，安徽省分行对此进行了测算，如取得50%的业务份额，至少需投入5亿元以上。考虑到其未来巨大的发展潜力，建议总行尽早决策，解决投入问题。

2. 继续加大自助设备投入力度，特别是存取款一体机需求迫切

近年来，总行逐步加大了全行自助设备的投放力度，安徽省分行自助设备在线运营台数也由3年前的469台增加到目前的1 112台，位居全行第十五位，自助交易替代率由上年末的43.6%提升到51%，提高7.4个百分点，在系统内排第六位，分流了分行大约20%的柜面业务量。但我们在一些网点看到，并列5台自助设备同时运行的情况下，每台设备前仍有4～5人排队等候。据了解，这个问题在一些存量网点更加突出。因受网点面积限制，分行迫切需要安装存取款一体机，提高单台产出效率，以缓解客户排队等候问题。

3. 继续加大商户通资源投入，实现多项产品联动营销

商户通业务是集高端客户拓展、吸收存款、增加中间业务收入、带动个人产品销售、联动销售电子银行及信用卡产品于一体的“拳头产品”，至11月底，分行累计新增签约客户4.5万户，总量达到5.07万户，累计实现交易130亿元，户均沉淀资金超过4万元，系统内排名均在前十位，该业务已成为分行争夺个人金融客户和小企业客户最主要的一个抓手。建议总行能够加大商户通资源投入，特别是要解决商户通后期统一维护外包的问题，以解除分行业务拓展的后顾之忧。

4. 注重原有网点功能改造和人员配置，为提升竞争力提供基础保障

在调研中，基层行提出，目前根据总行有关网点建设要求，新建网点功能比较齐全，人员基本配备到位，但取得高回报还需逐步拓展市场空间；而原有网点客户资源丰富，投入产出比较高。因此，建议应同步注重扩充原有网点业务功能，并加大人员配置力度，为全面提升网点竞争力提供基础保障。

5. 推进部分服务外包工作，充实一线员工队伍

一是建议总行统一规范相关设备维护管理模式，逐步开展自助设备、EPOS设备日常运营维护外包试点工作；二是加快前后台业务分离项目，尽可能将柜面业务中的中后台事项集中外包处理；三是对营业网点的客户引导和产品推介岗实施外包，解放更多人力从事客户经理工作。

6. 进一步梳理优化业务流程，提高服务效率

在本次调研中，一线员工对业务流程优化要求比较强烈。分行员工根据工作实践，提出了包括业务操作和客户服务两方面共30多个具体建议。比如，普遍反映目前凭证种类繁多，使用时容易发生错误，引发客户纠纷，建议总行统一进行优化。

7. 加强理财产品设计及销售管理，满足客户需求

2011年我行理财产品销售旺盛，但总体看，主要是前期投放较多，在接近岁末年初的关键时点却

因受到监管规模限制而难以推出相应产品，许多在今年末明年初到期的产品也无法接续，直接影响到旺季营销任务的完成。建议明年总行相关部门能够统筹安排，对销售金额、品种、时间、渠道、对象、收益等多种因素进行综合分析，做到均衡投放；同时，建议网银尽快开通24小时挂单交易。

8. 加强个人客户经理综合使用，缓解人员紧张问题

目前，我行个人客户经理几乎都只负责单项业务，这也是造成个人业务队伍人员短缺的重要原因。据测算，如果分行按照总行不同部门下发的文件要求来配置相关人员，全行将需要60万人。建议总行及时研究个人客户经理的综合使用问题，比如将个人贷款受理环节放到网点个人客户经理等，使个人客户经理真正成为能从事全部个人业务的客户经理，以有效缓解人员紧张的问题。

关于对个人存款与理财业务有关情况的调查报告

总行个人存款与投资部　付潇潇

当前，我行个人存款业务面临严峻的市场竞争考验。为了解个人存款及与之密切相关的理财业务发展情况，促进两项业务协调发展，近日，我部在对大量统计数据进行分析的基础上，选取具有代表性的位于珠三角地区的广东、深圳分行和中部地区的湖南分行进行了实地调研，现将有关情况报告如下：

一、全行个人存款与理财业务基本发展情况

（一）个人存款余额稳步增长，理财业务种类不断丰富，理财产品对中间业务收入贡献度逐年上升

1. 2006—2010年，我行个人存款连年稳步增长。5年间累计新增21 412亿元，实现个人存款总规模翻一番，年均增速达16.65%。截至2010年年末，我行个人存款余额突破40 000亿元。

表1　　2006—2010年个人存款情况表（本外币）　　单位：亿元

年份	2006	2007	2008	2009	2010
余额	21 878	23 067	29 343	35 812	40 191
新增	3 098	1 190	6 277	6 468	4 379
增速	16.49	5.44	27.21	22.04	12.23

注：①本表中“新增”指时点新增值。

②数据来源为信息中心同业分析会数据。

2. 我行理财类业务2005年起步时，对个人客户提供的产品仅有基金，发行的理财产品也很少。经过6年的发展，我行投资理财业务覆盖了基金、理财产品、代理黄金、代理保险、第三方信托等多个领域。各理财类产品中间业务收入水平逐年提高，特别是代销保险、代销基金和理财产品业务得到了稳步发展（见图1）。从投资类产品实现的收入占比来看，代销基金、代理保险对中间业务收入贡献最突出，其次是银行理财产品。但从近年我行中间业务收入发展趋势来看，代销基金收入在投资类产品收入的占比逐年下降，而银行理财产品收入占比上升，发展银行理财产品成为提高中间业务收入的重要手段（见图2）。

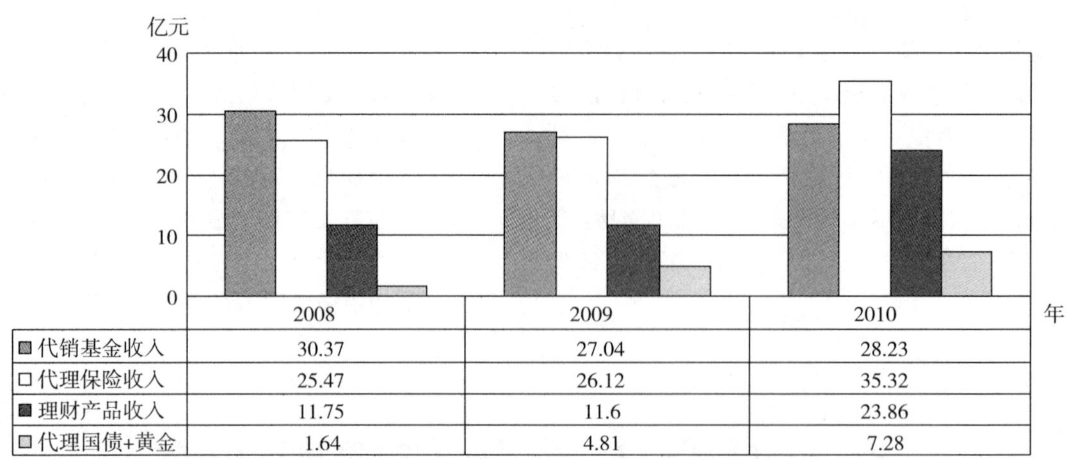

图 1　2008—2010 年理财业务类收入趋势图

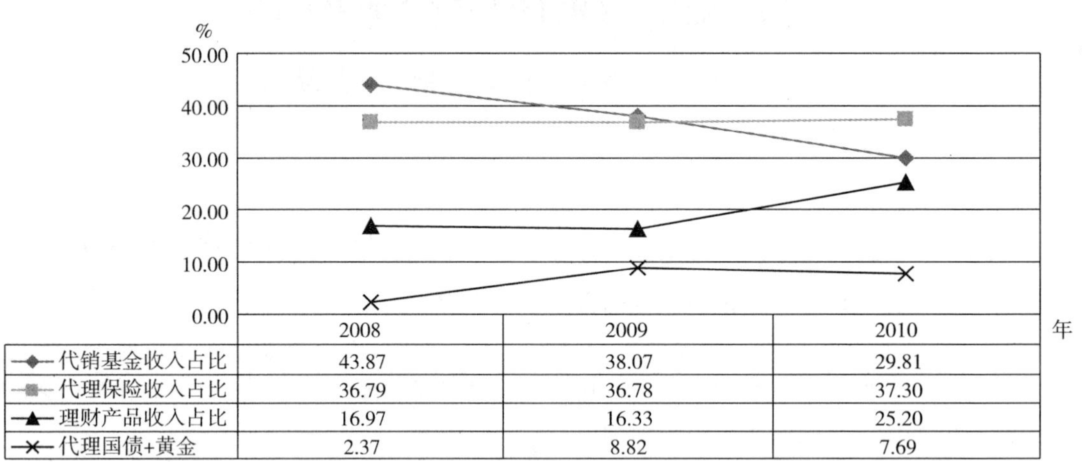

图 2　个人条线理财类产品对理财业务中间业务收入贡献度趋势图

（二）存款、理财业务与同业比较

与同业相比，近 5 年来我行个人存款余额市场占比逐年提高，但增速下降；同时，理财业务虽然近年来规模逐年扩大，但市场竞争力仍显不足。

1. 截至 2010 年，我行个人存款余额占比、新增占比排名均位列四行第三位，增速下降。近 5 年，我行个人存款余额市场占比保持持续上涨势头，但新增占比下降，年增速放缓，从 2006 年的 16.47% 降至 2010 年的 12.23%，累计下降 4.24 个百分点。特别是 2010 年，我行存款增速（12.23%）比当年四行平均水平（13.14%）低 0.91 个百分点（见表 2、图 3）。

表 2　2006—2010 年四行个人存款余额占比、新增占比、增速对比表（本外币）

单位：%

项目	年份	2006	2007	2008	2009	2010
余额占比	建设银行	20. 66	22. 33	22. 78	23. 40	23. 21
	工商银行	31. 17	31. 40	31. 14	30. 45	30. 28
	农业银行	26. 43	28. 89	29. 03	29. 03	29. 34
	中国银行	17. 38	17. 38	17. 05	17. 12	17. 17

续表

项目	年份	2006	2007	2008	2009	2010
新增占比	建设银行	28.98	54.43	24.68	26.68	21.78
	工商银行	18.97	-18.81	29.93	26.77	28.98
	农业银行	31.65	85.14	29.64	29.05	31.71
	中国银行	15.15	-20.76	15.75	17.50	17.53
增速	建设银行	16.49	5.44	27.21	22.04	12.23
	工商银行	6.54	-1.25	23.47	16.18	12.51
	农业银行	13.65	6.65	25.25	18.83	14.35
	中国银行	9.35	-2.47	22.31	19.32	13.46
	四行平均	11.02	2.16	24.62	18.82	13.14

注：数据来源为信息中心同业分析会数据。

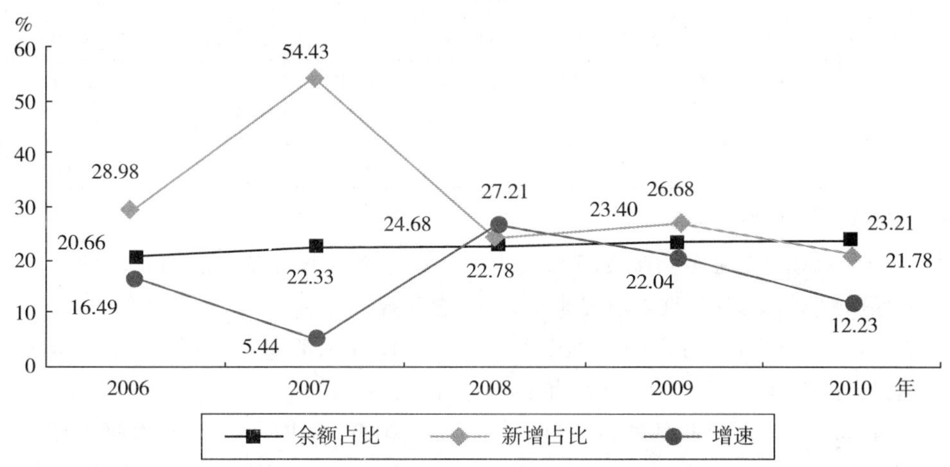

图3 2006—2010年我行个人存款余额、新增四行占比变化图

2. 理财产品保有量在近两年规模快速增长，但市场竞争力仍显不足。我行2009年和2010年产品余额和收入均列居四行第二，但理财产品余额增速和收入增速排名第三（见表3）。

表3　　2009—2010年四行个人理财产品余额及收入情况表　　单位：亿元、%

行名	2009年				2010年				增速			
	理财产品余额	余额排名	收入	收入排名	理财产品余额	余额排名	收入	收入排名	理财产品余额	增速排名	收入	增速排名
合计	6 640		83		13 529		164		104		96	
建设银行	1 778	2	22	2	3 262	2	55	2	84	3	148	3
工商银行	4 209	1	53	1	6 061	1	83	1	44	4	58	4
农业银行	328	3	5	3	1 394	4	12	4	325	2	162	2
中国银行	325	4	4	4	2 812	3	14	3	765	1	240	1

注：①因没有2009年的中国银行、农业银行对私产品余额准确数据，故将其当年全部产品余额视同均为对私产品。

②理财产品包括总分行理财产品。

（三）分行地域的业务特性分析

1. 经济发达地区分行个人存款贡献度下降，中西部地区贡献度提高。从近两年的情况来看，经济发达地区个人存款贡献度正逐步下降。2010

年年底，长三角地区和珠三角地区的存款日均余额系统内占比较上年同期分别下降了0.45个和0.33个百分点；日均新增系统内占比分别下降6.26个、2.02个百分点，环渤海地区日均新增系统内占比下降了4.32个百分点（见表4）。与此同时，中西部地区的存款贡献度逐渐提高。2010年年底，中西部地区日均余额系统内占比较上年同期增加0.83个百分点，日均新增占比增加12.05个百分点。中西部地区已成为日均新增存款贡献的主力军（系统内占比高达52.5%）。

表4　　2009—2010年区域日均存款贡献表　　单位：亿元、%

区域	2009年		2010年		2009年		2010年	
	日均余额	日均新增	日均余额	日均新增	日均余额系统内占比	日均新增系统内占比	日均余额系统内占比	日均新增系统内占比
合计	33 816	4 459	38 312	2 498	100.00	100.00	100.00	100.00
长三角	6 463	873	7 148	333	19.11	19.58	18.66	13.32
珠三角	5 461	447	6 059	200	16.15	10.03	15.82	8.01
环渤海	6 110	905	6 935	399	18.07	20.29	18.10	15.97
中部	6 906	985	7 973	757	20.42	22.09	20.81	30.29
西部	5 709	819	6 634	555	16.88	18.37	17.32	22.22
东北	3 048	445	3 426	254	9.01	9.97	8.94	10.15

注：数据来源及区域分类来自SMIS系统。

2. 经济发达地区对理财类业务贡献度较高

从近3年全行理财类中间业务收入情况来看，长三角、珠三角、环渤海地区分行实现的理财类中间业务收入在全行占比上升（从2008年的54%升至2010年的57%），而中西部地区中间业务收入占比则呈下降趋势（从2008年的37%降至2010年的34%）。

（四）个人存款活期化、理财产品短期化趋势明显

1. 个人活期存款新增量在新增总量中占比逐年攀升

2008—2010年，个人活期类存款余额占比由42.10%上升至48.33%；活期类存款新增占比由2008年的22.60%上升到2010年的70.86%。同时，一年期以下存款余额占比也由2008年的88.24%上升至2010年的90.71%（见表5、图5）。

表5　　2008—2010年个人存款结构变化表（本外币）　　单位：%

存款种类		活期类		定期类		
		总计	其中：个人通知存款	总计	1年期以下（含1年）	1年期以上
余额占比	2008年	42.10	3.74	57.90	46.14	11.76
	2009年	45.58	5.56	54.42	44.30	10.13
	2010年	48.33	5.71	51.6	42.38	9.29
新增占比	2008年	22.60	1.35	77.40	72.03	5.36
	2009年	61.50	13.85	38.76	36.05	2.72
	2010年	70.86	6.96	29.14	26.73	2.41

注：①活期类=活期+定活两便+个人信用卡+个人通知存款+个人保证金存款

②一年期以下存款=活期类存款+一年期（含一年）以下定期存款

③数据来源为信息中心 SMIS 系统。

2. 流动性高的理财产品占比逐年上升

仅以总行个人部发行的理财产品为例：2008 年 1 个月以下投资期限的超短期产品占比近一半，其次是 3～12 个月投资期限的产品占 38%。2009 年发行的高流动性的大丰收系列产品以及超短期产品占比接近 70%，2010 年占比居首位的仍然是大丰收开放型产品，占比达 95%（见表 6）。

表 6　　总行个人部理财产品投资期限结构表

期限	2008 年			2009 年			2010 年		
	支数	金额	金额占比（%）	支数	金额	金额占比（%）	支数	金额	金额占比（%）
1 个月（<31 天）	43	1 792.00	47.98	46	902.00	68.13	3	4 041.00	95.31
1（含）～3 个月	52	466.60	12.71	32	72.30	5.46	1	20.00	0.47
3（含）～12 个月	371	1 385.80	37.74	132	249.20	18.82	52	172.00	4.06
12 个月及以上	85	70.30	1.58	20	82.30	6.22	3	7.00	0.17
合计	551	3 731.36	100.00	230	1 324.00	100.00	59	4 240.00	100.00

（五）大众客户是稳定存款的基础，中高端客户是理财客户的主流

1. AUM 20 万元以下客户存款贡献度最高

从近几年数据来看，中低端客户存款余额占比均过半数，已成为个人存款的主要贡献群体。截至 2011 年 2 月，AUM 20 万元以下客户存款余额占全部个人存款的 52.09%，比 AUM 20 万以上客户存款占比（47.91%）高出 4.18 个百分点。

2. AUM 20 万～300 万元的中高端客户是促进理财业务发展的重要群体

从不同 AUM 值段客户持有投资类资产在理财业务总量中的占比情况来看，AUM 5 万元以下客户投资类资产占比逐年下降，AUM 20 万～300 万元的中高端客户的投资类资产贡献度较稳定，特别是 AUM 50 万～300 万客户的贡献度从 2009 年开始逐年上升，是贡献度最高的客户群体（见表 7）。

表 7　　2008—2011 年个人存款与理财业务客户贡献度情况表　　单位：%

客户结构	个人存款贡献度				理财业务贡献度			
	2008 年	2009 年	2010 年	2011 年 2 月	2008 年	2009 年	2010 年	2011 年 2 月
合计	100	100	100	100	100	100	100	100
5 万元以下	26.55	22.60	22.92	21.69	9.64	17.01	12.84	9.64
5 万（含）～20 万元	32.40	31.48	30.31	30.40	22.61	25.94	22.12	22.61
20 万（含）～50 万元	18.58	19.79	19.54	19.92	22.08	21.72	21.28	22.08
50 万（含）～300 万元	17.52	19.90	20.15	20.57	32.37	26.51	30.85	32.37
300 万元（含）以上	4.96	6.24	7.08	7.42	13.30	8.82	12.90	13.30

数据来源：ARCM 系统；理财业务包括理财产品、基金、国债、黄金，其中，理财产品包括利得盈、汇得盈、QDII、大丰收、建行财富和乾元。

3. AUM 300 万元以上客户贡献度攀升，目前金融资产中仍有 74% 表现为存款。从 2010 年 AUM 300 万元以上客户资产结构情况来看，这类客户虽然存款资产在全部个人客户存款资产中占比最少，但他们仍有近3/4的资产为存款，可投资资金较多，投资意愿较强，在理财业务发展方面具有极大潜力（见表8）。

表8　2010年客户持有资产结构表　单位：%

客户结构	储蓄存款	理财产品	基金	黄金	国债
5万元以下	90.49	0.39	6.05	0.10	2.98
5万（含）~20万元	87.96	1.38	8.97	0.10	1.59
20万（含）~50万元	83.04	4.09	10.26	0.19	2.42
50万（含）~300万元	77.69	8.32	10.79	0.34	2.86
300万元（含）以上	74.53	13.43	9.27	0.52	2.25
全行客户总体情况	84.21	4.19	9.03	0.20	2.38

资料来源：ACRM系统；理财产品仅包括利得盈、汇得盈、QDII、大丰收、建行财富及乾元。由于保险数据归口管理部门为机构部，个人部无法提供该部分数据。

（六）客户资产配置多元化已成为必然趋势，理财业务具有较大的发展空间

随着我国经济的快速发展，居民收入不断上升，个人金融资产迅速增长，居民投资热情迅速高涨，单一的存款业务已经不能满足客户资金保值增值的需要。据中央银行2010年第四季度的储户调查，45.2%的城镇居民倾向于“更多投资（如购买债券、股票、基金等）”，以“更多投资”取代“更多储蓄”成为居民的第一选择。

伴随着资本市场的快速发展，个人资产配置范围已覆盖了基金、债券、保险、理财产品等诸多领域。特别是经济发达地区居民，由于人均收入较高，投资理财需求也较中部地区大。以经济发达的广东、深圳和中部地区湖南为例，据相关数据统计，广东、深圳城镇居民人均可支配收入在2010年分别达23 898元、32 200元，而湖南城镇居民人均收入仅16 566元。相比湖南地区的客户，广东、深圳分行的客户投资理财资产占比高，特别是深圳，2010年客户理财类资产占比已接近45%。如不发展理财业务，根本无法满足客户需求，难以应对日益激烈的市场竞争；湖南地区的客户的存款类资产占比高，接近95%，但从市场趋势来看，很难说下一步不会面临与沿海地区分行同样的竞争局面，这些地区的理财业务具有很大的发展空间（见表9）。

表9　广东、深圳、湖南分行客户资产结构表　单位：%

年份	广东省分行		深圳市分行		湖南省分行	
	存款占比	投资理财占比	存款占比	投资理财占比	存款占比	投资理财占比
2007	—	—	80.06	19.94	—	—
2008	84.69	15.31	65.57	34.43	94.80	5.20
2009	81.44	18.56	60.35	39.65	95.27	4.73
2010	78.59	21.41	56.16	43.84	94.08	5.92

资料来源：3家分行上报数据，投资理财包括理财产品、基金、国债、黄金等。

（七）理财业务与存款业务关系

1. 理财业务有利于吸引行外资金，稳定行内客户

参加本次调研的湖南省分行对理财产品吸引行外资金方面作过数据抽样分析，以2010年发行的分行特色理财产品为例：“乾元天天盈”从6月1日开始至7日募集结束，客户认购资金全部冻结在客户账户上，即所有的募集资金在6月8日之前都沉淀为我行个人存款或企业存款，这其中包括本行存款认购资金和所吸收的外来认购资金。在6月8日产品成立日当天，“乾元天天盈”的对私余额27.40亿元，个人存款比5月31日下降17.72亿元。据此估算出“乾元天天盈”在6月1—7日吸收了9.68亿左右的外来资金，占

比35%。

从另一方面来看，假设没有这单产品，行内的认购资金极可能会因同业产品的吸引而面临大流失风险。据从北京市分行了解的情况，在同业银行推出收益率高于我行的产品时，我行客户就会将资金转移到他行进行投资，而且资金流出后重新吸引回来的难度很大。

2. 理财产品特别是短期理财产品与个人存款增长紧密相关

CTS、理财产品与个人存款增长的紧密度非常高，两者在时点上呈现完全相反的波动趋势。在理财产品销售及到期、新股申购赎回时，资金大进大出，造成个人存款波动较大。广东省分行2008年1月至2010年12月乾元和CTS存款对个人存款新增的影响就是一个典型案例（见图7）。

同时，数据显示，2011年3月最后4天，长三角、珠三角地区分行的存款分别累计新增336.17亿元、348.70亿元。其中，广东、深圳分行最后4天分别累计增长270.35亿元、95.23亿元。据了解，广东、深圳分行3月份最后1天当日个人存款新增中由理财产品转化的资金分别为164.85亿元、97.91亿元，分别占当日个人存款新增额的69.69%、90.14%。

表10　　2011年3月28—31日各地区当日存款新增情况表（本外币）　　单位：亿元

机构	3月28日	3月29日	3月30日	3月31日	合计
境内合计	-118.79	80.98	111.68	1 119.46	1 193.33
长三角	-43.58	21.46	37.98	320.30	336.17
珠三角	-36.96	9.71	-0.07	376.02	348.70
环渤海	-5.93	17.07	25.29	129.07	165.49
中部	-15.04	10.37	22.01	117.27	134.61
西部	-9.06	21.59	27.24	150.23	190.00
东北	-5.97	-0.71	-0.64	25.63	18.31
广东省分行	-3.51	16.65	20.66	236.55	270.35
深圳市分行	-11.69	0.03	-1.73	108.62	95.23
湖南省分行	-5.76	-4.39	-3.26	6.13	-7.28

注：本表数据来源及地区分类来自信息中心SMIS系统。

二、对涉及存款和理财业务几个常见问题的看法

（一）关于“理财产品对存款造成冲击，特别是沿海地区分行特色产品”

调研结果显示：从短期来看，分行理财产品会对存款时点考核造成冲击，但长期来看，理财业务的整体发展会促进存款业务的发展。

发展理财业务是满足客户需求和市场竞争的需要，也是银行推进经营转型，从单纯依靠息差收入向提升中间业务收入比重转变的需要。在当前市场环境下，存款必须依靠包括理财产品在内的其他产品带动，不是其他产品分流了存款，而是其他产品带来的新增客户资金有一部分沉淀到了存款。如果存款下降，更多考虑的应是产品联动组织销售策略有问题。从目前情况看，没有了其他产品，存款就成了无源之水，这在竞争激烈的沿海地区显得尤为突出。个人存款和理财产品两者是相辅相成的共赢关系，这些似已无讨论的必要，需要研究的是如何使这项新兴业务与原有业务协调发展。

根据调查，发展理财业务从长期看，对于争取新客户、维护老客户，及促进各项业务，特别是对促进存款业务无疑是至关重要的（对于优质客户尤其如此）。但值得注意的是，从短期看，由于总行产品在当地因发行数量和收益率均低于

同业，各分行为拼抢市场大量发行特色理财产品。据了解，在沿海地区总行产品和分行特色产品比重在3:7，分行特色产品比重有逐年上升趋势。以广东省分行为例，2008 年全部为总行产品，2009 年总行产品占 39%，2010 年只占 2.4%。这些短期产品确实对存款，特别是时点考核造成较大冲击。同时值得注意的是，在沿海地区，随着各家银行在理财业务上的竞争日趋激烈，发行理财产品吸引行外资金的比重已呈下降趋势：深圳市分行 2009 年 65% 的理财产品资金为行外资金，2010 年已降至 50% 左右。如不精心组织，存款和理财产品销售（特别是短期理财产品）两项业务容易出现顾此失彼的现象。

（二）关于“个人存款冲时点，由于大量短期理财产品月末季末释放造成”

调研结果显示：短期产品月末季末释放资金的做法是满足人行存款时点考核的不得已之举，短期内难以改变。这种方法会增加存款准备金上缴额，不利于银行资金有效运用。

过去冲时点一般表现在企业和同业存款，成千上万个人客户带来的储蓄存款则表现稳定。由于大量短期理财产品的发行，情况有了变化。根本上说，存款冲时点是人民银行考核造成的，短期理财产品不过是加大了波动的幅度。目前，各行市场份额、贷款规模、工作排位等一系列重要指标由人民银行时点考核决定。分行同志形象比喻：“时点是面子，日均是里子。目前情况下里子面子都得要。”为完成时点考核指标，沿海地区分行利用短期理财产品月末、季末释放方法冲时点变成一种现实必然的选择。特别是当其他银行普遍采取此种方法时。人们把这种做法称为“合法高息揽储”。除非人民银行改变考核办法，否则短时间内利用理财产品释放冲时点的做法还难以改变，特别是在投资市场活跃、竞争激烈的沿海地区。

（三）关于“存款乏力与激励政策偏向理财产品销售有关”

调研结果显示：分行对存款业务高度重视，实际对存款业务的考核占比高于对理财业务的考核。

我们调查的 3 家分行均对存款工作高度重视，个人业务可以说是天字第一号指标，而且从未动摇。广东省分行 2007 年以前产品销售买单占比高，以后买单制逐步变为辅助。在占分行存款余额 35% 的广州地区，业务考核中 67% 为存款，基金占 13%、保险占 7%，理财仅占 5%。存款考核中时点占 10%，日均占 90%。湖南省分行 2010 年存款只考核日均，2011 年为应对他行冲时点改为时点占 30%、日均占 70%。可以看出，分行对存款日均这个“里子”的重要性是有清醒认识的，只是在不同时期根据当地市场的竞争情况采取了不同做法而已。但是，分行同志普遍反映目前存款行内产品转移价格过低，不利于反映个人条线贡献。

（四）关于“哪类客户是存款稳定增长的主力军”

调研结果显示：低中端客户是存款稳定增长的最重要群体。

有数据表明，AUM 300 万元以上的高端客户存款新增占比不断提高，从 2009 年的 12% 提高到 2010 年的 15%。大众富裕客户（AUM 5 万～20 万元）则从 27.3% 降至 20%，富裕客户（AUM 20 万～300 万元）从 55.9% 降至 42.7%。与此同时，大众客户（AUM 5 万元以下）从 4.7% 提升至 20%。似乎存款新增主力是高端和大众两端客户。调查发现，此为时点统计分析得出的结论。由于存在短期理财产品释放冲时点问题，会导致有关分析数据失真。分行反映，从整体来说，客户越高端，个人存款贡献度下降越快，存款波动越大，特别是 AUM 50 万元以上的各类中高端客户。广东省分行 AUM 50 万～300 万元客户个人存款贡献度 2011 年 1 月比 2008 年年底下降了 6.18 个百分点，主要原因是 AUM 50 万元以上客户偏好购买理财产品和股票等投资类产品，资金在存款、理财产品、股市之间互相转换。相比较而言，存款余额占比达 22.9% 的大众客户和占比 30.3% 的大众富裕客户才是存款的稳定因素。要保持个人存款的稳定增长，必须做大做强这部分低中端客户。

（五）关于“理财产品销售组织”

调研结果显示：理财产品多头管理弊端突出，影响我行理财业务健康稳定发展，建立渠道部门统一销售平台是理财业务发展的必然。

目前，总分行理财产品销售由个人部、财富

部、投行部及机构部等多部门共同管理（如个人部负责“利得盈”、“汇得盈”、“大丰收”产品，财富部负责“财富”系列产品，投行部负责“乾元”产品，机构部负责“代销信托计划”的销售组织），存在理财产品档期安排紧凑度不合理（一段时间产品密集，一段时间产品空档），不同销售管理部门发行的同类型同期限但收益和收入不同的产品时间安排不合理，产品销售争抢渠道、争夺客户，存款与理财业务协调发展不能落到实处等问题。同时，理财产品、保险、基金等有不同的销售系统，且各系统之间相互不衔接，前台销售人员销售不同产品需要切换不同系统。部分分行为支持本行的特色产品销售，还专门研发了配套的分行特色系统。与此同时，我行个人理财产品的销售在基层则全部集中由网点负责，这种管理模式主要有以下弊端：

1. 由于考核指标不同，部门组织销售时存在不同取向。如产品部门更多考虑筹资方意见，一般注重迅速把规模做大；客户部门和渠道部门则更多考虑客户需求以及围绕客户多项业务指标的综合完成。工作中经常出现顾此失彼或相互扯皮的现象，比如渠道部门对可能影响存款时点考核的产品就比较抵制，产品部门则对客户需求和市场竞争反应较慢。

2. 无法及时掌握产品销售的全面情况。总行部门掌握本部门组织的产品销售情况，而大量分行自行研发的产品未入总行销售系统，特别是沿海地区分行特色平台销售的产品（一般占比高达70%，个别达90%）。除客户部门和渠道部门外，产品部门也在组织销售，总行没有一个权威部门能随时掌握全行产品销售的总体情况，不利于统一应对市场变化。

3. 客户资源不能得到有效利用，基层网点理财产品销售打乱仗，有时1周几只产品，有时几周没有产品，客户资源不能得到有效利用。这在高端客户相关工作中显得尤为突出。部门产品销售中的单打独斗，使得私人银行业务根据客户不同情况配置资产的要求基本落空。

4. 缺少相互制衡，容易出现利益输送，不利于防范可能出现的风险。广东、深圳分行在吃了很多苦头后不约而同采用了统一销售平台的做法。广东省分行于2010年11月建立了理财产品发行审批制度，成立了理财产品发行审批委员会，由公司委、个人委分管行领导担任主任，产品部门和渠道部门共同参加。理财产品发行审批委员会每月底召开一次会议，研究制定次月理财产品发行计划，统筹安排分行理财产品发行工作，确定产品发行档期、销售对象、销售价格、销售渠道等。产品发行通知由省分行个金部统一下发，同时在分行信息网站建立产品信息发布公告专栏。这种方式实行后，大大降低了部门间的内耗。

（六）关于“业务管理如何适应客户金融资产配置变化”

调研结果显示：适应市场及业务发展的要求，及时调整业务考核办法，有利于促进个人条线整体业务的综合发展。

从现有指标来看，客户金融资产早就从单一存款变得多元化了，增加了基金、保险、理财产品、黄金、股票等，这些都对存款有影响。从我行客户资产的配比来看，客户基金和保险资产配比要比理财产品高很多。如果单看存款一项指标，对分行工作评价很容易出现误判，同时也容易就事论事，认为存款乏力是另一项业务造成的。因此，需要在适当时候引入客户AUM值的考核指标，既要有单项业务指标的考量，也要有全量资金流的考量，这样才能对全面情况、竞争态势作出较为客观的判断。目前，有的分行已将与存款紧密相关的理财产品销售和净流入CTS账户资金合并进行考核。

三、存款与理财业务发展建议

（一）建立统一的销售平台

建议组织统一销售平台，协调组织销售计划，制定销售策略，包括产品适销对象、销售档期、产品投资起点、销售渠道、产品定价等。总行由个人委牵头，分行由个金部牵头，任何部门不得单独对下下发产品销售文件，不得自行组织销售。这样有利于兼顾存款和理财产品销售等相关业务指标完成，最大限度地利用客户资源。

（二）重视中低端客户对存款稳定的作用，提高标准化服务水平；对中高端客户加大理财产品的配置力度

适当提高理财产品销售门槛，不要为了完成销售任务而降低门槛，尤其要避免激活低端客户对较高收益理财产品的需求。

对于资产规模不大的中低端客户，应重视基础业务服务，重点加大电子银行业务、短信业务的推广，增加客户业务办理便利性，稳定客户忠诚度；同时，推广基金定投、黄金代理等投资业务，为此类客户创造一定的资金收益。

理财产品应主要针对中高端客户，特别是高端客户。总行要重点加强对中高端客户理财产品的研发力度，拉开产品档次，设置不同起点和收益率，体现差别化。对这类客户提供个性化理财服务，吸引其行外资金和拓展行外中高端客户。逐渐变销售产品为资产配置，发展私人银行业务。

（三）从基础工作入手，提高存款竞争实力

要高度重视存款工作，任何时候都不可动摇。要抓好存款，功夫在存款之外。

第一，增强网点布局和网点数量的市场优势。基层同志建议多建综合性网点，多建将公司、中小企业、个贷中心、财富管理、保管箱、出入境金融等多项业务包含在内的旗舰型网点。

第二，尽快推进 CTS 户自动转通知存款一户通系统开发工作，确保我行在证券公司 CTS 户积累的优势，留住客户资源；争夺专业市场客户，在为客户提供结算便利方面下工夫，薄利多销，不要过多地计较一时手续费收入；利用公司业务的优势实行名单制管理要求，如在发放贷款的同时提出代发工资的要求（要注意门槛）。

第三，注意研发新的存款产品如联名账户等，拓展与存款业务挂钩的其他各类产品，如质押贷款、存贷通等。

第四，提高标准化服务水准，推广落实流程优化工作。

（四）加快系统支持力度

一是建立从客户而非从银行账户进入的全面业务视图；二是加强对分行数据挖掘指导和对基层工作需求的支持。

（五）客户部门和渠道部门应更多地参与产品研发工作

客户部门和渠道部门最了解客户需求和市场竞争情况，需要更多地参与产品设计工作。在目前情况下，首先要建立顺畅的沟通机制，及时反映产品设计需求。可以考虑在个人委、个金部牵头的销售平台工作会议上研究解决此问题。

（六）建议由总行统一设置全行性的产品资金池，并允许重点区域在收益率、期限方面存在差异化

由总行设置统一的资金池，牵头研发推出产品，优势在于面向全国发行，资金来源广泛、投资渠道多，可以较好地解决一级分行自行研发产品中存在的流动性风险及投资渠道狭窄等问题，同时，在期限结构、预期收益率等方面的设计也会更加灵活。据分行反映，目前工商银行、农业银行、中国银行均有总行统一资金池，大部分产品由总行向全国推出，并允许一级分行根据当地市场竞争特点，在总行统一资金池内向总行提出需求，研发区域专属产品。

（七）建立全面反映理财业务发展情况的报表统计制度

理财报表统计制度不仅要包括总行发行的产品，也要包括分行发行的产品，在系统统一前可以采用人工辅助的方式。

（八）调整考核相关指标

引入大理财的概念，在考核工作中采用客户 AUM 值，注意反映客户金融资产的多元化配置变化。对分行工作既要看单项指标如存款，又要看保险、基金、黄金等指标。对沿海地区分行应侧重对理财业务的考核，对中西部地区分行则侧重对存款的考核。对存款应侧重日均、网均的考核，兼顾人民银行时点考核（目前情况下完全避免存款冲时点不现实）。同时，积极呼吁监管部门尽快改变按时点考核存款并由此决定银行上缴存款准备金和存贷比的做法。

关于温州小企业情况的调研报告

总行小企业业务部 赵玉龙

2011年9月，温州市连续、集中发生因民间借贷问题引起的中小企业关停和企业主逃逸事件，给当地造成了巨大的经济金融风险和社会负面效应。根据行领导指示，为进一步了解事件的最新情况及对我行信贷业务的影响，10月8—10日，总行小企业业务部派出工作组前往温州进行了专题调研。现将有关情况报告如下：

一、事件基本情况和最新进展

9月，温州市连续发生中小企业关停和企业主逃逸事件41家，因关停企业或逃逸业主多数与民间借贷尤其是高利贷有关，在部分媒体和舆论的推动下，上述事件迅速在社会上引起巨大反响，并在当地引发了一场金融风波和信用危机。

为有效控制事件的蔓延和恶化，当地政府采取了及时有力的措施。9月25日，温州市委召集市经信委、金融办和当地银行召开“当前经济金融形势和民间借贷风险”座谈会，要求市委市政府成立专项工作领导小组和专门工作组，涉及纪检、宣传、公安等14个部门，在企业帮扶、民企融资协调、打击黑恶势力和倒闭企业善后处置等方面，加强工作力度，出台政策措施。26日，温州公安局、温州检察院和温州中院发布联合通告称，将严厉打击暴力讨债、恶意欠薪或哄抢企业财物等犯罪行为。据温州市龙湾区法院最新统计，9月份已有190起高利贷案件、近3亿元标的额，而去年全年该院查处高利贷立案标的总额也只有3.6亿元。27日，温州市政府成立“规范民间金融秩序促进经济转型发展专项工作领导小组”，包括市纪委、法院、金融办、银监局等14个部门，各县市（区）随之成立相应的工作组。28日，温州市委、市政府出台《关于稳定规范金融秩序促进经济转型发展的意见》，各家商业银行也纷纷开始与企业对接，以保证企业资金链不断裂。

10月4日，温家宝总理前往温州进行了视察，并就温州小企业金融事件处理和小企业发展问题作出了明确指示，要求浙江省委省政府、温州市委市政府制定解决问题的“一揽子”方案，并在1个月内把整个局势稳定下来。

10月9日，浙江省政府提出《关于搞好金融服务规范民间借贷支持中小企业发展的若干举措（讨论稿）》，就解决小企业融资难、规范民间金融秩序、加快地方金融改革创新、加大对中小企业帮扶力度、维护经济社会稳定等五个方面，提出了18条具体措施。

10月10日，针对当前温州等地中小企业面临的债务危机和经营困难，浙江银监局推出“一揽子”金融帮扶措施，要求全省银行业全面落实“三严五禁”，鼓励银行创新金融服务，全力帮助中小企业渡过难关。

在社会各界的共同努力下，目前温州市中小企业业主逃逸事件已基本得到了控制，为后续金融问题的化解创造了有利条件。

二、事件对我行的主要影响

近年来，浙江省分行和温州市分行的小企业信贷业务均实现了快速发展。至2011年8月底，浙江省分行小企业贷款余额为1 034亿元，不良贷款额8.84亿元，不良率0.86%；温州市分行小企业贷款余额225.7亿元，不良贷款额0.98亿元，不良率0.43%；至9月底，浙江省分行小企业贷款余额1 054.4亿元，不良贷款额12.2亿元，不良率1.16%；温州市分行小企业贷款余额229.6亿元，不良贷款额3.56亿元，不良率1.55%。

针对温州市中小企业发生的风险事件，浙江省分行和温州市分行高度重视，及时与当地政府和有关部门沟通，迅速对我行授信客户进行了走访排查，并针对问题客户及时采取了处置措施。

经过初步排查，至10月10日，温州市分行受此次事件影响出现风险的客户共计28家，涉及金额72 750万元，其中，小企业客户26家，授信余额62 984万元，风险敞口（扣除存单质押和保证金余额，下同）为47 482万元（我行出现风险事项的客户具体情况详见附表）。

从产生风险事项的具体成因来看，上述26家小企业客户中，涉及参与高利贷的6户，授信余额16 833万元，风险敞口12 397万元；涉及企业主或其子女参与赌博的2户，授信余额3 600万元，风险敞口3 530万元；涉及盲目或过度投资的5户，授信余额11 988万元，风险敞口8 838万元；涉及关联担保的6户，授信余额12 243万元，风险敞口8 920万元；企业经营不善的4户，授信余额9 902万元，风险敞口7 630万元；涉及行业整顿的2户，授信余额2 930万元，风险敞口2 930万元；涉及环保预警的1户，授信余额5 487万元，风险敞口3 237万元。

从担保措施来看，全部26家小企业客户、62 984万元授信中，质押金额15 500万元，占比24.6%；抵押金额18 531万元，占比29.4%；第三方保证金额28 950万元，占比45.96%。

从预计损失情况来看，在全部授信余额中，质押及抵押担保部分预计不会形成损失，第三方保证的授信余额中预计损失近50%，考虑抵押物溢价因素，预计总损失金额9 299万元左右，占全部信贷余额的14.76%。

在下一步的应对工作中，根据温家宝总理视察指示精神和浙江省金融办要求，浙江省分行和温州市分行将着重做好以下几个方面：一是加强客户排查和帮扶工作。省分行已成立由分行行长任组长、各条线分管行领导任副组长的专项工作组进驻温州，并细分成20个、共40多人的工作小组，对我行的信贷客户情况进行排查摸底，选取100家客户制定具体措施进行帮扶。二是给予信贷规模倾斜，不抽贷。省分行将对温州地区的信贷规模重点倾斜，对生产经营正常的企业不抽贷、不压贷，小企业贷款增速要高于贷款平均增速，其中网络银行贷款业务不受规模限制。对已有风险的企业，在生产运转正常的情况下维持存量信贷业务的审批和投放，帮助企业渡过难关。三是不提高利率。对温州地区的中小企业贷款定价不高于同业平均水平，不额外提高利率水平。四是不额外收费。对温州地区的中小企业信贷客户不额外收取手续费，不增加企业负担。五是不受存贷比限制。对温州地区的小企业信贷业务不受存贷比限制，网络银行贷款业务不受存款回报限制。六是不搭售理财产品。对温州地区的中小企业信贷客户不搭售理财产品，帮助企业用好、用足信贷资金。

三、值得关注的几个问题

（一）对“高息民间资本”的界定存在误区，对其危害性认识不足

民营经济、中小企业一直是浙江经济发展的主体力量，与之相伴而生的是民间借贷市场的长期存在和持续活跃，温州地区尤其突出。根据人民银行杭州中心支行的测算，浙江省民间融资规模大约有4 500亿元，而温州为1 100亿元左右。长期持续、规模庞大的民间融资，在一定程度上促进当地经济发展的同时，也带来了巨大的潜在风险。受国家宏观调控政策（尤其是货币政策）和经济转型的影响，温州地区民间融资的利率水平逐步推高，高利贷成为“压倒骆驼的最后一根稻草”。根据温州有关调查表明，今年温州民间借贷市场的综合利率水平均在23%以上，8月份首次突破25%，9月份更是高达25.4%。

我们在调研中发现，由于民间借贷长期存在并对经济发展有一定程度的促进作用，当地各界对其合理性、合法性和危害性有着较深的片面理解。在本次事件发生后，浙江省政府出台的《关于搞好金融服务规范民间借贷支持中小企业健康发展的若干措施（讨论稿）》中，“要求融资性中介机构的各类经营费率、业务手续费等严格控制在银行贷款基准利率的4倍以内”；温州市政府出台的《关于稳定规范金融秩序促进经济转型发展的意见》强调，“高于基准利率4倍以上的借贷行为不受法律保护”。上述两个文件的主要依据是1991年最高人民法院出台的《关于人民法院审理借贷案件的若干意见》的相关规定。按照目前利率水平计算，银行贷款基准利率的4倍约相当于25%的水平，因此，上述两个文件均承认了温州民间借贷市场综合利率水平25%的合理性并加以保护。

对上述问题，我们认为：

1. 民间借贷利率25%的水平明显脱离市场实际价格

"基准利率4倍"的法律条文规定，是针对民间借贷纠纷案件的个案处理，同时，高利率的民间借贷应是短期的、应急性的资金需求，并不适用于总体市场资金的定价依据。政府应对民间借贷市场进行有效疏导和管理，引导民间借贷市场价格根据期限、金额等要素，实行差别化定价。

2. 当地政府对于"高息民间资本"的危害性认识不足

如当地政府仍按照民间借贷市场综合利率25%的水平进行保护，从长远看，如此高利率的民间借贷将威胁温州实体经济的有效运行。因为从实体经济的实际利润率来看，没有任何一个行业可以有如此高的收益率去支撑其25%的借贷成本。根据公开数据统计，温州参与民间借贷的资本约1 100亿元，按25%的利率测算，每年需支付275亿元的利息，实体经济难以承担如此庞大的付息成本，这将直接导致市场上大量民间高成本的借贷资金与实体经济渐行渐远，为获取高额利润进行投机，流入股市、房市等虚拟经济，严重影响市场资金的配置效率。

（二）"高息民间借贷"情况复杂，隐蔽性强

企业的"民间借贷"往往都是企业主的个人私下行为，具有很强的隐蔽性，这部分资金一般都不在企业报表中反映，也不会在企业账户内进行流转，而是通过多个个人账户进行划转，银行很难进行有效识别和监测，往往只能依靠客户经理个人对企业主的了解程度。实地考察中也发现，一些因民间借贷出现风险的企业，在出事前往往企业生产经营还很正常，订单也很多，即便是企业的财务人员、员工都不知道企业的资金行为，不理解老板为何"跑路"。

而在我行传统的信贷文化中，既怕客户经理与客户走得太远，又怕与客户走得太近。同时，由于日常工作量巨大，客户经理也没有足够的时间和精力与客户进行深入接触，尤其是对小企业业主和控股股东的个人品德、不良行为等难以做到真正的了解和掌握。此外，我行目前的系统、工具、流程等，对企业主的日常行为尚无法进行有效监测。因此，在现有的条件和技术手段下，银行很难了解信贷客户介入民间借贷的情况，从而很难对信贷客户的总体信用风险进行全面、准确的分析和判断。

（三）部分客户存在"过度授信"问题

由于银行业目标客户选择趋同，部分优质中小企业客户（如行业龙头企业、利润大户、纳税大户等）受到各家银行的"青睐"，轻易获得多家银行授信支持，造成银行对于部分优质客户的"过度授信"，与小企业客户"融资难"的情况形成巨大反差。在民间借贷市场利率高企的形势下，部分客户由于手头资金充裕，就进行过度投资，如炒楼、炒矿等，甚至将银行信贷资金转投到民间借贷市场从事"高利贷"以获取高收益，形成了巨大的风险隐患。如温州小南支行客户"温州华盟不锈钢有限公司"，在我行授信3 300万元。经多方了解，当地给该客户授信支持的银行多达七八家，授信余额超过1亿元，而由于系统录入管理的问题，在人民银行征信系统中我们还无法查询到其在他行的贷款信息。

我们认为，目前我行选择小企业客户仍沿用大企业、大客户的选择模式，倾向于关注行业龙头客户、纳税大户，关注企业的外在表象。

此外，人民银行征信系统作为唯一权威的银行征信平台，其系统数据维护的管理有待加强，应督促各分支机构及时更新维护本行业务数据，杜绝个别小银行数据不及时更新的现象。

（四）当地行保证类小企业业务损失比例偏高

根据逐户排查统计，本次事件中我行出现风险的全部28家客户中，抵押类授信业务基本不会造成损失，但押品处置需要一定时间（一般需要1年左右）；而在第三方保证类授信业务中，担保余额达35 025万元。考虑抵押物溢价补偿因素，28家客户授信预计损失15 374万元左右，如剔除抵押物溢价因素，保证类授信业务的损失比率为50%左右。

根据统计，全行小企业授信业务的保证类比率约为34%，而温州市分行小企业授信业务的保证类业务占比已达49%。

（五）分支机构管理水平差异较大

从本次事件来看，温州小企业金融问题的爆发地主要集中在龙湾地区。但从我行内部情况来看，当地的龙湾支行，由于小企业业务开展得较早，客户经理基本素质较高，对当地的社区、客户（包括企业业主、主要股东个人及其主要亲属情况等）较为熟悉，其信贷业务保持了长期健康发展的态势，并连续8年实现零不良。此次温州分行全部26家小企业风险客户中，涉及龙湾支行的客户只有1家。

与此同时，温州市分行的另外一家单点型支行小南支行，从2009年才开始做小企业业务，客户经理队伍也只有3人，由于从事小企业信贷业务时间较短、客户经理人员匮乏、客户管理半径过大、对社区和客户情况不熟悉等原因，其控制信贷风险的能力相对较弱。本次温州市分行全部26家小企业风险客户中，涉及小南支行的客户多达3家，其中2家客户位于龙湾地区。

上述情况也进一步表明，走进社区、利用社区了解客户是确保小企业信贷业务健康发展的重要前提，对优质客户的选择和风险的管控，应有效借助当地社区、协会、商会、商圈、产业集群和客户群等力量。

四、相关政策建议

（一）优化小企业经营模式，加快小企业零售化转型

第一，深入贯彻小企业社区金融经营模式。转变传统小企业金融服务理念，通过深入社区、走访客户，提高对客户的熟悉程度。

第二，加强小企业抵质押贷款业务，控制保证贷款风险。重视抵质押对小企业风险的缓释作用，加强押品的管理。对于保证贷款中关联担保问题、第三方担保公司经营问题进行重点关注，引导客户通过优质担保公司进行担保贷款。

第三，力争做小企业主要授信银行，全面掌握客户的生产、运营、财务等情况。

第四，积极推进500万元以下微小企业贷款业务。充分用好监管部门的支持政策，积极推进500万元以下微小企业贷款业务，实现小企业贷款的零售化转型，分散小企业贷款风险。

第五，大力推进产品创新。根据企业生命周期理论，认真分析客户需求，评估客户风险，有针对性地研发创新产品，推出新服务。

第六，提高小企业信贷非核心业务外包力度，减轻客户经理工作量。为实现小企业信贷业务专业化经营、精细化管理，减轻客户经理工作量，对于业务中技术含量低、附加值小、重复劳动大的环节，选择专业第三方公司进行业务外包。

第七，加强小企业人员队伍建设。建设小企业业务的专职客户经理队伍，提高小企业业务的专业化程度，从操作层面控制小企业业务风险。

（二）大力整顿金融秩序，采取有效措施遏制“高利贷”

建议规范金融市场秩序，整顿民间借贷市场，通过引导民间资本进入小额贷款公司来实现其合法化转型，促进民间借贷对实体经济的推进作用。

政府应对民间借贷市场进行疏导和有效管理，引导民间借贷市场价格根据期限、金额等要素，实行差别化定价。要严加遏制，依法打击非法集资。各家银行对涉嫌“高利贷”的客户要重点关注，并及时退出。

（三）加强诚信体系建设，强化信用体系管理

诚信体系建设是小企业金融业务发展的重要基础。建议相关部门要进一步加强小企业信用体系建设，并强化地方政府和相关部门在区域诚信体系建设中的主观能动性和引导作用，改善地区信用环境，为小企业金融业务的健康有序发展提供支撑。

加强信用体系的管理是诚信体系建设的重要内容。此次温州小企业金融事件的发生也表明，企业信用记录的缺失是导致银行对企业过度授信的重要原因之一。建议相关部门要进一步加强对人民银行征信系统等信用体系的管理，规范金融机构，尤其是小银行对小企业客户信用记录的及时录入、归集等，切实避免出现伪造、瞒报小企业客户信用信息的情况。同时，加强对小企业信用信息的利用，建立和完善金融机构之间的客户贷款信息、信用记录的共享机制，使金融机构及时、全面地掌握客户的融资情况、负债结构等信息，有效避免过度授信风险。

关于促进建设银行小额农户贷款业务快速发展的调查报告

黑龙江省分行 谷源明 王玉明

一、黑龙江省各银行小额农户贷款业务的比较分析

在黑龙江垦区东四局，哈尔滨银行、农村信用合作社、中国农业银行、中国邮政储蓄银行、中国银行、中国建设银行均已开办小额农户贷款业务。为了争夺市场，各家银行纷纷提出更加灵活便利的服务措施，其在贷款对象、贷款条件、贷款利率、贷款期限、担保方式、投放范围的有关情况对比分析见表1：

表1 黑龙江省同业机构小额农户贷款业务的措施比较

金融机构	贷款对象	贷款条件	贷款利率	贷款期限	担保方式	投放范围
中国农业银行	农场职工和土地承租人	有土地经营权的农业生产种植户，无土地规模限制，出具贷款人身份的有效证件，由连队作业站、农村支部出具的承包土地证明	年利率5.841%	采取授信期限3年，循环支用方式（5万元以下随用随支，5万元以上进行单笔审批）	多户联保（3～5户）	垦区所有农场均有贷款分布及周边农村户口的农业种植户
农村信用合作社	农场职工和土地承租人	有土地经营权的农业生产种植户，无土地规模限制，出具贷款人身份的有效证件，由连队作业站、农村支部出具的承包土地证明	年利率7.776%	采取授信期限3年，循环支用方式（5万元以下随用随支，5万元以上进行单笔审批）	多户联保（3～5户）	垦区所有农场均有贷款分布及周边农村户口的农业种植户
中国邮政储蓄银行	农场职工和土地承租人	有土地经营权的农业生产种植户，无土地规模限制，出具承包土地的证明材料和贷款人身份的有效证件	根据贷款期限长短年利率在10.62%～15.93%	1个月、3个月、6个月，最长期限不超过1年	多户联保、抵押	所在经办机构周边有土地经营权的种植户
哈尔滨银行	农场职工和土地承租人	有土地经营权的种植户	年利率为5.88%	1年	多户联保（3～5户）	垦区所辖有土地经营权的种植户，地方政府所辖有土地经营权的种植户

续表

金融机构	贷款对象	贷款条件	贷款利率	贷款期限	担保方式	投放范围
中国银行	农场具有土地承包权的种植户	有承包土地经营权的种植户，出具承包土地的证明材料和贷款人身份的有效证件	年利率5.31%	1年	多户联保	只在垦区内几个农场作业站发放办理小额农贷业务
中国建设银行	农垦系统的职工和农户，且要有承包的土地，并从事农业生产	有农垦系统出具的有效土地承包证明文件，并限定承包土地的面积在百亩以上，具有两年及以上农业生产经验，在农场无拖欠挂账、无不良信用记录、无黄赌毒等不良行为	利息较当地同业平均低4个百分点	长达14个月	采取额度核定、多户联保、担保公司担保及房产抵押形式	黑龙江垦区六个分局的40个农场

二、我行小额农户贷款业务发展中面临的突出问题

1. 产品设计和开发不能适应垦区农户贷款业务发展的要求

表现为：一是贷款手续较烦琐，授信期限短，农户频繁办理手续，不能循环支用；二是贷款用途只满足农户种植生产，未能满足养殖业、购买大型农机具及新农村住房的贷款需求。

2. 农户贷款网点少、路程远、服务手段落后，制约了服务质量和效率

目前，人民银行征信系统还不够完善，系统中反映的农户信息经常出现不准确的现象，由此增加了贷款营销工作的难度。另一方面，目前基层行网点主要分布在县城及中心集镇，覆盖面较低，人手比较紧张。垦区内不仅物理网点少，ATM也很少，还缺少网络银行等现代化的服务手段。因此导致日常管理成本较高。

3. 作业站的合规意识有待提高，对不良农户的约束力不足

一是一些经办行对作业站的管理水平，尤其是对作业站管理人员的诚信状况缺乏认真的调查和筛选，往往是被动地依赖于农场和作业站的行政管理。虽然经办行与农场已建立起较好的合作关系，但与作业站的联系合作存在断层，存在沟通不畅的问题，尤其表现在作业站对我行贷款的贷后管理、贷款回收工作支持力度不够。二是对农户的信用缺乏足够了解，对诚信差的农户缺少强有力的约束手段，个别农户存在恶意逃债的现象。

4. 贷后回访工作量较大，检查要求没有完全到位

贷后回访是农户贷款业务的重要环节，也是及时检验贷款发放质量、发现问题的重要手段。但在实际执行过程中，一些经办行对这项工作的重要性认识不足，致使有很多问题没有及早发现，没有及时处理，尤其是在贷款回收过程中，容易因此错过催收贷款的最佳时机。

三、加快小额农户贷款业务发展的几点建议

1. 加大资源配置的倾斜力度，加强产品研发工作

一是建议总行牵头成立农户贷款业务发展研究小组，在产品研发费用、技术等方面给予更多的支持与倾斜。一级分行也应加强调研，适应农户的需求，重点完善已出台的产品，并积极参与新产品研发。在授信、利率等方面实施差别化管理，满足不同客户的需要。可以适当简化现行的农户贷款手续，实行一定期限的额度授信，允许

循环支用，由经办行根据市场情况灵活确定利率上浮比例。还可以根据农户承受能力，适当降低贷款的额度。按照农业生产周期合理安排贷款期限，防止发生农户用建设银行贷款偿还他行贷款的现象。二是建议上级行在人、财、物等方面充分保障一线开展小额农户贷款业务的工作需要，并积极创造条件，争取在垦区内开设村镇银行。

2. 建立全面、动态的准入退出管理机制，加强与高诚信作业站的合作

对于积极配合我行贷款投放工作、区域诚信环境良好、贷款回收未出现重大问题的农场、作业站，应积极介入；对于不认真协助我行催收贷款、提供土地承包虚假信息证明、出现“假个贷”及大量不良贷款的作业站，要坚决退出，并将作业站及管理人员列入黑名单。对于“借户贷款”、“假个贷”涉及的借款人，也要列入黑名单进行管理。

3. 以发展客户为着力点，积极开展综合营销

在加大小额农户贷款业务发展力度的同时，应积极带动相关业务发展，大力推动发卡量、卡交易额、电子银行等业务，进一步增加小额农户贷款产品的附加值。

4. 结合自身能力，合理确定贷款投放区域

要优先选择有网点地区，将我行网点能覆盖到的农场区域做大、做强、做透；没有网点的区域，要注意选择经营管理规范、综合效益和区域信用环境良好、交通往来畅通，愿意积极配合我行的农场进行合作。

5. 严控风险，切实做好贷前调查工作

一是做好对借款人的实地调查工作，查清借款人家庭土地承包面积及种植打算，家庭资产负债情况、其他银行贷款情况、贷款用途是否合理等重要情况。二是严格联保制度，控制同一作业站的农户之间的互保，原则上不允许出现非同一作业站农户进行联保，同时防止出现挪用贷款现象。三是严格执行面签制度，对借款人提供的贷款申请书、土地承包证明等必须面签。四是严格履行向农户的告知义务，贷前调查时，要向农户及农户的配偶告知承担联保的法律责任。五是坚持电话回访制度，在客户经理提交农户贷款资料后，应责成专人对申请贷款的农户进行电话回访，尤其对借款人种植的品种、亩数、相互联保人等情况逐一核实，如果发现回答有误，暂停审核，作退件处理。六是发挥保险对农户贷款的风险缓释作用，要求所有申请贷款的农户必须参加农业相互保险及人身意外保险。

6. 不断提高贷后管理工作水平

一是严格执行总行的操作规程进行贷后回访，每季度常规回访面达到40%，重点回访面达到20%，确保全年回访面达到100%。二是及时掌握农户的种植情况、年度收成情况、粮食的出售情况等。三是严禁贷后检查流于形式，特别是要对土地承包的真实性进行细致地调查。四是重点调查满额贷款、暂住人员贷款、单身人员贷款及因受自然灾害影响的贷款农户，发现问题后及时采取保全措施。五是在贷后管理中严格掌握农户贷款的真实用途，一旦发现有挪用的现象，应及时采取必要的方式全部清收。

7. 拓宽渠道，将不良贷款清收工作落到实处

一是以客户经理为依托，成立清收攻坚小组，发挥集体智慧，尽全力清收农户贷款。二是加强与农场、分场及作业站的合作，广泛调动农场领导配合建设银行清收工作的积极性，以行政手段敦促农户及时还款。三是坚持适时适度的法律诉讼，全力保全我行的信贷资产。

8. 加强宣传，引导农户树立正确的诚信观

可以采取电视广告、电台广告、路灯广告、指示牌、悬挂宣传条幅等多种渠道和手段，大力宣传、引导农户树立正确的诚信观念，重视个人信用记录的建立和维护，同时将不诚信带来的严重后果加以警示。

关于开展广西边境互市个人助业贷款的调查报告

广西区分行住房金融与个人信贷部、东兴支行

为加快优化个贷产品结构，有效拓展优质客户群体，加快个人助业贷款发展步伐，提升市场竞争力，区分行与东兴支行共同就广西边境互市贸易区开展个人助业贷款进行了调研，现将有关情况报告如下：

一、广西东兴市边境互市贸易区的总体情况

随着中国—东盟自由贸易区建设的加快推进及广西北部湾经济区发展上升为国家战略，广西北部湾经济区迎来了新一轮的发展机遇期；特别是2010年6月29日，党中央、国务院召开全国西部大开发工作会议，明确提出“积极建设广西东兴等重点开发开放试验区”，建设东兴沿边开发开放“新型特区”也正式上升为国家发展战略。截至2010年12月底，东兴市城区注册经营商户超过10 000户，拥有海产品、红木、建材等众多特色鲜明的专业市场，有一大批优质个私业主客户群体，上万边民从事边境互市贸易，个体工商从业人员与人口比例居广西首位。

东兴市是中国与东盟唯一海陆相连的边境口岸城市。随着中国—东盟自由贸易区的建成，东兴已成为中国与越南等东盟国家开放合作、往来交流最便捷的陆海大通道、主门户。2005—2010年5年间，东兴市的边境贸易取得迅猛发展，边境贸易进出口成交额从2005年的28.11亿元增长到2010年的111.58亿元，年均增长30%以上。其中，2010年全市的边境贸易进出口成交额与2009年同比增长48%。边境小额贸易进出口成交额47亿元，同比增长78%，边民互市贸易进出口成交额64.5亿元，同比增长32%。

目前广西东兴市经营规模较大的四大专业市场主要包括：广西边民互市贸易区·北部湾海产品市场、百业东兴红木市场、万众国际服装批发市场、五金建材市场。其中又以北部湾集团的海产品市场和百业东兴红木市场的经营规模较为集中，销售额较大。2011年3月21日，总投资约20亿元人民币、规划总用地770亩、总建筑面积约100万平方米的广西东兴互市贸易区正式竣工，标志着中越边境最大的互市贸易区正式建成，这里将为中国与东盟各国的自由贸易搭建起更开放、更高效的交易平台，发展前景广阔。

二、广西边境互市贸易区专业市场、商户的相关情况

（一）广西边民互市贸易区·北部湾海产品市场

广西东兴市地处中越边境，濒临北部湾，水产资源丰富，种类繁多，盛产鱼、虾、蟹、贝等海产品，同时沿海滩涂面积广阔，海水养殖业方兴未艾，形成了滩涂养殖、近海捕捞、深海捕捞等多种形式开发利用海洋资源的格局，海产品产量逐年上升，吸引大量的商户来寻找商机。

1. 市场的基本情况

广西北部湾投资集团有限公司成立于2007年2月，是由自治区政府出资、授权自治区国资委履行出资人职责的国有独资公司。公司注册资本33亿元，截至2010年年底资产总额175.45亿元，员工共1 795人。该公司成立4年来，已累计投资项目58个，已建成项目19个、投产项目12个，完成投资150亿元，投资规模600亿元。2010年9月7日，投资1.3亿元的东兴边民互市贸易区·北部湾海产品市场隆重开业，该市场的建成开业，对转变东兴市经济发展方式、推进产业升级、繁

荣商贸物流将产生极大的推动作用，对推动东兴重点开发开放试验区的建设有着十分重要的意义。

东兴边民互市贸易区·北部湾海产品市场，占地面积200亩，建筑面积5万平方米，拥有海产品商铺188套、商户60户，以及冷库、制冰、碎冰、海水供应、停车场等配套设施，市场规模在全国同类市场中名列前茅。凭借政策支持、市场集群、区位优越、交通便捷、监管规范、运营专业等独特优势，该市场将推动东兴海产品交易向集中化、规范化和国际化方向发展，有力提升在全国同类市场中的地位和作用。

海产品从越南芒街口岸运到东兴互市贸易区的海鲜市场只需3小时，边民在互市贸易区可享有8 000元以下的零关税优惠，海鲜市场还为经营户提供海产品进出、运输、保鲜、加工等一条龙便利服务，吸引了很多越南商贩将海鲜运过来销售。每天从越南过来的海鲜有近500吨，品种有鱼、虾、螃蟹等几十种，主要通过东兴海鲜市场销往全国各地。北部湾投资集团公司开发的海产品市场专区是目前西南地区最大的海产品交易市场，日交易量一般为200吨以上，2010年该海产品市场总产量达7.98万吨，年销售额达8.63亿元，商户平均年销售额1 000万元以上，2010年东兴市海产品销售总量为11.4万吨，年销售额为12.6亿元，北部湾投资集团的海产品市场占比70%以上。

2. 商户的调查情况

经走访部分海产品经营商户，并向海产品协会了解，绝大部分商户从事该行业经验已超过两年，生意经营都比较稳定。各经营商户资金量不同（由于进货要求必须现款结算），每月交易量一般为100吨以上，年销售额为1 000万元以上，经营规模较大的商户每年销售额超过3 500万元。大部分商户都需要一定的借贷资金来进一步扩大经营规模，贷款额度需求集中在300万元以下，期限主要在1年以内，并且对我行的个人助业贷款业务比较感兴趣。经营商户主要是以外地客商为主，经营商户自身在东兴市拥有房产的客户占比约在40%左右。表1是对北部湾海产品市场商户资金需求的调查统计：

表1　　北部湾海产品市场商户资金需求调查统计表

年销售额	商户资金需求量	客户统计表（户）	预计需求金额（万元）	资金期限需求（月）
1 000万~1 500万元	100万元以下	60	2 000	12个月（含）以下
1 500万~2 000万元	200万元以下	25	2 000	12个月（含）以下
2 000万元以上	300万元以下	15	3 000	12个月（含）以下

3. 金融同业的业务开展状况

目前，东兴市工商银行、农业银行、邮政储蓄银行等金融机构为北部湾海产品市场商户提供个人经营贷款。其中东兴市农业银行可为部分商户提供信用方式的个人经营贷款，首次贷款额度5万~10万元，贷款期限1年；如贷款期间信用和经营情况良好，再次贷款额最高可到20万元，贷款期限1年，且以后年度贷款额度仍可增加，最高可贷30万元；对于提供第三方自然人担保的个人经营贷款，担保人与借款人同为该市场商户，经营情况良好，贷款额度可为50万~300万元。东兴市邮政储蓄银行为部分商户提供第三方自然人担保的个人经营贷款，担保人与借款人同为该市场商户，经营情况良好，贷款额度原则上为10万~200万元，期限1~3年，采用按月等额本息还款方式。东兴市工商银行拟为部分商户提供第三方法人担保的个人经营贷款，通过该市场的海产品协会为经营情况良好的借款人提供担保，贷款额度原则上为10万~300万元，期限主要在1年（含）以内。

（二）百业东兴·东盟红木文化街

红木家具始于明代，以其外观形体对称，天然材色和文理宜人而著称，并且造型和工艺具有明显的民族特色而深受广大消费者欢迎。红木生长缓慢，资源稀缺，随着环保呼声的日益高涨以及产地实施严格的产量限制政策，木材原料产量呈现逐年减少趋势。而随着通胀的强烈预期，红木家居以其使用性和收藏投资性相结合的特点，价格不断攀升，市场前景看好。

1. 市场的基本情况

广西东兴的红木市场在资源方面具有得天独厚的优势，东兴的水路和陆路都与越南相通，并有几十年经营红木的文化沉淀，素有“红木之乡”的美名。红木文化产业是东兴市政府重点扶持的产业项目，也是东兴市重点商业旅游项目。东兴市获批成为“国家重点开发开放试验区”之后，随着东部产业转移，东兴红木市场将迎来更大的发展机遇，将会成为全国重要的红木家具交易集散地。

百业东兴·东盟红木文化街被东兴主干道北仑大道、东盟大道、罗浮大道和中越友谊大道所环拥，是进出东兴市的必经之路，距离中越新口岸贸易区不足500米，是东兴新区的核心地段。百业东兴·东盟红木文化街项目占地107亩，建筑面积近12万平方米，商铺建筑面积达6万平方米，是目前中国面向东盟最大的也是唯一的专业红木市场。目前该市场共有商户60户，在东兴从事红木经营的以个体工商户为主，他们拥有独立的仓库来储存红木产品，经营实力较强的工商户还拥有独立的加工作坊，其他经营户委托加工作坊或者在当地红木生产工厂进行加工。在红木供应方面，他们一般向在越南直接投资办厂的中方红木加工厂进货，或者在越南、缅甸等地直接购买原木和家具半成品，然后在东兴进行加工处理。

红木市场在当地政府的大力支持下已经成为东兴最具亮点的朝阳产业之一，红木文化街的生意整体上进入良好发展时期。据初步调查，规模较大的经营户月平均销售额达到200万元以上，规模中等的经营户月平均销售额达50万~200万元，规模较小的经营户月平均销售额达5万~50万元。红木文化街的整体平均月销售总额为2 000万元以上。2010年该红木市场总销售额达2.5亿元，商户平均年销售额500万元以上。目前在我行办理结算的个体经营户账户余额较多，结算频繁，先后在我行办理商户POS的红木经营户已达36户，且日均交易资金量和现金流都较大，每月交易情况较为稳定。

2. 商户的调查情况

经走访部分红木市场经营商户，并从协会中了解到绝大部分客户从事该行业经验较长，生意经营都比较稳定，没有发现由于经营红木市场生意失败而“跑路”的情况。各经营商户资金量不同（由于进货要求必须现款结算），每年交易额主要在1 000万元以上，且呈增长态势，同时有相当部分个体经营户已购房置业，拥有自己的商铺及门面、私家车等。大部分商户都需要一定的借贷资金来进一步扩大经营规模，贷款额度需求集中在300万元以下（见表2）。

表2　红木商户资金需求调查表

单位：万元

资金需求量	客户统计表（户）	预计需求金额
20~50	30	800
50~100	20	1 200
100~300	10	1 000
合计	60	3 000

3. 金融同业的市场业务开展状况

目前，中国农业银行东兴支行为部分商户提供第三方自然人担保的个人经营贷款，担保人与借款人同为该市场商户，经营情况良好，贷款额度50万~300万元，期限主要在1年（含）以内。中国邮政储蓄银行可为部分商户提供第三方自然人担保的个人经营贷款，担保人与借款人同为该市场商户，经营情况良好，贷款额度10万~200万元，期限1~3年，采用按月等额本息还款方式。

随着东兴海产品、红木、建材等众多特色鲜明的专业市场市场发展壮大，除农业银行、中国银行、工商银行外，邮政银行、信用社、国民村镇银行目前也很注重对这些经营商户的服务和营销，积极抢占市场份额。截至2010年年末，四大商业银行为各经营商户提供的个人经营贷款余额为20 218万元，但我行目前在东兴市暂无个人助业贷款业务，下一步营销和发展空间较大。

三、广西边境互市个人助业贷款拟采取的服务方案

根据区分行《关于明确个人消费类经营类贷款有关问题的通知》考虑区域同业以及东兴市所在市场的实际情况，前期对广西边境互市个人助

业贷款主要采取以“优质客户＋有效资产抵押”的营销模式，在掌握各专业市场的运作模式、客户经营情况以及风险防控规律后，将进行更有针对性的业务创新和服务。

（一）前期以“优质客户＋有效资产抵押”的模式开展我行的个人助业贷款业务，并作为下一步业务创新发展的基础

由于目前我们对广西东兴边境互市贸易区的经营商户刚刚接触和了解，对整个市场运作规律还需要不断深入和了解，做到在有效把控风险的前提下稳妥推进。在业务发展的前期，建议首先以“优质客户＋有效资产抵押”的模式开展个人助业贷款业务。根据前期调查，一些客户在东兴市已拥有房产，在东兴市开展个人助业贷款业务具备较好的条件及基础。抵押物可以为自然人名下可上市交易的商品住房、商铺及别墅，其中以第三方资产做抵押的，抵押人应为借款人配偶、直系亲属或所经营企业的关系人。以商品住房做抵押的，贷款金额最高不超过抵押物评估价值的70%；以商铺、别墅等抵押的，贷款金额最高不超过抵押物评估价值的50%；贷款金额为10万～300万元，对优质经营商户拟采取提供2年期授信方案，单笔支用期限最长不超过1年，支用期限与生产经营周期相适应；贷款利率不低于同期贷款基准利率上浮20%，单户贷款的综合收益率不低于同期贷款基准利率上浮30%以上。

东兴支行在前期办理助业贷款中要加强与行业协会的合作，要通过协会掌握客户“背后”的经营行为、资信状况，在实际操作中认真筛选优质客户，做到优中选优，确保风险可控。区分行将派出工作组与东兴支行就客户营销、市场调查及风险控制方面进行密切合作，确保在年内见效。初步目标是在今年10月底前要营销个人助业贷款10户以上，发放贷款1 000万元以上，2012年至少再营销3 000万元。

（二）采取“抵质押＋商户联保”的模式

在抵押物价值已无法满足企业融资需求或者在优质经营商户根本无抵押物的情况下，要适时推出适应市场需求的“抵质押＋商户联保”的模式。

联保方式是指以三个（含）以上自然人组成联保团体，团体中成员均可为借款人，团体成员对团体中的所有贷款共同承担连带责任保证的方式。我行选定专业市场对部分商户开展“抵质押＋商户联保”的模式办理个人助业贷款业务。基本要求为：每笔业务由符合我行条件的3～5个商户进行联保，单户贷款金额不超过200万元，联保范围内的商户总贷款金额不超过1 000万元。对于抵押加联保模式的，保证额度与抵押额度比例最高不超过4∶6；对于质押加联保模式的，保证额度与质押额度比例最高不超过8∶2。参加联保的商户均对联保范围内的其他商户提供连带责任保证，其中任何一笔贷款出现风险，其他商户均对风险贷款承担全额保证责任，我行可以向联保范围的任一客户提出偿还贷款的请求。拟在下半年及2012年中通过这一模式至少营销个人助业贷款3 000万元。

（三）采取担保公司担保方式

可以根据市场情况，适时推出由担保公司担保的个人助业贷款业务。担保公司优先选择有政府背景的担保公司，采取由担保公司提供基础保证金（根据担保额度确定数量）＋借款客户按贷款金额10%以上追加保证金的办理模式。

四、开展边境互市个人助业贷款的操作流程及标准

广西边境互市的许多经营商户经过多年的发展，已完成相应的原始积累，并拥有升值潜力较大的固定资产（房产或商铺）。因此，下面主要针对采取“优质客户＋有效资产抵押”模式办理个人助业贷款来设计相关操作流程及标准，其他模式待进一步调查及条件成熟后再作探索。

（一）操作流程

第一，由防城港分行及东兴支行共同对市场的经营商户进行筛选和细分，区分行协助进行全程的营销跟踪和服务。个人助业贷款的贷前调查、面谈、审核、审批及发放由防城港分行个贷中心全流程进行处理，东兴支行协助进行营销、收集材料、办理抵押登记等工作；在东兴支行完成前期材料收集后，防城港分行要及时安排专职客户经理进行贷前调查，了解借款人经营能力，信用状况，资产实力、偿债能力和担保能力，了解抵押物是否产权明晰、价值稳定、易于变现。借款人需提供符合我行要求的相关资料。

第二，专职客户经理评估借款人的综合实力，撰写调查报告，提出经营意见上报防城港分行审批部门。

第三，审批部门对信贷业务进行审批。根据客户信用情况、经营业绩、现金流量、在我行的存款及结算量业务大小，抵押物评估价值等因素，确定贷款额度和期限，并按审批程序进行审批，签署审批意见书。

第四，审批同意后，东兴支行需到房管部门办理抵押登记手续。

第五，借款合同及抵押合同生效后，借款人可依据合同约定，在贷款额度有效期内支用贷款。

第六，贷后管理人员进行贷后管理。具体工作包括：贷款发放后在10个工作日内进行首次检查，并至少在半年内进行贷后检查，监控信贷资金的流向和商户的经营情况，了解抵押物情况，并填写贷后检查报告；对50万元以上的贷款，要定期到实地进行专项检查，及时清收有可能逾期的贷款。

（二）借款人的选择标准

第一，借款人必须是广西边民互市贸易区·北部湾海产品市场、百业东兴红木市场、万众国际服装批发市场、五金建材市场内实际开展经营的优质商户，借款人实际控制人从业年限需两年以上。

第二，借款人商铺面积必须在40平方米以上。

第三，企业经营者或实际控制人素质良好，具有按期偿还贷款本息的能力，信用良好。

第四，近两年来企业生产经营正常，成长性较好，现金流和利润稳定增长，原则上近两年的借款经营商户的销售额平均要达到1 000万元以上，并合法纳税。

第五，我行认为必要的其他条件。

（三）抵押物的选择标准

抵押物必须符合《中华人民共和国担保法》、《公司法》和《物权法》等有关规定，并且产权明晰、确认抵押物可上市交易且能够落实抵押手续（不在拆迁公告、旧城改造、司法冻结的情况或被列入封存和危房范围内），易于处置和变现，抵押物价值评估必须充分考虑扣除如土地出让金等的相关费用，确保抵押足值。

五、风险及效益分析

（一）主要风险点

1. 借款人信用风险

主要是因银行与借款人之间的信息不对称而产生的风险。目前，我国信用体系尚不健全，特别是个人信用体系缺失，银行缺乏征询和调查借款人资信的有效手段，难以对借款人的财产、个人收入的完整性、稳定性和还款意愿等资信状况作出正确判断。

2. 借款人经营管理风险

水产品及红木价格波动较大，且水产品容易变质，如果客户对价格和质量控制不好，将会导致亏损，影响偿还能力。同时，水产品有明显的季节性，借款人在不同季节的经营收入波动较大，如果贷款期限设置不合理，应收账款不及时回笼，将会导致借款人的偿债风险。

3. 担保风险

担保风险主要是第二还款来源不落实或不足额所带来的风险。因贷款目前主要采用抵押的方式，主要是担保不足值或变现处置困难等带来的风险。

（二）相应的风险防控措施

上述风险主要集中在经营商户的生产经营过程，我们认为风险整体上是可控的，并拟采取以下控制措施。

一是加强信用审查评价

由于人民银行征信体系的建立仍处于初始阶段，在该系统上获取的个人信用资料还不够全面，因此，经办行要在查询系统的基础上加强对申请人及配偶信用情况的调查、评价和审查工作，正确评定申请人的信用状况，确保客户是优质的经营商户。

二是落实足额有效、易于变现的抵押物，抵押手续必须完备、合法

三是密切关注商户的生产、经营、财务、实际控制人等有关信息，密切关注企业原材料库存变化情况，定期检查企业应收应付账款的变化及资金流向变化，定期检查企业是否有拖欠税费、水电费、货款、工人工资等情况。

四是加强贷后检查和监控分析，确保资金流向合理和合法，防止资金被挪用。

（三）效益分析

据调查估算，2011 年下半年我行可向广西边境互市贸易区的商户发放贷款总额为 10 户 ×100 万元 =1 000 万元，2012 年可发放 5 000 万元以上的个人助业贷款，2012 年以后边境互市个人助业贷款余额可以保持在 6 000 万元以上，预计每年可为我行带来稳定的贷款利息收入 436 万元（按一年期贷款、利率上浮 20% 计算）、中间业务收入 60 万元以上（按综合上浮 35% 计算），其中 2011 年可实现中间业务收入 20 万元以上。同时，以个人助业贷款为依托和突破，可进一步加大东兴支行的负债业务、POS 终端、银行卡、短信签约、手机银行、网上银行等产品的营销和拓展，进一步扩大产品覆盖度，增加客户依存度，提高客户对我行的综合贡献度。

二、风险管理研究

特殊经济恢复期内商业银行经营调整之策

中国建设银行首席风险官　黄志凌

为避免本次金融危机演变为大衰退，各国史无前例地联手救市，拉动全球经济实现了快速恢复，但由于“治标性”的救市措施并不能从根本上解决经济结构失衡问题，导致内生经济增长动力依然缺乏，复苏基础十分脆弱，同时反危机“非常之举”的“后遗症”却在加速显现，从而此次经济复苏表现出与历次危机不同的特殊性，而这种特殊性直接表现为商业银行所处的市场和监管环境不确定性加大，这使商业银行面临了前所未有的挑战。因此，如何深刻理解和准确把握当前经济恢复的特殊性，形成适合自身特点的经营策略，就成为当前商业银行面临的重要课题。

一、当前全球经济处于金融危机后的特殊恢复期

（一）此次危机是全球经济长期失衡的必然结果

本世纪初，为应对网络经济泡沫破灭和“9·11”事件的双重冲击，美国大力推行宽松货币政策，以刺激经济快速走出低谷，联邦基金利率由2000年的6.5%降至2003年的1%，同时辅之以金融监管的放松，开启了一轮由虚拟经济推动下的房地产市场过度繁荣（2000—2006年美国房价翻了一番，道指则从2002年年底的8 341点升至2006年年底的12 463点）。在华尔街众多投行创设大量金融衍生品的刺激下，美国购房需求空前高涨，同时美国房地产市场以及相关的金融系统内部也积累了大量的风险。在2008年金融危机爆发前，美国自住房比例创纪录地上升到了68%，次贷占房贷总额比重也跃升至20%以上。美国长期处于巨额逆差之中，高顺差国家又将美元储备投资于美国资本市场，在这种失衡的结构安排下，美国经济从网络经济泡沫破灭的低谷中走出，美国GDP增长率由2001年的1.1%升至2004年的3.6%，其中消费支出的拉动率则由2001年的1.85%升至2.42%，而核心CPI也突破了联储的2%目标上限，升至2.65%（见图1）。

针对经济的好转和通胀压力的增加，美联储货币政策开始转向，2005—2006年间连续17次加息，联邦基金利率由2003年的1%回升至2006年的5.25%，资金价格的升高，直接触发了美国房地产泡沫破裂，房价快速大幅下跌（见图2），进而导致次级贷款和中间级贷款的质量迅速恶化，随后引发相关证券化产品出现偿付危机，次贷危机由此产生，并且迅速演变成一场全球性金融危机，全球经济呈现出几乎自由落体式的下滑，其蔓延速度之快、破坏性之强，令全球措手不及。2008年全球GDP增长率跌至1.55%，分别较

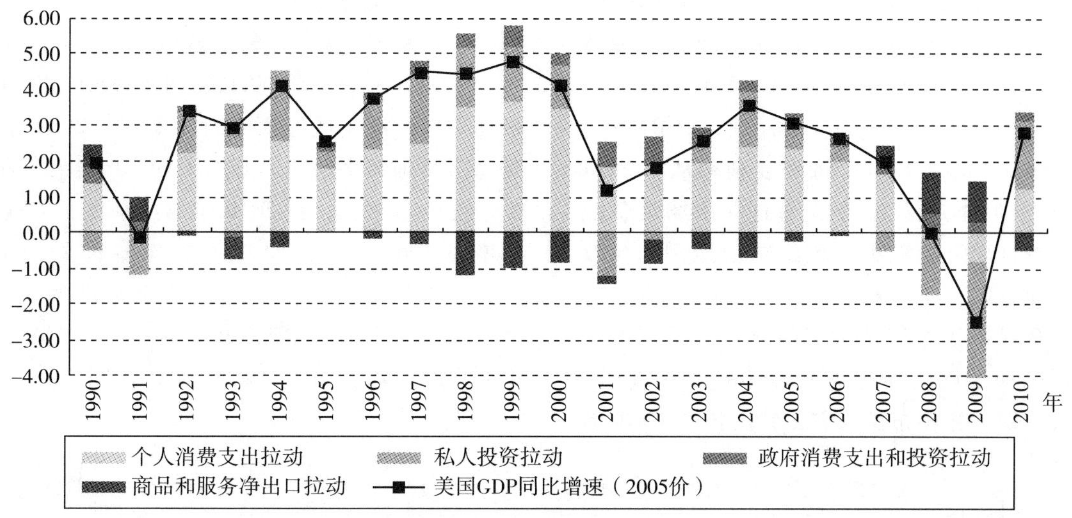

资料来源：CEIC（全球经济数据库），Wind 资讯。

图 1　美国经济增速及拉动因素情况

2006 年、2007 年下降 61.35% 和 60.56%，到 2009 年全球经济增长更是跌入谷低，GDP 增长率跌至 -1.95%。

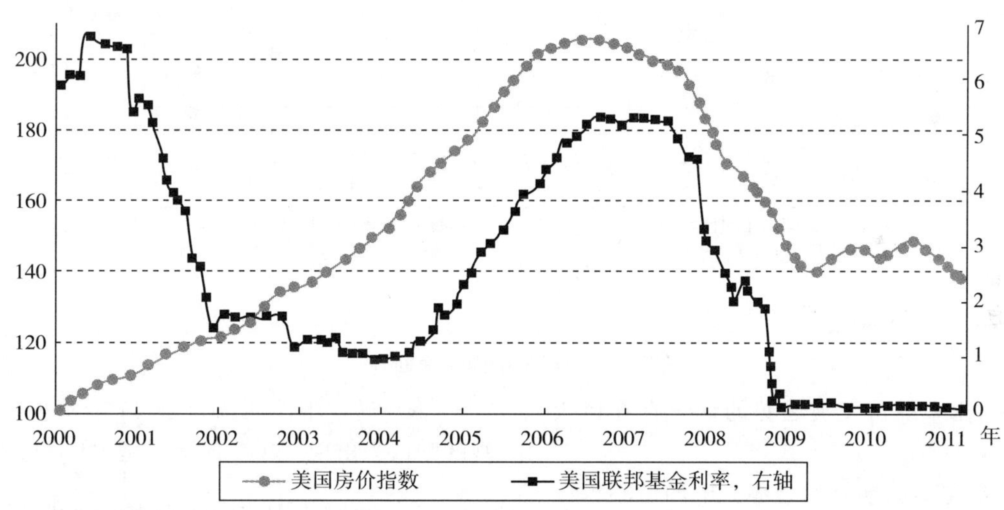

资料来源：CEIC，Wind 资讯。

图 2　美国房价和联邦基金利率

在这场危机中，贝尔斯登、雷曼兄弟、美林等华尔街的百年“老字号”，或申请破产保护，或被兼并收购；花旗、瑞银等众多金融大鳄遍体鳞伤，资产减记和损失总额高达数千亿美元。更为严重的是，此次危机不仅重创了美国的金融与经济，也给全球金融体系和世界经济投下了一颗“重磅炸弹”，使国际金融体系遭受到严重冲击，成为自 1929 年的经济大萧条以来最为严重的一次经济危机。

此轮由虚拟经济催化的结构失衡的经济增长最终以全球性金融危机的形式得以终结。

（二）全球联手救市是此次危机应对的最大特点

面对金融危机的全球蔓延和经济衰退的不断加剧，世界各国采取了力度空前的救市措施。美国政府接管了“两房”和美国国际集团，通过了 7 000 亿美元的救助计划，美联储把联邦基金利率从 5.25% 下调至 0.25%，并连续通过两次量化宽松措施向市场注入了超过2万亿美元的流动性，以帮助银行重新得到资金，并确保工商企业和消费者及时得到贷款。欧洲各国公布了1.3万亿欧元（约合1.8万亿美元）的救市计划，ECB（European Central Bank，ECB）将基准利率从4.25%下调到1%。日本连续18个交易日向市场紧急注资，其中单日注资金额更是创纪录地达到4.5万亿日元。加拿大、澳大利亚、印度、俄罗斯等国也纷纷向金融市场进行了大规模注资。同期中国政府则是启动了规模高达4万亿元的"一揽子"经济刺激计划，并颁布扩内需、促增长的10项措施，中国人民银行更是在4个月内5次下调存贷利率，4次下调法定存款准备金率。

伴随各国史无前例的联手救市措施快速到位，带动全球经济实现超预期的恢复。至2009年第三季度，美国经济增速回升至1.6%，结束了连续4个季度的负增长；到2010年第一季度，欧元区经济增速回升至1%，结束了连续5个季度的负增长；日本经济则结束了连续7个季度的负增长，回升至5.6%；中国经济更是在2009年第二季度率先实现复苏，增速重新回到8%以上（见图3）。

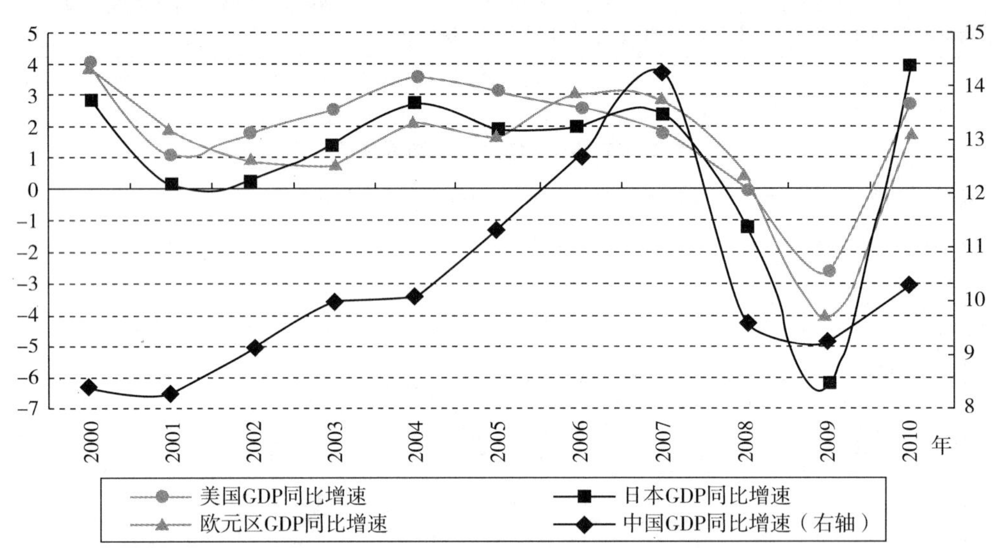

资料来源：CEIC，Wind资讯。

图3 全球经济增速快速回升

（三）对未来经济发展趋势的认识存在巨大分歧

面对经济超预期恢复的趋势，市场信心得以逐渐增强，全球主要经济体资本市场在经历了危机下的同步下跌后，更是史无前例地在特殊恢复期内呈现同步上涨的态势（见图4）。

由于复苏主要得益于各国政府的外力干预，经济内生性增长动力并未得到真正恢复，与全球经济增速迅速反弹相对应，一些主要经济先行指标均经历了一个剧烈波动的过程，且目前仍处在波动之中（见图5、图6），表明尽管当前经济已进入恢复期，但全球经济的"冬天"并未真正过去，经济恢复基础仍十分脆弱，未来经济增长存在很大的不确定性，人们对未来经济走势的预期出现了严重分歧，乐观地认为经济恢复将呈现"V"形反转，中性的认为是"U"形发展，而悲观的则认为出现"W"形甚至是"L"形走势。

二、如何认识当前经济恢复的特殊性

与以往危机后的经济恢复不同，此次经济恢复基础仍十分脆弱，未来经济增长的不确定性很大，这就意味着，当前经济的发展，既不可能是"V"形反转，也不可能是"W"形、"U"形发展，更不会是"L"形走势，而将呈现震荡长期化和波动短频化的特殊性。

（一）联手救市下的经济恢复脆弱依旧

自20世纪80年代以来，伴随技术进步的加快，加之新兴市场国家融入全球产业链程度的加深，经济全球化进入一轮高速推进阶段，进入21

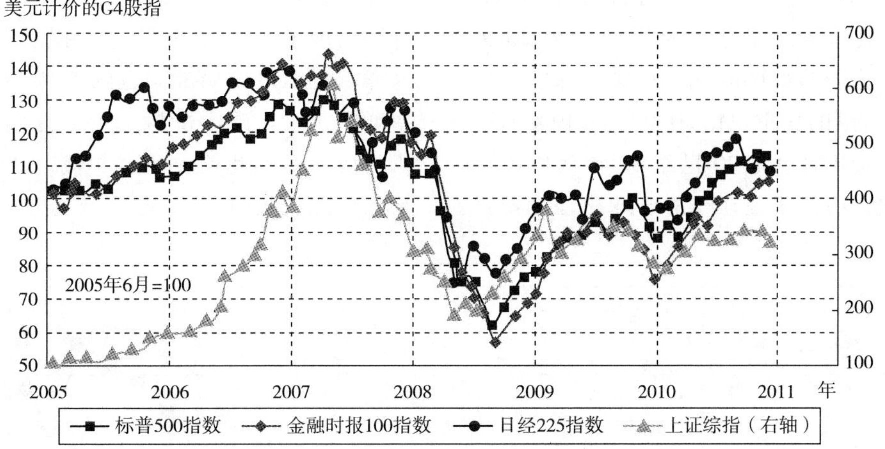

资料来源：CEIC，Wind 资讯，及本文作者计算。

图 4　以美元计价的 G4 股票指数变化情况

资料来源：CEIC，Wind 资讯。

图 5　波罗的海干散货综合运价指数（BDI）

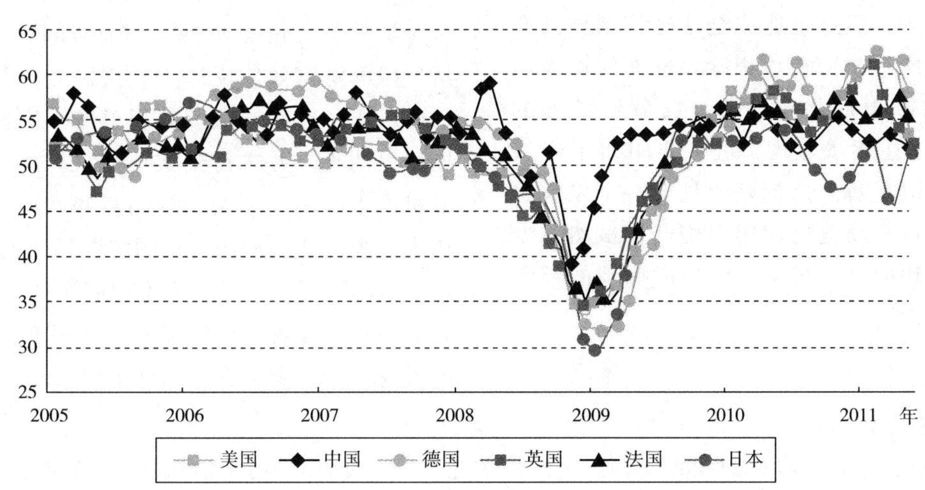

资料来源：CEIC，Wind 资讯。

图 6　主要经济体采购经理指数（PMI）

世纪以来，全球经济迎来了一轮黄金增长期，2003—2007年全球经济增速为4.75%，为20世纪80年代以来增长最好的时期，相应全球贸易总量占全球经济总量的比重也由2000年的49%升至危机前的64%，升幅也是20世纪80年代以来最快的时期（见图7）。正是在经济全球化程度不断加深的背景下，各经济体之间的依赖程度不断提升，出现了“一荣俱荣，一损俱损”的局面①，这样一方面造成局部问题演变为系统性风险的概率增大，正如此次危机；另一方面各国当局反危机的协同度较此前也大幅提高，正如此次各国联手的反危机救市。

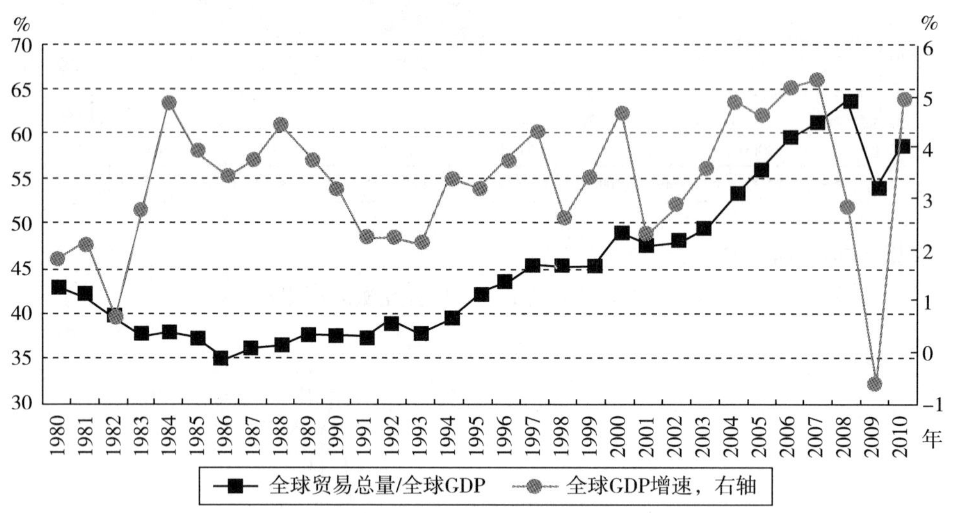

资料来源：CEIC，Wind资讯。

图7 全球经济增速和贸易增长情况

正是由于各经济体间经济依赖度的提升，直接导致各国经济对于外部不确定因素的高度敏感，以至于此次危机爆发以来，各国政府纷纷启动了“一揽子”经济刺激计划，其中各国货币当局通过自身资产负债表的扩张来迅速平抑金融危机对于市场的冲击（见图8）就成为此次反危机公共干预的重要内容，但这也造成全球经济结构失衡问题并未因此次危机而得以根除，反而使得本已扭曲的结构问题更加严重，同时反危机措施的“后遗症”却正在逐步显现，进一步阻碍了经济回归良性轨道的进程。这就好比是对一个发烧患者，通过大剂量、反复地使用退烧药，虽然体温控制住了，但病因并未根除，就造成病情的反复和新病情的出现。

（二）经济失衡的深层次矛盾未得以根除

美国房地产泡沫破裂只是此次危机的表象原因，从更深层次看，则是经济增长的不可持续性。网络泡沫破裂后，消费拉动逐渐代替技术进步成为经济增长的主因（见图1），美国推行的宽松货币政策（低利率）和扩张性财政政策（减税）进一步加重了“寅吃卯粮”的消费问题，在虚拟经济形成的财富效应支撑下，美国居民的消费能力过度透支，进而导致贸易逆差的不断扩大，而同期居民的收入并未得到实质性提升，这就注定了危机前以居民高消费、低储蓄和政府贸易、财政双赤字为特征的经济结构的脆弱性（见图9）；注定了以虚拟经济和泡沫经济为支撑的经济增长模式的不可持续性；注定了危机形式的破坏性调整的可能性；注定了在新的内生增长动力形成前，

① 有关全球化背景下，各国经济依赖度提升的代表著作就是托马斯·弗里德曼写的《世界是平的：21世纪简史》，在书中作者把全球化划分为3个阶段：“全球化1.0”阶段，始自公元1492年，持续到公元1800年前后，世界从“大号”缩小到“中号”，其推动力量来自国家；“全球化2.0”阶段，从公元1800年持续至公元2000年，中间曾经被大萧条及两次世界大战打断，世界继续从“中号”缩小为“小号”，其推动力来自企业；公元2000年后开始了“全球化3.0”阶段，世界正从“小号”缩为“极小号”，其推动力来自掌握了互联网络技术的个人。

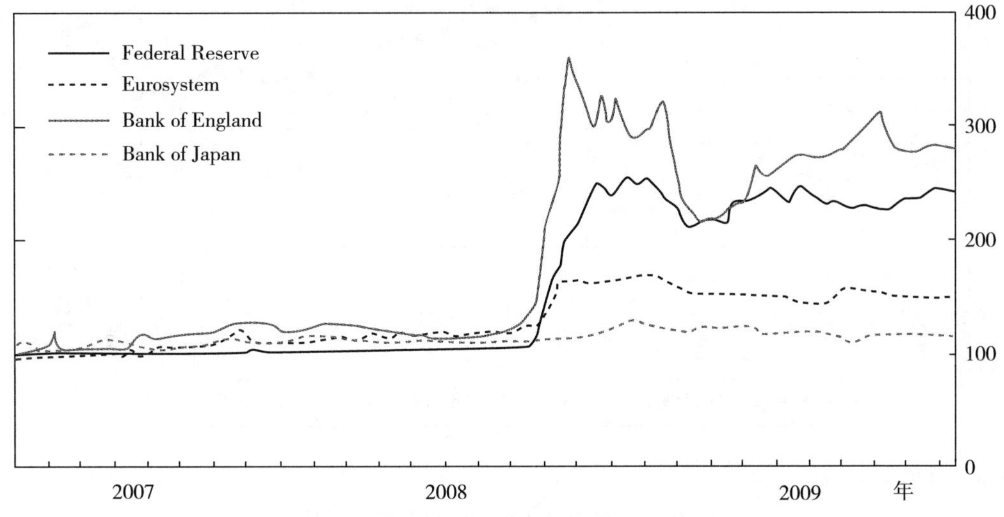

资料来源：IMF（国际货币基金组织）。

图 8 主要先进经济体中央银行资产负债表快速扩张

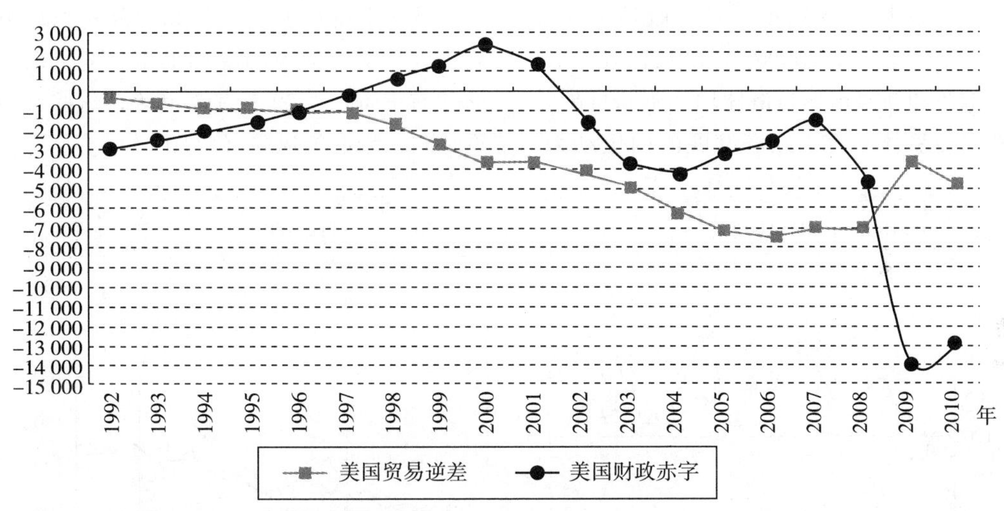

资料来源：CEIC，Wind 资讯。

图 9 美国双赤字情况

危机后经济震荡长期存在的必然性。

（三）反危机措施的“后遗症”影响经济的实质性恢复

危机后各国采取的强烈刺激经济措施，虽然带动全球经济增速迅速恢复，但究其根本都是“救急性”和“治标性”的“非常之举”，由此形成的“后遗症”反而阻碍了经济的健康复苏，其中通胀压力的加大和财政赤字的攀升对经济运行的影响尤为严重。可以说，各国反危机措施仅仅是将危机期间的风险从私人部门转移到了公共部门，但真正影响经济增长的结构性因素并未消失，经济恢复的脆弱性也就成为了必然（见图 10）。

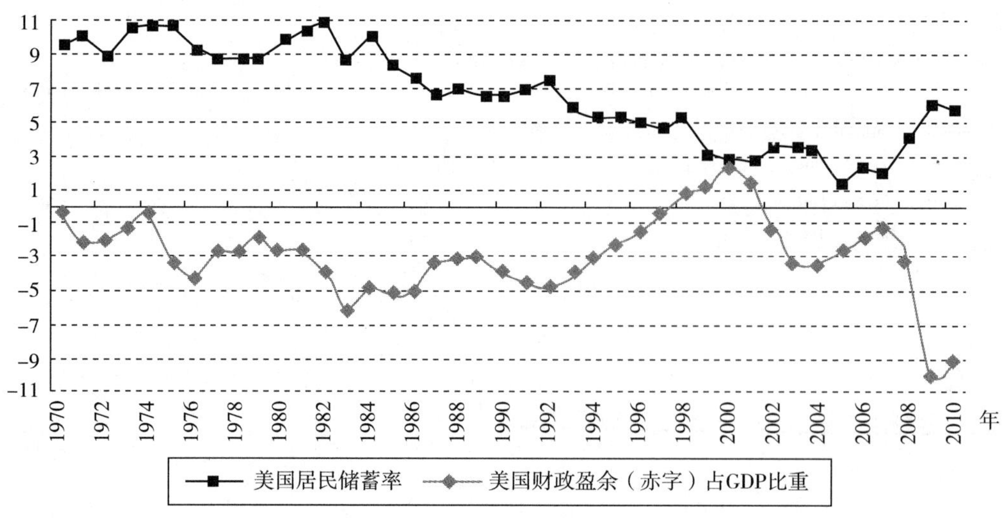

资料来源：CEIC，Wind 资讯。

图 10　风险由私人部门向公共部门转移

（四）危机后的经济复归平衡将是漫长过程

虽然当前全球经济呈现出“双速”① 恢复的态势，但由于区域性问题加重、局部政治冲突、自然灾害频发、金融体系功能脆弱等矛盾的激化，使得先进经济体和新兴市场经济体均面临新挑战。

对于新兴经济体而言，经济发展的内生动力仍然不强，经济增长仍然难以摆脱政府的推动，经济转型难以在短期内完成；对于先进经济体而言，就业市场疲弱、油价和商品价格攀升、楼市疲弱以及主权债务问题的加重，危机前金融机构的“有毒资产”尚未完全消化，这些都对其构成重新陷入衰退的风险（见图 11）。

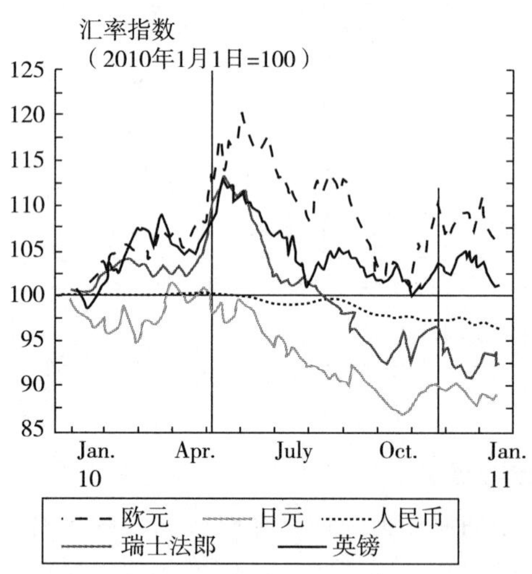

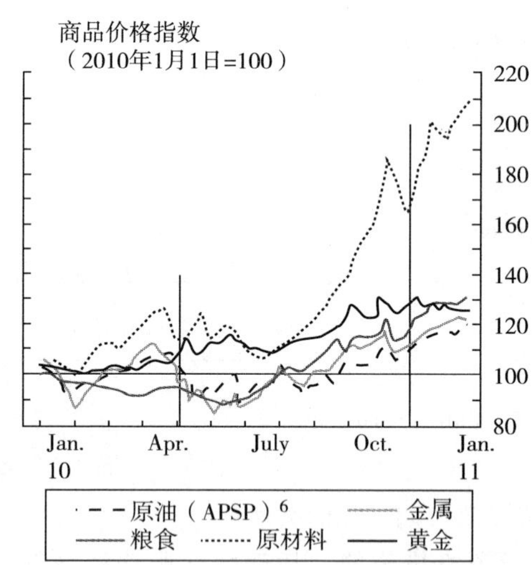

资料来源：IMF。

图 11　危机后汇率波动增强和大宗商品价格上涨

上述诸多不确定性因素，决定了危机后的经济复归平衡必将是个漫长的过程。

① IMF 在今年 4 月公布的《全球金融稳定报告》中指出：“在宏观经济业绩改善和宏观经济政策持续宽松的支持下，全球金融稳定形势有所好转，但脆弱性仍然存在。‘双速’复苏（先进经济体较慢，新兴市场经济体强劲）给各国带来了不同的政策挑战。”

三、商业银行在特殊恢复期内面临诸多新挑战

（一）全球经济运行格局的新变化给商业银行带来挑战

1. 发达国家和新兴经济体之间的格局正在变化

此次危机的爆发，不仅加快了先进经济体在全球经济中主导地位的衰弱，更为新兴经济体的崛起提供了难得机遇，与先进经济体积重难返相比，新兴经济体必将拥有更好的增长前景和更高的利润空间。尽管当前欧美主要发达国家在世界经济中的中心地位并未改变，但不可否认的是，发展中经济体和转型国家将逐渐主导全球经济的复苏，由于发达国家出现的自身经济衰退等原因，以及全球贸易战、汇率战、金融战的不断演变，未来全球经济的增长点可能会转移到当前一些发展中国家甚至贫困国家。

2. 资源在经济版图中的地位越来越突出

危机前世界经济增长主要是基于新知识、新经济等虚拟经济的增长，此次危机使得世界经济增长重新回到更多依靠实体经济的增长轨道。真实的经济增长主要受两个约束：一个是技术约束，一个是资源约束。从全球范围来看，当前技术的垄断者主要是欧美发达国家，而资源的垄断者主要是澳大利亚、加拿大以及部分第三世界国家。危机后经济增长对于实体经济的重新倚重，使得资源在经济版图中的地位越来越突出。

对于中国而言，资源优势主要分布在中西部地区，如煤炭、石油、天然气、金属矿产、非金属矿产等，中西部地区企业绝大多数是资源优势企业，具有巨大的发展潜力和良好的成长性。此次危机后，中国东部经济相对发达地区的技术水平并未得到实质性提高，但其比较优势（如低价劳动力的优势、汇率方面的优势等）已经开始逐渐丧失，经济增长面临很大挑战，尤其是传统的外向型经济将在长期内面临巨大的压力。

外部经济格局的调整，将会对不同区域的经济环境、市场优势、区位优势带来重大变化，这些变化都会对商业银行的现有经营策略带来挑战。尤其是对国内大型商业银行来讲，传统的区域经营策略将难以适应外部经济格局的新变化，区域业务发展战略、区域信贷政策、区域资源配置等，都将面临重大挑战。

3. 贸易保护主义制约产业结构调整

此次危机中贸易保护主义已有抬头之势，突出表现为，在不违反贸易协定的条件下，利用反倾销、反补贴、特保等措施来限制进口，各国间贸易摩擦也随之加重，相应维系全球经济增长的全球化因素被极大地削弱，全球贸易总量占全球经济总量的比重已由危机前的64%下降至60%以下，甚至出现了“去全球化趋势”。据统计，自2008年11月华盛顿G20峰会至2009年12月间，各国政府已累计推出297项贸易保护措施，其中又以中国受到伤害最大，进而使得中国产业升级的进程，不时因外部经济环境恶化引发的失业问题而阻断，为中国既定的产业优化布局设置了巨大的障碍。由此，造成商业银行自身行业政策调整显得无所适从。

（二）全球货币环境变化给商业银行带来挑战

经济全球化下，各国货币政策的影响已经超越了国界，特别是各国中央银行与跨国投机资本间的博弈，更是改变了传统的货币政策环境及传导机制。而此次危机中以美国为首的发达国家广泛采取的量化宽松货币政策，造成了整个国际金融市场流动性泛滥，进而增加了新兴市场国家通胀和资产泡沫的双重风险，加重了新兴市场国家本币升值的压力，形成了美国和非美国家在货币政策上一松一紧的不协调局面（见图12）。这种不协调反映到中国，不仅造成中国货币政策环境、传导机制和政策效果的异化，而且造成中国货币政策的被动，进而直接引发商业银行在业务发展策略、资产负债管理和风险防控等诸多方面的新矛盾、新问题。

（三）宏观政策的不确定性给商业银行带来挑战

此次危机后经济恢复的特殊性，还表现为当前全球经济“冷暖”并存的局面，包括经济指标向好与就业疲弱并存、流动性过剩下通胀风险与需求疲弱下通缩风险并存、经济刺激政策效应减弱与经济内生增长乏力并存等，如此复杂的经济局面使得各国政府均处于进退维谷的困境，时紧时松的宏观调控成为常态。对中国而言，在既要

保持经济合理增长速度，又要防止通货膨胀，还

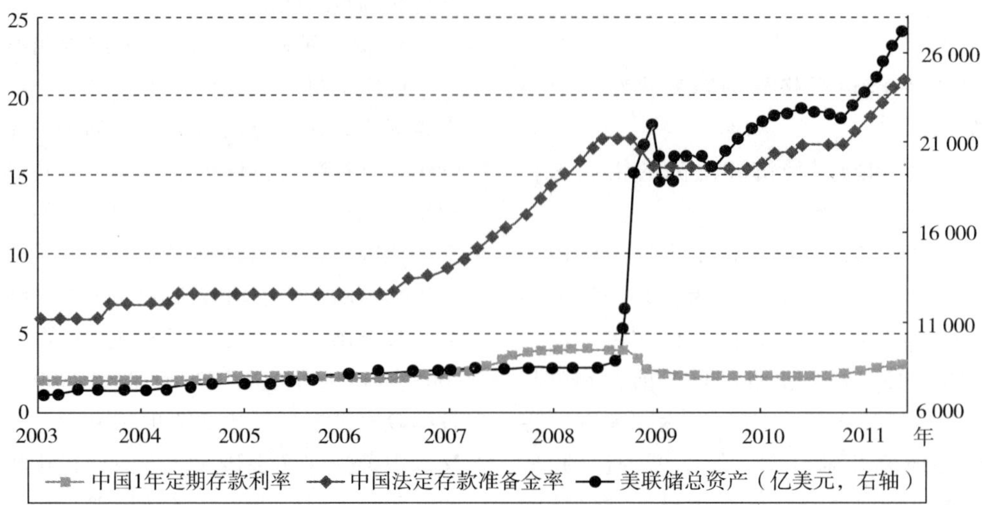

资料来源：FED，PBOC。

图 12　中美货币政策分化

要加快经济发展方式转变和经济结构调整的多重目标约束下，宏观经济政策将长期面临多难的选择，因此在经济特殊恢复期内，宏观政策的不确定性大大增加，政策的不确定反应到微观层面，则加倍放大了企业升级的难度和生产经营的风险，这些无疑会让商业银行的经营管理工作面临层出不穷的新问题。

（四）市场环境的不确定给商业银行带来挑战

危机后，如何实现经济再平衡成为全球经济的核心问题，虽然各个国家对此仍存分歧，但失衡各方已经就通过自身经济结构的调整实现全球经济的再平衡达成共识。由此，各国均对经济增长模式作出了调整：美国由危机前过度倚重消费拉动向侧重投资和出口拉动转型；欧洲则将“低碳经济”、“创意经济”作为修复结构缺陷的突破口；日本在金融危机和大地震双重影响下，加快转型步伐；金砖国家也纷纷探求新的内生性动力。

具体到中国，内需驱动型、创新型、绿色以及包容性增长的发展转型也在加速推进。尤其是此次金融危机让中国更加清醒地认识到过度依赖美元的风险。因此就外部而言，加强人民币在国际货币体系中的话语权，确保国家金融安全，人民币国际化刻不容缓。迄今为止，人民币国际化已经在跨境贸易结算、离岸市场融资等方面取得显著进展，对外直接投资、在岸金融市场开放等方面也在继续有序推进。

另外，无论从发挥市场配置资源角度，还是从中央银行货币政策传导机制功能完善方面，我国人民币利率市场化都将成为当务之急。“十二五”规划纲要中明确提出“稳步推进利率市场化改革”，中央银行也通过不同途径释放出加快推动利率市场化的政策意图，因此“十二五”期间，利率市场化应会取得实质性突破，随之而来的银行存贷利差必将显著缩小，银行现有的盈利能力和模式面临直接挑战。

（五）监管环境的不确定给商业银行带来挑战

此次危机的教训之一，就是“自由放任”理念下的监管漏洞和缺失，使得本应发挥作用的风险防控机制失效。危机后，国际社会纷纷对原有金融监管框架和银行经营模式进行了深刻反思，并采取了一系列改革举措，由此，对于商业银行而言，危机前后最显著变化就是监管环境的变化。

1. 变化一：强化资本约束

针对危机教训，各国监管当局、巴塞尔委员会围绕资本充足率的提高、资本覆盖面的扩大和提高资本质量监管要求等内容进行了重新审视，并进一步强化了对金融机构的资本约束。

目前先进经济体商业银行业的资本充足率均

升至12%以上，我国监管当局也将大型银行资本充足率底线提高至11.5%，同时还根据大型银行的杠杆率、贷款损失准备充足率及宏观经济周期等情况，对监管目标值实施了动态调整。

各国监管当局通过对交易账户计量特定风险和新增风险，在市场风险监管资本中引入压力VaR概念，以及通过资本留存建立超额资本等措施，进一步扩大资本覆盖面。

通过严格限制一级资本和二级资本，取消三级资本，对创新性工具、非累计性永久优先股作为一级资本进行严格限制，同时对二级资本设定了严格的条件等手段，进一步提高对资本质量的监管要求。

2. 变化二：提高对系统性重要银行监管要求

针对此次危机中再次出现的“大而不能倒”的局面，国际社会纷纷要求提高系统重要性金融机构的审慎监管标准和要求，包括监管资本比例、杠杆率、流动性、风险管理、清算方案和信息披露等方面、制订了更为严格的监管标准；同时还要求系统重要性机构在加强市场纪律、制订危机应对计划、自我消化风险，制定自救安排、生前遗嘱（Living Will）设立和分拆、破产制度等方面加强改善。我国则要求系统重要性银行增加1%的附加资本，并将之纳入大型银行“腕骨”风险监管指标体系。

3. 变化三：加强流动性风险监管

为降低银行在短期流动性管理上对市场的高度依赖，2009年12月巴塞尔委员会发布《流动性风险计量、标准和监测的国际框架》，引入流动性覆盖率（LCR）和净稳定融资比率（NSFR）两个监管指标，并提出量化标准，而我国则将这两个指标设定为100%，并纳入大型银行“腕骨”风险监管指标体系。

4. 变化四：加强银行经营行为管理

此次危机后，各国均对自由化监管理念进行了纠正，包括要求银行调整业务模式，弱化组织架构和风险链条过于复杂造成的风险扩散；并对银行业重组并购等重大经营决策作出更为严格的限制；同时通过完善薪酬体制以降低激进经营冲动等多项措施，进而加强了对银行经营行为的监管。

5. 变化五：重视金融体系整体稳定

伴随金融创新的发展，金融风险“滋生—积聚—传播—爆发”机制变得更加复杂多变。此次危机后，国际社会在强化单体机构监管的基础上，通过成立专门应对系统性风险的机构和金融机构内部防火墙建设等措施，进一步加强了对金融体系整体稳定性的管理，以求避免复杂业务关联造成风险的系统性传染和扩散。

6. 变化六：扩大监管覆盖面

金融危机后，国际社会开始反思金融创新与监管套利形成的监管空白的危害，通过扩大金融监管覆盖面，将对冲基金纳入监管范围，将场外交易纳入中央交易系统进行集中交易、统一清算，同时还加强了对外部评级机构的监管，降低金融机构对外部评级的依赖度，以保证金融机构对实际风险的充分揭示。

7. 变化七：更加重视监管协调

在信息技术和市场竞争的推动下，金融机构日益强化的综合化经营趋势对传统的分业监管体制提出了严峻挑战，相应各国间金融监管的协调显得更加重要，而此次危机则更是加快了协调机制完善的步伐。例如美国新金融监管法案要求设立跨部门的金融服务监督委员会，解决不同监管机构间的监管争端；英国《2009年银行法案》则规定，金融服务局可获得英格兰银行和财政部在金融稳定方面的监管信息。

应该说，迄今为止国内外监管当局对于监管理念、方法和手段的探索并没有结束，今后还将提出什么样的监管要求，很难预期，而监管环境的不确定性变化也是当前经济恢复期的重要特殊性之一。因此，监管层面的多变，甚至是出其不意的突变，将成为中国商业银行今后相当长一段时期内面临的主要挑战之一。

（六）客户甄别难度的加大给商业银行带来挑战

与经济正常增长和下行阶段客户间差距明显相比，在经济特殊恢复期，无论是好客户还是差客户，由于均是从最低谷反弹，所以在现有的银行客户评价体系下，各类客户均表现出很好的“成长性”，至于哪些客户是真实改善、哪些客户则是回光返照，银行很难有效地作出准确判断。

同时，需要特别注意的是，在经济恢复期，客户自身对市场大势的判断以及对风险的把控也往往容易出现偏差。比较典型的是，一些企业对形势的判断过于乐观或者出于“抄底”的投机心态，盲目投资、并购，甚至囤积大宗商品等；此外，由于国家控制通货膨胀的需要，当前的货币政策仍处于逐步收紧的阶段，进而造成企业融资难度加大，由此，出于经营压力，一些企业通过信贷欺诈，甚至勾结银行内部员工，骗取银行的信贷支持等问题已有抬头之势；包括地方融资平台、工贸类公司、从事高风险投资的民营投资公司等客户群体的风险也在增大；过度负债的交通运输、电力等行业，以及食品、医药、重大环境影响项目的风险事件时有发生。这些均对商业银行现有的客户评价、管理机制提出严峻挑战。

总之，无论是经济下行中的“有守无为”策略，还是经济上行中“积极作为”的策略，在当前经济特殊恢复期内，均显得难以适应，如果再加上中国银行业高度同质化的现状，实际上当前的经济形势并不比危机期乐观多少，反而暗藏了诸多风险，同时在挑战的背后，又蕴藏着巨大商机。如何在化解诸多难题的同时，通过自身的积极应对，从而化挑战为机遇，就看我们是否有足够的智慧。

四、特殊经济恢复期内商业银行的应对之策

（一）加强分析研究，准确判断外部形势及发展趋势

准确地对外部形势及发展趋势作出科学的分析和判断，是做好银行经营的重要基础和前提，当前需要着重把握5个政策导向和3个形势重点。

5个政策导向：内需的扩大；创新的增强；民生的改善；绿色发展的转变；改革开放的继续深化。

3个形势重点：研究经济发展大势，准确判断不同区域的经济发展形态和特点，找准银行的经营方向和经营策略；找出区域经济发展的优势，找准银行经营的市场定位；准确把握经济发展趋势，加强对驱动经济发展基础性因素的分析，找出与银行密切相关的关键性因素，以便于银行内部的经营选择与经营安排。

（二）将风险选择放在优先突出的位置

第一，风险选择要考虑环境的变化。包括考虑与宏观经济发展整体趋势合拍，避免方向性的偏差；考虑与自身的发展战略合拍，符合银行的风险偏好；考虑与自身管理能力合拍，突出自身优势；考虑市场潜力，提升资源配置效率。

第二，风险选择要发挥风险排序的基础作用。在资源约束的条件下，做好风险和收益的排序，做到好中选好。包括按照风险调整后的收益，确立公司、个人业务的最佳比率结构，以及公司业务中大企业和小企业的最佳配比。

第三，风险选择要突出客户选择。包括对客户信用、竞争力和成长性的选择。

第四，要根据不同区域的特点提高风险选择的精细化水平。即找出“5个优势”，即市场优势、资源优势、技术优势、区位优势和管理优势。

（三）要引导专家和员工做好风险安排

商业银行之间的竞争力，既体现在风险选择上，也体现在风险安排上，重点包括交易结构的设计、金融服务方案的“一揽子”安排、风险定价等内容。

（四）要主动适应监管变化，提升资本管理水平

对经济恢复期银行的外部监管环境和市场变化趋势进行准确分析和判断。在当前更加严格的资本监管要求下，银行业务拓展与资本约束的矛盾必将更加突出，银行必须增强资本意识，加快由平衡风险与收益向平衡风险、收益和资本转变；走资本集约化道路，转变高资本消耗的经营模式，要依据资本回报高低排序，积极进行业务结构调整；着力提升资本配置和组合风险管理的能力，从被动的、事后的管理向主动的、事前的管理转变，遵循“有所为，有所不为”，“有所取，有所舍”的原则，谋求资产组合回报最大化。

（五）全面加强内控体系建设，有效应对不确定性

在当前的特殊经济恢复期，外部经济金融形势的不确定性越来越大，各类风险的界限及传导变得日益复杂多变，进一步加强内控体系建设，就成为银行有效应对不确定性、实现经营持续稳健发展的重要基础。当前的重点包括：加强内部组织架构和体制建设，完善内控环境；提升风险计量技术体系的先进性和实用性；加快业务、管理和信息等流程的整合进程，完善内控手段；做

好内部机构合理性、规章制度完整性、制度运作情况的内部评价以及内控状况综合评价工作，调整、完善内部控制的措施和方法；完善责任追究制度，健全责任追究程序；培育内控文化，引导员工树立合规意识和风险意识，提高员工职业道德水准，规范员工职业行为。

（六）加快产品创新，培育新的业务和盈利增长点

此次危机后，国内外银行业在业务发展和盈利增长模式方面出现明显分化：国际银行业注重向去杠杆、回归传统业务的方向转变；我国银行业则靠扩大风险敞口（多发放贷款）来实现利润增长。在资本约束从紧、利差空间收窄、利率市场化的情况下，我国银行业过度依赖息差收入的增长模式难以持续，同时客户的金融需求却在日益丰富，因此加快产品创新成为今后银行新增长点的必然之路。

（七）主动适应经济周期变化，深入推进信贷结构调整

当前，我国已进入加快经济发展方式转变和经济结构调整的关键时期，经济结构调整和产业升级，势必要求银行对自身信贷结构作出调整，同时合理的信贷结构又是商业银行有效防范经济周期风险、持续提高盈利能力的重要保证。

在当前经济特殊恢复期内，商业银行面临着信贷资源紧张和资本约束加强的双重压力，如何将宝贵的信贷资源用到“刀刃”上，配置到对银行综合贡献最大、价值创造能力最强的客户和业务上成为商业银行今后一段时间主要的资源配置问题，商业银行应该按照“区域服从行业、行业服从客户、客户服从产品”的原则合理调整信贷结构。

一是在综合考虑市场环境、市场潜力等因素的基础上，确定经营的重点区域，进一步按照区域优势、经营重心来配置资源，实现整体资源配置效率的最大化。

二是在区域选择的基础上，按照行业成长性、产能利用情况、新兴产业发展方向等因素，确定区域内的重点行业。

三是在行业选择的基础上，按照客户类型（公司、零售）、规模（大中型企业、小企业）、评级、风险承受能力，确定目标客户。

四是在客户选择的基础上，确定针对客户的需求和风险特征，将客户服务和风险安排最终落脚到金融产品上，不断提升产品管理的精细化和专业化。

国际金融监管新趋势及应对

中国建设银行首席风险官 黄志凌

2008 年全球金融危机爆发以后，国际社会针对金融监管体系进行了深入广泛的反思，修订出台了一系列加强金融监管的措施和方案。如何理解这些金融监管规则的变动及其影响，已成为国内监管机构和商业银行关注的焦点问题之一。本文试图通过对金融监管规则变动的分析，来揭示金融监管的发展趋势及其本质要求，并对金融监管规则变动对银行业监管和发展的影响也进行了多角度的探讨，同时，也为积极应对金融监管规则的变化提出了相关建议和措施。

一、国际社会对强化金融监管必要性的认识得到统一

（一）自由主义思潮在危机前曾经促进银行业发展

1979 年，撒切尔夫人当选英国首相；1980 年，里根当选美国总统。以此为标志，主张政府干预“越少越好”的自由主义思潮取代了凯恩斯主义的地位，成为主导西方国家社会经济政策制定的思想基础，“放松管制、鼓励创新”成为这

一时期银行监管的主流理念。

在英国，金融监管当局允许银行从事证券业务，取消储备资产比率（12.5%）、取消最低贷款利率，推动了金融“大爆炸”。在美国，国会颁布一系列新金融法案[①]逐步突破了《1933年银行法》[②]所确立的银行监管框架，打破银行不能从事证券和保险业务的限制，实现业务多元化；打破法定存款利率上限，推动利率市场化；打破跨州设立分支机构的限制，成立大批银行控股公司。从历史看，自由主义的监管理念促进了市场竞争、推动了金融创新、提高了运营效率、增强了企业活力，对推动世界经济走出“滞胀”危机发挥了积极作用。

（二）自由放任的监管思路扭曲银行经营行为，是导致本轮危机的重要原因

危机过后，国际社会进行了深入反思。大家意识到：在银行这样重要而又特殊的产业中片面强调自由化，将诱发银行扭曲经营行为、积累系统性风险。主要表现在：

1. 片面追求高杠杆经营

据研究，一些经营风格较为激进的欧洲银行，其2008年的杠杆率达到71.47倍，远远超过了银行业经营应有的稳健水平（通常应当在30倍左右）。

2. 过度依赖市场融资

一些银行不愿意扎扎实实地花费时间和精力通过吸收储蓄存款等方式建立稳定的资金来源，而热衷于借助批发市场融资。尽管它们能够在短时间内迅速地扩张资产规模，但是由于资金基础不稳固，一旦发生市场波动，银行的流动性风险将显著提升。英国北岩银行就是由于缺乏稳定资金来源在金融市场冻结无法筹集到资金而倒闭的。

3. 脱离实体经济风险管理真实需求

避险工具成为集聚或放大风险的“地雷”。远期、期货、期权等衍生品的产生，原本是为了帮助企业锁定大宗商品、利率等重要生产要素价格，防止大宗商品以及资金价格波动对企业盈利乃至增长运营造成冲击而开发出来的。但是在利润驱使下，一些银行背离初衷，有的为创新而创新，不少金融产品越来越复杂，将原来用来避险的工具用于赌博性投机。据媒体介绍，中信泰富、深南电都是栽在这些所谓创新产品身上的。

4. 风险链条越来越长，道德风险滋生

传统上，银行以稳固的客户关系为基础，发起信贷业务并持有信贷资产，直到贷款到期，即所谓的“发起－持有”模式。为了适应储蓄资金向资本市场大量转移的客观现实，不少银行转变了经营模式，银行发起信贷业务后，不再（全部）持有信贷资产到期，而通过资产证券化的方式向非特定的第三方出售，即“发起－出售”模式。经营模式的转变，改变了风险结构、延长了风险链条，风险承担者不仅仅是银行，货币市场投资者也要承担风险（甚至是大部分的风险）。在此情况下，一些银行道德风险滋生，在发起交易时，抱着机会主义的态度，只要交易能够完成、风险自然就可以转嫁出去。银行有意无意地放松了风险标准，最终酿成恶果。

5. 利用监管漏洞逃避监管

例如，在产品开发方面，以金融创新的名义，利用复杂的产品设计，将部分金融资产转移出资产负债表，缩小了银行的实际风险状况；在交易场所的选择上，利用场外市场（OTC）信息披露要求低、透明度差的特点开展复杂衍生品交易，外界难以估计风险敞口规模及分布，很容易在市场波动中引发流动性危机；在交易载体的选择上，大量借助无须纳入监管的特殊目的实体（SIV）安排交易，并由发起银行提供备用信用额度和紧急借款安排，没有有效隔离风险。

---

① 美国国会相继颁布了1980年的《存款机构放松管制和货币控制法》、1982年《加恩—圣杰曼存款机构法》、1989年《金融机构改革、复兴与促进法》、1991年《联邦存款保险公司改进法》、1991年《加强对外资银行监管法》、1994年《里格—尼尔银行跨州经营及设立分行效率法》和1999年《金融服务现代化法》等重要法规。

② 《格拉斯—斯蒂格尔法案》。

6. 薪酬分配激励有余而约束不足，为冒险激进的经营策略提供温床

在自由主义思潮下，薪酬分配机制被认为是银行内部事务，监管部门通常不过问。受短期收益驱使，银行的薪酬分配机制往往鼓励冒险激进的经营行为。一些银行管理人员和业务员急功近利，不惜违背银行业审慎经营准则，甚至粉饰财务报告、隐瞒潜在风险。以巴林银行为例，由于衍生品市场交易利润的50%由交易员享有，最终出现交易员疯狂操作造成百年银行破产的悲剧。

（三）金融体系失灵对实体经济形成网状冲击，金融监管必须高度重视

过去我们说，经济决定金融。但是从这次金融危机的发展情况看，金融在某些特定时期对一个国家经济的发展起着决定性的作用。纲举目张，金融就是这个“纲”。邓小平同志曾经说过，金融是现代经济的核心。大家以前的理解还不是那么透彻。相信通过这次金融危机，大家对金融体系重要性的感受更加深刻、直观。

1. 银行与普通工商企业不同

普通工商企业倒闭只会导致个别企业退出市场，最多通过信用链条影响它的上下游企业，影响相对有限。就算一个产业出了问题，它对经济的影响也不过是呈线性扩散，一个环节、一个环节地传导下去，冲击力就不断地衰减，可能到了第二个、第三个环节，它的冲击力就被消化了。

2. 金融体系（尤其是商业银行）对经济的冲击则是呈网状的

银行作为支付中介和信用中介，吸收公众存款、提供流动性，处于信用网络的中心。一旦发生倒闭，将造成信用网络崩溃、社会公众恐慌，对社会经济的冲击将以网络状扩散，后果相当严重①。

3. 必须对银行实施严格监管逐渐成为国际共识

如果不能保证银行体系自身的安全经营，就难以保持存款人对银行的信心，难以推动全社会扩大再生产顺利进行。在此情况下，社会经济的正常运转尚成问题，怎能谈上持续健康发展。正是由于银行倒闭所引发的巨大负外部性，世界各国普遍意识到必须对银行业实施严格监管。

4. 国际金融监管改革取得了多项共识和进展

在国际金融监管组织和各国监管当局的积极参与下，国际金融监管改革在微观机构、中观市场和宏观系统3个层面取得了重大进展。微观机构层面，通过资本监管改革、引入杠杆率监管制度等措施，提升单家金融机构的稳健性，强化金融体系稳定的微观基础；中观市场层面，通过推进建立单一的、高质量的国际会计准则等方式，强化金融市场基础设施建设，修正金融市场失灵；宏观系统层面，将系统性风险纳入金融监管框架，建立宏观审慎监管制度，强化对系统重要性金融机构（Systemically Important Financial Institutions，SIFIs）的监管，降低机构“大而不倒”导致的道德风险。

二、强化监管机构权限是美国金融监管改革的重要特征

（一）成立金融稳定委员会

美国金融稳定委员会②的主要职责是识别和防范系统性风险，拥有广泛职权。

第一，向美国国会报告金融体系形势并提出建议。从各个联邦及州监管机构收集信息，定期向国会报告美金融体系形势，就加强美国金融市场稳定性、竞争性、有效性对国会和美联储提出建议。

第二，将其认为对美国金融市场构成威胁的非银行金融机构或跨国银行附属机构纳入美联储监管范围。

第三，认定可能对市场产生系统性冲击的金融机构，在资本金和流动性方面对其提出更严格的监管要求。

第四，就具体的金融活动对主要监管机构提

① 在1929—1933年的大危机中，美国金融体系受到严重冲击，大量银行破产倒闭，存款人遭受重大损失，由此导致大量储户挤兑存款，又反过来进一步加重了危机，造成社会生产停滞、社会资源浪费，社会经济发展陷入长期萧条。

② 金融稳定委员会共有10名成员（由财政部、美联储、货币监理署、联邦存款保险公司、全国信用联社管理局、证监会、商品期货交易委员会、联邦住房金融管理局、联邦保险署等部门首脑组成），由财政部长牵头，负责监测和处理威胁国家金融稳定的系统性风险。

出意见（监管机构必须遵照执行），并就执行情况向国会报告。

（二）扩大美联储监管权限

第一，将所有具有系统重要性的银行和非银行金融机构置于美联储监管之下，从而降低金融机构“大而不倒”对金融系统稳定性的威胁。

第二，授权美联储处置问题金融机构进行处置。美国金融监管改革方案要求预先为大型金融机构的倒闭制定完整的解决方案，以增强美联储的危机反应能力。

（三）引入沃尔克①规则，限制银行承担过多风险

第一，限制吸收公众存款的银行和控股公司从事自营性交易。

第二，限制银行拥有（或投资）私募股权基金和对冲基金，要求银行对私募股权基金和对冲基金的投资总额不得超过银行一级资本的3%。

第三，禁止银行做空（或做多）其销售给客户的金融产品，以避免利益冲突。

（四）成立消费者金融保护局，加强消费者权益保护

一是消费者金融保护局对向消费者提供信用卡、按揭贷款等金融产品或服务的银行或非银行金融机构进行监管，可以检查所有抵押贷款相关业务。

二是大型非银行金融机构及资产规模超过100亿美元的银行或者储蓄机构都在消费者金融保护局管辖范围之内。

（五）强化金融机构内部“防火墙”建设

一是要求银行剥离特定的掉期交易，掉期交易由独立的非银行附属机构承担。

二是将对冲基金纳入监管范围。要求对冲基金注册登记，要求对冲基金投资顾问提供交易和资产组合等信息，以便监管部门评估其系统性风险，避免复杂的业务关联造成风险传染和扩散。

（六）组建中央清算公司，提高场外衍生品交易透明度

美国原有的金融监管体制主要关注场内市场监管，场外市场主要依靠行业自律，缺乏硬性约束。

美国金融监管改革方案强调对场内场外实施监管全覆盖。鼓励通常在场外市场交易的复杂衍生品通过中央交易对手集中交易、统一清算，以提高市场透明度，降低双边结算容易诱发的交易对手违约风险，防止场外交易风险传染性。

（七）加强评级公司监管

发行人支付的评级费用是评级机构最主要收入来源，容易产生利益冲突并由此滋生道德风险，许多“次贷”证券化产品信用评级虚高是金融危机全球蔓延的催化剂。

目前，美国证券交易委员会设立了信用评级办公室，对信用评级机构进行监管。

三、欧洲各国为应对危机也让渡了部分金融监管主权

（一）建立欧盟救助机制

2011年3月，在欧盟春季峰会上，欧盟领导人通过就建立永久性救助机制达成协议。从组织结构看，一个由欧元区各国财长组成的理事会是欧洲稳定机制的最高决策机构，有权决定是否为某一欧元区成员提供救助并设定附加条件。

欧洲稳定机制认缴资本总额达到7 000亿欧元。其中，800亿欧元是由欧元区国家在欧洲稳定机制正式运转前后陆续到位，余下的6 200亿欧元则包括欧元区国家承诺可随时支付的款项和担保。至于欧元区各国所承担的供款份额，将参照它们在欧洲央行所持有的资本金比率确定，其依据是人口和国内生产总值所占比重。其中，欧元区三大经济体德国、法国和意大利将分别承担约27%、20%和18%的份额。

在救助资金的使用途径上，欧洲稳定机制将主要以贷款形式为陷入债务危机的欧元区国家提供财政援助，在特殊情况下，可以直接从出现融资困难的成员国手中购买国债。这样的设计灵活性强，可以更好地帮助濒临危机的国家渡过难关，为它们继续通过市场融资争取到机会，不必非得沦落到接受救助的地步。

① 保罗·沃克尔，20世纪80年代任美联储主席。在其任内，美联储将高通胀作为主要敌人，大幅提高美元利率、实行强势美元政策，吸收美元回流。

（二）强化欧盟金融监管权限

危机后，欧盟改革了其金融监管。分别对应银行、保险与证券行业建立3个监管当局（European Supervisory Authorities，ESAs），包括欧洲银行业监管局、欧洲保险与职业养老金监管局和欧洲证券与市场监管局，总部分别设在伦敦、法兰克福和巴黎。

ESAs有权处理各成员国监管机构之间的争端。在成员国监管机构之间出现不一致时，ESAs可以作出有法律约束力的调解，并可直接向金融机构下达监管指令，而不仅仅只应成员国监管机构的要求采取行动。ESAs还负责在欧盟法律框架下监测成员国监管机构如何履行职责。若后者履职不当，ESAs可向其发出指令，在成员国监管机构拒绝接受指令的情况下还可直接要求金融机构作出改正以遵守欧盟法律。

当然，欧盟新监管体系的一大缺陷是无权强制成员国执行，这不利于防范风险蔓延。正因为如此，欧盟监管机构改革的有效性遭到了多方质疑。

（三）英国分拆金融服务管理局

国际金融危机前，英国曾经对其金融监管体制进行过一次改革，其核心是实现分业监管模式向单一监管模式转变。1997年，英国将主管银行监管的机构与主管投资服务监管的机构合并，成立金融服务局（FSA）；1998年，英格兰银行具有的银行监管职责转移到金融服务局；2001年，《2000年金融服务与市场法案》生效，其他6个金融监管机构的职能均转移到金融服务局。

国际金融危机后，明确由英格兰银行和金融服务局分工合作，共同应对金融系统稳定问题，不再将监管权力集中在金融服务局。《2009年银行法案》授权英格兰银行对银行支付系统进行监控、对问题银行提供流动性支持，为英格兰银行加强系统性风险监管提供了新的政策工具；《改革金融市场》（白皮书）强调，通过英国金融服务局的监管执法降低系统性风险危害。具体措施包括：加强对具有系统重要性的大型复杂金融机构的审慎性监管；通过改进公司治理机制，提高市场透明度和其他激励性措施来强化市场纪律约束；强化对具有系统重要性的批发金融市场，尤其是证券和衍生品市场的监管；加强市场基础设施建设，抑制过度信用条件要求，防止过分的风险承担行为；强化英国金融服务局在监控、评估和缓解由于金融体系中的相互关联所导致的系统性风险方面的职能。

要建立金融服务局、英格兰银行和财政部协调对问题银行进行干预和处置的特别处理机制。金融服务局负责确定是否对问题银行启动特别处理机制，一旦机制启动，由英格兰银行负责问题银行处置，若涉及公共基金、国际债务以及国有股，则需要财政部批准。

四、强化资本监管成为银行监管主流共识

从以往的国际监管实践看，银行资本在确保金融体系稳定性方面的确发挥着重要作用，资本监管制度必须坚持。但是，本轮危机也表明，现行资本监管制度存在一些不足。例如，资本定义宽泛导致部分银行资本质量不高，影响了损失吸收能力；资本覆盖范围不足，导致银行过度承担风险，等等。资本监管制度需要改革。从改革的趋势看，对银行资本的约束变得越来越严格。

（一）资本充足率要求会提高

近两年，为了提高银行业风险抵御能力，银监会不断要求提高资本充足率监管标准。除了满足8%的资本充足率最低监管标准外，要求计提资本缓冲（包括留存资本缓冲与逆周期资本缓冲），对工、农、中、建、交这样的系统重要性银行还要求计提附加资本。目前看，大型商业银行的资本充足率监管要求不低于11.5%，中小商业银行也不低于10%。银监会最新下达的“腕骨”监管指标要求建设银行2011年资本充足率要达到11.8%，最低不能低于11.5%。其他几家大银行基本上也是这个水平。

提高资本充足率监管标准的压力很快就会传导到分行。有同事可能要问，对分行来说，资本充足率的最低要求从8%提高到11.5%究竟是个什么概念？我们简单地算一笔账。资本要求提高后，如果分行还做同样的业务，而且照同样的做法，那么，过去8元资本金能够支撑的业务规模，现在需要11.5元。这意味着什么呢？如果是“同样的业务、同样的做法”，就算你们的业务规模没有增长，总行现在每给你们1元钱资本，现在

要增加0.43元，变成1.43元。股东是要回报的，总行的资本也不是白给的。就算总行对各分行的资本回报要求保持现在的水平，你们的资本回报率水平平均也要比现在多出43%。也就是说，过去总行给你们算经济增加值的时候，如果资本回报率定在15%，那么现在必须提高到21%，否则就算白干。

（二）资本的覆盖面在扩大

过去做很多事情是不需要资本的，将来资本的覆盖面越来越宽，银行做任何业务后面都需要资本来支撑。扩大后的风险覆盖范围将包括：一是大幅度提高证券化产品（特别是再资产证券化）的风险权重；二是大幅度提高交易业务的资本要求，包括增加压力风险价值（Stressed VaR）、新增风险资本要求等；三是大幅度提高场外衍生品交易和证券融资业务的交易对手信用风险的资本要求。

（三）对资本质量的要求在提高

在提升资本水平的同时，银监会十分注重提高资本质量。要求由股本和留存收益所组成的核心资本不能低于资本净额的75%；对核心资本、一级资本和总资本也建立了达标标准（分别为6%、8%和11.5%）。

前两年，募集新资本似乎不是什么问题。很多银行还大量发行次级债，也不愁没有人买，同业互相抬轿子，一下就发行出去了，一下资本就充足了。既不要老股东继续掏腰包又不必减少现金分红，对股票市场直接冲击也小，各方面都很满意。但是现在的情况不同，银监会为了防止银行交叉持有次级债可能形成的系统性风险，要求将银行之间相互持有的次级债从附属资本中扣除。这下子不拿出点真金白银是不行的了。要让老股东掏腰包、要让股东减少现金分红、要在市场上大规模再融资，都有很大困难，很不受欢迎。总体来看，银行资本会越来越贵。

（四）引入杠杆率指标作为资本监管的补充

计算杠杆率的时候，分子采用一级资本；分母则要求覆盖表内外所有风险暴露。其中，表内风险暴露按名义金额计算；非衍生品表外项目按100%的信用风险转换系数转入表内；金融衍生品交易采用现期风险暴露法计算风险暴露。

杠杆率指标的特点是，与风险相对脱钩、简单明了。既不产生模型风险，又不受经济周期影响，巴塞尔委员会已经将它作为资本监管的补充，并将对应一级资本的最低杠杆率要求确定为3%，换句话说，就是允许银行持有的表内外资产总额不能超过一级资本的33倍。在我国，银监会将杠杆率要求设置为4%。换句话说，就是允许银行持有的表内外资产总额不能超过一级资本的25倍。这个要求比国际银行要高得多。

（五）必须走资本集约化的发展道路

1. 在资本监管要求不断提高的背景下，传统的银行经营模式难以持续

过去，银行习惯于依靠信贷资产扩张增加收入，在这种经营方式下，资本消耗速度快，对资本补充形成较大的“倒逼”压力。在资本监管标准提高、资本质量要求严格、资本覆盖范围扩大的情况下，既有的银行发展模式难以持续①。

2. 从未来看，走资本集约型发展道路是中国银行业的必然选择

资本越来越稀缺是将来的一个趋势，对于商业银行来讲，这个变化是非常重要的，分行将来做任何业务都要树立资本消耗的概念，未来可能要从收益、风险平衡的理念过渡到收益、风险、资本三者的平衡，走资本集约化的发展道路。这就要求在同样资产规模和收益目标下，尽可能少占用资本。以信贷业务为例，很显然将来趋势是净息差（NIM）还要进一步收窄，过去那种“以量补价”的老办法行不通了。怎么做到资本集约化运用，办法还是很多的。例如，选好客户，增强债项风险缓释措施；多做些个人住房按揭等资本消耗较低的业务；加快退出低效、无效资本占用的客户和业务，等等。

五、对流动性风险的重视提升到前所未有的高度

（一）流动性枯竭是银行破产的导火线

过去，我们总是有这样的概念，企业资不抵

① 2009年，中国银行业创造6 600亿元利润，但同期消耗资本8 400亿元，这意味着中国银行业内生的资本补充能力不能满足需要，需要长期依靠外部补充资本。据招商银行测算，按目前国内银行信贷增速、利润水平、分红比例以及资本充足率要求，未来5年将出现2万亿元的资本缺口。

债才算“破产”，银行也一样。其实不然，银行业危机有清偿性危机与流动性危机两种不同的表现形态。所谓的清偿性危机就是银行损失数额超过其所保有的资本，资本亏光了，失去了清偿能力，这叫清偿性危机，也就是传统的、适用于工商企业的“破产”概念。但是，这次国际金融危机中，不少大型金融机构倒闭的时候，依然拥有充足的资本、资产质量良好，究其原因，主要就是流动性出了大问题。

从美国雷曼兄弟和贝尔斯登公司倒闭的过程看，都出现过这样的情况：大量负债到期，需要大规模筹集资金对外支付。在金融市场正常的情况下，金融机构可以以合理的价格轻易地从市场上筹集足够的资金。但是，在危机条件下，金融市场的流动性突然冻结，投资者一下子变得格外保守，其后果是金融市场所要求的风险溢价陡然增高，必须在市场支付“天价”才能筹集到少量资金。由于无法从金融市场上获得足够的融资，非银行金融机构的身份又使得其无法从中央银行（美联储）获得最后的流动性支持，最终只能走向倒闭。

导致北岩银行、雷曼兄弟和贝尔斯登破产的，不是清偿性危机，而是流动性危机。流动性枯竭成为银行倒闭的导火线。这就对我们提出了一个新的课题，如何在保证资本充足的条件下，同时也保证银行流动性不出问题，以防止银行倒闭。危机后，世界各国银行监管部门对流动性风险管理的重视程度提高到前所未有的水平。未来，监管部门不仅会盯银行的不良额和不良率，还会重点关注银行流动性。

（二）引入两项新指标加强流动性风险监测

目前，银监会使用的流动性监控和监测指标包括：存贷比、流动性比例、核心负债依存度、流动性缺口率、流动性集中度和备付金比率等。实践证明，这些指标符合国内银行资产负债组合的构成，能够在一定程度上反映国内银行的流动性状况。但是，随着金融市场发展，国内银行资产负债来源逐步多元化，流动性风险监管需要适应这种变化。近年来，银监会引入了流动性覆盖率和净稳定融资比率①。

从总体上看，引入这两个新的流动性风险监管指标，对于过度依靠批发市场融资、缺乏储蓄等较稳定的资金来源的银行而言，影响更为突出。

（三）维持公众信心是管理流动性的关键

近期，国内出现几起影响较大的公众事件。一是江苏某地风传化工厂爆炸，大量居民连夜出逃造成人员伤亡；二是日本地震后发生核泄漏，国内不少地方出现食盐抢购风潮。如果这样的公共事件发生在银行业领域，难以保证部分地区、部分银行的流动性不出问题。据戴相龙同志回忆，1997年亚洲金融危机期间，广东恩平地区两次发生挤兑潮，开始是一些农村信用社，后来蔓延到银行体系，迫使有关银行总行调度大量资金保支付，造成约100亿元的损失，影响十分恶劣。这最终也促使中央下决心整顿金融秩序，制定对全国金融系统党组织实行统一集中领导的措施。

从历史经验看，维持公众信心是防范银行流动性危机的关键。1933年，美国总统罗斯福在就职的时候曾经说过，“最大的恐惧就是恐惧本身”。从美国20世纪30年代大危机前后治理银行危机历史经验看，有不少东西值得今天我们在管理银行流动性风险的时候借鉴。

1. 平时要做好信息披露

金融业存在严重的信息不对称现象。对于分散的小储户而言，缺乏足够的信息区分好银行和坏银行。因此，出现市场恐慌的时候，最保险的办法就是把自己的储蓄从银行中取出来。可是这样做的后果是把很多好银行给弄垮了。由于银行短借长贷以及高杠杆运行的业务特征，在社会恐慌条件下，没有哪一家银行能够真正应对倒闭挤兑危机。因此，做好信息披露维持储户信心，让储户意识到银行是健康的，是有充足支付能力的，这是防止挤兑的第一步。

2. 要尽快建立存款保险制度，形成银行危机救助机制

① 2009年12月巴塞尔委员会发布《流动性风险计量、标准和监测的国际框架》，提出两个新的流动性监管量化标准：一是流动性覆盖率（LCR），用于度量短期（30日内）单个银行流动性状况，目的是提高应对流动性短期中断的弹性。二是净稳定融资比率（NSFR），用于度量中长期内银行解决资产负债期限错配的能力，它覆盖整个资产负债表，鼓励银行尽量使用稳定资金来源支持资产业务，有助于降低资产负债的期限错配。

储户之所以会恐慌性挤兑，除了不了解银行的真实状况外，另一个重要原因就是，他们不知道一旦银行倒闭，自己是否能够得到赔偿。因此，保持公众信心的第二步就是建立银行救助机制，给予社会公众能够取得足够赔偿的承诺。这样，储户就不会急于到银行去取款，相反还会愿意继续把钱存到银行去，客观上有助于缓解市场恐慌引发的流动性危机。目前，我国银行主要还是依赖政府信用作最后的支撑，“十二五”期间，国家已经将存款保险制度纳入金融业改革发展规划。

3. 要完善和强化“最后贷款人”机制

金融危机后，主要国家都扩大中央银行的权力，强化其在稳定金融体系中的作用，就是为了充分利用其最后贷款人的地位，在市场恐慌、流动性枯竭的情况下源源不断地向市场注入流动性，以缓解市场紧张情绪，防止危机进一步扩大，避免出现“多米诺骨牌效应”。近期，日本大地震后，日本中央银行连续向市场注入大量流动性，为缓解灾后市场恐慌发挥了积极的作用。

六、加强宏观审慎监管防范系统性风险是新的趋势

以往的国际银行监管框架主要注重对微观银行个体的审慎性监管，在防范系统性风险冲击、确保银行体系整体稳定方面的监管安排存在不足。当前，国际社会在继续加强微观审慎监管的同时，采取了两方面措施完善宏观审慎监管：一是建立与经济周期挂钩的动态监管制度，弱化金融体系与实体经济之间的正反馈效应；二是强化对系统重要性金融机构（SIFIS）的监管，降低机构“大而不倒”导致的道德风险。

（一）建立逆周期动态监管制度

所谓的逆周期动态监管，主要是通过实施逆周期的资本充足率监管和动态拨备制度实现“以丰补歉”，从而降低银行体系的亲周期性、弱化金融体系与实体经济之间的正反馈效应，以应对经济周期的波动风险。

具体做法是在最低资本要求的基础上，增加留存资本缓冲（2.5%）和逆周期资本缓冲（0～2.5%）两类超额资本要求。这方面内容前面已经作了介绍，这里不再展开。此外，就是建立动态的拨备计提制度。在银行经营效益好的时候，要求计提更多的拨备以备不时之需。现在，主要银行的拨备覆盖率都至少要求150%，我们去年末达到220%以上。

（二）提高对系统重要性银行的监管标准

什么是系统重要性银行？有人认为，规模大的银行自然具有系统重要性。但也有人提出，系统重要性与否和银行规模的大小没有直接关系，主要应该看它倒闭之后对当地经济金融的影响程度，应当用破产后果来衡量。一些在当地具有垄断地位的小银行，其倒闭所带来的负面影响和冲击也同样会很大。金融稳定委员会（FSB）将系统重要性金融机构（SIFIs），定义为“由于规模、复杂度与系统相关度，其无序破产将对更广范围内金融体系与经济活动造成严重干扰的金融机构”。

加强对系统重要性银行监管是当前的重要趋势。过去监管当局对所有银行监管精力统一分配，一视同仁，未来监管会发生变化，将重点监管重要的银行，监管那些在系统中有着十分重要地位的银行。小银行影响小，出现问题可以消化，但是，大银行要是出了问题，其后果是致命的。

一是从国际上看，大型金融机构经营失败是美国“次贷”危机演化为全球金融危机的主要因素，降低系统重要性金融机构道德风险、缓解其经营失败的负外部效应是金融监管改革的重要内容①。

二是从国内看，银监会正在把监管的重心移到工农中建交五大银行，我们将面临更加严格的

① 一是提高系统重要性金融机构监管标准。系统重要性金融机构，特别是全球性系统重要性金融机构（GSIFIS）应具备更高的损失吸收能力，与此类机构对全球金融体系带来的更大风险相适应。更高的损失吸收能力主要通过提高对系统重要性金融机构的资本要求或有资本和自救债券等方法实现，并且可能包括更高的流动性要求、更加严格的大额风险暴露以及其他结构化限制性措施等。二是提升系统重要性金融机构监管强度。本次危机不仅暴露出系统重要性金融机构监管制度漏洞，更暴露出监管实践中的不足，突出反映在监管当局没有充分的授权、独立性和资源，以及缺乏早期干预权力，影响监管有效性。为此，金融稳定理事会提出提升系统重要性金融机构监管强度和有效性的32条原则和具体时间表，涵盖监管目标、独立性、资源、监管权力、持续监管、并表监管、监管技术和国际合作等方面。

外部监管，同时建设银行作为全球市值第二的银行，我们的国际业务、海外业务都将受到其他国家监管当局的严密监控，面临的监控力度比现在要大得多。大家不要指望我们是大银行，我们能影响银监会、影响国家，未来国家和银监会对我们的监管会比对其他小银行的监管严格得多。

七、完善银行公司治理，推动稳健薪酬机制建设

（一）完善公司治理，加强金融机构自我约束

巴塞尔委员会2010年10月正式发布了新版《加强银行公司治理的原则》（简称新《公司治理》），涵盖了董事会行为、高级管理层、风险管理和内控、薪酬、复杂或不透明的公司架构、信息披露和透明度6个方面14条原则①。

银监会对商业银行公司治理建设提出了以下几方面要求：一是要按照职责界面清晰、制衡协作有序、决策民主科学、运行规范高效、信息及时透明的原则，推动完善公司治理机制。二是要求强化股东特别是控股股东的长期承诺和持续注资责任，承诺支持银行从严控制关联交易，积极采取措施支持银行达到审慎监管标准，并坚持有限参与，主动防止盲目扩大和利益冲突。三是要求全面落实《商业银行董事履职评价办法》，强调董事会的“诚信义务”和“看管责任”，有效承担在战略决策、风险管理、薪酬政策制定等方面的最终责任，并充分发挥独立董事和监事会作用。四是要求不断完善公司治理监督评价体系和问责机制，推动建立与长期风险责任挂钩的合理薪酬激励机制。五是要求董事会和高管层在组织架构、人力资源和激励约束机制上对风险管理给予足够支持，着力形成风险为本的管理文化。

（二）完善薪酬激励机制

从国际来看，完善薪酬激励机制的实践主要包括以下几方面：一是授予上市公司股东对于公司高管薪酬和“金色降落伞”离职制度无强制性约束力投票的权力。二是要求上市公司薪酬委员会必须由独立董事构成并有权聘请薪酬顾问，增加其独立性。SEC有权给予股东代表提名董事的权力。三是建立高管薪酬“钩回”制度，要求金融机构高管退回违反会计准则和基于不实报表发放的薪酬。要求联邦金融监管机构共同颁布和执行针对金融机构的薪酬发放标准。

从国内来看，也开展了不少与长期风险承担相适应的薪酬激励机制的尝试。一是将风险指标（如风险调整后的资本回报率）引入银行的绩效考核和薪酬激励机制，形成注重效益和质量的价值导向。考核绩效时，要合理扣除银行经营中的各类潜在风险，要从片面鼓励追逐规模增长的粗放发展方式转向重视风险回报平衡、重视质量效益的集约发展方式，从制度上引导和规范中国银行业基于长期价值增长开展经营管理。二是更加注重金融风险的潜伏性，引进薪酬延迟支付的机制。金融风险具有潜伏期，不能片面强调短期收益在薪酬机制中的作用。从历史经验看，对银行高级管理人员以及重要员工实施薪酬的延期支付能够充分平衡金融交易的潜在风险，有利于客观公正评价金融交易的真实收益，较好地解决道德风险问题。

八、监管规则是银行最重要的经营环境

监管规则是银行经营的基本边界，在设计新规则时一般都蕴涵着对银行原有经营模式的调整，而实施新规则往往会推动银行发展方式的转变。

（一）监管规则改革是推动银行经营模式演变的动力

1. 20世纪30年代的“分业经营、分业监管”改革确保了金融体系的长期稳定，也大大改变了银行业的经营方式

1929—1933年的大危机爆发后，为了确保社会公众对金融体系的信心，美国等西方国家基于社会公共利益考虑，开始建立严格的“分业经

---

① 具体内容包括：一是董事会要能够对银行承担总体责任并监督管理层。二是高级管理层要确保银行经营行为符合董事会的商业战略设想和风险偏好。三是银行要通过设立风险管理体系持续识别与监控风险。四是要确保员工薪酬安排体现风险情况。五是董事会、高级管理层必须了解银行的复杂结构和产品。六是需提高对利益相关方、市场参与者信息披露的透明度。新《公司治理》的主要变化有：一是首次将道德风险防范纳入公司治理的范畴。二是更加突出董事会在公司治理中的作用。三是要求银行将风险管理渗透到公司治理的各个方面，强调由董事会负责审议监督银行的风险策略。四是增加对银行员工薪酬的制度安排，要求由董事会监督薪酬体系的设计及运行。五是首次对银行复杂结构及复杂产品的治理提出要求。

营、分业监管”的体制。这项改革分离了商业银行与投资银行业务，实现了抑制金融风险传染、限制金融业价格竞争、建立存款保险制度、完善最后贷款人机制的目的。它提升了社会公众信心，提高了金融体系的稳定性，为第二次世界大战以后主要西方国家社会经济的长期繁荣发挥了积极的作用。与此同时，也迫使许多银行选择保留商业银行业务抑或是投资银行业务。例如，20 世纪 30 年代之前摩根银行的业务横跨商业银行和投资银行，《1933 年银行法》通过后，摩根保留了商业银行业务，剥离了投资银行业务。从根源上看，现在的摩根大通银行和摩根斯坦利投资银行就是在那个时期分拆而来的。

2. 20 世纪 70 年代的金融自由化改革，放松了银行业管理，大大提高了金融体系活力

20 世纪 70 年代以来，西方国家经济活力下降，由“滞胀”引发经济金融危机的风险不断集聚。在此情况下，如何在维护金融体系整体安全的前提下，改进监管效能、提升银行竞争力，成为金融监管体系的改革方向。当时采取的措施有放松银行市场准入要求、扩大银行经营范围、放开存贷款利率限制、鼓励金融产品创新。在相对宽松的环境下，金融产品日新月异。与此同时，商业银行的资产结构、负债结构、收入结构和产品结构等也发生了很大的变化。从以往片面依赖利差收入，转向大量通过交易业务、收费服务等支撑业务成长，与传统银行相比出现了很大的变化。

（二）积极适应规则，不与监管部门唱反调

近年来国内商业银行在合规风险管控方面进步很大，各大型银行都建立了合规管理部门或专业化团队，规章制度逐渐完善。但存在的薄弱环节还很多，例如，不少基层行在经营管理中，为了业务增长和利润目标，或者为了迁就客户不合理要求，有意无意间放松了对合规的遵循。银监会在对各大型银行的监管通报中，有很多问题都属于合规方面的问题。这几年国家审计署陆续对国有大型银行开展了审计，发现不少合规风险隐患和违规事项。

合规意识淡漠是现在国内银行业存在的普遍现象。一些人有这样那样的错误认识，往往把“监管不符合实际、法不责众、出了问题能摆平、遵守监管规则吃亏”挂在嘴边。在实践中，常常出现打“擦边球”，找各种理由挑战规则；“撞黄线”、碰“红线”等现象。有些事情明显已有规则约束，但总想突破，认为多少年来一直是这样做的，成为习惯了，没有意识到其中存在的合规风险。如果不改变这些错误的观念和不好的习惯，合规问题将很容易成为屡查屡有、难以根治的顽疾。培育合规文化是当务之急。

从目前监管政策以及各大银行管理动向来看，对防范合规风险的要求越来越严格，这是个趋势。对信用风险、市场风险可以有一定容忍度，但是对合规风险一定是“零容忍”。将合规视为经营管理中的“高压线”，违规行为即便能够得到短期利益，但最终必然要付出很大的代价。

实际上，合规的“规”只是整个行业的“底线”，是最起码的要求。当前我国大型银行正在加快融入国际金融市场，地位越来越突出。在国际化进程中，尤其要将合规作为严格遵循的底线，即便面对巨大的利益，也不要做与自身形象不相称的事情。要树立中国商业银行合规守法、诚实正直的形象，在市场中赢得美誉和信任。因此，不能认为不违规就是好的。要成为一家优秀的银行乃至市场的领袖，需要以“高于底线”的标准来要求自己，这个标准既包含法律和监管规则，也包括社会道德伦理等方面的要求。对于有志于成为百年老店的银行来说，这种“高于底线”的自律是赢得客户长久信赖的关键。

（三）主动研究规则，提前应对银行业变局

当前的国际金融监管改革将推动商业银行向服务实体经济回归。金融危机后，新的监管规则针对资产证券化过度泛滥、银行杠杆率过高、表外资产过度膨胀提高银行监管标准的提高，将导致银行经营环境发生变化，有助于推动商业银行回归传统业务①。银行依靠高杠杆、业务混合、

① 监管标准强化将带来的主要影响有：一是大幅提高复杂业务成本，激励商业银行从这些业务中退出；二是对商誉、少数股东权益以及对其他金融机构的股权投资实施更加严格的扣除，提高了商业银行对外股权投资和并购成本；三是杠杆率监管标准的实施，将使商业银行表内外风险暴露的要求趋于一致，抑制西方商业银行由并购和表外业务主导的业务扩张战略；四是流动性监管标准的加强将压缩西方大型商业银行在短期负债和长期资产之间实现套利的空间；五是限制场外衍生（品）交易。

过度金融创新所支撑的高风险、高回报时代可能成为历史。

转变银行发展方式是我国金融监管体系变革的重要着眼点。在我国金融体系中，银行业居于主导地位，银行业经营效率直接影响和决定着国民经济的发展质量。如果银行继续片面追求规模快速扩张、继续依赖利差收入支撑利润增长，而不从根本上提高资本运用效率，就可能导致金融风险继续向银行体系累积，一旦超越银行体系承受能力，就容易引发金融危机，对社会经济持续健康运行必然产生不利影响。与此同时，我们更要看到，作为社会资源的主要配置者，由于银行业在国民经济中的特殊地位，如果不能加快商业银行经营方式的转变，就难以推动我国社会经济发展方式的根本转变。从历史上看，在我国经济的几次大起大落中，除了体制和机制方面的问题外，银行的粗放经营在当中也起了推波助澜的作用。当前国际、国内经济结构调整步伐加快，各种资源和环境约束日趋刚性，总结金融危机的教训，吸取欧美国家金融监管改革的合理成分，完善我国金融监管体系，从而加快银行转型，是金融监管变革的重要任务。

从银行业的发展历程来看，规则也是与时俱进的。规则的演进过程，实际上是监管当局—银行—市场之间不断博弈和互动的结果。因此，对于银行来说，要研究和把握“规则”内在逻辑和发展趋势，这样才能更好、更主动地适应变化，确保行动的前瞻性。同时，要通过自身的努力推动“规则”发展进步（从国内外银行监管实践来看，很多监管规则实际上是从先进银行的成熟管理规则中借鉴乃至移植而来的），这也体现了一家优秀银行对金融发展进步的贡献。

特殊经济恢复期商业银行的外部经营环境与内部经营策略

中国建设银行首席风险官　黄志凌

金融危机爆发以来，各国纷纷采取强烈经济刺激措施，全球经济出现恢复，但基础极其不稳。与此同时，国际社会纷纷对原有金融监管模式进行深刻反思，提出了一系列改革措施。当前及未来一段时期，商业银行将面临来自外部市场和监管环境变化的双重压力，传统的经营思路和经营模式将受到严峻挑战。深刻理解当前经济运行的特殊阶段，准确把握这一阶段的经济特点，及时做好经营应对，是商业银行经营管理面临的重要课题。

一、当前全球经济处于金融危机后的特殊恢复期

（一）2008年的金融危机是美国乃至全球经济调整的必然现象

在新经济泡沫（即网络泡沫）破灭和“9·11”事件后，美国经济面临衰退的危险。为刺激经济增长，美国实行了宽松的货币政策，2000—2004年连续25次降息，联邦基金利率从6.5%一路降到1%。长期低利率政策导致了流动性过剩，造成了美国房地产行业的持续繁荣，并使之成为经济发展的主要拉动力量。

2001—2004年，受益于低利率政策，美国人买房的热情不断高涨，次级抵押贷款成为大量信用等级不高的购房者的选择。在美国，90%以上的人在购房时使用房屋抵押贷款，房地产按揭贷款在银行信贷中所占比例为61%，次级抵押贷款占全部房贷的比例从2001年的不足5%跃升到2006年的20%。2007年，美国自住房比例高达68%，人均居住面积60平方米，居世界前列，美国房地产规模超过2万亿美元，占家庭整体净资产的1/3以上。与此同时，房地产业的快速发展

刺激了房价的上扬，2001—2005 年美国全国平均房价翻了一番，而同期美国人平均收入水平并没有太大变化。

2005—2006 年，为抑制房地产过热，美联储 17 次加息。在节节攀升的利率面前，美国房地产开始逐步降温，一些地方的房价走平甚至开始下降。2007 年，美国房地产泡沫破裂，资料显示，美国二手房价格比 2006 年同期的增长比例，由 2006 年的最高点 14% 多迅速下降到 2007 年 1 月的 -2% 以下。当房价开始下跌、利率不断提高时，越来越多的贷款者不堪重负，尤其是次级贷款和中间级贷款质量恶化的更快，并导致以这些贷款为基础资产的证券化产品出现偿付问题，次贷危机由此产生。

2008 年，美国次贷危机的蔓延大大超出了人们的预期，并演变成为一场全球范围的金融危机，其蔓延速度之快、破坏性之强，令全球措手不及。在这场危机中，贝尔斯登、雷曼兄弟、美林等美国投行界的百年“老字号”，或申请破产保护，或被兼并收购，在全球金融史上寿终正寝；花旗、瑞银等一个个金融大鳄遍体鳞伤，资产减记和损失总额高达数千亿美元；拥有政府信用支撑的美国房地产市场的支柱型公司房利美、房地美，以及保险巨头 AIG 被美国政府直接接管。更为严重的是，此次危机不仅重创了美国金融与经济，也给全球金融体系和世界经济投下了一颗“重磅炸弹”，使国际金融体系遭受到严重的冲击，逆转了世界经济增长的强劲势头。媒体和专家都将这次危机与 1929 年的大萧条相提并论，全球经济前景一片暗淡。

（二）空前一致的集体救市行动成为危机应对的最大特点

面对全球金融危机的蔓延和经济衰退的不断加剧，世界各国采取了力度空前的救市措施。美国政府接管了抵押贷款巨头房利美和房地美，出资接管了美国国际集团，通过了 7 000 亿美元的救助计划，美联储把联邦基金利率从 5.25% 下调至 0.25%，帮助银行重新得到资金并确保工商企业和消费者及时得到贷款。欧洲各国公布 1.3 万亿欧元（约合 1.8 万亿美元）的救市计划，欧洲中央银行将基准利率从 4.25% 下调到 1%。日本连续 18 个交易日向市场紧急注资，其中单日注资金额最高达 4.5 万亿日元，创历史最高纪录。加拿大、澳大利亚、印度、俄罗斯等也纷纷向金融市场进行了大规模注资。

为应对危机影响，中国政府启动了总额达 4 万亿元的扩大内需计划，并颁布扩内需、促增长的 10 项措施。为配合国家扩大内需政策，中央银行 4 个月内 5 次下调基准利率，4 次下调存款准备金率。

尽管各国采取了一系列的刺激措施，但仍未阻止全球经济急剧下滑的步伐。2008 年全球 GDP 增长率跌至 1.55%，较 2006 年、2007 年分别下降 61.35% 和 60.56%。2009 年，全球经济增长跌入谷低，GDP 增长率同比跌至 -1.95%。面对日益严重的危机，人们对经济恢复的信心受到强烈冲击，一般观点认为危机将延续 3 ~5 年，部分保守的学者认为将延续 5 ~7 年。

（三）2009 年第三季度经济增长出现恢复迹象，市场信心逐渐增强，但对未来经济发展趋势的认识存在较大分歧

进入 2009 年第三季度，受各国经济刺激政策的持续推动，世界经济出现了摆脱衰退、走向恢复的迹象。2009 年第三季度，美国经济增长环比折年率达到 2.2%，为连续 4 个季度下滑后首次出现增长；欧元区经济环比增长 0.4%，终结了连续 5 个季度下降的态势，其中德国、法国、葡萄牙等已经连续两个季度环比增长，意大利、荷兰、比利时等经济首次出现增长；日本经济环比增长 0.3%，折年率达 1.3%，为连续两个季度增长；新兴经济体普遍呈现持续回升的态势，印度经济增速达到 7.9%；俄罗斯经济环比增长 13.9%，为 2008 年第二季度以来首次由负转正；韩国经济环比增长 3.2%，为过去 7 年来首次超出 3%，当季同比增长 0.9%，为 2008 年第三季度以来首次出现正增长。在经济刺激政策下，2009 年第二季度中国经济率先止跌且回升势头明显，第二、三、四季度经济增速分别达到 7.9%、8.9% 和 10.7%。

面对经济的恢复趋势，市场信心逐渐增强，但人们对未来全球经济发展走势的分歧也逐步加大。部分乐观的学者认为经济恢复将呈现“V”形反转，还有部分学者认为将会是“U”形发展，也有部分学者持悲观态度，并预测未来经济发展将呈“W”形甚至是“L”形走势。

金融危机爆发以来，我们对全球经济发展态势进行了密切跟踪。按周对波罗的海干散货综合运价指数（BDI）、纽约 NYMEX 原油 6 月期货合约价格、ICE 北海布伦特原油 6 月期货合约价格、伦敦金属交易所（LME）基本金属价格（包括铜、铝、铅、锌、镍、锡等）、COMEX 6 月黄金期货合约价格，国内 GDP、CPI、PPI、月发电量、钢铁价格及库存、铁矿石库存、月度信贷新增及 M_2 增速、北京住宅期房签约面积和上海住宅成交面积周环比增长，以及国内外重大经济金融事件进行了持续观察。

如图 1 ~5 所示，危机以来，上述经济先行指标均经历了一个剧烈波动的过程，且目前仍处在波动之中，部分反映经济景气的指标（如 BDI、GDP、全社会总发电量等）甚至仍处于下滑趋势，部分大宗商品价格（如原油）迅速回升并保持加快增长势头。这充分表明，尽管当前经济已进入恢复期，但全球经济的“冬天”并未过去，与以往的经济恢复不同，当前的经济恢复基础仍十分脆弱，未来经济增长的不确定性很大，并将进入一个特殊时期。这也就意味着，当前经济的发展，既不可能是“V”形反转，也不可能是“W”形、“U”形发展，更不会是“L”形走势，而是一个较长时间和不断震荡的恢复过程。

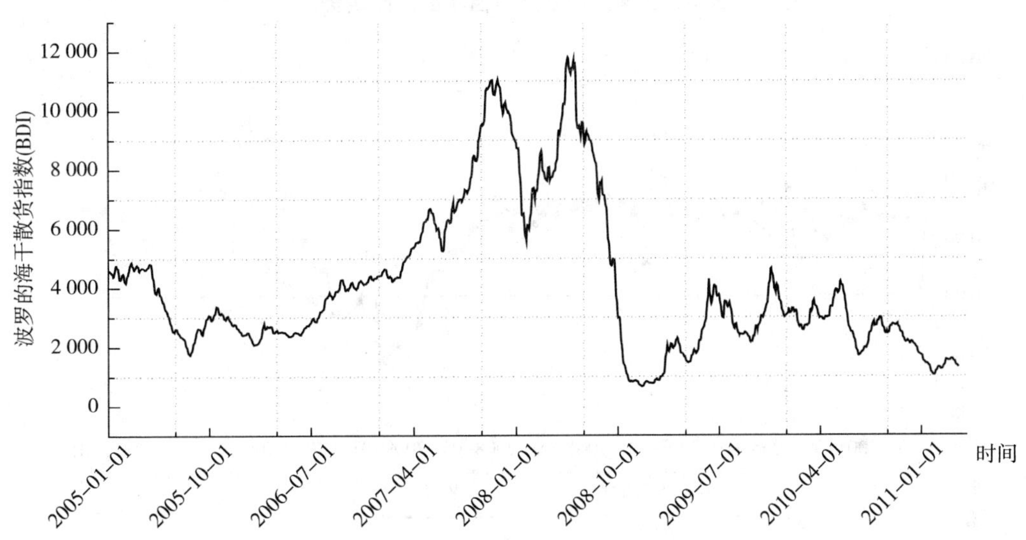

图 1 波罗的海干散货综合运价指数走势图

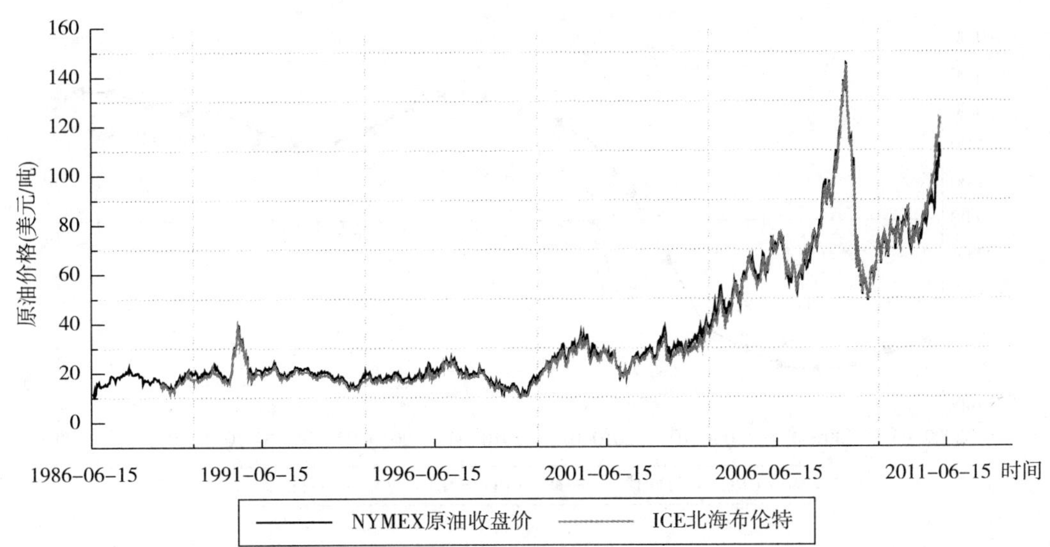

图 2 国际原油价格走势图

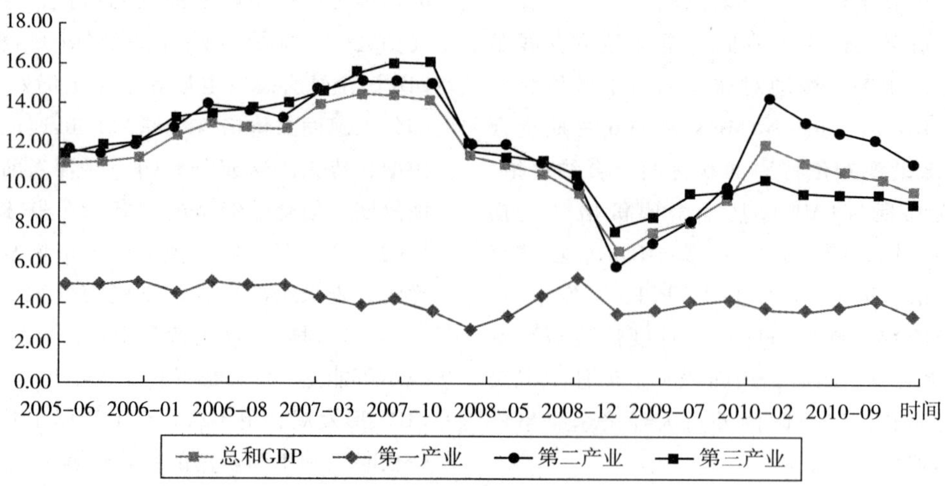

图 3　我国国内生产总值季度同比走势图

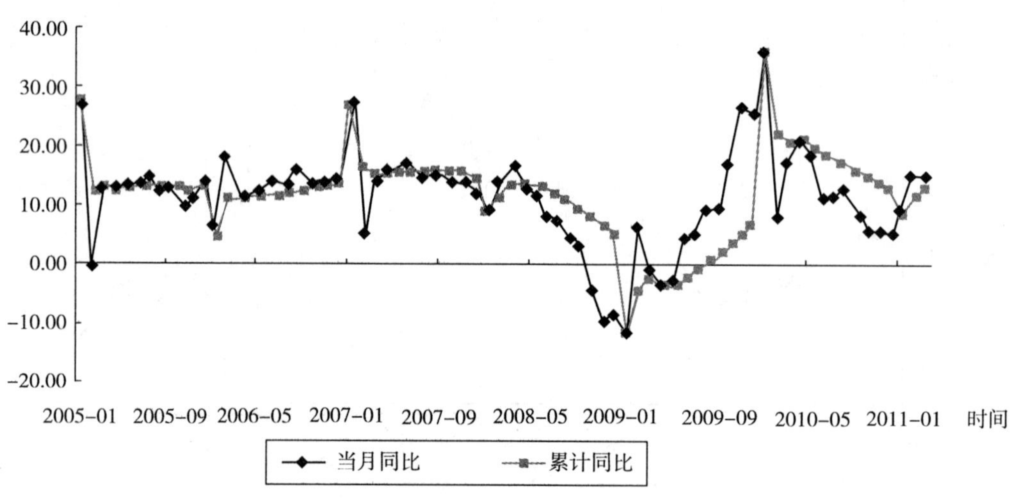

图 4　我国国内总发电量同比统计

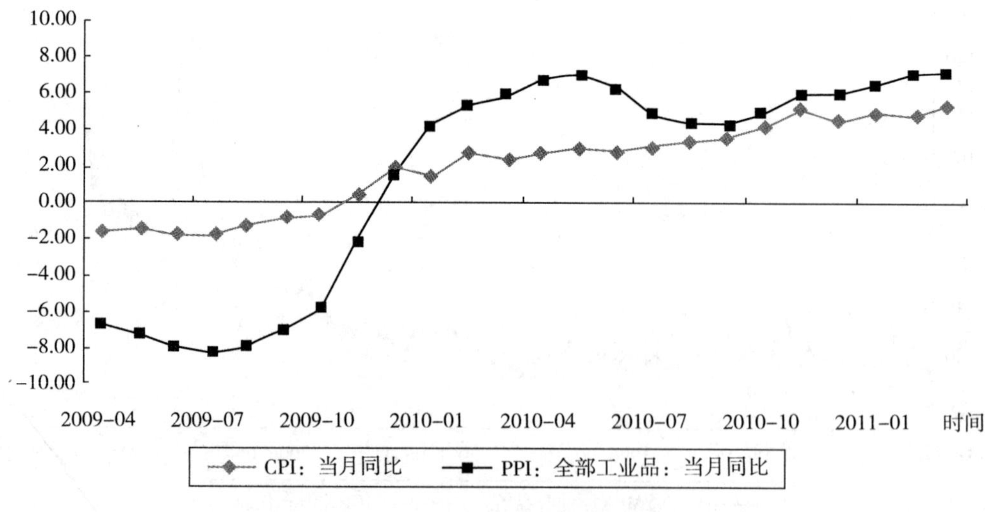

图 5　我国 CPI、PPI 同比走势图

二、如何认识当前经济恢复的特殊性

（一）目前的恢复是各国集体干预下的恢复

按照经济周期的一般理论，经济周期是由于总需求和总供给的不匹配导致的，每一次危机都是对现有过剩生产能力的淘汰，对现有不合理经济结构的调整，危机的恢复过程一般也是经济结构调整的过程。

此次危机不同，危机发生后，各国采取了空前一致的集体救市行动，当前的经济恢复主要是各国强烈经济刺激措施的结果，内在的经济结构并没有得到根本性调整。同时，这些刺激措施的"后遗症"逐步显现，进而又影响到经济的恢复进程。这就像对一个发烧的患者，通过大剂量、反复地使用退烧药，体温控制住了，但没有针对发烧病因进行针对性治疗，患者即使不发烧了，但病因并没有医治好，还是会新的反复或出现问题。这是此次恢复不同于历史上其他经济危机恢复期的显著特征。

（二）金融危机后，全球经济发展中长期积累的深层次矛盾并未得到根本解决

直观上看，美国房地产泡沫破裂是此次危机的直接原因。但从更深层次看，美国金融危机爆发的根本性原因是实体经济增长方式的不可持续性。在网络泡沫破裂后，为刺激经济增长，美国实行了宽松的货币政策和扩张性财政政策。长期低利率政策，导致了流动性过剩，鼓励了消费者的借贷行为，越来越多的美国人"寅吃卯粮"过度消费①。以减税为核心的扩张性财政政策，使美国的财政赤字逐步增大②，与此同时贸易逆差也在不断扩大③。这种高消费和低储蓄、巨额贸易赤字和财政赤字的不可持续性，正是导致美国金融危机爆发的深层次原因。此次危机，正是对这种经济增长模式和经济结构长期矛盾积累的一次破坏性调整。

具体来讲，危机前的经济增长很大程度上是依靠虚拟经济和泡沫经济为支撑的，危机爆发将泡沫挤碎后，经济增长不可能再走过去的模式，而是开始由虚拟经济的增长步入真实经济的增长，全球经济增长方式要通过此次危机进行根本调整。尽管危机后世界各国都在寻求新的经济发展方式，但这种调整并未真正完成，这也意味着，推动全球经济可持续增长的内生动力并未形成。

（三）强烈经济刺激措施的"后遗症"将影响经济的实质性恢复

正如上面所提到的，危机后各国采取的强烈经济刺激措施，使全球经济在经历了衰退后迅速进入恢复期。尽管这些措施对经济恢复发挥了巨大作用，但究其根本都是"救急性"和"治标性"的，不但不能构成经济增长的内生动力，而且其滞后的负面效应将影响经济的健康复苏。

一是通胀压力加大。金融危机爆发后，世界各国采取的降低利率的扩张性货币政策，导致全球流动性大量增加，国际大宗商品价格和主要货币汇率加剧波动，新兴市场资产泡沫和全球通胀压力加大。以中国为例，受输入性通胀压力和国内成本上涨压力等因素影响，2010 年我国居民消费价格指数（CPI）增长率持续攀升，第一季度同比上涨 2.2%，第二季度上涨 2.9%，第三季度上涨 3.5%，第四季度上涨 4.7%；2011 年 1 月份和 2 月份我国 CPI 均同比上升 4.9%，3 月份 CPI 同比上升 5.4%，通胀形势日益严峻。

二是财政赤字大幅攀升。在全球实施大规模财政支出政策刺激经济复苏的同时，各国公共债务负担急剧加重。IMF 今年 4 月发布的《财政监督报告》指出，政府债务占 GDP 的比例预计将自第二次世界大战后首次突破 100%，且总体财务需求将创历史纪录。美国财政部 2011 年最新公布的数据显示，美国政府 3 月份财政赤字达 1 882 亿美元，高于去年同期，其中政府开支增加 55%，

---

① 美国个人储蓄率由 1999 年的 5% 下降到了 2005 年的 -0.5%，这是自 20 世纪 30 年代经济大萧条时期以来个人储蓄率第一次出现负值。到 2006 年 11 月，美国个人储蓄率已是连续第 20 个月处于负数。

② 2002 年美国政府财政赤字已占其 GDP 的 4%，2004 年更是创下 4 130 亿美元的历史最高纪录。2009 年美国财政赤字高达 1.42 万亿美元，是 2008 财年的 3.1 倍，赤字率也从 2008 财年的 3.2% 猛增至 10.0%，创下第二次世界大战后最高水平。

③ 美国贸易逆差从 1992 年的 501 亿美元大幅增长至 2004 年的 6 681 亿美元，占 GDP 的比重也从 0.8% 上涨到了 5.7%。美国经济分析局（BEA）公布的数据显示，2006 年美国经常账户逆差达到 8 567.55 亿美元，占 GDP 的比重为 6.5%，这意味着美国吸收了世界约 75% 的总顺差；同时，净对外债务已累积至 25 396.26 亿美元，占当年 GDP 的 19.25%。

达3 390亿美元，目前正向年度预算赤字的空前纪录迈进。日本政府预计将划拨额外的预算用于灾后重建工作，2011年财政赤字占GDP的比例将上升至10%（2010年该比例为9.5%）。部分新兴国家的财政紧缩计划也没有达标，经济增长导致资本大量流入等问题将可能导致新兴经济体的财政变得脆弱。

（四）当前经济的恢复将经历一个较长时间和不断波动的过程

尽管当前经济的发展已处于恢复阶段，但这一恢复的进程仍存在很多不确定性因素和潜在风险，这也决定了此次恢复将是一个长期过程。

一是区域性问题影响全球经济复苏。区域性经济危机是经济结构调整中的客观现象，由于全球经济的相关性，区域性问题将影响全球经济的复苏。2010年的欧洲主权危机、迪拜事件都是比较典型的例子。

二是局部政治事件对经济恢复产生影响。中东、非洲是重要的资源产地，这些地区的一些国家近年来频发的政治事件往往有大国资源竞争的影子。

三是自然灾害影响经济持续复苏。澳大利亚的洪水、日本的地震、中国的干旱地震灾害，既影响全球生产的正常开展，也影响基本原材料、零部件的供应。

四是新兴经济体经济发展的内生动力仍然不强。中国、印度、俄罗斯、巴西等新兴经济体的形势总体向好，但经济发展的内生动力仍不强劲，经济增长仍离不开政府政策的推动，要恢复到危机前的水平，大力激活民间需求特别是居民消费需求仍面临挑战。受诸多因素制约，上述经济体发展方式的转型不可能在较短时间内完成，经济增长的内生动力短期内难以形成。

五是发达国家的经济复苏力度微弱。虽然美国正在从第二次世界大战以来持续最久、程度最深的衰退中恢复，但复苏速度之慢前所未有，就业市场疲弱、油价和商品价格攀升以及楼市疲弱都是美国经济面临的风险。受地震、海啸和核危机影响，日本的经济增长也将明显放缓。加元强劲对加拿大经济成长构成拖累，家庭债务高企、楼市可能恶化也成为经济面临的风险。许多欧洲国家的经济增长也将维持在低水平，而且由于财政开支的急剧减少，债务危机并未消除，部分国家可能会重新陷入衰退。

六是全球金融体系功能难以有效恢复。此次危机对全球金融市场的破坏程度是极其严重的，一些国家金融机构的“有毒资产”，包括次贷、次债及相关衍生品引致的损失还没有完全核销，引发金融动荡的潜在风险和隐患仍然不可低估。东欧国家仍面临相当大的还贷压力，一旦出现债务违约，将会迅速蔓延扩散到西欧乃至全球，对全球金融市场形成新的冲击。出于防范金融风险的需要，目前各国政府普遍加大了金融监管力度，金融机构自身放贷仍比较谨慎，导致金融机构的中介功能和杠杆作用难以充分发挥，贷款规模很难恢复到危机前的水平，这将会影响企业投资能力和居民消费潜力。

上述诸多不确定性因素，对全球经济的持续恢复构成严峻挑战，这也决定了经济的恢复既是一个长期的过程，也是一个不断波动的过程。

三、特殊经济恢复期商业银行将面临许多新情况和新问题

（一）全球经济格局将会发生新的变化

一是发达国家和新兴经济体之间的格局在变化。危机爆发后，传统经济发达国家的经济增长受到严重冲击，并将会经历一个长期的恢复过程。虽然世界主要新兴经济体（如中国、印度、巴西等）的经济增长也受到一定影响，但在此次危机中的表现仍相当抢眼。尽管当前欧美主要发达国家在世界经济中的中心地位并未改变，但不可否认的是，发展中经济体和转型国家将逐渐主导全球经济的复苏。由于发达国家出现的自身经济衰退等原因，以及全球贸易战、汇率战、金融战的不断演变，未来全球经济的增长点可能会转移到当前一些发展中国家甚至贫困国家。尽管在总体实力上与发达国家还会有一定差距，非洲、南美洲、大洋洲、亚洲发展中国家的经济增长势头可能会超过欧美国家，并成为驱动世界经济增长的一个重要因素。

二是资源在经济版图中的地位越来越突出。过去世界经济增长主要是基于新知识、新经济等虚拟经济的增长，金融危机后，世界经济的增长将更多依靠真实的经济增长。真实的经济增长主

要受到两个约束，一个是技术约束，一个是资源约束。从全球范围来看，当前垄断技术的主要是美国等发达国家，而垄断资源的主要是澳大利亚、加拿大以及部分第三世界国家。中国的资源优势在中西部地区，如煤炭、石油、天然气、金属矿产、非金属矿产等，中西部地区企业绝大多数是资源优势企业，具有巨大的发展潜力和良好的成长性。危机后，中国东部经济相对发达地区的技术水平并未得到实质性提高，但其比较优势（如低价劳动力的优势、汇率方面的优势等）已经开始逐渐丧失，经济增长面临很大挑战，尤其是传统的外向型经济将在长期内面临巨大的压力。

外部经济格局的调整，将会对不同区域的经济环境、市场优势、区位优势带来重大变化，这些变化都会对商业银行的现有经营策略带来挑战。尤其是对国内大型商业银行来讲，传统的区域经营策略将难以适应外部经济格局的新变化，区域业务发展战略、区域信贷政策、区域资源配置等，都将面临重大调整。

（二）宏观经济金融政策的不确定性逐步加大

从全球范围来看，在当前的特殊经济恢复期，许多国家经济正处于“冷暖”并存的阶段：经济指标向好与就业市场疲弱并存，股市、楼市及大宗商品价格大幅上涨与实体经济效益不佳并存，流动性过剩带来的潜在通胀风险与需求不足引致的通缩压力并存，经济刺激政策效应减弱与经济内生增长乏力并存。这也导致了目前大多数国家在宏观经济金融政策的选择方面进入“凯恩斯主义陷阱”的两难境地。

从我国情况来看，中国当前的经济发展形势，面临着既要保持经济合理增长速度，又要防止通货膨胀，还要加快经济发展方式转变和经济结构调整的“三重”压力。尤其是在当前阶段，随着经济增速减缓与通胀水平不断创新高，我国经济出现滞胀的可能性大大增加。这种滞胀风险的加大，使经济政策、金融政策的选择面临两难，这无疑加大了政策的不确定性。外部宏观政策的不确定性，尤其是产业政策、货币政策的不断变化，一方面加大了企业升级和生产经营面临的风险，同时也对商业的经营管理带来重大挑战。

从监管政策来看，针对危机教训，各国监管当局对商业银行的监管模式、监管范围、监管措施、监管力度将会发生一系列重大变化，政策调整的不确定性较大。外部监管政策的变化，势必会对商业银行的经营管理带来巨大影响。

（三）经济恢复期的客户选择难度加大

在经济正常发展期和经济下行期，好客户和差客户的差距很容易识别出来，在客户发展趋势上也较易作出判断。但在经济恢复期，无论是好客户还是差客户，都从最低谷走出来，都表现出很好的“成长性”，银行往往容易被客户良好的财务数据、盈利增长率等表象所迷惑。究竟谁是真正复苏并进入增长通道，谁是暂时缓和乃至属于“回光返照”的假象，作出准确判断的难度很大。

同时需要特别注意的是，在经济恢复期，客户自身对市场大势的判断以及对风险的把控也往往容易出现偏差。比较典型的是，一些企业对形势的判断过于乐观或者出于“抄底”的投机心态，盲目投资、并购，甚至囤积大宗商品等。此外，由于国家控制通货膨胀的需要，当前的货币政策逐步收紧，企业融资难度加大。出于经营压力，一些企业通过信贷欺诈，甚至勾结银行内部员工，骗取银行的信贷支持。这方面有过不少教训，需要引起高度警惕。

（四）全球贸易保护主义抬头和贸易摩擦影响产业结构调整

金融危机后，为提振本国经济、转嫁国内危机，包括美国在内的发达国家出台了一系列贸易保护措施，贸易保护主义有抬头之势。新一轮贸易保护主义主要表现为，在不违反贸易协定的条件下，利用反倾销、反补贴、特保等措施来限制进口。

与此同时，贸易摩擦也日益增多。随着越来越多的发展中国家融入经济全球化进程、参与国际分工，发展中国家产业同质性趋强、竞争面扩大，贸易摩擦不仅发生于发展中国家与发达国家之间，还常出现于发展中国家之间。

据统计，自 2008 年 11 月华盛顿 G20 峰会至 2009 年 12 月，各国政府已累计推行 297 项贸易保护措施。中国成为贸易保护主义的最大受害国之一。中国商务部数据显示，仅 2009 年 1—11 月，全球就有 19 个国家或地区对中国产品发起 101 起贸易相关调查（如著名的“轮胎特保案”等），涉及金额超过116.8亿美元。

近年来，我国市场开放度日益扩大，但很多企业仍停留于劳动密集和技术粗糙的生产方式和手段，部分产业转型升级相对滞后，缺乏核心技术和品牌，在与外国企业竞争中处于劣势。尤其是在世界经济出现困难或危机、贸易保护主义和贸易摩擦频繁抬头的形势下，原有发展模式内在的矛盾和问题迅速暴露，贸易争端产生的后果也不断放大，对于一些产能严重过剩的行业，如钢铁、有色金属、化工、纺织等，损害尤其严重。要扭转这种不利局面，就要加快经济增长模式从粗放型向集约型、从劳动密集型向技术密集型、从低端制造向高端研发、从制造大国向创造大国的转变，切实提高中国企业的科技实力与产品的科技含量，提升企业和产品的高科技附加值与核心竞争力。

在这一经济转型时期，如何应对国际贸易对产业升级和行业前景的影响，及时调整行业政策，趋利避害，支持传统优势产业升级换代，同时优先选择产业结构合理且行业前景良好的新兴产业，尽量避开产能过剩和重复建设的行业或项目，是国内商业银行面临的又一难题。

（五）全球流动性过剩与货币政策不协调对商业银行产生系列影响

在经济全球化的今天，各国货币政策的影响经常会超越本国国界而传递到国外，形成国际货币政策的溢出效应。各大经济体中央银行和国际投机资本之间的博弈，改变了传统的货币政策环境，货币政策目标的设定、传导和实现面临着严峻挑战。

为挽救金融危机后的经济颓势，以美国为代表的发达国家不约而同采用了以低利率、增加货币供应量为特征的量化宽松货币政策来刺激经济复苏。量化宽松货币政策的实施为整个国际金融市场注入了大量流动性，在一定程度上缓解了金融危机对经济的破坏，增强了投资者对未来经济恢复与发展的信心。但量化宽松货币政策带来的扩大流动性信号，成为美元等货币持续贬值的重要原因，同时，过多流动性流入新兴市场国家，增加通货膨胀率以及资产市场泡沫的双重风险，从而加大了新兴市场国家本币升值的压力。由于美元还行使着国际储备货币的职能，因此，在危机后全球总需求急剧萎缩的背景下，新一轮美元贬值的预期使得各国纷纷竞相寻求货币贬值，以解货币急剧升值、热钱大规模涌入的燃眉之急，这为全球经济发展蒙上了阴影。

货币政策的不协调，不仅体现在各国通过贬值本币来提高出口，还可能会导致汇率的过度波动，使实体经济严重受伤。短期内，现行国际货币体系的固有缺陷不可能得到根本解决，美元的世界货币地位使美国能够通过寻求贬值来获得其他国家无法达到的目的。这种体制导致全球经济伴随美国经济发生周期性变化，商业银行外部经济环境的波动性很难减弱。

随着中国经济总量的增加和国际化程度的加深，中国不但无法独善其身，相反，国际货币体系直接关系到中国经济安全的大局。由于人民币被动快速升值，中国的出口将受到影响，同时，中国拥有的大量海外金融资产（如美国国债）也可能出现大幅贬值。全球化带来的经济分工转移、资本跨境流动和经济周期关联性增强，大大增加了经济的开放度，改变了人民银行实施货币政策的宏观环境、传导机制和政策效果，中国货币政策的被动性增强。危机以来，中央银行已经多次调整利率、存款准备金率、汇率政策。商业银行在业务发展策略、资产负债管理、风险管理等方面，都需要适应这些变化。

四、商业银行的经营环境正在发生重大变化

监管环境和市场环境是商业银行经营的两个重要环境，金融危机后，这两个方面都在发生新的变化。

（一）监管环境的新变化

此次全球金融危机的爆发，固然有经济发展自身的原因，但“自由放任”的监管理念、大量的监管漏洞和监管缺失使危机爆发失去了最后的屏障。危机后，国际社会纷纷对原有金融监管框架和银行经营模式进行了深刻反思，并采取了一系列改革举措。与此同时，国内监管部门积极借鉴国际经验，结合中国实际，在加强金融机构经营行为约束、提高金融业稳健监管标准、完善宏观审慎管理制度、提高系统性风险防范预警处置

能力和改善跨业跨境金融监管协调等方面也采取了一系列重大举措。

1. 资本约束进一步强化

资本是商业银行承担风险的最后一道防线，资本约束的实质是防止银行破产。针对危机教训，各国监管当局、巴塞尔委员会重新审视并进一步强化了对银行的资本约束，资本作为银行抵御风险最后屏障的作用被进一步强调。

一是提高资本充足率已成为国际银行业监管的大趋势。经过重组，西方主要商业银行的资本充足率有了明显的提高，2009 年基本都达到了 12% 以上，很多超过了 15% 的水平。2009 年以来我国监管当局也陆续出台了强化资本监管的措施，2010 年和 2011 年将大型银行的资本充足率底线提高到了 11.5%。此外，银监会还将根据大型银行的杠杆率水平①、贷款损失准备充足情况以及宏观经济周期情况等，对监管目标值进行动态调整。

二是扩大资本覆盖面。主要包括：对交易账户计量特定风险和新增风险，以解决金融机构为规避资本监管而大量通过交易账户进行资本套利的问题；在市场风险监管资本中引入压力 VaR 概念，并提出市场风险监管资本至少为压力测试 VaR 的 3 倍与正常情况下 VaR 的 3 倍之和；根据经济周期变化，通过资本留存建立超额资本，以解决银行经营的“亲周期”问题，弥补经济下行期可能暴露的风险。我国监管部门设定 2.5% 的留存超额资本和 0 ~ 2.5% 的逆周期超额资本要求，用于应对周期性经济波动。

三是提高资本质量的监管要求。严格限制一级资本和二级资本，取消三级资本②。对创新性工具、非累计性永久优先股作为一级资本进行严格限制，同时对二级资本设定了严格的条件。我国监管部门将普通股、一级资本和总资本的监管标准，设定为 5%、6% 和 8%，同时将无形资产（如商誉、土地使用权等）、递延所得税从资本项下扣除。

2. 提高系统性重要银行监管要求

大型金融机构业务活动涉及面广、市场影响力大，对社会经济的影响远远超过小型金融机构，一旦破产倒闭，其影响后果将呈网络状扩散，对金融体系产生巨大破坏力。由于大型金融机构对金融系统的重要性，政府往往会在紧要关头伸出援手，最终的损失通常由全体纳税人买单。正是由于大型机构“大而不能倒”，反而逆向“鼓励”股东放松约束、市场放松警惕、管理者过度承担风险，最终引发金融风潮。金融危机之后，国际社会纷纷要求提高系统重要性金融机构的审慎监管标准和要求。

美联储对系统重要性金融机构在监管资本比例、杠杆率、流动性、风险管理、清算方案和信息披露等方面，制定了比其他金融机构更为严格的监管标准。英国监管当局要求系统重要性机构加强市场纪律、制订危机应对计划、自我消化风险等。巴塞尔委员会要求金融机构制定自救安排以及生前遗嘱（Living Will），建立大型金融机构分拆和破产制度等。我国监管部门要求系统重要性银行增加 1% 的附加资本，并将纳入大型银行“腕骨”风险监管指标体系。

3. 加强流动性风险监管

流动性扮演着“压死骆驼的最后一根稻草”的角色。针对危机教训，为降低银行高度依赖市场管理短期流动性，2009 年 12 月巴塞尔委员会发布《流动性风险计量、标准和监测的国际框架》，引入了两个新的流动性监管指标，并提出了监管量化标准。

一是流动性覆盖率（LCR）。用于度量短期（30 日内）单个银行流动性状况，目的是提高应对流动性短期中断的弹性。

二是净稳定融资比率（NSFR）。用于度量中长期内银行可供使用的稳定资金来源能否支持其业务发展。

我国监管部门将上述两个指标设定为 100%，并已纳入大型银行“腕骨”风险监管指标体系。

4. 加强银行经营行为管理

自由化监管理念的核心就是要求尽可能地限

① 即一级资本与调整后的表内外资产总额之比。我国监管部门计划设定 4% 的杠杆率要求（即不超过 25 倍的杠杆比例），并已纳入大型银行“腕骨”风险监管指标体系。

② 即专门针对市场风险的资本，主要是短期的附属债。

制政府活动范围、充分发挥市场机制功能，不要对银行进行深度监管。金融危机后，各国监管当局对自由化监管理念进行了深刻反思，明显加强了银行的经营行为监管。

一是要求银行调整业务模式，避免组织架构和风险链条过于复杂造成风险扩散。美国新金融监管法案要求限制银行向对冲基金和私募基金的投资（不得超过基金资本的3%，也不得超过银行一级资本的3%），要求银行保留资产证券化产品至少5%的信用风险。我国监管部门要求银行业谨慎开展综合经营，防止组织架构和业务结构过分复杂，防止超越自身管控能力开展跨境、跨业经营，要求银行所投资附属机构能够取得高于行业平均水平的资本回报率。

二是对银行业重组并购等重大经营决策作出限制。例如，美联储要求银行在收购资产超过100亿美元的金融机构之前向其发出书面通知，单个金融机构不得通过收购兼并使其负债规模超过金融体系负债总额的10%。

三是要求完善薪酬体制以降低激进经营冲动。美国监管部门要求提高银行薪酬委员会的独立性，建立高管薪酬延迟支付制度，颁布金融机构薪酬发放标准。我国监管部门发布《商业银行稳健薪酬监管指引》，要求银行在年度经营计划中减少业绩指标考核权重、提高风险指标考核权重，要求采用日均存贷款余额等指标以杜绝分支机构期末冲（压）时点的非理性经营行为。

5. 更加重视金融体系整体稳定

随着金融创新的发展、金融产品变得越来越难以理解、金融机构的业务模式和组织结构越来越复杂、金融风险"滋生—积聚—传播—爆发"机制越来越难以把握，现代金融体系的复杂性和脆弱性需要重新认识，那种只考虑单体机构健康而忽略金融体系整体安全的传统监管策略迫切需要调整。金融危机后，国际社会在强化单体机构监管的基础上，进一步加强了对金融体系整体稳定的管理。

一是成立专门应对系统性风险的机构。美国成立金融稳定监管委员会，负责识别威胁金融体系稳定的各类风险，并提出应对措施。英国成立金融稳定理事会，负责协调监管措施。欧元区各国成立欧盟系统风险委员会，监控和评估在宏观经济发展以及金融体系发展过程中出现的威胁整体金融稳定的各种风险，识别并对这些风险进行排序，出现重大风险时发出预警。

二是加强金融机构内部防火墙建设，避免复杂的业务关联造成风险传染和扩散。美国新金融监管法案要求银行剥离特定的掉期交易，由其独立的非银行附属机构承担此类业务。我国监管部门要求商业银行严格管理母子公司之间、子公司相互之间的授信管理和同业往来，对附属机构的母行负债集中度进行了严格限制，防止附属机构风险跨行业转移。

6. 进一步扩大监管覆盖面

金融危机后，国际社会开始反思金融创新与监管套利形成的监管空白，并通过扩大金融监管覆盖面，防止不一致监管导致金融机构开展非理性经营，以更加充分地揭示金融机构实际风险。

一是将对冲基金纳入监管范围。美国证券交易委员会（SEC）要求对冲基金注册登记，并要求对冲基金投资顾问提供交易和资产组合等信息，以便监管部门评估其系统性风险。欧盟目前正在制定《另类投资基金管理人准则》，要求对包括对冲基金在内的投资基金管理人建立全面有效的监管框架。

二是鼓励通常在场外市场交易的复杂衍生品通过中央交易对手集中交易、统一清算。以提高市场透明度，降低双边结算容易诱发的交易对手违约风险，防止场外交易风险传染性。

三是加强外部评级机构监管，降低金融机构对外部评级的依赖度。发行人支付的评级费用是评级机构目前最主要的收入来源，其间容易产生利益冲突并由此滋生道德风险。危机爆发前，评级机构曾给予很多"次贷"证券化产品很高的信用评级；危机爆发后，这类产品评级大幅降低，导致金融机构大规模计提资产损失，这是导致金融危机在全球迅速蔓延的催化剂。目前，美国证券交易委员会设立了信用评级办公室，对信用评级机构进行监管和处罚。

7. 更加重视监管协调

20世纪80年代以来，在信息技术和市场竞争的推动下，全球金融业重新出现了综合化经营趋势，对传统分业监管体制提出了新的挑战。金融危机后，各国监管当局开始反思金融业务综合化对监管体制的挑战，并着手加强跨业金融监管协调。

美国新金融监管法案要求设立跨部门的金融服务监督委员会，解决不同监管机构间的监管争端；要求在财政部设立金融研究室收集、分析金融数据和信息，以监测和识别风险，促进信息共享。英国的《2009年银行法案》规定，金融服务局可获得英格兰银行和财政部在金融稳定方面的监管信息，同时要求存款保险机构等在监管特别处理机制进程中的有关协作内容。

此外，与全球经济恢复及转型的长期性相适应，国际社会对银行监管改革设置了过渡期，以缓释对经济恢复的不利影响。Basel Ⅲ将2011—2012年设定为监测期，自2013年初开始实施，2019年初全面达标。其中，普通股资本充足率在2015年初达标；资本留存缓冲在2019年初达标；杠杆率在2018年引入第一支柱；两个流动性指标LCR、NSFR分别在2015年初和2018年初达标。我国银监会的要求均快于Basel Ⅲ，但也设置了最长4年的过渡期。其中，流动性指标自2012年初实施，2013年年底LCR达标，2016年年底NSFR达标；其他指标自2012年初实施，系统重要性银行在2013年年底达标，非系统重要性银行在2016年年底达标。

（二）全球许多国家都在探索新的经济增长模式

金融危机后，传统的经济增长方式已不能再继续下去，全球经济已经进入重新探索发展方式和发展道路的重要时期。

作为此次金融危机的发源地，美国房地产业受到重创，在很长时间内将难以恢复到危机前的水平，已不可能继续成为拉动经济增长的主要力量。同时，由于金融危机导致家庭财富大幅缩水，消费能力短期内难以有效增长。这些因素，将促使美国经济增长模式的转型，美国政府提出的清洁能源、电动汽车、基础设施建设、人力资本等一系列新的经济振兴计划，体现出向侧重投资和出口拉动转型的迹象。

此次全球金融和经济危机“暴露了欧洲的结构缺陷”，为应对危机、提高欧盟整体竞争力，欧洲经济转型已悄然进行，“低碳经济”、“创意经济”正成为经济增长新引擎。2011年3月3日，欧盟委员会正式公布了指引欧盟未来10年发展的“欧洲2020战略”。这一战略的核心内容是，欧盟国家能否在从传统经济增长方式转向低碳经济增长方式中居于领先和主导地位，取决于欧盟及其成员国在节能减排、发展清洁能源机制、发展高新技术产业及在教育和培训上的投入。根据“欧洲2020战略”，欧盟未来经济发展的重点将放在3个方面：发展以知识和创新为主的智能经济；通过提高能源使用效率增强竞争力，实现可持续发展；提高就业水平，加强社会凝聚力。战略提出了5项核心目标，即到2020年实现20～64岁人群的就业率达到75%；将欧盟3%的国内生产总值用于研发；将温室气体排放在1990年的基础上削减20%，将可再生能源使用比例提高至20%，将能效提高20%；将未能完成基本教育的人数控制在10%以下，让30～34岁的人中至少40%接受高等教育；将按照各国贫困线划定的贫困人口减少25%，即将面临贫困威胁的人数降低到2 000万以下。为了实现这些目标，欧盟将在创新、工业政策、消除贫困等方面启动7项发展计划。

随着危机后全球需求的大幅降低，日本的外需驱动型增长模式面临巨大挑战。更为严重的是，2011年3月的强震及其引发的海啸、核泄漏事故，使其电子、电器、汽车等高端制造行业生产中断，可能催生产业转移，加剧日本的产业空心化。在“内忧外患”的双重压力下，日本的外需驱动型增长模式面临巨大的转型压力。

“金砖国家”中，俄罗斯过度依赖能源和原材料出口的经济增长方式缺乏内生性动力，导致抵御外部风险的能力低下；对巴西而言，实现从依赖大宗商品出口向依赖高附加值产品和服务出口的转型，既需要加快工业技术革新、开放市场和鼓励竞争，又需要推进基础设施建设；印度服务业和软件行业较发达，但硬件和基础设施较弱，并需要借助人口年龄结构优势发展制造业；南非则需要进一步发展制造业、基础设施建设以及清洁能源经济，并通过包容性增长扩大就业。

从中国情况来看，经过30多年的经济快速增长，我国经济发展的结构性矛盾日益突出。受危机影响，我国传统的以投资和出口拉动经济增长的模式已难以持续，如何扩大内需，使消费成为拉动经济持续增长的主要动力，将是今后一段时期面临的重大难题。解决这一难题的关键，就是要通过转变经济发展方式，使经济结构得到调整，及经济发展保持平衡、协调、可持续，这也正是“十二五”规划中未来5年中国宏观经济政策的基本导向。由于中国二元经济结构的基本特征，经济发展方式的转变和经济结构的调整将会是一个长期的过程。但从更广的视野来看，内需驱动型、创新型、绿色以及包容性增长这一发展思路，无疑开启了中国经济发展的新征程。

（三）全球经济再平衡已经启程

经济再平衡问题是美国总统奥巴马在二十国集团匹兹堡金融峰会提出的议题——“必须寻求更加平衡的全球经济”，主要是针对中国、德国等出口型经济体。这种提法认为，危机发生前中、德等国对美国保持巨大贸易顺差，如今美国应当增加出口以改变这一局面。美国提出的建议措施包括：美国增加储蓄并减少预算赤字、中国降低对出口的依赖，以及欧洲进行结构性改革以提振企业投资等。

各个国家在这个问题上分歧巨大，再平衡之路将比较漫长，改善全球经济失衡需要由各方共同努力完成。美国应维持美元汇率的相对稳定，控制国内财政赤字，不能一味地滥发美元为赤字融资；同时要开放市场，放开出口尤其是高科技产品出口；另外，美国还需要积极与中国等主要顺差国展开协商，探讨如何减少贸易失衡，并加强这方面的国际合作。对于中国和德国等顺差国而言，则要积极调整国内经济结构，刺激内需，扩大进口。全球经济再平衡将成为未来全球经济的重大变数，围绕再平衡形成的协议将直接影响银行的经营环境。

（四）人民币国际化速度加快

此次金融危机使中国认识到在国际贸易与资本流动中过度依赖美元的做法蕴涵的风险。为加强人民币在国际货币体系中的话语权，确保国家金融安全，人民币国际化刻不容缓。迄今为止，人民币国际化已经在跨境贸易结算、离岸市场融资等方面取得显著进展，在对外直接投资、在岸金融市场开放方面继续有序推进。

1. 跨境贸易结算方面

2010年6月，跨境贸易人民币结算试点地区扩大至20个省、市、自治区，境外区域则由香港、澳门、东盟扩展至全球，试点业务范围进一步明确为跨境货物与服务贸易以及其他经常项目人民币结算。截至2010年12月底，人民币结算试点企业已由试点初期的365家扩展至67 724家；2010年人民币跨境贸易结算额攀升至5 063.4亿元，为2009年的141倍。

2. 离岸市场融资方面

2004年以来，香港境内人民币流通规模不断扩大；2007年6月，中国人民银行开始批准内地金融机构到香港发行人民币债券。中国财政部也先后于2009年9月、2010年11月在香港发行了总额140亿元的国债。根据英国《金融时报》的统计，截至2010年年底，在香港发行的人民币债券为43只，规模达到590亿元。

3. 对外直接投资方面

除通过经常项目（货物与服务贸易进口）输出人民币外，政府也开始试图通过资本项目（对外直接投资）输出人民币。2011年1月13日，中国人民银行公布了新年1号文件《境外直接投资人民币结算试点管理办法》。该办法规定，凡获准开展境外直接投资的境内企业均可以人民币进行境外直接投资，这意味着人民币在资本项目下的自由兑换取得了重要进展。

4. 在岸金融市场开放方面

随着跨境贸易人民币结算试点的实施，持有人民币的境外机构逐渐增多，客观上存在购买人民币资产的需求。为拓宽人民币资金回流渠道，2010年8月16日中国人民银行宣布，开展港澳地区人民币业务清算行、跨境贸易人民币结算境外参加银行、境外中央银行或货币当局了类境外机构进入中国内地银行间债券市场进行投资的试点工作。

近期，中央银行行长周小川表示，中国将继续改革汇率机制，并逐步允许人民币用于贸易结算和跨境投资领域，在未来几年中以循序渐进的方式实现人民币资本账户下的可兑换。

上述这一系列改革动作都预示着一个重大的变化，人民币国际化的进程将比人们预想的要更快来临。

（五）人民币利率市场化改革步伐加快

作为发挥市场配置资源作用的重要手段，利

率市场化不仅体现了金融机构在竞争性市场中的自主定价权、客户选择权，还是中央银行货币政策传导机制的重要组成部分，反映了宏观调控的需要。因此，人民币利率市场化改革势在必行。

1998年亚洲金融危机后，我国的利率市场化改革一直在稳步推进，已采取的举措包括：分步放开国内外币存贷款利率，扩大银行的贷款定价权和存款定价权，在企业债、金融债、商业票据方面以及货币市场交易中全部实行市场定价，扩大商业性个人住房贷款的利率浮动范围等。

2010年，关于利率市场化改革的讨论再次成为热点，中央银行通过不同途径释放推动利率市场化的政策意图。很多人预计“十二五”期间，利率市场化将会有实质性突破。这对银行的影响非常直接和巨大，当前3%的存贷款息差将会显著缩小，银行的盈利能力和盈利模式面临直接挑战。

五、特殊经济恢复期商业银行的内部经营策略

当前及今后一段时期，深刻理解特殊经济恢复期的主要特点，准确把握外部形势变化带来的重大影响，及时转变经营思路，正确采取应对策略，是商业银行实现健康、可持续发展的基本保证。

（一）要加强分析研究，准确判断外部形势及发展趋势

对外部形势及发展趋势的分析和判断，是做好银行经营的重要基础和前提。一方面，要加强分析、研究，准确判断当前银行面临的外部形势；另一方面，要准确把握外部形势的发展趋势。核心是把握5个政策导向、3个形势重点。

1. 5个政策导向

对中国经济形势和发展趋势的判断，要认真分析和研究“十二五”规划。“十二五”规划描绘了中国未来5年经济社会发展的蓝图，特点是以科学发展为主题，以加快转变经济发展方式为主线，着力解决经济社会发展中不平衡、不协调、不可持续的问题。为更好地贯彻和体现主题、主线的要求，中国明确了未来一个时期宏观经济政策的基本导向：一是要扩大国内需求，促进经济平稳较快的发展。通过加快工业化、城镇化进程，深化收入分配制度的改革，健全社会保障体系，增强居民的消费能力。二是增强创新能力，加快经济结构的战略性调整。三是保障和改善民生，建立健全基本公共服务体系。四是坚持绿色发展，建设资源节约型、环境友好型社会。五是深化改革开放，增强经济社会发展的动力和活力。

2. 3个形势重点

中国区域经济发展具有明显的不均衡性，且差异巨大。对外部形势的判断，要结合不同的区域进行，并着重把握好3个方面：一是要研究经济发展的大势，准确判断不同区域的经济发展形态和特点，找准银行的经营方向和经营策略。二是要找出区域经济发展的优势，包括区域经济的比较优势和绝对优势，找准银行经营的市场定位。三是要准确把握经济发展的趋势，及时发现市场规律，同时要对驱动经济发展的基础性因素进行结构性分析，找出与银行密切相关的关键性因素，以便于银行内部的经营选择与经营安排。

（二）要把风险选择放在优先突出的位置上

第一，风险选择要考虑环境的变化。一是要考虑与宏观经济发展的整体趋势合拍，要符合宏观经济发展趋势，避免大方向的偏差。二是要考虑与自身的发展战略合拍，要服从全行发展战略，符合银行的风险偏好。三是要考虑与自身管理能力相符合，并具备相应的专业特长。四是要考虑市场潜力，市场太小就得不偿失。

第二，风险选择的基础是风险排序。在资源约束的条件下，风险选择还要做好风险排序，也就是根据资源进行风险和收益的排序，做到好中选好。一是要对公司、个人业务按照风险调整后的收益进行排序，找出一个最佳的比率结构。二是要在公司业务中进行大企业和小企业的配比。三是在大企业和小企业内部按照风险调整后的收益进行排序，资源首先要满足排序在上面的客户。

第三，风险选择要突出客户选择。对于客户选择，一是信用选择，银行是经营风险的，风险主要是客户的信用风险，不论是大型还是小型企业，信用风险首先是银行要把握的。二是竞争力的选择，要选择有绝对竞争优势的企业，如掌握核心技术、在市场上具有话语权的企业等。三是成长性选择，要更看重企业将来的成长性。

在当前经济恢复期，要重点关注3类行业和

5类企业的风险。3类行业包括：第一是高污染高耗能行业，第二是产能过剩行业，第3是落后产能行业，这3类行业在经济恢复期将对银行构成非常大的威胁。5类企业包括：第一类是盈利能力持续下降的企业，在经济恢复期，这类企业在经济波动中的盈利空间越来越小，并有可能面临被淘汰的危险；第二类是技术水平低的企业，这类企业技术门槛低，缺乏核心技术优势，在经济恢复期极有可能被淘汰；第三类是公司治理混乱的企业，从以前的不良贷款和近两年的风险暴露看，相当一部分是治理混乱的企业；第四类是中字头、国字头的孙公司，这些公司在经济上行期没问题，但在恢复期不一定什么时候就被淘汰了；第五类是靠不正当手段获得市场的企业，比如靠污染和牺牲环境来降低成本、靠廉价劳动力、靠吃汇价生存的企业，及靠人口红利、土地红利、环境红利而发展的企业，这类企业是没有生存空间的，肯定会被淘汰。

第四，要根据不同区域的特点提高风险选择的精细化水平。其要点和难点是找出“5个优势”，即市场优势、资源优势、技术优势、区位优势和管理优势。

对国内大型银行来讲，重点是抓好以下两个方面：一方面，根据国家区域发展规划和城镇化政策，立足区位优势，明确各区域发展方向。一是对于区域振兴规划涉及的地方分支机构，适度给予政策倾斜；二是针对东部、中西部、东北等不同地区的经济发展和市场特点，采取差别化的信贷政策安排。

另一方面，要甄选各个分行的优势行业和客户，实施差别化信贷政策。各个分行在执行统一信贷政策的前提下，可从以下8个方面选择具有“比较优势”的行业和客户：一是国家宏观政策、产业政策、行业和区域发展规划重点支持的；二是具有资源禀赋、产业集群效应，具备成本、技术等比较优势的；三是上下游产业链较为完整，掌握定价权的；四是政府在税收、用地等方面给予政策倾斜或支持的；五是在当地GDP贡献度或工业总产值占比较高的；六是不良率低于同口径全行平均水平的；七是受宏观经济周期性波动影响较小，发展前景良好的；八是对该行业管理水平和风险控制能力强的，如已成立专业的营销团队或研究团队、已制定专门的审批指引或规章制度等。

（三）要引导专家和员工做好风险安排

商业银行之间的竞争力，既体现在风险选择上，也体现在风险安排上。风险选择好了，不代表经营取得了成功，要想取得成功就要把选择的风险安排好。安排风险要把握以下几个要点：

一是交易结构的设计。交易结构的设计和安排包括期限、额度、法律文件、定价、风险缓释等要素，技术含量比较高。不同交易结构的安排，其最后的效果截然不同，要做到收益保证、风险可控，确保双方通过交易结构的安排达到自身经营的目的。

二是金融服务方案的“一揽子”安排。客户需要什么样的金融服务，客户本身可能并不完全清楚，需要银行去发掘。这就要求银行要研究客户的需求，设计制定出“一揽子”的客户金融服务方案，这才是价值创造能力的关键。

三是风险定价。风险定价是风险安排的重点，也是当前国内银行的薄弱环节。风险定价的核心，就是要根据客户的风险状况和价值贡献来合理确定，要在算清风险成本的基础上，通过合理的定价来覆盖风险。风险定价不是越高越好，如果不考虑不同贷款风险成本的差异而采取一刀切的定价，可能会造成优质客户的流失，甚至出现严重的“逆向选择”问题。

（四）要主动适应监管变化，提升资本管理水平

商业银行要对经济恢复期银行的外部监管形势、未来发展趋势进行准确分析和判断，要密切研究和跟踪最新监管动向，自觉遵循监管规则，主动适应监管要求，及时调整经营思路和经营策略，确保银行的依法合规经营和健康持续发展。当前最突出的监管要求是资本质量和水平的提高。在严格资本约束的条件下，银行业务拓展与资本约束的矛盾将更加突出，资本作为银行的稀缺资源必须要得到充分的利用，只有在所能承受风险的范围内追求资本回报最大化，才能保证银行业务持续健康发展。

一是要增强资本意识，从过去平衡风险与收益，向平衡风险、收益和资本转变。要有资本消耗的概念，既要考虑一项业务可能带来的风险与收益，也要考虑资本消耗的因素，真正将资本管理和业务经营、风险安排有机结合起来。RAROC（风险调整后资本回报或风险调整后资本收益）指标，整合了现代风险管理关于风险与收益平衡的思想和资本覆盖风险的核心理念，并体现为可操作的管理指标，已经成为国际银行业广泛接受的管理主流思想和核心工具。目前，国内大型银行已经在衡量资本效率方面展开了初步工作，分行的经济资本回报率评价、客户的 RAROC 测算等，都是积极、有益的尝试。

二是要走资本集约化道路，转变高资本消耗的经营模式。要依据资本回报高低排序，积极进行业务结构调整。在同样资产规模和收益的目标下，尽可能少占用资本。要选择好客户、增强债项风险缓释措施，多做资本消耗较低的业务，加快退出低效、无效资本占用的客户和业务，主动降低资本消耗。

三是要着力提升资本配置和组合风险管理的能力。要从被动的、事后的管理，向主动的、事前的管理转变。以 RAROC 指标为核心，结合业务发展战略、目标市场容量、管理能力等因素，主动挑选风险对象，“有所为，有所不为”，“有所取，有所舍”。在 RAROC 高的区域、行业、产品和客户群增加投入，配置更多的资本和信贷资源，退出 RAROC 较低的领域。通过资本优化配置、资产合理摆布，降低资本消耗，提高资本使用效率和回报水平。尤其要重视资产组合效应对降低资本消耗的贡献，谋求全行资产组合回报最大化。

（五）要全面加强内控体系建设，有效应对不确定性

加强内控体系建设，是银行有效应对不确定性、实现经营持续稳健发展的重要基础。在当前的特殊经济恢复期，外部经济金融形势的不确定性越来越大，各类风险的界限及传导变得日益复杂多变，突出表现在：实体经济发展的不确定性，使银行面临的客户信用风险加大；受人民币利率、汇率以及国际大宗商品价格波动的影响，银行的市场风险管理难度加大；在当前特殊的经济恢复阶段，银行面临的操作风险严峻，尤其是信贷欺诈风险日益突出。这些不确定性，需要通过加强内控体系建设来有效应对。

近年来，国内商业银行在内控体系建设方面取得了显著成效，下一步应重点抓好以下几个方面：一是加强内部组织架构和体制建设，完善内部控制环境，促使内部控制有效运行，保证内部控制功能的发挥；二是进一步提升风险计量技术体系的先进性和实用性，促进技术成果深化运用，提升风险的识别、计量与防范能力；三是进一步完善内部控制手段，实现银行业务流程、管理流程、信息流程的整合，达到结构优越、控制严密、反馈迅速、反应敏锐的整体控制与有机控制目标；四是切实做好商业银行内部机构合理性、规章制度完整性、制度运作情况的内部评价以及内控状况综合评价工作，调整、完善内部控制的措施和方法；五是进一步完善责任追究制度，健全责任追究程序，确保内部控制行之有效；六是培育良好的内部控制文化，引导员工树立合规意识和风险意识，提高员工职业道德水准，规范员工职业行为，夯实内控体系的根基。

（六）要加快产品创新，培育新的业务和盈利增长点

在当前全球及中国经济的转型和恢复过程中，国内银行必须进行业务发展和盈利模式的相应转变。金融危机后，国际、国内银行业都在关注业务发展和盈利增长模式的问题，但方向却大相径庭。从国际银行业来看，针对危机的教训，很多银行开始朝着去杠杆、回归传统业务的方向转变。而我国银行业长期依赖传统的存贷息差收入，利润的增长主要靠扩大风险敞口（多发放贷款）来实现。在资本约束从紧、利差空间收窄、利率市场化的情况下，商业银行应尽快摆脱对息差收入的过度依赖。从国际上看，很多先进银行的非利差收入占 50% 左右，有的甚至高达 70% 以上，而目前我国大型银行的非息差收入仅占 20% 左右，差距巨大。

目前市场上客户新的金融需求很多，但很多需求银行满足不了，这其中固然有法律法规、监管规定限制等客观因素，但最主要原因还在于银行产品创新不足。银行和企业一样，是靠向合适的对象销售合适的产品来获取收益的，同样的需求可以通过不同的产品来满足。在保证合规的前提下，这种产品行不通，可以考虑其他产品，或者设计新的产品。如通过与物流、现金流、供应链等紧密关联的自偿性融资产品，逐步取代或置换过去的流动资金贷款。采用与物流、现金流、供应链等紧密关联的授信方案，实现交易结构与客户需求、经营周期相匹配，不仅能够满足客户阶段性的资金周转需求，同时又有利于银行主动、有效地管控风险。另外，在这种交易结构下，授信期限通常较短，虽然定价相对高一些，但是客户整体财务负担反而是下降的；而对银行来说，随着信贷资金的利用效率（周转速度）大幅提高，同样的信贷规模可以满足更多的客户需求，这种交易结构能够产生所谓的“公共汽车效应”，整体收益也随之增长。

（七）要主动适应经济周期变化，深入推进信贷结构调整

合理的信贷结构是商业银行有效防范经济周期风险、持续提高盈利能力的重要保证。当前，我国已进入加快经济发展方式转变和经济结构调整的关键时期，经济结构调整和产业升级，势必要求银行对自身信贷结构作出调整。这既是银行自身防范风险的需要，也是银行自觉承担社会责任、推动经济转型的要求。近年来，国内大型银行都开始高度重视结构调整问题，开展了富有成效的探索。

信贷结构调整主要是从区域、行业、客户、产品等维度来考虑，通常顺序是区域→行业→客户→产品，或概括为区域服从行业、行业服从客户、客户服从产品。

信贷结构调整应主要考虑以下方面：一是银行首先要选择经营的重点区域，在综合考虑市场环境、市场潜力等因素的基础上，确定在哪个地方重点投入资源；二是在区域选择的基础上，确定区域内重点做什么行业，通常每个区域具有专业优势、集群优势的行业是不一样的；三是在行业选择的基础上，确定什么样的客户是银行的目标客户，是银行重点发展的对象；四是在客户选择的基础上，确定针对客户的需求和风险特征，应该配置什么样的产品。

从区域结构来看，银行需要在不同区域明确不同的经营重点。区域选择主要考虑两个方面的因素：一是区域市场环境。重点是区域经济发展程度、区域信用环境、政策制度环境。通常信用环境不佳、恶意违约和逃废债盛行的区域，不应该作为信贷重点发展区域，此外还要看区域的政策支持力度等。二是区域市场潜力。重点是看市场容量、未来发展前景等。对于大型银行来说，在配置资源时必须高度重视市场容量和潜力。需要注意的是，区域差别化并不是资源简单向某一个区域倾斜的问题，而是在某个区域明确经营重心的问题。不是按照经济发达程度来确定信贷资源配置，而主要看不同区域具有的不同优势（比较优势）。实际上，某些业务在经济欠发达地区优势可能更加明显。因此，要从单一地按经济总量配置资源，过渡到按区域优势、经营重心来配置资源，实现整体资源配置效率的最大化，避免出现“马太效应”或“撒胡椒面”的现象。

从行业结构来看，行业选择的要领是把握趋势，盯住经济的中长期发展走势。在业务实践中，要重点关注以下几个方面：一是行业成长性。哪些是发展前景良好的朝阳行业，哪些是工业化后逐步饱和或者比重逐步降低的产业，哪些是即将被淘汰的夕阳产业（这类产业的特点是增长减速或停滞，收益率低于平均值或呈急剧下降趋势），需要在细分的基础上，采取差别化的信贷策略安排。二是产能利用情况。要关注产能利用率、产能缺口等关键指标的变化，避免信贷资源过度投向产能利用率低下的行业，对此银行需要深入分析，采取差别化的应对措施。三是把握好新兴产业的信贷投放。通常理解，新兴产业代表未来发展方向，银行要抓住机遇加大投入。这个原则和方向没有错，但是具体到新兴产业中的某个具体领域、某些具体项目、某项具体技术，却要具体问题具体分析。银行信贷不是风险投资，商业银行不同于投资银行。某个新技术新项目获得巨大成功，银行通过贷款也只能获得有限的利息收入，但是一旦项目失败则可能本息无归。

从客户结构来看，客户结构包括客户类型（公司、零售）、规模（大中型企业、小企业）、评级等，不同的客户群对市场波动性风险带来冲击的承受能力是不一样的，这是选择客户的重要着眼点。目前，我国大型公司客户仍是银行的主要客户群，但是大型客户发展到一定阶段以后，如果授信占比过高则会增大集中度风险；而且随着资本市场等直接融资渠道的发展，大型客户融资将逐渐“脱媒”，银行信贷的占比及利差空间将越来越小。改革开放以来，随着中小企业的快速发展、社会财富的积累以及个人收入水平的提高，小企业、个人客户成为迅速发展崛起的重要市场。因此，在部分经济发达地区有的银行提出将“三三制”（即公司、零售和小企业各占1/3）作为信贷结构配比原则，虽然比例多少合适要具体问题具体分析，但这体现了一个大趋势。

从产品结构来看，客户服务和风险安排最终要落脚到产品上，面对同样的客户，不同的产品方案可能导致不同的风险状态。要将产品方案与结构调整要求有机结合，增强主动安排风险的能力；通过合理的产品方案有效管控风险，增强风险缓释能力。产品结构设计，既是客户服务需求落实的过程，也是风险管控方案安排的过程，体现了现代银行主动经营风险、安排风险的理念。在国内银行的产品结构调整方面，既需要积极的借鉴和创新，更需要观念上的更新。要针对客户需求、交易结构等情况提供合适的产品，而不是简单地采取发放流贷或固贷的习惯性做法，更不能图省事、怕麻烦。产品管理的精细化、专业化，将是未来国内银行业提升信贷经营绩效和风险管控能力的关键抓手。

打造国际一流银行
需打造国际一流的风险管理能力

——桑坦德银行风险管理的经验与启示

总行风险管理部　刘桂峰

对桑坦德银行的认识是随赴该行总部参加今年第一期风险管理培训而逐步加深的。原以为这只是一家在欧元区有一定影响的西班牙银行，但走进一看却不其然。这家银行不仅有着150多年的历史，更有着一路走来的辉煌和骄人的战绩：以市值衡量的业界排名不仅西班牙第一、欧元区第一，且全球第十；业务遍布全球42个国家，拥有14 000多个国际分支网络，拥有1亿个客户；可分配收益自2006年以来一直跻身于全球前八位；股东人数也多达320万人。这些辉煌数据的背后，不仅有他们在全球市场的奋力进取，更有强大的风险管理能力的支撑。而这对于行进在国际一流银行进程中的建设银行来讲，有许多方面值得思考和借鉴。

一、稳健而不失积极进取的风险战略

桑坦德银行1857年成立于西班牙北部，最初只是做一些港口贸易，与美洲大陆有密切的贸易往来。之后重点发展零售业务并专注于这一领域。1985年成为西班牙的一家中型银行，当时在西班牙排名第六位，全球排名第152位。之后的20多年间则实现了“跨越式”增长，如前所述已从一家国内零售银行成为全球最大的金融集团之一，业务及产品覆盖银行金融服务的所有领域。更为人所称道的是，他们成功经受了国际金融危机的考验。与1985年相比，2010年客户数量增长了133倍，可分配利润增长了61.5倍，市价总值增长了26.9倍。

这些令人叹服的数据背后有一个坚实的支撑，他们自信地称之为“有机增长模式”。其主要内容为：重点研究目标市场并深入了解这些市场——推出有竞争力的产品迅速占领并扩大市场份额——站稳脚跟，细分客户——通过产品的标准化逐步降低成本，通过风险计量模型的开发和推广应用逐步提高效率，从总体上有效控制成本和风险——进一步遴选最佳客户群体，为之提供更精细化的服务，进一步降低成本和获取最佳收益，最终达到质的飞跃。为拓展自身有优势并且能为长远发展奠定基础的市场，他们先是通过购并等方式在西班牙本土发展壮大。之后，又在综

合考虑文化、语言、民族习性等大背景层面的基础上，重点开发西班牙语系的国家和地区作为核心市场。站稳脚跟并获取目标份额和丰厚回报后，又向欧洲进军，先后完成了对荷兰银行（ABN AMRO）、苏格兰皇家银行（RBS）分行、美国Sovereign银行、波兰Zachodni银行的收购，并在这些市场上获取了较高占有率。从风险角度看，笔者认为，这不失为稳健但积极进取的风险战略。正是这一战略的有效实施，使桑坦德银行在短短的25年时间里，实现了在西班牙本土的称雄，在拉丁美洲的扩张，在英国、德国的高市场占有率（分别为10%和14%），在美国分支网络和客户量的持续增长（分别为722个分支机构和200多万个客户），在巴西的高利润贡献率（高达25%），从而全面促成了该银行的历史性跨越。毫无疑问，这一战略还将为日后新一轮的有机增长奠定更为坚实的基础。

有一个实例或许很能说明问题。1988年，为尽快提升在本土的市场占有率，该银行推出了一个名为“超级账户”的产品，利用超出当时市场平均利率300个基点的价格来吸引客户，迅速扩大了客户数量。当竞争对手也推出类似产品与其抗衡之时，他们又有序地撤离了出去，但其间他们已获得了稳定的资金来源和客户基础。这里需要指出的是，这一决策是需要强大的财务和风险管理能力作为支撑的。如此高的存款成本使得该产品几乎不赚钱甚至于赔钱，但该银行依靠全球其他国家或地区的盈利加以支持或弥补，所以该战略得以实施并大获全胜，成为桑坦德银行发展进程中的重要“里程碑”。据介绍，该银行所创造的可分配利润中至少有一半用于这种“有机增长”。这种良性循环的模式支撑了该银行的核心竞争力和经营效益的健康增长。

建设银行作为市值全球第二大银行，近年来尤其股改上市以来也获得了跨越式增长。目前，建设银行正在制定“十二五”战略规划，风险战略作为其重要组成部分也在谋定之中。后者不仅要为未来几年客户的战略布局、区域战略的推进乃至国际化战略的实施提供支持，更要为在某一阶段推出某项重要策略或重大举措提供风险分析及求证，还要为更长远的战略选择提供风险分散或资本计量的支撑。尽管我行目前经营发展面临的市场环境（利率和汇率尚受一定程度的管制）与桑坦德银行相比有所不同，但追求风险可控下的快速、健康、持续发展的思路和目标则是相通的。因此可充分借鉴后者，果断把握机遇，实行积极审慎的市场策略和风险战略，力争在未来5年实现更积极有效的增长，并为更长远的腾跃奠定坚实的基础。

二、严密而富有效率的风险内控程序

如前所述，桑坦德银行是一个全球化程度很高的银行，地理区域和业务高度多样化，风险也相对分散。如此众多的机构网络，经营着如此多样的产品，管理着如此复杂的资产负债结构，没有一个严密而有效率的组织体系和一套有效运转的内部程序是难以想象的。

和其他欧美银行一样，桑坦德银行的高层对风险管理既高度重视，又深度参与。董事会的执行委员会作为集团风险管理的最高决策层，不仅要审批集团风险管理的战略、风险偏好、信贷政策，还要审批1.5亿欧元以上的公司（项目）贷款。执行委员会每周都要开会，研究重大决策事项，审批重大项目，保证风险偏好在全球范围各个层面的执行一致。而且重大项目的审批过程，也正是集团高层了解市场、分析问题、把握趋势的过程。

首席风险官领导的风险板块则充分体现了政策标准制定的统一性和执行的一致性。集团层面有专门负责信用风险（偿还风险）、市场风险政策、标准、原则、流程制定的部门，还有专门负责风险计量工具开发、维护的方法部门。而负责批发业务、零售业务、投资组合风险管理的部门则在全球范围内执行上述政策、标准和程序。由于集团的业务在巴西占有相当比重，风险板块还设置了专门的巴西风险部门，“一对一”提供“贴身式”管理。这种既体现高度的集中统一，又体现专业化分类和差别化服务的机构设置和功能设置，为桑坦德银行在全球打拼市场、获取利润提供了强大的支持。

内部控制则由集团层级较高的一个单独机构承担，负责整个集团的内部控制以及内部风险验证（CIVIR）。这是一个功能十分强大的部门，不仅掌控着人力、财务资源的配置，而且协调法规部门、技术与运营部门等形成对风险内控的支持，同时还承担对主要风险模型进行独立验证的职责，不经过该部门验证通过的模型绝不可以投入生产或应用。这种内控的模式，有效保证了该银行各项业务及活动的安全、持续运转。

建设银行近年来在风险体制方面进行了积极探索，建立了具有自身特色、符合自身发展要求的“垂直管理和平行作业”模式，体制价值得到充分体现。但与桑坦德银行相比较，部门功能设置的专业化、精细化程度还需进一步提高，尤其内部控制和操作风险方面，尚需加强通用政策、程序与具体业务条线的对接，进一步发挥政策传导及针对性的指导、促动作用。

三、专业精细的风险管理模式——标准化与非标准化

桑坦德银行始终坚持以零售银行为主的业务经营模式。这不仅使其在全球拥有广泛（数以亿计）的客户基础，也为其他业务的乘势而起奠定了深厚的根基。在2010年第四季度业务单元对集团利润贡献度上，零售银行业务占比高达79%。与此同时，该行的批发业务也取得了长足发展，一批优秀的大型跨国企业成为其客户首选，一些有发展前景的项目也成为其融资的对象，在激烈的市场角逐中，他们凭借强大的产品创新能力和卓越的客户服务能力，建立了一批具有良好前景的优质大客户基础，目前拥有全球近1 000家集团客户。这种专注于零售银行业务，并不失时机地推进批发业务的做法，不仅有机平衡了自身的资产负债结构，调整了客户结构与业务布局，及时跟进了世界经济发展的步伐，更为其持续的发展和不断的腾跃奠定了坚实基础。

桑坦德银行同时创立了与上述经营模式相适应的独特的风险管理模式——标准化管理与非标准化管理。为有效降低分散经营的成本支出，同时提高经营效率，他们把贷款不超过50万欧元的客户（包括中小企业）纳入标准化管理模式，运用各种评级模型实施批量化管理。该银行开发了申请评分、行为评分、催收评分、保全评分等223个模型，分别应用于客户的筛选、准入、风险监测、贷后管理及不良客户的催收和贷款资产的保全。这种被称为“工业化风险模型”的广泛运用不仅有效控制了管理成本，为前台经营部门提升经营效率提供了有效支撑，而且有利于满足大众客户的金融需求，对营造银行宽厚的客户根基发挥了重要作用。数据显示，截至2010年年末，进入标准化管理的业务占其总体业务的55.7%，成为绝对意义上的“主力军”。

这里需要指出的是，标准化风险管理决不意味着管理的放松或粗放，纳入该模式管理的客户也决不意味着没有专门的风险分析师，区别只是在于一个分析师盯的不是某一个体客户，而是一个或几个客户或产品的组合，并通过不断的监测分析促进改善客户或产品结构，完善评级模型，保持一个风险收益平衡的最佳状态。同时，他们还承担着把成长起来的优质客户不断输送到非标准化资产组合的重任。从这个角度来讲，这一模式下风险分析师的责任更为重大，因为一旦失误，影响的将不是某一个体而是一个群体，因此分析师的专业素质要更为顶尖。

非标准化是桑坦德银行风险管理模式的另一个亮点。除贷款余额超过50万欧元以上的客户要进入这一管理模式外，没有包含在上述1 000家大型集团客户名单的公司机构类客户和中小型客户也在其中。这种模式不仅意味着要给每位客户配备一名风险分析师，不定期意味着对这类客户施以精细化的、量体裁衣式的风险管理。风险分析师不仅要对客户的需求有清晰的了解，还要对其偿债能力和未来的发展趋势作出理性判断，要分析新增的客户信贷投入对资产组合的影响，根据风险、资本占用及风险调整后的收益进行风险定价，同时考虑评级结果进行信贷决策。风险分析师与客户经理（他们称为商业经理）是一种密切的业务合作关系，具有相同的业绩目标。后者的着力点虽然在于挖掘客户的潜在交易需求，并着力维护和管理好客户与银行的关系，但他同时也必须关注贷款质量，并负责贷后管理的具体工作。风险分析师要通过对客户的拜访和现场观察进一步了解其业务最新发展情况，发现可能的风险隐患并研究缓释的方案措施，同时关注经营目标，力求在风险可控的前提下与客户经理一起为客户设计最适合其偏好和要求的融资方案，或者是化解风险的替代方案，以实现把业务做成的同时投资组合的风险得以控制，风险收益得以不断

提升。这种整合不同角度为客户提供最佳风险管理方案的做法，恰恰是现代银行风险管理追求的最佳境界。

这种精细化的管理模式为桑坦德银行在全球范围内建立优质而稳固的客户群体奠定了坚实基础。数据表明，2010年年末，该银行非标准化零售占比为23.4%，但若加上全球的1000家非标准化的批发20.9%，总体占比就达到了44.3%。他们还通过“预分类”的形式提前挖掘客户的潜在需求，提前作出授信预案，一旦客户发出需求的信号，便及时予以响应。这种“体贴入微”式的服务，不仅增进了客户的忠诚度，也为更深远的长期合作带来了契机。

建设银行近些年来，尤其股改上市以来在信贷管理的专业化、精细化方面取得了显著进展，批发业务中公司机构类客户尤其一些优质集团客户和重要的机构客户得到了“一对一”甚至“贴身式”的服务，客户体验和由此带来的效益不断提升，客户基础也不断增大和趋于稳固。但必须指出的是，中小客户、零售客户的服务无论从专业化角度还是精细化角度，与国际一流银行都存在相当大的差距。桑坦德银行的经验值得我们好好学习和借鉴。

四、富有深远价值的技术与营运风险管理

桑坦德银行是把技术和营运风险放在战略的层面来对待的。如前所述，该银行最近20多年的快速扩张之所以取得巨大成功，除了实施积极有效的业务战略和风险战略外，技术战略的稳步配合是其最重要的“利器”之一。该银行正是运用其强大的信息技术能力，运用其良好的科技与营运风险管理体制，为其业务的快速健康发展提供了强有力的支撑。

桑坦德银行有一个强有力的信息技术和营运风险管理组织体系。说强有力，是因为该类风险管理依托的“资源保障与营运管理”的板块功能十分强大。这个板块不仅包括IT系统的开发和营运管理、数据中心管控、网络及呼叫中心的管理，还包括技术与运营风险管理，更包括计划控制、人力资源及基础设施服务的管理，是一个囊括人、财、物的强大的资源保障系统。该银行副总裁（第二副行长）全面掌控该板块工作。这种组织体系无疑有利于IT总体战略的制定和实施，有利于在全球范围内统一调度和配置资源，有利于IT系统与营运风险的总体控制。

该银行集团总部的技术与运营风险管理部独立于IT系统的开发、营运管理、数据中心、网络及呼叫中心等部门，主要负责全行科技风险制度、流程及标准的制定，并监测各国家/地区银行的科技风险状况。各国家/地区的首席信息风险官负责本国家/地区的信息技术风险管理，负责将总部的相关风险政策及标准落到实处，并实施双线报告[一是向当地银行资源总监、当地银行首席执行官（行长）报告，二是向集团总部营运风险管理部负责人、集团资源保障与营运管理总经理（第二副行长）报告]。这种体制安排有助于信息技术政策标准在全球的集中统一，也有助于各国家/地区根据自身状况进一步细化执行与操作。

该银行在信息技术风险管理中既引入了风险管理的一般流程和通用工具，如风险识别、风险评估、控制与缓释、风险报告等通用程序识别和评估IT风险，运用自评估问卷调查、IT关键风险指标等通用工具管理IT风险，同时根据IT自身的专业特点，分别从IT生产运营、软硬件管理、安全管理、技术组织与风险意识管理等方面设置不同的指标与措施加以管理。内控管理也在信息系统风险管理中得到了良好体现，具有独特价值的4道防线赫然显现：各业务条线及各个国家/地区技术部门（团队）的开发、运维人员是信息技术风险管理的第一道防线，负责识别、评估、控制并报告与各自业务、技术相关的风险；集团层面的信息技术风险管理部是第二道防线，负责建立全行的信息技术风险政策、程序、标准及工具，并负责监测全球各分行的技术风险状况；内部控制及内部风险验证部门（CIVIR）构成第三道防线，负责监控、评估信息技术风险管理情况，并对相关风险模型进行验证；内部审计部门作为最后一道防线，负责对信息技术风险管理体系及措施的有效性进行独立的测试、评估与验证。

统一的IT管理架构和风险管理模式保证了全球战略目标的实施，保证了风险偏好的一致，也保证了整个银行体系的安全稳健运营。正是这种体制的价值产生的强大功能，支持了该银行在全

球不同地区、不同国家的大规模购并，支持了IT规划与全行业务发展规划的紧密衔接，支持了风险偏好在全球不同国家/地区的有效传导，支持了对不同类别的业务和风险实施专业化、精细化管理诉求，从而使信息技术真正发挥了“第一生产力”的作用。

建设银行的信息技术风险管理正处在一个关键时期。近年来连续发生的重大风险事件，将IT系统的安全持续运行提到了一个前所未有的高度。要建成像桑坦德银行一样的科技体系及强大的功能体系确实有很长的路要走，但不妨先借鉴其技术和营运风险管理的有效做法，尽快着手搭建有效的信息技术风险管理架构，明确职责、明确行动方案，在保证整体业务安全持续运行的同时，努力发挥信息技术对业务战略的促进作用。

五、风险文化的核心价值与专门的企业风险学院

桑坦德银行通过各种渠道和方式传播风险文化，并通过一些工作机制和考核机制把其渗透到员工商银行为之中，再通过前、中、后台及业务流程中各环节的良好协作提升其价值，促进银行核心竞争力的实现。

信贷领域的政策制定充分体现了前台各业务部门与风险部门讨论、协商、达成一致的过程。如CMP是该银行标准化模式下零售风险管理应遵循的政策与程序，主要包括政策导向、操作流程、评级方法等等。该银行通过为每个国家/地区的不同产品制定专门的CMP方案来规范其运作，全球共75个CMP方案，由风险管理委员会批准。整个CMP的制定过程实际上就是风险部门与业务部门协同工作的过程，它通过明确的业务目标、政策要点、实施策略和行动方案，把业务部门的目标同全行的战略目标、风险偏好连接起来，使其在达成自身业务目标的同时，促成集团总体目标的实现。

各式各样的委员会是桑坦德银行风险管理的又一特点，也是各业务部门与风险部门之间及各业务部门之间相互沟通问题、研究方案、达成共识的一个宽广平台，各式各样的问题都可以拿到与之相关的委员会去讨论、协商。该银行的委员会很多，有董事会和高管层层面的执行委员会和委托风险委员会，有风险板块的风险管理委员会，还有全球层面的各类风险委员会，各国家/地区也有各自的风险委员会。他们可以在不同层面上讨论、研究相关问题，有争议的可提交上一级委员会进行协调。这里需要说明的是，风险与销售人员冲突时，一般会提交上一级委员会，该委员会一般由业务牵头。委员会开会比较频繁，如前面提到的执行委员会每周有一次例会，委托风险委员会则每周有两次例会。风险委员会的审批不是投票，而是协商机制。

桑坦德银行总部有一个培训中心，每年可接受8 000人的专业化培训或技术类、能力类培训。令人感触至深的是该中心下设专门的风险学院，为集团及全球的风险条线员工提供专门培训。培训不仅包括员工职业生涯方面的培训，还采取研讨会或专题会议的形式。研讨会通常是在每年的年初，就某一业务领域的某类产品或政策，召集各国家/地区该业务的负责人进行研讨，以便统一认识、达成一致，并作为文件正式发布，一年内都要遵循。专题会议的方式则有助于把一些新的、针对性强的政策或措施在最短的时间内扩散至全球。这些灵活多样的培训和研讨方式，无疑能用最快捷的方式传播文化理念，提升风险价值。

建设银行近些年在风险文化理念的传播和教育方面采取了很多措施，也取得了明显成效，尤其“每个岗位的员工都是风险的承担者和管理者”的理念日渐深入人心。但与桑坦德把风险理念的一些内容渗透到工作机制和制度安排相比，还有相当差距。可以借鉴这些已被证明是行之有效的做法，并加强对文化进一步渗透和升华的力度。

资产规模超10万亿后的风险管理

——从资产配置与持续提升竞争力的角度分析

总行风险管理部　丰习来

根据行里的安排，今年6月19—24日，我有幸到美国宾州大学沃顿商学院学习1周，时间虽短，但收获非常大，特别是“挑战思维模式”（Challenging Your Mental Models）和“情景规划”（Scenario Planning）两个专题对自己很有启发。

“挑战思维模式”说明，我们生活的内、外部环境始终处于变化之中，我们的思维模式也需要与时俱进，否则就会落后于时代，并在竞争中落伍；“情景规划”指出，决定一个事情结果的主要因素有3个，即未来的不确定性、决策过程和执行力，而这三者结合的好坏将直接影响结果的成败。

受这次培训的启发，我试着对商业银行资产规模、管理体制变化对相应管理模式调整要求作了一些情景分析与思考，不一定对，供批评指正。

一、资产规模的扩大必然导致管理难度的增加

“增量理论”（Incremental Theory）告诉我们，当物质呈现非线性的塑性状态时，应力和应变之间将不能简单对应。对一个资产规模超10万亿元的商业银行而言①，由于经营范围的不断拓宽和经营区域覆盖面的不断扩大，加上表内外资产之间的复杂关联性，其管理难度将不再是随着数量的增加而简单线性增加。

具体来讲，导致资产规模超10万亿的商业银行管理难度增加的原因主要源自4个方面：

1. 信息容易失真

商业银行经营的业务种类日趋复杂，任何一个管理人员均不可能再对所有业务了如指掌，而是需要通过一系列的报告来掌握，在这个过程中容易产生信息失真。因为，根据信息论中的“信息不增原理”，信息经过处理以后，原来所含有的信息量只会减少，处理的次数越多损失越大，中间层次越多真实的信息就会越少，信息的失真非常容易造成信息的不对称。

目前，我国商业银行普遍实行的层级式组织架构（见图1），加重了内部信息不对称的存在，这种不对称既包括分支机构向总行报告的信息，也包括总行制定政策的落实和传导过程。信息不对称的存在，容易产生“道德风险”。

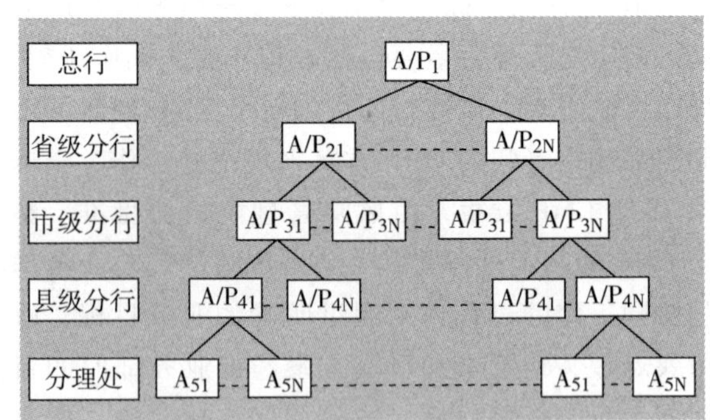

图1　国内商业银行整体结构层次

① 截至2010年年末，建设银行集团资产规模达10.81万亿元人民币，市值2014.55亿美元（位列全球第二，仅次于工商银行）。

2. 地区间经济环境差异大

一般来讲，资产规模超10万亿元人民币的商业银行都是跨国性金融机构，其分支机构不仅遍布境内的所有省市，而且还会设立在境外的不同经济体。由于境内外区域经济发展的不均衡性很大，势必导致服务于实体经济的商业银行也面临错综复杂的当地经营环境。以中国境内为例，有经济发达的东南沿海地区，有人口众多、经济欠发达的中部地区，还有资源丰富、经济不发达的西部地区，经济发展程度的差异，必然导致对金融服务需求的不同；再以境外为例，世界各国的宏观经济环境、监管制度差异更是天壤之别，既有欧美等经济成熟、监管规则完善的发达区域，也有经济增速很快但监管规则不完善的新兴经济体。复杂多变的经济环境，必然加大商业银行经营政策的制定难度，很难用一个标准来指导全部经营区域的所有业务。

3. 总分行之间的微观利益存在博弈

境内大型商业银行实行的多为层级式管理，也就是说，每个分支机构都是一个微观的利益主体，分支机构的各项费用和员工薪酬与其经营业绩密切挂钩，而且是年度考核、年度清算。这种短期利益分配机制的存在，势必导致分支机构与总行之间存在内部的微观博弈，例如，一个贷款项目，从分行或支行局部来看是好的，但从全行整个资产组合的标准或结构来看是需要退出的，这时分支机构就会因局部利益而产生一些内部博弈，甚至导致一些该退出的贷款无法按时退出、不该贷款的项目进行了贷款。

4. 资产组合之间的关联性日益复杂

在资产、负债达到一定规模后，资产与负债的关系、不同资产组合内部风险对冲关系、资产配置与资本占用关系、表内与表外关系、信贷与非信贷关系会变得异常错综复杂，这在客观上也增加了风险管理的难度。例如，同样是生息资产，国债投资的信用风险权重为零，而公司贷款的信用风险权重为100%，这就要求商业银行在商业决策时进行通盘考虑，而不能简单地看一项资产的名义回报。

资产规模数量的变化，必然要求内部管理模式作相应的调整。10万亿元人民币资产规模衍生出的这些特点，就要求商业银行建立一套与之相适应的风险管理机制、运行流程和方法体系。

二、商业银行管理模式悄然发生的变革

近年来，为强化风险管理的独立性，国内商业银行逐步加大风险条线的垂直化管理力度。在此背景下，商业银行风险管理的决策流程和责任机制正发生着根本性变化，总行在风险管理中的地位和作用日益凸显和加强，分行日益演变成资产配置实现、个体资产质量控制和后续资产管理的角色。

（一）总行的决策角色正在强化

随着总行垂直化管理力度的加强，总行在全行经营管理中的核心地位越来越突出，具体表现在：

1. 风险战略的制定权掌握在总行

在总分行管理架构下，总行无疑是全行的决策中枢，发挥着“大脑”的作用，全行的风险偏好和风险政策，涉及行业、区域、产品、期限、利率结构、风险定价等事关全局的大战略都由总行统一确定。分行主要是根据总行确定的战略、偏好、政策和底线，在辖区内积极营销客户、合理配置符合总行要求的资产（见图2）。

2. 风险计量工具、模型的研发和终审权在总行

信用风险管理方面，对信用评级模型的选择、评分卡标准的设定等关键要素由总行审定，分行只能按照统一的标准进行操作。市场风险管理方面，主要风险指标口径（敞口、保证金比例、久期等）的确定，VaR计量方法及参数的设置，估值方法论的建立等由总行审定。操作风险管理方面，自评估开展方法、损失数据库的建立、关键风险指标的选取同样由总行审定。

3. 经济资本的计量与考核权在总行

作为一种新兴的风险管理工具，经济资本管理的科学性、功效性已被国际银行业所公认，但使用前提是必须具备精确的风险量化技术和模型。从现状来看，不仅经济资本的计量方法、模型与参数均由总行确定，而且对分行的经济资本分配与考核权同样在总行。

4. 新产品准入与审批权在总行

在开展新产品业务前，对产品所蕴涵的风险拥有充分、清晰、准确的认识，并建立完备的风

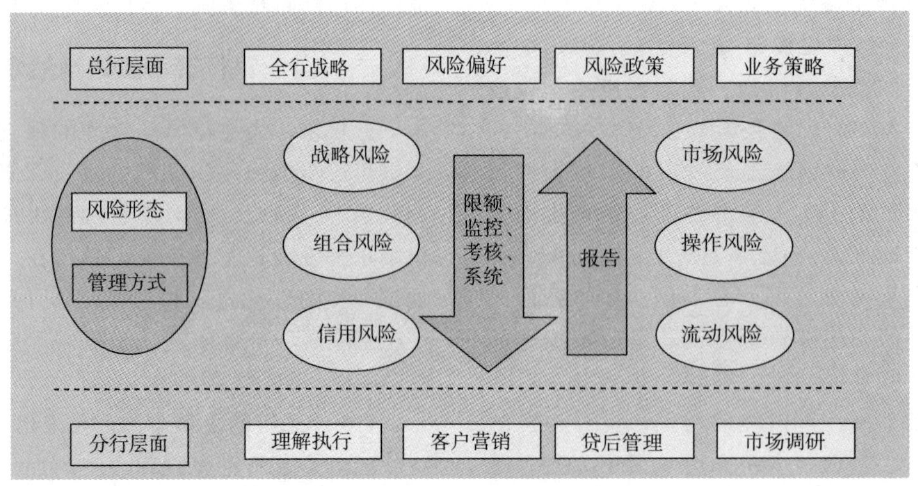

图2　总分行风险管理活动框架

险管理程序，既是外部监管要求，也是商业银行加强产品管理的内在需求。目前，所有新产品的认定和准入权力在总行，分行必须按照总行规定的流程和格式进行申报，同时新产品的风险评级方法由总行确定，并由专门的部门进行风险等级评定，分行只有在最终获得总行审批同意后才能投入实际经营。

5. 授信原则与审批流程设计在总行

额度授信是商业银行在综合分析客户资信状况、自身风险偏好等因素的基础上，决策是否为客户、如何为客户提供信用支持的重要过程。额度授信是信用风险管理中至关重要的环节之一，目前对授信原则、授信方法的确定，以及不同业务模式下的额度审批流程、使用规则、管理方式等，均由总行统一确定。

6. 流动性保障责任在总行

总行的司库管理部门，通过拟定覆盖全行层面的流动性风险管理政策、程序、限额，制定压力测试方案和应急计划，建立统一的流动性风险计量指标和方法，建设与完善流动性风险管理信息系统，并通过内部转移价格机制（FTP）引导分行合理选择资金来源和用途，以保证全行资产负债在总量和结构上平衡。

7. 核心业务系统的开发在总行

在通信、网络高度发达的信息化时代，IT 系统的建设与管理能力，已成为现代大型商业银行的核心竞争力之一。IT 系统支持是商业银行开展业务与经营的必要前提，以财务管理、信贷经营、资金交易与结算、风险管理等为例，几乎所有核心业务的运作都离不开系统的支持，而所有这些 IT 系统的开发、建模、参数设置与调整、数据仓库建立与维护等，都由总行立项确定。

从上可见，在目前的一级法人体制下，总行对全行业务的发展具有主导作用，总行实际上承担着商业银行风险管理最主要的责任，即系统性风险的管理和控制，这就对总行的决策者提出了更高要求。总行必须保证决策方向正确、制度流程合理有效、计量工具科学可靠，同时还要能够把这些信息及时传导给分行，并被分行正确理解和使用。从某种意义上讲，顶层设计的好坏将在很大程度上直接决定商业银行风险管理的成败。

（二）分行承担的执行角色日益突出

按照目前的管理架构，分行则日益演化为执行与操作者，具体执行总行下发的政策制度，依托总行开发的系统工具，按照总行规定的流程开展业务操作，并逐渐演变为经营中心、营销中心、业务操作中心、成本与利润中心。

具体来讲，分行主要从事：

1. 风险排序与筛选

从本质上讲，现代商业银行就是一家专门经营风险的机构。在“以客户为中心”的经营理念下，分行应该通过细分行业、区域、产品及当地市场，深入了解客户资信状况、信用需求、风险偏好和风险承受能力，通过对风险与收益进行综合判断和排序，并结合银行本身的风险偏好和风险政策，从而筛选出最优客户，同时为不同的客户提供差别化、个性化的营销和服务。

2. 客户选择与产品推介

分行依托发达的营销网络和渠道，通过对产品功能、风险特征等进行定位，并结合分支机构的经营管理水平、当地同业竞争等因素，对分支机构实施定价授权等措施，从而增强产品和服务的吸引力。同时，分行定期开展产品适合度调查与评估，在推销产品时做好充分的风险提示，以将适合的产品推介给适合的客户。

3. 个体资产质量控制

分行通过对特定授信申请客户经营状况、财务状况、业务发展状况等因素进行分析评价，对其违约可能性、风险暴露等进行计量和评定，并结合总行的授信要求，提出合理的客户债项结构安排方案建议，从而对授信品种、金额、期限、条件、风险缓释、还款方式等作出差别化设计。

4. 后续资产管理

分行通过建立专职化贷后管理队伍，定期开展贷后检查与回访工作，加强信贷资金用途的监控，及时对抵押担保品的管理与维护。同时定期开展资产风险分类工作，加强对授信业务的风险监测与预警，对出现问题的客户实行常态化管理，及时采取资产保全、减值计提等措施，以最大程度减少信贷损失。

5. 信息支撑与反馈

分行在严格按照总行风险偏好、政策、标准进行操作的同时，对各微观层面交易涉及的风险、收益等情况，通过监测、检查、评价、报告等动作进行实际对比，并及时将执行情况及存在问题反馈给上级机构或部门，保证能够在统一风险偏好下进行战略或结构上的动态调整，并防止风险偏好传导的全面偏离或失灵。

（三）总、分行在风险矩阵中的侧重点不同

现代商业银行承担的风险主要包括战略风险、组合风险、信用风险、市场风险、流动性风险、操作风险、新产品风险七大种类。由于不同类型风险的形成原因及表现特征不一样，总、分行具体承担的管理角色与职责也是不一样的，只有厘清形成机制、风险特征的本质性差异，找准关键风险点和控制环节，明确各自的管理职责，才能使大型商业银行的风险管理可识、可控，并在全行范围内建立顺畅、有效的风险管控机制。

具体来讲，总行要在战略风险、组合风险、信用风险（计量）、市场风险（计量）、流动性风险、新产品风险层面承担更多的责任，总行需要在方向上、结构上、全局上、期限上、流动性上把好关，保证商业银行始终立于不败之地；分行要在战略执行、资产配置、个体信用风险、客户端市场风险管控、操作风险、新产品操作层面承担主要责任（见图3）。

三、未来需要进一步强化的重点工作

（一）进一步强化“顶部设计”

“顶部设计”的精髓在于，通过精确分配系统内的权力、义务和责任，调和系统内矛盾，将系统内耗降到最小，而将系统对外的效率和竞争力最大化。

随着垂直化管理力度的加强，商业银行风险管理的决策流程和责任机制正在发生着根本性的变化，总部在风险管理中的地位和作用日益凸显，分行日益变成了资产配置实现、个体资产质量控制和后续资产管理的角色。在一级法人体制下，总行对全行业务的发展战略具有主导性作用，在这种情况下，总行实际上承担着商业银行风险管理中最主要的责任即系统性风险的管理和控制，这就对总行的决策者提出了更高的要求，即必须保证决策的方向正确、计量工具的科学可靠、制度流程合理有效，同时，还要能够把这些信息及时传导给分行，并被分行理解和正确使用，作为一个一级法人机构，要建立统一的风险偏好、统一的风险价值判断标准，无论分支机构身在何处，都拥有统一的风险文化，都是真正的“一家银行”。

总行要做到“顶部设计”的科学合理，一方面需要加强对国内、外宏观经济环境、经济周期、中长期产业政策、监管要求等外部因素进行深入的分析和研究，以保证自己制定的各项政策具有前瞻性、连续性、针对性和适应性；另一方面还要加强对系统内分支机构所处当地环境的调查研究，接受分支机构等一线工作人员的信息反馈（因为一线员工最了解市场变化和客户的真实需求），以使总行制定的政策、制度和流程符合当地的经济环境和内部管理实际，避免不切合实际

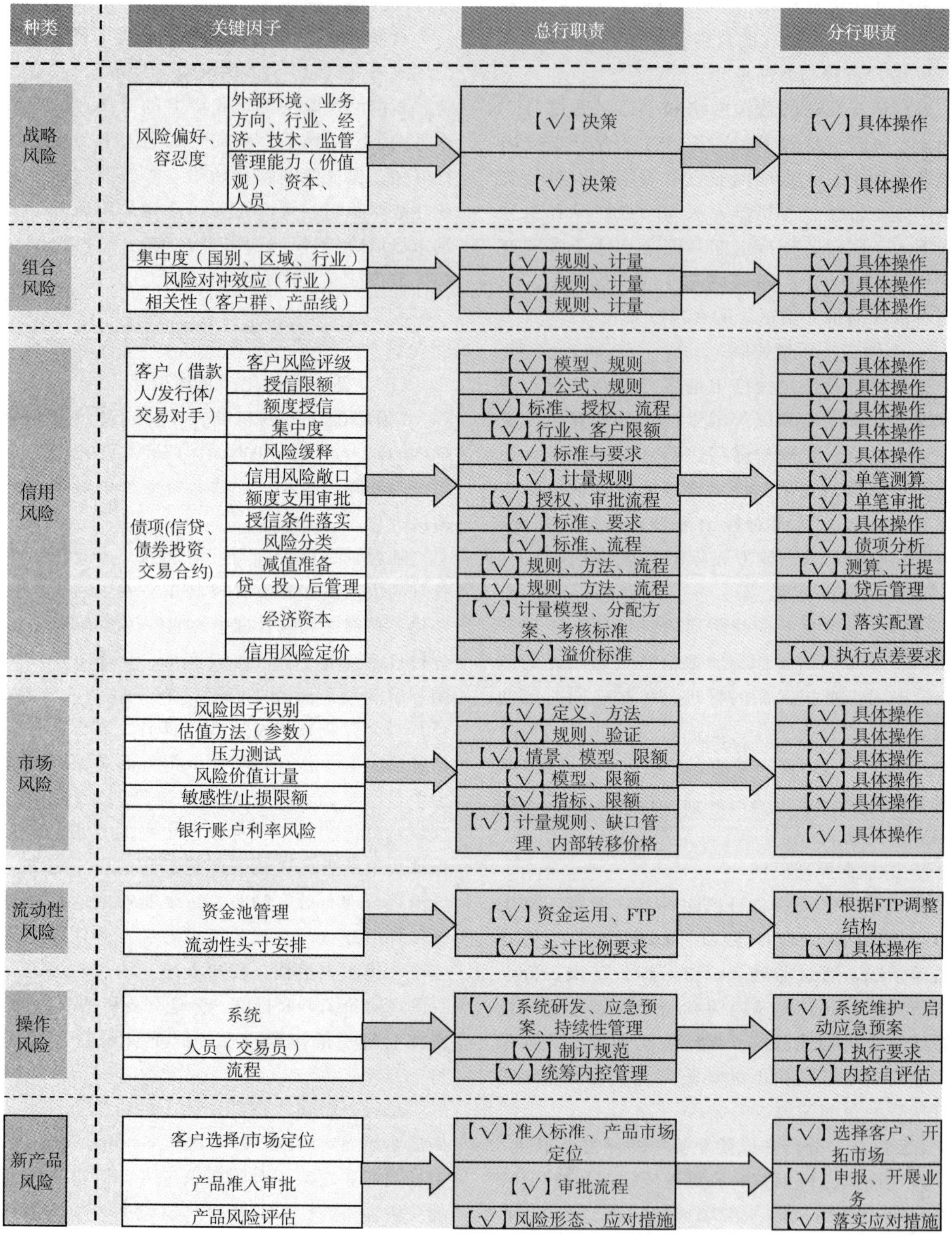

种类	关键因子		总行职责	分行职责
战略风险	风险偏好、容忍度	外部环境、业务方向、行业、经济、技术、监管	【√】决策	【√】具体操作
		管理能力（价值观）、资本、人员	【√】决策	【√】具体操作
组合风险	集中度（国别、区域、行业）		【√】规则、计量	【√】具体操作
	风险对冲效应（行业）		【√】规则、计量	【√】具体操作
	相关性（客户群、产品线）		【√】规则、计量	【√】具体操作
信用风险	客户（借款人/发行体/交易对手）	客户风险评级	【√】模型、规则	【√】具体操作
		授信限额	【√】公式、规则	【√】具体操作
		额度授信	【√】标准、授权、流程	【√】具体操作
		集中度	【√】行业、客户限额	【√】具体操作
	债项(信贷、债券投资、交易合约)	风险缓释	【√】标准与要求	【√】具体操作
		信用风险敞口	【√】计量规则	【√】单笔测算
		额度支用审批	【√】授权、审批流程	【√】单笔审批
		授信条件落实	【√】标准、要求	【√】具体操作
		风险分类	【√】标准、流程	【√】债项分析
		减值准备	【√】规则、方法、流程	【√】测算、计提
		贷（投）后管理	【√】规则、方法、流程	【√】贷后管理
		经济资本	【√】计量模型、分配方案、考核标准	【√】落实配置
		信用风险定价	【√】溢价标准	【√】执行点差要求
市场风险	风险因子识别		【√】定义、方法	【√】具体操作
	估值方法（参数）		【√】规则、验证	【√】具体操作
	压力测试		【√】情景、模型、限额	【√】具体操作
	风险价值计量		【√】模型、限额	【√】具体操作
	敏感性/止损限额		【√】指标、限额	【√】具体操作
	银行账户利率风险		【√】计量规则、缺口管理、内部转移价格	【√】具体操作
流动性风险	资金池管理		【√】资金运用、FTP	【√】根据FTP调整结构
	流动性头寸安排		【√】头寸比例要求	【√】具体操作
操作风险	系统		【√】系统研发、应急预案、持续性管理	【√】系统维护、启动应急预案
	人员（交易员）		【√】制订规范	【√】执行要求
	流程		【√】统筹内控管理	【√】内控自评估
新产品风险	客户选择/市场定位		【√】准入标准、产品市场定位	【√】选择客户、开拓市场
	产品准入审批		【√】审批流程	【√】申报、开展业务
	产品风险评估		【√】风险形态、应对措施	【√】落实应对措施

图3　总分行风险管理职责矩阵

的现象发生。同时，还要建立一个能够随着经济形势变化而不断优化、完善的动态反馈和调整机制，保证总行制定的各项政策既具有前瞻性，又符合经济发展的现实状况。

（二）进一步发挥组合管理的作用

对于现代大型商业银行而言，由于资产规模的不断扩大，单笔资产对整个组合的影响程度不断降低，组合管理的重要性变得愈加突出。大型商业银行的资产就是一个风险组合，对其进行组合管理的核心就是通过合理构建有效前沿，从而在增加效益、降低风险、节约资本等方面发挥作用，以提高核心竞争力。

科学的投资组合管理，根据对经济周期、收益率曲线的分析判断，通过主动的久期配置策略，可以在不增加或小幅增加信用风险的情况下提高组合收益。如在利率高位时，通过延长久期，可获得降息期间产生的价差收入，从而平抑经济下行带来的收益消减影响。

科学的投资组合管理，可以通过区域、行业、客户、产品（信用风险）、期限（市场风险）的合理配置，利用各风险因子的对冲和耦合效应，有效规避或化解系统性、关联性、周期性风险，从而使商业银行始终处于风险可控的范围之内。

科学的投资组合管理，通过在减少资本消耗与保证收益的前提下配置资产，降低资本对资产扩张的刚性约束。由于资产风险权重的差异，银行可增加无信用风险的主权债券或隐含主权担保的债权，以在不增加风险资产的情况下提高资本的使用效率。

总之，组合管理是一项对计量技术、专家经验、数据质量要求都非常高的工作，如何合理配置资产进而形成一个最优的资产组合，需要长期的技术、专业和能力培养，需要大量的投资实践和反复验证，需要对经济周期、行业发展趋势、货币政策、财政政策、国际经济及其与境内经济关联度有深刻的分析、理解和判断。因此，尽管一家银行可以很容易模仿其他银行的金融产品，但很难模仿其他银行的组合，这就是商业银行的核心竞争力。

（三）进一步加强资本在业务决策中的指挥棒作用

金融危机后，各国监管当局对银行监管体系进行了深刻反思。2010 年 12 月，巴塞尔委员会发布 BaselⅢ，其核心内容是强化对资本的约束。中国银监会近期发布了《关于中国银行业实施新监管标准的指导意见》，明确了以“最低资本要求、杠杆率、拨备率、流动性”四大工具为核心的监管框架，增加了操作风险监管资本要求，同时要求系统重要性银行资本充足率不得低于 11.5%，若出现系统性信贷过快增长，则还需计提逆周期超额资本。

但由于大型商业银行纵向层级很多，横向部门和产品复杂，各方均有自身的业务发展诉求，在没有客观、公认标准的情况下，很难对复杂多变的情况作出最佳选择。为了统一和简化全行层面的业务决策理念，商业银行要建立以资本回报（RAROC）为核心导向的业务决策机制，通过对 RAROC 的统一衡量与比较，按照“风险排序－风险筛选”的模式精选行业、产品和客户，以实现资源的合理与最优配置。

此外，在制定信贷和投资政策时，要通过增设资本预算和资本限额管理内容，使业务增长速度、资产质量、效益与资本挂钩，促使前台业务部门通过提高产品渗透率、客户综合贡献度降低资本占用；通过建立表外业务差别化定价机制，引入风险和资本计量方法，真实反映风险成本和资本成本。

（四）进一步加固流动性管理的三道防线

2008 年爆发的全球性金融危机，实际上就是一场由信用危机导致市场恐慌，并逐渐演变成大量金融机构被迫走向破产、重组的流动性危机。流动性始终是商业银行的生命线，特别是对大型商业银行来讲，流动性只能靠自己解决。因为，市场没有能力支撑如此大规模的资金需求。平衡好流动性与收益性这一天然矛盾，是大型商业银行始终需要面对的一个挑战。

流动性管理的本质就是要建立一个稳定、通畅、易于实现的持续现金流。良好的流动性组合储备，虽不能做到完全无后顾之忧，但可确保在任何危机情况下不第一批倒下，力争存活下来并获得重新发展的机会。

为此，商业银行要在平衡风险和收益的基础上，构建三级流动性储备，具体包括：以日常流动性资金管理组合为特征的一级储备，该类储备的资产期限短、交易活跃、流动性好，但收益性比较低，主要包括货币市场业务，如央票、短期国债、短期票据等变现能力强的一年期以内的货币市场工具；以高品质、高流动性的金融市场资产为特征的二级储备，该类储备资产收益性高于一级储备但流动性低于一级储备，如以 2～5 年期的国债、政府债券、金融机构债券、高评级的企业债券、流动性贷款，在流动性充裕时，这些资产可以生息，一旦流动性需要，这些资产随时可以变现；以收益性较高的中长期国债券、金融机构债券、信用类债券、优质客户信贷作为三级储备，该类资产主要用于增加收益性，并在特殊情况下能够出售或抵押以获得流动性资金（见图4）。

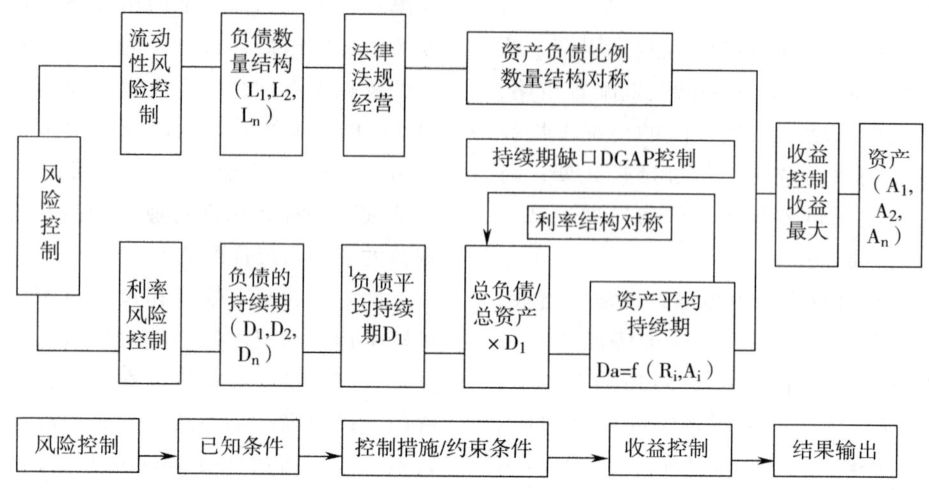

图4 基于流动性与利率风险双重控制的组合优化原理

（五）进一步强化新产品的风险源头控制作用

新产品风险管理，是国际先进银行风险管理的一项重要内容，因为新研发推出的产品可能遇到风险参数不适当、收益不确定或市场营销失败等带来的损失。新产品从研究开发到市场销售，都是一个充满风险的过程，根据国外的一项调查，新产品开发的成功率为：消费品40%、工业品20%、服务类产品18%。

在金融创新异常活跃的今天，加强对产品的认知和了解，做到在源头上防范和控制风险，已成为业界达成的一致共识。要做好对新产品的管控，需要做好以下几方面的工作：一是要建立健全新产品管理机制，理顺产品审批流程；二是要实行精细的产品目录化管理，未包括在产品目录内的产品必须按照规定程序进行申报，审批同意后方可开展营销。

具体来讲，商业银行应成立专门的新产品管理委员会，由该委员会负责所有新产品的审批与把关，成员部门需覆盖市场风险、信用风险、操作风险、法律合规、资金业务、财务、税务、技术运营等方面。在流程安排上，首先由业务部门提出申请，提交格式化新产品申报材料；其次，由风险部门进行具体审查，如判断该产品是否列入新产品范畴，并从技术操作层面审查该产品是否具备完善的管理制度、可操作性、市场影响程度等；最后，风险部门将审查意见提交新产品管理委员会进行会议审批，经审批同意的产品方可进入销售阶段。

建立产品管理目录是新产品风险管理的重要手段。以美国银行为例，目前纳入目录的产品已达8 500多个，其对产品的划分也较为细致，如基于相同浮动基准的10年期利率掉期与9年期利率掉期被细分成两个不同产品。对已纳入目录的产品，可由前台部门正常开展交易，未纳入目录但需开展业务的产品，需由前台部门按新产品进行申报。对新产品的界定，很难有完全准确的定义，通常可考虑“市场是否从未有过”、“是否自主创新”、“是否属对现有产品的调整”等因素。同时，商业银行要加强对产品属性与风险特征的把握，细分产品的划分维度与标准，在此基础上梳理与形成层次清晰的产品管理目录，以尽量减少在认定新产品时存在的模糊与主观判断成分。

（六）进一步构建管理与操作并重的总行职能

由于管理作用的强化与精细化，以及大量先进管理手段的引入与运用，总行的操作能力、设计能力与全局管控能力将受到重要考验，在提高总行管理职能的同时，要进一步强化总行的具体经营和操作功能。

随着集中化、垂直化管理的加强，总行业务部门的操作性功能则得到极大强化。美国银行业从25年前开始这种改变，欧洲银行业大概从10年前开始这种转变。目前，凡是大的银行，特别是国际性跨国银行，在组织架构设立的思路上都已出现转变。

跨国性大型商业银行，尤其在欧美地区，目前大都采取“大总行、大部门、小分行”的组织结构。商业银行的分行很多，但职能比较单一，很多业务集中在总行的部门完成。“大总行”通过“大部门”来体现，部门内汇聚了主要的业务专业人才，分工细、专业性强。这种结构的形成，一方面是出于提高效率、控制风险、降低成本的需要，另一方面是因为信息技术飞速发展，为各项银行业务的专业化、集中化、工厂化处理提供了现实可能。在以信息技术飞速发展为支撑的新经济时代，客户同银行之间的绝对距离已不再重要，资金划转的零时差已经消灭了“在途”的概念，“不方便”在越来越多的场合下不再是一个合适的借口。

由于总行集中管理的力度越来越大，随之而来的是具体经营操作的工作也越来越多，总行很多部门已不再是一个简单的管理机构，而成为一个以具体操作为主、管理为辅的经营操作部门。为此，在机构设置、人员配备方面应该作相应的调整。以我行金融市场业务为例，该部门管理着全行近1/3的资产、100%代客业务的对分行、对外部交易对手平盘，除了很小部分的管理职能外，该部门的主要任务就是经营，与之配套的运营（后台）、风险（中台）等部门也主要是从事交易确认、资金清算、账务处理和日常风险监控等非常具体的工作。

为适应总行角色的转换，需要对总行的部门职责进行认真梳理，把主要负责管理与主要进行具体经营、操作的部门区分开来，并根据实际需要建立相应的职责和功能定位，配备与其承担责任相匹配的人力资源。所谓相匹配的人力资源主要包括两层意思：一是人员的数量要与其职责相一致，对于具体经营的部门来讲，要保证每一个必需的流程和环节上有足够的合格人员。二是在配备专业人才时，要与其岗位对学历的要求相匹配，如综合管理部门的专业团队，如评级模型研发、信贷政策制定、项目审批、计算机系统开发、战略规划、资产负债管理等，一定要配备名校毕业的硕士、博士等高学历人才；对那些主要负责操作的岗位，就不一定需要名校毕业的研究生，总行非常需要一批心甘情愿、踏踏实实从事具体操作的专业人员，他们从事的工作尽管简单和平凡，但却是维持一个大型银行正常运转而必不可少的重要组成部分。

系统性风险与系统重要性银行

总行风险管理部　杨　军

本次金融危机后，巴塞尔委员会成立了若干个工作小组，分别负责宏观审慎监管、逆周期资本、杠杆率、资本、标准实施等不同领域的政策研究和方案制定工作。标准实施工作小组（Standard Implementation Group）的主要任务是了解各个国家在《巴塞尔协议》方面的组织实施情况，发现和评估不同国家实施政策的差异，提出提高不同国家实施政策一致性的建议方案。

从这次会议情况看，当前国际金融界关心两个问题，一是如何促使《巴塞尔协议》（第三版）能在各个国家顺利实施，进一步完善金融监管，防范金融危机的发生；二是如何完善系统重要性银行的监管，提高金融体系稳定性。这两个问题是相关的，2008年的金融危机以雷曼破产为主要标志，如何防范类似机构破产或类似事件再次发生，提高金融体系的稳定性，正是《巴塞尔协议》（第三版）的中心目标，实施《巴塞尔新资本协议》，必然要研究如何完善系统重要性银行的监管问题。现将了解的有关情况和学习体会总结报告如下：

一、系统性风险和系统重要性银行是金融危机后的热门话题

金融危机后，关于系统性风险和系统重要性银行的讨论很多，综合目前关于系统性风险的讨论，有如下3种不同领域的认识和内涵：

第一种认识是在金融投资领域。一个金融工具的风险可以分为两类，一类是特质风险，是金融工具本身特有的风险，通过有效的组合，可以很好地分散或抵消这些风险。另一类是系统性风险，也有人称为市场风险、系统风险，比如通货膨胀等，这类因素是所有金融工具都面临的，不能通过组合的方式进行分散或抵消。20世纪80年代，William Sharp等提出了资本资产定价模型（Capital Asset Pricing Model，CAPM模型），根据该理论人们可以定量地刻画股票的系统性风险有多大，衡量指标称为贝塔系数。在这个领域，系统性风险一般是指宏观经济因素，投资者只能选择被动接受。

第二种是单一金融机构本身的风险管理。金融机构面临多种多样的风险，比如信用风险、市场风险、运营风险、战略风险、声誉风险等等，上述风险是从单一风险驱动因素角度作的风险种类划分。对金融机构而言，由于客户结构、业务结构、资产负债结构等不合理，在外部环境发生变化时大量资产形成很高比例的损失，这是一种更严重、威胁更大的风险，有专家称之为系统性风险。2008年，全球金融危机导致需求大幅萎缩，中国东南沿海地区的出口企业大面积陷入停工、半停工状态，这种变化对银行的影响是系统性的，既有信用风险，又有流动性风险，还涉及声誉风险。如何应对这种系统性风险的挑战，关系到银行的长治久安。

第三种是整个金融体系的系统性风险。在2008年金融危机期间，贝尔斯登、雷曼破产，这些机构破产给全球带来了全面影响。美国财政部、美联储紧急救助了AIG，之所以救助，原因在于AIG是众多机构的交易对手，在信用违约掉期市场上是绝对的卖方，AIG破产将带来更多机构破产。一个金融机构的破产或市场的失效将带来整个金融体系的混乱，这种潜在的风险称为系统性风险，这种机构或市场被认为具有系统重要性。

2010年，美国参议员多得（Dodd）在向参议院就金融监管改革法案所作的说明中指出：这次经济危机给金融监管引入了一个新的名词——系统性风险，一个金融机构不能履行义务，将给金融体系和更广义的经济体系带来严重的负面影响。在当前互相联系的全球经济中，一些人的问题变成了每个人的问题，一些金融机构的破产影响了成千上万的无辜的人们的经济安全，他们的房子、工作、养老，一夜之间灰飞烟灭。当前全球金融界讨论的系统性风险主要是这个意义上的风险。

二、产生系统性风险的根本机制在于金融体系的紧密连接

单个金融机构、部分市场的问题导致整个金融体系出现问题，关键在于金融机构之间是相互依赖、相互连接的，这种连接机制是系统性风险的根源。综合分析自20世纪80年代依赖的主要金融危机，可以看到连接机制主要有以下4类：

第一，不同金融机构的风险敞口依赖于共同的因素。比较典型的例子是1982—1983年的拉美危机，拉美国家在发展的过程中，向欧洲、美国的大型银行大量借款，借款主体主要是一些具有主权特征的大型企业，不同银行的风险敞口集中于共同的借款人，由于这些借款人丧失了还款能力，导致这些银行同时面临损失，债务危机引发了银行危机。

第二，市场参与者之间相互依赖，尤其是一些机构成为连接的中枢。2008年金融危机中的AIG是典型的例子。信用违约互换（Credit Default Swap，CDS）是一种新型金融衍生产品①，AIG是CDS的主要卖方，是这个市场的连接中枢，如果它破产，尽管买方支付了保费，但仍然不可能获得补偿，很可能引发这些CDS的买方进一步违约破产。

第三，全球金融市场之间相互关联。亚洲金融危机是一个典型例子。从泰国开始，亚洲金融

① 这种交易的标的是某个公司是否违约，买方支付费用，但在违约事件发生时获得补偿，卖方获得相当于保费的收入，但在违约事件发生时补偿买方本金损失。

危机席卷了马来西亚、印度尼西亚、韩国、中国台湾、日本、中国香港等主要东南亚国家和地区，这些国家和地区的资本市场大幅下挫，本国货币大幅贬值，GDP 大幅衰退。最意想不到的是，到了 1998 年，亚洲金融危机的阴影传到了俄罗斯市场，俄罗斯债券市场大幅下跌，这导致由两名诺贝尔经济学奖获得者领衔的美国长期资本管理公司陷入困境，美联储不得不施以援手。市场互动在这次金融危机中同样明显，多个市场相互关联下跌，是 2008 年金融危机的典型特征之一。

第四，依赖于共同的金融基础平台。现代金融越来越建立在少数几个交易平台之上，纽约期货交易所、伦敦期货交易所等是主要的期货期权交易场所，路透、彭博等是主要的信息中介，国际清算银行是中央银行之间的清算平台，每个国家的金融交易也依赖于一些核心平台，这些基础平台出现问题，将会带来全面的影响。

从上述分析可以看出，产生系统性风险的机制在于金融体系已经成为相互连接、相互影响的网状结构，一个金融机构出现问题，会将其影响通过这种网状结构迅速传递到市场参与者，使金融机构之间、金融机构与实体经济之间互相影响，形成灾难性的后果。

三、识别系统重要性银行是防范系统性风险的难点和关键

如何防范金融体系的系统性风险呢？国际金融界给出的一个“药方”是加强系统重要性银行的监管。那么又如何确定系统重要性银行呢？各个国家就这一问题争论了两年多的时间。综合来看，有两种主要的意见，第一种意见是根据规模确定系统重要性银行。根据《多德—弗兰克法案》，美国依据规模将银行分为 3 类：一是资产大于 500 亿美元的银行均为系统性银行；二是资产大于 1 000 亿美元的银行应参加美联储的压力测试；三是资产大于 2 500 亿美元的银行被认定为国际活跃银行。国际金融协会的研究表明，全球大于 2 500 亿美元的银行有 80 家，大于 1 000 亿美元且小于 2 500 亿美元的银行有 63 家。

采用规模的方法清晰明了，但比较适用于单个国家。在一个国家内部，规模从一定程度上决定了一家银行在金融体系中的地位和影响。但在不同国家之间，简单依靠规模就很难区分银行的重要性，典型的例子就是中国的大银行与欧美的大银行。从总资产的角度来讲，两者基本在一个量级水平，但对全球金融体系的影响根本不可同日而语。因此新兴市场国家在巴塞尔委员会讨论系统重要性银行的标准时，坚决反对这种单纯依赖规模确定系统重要性银行的做法。经过反复讨论，巴塞尔委员会接受了这些意见和观点，根据 2011 年 7 月 19 日巴塞尔委员会公布的公告，巴塞尔委员会拟使用指数法来衡量银行的系统重要性，指数由反映银行规模（Size）、相互关联性（Interconnectedness）、替代性（Substitutes）、全球活跃性（Global Activity）和复杂度（Complexity）5 方面 12 个指标构成。具体见下表：

确定系统重要性银行的指标体系

指标类别	具体指标	指标权重
跨国活动（20%）	跨国债权	10%
	跨国负债	10%
规模（20%）	根据 Basel Ⅲ杠杆率的总敞口	20%
相互连接性（20%）	金融体系间的资产	6.67%
	金融体系间的负债	6.67%
	批发融资比率	6.67%
可替代性（20%）	受托资产	6.67%
	通过支付体系清算的支付	6.67%
	在债务和权益市场上已经承销的交易额	6.67%
复杂性（20%）	场外衍生交易名义额	6.67%
	第三层资产	6.67%
	交易账户和可供出售账户额	6.67%

这种方法考虑的因素更加全面，更加突出单一金融机构对金融体系和其他金融机构的影响，更加反映金融机构之间的连接程度，更能找出具有系统重要性的银行。

四、系统重要性银行将面临更多的监管新要求

综合会议情况和巴塞尔委员会的相关资料，监管部门对系统重要性银行可能提出的监管新要求主要包括：

第一，增加资本附加要求。基于指数法的评估结果，巴塞尔委员会将使用分档法（Bucketing Approach）来对系统重要性银行进行分档，不同档次的系统重要性银行将会附加不同的资本要求，目前初步将划分为5个档次，第一档核心一级资本充足率要求增加最少1%，第二档为1.5%，第三档为2%，第四档为2.5%，第五档为3.5%（目前空缺）。征求意见稿的分档基于全球73家银行的样本数据（包括中国），初步认定28家全球系统重要性银行，设定的切点（Cut－off Point）在第27和28家之间。银监会已在《关于中国银行业实施新监管标准的指导意见》（银监发〔2010〕44号文）中对系统重要性银行提出了1%的附加资本要求。

第二，要求银行制定恢复和处置计划。即在危机发生时，如何在不动用纳税人救助的前提下，依靠金融机构自身的力量来解决问题。目前提出的方案是自救债和或有资本安排。自救债是在一定条件下，银行发行的债券能够直接转为股权（资本）。或有资本是设定一些触发条件，当条件出现时，这些资本能够完全转换为普通股。或有资本必须满足二级资本的所有条件。

第三，跨境处置安排。针对国际系统重要性银行，不同国家的监管部门要互相协商，研究制定系统重要性银行发生危机时的处置方案。

第四，推行同行评议，增加系统重要性银行的信息透明度。目前了解的情况是，同行评议主要由一些国际组织牵头，对系统重要性银行进行相互评估，发挥同行监督作用，提高金融体系稳定性。同行评议的方式以非现场为主，英国金融服务局（FSA）和国际货币基金组织（IMF）都开展过类似的同行评议。同行评议信息主要来自于问卷调查，并以监管机构的自我评估、巴塞尔委员会内外机构开展的检查等作为辅助信息来源。

总体来看，与一般银行相比，对系统重要性银行的监管要求要更多、更严格一些。

五、各国银行对是否成为国际系统重要性银行的态度差异较大

欧美大银行对于是否纳入系统重要性银行的态度比较平淡，他们注定会成为国际系统重要性银行，他们担心的是要增加多少资本要求。日本的银行认为自己对全球经济的影响较大，希望成为国际系统重要性银行。中国的银行基本不倾向于成为系统重要性银行，主要原因是担心资本要求过高，自身无力承受这种额外要求。

中国金融监管部门对这一问题的看法主要有3点：第一，不赞同单纯依据规模确定系统重要性银行。中国的大型银行目前都是全球市值最大的银行之一，单纯按照规模就会有较多中国的银行成为国际系统重要性银行，曾经有一种方案是将7家中国的银行列为系统重要性银行。实际上，中国的银行主要在中国境内经营，国际化程度很低，对国际金融体系的影响很小，因此中国金融业不赞同单纯依据规模确定系统重要性银行。第二，如果没有一家来自中国的银行是系统重要性银行，似乎说明中国的银行业在全球无足轻重，这种情况也与中国的经济大国地位不相称，因此还是应该有中国的银行能够成为系统重要性银行，但不宜太多。第三，不管国内银行是否成为国际系统重要性银行，银监会都将加强对国内系统重要性银行的监管，提高资本附加水平，这在4月27日的新监管标准文件中已经有所体现，系统重要性银行要求有1%的资本附加。

对国内大型银行而言，对于是否会成为国际系统重要性银行，基本策略是静观其变，因为：

第一，是否能成为国际系统重要性银行已经不取决于银行的主观愿望。巴塞尔委员会收集了73家银行的数据进行了测算，根据公布的方法，已经产生了28家银行的名单，银行的主观意愿不影响其是否是28家银行之一。

第二，国际系统重要性银行的名单会动态调整。巴塞尔委员会强调，国际系统重要性银行的名单以及在各个档次的位次会动态调整，新兴市

场国家的银行数量未来可能会增加。

第三，成为国际系统重要性银行的资本要求没有原来预测的高。即使国内大型银行成为系统重要性银行，预计排名会比较靠后，在第一档、第二档的可能性较大，目前国内大型银行已经被要求增加1%的资本充足率，而国际系统重要性银行第一档、第二档的附加资本要求分别为1%和1.5%，即使成为全球系统重要性银行，也仅仅增加0.5%的资本要求，资本增加并不多。

第四，成为国际系统重要性银行有助于提高银行的声誉，有助于国际化战略的推进和实现。被巴塞尔委员会确定为国际系统重要性银行，相当于一个免费的全球广告，可以提高各国监管当局对银行的接受和认可程度。

六、从资本角度加强系统性风险监管的措施“治标不治本”

从欧美国家已经采取的管理系统性风险的措施可以看出，加强系统性风险管理已经成为共识，由专门的人员、专门的委员会负责系统性风险的识别、监测、应对是这些国家提出的共同措施。这些对中国金融体系改革和发展具有重要的借鉴意义，但目前的监管取向也存在一定的局限性和争议：

第一，金融体系出现系统性问题，形式上是金融机构引起的，更本质原因在于实体经济。金融是实体经济的镜像，金融机构出现问题是实体经济问题的集中反映，因此解决系统性风险的关键是保持实体经济的健康发展，这才是更根本的治本之策。但欧美推出的系统性风险管理措施中恰恰没有这方面的内容，没有对实体经济的稳健发展提出针对性措施，更多的强调银行对损失的吸收能力，因此也很难解决系统性风险的问题。

第二，将系统性风险直接归因于系统重要性银行，容易忽视系统性风险的积累。在全球化的条件下，借助于计算机等信息技术，全球化生产的计划性、组织性都空前提高，但需求的波动性也在增强，供需之间的失衡问题仍将长期存在，严重的情形就是经济危机，造成系统性风险，从这个意义上讲，系统性风险是不可避免的。在这样的环境下，往往是一个小问题酝酿导致系统性问题，即所谓的“蝴蝶效应”。将注意力集中在系统重要性银行无可厚非，但过于强调大银行监管，容易忽视整个生产体系中其他成员，并不能真正有效防范系统性风险。

第三，客观看待资本对防范系统性风险的作用。增加资本要求有助于控制金融机构业务规模的扩张，但是巴塞尔新资本协议已经就监管资本问题提出了系统的安排，巴塞尔协议中对信用风险、市场风险、操作风险提出了明确的计量监管资本规则，对缺乏统一规则的银行账户利率风险、流动性风险、战略风险、声誉风险也要求在第二支柱中加强管理，给予考虑，计量监管资本。金融危机后，巴塞尔委员会再次对交易对手的信用风险、资产证券化资产、市场风险、集中度风险提高了资本要求，金融机构导致系统性风险的基本因素都已经得到了充分体现，从系统重要性角度再提出资本要求存在重复和叠加的问题。

资本只是约束银行、防范系统性风险的必要措施，并不是充分条件，增加资本的要求在一定情况下甚至可能诱发系统性风险。资本要求增加，银行不得不减少贷款，影响经济的恢复和增长，这会进一步导致企业现金流紧张，违约客户增加，银行经营恶化，从而加大系统性风险。过度提高对大型银行资本要求的结果，可能事与愿违。

风险管理之点滴思考

——牛津大学的学习体会

总行风险管理部　周鑫泉

5 月 7—28 日，我和同事们在英国牛津大学完成了 3 周的学习，收获颇丰，新观点、新理念、新视角带给我很多启发。这里就培训带来的点滴思考做一个简单的交流。

一、风险管理应是超然审视的价值创造者

培训中老师给我们看了一段视频。看之前老师要求我们关注传球的次数，大家都按照老师的要求很认真地数着次数。但看完后，老师问我们刚才球场上发生了什么特别的事。大家都很茫然。唯独有一位后来的同学没有数球，他说球场上大猩猩来过！我们都惊呆了！当我们在认真数球的时候，却不知道危险已刚刚从我们身边经过！

我由此想到，风险管理者是否就应该是那个没有数球的人?！我想应该是的。风险管理除了要重视其制约价值外，还应该是一个超然审视的价值创造者。

可在现实工作中，我们过于强调制约。平行作业，我们强调“四只眼睛看客户”；贷款审批，我们强调“再看一眼”；还有，多年来对审批人是否见客户一直存在的认识上的分歧。

为使风险管理成为超然审视的价值创造者，我认为可以从以下两个方面进行改进：

一是风险管理要坚持独立性，坚持以超然之态看问题并作出独立判断，重点在以下几方面：

首先是保持宏观视野，避免合成谬误。事物往往有这样的悖谬：正确 + 正确 ≠ 正确。这大多体现在局部与整体、过程与结局的关系上。当大家都在做自己认为正确之事时，系统性灾难也可能正悄悄降临。正如农民看到前年种西瓜的行情好，大家都纷纷种西瓜，最后导致西瓜行情大跌一样，给种西瓜的农户带来了重大的损失。商业银行要避免这种灾难，就不能只埋头拉车而不抬头看路。因为局部正确，绝不等于全局大好。因此，风险管理者在工作中应保持宏观视野，多一份清醒，在方法上要引进先进管理工具，避免合成谬误。

其次要保持理性分析，避免情景干扰。距离，是保持理性的有效方法。当人们置身事中，专注于某一事物时，往往会主动忽视其他看似不相关实则非常重要的信息，导致风险大增。所以，风险管理人员需要与业务保持适当的距离，以避免情景干扰。

第三是坚持非现场查证，防止信贷欺诈。很多欺诈的事后查验都表明，一切都是有迹可循的，关键是如何避免盲目相信欺诈者提供的信息。这个时候就需要多做一些调查和了解，从侧面来验证。

二是风险管理者同时还应该是价值创造者。银行本身就是风险经营者，但银行不能就风险论风险，不能单纯地拒绝、厌恶风险，而是要通过良好的安排风险进行价值创造，让风险目标与业务目标统一在全行的大目标之下，在关注风险的同时，关注客户利益和服务效率，并赚取利润。也因此，风险管理的难度不在于同意不做什么或不同意做什么，而在于同意做什么，在“同意做什么”当中承担风险、管理风险，并创造价值。

二、风险管理要向前看

培训中老师告诉我们，在高速公路上驾车高速行驶，眼睛要往前看，不要往后看。因为速度太快，往后看会很危险。

我想，银行的风险管理也是一样，由于外部

形势变化太快，往后看也是非常危险的。

一直以来我们存在过于重视历史数据的问题，很难走出数据建成的堡垒，似乎唯有历史数据才能说明问题，才能有深度，比如评级、违约概率、违约损失率、行业不良率等指标的使用。但金融危机的发生告诉我们，每一次金融危机都不是在复制前一次或前面任何一次，每一次都有新的特点。因此，风险不能拘泥于历史事件和历史数据。

我们必须走出堡垒，做到时刻保持向前看。当今世界，决定企业成败和价值创造的80%的因素来自专业技术建设能力和信息获取，行业选择只占20%；美国传统意义上的银行业务已经受到严重蚕食，银行信贷只占市场份额的8%，结算量只占14%。而未来的变化可能是革命性的，技术、社会、环境的变化对经济的影响将远超乎人们的想象。在技术方面，也许将来洗衣服不用洗衣粉，而用超声波；基因技术的进一步发展，将能实现只需化验一滴血就可以知道一个人将来得癌症的可能性，这将使重大疾病保险彻底退出；在社会方面，人口老龄化问题对社会的影响也将超出人们的预期，比如西班牙由于人口老龄化，房价难改下跌趋势，银行已经不敢再做按揭业务；还有环境问题等。这些因素的变化，远非人的智慧所能预测，将极大地改变整个社会的生产生活方式、消费模式和金融需求。

所以，在今天要做好银行管理，我认为有3方面问题相当重要。首先，做什么、不做什么，争什么、不争什么，这决定着银行的未来，因此要重视战略研究，强化风险管理与战略管理的契合度。这样才能在激烈的竞争中不迷失方向，立于不败之地。如何研究和规划？关键是要正确选择看待问题的逻辑起点和次序。我们习惯于从银行自身或同业出发研究问题，即由金融的→战略的→技术/科学的→社会的次序研究问题，难得真谛；要改变视角，按照社会的→技术/科学的→战略的→金融的次序来研究问题，这才能理解环境及客户。其次，不要把鸡蛋放在一个篮子里。未来的不可预测性，决定了我们不能鸡蛋放在一个篮子里。最后，对历史数据的结论要有一个修正机制和一个审查机制。完全抛弃已有历史数据并非明智之举，但我们必须认识到历史数据的局限性，并对其加以修正和审定。

三、风险管理要不断探索新的管理技术

培训课上，在讨论全球治理方案时，老师说世界上并没有最完美的治理框架。

我想我们的风险管理也是没有最完美的固定模式的，应该不断探索新的风险管理技术。

在现实工作中，我们存在以下几种问题：一是我们自己制造假设，限制了自己的创造性思维。一次培训课上，老师让我们按2、4、6的模式，再想出一些相同模式的数列来。我们固定在自己想当然的等差递增思维框架下，在1、5、7；3、6、9；6、8、10等数列中转圈圈，却没有拓展到如1、3、25；4、10、17这样没有规律但同样符合递增条件的数列。工作中我们何尝不是这样，比如集团客户统一授信，原本要解决的主要问题是过度授信、多头授信、不适当分配和虚假关联交易骗贷等问题。但实践中，我们把“统一授信”原则无限扩大，似乎要把集团客户的所有授信业务都通过一个授信方案来解决，人为地制造了许多麻烦，致使服务效率大大降低，客户满意度大为下降。二是我们倾向于找主观因素，忽视技术方法的改进，导致流程过多、人浮于事、效率低下。西方神话中为了防止尤利西斯受塞壬美色的诱惑，他们的办法是用绳子把他绑起来，而我们则会采取道德谴责的方法。为了解决阻止自行车进入公园的问题，公园管理者（牛津）仅靠设计一道仅够一个行人通过的结构独特的门，就达到了非常好的效果。而我们解决同样的问题，可能会有人在看守大门，有人在里面巡逻，还有人在收取罚款。三是我们的模式或许过于死板。我们一直强调“先评级，后授信，再支用”。但风险管理模式未必只此一种，未必一定需要先评级才能控制风险。比如速贷通业务，因为它们的主要归还来源是第三方的押品，通过控制押品来保证贷款归还，因而未必一定需要先评级才能控制风险。

我认为可以通过以下方法来改进：一是重视风险控制技术的研究。风险管理，既然是管理，就有规律可以寻找，风险管理要重视发现、总结这些规律，并找到风险控制的技术。譬如，过去我们只做基本建设贷款，后来发现小企业贷款也可以做，个人贷款也可以做。业务能不能做，不能主观臆断，不能画地为牢，关键是看你的风险控制技术怎样，看你有没有把问题研究透，有没有把问题搞清楚。

二是善于与风险控制技术掌握者合作。新的商业模式的发展，造就了许多掌握风险控制技术的企业，比如美国的UPS（联邦快递公司）、沃尔玛，它们由于掌握了客户的物流或资金流，因而也就具备了向客户发放贷款的能力。在我国也有这样的机构，如电子商务平台公司（如腾讯、金银岛、阿里巴巴等）、交易市场的控制者（如钢材市场的管理者），我们可以通过与他们进行合作，扩大我们的市场竞争力。三是差别化的管理。根据客户风险程度的不同，确定不同的风险管理模式。这就需要回答客户想要什么、经营有什么特点、风险点在哪、如何被管理等问题，有了这些问题的回答，继之以产品创新、流程创新、模式创新，提高对不同客户的服务能力和对环境变化的适应能力，真正实现差别化管理。

参加桑坦德银行风险管理培训的报告

总行风险管理部　卢娜

3月20日至4月2日，总行风险管理部、授信管理部以及部分一级分行风险管理人员共计19人赴西班牙桑坦德银行进行为期14天的风险管理培训，培训内容涉及组织架构、信用风险管理、市场风险管理、操作风险管理、IT风险管理、风险计量、资本管理及员工培训等多个领域。整个培训过程授课形式多种多样，课堂气氛生动活跃，授课人员与参训人员一直保持着积极的互动。在这种国际国内银行实践、中西方文化的碰撞下，我们感悟到桑坦德银行发展壮大且成功经受住金融危机考验的独到之处，也总结出一些建设银行可供借鉴的理念和实践建议。现将培训体会报告如下：

一、清晰的战略定位和有效的增长模式使桑坦德银行迅速成长为一家国际先进银行

桑坦德银行从1857年成立至今，由一个家族性企业成长为包括批发银行、零售、资产管理及私人银行等业务在内的金融集团，从未更改过自己的战略定位，始终坚持自己是一家以零售业务为主的银行。目前桑坦德银行是欧元区最大的银行，2010年年末市值排名全球第十，业务遍及40个国家，员工总数17万人，网点总计14 000个。回顾其近154年的发展历史，可以总结出以下3个特点：

1. 推出“超级账户”使桑坦德银行短时期内获得巨大飞跃

1985年，桑坦德银行仍然是西班牙的一家中型银行，在西班牙排名第六位，全球排名第152位。在短短的25年里已经成长为全球市值第十位的金融集团，客户数量增长132倍，可分配利润增长超过60倍，市值增长近26倍。这种飞跃式的增长基于以下背景：20世纪80年代末期西班牙中央银行开始放松金融机构监管，包括利率市场化等等，桑坦德银行高管层立即意识到这是一个赢得市场主导地位的重大机遇，于1988年推出“超级账户”这一金融产品，即以高于竞争对手的存款利率①迅速提高市场占比。由于桑坦德银行雄厚的资本和良好的盈利表现使得其引领市场6个月之后其他同业才推出类似的金融产品。借助于这一产品创新和果断决策，在1988—1990年

① 当时金融机构一般的存款利率为8%，桑坦德银行则为11%。

里桑坦德银行的存款同业占比由8.5%上升至14%，客户基础进一步扩大和夯实，由此步入快速发展阶段。

2. 依托在关键领域的核心竞争优势，加快并购，实现有机增长

桑坦德的发展模式可以概括为：一是桑坦德银行首先是在自己熟悉且拥有优势的市场（例如零售业务）占据绝对主导地位，通过流程标准化有效控制成本和风险，获得核心竞争优势；二是形成区域和业务高度多元化的资产组合，主要分布在西班牙、英国、葡萄牙、美国及拉丁美洲的一些国家①，但始终坚持以零售业务为主；三是通过并购实现有机增长。1994年桑坦德银行开始加快并购步伐，先后在拉丁美洲、英国、荷兰、美国等国家和地区进行收购，在并购过程中始终坚持IT系统建设、业务模式和风险控制3个方面的统一，而且基本保留当地管理团队。借助这种有机增长模式，桑坦德银行获得了质的飞跃，在巴西已成为第三大银行，桑坦德消费信贷是欧洲最大的汽车金融公司，甚至超过了大众。

3. 依托强大的系统和技术，获得持续发展的坚实基础

为获得最佳的成本收入比，桑坦德银行将战略重点放在降低成本、提高效率上。流程的高度自动化、产品的标准化、人工干预的最小化帮助桑坦德银行实现了流水线作业式的零售运营模式，并成功地将集团成本收入比从1999年的66.1%降至2010年的43.3%。同时，在并购过程中为确保集团风险偏好与各业务单元经营管理活动高度一致，桑坦德银行始终坚持推行统一的IT管理模式及组织架构，以保证通过并购获得良性的持续发展。据了解，该行对并购银行IT架构的整合改造十分审慎，一般要花2~3年时间完成整合改造及上线工作，再需1~2年才能实现完全融合。

二、体制安排为风险管理持续创造价值提供良好的组织保证

（一）总体架构

1. 集团层面

集团风险管理由集团总部副总裁（第三副行长）全面负责，下设首席风险官和内部控制及内部风险验证总理事会（CIVIR），首席风险官即集团风险管理部门总经理，主要负责信用风险、契约风险、信贷集中风险、市场风险、流动性风险和利率风险的管理；其他风险包括运营风险、技术风险、声誉风险、战略风险等则由业务部门负责，如运营与技术方面的风险由资源保障与运营管理板块的运营风险管理部负责。而CIVIR独立于风险管理部门，其职责是按照塞班斯法案的要求进行全面的内控和风险管理（见图1）。

2. 管理层层面

集团风险管理部门包括两大部分：一是服务于集团的决策支持部门，包括偿债风险管理部（负责风险政策执行、模型应用和风险监测分析）、市场风险管理部（管理市场风险）和方法论研发部（负责模型开发和方法论研究）；另一板块是执行层面且与具体客户密切相关的部门，包括批发业务风险管理部、非标准化风险管理部、标准化风险管理部、桑坦德消费信贷风险管理部、（巴西）公司业务风险管理部及全球贷款回收风险管理部，分别负责不同客户群和业务领域的风险管理（见图2）。

（二）特点所在

1. 专业专注的风险管理组织架构

从上述组织架构图中可以看出，风险管理组织架构的设计完全体现“以客户为中心”的基本原则。客户群体不同，其风险管理模式（包括评级、审批、监控）也不相同，人员构成也不一样。例如标准化零售风险管理部，由于主要依靠系统进行决策和监控，在总部只有6个人负责日常的风险监控；而在批发业务风险管理部，有110名风险分析师负责对1 000家客户进行风险监控。这种体制安排有利于风险管理政策、制度、流程和人员不断向专业化、精细化发展。

2. 风险分析师是风险管理政策的传播者和解读者

在桑坦德银行风险管理实践中，风险分析师扮演着重要角色。他的主要职责有三方面：一是了解、拜访客户，不仅掌握客户的财务状况，还要了解客户的产品、竞争优势、管理者和股东的能力、供应商等关键性问题；二是进行风险评级

① 这些区域占有全球44%的国内生产总值（GDP）和全球21%的人口。

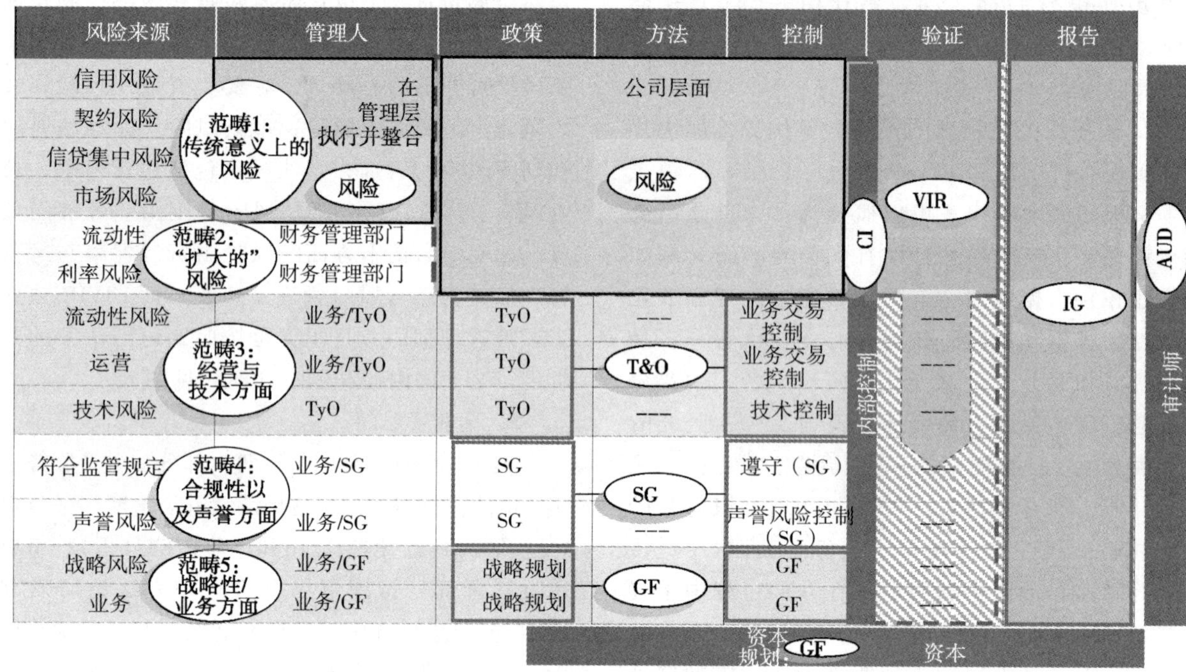

图1　桑坦德银行风险责任分配图

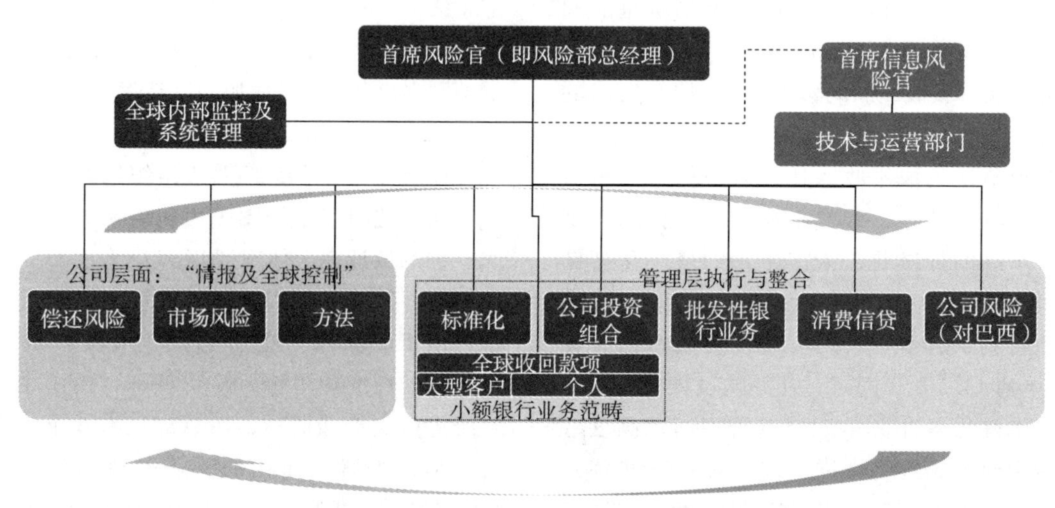

图2　风险管理组织架构图

和审批决策，将风险政策贯彻到日常经营管理活动中；三是进行日常的风险监控，发现可能的预警信号，确保贷款安全回收。风险分析师在业务全流程中时刻与业务人员保持密切的联系，共同实现既定的业务目标。

3. 前、后台人员共同协商的决策机制

各级风险管理委员会中既有风险管理人员，也有业务人员，共同进行审批决策等事项，而不是采取投票制。在客户的准入、定价、政策调整等诸方面如果出现分歧，业务部门会发起召开业务定向会议，风险管理人员必须参加并和业务人员一同制定解决方案。在和桑坦德银行各位专家沟通的过程中，他们都传达出一个共同的信息：风险管理人员和业务人员有着共同的目标，只是从各自的角度发表独立的判断，但在最终的解决方案中将达成一致。可以说，前、后台充分协商的决策机制是桑坦德银行各项经营管理活动顺利进行的重要平台。

4. 先进的风险文化理念贯穿于银行经营管理的始终

桑坦德银行认为：有效的风险管理是随着时间的推移以可持续方式产生价值的必要前提。在风险与业务的合作制衡关系中，业务部门永远是风险的第一责任人和风险承担者，因此在拓展业务时必须首先要考虑如何安排风险，风险管理人员要了解风险并有能力预测风险及其结果，整个组织都要投入到风险管理中。而且桑坦德银行十分重视培训，银行设有专门的风险管理学院，通过多层次的业务培训，促进风险文化的形成，提高政策执行力。在这次培训过程中，我们可以充分地感觉到桑坦德银行先进的风险文化理念贯穿于银行经营管理的始终。

三、“以客户为中心”的专业、专注的信用风险管理模式

（一）客户分群

桑坦德银行将所有客户分为标准化、非标准化两大类，在管理上最直观的区别是标准化的人工干预较少，而非标准化业务要配备专门的风险分析师，负责评级、审批决策和风险监控。标准化业务是指风险敞口在50万欧元以下的客户①（包括小企业和个人客户），2010年年末占集团风险敞口比重为55.7%；非标准化业务又分为非标准化批发和非标准零售两种，前者是指包括全球跨国企业、金融机构和主权、结构性项目和融资在内的1 000家大型客户，2010年年末占集团风险敞口比重为20.9%，非标准化零售是指介乎两者之间的企业客户，2010年年末占集团风险敞口比重为23.4%。从结构看，零售业务占比达79%，桑坦德银行仍然是一家以零售业务为主的国际化大银行。

（二）专业的风险管理

在对客户进行分群的基础上，桑坦德银行在组织架构、风险识别计量、授信管理流程等诸多方面都有所不同，体现了风险管理的专业、专注。

——针对非标准化批发业务

1. 组织架构

专门设立批发业务风险管理部门，大约有150人左右，分别负责金融机构客户、跨国企业客户、结构性融资、风险控制和组合管理。其中拥有大约110名风险分析师，对每年年初确定的1 000家大客户风险进行跟踪管理和审批决策。

2. 风险评级

风险分析师对每一客户逐一进行风险评级。评级模型包括六个方面：定性指标包括产品/需求/市场、股东/管理层、融资能力三方面；定量指标包括利润、现金流、偿债能力等三方面，进行评分，最终获得评级。

3. 集中化决策的管理模式

每年桑坦德银行风险管理部门和业务部门对纳入批发业务管理的集团客户名单进行核定，于9月发起集团授信业务。先由成员企业所在地的风险分析师对集团客户成员企业进行评级和本地分析后，再报送至集团总部所在分行分析师进行汇总和协调，并对整个集团的风险状况进行分析，最后报送至马德里总部的批发银行风险管理部的风险分析师进行最终决策。风险分析师有不同的授权权限，超出分析师权限但在5 000万欧元以下的审批决策由全球风险管理委员会作出，5 000万元以上1.5亿欧元以下的审批决策则由全球委托委员会作出，超出1.5亿欧元以上则由最高层面的执行委员会作出。

4. 通过预分类来控制风险并提高市场响应速度

预分类是在确定的愿意承担的风险水平范围内，依据CeR定义（类似于经济资本限额）给出的一揽子综合服务方案。根据了解，预分类与建设银行授信额度的概念有些类似，宗旨是在风险可承受范围内量化可为客户提供的各种金融产品类型和限额，在有效控制风险的同时提高市场响应速度。

——针对非标准化零售业务

1. 组织架构

成立非标准化零售业务风险管理部门，专门负责没有包括在1 000家大客户中的公司客户、中小企业客户、事业单位等。全球大约有409名风险分析师，一名风险分析师平均要对应5名业务人员，负责60~120个左右的客户。

2. 风险评级

根据额度的不同，非标准化零售业务采取手工评级和自动评级两种模式，所考虑的基本因素与非标准化批发业务类似。自动评级包括定量评

① 这是一个平均划分标准，也因地区而异。

估和问卷调查，其中问卷调查只包括两个方面；手动评级的问卷调查则包括六个方面。

3. 分散化决策的管理模式

对于非标准化零售业务，桑坦德银行采取分散决策、贴近客户的管理模式，大约99%的该类业务都会在本地进行审批。桑坦德银行对每个非标准化客户配备一名风险分析师，绝大部分风险分析师分布在各分支机构。在风险分析师对每个客户进行评级后（根据授信额度决定采取手动或自动模式），由风险分析师根据授权对具体授信业务进行审批，超权限则逐级上报审批。对于评级分数在一定标准以上，且没有纳入观察名单的客户，可按权限对客户额度进行预分类（与批发银行业务的CeR有所区别，进行简单化处理为CETP）。风险分析师可在预分类的额度内简化对客户具体授信业务的风险分析和审批。

——针对标准化零售业务

1. 组织架构

成立专门的标准化零售业务风险管理部门，分别负责制定信贷政策、信息分析、风险监控等。

2. 风险评级

桑坦德银行对标准化零售业务一共建立了个人、自雇人士、小企业三种类型的评分卡，整个风险评级依托个人分析系统和中小企业分析系统进行，尽可能利用外部数据。在整个零售业务发展中，客户评分卡体系被认为是“皇冠上的宝石”，对桑坦德银行实现快速发展贡献巨大。桑坦德银行共开发了申请评分、行为评分、催收评分、保全评分等多个模型，这些模型被称为“工业化风险模型”。

客户评分一般采用结构性数据，主要内容包括客户信息（社会人口数据、财务报表和比率、财务预测、纳税申报等）、产品信息、担保信息、内部信息（有关客户—所有人和公司绩效的历史数据）、外部信息（信用局）。此外，还会分析与客户的“已知”关系（客户责任、其他产品绩效、重组等）、与客户的“潜在”关系（竞争地位、内部评级、管理团队的质量等）。

3. 自动化决策为主的管理模式

标准化零售业务也配置了风险分析师，但不是与客户一一对应，更向上层集中，更依赖于系统。模型的系统评级会自动得到以下几种结论：不考虑（MAC）、拒绝（R，不存在申诉的可能性）、批准（A，没有别的）、拒绝建议或备选决策（RR，如果期望改进并且已经授予权力）、批准建议或备选决策（RA，如果已经授予权力）。风险分析师主要负责审批和风险监测等工作，按照要求进行规范分析。

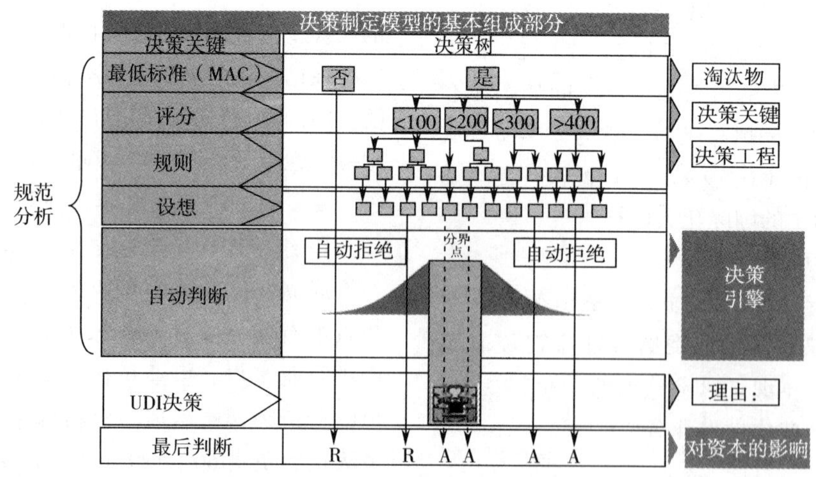

图3 桑坦德银行的零售业务操作流程

4. 以CMP为核心的信贷管理体系

CMP是桑坦德银行零售风险管理的主要手段，据了解，我们感觉和建设银行的信贷业务手册有些类似，但范围更大，它包含信贷政策、操作流程、评级方法、监控流程和风险化解等内容。桑坦德银行为每个区域的不同产品制定了专门的CMP方案。该方案每年由各地区的风险管理委员会批准。

四、技术及运营风险管理在银行安全稳定运营中发挥核心作用

（一）组织架构

桑坦德银行的运营风险由资源保障与运营部门①具体承担，由银行第二副总裁分管，部门主要构成包括：IT 应用系统的开发运维管理、IT 基础设施管理、设备管理、数据中心管理、营运管理、计划控制管理、人力资源管理、技术与运营风险管理、网络管理、呼叫中心管理、全球业务的技术与运营管理等，职能十分庞大。其中技术与运营风险管理团队成立于 2008 年，专门负责银行技术与运营风险管理（即操作风险），人员由具有较强业务经验和专业技能背景的专家组成。下设四个处室：IT 风险团队、运营风险团队、业务持续性团队和与监管部门的沟通团队，从不同角度对操作风险进行专业化管理。鉴于技术在桑坦德银行运营中的突出地位，银行对技术风险给予特别重视，专门成立专职的技术风险团队进行风险管理。

（二）明确操作风险容忍度，体现桑坦德银行稳健的风险偏好

在桑坦德银行 154 年的发展历史中，审慎的风险管理一直是其主要特征和优势，集团的风险偏好是将其面临的所有风险保持在中低水平并可预测，这种风险偏好同样也体现在操作风险中。它以两项具体的量化指标来明确对操作风险的容忍度，一项是 GL/OM 的比率，即操作风险总损失与总收入的比值；另一项则是自我评估结果。两项指标均分为高、中高、中等、中低、低五档（详见表 1）。经风险委员会审议，桑坦德银行操作风险容忍度定为中低以下，操作风险损失收入比应保持在 2% 以内，操作风险管控有效性应至少达到 75% 以上。

表 1　桑坦德银行的操作风险容忍度

	运营风险指标	损失事件标准 GL/OM 的比率	自我评估标准 范围
	高	>4.0%	≤50%
	中高	3.1% -4.0%	51% -64%
	中等	2.1% -3.0%	65% -74%
集团风险偏好	中低	1.0%—2.0%	75% -89%
	低	<1.0%	≥90%

（三）完善的技术与运营风险管控四道防线

桑坦德银行建立了技术与运营风险管控的四道防线：

——第一层是各业务单元，他们是各自领域内操作风险的承担者和第一责任人，负责执行操作风险管理政策，并根据特点制定各自的技术和操作风险管理指引；

——第二层是公司层面的技术与运营风险管理团队，主要负责制定操作风险管理政策并实施操作风险管控。例如技术风险管控，具体包括建立全行技术风险管理政策制度、流程、标准及工具等，并从生产、软件、硬件、安全等四个方面监测各实体的风险状况；

——第三层是集团层面的控制，由两部分构成，一是总会计内控部门（主要针对公司总部）；二是内部控制及内部风险验证总理事会（CI-VIR），重点对集团层面的信用风险、市场风险、运营和技术风险、合规风险和声誉风险进行独立评估和验证；

——第四层是内部审计，对集团及各分支机构的技术与运营风险管理体系的有效性进行独立监督和评估。

这四道防线从细节到整体、从个体到集团、从内部控制到外部监督，构成了层层深入、逐级覆盖的操作风险管理体系。其中，第一层和第二层控制为自我管控功能，不论是各单元的执行者，还是技术与运营部门都对操作风险负有直接的管控职责；而第三层和第四层控制则站在业务和风险之外，对风险及其管理状况进行相对独立的监控、验证和评价。

（四）专业化、精细化的技术风险管控

在组织架构上，集团总部专门成立技术风险管理团队，负责制定全行的技术风险管理制度、流程、标准和指标，并监测各分支机构的技术风险状况；各分支机构的技术风险管理主要由首席信息风险官负责，首席信息风险官实行双线报告；

① 英文为 Technology & Operation Division，但在介绍该部门时特别强调西班牙文中其概念类似“资源”和运营部门，原因是部门职能不只包括技术和运营，还有人力资源、基础设施等。

一是向当地银行资源保障与运营管理总监、当地银行的首席执行官（行长）报告；二是向集团总部运营风险团队负责人、集团技术与营运部门负责人（即银行第二副行长）逐级报告。

在管理流程上，技术风险管理遵循统一的风险管理流程，包括风险识别、风险程度评估、风险控制及缓释、风险报告等四个步骤：

1. 风险识别

主要通过自评估、关键风险指标评价、内外部审计、监管等四条途径来实现。一是操作人员、应用人员、管理人员等不同层面的一线人员均参加自评估，对系统支持与运营、资源配置、业务需求满足、风险控制等开展相应评估。二是由系统定期根据关键风险指标绘制全球技术风险地图①，评估风险部位和风险发生的可能性。三是内外部审计机构按照相关法律法规要求，设计评估流程和测量指标，识别可能存在的技术风险。四是通过内外部专项检查，开展风险点识别工作。如网上银行发现网上欺诈后，有针对性地开展专项检查活动，确定新的风险点。

2. 风险程度评估

即对识别出的风险点与风险区域，评估严重性程度、发生频率、风险成因以及规避风险的措施等。

3. 风险控制及缓释

即针对不同风险程度，根据不同的控制级别评定其风险是否可接受，确定风险缓释措施，并形成行动计划予以落实。

4. 风险报告

根据预设风险限度确定风险度，以及评估结果发布预警信息，同时，及时将风险状况报告相关部门和首席信息风险官。

五、推行集中、专业的市场风险管理

（一）组织架构

桑坦德银行的市场风险管理主要由首席风险官领导下的市场风险管理部和方法论研发部承担。其中市场风险管理部负责市场风险相关政策的制定、产品的估值、VaR 等风险指标的监控、超限提示和风险报告，方法论研发部负责市场风险模型的设计开发和验证校准。

对于金融市场交易活动的风险管理而言，除以上两个部门外，首席风险官领导下的批发银行业务风险管理部还负责金融机构交易对手和国家主权风险的管理，独立于风险管理板块之外的技术与运营风险管理团队负责交易执行、清算交割等操作风险的管理。

（二）采用差别化的市场风险管理工具

——针对金融市场交易活动。桑坦德银行使用 VaR 指标来衡量其在正常的市场条件下，在一定置信水平和观察期内金融市场业务可能面临的市场风险损失。在 VaR 的参数选择方面，该行使用历史模拟法②，通过自己开发的系统每天计算两个 VaR 数值，一是运用指数衰减因子法，计算不同时间观察变量不同权重情形下的 VaR；二是运用统一标准法，计算所有历史观察变量相同权重情形下的 VaR，该行采用保守标准，取两者中的较大值作为管理指标值。

除了使用 VaR 指标外，该行还使用情景分析方法对市场风险进行辅助控制。其情景的选择包括历史情景和假设情景两种，历史情景是考虑历史上曾经出现的重大风险事件或市场波动，如“9·11”事件、2008 年全球金融危机对现行组合的影响；假设情景下至少考虑了可能、严重、极端三种情形。

由于衍生交易的特殊性和复杂性，该行每天使用有别于传统产品的风险指标进行控制。例如，采用希腊字母 Delta、Gamma 控制基础资产对价格变动的敏感性，采用 Vega 控制波动性，采用 Theta 控制时间价值或时期风险；对息差或信用溢差的敏感性和不同评级头寸的集中度开展系统的评估等。

——针对资产负债表风险。桑坦德银行采用资产/负债利率缺口、净利差敏感度（NIM）、VaR 及情景分析等方法计量资产负债表中的风险。

① 全球技术风险地图的纵向是 IT 关键风险指标，分生产、软件、硬件、安全等四大方面；横向是各管理机构，如分行。根据预设的风险限度，分为绿色、橙色及红色。绿色表示风险水平在预设的风险度指标内情况正常；橙色表示风险水平超过预设的风险度指标一定比例需要关注；红色表示风险水平超过预设的风险限度需要预警或采取措施。

② 历史数据为 2 年或至少 520 天、置信水平选用 99%、观察期即未来持有期选用 1 天。

其中，资产/负债利率缺口反映资产、负债和表外业务市值变化的不匹配关系，净利差敏感度模拟计算现行利率及利率变化后的净利息差，VaR采用的计算标准与交易活动相同，情景分析包括最大波动率和严重危机等两种情景下利率变化对资产负债表净值和下一年净利差的可能影响。资产负债表中的流动性风险使用流动性缺口、流动比率、情景分析或应急计划等风险管理方法。

——针对结构性外汇风险和套期保值。桑坦德银行通过名义头寸、VaR等指标衡量外汇风险，并对结构性外汇风险和相应的套期保值、结构性股权投资等业务的名义头寸、VaR，以及套期保值的效果进行监控管理。

（三）有效平衡风险收益的限额管理体系

桑坦德银行对市场风险管理进行限额管理。市场风险限额要符合高级管理层认可的风险偏好，每年进行调整。市场风险限额包括区分利率、汇率、股票等风险因子的不同地区、不同币种、不同市场、不同组合等维度的VaR、Delta、Gamma、Vega、利率敏感度、止损、止损触发点、外汇敞口限额等。

在制定不同结构的市场风险限额时要考虑以下因素：一是有效和完整地定义并识别主要的风险类型，确保与战略目标和业务管理保持一致。二是能够计量风险水平，并告知业务部门相关的风险形态。三是给予业务部门高效择机建立风险头寸的空间，以及时应对市场的变化。四是考虑风险和收益的平衡，允许业务部门承担可控的风险，确保预算目标的实现。五是界定业务部门可以开展的产品和基础资产范围，同时确保模型和估值系统的支持能够及时跟进。

六、风险计量工具的开发和应用成为价值创造链条中的重要一环

（一）组织架构

桑坦德银行风险计量的主要对象是信用风险和市场风险，风险管理部门下设的方法论研发部（Methodology Area）专门负责模型开发工作，其职责包括：一是针对资产和不同的风险类型界定并进行风险计量；二是界定并开发桑坦德银行中应用的模型；三是验证由业务部门量化分析专家开发的产品估价以及市场风险模型。另外，还负责限额制定、模型优化等工作。

（二）风险计量工具的开发和应用服务于业务发展，增进价值创造

桑坦德银行在不同区域均设有专有团队进行模型开发，模型开发可以划分为八个步骤，大部分工作由方法论研发部的专家完成，业务部门和风险管理部门的专家会广泛参与到模型开发的过程中。模型开发完成后，由内部控制及内部风险验证总理事会（CIVIR）负责进行第三方检验。

我们也了解到，桑坦德银行的风险计量工具的开发和应用是以业务发展为导向的，在实践中业务部门如果要完成业务指标，提高市场响应效率，离不开工具的支持，因此业务部门具有内在的强大动力来推动工具应用。反过来，如果一项风险计量工具目前不具备IT的应用环境，桑坦德银行可能不会考虑开发。例如在零售评分卡建设过程中，方法论研发部要提出两个问题：业务部门要在哪个环节应用这项工具；目前的IT应用环境如何？在这样的环境下，风险计量工具真正为桑坦德银行盈利能力的持续提升作出了巨大贡献。

（三）在科学计量的基础上开展产品定价

桑坦德银行的定价由财务会计与控制部门负责，基于风险调整资本回报（RAROC）进行。定价使用的参数包括违约概率、违约损失率、风险敞口、信贷风险资本曲线、内部资金转移价格以及经营成本，交易的资本占用（CeR）在定价中起到了重要作用。单笔交易定价时还会考虑补偿业务（非信贷风险交易与服务）以及客户其他交易。具体方法参见图五。

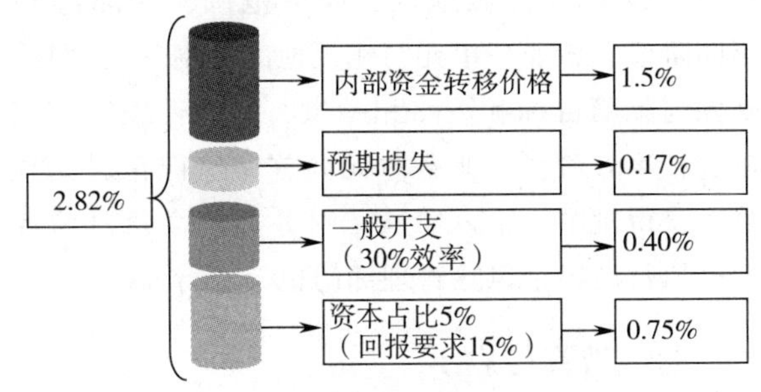

图4 桑坦德银行的定价要素

定价过程中各部门职责如下：风险管理部门负责预期损失、非预期损失的测算。业务部门负责客户关系管理以及具体价格的确定。资债部门负责内部资金转移价格的分配以及交易融资安排。

财务会计与控制部门负责内部资金转移价格的核定、利润核定、成本分配、资本分配。具体交易的定价由业务部门主导，在分析自身盈亏情况的基础上，确定最低的价格底线，风险部门则会提供相关的参数。

（四）严谨的资本预算管理确保资源配置与总体偏好相一致

桑坦德银行的资本预算管理由财务会计与控制部门负责，定期对于资本进行评估。具体操作时，财务会计和控制部会根据经济资本、风险回报率和EVA的测算结果产生内部资本的评估报告；基于情景模拟和压力测试的预测并进行资本规划。风险管理部门负责风险政策的制定、限额管理以及EC计量模型的开发。具体过程如图5所示。

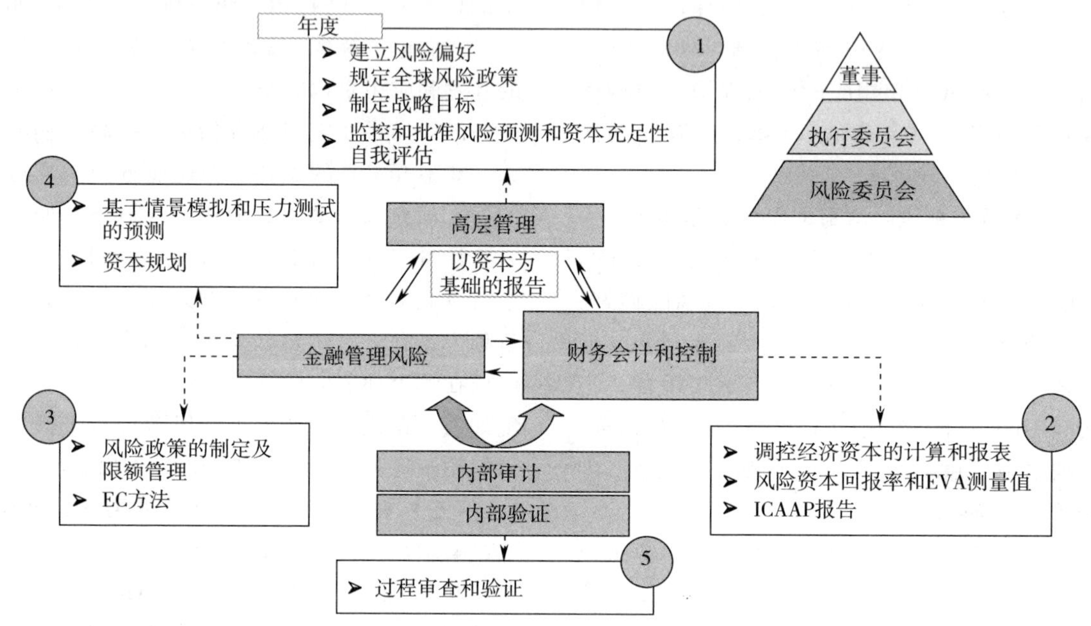

图5 桑坦德银行的资本管理流程

桑坦德银行的资本预算流程可以分为六个阶段，第一阶段，董事会决定集团的风险偏好并决定投资策略；第二阶段，首席执行官决定各业务单元的预期回报需求；第三阶段，各业务单元制订业务规划（按照地区、业务范围、产品等）；第四阶段，各业务单元与相关地区编制草案预算，确保与集团目标和策略相一致，并进行预算草案审查；第五阶段，业务单元向首席执行官提交预算，获得批准；第六阶段，财务部门会每月监控预算执行情况，风险管理部门也会进行监测。

七、借鉴与启示

（一）在体制架构设计中作出更加细致的安排，使风险管理逐步走向专业专注

客户群体不同、风险特性不同，管理模式和流程也不尽相同。桑坦德银行清晰界定了风险管理部门的管理范围（目前是六大风险），并根据客户分群作出更加细致的安排。既有公司层面的决策支持部门，可以整合资源集中进行组合的风险分析、监测和计量工具开发，又有针对具体客户的执行部门，并为客户专门配备风险分析师。建设银行风险管理体制也应契合现代银行的发展规律，充分借鉴国际领先银行的实践经验，特别是目前区域之间、行业之间、客户之间的风险差异较大，需要在风险管理体制上作出更加贴近客户的精细化安排，做到专业专注。

（二）细化风险经理职责，完善平行作业机制，确保各项风险政策落地、有效

桑坦德银行虽然没有提出平行作业的概念，但他们非常强调风险分析师和业务人员在整个业务流程中的沟通与合作，包括共同制定发展目标、一同拜访客户、参加业务定向会议、制定服务方案。这有利于风险管理部门和业务部门达成共识，形成合力，提高对客户的服务能力。建设银行在

2006年就建立了平行作业机制，在贷前、贷中、贷后环节合理划分客户经理、风险经理的职责，提倡“四只眼睛”共同看客户、看市场。经过几年的运行，平行作业发挥了积极作用，但也有一些分行的平行作业越来越形式化，风险经理对客户风险的把握不敏感，无法进行独立专业的判断。因此，建议尽快研究完善平行作业机制，充分认识到平行作业是分支机构风险管理的重要切入点和抓手，特别是风险经理的职责要细化具体，借鉴桑坦德银行风险分析师的管理经验，更加贴近客户，切实担负起传播和解读风险政策的职责。这样风险管理才有可能摆脱被动承担和事后处理的状态，走向积极主动。

（三）提升贷后管理能力，夯实资产质量基础

桑坦德银行对不同类型的业务实施不同的贷后管理机制。以非标准化业务为例，一般而言，风险分析师对客户每年至少进行一次贷后现场检查。对纳入观察名单的客户，风险分析师将其分为严重和一般两大类，前者3个月就需进行一次贷后现场检查，后者6个月至少进行一次贷后现场检查。同时，风险应对措施也分为四个等级：（1）继续跟踪；（2）减少风险敞口：要确定具体减少哪些产品的风险敞口及期限，如何调整；（3）增加担保：要求客户就其中某项风险敞口提供额外担保，明确担保类型；（4）解除与客户的合作关系：要明确在多长时间内，逐渐减少乃至取消对客户的风险敞口。一旦有客户纳入观察名单，风险分析师及所属分行风险委员会的审批权限将自动下调。通过这种制度安排，使贷后非现场监测、贷后现场检查和贷前尽职调查、贷中条件落实有机结合起来，能根据客户风险状况的变化情况迅速调整授信策略，从而降低业务风险。在目前国内大型银行不良率已接近1%的形势下，建设银行应借鉴桑坦德银行在贷后管理方面的有效做法，通过完善贷后管理工具和流程来夯实管理基础，降低资产质量的波动性。

（四）强化内控体系建设，将各类风险管理纳入统一的管理框架，不断完善全面风险管理

桑坦德银行非常重视内控体系的建设，专门有一个内部控制及内部风险验证总理事会（CIVIR），全面负责内控管理，并针对更广义范畴内的风险进行评估、验证和报告。建设银行可以借鉴桑坦德银行的管理经验，通过强化内部控制，将风险管理渗透至业务全流程和各个操作环节，覆盖所有的部门和岗位，使每个员工、每项活动都处在内控制度的监督和约束之中，使各类风险得到有效控制，为全面风险管理体系的建立奠定基础。

（五）加快推进新一代核心系统建设，构建灵活、高效、可扩展的信息技术平台

在信息化时代，银行对客户的服务及其内部管理高度依赖于信息系统的支持，IT成为流程和服务的主要载体和渠道。同时，由于系统刚性控制的特点，也使之成为控制风险、降低成本最为有效的手段。桑坦德银行在IT系统建设方面富有远见，扎实推进各项基础工作，形成了较为成熟的IT风险管理实践经验。建设银行应在吸取国际先进银行系统构建的基础上，尽快建立起与战略相匹配、具有高度延展性、灵活性的核心系统框架，实现客户关系管理、风险管控、绩效管理、数据归集的一体化。

（六）强化IT风险管理的全员意识，增进IT风险管理的专业性和整体合力

桑坦德银行在生产、软件、硬件、安全等方面实施非常专业细致的技术风险管理，有着严密的“四道防线”，各条线之间既明确分工、又密切合作，形成整体合力，为保障全行的安全持续运营发挥了重要作用。建设银行应借鉴其良好的做法，不仅在IT部门及风险管理部门，而且在全行各业务条线、各资源保障部门都形成普遍关注IT风险、支持IT风险管理的氛围，并使IT系统应用部门真正承担起第一道防线的职责。同时，加强IT风险专业团队的建设，专业专注地开展IT风险管理，使IT系统真正成为全行各项业务快速健康发展的有效支撑。

（七）完善产品估值的方法和流程，提升专业估值能力

桑坦德银行产品估值模型的开发由业务部门数量分析专家负责完成，首席风险官领导下的方法论研发部负责模型的验证以保证模型方法和参数的一致性，市场风险管理部负责估值曲线的选取和估值。目前，建设银行对金融市场业务的估值分别由风险管理部、金融市场部、营运管理部等几个部门共同完成，在估值方法、估值模型、估值流程和相关的验证工作等方面均需进一步规范、明确和完善。

（八）完善 VaR 指标的风险计量，充分发挥其积极作用

桑坦德银行对 VaR 的应用考虑较为审慎、周全。该行采用了 2 年的历史数据以平抑短期波动的干扰，同时兼顾对市场敏感性的捕捉需求，运用指数衰减因子法，并选择了每天计算两个 VaR 值的审慎做法。目前建设银行在计算 VaR 时使用的是 1 年历史数据，在当前系统支持有限的情况下，如能考虑时间因素的衰减影响，则更有利于进一步发挥 VaR 指标在市场风险识别计量方面的积极作用。

（九）将风险管理工具优势转化成市场竞争力，增进价值创造

桑坦德银行开发了 200 多种风险计量模型和评分卡并完成 IT 实施，在经营管理各个领域中广泛运用，有效控制成本，增进价值创造。以资本预算管理为例，桑坦德银行资本预算管理过程中的资本报告、定价过程中的单笔交易计算、日常监测中的资本分析等都依托系统完成。再以贷后管理为例，在非标准化业务的贷后管理中，桑坦德银行在各区域分行风险管理部设有监测团队对客户进行非现场监测预警。一旦发现预警信号，就将该信号反馈至该客户的风险分析师，风险分析师和该监测团队共同负责对该客户的跟踪，及时采取应对措施。所有这些活动也都依靠强大的分析系统和数据平台作为支持。

目前建设银行在风险计量工具开发及应用领域具有一定领先优势，但对照国际领先银行，还存在较大差距。未来亟须优化完善 RAROC、行业限额、金融市场业务估值、风险价值、久期以及压力测试等风险管理工具，按照全生命周期管理和组合管理要求，拓展应用广度及深度，巩固和发挥建设银行在该领域的国内领先优势，并将优势转化为市场竞争力，提升价值创造能力。

高等教育行业信贷政策重检报告

总行风险管理部　甘少浩

一、行业发展趋势研判以及风险分析

（一）招生增长空间有限，生源竞争加剧，高等职业教育成为新亮点

1. 适龄人口减少导致高校招生增速下降，未来 10 年在校生规模增长不超过 20%

根据《国家中长期教育改革和发展教育规划纲要（2010—2020 年）》（以下简称《纲要》），2015 年和2010 年年末，高校在校生规模将分别达到 3 350 万人和 3 550 万人，分别较 2009 年年末（2979 万人）增长 12% 和 19%，年复合增长率分别为 1. 8% 和 1. 6%。过去几年高校招生突飞猛进的势头将无法重现，未来 10 年高校招生规模增速将显著下降。

2. 区域人口结构、高校知名度及办学水平成为影响生源的重要因素

受区域人口结构因素影响，不同地区高等教育适龄人口峰值到来时间也不尽相同，适龄人口下降明显的省区将受到较大的影响。此外，适龄人口总量的减少将使得一些高校教育供给相对过剩，生源竞争加剧、招生情况出现分化。相对而言，教育部直属高校、国家部委所属高校以及省属重点高校招生情况受到影响相对较小，省属非重点高校、地市所属高校以及民办高校可能面临较大的冲击。

3. 职业教育逐渐成为未来高等教育的发展亮点

从近年来大学毕业生人才供求情况看，市场

对职业教育的需求越来越大。《纲要》要求高等职业教育机构改善办学条件、提升基础能力、稳步扩大招生规模，为职业教育发展创造良好机遇。预计未来几年职业教育仍将保持快速发展的态势。

（二）大规模校园基础设施建设接近尾声，客户需求逐步向综合金融服务转变

1. 多数高校新校区建设基本结束，基建信贷需求将逐步萎缩

目前，除了“数字化校园”建设纳入《纲要》之外，大多数高校上马新的校园建设项目的可能性不大。此外，中央和地方的财政、教育主管部门以2009年年末贷款余额为基础，锁定了高校负债规模，客观上也制约了新的基建信贷需求增长。

2. 综合金融服务成为银校合作的主要内容

教育行业作为“民本通达”业务的重要组成部分，是我行的优势领域。今后高等教育行业仍将是大力支持发展的领域。下一步金融服务的重点，将逐步从过去的信贷业务转到为高校客户提供代收学费、代发工资、现金管理、账户管理等全方位金融服务，提供金融解决方案。这将成为维护银校关系、深化银校合作的重要内容。

3. 融资产品结构将从中长期固定资产贷款转为以短期的融资便利为主

高校的短期资金需求主要体现在两个方面：一是高校财务收支两条线导致一些时点上可能出现短期资金周转困难，需要银行融资；二是部分高校债务期限结构不合理，客观上存在债务重新安排的情况。如何根据客户需求合理安排短期融资方案、调整信贷产品结构，是下一步需重点研究的课题。

（三）部分高校存在过度举债的风险隐患，通过扩招收费还贷的发展模式难以持续

1. 部分高校举债规模偏大，偿债负担沉重，已经影响正常运转

有的高校建设规模过于超前、举债规模超越自身偿还能力。财政拨款做到“收支平衡、不借新债”已属不易，很难做到用事业经费结余来偿还银行贷款。新华社记者曾在《内部参考》上反映了湖南部分高校因为债务负担沉重影响正常运行的情况，引起有关方面的关注。

2. 依赖扩招和提高学费标准的做法将难以为继

很多高校在举借银行债务时曾经寄希望于通过未来扩大招生规模、提高学费标准来弥补资金缺口。但是从我国高等教育适龄人口结构变化趋势看，维持高校持续扩招的基础不复存在。同时，继续提高学费标准也有悖于当前国家政策导向。根据教育部有关政策要求，高校收费标准在今后5~10年内不会有大的增长。

3. 民办高校对学费收入依赖性高，偿债风险可能率先暴露

民办高校因为没有财政拨款（或者很少），主要依靠学费收入来偿还贷款，招生人数下降、学费标准上涨的限制所带来的影响将逐步显现，由此引发的偿债风险可能率先在民办高校客户群中暴露出来。

（四）国家出台的增加高校拨款等政策支持，为化解高校债务风险创造了条件

《纲要》要求到2012年年末将国家财政性教育经费支出占国内生产总值比例提高到4%。财政部、教育部也专门对化解高校债务工作作出部署，相关政策措施为高校债务风险的化解创造有利条件。但是应该看到，中央出台的化解高校债务风险政策的有效期仅有两年，必须用好这个难得的时间窗口。

1. 大幅提高生均拨款水平

据统计，2008年我国高等教育生均预算内事业费为7 577.7元。2010年年末，财政部、教育部要求各地方高校2012年年末的生均拨款水平不得低于12 000元。为此，中央财政建立“以奖代补”机制，对于生均拨款水平尚未达到12 000元的省份，中央财政对各省份提高生均拨款水平所需经费按一定比例进行奖补（东部地区25%、中西部地区35%）。

2. 为地方高校化解债务压力提供资金支持

近年来，一些高校还本付息压力不断增大、债务风险日益显现，严重制约地方高校的持续健康发展。财政部和教育部要求各地通过几年的努力，采取高校统筹事业收入、土地置换收入、财政安排预算资金等多种方式，将高校贷款规模降至合理空间。为此，2010—2012年中央财政将采取基础奖励加浮动奖励的方式，根据地方财政通过一般预算安排的化债资金，综合考虑各地高校

化债工作努力程度、高校债务规模下降幅度以及扩招学生数等因素，对有效化解高校债务的省份给予支持（中西部地区为45%，东部地区分省确定）。

二、我行存量授信业务情况

1. 贷款余额占比不大，贷款质量较好

截至2011年7月末，我行教育行业贷款80%以上投向普通高等教育。以普通教育行业（国标行业分类代码 P8441）统计①，贷款余额876.55亿元，占全行对公贷款余额的2%；客户数共计805户。其中不良贷款余额4.6亿元，不良率0.52%。

2. 客户以评级较高的公办高校为主，但前二十大客户中列入“958”工程的全国知名高校较少

截至7月末，AA－级以上优质客户贷款余额831.45亿元，占全部普通教育行业贷款的94.85%；公办高校贷款余额817.21亿元，占比93.23%（见表1）。

表1　　客户结构分布情况　　单位：亿元、%

信用等级	贷款余额	占比
AAA级	72.02	8.22
AA＋	557.79	63.63
AA	162.59	18.55
AA－	39.05	4.45
A＋级及以下	45.1	5.15
总计	876.55	100

前二十大客户的贷款余额为106.81亿元，占比12.19%，列入国家“958工程”的全国知名高校较少。

表2　　前二十大客户贷款情况　　单位：亿元、%

一级分行	客户名称	信用等级	贷款余额	占比	客户主要情况
四川	成都理工大学	AA＋	9.00	1.03	
天津	天津师范大学	AA＋	6.69	0.76	天津市属重点
河北	燕山大学	AA＋	6.38	0.73	全国重点、省部共建
天津	天津工业大学	AA＋	6.14	0.70	教育部与天津市共建
四川	四川师范大学	AA＋	6.00	0.68	省属重点
四川	电子科技大学	AAA	5.80	0.66	“985工程”、“211工程”
苏州	苏州大学	AA＋	5.71	0.65	“211工程”
河南	河南大学	AA＋	5.60	0.64	省部共建
北京	中国农业大学	AAA	5.20	0.59	“211工程”、“985工程”
湖北	武汉科技大学	AA＋	5.00	0.57	国家一类重点
江西	南昌工程学院	AA＋	4.91	0.56	
吉林	长春伍陆柒捌集团有限公司	AA－	4.90	0.56	民办
福建	福州大学	AA＋	4.63	0.53	“211工程”
江西	南昌大学	AA＋	4.57	0.52	“211工程”
湖南	湖南涉外经济学院	AA－	4.50	0.51	民办
湖北	武汉理工大学	AAA	4.46	0.51	“985工程”、“211工程”
河北	河北师范大学	AA＋	4.35	0.50	省属重点
厦门	集美大学诚毅学院	AA＋	4.33	0.49	
陕西	西安工业大学	AA＋	4.33	0.49	
安徽	安徽师范大学	AA	4.31	0.49	省属重点
	总计		106.81	12.19	

① 本报告所有教育行业数据均以普通高等教育行业统计。

3. 余额前十大省份贷款总量占比超过50%，京沪等文教发达地区贷款余额较少

按区域统计，我行教育行业贷款主要集中在四川、江苏、江西、陕西、湖南、天津等省份。截至7月末，前十大省份贷款余额合计470.16亿元，占比53.64%（见表3）。北京、上海等重要高校聚集地区的贷款余额较少（分别为20.63亿元、5.79亿元）。

表3 **区域分布情况** 单位：亿元、%

序号	一级分行	贷款余额	占比	不良额	不良率
1	四川	59.70	6.81	0	0
2	江西	55.23	6.30	0	0
3	江苏	54.44	6.21	0	0
4	陕西	53.81	6.14	0	0
5	湖南	47.27	5.39	0	0
6	天津	42.11	4.80	0	0
7	湖北	40.52	4.62	0	0
8	广东	40.22	4.59	0	0
9	安徽	38.49	4.39	0.66	1.71
10	河南	38.37	4.38	0	0
	总计	470.16	53.64	0.66	0.14

4. 高校贷款主要投向基本建设领域，期限结构以中长期贷款为主

基本建设贷款余额665.29亿元，占比75.9%；流动资金贷款206.1亿元，占比23.51%。从贷款期限看，集中于中长期贷款，5年期以上贷款占比超过70%（见表4）。

表4 **贷款期限分布情况** 单位：亿元、%

贷款期限	余额	占比
1年以内	91.3	10.42
1～3年	121.46	13.86
3～5年	35.97	4.10
5～8年	188.89	21.55
8～10年	183.82	20.97
10年以上	255.11	29.10
总计	876.55	100

5. 不良贷款客户和展期客户主要为普通本科和高等职业技术院校

截至7月末，教育行业不良贷款客户共计7户，分布于贵州（1户）、云南（2户）、河北（2户）、安徽分行（2户），不良额分别为1.6亿元、1.3亿元、1.05亿元、0.66亿元，不良贷款客户主要为普通本科院校（见表5）。

表5 **不良贷款客户情况** 单位：亿元

一级分行	客户名称	贷款余额	客户情况
贵州	黔南民族师范学院	1.60	省州共建民族师范学院
云南	红河学院	1.05	省属普通本科
河北	石家庄学院	0.55	普通本科
河北	河北农业大学	0.50	省属重点
安徽	滁州职业技术学院	0.35	普通高等学校
安徽	皖西学院	0.31	省属综合性本科
云南	保山师范高等专科学校	0.25	师范为主，成人教育、高等职业教育为辅的普通高校
总计		4.6	

展期贷款余额16.69亿元，客户数33户。展期贷款余额较多的分行为山东（3.59亿元）、黑龙江（2.24亿元）、苏州（1.86亿元）、湖北（1.86亿元）等，客户主要为公立普通本科和高

等职业技术院校（见表6）。

表6　　展期贷款分布情况　　单位：亿元

序号	一级分行	展期余额	客户名称
1	山东	3.59	济南大学（省属重点）、山东工艺美术学院、枣庄学院
2	黑龙江	2.24	黑龙江工程学院、佳木斯大学、鸡西大学
3	苏州	1.86	苏州经贸职业技术学院
4	湖北	1.86	咸宁学院
5	湖南	1.52	湖南工程职业技术学院、娄底职业技术学院、湖南机电职业技术学院、衡阳财经工业职业技术学院、湖南科技学院、长沙学院、邵阳学院
6	辽宁	1.32	沈阳师范大学、渤海船舶职业学院
7	河南	0.95	河南中医学院
8	大连	0.79	大连工业大学
9	北京	0.7	北京耿丹教育发展中心（集体）
10	甘肃	0.7	甘肃中医学院、甘肃联合大学
11	河北	0.56	河北科技师范学院、廊坊师范学院、衡水学院
12	安徽	0.28	安徽审计职业学院
13	江西	0.26	江西应用技术职业学院
14	天津	0.12	天津轻工职业技术学院
15	厦门	0.1	厦门医学高等专科学校
	总计	16.69	

三、信贷政策导向

下阶段，仍应维持高等教育行业“优先支持”的定位，根据形势变化，着力优化调整客户结构和产品结构。同时，做好以下几项工作：

1. 关注行业性影响因素，做好风险排序和客户选择

除了要关注资产负债率、负债收入比等财务性指标外，对客户所在区域高等教育适龄人口变化、行业影响力（如国家级和省级重点学科数量）、专业设置（如传统专业、特色专业、优势专业情况）、在校生规模（如普通高等院校不低于10 000人、高等职业院校不低于5 000人）等因素应予以重点关注。对地级市教育主管部门所属的全日制普通本科高校客户以及民办高校客户新增授信，要审慎评估、从严管控。

2. 抓住政策机遇，排查化解存量贷款风险，做实还贷来源和风险缓释措施

强化存量贷款管理，充分利用好为期两年的高校化债机遇期。一是要密切关注本省（区、市）出台的高校化债实施细则，跟踪地方财政化债资金分配以及相关高校化债方案，制定贷款压缩预案。二是跟踪相关高校化债方案实施进展以及财政化债资金拨付情况，确保财政化债资金用于偿还我行贷款。对于以旧校区土地处置收入作为还款来源的，应注意跟踪土地处置及回收资金划拨进程。三是排查我行固定资产贷款投资项目的合规性，重点核查投资项目审批和新增贷款申请手续的合规完备情况。存在违规问题或手续完备性不足的，应督促客户及时整改纠正，防止因合规因素影响财政化债资金拨付。四是在化债政策的有效期（2012年年末前）内严格控制到期高校贷款展期、借新还旧，用好政策督促客户做实还贷来源和风险缓释措施，化解风险隐患。

3. 加强交叉销售，通过信贷业务带动各项业务的拓展

进一步深化银校合作，提供契合高校客户群特点和需求的全面金融服务、金融解决方案。以短期融资等信贷业务为切入点，带动负债业务、中间业务的发展。

基于多元统计分析和内控联动评价的经济责任审计评价

——根据对建设银行辽宁省分行分支机构负责人聘期经济责任审计实践经验的思考与研究

中国建设银行沈阳审计分部课题组

本课题在总结分析审计实践的基础上，构建了基于 SPSS 软件的多元统计分析功能和内部控制联动评价①的一套审计评价模型工具，以完善经济责任审计评价职能。

一、对建设银行辽宁省分行分支机构负责人聘期经济责任审计实践的总结与分析

（一）聘期经济责任审计评价简介

沈阳审计分部为履行好对驻地行辽宁省分行的分支机构负责人聘期经济责任审计职责，于 2006 年制定了《建设银行辽宁省分行分支机构负责人聘期经济责任审计实施细则》（以下简称《实施细则》）。根据《实施细则》，聘期经济责任审计评价是指对建设银行辽宁省分行分支机构负责人任职期间，因行使上级授权对经营或管理所在单位的相关经济行为及其结果应当承担的责任所进行的审计评价活动。审计评价事项包括聘期目标责任的完成程度、内部控制的水平、持续经营能力的强弱。其中，对聘期目标责任的完成程度的审计评价，主要依据审计对象所在机构经营效益、资产质量、业务发展等指标计划的完成情况。对内部控制的水平评价主要依据审计对象所在机构内部控制年度审计评价②结果。对持续经营能力的评价，主要依据审计对象所在机构关键业绩指标中战略指标的考核结果。审计方式以现场审计为主。

（二）现行审计评价体系存在的主要问题

本课题通过问卷调查和专家访谈得知，目前审计人员中有 80% 以上认为聘期经济责任审计评价的难点主要是缺少一套规范、科学、可操作性强的评价体系。聘期经济责任审计结论应为上级行考核任用干部提供依据，缺少科学的审计评价体系，必然影响审计结论的可用性。审计人员提出《实施细则》所规定的审计评价体系主要存在以下问题：一是评价标准的更新频率还有待进一步提高。为适应建设银行辽宁省分行分支机构的关键业绩指标每年都在更新的形势，对一些审计评价指标应加快更新步伐。二是评价指标选取还有待改进。主要体现在指标过多，缺乏层次，指标之间的独立性较差。三是评价方法还需要完善。一些评价指标的权重设计依靠主观判断，未充分征求各方面意见，缺少客观依据。四是内部控制审计评价结果不够客观。受审计资源限制，目前沈阳审计分部每年只能对建设银行辽宁省分行 10% ~20% 的二级机构进行完整的内部控制审计。开展经济责任审计时，对大部分未接受完整的内部控制审计的机构，在有限的现场审计时间里也很难做全面的控制审计，难以保证评价结果的客观性。五是不能完全满足审计需求。根据本次课

---

① 内部控制联动评价是指沈阳审计分部与经济责任审计的委托单位——建设银行辽宁省分行共同配合，由建设银行辽宁省分行组织各二级机构定期、不定期地对本机构的内部控制系统先进行自我测评，并将自评结果反馈给审计分部，再由审计分部进行审计评价以期更好地实现内部控制目标的过程。

② 内部控制年度审计评价，是指建设银行审计机构根据特定内部控制评价和整体内部控制评价所提供的信息，结合审计机构收集的重大控制风险事项，每年对审计管辖范围内的所有机构单元及其业务单元内部控制所进行的评价。

题的调查统计，建设银行辽宁省分行2008年以来平均每年提出的经济责任审计需求量为140人次，而沈阳审计分部实际平均每年完成47人次，仅占需求量的33%。另外，建设银行辽宁省分行还希望能根据审计结果对审计对象进行分类和排序，为考核使用干部提供量化依据。但现行审计评价体系还难以满足这些需求。六是对审计评价结果缺少检验过程，不利于持续完善审计评价体系。因此需要建立更为规范、科学、可操作性强的审计评价体系。

（三）将多元统计分析等方法应用于建设银行辽宁省分行分支机构负责人聘期经济责任审计评价的意义

第一，通过应用多元统计分析方法有利于选取和使用最新的评价指标，推动及时更新审计评价标准。第二，有利于科学选取评价指标，解决指标过多、缺乏层次、指标之间独立性较差等问题。第三，有利于科学设计评价指标权重，建立对审计对象的整体评价标准，提高审计结论的可用性。第四，将多元统计分析方法与内部控制联动评价结合，有利于促进提高内部控制审计的覆盖范围，增强内部控制评价的客观性。第五，有利于分析判断影响审计对象经营管理水平的主客观因素，为上级行改善宏观管理提供量化的依据和指引。第六，有利于从数量和效果上更好地满足审计需求。在充分满足数据需求等前提下，应用多元统计分析等方法，可以从数量上完全满足建设银行辽宁省分行的审计需求。还可以按照一定规则自动实现对审计对象的分类和排序，满足审计需求。第七，有利于降低审计成本。应用多元统计分析等方法，可以将原来以现场审计为主的审计方式变为以非现场审计方式为主。以本次课题调查统计的可比价格计算，每年至少可以节约237 112元。第八，应用多元统计分析工具提供的检验功能，可以对审计评价结果进行自动检验，促进持续完善审计评价体系。

二、将多元统计分析方法等方法应用于建设银行辽宁省分行分支机构负责人聘期经济责任审计评价的可行性分析

（一）本课题应用的多元统计分析等方法的特点

多元统计分析是从经典统计学中发展起来的一种综合分析方法，能够在多个对象和多个指标互相关联的情况下，简明扼要地把握系统的本质特征，分析数据系统中的内在规律性，因而在自然科学和社会科学的多个领域中得到广泛应用。本课题应用了其中的主成分分析、聚类分析、判别分析等方法，还应用了层次分析方法。各种方法的特点如表1所示。任何评价方法都有它的适用范围，也有它的局限性。单一依靠某一种方法可能会出现评价结果不客观或无实际意义等情况。本课题应用了多种评价方法，通过不同方法相互验证，既可以检验评价结果的可信度，又可以弥补单个评价方法本身的局限性。

表1　　本课题应用方法的特点

名称	特点	优点	局限性
主成分分析	主成分分析是将多项指标转化为少数几项综合指标，用综合指标来解释多变量的方差－协方差结构。综合指标即为主成分。所得出的少数几个主成分，尽可能多地保留原始变量的信息，且彼此不相关	①利用降维技术用少数几个综合变量来代替原始多个变量，这些综合变量集中了原始变量的大部分信息；②通过计算综合主成分函数得分，对客观经济现象进行科学评价；③在应用上侧重于信息贡献影响力综合评价	当主成分的因子负荷的符号有正有负时，综合评价函数意义就不明确。命名清晰性低

续表

名称	特点	优点	局限性
聚类分析	聚类分析是依据实验数据本身所具有的定性或定量的特征来对大量的数据进行分组归类以了解数据集的内在结构，并对每一个数据集进行描述的过程。其主要依据是聚到同一个数据集中的样本应该彼此相似，而属于不同组的样本应该足够不相似	直观，结论形式简明	在样本量较大时，要获得聚类结论有一定困难。实践中有时尽管从被试反映所得出的数据中发现它们之间有紧密的关系，但事物之间却无任何内在联系，此时，如果根据距离或相似系数得出聚类分析的结果，显然是不适当的，但是，聚类分析模型本身却无法识别这类错误
判别分析	判别分析是在分类确定的条件下，根据某一研究对象的特征值，判别其类型归属问题的一种多变量统计分析方法	能够在分析前就明确类别。可以和聚类分析互为补充，结合使用	要求各变量为连续性或有序分类变量；样本来自一个多元正态总体；各组协方差矩阵相等；变量间独立，无共线性
层次分析	层次分析的基本原理是把复杂问题分解成若干层次和若干因素，在各层次之间进行简单的比较和计算，得出不同因素的权重，并在此基础上进行定性和定量分析的决策	在目标因素结构复杂且缺少必要数据的情况下，能把其他方法难以量化的评价因素通过两两比较加以量化，把复杂的因素构建成一目了然的层次结构，确定各评价因素的重要程度	局限性在于层次结构模型的构建和判断矩阵的得出。如检验判断矩阵的一致性比较困难。另外，在对判断目标的总体评价时，缺乏一个统一的、具体的指标量化方法

（二）在审计评价中应用多元统计分析等方法的可行性

聘期经济责任审计评价具有多维性、模糊性、不确定性等特点，需要综合考虑多种因素。这些复杂因素决定了不适合也不容易用一种评价方法实现全部评价目标，应根据各种方法的特点，合理结合使用。如利用主成分分析方法可以在众多考核指标中科学地识别和选取最具有代表性的指标，还能自动得出指标的权重，有效解决指标选取和权重设计缺少科学依据等问题。采用层次分析法，可以使内部控制评价指标权重设计更加合理。将内部控制联动评价引入经济责任审计评价，能有效解决目前内部控制审计覆盖范围不足问题，客观真实反映审计对象的内部控制管理能力，增强评价结果的可信度。使用聚类分析方法对审计评价结果进行合成和分类，既能为上级行全面综合考核审计对象业绩提供量化依据，也可以就某一方面（如盈利能力）自动实现对审计对象的分类和排序，为上级行调整优化管理政策提供参考。而SPSS软件的聚类分析、判别分析对主成分分析结果具有验证功能，再利用功效系数法，可以从多维度检验评价结果合理性。在不同方法的相互检验和校准过程中，可以不断完善评价工具体系，增强审计评价结果的客观性和可用性。

沈阳审计分部目前已经建立了聘期经济责任信息资料库，存储了从2006年以来的对建设银行辽宁省分行所属机构负责人聘期经济责任审计相关信息，可以为审计评价提供数据支持。还初步建立了聘期经济责任审计专家库，可以为审计评价提供专业支持。建设银行辽宁省分行有关部门可以接受沈阳审计分部邀请参与经济责任审计评价结果的审议，为验证审计评价结果提供工作支持。另外，SPSS软件的主成分分析、聚类分析、判别分析等功能可以为审计评价提供技术工具支持。这些构成了应用多元统计分析等方法的客观基础。

三、构建基于 SPSS 软件的多元统计分析功能和内部控制联动评价的建设银行辽宁省分行分支机构负责人聘期经济责任审计评价模型工具

（一）模型构建的总体思路与方法

总体思路：根据审计评价事项，首先分别建立对聘期目标责任完成程度、内部控制水平、持续经营能力等单个审计事项的评分模型，再合成综合评价结果，最后进行评价结果的检验。应用的主要方法：根据沈阳审计分部对 27 个二级机构的问卷调查反馈结果，初步选取适用的审计评价指标；利用 SPSS 软件提供的主成分分析功能，根据沈阳审计分部聘期经济责任审计信息资料库的数据，分别建立对聘期目标责任完成程度、持续经营能力的评分模型；应用层次分析法确定内部控制审计评价指标权重，利用建设银行辽宁省分行内部控制联动评价结果，建立对内部控制水平的评分模型；应用层次分析法确定单个审计事项的权重，根据单个审计事项的评分结果，合成综合评价结果；利用 SPSS 软件提供的聚类分析、判别分析等功能和功效系数法检验综合评价结果；将本课题构建的模型工具和评价结果提交建设银行辽宁省分行和沈阳审计分部进行审议，检验评价结果的可靠性和评价模型工具的可用性。

（二）构建基于主成分分析的聘期目标责任完成程度评分模型

1. 主成分分析的原理

主成分分析是一种数学变换的方法，它把给定的一组相关变量（$x_1, x_2, ... x_p$）通过线性变换转成另一组不相关的变量（$z_1, z_2, ... z_m, m \leqslant p$），这些新的变量按照方差依次递减的顺序排列，分别称为原变量指标（$x_1, x_2, ... x_p$）的第 1 至第 m 主成分。

主成分分析通常包括以下计算步骤：第一，计算相关系数矩阵；第二，计算特征值与特征向量；第三，计算主成分贡献率及累计贡献率；第四，计算主成分载荷；第五，计算主成分得分。

2. 以建设银行辽宁省分行 2009 年的实际数据为例，说明利用 SPSS 软件构建基于主成分分析的聘期目标责任完成程度评分模型的过程

第一，录入数据。首先由沈阳审计分部向建设银行辽宁省分行所属 27 个二级机构下发调查问卷，征求对适用于建设银行辽宁省分行所属机构负责人聘期审计评价指标的意见。根据问卷反馈结果，选取经济增加值等 8 个聘期目标责任指标作为原始数据，使用 SPSS 软件录入数据。第二，在 SPSS 菜单中选择“分析”—“降维分析”—“因子分析”，选取“变量”。第三，选择“因子提取方法”—“主成分分析”。

第四，选择“因子分析—旋转”，选择“因子分析—因子得分”。第五，选择“确定”，得出旋转成分矩阵和成分得分系数矩阵。

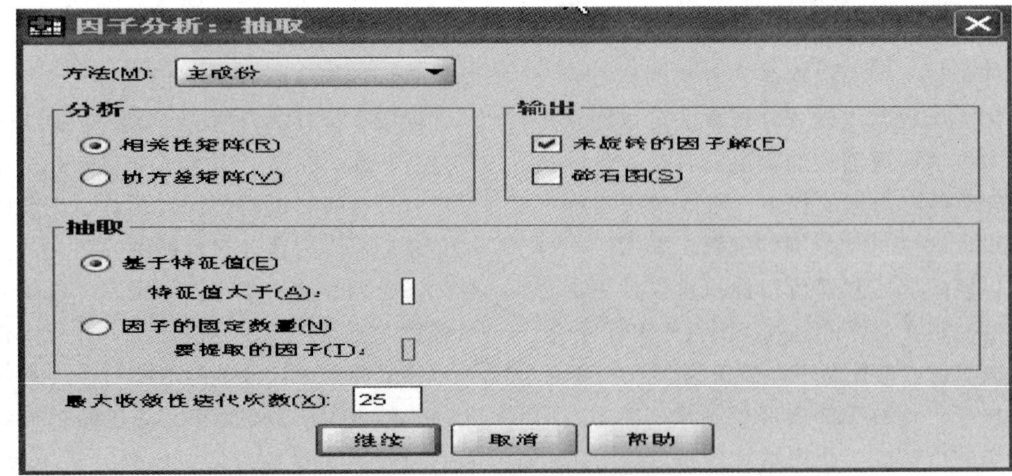

旋转成分矩阵[a]

	成分		
	1	2	3
经济增加值	.926	.048	.038
考核利润	.942	.079	.046
中间业务收入	.191	.860	-.028
不良贷款率	-.685	-.171	-.034
对公存款日均新增	.423	-.324	-.604
个人存款日均新增	.063	.952	.042
公司类贷款余额时点新增	.358	-.252	.711
个人类贷款余额时点新增	.034	.451	.437

提取方法：主成分分析法。

旋转法：具有 Kaiser 标准化的正交旋转法。

a. 旋转在 8 次迭代后收敛。

成分得分系数矩阵

	成分		
	1	2	3
经济增加值	.364	-.021	.002
考核利润	.368	-.007	.005
中间业务收入	.038	.429	-.127
不良贷款率	-.263	-.053	.008
对公存款日均新增	.201	-.116	-.560
个人存款日均新增	-.018	.473	-.065
公司类贷款余额时点新增	.130	-.221	.701
个人类贷款余额时点新增	-.020	.178	.371

提取方法：主成分分析法。

旋转法：具有 Kaiser 标准化的正交旋转法。

构成得分。

（注：旋转成分矩阵得出 3 个主成分，在第 1 个主成分中，经济增加值和考核利润指标相对突出。在第 2 个主成分中，个人存款日均新增和中间业务收入指标相对突出。在第 3 个主成分中，公司类贷款余额时点新增指标相对突出。这与建设银行辽宁省分行 2009 年所属机构实际情况基本吻合。）

3. 根据旋转成分矩阵和成分得分系数矩阵得出主成分综合评分模型

$$F_i = 0.5C_1 + 0.36C_2 + 0.13C_3 \quad (1)$$

$$C_1 = 0.354Z_1 + 0.368Z_2 + 0.038Z_3 - 0.253Z_4 + 0.201Z_5 - 0.018Z_6 + 0.13Z_7 - 0.02Z_8 \quad (2)$$

$$C_2 = -0.021Z_1 - 0.007Z_2 + 0.429Z_3 - 0.053Z_4 - 0.116Z_5 + 0.473Z_6 - 0.221Z_7 + 0.178Z_8 \quad (3)$$

$$C_3 = 0.002Z_1 + 0.005Z_2 - 0.127Z_3 + 0.008Z_4 - 0.56Z_5 - 0.065Z_6 + 0.701Z_7 + 0.371Z_8 \quad (4)$$

$$F_i = 0.1697Z_1 + 0.165Z_2 + 0.157Z_3 - 0.1444Z_4 + 0.014Z_5 + 0.155Z_6 + 0.0766Z_7 + 0.1022Z_8 \quad (5)$$

式中，Z_i 分别表示经济增加值等变量的标准化后的数据；C_i 系数表示旋转后的因子方差贡献。

4. 将各评价单元的标准化后的数据代入主成分综合评分模型即可得出各审计对象的聘期目标责任完成程度得分（见表 2）

（注：从原始数据输入到最终结果生成的各个步骤，完全没有人为操纵空间；一次性输入原始数据后可得出全部审计对象的评价结果；计算

过程也比较简便快捷。)

表2　建设银行辽宁省分行所属二级机构负责人2009年聘期目标责任完成程度审计评价得分

机构名称	机构得分	得分排名	机构名称	机构得分	得分排名	机构名称	机构得分	得分排名
A	1.0692	1	J	0.2173	10	S	-0.1623	19
B	0.9298	2	K	0.0805	11	T	-0.187	20
C	0.7789	3	L	0.0694	12	U	-0.2265	21
D	0.6136	4	M	0.0134	13	V	-0.3286	22
E	0.5169	5	N	0.0106	14	W	-0.4106	23
F	0.4977	6	O	0.0099	15	X	-0.5242	24
G	0.2854	7	P	0.0077	16	Y	-0.5791	25
H	0.2688	8	Q	0.0052	17	Z	-1.2469	26
I	0.2201	9	R	-0.0861	18	AA	-1.843	27

(三)构建基于主成分分析的持续经营能力评分模型

模型构建的过程比照聘期目标责任完成程度评分模型。在指标选取方面，利用主成分分析法选取最能代表持续经营能力的指标（如客户增长率、客户产品覆盖度)。

(四)建立基于内部控制联动评价的层次分析模型

1. 利用内部控制联动评价方法进行内部控制水平评定的意义。内部控制联动评价是沈阳审计分部借鉴建设银行系统内其他审计机构经验并结合自身实际的一种内部控制评价方式创新。在开展建设银行辽宁省分行分支机构负责人聘期经济责任审计过程中，利用内部控制联动评价方法进行内部控制水平评定对审计对象和沈阳审计分部都具有重要意义。

对审计对象而言，其意义主要体现在：第一，有利于向各层级员工传导内部控制责任意识，推动员工从内部控制的“要我做”转变为“我要做”，真正对自己所负责和参与的内部控制负责，使人人都成为“控制者”。第二，有利于营造更为积极、开放、合作的内部控制文化氛围，使内部控制执行变得更为主动，内部控制信息反馈更为通畅。第三，有利于组织行内业务专家对关键控制点深入研究，使内部控制在解决一些系统性问题上更有成效。

对沈阳审计分部而言，其意义主要体现在：第一，创新内控评价管理方式，实现对二级机构内部控制每年全覆盖的目标，解决目前内部控制审计覆盖率不足的问题。第二，推动了内部控制审计评价理念的转变，从过去由审计单方面评价转变为“双边”的联动评价，使审计对象更加愿意配合审计。第三，促进审计对象审慎设计和执行，并持续改善内部控制流程。第四，将内部控制评价变为常态性活动，增强了评价结果的客观性、时效性。

2. 利用内部控制联动评价方法进行内部控制水平评定的基本流程。第一，确定评价内容和标准。评价内容包括内部控制设计和执行的健全性、合理性和有效性。评价标准按照建设银行《内部控制等级核心定义》。第二，应用层次分析方法确定评价指标权重。第三，建设银行辽宁省分行组织各二级机构进行内部控制自我测评。自我测评流程分为内部控制梳理、测评实施、测评报告3个阶段。内部控制梳理阶段包括梳理部门职责与事项、梳理业务流程、梳理制度文件等步骤。测评实施阶段包括识别与评估关键风险点和控制点，编制《关键风险点及控制注册表》(见表3)，查找控制缺陷，制定整改方案等步骤。测评结果报告阶段包括起草报告、审定结果、反馈结果等步骤。第四，沈阳审计分部对建设银行辽宁省分行的内部控制自我测评结果进行审计评价。审计评价分为评价准备、评价实施、评价报告、评价反馈4个阶段。评价准备阶段包括分析对比自我测评结果、制定评价方案等步骤。评价实施阶段包括现场抽查测试、检验自评结果、综合评价等步骤。评价报告阶段包括起草评价报告、结果审定等步骤。评价反馈阶段包括下发审计意见书、监督整改等步骤。具体流程见图1。

表3　　关键风险点及控制注册表

序号	工作流程	控制目标	关键风险点描述及可能后果	风险分析/评价			现有控制措施描述			现有控制岗位	控制状态梳理环节						现有控制措施有效性评价	建议进一步措施描述					综合建议
				可能性	后果	级别	制度保障	系统保障	措施保障		是否建立信息系统	信息系统名称	控制手段（人控/机控）	控制性质（预防性/发现性）	控制频率	控制实施证据		制度、政策和程序的修订	部门岗位职责的调整	流程或控制环节的变量	信息系统的变理	其他	

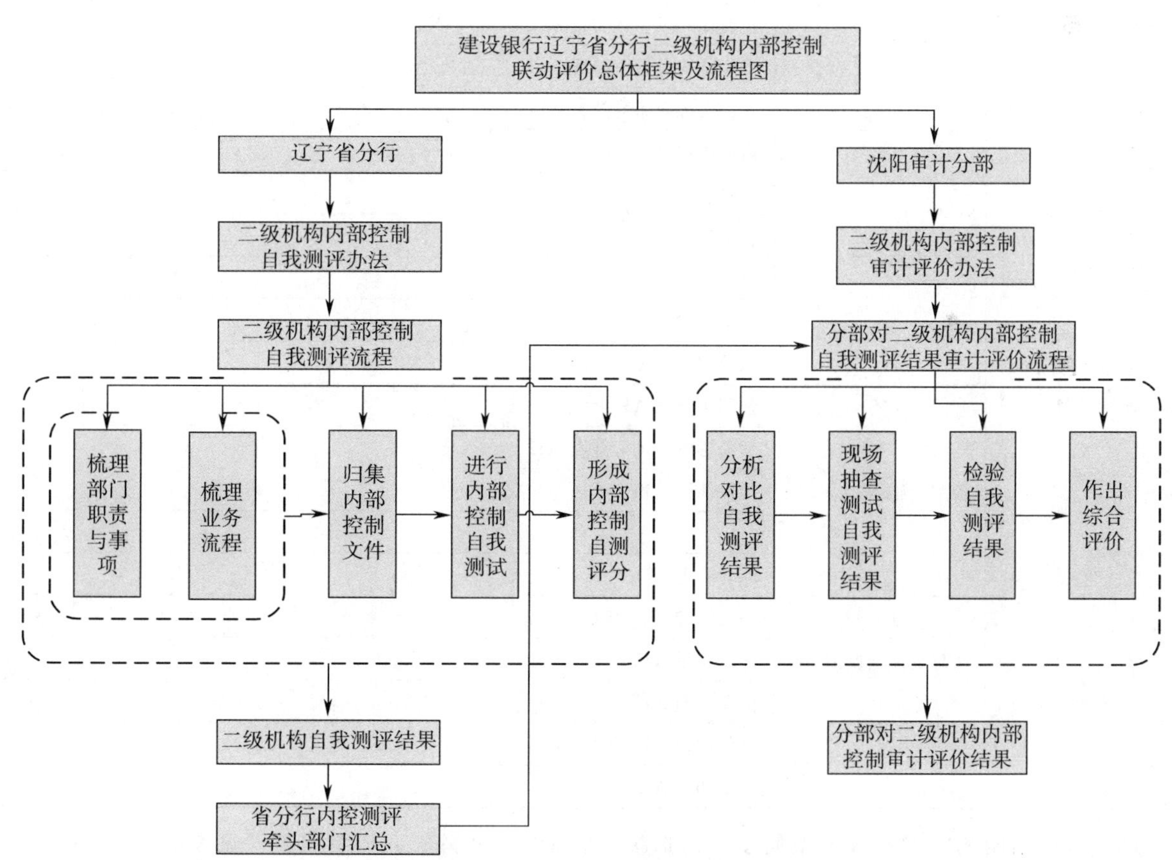

图1　建设银行辽宁省分行二级机构内部控制联动评价总体框架及流程图

3. 采用层次分析方法确定评价指标权重

（1）层次分析法的原理。层次分析法是一种综合定性与定量分析，模拟人的决策思维过程，以解决多因素复杂系统，特别是难以定量描述的社会系统的分析方法。将层次分析法应用于内部控制审计评价主要基于以下考虑：一是内部控制审计评价中有很多是定性指标，层次分析法具有将定性问题转化为定量问题的功能。二是层次分析法在确定指标权重方面比传统的主观判断更为科学严谨。

应用层次分析法建立评价模型通常包括以下4个基本步骤：第一，在确定决策的目标后，对影响目标决策的因素进行分类，建立一个多层次结构；第二，比较同一层次中各因素关于上一层次的同一个因素的相对重要性，构造成对比较矩阵；第三，通过计算，检验成对比较矩阵的一致性，必要时对成对比较矩阵进行修改，以达到可以接受的一致性；第四，在符合一致性检验的前提下，计算与成对比较矩阵最大特征值相对应的特征向量，确定每个因素对上一层次该因素的权重；计算各因素对于系统目标的总排序权重并决策。

（2）本课题利用层次分析法确定内部控制评价指标权重的基本步骤。层次分析法的计算原理比较简单，但是随着层次和因素的增加，其计算量会随之增加，有时需要根据实际情况对判断矩阵进行修正以便通过一致性检验，重复计算烦琐而且容易出错。为克服此缺陷，本课题尝试通过完善数量标度，设计出可以不需要进行一致性检验的一套方法。

第一，按照层次分析法的层次结构建立内部控制评价指标体系（见表4）。

表4　　建设银行辽宁省分行二级机构内部控制审计评价指标体系

目标层	准则层	子准则层
二级机构内部控制审计评价	控制环境 A1	管理理念和经营风格 A11
		职业操守及行为习惯 A12
		组织结构及权责分配 A13
		人力资源政策与执行 A14
	风险识别与评估 A2	目标设定 A21
		风险识别 A22
		风险计量 A23
		风险监测 A24
		风险应对 A25
		风险报告 A26
	控制措施 A3	公司类贷款 A31
		贸易融资及国际业务 A32
		担保承诺 A33
		……
		综合管理 A315
	信息交流与反馈 A4	信息管理机制 A41
		信息质量 A42
		信息沟通 A43
	监督评价与纠正 A5	监督评价 A51
		缺陷纠正 A52

第二，得出两两因素比较的隶属度，构造模糊一致矩阵的取值参照表（见表5）。

表5　　模糊一致矩阵的取值参照表

标度	定义	说明
0.5	同等重要	两因素相比较，同等重要
0.6	稍微重要	两因素相比较，一元素比另一元素稍微重要

续表

标度	定义	说明
0.7	明显重要	两因素相比较，一元素比另一元素明显重要
0.8	重要得多	两因素相比较，一元素比另一元素重要得多
0.9	极其重要	两因素相比较，一元素比另一元素极端重要
0.1 0.2 0.3 0.4	反比较	若元素 C_i 与元素 C_j 相比较得到判断矩阵 R_{ij}，则元素 C_j 和元素 C_i 相比较得到判断矩阵为 $R_{ji} = 1 - R_{ij}$

第三，层次单排序。根据模糊一致矩阵的性质，求得各元素的权重值 W_i。

$$W_i = \frac{1}{n} - \frac{1}{2\alpha} + \frac{1}{n\alpha} \times \sum_{k=1}^{n} R_{ik}, i \in \Omega \quad (6)$$

式中：n 为 R 的阶数；$\alpha = \frac{n-1}{2}$。若 R_{ij} 按表 5 进行标度，而且满足 $R_{ij} = 1 - R_{ji}$，R 为模糊一致矩阵，即不用再去检验矩阵的一致性。

第四，将专家判断结果分别转化为准则层和子准则层的判断矩阵，求出权重值 W_i。例如内部控制要素各准则之间的模糊一致矩阵如表 6 所列。单项内部控制要素，如内部控制措施下的各单元之间的判断矩阵也可比照得出。

表 6　内部控制要素各准则之间的模糊一致矩阵及求解结果

准则层次	A1	A2	A3	A4	A5	W
A1	0.5	0.6	0.5	0.6	0.2	0.19
A2	0.4	0.5	0.4	0.5	0.2	0.15
A3	0.5	0.6	0.5	0.4	0.2	0.17
A4	0.4	0.5	0.6	0.5	0.2	0.17
A5	0.8	0.8	0.8	0.8	0.5	0.32

第五，根据对各项内部控制要素的内部控制联动评价结果，用层次分析法得出的权重值加权计算，即可得出审计对象所在机构的内部控制水平得分。

（五）建立基于聚类分析的建设银行辽宁省分行分支机构负责人聘期经济责任审计综合评价模型

第一，利用层次分析法确定聘期目标责任完成程度、内部控制水平、持续经营能力等评价事项的权重。方法与确定内部控制评价要素权重相同。

第二，根据评价事项的权重和单个评价事项的评分结果，采用对标评分法得出对审计对象的综合评价得分。

$$Z = \sum_{i=1}^{n} X_i \times \left(\frac{Y_I}{\max Y_I} \times 100\right) \quad (7)$$

式中：Z 表示审计对象的综合评价得分；X 表示评价事项的权重；Y 表示单个评价事项的评分结果。$\max Y_I$ 表示全部审计对象中单个评价事项的最高评分。

第三，应用聚类分析法对审计对象综合评价结果进行分类。

（1）聚类分析的基本原理和主要步骤。聚类分析的基本思想是用相似性尺度来衡量事物之间的亲疏程度，并以此来实现分类。分析过程分为以下 3 个基本步骤：第一，确定相似性。对于每两个变量，确认其描述特征的表达，在此基础上通过一个数值（相似性度量）来衡量两者之间的区别和相同。第二，选择合并算法。以相似值为基础，将描述特征具有最大一致性的变量分到一组。第三，确定类数。就是确定多大的类数是最优解，从而应该运用到结果中。

（2）以建设银行辽宁省分行实际数据为例，简要说明利用 SPSS 软件对聘期目标责任完成程度的聚类分析过程。在 SPSS 菜单中选择“分析—分类—系统聚类”，将“聘期目标完成程度得分”等选为“变量”，将“机构”选为“标注个案”，在“绘制”中选择“树状图”，在“方法”中选择“WARD”法，在“度量标准”中选择“区间—平方 Euclidean 距离”。选择“确定”，得出聚类结果——群集成员（见表7）。

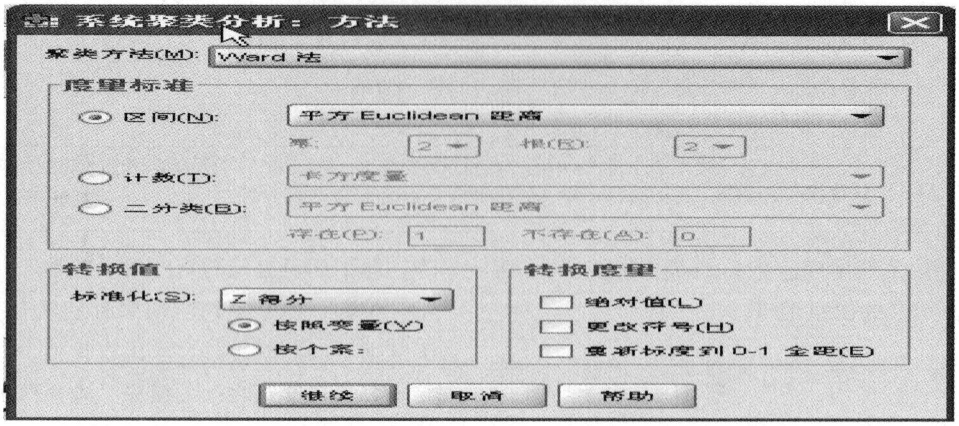

表7　　　　群集成员

案例	5群集	案例	5群集	案例	5群集	案例	5群集	案例	5群集	案例	5群集
A	1	F	1	K	2	P	2	U	2	Z	3
B	5	G	2	L	2	Q	2	V	2	AA	3
C	5	H	2	M	2	R	2	W	2		
D	2	I	2	N	2	S	4	X	2		
E	1	J	5	O	5	T	2	Y	2		

注：“5群集”列中数字相同的聚为一类，共得出5类。A、E、F行为一类，D、K、L、M、N、P、Q、R、T、U、V、W、X、Y行为一类，Z、AA行为一类，S行为一类，C、J、O行为一类。经检验，与主成分分析结果总体一致，符合建设银行辽宁省分行二级机构2009年实际情况。

（六）对审计评价结果用不同方法进行对比检验

1. 利用聚类分析法检验应用主成分分析法得出的聘期目标责任完成程度和持续经营能力评分结果

聚类分析的流程同上。分析结果显示与主成分分析法下的结果基本一致，与各分支机构的实际情况基本吻合。

2. 利用判别分析法检验对审计对象综合评价结果分类的合理性

（1）判别分析的基本原理和主要步骤

判别分析是多元统计分析中用于判断观察所属类别的一种多元统计分析方法。它要解决的问题是在一些已知研究对象用某种方法已分成若干组的情况下，研究各组相对变量是否有显著差异，哪些变量适合或不适合用于区分各组。判别分析适合对聚类分析结果的检验。判别分析通常包括6个步骤：第一，定义组。第二，建立判别函数。第三，估计判别函数。第四，检验判别函数。第五，检验判别变量。第六，将新元素分类。

（2）以建设银行辽宁省分行聘期经济责任审计实际数据为例，简要说明利用SPSS软件对审计对象综合评价得分的聚类分析结果进行判别分析的过程。

首先，根据对审计对象综合评价得分的聚类分析结果建立组。然后在SPSS菜单中选择“分析—分类—判别”，确定“分组变量”和“自变量”，选择“一起输入自变量”。在“统计量—描述性”中选择“单变量”，在“函数系数”中选择“Fisher”和“未标准化”。选择“确定”。

3. 利用功效系数法对建设银行辽宁省分行分支机构负责人聘期综合评价得分结果进行校验

功效系数法根据多目标规划的原理，对每一项指标分别确定满意值和不满意值，然后以不允许值为下限，计算各指标实现满意值的程度，并

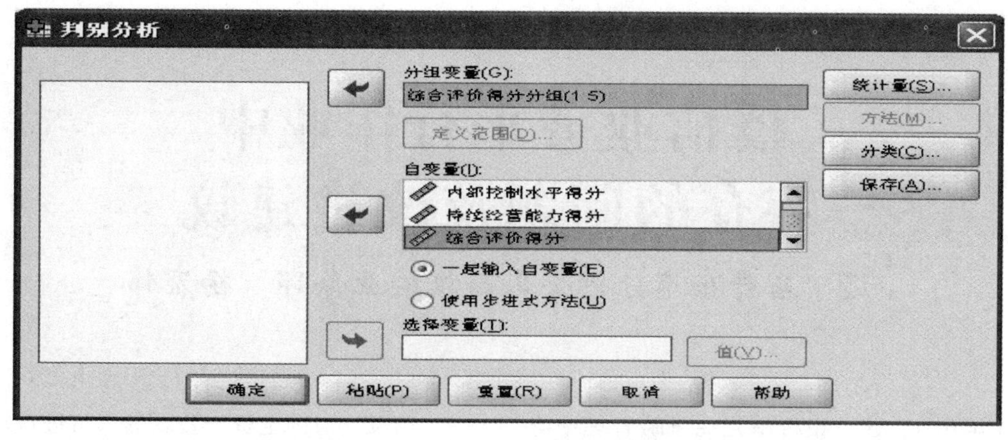

注：判别分析结果显示，“聘期目标责任完成程度得分”和“持续经营能力评价得分”两个变量以小于5%的犯错概率有显著差异。表明对审计对象综合评价得分的聚类分析结果是可信赖的。

转化为相应评价分数；再将各指标的单项评价分数经加权几何平均，得到综合评价分数，以确定研究对象的综合状况，计算公式为

$$单项评价分数：d_i = \frac{x_i - x_i(s)}{x_i(h) - x_i(s)} \times 40 + 60 \quad (8)$$

$$综合评价分数：D = \sqrt[F]{d_1^{p_1} d_{22}^{p_2} \cdots d_n^{p_n}} \quad (9)$$

式中：d_i 表示第 i 个指标的功效系数；x_i 表示第 i 个指标的实际值；$x_i(s)$ 表示单项指标的下限值；$x_i(h)$ 表示单项指标的上限值。

根据实际数据测算的结果显示，建设银行辽宁省分行分支机构负责人聘期综合评价得分结果与利用功效系数法得出的综合评价分数排序次序高度正相关。

（七）将本课题构建的模型工具和审计评价结果及验证结果提交建设银行辽宁省分行和沈阳审计分部进行审议

1. 建设银行辽宁省分行的审议结果。建设银行辽宁省分行经审议，认为利用本课题的模型工具得出的评价结果，总体上符合审计对象所在机构的实际情况。

2. 沈阳审计分部的审议结果。沈阳审计分部经审议，认为本课题提出的模型工具具有较强的适用性和可操作性，得出的评价结果比较客观。

四、研究结论

本课题在总结建设银行辽宁省分行分支机构负责人聘期经济责任审计实践基础上，建立了基于 SPSS 软件的多元统计分析功能和内控联动评价的审计评价模型工具。通过实际数据验证，此套模型工具对于建立规范、科学、操作性强的经济责任审计评价体系，完善审计评价职能，保证审计结果的客观性和充分满足审计需求等都具有应用意义。合理运用此套模型工具，可以透过众多数据指标，分析其内在规律和特征，为科学选取评价指标和设计评价指标权重，建立对审计对象的整体评价标准，为上级行改善宏观管理提供量化的依据和指引。此套模型工具探索性地将多元统计分析方法与内部控制联动评价结合起来，促进提高了内部控制审计的覆盖范围，保证了审计评价的客观性和时效性。在充分满足数据需求等前提下使用此套模型工具，可以从时效、数量和效果上更好地满足审计需求，同时降低审计成本。本课题使用建设银行辽宁省分行的实际数据展示了模型工具的建立过程，并利用判别分析和专家审议等方法进行了结果检验，为推广应用提供了直接的经验和有益的借鉴。紧密结合实际，不断探索完善此套模型工具，将促进持续优化经济责任审计评价体系，完善审计评价职能，推动经济责任审计评价工作再上新台阶。

授信业务平行作业中存在的问题及改进建议

辽宁省丹东市分行公司与机构业务部　杨宏伟

2006年6月，建设银行率先在风险管理中寻求制度创新，前移风险关口，对大中型公司类客户授信业务实施风险经理平行作业。回顾5年来风险经理主动实施风险管理，总结授信业务营销过程中存在的问题与不足很有必要。本文试图根据对平行作业的后评价，对存在的问题进行剖析，提出有针对性的建议，为信用风险管理提供参考。

一、风险经理授信业务平行作业的主要工作职责

根据《中国建设银行大中型公司类客户授信业务平行作业办法（试行）》、《中国建设银行大中型公司类客户贷后风险经理平行作业指导意见》、《中国建设银行辽宁省分行大中型公司类客户授信业务平行作业实施细则（试行）》、《中国建设银行丹东分行大中型公司类客户授信业务平行作业实施方案》等相关规章制度，梳理出平行作业风险经理应履行如下岗位职责：

（一）授信前

第一，对大中型公司类客户信用等级基本面进行评价（包括重检、到期续评），对基本面为aaa的，还应对基本面选项进行逐一说明；下载形成完整的评级报告提交经营主责任人。

第二，撰写《担保评价报告》（保证人部分），同时出具风险经理评价意见书。

第三，对以抵押方式授信的大中型客户的信贷业务，出具《中国建设银行信贷担保评价报告审查意见书》。

第四，参与大中型公司类客户额度授信申报，对方案的合理性及风险缓释措施等出具风险经理评价意见书，并对揭示风险的准确性、完整性、充分性负责。

第五，对固定资产贷款的项目进行预评估。

（二）授信中

对有权审批机构审批的信贷业务负责贷款条件落实的审核（按信贷业务手册和有条件审批的条件落实），出具贷款条件落实情况审核意见书。

（三）授信后

第一，对总行超风险限额实施预警的大中型公司类客户，出具风险预警提示书。

第二，对实施平行作业的大中型客户实施贷后5级分类，并对分类的准确性、减值充足性、合理性负责，每季对分类对象实施户数不低于50%、额度不低于80%的现场检查。

第三，按贷后管理办法的规定，对大中型客户实施风险监测和识别，对发生重大风险事项的客户出具重大风险事项提示通知书。

第四，按贷后平行作业指导意见要求填写贷后平行作业风险监测情况表，对上述业务进行回头看。

（四）涉及的其他相关职责

第一，列席授信审批会议，回答质询，根据会议要求完善风险评价意见或风险管理方案。

第二，对内、外部监管部门和审计部门提出的违规事项负责组织实施整改。

第三对平行作业中发现的违规和不合理事项需要整改的，出具整改通知书，提出整改要求。

第四，在营销、贷后管理、审批、数据分析、资产保全、审计等发现的风险信息，及时形成报告报上级行风险管理部。

第五，在集团客户风险监控中，发现成员应纳入未纳入，突破授信额度和分配方案的支用情况，单独授信的集团客户成员单位进行风险提示。

第六，对亏损、经营现金流为负、资产负债

率大于90%，他行贷款存在不良等正常和关注类贷款进行持续监测，第一时间写出风险分析报告（基本情况、贷款情况、问题成因、是否是临时性，应对措施、效果），对持续出现上述情况的客户每季后3日内上报省行。

第七，对公司类大中型客户于月终10日内进行信用评级和贷款到期提示。

二、授信业务平行作业存在的主要问题

（一）在客户甄别过程中经营条线与风险条线的风险偏好存在一定差异

一是在大中型客户营销中，未根据客户的重要程度和差异化需求进行团队营销，风险经理没有第一时间出现在营销团队中。由于经营条线人员对国家产业政策、信贷政策的把握尺度与风险管理人员存在不同视角，没有风险管理人员参与容易形成片面追求眼前的合作利益，而忽视长期的风险因素。二是没有风险经理的参与，客户对我行产品的了解深度可能不够或比较片面，势必造成客户难以形成对我行产品所带来信用风险的识别与判断。三是非团队营销客户的营销维度不够，再加之总省行没有一个固定的针对不同客户需求的营销方案范例格式，使客户经理无法形成真正的综合营销方案，而授信方案无法涵盖非授信业务内容，造成授信方案中对收益覆盖风险的考量不足。以上3个因素导致了审批环节否决、续议和有条件同意结论的增加，加重了对客户今后营销其他产品的难度，也伤害了营销人员的积极性。

（二）客户评级过程中，围绕客户准入底线人为“制造”信用级别的情况仍未根除

一是基本面评价时风险经理普遍采用客户经理的结论，原因是风险经理因缺少与客户日积月累的信息储备，短时间很难深入调查并取得第一手资料，普遍存在基本面评级结论偏高的现象，甚至有的风险经理会根据客户经理的“营销”需要被动上调评级结果。二是风险经理仅对基本面信息进行“校正”，使风险经理在区域风险、产品风险、财务风险和交叉风险判断方面失去了调查和印证的过程。三是CLPM系统设置缺失导致风险经理必须先下载再粘贴客户经理除基本面以外的部分，再导入完整的评级报告，影响了风险经理主动的主观判断和评级效率的提升。

（三）风险经理在申报授信方案中参与“防范风险方面”谈判的能力受限

一是存在风险经理自己撰写《担保评价报告》（保证人部分），同时出具风险经理评价意见书的“一手清”的问题，失去了风险经理的岗位制衡作用。二是对以抵押方式授信的大中型客户的信贷业务，出具《中国建设银行信贷担保评价报告审查意见书》时，对抵押价值的公允性判断存在制度上的盲区，二级分支行的抵押价值定价往往采用外部委托评估机构的结论和意见，而外部评估机构很少考虑银行抵押的快速变现问题，结果是理论上覆盖了风险，但在实际操作中变现损失很大，使风险缓释作用的闸门仍处于无人把守的状态。三是参与大中型公司类客户额度授信申报时，对方案的合理性及风险缓释措施等出具风险经理评价意见书时受到所在行主动“营销”的倾向性意见影响较大，原因是风险经理的任免权和使用权在所在行，使风险经理揭示风险的准确性、完整性、充分性大打折扣。四是对固定资产贷款进行项目预评估时，由于评估职责已上移至一级分行，使二级分支行的风险经理对评估的风险揭示与信用等级评价产生矛盾心理，不能充分提示项目的潜在风险，影响了评估质量和效率的提升。

（四）在贷中审核环节存在衔接性操作风险

一是风险经理对有权审批机构审批的信贷业务负责贷款条件落实的审核（按信贷业务手册和有条件审批的条件落实），出具贷款条件落实情况审核意见书时，由于风险经理审核意见书不在CLPM系统的流程中，使信贷与会计两个环节衔接时出现了发放贷款的时候，会计部门虽然也接到了贷款发放环节必须有风险经理出具的贷款条件落实意见才能发放的文件规定，但由于系统中没有控制操作风险的设计，使得各经办行在此环节的操作标准不是很统一，有的行的会计部门甚至在没有风险经理落实贷款条件意见书的情况下进行了账务处理，极易产生操作风险事件和操作风险损失的发生。二是还存在迫于经营的压力，在落实贷款条件过程中出现争议性解读或无法落实贷款条件的情况下，平行作业风险经理也可能出具了已落实条件的审核意见书，使风险关口前

移虚位。

（五）在贷后管理环节存在的主要问题

一是风险经理对总行超风险限额实施预警的大中型公司类客户，出具风险预警提示书仍然游离在CLPM系统之外，随意性较大，没有通过信贷业务流程记录风险经理的工作过程，而档案管理方面又没有对风险经理出具的文字材料的归档要求。二是风险经理对实施平行作业的大中型客户进行贷后5级分类，每季对分类对象实施户数不低于50%、额度不低于80%的现场检查也未在CLPM系统中体现风险经理的检查内容，且具体的检查内容制度上也未作明确的要求，执行上存在一定的难度，失去了风险经理贷中检查的制衡与监督作用。三是由于按贷后管理办法的规定，风险经理对大中型客户实际风险监测和识别，对发生重大风险事项的客户出具的重大风险事项提示通知书、按贷后风险经理平行作业指导意见要求填写的贷后平行作业风险监测情况表都未在CLPM系统中体现，不利于连续地记录客户重大风险事项的动态监测。

（六）其他方面存在的主要问题

一是风险经理在完善授信方案的作用方面一直以来是风险与经营条线热议的话题。风险经理往往从保护自身的角度出发不愿意配合较高风险的产品的营销，而客户经理往往从自身利益和完成指标的角度出发往往不顾产品的风险、从市场竞争的角度客户经理往往不去考虑产品维度和联动营销，使总行一直在倡导的方案营销只能停留在事后成功营销层面上，风险经理无法很好地去履行收益覆盖风险的职责。二是对内外部监管部门和审计部门提出的违规事项负责组织实施整改没有作为具体的职责写入平行作业管理办法中，执行起来有一定的难度，实践中鲜有风险经理负责审计或内外部监管部门提出违规问题进行具体整改的，这可能与制度本身没有明确是涉及自身处理的业务出现问题时进行整改还是负责全部信贷业务的审计或监管整改有关。三是对平行作业中发现的违规和不合理事项需要整改的，出具整改通知书提出整改要求，风险经理如果贷前、贷中和贷后不是分别由不同的风险经理担任（制度要求贷后不能由不同的风险经理担任），不知道哪位风险经理会自己给自己的工作挑毛病，所以这只能是一个美好的愿望了。四是“在营销、贷后管理、审批、数据分析、资产保全、审计等发现的风险信息，及时形成报告报上级行风险管理部；在集团客户风险监控中，发现成员应纳入未纳入，突破授信额度和分配方案的支用情况，单独授信的集团客户成员单位；对亏损、经营现金流为负、资产负债率大于90%，他行贷款存在不良等正常和关注类贷款进行持续监测，第一时间写出风险分析报告（基本情况、贷款情况、问题成因、是否是临时性，应对措施、效果），对持续出现上述情况的客户每季后3日内上报省行；对公司类大中型客户于月终10日内进行信用评级和贷款到期提示”等都没有嵌入CLPM流程中，大部分也没有在大中型客户平行作业管理办法中予以明确具体的操作格式，风险经理以上种种主观能动性的发挥也只能靠其自己的职业操守去展现一个大家都客观上“不愿意看到”的风险了。

三、改进授信业务平行作业的几点建议

一是制定公司类大中型客户甄别指引或管理办法，明确经营与风险条线客户甄别的沟通机制和职责，防止出现已经确定营销的目标客户，被再“看一眼”的另“两只眼睛”否定的现象的发生。在风险管理授信业务平行作业机制下，不应出现授信业务在审批阶段被审批部门否决的情况，因为风险关口的前移意味着风险管理已经介入前期的“行”与“不行”的结论，审批部门只是再看一眼，从中间人的角度对授信方案做进一步的完善与补充。但实际工作中分支行被审批部门否决的项目时有发生，一方面客观地反映出审批部门对分支行平行作业工作的不认可，同时也反映出我们的风险管控机制仍然存在某些不足。

二是坚持双人作业、互为制衡的管理机制，增加风险经理对区域风险、产品风险、交叉风险和财务风险的发言权。修改和完善CLPM流程，使风险经理的评级报告在基本面校正后直接生成评级报告，简化流程，提高评级的效率。

三是修改平行作业管理办法，由客户经理撰写担保评价报告（保证人部分），风险经理出具风险经理评价意见书。同时应明确贷前、贷中、贷后平行作业应分离，互不兼岗。增加风险经理收益覆盖风险、集团客户关系树建立，及对亏损、

经营现金流为负、资产负债率大于90%、信用评级和贷款到期提示的管理职责。

四是细化押品管理办法中关于抵押物价值确定的沟通机制，明确抵押物价值的管理归属。笔者认为抵质押品价值决定未来风险资产受偿的大小和银行信贷资产损失的程度，在处理抵债资产过程中我行已经总结了很多历史数据可资借鉴。笔者建议在二级分支行成立专门的委员会或以风险控制委员会的形式明确抵质押品价值的内部审批流程。委员会可由公司部、保全部、风险部、计财部、风险主管、主管信贷经营的副行长及部分专业技术人员组成。并把审批嵌入CLPM流程之中。

五是上移平行作业风险经理的管理归属，改变风险管理只管事不管人的“领导弱化”现象，减少所在行的人为干扰，使风险披露更客观、真实和全面。针对目前分支行平行作业风险经理考核处于“属地化”状态的现状，应由上级行制定统一的平行作业风险经理管理考核办法，量化平行作业风险经理考核方案，由上级行单独制定平行作业的绩效分配方案，采取激励与约束并举的方式，提升平行作业风险经理的工作效率和质量。

六是修改一级行评估管理细则，在不改变省行评估中心职责的情况下，明确二级分支行风险经理的评估岗位职责，笔者认为负责项目评估的风险经理不宜担任该客户的平行作业，反之则相反。

七是修改CLPM流程，在CLPM中作为操作风险控制环节必须程序写入风险经理评价意见，作为放款的前提条件。

八是在贷后环节的5级分类检查、预警、审计和内外部监管部门违规整改、重大风险事项提示等由风险经理担任职责的业务，都应该通过程序写入CLPM系统之中，增加系统对风险经理履行岗位职责的考核功能。

二级分行降低信贷类经济资本占用应关注事项浅析

辽宁省抚顺市分行 孙 瑞

经济资本成本作为经济增加值扣减项，直接影响等级行考核结果。按照省行制订的2011年等级行评定办法征求意见稿，经济增加值（规模贡献，30%）和经济资本回报率（质量效率，10%）两项指标所占权重达40%，可见最大限度地降低经济资本占用对二级分行经营管理的重要性。目前对二级分行经济资本占用影响最大的就是信贷类资产，为此笔者认为降低信贷类资产经济资本占用应关注如下事项：

一、研究资本政策，关注计量因素，寻找关键性切入点

2011年影响对公信贷类经济资本计量的关键因素如违约概率、违约损失率等均与客户信用评级有关，因此切实做好客户信用评级，密切关注评级变动是降低信贷类经济资本占用的首要关注事项。

（一）择优选择客户，提高高信用等级客户占比，减少低信用评级客户

根据（建总发〔2011〕3号）《关于印发中国建设银行2011年信贷政策与结构调整方案的通知》要求，在营销客户上，应综合考虑市场地位、技术水平、盈利能力等因素，选择具有核心竞争力的好客户、好项目，突出了“以客户为中心”的政策导向，明确提出了客户选择在信贷政策中的核心地位。

（二）确保客户信用评级的及时性

辽宁省分行以建辽风总〔2011〕3号文《转

发总行关于进一步做好客户信用评级工作的通知》，要求各行在每年的8月底前完成全部存量客户的信用评级，未审计报表评级有效期不得超过6个月。省行会按月对各二级分支行评级覆盖率进行监测，对应评未评的，除通报要求整改外，采取经济手段予以“制裁”，对有效评级结果与默认BBB-级之间的经济资本占用差额的2倍计量所在行的经济资本。目前各二级分行中小企业贷款发展迅速，客户数量剧增，因此，确保客户评级有效性是降低经济资本占用的又一关键所在。

（三）关注评级变动，尤其是下迁情况、有效控制迁移风险，提高信用评级质量，控制评级水平波动

迁移风险是2011年总行新加入的计量经济资本的要素，用迁移调整系数表示（区间是[0.95，1.1]）。迁移风险小，最多可使分行信贷资产经济资本减少5%，迁移风险大，最多可使分行信贷资产经济资本增加10%。二级分行必须做好存量客户的评级监测，保持评级相对稳定，控制评级下迁，对高占用低回报的评级下迁客户综合权衡收益，必要时考虑提前退出。

（四）掌握评级推翻新规，减少人为推翻系统评级

按照（建总函〔2011〕2号）《关于进一步做好客户信用评级工作的通知》要求，对经一级分行及以下机构拟审定评级为AA-（含）以上且属于向上推翻系统评级的公司及机构客户，需报总行信用评级推翻审核小组审核，必须提出明确、具体理由，并记录在案，经得起监管检查和审计监督及历史的检验，也就是说今后很难通过评级上调来提高客户信用等级。另外，该文件还明确了“年销售收入小于3 000万元的小企业信用评级不得向上推翻系统评级”。

（五）关注总行级重点客户或集团客户信用评级维护，及时在CP系统关联

根据评级办法规定，对于总分公司制的客户，分公司可直接使用总公司的客户信用等级结果。但若CP系统中相关信息不关联，则无法享受到其总公司的评级结果，只能按未评级客户参考BBB-计算违约概率。

二、加强押品管理，减少信用放款，发挥风险缓释作用

总行以（建总函〔2011〕7号）《关于进一步加强押品管理的通知》，再一次明确押品管理的重要性，各二级分行应严格遵守总行押品准入条件和抵质押率作为底线和边界，规范押品准入管理，审慎评估押品价值。杜绝“重形式、轻实质”现象，对于无可变现价值或可变现价值较小的押品，不得准入。在押品价值评估时，应充分考虑押品的类型和特点选择评估方法，客观、审慎地评估价值，不得为形式合规而虚估或高估价值。

要准确录入担保数据信息，杜绝人为操作失误导致的押品不足值、重复抵押、信用放款等现象发生。加强保证人、抵（质）押品贷后监控，依托各类监测系统，监测押品状况，组织开展系统风险提示信息的核查处置；及时维护和更新信贷业务流程系统、押品系统信息；做好押品价值的重估及估值模型的维护，严格按照押品重估频率要求及时完成押品价值的评估。

三、优化授信方案，合理配置产品和期限，提高资本使用效率和经济资本回报率

根据（建总发〔2011〕3号）《关于印发中国建设银行2011年信贷政策与结构调整方案的通知》要求，注重“强化资本约束，转变高资本消耗的经营模式”。二级分行2011年应在优化授信方案，加强产品管理方面下工夫，积极拓展资本占用相对较低的信贷产品。如以供应链融资的保理等自偿性产品逐步替代一般流动资金贷款，这也符合信贷政策和结构调整要求。

合理设定流贷合同期限，按2011年新的计量办法，对违约损失率（LGD）设定时间变量，贷款合同期限以24个月为拐点，合同期限大于24个月的债项LGD跳跃导致经济资本上升幅度较大，将使中长期贷款占用经济资本增加。合同期限越长的债项，违约损失LGD越高；反之则低，所以对期限较长的信贷业务要权衡收益，提高定价水平。

2011年是全行表外业务管理年，2011年的经济资本计量方案优化了表外业务的经济资本计量，

在客观反映表外业务风险差异的基础上，充分体现了资本约束和资源倾斜导向。为此各二级分行应控制高资本消耗，低回报的表外产品，要严控融资性保函等期限长、经济资本占用高的表外业务。

要加强学习，学会运用组合风险管理系统计算 RAROC。提升经济资本计量应用水平的切入点是学会系统提供的计量工具的使用方法，逐笔、逐户地计算经济资本回报率（RAROC），分析、寻找提高经济资本回报率的途径并应用到授信方案中，提高资本使用效率。

四、充分运用政策，规避惩罚措施，减少经济资本占用

（一）根据《关于印发中国建设银行 2011 年行业限额管理实施方案的通知》（建总发〔2011〕4 号），对红色预警行业每月进行经济资本惩罚，直到红色预警消失

具体是：“针对红色预警行业内除小企业表内外信贷业务外，低信用评级客户除 A 类信贷产品以外的信贷业务，追加其经济资本占用。对 BBB + 级及以下客户信贷经济资本占用在原基础上增加 15%；对 A - 级客户信贷经济资本占用在原基础上增加 10%；对 A 级客户信贷经济资本占用在原基础上增加 5%”。二级分行应随时关注本行红色预警行业的存量客户情况，一户一策，采取相应措施，规避总省行惩罚措施，减少经济资本占用。

（二）高度重视信贷政策的约束机制作用

根据《关于印发中国建设银行 2011 年信贷政策与结构调整方案的通知》（建总发〔2011〕3 号），“对超过控制目标的审慎支持行业，提高其压缩退出类客户经济资本占用 10%；对超过控制目标的逐步压缩类行业，提高其压缩退出类客户经济资本占用 15%。”因此各二级行应认真学习执行总行信贷政策，避免发生政策执行不力而引发的经济资本超额占用情况。

五、关注固定资产贷款提款期等特殊情况的管理

按照《关于印发中国建设银行 2011 年信贷政策与结构调整方案的通知》（建总发〔2011〕3 号）中强调固定资产贷款提款期管理，要求在合同中应明确约定提款承诺期，不得约定“按项目实际需求，随时申请用款”等无明确提款期的提款承诺。1 年期以上表外贷款承诺相对于收益而言是高资本消耗产品，管理中如增加“提款承诺期”条款，将大大降低资本占用。各二级分行应及时清理现有存量客户中的固定资产贷款，尽快在 CP 系统内调整，按总行 3 号文要求，增加提款期条款，减少未支用部分经济资本占用。

客户提款需求在 1 年以内的，应在合同中明确约定提款承诺期为 1 年；客户提款期超过 1 年的，应分别约定提款承诺期在 1 年以内和 1 年以上的部分。应在合同中明确约定，客户必须在提款承诺期内完成全部提款，否则未提部分自动失效；如需继续提款，应经我行审核同意，我行审核同意后，应重新约定提款承诺期。

六、加强贷后监测，避免人为因素导致的违约预警，最大限度降低拖欠贷款数量

根据零售贷款经济资本计量规则，决定经济资本占用的主要因素是客户基本情况（如受教育程度、职业的稳定性、首付款比例等）、贷后借款人账户行为（拖欠频率、拖欠额度等）及催收成本等影响，因此，对零售类信贷业务应重点关注客户群体选择和贷后管理，择优选择客户，准确全面录入相关信息，充分利用各类监测系统，加强贷后监测，尤其是要控制非不良贷款拖欠问题发生。

七、加强政府融资平台客户管理，对有潜在风险的平台客户，逐步压缩，尽早退出

根据《转发银监会关于加强融资平台贷款风险管理指导意见的通知》（建总函〔2011〕39 号），“地方政府融资平台贷款计算资本充足率的风险权重由现行的 100% 调整为全覆盖类风险权重 100%，基本覆盖类风险权重 140%，半覆盖类风险权重 250%，无覆盖类风险权重 300%，大幅提升了资本占用水平，增加了资本充足率压力。总行将通过经济资本考核机制将资本压力传导和分解到分行，对平台贷款现行经济资本计量结果，按不低于各类平台贷款权重增加倍数的比例增加资本占用”，也就意味着，政府融资平台项目经济资本占用有增加趋势，因此有此类客户的二级

分行应加强对平台项目的跟踪管理，对有潜在风险隐患的客户逐步压缩，及早退出。

总之，二级分行应从过去平衡风险和收益，向平衡风险、收益和资本转变，在信贷规模趋紧的形势下，精算账，算细账，节约资本占用，不断提高资本使用效率和资本回报水平。

浅析“三旧”改造贷款的风险点与授信建议

广东省分行　肖瑜维

当前，我国正处于工业化、城镇化快速发展时期，对土地的需求十分旺盛，但我国土地资源十分有限，广东省的情况尤为突出。前期经济高速发展消耗了大量的土地，土地后备资源严重不足，为了解决土地资源日趋紧张的发展瓶颈，经报国务院、国土资源部同意，广东省以省部合作方式在广东开展节约集约用地试点示范省工作，大力推进省内旧城镇、旧厂房、旧村庄的“三旧”改造工作。商业银行应研究和挖掘市场机会，防控风险，拓展“三旧”改造贷款。

一、“三旧”改造贷款出台的背景

2008年3月，温家宝总理在参加十一届全国人大第一次会议广东代表团审议政府工作报告时指出：“希望广东在节约集约用地方面作出新的成绩，积累新的经验，真正使广东不仅经济发达，而且生态优美，成为节约集约利用土地的示范省。”2009年以来，省政府也先后下发了《关于推进“三旧”改造促进节约集约用地的若干意见》和《转发省国土资源厅关于“三旧”改造工作实施意见（试行）的通知》等文件，确定广州市、佛山市、东莞市作为“三旧”改造试点城市，据统计，全省可改造的“三旧”用地约175万亩，未来10年广州也要完成539.2平方千米土地的“三旧”改造的任务，“三旧”改造将盘活市区370平方千米土地，随着广州、佛山、东莞市等城市“三旧”改造的大力推进，可以预见广东省“三旧”改造蕴涵着巨大的金融市场和信贷机会。2010年4月，建设银行总行批复同意广东省分行在上述三市试点开办“三旧”改造贷款，赋予广东省分行营销的先机，2011年年底，总行又批复同意广东省分行在全辖推广“旧城改造”业务。作为新的业务领域，我们应深入研究“三旧”改造的有关政策，积极地支持和服务前台的营销，同时对“三旧”改造贷款的风险点也应有清晰的判断。

二、“三旧”改造贷款的风险点

“三旧”改造贷款是在取得土地的环节就介入融资，主要应关注如下的风险点：

（一）政策风险

项目未取得政府主管部门的有效行政批复或有关批件不齐备，存在合法、合规的风险。“三旧”改造政策在改造范围的划定、历史遗留问题用地的处理、供地方式、土地出让金的标准、拆迁补偿的落实以及各项税费的计缴等核心问题上都有特殊和明确的规定，必须按省“三旧”政策规定严格把握和规范执行，按程序取得合法、有效的项目改造批复。由于“三旧”改造涉及诸多利益主体，部分利益主体可能存在着搭车报批、蒙混过关的心理，倘若有关项目假借“三旧”改造之名，钻政策空子，擅自扩大“三旧”改造范围，制造出新的违法用地，如调查不细、不实，将面临政策性的风险和资金风险。

（二）“三旧”各方利益主体未完全达成一致产生纠纷的风险

“三旧”改造涉及了多方当事人和错综复杂的利益关系，大的方面涉及政府、改造建设主体和被拆迁方等诸多当事人，其中涉及众多被拆迁方利益时常常是难以协调的，拆迁问题也是当前令政府和拆迁建设主体最为头痛的事情，即使项目已经取得政府有关部门的合法合规的审批，项目在推进过程中也难免会遇到难以预测拆迁的困难。目前拆迁遵循的是少数服从多数的原则，仍无法回避征地、拆迁过程中遇到种种“钉子户”，从而影响到项目的建设。近年来，城市房屋拆迁中侵犯被拆迁人财产权利和人身权利的野蛮拆迁等恶性事件已经屡见不鲜，政府从维稳的角度出发可能作出暂停项目拆迁的决定，因此在介入项目之前，对项目的拆迁困难应该做充分的调查和预测。

（三）“三旧”改造项目股东（建设主体）实力不足的风险

由于“三旧”改造涉及征地、拆迁、补偿，需要庞大的投资，拆迁、建设主体必须有充足的财力去承担对项目前期的投入，包括：对有关被拆迁方（居民、村民等利益主体）进行补偿和安置，同时对整片拆迁地块进行整体的规划和安排。部分开发商实力不足，但凭借人脉关系取得“三旧”的项目，我行此时介入项目可能面临如下不利的情形：开发商由于资金不足无法顺利拆迁和安置；资金的短缺，项目不得不采用切割方式、分期滚动开发，无法实施整体规划；过度依赖银行资金甚至移用贷款资金的风险。

（四）“三旧”改造项目还款来源不充分的风险

1. “三旧”贷款投入的前期项目并不产生还款来源

我行的贷款是使用于“三旧”改造项目中前期支付土地拆迁、平整、补偿、安置和公共建设等用途，贷款投入的前期复建区建设并不能及时产生效益，后期的地产售房或土地收益才能作为还款来源。

2. 还款来源存在不确定性的风险

一般来说“三旧”改造主体需在完成“三旧”项目土地性质变更和立项报批手续后，才能办理项目建设“四证”。因此项目的立项批复、土地办证、详细规划、融资来源、建设销售等具体情况都尚未完全落实，银行的评估仅能立足已经批复的拆迁改造方案，只能通过对政府相关部门、拆迁建设主体等渠道的了解到后续的房地产开发项目的立项、具体规划等关键数据并作出初步预测，并假设后续地产项目能成功开发，但后期的建设项目仍取决于政府的有效批复，项目的效益也就存在不确定因素。

3. 项目拆迁建设主体能否取得银行后期融资、开发的项目销售是否理想等都是影响偿还贷款的关键因素

如果房地产市场大环境发生重大的不利变化，项目销售出现停滞或土地出让收益大打折扣，都会有无法及时还贷的风险。

（五）无法及时落实项目资产抵押的风险，抵押存在时间差的问题

“三旧”改造贷款有关文件规定，“三旧”改造贷款应采取合法有效的担保方式。已取得国有土地使用权证的，应办理抵押；未取得国有土地使用权证的，应提供认可的其他担保方式，取得国有土地使用权证后，应及时办理抵押登记。在“三旧”改造贷款开发的前期，借款人须安置原有村民的居住，先建设安置区的安置房建设，安置区的土地、贷款形成的资产其实是无法提供抵押的，“三旧”项目其他土地也因手续不齐备显然也无法提供给我行抵押。如果借款人实力不足，无能力提供其他有效的担保，或取得后期项目土地合法有效手续又违约不抵押予我行，或擅自将土地出让、抵押予他行取得融资，我行贷款将出现悬空风险。

（六）项目资金和贷款封闭监管缺失的风险

“三旧”改造贷款比一般房地产开发贷款有更严格、更高的要求，更依赖于经办行的监管。主要表现在：自有资金是否按规定投入到位；“三旧”改造贷款是否投入到指定的用途；是否落实对各类补偿资金、拆迁保证金、拨付施工单位资金实施有效监控；是否严格按拆迁建设进度支用贷款；经办行能否对后期房地产开发项目的经营收入或土地收益等还款来源实现有效监控等环节，如经办行无法对借款人有关账户、项目后续收益等实施有效监管，都可能出现借款人移用贷款的风险。

（七）其他风险

除了上述列举的风险外，“三旧”贷款还面临其他风险事项。如项目的拆迁和建设主体不一

致的情况下，拆迁主体一般在取得合法有效的土地手续将项目公司股权转移给房地产开发商（建设主体）控制，如果因种种原因拆迁方和后续建设方出现毁约，经营、股权链接的脱节，可能影响到项目的建设和贷款的回收；此外借款人或实际控制人以项目资产向第三方设定抵押和质押，以“三旧”改造贷款项目资产或收入向任何第三方融资等等其他不利的情形，均可能影响到我行的授信安全等等，在个案中应作出具体的分析和判断。

三、开展“三旧”改造贷款的授信建议

（一）落实好“三旧”改造项目合法、有效的政府主管部门批准文件

项目应符合土地利用的总体规划、城乡规划、土地利用年度计划和纳入当地政府改造年度实施计划，取得当地“三旧”改造主管部门核发的拆迁和建设的行政批复，如涉及农村集体用地转为国有土地或工业用地转为商业用地，应一并取得国土部门有效批复，确保项目建设条件具备，拆迁建设程序手续合法有效。

（二）认真对“三旧”改造贷款项目收益测算

主要是做好如下几方面的工作：认真落实贷前调查，取得借款人提供的项目建设规划指标，同时走访政府“三旧”主管部门及土地、规划等部门对有关规划数据进行核实，详细测算项目拆迁和补偿成本、安置房和公共设施的建设等费用，评估项目的总投资的合理性；分析项目的定位是否准确，后续经营性的地产项目、土地收益是否可靠和充足并覆盖我行贷款的本息；核查项目改造主体建设资金来源，后续地产收益项目的融资方案的可靠性和合理性等。在落实详尽的调查后，结合对借款人和项目的风险状况，确定贷款的具体金额、期限和利率等要素。

（三）优先选择具备丰富的房地产开发经验、资金实力雄厚为股东或控制方的“三旧”改造项目

应选择资金实力雄厚改造建设主体，因其对项目的一次性资金投入更大、更能对项目整体作出规划、承受较长资金回笼周期，相应的项目抗风险能力也较强。如应大力争取总行重点客户、战略性客户或其他资金实力雄厚的开发商客户及其全资子公司为股东背景的项目。对于开发商实力一般、后期经营性效益不明显的项目，应提高自有资金比例且要求先于我行贷款到位，如判断借款人后续资金难以支撑“三旧”改造项目的运作，应审慎授信。

（四）优先支持地理位置优越、销售前景良好的“三旧”改造项目

应尽可能选择地处城市区域、地段较为优越、具备交通便利的项目，如重点营销城中村的改造项目，此类项目由于城市地价较高、效益较为明显，由于市场的需求较大，项目的回收周期较短，风险相对可控。

（五）避免介入背景复杂、产权不清和利益补偿存在重大纠纷的“三旧”改造项目

应落实贷前的深入调查，了解拆迁项目的实施是否会引起拆迁区域内或周边居民的严重不满，拆迁实施方案和拆迁安置补偿方案是否公平合理、各项补偿资金和安置房源是否落实，拆迁建设主体是否已经与包括居民在内的各方利益主体签订拆迁补偿协议等法律文件、是否有相应的社会稳定预案和措施，确保项目征地、拆迁、建设手续的合法合规且不存在重大的补偿纠纷风险而影响项目正常建设。

（六）结合对具体项目的风险判断，落实有效的风险缓释措施

由于“三旧”贷款前期投入是取得“三旧”改造的土地和安置区的建设等内容，而“三旧”改造项目复建区的土地和在建工程是无法抵押，为了降低授信风险，应努力与客户谈判，争取客户在使用我行贷款前，以借款人、改造建设主体提供其他合法、有效的财产抵押，或落实实际控制人或具备担保能力的其他第三方提供连带责任担保等风控措施。在项目取得合法土地手续后应敦促客户及时将项目土地抵押给我行。鉴于“三旧”改造项目主体开发商资格须经政府有权部门审批，开发商的股权质押也可作为补充的担保措施。

（七）落实有效的封闭监管措施

要求借款人各种补偿资金开户、施工企业账户、拆迁保证金等账户在我行开户，约定“三旧”改造资金均通过我行结算并接受我行监管；

贷前应与借款人或改造建设主体达成书面协定，约定其后续融资区商业性的建设项目融资业务优先在我行办理，项目销售监控账户在我行开立，销售资金接受我行监管，我行对“三旧”改造项目其他各项业务有优先办理权。

此外，还应落实借款人、项目实际控制人对“三旧”贷款项目各项约束性的限制或贷前承诺。有关的事项包括：未经建设银行同意，不得对“三旧”改造贷款项目资产向任何第三方设定抵押和质押，不得以“三旧”改造贷款项目资产或收入向任何第三方融资；未经我行书面同意，借款人（或抵押人）不得变卖、抵偿债务、赠与或以其他任何方式处分抵押“三旧”改造贷款项目的资产，借款人不得在改造项目上设定任何其他担保事项或转让改造项目的权益，经办行应在客户承诺的基础上确保监控到位。

新疆维吾尔自治区民营企业信贷政策研究

新疆维吾尔自治区分行　牛珍　张富江

一、新疆维吾尔自治区民营经济及民营企业整体情况

（一）民营经济和民营企业基本情况

改革开放以来，特别是近年来，新疆民营经济一直保持快速健康发展，已成为新疆国民经济发展中的一支生力军。2010 年新疆非公有制经济迎来跨越式发展重大契机，一系列推动新疆非公有制经济发展的重大举措激发了广大非公有制经济人士投身新疆科学跨越大发展的巨大热情，使新疆非公有制经济发展迅猛。全区非公有制经济快速发展。截至 2010 年年底，全区民营企业发展到 10 万多户，注册资金 2 080. 73 亿元，从业人员 85. 13 万人；全区个体工商户发展到 54. 07 万户，注册资金 123. 43 亿元，从业人员 89. 67 万人。“十一五”期间，非公有制经济实现产值 1 000 多亿元，为推动新疆经济快速发展发挥了重要作用。

（二）新疆民营经济发展趋势

2015 年，新疆的发展预期目标是：非公有制经济增加值增长到 2 500 亿元，私营企业增长到 22 万户、个体工商户增长到 80 万户，私营企业注册资金增长到 5 000 亿元，私营企业和个体工商户就业人数增长到 285 万人，非公有制经济进出口贸易值增长到 270 亿美元，非公有制经济税收增长到 180 亿美元。

“十二五”期间，政府将引导新疆民营经济实现以下突破：在非公有制企业参与优势资源开发利用上实现新突破。特别是围绕煤电、煤化工和石油的下游产业链延伸上多做文章；在围绕大企业大集团开展协作服务上实现新突破；在推进非公有制企业产业集群发展上实现新突破；在引导非公有制企业转变发展方式、提升技术创新与管理水平上实现新突破。积极鼓励和支持具有鲜明特色和竞争优势的非公有制企业加快品牌培育，提高品牌档次，扩大品牌影响。

（三）新疆民营企业发展特征

1. 民营企业投资领域更加广泛，市场竞争力大大增强

从新疆民营企业所涉及的行业来看，已遍及工业、农业、商业、运输业、建筑业、房地产业、社会服务业、卫生体育事业、教育事业、文化事业、旅游业和科研、律师等行业。从产业分布结构上看，除政府管制不准进入的领域外，私营企业可以说已经遍布新疆整个社会经济领域，并涌现了一批资产上千万元、上亿元的大户，出现了一批紧紧围绕新疆资源优势开发的企业，使民营企业市场的竞争实力大大增强。一些有实力的民营企业已向内地和中亚五国拓展业务。

2. 民营企业组织构架正在逐步完善

近几年，虽然新疆民营企业主仍然直接掌握

着管理权，但企业主个人“独断专行”的色彩呈逐步递减趋势，股份制民营企业的比例越来越高，董事会和其他管理人员的作用正在上升，组织构架正在逐步完善，权力结构出现了一定程度的变化。

3. 民营企业队伍素质明显提高，但仍处于成长阶段

一些文化程度比较高，有专业技能的人员从机关、学校、企业走出来，进入民营企业，提高了民营企业从业人员的文化素质、技术素质和经营管理水平。尽管新疆民营企业有了很大的发展，但这仅是相对于过去封闭、落后和低起点而言的，现阶段新疆民营企业多数还处于不成熟的成长阶段，如果同全国，特别是沿海地区相比，差距还很大。

4. 发展速度不平衡，两极分化现象严重

改革开放以来，新疆经济保持着快速发展的态势，随着民营经济的快速发展，新疆民营企业中尤其是一批较有实力的大型民营企业依托新疆资源优势，自身发展迅速，逐渐发展并成长为大型企业集团，如广汇、特变、美克、金风、华凌等，曾被全国民营企业界和国内经济学界称之为“新疆民营经济现象”，其社会知名度、受关注程度不断提高。相对于这次“大块头”的明星企业，大部分民营企业发展还不够活跃，企业规模、管理水平、装备水平、资金实力等方面难以与这些明星企业或央企相提并论。据相关调查数据显示，新疆80%左右的民营企业存在资金紧张问题，而且获得贷款难度较大，民营经济在新疆经济结构中仍然处于弱势。

5. 总体发展不够活跃，市场化程度低

目前，新疆经济结构的现状是：“重工业太重、轻工业太轻”，重工业占到91%，轻工业不足10%。特别是以石油、煤炭、有色金属、国家电力等国有企业的发展、管理以及装备水平在全国都是领先的，但是这也使得新疆经济对国家和地方政府投入的依赖度太大，社会民间资本不发达，民营企业发展不够活跃，在经济结构中还很弱小，市场化程度较低。

（四）新疆民营企业在经营发展中具有的优势及存在的问题

1. 优势方面

（1）敢为天下先的创业精神。民营企业的成功在于民营企业家的创业精神，这种创业精神不仅包括艰苦的努力奋斗，还包括善于抓住机遇、敢于冒险的精神。20世纪80年代，内地的市场经济已经蓬蓬勃勃，而新疆还处于计划经济之中。到了90年代初，新疆的市场经济开始发展，但市场经济与过去的计划经济体制之间，还存在着一个“缝隙”。现在新疆本土这一批“大块头”民企，当初很多就是有效利用了这个“缝隙”，从这个“缝隙”中生长起来的。

（2）敏锐的市场捕捉力。民营企业的经营目标就是实现资本增值、追求资本收益最大化，有将其利润进行再投资以实现进一步资产增值的内在投资欲望。在这一目标的驱动下，民营企业最大的特点就是其经营活动完全以市场为导向，将资本向市场需要的产品上转移，将资本投向边际生产率高的产业。

（3）灵活的激励分配机制。民营企业作为国家的非主流经济，因此无法得到像国企那样的优惠政策扶植，民营企业完全在市场经济中生存、发展，具有很强的市场竞争性。与此相适应，在投资、生产、销售、分配等各个方面，民营企业表现出极大的灵活性。在企业用人方面，民营企业对有才能的管理人员和科技人才的重用也一直是其明显有别于某些国有企业的内在优势。

（4）迅速的办事效率。民营企业内部机构设置简单，在协调内部关系时相对较为容易。因此，在作出重大决策时，时间较短，效率较高，有利于抓住稍瞬即逝的机会和战机。

2. 存在的问题

（1）自身实力不够。不少民营企业是由原先的家庭作坊逐步发展而成的，产品工艺落后，产品可替代性强，生产成本偏高，在市场竞争中处于劣势，加上企业规模一般较小，自有资金少，抗风险能力差。大多数中小型民营企业，特别是那些刚起步的民营企业，即使它们拥有很好的盈利前景，但是，由于没有足够的有形资产和信誉积累，加上一些小型家族企业主的行为随意性较大等原因，在融资能力和具体实现机制上仍要明显弱于大型企业。

（2）财务信息不实。多数民营企业还没有建立科学规范的财务管理制度，企业会计制度执行

随意性大，财务信息、资料不完整，少数企业甚至依据不同的需要，随心所欲地编制或提供种种虚假报表。在会计信息披露上，信息不对称的现象较为突出，有的企业经常性采用现金交易，缺少交易合同，给银行资金监管造成困难。这些问题的存在既增加了企业经营决策的盲目性，也严重影响着银行对企业经营成果和盈利能力的评价，提高了企业对外融资的难度。

（3）管理约束不足。民营企业在管理上主要存在以下几方面问题：内部组织关系不稳定；管理层次不清；计划性不强；管理方法单调；重市场不重现场等。我国的民营企业大多是家族式企业或合伙企业，无法真正形成现代法人企业制度。据调查，70%的民营企业基本上仍采用家族集权式管理模式。企业的产权、治理结构不够合理，制约了竞争力的提升。从经济学角度分析，家族式的管理模式，在创业阶段有其特定的优势；但在企业做大、做强、规范化的过程中，企业需要复杂的经营管理和组织结构，家族式管理模式的固有特性，使其在大规模私营企业中表现出明显的局限性。民营企业的管理大多采用了成功企业的模式，在企业制度和文化建设上也以标杆为主，没有能力开发出适合自己的管理模式和企业文化。这种通过模仿学习而建立的管理制度和企业文化往往有名无实，成为企业日常动作中的摆设。

二、建设银行在新疆民营企业信贷投入的基本状况

截至2010年年末，建设银行新疆区分行所有公司类信贷客户1 126户，信贷余额696.89亿元，贷款512.88亿元，不良贷款客户24户，不良额17 967万元，不良率0.35%；其中民营企业信贷客户684户，信贷余额161.12亿元，贷款122.54亿元，不良贷款客户17户，不良额12 855万元，不良率1.05%。

从客户数量看，民营企业客户数量占所有公司类客户数量的60.75%，信贷余额占比23.12%，其中信贷余额1 000万元以上的民营企业客户277户，信贷余额148.28亿元，信贷余额占比92.03%，1亿元以上的民营客户37户，信贷余额合计80.35亿元，占所有民营企业信贷余额的49.87%。由此可以看出，民营企业客户数量虽然较多，但信贷余额占比较低，且民营企业信贷余额基本集中在少数客户上，贷款集中度高。

从客户规模及资信情况看，AA级以上（含）民营企业客户数为329户，占全行民营企业客户数48.1%，信贷余额为116.55亿元，占全行民营企业信贷余额的72.34%。同时，民营企业信贷业务基本集中在大、中型客户上，中小型及小型（含微小型客户）信贷余额占比较小，仅占到全部民营企业信贷余额的23.51%，而大、中型以上客户信贷余额占全部民营企业信贷额的76.49%。

从行业分布情况看，信贷资产的19个行业大类中，民营企业信贷资产已涉及房地产、制造业、批发零售业、采矿业、建筑业等16个行业，其中制造业47.57亿元信贷余额最大，占全部民营企业信贷资产的29.52%，第二、第三位分别为批发零售业、采矿业，余额分别达到41.35亿元、18.23亿元，占比分别达到25.66%、11.31%，前三位所占比重为66.49%。总体上看我行信贷介入民营企业行业涉及面广、贷款集中度高。

从资产质量情况看：民营企业贷款不良贷款12 855万元，占全行公司类不良贷款绝对额的71.55%，不良率1.05%，主要客户为阿拉山口跃新、新乐实业、天山纺织集团、捷通石油燃料、红杏生态农业等客户，不良率水平高于全行同期平均水平。尽管目前我行在民营企业存量信贷资产不良率只有1.05%，但也应看到，这也是近几年大量核销了“德隆系”、“屯河工贸系”、福长市场等大额不良贷款后取得的，这也充分说明了民营企业贷款高风险特征。因此，在新疆经济环境改善后，如何在未来把好民营企业行业、客户、产品等相关准入关，科学对待民营企业存量与增量的发展速度及协调相关关系，是提高其整体信贷资产质量的关键。

三、民营企业信贷准入标准制定

目前，对优质民营企业尚没有一个明确的标准，在符合总行公司类客户的信贷业务准入标准的基础上，对以下几个指标应该充分考虑

（一）符合国家产业政策、具有一定规模、成长性好

对那些从事行业门槛低、生命周期短、行业

竞争异常激烈、产品更新换代快的生产型民营企业，要严格控制，原则上不得介入。

（二）产品科技含量高、技术水平先进、竞争力强、市场潜力大

科学技术是第一生产力，企业的技术先进，其产品科技含量就高，产品设计及理念就会走在时代的前端，代表该产品未来的发展方向；相反，家庭式作坊生产基本上是劳动密集型生产，技术落后，产品科技含量低，市场竞争力亦较弱。

（三）财务管理规范、无逃废债记录、资信状况良好

诚信是银企双方合作的基础，对曾在其他银行有过不良记录，或财务管理不规范，数据真实性差的企业，不管是企业为避税而隐瞒收入、利润的善意欺骗，还是为骗取银行贷款肆意扩大收入、虚增利润、美化报表的恶意欺骗，银行都应不予准入。

（四）领导人品德好、素质高、领导班子能力强

民营企业的经营性质决定了企业的兴衰成败往往掌握在其领导者一人手中，领导人的理念直接影响企业的经营思路，企业能够发展到何种程度很大程度上取决于其领导能力强弱。

（五）在当地属于行业中龙头企业，资产负债率低、有一定自有资本金、对目标市场拥有一定影响力

当地的行业龙头，一般都受到当地政府的扶持，相对其他企业有明显的规模优势和成本优势，产品能保持强劲的市场竞争力。

（六）能为大中型企业提供稳定配套服务、还款来源有保障

这类企业生产经营主要围绕国有大中型企业展开，通常是由原国有企业的下属企业改制而成，与原大中型企业有着千丝万缕的联系，双方建立了稳定的供销关系，发展前景较有保障。

四、民营企业信贷风险控制措施

（一）增强资信审查的有效性

第一，在给民营企业发放贷款前，除进行常规贷前资信审查外，应重点对企业法人的经营管理能力、信用记录、个人履历、家庭背景、道德品行等进行翔实的考察和记录，对于家族式企业更要尽可能地了解整个家族的信息资料，包括家族的资本实力、关联企业等情况，以确定其社会信誉度。把握好民营企业核心领导人的个人信用、生活作风等问题，是防范信贷风险的关键。

第二，对借款人的生产经营和财务信息进行审慎分析，在实地调查的基础上，还应通过税务、海关、人民银行接口系统等渠道获取相关信息，防止因银企信息不对称造成判断和决策失误。

第三，针对目前民营企业财务报表不尽真实的情况，银行应改进财务分析方法。对企业财务状况的了解，除了分析企业财务报表外，还要通过其他途径进行，关注企业实际的经营业绩。如利用企业产品订单、银行结算流水账，估算企业的真实销售水平，从侧面了解、掌握较为真实的企业产销及经营财务状况，从而为贷款决策提供相对可靠的参考依据。

第四，近年来，内地集团性民营企业来新疆投资的客户数不断增加，在对本地借款客户认真审查的同时，还应对其内地母公司的资金实力、生产经营状况、资金管理方式、总体负债水平，集团实际控制人的经营管理能力、行为模式、用人理念以及对集团业务的发展规划等进行详细了解。尤其对来自高利贷案件高发地区的企业更要审慎支持，在贷前调查中要充分利用现有条件核实借款人是否存在高息借贷等重大风险隐患，对企业的注册资金来源及股东借款的合法合规性进行严格审查，对于经核实确实存在高息借贷等违规问题的客户，应立即暂停与其开展新信贷业务合作。

（二）增强担保的有效性

1. 引入个人担保

对中小型民营企业，在担保措施的选择上，可以将法人代表及股东的房产、汽车、存款、债券、人寿保单等私人财产抵（质）押，或以个人信用承担连带担保责任。这类措施在一定程度上能起到督促还贷的作用，从国内外的金融实践来看，这种将企业担保变为个人担保的方式，对激励客户还贷有积极作用。

2. 引入群体担保

由于族群关系，社区关系的存在，中小民营企业及其经营者往往存在一个关系相对密切的种族、宗族群体。由这些群体为中小民营企业提供担保，能有效减少监督成本甚至交易成本。这一方面是由于如果借款人恶意逃债，而群体代位赔付，将导致借款人其经营者失去群体的支持，这是极其高昂的成本；另一方面，同一社区的成员常常十分了解各自的信用状况，人们会对加入者的信用状况作出谨慎选择，往往有意识地排除信用不好的人，降低了银行的筛选成本。

3. 杜绝集团内部担保

在民营企业集团内部，母公司作为核心，常常将就某个项目成立的子公司当成集团融资的工具，以子公司名义大量向银行借款，再由集团公司提供担保。这种贷款的实质就是向集团公司发放信用贷款。

4. 尽量采取资产抵押方式

对具备一定资产规模的民营企业，我行应尽量采取有效资产抵押的方式，同时对评估机构和抵押物评估价值严格审核，确保抵押物充足、有效。在保证人的选择上，加强对保证人资格和能力的审查，尽量避免互保和关联企业担保。

5. 积极探索特色民营担保措施

鉴于民营企业尤其是中小型民营企业担保难问题，我行可通过借鉴他行好的创新担保措施，进行低成本研发。如存货质押、提单质押、动产质押、账户质押等，为确保合规、统一性，并对创新担保措施采取制度化方式予以规范并适度推广。

（三）加强贷后管理

1. 建立科学的风险监测和考核体系

民营企业普遍存在着家族式或家长式管理，企业内部制度不够健全，管理不规范，随意性强。因此，贷后管理除保留对一般企业管理的基本要求外，还应根据上述特点，调整某些指标权重和增加某些相应的指标。例如，重点检查企业现金净流量、资产的流动性和企业资金链的运转情况等等，尤其对企业法定代表人的道德品质信用行为更应认真关注。一旦发现信贷风险隐患，宜相机调整信贷策略以规避风险。

2. 加强贷款过程的监控

近几年，我行在民营企业贷款过程监控时，一般对贷前调查、客户资信落实较严，但对贷中尤其是贷后管理环节偏弱，加之民营企业信用体系尚未建立，社会监督力度不够，而一直以来，我们已经习惯使用的通过企业财务报表、银行资金账户等方式获取的信息方式对民营企业适用性不强，无法做到准确监控，容易出现资金用途风险和资本金抽逃风险。加强资金使用及监控是做好民营企业信贷经营工作的关键因素，在资金具体使用过程中，严禁挪用银行信贷资金、利用关联交易转移收入、抽逃资金等逃避银行资金监管行为的发生，对集团性民营企业，还应通过在合同中增加限制性条款等手段，约束民营集团内的非公允关联交易。

3. 密切关注民营企业的做大做强

现实情况中，某些民营企业在进入成熟期和发展期后，便不顾自身脆弱的基础和尚不成熟的市场环境，不考虑自身经营管理能力和经验，盲目追求做大做强，热衷于搞多元化经营。由于企业投资成本和管理成本不断吞噬企业现金流，自身经营收入又无法支撑产业扩张，进而向银行大量借款，而银行又被企业表面的红火与风光所迷惑，使得企业经营风险不断向银行集中。面对现实，银行方面，一是要保持冷静的头脑，在风险和利益之间作出正确的选择，客观分析民营企业申请授信的原因和实际需要的授信额度，重点从客户的行业特点、生产规模、业务周期、现金流状况、还款能力等方面，判断合理的授信额度，确定授信条件，确保从源头上规避授信风险；二是要运用自身政策、信息、客户等专业优势，给其以正确的引导和帮助；三是要对不听规劝坚持做大的企业果断“停奶”，尚未发放的资金要考虑停贷，已经发放的要考虑退出，放弃对其支持。这样做有可能损失眼前利益，但丢了“芝麻”，保住“西瓜”，不失为银行明智的选择。

4. 对民营企业集团及其成员企业要严格执行统一授信管理

民营企业在逐步发展到集团化经营后，公司组织机构日趋复杂，多元化跨行业投资的现象较为普遍，在其投资的子公司中往往地域相对分散，而集团母公司所在地的主办行受地域限制，难以对辖区以外的关联子公司进行整体把握，一旦集团成员企业出现风险或资金链断裂，将迅速波及其他成员，出现“多米诺骨牌”效应。因此在实际工作中需要主办行牢固树立集团客户整体授信的观念，高度重视民营集团关系树的建立，认真核实客户实际控股股东、法人代表以及成员企业之间的关联关系。对于确属于应实施集团统一授信的客户，主动申报上级管辖行对其进行统一的额度授信，以避免多头授信、过度授信。对于成员企业涉及跨一级分行辖区分配额度的情况，还需要按照授权规定上报总行审批。

5. 强化贷后管理工作，定期对存量合作客户进行风险排查

风险排查不能流于形式，具体排查可以通过现场走访、监控账户来往或其他可行方式，从以下几个方面来加以关注：一是充分了解合作客户近期资产变化及生产经营情况等，根据民营企业的实力和行业特点，认真分析国家宏观政策对民营企业的影响，分析大宗商品合约价格变动、汇率变动等对客户财务状况的影响。二是密切关注客户上下游单位的生产经营状况和发展战略，警惕市场环境出现的不利变化，防范系统性风险，尤其要注意防范资金链断裂的风险。三是结合银监会预警信息、负面媒体信息等信息渠道，及时了解合作客户法人代表动向，是否存在异常行为，进一步实现对民营企业的重点监控和精细化管理。四是充分了解调查合作客户是否涉及高息借贷等重大风险事项，一旦发现，务必及时采取有限措施，降低损失。五是关注合作客户账户资金是否存在异常往来，对抵质押物、担保单位的合法合规性、充足性进一步明确。

（四）防范银行内部人员的道德风险

民营企业因机制灵活，公关力度大，容易引发银行内部信贷管理人员的道德风险。近年来我行客户经理辞职后到民营企业任职和在职时参股民营企业的现象时有发生，建议各行注意以下几个方面的工作：一是在有条件的基础上，进行必要的客户经理的岗位交流，坚持贷前调查的平行作业；二是各行应关注原客户经理辞职后到民营企业任职的情况，对企业提供给银行的信息、资料要严格审查，防止此类人员利用熟悉银行信贷业务流程和审查重点，编制有利于企业的虚假信息，骗取银行贷款。

CHINA 中国建设银行年鉴 2012
CONSTRUCTION BANK ALMANAC

第七部分　大事记

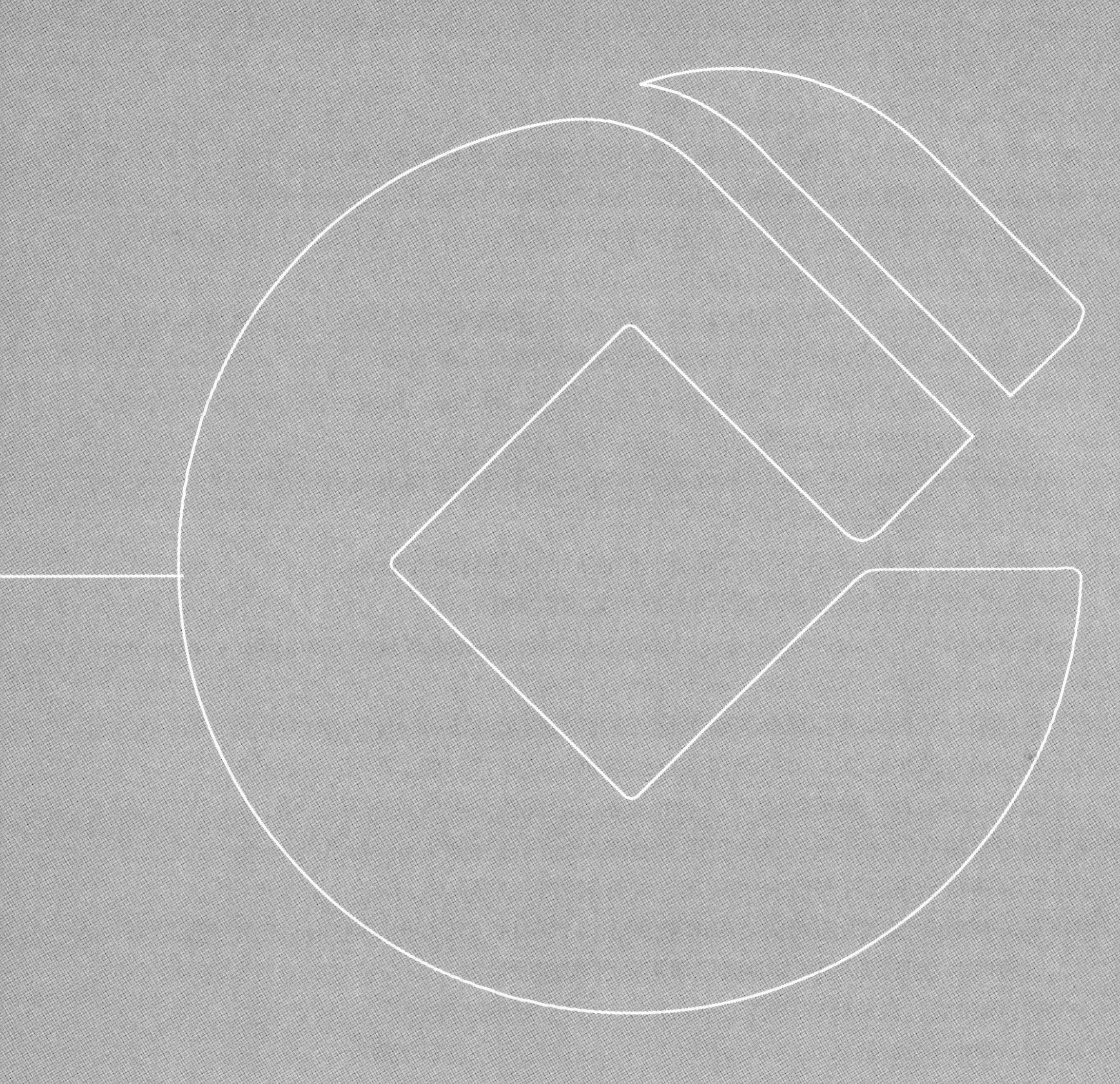

领导重要活动类

1月20日 行长张建国到黑龙江省分行调研。

1月21日 董事长郭树清在信达大厦21层贵宾厅会见比利时驻华大使奈斯先生。

1月24日 董事长郭树清到河北省分行调研并慰问员工，之后拜会河北省省长陈全国。

2月1日 董事长郭树清到兴融中心、信达大厦慰问员工。

2月1日 行长张建国、副行长陈佐夫到兴融中心慰问员工。

2月9日 董事长郭树清赴海南省分行调研，慰问员工，检查指导工作。次日，郭树清前往省政府，会见了海南省省长罗保铭、常务副省长蒋定之及相关政府部门的负责同志。

2月14日 董事长郭树清在北京饭店会见摩根士丹利董事长John Mack先生一行，并在钓鱼台与摩根士丹利董事长John Mack先生一行出席了晚宴。

2月15日 董事长郭树清陪同中美商界领袖峰会嘉宾拜会国务院副总理王岐山。

2月14—19日 前监事长谢渡扬率团赴香港进行业务洽谈。

2月20—27日 前监事长谢渡扬率团出访阿联酋、印度尼西亚进行业务洽谈。

2月24日 行长张建国会见普华永道高级顾问大卫·艾尔敦先生一行。

3月2日 董事长郭树清在信达大厦会见美国财政部负责国际金融的部长助理Charles Collyns先生一行。

3月2日 行长张建国在信达大厦会见桑坦德银行亚太区执行总裁Juan Ma先生一行。

3月3日 行长张建国、监事长张福荣拜会国家审计署副审计长董大胜。

3月3日 行长张建国、副行长朱小黄会见大连市市委书记夏德仁、市长李万才一行。

3月7日 董事长郭树清在信达大厦会见桑坦德银行亚太区执行总裁Juan Ma先生一行。

3月9日 董事长郭树清会见吉林省省长王儒林、常务副省长竺延风一行。

3月9日 董事长郭树清在信达大厦会见NBNK投资公司首席执行官Gary Hoffman先生一行。

3月10日 行长张建国、副行长陈佐夫会见华润集团总经理乔世波。

3月15日 董事长郭树清、行长张建国会见中央汇金公司总经理彭纯。

3月22日 董事长郭树清在信达大厦会见台湾第一金融控股公司董事长蔡庆年先生一行。

3月25日 董事长郭树清赴四川调研。期间，郭树清会见了四川省省委书记刘奇葆和成都市市委书记李春城，就统筹城乡建设工作及相关金融服务进行了交流，并赴成都郊县农村进行了实地考察。

3月26—30日 董事长郭树清率团赴香港开展建设银行2010年年度业绩路演。28日，董事长郭树清，监事长张福荣，副行长朱小黄、庞秀生在香港出席建设银行2010年年度业绩发布会。

3月28日 行长张建国、副行长陈佐夫在北京出席建设银行2010年年度业绩发布会。

3月28日 行长张建国、副行长陈佐夫会见甘肃省省长刘伟平一行。

3月30日 董事长郭树清、监事长张福荣会见美国银行首席执行官莫尼汉先生一行。

4月3—9日 行长张建国率团出访英国、西班牙，开展建设银行2010年年度业绩路演。

4月8日 董事长郭树清在北京金融街威斯汀酒店会见台湾金管会政务副主任委员李纪珠女士一行。

4月8日　董事长郭树清在信达大厦21层贵宾厅会见洛克菲勒公司总裁兼首席执行官鲁本·杰弗里先生一行。

4月11—21日　董事长郭树清率团出访意大利、法国、英国，开展建设银行2010年年度业绩路演。

4月17—22日　监事长张福荣率团出访美国，开展建设银行2010年年度业绩路演。

4月27日　董事长郭树清在信达大厦21层贵宾厅会见国际金融协会（IIF）董事总经理杜拉若先生一行。

5月5日　董事长郭树清、副行长陈佐夫会见国家烟草专卖局局长姜成康、总会计师张玉霞、中国双维投资公司总经理吴建明。双方就加强业务合作、建立互信机制与战略合作关系等相关事宜进行了沟通和交流。

5月9—10日　行长张建国、副行长陈佐夫一行到广东省分行开展工作调研。在粤期间，张建国、陈佐夫一行还出席了与中国南方电网有限责任公司的战略合作协议签字仪式，会见了广东省副省长宋海一行。

5月10日　监事长张福荣到江西出席建设银行一级分行行长及总行部门总经理井冈山培训班结业仪式，并作了重要讲话。

5月11日　建设银行台北代表处开业庆典在台北举行。董事长郭树清出席了开业庆典。台湾银行公会理事长兼台湾银行董事长张秀莲以及台湾各界嘉宾60余人出席了开业庆典。

5月11日　行长张建国在信达大厦会见了摩根大通首席投资官Arminio Fraga先生一行。

5月11日　行长张建国、副行长庞秀生会见IBM全球董事长彭明盛先生一行。

5月18日　董事长郭树清到英国驻华大使馆会见英国金融服务局董事长特纳勋爵并出席特纳勋爵欢迎晚宴。

5月19—28日　前监事长谢渡扬随团赴台湾考察。

5月23日　行长张建国在信达大厦会见渣打银行大中华区主席曾璟璇女士。

5月26日　行长张建国、副行长朱小黄与“中国移动”总裁李跃、副总裁沙跃家举行高层会晤，双方就深化银企合作、建立新型战略合作关系、推动电子商务发展、加强第三方支付业务合作等方面进行了沟通和交流。

5月30日　建设银行莫斯科代表处开业庆典在莫斯科举行。正在出访俄罗斯的行长张建国率团出席了开业庆典并致辞。中国驻俄罗斯公使张海舟、俄罗斯中央银行副行长梅里尼科夫及俄罗斯社会各界嘉宾200余人出席了开业庆典。

5月31日　行长张建国在莫斯科拜会俄罗斯联邦储蓄银行行长格里夫·赫尔曼。

6月7日　董事长郭树清到北京外国语大学看望建设银行第二期海外人才英语集训班学员，并与全体学员和外教代表用英语进行了座谈。会前，郭树清与北京外国语大学党委书记杨学义和校长陈雨露商谈了有关合作事宜。

6月10日　董事长郭树清，副行长陈佐夫、朱小黄在成都会见四川省省长蒋巨峰。

6月20—26日　监事长张福荣先后出访南非、英国，拜会当地有关监管机构并与牛津大学签署培训合作备忘录。

6月21日　行长张建国到建设银行党校看望了第23期干部进修班的学员，围绕转变发展方式、不断提升全行经营管理水平这一主题进行了座谈与交流。

6月24日　行长张建国在信达大厦16层贵宾厅会见桑坦德银行亚太区总裁盛儒焕先生一行。

6月22日—7月3日　前监事长谢渡扬率团出访瑞士、德国、英国进行业务洽谈。

6月28日　董事长郭树清到建设银行党校看望了第23期干部进修班的学员，着重就优化人力资源管理进行了座谈，并发表了重要讲话。

7月4—6日　行长张建国到河南省分行调研。

7月15日 行长张建国在北京金融街丽思卡尔顿酒店会见了桑坦德银行 Juan In Ciarte 先生一行。

7月18日 董事长郭树清在信达大厦21层贵宾厅会见澳新银行集团总裁邵铭高一行。

7月18—22日 监事长张福荣率团出访新加坡、香港，与新加坡国立大学高层洽谈培训合作事宜，签署培训合作谅解备忘录。

7月19日 董事长郭树清在信达大厦会见美国信安金融保险集团董事长、总裁兼首席执行官施伯文先生一行。

7月21日 董事长郭树清在信达大厦21层贵宾厅会见日本STS论坛理事长尾身幸次一行。

7月22日 由中国建设银行控股的建信人寿保险有限公司在上海正式挂牌成立。行长张建国、副行长朱小黄、投资理财总监王贵亚出席挂牌仪式。

7月25日 董事长郭树清在信达大厦21层贵宾厅会见美国纽约梅隆银行董事长兼首席执行官楷利博一行。

7月27日 董事长郭树清、行长张建国会见中国中信集团公司董事长常振明、总经理田国立一行。

7月28日 前监事长谢渡扬率团赴香港出席建银国际董事会。

8月2日 董事长郭树清、行长张建国在信达大厦21层贵宾厅会见中国妇女发展基金会理事长黄晴宜一行。

8月9日 董事长郭树清在信达大厦会见汇丰集团行政总裁、香港上海汇丰银行主席欧智华先生一行。

8月16—17日 董事长郭树清率团赴香港进行业务洽谈。

8月20—24日 行长张建国率团赴香港进行中期业绩路演。

8月22日 董事长郭树清在信达大厦会见新加坡政府投资有限公司中国投资业务集团主席郑国枰博士一行。

9月2日 董事长郭树清、副行长赵欢在信达大厦会见世界银行行长罗伯特·佐利克（Robert B. Zoellick）先生一行。

9月2日 董事长郭树清在北京丽思卡尔顿酒店会见香港金融管理局总裁陈德霖先生一行。

9月6日 行长张建国在信达大厦会见三峡集团董事长曹广晶一行。

9月7—9日 行长张建国赴山东省分行调研。

9月8日 董事长郭树清率总行调研组赴云南省考察调研。在滇期间，与云南省人民政府签署《支持桥头堡建设战略合作协议》；在云南省分行召开贷后管理专题座谈会，并考察我行公益项目实施情况。

9月14日 董事长郭树清到大连出席2011年夏季达沃斯论坛。

9月15—24日 前监事长谢渡扬率团出访美国、加拿大进行业务洽谈。

9月16日 中央政治局委员、中央书记处书记、中组部部长、中央创先争优活动领导小组组长李源潮到建设银行窗口单位调研创先争优活动情况。李源潮来到北京市分行兴融支行实地考察，指出："建行系统为民服务创先争优，领导重视，推动有力，效果良好"。董事长郭树清、行长张建国、监事长张福荣、副行长朱小黄、零售业务总监兼北京市分行行长田惠宇参加。

9月19日 建设银行党校2011年秋季学期（第24期）干部进修班开学典礼在总行党校举行，哈尔滨分校、常州分校首次通过网络视频直播方式同步开学。党委副书记、监事长、党校校长张福荣出席并发表讲话。

9月22—27日 行长张建国率团出访美国，出席"2011年国际货币基金组织（IMF）和世界银行年会"。

9月25日—10月4日 董事长郭树清率团出访美国、日本，出席与美国银行新一期战略合作启动仪式和中美商界领袖合作伙伴计划，拜访美联储、美国财政部、芝加哥期货交易市场等监管机构高层，出席"STS第八届年会"。

10 月 10 日 董事长郭树清、行长张建国、副行长陈佐夫在信达大厦 16 层贵宾厅会见云南省委副书记、代省长李纪恒，常务副省长罗正富，副省长刘平、曹建方一行。

10 月 11 日 董事长郭树清、副行长赵欢到全国社会保障基金理事会拜会理事长戴相龙。

10 月 11 日 行长张建国在信达大厦会见了法国巴黎银行首席执行官 Alain Papiasse 先生一行。

10 月 14 日 董事长郭树清，副行长陈佐夫、赵欢在北京拜会铁道部部长盛光祖。

10 月 17 日 董事长郭树清、行长张建国、副行长陈佐夫在信达大厦 21 层贵宾厅会见湖北省委书记李鸿忠、省长王国生一行。

10 月 20 日 董事长郭树清在信达大厦 21 层贵宾厅会见卢森堡财政大臣鲁克·弗雷登一行。

10 月 26 日 行长张建国在信达大厦 16 层贵宾厅会见全球金融市场协会首席执行官提姆·瑞安一行。

10 月 31 日—11 月 9 日 前监事长谢渡扬率团出访马来西亚、印度尼西亚、新加坡进行业务洽谈。

11 月 9 日 行长张建国、副行长朱小黄在信达大厦会见台湾中国信托金融控股公司董事长辜濂松先生一行。

11 月 30 日 行长张建国与中国建筑股份有限公司董事长易军举行高层会晤，双方就加强业务合作、深化交流机制、探讨继续巩固和发展战略合作关系等方面进行了沟通与协商。

12 月 7 日 党委书记王洪章、行长张建国会见辽宁省省长陈政高、副省长陈超英一行。

12 月 9 日 党委书记王洪章在信达大厦会见德国施豪银行行长、中德住房储蓄银行副董事长马蒂亚斯·麦茨（Dr. Matthias Metz）先生一行。

12 月 9 日 党委书记王洪章在离退休部相关人员陪同下，登门看望了在京的周道炯、苏文川、周汉荣、石春贵、赵玉琢等老行领导。

12 月 13 日 党委书记王洪章、行长张建国、副行长陈佐夫会见海南省省委书记罗保铭、代省长蒋定之一行。

12 月 14 日 党委书记王洪章、行长张建国、副行长陈佐夫会见福建省省委书记孙春兰、省长苏树林一行。

12 月 16 日 党委书记王洪章与中国移动通信集团公司党组书记奚国华举行高层会晤，副行长赵欢和中国移动副总裁薛涛海及双方相关部门领导出席了本次会晤。

12 月 20 日 行长张建国、副行长赵欢出席总行商品与期货交易部揭牌仪式；同日赴上海市分行调研。

12 月 23 日 党委书记王洪章，副行长陈佐夫、朱小黄到北京市分行进行工作调研，视察了北京市长安兴融支行和象来街储蓄所，看望慰问了一线员工，并同分行领导班子及部分干部员工座谈。

12 月 23 日 监事长张福荣、副行长庞秀生到北京洋桥视察总行数据中心。

12 月 24 日 党委书记王洪章出席山西省委、省政府与国家大型银行座谈会。

12 月 27 日 党委书记王洪章与中国石油天然气集团公司董事长蒋洁敏举行会晤，副行长陈佐夫和中国石油天然气股份有限公司财务总监周明春、中国石油天然气集团公司副总会计师温青山及双方相关部门领导出席了本次会晤。

12 月 30 日 党委书记王洪章、副行长朱小黄、党委委员章更生到长安兴融中心慰问总行部门员工。

机构及人事类

1月4日 建党函〔2011〕3号转发中共中央组织部《赵欢、章更生同志任职》的通知。建党函〔2011〕4号转发中共中央组织部《田国立同志职务任免》的通知。

1月30日 建总发〔2011〕13号：于永顺不再担任中国建设银行股份有限公司首席审计官职务，批准退休。

2月24日 建总发〔2011〕30号：黄志凌任中国建设银行股份有限公司首席风险官，朱小黄不再兼任中国建设银行股份有限公司首席风险官。

3月2日 人力资源和社会保障部《关于公布2010年享受政府特殊津贴人员名单的通知》（人社部函〔2011〕68号）：建设银行龚蜀雄、李英俊、牟乃密3名同志被批准享受2010年政府特殊津贴。

3月8日 建总发〔2011〕51号：成立中国建设银行保险业务子公司筹备组，王军为筹备组主要负责人，赵富高、赵振德为筹备组负责人。

3月13日 建总发〔2011〕53号：小企业金融服务部更名为小企业业务部。

3月16日 建总发〔2011〕39号：曾俭华任中国建设银行股份有限公司首席财务官，庞秀生不再兼任中国建设银行股份有限公司首席财务官；余静波任中国建设银行股份有限公司首席审计官。

3月21日 建设银行提出《中国建设银行领导人员廉洁从业“八严禁”》。

4月29日 建总发〔2011〕56号：许会斌任中国建设银行股份有限公司批发业务总监，田惠宇任中国建设银行股份有限公司零售业务总监，王贵亚任中国建设银行股份有限公司投资理财总监；顾京圃不再担任中国建设银行股份有限公司批发业务总监，杜亚军不再担任中国建设银行股份有限公司零售业务总监，毛裕民不再担任中国建设银行股份有限公司投资理财总监。

5月3日 建总发〔2011〕64号：成立中国建设银行井冈山培训中心，由江西省分行代管。11日，井冈山培训中心举行揭牌仪式，监事长张福荣和江西省副省长熊盛文出席揭牌仪式。

5月24日 建总发〔2011〕71号：赵欢任中国建设银行股份有限公司副行长。

7月29日 建总发〔2011〕117号：撤销中国建设银行公司业务部中小企业中心。

8月24日 建总发〔2011〕134号：中国建设银行金融市场部下设商品与期货交易部（二级部）。

10月31日 建党函〔2011〕44号转发中共中央《关于郭树清同志免职的通知》（中委〔2011〕446号）。

12月6日 建总发〔2011〕207号决定，章更生兼任建设银行工会委员会主席，辛树森不再兼任建设银行工会委员会主席，李卫平兼任建设银行工会委员会常务副主席。

12月8日 中德住房储蓄银行重庆分行开业庆典仪式在重庆国际会展中心举行。副行长朱小黄率团出席仪式并为中德住房储蓄银行重庆分行开业揭牌。

12月16日 建党函〔2011〕50号转发中共中央《关于王洪章同志任职的通知》（中委〔2011〕465号）。

业务类

2月18日 建设银行与首钢集团在北京举行战略合作签字仪式。董事长郭树清与首钢董事长朱继民分别在仪式上致辞，行长张建国与首钢总经理王青海代表双方在协议书上签字。

3月31日 建设银行与上海宝钢集团有限公司在上海宝钢集团总部大楼签署银企合作协议。行长张建国和上海宝钢集团总经理何文波出席签字仪式，副行长陈佐夫与副总经理周竹平代表双方在协议书上签字。

4月13日 行长张建国在京城大厦出席建设银行与中信集团投资银行业务战略合作协议签约仪式。

4月21日 行长张建国、副行长陈佐夫在大连出席建设银行与大连市政府投行业务战略合作协议签字仪式。

4月25日 建设银行获得国家工商行政管理总局商标局颁发的“E路护航”商标注册证书，并核定商标服务项目范围为：“银行、金融服务、金融管理、电子转账、金融信息、金融分析、金融资讯”等。

5月13日 建设银行与中国南方电网有限责任公司在广州签署战略合作协议。行长张建国与南方电网董事长赵建国、总经理钟俊出席了签约仪式，副行长陈佐夫、南方电网副总经理祁达才分别代表双方在战略合作协议上签字。

5月13日 建设银行与新疆生产建设兵团在乌鲁木齐签订战略合作协议。监事长张福荣、副行长陈佐夫，新疆生产建设兵团司令员华士飞、副司令员刘建新出席了签字仪式。

5月16日 行长张建国、副行长陈佐夫、批发业务总监许会斌在信达大厦16层贵宾厅出席建设银行与中国建筑股份有限公司战略合作协议签字仪式。

6月14日 董事长郭树清、副行长陈佐夫在信达大厦22层出席建设银行与三峡总公司战略合作协议签字仪式。

6月20日 建设银行与深圳市腾讯计算机系统有限公司战略合作签约仪式暨QQ龙卡发布会在深圳举行。副行长庞秀生与腾讯公司总裁刘炽平出席了签约仪式。

6月22日 董事长郭树清、行长张建国、副行长陈佐夫、零售业务总监田惠宇出席建设银行与中投发展有限责任公司战略合作协议签字仪式。

7月21日 行长张建国、投资理财总监王贵亚在宁波出席建设银行与宁波市政府全面金融解决方案（FITS）合作框架协议签字仪式。

7月21日 行长张建国、副行长朱小黄在上海出席建设银行与长江养老保险股份有限公司养老金业务合作协议签字仪式。

8月1日 解放军总后勤部与工、农、中、建四大国有商业银行在北京举行《军队单位银行账户和资金监管系统服务管理协议》签约仪式。行长张建国出席签约仪式并发表讲话，副行长陈佐夫代表建设银行与总后勤部签署了合作协议。

8月22日 建设银行发布2011年中期业绩报告。上半年，建设银行实现利润总额、净利润分别为1 207.89亿元、929.53亿元，同比分别实现31.02%和31.33%的高速增长。同期，年化平均资产回报率、年化平均股东权益回报率分别为1.65%和24.98%。

8 月 31 日 建设银行与光明日报社签署《战略合作框架协议》。行长张建国与光明日报社总编辑胡占凡出席签约仪式。

9 月 2 日 建设银行与美国银行完成签署经修订和重述的战略协助协议，战略协助的期限延长至 2016 年 12 月 31 日。新协议约定美国银行在零售及私人银行业务、公司及机构业务、投资银行业务、电子银行、金融市场、信息技术及双方不时约定的其他领域内向建设银行提供战略协助。

10 月 11 日 建设银行成功中标中核集团企业年金账户管理人资格。

10 月 12 日 建设银行与中国能源建设集团有限公司在北京签署《战略合作协议》，副行长陈佐夫、批发业务总监许会斌、零售业务总监兼北京市分行行长田惠宇与中国能源建设集团总经理丁焰章等有关负责人出席签约仪式。

10 月 24 日 建设银行与中国航天科工集团公司在北京签署企业年金基金管理协议，行长张建国、航天科工集团总经理许达哲出席仪式并致辞，副行长陈佐夫与航天科工集团公司副总经理曹建国代表双方在受托管理合同上签字。

10 月 25 日 建设银行与北京市人民政府在北京签署《"十二五"时期战略合作备忘录》。中央政治局委员、北京市委书记刘淇出席仪式。董事长郭树清、市长郭金龙分别致辞，行长张建国与常务副市长吉林代表双方签署战略合作备忘录。

10 月 27 日 上市 6 年主要业绩。2005 年 10 月 27 日我行在香港联交所正式挂牌上市。6 年来各项业务快速增长，各项工作取得了骄人的业绩。股票市值和净利润稳居全球银行业第二位，品牌价值居全球商业银行第三位，列中国企业 500 强第八位，全球企业 500 强第 108 位，被多家国际权威机构评为"中国最佳银行"。

11 月 2 日 建设银行与中华全国供销合作总社在北京签署《战略合作协议》。行长张建国出席签字仪式，副行长陈佐夫代表建设银行在协议书上签字。

11 月 22 日 建设银行与中国电力建设集团有限公司在北京签署《战略合作协议》。行长张建国、副行长陈佐夫、批发业务总监许会斌，中国电力建设集团有限公司董事长范集湘、总会计师孙璀与等出席签字仪式。

11 月 30 日 建设银行在福州举行龙卡 IC 信用卡首发仪式。

12 月 1 日 今年是住房公积金制度建立 20 周年，也是建设银行住房公积金金融服务第二十个年头。20 年间，建设银行受托累计归集住房公积金超过 2. 1 万亿元，累计服务 9 200 多万客户，并向 720 多万家庭发放公积金贷款超过 1 万亿元。

12 月 2 日 建设银行与国务院台湾事务办公室在信达大厦签署《服务台商、台资企业合作备忘录》。建设银行党委书记王洪章、国台办主任王毅、中小企业协会会长李子彬出席签字仪式并致辞；行长张建国与国台办常务副主任郑立中代表双方在备忘录上签字；副行长朱小黄主持签字仪式；出席签字仪式的还有国台办、银监会、中小企业协会以及建设银行有关部门的负责人。

12 月 12 日 由总行财富管理与私人银行部主办、厦门市分行承办的"2011 年海峡两岸财富管理论坛暨建设银行私人银行客户授信签约、发卡仪式"在厦门隆重举行。副行长朱小黄出席签约仪式。

12 月 16 日 行长张建国、副行长陈佐夫出席建设银行与安邦保险集团战略合作协议签字仪式。

12 月 20 日 建设银行商品与期货交易部在沪正式开业。行长张建国、副行长赵欢、首席财务官曾俭华出席开业仪式。

12 月 22 日 建设银行与波士顿咨询公司在北京联合发布《2011 年中国财富报告》，副行长朱小黄在发布会上致辞。

12 月 28 日 建设银行与中国银联、携程旅行网联合向社会推出世界旅行信用卡。

会议类

1 月 26 日 总行本部暨离退休老同志迎新春团拜会在北京全国政协礼堂隆重举行。董事长郭树清出席并致辞；副行长胡哲一主持团拜会；总行领导张福荣、谢渡扬、辛树森、陈佐夫、朱小黄、章更生，首席审计官于永顺、批发业务总监顾京圃等出席团拜会，以及在京的部分董事、监事，离退休老行长、老同志及总行各部门、子公司的负责人和员工代表400余人参加了团拜会。

2 月 21—22 日 建设银行工作会议在北京召开，主要任务是：贯彻落实党的十七届五中全会和中央经济工作会议精神，分析当前宏观经济和金融形势，总结 3 年规划执行情况和 2010 年全行工作，研究部署 2011 年全行经营目标和主要工作任务。董事长郭树清发表重要讲话，行长张建国作工作报告，会议由监事长张福荣主持。总行党委成员，高级管理人员，部分董事、监事出席会议。国务院办公厅、中纪委、中组部、国家发展改革委、财政部、人民银行、审计署、银监会、证监会有关同志应邀出席了会议。

2 月 21 日 建设银行纪检监察工作会议在北京召开。党委书记、董事长郭树清出席会议并作重要讲话，纪委书记辛树森作了题为《深入推进反腐倡廉建设，为全行稳健发展作出更大贡献》的工作报告。总行领导张建国、张福荣、陈佐夫、朱小黄、胡哲一、庞秀生、赵欢、章更生等出席会议。中央纪委代表，部分董事、监事、高管人员出席了会议。

2 月 21 日 建设银行计财工作会议在北京召开。副行长庞秀生作重要讲话。38 个一级分行计财部门负责人参加了会议。

2 月 25 日 建设银行 2011 年海外工作座谈会在北京召开。董事长郭树清、行长张建国出席会议并作了重要讲话，会议由副行长胡哲一主持，总行相关部门和海外机构的主要负责人参加了会议。

3 月 17—18 日 建设银行零售业务工作会议在武汉召开。副行长朱小黄出席会议并作重要讲话，零售业务总监杜亚军出席会议。

3 月 22—23 日 建设银行 2011 年资产保全工作会议在广西南宁召开，副行长胡哲一出席会议并讲话。

3 月 31 日至 4 月 1 日 2011 年建设银行审计工作会议在北京召开，行长张建国、监事长张福荣出席会议并分别作重要讲话，首席审计官余静波作工作报告。

4 月 1—2 日 2011 年建设银行公司机构业务工作会议在上海召开，行长张建国出席会议并作重要讲话，副行长陈佐夫作工作报告。

4 月 22—23 日 建设银行投资银行业务工作会议在北京召开，行长张建国出席会议并作重要讲话，王贵亚出席会议并作大会报告。

5 月 25—26 日 “中国建设银行教育培训工作座谈会”在北京建银大厦召开。监事长张福荣出席会议，听取各分行的汇报交流并作重要讲话。

6 月 9 日 中国建设银行股份有限公司 2010 年度股东大会在成都召开。会议审议通过了发行人民币次级债券的议案、关于在巴西设立子银行的议案、关于提请批准董事会提名与薪酬委员会主席的议案、增补董事会相关专门委员会委员的议案、提请召开 2011 年第一次临时股东大会等议案。董事长郭树清，行长张建国，监事长张福荣，副行长陈佐夫、朱小黄、胡哲一等出席。

6 月 30 日至 7 月 1 日 建设银行 2011 年海外机构不良贷款处置管理工作座谈会在北京召开。副行长胡哲一出席会议并讲话。

7 月 21 日 建设银行私人银行业务座谈会在南京召开，副行长朱小黄出席会议并讲话。

7 月 25 日 总行、北京市分行在钓鱼台国宾馆联合举办“军银携手，共建同行”军警高端客户座谈会。副行长陈佐夫到会并致辞。

8 月 3—4 日 总行在北京召开个人银行业务百佳客户经理代表座谈会。副行长朱小黄主持座谈会，董事陈远玲、监事刘进出席座谈会。

8 月 12 日 建设银行思想政治工作座谈会在湖南邵阳召开。党委委员章更生出席会议并讲话。

8 月 15—16 日 全国建设银行 2011 年夏季工作座谈会在北京召开。会议的主要任务是：学习贯彻胡锦涛总书记“七一”重要讲话精神，分析当前的经济金融形势和全行的经营状况，回顾总结全行今年以来的经营管理情况，研究部署下一阶段的工作任务。董事长郭树清作重要讲话，行长张建国作工作报告，监事长张福荣主持会议并讲话。总行党委成员，高级管理人员，部分董事、监事出席了会议。银监会和汇金公司有关同志应邀出席了会议。

8 月 12 日 由《英才》杂志与建设银行合作举办的“第五届优公司贡献中国高峰会”在北京召开，国资委、进出口银行、联想控股、中石化等单位参加，300 余人出席会议。副行长赵欢出席颁奖仪式并致辞，宣读获奖名单并为获奖客户颁奖。

8 月 24—26 日 总行在广州召开珠三角地区协调委员会 2011 年例会，并召开了重要客户产品推介会和联动项目对接会，副行长胡哲一到会并讲话。

8 月 25—26 日 建设银行住房金融与个人信贷业务座谈会在新疆乌鲁木齐召开。副行长朱小黄出席会议并作重要讲话；会议由零售业务总监田惠宇主持；董事朱振明、陆肖马、陈远玲，监事宋逢明出席会议。

8 月 31 日 总行在北京召开了建设银行党校、哈尔滨培训中心、常州培训中心、井冈山培训中心和香港培训中心参加的座谈会。监事长张福荣、党委委员章更生出席会议并作重要讲话。

10 月 12—13 日 建设银行纪检监察特派员表彰暨工作座谈会在河北廊坊召开。纪委书记辛树森出席会议并为获奖代表颁奖。

10 月 27—28 日 建设银行信访工作座谈会在宁波召开。总行党委委员章更生出席会议并作总结讲话。

10 月 30 日 建设银行信用卡业务座谈会在福州举行，副行长朱小黄出席座谈会并作了重要讲话。

11 月 15—16 日 建设银行第三届职代会第一次会议暨 2011 年秋季工作座谈会在北京京西宾馆召开。会议的主要任务是：学习贯彻中央十七届六中全会精神，回顾总结全行经营管理情况，研究落实五年发展规划，加强职工民主管理，推进深入开展“为民服务创先争优”活动，研究部署下一阶段主要工作。行长张建国、监事长张福荣分别作重要讲话，纪委书记、工会主席辛树森作职代会工作报告。原监事长谢渡扬、总行党委成员、高级管理人员、部分董事、监事出席了会议。

11 月 29 日 由中国银监会主办、建设银行协办的中国建设银行监管（国际）联席会议 11 月 17 日在北京召开。银监会主席尚福林、副主席周慕冰出席会议并讲话，行长张建国、副行长胡哲一、首席财务官曾俭华、首席风险官黄志凌、首席审计官余静波参加了会议。

11 月 30 日 建设银行信用卡业务座谈会在福州举行，38 家一级分行分管行长、部分卡中心主要负责人，以及总行相关部门负责人参加了座谈会。副行长朱小黄出席座谈会并讲话，零售业务总监田惠宇主持会议。

12 月 1 日 总行机关在信达大厦召开学习贯彻党的十七届六中全会精神党支部（总支）书记会议。党委书记王洪章到会并作了重要讲话。

12 月 5 日 总行召开全行案件及重大风险事件防控工作视频会议，监事长张福荣、纪委书记辛树森、副行长胡哲一出席会议。会议由胡哲一主持，辛树森代表总行党委就当前案件及重大风险事件防控工作作重要讲话。

12月9日 建设银行采购工作座谈会在北京召开，副行长胡哲一出席会议并讲话。

12月12—13日 建设银行公共关系与企业文化工作会议在云南举行，党委委员章更生出席并作重要讲话。

12月21—22日 2011年建设银行国际业务工作座谈会在宁波召开。

12月22—23日 中国建设银行党委组织部长培训班暨人力资源管理工作座谈会在北京召开，部署安排中国建设银行党的十八大代表选举工作和研讨交流组织人事工作。

综合类

1月7日 建设银行向共青团贵州省委捐助的“志愿甘泉”项目获团中央“中国青年志愿者优秀项目奖”。

1月12日 由中国银行业协会组织的2010年度中国银行业优秀客户服务中心评选结果揭晓。建设银行信用卡800客户服务中心荣获“最佳服务奖”，电话银行北京中心荣获“综合示范奖”。

1月12日 在和讯网联合中国人民银行研究生部开展的2010年度中国网上银行测评活动中，建设银行被评为“最佳网上银行”。

1月13日 人民银行公布了2010年度银行科技发展奖获奖名单，建设银行共有9个项目获奖。

1月13日 由《环球托管人》杂志主办的“2010新兴市场——中国区的托管服务调查”评选结果揭晓，建设银行荣获“2010年年度最佳境内托管银行奖”。

1月26日 在2011年银行卡同业年会上，建设银行荣获“2010年度银联卡最佳推广奖”及“2010年度银行卡合作创新及风险管理优秀奖”。

1月 建设银行在《亚洲公司治理》“亚洲卓越大奖”的评选中，荣获“最佳投资者关系公司”和“最佳投资者关系网站/推介”奖项，副行长庞秀生被评为“亚洲最佳首席财务官（投资者关系）”。

2月14日 《银行家》杂志2月号发布了全球银行品牌500强排名情况，建设银行以170.92亿美元的综合品牌价值荣膺全球第十位，较去年上升3位，并跻身“全球商业银行品牌十强”第三位，“全球投资银行品牌十强”第九位。短短1年时间，建设银行的综合品牌价值较2010年增加50.16亿美元，由此，建设银行被英国《银行家》杂志评为“2011大赢家”。

3月8日 “三八”节前，总行工会表彰2010年度女职工文明示范岗和巾帼建功标兵：命名北京市兴融支行等38个集体为总行级女职工文明示范岗，授予任朝霞等40名女职工为总行级巾帼建功标兵。

3月22日 总行下发了《关于表彰2010年资金结算业务营销竞赛活动先进集体和个人的决定》，分别授予浙江省分行等10家单位一级分行综合先进奖，苏州分行等5家单位结算业务收入新增专项奖，广东省分行等5家单位结算账户新增专项奖，福建省分行等5家单位重点产品客户新增专项奖，北京市广安门支行等100家单位先进集体奖，北京市分行会计部卢颖等150名同志先进个人奖。

3月28日 总行对2010年流程优化建功立业竞赛活动中作出突出贡献的集体和个人进行了表彰。授予北京市分行等14个分行优秀组织推进单位奖，授予冠军赛系统三期优化等40个项目优秀项目奖，授予曹军等157位员工优秀个人奖。

3月28日 建设银行向盈江地震灾区捐款110万元（含员工捐款）。

3月30日 《欧洲货币》杂志发布了2010年度“最佳私人银行与财富管理”评选情况，建设银行获得“中国区最佳本土私人银行”以及“中国最佳私人银行—最佳高净值客户服务”两个奖项。

4月6日 在由《证券时报》主办的“2010年度基金业明星奖”中，建信基金以出色的业绩表现和管理能力一举摘得“2010年度十大明星基金公司奖”，旗下建信核心精选股票基金也凭借持续稳健的投资能力荣膺“2010年度股票型明星基金奖”。

4月7日 银监会对2010年银行业公众教育服务日活动先进单位进行了表彰，建设银行获得了“2010年银行业公众教育服务日活动先进单位”的殊荣。

4月15日 为表彰2010年建设银行信用卡业务突出业绩，VISA国际组织授予建设银行两项殊荣——“2010年度中国区信用卡卓越成就奖”和“ 2010年度中国区信用卡客户经营管理奖”。

4月27日 由中国《银行家》杂志主办的“2010中国金融营销奖颁奖典礼”上，建设银行荣获“最佳企业社会责任奖”。2010年，建设银行共实施公益项目22个，投入总额9 527. 99万元。同时，建设银行还获得了“金融产品十佳奖”、“最佳金融品牌营销活动奖”等奖项。

5月3日 总行表彰了2010年度优秀共青团员、优秀共青团干部、五四红旗团委（团支部）。总行团委决定授予韩钰等143名同志“中国建设银行优秀共青团员”称号；授予李逸然等124名同志“中国建设银行优秀共青团干部”称号；授予天津市塘沽分行团委等111个团组织“中国建设银行五四红旗团委（团支部）”称号。

5月 建设银行荣获《亚洲公司治理》“第二届亚洲最佳企业治理奖”、“亚洲最佳执行董事奖（中国）”。

5月 建设银行在《财富》杂志发布的“中国企业社会责任100排行榜”上排行第九，荣登金融企业榜。

6月2日 在2011年《亚洲银行家》“中国奖项计划”评选中，建设银行获得国内大型商业银行唯一“中国最佳中小企业银行服务奖”。

6月8日 2010—2011年，建设银行共有200个先进集体和先进个人获“全国金融五一劳动奖状”、“全国金融五一劳动奖章”、“模范职工之家”等奖项。

6月23日 《亚洲金融》杂志近日公布了“亚洲金融2010国家成就奖”的评选结果。建设银行连续两年在国内同业中独家摘得“中国最佳银行”称号。

6月23日 总行在北京展览馆剧场隆重举行纪念建党90周年庆祝活动暨“党旗颂”文艺演出。董事长郭树清出席活动并作重要讲话；行长张建国，副行长陈佐夫、朱小黄、胡哲一，总行党委委员章更生出席活动。纪念活动由纪委书记、总行机关党委书记辛树森主持。

6月30日 总行召开纪念中国共产党成立90周年暨先进基层党组织、优秀共产党员和优秀党务工作者表彰（视频）大会，总行党委对全行90个先进基层党组织、150名优秀共产党员和90名优秀党务工作者给予表彰。

7月5日 共青团中央下发了《关于命名2009—2010年度全国青年文明号的决定》（中青发〔2011〕13号），新命名建设银行北京市分行财富管理与私人银行部等10个青年集体为全国青年文明号；继续认定北京市分行东四支行营业部等271家单位为全国青年文明号单位。

7月27日 中国儿童少年基金会授予建设银行“中国儿童慈善奖—突出贡献奖”。自2002年与中国儿童少年基金会联合开展合作以来，建设银行先后与基金会联合开展了“零钱慈善”、“爱心传递计划”等多项慈善计划，累计募集善款逾500万元。

7月29日 中央印发表彰决定，建设银行河南省洛阳南昌路支行党支部获“全国先进基层党组织”荣誉称号，贵州省贵阳河滨支行党总支书记、行长陆雪涛同志获“全国优秀党务工作者”荣誉称号。

8 月 26 日　在“2011CCTV 中国上市公司峰会”上，建设银行被评为“央视财经 50 指数样本公司”，获“央视财经 50 · 十佳责任公司”殊荣，副行长赵欢应邀参加峰会，并接受“央视财经 50 · 十佳责任公司”奖杯。

8 月 30 日　建设银行凭借在互联网公益领域作出的突出贡献，获颁“2010—2011 年度中国互联网公益大奖”。

9 月 6 日　由建设银行与新浪网合作发起的“公益捐款你做主——建行邀你一起来行动”网络公益活动捐赠仪式在北京举行，副行长朱小黄、党委委员章更生出席捐赠仪式。

9 月 29 日　香港《亚洲金融》杂志“2011 国家和地区最佳银行颁奖典礼”在澳门举行，建设银行连续两年在内地同业中独家摘得“中国最佳银行”称号。

11 月 3 日　建设银行援建甘肃省甘南藏族自治州舟曲县教育项目捐助仪式在兰州举行。甘肃省委常委、省政府常务副省长刘永富，副行长赵欢出席仪式并致辞。建设银行决定捐赠 900 万元人民币，对甘南藏族自治州舟曲县果耶乡三角坪九年制学校和舟曲县第二中学进行援建。

11 月 10 日　建设银行被权威风险管理杂志《亚洲风险》授予“2011 年度中国最佳风险管理银行奖”。到目前为止，建设银行是第一家三次获得该奖项的国内银行。

11 月 15—16 日　在建设银行第三届职工代表大会第一次会议暨秋季工作座谈会上，李林平等 41 名员工荣获第五届“中国建设银行突出贡献员工”荣誉称号，分别荣获 10 万元奖励。

11 月 25 日　建设银行与中国妇女发展基金会在北京人民大会堂签署捐赠协议，启动实施“母亲健康快车”中国建设银行资助计划。行长张建国向全国妇联主席陈至立移交捐赠支票，副行长陈佐夫致辞，党委委员章更生与全国妇联副主席、中国妇女发展基金会副理事长甄砚签署捐赠协议。

12 月 9 日　第三届中国建设银行文明单位及精神文明建设先进工作者评选活动圆满结束，总行党委作出决定，授予北京市长安支行等 135 家单位“第三届中国建设银行文明单位”称号；北京市东四支行王新立等 71 名同志“中国建设银行精神文明建设先进工作者”称号。

12 月　建设银行在《财资》“2011 年企业治理奖”的评选中，荣获“社会责任及投资者关系类别”金奖。

12 月　建设银行在《全球托管人》杂志 2011 年度最佳托管行评选中，以总分 6.49 排名第一，荣获“中国最佳托管银行”。

注：大事记中建设银行外部获奖资料主要来自《建设银行报》，条目日期为报纸刊发日期。

第八部分　附录（领导班子名录）

2011年中国建设银行董事、监事及高级管理层成员名录

董事

王洪章　董事长、执行董事（2012年1月任）
郭树清　董事长、执行董事（2011年10月离任）
张建国　副董事长、执行董事
陈佐夫　执行董事、副行长
朱小黄　执行董事、副行长
王　勇　非执行董事
王淑敏　非执行董事（2011年6月离任）
朱振民　非执行董事
李晓玲（女）　非执行董事
陆肖马　非执行董事
陈远玲（女）　非执行董事
董　轼　非执行董事（2011年9月任）
杨　舒　非执行董事（2011年10月离任）
彼得·列文爵士　独立非执行董事
任志刚　独立非执行董事
詹妮·希普利爵士（女）独立非执行董事
伊琳·若诗　独立非执行董事（2011年6月离任）
赵锡军　独立非执行董事
黄启民　独立非执行董事

监事

张福荣　监事长
刘　进（女）　股东代表监事
宋逢明　股东代表监事
张华建　股东代表监事（2011年8月任）
金磐石　职工代表监事
李卫平　职工代表监事
黄叔平　职工代表监事
郭　峰　外部监事
戴德明　外部监事

高级管理人员

张建国　行长

辛树森　纪委书记（2011 年 12 月免）

　　　　工会主席（2011 年 11 月不再兼任）

陈佐夫　副行长

朱小黄　副行长

　　　　首席风险官（2011 年 2 月不再兼任）

胡哲一　副行长

庞秀生　副行长

　　　　首席财务官（2011 年 3 月不再兼任）

赵　欢　副行长（2011 年 5 月任）

章更生　高级管理层成员

　　　　工会主席（2011 年 11 月兼任）

曾俭华　首席财务官（2011 年 3 月任）

黄志凌　首席风险官（2011 年 2 月任）

余静波　首席审计官（2011 年 3 月任）

陈彩虹　董事会秘书

许会斌　批发业务总监（2011 年 3 月任）

顾京圃　批发业务总监（2011 年 3 月不再担任）

田惠宇　零售业务总监（2011 年 3 月任）

杜亚军　零售业务总监（2011 年 3 月不再担任）

王贵亚　投资理财总监（2011 年 3 月任）

毛裕民　投资理财总监（2011 年 3 月不再担任）

2011 年中国建设银行各分行班子成员名录

北京市分行

行长、党委书记：王军（2011 年 4 月免）
行长、党委书记：田惠宇（2011 年 4 月任）
副行长、党委副书记：章更生（兼）（2011 年 4 月免）
副行长、党委副书记：方秋月（2011 年 8 月明确为总行部门总经理级）
副行长、党委委员：秦仁文
副行长、党委委员：龚毅
纪委书记、党委委员：董建恒
副行长、党委委员：李凡
副行长、党委委员（挂职）：肖立红（女）（2011 年 7 月任）
副行长、党委委员：郎理英（女）（2011 年 8 月由行长助理提任）
工会主任：梁继生（2011 年 9 月免，退休）
风险总监：邓艾兵
资深专员：赵克义

天津市分行

行长、党委书记：高德高
纪委书记、党委委员：李军（女）
副行长、党委委员：邱书民
副行长、党委委员：刘步其
副行长、党委委员：王斌
副行长、党委委员：文远华
风险总监：李明凯（2011 年 3 月任）

河北省分行

行长、党委书记：杨毓（2011 年 4 月免）
行长、党委书记：李秀昆（2011 年 4 月任）
副行长、党委副书记：孙福州
纪委书记、党委委员：傅永德
副行长、党委委员：周小知
副行长、党委委员：尚朝辉
副行长、党委委员：李春生
工会主任：杜彦芳（女）

风险总监：喻永新
行长助理：朱建辉
行长助理：王永平

山西省分行

行长、党委书记：马卓
主要负责人：高强（2011 年 10 月任）
副行长、党委副书记：陈东平
副行长、纪委书记、党委委员：解陆一
副行长、党委委员：斛文锋
副行长、党委委员：宋海林
风险总监：杨利亚
资深专员：张斌政（2011 年 5 月免，退休）
资深专员：康生福
资深专员：孟荣华

内蒙古自治区分行

行长、党委书记：黄先俊
副行长、党委副书记：裴品才（2011 年 11 月免，任总行部门总经理级资深专员）
副行长、党委委员：高升亮
副行长、纪委书记、党委委员：肖青（女）（2011 年 12 月免）
纪委书记、党委委员：楚孔用（2011 年 12 月任）
副行长、党委委员：张兆西
风险总监：崔殿满
行长助理：乔俊峰
行长助理：高凤山

辽宁省分行

行长、党委书记：杨文升
副行长、党委副书记：陈利（2011 年 11 月明确为总行部门总经理级）
副行长、党委委员：籍宝奎
副行长、党委委员：陈宝东
纪委书记、党委委员：肖青（2011 年 12 月任）
副行长、党委委员：韩民
副行长、党委委员：于宁哲
纪委书记、党委委员：司朝伟（2011 年 12 月免）
风险总监：刘伟
行长助理：张勇

大连市分行

行长、党委书记：林忠治
副行长、党委副书记：程超英（女）

纪委书记、党委委员：	隋岩（女）（2011 年 4 月任）
副行长、党委委员：	冯涛（2011 年 11 月免）
副行长、党委委员：	石新亭
副行长、党委委员：	张喜军
纪委书记、党委委员：	张继波（2011 年 4 月免）
风险总监：	王津成（2011 年 3 月任）
风险总监：	李明凯（2011 年 3 月免）

吉林省分行

行长、党委书记：	张勤
副行长、党委委员：	杨铁军
副行长、党委委员、工会主任：	姚殿英
副行长、党委委员：	吕春光
纪委书记、党委委员：	具京子（女）
风险总监：	尹君
资深专家：	王毅
行长助理：	孙建国

黑龙江省分行

行长、党委书记：	薛峰（2011 年 4 月免）
行长、党委书记：	鲁可贵（2011 年 4 月任）
副行长、党委副书记：	耿庆军
副行长、党委委员：	姜鸿飞
纪委书记、党委委员、工会主任：	张慧敏（女）
副行长、党委委员：	杨玉江
风险总监：	董发凯
行长助理：	李松
行长助理：	邹洵游

上海市分行

行长、党委书记：	赵欢（2011 年 3 月免）
行长、党委书记：	王江（2011 年 3 月任）
副行长、党委副书记：	忻明宝
副行长、党委委员：	张益民（2011 年 8 月免，改任资深专员）
纪委书记、党委委员：	沈芳珍（女）（2011 年 4 月免，改任工会主任）
副行长、党委委员：	张忠德
副行长、纪委书记、党委委员：	林晓东（2011 年 4 月任）
副行长、党委委员：	林顺辉
副行长、党委委员：	陈金富
风险总监：	徐众华
行长助理：	吴益强

江苏省分行

行长、党委书记：	杨毓（2011 年 4 月任）
行长、党委书记：	张援朝（2011 年 4 月免，改任资深专家）
副行长、党委副书记：	沈义明
纪委书记、党委委员：	王建国（2011 年 1 月改任资深专员，5 月退休）
副行长、党委委员：	樊庆刚
副行长、党委委员：	金扬统
副行长、党委委员：	邵 斌
纪委书记、党委委员：	王光明（2011 年 1 月任）
风险总监：	武莉（女）

苏州分行

行长、党委书记：	岳鹰
副行长、党委委员：	黄松鹤
副行长、党委委员：	徐挺（2011 年 12 月免，调离建设银行）
副行长、纪委书记、党委委员：	方建平（2011 年 12 月起兼任副行长）
工会主任：	吕伟民
风险总监：	许永良
资深专家：	林少斌
行长助理：	朱斌晨（2011 年 12 月任）
行长助理：	冯宇（2011 年 12 任）
行长助理（挂职）：	顾卫东（2011 年 12 月任）

浙江省分行

行长、党委书记：	余静波（2011 年 4 月免）
行长、党委书记：	崔滨洲（2011 年 4 月任）
副行长、党委副书记：	苏克（2011 年 12 月免）
副行长、党委委员：	侯建培
副行长、纪委书记、党委委员：	张民
副行长、党委委员：	劳新江
工会主任：	傅春兰（女）
风险总监：	张俊
行长助理：	何向东
行长助理：	王叶毅

宁波市分行

行长、党委书记：	刘丽华（女）（2011 年 12 月免）
行长、党委书记：	苏克（2011 年 12 月任）
副行长、党委委员：	任国正
纪委书记、党委委员：	张依娜（女）
副行长、党委委员：	陈恒星

副行长、党委委员：　　陈慧芳（女）
风险总监：　　叶进
资深专员：　　张鹏群
资深专员：　　郑顺年（2011 年 3 月免，退休）
行长助理：　　卢冲

安徽省分行

行长、党委书记：　　戴跃明
副行长、党委委员：　　高强（2011 年 10 月任山西省分行主要负责人）
副行长、党委委员：　　刘兴华
副行长、党委委员：　　姚启凡
纪委书记、党委委员：　　杨庆生
资深专家：　　白国祥（2011 年 4 月免）
资深专员：　　范绍杰
资深专员：　　徐明堑
风险总监：　　潘虹
行长助理：　　杨学军

福建省分行

行长、党委书记：　　康义（2011 年 4 月免）
行长、党委书记：　　彭洪明（2011 年 4 月任）
党委副书记：　　陈万铭（2011 年 10 月任）
副行长、党委委员：　　李文贤
副行长、党委委员：　　林和发
副行长、党委委员：　　刘峰
纪委书记、党委委员：　　胡敏华
副行长、党委委员：　　丁保平
风险总监：　　王东标
工会主任：　　郑碧玲（女）（2011 年 12 月任）

厦门市分行

行长、党委书记：　　陈万铭（2011 年 12 月免）
行长、党委书记：　　刘丽华（女）（2011 年 12 月任）
副行长、党委副书记：　　生柳荣
副行长、党委委员：　　林华（女）
副行长、党委委员：　　肖春辉
纪委书记、党委委员：　　戴丽萍（女）
副行长、党委委员：　　黄惠玲（女）
风险总监：　　黄霞（女）

江西省分行

行长、党委书记：　　段超良

副行长、党委副书记： 万国平
副行长、党委委员： 余惠芳（女）
副行长、党委委员： 彭家彬
纪委书记、党委委员： 隋岩（女）（2011 年 4 月免）
纪委书记、党委委员： 丁嘉槐（2011 年 4 月由工会主任改任）
工会主任： 邹春生（2011 年 4 任）
风险总监： 杜占良
资深专员： 高根林（2011 年 11 月退休）

山东省分行

行长、党委书记： 薛峰（2011 年 4 月任）
行长、党委书记： 彭洪明（2011 年 4 月免）
副行长、党委副书记： 李文达
副行长、党委委员： 王晓永（2011 年 11 月任）
副行长、党委委员： 张维国
副行长、党委委员： 刘振奇
副行长、党委委员： 路民
纪委书记、党委委员： 司朝伟（2011 年 12 月任）
副行长、党委委员： 李建平
纪委书记、党委委员： 楚孔用（2011 年 12 月免）
风险总监： 葛王杰
行长助理： 朱治昌

青岛市分行

行长、党委书记： 郭英辉（女）
副行长、党委委员： 王士清
副行长、党委委员： 郭中华（女）
副行长、党委委员： 刘从正
纪委书记、党委委员： 张新华（2011 年 5 月免）
纪委书记、党委委员： 杨洲德（2011 年 5 月任）
风险总监： 陈庆辉
资深专员： 刘津南
行长助理： 孙剑波（女）

河南省分行

行长、党委书记： 许会斌（2011 年 4 月免）
行长、党委书记： 石亭峰（2011 年 4 月任）
副行长、党委委员： 张志军
副行长、党委委员： 石永拴
副行长、党委委员： 王保信
副行长、党委委员： 黄兴宏
纪委书记、党委委员： 奚丽娟（女）

风险总监：　许建东

湖北省分行

行长、党委书记：　王江（2011年3月免）
行长、党委书记：　任德奇（2011年3月任）
副行长、党委副书记：　陈汉华
副行长、党委副书记：　刘力耕（2011年1月免）
副行长、党委委员：　范广州（2011年11月任）
纪委书记、党委委员：　王继光
副行长、党委委员：　王进军
副行长、党委委员：　段红涛（2011年11月由行长助理提任）
副行长、党委委员：　石章振（2011年11月由行长助理提任）
工会主任：　卢久生（2011年7月免，退休）
风险总监：　李忠东
巡视员：　陶恒喜
资深专员：　李长运（2011年10月免，退休）

三峡分行

行长、党委书记：　林帆
副行长、党委委员：　罗泽民
纪委书记、党委委员：　佟晓林
副行长、党委委员：　张家材
副行长、党委委员：　常平
工会主任：　宋文德
风险总监：　汪兴全
行长助理：　叶轮

湖南省分行

行长、党委书记：　龚蜀雄（2011年1月任资深专家，6月免资深专家）
行长、党委书记：　刘力耕（2011年1月任）
副行长、党委副书记：　陈二尧
副行长、党委委员：　魏振华
纪委书记、党委委员：　易建荣
副行长、党委委员：　刘广良
副行长、党委委员：　尹利芳
副行长、党委委员：　李华峰
风险总监：　梁德顺

广东省分行

行长、党委书记：　曾俭华（2011年3月免）
行长、党委书记：　靳彦民（2011年3月任）
副行长、党委副书记：　李锦海

副行长、党委委员： 易景安
副行长、党委委员： 沈奕明
副行长、纪委书记、党委委员： 王少先
副行长、党委委员： 陈翠芳（女）
副行长、党委委员： 刘军（2011 年 4 月免）
风险总监： 陈建华
工会主任： 王志雄
行长助理： 李民
行长助理： 李洪茂（2011 年 8 月任）

深圳市分行

行长、党委书记： 田惠宇（2011 年 4 月免）
行长、党委书记： 刘军（2011 年 4 月任）
副行长、党委委员： 吴集荣
纪委书记、党委委员： 王雄（2011 年 8 月任）
副行长、党委委员： 祝九胜
副行长、党委委员： 赵芝然
副行长、党委委员： 戴惠明（2011 年 12 月由行长助理提任）
风险总监： 韩凤林

广西壮族自治区分行

行长、党委书记： 袁明
副行长、党委副书记： 廖林（2011 年 4 月免）
副行长、党委委员： 李思影
副行长、党委委员： 梁建林
纪委书记、党委委员、工会主任： 杨静挺
风险总监： 喻金龙
行长助理： 黄诚东
行长助理： 农卫东

海南省分行

行长、党委书记： 梁福成
副行长、党委委员： 李泉
副行长、党委委员： 赵永林
副行长、纪委书记、党委委员： 路建华
副行长、党委委员： 李明曦
副行长、党委委员： 石滨（女）
工会主任： 尹慧琳（女）（2011 年 12 月任）
风险总监： 麦文盛

重庆市分行

行长、党委书记： 李果

副行长、党委副书记：　余江（2011 年 12 月免）
副行长、党委委员：　宁新民（2011 年 10 月免，退休）
副行长、党委委员：　严斌（2011 年 6 月任）
纪委书记、党委委员：　李述成（2011 年 8 月免）
副行长、党委委员：　文姜元
副行长、党委委员：　熊刚
纪委书记、党委委员：　高永强（2011 年 12 月由风险总监改任）
资深专员：　颜显民
资深专员：　罗文章
行长助理：　张希（2011 年 6 月任）
行长助理：　吴承恩（2011 年 6 月任）

四川省分行

行长、党委书记：　曾益
副行长、党委委员：　杨丰来（2011 年 7 月免）
副行长、党委委员：　万鸿
副行长、党委委员：　王浩
纪委书记、党委委员：　王雄（2011 年 8 月免）
副行长、党委委员：　李祥国
纪委书记、党委委员：　李述成（2011 年 8 月任）
副行长、党委委员、工会主任：　颜克忠（2011 年 8 月免副行长、党委委员）
风险总监：　汪海
行长助理：　戴虎林

贵州省分行

行长、党委书记：　吴民豪
副行长、党委委员：　张民权
副行长、党委委员、工会主任：　蒋晓树
副行长、党委委员：　杜坚
副行长、党委委员：　许修智
纪委书记、党委委员：　尹慧琳（女）（2011 年 12 月免）
风险总监：　周晓
行长助理：　朱启江

云南省分行

行长、党委书记：　潘念宁（女）
副行长、党委副书记：　麦仲山
副行长、党委委员：　马亦凌（女）
副行长、党委委员：　何跃
纪委书记、党委委员：　董晓威
风险总监：　陈义
资深专家：　帅晋昆（2011 年 9 月免）

资深专员：　　范京云
行长助理：　　王晶武
行长助理：　　文爱华

西藏自治区分行

行长、党委书记：　　韩文贞
副行长、党委委员：　　严仕成
纪委书记、党委委员：　　次仁顿珠
副行长、党委委员：　　卢生
副行长、党委委员：　　李振宇
副行长、党委委员：　　查克健（2011 年 11 月由风险总监改任）
工会主任：　　杨培源（2011 年 12 月免，退休）
巡视员：　　罗布桑珠

陕西省分行

行长、党委书记：　　崔滨洲（2011 年 4 月免）
行长、党委书记：　　牟乃密（2011 年 4 月任）
副行长、党委副书记：　　魏承国
副行长、党委委员：　　高育昌（2011 年 12 月退休）
副行长、党委委员：　　孟鸿康
副行长、党委委员：　　刘红旗
纪委书记、党委委员：　　王德刚（2011 年 5 月免）
纪委书记、党委委员：　　张新华（2011 年 5 月任）
风险总监：　　曹建平
行长助理：　　张玺峰
行长助理：　　张敏（女）

甘肃省分行

行长、党委书记：　　艾尔肯．艾则孜
副行长、党委委员：　　孙一顺
副行长、党委委员：　　王文永
纪委书记、党委委员：　　苏安平
风险总监：　　杨仲元
行长助理：　　申健
行长助理：　　朱博海

青海省分行

行长、党委书记：　　郭继庄
副行长、党委委员：　　张海
副行长、党委委员：　　王正录
纪委书记、党委委员：　　卜建平
副行长、党委委员：　　郑海峰

副行长、党委委员：　　杨险峰
风险总监：　　金大钊
行长助理：　　梁世斌

宁夏回族自治区分行

行长、党委书记：　　李秀昆（2011 年 4 月免）
行长、党委书记：　　廖林（2011 年 4 月任）
副行长、党委委员：　　刘海涛
纪委书记、党委委员：　　袁贵
副行长、党委委员：　　徐长宁
副行长、党委委员：　　陈福功（2011 年 12 月任）
风险总监：　　李惠
行长助理：　　吴其海（2011 年 12 月任）
行长助理：　　王斌（2011 年 12 月任）

新疆维吾尔自治区分行

行长、党委书记：　　张涛（女）
副行长、党委委员：　　李忠华
副行长、党委委员：　　张春生
副行长、纪委书记、党委委员：　　阿布来提·木明
风险总监：　　闫静波
行长助理：　　徐军世
行长助理：　　李新平

哈尔滨培训中心

主任、党委书记兼建设银行党校哈尔滨分校校长：　　李文达（2011 年 1 月免）
主任、党委书记兼建设银行党校哈尔滨分校校长：　　孙平生（2011 年 1 月任）
副主任、党委副书记：　　孙耀河
纪委书记、党委委员：　　王建立
资深专员：　　李文（2011 年 6 月免，退休）

常州培训中心

主任、党委书记兼党校常州分校校长：　　张中科
副主任、党委副书记：　　江炳钰
副主任、纪委书记、党委委员兼党校常州分校副校长：　　赵余分
副主任、党委委员：　　屈建伟